CB064100

Kissinger

1923–1968: o idealista

NIALL FERGUSON

Tradução
Solange Pinheiro, Claudia Santana e Angela Tesheiner

CRÍTICA

Copyright © Niall Ferguson, 2015
Copyright © Editora Planeta do Brasil, 2023
Título original: *Kissinger, Volume 1: 1923-1968: The Idealist*
Todos os direitos reservados.

Coordenação editorial: Sandra Espilotro
Preparação: Tiago Ferro
Revisão: Carmen T. S. Costa, Andressa Veronesi e Eliana Rocha
Índice remissivo: Andrea Jocys
Diagramação: A2 e Dimitry Uziel
Capa: Luciana Facchini
Imagem de capa: dpa picture alliance / Alamy / Fotoarena

Dados Internacionais de Catalogação na Publicação (CIP)
Angélica Ilacqua CRB-8/7057

Ferguson, Niall
 Kissinger, vol. 1 (1923-1968): o idealista / Niall Ferguson; tradução de Solange Pinheiro, Claudia Santana, Angela Tesheiner. - São Paulo: Planeta do Brasil, 2023.
 1008 p.

 ISBN 978-85-422-2184-8
 Título original: Kissinger, volume I: 1923-1968: The Idealist

 1. Henry, Kissinger, 1923 – Biografia 2. Políticos – Estados Unidos - Biografia
 I. Título II. Pinheiro, Solange III. Santana, Claudia IV. Tesheiner, Angela

 23-1600   CDD 973.924092

Índices para catálogo sistemático:
1. Henry, Kissinger, 1923 – Biografia

Ao escolher este livro, você está apoiando o manejo responsável das florestas do mundo

2023
Todos os direitos desta edição reservados à
EDITORA PLANETA DO BRASIL LTDA.
Rua Bela Cintra, 986 – 4º andar
01415-002 – Consolação – São Paulo-SP
www.planetadelivros.com.br
faleconosco@editoraplaneta.com.br

In memoriam

Gerald Harriss (1925–2014)
Karl Leyser (1920–1992)
Angus Macintyre (1935–1994)

Sumário

Prefácio 7
INTRODUÇÃO 19

LIVRO I

CAPÍTULO 1 *Heimat* 55
CAPÍTULO 2 Fuga 83
CAPÍTULO 3 Fürth no Hudson 103
CAPÍTULO 4 Um recruta surpreendente 133
CAPÍTULO 5 Os vivos e os mortos 159
CAPÍTULO 6 Nas ruínas do Reich 192

LIVRO II

CAPÍTULO 7 O idealista 231
CAPÍTULO 8 Guerra psicológica 267
CAPÍTULO 9 Doutor Kissinger 315
CAPÍTULO 10 Doutor Fantástico? 354
CAPÍTULO 11 Boswash 412

LIVRO III

CAPÍTULO 12 O intelectual e o estrategista político 447
CAPÍTULO 13 Respostas flexíveis 487

CAPÍTULO 14 Fatos da vida........................541
CAPÍTULO 15 Crise...............................572

LIVRO IV

CAPÍTULO 16 A estrada para o Vietnã.............. 609
CAPÍTULO 17 O americano intranquilo 655
CAPÍTULO 18 Poeira contra o vento 695

LIVRO V

CAPÍTULO 19 O anti-Bismarck.....................723
CAPÍTULO 20 Esperando Hanói.................... 760
CAPÍTULO 21 1968 814
CAPÍTULO 22 A combinação improvável 863
EPÍLOGO Um *Bildungsroman*......................894

Agradecimentos 908
Notas..912
Bibliografia.......................................955
Créditos das imagens 968
Índice remissivo 969

Prefácio

> Na verdade, não consigo conceber um modo mais perfeito de escrever a vida de um homem do que não apenas fazer um relato ordenado de seus mais importantes acontecimentos, mas intercalá-los com o que ele escreveu, falou e fez em sua vida privada, com o qual a humanidade tem condições, por assim dizer, de vê-lo viver, e de "viver em sua imaginação cada fato" junto a ele, à medida que ele realmente passou pelas diversas etapas da vida. [...] Vou me aventurar a dizer que, nesse texto, ele será visto de modo mais abrangente do que qualquer homem que jamais viveu. E ele será visto como realmente foi; pois eu afirmo escrever não seu panegírico, que deveria ser todo louvores, mas sua Vida. [...] [E]m cada imagem deverá haver a sombra, bem como a luz.
>
> BOSWELL, *The Life of Samuel Johnson*[1]

A tarefa do biógrafo, assim como James Boswell a entendeu, é permitir ao leitor ver, em sua imaginação, a pessoa viva. Para conseguir isso, o biógrafo tem de conhecer seu tema. Isso significa ler tudo que ele escreveu, bem como muito do que foi escrito sobre ele. Isso também significa, se a pessoa está viva, não apenas entrevistá-la, mas conhecê-la, assim como Boswell chegou a conhecer Johnson: conversando com ele, fazendo refeições com ele, e até mesmo viajando com ele. O desafio, naturalmente, é fazê-lo sem ficar tanto sob a influência da pessoa que o leitor deixe de acreditar que o trabalho é uma vida, não um louvor. Boswell, que passou a amar Johnson, conseguiu essa proeza de duas maneiras: tornando explícitos os modos rústicos e a aparência desleixada de Johnson, mas também (como observou Jorge Luis Borges) fazendo de si mesmo um motivo de caçoadas – um homem sério para a argúcia de Johnson, um superexcitado escocês para o seco inglês de Johnson.[2] Minha abordagem é diferente.

Além da ajuda de todos aqueles mencionados nos agradecimentos, este autor teve uma vantagem digna de nota sobre seus antecessores: eu tive acesso aos documentos particulares de Henry Kissinger; não apenas os documentos do tempo em que ele esteve no governo, conservados na Biblioteca do Congresso, mas também aqueles particulares doados à Universidade Yale em 2011, que incluem mais de cem caixas de escritos pessoais, cartas e diários que remontam à década de 1940. Eu também tive condições de entrevistar o tema do trabalho em diversas ocasiões e por muito tempo. Este livro não foi escrito apenas com a cooperação de Henry Kissinger; ele foi escrito por sua sugestão.

Por esse motivo, posso prever sem dúvida que resenhistas hostis irão alegar que eu, de certo modo, fui influenciado ou induzido a pintar um retrato falsamente adulador. Não é esse o caso. Embora me fosse concedido acesso aos documentos de Kissinger e tenha recebido certa assistência para a obtenção de entrevistas com membros da família e antigos colegas, meu único compromisso era o de fazer meus "maiores esforços para registrar a vida [dele] 'como ela realmente foi', tendo como base um estudo detalhado dos documentos e de outras fontes disponíveis". Esse compromisso foi parte de um acordo legal entre nós, escrito em 2004, que terminava com a seguinte cláusula:

> Se por um lado a autoridade do Trabalho será realçada pela extensão da assistência do Concessor [i.e., Kissinger] [...] ela será ainda mais realçada pelo fato de o Autor ser independente; desse modo, fica entendido e combinado que [...] o Autor terá completo controle editorial sobre o manuscrito final do Trabalho, e que o Concessor não terá direito de vetar, editar, corrigir ou evitar a publicação do manuscrito completo do Trabalho.

A única exceção foi a de que, por solicitação do dr. Kissinger, eu não fizesse citações de seus documentos particulares que contivessem informações pessoais delicadas. Fico feliz por dizer que ele exerceu esse direito em somente umas poucas ocasiões, sempre relacionadas a questões puramente pessoais – e, na verdade, intimamente familiares.

Este livro levou pouco mais de dez anos para ser elaborado. Durante todo esse prolongado esforço, acredito que eu tenha sido fiel à minha decisão de escrever a vida de Henry Kissinger "como ela realmente foi" – *wie es eigentlich gewesen*, na conhecida formulação de Ranke (que talvez seja mais bem traduzida "como ela de fato aconteceu"). Ranke acreditava que a vocação do historiador era a de inferir a verdade histórica a partir dos documentos – não uma dúzia de documentos (o número total citado em um livro muito lido a respeito de Kissinger), mas muitos milhares. Certamente não sou capaz de contar quantos documentos eu e meu assistente de pesquisas, Jason Rockett, examinamos durante o nosso trabalho. Somente sou capaz de contar aqueles que nós consideramos dignos de inclusão em nosso banco de dados digital. O número atual de documentos é 8.380 – um total de 37.645 páginas. Mas esses documentos não foram obtidos somente entre os documentos públicos e pessoais de Kissinger. No total, nós obtivemos material de 111 arquivos ao redor do mundo, variando de grandes bibliotecas presidenciais a desconhecidas coleções particulares. (Uma lista completa dos que foram consultados para este volume está na bibliografia.) Naturalmente, há arquivos que permanecem fechados e documentos que se mantêm secretos. Entretanto, comparada à maior parte dos períodos anteriores e posteriores, a década de 1970 se destaca pela abundância de fontes primárias. Essa era a época da máquina Xerox e do gravador portátil. A primeira tornava mais fácil para as instituições fazer diversas cópias de documentos importantes, aumentando a probabilidade de que um deles um dia fosse acessível a um futuro historiador. O amor de Nixon e de Kissinger pelo gravador, combinado com a expansão da liberdade de informação que se seguiu a Watergate, garantiu que muitas conversas que poderiam jamais ter encontrado seu lugar nos relatos históricos agora sejam encontradas com facilidade.

Minha motivação ao lançar a rede mais ampla e profunda possível em minha busca por material era simples. Eu estava decidido a ver a vida de Kissinger não apenas de seu ponto de vista, mas de diversos outros, e não apenas da perspectiva norte-americana, mas da de amigos, inimigos, e de não partidários. Henry Kissinger era um homem a cujo respeito, no auge do seu poder, poderia ser dito que cavalgava o mundo. A vida de tal personalidade requer uma biografia global.

Sempre planejei escrever dois volumes. A questão central foi onde interromper a história. No fim, decidi encerrar o primeiro volume logo após Richard Nixon ter anunciado para o mundo que Kissinger seria o seu conselheiro de Segurança Nacional, mas antes que ele tivesse se estabelecido em seu escritório no piso térreo da West Wing e realmente começasse a trabalhar. Foram dois os motivos para tal escolha. Em primeiro lugar, no fim de 1968,

Henry Kissinger tinha 45 anos. Enquanto estou escrevendo, ele está com 91. Então, este volume abarca de modo mais ou menos exato a metade de sua vida. Em segundo lugar, eu queria estabelecer com clareza um limite entre o Kissinger pensador e o Kissinger ator político. É verdade que Kissinger era mais do que apenas um acadêmico antes de 1969. Como conselheiro de presidentes e de candidatos à presidência, ele esteve diretamente envolvido na concepção da política externa durante toda a década de 1960. Em 1967, se não antes, ele havia passado a ser um participante ativo no esforço diplomático para começar as negociações com o governo do Vietnã do Norte na esperança de pôr fim à Guerra do Vietnã. Contudo, ele não tinha experiência no poder executivo. Ele era mais um consultor que um verdadeiro conselheiro, e muito menos alguém que tomasse decisões. Na verdade, foi essa a razão para o ex-presidente Dwight Eisenhower se opor à sua nomeação. "Mas Kissinger é um professor", ele exclamou, ao ficar sabendo da escolha de Nixon. "Você pede a um professor que estude coisas, mas nunca o encarrega de nada. [...] Vou falar com o Dick a respeito disso."[3] Kissinger foi de fato um professor antes de ser um homem de ação. Portanto, faz sentido considerá-lo em primeiro lugar da forma que eu acredito que ele tenha sido antes de 1969: um dos mais importantes teóricos da política externa dos Estados Unidos da América. Caso Kissinger nunca tivesse feito parte do governo, ainda seria válido escrever este livro, assim como Robert Skidelsky ainda teria tido boas razões para escrever sua magnífica biografia de John Maynard Keynes caso Keynes jamais tivesse trocado os pátios de Cambridge pelos corredores do poder no Tesouro de Sua Majestade.

Foi em Londres, em uma livraria, que Boswell se encontrou com Johnson pela primeira vez. O meu primeiro encontro com Kissinger também aconteceu em Londres, em uma festa oferecida por Conrad Black. Eu era um professor de Oxford que me envolvia um pouco com jornalismo, e fiquei naturalmente lisonjeado quando o estadista mais velho manifestou sua admiração por um livro que eu havia escrito a respeito da Primeira Guerra Mundial. (Também fiquei impressionado com a rapidez com que eu fui deixado de lado quando a modelo Elle Macpherson entrou na sala.) Porém, fiquei mais intimidado que lisonjeado quando, alguns meses depois, Kissinger me sugeriu que eu poderia escrever sua biografia. Eu tinha conhecimento suficiente para saber que outro historiador britânico havia recebido a mesma oferta e a aceitara, apenas para ficar com frio na barriga. Na ocasião, eu somente tinha condições de pensar nos argumentos contra deixar minha barriga na mesma situação. Tinha um contrato para escrever outros livros (incluindo uma biografia). Não era especialista na política externa norte-americana do pós-guerra. Seria preciso mergulhar em um oceano de documentos. Eu inevitavelmente seria severamente criticado por Christopher Hitchens e outras pessoas. E então, no começo de maio de 2004, depois de inúmeros encontros, telefonemas e cartas, eu disse não. Esta seria minha introdução à diplomacia de Henry Kissinger:

> Mas que pena! Recebi sua carta justamente quando estava procurando desesperadamente seu número de telefone para contar-lhe que havia descoberto uns arquivos que eu julgava terem sido perdidos: 145 caixas que foram colocadas em um depósito em Connecticut por um zelador, que já morreu. Elas contêm todos os meus arquivos – escritos, cartas, diários esporádicos, pelo menos até 1955, e provavelmente até 1950, com umas vinte caixas de correspondência particular do meu serviço no governo. [...]
>
> Seja como for, nossas conversas me haviam dado a certeza – depois de certa hesitação – de que o senhor teria feito uma avaliação definitiva – ainda que não necessariamente positiva.
>
> Sinto-me grato por isso, mesmo que intensifique meu pesar.[4]

Algumas semanas mais tarde, eu estava em Kent, Connecticut, folheando páginas.

No entanto, foram os documentos, mais que seu autor, que me persuadiram. Lembro-me nitidamente dos que eu li. Uma carta para os pais, datada do dia 28 de julho de 1948: "Para mim, não existe somente o certo e o errado, mas muitas nuances entre eles. [...] As verdadeiras tragédias na vida não se encontram nas escolhas entre o certo e o errado. Somente as pessoas mais insensíveis escolhem o que elas *sabem* que é errado". Uma carta de McGeorge Bundy do dia 17 de fevereiro de 1956: "Tenho pensado com frequência que Harvard propicia aos seus filhos – seus alunos de graduação – a oportunidade de serem moldados por aquilo que eles amam. Isso, como quem frequentou Harvard, você teve. Para seu corpo docente, ela reserva a oportunidade – perigosa, talvez fatal – de ser moldado por aquilo que eles odeiam". Uma carta de Fritz Kraemer, de 12 de fevereiro de 1957: "[A]té agora, as coisas foram mais fáceis. Você teve de resistir somente às tentações absolutamente comuns dos ambiciosos, como a avareza e a indústria das intrigas acadêmicas. *Agora* a armadilha se encontra em seu próprio caráter. Você está sendo tentado [...] com seus próprios princípios mais enraizados". Um diário da Convenção Nacional do Partido Republicano, de 1964: "Quando saímos [...] um goldwateriano estava ticando nomes em uma lista. Eu não constava nela. Mas ele me conhecia e disse: 'Kissinger, não pense que nós vamos nos esquecer de seu nome'". Outro diário de uma visita ao Vietnã no outono de 1965: "[Clark] Clifford então me perguntou o que eu pensava da posição do presidente. Eu disse que simpatizava muito com as dificuldades sentidas pelo presidente, mas o que estava em jogo então era a futura posição mundial dos Estados Unidos. [...] Clifford me perguntou se eu achava que valia a pena salvar os vietnamitas. Eu disse que essa não era mais a questão". Quanto mais eu lia, mais percebia que não tinha escolha. Eu tinha de escrever este livro. Eu não me sentira tão excitado com uma coleção de documentos desde meu primeiro dia nos Arquivos Rothschild em Londres, mais de dez anos antes.

Este livro, então, é o produto de uma década de meticulosa pesquisa em arquivos. Ao escrevê-lo, aderi fielmente às três proposições do grande filósofo da história, R. G. Collingwood.

1. Toda história é a história do pensamento.
2. O conhecimento histórico é uma nova encenação, na mente do historiador, do pensamento daqueles cuja história ele está estudando.
3. O conhecimento histórico é uma nova encenação de um pensamento passado encapsulado em um contexto de pensamentos atuais que, ao contradizê-lo, o confinam a um plano diferente do deles.[5]

Ao tentar reconstruir os pensamentos passados de Kissinger e de seus contemporâneos, eu quase sempre dei preferência aos documentos ou às gravações de áudio da época a entrevistas feitas muitos anos mais tarde, não porque os documentos sejam sempre relatos fiéis do que seus autores pensam, mas porque as lembranças normalmente pregam peças maiores que as cartas, os diários e os memorandos.

Contudo, há limitações para os métodos do historiador tradicional, não importando quanto ele tenha se treinado para ser um leitor crítico, sobretudo quando uma das características que definem seu tema é (ou dizem que é) a confidencialidade. Permitam-me ilustrar a questão. Poucas semanas depois de cimento da vida íntima e em grande parte não escrita que um homem vive em seus papéis como filho, irmão, amante, marido, pai, divorciado. Além do mais, para entender *como* os Kissinger preservaram sua privacidade por tanto tempo, o biógrafo precisa compreender a cumplicidade que existia então entre a imprensa e a elite política. Pois a realidade era que tanto os barões da imprensa quanto os repórteres da capital sabiam muito bem o que acontecia com Kissinger e Maginnes; sabiam que, por muitos anos, eles estiveram juntos ou em Nova York ou em Washington no mínimo em fins de semana alternados. Acontece que eles tacitamente concordaram em não publicar o que sabiam.

Nenhum biógrafo descobre tudo, porque nem tudo pode ser conhecido – nem mesmo para o próprio biografado. Sem dúvida há acontecimentos importantes que eu deixei de mencionar, relacionamentos que compreendi mal ou aos quais não dei o devido valor; pensamentos que simplesmente não foram escritos e agora estão esquecidos até mesmo por quem os pensou. Mas, se for esse o caso, não foi por falta de esforço. Eu encarrego o leitor de decidir até que ponto fui bem-sucedido em ser, de certo modo, o Boswell de Kissinger – e até que ponto evitei exatamente essa armadilha.

Cambridge, Massachusetts,
abril de 2015.

Kissinger

Introdução

Afinal de contas, o que aconteceu comigo não aconteceu na verdade por acaso? Deus do céu, eu era um professor totalmente desconhecido. Como poderia eu ter dito para mim mesmo: "Agora vou começar a manipular as coisas de modo a me tornar internacionalmente famoso"? Teria sido uma completa loucura. [...] Alguém poderia então dizer que isso aconteceu porque tinha de acontecer. É o que sempre dizem quando as coisas aconteceram. Eles nunca dizem isso a respeito de coisas que não aconteceram – a história das coisas que não aconteceram jamais foi escrita.
Henry Kissinger para Oriana Fallaci, 4 de novembro de 1972[1]

I

Certamente, nenhum homem de Estado nos tempos modernos, e certamente nenhum secretário de Estado norte-americano, tem sido tão reverenciado e depois tão insultado quanto Henry Kissinger.

Quando Oriana Fallaci o entrevistou em novembro de 1972, Kissinger ainda não havia chegado ao auge de sua fama. Rememorando seu encontro alguns anos mais tarde, Fallaci, sardônica, fez uma paródia das capas das revistas da época:

> Esse homem tão famoso, tão importante, tão sortudo, a quem eles chamam de Super-homem, Superastro, Superkraut [Super-repolho]*, e que orquestra alianças paradoxais, consegue acordos impossíveis, mantém o mundo com a respi-

---

* Kraut, ou repolho, era um termo pejorativo para se referir a alemães durante a Primeira e a Segunda Guerra Mundial, provavelmente por conta do uso do repolho na cozinha alemã. Kissinger, portanto, era chamado de algo como "Superalemão". (N.E.)

ração presa, como se o mundo fosse seus alunos em Harvard. Esse personagem incrível, inexplicável, insuportável, que se encontra com Mao Tsé-tung quando quer, entra no Kremlin quando está com vontade, acorda o presidente dos Estados Unidos e vai ao seu quarto quando acha apropriado. Essa personalidade absurda, com óculos com aros de chifre, que faz James Bond passar a ser uma criação insípida. Ele não atira, não usa seus punhos, nem salta de automóveis em alta velocidade como James Bond, mas ele dá conselhos a respeito de guerras, termina guerras, finge mudar nosso destino, e o muda mesmo.[2]

Vestido de Super-Homem, com calças colantes, capa e tudo mais, Kissinger apareceu mesmo como um "Super K" em uma charge na capa da *Newsweek* em junho de 1974. Capas subsequentes da *Newsweek* retrataram-no como "O homem no piso térreo da Casa Branca", como "O agente secreto de Nixon", e como um Gulliver norte-americano, coberto de figuras liliputianas representando "Um mundo de aflições". A revista *Time* foi ainda mais seduzida. Enquanto estava em seu cargo, Kissinger apareceu em sua capa nada menos de quinze vezes. Ele era, segundo um perfil da *Time*, "o homem indispensável do mundo".[3]

Naturalmente, havia um elemento humorístico em tudo isso. A piada já estava correndo no fim de 1972: "Pense no que aconteceria se Kissinger morresse. Richard Nixon iria ser o presidente dos Estados Unidos!".[4] A palavra composta "Nixinger" ficou por um curto período de tempo na moda indicando a igualdade com o presidente. Na capa de *Kissinger: The Adventures of Super-Kraut* [Kissinger: As aventuras do Super-Repolho], de Charles Ashman, publicado em 1972, o super-herói homônimo aparece todo desarrumado, com uma denunciadora marca de batom na bochecha.

No entanto, a popularidade de Kissinger era verdadeira. Nesse mesmo ano, ele ficou em quarto lugar na "Lista de homens mais admirados" do Gallup; em 1973 ele era o número um. Em maio desse ano, 78% dos norte-americanos eram capazes de identificar Kissinger, uma proporção até então alcançada somente por presidentes, candidatos à presidência e grandes estrelas do esporte e das telas.[5] Na metade de 1974, seu índice de aprovação, de acordo com a pesquisa Harris, feita regularmente, era de impressionantes 85%.

Todos os secretários de Estado, mais cedo ou mais tarde, são entrevistados por Charlie Rose. Somente Kissinger esteve no show de Rose quase quarenta vezes, para não mencionar suas aparições na novela *Dinastia*[6] e no *The Colbert Report*. Todos os secretários de Estado aparecem em caricaturas nos jornais. Somente Kissinger apareceu como um personagem de desenho animado em três séries televisivas (em *Freakazoid*,[7] nos *Simpsons*[8] e em *Uma família da pesada*[9]).

No entanto, como Kissinger tinha plena consciência, mesmo em 1972, esse tipo de celebridade pode facilmente passar a ser notoriedade. "As consequências do que eu faço, quero dizer, o[s] julgamento[s] do público", ele garantiu para Oriana Fallaci, "jamais me importunaram".

> Eu não peço para ser popular, não estou à procura da popularidade. Pelo contrário, se a senhora realmente quiser saber, eu não me importo nem um pouco com a popularidade. Não tenho o menor medo de perder meu público; posso me permitir dizer o que penso. [...] Se eu fosse me permitir ficar perturbado pelas reações do público, se eu fosse agir somente com base em uma técnica premeditada, eu não conseguiria nada. [...] Eu não digo que tudo isso tenha de ser assim para sempre. Na verdade, isso pode se acabar tão rapidamente quanto começou.[10]

Ele tinha razão.

A fama é uma faca de dois gumes; ser famoso também significa ser motivo de caçoadas. Em 1971, Woody Allen fez uma paródia de Kissinger em um "*mockumentary*" [documentário satírico] de meia hora produzido para a PBS intitulado *Men of Crisis: The Harvey Wallinger Story* [Os homens da crise: a história de Harvey Wallinger]. Escrito às pressas e filmado depois de Allen ter terminado *Tudo o que você sempre quis saber sobre sexo (mas tinha medo de perguntar)*, o filme deveria ser exibido em fevereiro de 1972, mas provavelmente foi cancelado por motivos políticos.[11] (A PBS alegou que não poderia exibir o filme em um ano de eleições sem dar aos demais candidatos um espaço igual, mas a verdade era que a rede de televisão, que tinha patrocínio do governo, não conseguiu persuadir Allen a tirar suas ironias mais contundentes contra, entre outros, Pat Nixon, e temia suscitar a ira da Casa Branca.)[12] Típica do filme é a cena em que Wallinger – representado por Allen – é ouvido ao telefone exigindo "um embargo contra o *Times*. É um jornal de esquerda nova-iorquino, judeu, comunista, e isso só em relação às páginas de esportes". Em outra cena, solicitam que Wallinger faça um comentário sobre o (autêntico) pronunciamento de Nixon de que "nós vamos terminar a guerra [no Vietnã] e conquistar a paz". "O que o sr. Nixon quer dizer", resmunga Allen, "é que, hmm, é importante ganhar a guerra e também conquistar a paz; ou, no mínimo, perder a guerra e perder a paz; ou, hmm, conquistar pelo menos parte da paz, ou conquistar duas pazes, talvez, ou perder umas pazes, mas ganhar um pedaço da guerra. A outra alternativa seria ganhar um pedaço da guerra, ou perder um pedaço do sr. Nixon".

> Entrevistador: Estão dizendo em Washington que o senhor tem uma vida social extremamente ativa.
> Wallinger: Bem, isso é um exagero muito grande, eu acho, eu... eu... gosto de mulheres atraentes, gosto de sexo, mas, hmm, mas tem de ser sexo norte-americano. Não gosto de sexo não norte-americano.
> Entrevistador: Bem, como o senhor distinguiria o sexo norte-americano?
> Wallinger: Se o senhor sente vergonha dele, é sexo norte-americano. O senhor sabe, hmm, é importante, se o senhor sente culpa [...] e vergonha; pelo contrário, acho que o sexo sem culpa é ruim porque ele quase fica prazeroso.[13]

Respondendo à objeção feita pelo chefão da PBS de que o filme era de mau gosto, Allen respondeu, sarcástico: "É difícil dizer qualquer coisa a respeito dessa administração que não seja de mau gosto".[14]

Piadas a respeito da administração Nixon eram moeda corrente para os comediantes de Manhattan muito antes da ruína do presidente. Para Kissinger, estar abaixo somente de Nixon no governo significava estar abaixo somente dele como alvo – em todos os meios de comunicação possíveis. As pequenas canções humorísticas do compositor satírico Tom Lehrer agora já foram quase todas esquecidas, mas não se pode dizer o mesmo a respeito da observação dele de que "a sátira política passou a ser obsoleta quando deram o Prêmio Nobel da Paz a Henry Kissinger".[15] Anteriormente, o cantor e compositor francês Henri Salvador havia composto a irritantemente conhecida "Kissinger, Le Duc Tho" para caçoar da falta de progresso nas negociações entre os Estados Unidos e o Vietnã do Norte. O cartunista David Levine foi o autor dos mais selvagens ataques pictóricos a Kissinger – mais de uma dúzia no total, incluindo dois que até mesmo a revista liberal de esquerda *The New York Review of Books* considerou escandalosos demais para publicação: um deles representava um Kissinger nu, as costas cobertas com tatuagens macabras; o outro, Kissinger sob um cobertor com estrelas e faixas, violentando alegremente uma mulher nua cuja cabeça é o globo terrestre. (Apesar de protestos de sua equipe, Victor Navasky publicou a segunda caricatura no *The Nation*.)[16]

É como se a personalidade de Henry Kissinger – o próprio nome dele – tocasse algum ponto nevrálgico na mentalidade coletiva de uma geração. No romance de 1979, *Gold vale ouro*, de Joseph Heller, o protagonista, um professor de meia-idade de literatura inglesa chamado Bruce Gold, está trabalhando em um livro a respeito de ninguém menos que:

Kissinger.
    Como ele amava e odiava esse nome sibilante.
    Mesmo deixando de lado seus ciúmes, que eram formidáveis, Gold havia odiado Henry Kissinger desde o momento em que ele surgira como uma figura pública, e ainda o odiava.[17]

Mesmo sendo tola como ela é, a música de Eric Idle para o Monty Python mostra que a nevralgia era transatlântica:

Henry Kissinger,
Como sinto saudades do senhor,
O senhor está nos meus sonhos angélicos.
Com seu cabelo enroladinho,
E seu olhar paradinho,
E seus planos maquiavélicos.[18]

Toda uma era está destilada em um momento no Madison Square Garden, quando Idle e Ronnie Wood, dos Rolling Stones, fazem "caretas" por trás das costas de Kissinger, depois de todos eles terem assistido à luta de Muhammad Ali. Assim que Kissinger saiu, os dois artistas ingleses "caíram amontoados no chão, uivando".[19]

II

Alguns riram de Kissinger. Outros ficaram petrificados. "Uma enguia mais gelada que o gelo", foi a descrição de Fallaci. "Meu Deus, mas que homem gelado!"

Durante toda a entrevista, ele jamais alterou aquela fisionomia inexpressiva, aquele olhar duro ou irônico, e jamais alterou o tom daquela voz triste, monótona e imutável. O ponteiro no gravador oscila quando uma palavra é pronunciada em um tom mais alto ou mais baixo. Com Kissinger, ele ficou imóvel, e mais de uma vez eu tive de checar para garantir que a máquina estava funcionando. Vocês sabem aquele som obsessivo e martelador da chuva caindo sobre um telhado? A voz dele é como isso. E basicamente seus pensamentos também.

Embrenhar-se no mundo do jornalismo a respeito de Henry Kissinger é se deparar muito com esse filão histórico. Ele era, Fallaci prosseguiu, "o mais culpado representante do tipo de poder do qual Bertrand Russell fala: Se eles dizem 'morram', nós temos de morrer. E se eles dizem 'vivam', nós vamos viver". Ele baseava "suas ações no sigilo, no absolutismo e na ignorância das pessoas que ainda não tiveram consciência de seus direitos".[20]

Às vezes, a histeria se aproxima de uma rematada loucura. Alegações insanas contra Kissinger podem ser encontradas em um grande número de *websites* que alegam expor as atividades nefandas do Grupo de Bilderberg, do Council on Foreign Relations [Conselho das Relações Exteriores] e da Comissão Trilateral, organizações supostamente estabelecidas pelos "Illuminati" para concretizar seu esquema malévolo para o "governo do mundo".[21] Tais alegações estão disponíveis em pelo menos quatro sabores: anglófobo, anticomunista paranoico, fantasista alucinado e esquerdista-populista.

A versão anglófoba é derivada do trabalho do historiador da Universidade de Georgetown Carroll Quigley, que descreveu um complô britânico contra os Estados Unidos desde a época de Cecil Rhodes e Alfred Milner, e identificou J. P. Morgan, o Council on Foreign Relations e a revista *The New Republic* [A Nova República] como os principais conspiradores.[22] Segundo o antigo trotskista Lyndon LaRouche, "sir" Henry Kissinger era durante todo esse tempo um "agente britânico de influência" (as evidências: ele ter sido nomeado cavaleiro honorário e um discurso em 1982 na Chatham House).[23] Os companheiros de LaRouche também alegaram que William Yandell Elliott, o mentor de Kissinger em Harvard, pertencia a "uma rede de renitentes confederados que continuaram a Guerra Civil da Grã-Bretanha contra os Estados Unidos por meios culturais, e outros". O objetivo deles era "o de estabelecer [...] uma nova 'idade das trevas' de um feudalismo medieval com extensão global, construído sobre os remanescentes arruinados dos Estados Unidos e de qualquer nação que lutasse para se estabelecer em qualquer proximidade com os princípios norte-americanos". Essa rede unia a Ku Klux Klan, os Tennessee Templars [Templários do Tennessee], a Távola Redonda, o Royal Institute of International Affairs [Instituto Real de Relações Internacionais] (Chatham House) e o Harvard International Seminar [Seminário Internacional de Harvard] dirigido por Kissinger.[24]

Uma acusação mais grave, embora igualmente infundada, é a de que Kissinger era um espião soviético. Segundo Gary Allen – um membro da John Birch Society [Sociedade John Birch] e escritor de discursos para o segregacionista George Wallace –, Kissinger era não apenas "um agente do mais poderoso conchavo de poder, finanças e influência na política norte-americana: a Casa dos Rockefeller"; ele também era um comunista conhecido na KGB pelo codinome "Bor". Tendo aberto seu caminho desonestamente até a Casa Branca, sua "campanha conspiratória" era a de "levar a cabo o desarmamento estratégico clandestino e unilateral dos Estados Unidos *através do prolongamento da Guerra do Vietnã*".[25] Acusações semelhantes foram feitas em um livro sem grande coerência intitulado *Kissinger on the Couch* [Kissinger no sofá] (1975), da ultraconservadora antifeminista Phyllis Schlafly e do almirante aposentado Chester Ward, que acusaram Kissinger de fazer "de toda a população dos Estados Unidos reféns do Kremlin".[26] A bizarra alegação de que os soviéticos haviam recrutado Kissinger na Alemanha do pós-guerra pode remontar-se a um artigo de 1976 escrito por Alan Stang na revista de extrema direita *American Opinion* [Opinião Norte-Americana], que citou o testemunho do desertor polonês Michael Goleniewski de que Kissinger havia trabalhado para um serviço de contraespionagem soviético cujo codinome era ODRA. As evidências de Goleniewski foram boas o suficiente para expor pelo menos seis agentes infiltrados soviéticos que trabalhavam dentro das agências de informações ocidentais, incluindo o traidor britânico George Blake, que havia sido "convertido" quando fora capturado durante a Guerra da Coreia e cujas atividades custaram a vida de pelo menos quarenta agentes do MI6. Entretanto, as alegações contra "Bor" nunca foram fundamentadas, e a acusação posterior de Goleniewski de que ele era o Tsarevich Alexei Nikolaevich – filho de Nicolau II e herdeiro do trono da Rússia – causou um dano irreparável à sua credibilidade nas mentes sensatas.

Os fantasistas empedernidos nem ao menos fingem ter evidências concretas. O best-seller *O governo secreto*, do jornalista texano Jim Marrs, identifica Kissinger como parte de uma conspiração totalmente imaginária envolvendo o Council on Foreign Relations [Conselho das Relações Exteriores], a Comissão Trilateral e a Maçonaria.[27] De modo semelhante, Wesman Todd Shaw diz que Kissinger é o "grande idealizador da Nova Ordem Mundial [...] um dos indivíduos mais perversos que estão vivos, ou que jamais viverão".[28] Len Horowitz afirma que Kissinger é parte de uma conspiração global de indústrias farmacêuticas que propositalmente estão disseminando o vírus HIV, uma alegação que parece se basear na decomposição alfanumérica do nome de Kissinger (que, nos informam, "é decomposta em 666").[29] Segundo Alan Watt, a razão de Kissinger para seu "projeto da Aids" era a de encontrar uma solução para o problema da superpopulação; ele também culpa Kissinger pela ascensão do fundamentalismo islâmico.[30] Uma mulher claramente transtornada que escreve com o pseudônimo de "Brice Taylor" insiste em que, quando ela era criança, Kissinger transformou-a em uma "escrava controlada pela mente", obrigando-a a comer seu cereal em forma de letrinhas em ordem inversa e levando-a à atração "It's a Small World" [Este é um mundo pequeno] na Disneylândia.[31] O mais insano de todos é David Icke, cuja "Lista de satanistas famosos" inclui não apenas Kissinger, mas também os Astor, os Bush, os Clinton, os DuPont, os Habsburgo, os Kennedy, os Rockefeller, os Rothschild e toda a família real britânica – sem mencionar Tony Blair, Winston Churchill, Adolf Hitler, Mikhail Gorbachev e Joseph Stálin. (O comediante Bob Hope também faz parte da lista.) Segundo Icke, Kissinger é "um dos maiores mentores da agenda dos Illuminati". Não somente ele é um "satanista, controlador de mentes, torturador de crianças, criador de guerras de assassinatos em massa e de destruição", ele também é um "transmorfo" com uma "linhagem de sangue reptiliano". "Por 'satanistas', naturalmente", Icke explica, prestativo, "eu me refiro àqueles envolvidos em sacrifícios humanos".[32]

Nenhuma pessoa racional leva tais disparates a sério. Porém, o mesmo não pode ser dito das alegações feitas por teóricos da conspiração de esquerda, que são muito mais influentes. Em sua *People's History of the United States* [Uma história do povo dos Estados Unidos], Howard Zinn argumenta que as medidas políticas de Kissinger no Chile tinham como objetivo, ao menos parcial, servir os interesses econômicos da companhia International Telephone and Telegraph.[33] No lugar das evidências, tais diatribes tendem a oferecer insultos gratuitos. Segundo Zinn, Kissinger "se rendeu facilmente aos príncipes da guerra e da destruição".³⁴ Em sua *A história não contada dos Estados Unidos*, o diretor de cinema Oliver Stone e o historiador Peter Kuznick se referem a Kissinger como "psicopata" (confessadamente citando Nixon).³⁵ O decano do jornalismo "gonzo", Hunter S. Thompson, chamou-o de "um diabinho escorregadio, um trapaceiro de classe mundial com um forte sotaque alemão e olhos muito perspicazes para descobrir pontos fracos no topo da estrutura do poder" – acrescentando, como um bônus, "pervertido".³⁶ Um *website* de centro-esquerda recentemente acusou Kissinger de ter estado de algum modo envolvido nos ataques com antraz de setembro de 2001, quando esporos da bactéria foram enviados por correio para diversos órgãos da imprensa e dois membros do Senado, matando cinco pessoas.³⁷ Em termos acadêmicos, os teóricos da conspiração oferecem uma contribuição tão valiosa para o conhecimento histórico como os criadores da série de animação *Os irmãos aventura*, que apresenta "uma figura misteriosa vestida em um uniforme negro e acompanhada por uma maleta de médico que ele afetuosamente chama de sua 'Maleta Mágica Assassina' [...] o dr. Henry Killinger".

III

Toda essa acrimônia é, à primeira vista, enigmática. De 20 de janeiro de 1969 até 3 de novembro de 1975, Henry Kissinger serviu como conselheiro do presidente para as questões de segurança nacional, primeiro sob Richard Nixon e depois sob Gerald Ford. De 22 de setembro de 1973 até 20 de janeiro de 1977, ele foi secretário de Estado – o primeiro cidadão não nascido nos Estados Unidos a assumir esse cargo, o posto mais alto no poder Executivo depois da presidência e da vice-presidência. Tampouco sua influência sobre a política externa norte-americana foi limitada a esse período. Antes de 1969, ele desempenhou papéis importantes, como consultor e emissário não oficial para John F. Kennedy e Lyndon B. Johnson. Sob Ronald Reagan, ele presidiu a National Bipartisan Commision on Central America [Comissão Nacional Bipartidária para a América Central], que se reuniu entre 1983 e 1985. De 1984 até 1990, ele serviu como membro do President's Foreign Intelligence Advisory Board [Conselho Consultivo de Informações Exteriores do Presidente]. Ele também foi membro da Commission on Integrated Long-Term Strategy

[Comissão para a Estratégia Integrada de Longo Prazo], de 1986 a 1988, e do Defense Policy Board [Conselho de Política Defensiva], de 2001 até o momento atual.* Em 1973, o Comitê Nobel norueguês concedeu para Kissinger e Le Duc Tho simultaneamente o Prêmio Nobel da Paz, citando a perseverança deles nas negociações que resultaram nos Acordos de Paz de Paris. Quatro anos mais tarde, Kissinger recebeu a Medalha Presidencial da Liberdade e, em 1986, a Medalha da Liberdade. Em 1995, ele foi condecorado Cavaleiro Comandante Honorário da Ordem de São Miguel e São Jorge.

Tampouco pode-se argumentar com facilidade que esses cargos e honras foram totalmente imerecidos. Ele foi responsável – para citar apenas seus feitos mais óbvios – pela negociação do primeiro Tratado sobre Limites para Armas Estratégicas (SALT I) e o Anti-Ballistic Missile Treaty [Tratado sobre Mísseis Antibalísticos] com a União Soviética. Enquanto ele esteve no cargo, os Estados Unidos ratificaram o Tratado de Não Proliferação de Armas Nucleares, a convenção internacional que bania as armas biológicas, e os Acordos de Helsinki, cujo Artigo 10 (por menos que Kissinger gostasse dele) obrigava os signatários dos dois lados da Cortina de Ferro a "respeitar os direitos humanos e as liberdades fundamentais, incluindo a liberdade de pensamento, de consciência, de religião ou de crença, para todos, sem distinção de raça, sexo, língua ou religião". Foi Kissinger quem, com Zhou Enlai, abriu as comunicações diplomáticas entre os Estados Unidos e a República Popular da China, indiscutivelmente um dos momentos decisivos na Guerra Fria. Foi Kissinger que negociou o fim da Guerra do Yom Kippur entre os Estados árabes e Israel, e cuja diplomacia itinerante pavimentou o caminho para os Acordos de Camp David.

Como, então, podemos explicar a hostilidade visceral que o nome Henry Kissinger suscita? Em *O julgamento de Kissinger*, o jornalista britânico Christopher Hitchens chegou ao ponto de acusar Kissinger de "crimes de guerra e crimes contra a humanidade na Indochina, no Chile, na Argentina, em Chipre, no Timor-Leste, e em inúmeros outros lugares" (na verdade, o único outro lugar discutido no livro é Bangladesh), alegando que Kissinger "ordenou e sancionou a destruição de populações civis, o assassinato de políticos inconvenientes, o sequestro e o desaparecimento de soldados,

---

* Este livro foi publicado originalmente em 2015. (N. E.)

jornalistas e de membros de organizações religiosas que atravessaram seu caminho".³⁸ Genocídio, execuções em massa, assassinatos e mortes, todos figuram na acusação.

Hitchens era um hábil polemista; sua capacidade como historiador é mais passível de contestação. Não obstante, para cada um dos casos que ele citou, existem estudos mais minuciosos que chegaram a veredictos comparáveis, ainda que apresentados de forma menos bombástica: o estudo de William Shawcross da "catástrofe" e do "crime" no Camboja;³⁹ Gary Bass se pronunciando sobre o derramamento de sangue em Bangladesh;⁴⁰ José Ramos-Horta no Timor-Leste;⁴¹ Jonathan Haslam e Peter Kornbluh no Chile;⁴² sem esquecer Noam Chomsky a respeito da oportunidade perdida para a paz no Oriente Médio em 1970 e 1971.⁴³ Além do mais, as acusações de criminalidade ganharam credibilidade com as tentativas, em 2001 e 2002, de vários juízes e advogados na Argentina, no Chile, na França e na Espanha, de forçar Kissinger a pelo menos dar evidências em casos relacionados à Operação Condor, a campanha clandestina de seis governos da América do Sul para "fazer desaparecer" ativistas de esquerda. À luz de tudo isso, não chega a surpreender que tantos jornalistas agora fiquem falando livremente em termos como "assassino em massa", "homicida" e "monstro" quando o nome de Henry Kissinger é mencionado.

Este volume cobre a primeira metade da vida de Kissinger, terminando em 1969, no momento em que ele entrou na Casa Branca para servir como conselheiro de Segurança Nacional de Richard Nixon. Portanto, não aborda as questões acima mencionadas. Mas trata da política externa dos quatro predecessores de Nixon. Como vai ficar claro, cada uma dessas administrações poderia com a mesma facilidade ser acusada de crimes de guerra e contra a humanidade. Não há a menor dúvida, para pegar somente um único exemplo, de que a Agência Central de Inteligência teve um papel determinante no golpe que derrubou o governo eleito de Jacobo Arbenz Guzmán na Guatemala em 1954. Ela também teve um papel ativo na subsequente campanha de violência contra a esquerda guatemalteca. O número de pessoas (cerca de 200 mil) que morreram nessa campanha é quase cem vezes o dos "desaparecidos" no Chile depois de 1973 (2.279). De acordo com um estudo da Brookings Institution, os Estados Unidos lançaram mão de ações militares ou de ameaças de ações militares três vezes mais na época de Kennedy do que na de Kissinger.⁴⁴ As intervenções variaram de uma invasão fracassada de Cuba a um golpe de Estado sangrento no Vietnã do Sul. E, no entanto, nenhum grande polemista se deu ao trabalho de acusar Dean Rusk por crimes de guerra.

Um argumento semelhante poderia ser feito a respeito das administrações norte-americanas a partir de 1976. Vinte e cinco anos depois de publicar *Sideshow* [Acontecimentos menores], William Shawcross argumentou que, "depois de 11 de Setembro, os Estados Unidos não tinham escolha a não ser derrubar Saddam, que havia provocado o mundo por anos a fio e foi o único líder nacional a elogiar aquele ataque impiedoso".[45] Em um artigo no *The New York Times*, coescrito com o amigo e colega de Kissinger, Peter Rodman, Shawcross argumentou que "a derrota norte-americana no Iraque iria encorajar os extremistas no mundo islâmico, desmoralizar e talvez desestabilizar muitos governos moderados simpatizantes, e acelerar a radicalização de todos os conflitos no Oriente Médio. Nossa conduta no Iraque é um teste crucial para nossa credibilidade".[46] Basta substituir *Iraque* por *Vietnã* e *muçulmanos* por *comunistas* para obter precisamente o argumento que Kissinger apresentou em 1969 contra abandonar o Vietnã do Sul ao seu destino. Hitchens também descobriu tarde na vida que havia muitas coisas piores no mundo do que o poder norte-americano, indo ao ponto de argumentar em 2005 que "as condições na prisão em Abu Ghraib [haviam] melhorado significativa e subitamente desde a chegada das tropas de coalizão em Bagdá".[47]

A questão interessante, então, é: por que o duplo critério? Uma resposta possível, ainda que fácil, é a de que nenhuma quantia de humor autodepreciativo jamais teria sido suficiente para contornar a inveja dos contemporâneos de Kissinger. Em certa ocasião, em um grande jantar em Washington, um homem se aproximou dele e disse: "Dr. Kissinger, quero lhe agradecer por salvar o mundo". Sem hesitar, Kissinger replicou: "Por nada".[48] Questionado por jornalistas como estes deveriam então se dirigir a ele, após seu juramento como secretário de Estado, Kissinger replicou: "Eu não me apego ao protocolo. Se os senhores me chamarem apenas de excelência, tudo bem".[49] As muitas listas das citações de Henry Kissinger incluem as seguintes frases:

> As pessoas geralmente se espantam por eu me interessar por qualquer fórum que me obrigasse a parar de falar por três horas.

Quanto mais tempo eu estou sem cargos oficiais, mais infalível eu aparento ser para mim mesmo.

A coisa boa a respeito de ser uma celebridade é que, se você aborrece as pessoas, elas pensam que é culpa delas.

Não pode haver uma crise na próxima semana. Minha agenda já está lotada.

Cada uma delas usa o mesmo recurso retórico, a *reductio ad absurdum*. Considerado arrogante, Kissinger procurava desarmar seus críticos dizendo coisas tão arrogantes a ponto de ser uma indiscutível autoironia. Quem cresceu vendo os Irmãos Marx sem dúvida reconheceu a influência de Groucho. Mas era uma característica da geração da "contracultura" dos anos 1960 e 1970 não considerá-los engraçados. "O ilegal nós fazemos imediatamente; o inconstitucional demora um pouco mais" está entre as frases mais citadas de Kissinger. Raramente ela é reconhecida como uma piada, introduzida por "Antes da Freedom of Information Act [Lei para a Liberdade de Informação], eu costumava dizer nas reuniões..." e seguida no "memcon" [memorando da conversa] oficial por "[risadas]". Se Kissinger realmente tivesse tido "medo de dizer coisas como essa" desde o Freedom of Information Act, presumivelmente ele não as teria dito.[50]

Em dicionários de citações, Kissinger conta com mais observações espirituosas associadas a seu nome do que muitos comediantes profissionais. "Noventa por cento dos políticos dão aos outros dez por cento uma péssima reputação." "Se oitenta por cento de suas vendas provêm de vinte por cento de toda a sua mercadoria, só leve esses vinte por cento." E uma frase digna do próprio Woody Allen: "Ninguém jamais irá vencer a Guerra dos Sexos. Há confraternização demais com os inimigos". Seus aforismos mais inteligentes também merecem ser preservados: "Para estar absolutamente certa a respeito de alguma coisa, a pessoa tem de saber tudo ou nada a respeito do assunto"; "Cada sucesso apenas garante um bilhete de entrada para um problema mais difícil", e talvez o mais famoso de todos, "O poder é o afrodisíaco definitivo". Contudo, a agudeza dos chistes de Kissinger parece, em última análise, estar em proporção inversa à sua popularidade. Talvez a bravata a respeito do sexo fosse simplesmente um erro. A frase de Kissinger a respeito da característica afrodisíaca do poder, uma vez mais, tinha a intenção de ser uma autoironia.

A respeito das mulheres com as quais saía, ele disse certa vez: "Elas são [...] atraídas somente pelo meu poder. Mas o que vai acontecer quando meu poder se acabar? Elas não vão ficar sentadas à minha volta jogando xadrez comigo".⁵¹ Essa não é a linguagem de Don Juan. Uma vez mais, Kissinger foi excessivamente sincero com Oriana Fallaci:

> Quando converso com Le Duc Tho, sei como devo agir em relação a Le Duc Tho, e quando estou com moças, sei como tenho de agir em relação às moças. Além do mais, Le Duc Tho não concorda de jeito nenhum em negociar comigo por eu representar um exemplo de retidão moral [...] [E]ssa reputação frívola [...] é em parte exagerada, é claro [...]. O que conta é até que ponto as mulheres são parte da minha vida, uma preocupação central. Bem, elas não são isso, de jeito nenhum. Para mim, as mulheres são apenas uma distração, um hobby. Ninguém gasta muito tempo com seus hobbies.⁵²

Isso era verdade. As mulheres glamorosas com quem Kissinger jantava publicamente nos anos anteriores ao seu segundo casamento eram geralmente deixadas por conta própria depois da sobremesa, quando Kissinger voltava para a Casa Branca ou o Departamento de Estado. Nós sabemos agora (ver o prefácio) que nenhum desses relacionamentos era mais do que uma amizade: Kissinger amava Nancy Maginnes, e ela aceitava a cortina de fumaça nas colunas de fofocas como o preço de sua privacidade. Contudo, as jovens atrizes de cinema, juntamente com a publicidade, só poderiam alimentar os ciúmes de outras pessoas. Tampouco Kissinger foi capaz de resistir a outra frase de efeito: "Eu sou", ele anunciou em uma festa dada para a feminista Gloria Steinem pela âncora de um programa televisivo, Barbara Howar, "um namoradeiro secreto".⁵³ Na verdade, não havia nenhum segredo a respeito disso. Uma reportagem de página dupla na revista *Life* em janeiro de 1972 retratava Kissinger não apenas com Steinem e Howar, mas também com a "jovem atriz de cinema" Judy Brown, com a "estrela do cinema" Samantha Eggar, com a "atriz de cinema" Jill St. John, com a "estrela da televisão" Marlo Thomas, com a "jovem atriz" Angel Tompkins e a "pin-up peituda" June Wilkinson.⁵⁴ Mas nem todas as mulheres com quem Kissinger saía eram do segundo escalão artístico. A atriz norueguesa Liv Ullmann havia sido indicada ao Oscar dois anos antes de ela fazer Kissinger perder o anúncio de sua própria nomeação como secretário de Estado. Candice Bergen era uma estrela em ascensão quando, em um jantar, Kissinger lhe deu "a sensação dos segredos compartilhados – provavelmente o mesmo pacote que ele oferecia a cada atriz contrária às guerras". Para a imprensa, a história era irresistível: o pouco atraente professor de Harvard renascido em Hollywood como o "Cary Grant com sotaque alemão".[55] Quando Marlon Brando se recusou a participar da *première* do filme *O poderoso chefão*, seu produtor executivo, Robert Evans, sem hesitar, chamou Kissinger – e Kissinger, amavelmente, foi de avião, apesar da nevasca e de uma agenda no dia seguinte que se iniciou com um encontro bem cedo com o Estado-Maior Conjunto para discutir a colocação de minas no porto de Haiphong e terminou com um voo secreto para Moscou:

ENTREVISTADOR: Dr. Kissinger, por que o senhor está aqui esta noite?
Kissinger: Eu fui forçado.
E: Por quem?
K: Pelo Bobby [Evans].
E: Ele lhe fez uma proposta que o senhor não pôde recusar?
K: Sim.[56]

Enquanto eles abriam caminho pela multidão, Evans conduzia Kissinger por um braço e Ali MacGraw pelo outro.

A réplica óbvia para tudo isso é que a hostilidade em relação a Kissinger tinha muito mais a ver com ações como a colocação de minas no porto de Haiphong do que com aparições em *premières* de cinema. Ainda assim, motivos menos pacíficos para animosidade não podem ser deixados de lado imediatamente. Já em janeiro de 1971, o colunista Joseph Kraft podia relatar que os "amigos e companheiros mais íntimos" de Kissinger tinham passado a vê-lo como "uma figura suspeita, personificando a traição dos intelectuais" porque ele estava trabalhando para "reforçar e legitimar os instintos de linha-dura do presidente em relação à maior parte das questões internacionais".[57] No mês de maio anterior, treze de seus colegas de Harvard – entre eles Francis Bator, William Capron, Paul Doty, George Kistiakowsky, Richard Neustadt, Thomas Schelling e Adam Yarmolinsky – haviam viajado para Washington para um encontro com ele. Kissinger tinha esperado ser o anfitrião de um almoço particular. Pelo contrário, segundo um conhecido relato do encontro,

Schelling começou dizendo que ele poderia explicar quem eles eram. Kissinger ficou perplexo.

"Sei quem vocês são", disse ele, "vocês todos são bons amigos de Harvard".

"Não", disse Schelling, "nós somos um grupo de pessoas que perderam completamente a confiança na capacidade da Casa Branca de liderar nossa política externa, e viemos dizer isso a você. Nós não estamos mais ao seu dispor como conselheiros pessoais". Eles começaram então a repreendê-lo, usando cinco minutos cada um.[58]

A razão apresentada pelo grupo para romper com Kissinger era a invasão do Camboja. (Como porta-voz deles, Schelling afirmou: "Há duas possibilidades. Ou, primeira, o presidente não compreendeu [...] que ele estava invadindo outro país; ou, segunda, ele realmente entendeu. Nós simplesmente não sabemos qual das duas é mais aterrorizante".)[59] Sem dúvida Schelling e seus colegas tinham razões convincentes para criticar a decisão de Nixon. Ainda assim, havia algo suspeitamente ensaiado quanto à discussão deles com Kissinger. Cada uma das pessoas citadas acima tinha experiência no governo, e em alto escalão. Bator, por exemplo, havia sido o vice do conselheiro de Segurança Nacional do predecessor de Nixon, Lyndon Johnson, e tinha, portanto, desfrutado de uma posição muito próxima do campo de batalha para a escalada da guerra contra o Vietnã do Norte. Como Bator confessou para o diário *The Harvard Crimson*, "Alguns de nós aqui em Harvard têm estado trabalhando com o governo por muito tempo". Neustadt também admitiu que ele havia "considerado o poder Executivo como [...] sua casa por vinte ou trinta anos [...]. Esta é a primeira vez em anos que eu vim para Washington e fiquei no Hay-Adams e tive de pagar a conta com dinheiro de meu próprio bolso".

Para esses homens, romper publicamente com Kissinger – tendo os jornalistas sido avisados com antecedência a respeito do rompimento – era uma forma de autojustificativa, para não dizer uma medida de segurança, enquanto estudantes radicais no campus de Harvard faziam manifestações. Quando Neustadt disse ao *Crimson*: "Acho que podemos dizer que estamos com medo", ele não especificou de quê. Outros foram mais sinceros. Como falou Schelling: "Se o Camboja for bem-sucedido, isso vai ser um desastre não somente pelo fato de minha sala em Harvard poder estar queimada quando eu voltar para casa, mas será mesmo um desastre nos próprios termos [da administração]". O historiador Ernest May, que havia saído às pressas de uma reunião de emergência do corpo docente dedicada às exigências dos estudantes relacionadas às provas, disse para Kissinger: "Você está destruindo o país internamente". O país a que ele se referia não era o Camboja. Depois de seu encontro com Kissinger, como se fosse para colocar em destaque seu arrependimento por erros passados, Neustadt e outros dois colegas foram participar de uma Peace Action Strike [Ação pela Paz] muito maior, de professores e alunos de Harvard, liderada pelo impetuoso pacifista professor Everett Mendelsohn. Mas os radicais do campus não foram apaziguados. Naquele mesmo dia, o Center for International Affairs [Centro de Relações Internacionais], onde tanto Bator quanto Schelling tinham salas, foi invadido e "destroçado" por manifestantes.[60]

IV

Ainda que eles não tenham objetado continuamente às suas medidas, os críticos contestaram por muito tempo o modo de agir de Kissinger. Levado por uma "ambição excessiva", ele era "um rematado criador de um sistema de informações, operando em uma escala quase mundial".[61] Ele era "o melhor amigo da imprensa".[62] "Um renomado jornalista certa vez reclamou que ele precisava de três dias depois de cada conversa com Henry Kissinger para recobrar o seu bom senso; infelizmente, nesse meio-tempo, ele havia escrito sua coluna".[63] Kissinger, é o que nos dizem, amava o sigilo quase tanto quanto o diabólico Richard Nixon, com quem (pelo menos aos olhos de Harvard) havia feito o seu pacto faustiano.[64] Gravava as conversas até mesmo dos membros de sua própria equipe, sobretudo Morton Halperin.[65] Ele era subserviente e estava pronto para suportar o ofensivo antissemitismo de Nixon.[66] Mas era também profundamente inseguro, precisando ser convencido pelo chefe de gabinete de Nixon, H. R. Haldeman, "quase todos os dias, certamente pelo menos todas as semanas [...] de que o presidente realmente o amava e o apreciava, e não poderia ficar sem ele".[67] Um dos mais inexoráveis críticos de Kissinger, Anthony Lewis, do *The New York Times*, fez a pergunta: "Como Kissinger [...] era capaz de se envolver nos horrores deles [?] [...] Como ele era capaz de se humilhar, de usar linguagem obscena, de se imiscuir em coisas como gravações de conversas?". A resposta, Lewis argumentava, era: "Sem dúvida: ele fazia o que tinha de ser feito para conseguir o poder e mantê-lo

– e para exercê-lo em segredo".⁶⁸ Em todos esses relatos, Kissinger é como o equivalente norte-americano de Kenneth Widmerpool nos romances de Anthony Powell, *A Dance to the Music of Time* [Dançando conforme a música do tempo] – ao mesmo tempo detestável e impossível de ser contido.

A outra possibilidade é que grande parte do que tem sido dito contra Kissinger tem sua origem nas pessoas que sentem rancor contra ele. Quando, por exemplo, George Ball descreveu Kissinger como "egocêntrico e conspiratório", ele estava expressando o ponto de vista de alguém de dentro do Departamento de Estado que se ressentia do modo como ele havia enfraquecido o agora praticamente esquecido secretário de Estado William P. Rogers.⁶⁹ Raymond Garthoff era outro funcionário de alto escalão com suas próprias razões pessoais para se envolver no assunto: enquanto estava negociando os termos do SALT com os soviéticos, ele não havia sido informado a respeito do "canal não oficial" de Kissinger com o embaixador soviético.⁷⁰ Hans Morgenthau certa vez descreveu Kissinger de modo memorável como, assim como Ulisses, "*polytropos*, ou seja, 'com muitas faces', ou 'com muitas aparências'".

> Dessa característica se origina o fascínio com que os amigos e os inimigos, os colegas e os desconhecidos o veem. Essa característica encerra o segredo de seu sucesso. Kissinger é como um bom ator que não *representa* o papel de Hamlet hoje, ou o de Júlio César amanhã, mas que *é* Hamlet hoje e Júlio César amanhã.⁷¹

A imprensa israelense posteriormente reduziu tudo isso a uma caricatura da "diplomacia de duas faces".⁷² Mas estaria Morgenthau fazendo sua crítica totalmente desinteressado? Quase dez anos mais velho que Kissinger e, assim como Kissinger, de origem judaico-alemã, ele é considerado até os dias atuais como o fundador da escola "realista" da política externa norte-americana. Contudo, sua carreira em Washington – como consultor do Pentágono na administração Johnson – havia terminado quando ele se recusou a seguir ordens a respeito do Vietnã. Se alguém estremecia ao ouvir Kissinger louvado como o arquirrealista, esse alguém era Morgenthau.

Um tema favorito dos críticos de Kissinger era o fato de ele ser basicamente hostil, ou ao menos indiferente, à democracia. "Um compromisso político com a estabilidade e a identificação da instabilidade com o comunismo", Morgenthau escreveu, "são forçados pela lógica de sua interpretação da realidade a suprimir, em nome do anticomunismo, todas as manifestações de descontentamento popular. [...] Assim sendo, em um mundo essencialmente instável, a tirania passa a ser o último recurso de uma política comprometida com a estabilidade como seu parâmetro definitivo".[73] Sentimentos semelhantes podem ser encontrados em múltiplas polêmicas. Segundo Richard Falk, a eficácia de Kissinger se originava de "sua capacidade de evitar críticas desagradáveis sobre [...] indecências domésticas" – "uma postura maquiavélica" que era um alívio bem-vindo para os ditadores do mundo.[74] Por que um homem que havia fugido do Terceiro Reich e tido sucesso nos Estados Unidos poderia não gostar da democracia não é algo imediatamente óbvio. Mas um escritor depois do outro tem resolvido o paradoxo argumentando que, segundo David Landau, Kissinger era "um filho de Weimar", assombrado pelo "pavoroso espectro da revolução e da anarquia política, a extinção de toda autoridade reconhecível".[75] "Testemunhando esses acontecimentos em primeira mão", escreve Jeremi Suri, "Henry Kissinger foi capaz apenas de concluir que as democracias eram fracas e pouco eficientes para combater os inimigos destrutivos. [...] A solução era [...] abrir espaço para tomadas de decisão no governo não democráticas, carismáticas e progressistas".[76] Assim sendo, ele "com frequência agia contra o que via como uma opinião interna perigosa. Se agisse de outra maneira, segundo seu ponto de vista, repetiria os erros dos puristas democráticos na década de 1930 e se rebaixaria ante as fraquezas e os extremos da política de massas [...] e as pessoas que protestavam nas ruas".[77] Como veremos, o defeito desse argumento é o fato de Henry Kissinger ainda não ter 10 anos quando a República de Weimar foi extinta, uma idade em que até mesmo crianças muito precoces dificilmente têm opiniões políticas firmes. Suas lembranças políticas mais remotas eram as do regime que veio em seguida. Crescer na era de Hitler de algum modo fez com que Kissinger tivesse preconceitos contra a democracia? Bruce Mazlish ofereceu a interpretação psicanalítica de que a "identificação com o agressor" de Kissinger era o seu modo de "lidar com a experiência nazista".[78] Entretanto, uma leitura muito mais direta é possível.

Em tal contexto, é uma estranha ironia da literatura a respeito de Kissinger que tantas das críticas relacionadas ao seu modo de agir tenham um ligeiro toque de antissemitismo. Quanto mais livros eu leio a respeito de Kissinger, mais me recordo dos livros pavorosos que tive de ler vinte anos atrás, quando estava escrevendo a história da família Rothschild. Quando outros bancos do século XIX faziam empréstimos para regimes conservadores ou para países em guerra, ninguém parecia perceber. Porém, quando os Rothschild fizeram isso, os panfletários mal eram capazes de controlar sua indignação. Na verdade, seriam necessárias muitas prateleiras para conter toda a estridente polêmica anti-Rothschild produzida pelos antecedentes vitorianos dos teóricos da conspiração de nossos dias (que ainda gostam de mencionar os Rothschild). Isso suscita a questão: poderia talvez a ferocidade das críticas que Kissinger tem atraído ter algo a ver com o fato de ele, assim como os Rothschild, ser judeu?

Isso não significa que seus críticos sejam antissemitas. Alguns dos mais contundentes críticos dos Rothschild eram eles próprios judeus. E alguns dos de Kissinger também são. Bruce Gold, o professor que odiava Kissinger criado por Heller, avança a "hipótese secreta e notável de que Henry Kissinger não era judeu" – uma hipótese baseada em parte no *insight* de seu pai de que "nenhum caubói jamais foi judeu".

> Na opinião conservadora de Gold, Kissinger não seria recordado na história assim como Bismarck, Metternich ou Castlereagh, mas como um odioso *shlump* que participava alegremente da guerra e que não transpirava com tanta frequência muita daquela lendária simpatia pelo sofrimento e pela fraqueza normalmente atribuída aos judeus. Não era nenhum *shayna Yid* que cairia de joelhos em um tapete para rezar para Jeová com aquele *shmendrick* Nixon, ou um *haimisha mentsh* que agiria com tanta crueldade contra a população livre do Chile. [...] Tamanho *pisk* no *pisher* pra falar com tamanha *chutzpah*!79

Dizer que os judeus norte-americanos têm sido ambivalentes em relação ao homem que é indiscutivelmente o filho mais ilustre de sua comunidade seria uma atenuação. Até mesmo biógrafos simpatizantes como Mazlich e Suri usam frases questionáveis como "judeu da corte" ou "judeu político" para caracterizar o relacionamento de Kissinger com Nixon.80

V

O ponto central da questão, não obstante, é como nós consideramos a política externa de Kissinger – tanto sua teoria quanto sua parte prática. Para a maioria dos comentaristas, a teoria é clara. Kissinger é um realista, e isso implica, na rudimentar definição da "Doutrina de Kissinger" feita por Anthony Lewis, "uma obsessão com a ordem e o poder a expensas da humanidade".[81] Segundo Marvin e Bernard Kalb, Nixon e Kissinger "compartilhavam de uma *realpolitik* global que dava maior prioridade ao pragmatismo que à moral".[82] Na década de 1960, Stanley Hoffmann tinha sido mais que um colega de Kissinger: ele havia sido um amigo e admirador, que recebera bem sua nomeação por Nixon. Contudo, na época em que Kissinger publicou o primeiro volume de suas memórias, Hoffmann também havia se unido a esse clube. Kissinger tinha, ele escreveu em uma resenha virulenta, "uma intuição psicológica quase diabólica, um instinto para detectar os secretos traços de personalidade, de saber o que motiva ou o que condena outra pessoa". Ele também tinha "o dom para a manipulação do poder – explorando as fraquezas e os pontos fortes da personalidade de seus semelhantes". Porém

> [s]e havia uma visão além do jogo geopolítico, se a complexa manipulação de recompensas e de punições necessária para criar o equilíbrio e para conter os agitadores era direcionada para certo ideal de ordem mundial, estamos livres para adivinhar o que ela poderia ter sido. [...] O [dele] é um mundo no qual o poder representa tudo: o equilíbrio não é somente o pré-requisito para a ordem, a condição prévia para a justiça; ele *é* ordem, ele corresponde à justiça.[83]

Assim como tantos outros autores menos esclarecidos, Hoffmann concluiu que tanto Nixon quanto Kissinger (o primeiro "de modo instintivo"; o outro "intelectualmente") eram "maquiavélicos – homens que acreditavam que a preservação do Estado (inseparável em Maquiavel da preservação do príncipe) requer tanto falta de piedade quanto engano a expensas de adversários estrangeiros e internos".[84] Esse tipo de julgamento é recorrente. Segundo Walter Isaacson, "a *realpolitik* orientada pelo poder e manobras diplomáticas secretas [...] eram a base das medidas [de Kissinger]".[85] John Gaddis chama a combinação Nixon-Kissinger de "o triunfo da geopolítica sobre a ideologia", com sua concepção dos interesses nacionais dos Estados Unidos sempre tendo a primazia.[86] Kissinger, diz Suri, era "insensível à retórica idealista que negligenciava a importância 'realista' das forças armadas abrangentes e dos preparativos para usá-las".[87] Ele invariavelmente colocava as "exigências do Estado acima de outros escrúpulos éticos".[88]

Tão profundamente enraizada é essa visão de Kissinger como um realista amoral – um "insensível mestre da *realpolitik* que não vai sacrificar um pingo dos interesses norte-americanos" – que a grande maioria dos escritores tem simplesmente assumido que Kissinger se moldou em seus "heróis" Metternich e Bismarck.[89] Kissinger realmente escreveu a respeito dos dois homens, respectivamente, nas décadas de 1950 e de 1960. Mas somente alguém que não leu (ou que propositalmente leu errado) o que ele realmente escreveu jamais poderia pensar que Kissinger começou na década de 1970 replicando as abordagens deles relacionadas à política externa. Um dos equívocos da literatura sobre "Killinger" é que, em comparação, tão pouco se fala sobre o livro de Kissinger *Nuclear Weapons and Foreign Policy* [Armas nucleares e política externa]. Com sua argumentação fria e calculada a favor do uso gradativo de armas nucleares, ele poderia ser facilmente apresentado como evidência de que o dr. Kissinger havia realmente sido a inspiração para o Dr. Fantástico de Stanley Kubrick. No entanto, os críticos de Kissinger dão preferência a diferentes campos de batalha àqueles da Europa Central, a zona central de conflito da Primeira e da Segunda Guerras Mundiais, que até mesmo uma guerra nuclear limitada teria destruído completamente.

VI

A Guerra Fria, que foi o evento que definiu as duas carreiras de Kissinger, como acadêmico e como estrategista político, assumiu muitas formas. Ela foi uma corrida de armas nucleares que em mais de uma ocasião chegou perto de se transformar em uma devastadora guerra termonuclear. Ela também foi, em alguns aspectos, uma disputa entre dois grandes impérios, um norte-americano e o outro russo, que enviaram suas legiões ao redor do mundo, embora eles raramente se encontrassem frente a frente. Ela foi uma competição entre dois sistemas econômicos, capitalista e socialista, simbolizada pelo "*kitchen debate*" ["debate na cozinha"] de Nixon com Khrushchov em Moscou, em 1959. Foi um jogo importante, ainda que mortal, entre agências de informações, tornado glamoroso nos romances de Ian Fleming, apresentado com maior precisão nos de John le Carré. Foi uma batalha cultural, na qual professores tagarelas, bandas de jazz que excursionavam e bailarinos desertores representaram seus papéis. Contudo, em seu cerne, a Guerra Fria foi uma luta entre duas ideologias rivais: as teorias do Iluminismo, assim como foram encapsuladas na Constituição dos Estados Unidos, e as teorias de Marx e de Lênin, assim como foram articuladas por sucessivos líderes soviéticos. Somente uma dessas teorias era voltada, como questão de princípios teóricos, para a luta. E somente um desses Estados era totalmente livre das restrições das leis.

Os assassinos em massa da Guerra Fria não seriam encontrados em Washington, muito menos nas capitais dos Aliados norte-americanos na Europa Ocidental. Segundo as estimativas em *O livro negro do comunismo: crimes, terror e repressão*, o "grande total de vítimas do comunismo se encontra entre 85 e 100 milhões" para todo o século xx.[90] Somente Mao, como Frank Dikötter mostrou, foi responsável por dezenas de milhões: 2 milhões entre 1949 e 1951, outros 3 milhões até o fim da década de 1950, impressionantes 45 milhões na carestia criada pelo ser humano conhecida como o "Grande Salto para a Frente", e ainda mais no enorme conflito da Revolução Cultural.[91] De acordo com as estimativas mais baixas, o número total de cidadãos soviéticos que perderam a vida como resultado direto das políticas de Stálin passa de 20 milhões, um quarto deles nos anos após a Segunda Guerra Mundial.[92] Até mesmo os regimes menos sangrentos da Europa Oriental mataram e encarceraram seus cidadãos em uma escala chocante.[93] Na União Soviética, 2,75 milhões de pessoas estavam nos *gulags* quando Stálin morreu. Os números foram muito reduzidos posteriormente, mas até o fim do sistema soviético seus habitantes viviam na certeza de que não havia nada além de sua própria astúcia para protegê-los de um Estado arbitrário e corrupto. Esses fatos desagradáveis e incontestáveis zombam dos esforços dos assim chamados historiadores revisionistas, começando com William Appleman Williams, de asseverar uma equivalência moral entre a União Soviética e os Estados Unidos durante a Guerra Fria.[94]

Todos os regimes comunistas do mundo, sem exceção, foram impiedosos em seu tratamento dos "inimigos da classe", da Coreia do Norte dos Kims ao Vietnã de Ho Chi Minh, da Etiópia de Mengistu Haile Mariam à Angola de Agostinho Neto. Pol Pot foi o pior de todos, mas até mesmo a Cuba de Castro não era um paraíso dos trabalhadores. E os regimes comunistas eram agressivos também, invadindo abertamente um país depois do outro durante a Guerra Fria. Por quais cidades estrangeiras os tanques norte-americanos passaram em 1956, quando os tanques soviéticos aniquilaram a resistência em Budapeste? Em 1968, quando armamentos soviéticos desfilaram em Praga, os tanques norte-americanos estavam em Saigon e Hue, seus comandantes pouco suspeitando que em menos de seis meses eles estariam defendendo essas cidades contra uma maciça ofensiva do Vietnã do Norte. A Coreia do Sul invadiu a Coreia do Norte? O Vietnã do Sul invadiu o Vietnã do Norte?

Além do mais, nós sabemos agora, baseados nos documentos secretos trazidos para o Ocidente por Vasili Mitrokhin, quão abrangente e impiedoso era o sistema de espionagem internacional e de subversão da KGB.[95] Na Guerra Fria global, inextricavelmente ligada como ela estava com a queda dos impérios europeus, a União Soviética quase sempre deu o primeiro passo, deixando aos Estados Unidos a retaliação onde fosse possível.[96] Essa retaliação assumiu muitas formas horrendas, sem dúvida. Graham Greene tinha razão quando zombou em *O americano tranquilo*, cuja menção a uma "terceira força" soava exatamente como o imperialismo para todas as outras pessoas. Porém, em termos de crescimento econômico e de liberdade política, sempre seria melhor para as pessoas comuns e seus filhos se os Estados Unidos ganhassem. O ônus da prova, portanto, recai sobre os críticos da política dos norte-americanos, para demonstrar que uma política de não intervenção – do tipo que havia sido adotado pelas potências ocidentais quando a União Soviética, a Alemanha nazista e a Itália fascista se alinharam na Guerra Civil Espanhola, e novamente quando os alemães exigiram a divisão da Tchecoslováquia – teria produzido melhores resultados. Como Kissinger salientou para Oriana Fallaci, "a história das coisas que não aconteceram" precisa ser levada em consideração antes que nós possamos fazer quaisquer julgamentos da história das coisas que de fato aconteceram. Nós precisamos considerar não somente as consequências do que os governos norte-americanos fizeram durante a Guerra Fria, mas também as prováveis consequências das diferentes políticas externas que poderiam ter sido adotadas.

E se os Estados Unidos jamais tivessem encampado a política de contenção de George Kennan, mas tivessem optado novamente pelo isolacionismo depois de 1945? E se, por outro lado, os Estados Unidos tivessem adotado uma estratégia mais agressiva destinada a "conter" os ganhos soviéticos, correndo o risco de precipitar uma guerra nuclear? As duas alternativas tinham seus defensores na época, assim como havia defensores tanto de medidas mais enérgicas quanto menos enérgicas durante o período em que Kissinger esteve no governo. Qualquer pessoa que se aventure a condenar o que os tomadores de decisão fizeram nesta ou naquela localidade tem de ser capaz de argumentar, de modo plausível, que suas medidas alternativas favoritas teriam causado menos vítimas fatais norte-americanas e não norte-americanas, bem como nenhuma grande consequência negativa de segunda ordem em outras partes do mundo. Especificamente, argumentos que se concentram na perda de vidas em países estrategicamente marginais – e não há outro modo de descrever Argentina, Bangladesh, Camboja, Chile, Chipre e Timor-Leste – devem ser confrontados com a seguinte pergunta: como, em cada caso, uma decisão alternativa teria afetado as relações dos Estados Unidos com países estrategicamente importantes como União Soviética, China, e as mais importantes potências da Europa Ocidental? Pois, como o próprio Kissinger certa vez observou, o homem de Estado não é como um juiz, que pode tratar cada caso individual baseado em seus méritos. A pessoa que concebesse as grandes estratégias durante a Guerra Fria tinha de considerar todos os casos simultaneamente no contexto de uma luta prolongada contra um rival hostil e fortemente armado.

Baseado nesse ponto de vista, o verdadeiro enigma da Guerra Fria é por que levou tanto tempo para que os Estados Unidos a ganhassem. Muito mais ricos que a União Soviética de acordo com quaisquer padrões (segundo as melhores estimativas disponíveis, a economia soviética tinha, em média, menos de dois quintos do tamanho da norte-americana o tempo todo), tecnologicamente quase sempre à frente, e com um sistema político e uma cultura popular decididamente mais atraentes, os Estados Unidos às vésperas da nomeação de Henry Kissinger como conselheiro de Segurança Nacional já eram um poderoso império – porém um "império por convite" ao invés de "por imposição".[97] Membros das forças armadas norte-americanas estavam estacionados em 64 países.[98] Os Estados Unidos tinham alianças com não menos de 48 deles.[99] E não somente as forças norte-americanas eram geralmente mais bem armadas que quaisquer outras; os Estados Unidos não tinham medo de usá-las. Entre 1946 e 1965, segundo uma estimativa, tinham ocorrido 168 casos isolados de intervenção armada norte-americana além-mar.[100] As forças norte-americanas estavam permanentemente baseadas em países-chave, incluindo Alemanha e Japão, os dois maiores agressores da Segunda Guerra

Mundial. No entanto, a Guerra Fria ainda duraria por mais vinte anos. Além do mais, durante a época da rivalidade entre as superpotências, os Estados Unidos tendiam a ter mais dificuldades que seu rival quando o assunto era a imposição de sua vontade além de suas próprias fronteiras. Segundo uma avaliação de sete intervenções do período da Guerra Fria feitas pelos Estados Unidos, somente quatro foram bem-sucedidas no sentido de estabelecer sistemas democráticos estáveis: a Alemanha Ocidental e o Japão, depois da Segunda Guerra Mundial, e Granada e Panamá, na década de 1980. Mesmo se a lista for expandida para incluir o flagrante sucesso da Coreia do Sul, o colossal fracasso do Vietnã paira como uma nuvem de fumaça acre sobre o registro norte-americano.[101]

No verão de 1947, George Kennan publicou seu ensaio anônimo na revista *Foreign Affairs*, "The Sources of Soviet Conduct" [As origens da conduta soviética], um dos textos fundadores da estratégia que ele batizou de "contenção". Em um trecho surpreendente, Kennan relacionou o aparente poder da União Soviética ao da grande família de negociantes do romance de Thomas Mann, *Os Buddenbrook*.

> Observando que as instituições humanas frequentemente mostram o maior fascínio exterior no momento em que a decadência interior está, na verdade, mais avançada, [Mann] comparou a família Buddenbrook, nos dias de seu maior esplendor, a uma daquelas estrelas cuja luz brilha com maior intensidade neste mundo quando, na realidade, ela já deixou de existir há muito tempo. E quem pode afirmar com certeza que a forte luz ainda emitida pelo Kremlin sobre as insatisfeitas populações do Ocidente não seja o poderoso esplendor de uma constelação que, na verdade, já está em declínio? [...] [E]xiste a possibilidade [...] de que o poder soviético [...] carregue em si mesmo as sementes de sua própria decadência, e que o brotar dessas sementes já esteja bem avançado.[102]

Kennan tinha 43 anos quando escreveu essas palavras. Ele tinha 87 quando a União Soviética finalmente se desintegrou em 1991.

Por que isso ocorreu? Por que a Guerra Fria foi tão *interminável* e tão difícil de controlar? Grande parte do interesse deste livro se encontra no fato de que, ao rejeitar tanto o materialismo histórico como o determinismo econômico desde o início de sua carreira, Henry Kissinger foi capaz de oferecer uma interessante resposta para essa pergunta. A Guerra Fria não se relacionava à economia. Ela tampouco se relacionava à reserva de armas nucleares, muito menos a divisões de tanques. Ela basicamente tinha a ver com ideais.

VII

Kissinger, como praticamente todos os seus críticos assumem, era *realmente* um realista? A resposta é muito importante. Pois, se ele não era na verdade um Metternich ou um Bismarck moderno, então sua conduta como estrategista político não deveria ser julgada pelo critério realista padrão: os interesses norte-americanos foram mais bem atendidos, não importando os meios empregados? "Realismo", Robert Kaplan escreveu, "se relaciona à ambição moral definitiva na política externa: evitar a guerra por meio de um equilíbrio favorável de poder [...]. [C]omo um realista ao estilo europeu, Kissinger pensou mais a respeito de moral e de ética do que muitos que se apresentam como moralistas".[103] Assim como a menção cética de Mazlish aos "propósitos morais mais elevados" de Kissinger,[104] essa afirmação se aproxima mais do alvo do que as insanas acusações de amoralidade e de imoralidade defendidas pelos teóricos da conspiração, embora ainda esteja longe do alvo.

Solicitado em 1976 a avaliar suas próprias realizações como homem de Estado, Kissinger retrucou: "Eu tenho tentado – e com quanto sucesso os historiadores terão de julgar – ter um conceito essencial". Como se poderá constatar, não se discute que Kissinger tenha entrado na Casa Branca em 1969 com tal conceito. Ele havia, na verdade, passado a maior parte dos vinte anos precedentes em sua elaboração e definição.[105] É de conhecimento geral que ele observou: "Um alto cargo ensina a tomar decisões, não substância. Ele consome o capital intelectual; ele não o cria. A maioria dos funcionários de alto escalão sai do governo com as percepções e os *insights* com os quais eles entraram; eles aprendem como tomar decisões, mas não quais decisões tomar".[106] Mas, até certo ponto, isso diz muito a respeito dos padrões modernos de pesquisas; realmente poucos dos que se incumbiram de julgar Henry Kissinger fizeram algo além de ler rapidamente suas obras publicadas, as quais, antes de 1969, incluíam quatro livros de vulto, mais de doze artigos substanciosos para revistas como a *Foreign Affairs* e uma boa quantidade de artigos de jornal. A primeira tarefa de um biógrafo que se encarrega de escrever a vida de um acadêmico – mesmo que esse acadêmico chegue a alcançar um alto posto no governo – deveria, com certeza, ser a de ler o que ele escreveu. Fazer isso revela que o capital intelectual de Kissinger tinha uma dupla fundação: o estudo da história e a filosofia do idealismo.

Fritz Kraemer, o mentor de Kissinger do período da guerra, certa vez descreveu seu *protégé* como sendo "musicalmente afinado com a história. Isso não é algo que você aprende, não importa quão inteligente você possa ser. Isso é um dom de Deus".[107] John Stoessinger, seu contemporâneo de Harvard, relembrou um dos primeiros encontros com Kissinger, ocorrido quando ambos eram alunos do primeiro ano de pós-graduação: "Ele argumentou vigorosamente a favor da importância permanente da história. Citando Tucídides, afirmou que o presente, ao mesmo tempo que jamais repete o passado de modo exato, deve inevitavelmente se parecer com ele. Consequentemente, o futuro também deve [...]. Mais do que nunca [...] a pessoa deveria estudar a história de modo a ver por que as nações e os seres humanos são bem-sucedidos e por que eles fracassam".[108] Esse seria um *leitmotiv* para toda uma vida. A única coisa que diferenciava Kissinger da maioria dos demais estudantes de relações internacionais em sua geração era o fato de ele reverenciar a história acima da teoria – ou melhor, a teoria de Kissinger de política externa era definida pelo *insight* de que Estados e homens de Estado agem com base em seu próprio autoconhecimento histórico e não podem ser compreendidos de nenhum outro modo.

Contudo havia algo que precedia o Kissinger historiador, e isso era o Kissinger filósofo da história. É aqui que o erro de compreensão mais fundamental tem ocorrido. Assim como quase todos os estudiosos de Kissinger, Oriana Fallaci assumiu que Kissinger era "muito influenciado" por Maquiavel e, portanto, era um admirador de Metternich. Kissinger deu-lhe uma resposta franca e esclarecedora:

> Realmente existe muito pouco de Maquiavel que pode ser aceito ou usado no mundo moderno. A única coisa que eu considero interessante em Maquiavel é seu modo de considerar a vontade do príncipe. É interessante, mas não ao ponto de me influenciar. Se a senhora quiser saber quem mais me influenciou, eu vou responder com o nome de dois filósofos: Espinoza e Kant. Então, é curioso que a senhora queira me associar a Maquiavel. As pessoas preferivelmente me associam

ao nome de Metternich. O que é na verdade infantil. Sobre Metternich eu escrevi somente um livro, que deveria ser o começo de uma longa série de livros sobre a construção e a desintegração da ordem internacional do século XIX. Era uma série que deveria terminar com a Primeira Guerra Mundial. É só isso. Não pode haver nada em comum entre mim e Metternich.[109]

Pelo que sei, somente um escritor antes compreendeu plenamente o significado dessa resposta sincera.* Longe de ser um realista maquiavélico, Henry Kissinger, desde o início de sua carreira, era de fato um idealista, tendo, como aluno de graduação, mergulhado na filosofia do grande filósofo prussiano Immanuel Kant. Na verdade, como o historiador Peter Dickson assinalou já em 1978, Kissinger se considerava "mais kantiano que Kant".[110] Seu trabalho final de bacharelado, inédito, "The Meaning of History" [O significado da história] é, em seu cerne, uma crítica excessivamente ambiciosa, mas profundamente sincera, da filosofia da história de Kant. Mais de um quarto de século depois de sua finalização, Kissinger ainda estava citando Kant para explicar por que ele discernia "um conflito evidente entre dois imperativos morais" na política externa: a obrigação de defender a liberdade e a necessidade de coexistência com os adversários.[111] Embora habitualmente categorizado como um realista, Dickson argumentava, na verdade Kissinger devia muito mais ao idealismo do que às pessoas como Morgenthau.[112] Creio que essa afirmação seja correta. Na verdade, ela é apoiada de modo incontestável pela obra de Kissinger, *Ordem mundial*, publicada em seu nonagésimo primeiro ano de vida, e que cita Kant abundantemente.[113] Também acredito que o fracasso de um escritor após o outro em entender o idealismo de Kissinger tenha contaminado de modo severo, se não fatal, os julgamentos históricos que eles fizeram a seu respeito.

Para ser preciso, não estou sugerindo que o jovem Kissinger fosse um idealista no sentido em que a palavra é com frequência usada para caracterizar a tradição na política externa norte-americana que enfatizava a subordinação do

---

* Isso acontece, reconhecidamente, em parte porque o próprio Kissinger tem tido a tendência de evitar o assunto. Em 2004, o historiador Jeremi Suri lhe perguntou: "Quais são seus princípios morais fundamentais – os princípios que o senhor não violaria?". Kissinger respondeu: "Ainda não estou preparado para compartilhar isso".

"poder" a leis e a cortes supranacionais.[114] Pelo contrário, eu estou usando o termo "idealismo" em seu sentido filosófico, querendo dizer a vertente da filosofia ocidental, incluindo Anaxágoras e Platão, que postula que (na formulação de Kant) "nós nunca podemos ter certeza se toda a nossa experiência externa putativa não é mera imaginação" porque "a realidade dos objetos externos não admite prova contundente". Nem todos os idealistas são kantianos, nem é preciso dizer. Platão considerava a matéria real e com existência independente da percepção. George Berkeley insistia em que a realidade se encontrava toda na mente; a própria experiência era uma ilusão. No idealismo "transcendental" de Kant, em oposição, "todo o mundo material" era "nada mais que uma aparição fenomenal na sensibilidade de nós mesmos como indivíduos", o que a mente moldava em fenômenos com base na experiência, mais do que na "razão pura". Como se poderá constatar, a leitura de Kant feita por Kissinger exerceu uma influência profunda e duradoura em seus próprios pensamentos, especialmente porque ela o deixou cético quanto às várias teorias materialistas da superioridade do capitalismo que cientistas sociais norte-americanos desenvolveram como antídotos para o marxismo-leninismo. Ele não demonstrou nenhum interesse pela versão do idealismo elaborada por Hegel como uma teoria abrangente da história, na qual a fusão dialética das teses e das antíteses impulsionava o mundo inexoravelmente para a frente. Para Kissinger, a questão histórica premente era até que ponto a visão de Kant do predicamento humano – como aquela em que o indivíduo se defrontava espontaneamente com dilemas morais significativos – poderia ser reconciliada com a visão do filósofo de um mundo em última análise destinado a uma "paz perpétua". Não foi uma alusão fácil quando Kissinger se referiu ao ensaio de Kant em seu discurso na Assembleia Geral das Nações Unidas em 24 de setembro de 1973, somente dois dias após ele ter sido confirmado como secretário de Estado:

> Dois séculos atrás, o filósofo Kant previu que a paz perpétua acabaria chegando – ou como uma criação das aspirações morais do ser humano, ou como uma consequência de uma necessidade física. O que parecia utópico então assoma como a realidade de amanhã; logo não haverá alternativa. Nossa única opção é se o mundo concebido na carta [das Nações Unidas] irá acontecer como o resultado de nossa visão ou de uma catástrofe ocasionada por nossa falta de visão.[115]

Como se sabe, a Guerra Fria não terminou em catástrofe. Depois do seu término, embora ainda muito longe de uma paz perpétua, o mundo tem se transformado notavelmente em um lugar mais pacífico, com declínios notáveis nos níveis de violência organizada em todas as regiões do mundo, com a exceção do Oriente Médio e da África do Norte.[116] Até que ponto esse resultado é de algum modo devedor da visão de Henry Kissinger é, para dizer pouco, uma pergunta que não recebeu até o momento uma resposta adequada. Por enquanto, basta dizer que, tendo aumentado de modo alarmante durante a década de 1960, a violência global, sendo considerada pelo número total de mortes devidas à guerra, caiu abruptamente entre 1971 e 1976.

Com presciência, Peter Dickson previu qual seria o predicamento de Kissinger se a Guerra Fria terminasse mesmo, como ela terminou, com uma vitória norte-americana com relativamente pouco derramamento de sangue:

> A noção [de Kissinger] de que a discórdia pode sub-repticiamente levar à cooperação, o conceito de autolimitação e sua caracterização da política externa como uma hierarquia de imperativos foram todos concebidos para introduzir um sentido de propósito [...] no conjunto [d]a política cultural norte-americana [...] para restaurar o sentido para a história quando os norte-americanos começaram a questionar seriamente o papel de sua nação no mundo. [...] A filosofia política de Kissinger constitui[u] um rompimento importante com os princípios de toda a política pós-guerra, que se baseava na noção dos Estados Unidos como uma nação redentora, como a garantidora da liberdade e da democracia [...] [S]e em qualquer ocasião futura os Estados Unidos conseguirem cumprir o papel de redentores, então Kissinger será visto como um líder derrotista, como um pessimista histórico que subestimou o apelo e a relevância dos ideais e dos princípios democráticos.[117]

Certamente não é por acaso que as mais empedernidas denúncias contra Kissinger ocorreram depois que a ameaça soviética havia – como em um passe de mágica – desaparecido.

VIII

Passei uma grande parte dos últimos vinte anos tentando entender melhor a natureza do poder e as causas da guerra e da paz. Embora inicialmente eu tenha me concentrado no Reich alemão e no Império britânico, meu foco, se movendo pelo Atlântico, tem se voltado, talvez de modo inevitável, para aquele estranho império que não ousa dizer seu nome, os Estados Unidos da América. Minha crítica tem sido, no mínimo, apartidária. Em 2001, eu resumi a política externa de Bill Clinton como um caso de "encolhimento", querendo dizer que a administração estava preocupada demais com escândalos domésticos e era excessivamente avessa às vítimas para fazer um uso adequado dos vastos armamentos do país.[118] Três anos mais tarde, no período inicial da ocupação do Iraque pela administração Bush, eu publiquei uma reflexão sobre o predicamento norte-americano: o herdeiro de uma tradição britânica de imperialismo liberal, convencido dos benefícios do livre-comércio e do governo representativo; contudo, limitado – talvez de modo fatal – por três déficits: um déficit fiscal (no sentido de que os crescentes direitos ao bem-estar e as dívidas deveriam, de modo inevitável, constringir os recursos disponíveis para a segurança nacional), um déficit de força de trabalho (no sentido de que não são muitos os norte-americanos que desejam passar muito tempo organizando países pobres) e, acima de tudo, um déficit de atenção (no sentido de que qualquer intervenção estrangeira significativa com quase toda certeza vai deixar de ser popular em um ciclo de eleições quadrienais).[119] Eu previ a direção que seria tomada sob o sucessor de Bush – "um iminente retrocesso dos princípios de preempção e prática do unilateralismo" – muito antes que sua identidade fosse conhecida. Antecipei ainda algumas das consequências do vindouro retrocesso norte-americano.[120]

Entretanto, ao pesquisar a vida e os tempos de Henry Kissinger, passei a perceber que minha abordagem era pouco sutil. Particularmente, eu havia deixado de lado a importância crucial dentro da política externa norte-americana do *déficit histórico*: o fato de que os importantes tomadores de decisão não sabem quase nada não apenas do passado dos outros países, mas também do seu próprio. Pior, eles com frequência não veem o que há de errado com a ignorância deles. Pior de tudo, eles conhecem o suficiente de história para serem confiantes, mas não o suficiente para que tenham conhecimento. Assim como o funcionário de alto escalão que me garantiu no começo de 2003 que o futuro de um Iraque pós-Saddam Hussein iria ser muito parecido com o de uma Polônia pós-comunismo, inúmeros norte-americanos muito talentosos simplesmente não compreendem o valor, mas também o perigo, da analogia histórica.

Esta é a biografia de um intelectual, mas é mais que apenas uma biografia intelectual porque, na evolução do pensamento de Kissinger, a interação de estudos e de experiência era singularmente próxima. Por essa razão, eu passei a ver este volume como o que é conhecido na Alemanha por *Bildungsroman* – a história de uma educação que foi tanto filosófica quanto sentimental. A história é subdividida em cinco livros. O primeiro apresenta Kissinger desde sua infância na Alemanha do entreguerras até a imigração forçada para os Estados Unidos, e de volta para a Alemanha em um uniforme do Exército norte-americano. O segundo aborda sua carreira inicial em Harvard, como aluno de graduação, aluno de doutorado e professor auxiliar, mas também trata de seu surgimento como um intelectual público resultante de seu trabalho sobre estratégia nuclear para o Council on Foreign Relations [Conselho das Relações Exteriores]. O terceiro descreve suas experiências iniciais como conselheiro, em primeiro lugar de um candidato à presidência – Nelson Rockefeller – e então de um presidente – John F. Kennedy. O quarto o conduz ao longo da conturbada estrada para o Vietnã e a percepção de que a guerra lá não poderia ser vencida pelos Estados Unidos. O quinto e último livro esmiúça os acontecimentos que levaram à sua nomeação, totalmente inesperada, como conselheiro de Segurança Nacional por Nixon.

Kissinger era um leitor voraz, e desse modo uma parte de sua educação evidentemente veio de escritores, de Immanuel Kant a Herman Kahn. Em muitos aspectos, contudo, as maiores influências para ele não foram livros, mas sim mentores, a começar com Fritz Kraemer – o Mefistófeles do Fausto de Kissinger. E as lições mais importantes que ele aprendeu vieram tanto de sua própria experiência quanto do ensino desses mentores. Eu concluí que quatro preceitos em particular deveriam ser considerados como os ativos essenciais no capital intelectual que Kissinger levou para a Casa Branca em janeiro de 1969: sua noção de que a maior parte das escolhas estratégicas se encontra entre os males menores e os maiores; sua crença na história como o filão tanto das analogias quanto dos *insights* para o autoconhecimento dos outros agentes; sua percepção de que qualquer decisão é essencialmente conjectural e de que as recompensas políticas para alguns cursos de ação podem ser menores que as recompensas da inação e da retaliação, ainda que os custos definitivos do último curso de ação possam ser mais altos; e, finalmente, sua consciência de que o realismo na política externa, como exemplificado por Bismarck, está repleto de perigos, sobretudo a alienação do público e o fato de o homem de Estado passar a considerar o poder como um fim em si mesmo.

Ao aspirar a fins mais nobres, creio eu, o jovem Kissinger era mesmo um idealista.

Livro I

CAPÍTULO 1
Heimat

Fürth ist mir ziemlich egal. [Fürth não significa nada para mim.]
HENRY KISSINGER, 2004¹

I

Exatamente em que ponto um biógrafo deve começar quando seu assunto nega categoricamente a importância de sua infância para sua vida posterior?

Tem sido sugerido com frequência que crescer na Alemanha da década de 1930 "lançou uma sombra traumática sobre a [...] adolescência [de Kissinger]". Por exemplo: "O sentimento de o tempo todo poder ser submetido a uma violência imprevisível obviamente imprimiu com muita força na psique de Kissinger uma espécie de alicerce sobre o qual suas atitudes posteriores (até mesmo uma guerra nuclear) poderiam ser baseadas".² Outro autor especulou que, na década de 1970, Kissinger "temia um retorno à violência, ao caos e ao colapso da Alemanha de Weimar". Suas atitudes tanto em relação à Guerra do Vietnã quanto ao escândalo de Watergate, assim prossegue o argumento, são compreensíveis somente à luz de suas experiências de juventude na Alemanha. Na verdade, dizem que toda a sua perspectiva filosófica e política tem raízes profundas na Alemanha. "A experiência do colapso da Alemanha de Weimar [...] convenceu [...] [Kissinger] a democracia tinha um lado muito sombrio." Essa mesma experiência supostamente fez dele um eterno pessimista cultural.³

O próprio Kissinger inúmeras vezes deixou de lado tais teorias. "Minha vida em Fürth", ele declarou em 1958, durante uma visita à sua terra natal na Baviera, "parece ter passado sem [deixar] quaisquer impressões mais profundas; não consigo me recordar de qualquer acontecimento interessante ou divertido".⁴ Entrevistado por Al Ellenberg do jornal *New York Post*, em março de 1974, ele laconicamente reconheceu que havia "com frequência [...] sido perseguido pelas ruas, e espancado" como um menino que crescia na Alemanha nazista. Mas acrescentou rapidamente: "Essa parte de minha infância não é uma chave para nada. Eu não era conscientemente infeliz, não tinha uma consciência profunda do que estava acontecendo. Para as crianças, essas coisas não são sérias. [...] Está na moda agora explicar tudo com a psicanálise. Mas, permita-me dizer-lhe, as perseguições políticas de minha infância não são o que controlam minha vida".⁵

Nas memórias de sua carreira no governo, Kissinger alude apenas uma vez à infância vivida na Alemanha.⁶ O local onde nasceu, ele salientou em 2004, significava muito pouco para ele.⁷ Assim, as pessoas que buscam a chave para sua carreira em suas origens judaico-alemãs estão perdendo seu tempo.

> Senti o impacto do nazismo, e isso foi muito desagradável, mas não interferiu em minha amizade com pessoas judias de minha idade, de modo que não achei isso traumático. [...] Tenho resistido às explicações psiquiátricas [que] dizem que desenvolvi uma paixão pela ordem acima da justiça e que a traduzi em interpretações profundas do sistema internacional. Não estava preocupado com o sistema internacional. Eu estava preocupado com a posição do time de futebol da cidadezinha onde eu vivia.⁸

A prontidão de Kissinger, já mais velho, em voltar a visitar Fürth tem servido para reforçar a impressão de que sua juventude não foi um período traumático. Ele fez uma visita durante uma viagem à Alemanha em dezembro de 1958, quando seu retorno – como diretor associado do Center for International Affairs [Centro de Relações Internacionais] da Universidade Harvard – mereceu dois parágrafos no jornal local.⁹ A atenção da imprensa foi muito maior dezessete anos mais tarde quando, como secretário de Estado norte-americano, ele viajou para Fürth para receber a "medalha de ouro do cidadão", acompanhado por seus pais e seu irmão mais novo, bem como por sua esposa.¹⁰ O acontecimento foi uma celebração cuidadosamente coreografada (segundo o próprio Kissinger) "da extraordinária renovação da amizade entre os povos norte-americano e alemão". Perante uma audiência de dignitários da Baviera, ele e o ministro do Exterior alemão, Hans-Dietrich Genscher, disseram o que atualmente poderia ser considerado como lugares-comuns diplomáticos.

À sombra de uma catástrofe nuclear [declarou Kissinger] [...] nós não podemos baixar a cabeça para a suposta inevitabilidade de uma tragédia histórica. [...] Nossa tarefa comum é a de colaborar na construção de um sistema de relações internacionais que garanta a estabilidade dos continentes e a segurança dos povos, que una os povos do mundo por meio de seus interesses comuns, e que requeira o controle e a moderação nas relações exteriores. Nosso objetivo é a paz pela qual todos nós trabalhamos – países pequenos tanto quanto os grandes –, uma paz que seja duradoura porque todos nós desejamos dar-lhe nosso apoio – países fortes tanto quanto os fracos.[11]

Contudo, o discurso mais memorável foi o não programado feito pelo pai de Kissinger, Louis, ao fazer sua primeira visita à Alemanha desde 1938. Embora observando que ele havia sido "forçado a abandonar" a Alemanha naquele ano, referiu-se generosamente à anterior tradição de tolerância religiosa de Fürth. ("Enquanto, em séculos passados, a intolerância e o preconceito predominavam em muitas cidades alemãs, em Fürth os diversos credos conviviam em harmonia.") Seu filho estava sendo honrado em sua cidade natal não somente por causa de seu sucesso mundial, mas porque, assim como Trigeu, protagonista da comédia de Aristófanes *A paz*, ele

> considerou a missão de sua vida dedicar seu tempo e suas energias à promoção e à manutenção da paz no mundo. Trabalhando junto ao presidente dos Estados Unidos, ele teve a brilhante ideia de dar início a uma era de compreensão e de colaboração pacífica entre as nações. [...] É um sentimento gratificante para nós, os genitores, que hoje o nome Kissinger seja visto ao redor do mundo como intercambiável com o termo "paz"; que o nome Kissinger tenha passado a ser um sinônimo para paz.[12]

Era dezembro de 1975. Angola estava se encaminhando para a guerra civil, menos de um mês depois do fim do domínio colonial português. Em uma questão de dias antes da viagem da família Kissinger para Fürth, o movimento Pathet Lao, apoiado pelo Vietnã e pela União Soviética, havia derrubado o rei do Laos, e os militares indonésios tinham invadido o Estado de Timor-Leste, independente fazia pouco tempo. Somente oito dias antes da cerimônia de entrega da medalha, o diretor da CIA em Atenas foi morto com um tiro. Os jornais daquele mês estavam repletos de atentados terroristas: pelo

Exército Republicano Irlandês em Londres; pela Organização para a Libertação da Palestina em Viena; pelos separatistas Molucanos do Sul na Holanda. Houve até mesmo uma explosão de bomba fatal no aeroporto LaGuardia em Nova York. Para alguns jovens social-democratas alemães, parecia incongruente honrar o secretário de Estado norte-americano em tal época.[13] Talvez somente os alemães mais velhos presentes compreendessem o significado do apelo de Kissinger por "um mundo no qual é a reconciliação, e não o poder, que enche os povos de orgulho; uma era na qual as convicções são uma fonte de força moral e não de intolerância e de ódio".[14] Essas não eram frases vazias. Para a família Kissinger, era "especialmente comovente" nesse "retorno ao lar" o fato de que o país do qual eles haviam certa vez fugido agora os festejasse.[15]

Maio de 1923 foi o mês em que Heinz Alfred Kissinger nasceu em Fürth. Esse também foi um ano de turbulências no mundo. Em janeiro, a cidade de Rosewood, Flórida, havia sido destruída em um conflito racial que deixou seis pessoas mortas. Em junho, o primeiro-ministro da Bulgária, Aleksandar Stamboliyski, foi derrubado (e em seguida assassinado) em um golpe. Em setembro, o general Miguel Primo de Rivera subiu ao poder na Espanha, enquanto o Japão era devastado pelo Grande Terremoto de Kanto. Em outubro, outro líder militar, Mustafa Kemal, proclamou a República da Turquia em meio às ruínas do Império Otomano. O mundo ainda estava cambaleando por causa dos tremores secundários da Primeira Guerra Mundial. Em muitos países, da Irlanda à Rússia, guerras civis sangrentas estavam chegando ao fim. A revolução na Rússia havia sido uma catástrofe humana, ceifando a vida de milhões – incluindo a de seu líder, Lênin, que naquele mesmo mês havia sido forçado a se retirar para sua propriedade em Gorki, sua saúde jamais tendo se recuperado de uma tentativa de assassinato em 1918.

Entretanto, em nenhum lugar a convulsão social de 1923 foi mais forte que na Alemanha. Em janeiro, tropas francesas e belgas haviam ocupado a região do Ruhr, rica em carvão, como retaliação pelo fracasso alemão em cumprir suas obrigações estipuladas pelo Tratado de Versalhes. O governo alemão conclamou uma greve geral. A crise foi o *coup de grâce* para a moeda alemã, que rapidamente entrou em colapso. O país ameaçava desmoronar, com movimentos separatistas na Renânia, na Baviera, na Saxônia e até mesmo em Hamburgo, onde os comunistas tentaram tomar o poder. Em Munique, em 8 de novembro, Adolf Hitler desencadeou um *putsch* na grande cervejaria conhecida como Bürgerbräukeller. Ele não teria sido o primeiro demagogo uniformizado a alcançar o poder com tal façanha; a Marcha sobre Roma de Benito Mussolini havia sido bem-sucedida cerca de um ano antes. Foi necessário um esforço coordenado do chefe da Reichswehr [Defesa do Reich], Hans von Seeckt; do líder do Partido Popular Alemão, Gustav von Stresemann; e do banqueiro Hjalmar Schacht para restaurar a autoridade do governo central e começar o processo de reforma e de estabilização da moeda.

Foi nesse caos, na cidadezinha de Fürth, na Francônia Central, que Heinz Kissinger nasceu.

II

Asfixiada em sua limitada insipidez, nossa cidade sem jardins, cidade de fuligem, de mil chaminés, de máquinas e de martelos ruidosos, de cervejarias, de ganância taciturna e sórdida nos negócios ou nas profissões, de pessoas mesquinhas e avarentas amontoadas, com a pobreza e a falta de amor. [...] Nos arredores, uma planície árida e arenosa, cursos d'água sujos por causa das fábricas, o rio lento e lamacento, o canal uniformemente reto, bosques raquíticos, vilarejos melancólicos, pedreiras medonhas, pó, argila, vassoura.[16]

Fürth era destituída de encanto. O autor Jakob Wassermann, que nascera lá em 1873, relembrava sua "peculiar falta de forma, certa aridez e penúria".[17] O contraste com sua antiga vizinha, Nuremberg, era sobremaneira impressionante. Uma das três mais importantes cidades do Sacro Império Romano, Nuremberg era toda "casas antigas, pátios, ruas, catedrais, pontes, fontes e muralhas".[18] Separadas por apenas 8 quilômetros – uma curta viagem de trem –, as duas cidades eram, segundo Wassermann, uma incongruente "união de antiguidade e de algo recente, de arte e de indústria, de romance e de manufatura, de planejamento e de dissolução, de forma e de deformidade".[19] Ainda mais contundente era o contraste entre a encardida e industrial Fürth e a bela e montanhosa região ao redor de Ansbach ao sul, uma paisagem de "jardins, pomares, lagos com peixes, castelos abandonados, ruínas cheias de lendas, feiras nos vilarejos, pessoas simples".[20]

Citada pela primeira vez no século XI, Fürth alternadamente prosperou e então sofreu com a fragmentação da autoridade política na Alemanha medieval e nos primórdios da moderna. Durante certo tempo, a soberania sobre a cidade foi dividida entre o bispo de Bamberg e o margrave de Ansbach. Porém, tais acordos vagos expuseram a cidade à devastação durante a Guerra dos Trinta Anos que destruiu a Alemanha na primeira metade do século XVII. (Não muito longe ao sudoeste de Fürth se encontra o Alte Veste, onde Albrecht von Wallenstein derrotou o rei sueco Gustavo Adolfo em 1632.) Possessão da Baviera desde 1806, Fürth se beneficiou com dois processos concorrentes do século XIX: a industrialização da Europa continental e a unificação da Alemanha. Não foi por acaso que a primeira estrada de ferro na Alemanha, a Ludwigsbahn, foi construída em 1835 para ligar Nuremberg a Fürth.[21] A cidadezinha às margens do Rednitz adquiriu nova vida como um dos centros da indústria do sul da Alemanha. Fürth ficou famosa por seus espelhos feitos por companhias como S. Bendit & Söhne, bem como por óculos e outros instrumentos ópticos. Objetos de bronze, mobília de madeira, decorações em folhas de ouro, brinquedos e canetas: Fürth produzia todos eles, frequentemente para exportar para os Estados Unidos. Suas cervejarias também eram conhecidas por todo o sul da Alemanha. Isso mal poderia ser considerado produção em massa. A maior parte das firmas era pequena, com 84% delas empregando menos de cinco pessoas na virada do século. A tecnologia era relativamente primitiva e as condições de trabalho – sobretudo na indústria de espelhos, que usava mercúrio intensamente –, com frequência perigosas. Mesmo assim, não havia como se equivocar com o dinamismo do local. Sua população se multiplicou por cinco entre 1819 e 1910, de 12.769 para 66.553 habitantes.

Viajantes que procuravam as pitorescas paisagens da Baviera consideravam Fürth uma visão desagradável. A caminho de Nuremberg, o artista britânico Arthur George Bell e sua esposa chegaram a Fürth pela estrada de ferro no começo de 1900. Eles também ficaram surpresos com o contraste entre a cidade e as áreas vizinhas:

> Os campos e as pastagens, os vinhedos e as plantações de lúpulo, que não são separadas por sebes, são alegrados por grupos de camponeses. Homens, mulheres e crianças, todos igualmente trabalhando duro, são vistos labutando de maneira primitiva com instrumentos agrícolas rudimentares, tais como a foice de mão, há muito tempo abandonada em outros lugares; e não é algo inusitado uma debulhadora, puxada por uma dupla de vacas ou de bois, se arrastar lentamente,

enquanto quem a guia caminha com dificuldade, semiadormecido, ao lado dela...

Quando o trem se aproxima de Fürth, [entretanto] a premonição da destruição iminente de tudo que é primitivo e rural se torna ainda mais acentuada, e é através de uma espessa nuvem de fumaça, entre fileiras de casas destituídas de beleza, que a etapa final da viagem é realizada.[22]

Resumindo, Fürth era uma feia e poluída aglomeração de casas de comércio, uma excrescência moderna em um reino pitoresco.

Contudo, até mesmo Fürth conservava alguns vestígios do passado medieval. Todos os anos, no fim de setembro, os habitantes celebravam (como eles ainda o fazem) a festa de São Miguel (Michaeliskirchweih, ou "Kärwa" no dialeto local), que durava doze dias e remontava à construção da igreja de São Miguel aproximadamente em 1100. A cidadezinha também tinha seu próprio mistério, cuja origem era a lenda de São Jorge, em que a filha do prefeito era salva do dragão local por um corajoso camponês chamado Udo.[23] Apesar de tais costumes singulares, Fürth era na verdade uma cidadezinha convictamente protestante, assim como a maior parte da Francônia. Mais de dois terços da população eram luteranos, e, assim como a maioria das cidades protestantes do século XIX dos dois lados do Atlântico, os habitantes de Fürth tinham uma diversificada vida secular baseada em associações. Na virada do século, a cidadezinha contava com aproximadamente 280 associações, variando de grupos de canto a colecionadores de selos.[24] Em 1902, um novo teatro municipal, inteiramente fundado por 382 subscrições particulares, havia sido inaugurado. Como centro cultural, Fürth não era páreo para Nuremberg, mas tinha condições de, pelo menos, contratar seu próprio *Meistersinger*: sua apresentação inaugural foi o *Fidelio*, de Beethoven.[25] Entretanto, a ópera não era o passatempo favorito dos habitantes de Fürth. Este era, sem dúvida, o futebol. A Spielvereinigung Fürth [Associação Desportiva de Fürth] foi fundada em 1906 e venceu seu primeiro título nacional somente oito anos depois, sob o comando de um técnico inglês que se chamava William Townley. Nesse ponto, também, Fürth tinha de competir com sua vizinha maior e mais importante. Em 1920, os dois times se defrontaram na final do campeonato (Fürth foi derrotada). Quatro anos mais tarde, a equipe alemã era composta exclusivamente por jogadores de Fürth e de Nuremberg, embora a rivalidade entre os dois clubes fosse tão grande que os jogadores viajavam em vagões separados do trem.

O futebol era e ainda continua a ser um esporte das classes trabalhadoras, e sua popularidade em Fürth desde o começo de 1900 mostrava como a indústria estava transformando a cidade. O mesmo se pode dizer da política. Já na época das revoluções de 1848, Fürth havia adquirido a reputação de um "ninho de democratas" (um termo que então tinha a conotação de radicalismo político). Os habitantes de Fürth também tiveram parte ativa na formação do novo Partido Progressista Alemão (Fortschrittspartei), fundado em 1861. Cinco anos mais tarde, Gabriel Löwenstein, o socialista de Fürth, criou a associação de trabalhadores "Futuro" (Zukunft), que logo passou a ser parte do Partido Social Democrata Alemão (SPD). Na década de 1870, o SPD conseguiu vencer no distrito de Erlangen-Fürth somente juntando forças com o Partido Popular, que era liberal de esquerda.[26] Mas, lá pela década de 1890, os social-democratas obtiveram um grande número de votos nas eleições para o Reichstag [Parlamento Nacional]; somente uma frente unida de "partidos burgueses" no segundo turno das eleições manteve o candidato do SPD de fora, de modo que não foi senão em 1912 que a "Fürth Vermelha" mandou um deputado social-democrata para o Reichstag.[27]

A cidadezinha adquiriu sua reputação de ser vermelha por dois motivos distintos. O primeiro e mais óbvio era a grande concentração de trabalhadores especializados e geralmente sindicalizados em sua indústria manufatureira. O segundo, entretanto, era a grande proporção de judeus na população. Com certeza, nem todos os judeus de Fürth eram homens de esquerda como Löwenstein. Mas havia uma quantidade suficiente para fazer da união de socialismo e judaísmo um tropo retórico plausível para o número cada vez maior de demagogos da direita alemã.

III

Havia uma comunidade judaica em Fürth desde 1528. Trinta anos antes, Nuremberg havia seguido o exemplo de muitas outras cidades e nações europeias expulsando os judeus de seu território. Porém, Fürth oferecia um refúgio. Na verdade, no fim do século XVI, os judeus estavam sendo encorajados a se estabelecer lá como um modo de desviar o comércio de Nuremberg.[28] Já no começo de 1600, Fürth tinha seu próprio rabino, uma academia talmúdica e sua primeira sinagoga, construída entre 1616 e 1617 e tendo como modelo a sinagoga Pinkas, de Praga. O rabino Schabbatai Scheftel Horowitz, que viveu lá entre 1628 e 1632, elogiou "a comunidade sagrada de Fürth, uma cidade pequena, mas que me pareceu ser tão grande quanto Antioquia, porque aqui as pessoas cultas se juntavam para o estudo diário".[29] A Guerra dos Trinta Anos foi um período perigoso para os judeus na Alemanha, mas a comunidade de Fürth não enfrentou tantos problemas, com exceção de certas avarias na sinagoga quando ela foi usada por um regimento de cavalaria da Croácia como estábulo.[30] Duas novas sinagogas foram construídas na década de 1690: a Klaus e a Mannheimer. No fim do século XIX, a cidadezinha tinha sete sinagogas no total, quatro das quais se agrupavam ao redor do Schulhof [Pátio da Sinagoga], com os escritórios da congregação, casa de banhos rituais e o açougue *kosher*. A população judia nessa época representava somente pouco menos de um quinto da população de Fürth, embora essa proporção fosse posteriormente declinar (para apenas 4% em 1910), à medida que a cidade se expandia. Em seu número máximo de habitantes, em 1880, a comunidade judaica contava com 3.300 pessoas, fazendo dela a terceira maior na Baviera, depois de Munique e de Nuremberg, e a décima primeira na Alemanha.[31]

Sob diversos aspectos, os judeus de Fürth eram muito unidos. Na década de 1920, por exemplo, mais de dois terços deles estavam concentrados em apenas 15 dos 65 distritos eleitorais da cidade. Um lar judeu poderia ser identificado pelo *mezuzah* à porta – um pequeno estojo de metal contendo um pergaminho e que trazia a letra hebraica "shin" (ש), abreviatura de *Shaddai*, um nome para Deus. Com certeza, era predominantemente uma população de classe média de homens de negócios, profissionais liberais e funcionários públicos, que estavam economicamente bastante integrados na sociedade dos gentios que os rodeava. Porém, eles permaneciam social e culturalmente distintos, com sua própria rede de associações: Bikkur Cholim (associação de seguro de saúde), três Chewra Kaddischa (sociedades de auxílio), Hachnassat Kalla (associação de dotes), Hachnassat Orchim (associação dos estalajadeiros) e Bar Kochba (clube esportivo).[32] Com boas razões, o satirista do século XIX, Moritz Gottlieb Saphir, podia chamar Fürth de "a Jerusalém da Baviera".

Contudo, em um aspecto crucial a comunidade judaica de Fürth estava dividida: entre uma minoria reformista ou liberal e uma maioria ortodoxa. Proponentes de reformas, como Isaak Loewi, que se tornou o principal rabino em 1831, desejavam (entre outras coisas) que o culto judaico pudesse se adaptar mais ao estilo do culto cristão. Sob sua influência, a sinagoga principal ganhou um visual mais parecido com o de uma igreja, com as plataformas substituídas por bancos como os de igreja e o acréscimo de um órgão em 1873; os frequentadores não usavam mais o *tallit*.³³ Essas mudanças foram parte de uma onda de assimilação entre os judeus alemães, que procuravam acabar com as diferenças externas entre eles próprios e os cristãos alemães na esperança de, com isso, alcançar plena igualdade perante a lei. Alguns judeus foram além, ou se convertendo ao cristianismo ou adotando o ceticismo radical da esquerda política. Mas a maioria dos judeus de Fürth reagiu contra o movimento reformista. Por conseguinte, enquanto a congregação liberal controlava a sinagoga principal, as outras sinagogas menores ao redor do Schulhof eram domínio dos ortodoxos. A divisão se estendia ao âmbito da educação. Os filhos dos judeus reformistas frequentavam o ginásio público ou o liceu feminino, juntamente com seus coetâneos gentios, enquanto os filhos das famílias ortodoxas eram enviados para a escola colegial judaica (*Realschule*) na Blumenstrasse nº 31, onde não havia aulas aos sábados.³⁴

Até certo ponto, frequentemente esquecida, a assimilação dos judeus aconteceu na Alemanha pré-1914. Formalmente, com certeza, permaneciam restrições. O *Judenedikt* [Édito dos judeus] da Baviera de 1813 havia concedido aos judeus bávaros a cidadania, mas estabelecera um limite quanto à sua quantidade em quaisquer lugares – o que explica a estagnação da comunidade de Fürth na metade do século XIX e seu declínio absoluto depois de 1880. Esse estatuto permaneceu em vigor até 1920, apesar de um breve período de abrandamento depois das revoluções de 1848.³⁵ Na prática, entretanto, os judeus de Fürth haviam deixado de ser cidadãos de segunda classe, no mais tardar, no começo de 1900. Eles não apenas podiam votar em eleições locais, estaduais e nacionais, como também podiam ter cargos na magistratura. Desempenhavam papéis importantes no direito, na medicina e no ensino locais. Como um judeu de Fürth recordou, sua cidade natal produziu "o primeiro advogado judeu, o primeiro deputado judeu na assembleia da Baviera, o primeiro diretor de escola judeu".³⁶ Entre os distintos produtos da comunidade se encontravam o editor Leopold Ullstein, nascido em Fürth em 1826 e que, na época de sua morte em 1899, era um dos mais importantes donos de jornais na Alemanha. Em 1906, outro luminar, o fabricante de lápis Heinrich Berolzheimer, legou à cidade o Berolzheimerianum como um "lar para a educação popular" para "servir toda a população [...] independentemente de classe social, religião ou opiniões políticas". Esse prédio, com sua grande biblioteca pública e auditório, simbolizava o apogeu da integração dos judeus no sul da Alemanha.

No entanto, sempre havia uma sombra de dúvida. O autor Jakob Wassermann nasceu em Fürth em 1873, filho de um homem de negócios que não tivera sucesso. Recordando a infância infeliz em suas memórias publicadas em 1921, Wassermann lembrou como as restrições da metade do século XIX "relacionadas à quantidade, à liberdade de movimentos e de ocupação [....] [haviam] fornecido alimento constante para um fanatismo religioso sinistro, para a insistência em relação aos guetos e temor relacionado aos guetos".[37] Na verdade, essas restrições haviam deixado de funcionar na época em que ele era jovem, tanto que seu pai exclamava, contente: "Nós vivemos em uma era de tolerância!".

> No que diz respeito à indumentária, à língua e ao modo de vida, a adaptação era completa. Eu frequentei uma escola pública do governo. Nós vivíamos entre os cristãos, nos relacionávamos com os cristãos. Os judeus progressistas, e meu pai era um deles, achavam que a comunidade judaica existia somente no sentido do culto religioso e da tradição. O culto religioso, se afastando do poder de sedução da vida moderna, ficou concentrado cada vez mais nos secretos grupos de zelotes que evitavam contato com outras pessoas. A tradição se transformou em lenda, e finalmente em frases sem sentido, em uma concha vazia.[38]

As recordações de Wassermann devem ser lidas com cautela. Ele era duplamente um forasteiro, um ateu autodidata que desprezava a mecânica observância religiosa de seu pai, e um amante da literatura alemã, que sentia a mais ínfima insinuação de preconceito racial como uma afronta pessoal. No entanto, seu relato da vida religiosa e social dos judeus de Fürth não tem paralelo e é esclarecedor. "A religião era um estudo", ele recorda, "e não um estudo prazeroso. Uma lição ensinada sem sentimento por um homem velho despido de sentimentos. Até mesmo hoje eu às vezes vejo seu velho rosto maldoso e convencido em meus sonhos. [...] [Ele] atirava fórmulas sobre nós, antiquadas orações hebraicas que nós traduzíamos de modo mecânico, sem qualquer conhecimento real da linguagem; o que ele ensinava era insignificante, sem vida, mumificado".

Os serviços religiosos eram ainda piores. Uma mera questão parecida com negócios, uma assembleia não santificada, a realização ruidosa das cerimônias passa a ser habitual, despida de simbolismo, nada mais que repetição. [...] Os judeus conservadores e ortodoxos conduziam seus serviços nos lugares conhecidos como *shuls*, minúsculos locais de culto, com frequência salinhas em aleias obscuras e fora de mão. Lá a pessoa ainda podia ver cabeças e corpos humanos assim como os que Rembrandt desenhou, faces fanáticas, olhos ascéticos queimando com a recordação de perseguições não esquecidas.[39]

Quando o jovem Wassermann manifestou interesse pelas obras de Espinoza, ele foi advertido, "em um tom de melancolia sibilina, que quem quer que lesse aqueles livros teria de ficar insano".[40]

Wasserman não foi iludido pela fachada de assimilação. Certa noite, a empregada cristã da família pegou-o nos braços e disse: "Você poderia ser um bom cristão, você tem um coração cristão". As palavras dela assustaram o menino "porque elas continham a condenação tácita ao fato de ser judeu".[41] Ele sentia a mesma ambivalência nas famílias de seus companheiros de brincadeira gentios: "Durante a infância, meus irmãos e irmãs e eu estávamos tão ligados à vida cotidiana de nossos vizinhos cristãos das classes trabalhadoras e média, que tínhamos neles nossos companheiros de brincadeira, nossos protetores. [...] Porém, a vigilância e o sentimento de estranhamento persistiam. Eu era somente um convidado".[42]

Viver como um judeu em Fürth era crescer acostumado com coisas que Wassermann considerava intoleráveis: "Uma alcunha desdenhosa na rua, uma olhadela maldosa, um olhar depreciativamente avaliador, certo desprezo recorrente – tudo isso era algo habitual".[43] O pior era descobrir que tais atitudes não eram características de Fürth. Na qualidade de recruta do Exército da Baviera, Wassermann também se deparou com

> aquele ódio estúpido, rígido, quase silencioso que penetrou no organismo da nação. A palavra *antissemitismo* não serve para descrevê-lo. [...] Esse ódio contém características de superstição assim como de ilusão voluntária, de terror diabólico bem como de insensibilidade clerical, de rancor bem como de ignorância daquele que é discriminado e enganado, de falta de escrúpulos e de falsidade, como de uma resistência justificada, de maldade tola bem como de intolerância religiosa. Ganância e curiosidade estão envolvidas nele, sede de sangue e o temor

de ser engodado ou seduzido, o amor ao mistério e escassa autoestima. Em seus elementos constitutivos e em sua sutileza, ele é um fenômeno particularmente alemão. É um ódio alemão.⁴⁴

Certa vez um estrangeiro perguntou a Wassermann: "Qual é o motivo para os alemães odiarem os judeus? [...] O que os alemães desejam?". A resposta dele foi surpreendente.

Eu deveria ter respondido: Ódio. [...]
    Eu deveria ter respondido: Eles querem um bode expiatório. [...]
    Mas o que eu respondi foi: uma pessoa que não é alemã não pode chegar a imaginar a dolorosa posição do judeu alemão. O judeu alemão – você tem de dar ênfase total às duas palavras. Você tem de entendê-las como o produto final de um longo processo evolutivo. Seu amor duplicado e sua luta em duas frentes levam-no próximo da beira do desespero. O alemão e o judeu: certa vez, tive um sonho alegórico. [...] Coloquei as faces de um espelho juntas; e me parecia como se as imagens humanas contidas e preservadas nos dois espelhos tivessem de lutar uma contra a outra com unhas e dentes.⁴⁵

Essas palavras foram publicadas em 1921, somente dois anos antes do nascimento de Henry Kissinger. Wassermann pode ter sido idiossincrático – um exemplo, algumas pessoas poderiam dizer, do "ódio por si mesmo" do judeu –, mas sua anatomia da melancolia alemã-judaica era sombriamente profética.⁴⁶

IV

Os Kissinger descendiam de Meyer Löb (1767-1838), um professor judeu de Kleineibstadt que, em 1817, passou a usar como sobrenome o nome de sua cidade de adoção, Bad Kissingen (de acordo com o édito bávaro de 1813 que exigia que os judeus tivessem sobrenomes).⁴⁷ Com sua primeira esposa ele teve dois filhos, Isak e Löb, mas ela morreu ao dar à luz o segundo filho, em maio de 1812. Meyer Löb então se casou com a irmã dela, Schoenlein. De seus dez filhos, somente um – Abraham Kissinger (1818-99) – teve filhos.

Os descendentes de Isak e Löb Kissinger eram alfaiates; os descendentes de Abraham, professores.[48] O próprio Abraham era um bem-sucedido tecelão e comerciante. Ele e sua esposa, Fanny Stern, tiveram nove filhos, incluindo quatro meninos, Joseph, Maier, Simon e David (1860-1947), e todos foram rabinos. David Kissinger dava aulas de religião para a comunidade judaica de Ermershausen, um vilarejo na divisa da Baviera com a Turíngia. Em 3 de agosto de 1884, ele se casou com Karoline (Lina) Zeilberger (1863-1906), filha de um próspero fazendeiro, que lhe deu um dote de 10 mil marcos.[49] Eles tiveram oito filhos: Jenny (que morreu aos 6 anos, em 1901), Louis (que nasceu em 2 de fevereiro de 1887), Ida (nascida em 1888), Fanny (1892), Karl (1901), Arno (1901), Selma e Simon.[50]

A juventude de Louis Kissinger foi um exemplo do que um menino judeu inteligente e esforçado poderia alcançar na Alemanha imperial. Aos 18 anos – sem ao menos um diploma, muito menos um título universitário – começou a carreira de professor. Seu primeiro emprego foi em Fürth, na escola particular Heckmannschule para meninos (em sua maioria judeus), onde lhe pagavam mil marcos por ano, mais 255 por mês para o seguro-saúde e a aposentadoria, para ensinar alemão, aritmética e ciências por quatro horas diárias. Permaneceu no posto por catorze anos.[51] Apesar de ter se tornado formalmente cidadão de Fürth em 1917,[52] ele parece ter pensado em se mudar, tentando obter cargos no norte da Baviera e na Alta Silésia, mas recusou esses empregos quando lhe foram oferecidos. Em vez disso, aos 30 anos, ele optou tardiamente por fazer seu exame final – a *Reifeprüfung* – no Realgymnasium [correspondente ao colegial clássico], a escola dos meninos mais velhos de Fürth. Munido com seu diploma, ele teve condições de frequentar cursos na Universidade de Erlangen. Mais importante, ele teve a possibilidade de concorrer a um cargo de maior prestígio em uma das escolas públicas de Fürth: a principal escola feminina, conhecida atualmente como o Helene Lange Gymnasium. Com sua nomeação como *Hauptlehrer* (literalmente, "professor sênior") em 1921, Louis Kissinger passou a ser um funcionário público de alto nível. Embora continuasse a lecionar aritmética e ciências – e parece ter dado também aulas ocasionais na escola de comércio da cidade (*Handelsschule*)[53] –, sua disciplina favorita era literatura alemã. "Kissus", como as meninas o chamavam, não era um professor severo. Ele gostava de apresentar para suas alunas os clássicos da poesia alemã, como o "Der Adler und die Taube" ("A águia e a pomba"), de Goethe, e "Jetzt wohin?" ("E agora, aonde?"), de Heinrich

Heine. Este iria, posteriormente, adquirir um doloroso significado pessoal. No poema, escrito logo depois das revoluções de 1848, o exilado Heine fica se perguntando para onde ele deveria ir caso se confrontasse com uma sentença de morte em sua Alemanha natal.

Aonde, agora? Meu andar insensato
Para a Alemanha iria feliz
Porém minha cabeça é mais sensata
E, com um gesto, "Não", ela me diz

A guerra bem pode ter acabado
Mas a lei marcial ainda impera [...]

E eu muitas vezes fico pensando
À América deveria viajar
Para aquela nação de igualdade
De onde igualitários estão a saudar;

Porém tenho medo de um país
Onde as pessoas mascam tabaco
Onde elas vivem sem um monarca
Onde elas cospem sem escarradeira

Louis Kissinger certamente compartilhava da preferência de Heine pela sua terra natal. Assim como Heine, ele se sentia tanto alemão quanto judeu.

Não se questiona que Louis Kissinger fosse um patriota alemão. Ele era membro da associação nacional criada expressamente para representar "cidadãos alemães da fé judaica" (o Centralverein deutscher Staatsbürger jüdischen Glaubens).[54] Ao contrário da maioria dos homens alemães de sua geração, ele não combateu na Primeira Guerra Mundial, mas isso se deveu a motivos de saúde.[55] É sabido que outros membros da família Kissinger serviram no Exército da Baviera, que era reconhecidamente mais amistoso em relação aos judeus que seu grande análogo prussiano, apesar das experiências de Jakob Wassermann. O irmão de Louis, Karl, participou do serviço ativo; seu futuro sogro, como se poderá ver, também foi recrutado. Dois de seus primos perderam a vida na guerra.[56] Para muitos judeus alemães daquela época, não havia uma melhor prova de seu compromisso para com o Reich que esse sacrifício. A alegação de que os judeus tinham pouca participação nas linhas de frente e nas listas de mortos era veementemente refutada por organizações patrióticas iguais àquela de que Louis Kissinger fazia parte. Ao contrário de alguns de seus contemporâneos, entretanto, Louis não se sentia pressionado a abrandar sua fé religiosa como prova de seu patriotismo. Ele era membro ativo da parte ortodoxa da comunidade de Fürth, frequentando a sinagoga de Neuschul, liderada pelo rabino Yehuda Leib (Leo) Breslauer, em vez de sua rival, a congregação reformista do rabino Siegfried Behrens. Assim como Breslauer (e ao contrário de seu irmão Karl), Louis tinha dúvidas em relação ao movimento sionista, que conclamava os judeus a estabelecer seu próprio Estado-Nação na Palestina – uma ideia especialmente atraente para os judeus da Baviera.[57] Como sua esposa relembrou posteriormente, "Ele [Louis] tinha conhecimento sobre [o líder sionista Theodor] Herzl e tudo mais. Ele tinha conhecimento, porém, nunca foi [convencido]. [...] Ele era profundamente religioso, mas, como uma criança, acreditava em tudo [...] e estudava o sionismo, mas não era capaz de aceitá-lo. Ele se sentia tão alemão".[58]

Paula Kissinger – a mulher que pronunciou essas palavras – nasceu a 56 quilômetros a oeste de Fürth no vilarejo de Leutershausen, em 24 de fevereiro de 1901. Seu pai, Falk Stern, era um próspero fazendeiro e comerciante de gado, e um pilar da comunidade judia local, servindo como seu porta-voz (*Vorsitzender*) por quinze anos. Três anos depois do nascimento de sua filha, Falk e seu irmão David juntaram seus recursos para comprar a imponente casa que ainda se encontra no número 8 Am Markt. Paula foi criada em um ambiente ortodoxo, aprendendo a ler hebraico fluentemente, e sempre fazendo as refeições em casa, de modo a manter os preceitos *kosher*. Assim como em Fürth, entretanto, a separação religiosa não implicava segregação social. A amiga mais íntima na infância de Paula era uma menina protestante que se chamava Babette "Babby" Hammerder. "Você nunca viu ou sentiu qualquer tipo de antissemitismo até o surgimento de Hitler", Paula recordou posteriormente. "Na verdade, eles procuravam, eles iam atrás de você, eles queriam você."[59] Ela tinha somente 12 anos quando sua mãe, Peppi, morreu. Uma menina esperta, Paula foi mandada pelo pai enlutado para a escola feminina em Fürth, onde ela morava com sua tia, Berta Fleischmann, cujo marido era dono do açougue *kosher* na Hirschenstrasse.

Apesar de ser um viúvo com 40 e poucos anos, Falk Stern foi convocado em junho de 1915 e serviu na infantaria na Bélgica até dar baixa no Exército onze meses mais tarde. Com seu retorno da guerra, Paula foi chamada de volta para Leutershausen para cuidar da casa para seu pai e seu tio. "Eu tinha 18 anos", ela relembrou posteriormente, "e [...] terrivelmente sozinha naquela cidadezinha, que não tinha [vida] intelectual [...] nada para manter sua mente ocupada. Eu tinha de ir à cidade vizinha para pegar livros na biblioteca". Ela já sonhava em ir para "lugares distantes" como Capri, mas, pelo contrário, estava confinada à cozinha. "Minha tia [...] me ensinou a cozinhar, e eu detestava isso. Eu queria ler, e, quando ela vinha, eu estava lá, sentada, e lendo, em vez de fazer meu serviço."[60] A libertação aconteceu quando seu pai se casou com Fanny Walter em abril de 1918. Não muito depois disso, Paula arrumou um emprego como *au pair* [babá] em Halberstadt, no norte da Alemanha, onde ela cuidava de quatro crianças de um rico fabricante de metal judeu. Não era exatamente Capri, mas a residência de verão da família nas montanhas do Harz representava um progresso em relação à cozinha em Leutershausen. E em uma visita aos seus parentes em Fürth é que Paula foi apresentada ao novo professor em sua antiga escola. Embora Louis Kissinger fosse catorze anos mais velho que ela, eles se apaixonaram. Em dezembro de 1921 ficaram noivos. Oito meses mais tarde, em 28 de julho de 1922, eles se casaram.

O casamento de Louis e Paula Kissinger ocorreu em meio a uma revolução não menos violenta que a que havia levado o poeta favorito dele, Heine, ao exílio noventa anos antes. Até mesmo antes de o armistício formal encerrar a Primeira Guerra Mundial, o regime imperial havia sido derrubado pela onda revolucionária que varria a Alemanha. Em 9 de novembro de 1918, Fürth ficou por pouco tempo sob o controle de um Worker's and Soldier's Council [Conselho de Trabalhadores e de Soldados]; a bandeira vermelha tremulou sobre a prefeitura da cidade. Em abril de 1919, os revolucionários tentaram se juntar ao "conselho revolucionário central" de Munique, estabelecido segundo o modelo dos sovietes na Rússia. Porém, assim como em outros lugares da Alemanha, os social-democratas de Fürth repudiaram o modelo bolchevique e em apenas quatro dias as autoridades da cidade (o Magistrat e o Kollegium der Gemeindebevollmächtigen [Magistrado e Conselho de Representantes]) foram restauradas ao poder.[61] A revolução não terminou aqui, entretanto. Em todos os anos entre 1919 e 1923 houve pelo menos uma tentativa, ou da esquerda ou da direita, de derrubar a nova República de Weimar (que recebeu seu nome em homenagem à cidade da Turíngia onde sua constituição foi esboçada). À violência política seguiu-se à insegurança econômica. Decididos a provar a falta de sustentabilidade das reparações de guerra impostas à Alemanha pelo Tratado de Versalhes, os ministros de Weimar seguiram uma medida consciente de déficit financeiro e de impressão de moeda. O benefício em curto prazo foi o de impulsionar os investimentos, o emprego e as exportações. O custo em longo prazo foi a desastrosa hiperinflação que causou um dano permanente no sistema financeiro, na ordem social e na legitimidade política da república. Às vésperas da Primeira Guerra Mundial, a taxa de câmbio do marco alemão tinha sido fixada, sob o padrão-ouro, em 4,20 marcos para um dólar. No domingo, 27 de maio de 1923 – o dia em que Heinz Kissinger nasceu[62]–, um dólar comprava quase 59 mil marcos em papel. A taxa anual de inflação se aproximava de 10.000%. No fim do ano, a taxa era de 182 bilhões por cento. Um marco de papel valia exatamente um trilionésimo do marco do pré-guerra.

Nem é preciso dizer que o bebê recém-nascido dos Kissinger não se preocupava nem um pouco com tudo isso, mas ele não deixou de ser atingido pela situação. Pois nenhum grupo social sentiu com maior intensidade a inflação que os altos funcionários públicos como Louis Kissinger. Os trabalhadores conseguiam, ao menos em parte, se proteger contra os preços que subiam continuamente fazendo greve para ter salários melhores. Um respeitável professor não poderia fazer tal coisa. Nos anos do pós-guerra, os salários de trabalhadores não especializados inicialmente se mantiveram em termos reais, finalmente caindo cerca de 30% no colapso de 1922–23. Por outro lado, quando ajustado pela inflação, o salário de um funcionário público caiu entre 60% e 70%. Ao mesmo tempo, as reservas de dinheiro de famílias da classe média como os Kissinger foram destroçadas. No grande achatamento ocasionado pela hiperinflação de Weimar, homens como Louis Kissinger se encontravam entre os maiores prejudicados. Somente em janeiro de 1925 ele teve condições de transferir sua família crescente de seu acanhado apartamento no primeiro andar da Mathildenstrasse 23 para a vizinha Marienstrasse 5, onde o irmão de Heinz, Walter, nasceu.

V

Certa vez, Henry Kissinger disse em tom de brincadeira que, se não fosse por Hitler, ele poderia ter passado sua vida "tranquilamente, como um *Studienrat* [professor/conselheiro pedagógico] em Nuremberg". Na verdade, durante a infância não parecia que ele seguiria os passos de seu estudioso pai. Quando ele e o irmão foram enviados pela primeira vez para o jardim de infância, sua mãe recordou posteriormente, eles "detestaram aquilo e [...] foram incrivelmente travessos e difíceis de lidar. [...] Eles fugiam, e eu tinha de encontrá-los".[63] Mais tarde, os dois frequentaram a antiga escola particular Heckmann, onde seu pai havia lecionado: uma fotografia de 1931 mostra Heinz com seu professor, um homem que se chamava Merz, e outros oito alunos (cinco dos quais são identificados como judeus).[64] Anos mais tarde, os contemporâneos divergiam quanto à capacidade acadêmica de Heinz quando garoto. Menahen (antes Heinz) Lion, que acabou indo viver em Israel, depois admitiu ter tido "inveja dos ensaios dele. [...] Eles eram notáveis por sua forma, seu estilo e suas ideias, e eles com frequência eram lidos em voz alta para a classe".[65] Porém, outros lembravam-se dele como um aluno "mediano" na escola.[66] Shimon Eldad, que lecionou inglês e francês para Kissinger quando este frequentou o colegial judeu, lembrou-se de "um aluno bom, mas que não se destacava. [...] Ele era um jovem cheio de vida e inteligente, mas eu não percebi nada de especial em relação a ele. O inglês dele não chegava a me animar, e é essa a sensação que tenho ainda hoje".[67]

Fica claro que os irmãos Kissinger foram criados em um lar ortodoxo que era bastante rígido. Menahem Lion lembrou-se de irem "juntos para a sinagoga todas as manhãs antes da aula. Aos sábados, o pai de Lion ensinava a Torá aos dois. Eles iam juntos a um ortodoxo clube de jovens, Ezra".[68] Tzipora Jochsberger tinha recordações semelhantes.[69] Um primo, John Heiman, que foi morar com a família quando Kissinger tinha 7 anos, descreveu mais tarde

> um sábado quando ele e Henry foram passear além do *eruv*, um tipo de limite tácito que rodeava [a comunidade judaica]. Fora do *eruv*, de acordo com os ensinamentos da religião deles, não era permitido aos judeus carregar nada nas mãos

ou nos bolsos. [...] [Q]uando ele e Kissinger ultrapassaram o limite, Henry parou e o lembrou de que "carregar" era proibido. Eles tiraram os lenços dos bolsos e os ataram nos pulsos.[70]

No entanto, quando chegou à adolescência, Heinz Kissinger se rebelou cada vez mais contra o modo de vida de seus pais. A ideia deles de diversão era assistir o *Fidelio* no teatro de Fürth. Para se divertir, Louis Kissinger lia as grandes obras de Friedrich Schiller e Theodor Mommsen e até mesmo fazia pesquisas e escrevia sobre a história local. A paixão de Heinz, pelo contrário, era o futebol.[71]

A Spielvereinigung [Associação Desportiva] naqueles tempos era um time pelo qual valia a pena torcer. Eles foram campeões alemães em 1926 e 1929 – derrotando o Hertha BSC Berlin na final nas duas ocasiões – e chegaram até as semifinais em 1923 e 1931. No mesmo período, também venceram a Copa do Sul da Alemanha quatro vezes. A rivalidade entre Fürth e Nuremberg tinha a intensa característica de outros feudos vizinhos no futebol europeu, tal como o Rangers-Celtic em Glasgow. Heinz Kissinger era um fã ardoroso do Fürth. Como ele recordou mais tarde,

> Fürth era para o futebol o que o Green Bay era para o futebol [norte-americano]. Era uma cidade pequena [...] que em um período de dez anos venceu três campeonatos alemães. [...] Eu comecei a jogar quando tinha uns 6 anos. Meu avô era proprietário de uma fazenda [em Leutershausen] perto de Fürth, e eles tinham um pátio grande e nós jogávamos sem muitas regras. Joguei como goleiro por um curto período, então quebrei a mão. Depois disso, joguei como lateral direito e depois meio-campo. Eu joguei até ter 15 anos. Eu realmente não era muito bom, embora jogasse a sério.

Mesmo não sendo um grande atleta, Heinz Kissinger já era um estratégico sagaz, concebendo para seu time "um sistema que, conforme se viu depois, é o modo como os italianos jogam futebol. [...] O sistema era o de enlouquecer o outro time não permitindo que eles marcassem gols, mantendo jogadores atrás na defesa. [...] É muito difícil marcar gol quando dez jogadores estão alinhados na frente do gol".[72] Sua mania pelo futebol ficou tão grande que, por certo período, seus pais proibiram-no de participar de jogos de seu time.

O futebol não foi a única paixão que fez Heinz Kissinger entrar em conflito com seus pais. Como seu amigo de juventude recordou,

> Heinz Kissinger passava muitas horas em minha casa. Eles moravam perto, e Heinz ia de bicicleta. Ele gostava de ficar conosco. Eu acho que ele tinha um problema com seu pai. Se não estou enganado, Heinz tinha medo do pai porque ele era um homem muito pedante. [...] Seu pai estava sempre controlando a lição de casa de Heinz, e o vigiava de perto. Heinz me disse mais de uma vez que ele não podia conversar com o pai sobre nenhum assunto, especialmente meninas.

Como Lion relatou posteriormente, "a única vez em que Kissinger levou para casa um boletim menos que satisfatório foi quando ele começou a prestar atenção nas meninas – ou as meninas começaram a prestar atenção nele. Kissinger tinha só 12 anos na época, e as meninas já estavam correndo atrás dele, mas ele não lhes dava atenção. Seu primeiro amor foi uma loira encantadora". Segundo Lion, os dois meninos costumavam levar as namoradas para passear no parque local nas noites de sexta-feira. Quando Lion voltou tarde de um desses passeios, seus pais culparam a influência de Kissinger e proibiram o filho de ver "o menino dos Kissinger" por uma semana inteira. Depois, mandaram Lion para um acampamento de verão por seis semanas "para afastá-lo de Heinz Kissinger, que tinha adquirido a reputação de correr atrás de um rabo de saia".[73] A memória prega peças, e essa história provavelmente foi aumentada ao ser contada no decorrer de trinta anos. Mesmo assim, até mesmo a mãe de Kissinger notou a inclinação de seu filho mais velho para "manter tudo trancado dentro dele – sem jamais discutir seus pensamentos mais íntimos!".[74] Punição física não era uma novidade no lar dos Kissinger, assim como na maior parte das casas da época.[75] Compensava manter as más ações escondidas.

VI

Jogos de bola, bicicletas, namoradas e férias de verão na casa do avô;[76] à primeira vista, a infância de Heinz Kissinger não era muito diferente daquela que ele poderia ter tido nos Estados Unidos. E, no entanto, o menino inteligente e rebelde mal pode ter deixado de prestar atenção às impressionantes mudanças que ocorriam ao seu redor à medida que a Alemanha ia cambaleando da depressão para a ditadura – sobretudo quando o principal bode expiatório para as infelicidades do país era a minoria religiosa à qual ele pertencia.

Por qual motivo a assimilação dos judeus alemães, que parecia ter sido tão bem-sucedida antes de 1914, sofreu uma reviravolta tão surpreendente depois, culminando na quase aniquilação deles? Poucas questões da história são mais difíceis. Um argumento – que foi o de Jakob Wassermann – é o de que a assimilação nunca foi completa, e que sempre ficou um fundo de antissemitismo especialmente agressivo na cultura alemã. Outro é o de que nós temos de entender a onda de apoio às medidas antissemitas como uma reação contrária à assimilação, desencadeada em grande parte pela crise econômica. Certamente não é coincidência que os pontos altos de apoio eleitoral para os partidos antissemitas tenham surgido imediatamente depois da hiperinflação de 1922-23 e da depressão de 1929-32. Os judeus eram, em termos relativos, o grupo étnico mais bem-sucedido na Alemanha: eles representavam menos de 1% da população, mas tinham significativamente mais de 1% da riqueza. Além do mais, mudanças políticas e territoriais a leste da Alemanha levaram a um influxo dos chamados *Ostjuden* [judeus do leste], que atraíam a desaprovação pública precisamente porque não eram assimilados.[77] O jornal virulentamente antissemita *Der Stürmer* [A Tropa de Assalto] começou a ser publicado semanalmente em Nuremberg em abril de 1923, um mês antes do nascimento de Heinz Kissinger. O cabeçalho da primeira página em cada edição dizia simplesmente "Os judeus são nossa desgraça". Até mesmo antes de os nazistas subirem ao poder, na Baviera medidas já estavam sendo tomadas para restringir os direitos dos judeus, especialmente a decisão de 1929 do Landtag [Câmara Estadual] da Baviera para banir o abate ritual feito pelos açougueiros judeus.[78]

Até certo ponto, os judeus de Fürth podiam ter o consolo de que seus vizinhos gentios eram ideologicamente hostis ao nacional-socialismo. Quando as várias organizações de extrema direita organizaram um "Dia Alemão" especial em Nuremberg nos dias 1º e 2 de setembro de 1923, os participantes receberam pouca atenção passando por Fürth, onde as pessoas que usavam a suástica perceberam que estavam sendo solicitadas a retirá-las, ou se arriscariam a tê-las arrancadas de suas roupas. Na chegada à estação de Fürth, um grupo de Camisas Pardas de Munique foi assaltado por uma multidão de aproximadamente cem pessoas entoando "Abaixo a reação!", "Matem-nos!" e "Abaixo Hitler!". Quando os homens da SA (Sturmabteilung – Tropas de Assalto) começaram a cantar a *Erhardtlied* [Canção de Erhardt], música favorita dos primórdios do nazismo, a multidão respondeu com a *Internacional* e gritos de "Heil Moscou!".[79] Assim que uma seção do Partido Nacional Socialista dos Trabalhadores Alemães (NSDAP) foi estabelecida em Fürth logo depois do "Dia Alemão", somente 170 pessoas se filiaram.[80] E quando o partido tentou realizar um comício em Fürth, em 3 de fevereiro de 1924, o evento acabou em um caos quando a pessoa que discursava foi obrigada pelos comunistas, que a interrompiam com rudeza, a fugir. É verdade, o Völkische Block [Bloco Popular], de extrema direita, teve bom desempenho nas eleições nacionais de maio de 1924, conquistando mais de 25% dos votos de Fürth, mas somente 6,5% do total nacional. Porém, ele teve um desempenho não tão bom quando as eleições foram realizadas novamente sete meses mais tarde, despencando para somente 8% dos votos. Assim como em toda a Alemanha, foram partidos dissidentes como o Partido Econômico que prosperaram nas condições econômicas relativamente estáveis da metade da década de 1920. Quando os nazistas organizaram um comício em Fürth em setembro de 1925, eles arrumaram um conjunto de oradores de primeira ordem, incluindo o próprio Hitler e Julius Streicher, o editor do *Der Stürmer*. Eles esperavam lotar o Geismann Hall, um dos maiores locais de encontro da cidade, mas menos de um terço das 15 mil pessoas esperadas apareceu. O líder local do partido, Albert Forster – que posteriormente foi o *Gauleiter* [administrador] de Danzig –, recebeu Hitler, pesaroso, na "cidadela dos judeus" (*Hochburg der Juden*). Hitler respondeu com um discurso lamentando o fato de que os alemães tinham se tornado "escravos da judeidade" ("*Sklaven* [...] *für das Judentum*").[81] A filiação ao Partido Nazista em Fürth caiu para duzentas pessoas em 1927. Visitas feitas por Hitler em março de 1928 e por Streicher um ano mais tarde nada puderam fazer para impedir a decadência. A parcela de votos locais para o partido caiu para somente 6,6% nas eleições de maio de 1928.

Em Fürth, assim como no resto da Alemanha, foi a Depressão que salvou o movimento de Hitler. Todo o período compreendido entre 1914 e 1933 foi um desastre econômico para Fürth, porque a economia local dependia bastante das exportações. Mesmo no período de relativa prosperidade entre 1924 e 1928, o desemprego permaneceu muito alto – mais de 6 mil no começo de 1927, embora as coisas melhorassem durante o ano à medida que as perspectivas das indústrias de cerveja e de construção civil pareciam mais otimistas. Mas então as condições começaram a se deteriorar novamente. No fim de junho de 1929, havia 3.286 trabalhadores recebendo uma das três formas de auxílio disponíveis para os desempregados. Em fevereiro de 1930 a marca alcançou o ponto máximo de 14.558. Na verdade, metade dos trabalhadores em Fürth estava desempregada. Os empregos na outrora próspera indústria de espelhos haviam despencado de aproximadamente 5 mil para mil. As exportações de brinquedos tinham entrado em colapso.[82] Não somente os trabalhadores foram afetados, mas também os donos de pequenos negócios. Em outubro de 1932, 185 artesãos que antes eram autônomos passaram a depender do auxílio dado pelo Estado. Mas os pagamentos eram tão modestos que muitas pessoas foram levadas à mendicância e a cometer pequenos crimes.[83]

As causas da Grande Depressão seguem sendo motivo de debates acalorados. Certamente uma grande parte da explicação se encontra nos erros cometidos pelos Estados Unidos durante o período. Em primeiro lugar, o Sistema de Reserva Federal permitiu que uma bolha do mercado imobiliário inflasse, mantendo as condições monetárias livres demais, e então possibilitando que o sistema bancário implodisse, mantendo as condições monetárias muito rígidas. O Congresso aumentou as já elevadas tarifas protecionistas. Não foi senão em 1933 que o governo federal reagiu à crise com qualquer coisa que se parecesse com estímulo fiscal. Houve também uma quebra total na coordenação política internacional. A imensa dívida pública contraída durante e depois da Primeira Guerra Mundial poderia ter sido racionalmente reestruturada; pelo contrário, houve moratórias e inadimplências depois que as medidas de austeridade haviam falhado. Os alemães deixaram as coisas ainda piores para si próprios criando um Estado de Bem-Estar que eles não tinham condições de sustentar, permitindo que os sindicatos aumentassem os salários, e tolerando práticas anticompetitivas em suas indústrias. Mas havia forças em ação que iam além da influência de qualquer estrategista político. Apesar da guerra, havia um excesso de oferta de homens jovens. Por causa da guerra, um excesso de capacidade produtiva na agricultura, na metalurgia, na siderurgia e na construção de navios.

Nada disso era minimamente compreensível para os desempregados e as pessoas empobrecidas que viviam em uma cidadezinha industrial provinciana da Francônia. O desafio é explicar por que, de todas as explicações que lhes foram oferecidas para a crise, a de Adolf Hitler foi a adotada por eles. O grande avanço para os nazistas aconteceu nas eleições do dia 14 de setembro de 1930, para o Reichstag, nas quais suas porcentagens de votos nacionais aumentaram de 2,6% para 18,3%. Em Fürth, eles conseguiram 23,6% dos votos, mais de quatro vezes a quantidade de 1928. Esse foi o começo de uma ascensão contínua. Hitler conseguiu 34% dos votos de Fürth no primeiro turno das eleições presidenciais de 1932. Nas eleições para a Landtag da Baviera, a porcentagem dos votos para os nazistas subiu para 37,7%, ultrapassando os social-democratas pela primeira vez. Nas eleições para o Reichstag de 31 de julho de 1932, os nazistas conseguiram 38,7% dos votos. Eles perderam terreno nas eleições de 6 de novembro de 1932, mas então chegaram a 44,8% dos votos de Fürth nas eleições de 5 de março de 1933. Nessa eleição, mais de 22 mil habitantes de Fürth votaram nos nazistas (ver tabela).

Votos para os nazistas em Fürth e na Alemanha[84]

	Votos para os nazistas	Porcentagem do total de Fürth	Porcentagem nazista do total do Reich
4 de maio de 1924	9.612	25,6	6,5
7 de dezembro de 1924	3.045	8,2	3,0
20 de maio de 1928	2.725	6,6	2,6
14 de setembro de 1930	10.872	23,6	18,3
31 de julho de 1932	17.853	38,7	37,3
6 de novembro de 1932	16.469	35,6	33,1
5 de março de 1933	22.458	44,8	43,9

Assim como em nível nacional, os nazistas atraíram de modo desproporcional os votos dos antigos "partidos burgueses": o Partido Popular Nacional Alemão, o Partido Popular Alemão e o Partido Democrático. Deserções dos Partidos Social Democrata, Comunista e do católico Partido do Centro Alemão foram mais raras. Essa transferência de fidelidade, de diversas formas, foi produzida ou mediada por grupos dissidentes como o German Nationalist Clerical Worker's Association [Associação Nacionalista Alemã de Funcionários] e organizações conservadoras como a monarquista Royal Bavarian Homeland League [Liga Real da Baviera], a sociedade "Fiéis a Fürth" e associações de veteranos como a Liga Kyffhäuser.⁸⁵ Típica das associações protonazistas que floresceram no sul da Alemanha no período de Weimar, foi a Jovem Baviera, que proclamava orgulhosamente sua rejeição ao "domínio exclusivo da razão pura, um legado da Revolução Francesa".⁸⁶ Um fator igualmente importante foi o tom "nacional alemão" muito forte de parte do clero protestante, que ecoava a linguagem religiosa frequentemente explícita de parte da propaganda nazista.⁸⁷ Para o historiador Walter Frank, nascido em Fürth em 1905 e já um fervoroso nacionalista alemão em sua adolescência, a transição do *milieu* [ambiente] nacionalista alemão de seu pai para os nacional-socialistas foi fácil. Ele se encontrava entre os inúmeros acadêmicos muito bem-sucedidos que gravitavam na direção dos nazistas nesse período; Ludwig Erhard, outro talentoso habitante de Fürth da mesma geração, foi atípico ao ser imune ao encanto deles sem ser um socialista.⁸⁸

O fato notável é que todos esses grupos socialmente respeitáveis acabaram dando seus votos para um movimento que usava sistematicamente a violência como tática eleitoral e a defendia explicitamente como estratégia de governo. Parte da explicação é simplesmente a de que os nazistas tinham campanhas mais eficazes que os seus rivais. Em primeiro lugar, a filiação ao NSDAP em Fürth passou de 185 em março de 1930 para 1.500 em agosto de 1932. Os novos recrutas trabalharam com afinco pelo seu partido. Depois que as restrições da polícia foram banidas no começo de 1932, o partido realizou eventos quase semanais em Fürth, organizando nada menos de 26 reuniões nas duas semanas anteriores à primeira eleição daquele ano.⁸⁹ Nas prévias para a segunda eleição de 1932, os nazistas organizaram oito grandes reuniões eleitorais e quase todos os dias "conselhos noturnos" (*Sprechabende*). Mas a violência também desempenhou um papel crucial.

Que as ruas de Fürth tenham ficado cada vez mais perigosas não foi responsabilidade total dos nazistas. À esquerda, o Partido Comunista (KPD) e organizações socialistas como a paramilitar Reichsbanner [literalmente Bandeira do Império] também gostavam de encenar demonstrações turbulentas e de perturbar os comícios de seus adversários políticos. Assim como na década de 1920, os nazistas descobriram que grande parte de Fürth era território hostil. Em 9 de abril de 1932, quinze homens da SA foram violentamente atacados por membros da Frente de Ferro quando saíam do pub pró-nazista Leão Amarelo. Dois meses mais tarde, o pró-nazista Fritz Reingruber foi espancado por ser um "suastiquista"; o mesmo destino teve outro nazista flagrado vendendo o jornal do NSDAP, o *Völkische Beobachter* [Observador Popular].⁹⁰ A polícia observou, impotente, na noite de 30 de julho, enquanto uma multidão jogava batatas e pedras em um desfile motorizado nazista que ia do aeroporto de Fürth para o estádio de Nuremberg; o carro que transportava o próprio Hitler estava entre os veículos atingidos.⁹¹ Houve mais hostilidade em janeiro de 1933, quando membros da Sturmabteilung [Tropas de Assalto], da Schutzstaffel (SS) [Tropa de Proteção] e da Juventude Hitlerista participaram do *Fasching* (Carnaval) anual da cidade. Uma reunião pública no Geismann Hall terminou em ainda mais violência quando membros do KPD se recusaram a se levantar para o hino nacional.⁹²

Fürth não era Chicago. Armas de fogo não desempenharam nenhum papel nas brigas de gangues entre comunistas e nazistas. No entanto, o efeito de todo esse comportamento indisciplinado era insidioso. Ao mesmo tempo, fez com que as pessoas ansiassem pelo antigo ideal alemão de "tranquilidade e ordem" (*Ruhe und Ordnung*) e aceitassem que mais violência poderia ser necessária como um meio para chegar a esse fim. Com a designação de Hitler como chanceler do Reich em 31 de janeiro de 1933, os nazistas aproveitaram a oportunidade organizando um desfile iluminado por tochas pelo centro da cidade, da Kurgartenstrasse, passando pela Nürnberger Strasse e a Königstrasse, até a Dreikönigsplatz. Então eles tomaram a ofensiva. Na noite de 3 de fevereiro, entre sessenta e setenta membros da SA atacaram o pub comunista Am Gänsberg. Depois que o incêndio do Reichstag no fim desse mesmo mês proporcionou o pretexto perfeito para uma legislação de emergência "Para a proteção do povo e do Estado", as eleições de março de 1933 puderam ser realizadas em uma nova atmosfera de intimidação oficial. Em 3 de março, houve outro grande desfile à luz de tochas por Fürth. Na noite de 9 de março, uma multidão entre 10 mil e 12 mil pessoas se reuniu do lado de fora da Rathaus [Prefeitura] para observar o hasteamento da bandeira vermelha nazista com a tranquilizante antiga bandeira imperial preta, branca e vermelha acima de sua torre, e para ouvir o deputado do Landtag e auxiliar de Streicher, Karl Holz, proclamar a "Revolução Alemã". "O dia de hoje", declarou Holz, "marca o começo do grande expurgo na Baviera. Fora com os mamelucos pretos [sic]. Até mesmo Fürth, que outrora foi vermelha e totalmente judeificada [*verjudet*], será uma vez mais transformada em uma cidade alemã limpa e honesta".⁹³

Essas palavras pressagiavam uma ameaça muito mais séria para os judeus de Fürth – incluindo o leal patriota Louis Kissinger e sua família – do que até mesmo o mais pessimista dentre eles era capaz de compreender.

CAPÍTULO 2
Fuga

Se nós pudéssemos retroceder treze anos pelo ódio e intolerância, eu perceberia que essa tinha sido uma estrada longa e difícil. Ela havia sido pavimentada com humilhação, com decepção.

HENRY KISSINGER para seus pais, 1945[1]

I

Foi no fim de setembro de 1934. Na véspera do anual festival de São Miguel em Fürth, o pregador da cidadezinha, Paul Fronmüller, falou em nome de muitas pessoas quando agradeceu a Deus "por nos mandar Adolf Hitler, nosso salvador da investida forasteira perpetrada pela horda sem Deus, e o construtor do novo Reich, no qual a religião cristã será a fundação de nossa vida como povo".[2]

Para a maioria da população cristã de Fürth, a vida já havia melhorado após escassos dezoito meses de governo nazista, e ela continuaria a melhorar praticamente sem interrupções até o verão de 1938. Em janeiro de 1933, o número de pessoas que solicitavam auxílio era de mais de 8.700. Em junho de 1938, ele estaria abaixo de 1.300.[3] A recuperação econômica nazista era real, e Fürth a sentia.

A cidadezinha também tinha uma aparência diferente. A Rathaus estava enfeitada com as brilhantes bandeiras vermelhas nacional-socialistas; suásticas e retratos do Führer estavam se tornando onipresentes. Os nomes de algumas ruas também haviam sido alterados. A Königswarterstrasse passou para "Adolf-Hitler-Strasse"; a praça principal fora rebatizada Schlageterplatz, em homenagem ao "mártir" protonazista Albert Leo Schlageter, que – na véspera do nascimento de Heinz Kissinger – havia sido executado pelos franceses por sabotar trens na ocupada região do Ruhr. É verdade, Fürth nada tinha que se comparasse aos comícios anuais de Nuremberg, festivais que duravam uma semana e atraíam até 1 milhão de membros do partido e organizações afiliadas de toda a Alemanha. Mas sempre havia pelo menos catorze feriados oficiais e festivais, como o "Festival do Povo" em 1º de maio (apropriado da Festa da Primavera dos Social-Democratas) e a celebração, em 20 de abril, do aniversário de Hitler.[4] E, para aqueles que preferissem uma noite na ópera a um desfile de rua, Bruno F. Mackay, o novo diretor do reaberto e renovado teatro municipal, oferecia uma saudável dieta alemã, incluindo *Egmont*, de Goethe; *Intriga e amor*, de Schiller; e a *Minna Von Barnhelm*, de Lessing. Quando o próprio Hitler fez uma visita a Fürth em 11 de fevereiro de 1935, ele foi recepcionado com uma representação de *Wenn Liebe befiehlt* [Quando o amor comanda], uma inócua opereta. O eco do slogan nazista, *Führer befiehl, wir folgen!* [Comanda, oh Führer, nós seguimos!], era apropriado.

No entanto, por trás da boa aparência da propaganda nacional-socialista se encontrava uma realidade de coerção e terror. O que os nazistas chamavam eufemisticamente de "sincronização" (*Gleichschaltung*) começou em 10 de março de 1933, com a prisão de entre quinze e vinte membros do Partido Comunista, do sindicato comunista e do Partido Social Democrata e a ocupação do quartel-general do sindicato social-democrata. O prefeito (*Oberbürgermeister*) da esquerda liberal, Robert Wild, foi dispensado em uma licença indefinida; seu vice pediu demissão alegando idade. Uma semana mais tarde, o expurgo dos membros com tendências esquerdistas continuou com o afastamento forçado do chefe de polícia, do diretor do hospital da cidade, do médico principal e do chefe do serviço de saúde. Mais prisões de ativistas comunistas se seguiram nos dias 28 de março e 25 de abril: a maior parte foi detida em "prisão preventiva" (*Schutzhaft*), outro eufemismo nazista, que significava que eles haviam sido enviados para o recém-criado campo penal em Dachau, 160 quilômetros ao sul.

A sincronização prosseguiu inexoravelmente; cada semana trazia maiores restrições aos oponentes políticos dos nazistas. A imprensa deixou de ser livre no dia 1º de abril, com o anúncio de que de agora em diante o jornal *Fürther Anzeiger* seria o "órgão oficial do NSDAP no distrito de Fürth". O conselho local foi reconstituído, de modo que a maioria de seus membros fosse então nazista, incluindo o novo prefeito, Franz Jakob (antes um deputado nazista no parlamento da Baviera), e seus dois vices. As bibliotecas locais também foram expurgadas com a queima cerimonial de livros "subversivos" na noite de 10 de maio.⁵ No dia seguinte, a seção de Fürth do Partido Social-Democrata se desfez, antes do banimento nacional de suas atividades em 22 de junho. Em 30 de junho, os líderes do partido em Fürth foram presos e enviados para se juntar aos seus equivalentes comunistas em Dachau. Todos os antigos partidos da classe média, que haviam perdido vários membros para os nazistas, foram ou dissolvidos ou integrados ao NSDAP. A Jovem Baviera foi incorporada à Juventude Hitlerista. Destinos semelhantes tiveram todas as organizações econômicas independentes e associações esportivas de Fürth – até mesmo os clubes de canto e de jardinagem.⁶

Desde a fase inicial do regime nacional-socialista, entretanto, os judeus foram o alvo das perseguições mais implacáveis. Depois de os líderes terem sido presos, os eleitores comuns comunistas e social-democratas tiveram a chance de se conformar e consentir. Essa chance não foi dada a ninguém a quem os nazistas definissem como judeus pela raça, o que incluía convertidos ao cristianismo e até mesmo os filhos de casamentos mistos. Para entender o que significava crescer como um judeu na Alemanha nazista é necessário compreender muito bem o modo de o regime sistematicamente suprimir os direitos dos judeus, uma semana depois da outra, um mês depois do outro. A cada ano que passava entre 1933 e 1938, o nível de insegurança crescia. A experiência era especialmente pungente em uma cidade como Fürth. Ela não somente merecera o desprezo dos nazistas por ser uma cidade "judeificada". Era também vizinha de Nuremberg, uma das "capitais do movimento" e lar do odioso Julius Streicher, editor do *Der Stürmer* e então *Gauleiter* [administrador] da Francônia Central. Além do mais, Fürth se localizava na Baviera, onde o líder da SA, Ernst Röhm, era comissário estadual e o *Reichsführer-SS* [Líder da SS no Reich] Heinrich Himmler era encarregado da Polícia Política. Tudo isso significava que as medidas antissemitas e as ações "espontâneas" tendiam a chegar antes em Fürth do que em outros lugares, e a ser postas em prática com maior zelo.⁷

Os leitores que não têm experiência de viver em um Estado totalitário devem se esforçar para imaginar o que é, no espaço de cinco anos, perder o direito de praticar sua profissão ou ter seu negócio, de usar instalações públicas – de piscinas a escolas – e de se pronunciar livremente; mais importante, perder a proteção da lei contra prisões arbitrárias, insultos, ataques e expropriação. Foi esse o destino dos judeus da Alemanha entre 1933 e 1938. Em Fürth, isso começou em 21 de março de 1933, com a suspensão e a prisão temporária do diretor do hospital municipal, dr. Jacob Frank. Dois outros médicos judeus e uma enfermeira perderam seus empregos.[8] Os nazistas então voltaram sua atenção para a grande comunidade de comerciantes judeus de Fürth. No dia 25 de março, a muito conhecida loja Bauernfreund-Pachmayr foi forçada a fechar sob alegações de que dejetos de ratos e pelos de animais haviam sido encontros na comida.[9] Seis dias depois, uma manifestação do NSDAP proclamou o dia nacional de boicote contra os negócios dos judeus, a ser realizado no dia seguinte, ostensivamente em retaliação ao boicote antialemão proposto por algumas organizações judaicas norte-americanas. Na manhã de 1º de abril, membros da SA começaram a pregar cartazes pelo centro da cidade que instavam os moradores a "Boicotar os judeus! Boicotem os capangas [*Handlangern*] deles", enumerando todos os 720 estabelecimentos comerciais de Fürth que eram propriedade de judeus e que representavam pelo menos 50% dos atacadistas, 24% dos manufatureiros e 15% dos varejistas – uma notável fração de mercado nas mãos de menos de 40% da população.[10] Um alvo especialmente proeminente do boicote foi o cinema Fortuna, de propriedade de judeus.[11] A seguir, foi a vez dos funcionários públicos judeus – incluindo professores de escolas públicas como Louis Kissinger –, que foram afastados de seus postos com a "Lei para a restauração da função pública" de abril de 1933. Outros importantes marcos legislativos foram as assim chamadas Leis de Nuremberg, esboçadas na reunião anual do partido em 1935, a primeira das quais – a "Lei para a Proteção do Sangue e da Honra Alemães" – vetava os casamentos mistos, bem como relações sexuais inter-raciais, e proibia que judeus tivessem não judeus como empregados domésticos. A segunda "Lei de Cidadania do Reich" privou os judeus da cidadania plena.

A discriminação contra os judeus era decretada centralmente, mas instituída, e às vezes ampliada, localmente; sua exclusão dos espaços públicos prosseguia em ritmos diferentes de região para região. Em Fürth, por exemplo, foi no auge do verão, em agosto de 1933, que os judeus foram proibidos de usar a área pública para banhos no rio Rednitz. Em abril de 1934, foi imposto um limite máximo de 1,5% sobre a proporção de alunos judeus que poderiam estudar em escolas públicas. Em 1936, entretanto, todas as escolas principais de Fürth – o liceu feminino, o ginásio humanista, a Oberrealschule [correspondente ao colegial clássico] e a escola comercial – tinham condições de proclamar com orgulho que eram "livres de judeus" (*judenrein*). Doravante, todas as crianças judias tinham que frequentar ou a Realschule [escola colegial] judaica ou a Volksschule [escola pública] judaica.[12]

À medida que os direitos iam sendo removidos, a dignidade também o era. O jornal *Fürther Anzeiger* publicou uma contínua torrente de artigos antissemitas no estilo desdenhoso de Streicher. O autor de uma dessas histórias típicas descreveu ter ouvido alunos judeus cantando o hino nacional alemão. "Oh, vocês, cômicas criaturas judias", ele se regozijou. "Quanto vocês devem temer a Alemanha que está sendo agora construída."[13] Em 27 de maio de 1934, o próprio Streicher foi reconhecido cidadão honorário de Fürth. Em seu discurso de aceitação, não mediu palavras: "Nós estamos rumando para tempos sérios. Se outra guerra acontecer, todos os judeus na Francônia serão baleados, [porque] os judeus foram os responsáveis pela [última] guerra".[14] O desfile anual do Carnaval no ano seguinte apresentou uma quantidade de carros alegóricos grotescamente antissemitas, com palhaços vestidos como caricaturas de judeus em várias posturas humilhantes.[15] Porém, o antissemitismo na Baviera foi muito mais do que uma representação teatral. Já em 1933 havia mais que uma insinuação de ameaça física no modo como a SA conduziu a campanha de boicote. Até onde isso poderia chegar ficou claro na noite de 25 de março de 1934, quando o vilarejo de Gunzenhausen, aproximadamente 50 quilômetros a sudoeste de Fürth, foi abalado por um *pogrom* que deixou mortos dois membros da comunidade judaica local: um por enforcamento, o outro por ferimentos de punhal.[16]

Nessa época, a "revolução nacional" ameaçava sair do controle, a ponto de – em Fürth, assim como em outros lugares – o Exército ter de intervir para conter a SA.[17] Mas, mesmo depois da assim chamada Noite das Facas Longas (o expurgo da liderança da SA, incluindo Ernst Röhm, entre 30 de junho e 2 de julho de 1934), a perseguição continuou, embora então com aparato legal. Theodor Bergmann, um dos membros mais importantes da comunidade judaica de Fürth, foi preso por insultar uma mulher "ariana"; ele cometeu suicídio enquanto estava em um campo de concentração. Em 10 de março de 1935, o dr. Rudolf Benario foi preso e arrancado de seu leito de doente, apesar de estar com febre alta. Ele e Ernst Goldmann foram enviados para Dachau, onde foram baleados – em mais um dos infames eufemismos – "enquanto estavam tentando escapar".[18] Um ano depois, três jovens judeus, também de Fürth, foram condenados a doze, dez e cinco meses de prisão, respectivamente, por terem a audácia de contar "notícias sensacionalistas" (*Greuelnachrichten*) a respeito do tratamento dos judeus na Alemanha.[19] Tais ironias desagradáveis eram abundantes em Fürth. Em 26 de novembro de 1937, um judeu morador da cidade de 72 anos foi condenado a oito meses de prisão por ousar sugerir que os judeus na Alemanha estavam sendo perseguidos. Um ano depois, três judeus de Fürth foram presos e acusados com base nas Leis de Nuremberg por "corrupção racial". Eles receberam sentenças de prisão de cinco a dez anos.[20]

II

Para Louis Kissinger, ser privado de sua arduamente conquistada respeitabilidade como membro de alto escalão em uma escola pública foi um pesadelo atordoante. Em 2 de maio de 1933, com a *Studienrätin* [professora/conselheira pedagógica] Hermine Bassfreund, a outra professora judia na escola feminina de Fürth, ele foi "afastado em licença compulsória" e depois, alguns meses mais tarde, "definitivamente aposentado".[21] Ele ainda não tinha 50 anos. Seu filho Walter relembrou como ele "se retirou para seu escritório" depois de ser demitido.[22] Mas não foi somente o encerramento abrupto de sua carreira que chocou Louis. Como sua esposa recordou mais tarde, "os colegas de meu marido, os antigos colegas, ignoravam-no completamente, como se ele nunca tivesse [existido]". Para se manter ativo, ele fundou "uma escola à qual as crianças judias que não podiam mais frequentar escolas pudessem [ir]. [...] Ele lhes dava aula de ciências comerciais, que havia lecionado antes".[23] Curiosamente, ele não foi lecionar na Realschule judaica, onde seus dois filhos haviam começado a estudar no verão de 1933. Não fica muito claro, tendo por base as anotações existentes, por que eles foram para lá tão cedo – antes que as cotas para os judeus tivessem sido impostas às escolas públicas.[24] Segundo Kissinger, seus pais tencionavam que ele fosse para o ginásio depois de quatro anos na Realschule (o que não teria sido incomum para um menino de uma família ortodoxa).[25] Naquela época, entretanto, as cotas estavam em vigor.

A Realschule, que ficava na esquina da casa dos Kissinger, não era de jeito nenhum uma instituição ruim. Seu diretor, Fritz Prager, havia contratado pelo menos um bom professor, Hermann Mandelbaum, que lecionava matemática, geografia e escrita, bem como economia e taquigrafia. Mandelbaum gostava de fazer com que seus alunos ficassem se contorcendo com perguntas difíceis. Seu bordão na sala era: "Quem está tagarelando?" (*Wer schwätz?*).[26] Porém, a mãe de Kissinger recordou que "os professores [na Realschule] não eram de primeira linha, e Henry, que era muito talentoso, estava frustrado. Os dois [meninos] não se sentiam felizes na escola. [...] [A]s crianças estavam frustradas, na verdade, e elas não se esforçavam ao máximo".[27] As evidências que sobreviveram confirmam que Kissinger não se destacou lá.[28] Uma causa maior de frustração foi o modo como a legislação nazista estava excluindo os meninos de todas as suas atividades extracurriculares favoritas. Impedidos de ir à piscina pública, de jogar futebol com os gentios, e de assistir à sua amada Spielvereinigung, os meninos tiveram de se filiar à associação esportiva sionista Bar Kochba, e a usar as instalações do novo Clube Esportivo Judaico, fundado em outubro de 1936 com seus campos na Karolinenstrasse.[29] Conforme Kissinger recordou mais tarde,

> Os judeus foram segregados a partir de 1933 [...] mas havia um time judeu e eu joguei na equipe juvenil. Nós só podíamos jogar contra os outros times judeus. [...] Naquele período [...] assistir a esportes ou participar deles permitia que eu me esquecesse do meio ambiente. Eu costumava ir sorrateiramente acompanhar a equipe local de futebol, embora, como judeu, você corresse o risco de ser espancado se fosse lá e eles o reconhecessem.[30]

Nem todos os contemporâneos de Kissinger tinham lembranças de violência nas ruas. Jules Wallerstein, que frequentou a mesma escola que os Kissinger, recordou que até 1938 "Meus amigos eram judeus e não judeus. Nós brincávamos de soldados, íamos às casas uns dos outros, e caçoávamos de alguns líderes nazistas. Meus amigos não judeus jamais me xingaram ou me chamaram de judeu sujo".[31] Porém outros – sobretudo Frank Harris (Franz Hess) e Raphael Hallemann, filho do diretor do orfanato judaico – confirmam o relato de Kissinger.[32] Não era mais seguro para um menino judeu andar pelas ruas de Fürth.

Contudo, havia outras formas de recreação além dos esportes. Foi em algum momento do período nazista que o jovem Heinz Kissinger se filiou à organização ortodoxa Agudath (União), o braço político do judaísmo da Torá Ashkenazi, uma criação da Primeira Guerra Mundial que por certo período dizia se chamar Emunei Yisroel (a União dos Judeus Fiéis). O objetivo da

Agudath era reforçar as instituições ortodoxas na Europa independentemente do movimento sionista e por fim unir a ortodoxia da Europa Ocidental e da Europa Oriental – um fato pelo qual Kissinger foi lembrado quarenta anos mais tarde pelo rabino ortodoxo Morris Sherer, que brincou que ele havia "guardado a sete chaves um ensaio que o senhor escreveu naquela época" para a Agudath.[33] Esse "ensaio" há tanto tempo esquecido é o primeiro dos escritos de Kissinger que sobreviveu. Ele consiste nas minutas de um encontro entre o grupo ortodoxo de jovens Esra, dirigido por Leo Höchster, um menino judeu um pouco mais velho.[34] Por ocasião do encontro, em 3 de julho de 1937, Heinz Kissinger tinha somente 14 anos; Höchster tinha 18. Outros cinco "membros" participaram da reunião: Alfred Bechhöfer, Raphael Halemann, Manfred Koschland, Hans Wangersheimer e o amigo de Kissinger, Heinz Lion. O original está escrito com a caligrafia de Kissinger em uma combinação de letras de Sütterlin (o antigo sistema de escrita alemão) e hebraico. Vale a pena citá-lo inteiro pela luz que ele lança sobre suas primeiras perspectivas religiosas e políticas.

> Nós nos encontramos em nossa sala pontualmente às 15h45. Em primeiro lugar, discutimos *dinim* [leis religiosas]. Apresentamos as *dinim* relacionadas ao *Shabbat* [suas regras]. Nós falamos sobre *muktseh* [coisas excluídas, i.e., coisas que não podem ser portadas no Sabbath].
>
> É possível distinguir entre quatro formas de *muktseh*:
>
> *muktseh mahamat isur* – [excluído] devido a uma proibição específica [p. ex., uma caneta, que é usada para escrever, uma atividade proibida no Sabbath]
>
> *muktseh mahamat mitsva* – [excluído] para evitar que alguém cometa um *Mitzvah* [um mandamento inapropriado no Sabbath] (p. ex., [portar] *Tefillin* [uma referência às pequenas caixas de couro preto que contêm versículos da Torá que os judeus praticantes usam durante as orações matutinas dos dias de semana, mas não no Sabbath]
>
> *muktseh mahamat avera* – [excluído] de modo que alguém não cometa um *avera* [pecado; por exemplo, um objeto como um altar para adorar ídolos, um ato pecaminoso]
>
> *muktseh mahamat mius* – [excluído] porque é abominável [*hässlich*] e, portanto, é inapropriado para o *Shabbat* [por exemplo, algo sujo].
>
> E então há uma quinta forma de *muktseh*, por exemplo, quando alguém diz antes do *Shabbat* que não irá fazer algo se é *muktseh* para aquele *Shabbat*.

E então chegou o momento de ver quem era o melhor no grupo para [se lembrar d]isso. Chegaram à decisão de que Heinz Lion e eu recebemos meio ponto.

Em sua maior parte, esse era um simples grupo de estudos da Torá, treinando os jovens nos pontos mais refinados das leis Hilchatic. Mas o estilo muda completamente nas frases finais:

> Então nós discutimos a iminente partilha da Palestina. Uma partilha seria o maior sacrilégio [*hilul ha-Shem*] na história do mundo. Um Estado judeu governado não pela *Torah* mas por uma lei geral é impensável. Esse foi o fim [do encontro].
>
> Heinz K.[35]

Os acontecimentos na distante Palestina estavam causando impacto até mesmo na Francônia. Desde abril de 1936, os árabes estavam se rebelando contra o mandato britânico naquela região. Em grande parte uma reação contra a crescente imigração judaica, a revolta – que havia começado como uma greve geral, mas rapidamente se transformara em violência contra tanto os colonos judeus como as forças britânicas – havia forçado os britânicos a rever a administração da antiga província otomana. Heinz Kissinger e seus amigos estavam se encontrando somente quatro dias antes da publicação do tão antecipado relatório da Royal Commission presidida pelo conde Peel, que iria recomendar a partilha da Palestina em um pequeno Estado judeu ao longo da planície costeira, mas também incluindo a Galileia, um corredor residual sob controle do mandato que ia de Jerusalém até a costa (incluindo Haifa), e um território árabe maior ao sul e ao leste, que seria acrescentado ao vizinho Emirado da Transjordânia. (Que o relatório iria recomendar a partilha segundo essas premissas já havia sido antecipado na imprensa britânica desde o começo de abril; então não é tão estranho que um obscuro grupo de jovens ortodoxos em Fürth já soubesse de seu conteúdo.) Embora eles desejassem um território muito maior, os líderes sionistas Chaim Weizmann e David Ben-Gurion estavam dispostos a aceitar o relatório da Comissão Peel como uma base para negociações, especialmente porque ele previa transferências de população em grande escala que teria reassentado até 225 mil árabes fora do planejado Estado judeu. Porém, o relatório foi rejeitado tanto pelos árabes quanto pelos grupos judeus não sionistas como o Agudath, e finalmente a ideia da partilha foi engavetada pelos britânicos.³⁶ É notável que Henry Kissinger já se apresentasse aos 14 anos um ardoroso oponente da partilha da Palestina. Mesmo que a ideia de que isso seria o "maior sacrilégio na história do mundo" não fosse sua, mas a daquele grupo do qual era membro, ele certamente não divergia dela quando fez as atas de reunião. E tampouco divergia do repúdio deles à ideia de um Estado secular judeu, baseado (como Israel viria a ser) em uma lei que não fosse a Torá. Pelo menos um dos meninos no grupo Höchster acabaria como um refugiado na Palestina e, em seu devido tempo, um cidadão de Israel. Mas esse jamais seria o destino de Henry Kissinger, que parecia ter adotado de todo coração o antissionismo de seu pai.

III

Não obstante, era hora de abandonar a Alemanha. Dois dos irmãos de Louis Kissinger já o haviam feito. Em junho de 1933, Karl Kissinger, que ajudava a administrar a loja de sapatos de seu sogro, havia sido preso e enviado para Dachau, onde foi submetido a espancamentos e ameaças de morte. Depois de sua esposa conseguir sua liberação, passado mais de um ano, em dezembro de 1934, eles resolveram imigrar e, em 1937, se mudaram para a Palestina com seus três filhos, Herbert, Erwin e Margot. Outro dos irmãos de Louis, Arno, mudou-se para Estocolmo na metade da década de 1930, onde mais tarde seu pai, David, se juntou a ele no começo de 1939. Um amigo de Leutershausen, Karl Hezner, insistiu com Louis para que ele seguisse o exemplo de seus irmãos. Louis, porém, era mais de dez anos mais velho que Karl e Arno. Como sua esposa disse posteriormente: "Não era assim tão fácil abrir mão de tudo e ir embora com duas crianças para um futuro incerto".³⁷ O pai dele, David, e o irmão Simon insistiram para que eles não desistissem da Alemanha. E havia mais um obstáculo para a imigração. O pai de Paula Kissinger havia recebido o diagnóstico de câncer.

No entanto, Paula tinha de colocar os filhos em primeiro lugar. Que tipo de futuro eles teriam na Alemanha, onde o "Estado Hitlerista" dava todos os sinais de perdurar e onde parecia mais provável que a posição dos judeus mais se deteriorasse que melhorasse? Depois de se formar na Realschule, Heinz havia se matriculado por três meses em uma escola judia para treinamento de professores em Wurtzburgo, por falta de opção melhor.³⁸ Como sua mãe disse posteriormente para Walter Isaacson: "Foi minha decisão e eu a tomei por causa dos meninos. Eu sabia que não havia uma vida para eles se nós ficássemos".³⁹

Para dizer o mínimo, foi uma bênção para os Kissinger que uma das irmãs mais velhas da mãe de Paula já tivesse emigrado para os Estados Unidos, anos antes que o nome de Hitler fosse ouvido. A filha dela – e, portanto, prima de Paula –, Sarah Ascher, havia nascido no Brooklyn, mas vivia então em Larchmont, no condado de Westchester. Quando Paula sugeriu mandar Heinz e Walter através do Atlântico para um lugar seguro, sua prima norte-americana insistiu para que toda a família fizesse o mesmo. Em 28 de outubro de 1937, ela assinou a crucial "declaração de apoio" que garantia dar aos Kissinger apoio financeiro se eles fossem. (Cotas de imigração para os Estados Unidos anteriores à década de 1920 significavam que sem tal garantia até mesmo refugiados do nazismo não seriam recebidos.)* Embora sua renda fosse de apenas 4 mil dólares por ano, Sarah Ascher tinha ações que valiam 8 mil dólares e outras economias que chegavam a 15 mil dólares, então, a garantia dela era crível.⁴⁰ (Na verdade, os Kissinger tinham parentes norte-americanos mais ricos, os descendentes de Louis Baehr em Pittsburgh, mas o auxílio deles não foi solicitado.) Em 21 de abril de 1938, Louis e Paula Kissinger – oficialmente identificados como "naturais da Alemanha, judeus por raça e por crença" – notificaram o Emigration Advisory Bureau [Escritório Consultor de Imigração] em Munique de sua intenção de emigrar.⁴¹ A solicitação tinha de vencer múltiplos obstáculos, mas foi processada e aprovada em menos de três semanas. Em primeiro lugar, Louis Kissinger solicitou passaportes para a polícia de Fürth.⁴² A Gestapo então devia checar se ninguém da família tinha antecedentes criminais.

---

* No regime de cotas imposto em 1924, o número de imigrantes alemães não poderia exceder 2% da população alemã existente nos Estados Unidos, e não mais de 10% da cota anual poderia entrar em um determinado mês. Como resultado, na década de 1930 a cota anual alemã era de 27.370, com um número máximo mensal de 2.737. Os acontecimentos de 1938 levaram a uma onda de pedidos: 139.163 até 30 de junho de 1939; 240.748 no fim daquele ano. Mas a única solução era conseguir um visto de cota de um consulado dos Estados Unidos, que exigia provas de que o solicitante não seria um fardo para a comunidade – daí a necessidade da declaração de cidadãos norte-americanos.

O prefeito de Fürth deu sua aprovação em 29 de abril, seguida pela da Gestapo em 5 de maio,[43] do escritório municipal de finanças em 6 de maio,[44] e finalmente da alfândega alemã em 9 de maio.[45] Depois de receber o pagamento de doze marcos e setenta *pfennigs*, mais cinco marcos e 28 *pfennigs* para uma carta de referência, a polícia emitiu os quatro passaportes em 10 de maio.[46]

Contudo, foi somente em 10 de agosto que os Kissinger avisaram oficialmente a polícia de Fürth de sua intenção de partir. Havia despedidas dolorosas a fazer, especialmente para o pai doente de Paula – a primeira ocasião em suas vidas em que Heinz e Walter tinham visto o pai comovido até as lágrimas.[47] "Quando minha família estava prestes a partir de minha terra natal", recordou Kissinger muitos anos mais tarde, "eu fui visitar meu avô, a quem eu era muito apegado, no vilarejo onde ele vivia, para dizer adeus. Ele estava com câncer, e eu sabia que nunca mais iria vê-lo. Meu avô mudou a finalidade do encontro dizendo-me que nós não estávamos realmente nos separando, porque ele iria me fazer uma visita final na casa de meus pais dentro de algumas semanas. Embora eu não acreditasse mesmo nisso, a perspectiva demonstrou ser um grande consolo".[48] Eles também tiveram de se despedir da maior parte de suas posses; os regulamentos nazistas garantiam que os judeus que abandonassem o Reich deixassem para trás não apenas a maior parte de suas economias, mas também o grosso de sua mobília (cujo valor estimado, no caso dos Kissinger, era de 23 mil marcos, incluindo o piano).[49] Havia um contêiner com tamanho estipulado por lei que os judeus que partissem do Terceiro Reich tinham permissão de encher; Kissinger se lembrou de sua mãe fazendo a dolorosa seleção do que poderia ser levado com eles.[50] Em 20 de agosto, a família zarpou de um dos portos belgas no Canal da Mancha com destino à Inglaterra. Eles passaram pouco mais de uma semana em Londres, em Golders Green, no lar de Berta, tia de Paula, e de seu marido, Sigmund Fleischmann – antes o açougueiro *kosher* em Fürth –, com os quais Paula havia morado quando era estudante. Então, em 30 de agosto de 1938 eles pegaram o trem para Southampton e embarcaram no *Île de France*, com destino a Nova York. Heinz Kissinger tinha 15 anos. Seu melhor amigo, Heinz Lion, já havia partido para a Palestina em março.

Os Kissinger eram apenas quatro entre os 1.578 judeus da Baviera que emigraram em 1938.[51] Eles não partiram da Alemanha nem um minuto antes da hora.

IV

No mesmo dia em que os Kissinger informaram a polícia de Fürth de sua partida, a principal sinagoga de Nuremberg foi destruída. A principal sinagoga em Munique havia tido um destino semelhante no mês de junho passado. Os elementos mais radicalmente antissemitas dentro do Partido Nazista – sobretudo o próprio Hitler – estavam ficando impacientes com a mera segregação. Com bons motivos, a comunidade judaica de Fürth começou a se preparar para os problemas. Os rolos de pergaminho e os ornamentos de prata mais valiosos foram retirados das sinagogas para que fossem mantidos em segurança.⁵² Um aviso posterior da tempestade iminente veio em 16 de outubro de 1938, quando uma multidão atacou a sinagoga de Leutershausen e quebrou as janelas dos lares judaicos, incluindo a fazenda de Falk e Fanny Stern. Depois do *pogrom*, Falk Stern foi forçado a vender a casa que havia comprado com seu irmão 34 anos antes. Falk e Fanny se mudaram para a casa da irmã dele, Minna Fleischmann, em Fürth, onde ele morreria de câncer em 1939. Nessa época, Fürth também havia deixado de ser um lugar seguro para os judeus.

Kristallnacht – a "Noite dos cristais partidos" – foi um momento de verdade na história do Terceiro Reich. Qualquer fachada que tivesse sido erguida para dar uma aparência de legalidade à política racial do regime foi destroçada por uma orgia nacional de violência e vandalismo. O pretexto para o pior *pogrom* na história da Alemanha desde a Idade Média foi o assassinato, na embaixada alemã em Paris, do diplomata Ernst vom Rath por um exilado judeu de 17 anos de Hanover chamado Herschel Grynszpan, que havia se revoltado com a deportação de seus pais, que eram naturais da Polônia, da Alemanha. Ele atirou em Vom Rath à queima-roupa em 7 de novembro de 1938. Dois dias mais tarde, o diplomata estava morto. Essa foi a deixa para Hitler. Com o empolgado encorajamento de Goebbels, ele desencadeou um ostensivamente "espontâneo" ataque contra a população judia.

Havia uma característica risível no modo como essas ordens foram executadas em Fürth. O dia 9 de novembro era o aniversário do fracassado "putsch da cervejaria" de 1923, um dia em que os nazistas comemoravam seus mártires. Como resultado, os chefões do partido local estavam celebrando com grande bebedeira no café Fink quando chegou a ordem de atacar os judeus e, especialmente, de destruir as sinagogas da cidade. O prefeito estava afogueado e encharcado de cerveja. Ele não fazia a menor objeção a organizar um *pogrom*. Mas ele estava preocupado com as consequências de incendiar tantas sinagogas, a maioria das quais se localizava no densamente povoado centro da cidade. Com aquela curiosa mistura de insensibilidade e meticulosidade tão característica dos nazistas, ele convocou o chefe da brigada do corpo de bombeiros da cidade, Johannes Rachfahl, e lhe deu ordens para se preparar para proteger todos os edifícios nas vizinhanças das sinagogas que estavam prestes a ser incineradas. Rachfahl ficou boquiaberto: "O *herr Oberbürgermeister* [senhor prefeito] gosta de uma piadinha", foi sua reação imediata. Ele pacientemente explicou para o prefeito a impossibilidade de controlar o tipo de fogo que aconteceria se todas as sinagogas ao redor da Schulplatz fossem incendiadas. Relutante, o prefeito chegou a um acordo. Somente a sinagoga principal seria queimada.[53]

Por volta de 1h30 do dia 10 de novembro, um grupo de 150 membros da SA derrubou os portões de ferro do Schulhof e então destruiu as portas de carvalho do prédio principal. Entrando, eles quebraram bancos e ornamentos; empilharam todos os rolos de pergaminho da Torá que conseguiram encontrar, encharcaram-nos com gasolina e atearam fogo neles. Arrancado de sua cama, o dr. Albert Neuburger, um membro de destaque da comunidade judaica, foi deixado semi-inconsciente e ensanguentado depois de sua cabeça ter sido usada como aríete para arrombar a porta do serviço social da comunidade. Às 3h15, com a sinagoga principal então ardendo em chamas, o corpo de bombeiros foi convocado ao local, mas a SA impediu que suas mangueiras fossem usadas na sinagoga. Na verdade, o *Oberbürgermeister* deu-lhes ordem para deixar que o fogo atingisse a casa do zelador e o salão de orações (Betsaal) contíguo. Igualmente destruídas naquela noite foram a casa de banhos rituais e a sinagoga na Mohrenstrasse 30. O cemitério judaico também foi vandalizado, assim como o hospital judeu, a Realschule, o orfanato e muitas lojas de propriedade dos judeus, incluindo o café na Mohrenstrasse. Slogans antissemitas foram pintados nas paredes do orfanato – "Nós não vamos permitir que um judeu mate um alemão!" – e na Realschule – "Judas abutre! Vingança por Paris!".

E isso não foi tudo. A comunidade judaica inteira, incluindo as crianças do orfanato, foi então conduzida à Schlageterplatz (atualmente conhecida como Fürther Freiheit [Liberdade de Fürth]) e deixada lá parada no frio de novembro por cinco horas. A diversão foi proporcionada por um ataque ao rabino dos Kissinger, Leo Breslauer, que acabou com a raspagem forçada da barba dele. O jovem Edgar Rosenberg estava observando horrorizado, e suas recordações mostram não somente o temor, mas também a terrível discórdia entre as vítimas indefesas.

> Perto das 5h30 [...] os judeus receberam ordens de executar uma caprichada meia-volta na direção do Schulhof: o céu havia ficado rubro; as sinagogas queimavam. E naquele momento os cismas religiosos entre nós, há tanto tempo existentes e que não pareciam nos abandonar nem mesmo nos dias de ira, irromperam de modo assustador. Pois então os judeus ortodoxos – os membros da Neuschul, da Mannheimer Schul, da Klaus Schul – soltaram um lamento lancinante ao ver a *bet knesset* deles em chamas; mas isso parecia acima de tudo intimidar, até mesmo aterrorizar, os judeus reformados, que assumiram que aqueles uivos piedosos só poderiam irritar os membros da tropa e transformar aquilo em um banho de sangue. E com isso eles reagiram de modo excessivo.[54]

Não haveria um banho de sangue; não ali, não naquele momento. Às 9h todas as mulheres e crianças foram mandadas para casa, enquanto os homens tiveram de marchar até o antigo Berolzheimerianum (pois ele também havia sido rebatizado), onde os insultos verbais e físicos prosseguiram. Rosenberg se lembrou de "meus ruidosos concidadãos [...] enche[ndo] as ruas, cuspindo, cantando *jodels*, gritando, 'Muito bem, já estava na hora!' e 'Já foi tarde!', e irrompendo em um coro de 'Porca judia' e 'Judas abutre!' [...] e [então] irromp[endo] entre as fileiras dos Camisas Pardas para dar uma boa olhada no Judeu Kahn [sic], o religioso cuja barba fora raspada".[55] No total, 132 homens foram subsequentemente enviados para Nuremberg e de lá para Dachau, incluindo o professor dos irmãos Kissinger, Hermann Mandelbaum, que foi mantido lá por 47 dias, e o pai de Rosenberg, que posteriormente fugiu para a Suíça.[56]

A pilhagem ainda não havia acabado. De volta para Fürth, os líderes da comunidade judaica foram forçados a assinar um documento vendendo os dois cemitérios judeus, o hospital e muitas outras propriedades da comunidade pela irrisória quantia de cem marcos. Eles também foram ameaçados de morte caso se recusassem a revelar o paradeiro de uma sinagoga não existente e supostamente escondida. (Seus agressores tinham em mente uma escola para crianças doentes chamada Waldschule, que havia sido estabelecida por um filantropo judeu em 1907.) Nos dias seguintes, várias firmas judias também foram forçadas a vender seu patrimônio por somas igualmente irrisórias – um prelúdio para a lei de 12 de novembro de 1938, que formalmente excluiu os judeus da vida econômica da Alemanha e cimentou o caminho para a "arianização" formal de todas as firmas de propriedade dos judeus.[57] Mais tarde, na manhã de 10 de novembro, membros da SA voltaram a marchar em triunfo pelo Schulhof que ainda queimava. Eles tinham sangue, bem como cinzas, em suas mãos. Um homem havia morrido por causa dos ferimentos que lhe haviam sido causados durante a noite; outro havia cometido suicídio. O rabino Breslauer sobreviveu, mas ele havia sido agredido de forma tão violenta que, até mesmo anos mais tarde, "não podia falar em voz alta, por causa das torturas a que havia sido submetido pelos nazistas na *Kristallnacht*".[58]

Para as vítimas do *pogrom*, isso parecia inconcebível. Como uma testemunha incrédula disse: "Quando eu era jovem, nós fazíamos aulas de dança, judeus e cristãos juntos, se misturando sem nenhum problema. O antissemitismo era praticamente inexistente [...] até a época de Hitler. Nós, judeus, jamais acreditamos que pudesse haver tal antissemitismo em Fürth".[59]

E, no entanto, havia. Foram necessários treze anos para levar os responsáveis pelos acontecimentos do dia 10 de novembro de 1938 em Fürth à justiça. Dos cinco líderes que sobreviveram para enfrentar o julgamento em 1951, somente um foi considerado culpado. Ele foi condenado a dois anos e meio na prisão. Um ano mais tarde, um segundo caso foi levado a julgamento em Karlsruhe; dois acusados mais foram condenados e receberam a sentença de, respectivamente, dois anos e quatro meses. Nessa época, contudo, crimes muito piores haviam sido cometidos contra os judeus de Fürth.

V

Fürth não é mais que uma cidadezinha enfadonha, e tive uma prova de sua falta de importância na ordem das coisas [...] em 1945. [Enquanto] Nuremberg estava reduzida a pó e cinzas, um amontoado de ícones quebrados e de ídolos destroçados, um tributo para sua maldade babilônica, Fürth ainda estava lá, inteirinha, jazendo tranquilamente sob o sol. [...] Naturalmente, a sinagoga destruída deixava um lugar vago no quebra-cabeça. [...]

Nuremberg [...] tem [...] sua tradição dourada e seus julgamentos reverberantes; o leitor é facilmente orientado: ah, diz ele, Nuremberg, isso me é familiar: Albrecht Dürer, o Congresso Nazista, a Torre, o juiz Jackson, os enforcamentos, as salsichas; mas sempre que eu sussurro "Fürth", o eco responde: soletre.[60]

Edgar Rosenberg foi um dos judeus nascidos em Fürth que sobreviveram à Segunda Guerra Mundial, tendo fugido para os Estados Unidos, via Haiti, depois da *Kristallnacht*. Ele ficou ironicamente surpreso ao descobrir uma parte tão grande de sua cidade natal ainda intacta quando voltou para a Alemanha trajando um uniforme norte-americano no fim da guerra.

Não que Fürth estivesse ilesa. A guerra que Hitler havia desencadeado em setembro de 1939 colocou a Alemanha contra uma oposição aparentemente mais fraca do que a guerra em que ele próprio havia combatido 25 anos antes. No verão de 1940, a Alemanha dominava o continente europeu, triunfante depois de derrotar a França e de empurrar a Força Expedicionária britânica de Dunquerque através do Canal da Mancha. Contudo, os recursos do Império Britânico continuaram imensos. Já em agosto de 1940 e novamente no mês de outubro seguinte, aviões da Real Força Aérea jogaram bombas em Fürth e em Nuremberg, uma conurbação industrial que estava no topo da lista de alvos britânicos para o bombardeio estratégico. Esse não foi mais que um antegosto daquilo que ainda viria. Houve incursões esporádicas em 1941 e em 1942, mas em 1943 – e nessa época a Alemanha estava em guerra tanto com a União Soviética quanto com os Estados Unidos – a escala dos bombardeios aéreos aumentou muito. Na noite de 10 de agosto de 1943, todo o distrito de Wöhrd, em Nuremberg, foi destruído. Em 1944, aconteceram doze grandes ataques aéreos aliados na Média e na Alta Francônia, que mataram mais de mil pessoas. Uma quantidade três vezes maior foi morta por ataques devastadores em 2 de janeiro e 21 e 22 de fevereiro de 1945. No fim da guerra, 6% dos edifícios existentes antes da guerra em Fürth haviam sido totalmente destruídos, 30% de moderadamente a muito avariados, e 54% ligeiramente avariados.[61] Segundo relatos de uma pequena incursão em Nuremberg-Fürth em março de 1945, "a maior parte das bombas caiu sobre ruínas".[62]

O último filme a ser exibido em Fürth antes do colapso final do Terceiro Reich foi uma comédia com um título cruelmente adequado: *Es fing so harmlos an* [Tudo começou de modo tão inofensivo].⁶³ Talvez fosse assim que a ascensão de Hitler ao poder parecesse em retrospectiva para quem havia votado nos nazistas em 1932 e 1933. Mas jamais tinha havido algo inofensivo relacionado a Hitler segundo o ponto de vista dos judeus alemães. Em janeiro de 1939, mesmo antes do início da guerra, ele havia feito uma profecia amedrontadora: "Se os financistas judeus internacionais que estão dentro e fora da Europa conseguirem mergulhar as nações uma vez mais em uma guerra mundial, então o resultado não será a bolchevização da Terra, e, consequentemente, a vitória da judeidade, mas a aniquilação da raça judia na Europa!".⁶⁴

Com a eclosão da guerra, os nazistas sentiram-se com coragem para cumprir essa ameaça. Dos 1.990 judeus que haviam vivido em Fürth em 1933, menos de 40 estavam lá no fim da guerra. Dos que não haviam emigrado com a eclosão dos conflitos, a maior parte – 511 no total – foi deportada por trem para territórios ocupados pela Alemanha na Europa Oriental, onde foram ou baleados, ou mortos em câmeras de gás, ou ainda fizeram trabalhos forçados até morrer.⁶⁵ A primeira deportação foi para Riga em 29 de novembro de 1941. Ela foi seguida por uma outra em larga escala nos dias 22 a 24 de março de 1942 para Izbica. De lá, os deportados foram enviados para campos de concentração em Sobibor ou Bełżec, ou para o campo de trabalhos forçados em Travnik. Um mês mais tarde, outro contingente de judeus de Fürth foi enviado para Kraśniczyn. Os que permaneceram foram enviados ou para Theresienstadt (10 de setembro de 1942) ou para Auschwitz (18 de junho de 1943). Os nazistas finalizaram o extermínio da comunidade judia de Fürth deportando um pequeno grupo de convertidos e *mischlinge* (filhos de casamentos mistos) em 17 de janeiro de 1944. Entre as vítimas se encontravam todas as 33 crianças do orfanato judeu, que foram enviadas para Izbica, juntamente com o diretor do orfanato, dr. Isaak Hallemann, e sua família.⁶⁶ (Sua proposta de transferir o orfanato para a Palestina havia sido rejeitada pela comunidade judaica baseada no fato de que os benfeitores do orfanato haviam especificado Fürth como sua localização.)⁶⁷ Em 1945, tudo o que restava da "Jerusalém da Baviera" era um punhado de sobreviventes e alguns poucos edifícios utilizados para finalidades diversas. O antigo cemitério judeu havia sido completamente destruído, as lápides usadas como pedras para a construção de defesas aéreas, o local de sepultamento alagado para criar um reservatório improvisado para o corpo de bombeiros.⁶⁸

Se os Kissinger não tivessem partido da Alemanha quando o fizeram, não resta dúvida sobre qual teria sido o destino deles. É improvável que Heinz Kissinger tivesse vivido para celebrar seu vigésimo aniversário. De seus parentes mais próximos, segundo suas próprias estimativas, treze deles foram mortos no Holocausto, incluindo as três irmãs de seu pai, Selma, Ida e Fanny; os maridos delas, Max Blattner, Siegbert Friedmann e Jakob Rau; o tio-avô dele, Simon, com seus filhos Ferdinand e Julius; e a madrasta de Paula Kissinger, Fanny Stern.⁶⁹ Embora ela não fosse parente consanguínea, Kissinger sempre a havia considerado como sua avó. "Para [ela]", ele relembrou mais tarde, "eu era um neto legítimo, e, quanto a mim, não sabia que ela não era minha avó legítima, então, aquele era um relacionamento muito caloroso e amoroso". A família continuou a receber seus cartões-postais *pro forma* mesmo depois de ela ter sido deportada. Eles souberam mais tarde que ela havia sido enviada para o campo de extermínio em Bełżec, e que tinha perecido em uma marcha forçada rumo ao oeste depois de o campo ter sido desativado.⁷⁰ A irmã de Falk Stern, Minna, morreu em Theresienstadt, e seu marido, Max, em Auschwitz. Entre as vítimas também se encontravam os primos de Kissinger, Louise Blattner, Lilli Friedmann e Norbert Rau.⁷¹

Na verdade, esse total de treze pessoas minimiza o número dos parentes de Kissinger que morreram nas mãos dos nazistas. Segundo *The Kissingers*, uma história da família manuscrita, compilada ou por Charles Stanton ou por Martin Kissinger, o número correto é 23. Mesmo essa quantidade pode ser ainda muito baixa. De todos os descendentes conhecidos de Meyer Löb Kissinger, nada menos que 57 morreram nos anos do Holocausto. Esse total pode, naturalmente, incluir as pessoas que morreram de causas naturais fora do território ocupado pela Alemanha, mas também pode excluir vítimas do nazismo cujas mortes não foram documentadas. Basta dizer que o número de 23 é um mínimo; o total dos parentes de Kissinger que foram mortos provavelmente está mais próximo de 30.

Qual foi o impacto dessa calamidade sobre Henry Kissinger? Trinta anos depois do fim da guerra, então secretário de Estado, ele foi convidado a voltar para sua cidade natal para receber uma medalha de cidadão honorário.⁷² Por causa de seus pais, ele aceitou, e eles o acompanharam. O pai dele foi publicamente indulgente; sua mãe, intimamente implacável. ("Eu fui ofendida em meu íntimo naquele dia, mas não disse nada", ela falou posteriormente. "Em meu coração, eu sabia que eles nos teriam queimado com os outros se nós tivéssemos ficado.")73 O próprio Kissinger sempre se esforçou para negar que o Holocausto houvesse sido crucial para seu desenvolvimento. "Minhas primeiras experiências políticas foram como membro de uma minoria judia perseguida", ele disse em uma entrevista em 2007.

> E [...] muitos membros de minha família, e cerca de 70% das pessoas com quem eu ia para a escola, morreram em campos de concentração. Então, isso é algo que a pessoa não pode esquecer. [...] E [nem é] possível ter vivido na Alemanha nazista e [...] ser emocionalmente indiferente ao destino de Israel. [...] [Mas] eu não concordo com [o ponto de vista] que analisa tudo em termos de minha suposta origem judaica. Não tenho pensado em mim mesmo nesses termos.74

Kissinger ainda era um devoto judeu ortodoxo quando deixou a Alemanha em agosto de 1938. Mas, em algum momento entre essa data e 1945, algo aconteceu para alterar isso. Como resultado, durante a maior parte de sua vida adulta, ele se descrevia como judeu por etnia e não por fé: "Eu não sou um homem religioso no sentido de praticar uma religião específica. Naturalmente eu sou judeu, e sempre afirmo isso; mas sou religioso no sentido de que acredito – assim como Espinoza – que provavelmente há uma adequação no universo que não somos mais capazes de entender do que uma formiga seria capaz de compreender uma interpretação de nosso universo".75

E, no entanto, não foi o horror da Shoah, apesar de seu impacto calamitoso sobre sua família, que levou Kissinger a essa percepção dos limites do entendimento humano. Foi a dolorosa experiência de lutar contra os nazistas.

CAPÍTULO 3
Fürth no Hudson

Quase um ano se passou desde que parti da Alemanha. Vocês com certeza têm se lembrado muitas vezes de minha promessa de escrever assim que possível. No entanto, não foi só a preguiça que me impediu de escrever. Na verdade, foi o fato de que nestes oito meses tanta coisa mudou dentro de mim e ao meu redor que eu não tive nem a vontade nem a tranquilidade para escrever cartas.

HENRY KISSINGER, julho de 1939[1]

Nova York não era apenas a metrópole vital, repleta de política e de disputas, que desde então passou a ser uma lenda sentimental; ela era também a selva brutal, feia, atemorizante e fétida [...] a representação daquele mundo estranho que todo menino criado em um lar de judeus imigrantes foi ensinado [...] a olhar com reservas.

IRVING HOWE[2]

I

É tentador estabelecer um contraste rígido entre o país que os Kissinger deixaram para trás no verão de 1938 e aquele no qual eles se estabeleceram. O Reich alemão, então completamente sob o controle impiedoso de Hitler, estava à beira de um abismo de ilegalidade e de violência. Os Estados Unidos eram a terra do "Happy Days Are Here Again", a canção que Franklin Roosevelt havia escolhido como tema de sua campanha eleitoral de 1932 para a presidência. Os Kissinger haviam escapado por pouco das sinagogas incendiadas em Fürth. A linha do horizonte de Manhattan que os recepcionou enquanto o *Île de France* navegava ao largo do Brooklyn – em um dia de acolhedora luz do sol – era dominada pelo deslumbrante Empire State Building, o então maior arranha-céu do mundo. A Alemanha era a terra da opressão. Os Estados Unidos eram a terra da liberdade.

Havia, é claro, diferenças profundas entre o antigo e o novo lar da família. E, no entanto, seria um erro minimizar os problemas dos Estados Unidos em 1938 – problemas que rapidamente tiveram uma relação direta com a vida da família Kissinger. Eles, assim como a maioria dos refugiados que haviam ido para os Estados Unidos, provavelmente chegaram com expectativas um tanto irreais sobre sua pátria recém-adotada.[3] Se foi esse o caso, eles logo se livraram delas.

Ao contrário da Alemanha, em 1938, nos Estados Unidos a Depressão ainda não acabara. Pelo contrário, depois de quatro anos de recuperação, a economia havia entrado em recessão na segunda metade de 1937. Em outubro de 1937, o mercado de ações havia capitulado. "Nós estamos nos encaminhando para outra Depressão", alertou o secretário do Tesouro Henry Morgenthau. Do valor mais alto ao mais baixo, as ações caíram um terço. A produção industrial despencou 40%. Um total de 2 milhões de trabalhadores havia sido demitido no fim do inverno de 1937-38, levando a taxa de desemprego novamente para 19%. Roosevelt e seus assistentes reclamavam de um "ataque capitalista"; os capitalistas retrucavam que o New Deal havia criado muita incerteza para os negócios para que se investisse com confiança. Os partidários do New Deal dentro da administração culpavam o arrocho monetário e fiscal pela "Recessão Roosevelt". O mais influente keynesiano norte-americano, Alvin H. Hansen, de Harvard, argumentou em seu artigo de 1938, "Full Recovery or Stagnation" [Recuperação total ou estagnação], que somente os déficits maciços do governo poderiam manter o pleno emprego – e certamente foi necessária a aproximação de uma guerra e empréstimos públicos sem precedentes para gerar a recuperação. Do ponto de vista dos republicanos, entretanto, os déficits eram uma das coisas que destruíam a confiança nos negócios.[4] Enquanto isso, o ainda grande setor agrícola da economia definhava. Dorothea Lange e Paul Taylor mostraram a agonia da migração econômica devido ao Dust Bowl [fenômeno de tempestades de areia] no livro *An American Exodus: A Record of Human Erosion* [Um êxodo norte-americano: um relato de erosão humana], publicado em 1938.[5]

Não era somente a Alemanha nazista que poderia ser descrita como um "Estado racista". Nos Estados Unidos, a segregação racial ia muito além do sul. Cartazes como "We Cater to White Trade Only" [Fornecemos somente para comerciantes brancos] podiam ser vistos em lojas por todo o país. Linchamentos ocasionaram mais de cem vítimas entre 1930 e 1938. Foi em 1938 que Gunnar Myrdal começou a pesquisa que iria produzir *An American Dilemma: The Negro Problem and Modern Democracy* [Um dilema norte-americano: a questão do negro e a democracia moderna].[6] Trinta estados ainda mantinham proibições constitucionais ou legais relacionadas ao casamento inter-racial, e muitos deles haviam recentemente aumentado suas leis ou tornado-as mais severas. Não somente os afro-descendentes e os nativos norte-americanos eram afetados: alguns estados também discriminavam chineses, japoneses, coreanos, "malaios" (filipinos) e "hindus" (indianos). Além do mais, a influência da eugenia nos Estados Unidos havia acrescentado mais legislação discriminativa que não somente era parecida com aquela introduzida na Alemanha na década de 1930, mas também servia de inspiração para parte da legislação nazista. Nada menos que 41 estados usavam categorias eugênicas para restringir casamentos de pessoas deficientes mentais, enquanto 27 aprovaram leis ordenando a esterilização para certas categorias de pessoas. Somente em 1933, a Califórnia esterilizou à força 1.278 pessoas. Hitler reconheceu claramente sua dívida para com os eugenistas norte-americanos.[7]

Enquanto isso, o poder político dos segregacionistas no Congresso aumentava. Eles barraram com sucesso uma lei antilinchamento em 1938. Impediram também Roosevelt de decretar a legislação relativa ao salário mínimo; o senador Ellison Smith ("Cotton Ed" [Ed Algodão]), da Carolina do Sul, se vangloriava de que em seu estado um homem – ele queria dizer um homem negro – podia viver com cinquenta centavos por dia.[8] O ano de 1938 marcou o fim incontestável do New Deal em face de tamanha oposição dos congressistas. Nas eleições parciais naquele ano, os republicanos elegeram treze governadores, duplicaram sua representação no Congresso, e conseguiram sete novas cadeiras no Senado. A tentativa de Roosevelt de substituir pelo menos alguns democratas sulistas por partidários do New Deal fracassou vergonhosamente.[9]

A direita norte-americana estava resistindo de mais de uma maneira. Em junho de 1938, o congressista texano Martin Dies presidiu as primeiras audiências do Comitê de Atividades Antiamericanas. O medo do comunismo era incitado pela dissensão dentro do movimento trabalhista norte-americano, com representantes da AFL [Federação Norte-Americana do Trabalho] acusando abertamente seus rivais do CIO [Congresso de Organizações Industriais] de organizar "um seminário de sedição comunista".[10] A desavença no mercado de trabalho era especialmente grave em Nova York. Em setembro de 1938, a cidade foi atingida por uma greve não oficial de motoristas de caminhão.[11] Outra disputa trabalhista ocasionou ataques com bombas a sete lojas de artigos de pele na West 29th Street.[12]

Na Alemanha, o próprio governo havia sido dominado por criminosos. Nos Estados Unidos, os criminosos assumiam o poder de diferentes modos. A década de 1930 foi o apogeu de gângsteres como Meyer Lansky (nascido Meyer Suchowlański), Bugsy Siegel (nascido Benjamin Siegelbaum) e Charles "Lucky" Luciano (Salvatore Lucania), que tinham com sucesso passado do contrabando para a jogatina e outros tipos de fraude depois do fim da Lei Seca em 1933. Foi Luciano que, surgindo como a figura dominante no submundo da máfia nova-iorquina, estabeleceu "A Comissão" com o intuito de impor certo tipo de administração central não somente às Cinco Famílias de Nova York, mas ao crime organizado por todo o país. O reinado de Luciano havia terminado de fato em 1936, quando ele foi preso e processado com êxito pelo procurador especial (mais tarde governador) Thomas E. Dewey por ser o dono de um prostíbulo. Porém, seu lugar logo foi tomado por Frank Costello (nascido Francesco Castiglia).[13] E as ligações de tais homens com o maquinário político que administrava os Estados Unidos urbano eram reais. Para cada Dewey havia pelo menos um líder político corrupto sendo pago pela máfia.

E, mesmo assim, em meio a toda essa desordem, os Estados Unidos continuaram a ser uma sociedade surpreendentemente dinâmica e criativa. O ano em que Henry Kissinger chegou a Nova York foi o mesmo em que Errol Flynn estrelou em *As aventuras de Robin Hood* (um dos quatro filmes em que ele atuou naquele mesmo ano), Jimmy Cagney em *Anjos de cara suja*, Cary Grant e Katharine Hepburn em *Levada da breca*, e Fred Astaire e Ginger Rogers em *Dance comigo*. Ronald Reagan estava ocupado em dez filmes B, incluindo *Accidents Will Happen*, *Coragem a muque* e *Girls on Probation*. Na verdade, o melhor filme nos cinemas norte-americanos em 1938 era francês: a obra-prima antibélica de Jean Renoir *A grande ilusão*, enquanto o maior sucesso comercial foi o desenho animado de longa-metragem da Disney *Branca de Neve e os sete anões* (que havia estreado em dezembro do ano anterior). Mas o Oscar de melhor filme foi para a adaptação de Frank Capra da comédia maluca da Broadway *Do mundo nada se leva*, na qual Jimmy Stewart, no papel do filho de um banqueiro, se envolve romanticamente com um membro de uma excêntrica família de imigrantes. Situado em Manhattan, o filme não levou a sério as divisões sociais da época (embora ele seja mais lembrado atualmente por sua atemporal conversa a respeito dos impostos). Lucille Ball, Humphrey Bogart, Bing Crosby, Bette Davis, W. C. Fields, Henry Fonda, Judy Garland, Betty Grable, Bob Hope, Edward G. Robinson, Mickey Rooney, Spencer Tracy e John Wayne também apareceram regularmente nos cinemas norte-americanos no ano da chegada dos Kissinger – sem deixar de lado Shirley Temple, Stan Laurel e Oliver Hardy, e os Irmãos Marx. Se Hollywood alguma vez chegou a ter uma verdadeira época de ouro, então foi essa.

Tão onipresente quanto os filmes na vida norte-americana era o rádio. Em 1938, a maioria dos lares norte-americanos era servida pelas duas principais redes da NBC, que ofereciam de tudo, desde *Amos 'n' Andy* até a Orquestra Sinfônica da NBC de Arturo Toscanini. As canções que seriam escutadas com maior probabilidade em 1938 incluíam o *hit* que era originalmente iídiche, "Bei Mir Bist Du Schön", gravado pelas Andrews Sisters, "A-Tisket A-Tasket", de Ella Fitzgerald, "I Can't Get Started", de Bunny Berigan, "Jeepers Creepers", de Al Donahue, e "Nice Work if You Can Get It", dos irmãos Gershwin, cantada por Fred Astaire. Mas Bing Crosby era o *crooner* de maior destaque dos Estados Unidos, incluindo entre seus grandes sucessos de 1938 "You Must Have Been a Beautiful Baby" e "Alexander's Ragtime Band". Mesmo com todas as dificuldades econômicas da época, essa também foi a era de ouro das *big bands*: Count Basie, Tommy Dorsey, Duke Ellington, Benny Goodman, Artie Shaw – todos esses *bandleaders* estavam no auge do sucesso, viajando pelo país com suas grandes orquestras. No entanto, a sensação radiofônica de 1938 não foi musical; foi a dramatização feita por Orson Welles do romance de ficção científica de H. G. Wells *A guerra dos mundos*, que causou pânico por toda a nação quando foi transmitida em 30 de outubro.

Entre os livros mais vendidos do ano se encontrava *The Yearling* [O filhote], uma história de sofrimentos na Flórida rural, que deu a sua autora, Marjorie Kinnan Rawlings, um Prêmio Pulitzer. Autores britânicos tinham forte representação nas livrarias daquele ano, entre eles A. J. Cronin, Howard Spring e Daphne du Maurier, cujo livro *Rebecca* foi um best-seller nos Estados Unidos. Uma sugestão ainda maior da profunda crise política no outro lado do Atlântico foi fornecida por *The Mortal Storm* [Tempestades d'alma], uma história de amor antinazista de outra escritora inglesa, Phyllis Bottome.

A Broadway oferecia uma alternativa menos desafiadora sob a forma do musical *Hellzapoppin*, que começava uma temporada de mais de mil representações no mês em que os Kissinger chegaram a Nova York.

A Depressão também foi uma época notável na história dos esportes nos Estados Unidos. Em 22 de junho de 1938, em uma luta extremamente simbólica, o boxeador peso-pesado afro-americano Joe Louis nocauteou o alemão Max Schmeling na frente de 70 mil pessoas no Yankee Stadium, o segundo de seus dois confrontos no ringue. A equipe dos Yankees venceu quatro séries mundiais sucessivas entre 1936 e 1939, um período que testemunhou a aposentadoria do debilitado Lou Gehrig e a ascensão ao estrelato do jovem Joe DiMaggio como o "Yankee Clipper". Nova York parecia dominar os esportes norte-americanos. Em dezembro, os Giants derrotaram os Green Bay Packers e conquistaram o título da Liga Nacional de Futebol Americano. Foi o tipo de atuação que inspirou jogos improvisados de futebol americano na rua em bairros como Washington Heights e Harlem.[14] Aí, talvez, se encontrasse o contraste mais forte entre a Alemanha e os Estados Unidos, pelo menos para um menino adolescente: o futebol não era encontrado em nenhum lugar. Para Heinz Kissinger, com seus 15 anos, era hora de estudar médias de rebatidas.

II

Em um aspecto crucial, Nova York não era um território não familiar para uma família como os Kissinger. Ela estava entre as cidades com mais judeus no mundo. Desde o início do século XVIII houve uma comunidade judaica na cidade, mas foi a partir do século XIX que a população judia da cidade explodiu como resultado da imigração da Europa Central e Oriental. Em 1870, havia cerca de 60 mil judeus em Nova York. Em 1910, havia mais de 1.250.000, cerca de um quarto da população total. Os judeus estavam chegando a Nova York em uma média de 50 mil por ano entre 1915 e 1924, até que restrições legais à imigração (decretadas em 1921 e 1924) levaram o influxo anual para menos de 20 mil. Em seu auge em 1920, os judeus representavam pouco mais de 29% da população da cidade de Nova York. Nessa época, a população judia da cidade era maior que a de qualquer cidade europeia, incluindo Varsóvia.

Em 1940, a proporção dos judeus havia caído para menos de 24%.[15] Não obstante, a cidade conservava uma característica bastante judaica. Ou, para ser mais exato, partes dela conservavam.

Os judeus estavam partindo de Manhattan em grandes levas desde o começo da década de 1920. Especialmente, a população judia do Lower East Side tinha diminuído de 314 mil para 74 mil. Yorkville, Morningside Heights e East Harlem também tinham testemunhado um declínio acentuado.[16] Na época da chegada dos Kissinger, havia mais judeus no Brooklyn (857 mil) e no Bronx (538 mil) do que em Manhattan (270 mil). Uma exceção para essa regra era a área de Manhattan conhecida como Washington Heights, no extremo norte da ilha, onde ainda havia uma concentração muito alta de residentes judeus. Os que esperavam que os filhos dos recém-chegados fossem ser incorporados ou assimilados à população geral demonstraram estar errados. No fim da década de 1920, 72% dos judeus nova-iorquinos viviam em bairros que contavam com pelo menos 40% de população judia.[17] A segregação étnica aumentou na década de 1920, quando incorporadores imobiliários judeus abriram ruas novas e bonitas como a Grand Concourse no Bronx, e permaneceu grande na década de 1930. Washington Heights era um exemplo do "novo tipo de gueto, uma comunidade fechada de judeus de classe média cuja vida social era mantida exclusivamente com judeus de status adequado".[18] Essa segregação não era totalmente voluntária. Havia "restrições" sutis em relação a moradores judeus em certos prédios de apartamento em Jackson Heights Queens e na parte Fieldston de Riverdale.[19] Porém, os judeus, em sua maioria, viviam próximos uns dos outros porque eles preferiam, por diversos motivos, agir assim. Nas palavras de Nathaniel Zalowitz,

> [Há] guetos para os judeus que nasceram no exterior, e guetos para os judeus nativos. Guetos para os judeus pobres e guetos para os judeus de classe média e os ricos, para os judeus russos e os judeus alemães. O East Side é um tipo de gueto, o Washington Heights outro tipo, o West Bronx um terceiro, Riverside Drive um quarto tipo [...] e o Brooklyn tem uns doze tipos e estilos diferentes de guetos só seus. [...] Quatro quintos dos judeus [como consequência,] praticamente não mantêm contato social com os gentios.[20]

Os exilados judeus alemães eram, portanto, os últimos a chegar como parte de um longo processo. A maioria, como já vimos, veio depois do verão de 1938: o número total de refugiados alemães de janeiro de 1933 a junho de 1938 era de somente 27 mil.[21] No período compreendido entre 1938 e 1940, entretanto, 157 mil vieram para os Estados Unidos, dos quais um pouco menos da metade constituía-se de judeus.[22] A maior parte se estabeleceu em Nova York, apesar dos esforços de organizações como a interdenominacional "Autoajuda" para fazer com que eles se mudassem para o continente.[23] Os judeus tinham mais mobilidade social do que geográfica. Depois de 15 a 25 anos, metade dos imigrantes judeus tinha empregos de colarinho branco.[24] Na década de 1930, os judeus eram proprietários de dois terços das 24 mil fábricas na cidade de Nova York, a mesma proporção das mais de 100 mil firmas atacadistas e varejistas, e dois terços dos 11 mil restaurantes.[25] Porém, eles se mudaram *en masse* para bairros mais ricos dentro dos cinco distritos de Nova York, ficando juntos nas mesmas ruas e prédios residenciais.

Na verdade, os judeus não eram a mais numerosa minoria religiosa na cidade. Na década de 1930, essa posição era ocupada pelos católicos romanos, a maior parte de origem irlandesa ou italiana.[26] Indiretamente, isso ajudou os judeus a preservar sua própria identidade religiosa e cultural, já que os católicos não eram somente mais numerosos, mas também resistiam muito a ser assimilados à população protestante "nativa" – que ainda era uma clara maioria do total da população dos Estados Unidos – por meio de casamentos mistos ou educação. Por outro lado, não havia respeito entre os diferentes grupos religiosos e étnicos de Nova York. Pois o conflito étnico não era exclusivo da Europa nas décadas de 1930 e 1940. Ele acontecia – ainda que em uma escala muito menos violenta – nos Estados Unidos também. Os judeus sabiam que tinham de se afastar de áreas habitadas por alemães como Yorkville no Upper East Side. Mas o antissemitismo não era de modo algum exclusividade da Alemanha. Para os irlandeses americanos de Nova York, que haviam suportado o pior antagonismo nativo na segunda metade do século XIX, a chegada de italianos pobres do sul e de judeus da Europa Oriental proporcionou uma oportunidade para virar o jogo. Então, os refugiados judeus também tinham de se manter afastados de bairros irlandeses como Bainbridge e Kingsbridge no Bronx. Competição entre as etnias por empregos e acomodações era corriqueira. A Depressão intensificou tais conflitos à medida que a proporção da população trabalhadora despencou de 46% na década de 1930 para 38% na de 1940. Durante a "Recessão Roosevelt", trabalhadores não qualificados tinham as maiores taxas de desemprego; isso afetou os irlandeses e os italianos mais do que os judeus, porque estes tinham sido muito mais rápidos que outros grupos de imigrantes para entrar nos setores mais especializados da economia.[27]

A mobilidade ascendente dos judeus se estendeu para o âmbito da política. Durante a década de 1920, os antigos judeus republicanos de Nova York tinham sido incorporados à "coalizão étnica" do Partido Democrata, juntamente com outros grupos de imigrantes. O governador Alfred E. Smith e seu sucessor, Franklin Roosevelt, podiam contar com líderes democratas como Hymie Schorenstein, de Brownsville. Outro judeu, Herbert H. Lehman, foi eleito para suceder a Roosevelt como governador de Nova York em 1932; ele ficou no cargo por quatro mandatos sucessivos. E outro, Irwin Steingut, passou a ser orador da Assembleia Estadual de Nova York em 1935. Dois anos antes, a eleição de Fiorello La Guardia, candidato do Republicano/City Fusion para prefeito da cidade havia acabado com o domínio da sociedade política Tammany Hall no setor de empregos públicos.[28] A vitória de La Guarida foi saudada como uma vitória italiana, mas ela também foi igualmente uma vitória judaica, pois a mãe dele, Irene Coen, era uma judia de Trieste. (Foi bastante significativo que o completamente judeu Nathan Straus houvesse resolvido não concorrer para o posto por lhe parecer "extremamente duvidoso [...] que fosse aconselhável haver um governador e um prefeito judeus".)[29] La Guardia logo deu sinais de seu comprometimento tornando-se o vice-presidente da American League for the Defense of Jewish Rights [Liga Norte-Americana para a Defesa dos Direitos dos Judeus], uma das organizações estabelecidas para boicotar produtos alemães em retaliação pelo boicote antijudeu dos nazistas na Alemanha.[30] O voto judeu foi, na verdade, dividido de modo bastante equitativo entre La Guardia e seus rivais em 1933, o que explica por que todos os candidatos trabalharam com tanto afinco para atrair os eleitores judeus. Sob a administração de La Guardia, entretanto, os judeus passaram a obter mais e mais cargos eletivos e não eletivos no governo da cidade. Em 1937, mais de dois terços de todos os judeus votaram em La Guardia, e em 1941 quase três quartos. Nas eleições presidenciais, os judeus de Nova York apoiaram majoritariamente Roosevelt em 1932, 1936 e 1940 (quando FDR [Franklin Delano Roosevelt] conseguiu nada menos que 88% dos votos deles).[31]

O rápido aumento na quantidade de judeus que obtinham empregos no governo e na educação durante a gestão La Guardia irritou os irlandeses americanos há tanto tempo dominantes. A majoritariamente irlandesa "Christian Front" [Frente Cristã] era abertamente hostil ao "Jew Deal". O antissemitismo se manifestava sob forma de vandalismo e de especificações contra os judeus em anúncios de oferta de empregos.[32] Até mesmo o ex-governador Al Smith (um progressista político) foi capaz de dizer:

> Durante toda a minha vida ouvi falar a respeito da difícil situação dos judeus pobres em algum lugar do mundo. [...] Enquanto olho ao redor desta sala esta noite, vejo o governador, Herby Lehman. Ele é judeu. Vejam o prefeito, ele é meio-judeu. O presidente do Comitê de Vereadores, meu antigo cargo, Bernie Deutsch, ele é judeu, assim como Sam Levy, o presidente do distrito de Manhattan. Estou começando a pensar se alguém não deveria fazer algo a favor dos irlandeses pobres aqui em Nova York.[33]

Sob o peso da Depressão, a coalizão étnica dos democratas ameaçava desmoronar.

Não ajudava em nada o fato de membros importantes do Partido Comunista de Nova York serem judeus.[34] O socialismo pós-Primeira Guerra Mundial também havia encontrado seu maior apoio entre os judeus da cidade.[35] E os judeus representavam entre 20% e 40% dos votos de Nova York para o Partido Trabalhista Norte-Americano entre 1936 e 1941.[36] Assim como na Europa, também nos Estados Unidos não era tão difícil para os demagogos igualarem "Vermelhos" com "Judeus". Na verdade, o viés real na política judaica pendia para o liberalismo, definido de maneira mais ampla.[37]

Acontecimentos na Europa somente aumentaram todas essas cisões domésticas. Com certeza, a pesquisa da Gallup de 9 de dezembro de 1938 (um mês depois do *pogrom* da *Kristallnacht*) mostrou que o público norte-americano em sua maioria condenava a perseguição de Hitler aos judeus.[38] Porém, poucos norte-americanos estavam dispostos a aumentar as cotas de imigração para receber refugiados, enquanto mais de dois terços concordavam que, "com as condições do jeito que estão, nós devemos tentar mantê-los longe". O próprio Roosevelt era solidário, mas gentilmente deixou de lado o argumento do governador Lehman (depois de Hitler ter anexado a Áustria) de que a cota de imigração teria de ser aumentada. Ao ser inquirido por um repórter depois da *Kristallnacht*: "O senhor recomendaria o abrandamento de nossas restrições quanto à imigração, de modo que os refugiados judeus pudessem ser recebidos neste país?", Roosevelt respondeu bruscamente: "Isso não está sequer sendo cogitado. Nós temos o sistema de cotas". Depois de o senador Robert Wagner de Nova York e a representante Edith Nourse Rogers de Massachusetts introduzirem uma lei para permitir que 20 mil crianças alemãs com menos de 14 anos entrassem fora dos limites da cota, dois terços das pessoas entrevistadas em janeiro de 1939 disseram que se opunham à lei. Na metade de 1939, uma pesquisa da *Fortune* perguntou: "Se você fosse membro do Congresso, votaria a favor ou contra uma lei para abrir as portas [...] para um número maior de refugiados europeus?". Oitenta e cinco por cento dos protestantes, 64% dos católicos e quase 26% dos judeus responderam não.[39] Mais de dois quintos dos norte-americanos entrevistados em 1940 se opunham a casamentos mistos entre gentios e judeus. Pouco menos de um quinto dos norte-americanos considerava os judeus uma "ameaça para os Estados Unidos", e quase um terço esperava "uma campanha disseminada contra os judeus neste país", à qual mais de 10% disseram que dariam apoio. Pouco menos da metade dos norte-americanos entrevistados em 1942 pensava que os judeus tinham "muito poder nos Estados Unidos".[40]

O mundo paralelo dos Estados Unidos nazistas imaginado no romance de Philip Roth, *Complô contra a América*, não era totalmente destituído de credibilidade. Em outubro de 1938, somente algumas semanas depois de sua chegada, os Kissinger poderiam ter lido um relato de um encontro da seção nova-iorquina das Daughters of the American Revolution [Filhas da Revolução Norte-Americana] no qual uma oradora solicitava restrições para "a ameaça forasteira", incluindo um ponto final na admissão de refugiados nos Estados Unidos, bem como uma investigação sobre "professores forasteiros, ateus, comunistas e radicais" na Universidade de Nova York e no Hunter College.[41] Outras organizações eram explicitamente antissemitas, sobretudo a dos Defenders of the Christian Faith [Defensores da Fé Cristã], fundada pelo pregador do Kansas e simpatizante nazista Gerald B. Winrod em 1925, e as legiões dos Silver Shirts [Camisas Prateadas], que floresceram na década de 1930 na Carolina do Sul sob a liderança de William Dudley Pelley, o filho de um pregador metodista que sonhava em ser o "Hitler Norte-Americano".

Particularmente influente em Nova York era a National Union for Social Justice (NUSJ [União Nacional pela Justiça Social]), fundada pelo padre residente em Detroit Charles E. Coughlin, cujas emissões radiofônicas contra a "ameaça judaico-comunista" tinham até 3,5 milhões de ouvintes, em sua maioria católicos de classe baixa. Coughlin chegou ao ponto de defender o *pogrom* da *Kristallnacht* em uma de suas invectivas na estação de rádio WMCA, e a publicar o falso *Os protocolos dos sábios de Sião* em seu periódico *Social Justice* [Justiça Social]. A NUSJ tinha sua própria filial na West 59th Street, da qual diziam que um significativo número de policiais era membro.[42] Coughlin também foi a inspiração para a Christian Front [Frente Cristã], formada por católicos irlandeses antissemitas como John Cassidy no Brooklyn, em 1938. Um grupo ainda mais radical era o dos Christian Mobilizers [Mobilizadores Cristãos], que se recusaram a abandonar sua postura a favor de Hitler até mesmo depois do Pacto Nazi-Soviético de 1939. O clímax desse processo de radicalização foi a prisão de membros da Christian Front pelo FBI em janeiro de 1940. Eles foram acusados de planejar um golpe contra o governo, que teria sido acompanhado por bombardeio de bairros judeus e assassinatos de congressistas judeus.[43]

A organização mais declaradamente pró-nazista em Nova York, entretanto, era a Freund des Neuen Deutschland [Amigos da Nova Alemanha] – conhecida a partir de 1936 como a German-American Bund (Amerikadeutscher Volksbund) [Federação Alemã-Americana]. Seu *Gau* [seção] de Nova York em Yorkville era o centro do movimento nazista nos Estados Unidos. No fim da década de 1930, segundo o Departamento de Justiça, essa organização tinha entre 8 mil e 10 mil membros (a American Legion [Legião Americana] avaliava um número mais alto, 25 mil), a maior parte dos quais imigrantes recém-chegados ou alemães não naturalizados, bem como seu próprio jornal escrito em alemão, o *Deutsche Weckruf und Beobachter* [O Despertar e Observador Alemão]. Para alguns, ela era um simples peão de Berlim, mas provavelmente apenas uma pequena minoria de seus membros era genuinamente quinta-colunista.[44] O Bund [Federação] não se limitava a organizar desfiles de ativistas vestindo Camisas Pardas.[45] Ele também tentava pressionar o jornal em língua alemã há muito estabelecido, o *New Yorker Staats-Zeitung* [Jornal Estadual de Nova York], bem como clubes germano-americanos como a Steuben Society of America e a Roland Society, a apoiar o regime de Hitler. Foi somente a força cada vez maior dos sentimentos antinazistas nos Estados Unidos – sobretudo depois da *Kristallnacht* – que impediu que mais membros dessa comunidade dessem apoio ao Bund.[46]

A aproximação da guerra somente piorou as relações entre as etnias em Nova York. "Nova York é um verdadeiro barril de pólvora", escreveu um defensor da neutralidade norte-americana, "e nossa entrada na guerra poderia fazê-lo explodir". De modo bastante previsível, seguidores de Coughlin apoiaram fervorosamente o anti-intervencionista America First Committee [Comitê pelos Estados Unidos Acima de Tudo, grupo contra a participação dos Estados Unidos na Segunda Guerra], que também tinha o respaldo de Henry Ford e de Charles Lindbergh. Poucos irlandeses americanos tinham vontade de lutar em outra guerra do mesmo lado do Império Britânico. Por outro lado, as organizações judaicas de Nova York concordavam com o ponto de vista da administração de que "a escolha [era] entre Hitler e a civilização".[47]

III

Assim como a maior parte dos bairros de Nova York, Washington Heights – a área de Manhattan onde os Kissinger se estabeleceram – não é uma localização geográfica precisa. Se alguém tivesse perguntado onde ele se localizava em 1938, poderiam ter-lhe dito "a área próxima da 159th Street perto do cruzamento da Broadway e Fort Washington Avenue", ou "a área ao norte e ao oeste do Harlem". Lembrando-se do passado, um quase contemporâneo dos Kissinger definiu-o de um modo algo diferente:

> Para mim, os limites iniciais do bairro eram a 173rd Street ao sul, a 177th Street ao norte, a South Pinehurst Avenue a oeste, e a Broadway a leste. As únicas exceções eram se eu estivesse no Jay Hood Wright Park, então eu poderia ir para o ponto mais afastado, que era na Haven Avenue, um quarteirão a oeste da South Pinehurst. Se eu estivesse na Broadway, poderia seguir até a 181st Street para ir ao cinema; ou se estivesse na Ft. Washington Avenue, eu poderia ir para a 178th Street para a "Y." [...] Na esquina da 181st Street e Broadway ficava [...] o Harlem Savings Bank e, do lado oposto, o RKO Coliseum.[48]

Cheio de colinas e limitado por rios em três lados, Washington Heights havia sido a última parte de Manhattan a ser urbanizada, um processo que ainda não estava totalmente completo na década de 1930. Os incorporadores imobiliários privilegiavam prédios de apartamentos com fachadas de tijolos com cinco e seis andares, no entanto parques como Fort Tryon e Inwood Hill faziam dele um dos distritos com mais área verde de Nova York. Isso pode explicar o fascínio que ele exercia sobre a maioria dos exilados de classe média da Alemanha de Hitler.

No começo da Segunda Guerra Mundial, Washington Heights tinha uma população de refugiados judeus alemães tão grande que ele era jocosamente conhecido como o "Quarto Reich".⁴⁹ Outros apelidos eram "Cincinnati", uma piada com a pergunta alemã *Sind Sie net' die Frau soundso?* ("A senhora não é a senhora Fulano de Tal?") e "Kanton Englisch", outra piada que significava "Nenhum som [*Kein Ton*] em inglês".⁵⁰ No geral, entre 20 mil e 25 mil refugiados judeus alemães se estabeleceram lá, perto de um quarto dos quase 100 mil refugiados judeus da Alemanha de Hitler nos Estados Unidos.⁵¹ Porém, os judeus nunca foram mais de três oitavos da população de Washington Heights, e na época da guerra essa proporção havia caído.⁵² O fato de que os refugiados fossem relativamente de mais idade (22% com mais de 40 anos) e tivessem famílias pequenas significava que eles dificilmente competiriam com as populações irlandesa e grega.⁵³ Em parte por esse motivo, Washington Heights era judeu de uma maneira menos evidente que, digamos, Brownsville no Brooklyn.

Washington Heights era, em quase toda definição, um bairro de classe média. A renda média familiar na década de 1930 havia sido um pouco acima de 4 mil dólares, três vezes o valor no Lower East Side, mas metade do valor do Upper West Side, lar dos ricos *alrightniks* [gíria para identificar pessoas bem-sucedidas].⁵⁴ Os refugiados, entretanto, chegavam com pouco dinheiro. Com frequência, assim como os Kissinger, eles tinham apenas um contêiner com mobília. O que tornava Washington Heights tão atraente era o fato de que ele era ao mesmo tempo *bürgerlich* [burguês] e acessível. Os aluguéis eram relativamente baixos e, como a maior parte dos apartamentos tinha entre seis e oito quartos (alguns dos quais haviam sido originalmente destinados a empregados), era possível subalugar para ganhar dinheiro.⁵⁵ Assim como em outras localidades de Nova York, os diferentes grupos étnicos se comprometiam com a autossegregação residencial por ruas e até mesmo prédios de apartamentos, de modo que alguns prédios onde só moravam judeus poderiam ser encontrados não muito longe de outros onde só moravam irlandeses.⁵⁶

O grau de separação da comunidade judaica foi uma surpresa para muitos dos recém-chegados. Escrevendo em 1951, Ernest Stock – nascido em Frankfurt – que havia chegado a Nova York em 1940 – recordou: "Foi um choque descobrir quanto [os Estados Unidos] são uma série de enclaves étnicos bastante rígidos [...] Profissionais liberais judeus alemães frequentavam as casas de outros profissionais liberais alemães, ao passo que, em Nova York, médicos e advogados judeus tendiam a visitar os lares de outros médicos e advogados judeus".[57] Para tais profissionais, não era fácil encontrar trabalho. Médicos tinham de fazer provas estaduais; advogados que haviam estudado na Alemanha praticamente não tinham chances de advogar novamente. A melhor opção era a de estabelecer um pequeno negócio relacionado à alimentação para os companheiros judeus. Já em 1940, havia oito açougueiros *kosher* em Washington Heights. Padarias judaicas também surgiram, especializadas em *barches* cobertos por sementes de papoula.[58] Algumas firmas de Washington Heights conseguiram encontrar um mercado mais amplo, sobretudo a Odenwald Bird Company e a loja de doces Barton. Porém, a maior parte continuou a ser pequena. Para muitos homens, a escolha era entre a ociosidade e a venda de porta em porta; para muitas mulheres, entre os cuidados com a própria casa e a de outras mulheres.[59]

Até mesmo para seus concidadãos judeus em Nova York, os refugiados eram até certo ponto forasteiros. Segundo um refugiado, os judeus norte-americanos consideravam os recém-chegados "orgulhosos": "eles 'se juntam e não se misturam com o resto de nós', eles são 'arrogantes'; eles são 'maquinadores', eles são 'mercenários' – uma longa lista de acusações que não soam muito diferentes das ideias que os antissemitas normalmente têm a respeito dos judeus".[60] Para quase todas as pessoas em Washington Heights, a vida na Alemanha pré-Hitler havia sido melhor que a nova existência delas como exiladas. Em uma piada popular, um *dachshund* dizia para outro: "Na Alemanha, eu comia pão branco todos os dias". O outro responde: "Isso não é nada, na Alemanha eu era um São Bernardo".[61]

Para aqueles refugiados que a princípio não conseguiam encontrar trabalho – e Louis Kissinger era um deles –, a vida em Washington Heights girava em torno de "uma agradável vida social com café e bolo".[62] O Lublo de Palm Garden oferecia "cozinha vienense" (embora o proprietário fosse de Stuttgart). Outros restaurantes judaico-alemães nas vizinhanças incluíam Orner's, o College Inn e o Derrick. Lá a pessoa podia passar o tempo lendo *Aufbau* [Construção], o jornal semanal publicado pelo Deutsch-jüdischer Club [Clube dos Judeus Alemães] (posteriormente, o German-Jewish Club [Clube Alemão-Judaico], em seguida o New World Club [Clube do Novo Mundo]), ou seu rival local um pouco menor, o *Jewish Way* [Costumes Judaicos], publicado em alemão por Max e Alice Oppenheimer de 1940 a 1965.⁶³ Como alternativa, havia o Prospect Unity Club [Clube da União Possível], com seu quartel-general na 558 West 158ᵗʰ Street. Outras associações incluíam o Immigrant Jewish War Veterans and Agudath Israel [Veteranos de Guerra Judeus Imigrantes e Agudath Israel] de Washington Heights. Para pessoas mais jovens, havia o Maccabi Athletic Club [Clube Atlético Maccabi], que tinha sua sede na 150ᵗʰ Street, ou ALTEO (All Loyal to Each Other [Todos Fiéis Uns aos Outros]), mais uma organização para jovens.⁶⁴

Tais clubes, entretanto, eram muito menos importantes na vida da comunidade de refugiados judeus que as inúmeras organizações religiosas e de caridade (*chevras*) fundadas por eles. Imigrantes judeus em Nova York tendiam a começar criando pequenas sinagogas para si próprios e seus *landslayt* (concidadãos), geralmente instaladas em salões alugados. Na segunda geração, judeus em locais como Brooklyn e Flatbush construíram "centros de sinagogas" mais formais ("uma piscina com uma escola e uma *shul*"), que misturavam o religioso e o secular (da forma física ao sionismo). Era difícil resistir à secularização. Na década de 1930, o típico judeu nova-iorquino não frequentava os serviços religiosos com regularidade; ele compareceria para o Rosh Hashaná e o Yom Kippur, quando sinagogas "improvisadas" temporárias tinham de ser criadas.⁶⁵

Os judeus de Washington Heights eram diferentes. Isso em parte se devia a circunstâncias anteriores à chegada dos refugiados judeus alemães. Na metade da década de 1920, um grupo de judeus ortodoxos ricos havia financiado a fundação do Yeshiva College, que estava (e está) localizado na Amsterdam Avenue e West 185ᵗʰ Street. Sob a liderança de Bernard Revel, a faculdade foi desenvolvida a partir do Rabbi Isaac Elchanan Theological Seminary [Seminário Teológico Rabino Isaac Elchanan], mas ela deveria ser muito mais do que um seminário. Revel era parcialmente motivado pela restrição à admissão de judeus nas universidades da Ivy League nos anos posteriores à Primeira Guerra Mundial. O objetivo dele era o de tirar o judaísmo ortodoxo "dos guetos" combinando o estudo do Talmude com um vasto programa acadêmico.⁶⁶ Washington Heights, portanto, já era um centro para estudos relacionados ao judaísmo dez anos antes de os Kissinger chegarem lá. E também era onde diversas congregações judias se localizavam, incluindo o Hebrew Tabernacle [Tabernáculo Hebreu], o Fort Tryon Jewish Center [Centro

Judaico Fort Tryon] e a Washington Heights Congregation [Congregação de Washington Heights]. No entanto, os recém-chegados foram relutantes em se envolver com essas instituições.

Para os demais judeus em Nova York, os judeus alemães eram os *Yekkes*, caracterizados por sua "disciplina exagerada na vida diária, amor à ordem levada a limites grotescos [e] uma excessiva valorização da educação humanística". Comparados aos judeus que haviam ido para os Estados Unidos vindos da Europa Oriental, certamente os judeus alemães pareciam mais contidos em sua devoção. Chegavam cedo, o serviço religioso começava pontualmente, eles se sentavam em bancos marcados voltados na mesma direção, tinham corais formais liderados por maestros, e não havia nada da movimentação ou dos cantos durante orações encontrados nas sinagogas do Lower East Side ou Brooklyn.[67] Embora rígidos na observação da lei religiosa – eles eram mais propensos a seguir a dieta *kosher* que outros judeus de Nova York[68] –, os judeus ortodoxos alemães não se vestiam como *hasidim*.[69] Os homens usavam chapéus (ou, não com tanta frequência, *yarmulkes*) o tempo todo, mas eles se barbeavam – em Washington Heights, somente os rabinos tinham barba. As mulheres se vestiam com simplicidade, mas não de modo anacrônico: "Um vestido preto, um vestido azul e um vestido marrom são considerados um guarda-roupa bastante adequado".[70]

Predominantemente ortodoxos, predominantemente do sul da Alemanha, os refugiados trouxeram consigo dissensões que pouco significavam nos Estados Unidos.[71] Na Alemanha, onde todos os judeus tinham de pertencer a uma única comunidade local (*Gemeinde*), tinha havido uma séria divergência entre seguidores de uma ortodoxia comunitária ou unitária, liderada por Seligman Baer Bamberger, e os partidários da ortodoxia separatista, liderada por Samson Raphael Hirsch. Estranhamente, os primeiros eram mais conservadores em sua observação religiosa, mas favoreciam a coexistência com defensores da Reforma e até do sionismo; os outros, ao passo que estavam mais próximos da Reforma em seu modo de adoração, rejeitavam vivamente tanto a Reforma quanto o sionismo. A persistência de tais diferenças explica por que os refugiados judeus alemães ortodoxos fundaram tantas novas congregações.[72] Em 1944, havia 22 "comunidades de refugiados" em Nova York.[73] Das doze fundadas em Washington Heights, quatro eram unitárias e quatro separatistas.[74] A primeira a ser estabelecida foi a Kultusgemeinde Gates of Hope [Comunidade de Culto Portões da Esperança], em 1935, seguida três anos mais tarde pela Synagogengemeinde Washington Heights [Comunidade da Sinagoga Washington Heights], Tikwoh Chadoshoh (Nova Esperança) e K'hal Adath Jeshurun (também conhecida como "Breuer's", por causa de seu rabino Joseph Breuer). A única congregação nova liberal era a Beth Hillel, fundada em 1940 por exilados de Munique e de Nuremberg.[75]

É duplamente significativo que os Kissinger tenham optado por frequentar a K'hal Adath Jeshurun. Breuer, que nascera na Hungria, mas desde 1926 até 1938 havia sido o líder da Samson Raphael Hirsch School em Frankfurt, era um separatista convicto, cujo ideal era a comunidade exclusivamente ortodoxa e abrangente (*kehilla*).[76] Para Breuer, a sinagoga significava simplesmente o centro de um complexo de instituições e de serviços, que incluíam uma escola separada (*yeshiva*), banhos rituais, supervisão *kashruth* (dos produtores de comida *kosher*), e até mesmo um jornal mensal. Em uma das primeiras edições, o *Mitteilungen* [Notícias], de língua alemã, alertou os recém-chegados aos Estados Unidos:

> Aqui neste país [...] não há uma comunidade organizada. Qualquer organização existente é voluntária e sujeita às alterações inerentes às organizações voluntárias. A autoridade relacionada às questões judaicas, incluindo *kashruth*, não está estabelecida. Os rabinos cujo conhecimento da lei os qualifica para serem autoridades podem não ser reconhecidos como tal pela comunidade. Outros que não têm o conhecimento podem ter se imposto a posições de autoridade, e dessas posições eles inescrupulosamente fazem seus pronunciamentos.[77]

Consequentemente, o *Mitteilungen* fez uma lista de varejistas e de produtos que poderiam ser considerados *kosher*. Além do mais, assim como seu rabino em Fürth, Leo Breslauer, Breuer era fervorosamente antissionista. Em setembro de 1940, ele publicou uma reveladora síntese da história judaica recente.

> A emancipação levou à assimilação, cujos defensores eram os homens do assim chamado [movimento] Judaísmo Reformista. A alienação completa e o batismo em massa foram as consequências inevitáveis. A assimilação levou ao renascimento do antissemitismo, que é o que sempre acontece segundo as verdades eternas de D**s. O antissemitismo ocasionou o movimento sionista, que somente

prolongou a insanidade da assimilação sob uma bandeira diferente, e a direcionou ao longo de caminhos não menos desastrosos, porque totalmente não judeus. O resultado disso tudo é a catástrofe dos tempos presentes, com todas as suas horríveis manifestações.[78]

Foram as simpatias para com os sionistas da Yeshiva Rabbi Moses Soloveitchik que persuadiram Breuer a estabelecer sua própria Yeshiva Rabbi Samson Raphael Hirsch.[79] O único enigma é por que os Kissinger seguiram Breuer quando o antigo rabino deles, Leo Breslauer, chegou a Nova York e estabeleceu sua própria sinagoga, Kehillath Yaakov.[80] Kissinger suspeitava que fosse porque Breuer era a figura mais carismática. Ele logo ficou acostumado a ouvir seus sermões veementes uma vez por semana.[81]

O grande contrapeso para a influência de homens como Breuer era a escola pública. Jovens refugiados como Heinz e Walter Kissinger logo perceberam que viviam em dois mundos: o retrógrado mundo ortodoxo de sua comunidade religiosa e o progressivo mundo consciente de si mesmo da escola colegial secular. À primeira vista, isso parece estranho. As escolas públicas norte-americanas permaneceram predominantemente cristãs, no sentido de que elas observavam os feriados cristãos. As prioridades dos educadores do período entreguerras também eram explicitamente seculares e integradoras. Atividades extracurriculares – do atletismo ao jornalismo – tinham como objetivo treinar "cidadãos eficientes". Contudo, a crença dos pais ortodoxos de que seus filhos poderiam se beneficiar da educação secular sem perder sua fé religiosa teve consequências profundas. Enquanto as famílias irlandesas americanas e ítalo-americanas com frequência deliberadamente evitavam o sistema público, favorecendo as escolas católicas, os judeus adotaram com entusiasmo as escolas públicas de seus bairros. Os alunos judeus logo tinham grande representatividade nas novas atividades extracurriculares.[82] Cada vez mais, eles tinham aulas com professores judeus: em 1940, mais da metade de todos os novos professores nas escolas públicas de Nova York eram judeus.[83] Essa simbiose se manifestava no reconhecimento, por parte do conselho escolar, do hebraico como uma língua estrangeira digna de ser estudada.

A George Washington High School, que iria proporcionar ao futuro professor de Harvard sua introdução à educação norte-americana, não era a escola colegial mais judaica da cidade de Nova York. Essa honra pertencia a Seward Park, no Lower East Side, onde 74% dos alunos eram judeus, seguida pela New Utrecht (em Bensonhurst) e Evander Childs (em Pelham Parkway). Não obstante, entre 1931 e 1947, cerca de 40% dos alunos da George Washington eram judeus, comparados com cerca de 20% brancos e protestantes, 5% afro-americanos, e 4% italianos ou irlandeses. Nessa época, meninos judeus tinham uma presença majoritária nos clubes acadêmicos e na sociedade de honra Arista, e estavam subrepresentados em todos os esportes, com a exceção do basquete. No entanto, eles também eram sub-representados como presidentes e editores do jornal da escola, uma das posições de maior prestígio que um aluno poderia alcançar. Nessas posições, os nativos ainda predominavam.[84]

Para um menino judeu inteligente, a George Washington High não oferecia somente uma educação formal, mas a socialização. Nascido nos Estados Unidos e não na Alemanha, Alan Greenspan, o futuro presidente do Federal Reserve, relembrou com mais clareza as alegrias e não as tribulações de seus anos na George Washington: assistir aos Giants no Polo Grounds, seguir os jogos dos Yankees pelo rádio, ir ver Hopalong Cassidy no cinema e ouvir a banda de Glenn Miller no Hotel Pennsylvannia.[85]

No entanto, havia outro lado, menos cativante, da vida adolescente em Washington Heights. Como muitos haviam temido, a eclosão da guerra exacerbou o já sério atrito étnico. Gangues como a Amsterdams e os Shamrocks atacavam os meninos judeus com gritos de "Matem os judeus!".[86] Grupos antissemitas como o Christian Front [Frente Cristã] e os Christian Mobilizers [Mobilizadores Cristãos] perpetravam ataques a sinagogas e a cemitérios judeus em Washington Heights.[87] A NUSJ de Coughlin protestava explicitamente contra a comunidade judaica, mobilizando a população local irlandesa a se opor às supostas inovações judaicas destruidoras de trabalho, como as lojas de autoatendimento.[88] Para os refugiados judeus alemães, o fracasso das autoridades em reprimir de modo eficaz tal violência e intimidação era um austero lembrete de que eles não poderiam ser complacentes em relação ao seu novo lar. Como um jornalista reclamou: "Estamos cansados de nos aproximar de um capitão de polícia, com o chapéu na mão, dizendo: 'Com licença, capitão McCarthy (ou O'Brien) [...] Meu filho foi atingido porque ele é judeu. O senhor poderia mandar um policial?'. E estamos extremamente cansados de ver o doentio sorriso à la Hitler e de ouvir a resposta habitual: 'Ah, os meninos estão apenas brincando'".[89] Somente a partir de 1944 os membros de qualquer gangue foram processados e passaram a ter seu comportamento abertamente condenado pela hierarquia católica.

Até o fim de suas vidas, muitos dos refugiados de Washington Heights se sentiam – ou eram levados a se sentir – mais "judeus norte-americanos" ou "judeus alemães" do que "norte-americanos".[90] Como as características do bairro mudaram – à medida que os afro-americanos e os porto-riquenhos foram morar na área ao sul da 185th Street –, a população judaica de Washington Heights se sentiu ainda mais acuada – uma razão para sua mudança para o Partido Republicano no começo da década de 1950.[91]

IV

Qual foi a impressão que Nova York causou no Heinz Kissinger de 15 anos? Muito tempo depois, em suas memórias, ele destacou o contraste entre a Alemanha e os Estados Unidos.

> Até eu emigrar para os Estados Unidos, minha família e eu sofremos um ostracismo e uma discriminação progressivos. [...] Cada saída à rua se transformava em uma aventura, pois meus contemporâneos alemães tinham liberdade para espancar crianças judias sem interferência da polícia. Durante esse período, os Estados Unidos passaram a ter uma característica maravilhosa para mim. Quando eu era menino, esse país era um sonho, um lugar incrível onde a tolerância era natural e a liberdade pessoal não era questionada. [...] Eu sempre me lembrava da excitação ao caminhar pela primeira vez pelas ruas de Nova York. Ao ver um grupo de meninos, comecei a atravessar para o outro lado da rua, para evitar ser espancado. E então me lembrei de onde eu estava.[92]

Como nós já vimos, entretanto, o risco de ser espancado também existia para um judeu em Washington Heights. Outro escritor especulou que o jovem Kissinger considerou a assimilação relativamente fácil ("como judeu alemão [ele] estava preparado, por sua própria cultura, para lutar, em grande parte, contra as armadilhas e o espírito de outra cultura enquanto mantinha sua integridade pessoal").[93] Uma hipótese alternativa é a de que o pertencimento de seus pais a uma comunidade ortodoxa na verdade impediu a assimilação e, especialmente, "reforçou o desconforto profundamente enraizado de Henry Kissinger com a democracia de massas".⁹⁴ Tais afirmativas com certeza estão longe da verdade.

Desde o instante em que o navio dos Kissinger atracou no terminal no West Side de Manhattan (em "Hell's Kitchen"), a família se preocupou com questões práticas. Embora eles tivessem meios suficientes para que seus documentos fossem verificados a bordo, poupando-lhes as indignidades da Ilha Ellis, os Kissinger tinham realmente muito pouco com que viver. Havia cinco quartos em seu apartamento em Fürth. Eles estavam então reduzidos a dois. Depois de uma breve permanência com a tia deles, mudaram-se para Washington Heights, primeiro na 736 West 181st Street e depois para um apartamento apertado na 615 Fort Washington Avenue (bem a oeste da Broadway, em um bairro bastante judeu). O fato de eles terem um apartamento não significava pouco; no afã de imigração que se seguiu à *Kristallnacht*, muitos dos recém-chegados inicialmente se encontravam em acomodações compartilhadas como a Congress House [Casa do Congresso], na West 68th Street, dirigida pelo rabino Stephen Wise e sua esposa.⁹⁵ Posteriormente, Kissinger recordou as dificuldades da época.

> Meu irmão e eu [...] dormíamos na sala de estar. Nós não tínhamos privacidade. Hoje não sou capaz de imaginar como eu fazia isso, [porém] naquela época eu não pensava [...] não sentia pena de mim mesmo. Não achava que estava sofrendo. [...] Nos tempos atuais, quando visitava minha mãe naquele apartamento, onde ela permaneceu até morrer, eu não conseguia acreditar que havia vivido lá e dormia na sala de estar no sofá duplo. [Eu] fazia as lições de casa na cozinha. Mas todos esses livros dizem que eu sofri como refugiado. [...] [I]sso não é verdade [...] é uma tolice.⁹⁶

O único grande problema da família era o fato de Louis Kissinger não conseguir encontrar emprego. Prejudicado por seu inglês imperfeito,* sem se sentir à vontade no novo ambiente, ele confidenciou à esposa: "Eu sou o homem mais solitário nesta cidade grande". Como ela recordou mais tarde: "Eu

---

* Para agilizar o processo de aprendizagem, a família falava somente inglês em casa e ouvia rádio com regularidade na cozinha do apartamento.

não sabia como começar, ele não sabia como começar". A princípio, eles viveram com o dinheiro de outro parente em Pittsburgh.[97] Embora Louis finalmente tenha conseguido arrumar um emprego como escriturário na firma de um amigo, ele era atormentado por problemas de saúde e depressão; a partir desse momento, Paula era quem ganhava o pão para a família, depois que o Council of Jewish Women [Conselho das Mulheres Judias] a ajudou a ser treinada como empregada e cozinheira.[98] Mais jovem e com maior capacidade de adaptação que seu marido, ela aprendeu inglês com rapidez e não perdeu tempo para iniciar um pequeno negócio na área de alimentação – uma típica história de refugiados.[99] A pressão para começar a ganhar dinheiro, portanto, recaiu sobre seus filhos – e especialmente sobre o mais velho. Assim que se tornaram aptos, os meninos Kissinger se matricularam na George Washington High School. Tratava-se de uma escola grande, com cerca de 3 mil alunos[100] e um etos de "salve-se quem puder". Exemplos que sobreviveram dos trabalhos escolares de Kissinger sugerem que ele se adaptou rapidamente ao novo ambiente.[101] Em janeiro de 1940, entretanto, ele passou para o período noturno, para poder aceitar um emprego em tempo integral, que pagava onze dólares por semana, em uma fábrica de pincéis de barba que pertencia ao marido da prima de sua mãe. A fábrica ficava no centro da cidade, na 22 West 15th Street, e o trabalho estava longe de ser agradável. Kissinger labutava das 8h às 17h, extraindo ácido dos pelos de texugo, dos quais eram feitos os pincéis, até ele ser promovido para o departamento de expedição, o que significava entregar pincéis por toda Manhattan. Depois de uma viagem de 45 minutos de metrô para Washington Heights e de um jantar apressado, ele então tinha de enfrentar três horas de escola noturna. No entanto, o desempenho do menino de 16 anos não foi prejudicado. Naquele semestre ele alcançou nota 95 no nível 3 de francês, 95 no nível 2 de história norte-americana, 90 no nível 1 de história norte-americana, 90 no nível 6 de inglês, 85 no nível 7 de inglês e 75 em álgebra avançada.[102] Apesar de todos os seus problemas, a Realschule judaica em Fürth havia colocado Kissinger à frente de seus colegas em matemática, história e geografia.[103] Ele estava à frente também em outros sentidos, já lendo Dostoiévski por prazer.

O único grande obstáculo a ser superado era, naturalmente, o linguístico. Como Kissinger recordou anos mais tarde: "Naqueles dias, ninguém dizia: 'Esses pobres refugiados, vamos dar aulas para eles em alemão'. Eles nos jogavam na escola e nós tínhamos de estudar em inglês e [...] eu tive de aprender inglês rapidamente. Não sabia nada quando cheguei aqui".[104] Isso não era exatamente verdade, uma vez que ele havia estudado inglês na Alemanha e já era capaz de ler o básico. Mas existe uma diferença enorme entre estudar uma língua estrangeira e estudar *em* uma língua estrangeira. Uma coisa era trocar "Heinz" por "Henry". Outra coisa era *soar* como um norte-americano. Segundo um relato,

> O boletim escolar observou que o novo aluno tinha uma "deficiência em língua estrangeira". Era uma "deficiência" que contribuiu para a timidez do período na George Washington, bem como para seu sentimento de ser um solitário. Seu domínio e uso da nova língua iriam anos mais tarde conquistar o respeito de diplomatas por todo o mundo, mas seu sotaque – certa vez descrito por um amigo nascido na Alemanha como "ridiculamente bávaro, e não prussiano" – permaneceria com ele até a idade adulta. "Eu tinha uma profunda consciência disso", ele diria alguns anos mais tarde.[105]

Muita coisa já foi escrita a respeito do sotaque perceptivelmente centro-europeu de Kissinger, cuja persistência parece estranha, considerando o fato de seu irmão mais novo ter perdido em grande parte o dele, assim como aconteceu com a maior parte dos refugiados jovens o suficiente para frequentar o ensino médio norte-americano.[106] Foram os refugiados mais velhos que se apegaram tenazmente ao alemão. Em abril de 1941, a sinagoga dos Kissinger ainda estava debatendo se mudava seus serviços e seu informativo do alemão para o inglês.[107] Como um contemporâneo observou: "A importância disso dificilmente pode ser subestimada: com frequência o sotaque alemão estabelece a diferença entre a integração completa à vida norte-americana e o status permanente de 'forasteiro'".[108] E é mesmo notável que alguém tão inteligente e ambicioso conservasse seu sotaque alemão por tanto tempo, em uma época em que falar inglês perfeitamente era visto como um pré-requisito para a mobilidade social.[109] Entretanto, era por intermédio de suas habilidades matemáticas, e não linguísticas, que o jovem Kissinger esperava ganhar a vida. Depois de se formar na George Washington, ele se inscreveu no City College de Nova York para estudar contabilidade.[110]

O velho mundo estava perdendo seu poder sobre o jovem. Seus pais frequentavam com devoção a sinagoga K'hal Adath Jeshurun. Leo Hexter, outro refugiado de Fürth que vivia em Washington Heights, recordou a "sede de conhecimento religioso"[111] de Kissinger. Mas, em um primeiro sintoma de rebelião contra a ortodoxia de seus pais, ele se juntou a um grupo de jovens organizado pela sinagoga reformista Beth Hillel.[112] Assim como muitos dos recém-chegados da Alemanha, Kissinger percebeu que sua fé estava se alterando devido às novas influências de Nova York. Ele recordou que certamente "não era mais ortodoxo", já que estava trabalhando regularmente em feriados judeus, assim como seu irmão.[113] Como um contemporâneo disse, ao escrever não muito depois da guerra: "Uma grande quantidade dos [refugiados judeus alemães] jamais frequentava a *shul* [sinagoga] a não ser nos Dias de Reverência. [...] Nos Estados Unidos [...] a prática religiosa foi gradualmente abandonada. [...] A luta pela sobrevivência no novo país, eles alegavam, era exaustiva demais. [...] Também havia o argumento de que, em um mundo onde os parentes de alguém morriam queimados, não poderia existir um Deus".[114]

Naturalmente, poucas pessoas nos Estados Unidos poderiam antecipar nesse momento a magnitude dos horrores que mais tarde ficariam conhecidos como o Holocausto. Mas ninguém tinha conhecimento melhor do potencial de violência do regime nazista que os refugiados recém-chegados a Nova York. Entre os primeiros escritos de Kissinger que sobreviveram desse período se encontra um esboço para um jornal intitulado "Voice of the Union: *Eine Zeitung im Aufbau!*" [Voz da União: *Jornal em construção*], datado do dia 1º de maio de 1939 e marcado "Edição mundial – Publicação na Alemanha proibida". Seu tom é enfaticamente secular, prevendo a necessidade de prestar assistência às futuras ondas de refugiados do nazismo:

Membros da União,

Seis anos se passaram desde que um evento monumental – mais amplo em escala do que qualquer outro desastre natural – interferiu profundamente em nosso destino. Seus efeitos são maiores do que qualquer pessoa poderia ter remotamente antecipado. O nacional-socialismo é incansável em seu desejo de aniquilar e ele não reconhece limites!

A princípio, o povo judeu foi atingido com maior força, mas o espírito de Hitler está propagando seu veneno mais além, sobre as terras e os mares; ele destrói famílias, casas e lares, e penetra nas partes mais recônditas de nossas vidas. Somente algumas pessoas foram capazes de compreender a extensão total desse infortúnio a tempo. Muitos acreditaram que ainda havia uma saída, e que a civilização do século XX iria nos proteger do pior. Hoje nós sabemos que essa esperança era uma grande ilusão. À medida que a pressão passou a ser ainda maior, começou o grande problema da imigração. Não preciso dizer mais nada. Nós todos conhecemos o triste caminho da imigração, tornado ainda mais pedregoso pelo fato de que muitos países fecharam suas portas para nós. Um país continuou a ser nossa esperança: os Estados Unidos. Nós, que tivemos a boa sorte de vir para cá, para a clássica terra da liberdade, desejamos demonstrar nossa gratidão desempenhando um papel no grande sistema de assistência para aqueles que virão no futuro por meio da fundação de "The Reunion of Comrades" [A Reunião dos Camaradas].[115]

As ideias de Kissinger sobre o sionismo também estavam se desenvolvendo. Em 1937, ele havia descrito a ideia de um Estado secular judeu na Palestina como "impensável". Antes de partir da Alemanha, entretanto, ele havia escrito para um amigo: "Meu futuro se encontra nos Estados Unidos, mas minha esperança está na Palestina [...] a terra de nosso anseio mútuo". Entretanto, no verão de 1939, essa atitude havia mudado: "Veja o que aconteceu com essa ilusão. 'Nossa' Palestina é um joguete de grandes potências políticas, destruída pela guerra civil e entregue aos árabes".[116] Alguns desses membros da Agudath Israel com quem Kissinger convivera em Fürth tinham se tornado ainda mais veementes em seu antissionismo desde que haviam ido para os Estados Unidos. Na verdade, o rabino Breslauer esteve perto de dar apoio ao grupo antissionista Neturei Karta.[117] Porém, Leo Hexter mais tarde negou que Kissinger seguisse essa liderança.[118]

Na realidade, o adolescente Kissinger percebeu estar em meio a uma "reunião de camaradas" da vida real – uma reunião que o estava forçando não somente a questionar suas crenças anteriores, mas também a perder a fé em seus antigos amigos. Escrevendo para um deles em julho de 1939, ele honestamente revelou sua ambivalência em relação ao novo lar, "Nova-York":

Minha impressão pessoal dos Estados Unidos é muito dividida: em alguns aspectos, eu admiro o país; em outros, desprezo o modo como eles veem a vida aqui. Eu admiro a tecnologia norte-americana, o ritmo de trabalho norte-americano, a liberdade norte-americana. O que os Estados Unidos alcançaram em sua curta história é impressionante. Isso somente é possível nas nações que vivem em tal segurança e que jamais passaram por crises sérias. Você precisaria ter estado na região dos arranha-céus de Nova York para compreender o que a tecnologia moderna é capaz de criar. Precisaria ter viajado por uma rodovia norte-americana e ido ao interior para conseguir entender o exagerado patriotismo dos norte-americanos. Porém, quanto mais brilhante a luz, mais profundas são as sombras. Ao lado das mais belas casas do mundo você vê aqui os mais infelizes; ao lado da riqueza excessiva, uma indizível pobreza. E quanto a esse individualismo! Fica-se completamente entregue a si mesmo, ninguém se importa com você, você tem de abrir seu próprio caminho para o alto".[119]

Muitas dessas ideias eram, na verdade, típicas dos refugiados judeus alemães, que estavam ao mesmo tempo fascinados pela dimensão das conquistas norte-americanas materializadas em Nova York e chocados com seus aspectos mais toscos.[120] Porém, Kissinger tinha uma reclamação a mais, e mais profunda: "A característica norte-americana que eu mais desaprovo é o modo casual de eles considerarem a vida. Ninguém pensa além do minuto seguinte, ninguém tem a coragem de encarar a vida de frente, as [coisas] difíceis são sempre evitadas. Nenhum jovem de minha idade tem qualquer tipo de problema espiritual com o qual ele realmente se preocupe". A superficialidade norte-americana tinha consequências sociais diretas para o honesto jovem alemão: ele admitia que essa fosse "uma das principais razões pelas quais eu sinto dificuldades em fazer amizade com quaisquer norte-americanos".

Contudo, não era a falta de novos amigos o verdadeiro problema. Era a presença dos antigos – três "ex-colegas de escola" que, assim como Kissinger, haviam ido parar em Nova York.[121] Um deles era Walter Oppenheim, cuja família havia feito a mesma viagem que os Kissinger, de Fürth para Washington Heights. Os outros eram Hans (mais tarde John) Sachs e Kurt Reichold. Aparentemente, os jovens refugiados estavam aprendendo a trabalhar duro e a se fazer de difícil como verdadeiros nova-iorquinos. Eles não apenas labutavam durante o dia e estudavam à noite. Iam a jogos de beisebol* e de futebol americano, torcendo tanto para os Yankees quanto para os Giants. Eles jogavam tênis.[122] Eles frequentavam aulas de dança. Eles aprenderam a dirigir. E namoravam as meninas, entre as quais a futura esposa de Kissinger, Anneliese Fleischer.[123]

---

* Mais tarde, Kissinger disse para Andrew Schlesinger que ele havia sido apresentado ao jogo por "amigos italianos".

Porém, foi outra jovem, chamada Edith, cuja chegada de Fürth transformou a reunião de amigos em um turbilhão de rivalidade romântica. Em março de 1940, Kissinger – já sentindo orgulho de seu domínio do inglês escrito – havia enviado para Edith dois de seus boletins escolares. Ela jamais havia respondido. Depois de ficar se remoendo por duas semanas, o jovem escreveu uma terceira carta, na qual ele expôs sua alma adolescente:

Já que você parece não ter o hábito de responder cartas, mesmo se alguém se dá a muito trabalho para enviar seus boletos [sic] escolares, sou forçado ainda que com relutância a escrever para você uma terceira e última vez. Eu me sinto confuso com esse seu silêncio, o mínimo que você poderia ter feito seria confirmar o recebimento dos documentos. Mas agora vamos ao objetivo de minha carta: eu sentiria muita gratidão por você, se você pudesse me enviar o mais rápido possível os dois boletos e o ensaio, porque eu quero guardá-los. Se você não quer me escrever, você pode dá-los para Hans ou Oppus [o apelido de Oppenheim] quando você os vir novamente.

"Neste ponto eu talvez devesse parar. Mas, a preocupação com seu bem-estar [...] me incita a dar-lhe alguns conselhos [...] que podem ser oferecidos com maior liberdade, pois você pode ver neles o desinteressado aviso de um amigo que se despede." (Citação da carta de despedida de Washington.) Enquanto eu esperava por um longo tempo para esclarecer minha posição e, tanto quanto possível, também a dos demais, oralmente para você, eu percebo agora que esse é o único recurso que me sobrou. Eu escrevo esta carta para você, porque sinto que seria injusto para com você fazer você acreditar que existe algo parecido com amizade entre nós cinco quando essa amizade foi apenas construída artificialmente de modo a dar para alguns de nós uma oportunidade de ver você. Resumindo, o que vê a nosso respeito é somente nosso lado melhor, e dificilmente você verá qualquer um de nós como realmente somos. É por isso portanto que eu desejo acautelar você contra um envolvimento precipitado em um relacionamento amigável com qualquer um de nós.

Kissinger tinha 16 anos. Ele estava morando em Nova York fazia menos de dois anos. E achava-se atormentado por uma paixão adolescente e ciúmes violentos de seus rivais:

Você é a primeira aluna de nossa classe a vir para cá, e uma menina bastante atraente, além disso, então é mais que natural que devesse haver um desejo geral de conquistar sua amizade. Os dois principais expoentes, que tentam ou tentaram conquistar sua amizade, são, excluindo a mim, Oppus e Kurt. Acho que é necessário escrever para você alguns dos defeitos deles, já que a única coisa que você vê são as qualidades deles. Eu quero alertar você contra Kurt por causa da maldade dele, do completo desdém dele por quaisquer padrões morais, enquanto ele tenta alcançar as ambições dele, e contra uma amizade com Oppus, por causa da vontade dele de dominar você ideologicamente e de monopolizar você fisicamente. Isso não significa que uma amizade com Oppus seja impossível, eu só aconselharia você a não ficar muinto [sic] fascinada por ele, ou então você ficará muito dependente dele.

Para dar provas disso, é necessário que eu explique para você o que está acontecendo entre nós desde que você chegou neste país. Oppus foi o primeiro de nós a ficar sabendo isso e ele, portanto, considerou como prerrogativa dele controllar [sic] o acesso a você escondendo seu endereço. Isso foi especialmente voltado contra Kurt, em parte por causa de uma antiga briga, que remonta aos seus dias em Fuerth, e em parte porque Oppus considerava que os modos desonestos de Kurt não iriam ser sempre bem-sucedidos. Nesse plano, ele queria que eu tentasse conquistar a sua confiança. Entretanto, eu me recusei a ver você, um fato que eu explicarei depois. – Depois de certo tempo, Kurt soube que você havia chegado a este país. Uma briga com Oppus só foi evitada porque Kurt não queria estragar as chances dele de conseguir o seu endereso [sic]. Longas discussões se seguiram, culminando com um encontro entre nós cinco e então a decisão de convidar você para uma reunião na casa do Kurt.

E agora, quanto à minha primeira recusa em ver você. Ela foi motivada por uma entre três razões. Em primeiro lugar, eu não queria discotir [sic] com meus amigos em troca de uma amizade duvidosa com você. Em segundo lugar, eu não queria fazer papel de bobo. Eu sabia que se eu visse você, eu ficaria de novo cativado por você e iria fazer papel de bobo, o que eu fiz depois. Em terceiro lugar, eu achava que você me considerava mais um palhaço do que qualquer outra coisa. Entretanto, depois eu revi todos esses três pontos de vista, porque eu percebi que estava somente fugindo de mim mesmo.

Enquanto termino, posso tornar a afirmar que, se eu fosse você, eu lamentaria muito atribuir motivos puramente egoístas para o fato de eu escrever esta carta. Eu a escrevi, porque fiquei muito cansado de fingir ser alguém, que eu não sou e de modo a poder ajudar um pouco você, se possível, no que diz respeito ao seu relacionamento com outros membros de nossa antiga classe.

Na esperança de que, dentro dos limites estabelecidos, a carta seja bem-sucedida, eu assino,

muito sinceramente seu,
Kissus.[124]

Muitos jovens inteligentes, ao verem suas investidas recusadas, escreveram com igual veemência para o objeto de suas afeições. Mas o que faz esta carta se destacar – além de sua pontuação ainda teutônica e de ocasionais pequenos erros de ortografia – é sua precisão analítica e penetração psicológica. Em meio ao *Sturm und Drang* [Tempestade e ímpeto] de ter 16 anos, Kissinger havia dissecado os relacionamentos entre os amigos e como a reunião os tinha alterado, revivendo a antiga rivalidade entre Oppenheim e Reichold e intensificando os sentimentos de insegurança que fizeram Kissinger se sentir distante ("eu achava que você me considerava [...] um palhaço"). No fim, "Kissus" teve bom senso suficiente para não enviar seu fragmento solipsista, preservando-o, pelo contrário, como um testamento da sombria intensidade de sua vida como um jovem imigrante.

Em uma carta anterior para outra menina, dessa vez escrevendo de modo menos canhestro em alemão, Kissinger havia feito um relato de sua vida desde a chegada a Nova York "em duas fases: Minha vida espiritual e a geral". O que ele tinha a dizer a respeito da primeira era revelador:

> Como eu já mencionei no início [desta carta], muita coisa mudou em meu íntimo. Os oito meses aqui me transformaram de um idealista em um cético. Isso não significa que eu não tenha mais ideais. Isso quer dizer que, já que 95% dos meus ideais anteriores naufragaram, eu não tenho mais nenhum objetivo específico, mas tenho ideias mais amplas que ainda não estão claras para mim. Eu não estou tanto perseguindo um ideal duradouro quanto tentando encontrar um.[125]

Ir para os Estados Unidos mudara praticamente tudo para o jovem. Ele havia sido deslocado emocional e geograficamente. Ele mal sabia, em julho de 1939, às vésperas da guerra mais destruidora de toda a história, que o "ideal duradouro" que procurava iria encontrá-lo em primeiro lugar – no improvável ambiente de um campo de treinamento do Exército norte-americano, se preparando para uma viagem perigosa que o levaria de volta à Alemanha.

Capítulo 4
Um recruta surpreendente

Tendo-nos dado a tarefa de ver Mefistófeles como um indivíduo distinto, temos de vê-lo agora como mais do que somente o outro ego (menos importante) de Fausto. [...] Nós também precisamos tirar Mefistófeles da sombra que Fausto lança diretamente sobre ele e colocá-lo perto de seu oponente ou parceiro. [...] Somente através de um desenvolvimento mais intencional do ego conseguimos por fim alcançar o caminho para o *Übermensch* [Super-homem].

Fritz Kraemer, "The Pact Between Mephistopheles and Faust" ["O pacto entre Mefistófeles e Fausto"], 1926[1]

Na política, assim como em qualquer outra área de atividade humana, caráter, valores e fé são pelo menos tão importantes quanto os outros fatores que, *grosso modo*, podem ser descritos como "econômicos". Eu me vingo pensando que é muito mais fantástico acreditar que o mundo das realidades consiste quase que exclusivamente de "pagamentos", "matéria bruta" e "produção industrial".

Fritz Kraemer, 1940[2]

I

Em 11 de Setembro de 1941, em um discurso em Des Moines, Iowa, o aviador transformado em demagogo Charles Lindbergh acusou "grupos judeus neste país" de "estarem se manifestando a favor da guerra".

Lindbergh tinha sido uma celebridade nacional desde seu voo solitário e sem paradas sobre o Atlântico, indo de Nova York a Paris em 1927. Em 1941, como principal porta-voz do America First Committee [Comitê pelos Estados Unidos Acima de Tudo], ele era a mais influente de todas as vozes que incitavam os Estados Unidos a ficar fora da Segunda Guerra Mundial. "Em vez de se manifestar pela guerra", declarou Lindbergh,

> os grupos judeus neste país deveriam se opor a ela de todos os modos possíveis, pois eles se encontrarão entre os primeiros a sentir suas consequências.
> A tolerância é uma virtude que depende da paz e da força. A história mostra que ela não pode sobreviver à guerra e à devastação. Alguns poucos judeus perspicazes percebem isso e se opõem à intervenção. Mas a maioria ainda não age assim.
> O maior perigo representado por eles para este país se encontra em seu grande domínio e influência em nosso cinema, nossa imprensa, nosso rádio e nosso governo.

Os líderes do povo judeu, Lindbergh concluiu, "por motivos tão compreensíveis do ponto de vista deles quanto inoportunos do nosso, por motivos que não são norte-americanos, desejam nos envolver na guerra. [...] Nós não podemos permitir que sentimentos naturais e preconceitos de outros povos levem nosso país à destruição".[3]

Menos de três meses depois, em 7 de dezembro de 1941, o Japão atacou Pearl Harbor, anulando de um só golpe esse e outros argumentos a favor da neutralidade norte-americana.

O jovem Henry Kissinger certamente não poderia ter sido acusado de "se manifestar a favor da guerra". Quando as notícias de Pearl Harbor chegaram a Nova York, ele "estava em um jogo de futebol americano [...] vendo os New York Giants jogarem contra os Brooklyn Dodgers, que, naquela época, tinham um time de futebol. Foi o primeiro jogo profissional a que assisti [...] e, quando eu saí, havia um jornal dominical [...] com uma manchete sobre um ataque a Pearl Harbor. Eu não sabia onde ficava Pearl Harbor".[4] Kissinger era então estudante do City College de Nova York, uma instituição havia muito tempo popular entre os imigrantes academicamente ambiciosos, e que ficava a apenas vinte minutos de metrô do apartamento de seus pais. Ele estava indo bem, tirando A em quase todas as disciplinas (ironicamente, seu único B era em história). Em seu tempo livre, gostava de assistir a jogos de futebol ou de beisebol, ou de jogar tênis nas quadras sob a ponte George Washington.[5] Uma carreira em contabilidade parecia estar à sua espera.[6]

O jovem estudioso, contudo, dificilmente poderia ser indiferente à aproximação da guerra. A comunidade de refugiados judeus alemães em Washington

Heigths estivera observando os acontecimentos na Europa com ansiedade crescente, sobretudo porque tantas famílias – incluindo os Kissinger – tinham parentes que ainda viviam na Alemanha. Ao contrário das alegações de Lindbergh, poucas pessoas em Washington Heights "se manifestaram a favor da guerra". No entanto, a guerra, quando chegou, foi um tipo de alívio para os refugiados, porque ela tornava obsoleta a acusação de que seus interesses como judeus eram diferentes dos interesses nacionais dos Estados Unidos. A revista mensal publicada pela sinagoga frequentada pelos Kissinger citou Jeremias 29:7: "Preocupai-vos com a prosperidade da cidade para onde eu vos deportei e intercedei por ela junto ao Senhor: porque de sua prosperidade depende a vossa". Como o rabino Breuer disse: "Nesta hora difícil, não somente o sentimento de mais profunda gratidão nos leva a cumprir o nosso dever. [...] Com o bem-estar e o futuro deste país, o futuro e o bem-estar de nosso povo está [sic] intimamente ligado".[7]

Não foi de modo algum inevitável, entretanto, que Henry Kissinger – com aproximadamente outros 9.500 refugiados judeus alemães – acabasse usando um uniforme norte-americano para combater a sua terra natal. Em junho de 1940, o Congresso havia aprovado o Alien Registration Act [Decreto para o Registro de Estrangeiros], que impunha algumas restrições aos residentes dos Estados Unidos que tivessem nascido na Alemanha e ainda não fossem naturalizados. Entre elas se encontrava a exclusão do serviço militar. Isso criava uma anomalia, já que o Selective Training and Service Act [Decreto para Treinamento Seletivo e Serviço] havia introduzido a convocação para todos os homens residentes nos Estados Unidos entre os 21 e os 36 anos. Não foi senão em março de 1942 que o Second War Powers Act [Decreto da Segunda Guerra] introduziu um sistema acelerado de naturalização, que permitia que os "estrangeiros inimigos" que haviam servido com honra nas Forças Armadas por pelo menos três meses se tornassem cidadãos.[8] Somente com a redução da idade para convocação para 18 anos no mês de novembro seguinte, Kissinger passou a ser elegível para o recrutamento. Mesmo assim, ainda havia restrições aos cargos que poderiam ser designados a um "selecionado" de origem alemã. Na verdade, o irmão de Kissinger, Walter, foi afastado da 26ª Divisão de Infantaria e enviado para o teatro de guerra do Pacífico por causa de sua origem alemã.[9] Foi preciso tempo para o chefe da Agência de Serviços Estratégicos (oss), William J. ("Wild Bill") Donovan, convencer o Exército de que homens de origem alemã tinham "qualificações especializadas" que eram "urgente[mente] necess[árias]" nas unidades de combate.[10]

No total, cerca de 500 mil judeus serviram no Exército norte-americano, dos quais 35 mil perderam a vida.[11] A cota de participação para os refugiados judeus foi um tanto mais alta que a média nacional.[12] Agora que os Estados Unidos estavam na guerra, tais homens tinham uma combinação única de incentivos para a luta. Como um soldado refugiado disse: "Eu, que fui destituído de tudo que possuía, e afastado de minha terra natal, tenho muito mais motivos para querer dar uma surra em Hitler do que o cidadão médio norte-americano, que ainda não sofreu por causa dele".[13] Tais homens não estavam "seguindo um líder às cegas, lutando em uma batalha cujo sentido eles não conheciam. Todos estão não somente lutando pelos Estados Unidos, mas combatendo pelos direitos eternos de seu povo judeu. [...] Entre eles está o direito de liberdade de religião, que dá a cada soldado o direito de venerar e de seguir sua religião do modo como ele deseja".[14] Como nós iremos ver, entretanto, a realidade da vida no Exército às vezes parecia concebida para zombar de tais belos sentimentos.

II

O aviso de convocação de Henry Kissinger chegou não muito depois de seu aniversário de 19 anos. O adolescente refugiado cheio de angústia era então um jovem nova-iorquino estudioso, que tinha um relacionamento com Anneliese [Anne] Fleischer — uma despretensiosa jovem local, a quem os pais dele davam sua aprovação —, parecendo estar destinado a uma vida de inocente obscuridade como contador em Washington Heights.[15] Uma vez mais, a história havia interferido. Em meados de fevereiro de 1943, depois de um jantar de despedida em família no Iceland Restaurant perto da Times Square, Kissinger se encontrou em um trem com destino a Camp Croft, a 8 quilômetros ao sul de Spartanburg, Carolina do Sul, um esparramado complexo de barracas e de estandes de tiro capaz de acomodar até 20 mil homens por vez e de dar-lhes treinamento. Ao chegar, como Kissinger descreveu para seu irmão, ele, sem a menor cerimônia, "recebeu ordens, foi vacinado, ganhou um número e ficou em posição de sentido".[16] Durante as dezessete semanas seguintes, ele esteve à mercê de seu tenente, a quem ele passou a detestar "mais do que palavras podem expressar, e provavelmente sem um motivo real".[17] Em 19 de junho, tendo sobrevivido a três meses de treinamento básico, Kissinger tinha condições de se tornar um cidadão naturalizado dos Estados Unidos. Erguendo a mão direita, ele fez o seguinte juramento:

> Por meio deste eu declaro [...] que eu renuncio e renego total e completamente toda obediência e fidelidade a qualquer príncipe, potentado, Estado ou soberano estrangeiro, e acima de tudo à Alemanha, de quem (da qual) eu fui até então súdito (ou cidadão); que eu irei apoiar e defender a Constituição e as leis dos Estados Unidos da América contra todos os inimigos, estrangeiros e domésticos; que eu terei fé no supracitado e serei obediente a ele; e que eu assumo essa obrigação espontaneamente sem quaisquer reservas mentais ou desejo de me esquivar: E que Deus me proteja.[18]

Ele era então um soldado norte-americano.

Camp Croft era tão diferente quanto se possa imaginar da insular e homogênea comunidade de refugiados de Washington Heights. Teoricamente, os soldados desfrutavam da liberdade de religião; na prática, havia pouco apreço às regras e rituais que um judeu ortodoxo deveria observar. Propositalmente, a convocação uniformizava homens de todas as situações, de todos os setores da sociedade. Somente a contínua segregação dos afro-americanos impedia o Exército de ser uma instituição verdadeiramente integradora.[19] Porém, não era apenas a exercícios e à prática de tiro que os novos recrutas estavam sendo introduzidos; também havia o jogo, as bebidas e as prostitutas, os passatempos favoritos do soldado comum. O franco aviso de Kissinger ao seu irmão mais novo sobre como sobreviver ao treinamento básico fala por si só.

> [Mantenha] os olhos e os ouvidos abertos, e a boca fechada...
> Sempre se mantenha na média, porque os grupos de soldados sempre são escolhidos nas extremidades. Seja sempre discreto, porque, enquanto eles não o conhecerem, eles não podem tratá-lo mal. Então, por favor, contenha suas tendências naturais, e não fique em evidência. [...]
> Não fique muito amigo da escória com que você invariavelmente vai se encontrar lá. Não jogue! Sempre há um punhado de trapaceiros profissionais na multidão, e eles o esfolam vivo. Não empreste dinheiro. Isso não vai lhe causar nenhum bem. Você vai penar para conseguir seu dinheiro de volta, e vai perder

amigos no negócio. Não vá a um prostíbulo. Eu gosto de mulheres, como você bem sabe. Mas eu não pensaria em tocar naquelas criaturas imundas e cheias de sífilis que vão atrás de soldados. [...]

Você e eu às vezes não nos entendemos muito bem, mas eu acho que você sabia, como eu, que "na hora do aperto" nós podemos contar um com o outro. Nós estamos em um aperto agora.[20]

Alguns soldados judeus fizeram o melhor possível para seguir as regras de sua religião, mesmo no campo de treinamento.[21] Para outros, entretanto, "comer presunto em nome do Tio Sam" era menos difícil do que eles poderiam ter esperado. Não havia, é claro, falta de linguagem insultuosa antissemita em um lugar como Camp Croft. Mas, como outro recruta judeu – o romancista Norman Mailer – observou, em um Exército tão heterogêneo, havia um insulto racial ou étnico disponível para quase todos: judeus, italianos, irlandeses, mexicanos, poloneses.[22] Oficialmente, além do mais, o Exército bania o antissemitismo, promovendo a ideia de que os Estados Unidos estavam combatendo por valores "judaico-cristãos".[23] De qualquer modo, para os recrutas do Norte que jamais haviam visitado anteriormente o Sul, campos como o Camp Croft forneciam uma introdução para todo um novo universo de preconceitos. Um soldado judeu nascido no exterior e vindo de Nova York ficou espantado quando alguns sulistas o chamaram de "Yankee desgraçado".[24] Como outro soldado rememorou,

> Havia católicos, protestantes e judeus. Alguns eram fazendeiros do Sul, analfabetos funcionais e sujos. Outros – os meninos de escola – eram muito mais educados. Alguns haviam quase terminado a faculdade. [...] O Exército homogeneizava a todos – até mesmo [...] o tagarela culto do ensino médio. Não fazia diferença o que cada um pensava que fosse o lar. Esse era um mundo novo, com novos padrões. [...] Você era julgado por uma qualidade principal – se você seria de confiança quando os estilhaços caíssem.[25]

Em um aspecto importante os judeus se destacavam, mesmo que não seguissem a religião. Eles representavam um número desproporcional dos "cultos", geralmente se dando muito melhor que a média no Army General Classification Test [Teste de Classificação Geral do Exército] feito por todos os recrutas. Isso era importante porque qualquer soldado que fizesse mais de 110 pontos poderia ser selecionado para o que parecia ser uma das mais atraentes oportunidades do Exército: o Army Specialized Training Program (ASTP) [Programa de Treinamento Especial do Exército]. A lógica subjacente ao ASTP era tripla: aumentar o suprimento de potenciais oficiais no Exército, aumentar o número de especialistas técnicos no Exército, e evitar que as faculdades fossem arruinadas financeiramente pela convocação. Anunciado em dezembro de 1942, o programa enviava soldados academicamente capazes para faculdades por todo o país para cursos intensivos em engenharia, línguas estrangeiras, medicina, odontologia e veterinária – disciplinas consideradas valiosas pelo Exército. Nos três períodos de doze semanas, separados por somente uma semana, os membros do ASTP tinham de cobrir o equivalente aos dezoito primeiros meses de estudo. Em dezembro de 1943 havia cerca de 300 mil desses assim chamados "geniozinhos" em quatrocentas universidades e faculdades diferentes, dos quais 74 mil estavam fazendo o curso básico de engenharia e 15 mil, estudos avançados de engenharia.[26] Henry Kissinger era um deles; assim como seu irmão.

Para os selecionados, o ASTP era uma libertação celestial dos desconfortos do treinamento básico e da perspectiva de participação imediata na guerra como substitutos na infantaria. Os "geniozinhos" estavam livres de 12h de sábado até à 1h de segunda-feira, o que permitia aos que haviam sido enviados a faculdades perto de suas casas que visitassem a família e os amigos. Comparadas a suas correspondentes em Camp Croft, as acomodações da faculdade estavam "a um passo do paraíso – comida servida em bandejas de aço inoxidável, com tanto leite frio quanto você fosse capaz de beber, e roupa de cama limpa nos dormitórios".[27] É verdade, o trabalho era exaustivo – os cursos eram muito condensados – e aproximadamente um em cada cinco dos admitidos no programa saía nos dois primeiros períodos. Porém, engenharia intensiva era certamente muito melhor que a alternativa disponível – e daí a canção (para ser cantada com a melodia de "My Bonnie Lies over the Ocean"):

> Oh, esqueça a bandeira, mãe,
> Seu filho está no ASTP
> Ele não vai se ferir com a régua
> Nem ganhar estrela dourada
> Ele é só um gênio de uniforme,
> Mais escoteiro que soldado,

Pode esquecer a bandeira, mãe,
Seu filho está no ASTP.

Aeronáutica pode ter glória
Infantaria exige coragem.
Mas espere até contarmos a história
Que passamos a guerra na escola.

Há seis meses, éramos soldados,
Pensando em lutar contra os japas,
Mas o Exército é uma lembrança
Desde que somos do ASTP.

Depois da guerra tudo mudou
E com os netinhos no colo,
Vamos ficar sem graça ao contar
Que combatemos no ASTP.[28]

Até a insígnia do programa – um candeeiro com uma vela acesa – era apelidada de "penico em chamas".[29]

Kissinger não estava reclamando. Depois de mais algumas avaliações no Clemson College na Carolina do Sul, ele teve a boa sorte de ser enviado para estudar engenharia no Lafayette College, uma faculdade em Easton, Pensilvânia. Como seu elegante campus do século XIX está localizado a somente pouco mais de 128 quilômetros de Nova York, ele podia passar os fins de semana em casa com sua família e a namorada. Seu colega de quarto e amigo "geniozinho" Charles J. Coyle lembra-se nitidamente da vida com o jovem Kissinger. "Ele enfrentou o ritmo 'normal' dos estudos tranquilamente", Coyle recordou posteriormente, "e então empregou seu ímpeto [...] para compreender novos tipos de raciocínio. Ele não parecia tão preocupado em prestar atenção ao que os instrutores estavam dizendo quanto em entender o que eles estavam querendo dizer". Até mesmo pelos padrões do ASTP, Kissinger era excessivamente estudioso. Mas o que mais impressionou Coyle foi o pouco habitual estilo de leitura voraz de Kissinger.

> [Eu] passava metade do tempo tropeçando nos livros que ele devorava e a outra metade assombrado com o cérebro dele, que se parecia com uma arapuca. [...] Ele não lia livros, ele os devorava com os olhos, com os dedos, com seus movimentos na cadeira ou na cama, e com suas críticas resmungadas. Ele estava encurvado sobre um livro, e de repente explodia com um indignado "DROGA!" dito com sotaque alemão, acabando com o raciocínio do autor. Então ele o destroçava, com a prevalência de palavras veementes, e compreendendo. [...] Assim como tudo mais que fazia, ele era preciso na escolha do vocabulário e na pronúncia, e para os meus ouvidos do Brooklyn era uma nova experiência ouvir um homem mal-humorado achando tempo para colocar um "-*ing*" em seus palavrões. [...] O cara era superinteligente e tão intelectual que era estranho para a maioria de nós – e nós éramos os que tínhamos sido selecionados por causa de nossa inteligência. Ele entrava na sala de estar de nossa suíte. Três ou quatro de nós estávamos conversando, provavelmente sobre sexo. Ele se jogava no sofá e começava a ler um livro como *O vermelho e o negro*, do Stendhal – por diversão![30]

Outro sinal da seriedade intelectual de Kissinger era sua aparência pouco militar.

> Ninguém se vestia com mais desleixo que ele. Era, para usar os termos dele, "ridículo". As roupas do Exército nunca serviam em ninguém a não ser que fossem reformadas ou ajustadas, mas essas eram duas palavras em que Henry jamais pensou. Para ele, se vestir era uma farsa. Ele conseguia se vestir mais rápido com cada peça de roupa virada do avesso, e fazendo isso de modo diferente a cada vez, do que eu conseguia colocar meu uniforme. Na hora da inspeção, todos que examinavam Henry conseguiam encontrar uma peça de roupa diferente que precisava de ajustes.[31]

Mas Kissinger não estava em Lafayette para adornar uma guarda de honra. Entre outubro de 1943, quando ele foi formalmente alistado, e abril de 1944, ele fez doze cursos, incluindo química, inglês, história, geografia, matemática, física e ciência militar. Seu aproveitamento variava entre 80% e 95%, a não ser por um perfeito 100% em química e um decepcionante 72% em matemática.[32] "O sr. Kissinger é, sem sombra de dúvida, um dos melhores alunos que eu já tive em todas as minhas classes", escreveu seu professor de física. "Ele tem a mente arguta, mostra um interesse ativo por todo o seu trabalho, vem para a aula devidamente preparado todos os dias, faz todo o trabalho estipulado, e com frequência vai além dos requisitos estabelecidos para o resto da classe. [...] Com certeza eu posso recomendar sinceramente o sr. Kissinger para qualquer tipo de serviço que requeira uma pessoa que tenha uma mente atenta, arguta, minuciosa, analítica e inquisitiva."33 Infelizmente, não era esse o tipo de serviço que o Exército tinha então em mente para ele.

Na verdade, o ASTP sempre foi vulnerável a qualquer aumento nas requisições dos militares para força de combate, e no fim de 1943 – quando o Congresso estabeleceu o tamanho do Exército em 7,7 milhões – a demanda estava no auge. O general comandante das forças terrestres do Exército, Lesley J. McNair, sempre havia duvidado (erroneamente) que uma educação superior aumentasse de modo significativo a qualidade de combate de um soldado. O problema, assim como ele o via, não era a falta de habilidade, mas uma falta de quantia bruta, especialmente por causa dos deferimentos excessivamente generosos do Congresso, que dispensavam 5 milhões de homens de serem convocados por questões ocupacionais, bem como dispensavam os pais. Finalmente, o secretário de Guerra Henry L. Stimson cedeu às pressões dos generais. Em 18 de fevereiro de 1944, foi anunciado que o ASTP seria encerrado.34 Oito entre cada dez "geniozinhos" foram sumariamente mandados de volta para a infantaria.

Esse foi outro tipo de confusão pela qual o Exército norte-americano tem sido por muito tempo conhecido.35 Mais de 100 mil homens foram selecionados por sua inteligência. Eles haviam passado meses adquirindo conhecimentos novos e valiosos. Durante esses meses, eles tinham perdido a oportunidade de promoção. E agora deveriam ser mandados de volta para a estaca zero, sem qualquer consideração por sua inteligência inata ou novos talentos. "Joguem sua régua no mar", os "geniozinhos" então cantavam, com amargura, "e vão para o PDE [ponto de embarque]". Dizia-se então que as iniciais do centro básico de treinamento do programa em Camp Hood (ASTPBTC) significavam "All Shot to Pieces by the Congress" [Todos Liquidados pelo Congresso]. Falantes de chinês foram mandados para a Europa; falantes de italiano e de alemão (entre eles, Walter Kissinger) para a Ásia. Pior, os "geniozinhos" que voltavam eram sujeitos a ser insultados como "escoteiros" ou, ainda pior, "seus merdinhas universitários". Como tantos membros do ASTP eram designados como atiradores, um crítico ficou pensando, um pouco em tom de brincadeira, se "o desmantelamento do ASTP era um complô para colocar os melhores cérebros do país nas posições mais vulneráveis, onde a maior quantidade de homens pode morrer". Uma vítima da nova política perguntou mais tarde: "Por que nós selecionamos as pessoas mais inteligentes no serviço militar e então as jogamos no moedor, onde elas seriam o maior número de vítimas fatais?".[36] Quando as notícias de que "nós todos deveríamos ser enviados para a infantaria como recrutas" chegaram a Lafayette, recordou Charles Coyle, "nós todos gritamos e lamentamos, e Henry usou os '-ing' à sua moda".[37] O único modo de evitar o moedor era passar para a escola de medicina, já que o Exército ainda reconhecia a necessidade de ter mais médicos. Kissinger fez o teste, mas a única vaga disponível foi para Leonard Weiss, que, como Kissinger reconheceu mais tarde, havia "me salvado de me tornar um médico".[38]

III

Camp Claiborne, Louisiana, era a antítese do Lafayette College, com seus quadriláteros antiquados e bibliotecas com paredes cobertas de madeira. Situado na planície quente ao norte da cidadezinha de Forest Hill, o campo consistia em filas de "barracões de papel impermeabilizado de construção", cada um contendo 24 beliches. No verão, o calor era sufocante; as minúsculas janelas em cada barracão praticamente não proporcionavam alívio.[39] A partir de novembro de 1943, essa foi a sede da 84ª Divisão de Infantaria, à qual Henry Kissinger, junto a 2.800 antigos membros do ASTP, havia sido designado. O apelido da divisão – "os Madeireiros" – não implicava uma grande necessidade de intelectuais. Kissinger e seus antigos colegas "geniozinhos" tinham uma longa viagem de trem durante a qual podiam pensar no revés de seu destino.[40] Donald Edwards, outro membro do ASTP, recordou ter chegado a Claiborne ao som de uma banda militar. Como um dos recém-chegados resmungou: "Seria melhor eles tocarem uma marcha fúnebre, no que me diz respeito".[41] Eles passaram de ambiciosos acadêmicos a meras engrenagens no vasto maquinário militar norte-americano.

A 84ª Divisão era uma das 45 divisões do Exército norte-americano que foram designadas ao teatro europeu de guerra. Cada divisão em sua força total consistia em aproximadamente 14 mil homens, subdivididos em 3 regimentos, cada um com 3 mil homens, mais a divisão de artilharia. Cada regimento, por sua vez, era composto por 3 batalhões, com aproximadamente 850 homens cada, e cada batalhão de 5 companhias, cada companhia de 4 pelotões e cada pelotão de 3 esquadras de 12 homens.⁴² Depois de seis semanas de treinamento acelerado básico, o recruta Henry Kissinger, número de série 32816775, foi designado à Companhia G no 2º Batalhão do 335º Regimento de Infantaria. Ele era então apenas outro soldado, um calouro, um novato.⁴³

A vida no Camp Claiborne era tão dura quanto a vida em Lafayette havia sido agradável. Alguns dias eram passados em marchas forçadas, "nas quais nós tínhamos de andar uns 14,5 quilômetros em pouco mais de uma hora", outros em "marcha[s] de 40 quilômetros com a mochila cheia". Havia dias de "ração de água", quando os homens eram limitados a um cantil de água para o dia todo. E então havia "problemas de campo", que envolviam dormir em tendas minúsculas em pântanos infestados de cobras. Havia prática de natação antes das operações anfíbias, bem como treinamento com paraquedas. Horas tediosas eram passadas tirando o oleoso e marrom antioxidante Cosmoline dos rifles novos e colocando números de série em mochilas, capacetes e botas.⁴⁴ Locais para diversão estavam disponíveis na maior cidade da região, Alexandria, com bares, onde os soldados se metiam em brigas, e prostíbulos, onde contraíam DST.⁴⁵ Mais próximo do campo ficava "Boomtown [...] aquele maldito agrupamento de barracões".⁴⁶

"Minha divisão de infantaria era composta principalmente por meninos de Wisconsin, Illinois e Indiana, verdadeiros habitantes do centro dos Estados Unidos", Kissinger recordou mais tarde. "Eu descobri que gostava muito daquelas pessoas. A coisa mais significativa a respeito do Exército é que ele me fez sentir como um norte-americano."⁴⁷ Na verdade, alguns soldados o apelidaram de "Ja", exatamente por causa de seu sotaque alemão.⁴⁸ Mas seu trabalho como informante da companhia, alertando os soldados uma vez por semana sobre a "orientação atual da guerra", fez com que ele se tornasse popular.⁴⁹ Como Charles Coyle recordou: "Ele era capaz de pegar as fontes de notícias diárias e semanais, contraditórias, confusas e enigmáticas como elas eram, e apresentar sua interpretação delas a ponto de que cada um de nós [...] se sentia um pouquinho mais no controle do que o dia seguinte iria trazer. [...] Nós dizíamos que o Henry era o único homem que poderia apresentar opiniões diferentes da *Time* [...] porém de modo construtivo".⁵⁰ O rato de biblioteca havia aprendido o valor do humor como defesa, conforme Coyle relembrou: "Ele era esperto demais para entrar em uma briga. Henry iria ter paciência apenas com os meninos do interior, e eles acabaram gostando dele. Às vezes ele ridicularizava o Exército, às vezes ele se ridicularizava, e havia ocasiões em que ele ridicularizava alguns de nós. Mas ele fazia isso com um sorriso. Era o típico humor nova-iorquino".[51]

Em algumas ocasiões, entretanto, Kissinger tinha de ouvir. A maior parte das palestras do Exército era algo tedioso em termos tanto de conteúdo como de apresentação. Mas um dia houve a exceção que provou a regra. Seu nome era Fritz Kraemer. Assim como Kissinger, ele havia nascido e sido criado na Alemanha. Assim como Kissinger, ele era um simples recruta. Mas ele era, nas palavras de seu superior imediato, "um tipo de 'recruta' muito inesperado".

IV

Henry Kissinger mais tarde disse que Fritz Kraemer fora "a maior influência individual em meus anos de formação".[52] É tentador chamá-lo de o Mefistófeles do Fausto de Kissinger; certamente, Kraemer conhecia a obra de Goethe em detalhes, tendo escrito um perspicaz ensaio sobre ela aos 17 anos.[53] Nascido na industrial Essen em 1908, Fritz Gustav Anton Krämer (ele posteriormente tirou o trema) era filho de um ambicioso advogado que havia se casado com a filha de um próspero empresário da indústria química. Uma criança de saúde frágil, o jovem Fritz passou quatro de seus anos escolares estudando em casa com professores particulares.[54] Ele também era o produto de um lar desfeito, algo raro naqueles tempos. Enquanto seu pai ascendia os degraus do direito para se tornar chefe da promotoria pública (*Erster Staatsanwalt*) em Hagen e posteriormente em Koblenz, sua mãe fundou um internato para "crianças problemáticas" em um vilarejo nas montanhas nas cercanias de Frankfurt.[55]

Quinze anos mais velho que Kissinger, Kraemer atravessou seus anos de formação durante o período da Primeira Guerra Mundial, da Revolução de Novembro e da República de Weimar. Ele passou a acreditar que a guerra "havia destruído todas as fundações – vidas, instituições, valores e crenças. Ele se lembrava vividamente de batalhas, de cercos, da fome, da Revolução Bolchevique, do golpe contra o *Kaiser*, do Tratado de Versalhes, da ocupação francesa da Renânia, da perda da fortuna familiar por causa da inflação, e da revolução nas ruas da Alemanha". Para muitos alemães de classe média da geração de Kraemer, exatamente essas experiências fizeram de Hitler um atraente "redentor" nacional. Porém, Kraemer era pouco comum. Ele estudou no exterior, primeiro em Genebra, depois na London School of Economics, e finalmente em Roma. Ele se casou com uma sueca. Sentindo repugnância do fascismo e do socialismo, ele adotava um conservadorismo que às vezes beirava a autoparódia. Desde os 17 anos, ele usava um monóculo ("em seu olho bom [...] para que o olho fraco fosse forçado a trabalhar com mais afinco") e habitualmente calças de equitação e botas de montaria que chegavam aos joelhos.[56] Mas o conservadorismo dele era pouco usual, muito diferente daquele do Partido Popular Nacional Alemão, que os historiadores tendem a ver como herdeiro do Partido Conservador da época de Guilherme, mas que foi abocanhado com facilidade pelos nazistas.

Peter Drucker, o futuro "guru" da administração, encontrou Kraemer pela primeira vez em 1929, quando ambos eram estudantes em Frankfurt. Caminhando às margens do rio Main em um frio dia de abril, ele ficou espantado ao ver um caiaque contendo "um homem cadavérico, nu a não ser por um minúsculo calção de banho e um monóculo atado a uma larga fita negra [...] remando furiosamente contra a corrente", com "o galhardete negro, branco e vermelho da falecida Marinha Imperial alemã" flutuando enquanto ele remava.[57] Com seu "nariz grande, triangular e pontudo que se salientava de seu rosto como uma vela de navio[,] e os ossos zigomáticos proeminentes[,] queixo pontudo[,] e penetrantes olhos de um cinza-escuro", Kraemer fez Drucker pensar em "uma mistura entre um [cão] *greyhound* e um lobo". Conhecido entre seus colegas de estudo como "o jovem Fritz", devido à sua semelhança com Frederico, o Grande, e sua admiração por ele, "Kraemer se considerava um genuíno conservador, um monarquista prussiano da antiga crença pré--Bismarck, luterana e espartana [...] oposto igualmente à feiura e à barbárie que estavam surgindo com tanta velocidade por trás da suástica nazista, e ao bem-intencionado e decente, mas fraco e acovardado, liberalismo do 'bom alemão'".[58] Sem ainda ter completado 21 anos, Kraemer disse a Drucker que tinha "somente duas ambições na vida: ele desejava ser conselheiro político do chefe do Estado-Maior Geral do Exército; e também ser o mentor político de um grande secretário das Relações Exteriores". Drucker perguntou por que o próprio Kraemer não aspirava a ser o "grande secretário das Relações Exteriores". Kraemer respondeu: "Sou um pensador, e não alguém que faz as coisas. [...] Meu lugar não é sob as luzes da ribalta, e não faço discursos".[59]

Sempre um elitista – ou melhor, um aristocrata moral –, Kraemer tinha um desprezo nietzschiano pelas vulgaridades da política populista, porém uma aversão igual ao que ele chamava de intelectuais "espertinhos". Nem isso nem suas idiossincrasias na indumentária podem nos enganar. No fim da vida, ele passaria a ser visto como a *éminence grise* [eminência parda] do neoconservadorismo, um tipo de cruzamento entre Leo Strauss e o Dr. Fantástico. Porém, Kraemer não era nada disso. Seu treinamento acadêmico foi, na verdade, em direito internacional, um enfoque bastante improvável para um ortodoxo conservador prussiano. Em Genebra, ele estudou com Eugène Borel, uma autoridade em direito internacional, e William E. Rappard, o acadêmico e diplomata que havia ajudado a persuadir Woodrow Wilson de que a Liga das Nações deveria ter sua sede em Genebra, e que dirigira o Departamento de Mandato da Liga.[60] Em Londres, os professores de Kraemer incluíam Philip Noel-Baker, que havia sido assistente do primeiro secretário-geral da Liga, e Arnold McNair, fundador (com Hersch Lauterpacht) do Annual Digest of International Law [Sumário Anual de Direito Internacional], e que se tornaria professor da Cátedra Whewell de direito internacional em Cambridge.[61] Finalmente, em Frankfurt, Kraemer foi aluno de Karl Strupp, um dos maiores especialistas alemães em direito internacional.[62] Foi sob a orientação de Strupp que Kraemer escreveu sua tese de doutorado "A relação entre os tratados de aliança franceses, o Pacto da Liga das Nações e os Tratados de Locarno". Publicada em 1932, ela oferece *insights* preciosos sobre o desenvolvimento intelectual de Kraemer.

O argumento central de Kraemer era o de que a Liga das Nações e os Tratados de Locarno (bem como o Pacto Kellogg-Briand) eram contestados pelas alianças defensivas pós-guerra da França com a Bélgica, a Tchecoslováquia, a Polônia, a Romênia e a Iugoslávia. Especialmente, as alianças francesas eram incompatíveis com o Artigo 10 do Pacto da Liga, que havia comprometido os signatários "a respeitar e a preservar contra todas as agressões exteriores a integridade territorial e a independência política existente de todos os membros da Liga". Esse artigo não somente deveria ter tornado as alianças defensivas bilaterais redundantes, Kraemer argumentava, como o "sistema de alianças" francês também exercia uma "pressão política *geral*" e "permanente" sobre a Alemanha (sem mencionar a Hungria), que restringia de modo significativo e inaceitável sua liberdade de movimento.[63] Portanto, ele constituía uma inadmissível "liga dentro da Liga".[64] Três pontos se destacam a respeito desse argumento. O primeiro é seu aspecto histórico: praticamente metade da tese é uma análise do sistema de alianças europeu anterior a 1914. O segundo é uma clara distinção entre poder e lei – Macht e Recht – como foi exemplificado pela afirmativa direta de Kraemer de que "é evidente por si só que a Inglaterra entrou na guerra [em 1914] não por causa da Bélgica, mas porque era aliada da França".[65] Assim como seu mentor Strupp, Kraemer raciocinava que qualquer coisa que pudesse formalmente ser afirmada em um tratado de defesa mútua na prática tem significado somente se ele implica uma ação combinada contra um inimigo comum. Como tal, sua própria existência aumenta o risco de guerra. Em um trecho crucial, Kraemer alerta contra esquecer que "a absoluta *segurança de um* Estado, já que ela é pressuposta pela exclusão do livre jogo de forças políticas opostas e a suspensão do equilíbrio de poder, necessariamente tem de se transformar na hegemonia do poder que desfruta dessa segurança, e assim [implica] a insegurança de todos os outros".

Da mesma forma que a maioria esmagadora dos alemães, então, Kraemer rejeitava a ordem internacional estabelecida pelo sistema de tratados pós-1918: não somente o Tratado de Versalhes, com sua contestável afirmação da "culpa de guerra" da Alemanha, mas todo o complexo de tratados dos quais a França era signatária. Não obstante (e este é o terceiro ponto notável a respeito da tese), ele o fez de modo que implicitamente aceitava a legitimidade da Liga das Nações como uma instituição. A posição de Kraemer, assim como a de Strupp e a de seu contemporâneo Albrecht Mendelssohn-Bartholdy, era a de que a visão idealista de Wilson de segurança coletiva estava sendo subvertida pelo comportamento cínico da França e da Inglaterra. Pelos padrões da Alemanha da década de 1920, esse era um ponto de vista liberal, não conservador. Não era uma mera coincidência que tanto Strupp quanto Mendelssohn-Bartholdy fossem judeus. Ambos perderam seus cargos acadêmicos pouco tempo depois da ascensão do nazismo em 1933. Esse era o pedigree intelectual do homem que se tornaria o Mefistófeles de Henry Kissinger.

Apesar de seu gosto por professores, Kraemer era aparentemente um monarquista prussiano – quase uma caricatura de um conservador alemão –, e quase todos os seus contemporâneos o aceitavam sem fazer perguntas. A realidade era bem diferente. Seu pai, Georg Krämer, havia nascido judeu, embora tivesse se convertido ao cristianismo aos 19 anos; sua mãe, cujo nome de solteira era Goldschmidt, também era uma convertida. Um protestante, um ph.D. e um oficial da reserva, George Krämer batalhara para se tornar um prussiano modelo. Apesar de suas origens judaicas, seu divórcio e depois a guerra terem retardado seu progresso, em 1921 ele já havia aberto caminho para o ambicionado cargo de promotor público. Com seu status de veterano e aparência "totalmente conservadora", o Krämer sênior foi capaz de passar incólume pelo expurgo inicial nazista daqueles que eram definidos como judeus, mas em 1935 viu-se forçado a se aposentar sob os termos da Lei de Cidadania do Reich, que tornava todos os "não arianos" cidadãos de segunda classe.[66] Em janeiro de 1941, ele foi preso por não usar a estrela amarela, na época obrigatória para os judeus. Em maio de 1942, ele teve que abrir mão de sua casa para uma família "ariana". Dois meses mais tarde, foi deportado para o campo de concentração de Theresienstadt, onde morreu de desnutrição em 1º de novembro de 1942.[67]

Ao contrário de seu pai – a quem ele jamais mencionou –, Fritz Kraemer teve o bom senso de partir da Alemanha para a Itália assim que Hitler subiu ao poder, abrindo mão imediatamente de seu cargo como auxiliar de juiz de uma corte municipal. Depois de garantir a validação de sua titulação alemã de doutorado na Universidade de Roma, ele aceitou um posto no Instituto Internacional para a Unificação do Direito Privado (UNIDROIT), também em Roma, que havia sido criado em 1926 como um órgão auxiliar da Liga das Nações.[68] Como estudante de direito internacional, Kraemer pôde colocar em prática o que pregava. Quando um *attaché* da Marinha alemã tentou impedi-lo de hastear a bandeira imperial em seu caiaque, Kraemer foi aos tribunais, argumentando que sob a lei internacional ele era livre para hastear qualquer bandeira de sua escolha.[69] Porém, a Itália de Mussolini dificilmente era o melhor lugar para desafiar o Terceiro Reich, principalmente à medida que os dois ditadores se aproximavam. Em 1937, temendo que não estivesse seguro na Itália, Kraemer mandou a esposa e o filho de volta para a Alemanha, para que ficassem com a mãe dele. Com o auxílio de Drucker, ele teve condições de obter um visto para os Estados Unidos.[70] Incapaz de conseguir um posto em uma universidade, Kraemer inicialmente trabalhou em uma fazenda de batatas no Maine, antes de conseguir um emprego na Biblioteca do Congresso, onde ele começou a trabalhar em "um livro referencial histórico-jurídico sobre 'Os parlamentos da Europa Continental de 1815 a 1914'".[71] Ao mesmo tempo, ele tentou ajudar seu mentor Strupp e a esposa deste, que haviam partido da Alemanha, mas não haviam conseguido ir além de Paris antes da morte de Strupp.[72]

Uma lição importante que Kraemer aprendeu com suas experiências na década de 1930 – e uma que ele iria transmitir ao seu pupilo Henry Kissinger – foi a primazia da moral sobre o material. "Eu acredito", ele escreveu em uma carta em novembro de 1940,

> que até mesmo os bons amigos denunciam como romântica e bastante fantástica minha convicção de que na política, assim como em qualquer outro campo da atividade humana, o caráter, os valores e a fé são, pelo menos, tão importantes quanto aqueles outros fatores que podem ser descritos, *grosso modo*, como "econômicos". Eu me vingo pensando que é muito mais fantástico acreditar que o mundo das realidades consiste quase que exclusivamente de "salários", "matéria-prima" e "produção industrial", ou de outras entidades mensuráveis cujo valor pode ser expresso em números exatos. Eu sou, na verdade, totalmente incapaz de compreender como qualquer pessoa com até mesmo um conhecimento rudimentar de história não consiga perceber que o amor de um homem por sua esposa, filhos ou país, seu sentimento de honra, seu sentimento de dever, sua disposição para se sacrificar por alguma ideia ou ideal, ou talvez as repercussões produzidas em sua alma por um belo pôr do sol têm tanta probabilidade de influenciar a formação de nossa realidade política quanto – digamos – um item da legislação trabalhista. Milhares dos tanques mais modernos serão inúteis para a defesa de um país, se os homens nesses tanques não estiverem dispostos a lutar pelo seu país até o fim. As melhores leis, a legislação mais progressista, não valem o papel em que foram escritas, se as qualidades morais dos juízes que têm de aplicá-las são duvidosas.

A esse credo Kraemer permaneceu fiel durante toda a sua vida. Porém, ele reconhecia que o espírito da época era materialista, tanto na Europa, onde as variedades do socialismo competiam entre si, como nos Estados Unidos, onde as disciplinas de economia e da ciência política estavam em ascensão. Foi mais ou menos nessa época – supostamente como resultado de encontros com a *intelligentsia* norte-americana – que a hostilidade de Kraemer em relação aos intelectuais ficou maior. "As pessoas que, com orgulho, e com maior frequência com arrogância, se chamam de intelectuais devem aprender", ele escreveu, soturno, "que um cérebro 'brilhante', a mera perfeição técnica dos métodos de pensamento e de análise não são os únicos e nem mesmo os mais elevados valores neste mundo. Se, sem convicções profundas, sem fé e sem autodisciplina, eles continuarem a brincar com nossas mentes, nossa civilização com muita probabilidade será condenada".[73]

Em maio de 1943, Kraemer teve a oportunidade de colocar as palavras em prática quando foi convocado. Muito mais do que Kissinger, Kraemer tinha de ser visto com suspeita pelos militares norte-americanos. É verdade, ele tinha o tipo de conhecimento de que o Exército necessitava quando chegou a hora de combater os alemães. Não somente era fluente em alemão e em inglês, mas falava nada menos do que dez outras línguas. Porém, havia também muito mais coisas que eram suspeitas. De modo a proteger a esposa e o filho, que ainda estavam na Alemanha (e ficaram lá até o fim da guerra), Kraemer havia explicitamente afirmado em um formulário pré-indução que ele preferiria não lutar contra o país em que nascera. Na verdade, ele não tinha quaisquer objeções em combater os nazistas, mas, "como advogado, eu havia escolhido cuidadosamente as palavras, de tal modo que, por um lado, eu fosse aceito para o serviço militar, e pelo outro, não houvesse, tecnicamente, nenhuma 'alta traição' com subsequentes represálias alemãs contra minha família, caso o questionário, que não era confidencial, caísse nas mãos erradas".[74] E isso nem era tudo. Os arquivos sobre Kramer no FBI revelam que, desde o começo de 1942, ele havia sido investigado repetidas vezes pelo Bureau, primeiro por instigação de Paul F. Douglass, o devoto metodista presidente da American University, em cuja casa, em Washington, Kramer havia se hospedado enquanto trabalhava na Biblioteca do Congresso. (As suspeitas de Douglass foram suscitadas pela foto do *Kaiser* Guilherme II na cômoda de Kraemer, seus traços "caracteristicamente judeus" e seu costume idiossincrático de ir aos quartos do andar superior escalando a parede externa e entrando pela janela.) Outro informante ficou perplexo com o fato de Kraemer ser "provavelmente 100% a favor da Alemanha, mas também categoricamente contra Hitler". Um "dançarino exibido de primeira classe" que usava botas e calças de montaria porque não tinha outras roupas, um monarquista prussiano que também passava tempo no evidentemente liberal

World Fellowship Center [Centro da Camaradagem Mundial] em Albany, New Hampshire, um homem casado que (segundo outro informante) "tinha tido relacionamento íntimo com dezenas de moças", Kraemer era suspeito de inúmeras maneiras.[75] Isso explica por que, embora ele tenha sido enviado diretamente (sem treinamento básico) para o Military Intelligence Training Center [Centro de Treinamento de Informações Militares] especial em Camp Ritchie, Maryland – que era especializado em formar interrogadores –, ele foi preterido pela Agência de Serviços Estratégicos e acabou, por fim, indo parar na 84ª Divisão de Infantaria. Kraemer se perguntava se a decisão da Agência tinha que ver com seu "acentuado ceticismo em relação à ditadura oriental [russa]".[76] Porém, seus sentimentos antissoviéticos eram a última coisa com que as autoridades norte-americanas estavam preocupadas.

Felizmente para Kramer, a inquietação de J. Edgar Hoover não era compartilhada pelo general Alexander R. Bolling, que assumiu o comando da 84ª Divisão em junho, o mês dos desembarques do Dia D na Normandia. Um veterano condecorado da Primeira Guerra Mundial e, antes disso, da malsucedida expedição para capturar o general mexicano revolucionário Pancho Villa, Bolling compreendeu melhor que a maioria dos generais que é possível construir moral por meio de explicações. Diz a lenda que ele ouviu Kraemer rosnando ordens em alemão durante um exercício. "O que você está fazendo, soldado?", perguntou o general. "Fazendo sons de batalha em alemão, senhor", replicou Kraemer – com o que ele foi designado para o quartel-general.[77] Na verdade, Kraemer já havia sido transferido para a seção G-2 da divisão – com a responsabilidade de fazer palestras "sobre a ordem de batalha do inimigo, doutrinamento geral e assuntos atuais" – antes da designação de Bolling. Porém, Bolling reconheceu o talento de Kraemer; o que é mais importante, ele viu que os princípios para combater os alemães dificilmente poderiam ser transmitidos de modo mais convincente que por uma caricatura de alemão aparentemente fornecida por uma agência de atores. Como o próprio Kramer disse: "Eu sabia, talvez melhor do que a maior parte dos outros homens, o que significava uma ditadura e por que essa guerra estava sendo travada".[78] De modo bastante significativo, Kraemer permaneceu um soldado raso. Mas, como disse um oficial: "O baixo escalão de seu posto é [...] uma condição da qual depende, em grande medida, o sucesso de sua missão".[79]

V

Era o verão de 1944, e os membros da Companhia G estavam descansando depois de uma marcha de 16 quilômetros sob o calor da Louisiana. De repente, eles se viram sendo interpelados por um soldado raso que usava monóculo e carregava um chicote de montaria. "Quem está no comando aqui?", berrou ele. Um espantado tenente admitiu que era ele. "Senhor", disse Kraemer, "fui enviado pelo general, e vou explicar para sua companhia por que nós estamos nesta guerra".[80]

Os membros da Companhia G ficaram impressionados com o que eles ouviram, principalmente o recruta Kissinger. Como ele recordou posteriormente: "O tema eram os interesses morais e políticos da guerra. [...] Kraemer falava com tamanho entusiasmo, erudição e força avassaladora, como se ele estivesse se dirigindo a cada membro do regimento de forma individual. Pela primeira vez em minha vida, e talvez a única [...] eu escrevi para um orador para dizer-lhe o quanto ele havia me emocionado".

A carta de Kissinger era quase inocentemente direta: "Prezado recruta Kraemer. Ouvi sua palestra ontem. É assim que as coisas deveriam ser feitas. Posso ajudá-lo de algum modo? Recruta Kissinger".[81] Entretanto, Kramer apreciou a falta de circunlóquios. "A carta dele não tinha rodeios", ele recordou mais tarde. "Nada daqueles 'emocionante', 'maravilhoso' *et cetera*, coisas que eu não aprecio. 'Este' – eu disse – 'Este é um homem de disciplina e de iniciativa.'" Alguns dias mais tarde, ele convidou o jovem para jantar no clube dos alistados, "e me fez perguntas sobre meus pontos de vista e falou para mim quais eram os valores dele", recordou Kissinger. "Desse encontro surgiu um relacionamento que mudou minha vida".[82]

Parece desnecessário se deter em especulações psicológicas sobre a necessidade que Kissinger sentia de um pai substituto nessa época de sua vida.[83] Kraemer era uma figura surpreendente: mais velho, muito mais culto, com opiniões firmes formadas e testadas em alguns dos grandes centros intelectuais do período entreguerras. Ele não se envergonhava de falar em alemão sobre ideias alemãs.[84] O fato mais notável foi o reconhecimento aparentemente instantâneo de Kraemer do potencial intelectual de Kissinger. Segundo o relato de Kraemer, em apenas vinte minutos ele havia percebido que "aquele pequeno refugiado judeu de 19 anos [sic], cujos parentes não tinham a menor ideia das grandes correntes da história que os estavam dominando", era uma alma gêmea. Ele sentia "o desejo urgente não de entender o fato superficial, mas as causas subjacentes. Ele queria compreender as coisas".[85] Kissinger era "musicalmente sintonizado com a história. Isso não é algo que você possa aprender, não importa quão inteligente você seja. Isso é um dom de Deus". Kraemer posteriormente negou com todas as forças que ele tivesse sido o "descobridor" de Kissinger, argumentando que ele simplesmente "o havia despertado". "Henry", disse ele para seu *protégé*, "você é algo sem par, você é incrivelmente dotado".[86] Posteriormente, quando eles estavam trabalhando juntos na Europa, Kissinger recordou como Kraemer "até certo ponto me ensinou história. Ele sentia grande interesse pela história, e nós costumávamos caminhar à noite e conversar à noite e isso gerou meu interesse sistemático pela história. Kraemer [...] se concentrava na capacidade política dos homens de Estado e na relação entre valores e conduta. E no impacto da sociedade sobre o indivíduo, ilustrado por exemplos históricos".[87]

Na época do encontro, naturalmente, os dois homens tinham a profunda consciência de até que ponto seus destinos como indivíduos estavam prestes a ser determinados por forças históricas avassaladoras – ou melhor, pela capacidade política de outras pessoas.

VI

Em 21 de setembro de 1944, ou perto dessa data, Winston Churchill passou perto de Henry Kissinger, sem ter a menor ideia de sua existência. O primeiro-ministro estava a bordo do luxuoso *Queen Mary*, e estava voltando rapidamente para Londres vindo de Quebec, onde ele e os mais elevados chefes militares britânicos haviam passado cinco dias muito difíceis em conferências com o presidente Roosevelt e os principais líderes do Exército e da Marinha dos Estados Unidos. O recruta Kissinger, por outro lado, estava a bordo de um superlotado navio para transporte de tropas, com destino às linhas de frente na Europa Ocidental.

A segunda conferência de Quebec aconteceu em uma conjuntura crucial na Segunda Guerra Mundial. A Operação Overlord, desencadeada em

6 de junho de 1944, tinha sido um sucesso. Tropas aliadas haviam feito uma cabeça de ponte na Normandia. A Operação Dragão (em 15 de agosto) testemunhou um ataque anfíbio igualmente bem-sucedido no sul da França. Paris e Bruxelas haviam sido libertadas. Em setembro, os Aliados tinham aberto o caminho em combates até a fronteira entre Holanda e Alemanha. A imensa vantagem econômica e de quantidade de soldados de que os Aliados tinham desfrutado desde o ataque alemão à União Soviética e a entrada dos Estados Unidos na guerra tornavam então o desenlace inevitável. No Leste, como resultado da Operação Bagration do Exército Vermelho, a Romênia e a Finlândia procuraram fazer acordos de paz com Stálin; o Grupo do Exército Norte do Exército alemão se viu isolado na península de Courland, na Letônia. Porém, os exércitos do Eixo estavam longe de estar derrotados, e o estado de espírito em Quebec era menos do que autocongratulatório; na verdade, às vezes ele era acrimonioso. O marechal de campo sir Alan Brooke havia confidenciado ao seu diário a caminho do Canadá que Churchill "não conhece os detalhes, tem apenas uma ideia parcial em sua cabeça, fala absurdos e faz meu sangue ferver ao ouvir as tolices dele". Churchill fez questão de lembrar para Roosevelt que, "se a Grã-Bretanha não tivesse combatido como ela o fez no início, enquanto outros estavam começando a se mexer, os Estados Unidos teriam tido de lutar por sua existência". Os britânicos propunham marchar sobre Viena para se antecipar às ambições de Stálin na Europa Central, mas um Roosevelt cada vez mais enfraquecido parecia não se comover com as advertências de Churchill sobre "a rápida intrusão dos russos nos Bálcãs e a subsequente e perigosa disseminação da influência russa sobre a área". Os britânicos também pressionavam para que lhes fosse concedido um papel naval mais importante na guerra contra o Japão; Churchill insistia que Cingapura deveria ser recuperada "em batalha". O almirante Ernest J. King, chefe norte-americano das operações navais, não deixou ninguém em dúvida quanto ao fato de que ele preferiria derrotar o Japão sem a Marinha Real (que ele chamava de "embaraço"), suscitando "discursos ríspidos e alguns estados de espírito desgastados". Houve ainda mais discórdia quando Churchill e Roosevelt deram início ao plano esboçado pelo secretário do Tesouro norte-americano, Morgenthau, para fazer com que a Alemanha voltasse a ser "um país basicamente agrícola e pastoril", um plano a que Brooke, presciente, se opôs com veemência, baseado no fato de que a Alemanha seria necessária como aliada contra "a ameaça russa em 25 anos".[88]

Em primeiro lugar, entretanto, a Alemanha teria de ser derrotada. Com os exércitos de Hitler se retirando para dentro das fronteiras do Reich de pré-1939, o fim parecia estar à vista. Alguns até mesmo ousavam esperar que a guerra pudesse "ter terminado no Natal", como se tivessem esquecido quão erradas tais palavras haviam soado trinta anos antes. Roosevelt tinha razão ao alertar que "os alemães não poderiam ser deixados de lado, e mais uma grande batalha teria de ser travada".[89] Na época da conferência de Quebec, o avanço dos Aliados na Europa Ocidental estava perdendo força. Como comandante supremo das forças aliadas na Europa, o frio e cauteloso jogador Dwight D. Eisenhower lutava para conter o egoísta Bernard Montgomery e o sedento de sangue George Patton, os quais se impacientavam com a estratégia de Ike de um avanço contínuo ao longo de uma frente mais ampla. Até mesmo quando a conferência de Quebec se aproximava do fim, a ousada tentativa de Montgomery de usar forças aéreas para contornar a extremidade norte da Linha Siegfried estava fracassando em Arnhem. Ainda pior, problemas contínuos de suprimento, oriundos do fracasso dos Aliados em garantir o estuário do Scheldt, estavam atrasando o progresso ao longo de todo o front ocidental.[90] Enquanto isso, a resistência alemã endurecia ao invés de se esfacelar, graças à impressionante combinação do regime nazista de burocracia, propaganda e terror, bem como à crescente consciência do povo alemão de que a derrota iria acarretar uma vingança amarga antes que trouxesse a paz.[91]

Os soldados rasos norte-americanos da 84ª Divisão sabiam muito pouco, se sabiam algo, de tudo isso. Enquanto eles se despediam do Camp Clairborne na noite de 6 de setembro de 1944, ao som dos alegres acordes de "Over There" tocados pela banda do acampamento, o estado de espírito era otimista.[92] Um recruta, Donald Edwards, observou em seu diário: "Todos estavam esperando que a ruptura das linhas inimigas que estava acontecendo na França fosse continuar, de modo que a 84ª Divisão não seria nada além de um aparato para manter a paz".[93] Na verdade, Edwards apostou com outro soldado que a guerra estaria "acabada em três meses".[94] Rumores corriam de um lado ao outro do trem: "Nós íamos nos dirigir para a China, Índia, Birmânia, Itália, Grécia, França ou Inglaterra". Mas foi uma viagem bastante longa – mais de dois dias inteiros sacolejando ao longo de Memphis, Atlanta, Richmond, Washington e Baltimore – só para chegar ao Camp Kilmer, Nova Jersey. Lá, a "conversa no PA [posto de abastecimento, o armazém geral do campo] era a de que a velha 84ª [...] iria entrar em um bom negócio. 'Sim', disse um oficial permanente de Kilmer, 'vocês, rapazes, arrumaram um bom negócio – Exército de Ocupação'".[95]

Com seus prédios de madeira de dois andares pintados de cores variadas, o Camp Kilmer era um lugar mais agradável que o Clairborne, mas depois de dez dias de exercícios e de calistenia, pontuados por palestras animadas sobre como abandonar um navio afundando, sobre o que fazer quando alguém fosse feito prisioneiro, e como "ajeitar seus assuntos pessoais" – era hora de partir. Resmungando sob o peso de suas mochilas pesando 13,6 quilos e de suas sacolas, os homens foram transportados por trens e balsas ao píer 57 de Manhattan, onde eles subiram a bordo do *Stirling Castle*, um navio de passageiros da Castle Line que fora adaptado. Qualquer excitação que Kissinger e seus companheiros pudessem ter sentido teve curta duração. À Companhia G foi dada a tarefa de limpar o navio antes do embarque geral, bem como foi designada KP ("Kitchen Police" ["Vigilância da Cozinha"]), o que significava auxiliar os cozinheiros do navio durante toda a viagem. Não somente as condições no navio eram desagradavelmente apertadas, mas as cozinhas estavam infestadas de pragas e os cozinheiros eram uma inglesada de boca suja. "O problema estava no fato de que aquela era uma comida inglesa preparada por cozinheiros ingleses e ingerida por ianques acostumados com a boia norte-americana. [...] Ela era ou crua ou cozida em excesso, ou tinha pouco tempero." O café tinha gosto "de lama", as ervilhas eram "como seixos", as batatas "tão duras quanto rochas", e a carne "mais dura que pedregulhos". O pior ainda estava por vir. Mal o *Stirling Castle* havia zarpado em 21 de setembro quando ele se deparou com uma espessa cerração bem ao largo de Nova York. Depois de apenas cinco horas no mar, o navio colidiu com um navio-tanque e foi forçado a passar a noite ancorado com suas luzes acesas e a sirene de névoa ressoando antes de voltar para o cais na manhã seguinte. O homem que havia apostado que eles iriam ver a Estátua da Liberdade de novo antes do Natal recebeu seus ganhos muito antes do que ele havia esperado.[96] Uma semana inteira se passou antes que o navio pudesse velejar novamente.

Atravessar o Atlântico em setembro de 1944 não era algo totalmente isento de riscos, o maior deles ainda sendo a presença de submarinos alemães. (Somente naquele mês, treze navios aliados foram afundados por submarinos.) No entanto, o comboio em que o *Stirling Castle* velejou teve condições de chegar a Liverpool sem problemas depois de onze dias entediantes. Até mesmo o tempo não tinha nada de notável.[97] Os soldados da 84ª Divisão foram recebidos em terra por uma banda militar britânica e marcharam pela cidade até a principal estação de trens, a maioria se espantando com o predomínio de antigas casas com fachadas de pedras, de carros pequenos passando pelo lado *errado* da rua, e de locomotivas de bitola estreita. O destino deles era Crawley Court, uma propriedade entre Winchester e Stockbridge.[98] Para alguns soldados, essa foi sua introdução ao sistema de classes britânico. Como um recruta reclamou para outro depois de servir na vigilância da cozinha na refeição dos oficiais: "Isso me faz lembrar de uma antiga plantação no sul antes da Guerra Civil. Todos os escravos parados em volta para servir o patrão nos mínimos detalhes. Eu às vezes acho que vou derramar um pouco de sopa na cabeça de alguém".[99] Kissinger tinha a vantagem de ter parentes em Londres, os Fleischmann, os quais ele pode visitar em uma licença de dois dias.[100] Outros soldados viram um aspecto muito diferente da vida britânica quando visitaram Londres. Mesmo no "*dim-out*" (o blecaute parcial que estava vigorando com a diminuição dos ataques aéreos alemães), o "mercado de carne a céu aberto" em Piccadilly Circus era um espetáculo de tirar o fôlego.[101] Grande era a tentação de aproveitar ao máximo cada oportunidade. Quando o fim de outubro se aproximou, as notícias do continente não eram animadoras. E como um soldado gravemente ferido disse aos calouros da 84ª: "Esses desgraçados desses alemães são os melhores soldados do mundo. Eles parecem que nunca vão desistir, a não ser que seja um caso perdido. Eles são mesmo durões".[102]

O recruta Henry Kissinger logo iria descobrir a veracidade dessas palavras.

Capítulo 5
Os vivos e os mortos

Então estou de volta onde eu queria estar. Penso na crueldade e na barbárie que aquelas pessoas que estão lá entre as ruínas demonstraram quando elas estavam em posição de vantagem. E então eu me sinto orgulhoso e feliz por ter condições de entrar aqui como um soldado norte-americano livre.
Henry Kissinger para seus pais, novembro de 1944[1]

Essa é a humanidade no século xx. As pessoas chegam a tal estupor de sofrimento que a vida e a morte, o movimento ou a imobilidade não podem mais ser diferenciados. E então, quem está morto e quem está vivo, o homem cuja face agoniada me encara lá do catre, ou [o homem] que está parado com a cabeça baixa e o corpo emaciado? Quem teve sorte, o homem que desenha círculos na areia e resmunga: "Eu estou livre", ou os ossos que estão enterrados na encosta da colina?
Henry Kissinger, abril ou maio de 1945[2]

I

A 84ª Divisão de Infantaria atravessou o Canal da Mancha partindo de Southampton em 1-2 de novembro de 1944 e desembarcando na praia de Omaha. A bordo do HMS *Duke of Wellington*, os soldados em idade de votar tiveram de dar seus votos à distância na eleição presidencial, a quarta em seguida vencida por Franklin D. Roosevelt. Embora tivesse idade suficiente, Henry Kissinger não votou – uma omissão surpreendente, considerando com quanta frequência lhe haviam dito e a seus companheiros que eles estavam combatendo pela liberdade política, bem como religiosa.[3] Enquanto eles desciam com dificuldade da lancha de desembarque que os levou para terra, os jovens norte-americanos olhavam fascinados para as relíquias do Dia D que ainda entulhavam a praia e as redondezas. Depois de uma caminhada de 16 quilômetros com as mochilas cheias, entretanto, eles haviam ficado indiferentes à visão de tanques alemães incendiados. Sob a chuva torrencial, os soldados foram colocados em grupos de vinte em caminhões de 2,5 toneladas. Enquanto o comboio deles passava por Saint-Lô, havia algo com que se espantar: o espetáculo de uma cidade reduzida a escombros. Eles apenas vislumbraram Paris antes de se dirigir para o norte através da Bélgica e a seguir para a fronteira da Holanda com a Alemanha.4

Em 25 de novembro, pouco mais de seis anos depois de sua família ter fugido da perseguição nazista, Henry Kissinger se viu novamente em solo alemão. À sua frente, se estendia a Linha Siegfried – a impressionante muralha de fortificações, dentes de dragão e postos de guarda que os nazistas haviam construído ao longo da fronteira ocidental da Alemanha. Ela parecia ser um momento de triunfo. Mais tarde naquela noite, Kissinger escreveu um bilhete apressado, porém exultante, para seus pais.

> É muito tarde e eu não tenho muito tempo, mas tenho de escrever uma carta, somente para que eu possa colocar nela o título "Em algum lugar da Alemanha". Então, eu arrumei tempo. Lá fora, na escuridão que evolve [sic] esta cidade, filas e mais filas de prédios destroçados se alinham nas ruas. As pessoas vagueiam por entre as ruínas. A guerra chegou à Alemanha.
>
> Então, estou de volta onde eu queria estar. Penso na crueldade e na barbárie que aquelas pessoas que estão lá entre as ruínas mostraram quando elas estavam em posição de vantagem. E então eu me sinto orgulhoso e feliz por ter condições de entrar aqui como um soldado norte-americano livre.5

Na verdade, os Aliados tinham estado mais ou menos entravados na frente da Linha Siegfried (ou "Muralha Oeste") desde a queda de Aachen em 21 de outubro, mais de um mês depois de as primeiras tropas terem atravessado a fronteira alemã. As linhas de suprimentos dos Aliados estavam tão excessivamente estendidas quanto as linhas de suprimentos alemãs estavam comprimidas. A perda de força desde o verão havia dado aos alemães a chance de se reorganizarem. Havia então cerca de cinquenta novas divisões de infantaria e umas doze divisões Panzer prontas para resistir a posteriores avanços aliados. A 84ª Divisão deveria ficar na vanguarda de um desses avanços como parte do 13º Corpo do Exército, que, por sua vez, era parte do XIX Exército sob o comando do tenente-general William H. Simpson.⁶ Os inimigos receberam os recém-chegados com uma saraivada de seus temíveis canhões de 88 mm (originalmente artilharia antiaérea que, em 1944, havia sido adaptada para uso contra tanques). Os soldados da Companhia G foram instalados provisoriamente em uma encosta coberta de vegetação perto de Herzogenrath, ao noroeste de Aachen.⁷ Como um deles relembrou: "Nós todos estávamos apavorados, e caíamos no chão sempre que qualquer coisa chegava ao alcance de nossos ouvidos".⁸

Até mesmo antes de os canhões de 88 mm dos alemães abrirem fogo, os norte-americanos tinham se deparado com um segundo inimigo: a lama. O tempo estava "frio, úmido e cinzento" e, como o historiador oficial da 84ª Divisão relembrou: "As estradas estavam enlameadas e as plantações [beterraba sacarina] eram pântanos. [...] Depois de semanas de bombardeios e de canhões, caminhões e tanques que se atolavam nas estradas, sempre afundando cada vez mais, e da completa ausência de uma criatura viva que não estivesse usando uniforme, era uma situação sombria":

> De vez em quando nós combatíamos o inimigo, por algumas horas ou alguns dias. A lama nós combatíamos sempre, a cada desgraçado minuto. A lama era a Alemanha. É impressionante o que um pouquinho de lama no lugar errado pode fazer. Ela vai fazer de seu rifle uma porcaria sem valor. Ela vai emperrá-lo exatamente quando você mais precisa dele. Ela vai se infiltrar em seus sapatos e através das suas meias e destruir seus pés. Ela vai transformar sua trincheira em uma prisão enlameada, escorregadia e malcheirosa. Ela vai se insinuar entre seus cabelos, sua comida, seus dentes, suas roupas e, às vezes, sua mente. O melhor aliado do inimigo na Linha Siegfried era o "pé de trincheira".⁹

Em alguns casos, a destruição causada pelo "pé de trincheira" e geladura era tão intensa que a amputação era necessária.¹⁰ A fome também era um problema. Em sua primeira carta para casa, de "Algum lugar na Alemanha", Kissinger suplicou aos pais que lhe mandassem não somente um cachecol de reserva, mas também "CARNE BISCOITOS E DOCES EM LATA PS Como vocês veem, estou morto de fome".¹¹

Antes da chegada de Kissinger, na noite de 10 de novembro, o 335º Regimento de Infantaria tinha sido enviado para a linha perto de Aachen como parte de uma designação temporária à 30ª Divisão de Infantaria.[12] A Companhia C teve seu primeiro contato com o inimigo naquela noite, quando uma patrulha alemã se aproximou de suas trincheiras.[13] No entanto, esse não foi o principal acontecimento. Em 12 de novembro, a Ordem de Campo 3 havia mandado a 84ª para a batalha ao norte de Aachen como parte de uma tentativa de romper a Linha Siegfried e afastar as forças inimigas do saliente de Geilenkirchen (Operação Clipper). Essa não foi uma tarefa fácil. Os alemães tinham postos para a artilharia ao longo dos campos planos e abertos entre os rios Würm e Rur. Os empecilhos para o avanço aliado incluíam postos de guarda grandes e bem escondidos com paredes de 1,8 metro e trincheiras que os rodeavam; campos minados que tinham de ser liberados usando pesadas correntes como "manguais"; e os obstáculos antitanque conhecidos como "dentes de dragão", que consistiam em três ou quatro fileiras de obstáculos triangulares reforçados com concreto.[14] É verdade, os Aliados tinham a vantagem da superioridade aérea sobre a então mortalmente enfraquecida Luftwaffe. Porém, essa vantagem ficava anulada quando o tempo estava nebuloso ou quando – como acontecia com frequência – as comunicações de rádio da linha de frente para retaguarda eram interrompidas. À medida que eles avançavam penosamente através de plantações de beterraba de uma cidadezinha para outra – de Alsdorf para Ofden, de Hongen para Gereonsweiler, e assim por diante, na direção de Prummern –, os atiradores da 84ª se expunham não somente às metralhadoras e aos francoatiradores, mas também aos obuses, morteiros e tanques alemães.

Os "Amis" combatiam bem. No amanhecer do dia 19, o 3º Batalhão do 334º Regimento rechaçou com sucesso um contra-ataque do 10º Regimento de Granadeiros Panzer, prosseguindo para acabar com o que restava do pequeno saliente em Geilenkirchen.[15] Porém, o caminho era árduo. Quando a Companhia G ficou sob fogo da artilharia nas cercanias de Gereonsweiler em 22 de novembro, "cada soldado na seção esperava encontrar todos os outros mortos de manhã". E foi lá que a companhia sofreu suas duas primeiras baixas.[16] Houve mais mortes quando um ataque frontal ao triângulo de cidadezinhas Würm-Lindern-Beeck fracassou. Somente com a aproximação individual de cada uma delas a 84ª foi capaz de chegar a Leiffarth, o que deixou os norte-americanos a pouca distância do rio Rur.[17] O 2º Batalhão perdeu metade de suas tropas da linha de frente em um desses ataques.[18]

A certa altura, a Companhia G se viu imobilizada por metralhadoras inimigas, que faziam um barulho "como o de uma cortina se rasgando", enquanto cuspiam 25 tiros por segundo.[19] Com diversos soldados feridos e um suboficial morto, a companhia se entrincheirou, mas ainda assim ameaçada por todos os lados. Na noite de 29 de novembro, "um tanque alemão rodeou nosso flanco direito e surgiu por trás de nós. Diversos soldados saíram do tanque e gritaram para que nos rendêssemos. Ninguém respondeu". O segundo-tenente Charles McCaskey foi morto por um francoatirador.[20] "A água era tão escassa que os soldados costumavam beber água de buracos de lama e de trilhas abertas por tanques. Logo eles começariam a comer neve."[21] Na noite de 2 de dezembro, depois de quatro dias de combate ininterrupto, a companhia foi retirada da linha de frente e enviada a Palenberg para descansar um pouco. Raros foram os soldados que não participaram de um serviço religioso no domingo depois do primeiro ataque. Poucos dias depois, entretanto, eles estavam de volta à linha de fogo.[22] Rapidamente os norte-americanos passaram a compreender um novo risco desse tipo de guerra: rendições não coordenadas ou até mesmo falsas dos alemães, que poderiam ser fatais para os futuros captores. A cada semana que passava, a lista daqueles que tinham "ido tomar uma cerveja" (sido feridos) ou "ido ao bar" (sido mortos) ficava maior.[23] Como um exausto soldado da infantaria resmungou: "Só há dois jeitos de ir embora daqui. Para o hospital, ou você está morto".[24]

As baixas entre os soldados da infantaria norte-americanos certamente eram altas. No total, cerca de 110 mil norte-americanos perderam a vida no noroeste da Europa, mais de 356 mil acabaram feridos, e mais de 56 mil foram feitos prisioneiros. Em média, as divisões de infantaria norte-americanas sofreram perdas de 17% de mortos e 61% de feridos.[25] No batalhão de Kissinger, o 2º do 335º Regimento, cerca de 10% dos soldados alistados foram mortos em ação ou morreram em decorrência de ferimentos.[26] Mas a sua companhia, a Companhia G, sofreu baixas desproporcionalmente altas. Dos 182 soldados iniciais, 21 foram mortos em ação, 40 feridos e 1 feito prisioneiro – perdas de mais de um terço.[27] Assim sendo, o recruta Henry Kissinger realmente teve muita sorte por, em certo momento depois de sua chegada à Europa, ter sido transferido da Companhia G para a seção G-2 do quartel-general de divisão.[28] Segundo o registro de guerra de Kissinger, a partir de então, até o fim da guerra, ele foi um "agente especial encarregado da equipe reg[imenta]l CIC [Counter Intelligence Corps – Serviço de Contrainformação], encarregada da segurança das tropas táticas, da prevenção de sabotagem, e da segurança das linhas de suprimento".²⁹

Kissinger teve então a oportunidade de pensar com vagar. Na noite de 29 de novembro, ele escreveu uma vez mais para seus pais, ainda espantado com o lugar onde estava.

> A noite chegou. Uma lua pálida ilumina esta cidadezinha alemã. As ruas enlameadas estão desertas. À distância podemos ouvir a artilharia. [...]
>
> Então, cá estou eu na Alemanha. Os que semearam ventos realmente colheram tempestades. Nem uma casa está intacta ou sem sofrer avarias na cidadezinha. As frentes das lojas estão estraçalhadas, mercadorias espalhadas por toda a rua. Os tetos ruíram e detritos sem sentido e insensíveis estão jogados por todos os lados. As pessoas vivem em casas com papelão no lugar de janelas, com terreno lamacento em vez de ruas. De modo incongruente, objetos pessoais como poltronas, sofás, gravuras e livros se encontram nas esquinas, nos jardins, nas portas. Nosso quartel-general se localiza em uma estação de trens abandonada. Em meio às ruínas retorcidas das torres de controle, dos remanescentes destroçados de trilhos, às vezes é possível encontrar itens incongruentes como uma placa informando "local para...", "expresso para...".

A nova função de Kissinger era a de "evacua[r] [...] civis [alemães] que não eram considerados de confiança", bem como esquadrinhar correspondência capturada dos alemães para obter informações. Sobremaneira impressionantes são suas primeiras reflexões sobre os alemães derrotados que ele encontrava. Kissinger era capaz de sentir compaixão, até mesmo pelos "civis que não eram de confiança" (ou seja, nazistas convictos) que ele ajudava a extirpar: "A Alemanha agora sabe o que significa perambular e ser forçado a abandonar os lugares que são caros para o coração da gente. Eu tive de ajudar na evacuação de civis que não eram considerados de confiança. É trágico, não importa [quanto] você odeie os alemães. Uma maleta em uma das mãos, um lenço na outra, as pessoas partem. No entanto, elas não vão muito longe, e logo terão condições de voltar. Elas não são maltratadas. Nós não somos a Gestapo". Ele sentiu o mesmo lampejo de empatia ao ler a carta de uma menina alemã, que,

> em seu *pathos* universal, é característica desta guerra. Com sua letra grande e infantil, ela fica me encarando. Uma mocinha escreve para o amigo do namorado

dela, que foi morto. "[...] Você o conhece e sabe o que eu perdi. Não consigo acreditar que não vou tornar a vê-lo, isso é impossível. Creia-me, é uma dor terrível, eu não consigo pensar nisso, sempre tenho de voltar ao mesmo pensamento, é tudo um sonho pavoroso e mentiras, sim, mentiras. E nessa insanidade, sim, é uma insanidade, eu sei que sou uma tola, eu espero por meu Hans. E um dia ele simplesmente pode voltar."

Mas a última frase de Kissinger era inequívoca: "Bem, eles começaram isso". E então eles tinham perdido.

Assim como muitos norte-americanos no fim de 1944, Kissinger cometeu o erro de pensar que a guerra estava quase acabando. "A Alemanha está derrotada", ele disse a seus pais. "Um só olhar para os prisioneiros deixa a gente convencido disso. Nenhum deles pensa que eles podem vencer. [...] A arrogância deles se foi, bem como a sua insolência. Atordoados e desgrenhados eles vão se arrastando." Ele chegou à mesma conclusão a partir das cartas confiscadas que via.

Cada uma delas é permeada por uma sensação de condenação e de falta de esperança de que não se pode escapar. Eis um trecho: "Colônia está em ruínas. Não há gás, não há água, nem eletricidade, nem jornais por duas semanas. Como tudo isso irá terminar?". Eis outro: "Bonn foi arrasada por um grande ataque aterrorizante de doze minutos. Ainda estamos vivos. Por quanto tempo?". Outro: "Por que vocês não se rendem aos norte-americanos? Ainda é a melhor saída". E assim elas prosseguem, conselhos para se fingir de doentes, saudades dos parentes, derrotismo, foi a esse ponto que Hitler levou a Alemanha.[30]

Kissinger estava claramente apreciando seu novo papel. "Tenho de trabalhar bastante", ele escreveu para os pais, "acordar às sete e dificilmente vou dormir antes da 1h. Já esqueci o que significa um dia de folga, mas, quem se importa? Gosto do meu trabalho e é isso que importa". Seria um erro, contudo, imaginar que a nova função dele era totalmente tranquila. É verdade, ela o tirara das enregelantes trincheiras nas quais seus antigos companheiros da Companhia G estavam passando o mais perigoso e desconfortável inverno de suas vidas. Mas, devido à natureza bastante mutável do combate naquele ponto da guerra, como um fuzileiro recordou, "nenhum front real jamais poderia ser descrito, já que ele fluía e refluía".[31] Quando os alemães desencadearam o último e desesperado apelo de seu Führer para reconquistar a vantagem no front ocidental, o agente especial Kissinger logo se viu em uma situação excepcionalmente exposta – e que facilmente poderia ter-lhe custado a vida.

II

A Operação Névoa de Outono começou em 16 de dezembro de 1944. Um Hitler cada vez mais delirante imaginou que a blindagem da Alemanha poderia ter condições de repetir o triunfo de maio de 1940, abrindo caminho em meio às defesas inimigas nas Ardenas e seguindo rapidamente até a costa do Canal da Mancha. Mas essa era uma *Blitzkrieg* malsucedida. Cada um dos 1.800 tanques que lideravam a ofensiva tinha somente um carregamento de combustível; somente se conseguissem capturar depósitos de combustível dos Aliados eles teriam qualquer chance de chegar a Antuérpia conforme planejado. Dessa vez, contudo, os alemães se depararam com uma resistência muito mais firme do que quatro anos antes. Das duas investidas alemãs, a dirigida pelo VI Exército Panzer de Sepp Dietrich na direção de Malmedy e Liège foi a primeira a parar. Mais ao sul, o V Exército Panzer do general Hasso von Manteuffel teve melhor sorte. Foi a difícil tarefa da 84ª Divisão tentar conter o seu progresso antes que os Panzers alemães alcançassem o rio Mosa.

A ofensiva alemã não foi limitada às Ardenas; também houve ataques menores ao norte, na área de Aachen.[32] Em 19 de dezembro, entretanto, a 84ª estava se preparando para ir rapidamente 120 quilômetros ao sul.[33] A posição dos Aliados nas redondezas da antiga cidade valona de Bastogne era precária. As cidadezinhas nas proximidades, Laroche e Sankt Vith, estavam a ponto de ser capturadas. Se os Aliados não conseguissem manter Marche-en-Famenne, entre Namur e Bastogne, "parecia bastante provável que os alemães prosseguiriam até o Mosa".[34] O general Bolling gostava de liderar lá do front. Às 9h de 20 de dezembro, ele e seus principais oficiais partiram de Übach-Palenberg em dois carros, com destino às Ardenas.[35] A névoa ocasionada pela guerra era espessa naquela altura; quando eles chegaram a Marche, estava escuro e as estradas lotadas de civis em fuga. Os tanques alemães nos arredores da cidade estavam próximos o suficiente para bombardear o centro. O 334º Regimento teve de ser redirecionado às pressas para evitar os setores controlados pelos inimigos. Tamanha era a confusão que, a certa altura, o próprio Bolling teve de orientar o tráfego.

A 2ª e a 116ª Divisões Panzer estavam se aproximando de Marche. Como o historiador da 84ª Divisão disse: "Nada tendo do nosso lado esquerdo, adiante de Hotton, e nada do nosso lado direito, além de Marche [...] a 84ª era uma ilha de resistência, contendo o que estava [...] ameaçando se transformar em uma gigantesca onda de Panzers alemães", entre eles Tigers equipados com canhões de 88 mm. As ordens eram manter a linha de Marche até Hotton "a qualquer custo".[36] Foi nesse momento que os alemães jogaram pedidos de rendição sobre as tropas aliadas assediadas em Bastogne. "A sorte da guerra está mudando", declaravam os folhetos. "Desta vez, as forças norte-americanas [...] foram rodeadas por fortes unidades blindadas alemãs."[37] (O general Anthony McAuliffe, da 101ª Divisão Aerotransportada, ficou famoso respondendo: "Loucura".) Em Marche, a linha de defesa norte-americana estava tão estendida que havia lacunas de mais de 1,5 quilômetro entre as companhias.[38] Foi preciso muita coragem para enfrentar os Panzers alemães. Em um dos primeiros ataques, um "soldado da Companhia E liquidou o tanque líder alemão com uma bazuca, interrompendo o ataque".[39] A experiência da antiga companhia de Kissinger não foi atípica. Tremendo em suas trincheiras, eles contemplavam "blindados alemães se estendendo até onde os olhos podiam alcançar. [...] Nós simplesmente não ousávamos tirar os sapatos, já que não estar pronto por um momento que fosse podia significar uma patrulha alemã e a morte".[40] O combate foi especialmente encarniçado em Rochefort, abandonada pelo 3º Batalhão depois de sofrer perdas pesadas.[41] O relatório pós-combate oferece detalhes minuciosos.

> O ataque inicial foi tão agressivo, apoiado por tanques e artilharia, que o inimigo teve de ser tirado das ruas com granadas e outras armas de combate corpo a corpo. Inimigos mortos atulhavam as ruas. [...] O dia inteiro, [nossas] forças cada vez menores continuavam a repelir um ataque depois do outro enquanto tentavam se libertar. Às quinze horas, o comandante do bat[alhão] deu ordens para se afastar, mas foi informado pela 1ª Companhia de que seus veículos haviam sido inutilizados pelo fogo inimigo. A essa altura, o comandante do batalhão enviou mensagens para o regimento de que sua rota de escape não podia ser utilizada, todas as estradas bloqueadas, e a rota de suprimentos impossível. (Um comboio de quatro tanques não conseguiu passar.) O fogo inimigo era terrível,

as ruas um inferno em vida, e soldados inimigos estavam em prédios rodeando o p[osto de] c[omando] do batalhão.⁴²

Mesmo onde os norte-americanos obtiveram sucesso em manter a linha, as operações de retirada dos inimigos foram confusas: "Foi necessário entrar em cada cômodo de cada casa e em cada estábulo".⁴³

Ler tais relatos é entender por que Kissinger fez pouco-caso de suas experiências. Comparado ao fuzileiro comum que ele poderia ter sido, sua nova função era, na verdade, relativamente segura. Como ele disse para seu irmão, em uma carta datada de pouco mais de um mês depois da defesa de Marche:

> Eu não apenas *digo* que não estou em perigo onde me encontro, eu realmente não estou. Ou, como um espirituoso companheiro meu escreveu em uma carta para sua esposa um dia destes: "Eu estou correndo muito menos perigo aqui do que vou querer admitir depois da guerra". [...]
>
> Eu estou [...] conectado com o quartel-general de divisão, e é parte da natureza das coisas que, somente em circunstâncias muito especiais, os membros do QG de divisão estão expostos ao perigo. Isso, pelo menos, vale para qualquer front, onde a força aérea inimiga e a artilharia de longo alcance são praticamente inexistentes. Bem, quase não se pode duvidar de que nesta data tardia as forças inimigas estão totalmente deficientes nesses dois setores de suas Forças Armadas. É possível esperar, portanto, que seu irmão distraído e ligeiramente míopi [sic] seja atropelado por um bonde qualquer dia do que morto em ação.*⁴⁴

Esse era o tipo de humor autodepreciativo que Kissinger estivera desenvolvendo desde sua vinda para os Estados Unidos (especialmente porque era,

---

* Embora datada de fevereiro de 1945, essa longa carta foi, na verdade, coescrita pelo próprio Kissinger e por Fritz Kraemer muito mais tarde – em janeiro de 1947 – e concebida para ser publicada. "Não permita que os nomes enganem vocês", ele explicou para a família. "Eu simplesmente escolhi, por razões sentimentais, nomes de expoentes típicos de cada categoria. A narrativa é fictícia no sentido de que os acontecimentos não ocorreram todos a uma pessoa só e é verdadeira no sentido de que a maior parte das ocorrências mencionadas realmente aconteceu" (16 de fevereiro de 1947). Em outras palavras, o que a carta descreve é um amálgama das experiências dos dois homens, embora elas não pudessem ter sido muito diferentes naquelas circunstâncias.

sem dúvida, o melhor modo para um imigrante judeu alemão muito inteligente conquistar amigos). Na realidade, sua própria presença em Marche era extremamente arriscada. É verdade, os Estados Unidos tinham caças P-47 Thunderbolt voando, bem como a extremamente eficiente artilharia móvel da própria 84ª em terra.⁴⁵ Porém, isso não impediu os bombardeios alemães – canhões de 88 mm, morteiros e até mesmo uma bomba voadora V-1 em certa ocasião – de pulverizar as ruas estreitas do centro da cidade onde o QG de divisão se localizava.⁴⁶

Kissinger não nutria ilusões a respeito do perigo em que ele se encontrava, tendo visto, antes mesmo que a divisão alcançasse Marche, "um relatório militar declarando de modo absolutamente corriqueiro que a cidadezinha em questão, o lugar para onde teríamos de nos dirigir, havia caído em mãos inimigas. [...] [N]ós estávamos indo diretamente para a boca do leão [...] por estradas que pareciam perigosamente vazias".⁴⁷ Na verdade, a posição norte-americana em Marche era tão precária que, até mesmo em 10 de janeiro, o mapa tático diário no jornal *Stars and Stripes* [Estrelas e Listras] ainda a mostrava como se estivesse sob controle alemão.⁴⁸ Como um ex-cidadão alemão usando um uniforme norte-americano – e, naturalmente, como um judeu –, Kissinger facilmente teria se confrontado com a execução se tivesse sido capturado. Outro ex-refugiado em situação semelhante recordou: "Não há dúvida de que você estivesse pensando que poderia ser capturado. [...] Um ex-cidadão de fé judaica – tchau, colega!". Afinal de contas, a religião do soldado era indicada por uma única letra no canto inferior direito de sua chapa de identificação; para os judeus, era ou J ou H (hebreu). No começo de 1945, uma equipe completa de interrogadores norte-americanos (IPWS – Interrogation Prisoner of War [Interrogatório de Prisioneiros de Guerra) de origem judaico-alemã foi capturada pelos alemães; eles foram mortos a tiros no local. Quando o historiador Werner Angress foi capturado no D-Day plus 9 (nono dia após o Dia D), ele ficou grato por ter tomado a precaução de trocar o H em sua chapa de identificação por um P (protestante).⁴⁹

Kissinger não somente falava alemão, ele também tinha um conhecimento básico de francês, e, embora o francês de Kraemer fosse fluente, coube a ele tranquilizar os inúmeros civis belgas aterrorizados que eles encontravam no sentido de que "ninguém iria abrir caminho à força naquele local específico". Como ele disse para seu irmão:

Mulheres com lenços negros sobre os ombros imediatamente transmitiam minhas palavras para as multidões que se reuniam rapidamente. A capacidade dos latinos para ser dramático sob praticamente quaisquer circunstâncias se fazia notar em observações grandiosas como "*Il dit qu'ils ne passeront jamais*" (Ele disse que eles nunca irão passar). Essa frase elegante, como você pode se lembrar, foi usada com sucesso por um general francês na Primeira Guerra Mundial em relação à fortaleza em chamas de Verdun. Os generais franceses da Segunda Guerra Mundial, em pronunciamentos patéticos para tropas mal equipadas e mal conduzidas, usavam praticamente as mesmas palavras, mas Verdun, não obstante, desapareceu como uma pedra que cai na avalanche dos exércitos vestidos de cinza. Obviamente, a mágica das palavras tem seus limites. Apesar de minhas observações tranquilizadoras e também apesar do que eu quase poderia chamar de meu conhecimento das limitações da força alemã, eu me sentia desconfortável. [...] O óbvio desespero das pessoas e a aparente falta de fé delas em nossa capacidade de protegê-las não passava incólume.[50]

Os soldados tentavam animar os belgas e a si próprios jogando balas para as crianças e dando cantadas em cada moça que eles viam.

O comboio fez uma parada. Eu pulei do caminhão, parei uma moça que ia com uma bicicleta e perguntei a ela se a cidade era grande, e se era agradável. Como sempre, um dos soldados me pediu em inglês para descobrir se ela dormiria com ele. Eu estava começando a minha resposta-padrão para solicitações semelhantes, "Cavalheiros, a arte da sedução é uma arte muito pessoal, vocês façam a gentileza de seduzir suas moças pessoalmente", quando ela observou, claramente sem embaraço nenhum, que entendera perfeitamente, embora não falasse nem um pouco de inglês.[51]

Esse alívio momentâneo era um bálsamo extremamente necessário para nervos combalidos. Os rumores de "soldados alemães usando uniformes norte-americanos e paraquedistas que tinham sido vistos descendo dos céus" eram abundantes. Kissinger foi enviado para encontrar um chaveiro para abrir a porta do tribunal da cidadezinha. A tarefa não foi tornada fácil por sentinelas norte-americanas com "dedos impacientes".

Tropeçando através da escuridão na direção da escola que nos fora designada como quartel-general, eu fui parado três vezes em mais ou menos a mesma quantidade de minutos, e solicitado a dizer a senha por guardas cujas vozes soavam decididamente mal-educadas. [O sotaque de Kissinger dificilmente poderia ser tranquilizador.] Eu teria me sentido um pouco menos divertido e empolgado caso tivesse sabido o que fiquei sabendo semanas mais tarde, ou seja, que nós não tínhamos nenhum contato com unidades amistosas ou à direita ou à esquerda. Em outras palavras, nós estava [sic] lá no escuro com uma frágil conexão com a retaguarda por meio de longas estradas facilmente atravessadas por um inimigo cujo paradeiro era muito incerto para nós, e nossos flancos estavam completamente desprotegidos. Nós e nossa cidadezinha mal fazíamos parte de uma linha de frente, mas um simples ponto forte estabelecido em uma estrada para defendê-la e impedir que o inimigo a usasse. [...] Durante os dias seguintes, a situação ficou, de modo quase audível, mais perigosa.[52]

A experiência mais memorável de Kissinger em Marche teve uma característica quase surreal. Ela ilustra de modo vívido a acolhida com que os soldados norte-americanos ficaram acostumados nos países liberados, mas também destaca quão perigosa era a situação dele. Em uma noite escura como breu, ele saiu da cama no prédio da escola onde estava alojado e notou uma luz no porão: "Os sons de um velho gramofone e o arrastar de pés que dançavam subiam lá de baixo. Diversos soldados chamaram meu nome em voz alta, como meninos de escola ecitados [sic] que se encontram de surpresa com um amigo em um bar, onde eles já estavam bebendo por certo tempo. Na verdade, ninguém havia bebido nada, mas a simples presença das meninas fez com que eles ficassem ligeiramente embriagados [...] de emoção".

Os soldados, em sua maioria jornalistas que trabalhavam no jornal do Exército, estavam sendo recepcionados por uma família belga: "uma mãe grandalhona, toda sorrisos e amizade, um pai sorridente (o zelador da escola) e um grupo variado de filhas, noras e as amigas delas". Não levou muito tempo para que os rapazes e as moças estivessem dançando.

Um fogão de cozinha fornecia mais calor do que era necessário, e dançando nós dávamos encontrões nos outros casais continuamente, enquanto o suor começava a correr de nossa testa. Uma das meninas era uma "estrangeira" de uma cidade grande, muito meiga e [uma] dançarina muito boa, ela simplesmente tinha ido visitar amigos e estava então retida na cidadezinha. [...] Meu rifle, meu capacete e minha baioneta eu havia jogado em um canto, quando todos tinham me arrastado para o meio do grupo, enquanto as meninas soltavam gritinhos de prazer descobrindo que eu era até mesmo capaz de dizer coisas engraçadas em francês e contar histórias tolas para elas. Com um estado de espírito agradavelmente exuberante, eu apresentei um pouco de dança russa, o que fez com que o entusiasmo ficasse ainda maior. Meus companheiros começaram a ficar de mãos dadas com as meninas, enquanto um capitão que falava francês sentou-se no sofá no canto, entretido em uma conversa mais séria com uma mulher mais madura. Uma mocinha vestida de preto nos contou que o marido dela tinha sido baleado pelos alemães, porque ele tinha feito parte da resistência. Ela pego [sic] o retrato dele de algum lugar, mostrou-o para nós, e ficou muito triste por certo tempo. O Pai e a Mãe descreveram com muitos gestos o sofrimento das populações durante a ocupação, o que, naturalmente, levou à eterna pergunta: O senhor acha que eles voltarão novamente? Nós mentimos um pouco mais, embora naquela ocasião soubéssemos que o combate estava acontecendo a 6 km ao S e S.O. da cidadezinha.[53]

Na noite seguinte, o grupo tornou a se reunir, e a dança ficou mais íntima.

De novo nós dançamos na cozinha que estava aquecida demais. Nós jogamos (algo sempre apreciado por aqueles que não acreditam na arte da conversação como um início sutil para sequências menos sutis): jogos que, inevitavelmente, levaram um menino a beijar fervorosamente uma menina, enquanto os demais estavam dançando, quase andando, em círculo. Eu aproveitei o melhor da situação e escolhi como minha parceira a meiga e bonita mocinha da cidade grande.[54]

E então o bombardeio começou. As janelas foram estilhaçadas. Os soldados que tinham estado de sentinela no prédio vieram descendo a escada com estardalhaço procurando abrigo. As bombas estavam tão próximas que pareciam estar caindo no pátio atrás da escola. "Desgraça", murmurou alguém, "essa foi perto, não pode ter sido mais que a uns vinte metros de distância". Os irmãos das meninas que dançavam começaram a ficar com medo de serem levados como trabalhadores forçados se os alemães capturassem Marche. Os outros civis retomaram o interrogatório dos norte-americanos que falavam francês: "Não era hora de ir embora? Amanhã de manhã, o mais tardar?". Kissinger esteve a ponto de dizer abruptamente: "Caiam fora desta armadilha o mais rápido possível, sobretudo os homens jovens", mas deu um jeito de se conter. Enquanto isso, com um garbo literário, "o homem que tinha escrito

[um] livro no período pré-guerra perguntou para a moça meiga da cidade grande o que ela mais desejava em um homem. Muito pálida, ela disse: '*La tendresse*' [A ternura]". E as bombas ainda continuavam a cair.

> A mais ou menos trinta segundos, o porão tremia, abalado. Ninguém gritou naquele grupo de civis, nem mesmo as crianças pequenas. As mulheres rezavam. Os soldados conversavam aos sussurros entre si, trocando ideias a respeito do calibre dos canhões, a possível distância que eles estavam de nós, e o tipo de bombas. O ar logo ficou muito pesado. O local parecia um submarino que tivesse estado submerso por muito tempo.[55]

Foi nesse momento que Kissinger (junto a Kraemer) fez algo realmente muito insensato.

Sentindo-se "desesperançado e desconfortável", enervado por "visões fugazes de uma bomba caindo no meio de todas aquelas pessoas que estavam se encostando, muito pálidas e subitamente cansadas, à parede de tijolos", Kissinger se flagrou pensando "com desalento [...] no perigo simples e nítido de ser estraçalhado naquele fogo de barragem, como seria uma estupidez, depois de todos aqueles anos de luta e de tenacidade, ser morto em um porão, de modo passivo e um tanto inútil, sem nem ao menos saber de onde vinha o ataque". Sem desejar – talvez até mesmo sem conseguir – ficar "naquele buraco que parecia um caixão predeterminado", ele perguntou se alguém iria com ele lá para cima "para ver o que estava acontecendo". Isso foi dito com um sorriso de falsa bravata; na verdade, como Kissinger admitiu para seu irmão, ele foi instado mais por claustrofobia que por coragem. Outro intelectual de uniforme – um matemático, "cuja mente, em certos aspectos, é tão abstrata quanto a minha" – se ofereceu para ir com ele. Essa atitude foi psicologicamente eficaz: os dois soldados estavam "excitados com nossa própria intrepidez", e subiram as escadas e saíram para a rua "com os nervos tensos, mas um temor muito menor". Isso foi, naturalmente, o auge da irracionalidade. O porão da escola não tinha sido um lugar perfeitamente seguro, com certeza. Porém, sair em um espaço aberto em meio a um fogo de barragem era aumentar de modo significativo a chance de morte ou de ferimentos sérios. Kissinger e seu companheiro não conseguiam pensar em mais nada além de voltar para seu local de trabalho no tribunal. Eles encontraram, para sua surpresa, "oficiais, relativamente bem-vestidos [...] trabalhando sem o menor sinal de perturbação" e "homens datilogr[afando] ordens como sempre". O fogo de barragem parecia ter acabado, embora Kissinger, em sua ansiedade, não conseguisse lembrar se as bombas tinham continuado a cair depois de ele ter saído do abrigo. Sem saber o que fazer, ele voltou para sua cama no terceiro andar da escola. Apesar de momentâneas "visões de ser mais uma vez atirado no meio da rua por uma bomba de 88 mm atingindo diretamente o terceiro andar", as quais Kissinger procurou dissipar trocando de lugar de modo a não dormir diretamente sob uma das grandes vigas no teto, ele logo adormeceu "e acordei poucas vezes, quando a art[ilharia] (nossa ou deles?) (só Deus sabe) ficou particularmente barulhenta".[56]

Aproximadamente três quartos dos soldados aliados mortos na Segunda Guerra Mundial foram vítimas de projéteis de artilharia, morteiros, granadas ou bombas lançadas por aviões. Se o recruta Henry Kissinger não tivesse tido sorte aquela noite, ele teria sido acrescentado a uma longa lista de soldados norte-americanos vítimas de sua própria imprudência sob fogo. Três coisas a respeito desse episódio chamam a atenção (mesmo depois de concessões terem sido feitas para a influência exercida por Kraemer na deliberada composição literária da carta). A primeira é que o protagonista se sentiu incapaz de esperar passivamente por seu destino em um porão superlotado "depois de todos aqueles anos de luta e de tenacidade". A segunda é sua prontidão para correr riscos. A terceira é sua habilidade em disfarçar seu temor com desprendimento. Essas características iriam reaparecer mais de uma vez na vida pós-guerra de Kissinger.

III

Consta que Kissinger foi um dos que ficaram para trás quando uma grande parte da 84ª Divisão partiu de Marche.[57] Isso é ficção. No dia seguinte depois de se expor à artilharia inimiga, ele foi afastado da cidadezinha quando o QG de divisão foi transferido para um *château* a alguns quilômetros de distância da linha de frente. Kissinger não sentiu por ter de ir embora; ele "tinha a impressão de que os uniformes cinzentos estavam muito perto" e certamente não invejava seus antigos companheiros – "em parte heroicos e em parte abandonados e sacrificados" – que foram deixados para trás na cidadezinha então assustadoramente vazia. Eles esperavam se defrontar com uma "luta encarniçada".⁵⁸ Ela nunca ocorreu. Como o historiador oficial da 84ª Divisão diz, o combate por Marche tinha sido "o último arquejo de Manteuffel. O avanço dos alemães para o Mosa havia se acabado".⁵⁹

Somente algumas semanas mais tarde, tendo recebido ordens de seu coronel para comprar alguns "bons cachimbos belgas", Kissinger teve oportunidade de revisitar Marche e, sua missão já cumprida, de fazer algumas visitas: em primeiro lugar, a "uma casa onde eu havia certa vez passado uma noite inócua com os pais de uma filha extraordinariamente encantadora", onde "beijei as mãos da filha ligeiramente espantada" e divertiu o pai desenhando um mapa do avanço russo rumo ao leste; e depois à velha escola, onde ele encontrou somente a mãe e um avô que antes havia sido invisível. Na qualidade de um dos bem-sucedidos defensores de Marche, Kissinger foi recebido com alegria: "Eles nos sufocaram com café, um pão excelente, manteiga de verdade, e geleia de amexa [sic] caseira, insistindo para que nos servíssemos uma segunda, terceira e quarta vez".⁶⁰ A cidadezinha estava então nas mãos da 53ª Divisão britânica (galesa), que, paternalista, disse aos norte-americanos que eles estavam auxiliando: "Nós viemos aqui para ajudar vocês".⁶¹

A maré estava então se voltando para a Batalha das Ardenas. Em 3 de janeiro, os Aliados desencadearam um ataque em três frentes ao imenso saliente alemão que a ofensiva das Ardenas havia criado. O III Exército de Patton atacou na direção norte partindo de Bastogne, enquanto o 30º Corpo do Exército de Montgomery atacou na direção sul vindo de Marche, juntamente com – sob o comando de Monty – o I Exército dos Estados Unidos, incluindo a 84ª Divisão de Infantaria. A ofensiva aliada a princípio deveria ser acima de tudo um ataque blindado, mas os generais não haviam pensado no clima. Houve uma nevasca excepcionalmente forte, e a temperatura caiu a - 13°C abaixo de zero. Tão espesso era o gelo nas estradas que os tanques simplesmente patinavam. Portanto, coube à infantaria assumir a liderança.

A lama nas cercanias de Aachen tinha sido ruim; o gelo das Ardenas – "a Sibéria belga" – era pior. "Nós sempre tínhamos pensado que [o Inferno] era um lugar quente, escaldante", recordaram os veteranos que escreveram a história da Companhia G, "mas nas Ardenas nós ficamos sabendo que era um lugar frio, gelado. [...] A depressão entre os soldados era terrível. [...] Os casacos dos soldados ficavam gelados, duros, a respiração se congelava sobre as roupas. [...] Era tão ruim que os soldados simplesmente tinham de ficar cavando para se manter aquecidos; eles não ousavam dormir, ou congelariam até morrer".[62]

E eles não estavam lutando somente contra o frio. Embora estivessem então em retirada, e com poucas esperanças reais de voltar a avançar, os alemães não haviam perdido seu espírito combativo.[63] Tanques e artilharia tinham condições de infligir perdas pesadas entre os norte-americanos que avançavam lentamente.[64] Um risco especialmente letal da Batalha das Ardenas eram as "explosões de árvores", causadas por bombas atiradas em áreas de bosques, que salpicavam as tropas tanto com estilhaços quanto com lascas de madeira.[65] Decididos a impedir uma retirada alemã organizada para a Linha Siegfried, os comandantes aliados deram pouco descanso para seus soldados.[66]

Kissinger não era mais um fuzileiro, mas ele e outros soldados designados para o quartel-general de divisão não estavam muito longe das posições mais perigosas da ofensiva norte-americana. Eles certamente se encontravam menos expostos que os soldados da Companhia G às armas de fogo de pequeno calibre dos inimigos, mas isso não os fazia menos vulneráveis ao frio, às bombas e à exaustão. Kissinger jamais tentou se apresentar como um herói de guerra, muito pelo contrário. Porém, as recordações de seu companheiro de armas David C. Laing, em 1986, confirmam que ele ainda estava compartilhando de muitos dos riscos e dos sofrimentos dos soldados comuns da infantaria quando a 84ª Divisão chegou a Gouvy depois do encerramento da ofensiva.[67] Tendo por base as histórias das divisões e das companhias, é possível, portanto, traçar a longa e difícil rota que ele percorreu: de Dochamps a Samrée, de Bérismenil a Ollomont, do *château* de Biron a Laroche e, finalmente, a Houffalize, cuja queda foi considerada como o marco do fim da batalha.[68] Essa foi a guerra em seu momento mais difícil. A 84ª Divisão havia sofrido perdas pesadas na época em que lhe concederam um descanso adequado em Xhoris.[69]

A Batalha das Ardenas havia acabado; a guerra, não. Na verdade, houve uma desagradável sensação de voltar ao ponto de partida quando, em 7 de fevereiro, os soldados da 84ª Divisão se viram de volta na frente da Linha Siegfried – praticamente no mesmo local onde eles haviam estado às vésperas da ofensiva das Ardenas. O QG de divisão se situava então em Lindern, e lá é que os planos para a Operação Granada foram cuidadosamente esboçados: a travessia do rio Rur, uma operação tornada ainda mais difícil pela destruição das barragens provocada pelos alemães, e que inundou boa parte da área nas redondezas. Em 23 de fevereiro, depois de um impressionante fogo de barragem da artilharia, o 1º Batalhão liderou a travessia do rio, avançando rapidamente para Körrenzig, Rurich e Baal, onde os alemães tentaram um contra-ataque. Em dois dias, a 84ª Divisão havia capturado Houverath, Hetzerath e Granterath. O tempo frio e límpido e mais terrenos abertos significavam que os Aliados tinham então condições de tirar vantagem de sua superioridade aérea. Apesar das primeiras aparições dos novos caças alemães, a Companhia G tinha menos a temer da Luftwaffe do que dos francoatiradores.[70] Os soldados também se depararam pela primeira vez com a milícia irregular conhecida como Volkssturm [Força de Ataque do Povo]: os mal treinados e mal armados grupos de adolescentes e de homens idosos que eram a mais clara indicação de que o Terceiro Reich estava desfalcado de forças militares treinadas.[71] Foi nesse momento – a última semana de fevereiro de 1945 – que os norte-americanos começaram a fazer um número muito maior de prisioneiros da Wehrmacht [Força de Defesa], um sinal certeiro de que a resistência alemã estava se desfazendo.[72]

O tempo melhor e uma oposição mais fraca significavam que o avanço norte-americano finalmente poderia ser mais rápido, à medida que os tanques, com atraso, assumiram a liderança. Os soldados da 84ª Divisão se viram então lutando em um tipo diferente de guerra como parte da Força-Tarefa Church. Depois da extenuante marcha das Ardenas, o avanço através da Alemanha era "uma trajetória insana de uma cidade para outra", com Bolling novamente na liderança e a infantaria liquidando tudo após o avanço motorizado.[73] Houverath, Harbeck, Golkrath, Hoven, Genhof e Genieken: os nomes dos lugares logo passaram a ser um borrão indistinto para o soldado comum. De Süchteln os norte-americanos foram rapidamente ao norte, se deparando com somente alguns poucos focos reais de resistência, especialmente porque os alemães haviam esperado que eles se dirigissem a leste, rumo ao importante distrito altamente industrializado do Ruhr. Foi somente depois de Boisheim que os norte-americanos se voltaram para o leste, na direção de Krefeld.[74] Em 4 de março, os primeiros membros da divisão alcançaram o Reno depois de "uma noite insana e de uma artilharia insana" – "como uma gangue combatendo outra" – no vilarejo de Mörs.[75] Krefeld, em oposição, cedeu com uma resistência mínima. Embora os planos tivessem sido concebidos em Berlim para fazer de Krefeld a "Stalingrado do Ocidente", ou para deixar somente a terra queimada para trás se a cidade tivesse de ser abandonada,[76] o comandante encarregado de sua defesa não viu sentido em realizar uma defesa final tendo armamento inadequado e defesas incompletas. De qualquer modo, os alemães precisavam de cada homem disponível para tentar impedir que os norte-americanos capturassem a ponte sobre o Reno em Uerdingen.

Os norte-americanos haviam sido recebidos como libertadores pelos belgas. Sua recepção por parte dos civis alemães foi muito diferente. Matzerath foi a primeira cidadezinha alemã a ser tomada pela 84ª Divisão com sua população civil ainda ilesa. Os norte-americanos se surpreenderam ao descobrir os alemães comuns cheios de apreensão. "Aparentemente, tinham dito a eles que nós poderíamos matá-los todos", segundo o historiador da divisão.[77] Em Krefeld, pelo contrário, "a atmosfera geral era de submissão e, por parte de muitos civis, até mesmo de cooperação". Alguns agitavam lenços e lençóis brancos quando os norte-americanos entraram na cidade.[78] Porém, esses eram sinais de rendição, não de boas-vindas. Durante o período de quase um mês de descanso e recuperação em Krefeld, os norte-americanos perceberam que, "definitivamente, nós não éramos desejados. Os alemães eram mais inamistosos do que qualquer outro lugar pelo qual passamos".[79]

Dizem que Kissinger havia sido então designado "administrador de Krefeld [...] decret[ando] que as pessoas encarregadas de cada função municipal – gás, água, eletricidade, transportes, coleta de lixo – se dirigissem a ele. [...] No período de oito dias ele organizou um governo civil", tendo "removido os nazistas óbvios".[80] Certamente, não era incomum que aos soldados de origem alemã fosse dada uma autoridade considerável na fase inicial da ocupação aliada da Alemanha.[81] Contudo, não há evidências documentadas para sustentar a história de que Henry Kissinger tenha desempenhado esse tipo de papel, com exceção de uma carta de recomendação escrita por Kraemer em 1949.[82] Na verdade, o nome de Kissinger está de modo notável ausente de toda a literatura a respeito de Krefeld sob ocupação norte-americana, embora ele certamente tenha estado lá por três semanas.

Um dos centros escolhidos pela Força Aérea Real para bombardeio estratégico, em março de 1945 Krefeld estava em ruínas, tendo sido o alvo de importantes ataques aéreos em junho de 1943 e entre janeiro e fevereiro de 1945. Cerca de 60% das construções do pré-guerra haviam sido danificadas e 27%, completamente destruídas.[83] A população fora reduzida a 110 mil habitantes na época em que os norte-americanos chegaram, comparada aos 172 mil em 1939.[84] Para os que ficaram, a vida tinha sido transferida para os subterrâneos, em grandes abrigos de concreto. Quando Alan Moorehead, do *Daily Express*, e Christopher Buckley, do *Telegraph*, chegaram a Krefeld, eles encontraram dezenas de milhares de civis alemães vivendo em um imenso *bunker* sob a principal estação de trem.[85] As condições eram miseráveis. Para as pessoas que estavam lá, "a guerra [havia] acabado com a destruição de quase todas as coisas normais da vida".[86] Um *bunker* parecido, com sete andares, em Uerdingen, estava completamente sem água e sem eletricidade quando os norte-americanos o descobriram.[87] Por outro lado, os nazistas transformaram em prioridade manter a economia da região do Ruhr em funcionamento a qualquer custo. Embora as principais companhias de serviços públicos – correios, telefonia, transporte, eletricidade, gás e água – fossem sujeitas a interrupções, elas ainda funcionavam. Suprimentos de comida e de carvão foram mantidos. O que faltava quando os norte-americanos ocuparam Krefeld era um governo local. Quase todos os funcionários públicos, incluindo o *Oberbürgermeister* [prefeito], o chefe de polícia e o *Kreisleiter* [líder] do partido, fugiram cruzando o Reno em 1º de março, juntamente com quase todas as forças armadas regulares. Não havia ninguém com autorização para render a cidade.[88]

Esse vácuo de poder pegou o Exército norte-americano de surpresa; eles haviam esperado a resistência por parte de clandestinos fanáticos, não alemães comuns desesperados para voltar à vida normal. Como precaução, foi decidido manter as pessoas em seus abrigos, a não ser por uma hora por dia, e reforçar a política de "não confraternização" que havia sido ordenada por Eisenhower. O resultado foi a anarquia. Soldados endurecidos pela luta, subitamente livres do combate, saíram do controle. Para a Companhia G, "Krefeld acabou sendo um belo negócio. Havia lugares incríveis, e abundância de vinho, conhaque e *schnapps*".[89] Nenhum Exército sobre a face da Terra sabia dar uma festa melhor do que o norte-americano. Em poucos dias, "havia quinze locais para exibição de filmes nos bares, lojas e tribunais. Havia shows da USO [United Services Organization – organização para dar suporte moral às tropas], incluindo Lily Pons, apresentações de bandas das divisões, moças da Cruz Vermelha e *donuts*". Havia até mesmo sorvete.[90] Porém, esses prazeres com sanção oficial eram muito menos populares que os deleites ilícitos da confraternização.[91] Para os soldados de infantaria da 84ª Divisão, nada parecido com aquilo havia ocorrido desde Piccadilly Circus.

Do ponto de vista dos civis alemães, entretanto, a liberação dos nazistas significava vistorias nas casas, saque de bens, e pelo menos três casos de estupro. As pessoas cujas casas ainda estavam intactas foram sumariamente despejadas para abrir espaço para os oficiais norte-americanos, porque as regras contra a confraternização – cuidadosamente reforçadas – proibiam que alemães e norte-americanos dividissem acomodações.[92] O toque de recolher variava de uma parte da cidade para outra, dependendo se era controlada pela 84ª Divisão ou pela 102ª. Houve inúmeras prisões, muitas das quais injustificáveis segundo o ponto de vista dos habitantes locais. Pior de tudo, vingativos trabalhadores forçados da Europa Oriental (que logo passariam a ser conhecidos como PDs – "pessoas deslocadas") tornaram-se violentos, saqueando as lojas de alimentos em Vorster Str. e roubando as fazendas das redondezas. Segundo um relato, 24 alemães foram mortos durante os tumultos.[93]

Para um homem idoso no subúrbio de Linn, veterano da Primeira Guerra Mundial e contrário aos nazistas, a ocupação norte-americana significava o caos.[94] Suas anotações no diário de 9 de abril resumiam sua desilusão: "Roubos e saques dia e noite são a ordem do dia. [...] Isso faz a gente pensar na Guerra dos Trinta Anos".[95] Outra pessoa que mantinha um diário lamentou que a decisão de confinar os alemães em seus abrigos antibomba estava impedindo apenas o retorno à normalidade.[96] Uma terceira testemunha ocular reclamou que um grupo de soldados não apenas havia saqueado sua casa, mas também a danificara, arrancando páginas de livros "como homens selvagens" (*wie die Wilden*).[97] Quando ele protestou que os norte-americanos faziam vistas grossas aos assassinatos cometidos por seus "aliados", as PDs,[98] um tradutor norte-americano lhe disse de modo abrupto: "Nós não viemos à Alemanha para libertar seu país dos russos; vocês causaram isso para si mesmos. Os norte-americanos vieram para libertar a Holanda, a Bélgica e a França dos alemães".[99] Esse tipo de atitude era disseminado no Exército dos Estados Unidos; na verdade, ele era bastante encorajado por filmes e literatura antialemã, concebidos para justificar a política de não confraternização. Apesar da lenda de Kissinger em Krefeld, foi somente depois que os declaradamente mais magnânimos britânicos assumiram o controle da cidade em 23 de abril que qualquer coisa semelhante a uma administração organizada foi restabelecida no local.

IV

Qual foi, então, o verdadeiro papel de Henry Kissinger em Krefeld? Seu requerimento para admissão em Harvard em 1947 deixa claro: "Em fevereiro de 1945 eu estava encarregado de uma equipe Regimental do Counter Intelligence Corps (CIC) [Serviço de Contrainformação]. Nossas tarefas principaes [sic] eram a prevenção de espionagem e sabotagem, tais como as tentativas de penetração em larga escala dos alemães durante a Batalha das Ardenas".[100] O papel secundário do CIC era o de desmantelar o Partido Nazista, prender membros de grupos específicos – como oficiais militares de alta patente – para interrogatórios e excluir nazistas do serviço civil.[101] A restauração da administração pública, em outras palavras, não era a maior prioridade dos norte-americanos. Kissinger certamente tomou parte na tentativa de restaurar os principais serviços públicos, mas isso para atender às necessidades das tropas norte-americanas, não dos civis alemães. Muito mais importante foi o processo de desnazificação, com o qual Washington estava firmemente comprometido.

Os Estados Unidos não estavam errados ao considerar a Alemanha em 1945 como um viveiro de fanatismo. Embora a maioria da população, esgotada pela guerra, estivesse pronta a se submeter a qualquer regime que lhe fosse imposto pelos Aliados vitoriosos, ainda permanecia um núcleo de pessoas ideologicamente convencidas que apoiavam o regime de Hitler e estavam preparadas não somente para lutar até o mais amargo fim, mas também para tornar esse fim o mais amargo possível tanto para os inimigos internos quanto externos.[102] Os norte-americanos podem ter exagerado a escala do fanatismo na Alemanha em 1945, mas eles não o inventaram. Saul K. Padover, o líder da Divisão de Guerra Psicológica da Agência de Serviços Estratégicos, estava entre os primeiros especialistas norte-americanos na Alemanha que chegaram a Krefeld. Suas impressões iniciais foram contraditórias. O homem idoso em cuja casa ele dormiu na primeira noite estava acovardado ao extremo, ao ponto da loucura. Mas o pretensioso membro da Juventude Hitlerista que o conduziu pelas ruínas de Krefeld no dia seguinte parecia ter sofrido uma lavagem cerebral completa pela propaganda de Goebbels. Até os antigos membros dos Partidos Social Democrata e Centro Alemão, que haviam conseguido passar despercebidos nos últimos doze anos, pareciam estranhamente distantes da realidade.¹⁰³ As reuniões que Padover mantinha eram parte de um esforço norte-americano para descobrir com quais alemães eles teriam condições de trabalhar, se é que havia algum. Eles naturalmente nutriam suspeitas daqueles que se ofereciam como voluntários. Um funcionário, Richard Lorentzen, havia sido autorizado pelo *Oberbürgermeister* [prefeito] nazista que havia ido embora, Alois Heuyng, a formar uma "autoridade residual".¹⁰⁴ Em meio ao caos da primeira semana de março, Lorentzen se apresentou aos norte-americanos, explicou sua posição e recomendou a nomeação do ex-prefeito de Kleve, um advogado contrário aos nazistas chamado dr. Johannes Stepkes, como *Bürgermeister* [subprefeito].¹⁰⁵ Porém, seriam Lorentzen ou Stepkes de confiança? De repente, o Exército precisava de homens que pudessem fazer um controle rápido e preciso dos potenciais colaboradores alemães para erradicar os comprometidamente nazistas. Uma tarefa para a qual Henry Kissinger era perfeitamente adequado.

"Administrar [...] não é o único problema com que as forças de ocupação se deparam", começa o primeiro relatório existente coassinado por Henry Kissinger em sua função de agente do CIC, que data de 17 de março de 1945, pouco mais de duas semanas depois de os norte-americanos terem capturado Krefeld. "Também existe um problema político. Durante doze anos, os nazistas tiveram um controle total sobre as pessoas que exerciam cargos públicos. Como resultado, a administração e o nazismo tornaram-se quase sinônimos na mentalidade do povo. Portanto, passa a ser a tarefa das autoridades de ocupação livrar a administração da cidade dessas panelinhas de ideólogos nazistas." O documento se baseia no testemunho de oito informantes, entre os quais padres e membros dos partidos socialistas ou liberais pré-1933 – grupos que os norte-americanos consideravam como realmente antinazistas. Lorentzen, Stepkes e seu secretário, Heinrick Kesting, todos foram certificados como não nazistas. Mas o mesmo não podia ser dito de dez outros funcionários, incluindo o auditor da cidade, o inspetor de escola e até mesmo o encarregado do abatedouro de Krefeld, que foram classificados como "nazistas convictos" ou "oportunistas".¹⁰⁶ Notícias de suas demissões sumárias logo se espalharam. O autor dos relatos de Linn observou com satisfação em 28 de março que "um bando de manda-chuvas nazistas" (*Nazibonzen*) havia sido afastado de seus cargos pelos norte-americanos.¹⁰⁷ A nova carreira de Kissinger como apanhador de nazistas havia começado. Ele foi muito provavelmente o coautor de um relatório muito detalhado do CIC sobre a Gestapo de Krefeld, datado de 18 de abril de 1945;[108] sua metodologia e estilo lembram muito os de um relatório posterior sobre a Gestapo de Darmstadt, que traz sua assinatura.[109]

O processo de desnazificação era, por sua própria natureza, um exercício de pesquisa histórica, mas também de psicologia. A tarefa de distinguir nazistas fervorosos de simpatizantes estava muito longe de ser fácil, e o tipo de evidência a ser obtido do interrogatório de suspeitos provavelmente não a tornaria fácil. A maior dificuldade, compreende-se agora, era até que ponto a força repressiva do Estado de Hitler havia sido dirigida contra os judeus e outras minorias ideologicamente estigmatizadas, como os comunistas e as testemunhas de Jeová. Em 1933, menos de 1% da população de Krefeld era judia; no entanto, eles e outros grupos suspeitos haviam representado mais da metade das 3.500 investigações feitas pelos doze membros da Gestapo da cidade. Havia, em outras palavras, uma profunda distinção entre "alemães comuns" e inimigos visados do regime. Os primeiros não eram molestados e eram tratados com relativa leniência quando cometiam infrações. Quanto aos demais, a Gestapo perseguia sistematicamente: vigiando-os, molestando-os, espancando-os, torturando-os, expulsando-os para o exterior e, com frequência cada vez maior depois de 1939, deportando-os para a morte. No verão de 1942, quase todos os judeus de Krefeld haviam sido enviados para campos de extermínio. Somente os parceiros de casamentos mistos ficaram, e a Gestapo estava ansiosa para se livrar deles também. No fim da guerra, 90% dos 832 judeus de Krefeld que não haviam saído da Alemanha na década de 1930 estavam mortos; somente 83 deles por causas naturais.[110] Na época em que Kissinger chegou lá, somente quatro judeus ainda viviam em Krefeld, e escondidos. Em grande contraste, somente um em cada dez alemães comuns investigados pela Gestapo foi parar em um campo de concentração ou em custódia protetora. Os alemães comuns, na verdade, tinham tanta probabilidade de denunciar outras pessoas para a Gestapo quanto de ser investigados por ela. Mais de dois quintos dos casos abertos contra os judeus de Krefeld antes da guerra foram iniciados por denúncias, o dobro da proporção iniciada pela Gestapo e seus espiões.[111] Não era difícil identificar os piores infratores, como August Schiffer ou Ludwig Jung, o chefe da Gestapo entre 1940 e 1945.[112] A dificuldade era saber onde estabelecer o limite entre os criminosos ativos e o número muito maior de alemães que haviam pavimentado o caminho para os campos de extermínio por pura maldade ou indiferença. Poucas das vítimas haviam sobrevivido para testemunhar; quase nenhum dos cúmplices dos assassinatos tinha interesse em dizer a verdade.

Foi sua habilidade em superar tais dificuldades que valeu a Henry Kissinger tanto sua promoção quanto a condecoração. Uma vez mais, entretanto, mitos surgiram em torno desses acontecimentos. Segundo um relato recente, por exemplo, "Kissinger reconhecidamente atravessou as linhas, se fazendo passar por um civil alemão, para interrogar soldados nazistas em abril de 1945. Ele recebeu uma Estrela de Bronze por sua coragem e sagacidade".[113] Na verdade, seu mentor, Kraemer, é que foi parar atrás das linhas inimigas (em Geilenkirchen) e foi capturado. Somente persuadindo seus captores a depor as armas ele conseguiu se salvar, um feito pelo qual Kraemer recebeu uma Estrela de Bronze e uma promoção a suboficial.[114] Ele e Kissinger eram então bons amigos. Em suas noites de folga, Kissinger recordou, eles "caminhavam pelas ruas de cidades destruídas pela guerra [...] durante blecautes totais, enquanto Kraemer falava de história e dos desafios do pós-guerra com sua voz estentórea – às vezes em alemão, atiçando sentinelas nervosas".[115] Não foi em Krefeld que Kissinger recebeu sua Estrela de Bronze, muito menos atrás das linhas inimigas. Foi do outro lado do Reno, que ele e seus companheiros da 84ª Divisão atravessaram em Wesel em 1º de abril de 1945.

V

A fase final da guerra na Europa foi, em muitos aspectos, emocionante para os soldados do Exército dos Estados Unidos. Em comparação à árdua marcha que se seguira ao Dia D, eles foram rapidamente do Reno ao Elba em uma versão norte-americana de *Blitzkrieg*. Os desafios foram cada vez mais de logística: como manter aquela força motorizada com suprimentos de combustível e pneus, como manter o Exército mais bem alimentado da história com "boia" o bastante. Com frequência, como ocorreu em Krefeld, eles se deparavam com uma resistência praticamente nula. (Os civis nas áreas que haviam sofrido bombardeios pesados estavam, talvez paradoxalmente, mais dispostos a agitar bandeiras brancas e a dar boa acolhida às tropas aliadas do que aqueles que se encontravam mais distantes dos centros industrializados.) As desmoralizadas unidades da Volkssturm [Força de Ataque do Povo] – que incluíam meninos novos, de até mesmo 11 anos – também tinham grande probabilidade de se render. Verdadeiramente entusiasmadas com a libertação, embora difíceis de conter em seus atos de vingança ou de pilhagem, eram as PDS.

Periodicamente, entretanto, os norte-americanos se deparavam com uma forte resistência da Wehrmacht e principalmente das unidades da SS estavam determinadas a lutar até a última bala, até o último homem. Essa foi a experiência da 84ª Divisão ao cruzar o rio Weser, quando foi atingida por "*screaming mimis*"[116] [apelido dado ao lança-foguetes Nebelwerfer] alemães e novamente em Buckeburg do outro lado.[117] Ainda é difícil entender por que jovens moços, às vezes equipados com nada além de um *Panzerfaust* antitanque ou metralhadora, estavam dispostos a arriscar e geralmente perder a vida contra forças esmagadoramente superiores, sobretudo com a guerra já claramente perdida. Até que ponto eles estavam sendo intimidados a fazer isso, com um número exponencialmente crescente de enforcamentos sumários por "derrotismo" e crimes semelhantes, não era imediatamente óbvio para as pessoas em quem eles estavam atirando. A explicação mais clara era a de que muitos jovens alemães eram na verdade nazistas fanáticos, inspirados pela educação ou pela propaganda, ou ambos, a dar ao Terceiro Reich um final digno do *Götterdämmerung* [Crepúsculo dos Deuses] de Wagner. Esse diagnóstico deu importância maior ao trabalho de agentes do CIC como Kissinger. Se os nazistas realmente estavam planejando desencadear uma campanha de resistência, ou terrorista, contra as forças de ocupação, era vital interrompê-la antes que ganhasse força. Beneficiados pelo ponto de vista retrospectivo, nós sabemos que, no fim, as zonas da Alemanha ocupadas pelas potências ocidentais ressurgiram como uma república federativa economicamente dinâmica e democrática. Porém, esse desenlace feliz não parecia nem um pouco provável em 1945. Na verdade, nas ruínas fumegantes do Terceiro Reich, uma insurreição anti-Aliados parecia um cenário muito mais provável. Não se pode esquecer que entre 3 mil e 5 mil pessoas foram na verdade mortas por membros do grupo de resistência Werwolf [Lobisomem] e pelos paramilitares Freikorps "Adolf Hitler" antes e depois da rendição alemã.[118]

Em 9 de abril – oito dias após a rádio Werwolf de Goebbels ter começado a transmitir suas sangrentas instigações à guerra de resistência – a 84ª Divisão havia chegado às cercanias de Hanover, com os fuzileiros viajando tranquilos no alto de tanques Sherman.[119] O ataque do dia seguinte foi desencadeado sob uma espessa neblina, permitindo aos norte-americanos pegar os defensores de surpresa. Depois de uma pequena escaramuça, tudo estava acabado. Assim como em Krefeld, os soldados logo estavam aproveitando ao máximo um "tremendo estoque de vinho, de comida e de *schnapps*".[120] O recém-promovido sargento Kissinger considerou os habitantes locais "dóceis. Na verdade, quando nós entramos nosso jipe foi rodeado pela multidão e fomos saudados a tal ponto que, por um instante, achei que estava na Bélgica. Mais nada diz o declarante", sugerindo que a confraternização estava uma vez mais na ordem do dia.[121]

E então começava o trabalho duro para o CIC. Em 13 de abril, Kissinger e seu companheiro, o agente Robert Taylor, prenderam e interrogaram Willi Hooge, um membro da Gestapo de Hanover. Hooge admitiu que seis de seus colegas da Gestapo tinham sido deixados para trás na região de Hanover para formar o esteio de uma organização clandestina de resistência. No começo da manhã seguinte, Kissinger e Taylor lideraram incursões armadas nas casas dos suspeitos. Com exceção de um, Hermann Wittig, todos estavam ausentes, mas as esposas foram presas. O interrogatório de Wittig produziu mais dois nomes; eles, por sua vez, foram presos. Adolf Rinne foi rastreado até um chalé na floresta Deister; Erich Binder a uma fazenda vizinha, onde estava trabalhando com uma identidade falsa. Binder foi o membro de mais alto escalão da Gestapo envolvido, e o interrogatório dele é que definitivamente confirmou a história original de Hooge.[122] As declarações dos homens presos são notáveis não apenas por suas admissões de envolvimento em uma campanha planejada de sabotagem contra as forças norte-americanas na Alemanha ocupada, mas também pelas evidências que elas proporcionaram de atos anteriores de violência em diversas partes da Europa ocupada pelos alemães.[123]

Foi principalmente por desbaratar essa célula dormente da Gestapo que Kissinger recebeu a Estrela de Bronze em 27 de abril, embora a menção oficial se referisse de modo mais geral aos "serviços meritórios em conexão com operações militares contra o inimigo na Alemanha, de 28 de fevereiro a 18 de abril de 1945".[124] O que aconteceu em Hanover foi, escreveu seu oficial superior, um "feito notável".[125] Quando Kissinger recebeu a promoção de sargento de esquadra quatro meses mais tarde, segundo a carta de recomendação oficial, "seu conhecimento excepcional do povo alemão e suas habilidades linguísticas [haviam] permitido que ele capturasse vários oficiais nazistas de alto escalão, incluindo pelo menos doze agentes da Gestapo. [...] Esse jovem leva o trabalho muito a sério".[126]

Que Kissinger levasse a sério seu papel como agente do CIC não chega a ser surpreendente. A cada dia que passava da ocupação dos Aliados, novas e terríveis evidências dos crimes do regime nazista vinham à tona. Mesmo antes de partir de Nova York, Kissinger e sua família estavam cientes do que passaria a ser chamado de Holocausto. Já no começo de dezembro de 1942, o rabino Breuer se referia publicamente às "notícias de inimagináveis assassinatos em massa perpetrados contra centenas de milhares de nossos infelizes irmãos e irmãs".[127] Mais tarde, ele descreveu as "vítimas causadas por uma criminalidade bestial" como "incontáveis".[128] Porém, era uma coisa completamente diferente ver as consequências do genocídio ao vivo.

Em 10 de abril, apenas alguns dias antes da captura da célula dormente da Gestapo, Kissinger se deparou com o Holocausto frente a frente quando ele e outros membros da 84ª Divisão descobriram o campo de concentração em Ahlem. Durante muitos anos, esse foi um acontecimento sobre o qual Kissinger não falava. Na verdade, sua presença lá só ficou conhecida porque um de seus companheiros, um operador de rádio chamado Vernon Tott, decidiu publicar as fotografias que ele havia tirado naquele dia. Estar em Ahlem, Kissinger posteriormente reconheceu, foi "uma das mais pavorosas experiências de minha vida".[129]

O campo de Ahlem, que se localizava a 8 quilômetros a oeste de Hanover, era um dos 65 satélites do grande campo de concentração de Hamburgo em Neuengamme. Ele consistia em pouco mais de cinco estábulos que haviam sido convertidos em barracões e rodeados por duas cercas de arame farpado, uma delas eletrificada, com uma torre de vigia elevada em cada um dos quatro cantos. Formalmente, ele era um campo de trabalho, não de extermínio, embora a diferença fizesse pouco sentido em 1945. Os prisioneiros eram forçados a trabalhar na pedreira vizinha, que estava sendo aumentada para abrigar um complexo subterrâneo de fábricas cujo codinome era Doebel I e II, parte do império de escravidão e aniquilação dirigido pelo SS Main Economic and Administrative Office [Escritório Central Econômico e Administrativo da SS] (Wirtschafts-Verwaltungshauptamt).[130] As condições na pedreira eram atrozes, enquanto a comida e o abrigo fornecidos no campo se revelavam deploravelmente insuficientes. Em janeiro de 1945, quase um quarto – 204 – dos 850 prisioneiros judeus enviados incialmente a Ahlem havia morrido. Quatro dias antes da chegada dos norte-americanos, o comandante do campo ordenou que os prisioneiros fisicamente capazes fossem andando para Bergen-Belsen, uma das muitas "marchas da morte" que marcaram a última fase do Estado racista nazista. Segundo um relato, entre 220 e 250 prisioneiros estavam doentes demais para partir e foram deixados (embora outra fonte forneça números muito mais baixos). A intenção fora a de matar esses remanescentes e incendiar as instalações do campo na esperança de acabar com as evidências dos atos criminosos ali cometidos. A única razão pela qual isso não aconteceu foi a rapidez inesperada do avanço norte-americano.

Portanto, foram os moribundos, bem como os mortos, que os norte-americanos encontraram em Ahlem. Como Tott disse, o campo era o "Inferno sobre a Terra". Fora, havia pilhas de corpos emaciados, alguns em latas de lixo, outros em fossos. Também havia inúmeros corpos dentro dos barracões, e cerca de 750 corpos enterrados em uma vala comum nas proximidades. Tott contou somente 35 sobreviventes – homens e meninos "infestados de piolhos e doenças".[131] "Em um [...] abrigo", ele recordou posteriormente, "havia um menino, de aproximadamente quinze anos, que estava deitado em seu próprio vômito, urina e fezes. Quando ele me olhou, pude ver que estava pedindo socorro. [...] Nossa tropa havia acabado de enfrentar seis meses de batalha sangrenta, mas o que estávamos vendo lá nos fez ficar nauseados e alguns até mesmo choraram".[132] Donald Edwards era um mensageiro que havia visto sua cota de morte e destruição desde que a 84ª Divisão desembarcou na Normandia. "O que eu acabara de ver", ele disse ao seu melhor amigo, "acho que jamais esquecerei. A guerra provavelmente vai desaparecer da lembrança, mas aqueles eram os seres humanos mais comoventes que eu jamais vira ou esperava ver em toda a minha vida".[133] Para onde quer que eles se voltassem, os soldados incrédulos se deparavam com horrores ainda piores. O mau cheiro dentro dos barracões era "indescritível". Como Edwards observou, "Quando eles mostram nos noticiários qual era a aparência dos campos de concentração, jamais vão ter condições de dar uma ideia do cheiro".[134] Os próprios barracões eram tão apertados que os norte-americanos mal tinham condições de andar entre as duas fileiras de catres de madeira: "No chão, havia montes de excrementos humanos. Comida vomitada também era encontrada. Eles haviam deixado que a sujeira se acumulasse no chão de madeira até que não fosse mais possível limpá-lo. Cada colchonete de palha fedia a urina. Dentro do barracão, nós observamos vários chicotes imensos, bem como alguns gatos de nove caudas. Nós sabíamos para que eles eram usados".[135] Os norte-americanos também suspeitavam de que um dos prédios era uma câmara de gás.

No entanto, talvez a coisa mais chocante fossem os relatos dos sobreviventes. "Qual foi a pior coisa que aconteceu com você?", Edwards perguntou para um judeu polonês que falava inglês. "Os espancamentos pelos guardas da ss", ele respondeu. "A qualquer hora que quisessem, eles simplesmente espancavam você. Podia ser com a coronha de uma arma, com um chicote, ou com as mãos. Eles pareciam gostar de bater em nós".[136] Os vergões por todo o seu corpo confirmavam a história. Benjamin Sieradzki era originalmente de Zgierz, um subúrbio de Łódź, e tinha apenas dezoito anos. Ele havia observado seus pais sendo arrastados do gueto de Łódź para "recolocação" (na verdade, eles foram levados para Chełmno e morreram na câmara de gás). Depois da erradicação do gueto, ele e sua irmã foram enviados para Auschwitz, mas então ele havia sido selecionado para trabalhar e acabara sendo transferido para Ahlem em 30 de novembro de 1944. Quando os norte-americanos o encontraram, ele pesava somente 36 quilos e sofria de tuberculose e febre tifoide, bem como de desnutrição.[137] Henry Pius também era de Łódź. À medida que os norte-americanos se aproximavam de Ahlem, um temeroso civil alemão lhe havia perguntado: "O que vocês vão fazer conosco?". "Olhe para mim", ele respondeu, "eu estou em condições físicas de lutar ou de machucar alguém?"[138]

Para os soldados norte-americanos comuns como Verno Tott e Don Edwards, as cenas monstruosas em Ahlem eram inesquecíveis. Mas ainda foi pior para seus colegas judeus – e especialmente os judeus alemães. Edwards se lembra como seu colega mensageiro, Bernie Cohn, "começou a soluçar baixinho" depois de eles terem partido do campo.[139] Como reagiu Henry Kissinger? Sessenta anos mais tarde, as lembranças dele ainda eram vívidas: as "chocantes incongruências" como "os membros da ss que [...] [tinham] permanecido porque eles achavam que seriam necessários para administrar uma empresa que iria perdurar"; o estado "praticamente irreconhecível como seres humanos" dos prisioneiros, que estavam tão fracos que "era preciso quatro ou cinco deles para agarrar um membro da ss, e ele os estava ignorando"; o "instinto imediato [...] de alimentá-los e [...] de salvar vidas", que, na verdade, matou alguns prisioneiros que não tinham mais condições de digerir comida sólida.[140] Sua gentileza também foi lembrada. Um sobrevivente, Moshe Miedzinski, recordou que foi Kissinger quem lhe disse: "O senhor está livre".[141]

No entanto, esses relatos datam de muitas décadas depois da libertação de Ahlem. Muito mais vigoroso, porque escrito logo depois do acontecimento, foi o manuscrito de duas páginas que Kissinger intitulou "O eterno judeu" – uma irônica referência ao filme da propaganda antissemita nazista *Der ewige Jude*. Esse documento é de tamanha importância – registrando, como ele o faz, as reações angustiadas e imediatas de Kissinger aos piores crimes jamais cometidos por uma sociedade supostamente civilizada – que ele merece ser reproduzido sem cortes e sem comentários:

O JUDEU ETERNO

O campo de concentração de Ahlem foi construído em uma colina com vista para Hanover. Arame farpado o rodeia. E, à medida que nosso jipe passava pela rua, esqueletos de roupas listradas margeavam a estrada. Havia um túnel na encosta da colina onde os prisioneiros trabalhavam vinte horas por dia na semiescuridão.

Eu parei o jipe. As roupas pareciam pender dos corpos, a cabeça era sustentada por um graveto que outrora poderia ter sido um pescoço. Hastes pendiam dos lados, onde deveriam estar os braços, hastes são as pernas. "Qual é o seu nome?" E os olhos do homem se ensombram, e ele tira o chapéu antecipando um golpe. "Folek [...] Folek Sama." "Não tire seu chapéu, o senhor está livre agora."

E enquanto digo isso, eu dou uma olhada no campo. Vejo os barracões, observo as faces encovadas, os olhos sem vida. O senhor está livre agora. Eu, com meu uniforme passado, não vivi na imundície e na sordidez, não fui espancado e chutado. Que tipo de liberdade posso oferecer? Eu vejo meu amigo entrar em um dos barracões e sair com lágrimas nos olhos: "Não entre lá. Nós tivemos de dar chutes neles para ver quem estava vivo e quem estava morto".

Essa é a humanidade no século XX. As pessoas chegam a tal estupor de sofrimento que a vida e a morte, os movimentos ou a imobilidade não podem mais ser distinguidos. E então, quem está morto e quem está vivo, o homem cuja face agoniada me encara lá do catre ou Folek Sama, que fica em pé com a cabeça baixa e o corpo emaciado? Quem teve sorte, o homem que desenha círculos na areia e murmura "Eu estou livre" ou os ossos que estão enterrados na colina?

Folek Sama, seu pé foi esmagado para que você não possa correr, seu rosto tem quarenta anos, seu corpo não tem idade, no entanto, tudo que sua certidão de nascimento acusa é dezesseis anos. E eu fico lá com minhas roupas limpas e faço um discurso para você e para seus companheiros.

Folek Sama, a humanidade é acusada por sua pessoa. Eu, Joe Smith, dignidade humana, todos falharam com você. Você deveria ser preservado em cimento lá na colina para que a[s] geraç[ões] futura[s] olhem e reflitam. Dignidade humana, valores objetivos, eles se detiveram nessa cerca de arame farpado. O que diferencia você e seus companheiros de animais[?] Por que nós, no século xx, aceitamos sua existência?

No entanto, Folek, você ainda é humano. Você fica parado à minha frente e as lágrimas correm por suas faces. Soluços histéricos se seguem. Continue, chore, Folek Sama, porque suas lágrimas são o testemunho de sua humanidade, porque elas serão absorvidas por este solo amaldiçoado, consagrando-o.

Enquanto a consciência existir como concepção neste mundo, você irá personificá-la. Nada que seja feito por você jamais o irá trazer de volta.

Nesse aspecto, você é eterno.[142]

Capítulo 6
Nas ruínas do Reich

Depois de derrotar completamente nossos inimigos, nós os trouxemos de volta à comunidade das nações. Somente os norte-americanos poderiam ter feito isso.

Harry Truman para Henry Kissinger, 1961[1]

Para mim, não existe somente o certo ou o errado, mas muitas nuanças entre eles. [...] As verdadeiras tragédias na vida não se encontram nas escolhas entre o certo e o errado. Somente as pessoas mais insensíveis escolhem o que elas *sabem* que é errado. [...] Os verdadeiros dilemas são as dificuldades da alma, agonias provocantes, as quais vocês, em seu mundo em preto e branco, não são capazes nem de começar a entender.

Henry Kissinger para seus pais, julho de 1948[2]

I

Seria preciso um Hieronymus Bosch para fazer justiça à Alemanha após o término da Segunda Guerra. Ela era um país de ruínas e cadáveres. No fim, a guerra havia custado a vida de pelo menos 5,2 milhões de soldados alemães – quase três entre cada dez homens mobilizados – e mais de 2,4 milhões de civis alemães. A mortalidade total se aproximou de 10% da população da Alemanha do pré-guerra. Em grande parte, essas baixas foram causadas no último ano da guerra. Mais soldados alemães perderam a vida nos últimos doze meses de combate do que no total do restante da guerra. As mortes dos civis também aumentaram. Entre 300 mil e 400 mil soldados e civis alemães perderam a vida a cada mês entre o Dia D (6 de junho de 1944) e a capitulação incondicional da Alemanha em 8 de maio de 1945. Os alemães haviam desencadeado uma guerra que havia impelido a Wehrmacht tão longe quanto o Cáucaso e as Ilhas do Canal, da Noruega ao norte da África. Mas, para eles, a represália aconteceu em grande parte em solo alemão. A taxa de mortalidade do último ano aumentou ainda mais pela característica assassina do próprio regime nazista, que ficou mais acentuada quando seu fim se aproximou. Dos pouco mais de 714 mil prisioneiros de campos de concentração em janeiro de 1945, cerca de 250 mil morreram nas marchas da morte, incluindo 15 mil dos 60 mil evacuados de Auschwitz. Durante a maior parte de sua existência, o Estado hitlerista havia tido como alvo minorias, especialmente os judeus. Em seus estertores da morte, entretanto, a "revolução nacional" devorou sua própria progênie. Entre 1942 e 1944, tribunais alemães decretaram mais de 14 mil penas de morte, quase dez vezes a quantia dos primeiros três anos de guerra. Porém, esses números não incluem as diversas execuções extrajudiciais perpetradas pela ss. A patologia do nazismo era uma sede de sangue que parecia aumentar ao ser alimentada.

No fim, os assassinos assassinaram a si mesmos. Não foram somente os líderes nazistas que, como Hitler, Goebbels e Himmler, optaram pelo suicídio a ter de enfrentar a justiça dos vencedores. Muitos alemães comuns escolheram a morte em vez da derrota. Em abril de 1945, foram registrados 3.881 suicídios em Berlim, quase vinte vezes o número de março. É tentador ver essa onda de autoimolação como o triunfo final da visão wagneriana de Hitler. Porém, algumas dessas pessoas que tiraram a própria vida estavam reagindo a aspectos autenticamente intoleráveis da conquista de seu país. Um oficial do Exército Vermelho observou que as tropas de primeiro escalão roubaram os relógios, a segunda onda estuprou as mulheres, e as de terceiro escalão levaram os bens domésticos.[3] Os dois principais hospitais de Berlim estimaram o número de vítimas de estupro na capital entre 95 mil e 130 mil. De modo geral, parece provável que os soldados soviéticos tenham violentado mais de 2 milhões de mulheres alemãs, parte de uma campanha sistemática de vingança violenta encorajada pela propaganda de Stálin.[4] Também vingativos, como já se observou, eram os cerca de 6 milhões de trabalhadores forçados que os nazistas haviam importado para o Reich para trabalhar em sua máquina de guerra industrial, bem como os sobreviventes dos campos de concentração que ainda tinham forças para buscar a desforra.

A essas catacumbas chegaram as pessoas evacuadas: alemães étnicos expulsos de suas casas tradicionais a leste dos rios Oder e Neisse. Isso foi em parte uma consequência da decisão de Stálin, mais ou menos sancionada na Conferência de Teerã (de 27 de novembro a 1º de dezembro de 1943), de mover a fronteira polonesa para o oeste, de modo que Prússia Oriental, Prússia Ocidental, Pomerânia, Posen e Silésia, todas deixaram de ser território alemão. Porém, o fluxo de refugiados também incluía alemães da Tchecoslováquia, Hungria, Romênia e Iugoslávia. No último ano da guerra, cerca de 5,6 milhões de *Volksdeutsche* [alemães étnicos] haviam fugido rumo ao oeste para evitar o Exército Vermelho ou os vizinhos eslavos inclinados à retaliação por causa das limpezas étnicas alemãs anteriores. Eles foram seguidos, depois da rendição alemã, por cerca de outros 7 milhões. O número de pessoas que morreram nessa grande convulsão social pode ter sido tão alto quanto 2 milhões.[5] Os sobreviventes simplesmente aumentaram o número de bocas para alimentar no que sobrava da Alemanha. Essa não foi uma situação sem importância. No fim de 1945, a economia estava "praticamente parada".[6] A produção havia caído para talvez um terço de seu nível em 1936. Não foi senão no último trimestre de 1948 que a produção industrial da Alemanha Ocidental chegou a 75% do seu nível pré-guerra.[7] Houve falta crônica de alimentos, combustível e abrigo.

No entanto, talvez os legados mais perniciosos do Terceiro Reich tenham sido espirituais. Uma proporção substancial da população continuava a aderir a pelo menos algumas partes da *Weltanschauung* [visão de mundo] racial de Hitler, culpando os todo-poderosos judeus que supostamente governavam Moscou e Washington pelo tratamento duro que os alemães haviam recebido por parte dos Aliados. O nazismo também havia corrompido a sociedade alemã de outras formas. Suborno, mercado negro e especulação eram disseminados; nisso, a Alemanha de Hitler era igual a todos os Estados com um único partido e economias planejadas. Assim como sua rival totalitária, a União Soviética, o Terceiro Reich encorajara a mentira e a falta de confiança. Os hábitos de denúncia que a Gestapo e a SS estimularam eram difíceis de eliminar.

Para os soldados que combateram a Alemanha – em alguns casos, por quase seis anos – não era algo fácil passar da luta renhida contra uma máquina militar extremamente impiedosa à ocupação e ao governo de um país devastado e desmoralizado. Não ajudou em nada que a ocupação da Alemanha fosse por si só um empreendimento internacional. Na Conferência de Yalta de fevereiro de 1945, os Três Grandes concordaram vagamente em dividir a Alemanha em zonas de ocupação, e isso aconteceu no devido tempo. A área do rio Elba até a nova fronteira polonesa ao longo dos rios Oder e Neisse – que outrora havia sido a Alemanha central – se transformou na zona soviética de ocupação. A Alemanha Ocidental foi dividida entre a Grã-Bretanha, os Estados Unidos e a França, enquanto Berlim se transformou em uma ilha sob controle de quatro potências na zona soviética. A Áustria também foi dividida; a Viena do Harry Lime de Graham Greene era outro condomínio, assim como Berlim. Nas palavras de um membro do serviço de informações norte-americano: "Os russos ficaram com a agricultura (Prússia); os britânicos com a indústria e o carvão (Ruhr); e os norte-americanos com a paisagem (Baviera e os Alpes)".[8]

Não havia glória na ocupação nem mesmo da parte bonita da Alemanha. Nas palavras do homem que assumiu a administração da zona norte-americana sucedendo a Eisenhower, o general Lucius D. Clay, cuidar de "uma área derrotada enquanto a guerra ainda prosseguia no Pacífico era algo inadmissível para um soldado".[9] Os combatentes profissionais estavam ansiosos para ir embora enfrentar os japoneses; a maioria dos recrutados só sonhava em voltar para casa. Por esse motivo, Clay lutou para conservar oficiais de qualidade na Alemanha.[10] Como ele recordou posteriormente: "Foi um trabalho difícil, e nada divertido. [...] Se nós não tivéssemos podido recorrer aos nossos oficiais do Exército em primeiro lugar, e então os persuadido a ficar como civis, não creio que jamais tivéssemos conseguido arregimentar pessoal para a ocupação".[11] Entre os que ficaram na Alemanha estava o sargento Henry A. Kissinger.

Para Kissinger, o Exército norte-americano se mostrara um ambiente inesperadamente cordial. Ele havia desfrutado da "camaradagem" da 84ª Divisão. Sua unidade, ele recordou posteriormente, tinha sido "o clássico grupo norte-americano, e a experiência na unidade foi muito significativa. Eles foram o único grupo do qual eu participei nos Estados Unidos em que não me foram feitas perguntas a respeito de minha origem alemã, a tal ponto que eu já havia me esquecido dela, em que achei que havia perdido meu sotaque, por mais inacreditável que possa parecer hoje".[12] "Henry se esqueceu do passado", recordou um de seus colegas, ele mesmo de origem siríaca. "Ele estava lutando pelos Estados Unidos. Estava lutando como um soldado contra os nazistas não porque os nazistas tenham feito algo ruim contra os judeus, mas porque os nazistas eram inimigos dos Estados Unidos. Ele era mais norte-americano do que eu jamais vi algum norte-americano ser."[13]

O contraste entre essa experiência de assimilação e o que ele viu em seu retorno à Alemanha dificilmente poderia ter sido maior. A revelação dos campos de concentração chocou os norte-americanos mais empedernidos pelos combates; até mesmo Patton ficou nauseado com o que viu no subcampo de Buchenwald em Ohrdruf. Para muitos soldados, a exposição dos crimes dos nazistas forneceu uma justificativa para a guerra em si, reconciliando-os com os sofrimentos pelos quais eles haviam passado durante o combate.[14] Porém, para um judeu alemão como Kissinger, o impacto do Holocausto foi algo completamente diferente.

As covas coletivas em Ahlem não tinham sido mais que uma prévia da perda pessoal que estava por vir. Depois do fim da guerra, Kissinger recordou: "Eu comecei a procurar pelos membros da minha família [...] e não encontrei nenhum".[15] Como já foi dito, sua avó e pelo menos doze outros membros da família Kissinger estavam entre as vítimas. Fanny Stern fora enviada para Bełżec, mas parece ter morrido em uma das marchas da morte durante os últimos dias do conflito. Como seu neto assimilou tamanho horror? "Passou pela minha cabeça que esse poderia ter sido o destino de meus pais e, até certo ponto, [...] o meu destino", ele admitiu certa vez. Porém, "devo dizer que me sentia tão chocado pela tragédia humana que eu não a coloquei imediatamente em relação a mim. [...] Quando voltei [para a Alemanha], naturalmente enfrentei aspectos do Holocausto de um modo que era inimaginável quando eu era criança, mas eles eram percebidos então do ponto de vista de um membro do exército de ocupação, e então eu insisti [...] me permitir desenvolver meu próprio raciocínio, em vez de [me] apresentar como uma vítima traumatizada".[16]

O fato de se distanciar do contrafatual de seu próprio destino caso seus pais não tivessem fugido para os Estados Unidos – como o uso temporário de *Henry* como prenome, quando estava lidando com os alemães – era uma medida de defesa essencial. Qualquer outra abordagem poderia ter sido debilitante. Porém, se distanciar não impossibilita a compreensão. Como fica muito claro com uma carta que Kissinger escreveu para a tia de um sobrevivente de um campo de concentração – possivelmente Harold Reissner, um dos poucos sobreviventes da comunidade judaica de Fürth, que havia sido libertado de Buchenwald –, "Sr. Henry" tinha condições de simpatizar muito bem com as vítimas da "Solução Final", oferecendo *insights* que, em alguns aspectos, anteciparam os escritos posteriores de Primo Levi. "Uma imagem completamente errônea existe nos [Estados Unidos] sobre os antigos prisioneiros dos campos de concentração", escreveu Kissinger, por causa das pessoas "que, devido a uma bondade interior, rodeiam todas as coisas com um halo idealista, e que, em seu afã para fazer o bem, relatam as condições como elas gostariam que fossem, e não como elas são".

A ideia popular de um ex-prisioneiro de um campo de concentração nos Estados Unidos é a de um homem alquebrado de corpo e de espírito, que carrega sua cruz de desgraças com bravura, mas, não obstante, em vão; que jamais pode esquecer o que aconteceu e cujas memórias impedem uma ação positiva no futuro. Esse homem tem de ser tratado com compaixão e compreensão infinitas, como convém a alguém que ressuscitou dos mortos. Esse homem supostamente anseia por amor, por simpatia. [...]

[Porém], os campos de concentração não eram somente moinhos da morte. Eles também eram um campo de teste. Lá os homens persistiam, e de certo modo lutavam pela sobrevivência, apostando sempre nada menos que a própria vida, com o mais ínfimo deslize representando um erro fatal. Tamanhos eram a imundície, a compulsão e o aviltamento, que a pessoa tinha de ter forças extraordinárias, tanto físicas quanto de vontade, para até mesmo querer sobreviver. Os intelectuais, os idealistas, os homens de elevada moral não tinham chances. [...] Porém, tendo se decidido a sobreviver, era uma necessidade ir até o fim com uma firmeza de propósito, inconcebível para vocês, pessoas protegidas nos Estados Unidos. Essa firmeza de propósito não admitia a contenção perante conjuntos de valores aceitos, ela tinha de desconsiderar os padrões normais de moralidade. Uma pessoa somente iria sobreviver por meio de mentiras, trapaças e de algum modo conseguindo comida para encher a barriga. Os fracos e os velhos não tinham chances.

E então veio a libertação. Os sobreviventes não se encontravam mais dentro do âmbito corriqueiro dos acontecimentos humanos. Eles haviam aprendido que olhar para trás significava pesar, que o pesar era fraqueza, e a fraqueza, sinônimo de morte. Eles sabiam que, tendo sobrevivido ao campo, sobreviver à libertação não era problema nenhum.

Então, eles se dedicaram à paz com a mesma firmeza de propósito e, às vezes, a mesma falta de consideração para com os padrões aceitos, conforme haviam aprendido no campo. Acima de tudo, eles não queriam piedade. A piedade fazia com que se sentissem desconfortáveis, sobressaltados. [...]

> Tudo que essas pessoas desejam é uma chance para o futuro, uma chance que irão perseguir com uma lójica [sic] rígida. Elas irão se ressentir da piedade, elas terão suspeitas da solicitude extrema. Elas viram o ser humano em seu pior aspecto, e quem pode culpá-las por se sentirem desconfiadas? Elas se ressentirão por ter alguém que lhes planeje cada mínimo detalhe. E, justiça seja feita, quem pode culpá-las por isso? Elas não viveram na terra dos mortos?; então, o que pode haver de tão terrível na terra dos vivos?[17]

O homem que escreveu essas palavras tinha somente 22 anos.

Muitos outros homens na posição de Kissinger poderiam ter sido levados a um ódio eterno contra todos os alemães. Por certo tempo ele, com toda certeza, se sentia "muito hostil" em relação a eles. Seus pais se posicionavam, ele recordou, "do lado da vingança. Porém, eles não sabiam exatamente o que aquilo significava".[18] Na qualidade de agente da contraespionagem com responsabilidades pela desnazificação, ele se encontrou "na posição com que alguém sonhou quando foi perseguido, a de que eu tinha um poder quase ilimitado para me vingar. No sentido de que eu podia prender, eu tinha poderes ilimitados para prender qualquer pessoa e simplesmente mandá-la para um campo. Não havia procedimentos em vigor durante as primeiras semanas". Porém, Kissinger não optou pela vingança, por razões que ele explicou aos pais:

> O senhor, meu querido pai, diz: seja duro com os alemães. Assim como todas as generalizações, isso é um lugar-comum. Eu sou duro, até mesmo impiedoso, com as pessoas cuja atuação no partido é a responsável por toda essa desgraça. Mas, em algum momento esse negativismo tem de acabar; em algum ponto nós temos de produzir algo positivo, ou teremos de permanecer aqui, como guardiães do caos, para sempre. Nós também temos de provar para os alemães, por meio da firmeza de nossas ações, da justiça de nossas decisões, da rapidez com que elas são executadas, que a democracia é, na verdade, uma solução esequível [sic]. Esse também é nosso dever. Eu digo, sejam firmes, sim. Mas mostrem-lhes também por que vocês são firmes. Provem para eles que vocês estão aqui na Alemanha porque vocês são melhores, não que sejam melhores porque estão aqui. Sejam justos em suas decisões, sejam impiedosos em sua execução. Não percam nenhuma oportunidade para provar, por meio de palavras e de ações, a força de nossos ideais. Essas instruções eu tenho dado para cada membro de minha equipe.[19]

Não muito tempo depois do fim da guerra, ele visitou seu avô materno, David, que havia se mudado para a Suécia no fim da década de 1930. O conselho de seu avô era claro: "Já que nós, judeus [...] nos ressentimos quando eles nos trataram com base em nossa raça e disseram que todos os judeus [eram] igualmente ruins, nós não temos o direito de tratar os alemães como se todos eles fossem a encarnação do mal. [...] Eu teria cuidado. [...] Ele disse para perseguir os que haviam cometido crimes, mas não sentir ódio de todos os alemães".[20] Kissinger concordava

> que era importante, tendo eu mesmo sido perseguido, que eu estabelecesse uma diferença entre as antigas vítimas e seus perseguidores. De modo que eu não transformasse todos os alemães em um povo perseguido. [...] E não [agisse] tendo por base a vingança pessoal. Levei isso a tal ponto que, quando fui chefe de informações [no distrito de Bergstrasse] [...] eu mudei meu nome, de modo que não desse a impressão de ser um judeu se vingando. Eles sem dúvidas não foram enganados, mas eu era muito jovem. [...] Eu [...] não tinha paciência então e não [tenho] paciência agora com os líderes nazistas da SS, mas eu talvez tivesse uma tolerância maior pelos oportunistas.[21]

De qualquer forma, era "muito deprimente prender pessoas e ter esposas chorosas, não importando o que eles [tivessem feito]".[22]

Em uma viagem a sua cidade natal, Fürth, Kissinger ficou chocado ao descobrir que, da antiga população judia da cidadezinha, somente 37 pessoas ainda estavam lá. Elas eram ultrapassadas em quantidade por mais de 200 PDS. Entre os sobreviventes se encontrava Harold Reissner, que Kissinger, com seu antigo colega de escola, Frank Harris, tentou ajudar (segundo disse Reissner) "a tornar a entrar em contato com minha tia, para [obter] o que fosse preciso para cuidar de minha saúde e de meu bem-estar".[23] No entanto, apesar de todo o *pathos* de tais encontros, Kissinger ainda se mostrava capaz de aceitar os alemães como eles realmente eram. Ao assistir a um jogo de futebol pela primeira vez desde que as leis nazistas o haviam excluído do estádio da Spielvereinigung, Kissinger ficou desanimadamente entretido com o comportamento de um fã local: "Fürth perdeu e o juiz foi espancado, o que era uma prática comum. A polícia alemã não conseguiu resgatá-lo, então a polícia militar norte-americana veio e salvou o juiz, e um homem sentado perto de mim se levantou e gritou: 'E então é essa a democracia que vocês estão trazendo para nós!'".²⁴ Pelo que Kissinger sabia, somente uns poucos meses antes, esse mesmo homem poderia ter feito parte das formações da Wehrmacht e Volkssturm [Força de Ataque do Povo] que haviam combatido em Fürth até o mais amargo fim.²⁵

Kissinger voltou para Fürth em fevereiro de 1946. Dessa vez ele optou por alta cultura, comprando ingressos para *Un ballo in maschera*, de Verdi. "Como os tempos [têm] mudado", ele escreveu para seus pais. "Fui conduzido ao camarote de honra, vocês sabem, bem do lado esquerdo do palco. Eu normalmente não sou complacente ou vaidoso, mas em Fürth, sim". E tampouco deixou de visitar o túmulo de seu avô, que ele fez questão de se assegurar que fosse "o que tinha melhor conservação no cemitério".²⁶

II

Para Henry Kissinger, a Segunda Guerra Mundial terminou às margens do rio Elba, "nos supremos, infelizes, inspiradores e deprimentes dias quando Oriente e Ocidente se aproximaram através do corpo de uma nação prostrada, com massas humanas clamando para atravessar para uma suposta segurança; e finalmente nós nos encontramos e com um só golpe o drama se havia acabado, o rio estava tranquilo e a Alemanha também estava". Em 2 de maio de 1945, unidades da 333ª Infantaria estabeleceram contato com membros do 89º Corpo do Exército soviético em Bälow.²⁷ "Meus contatos com os russos foram muitos e variados", Kissinger escreveu para os pais. "Eu me encontrei com eles pela primeira vez quando fui bombardeado por um avião russo que confundiu meu carro com um veículo alemão. Eu os vi alguns dias mais tarde, quando uma nuvem de pó no outro lado do Elba nos mostrou que os russos haviam chegado. Depois disso, vi muitos russos: em recepções oficiais, em desfiles (e acho que jamais vou tornar a ver algo mais imponente do que um desfile de uma divisão de cossacos) e em muitas festas oficiais. A disciplina no Exército Vermelho parece ser boa, embora o soldado médio seja um tanto mais grosseiro que um europeu ocidental. Alguns dos cossacos, especialmente, eram uma turma particularmente assustadora." O ponto alto das festividades da vitória foi providenciado por seu mentor Fritz (então tenente) Kraemer, que "foi melhor que os campeões russos em dança cossaca".²⁸

Contrastando com isso, em 8 de maio – o dia designado como o Dia da Vitória na Europa – Kraemer recebeu ordens do general Bolling de usar um carro de som para fazer "uma breve preleção [...] para o povo da cidade [em nosso setor] sobre a importância da rendição alemã e as consequências que qualquer resistência ulterior poderia acarretar para o povo alemão". Como o historiador da divisão recordou: "A maioria das pessoas ouviu em silêncio, quase rígidas. Algumas mulheres soluçavam".[29] Assim como as visitas forçadas aos campos de concentração, tais palestras eram os primeiros passos hesitantes do que se transformou na ambiciosa tentativa de desnazificar a sociedade alemã. Porém, quem exatamente iria ser encarregado dessa difícil tarefa? A resposta era a agência à qual Kissinger então pertencia: o Counter Intelligence Corps.

Uma agência do Exército de contraespionagem, originalmente chamada de Corps of Intelligence Police, o CIC remontava à Primeira Guerra Mundial, mas havia praticamente desaparecido em 1939. Antes de Pearl Harbor, ele havia se concentrado em contraespionagem doméstica.[30] Na verdade, em junho de 1940 o CIC contava com quinze membros. Depois de Pearl Harbor, entretanto, ele se expandiu rapidamente sob a liderança do major W. S. Holbrook. Além da parte principal, Domestic Intelligence Section, ele logo construiu uma rede de agentes nas nove regiões dos corpos de Exército dos Estados Unidos, bem como na Islândia e no Caribe. Já que na verdade não havia tantos espiões alemães em nenhuma dessas localidades, o CIC inicialmente tinha de se concentrar em ações domésticas "Contra a subversão", o que significava vistoriar cerca de 2 milhões de trabalhadores civis, procurando elementos suspeitos.[31] (Um golpe notável foi a vigilância de Eleanor Roosevelt e seu suposto amante e futuro biógrafo Joseph P. Lash.)[32] Nessa ocasião, o CIC estava se transformando em um tipo de FBI militar – uma entidade um tanto supérflua dada a extensão das ambições de J. Edgar Hoover para o próprio FBI. Porém, isso se alterou com a ocupação da Alemanha.[33] Para começar, como nós já vimos, os norte-americanos tinham esperado se confrontar com um movimento de resistência de combatentes "Werwolves" fanáticos. Quando isso não se deu, o CIC foi encarregado de registrar todos os ex-membros da Wehrmacht e de capturar os líderes nazistas.[34] Aí, com toda certeza, se encontrava o criminoso definitivo: o nacional-socialismo. Para os "Agentes de roupa cáqui", a caçada aos nazistas prometia superar a captura dos gângsteres que havia transformado em heróis os seus colegas civis.[35]

Os cerca de 5 mil oficiais que, como Kissinger, se transformaram em agentes do CIC foram escolhidos de diferentes extratos da vida norte-americana. Nem todos tinham experiência prévia com trabalho de investigação; nem todos falavam línguas estrangeiras. Eles estavam, entretanto, entre os homens mais inteligentes que o Departamento de Guerra havia convocado. Somente no escritório de Londres havia oito ph.Ds.[36] E não apenas um futuro secretário de Estado serviu como agente do CIC na Alemanha, como também o futuro autor de *O apanhador no campo de centeio*, J. D. Salinger, cujas experiências se aproximam muito das de Kissinger.[37] Ao contrário da elite da Agência de Serviços Estratégicos, o CIC era composto em sua maior parte por suboficiais. Em uma hierarquia militar, isso poderia ter sido um defeito, se não fosse pelo fato de os agentes do CIC não usarem nenhuma insígnia de posto. Eles usavam roupas civis ou uniformes de oficiais Classe A com uma insígnia de metal escrito "EUA" em cada lapela, e traziam um distintivo de ouro com a inscrição "War Department Military Intelligence" [Serviço de Informação Militar do Departamento de Guerra].[38] Como o agente do CIC Ib Melchior recordou,

> Como nossas tarefas eram tais que nós poderíamos com facilidade nos encontrar em uma situação que exigisse auxílio imediato e inquestionável de soldados disponíveis, nós tínhamos o poder de requisitar tal assistência – se fosse necessário, de *ordená-la* – de qualquer oficial, incluindo um coronel. Somente generais tinham permissão de conhecer nosso verdadeiro ranque. Para todos os demais, nossa resposta-padrão para a inevitável pergunta, "Qual é seu ranque?", era simplesmente um decidido "Meu ranque é confidencial, mas neste momento eu não estou em um ranque inferior".[39]

Havia ocasiões em que os agentes do CIC na Alemanha realmente se envolviam em arrepiantes operações de capa e espada; um exemplo notável foi a operação para prender Artur Axmann e outros antigos líderes da Juventude Hitlerista.[40] Porém, a maior parte da tarefa envolvia serviços de escritório. Como um dos agentes envolvidos no caso Axmann recordou,

> Prisões automáticas [pessoas presas devido à sua posição no Partido Nazista, na SS ou em outras organizações] estavam sendo realizadas em grandes quantidades diariamente. Os alemães estavam denunciando uns aos outros para o CIC e o GM

[Governo Militar], produzindo documentos entediantes que faziam uma relação dos crimes ou das crenças políticas que suas vítimas supostamente teriam cometido ou em que acreditariam.⁴¹

O grande desafio da desnazificação era onde estabelecer o limite. Na teoria, havia uma profunda diferença entre nazistas convictos e "oportunistas", entre líderes e seguidores, entre criminosos e passivos. Na prática, tais diferenças se confundiam. Depois de quatro tentativas iniciais de solucionar o problema, uma diretiva de 7 de julho de 1945 acabou chegando à ideia de "culpado por ocupar uma posição de serviço", criando 136 categorias de remoção compulsória. A ordem de Eisenhower para "Remoção de nazistas e de militaristas", datada de 15 de agosto de 1945, expandiu a esfera de ação do CIC para incluir "nazistas e militaristas" nos negócios e nas profissões liberais, não somente no serviço público. Tais elementos não deveriam somente perder seus empregos, seus bens também poderiam ser confiscados.⁴² Complementando isso havia a Lei Clay nº 8 de 26 de setembro, que decretava que antigos nazistas nas 136 categorias de remoção compulsória poderiam ser reempregados somente em trabalho braçal. Igualmente ambiciosos eram os planos concebidos em JCS 1067 para estabelecer "um sistema coordenado de controle sobre a educação alemã e um programa afirmativo de reorientação [...] concebido para eliminar completamente doutrinas nazistas e militarísticas".⁴³ É contra esse pano de fundo que nós temos de entender as atividades de Kissinger como agente do CIC em Bensheim, a maior cidade do belo distrito vinicultor de Hesse conhecido como Bergstrasse.

A fama subsequente de Kissinger despertou as recordações locais do jovem que havia aparecido no verão de 1945 dizendo que se chamava "Sr. Henry". Elizabeth Heid, que trabalhou como sua secretária, lembrou-se de ele lhe dizer: "Nós não viemos aqui para nos vingar". Por outro lado, ela mencionou que ele era "especialista em se manter à distância".⁴⁴ Um autor alude a "histórias de seus casos com mulheres alemãs e seus suntuosos jantares".⁴⁵ Segundo as lendas locais – com certeza imaginosas –, o "Sr. Henry" tinha um relacionamento com uma mulher de Bensheim vinte anos mais velha que ele, filha de um banqueiro de origem judaica, cujo marido havia morrido em um campo de concentração e cujo filho fora morto como piloto da Força Aérea Real.⁴⁶ Mesmo sem uma amante, Kissinger certamente viveu com maior conforto que a maioria dos habitantes. Ele mudou de casa diversas vezes, indo de um modesto apartamento (Gärtnerweg 20) para a mais imponente Weiherstrasse 10, depois para a vizinha Zwingenberg, para uma *villa* de propriedade do fabricante de produtos farmacêuticos Arthur Sauer, e finalmente para outra *villa* (Ernst-Ludwig-Promenade 24) aos pés das montanhas Melibokus. Na última dessas residências, ele desfrutou dos serviços de uma cozinheira, de uma criada de quarto, de uma faxineira, de uma governanta e de um segurança, bem como de cães de guarda.[47] "Eu vivo com bastante conforto atualmente", ele disse para os pais. "Outro colega e eu [ilegível] vivemos em uma casa de seis cômodos. Nós também ficamos com o mordomo, de modo que agora temos nossos sapatos engraxados [...] roupas passadas, banhos preparados e tudo mais que um mordomo faça".[48] Ele desempenhou o papel de "Sr. Henry" ao ponto de dar ordens para os empregados em inglês e até mesmo de participar de um culto de reconciliação norte-americano-alemão na principal igreja protestante da região. Até que ponto ele era identificado como tendo nascido judeu alemão não fica claro.[49] Tampouco fica claro quanto nós podemos confiar em tais lembranças locais. (Para dar somente um exemplo, o carro que Kissinger alugou de um nativo era um Opel Kapitän, não o Mercedes branco da memória popular.)[50] Talvez fosse inevitável, dado o trabalho de investigação que ele estava fazendo, que Kissinger não gostasse dos moradores de Bensheimer: "um povo falso, subserviente, traiçoeiro e fofoqueiro".[51]

A situação em Bensheim logo após o fim da Segunda Guerra Mundial era caótica a um ponto que o visitante contemporâneo desse lugar pitoresco mal consegue imaginar. A cidadezinha havia sido bombardeada duas vezes, em fevereiro e em março de 1945, deixando a prefeitura e a principal igreja em ruínas. Cerca de 140 famílias haviam perdido suas casas no bombardeio, e outras 135 tiveram então de abrir espaço para as forças de ocupação norte-americanas. Aproximadamente 2 mil pessoas viviam em campos improvisados. A falta de acomodações era crônica e ficou pior com a chegada de milhares de refugiados dos Sudetos, então reivindicados pela Tchecoslováquia. (Não chega a surpreender que, em seus dias de folga, Kissinger com frequência trocasse a Alemanha por Londres,[52] Salzburgo,[53] Copenhagen[54] e Paris.[55])

Para o agente do CIC Kissinger, a tarefa de identificar malfeitores era intimidante. O quartel-general da Gestapo regional tinha sido transferido para Bensheim depois de danos causados por bombardeios na capital do Hesse, Darmstadt. Seus oficiais – sob a liderança do ss *Sturmbahnführer* Richard Fritz Girke e de seu vice, Heinz Hellenbroich – não tinham ficado ociosos nos momentos finais da guerra. Em 24 de março, três dias antes da chegada do Exército norte-americano, catorze dos dezessete prisioneiros nas celas da Gestapo haviam sido forçados a marchar para um campo e foram baleados por um comando especial de oito homens que agiam segundo instruções de Girke.[56] Nessa mesma noite, sob as ordens de Hellenbroich, a Gestapo também matou dois prisioneiros de guerra norte-americanos cujo avião havia caído nas vizinhanças.[57] A primeira tarefa de Kissinger em Bensheim foi a de preparar uma lista abrangente de todos os membros conhecidos da Gestapo na região de Bergstrasse, incluindo pessoal de secretariado, e começar a prendê-los. No fim de julho, doze homens haviam sido detidos e outros nove do pessoal de secretariado colocados em prisão domiciliar "aguardando posteriores interrogatórios".[58] Girke, Hellenbroich e dois outros membros da Gestapo foram em seguida presos e levados a julgamento perante uma corte militar alemã em março de 1947. Eles foram condenados à morte e enforcados em outubro de 1948.[59]

O alcance do trabalho de Kissinger para o CIC às vezes se estendia além do distrito de Bergstrasse. Um homem procurado – o antigo oficial da Gestapo de Darmstadt, Gerhard Benkwitz, que era suspeito de organizar um "grupo de sabotagem" – teve de ser preso na zona britânica perto de Düsseldorf, onde ele estava escondido.[60] Porém, o principal problema da unidade chefiada por Kissinger – a Equipe de Contrainformação 970/59 – era "a inteligência estática em uma área de 180 mil [pessoas]". Embora estivesse determinado a não se vingar, o "Sr. Henry" foi, não obstante, particularmente meticuloso em sua abordagem à desnazificação. "É necessário muito tato", como ele explicou para seus pais, "já que muitos antigos agentes do CIC estão trabalhando sob minhas ordens. Também é necessário um sentimento de responsabilidade, uma compreensão da psicologia e um senso de proporção".[61] Sua equipe de dezesseis homens levou a cabo uma pesquisa abrangente "de cada estrato da vida civil, tais como indústria, profissões liberais, negócios e comércio, e o serviço público civil [...] [usando] a informação assim obtida [...] como um elemento importante para determinar critérios de desnazificação".[62] Quando o comandante do VII Exército emitiu as ordens para a Operação Lifebuoy [Operação Salva-vidas] – que tinha por objetivo expurgar o serviço público civil de nazistas –, Kissinger já "tinha os planos completos para um programa de desnazificação em Kreis Bergstrasse a todo vapor". Além das atividades da Operação Lifebuoy, Kissinger também "conduziu pesquisas para desnazificar todos os estratos dos grupos sociais alemães". Nas palavras de um oficial superior,

> Ele lançou mão de toda a polícia civil e do *Landrat* [administrador do distrito] para o cumprimento dessa missão. Ele vê o chefe de polícia diariamente, o *Landrat* pelo menos uma vez por mês, e ele conversa com todos os *Burgermeisters* [prefeitos] em seus encontros mensais. Ao fazer isso, e ao lançar mão de seu sistemadinformação [sic] que cobre todos os estrato[s] de civis, ele tem mantido controle completo de Kreis Bergstrasse.[63]

Mesmo antes da chegada em Bergstrasse dos refugiados dos Sudetos, Kissinger estabeleceu "centros de concentração" para "triagens preliminares" dos recém-chegados, concebidas para identificar "elementos politicamente danificados [que] podem colocar em risco a ordem existente na área".[64]

Na verdade, isso era serviço de polícia, envolvendo uma mistura de detecção, interrogatórios e detenção. Era um trabalho em que Kissinger se destacava. Ao recomendá-lo para promoção para o posto de sargento em agosto de 1945, seu superior o descreveu como "o membro mais valioso no escritório de Bensheim", acrescentando: "Este jovem [...] conquista o respeito dos outros funcionários ao ponto de que eles gostam de trabalhar sob o comando dele".[65] Nesse mesmo mês, ele foi elogiado pelo general Bolling "por serviços feitos na desnazificação de Kreis Bergstrasse", e pelo coronel Charles Sixel, comandante local do VII Exército, que também fez comentários sobre seu "notável desempenho das tarefas", bem como a excepcional meticulosidade de seu trabalho em fazer a triagem da população de Bergstrasse buscando evidências de participação no regime nazista.[66] Dois meses mais tarde, ele foi encarregado da completa Subseção da Região nº 2 de Bergstrasse (uma parte significativa da área total ocupada pelo VII Exército).[67] Em abril de 1946, ele foi nomeado pelo chefe regional da Região nº 2 da zona norte-americana para o posto de "investigador chefe para o CIC no teatro europeu de guerra" – um elogio notável.[68] Mesmo quando suas responsabilidades foram ampliadas para incluir a administração e a distribuição de suprimentos, Kissinger "continuou a realizar um serviço de grande qualidade". Nas palavras de um entusiasmado oficial superior, ele tinha, apesar de sua relativa pouca idade, "uma aptidão para manter um olho no presente e o outro nos planos para as operações futuras".[69] Esse veredicto positivo foi mais tarde ecoado por Fritz

Kraemer, que elogiou "não somente [...] sua imparcialidade, compreensão de intangíveis, autodisciplina e idealismo, mas também [...] seus métodos de trabalho e [...] os resultados práticos que ele obtinha".[70]

No entanto, tal zelo logo saiu de moda. Virtualmente todos os funcionários administrativos de alto escalão do regime anterior, de um modo ou de outro, haviam sido nazistas. Expurgá-los todos era uma receita para o caos. Já no inverno de 1945-46, a perturbação causada pela remoção de tantos funcionários convenceu Clay da necessidade de outro tipo de abordagem. Como ele disse em março de 1946: "Com 10 mil pessoas, eu não tinha condições de levar a cabo o trabalho de desnazificação. Ele tem de ser feito pelos alemães".[71] O que isso queria dizer era uma inundação de questionários, concebidos para que os alemães se classificassem em uma escala minuciosamente graduada de transgressão: grandes infratores, infratores, pequenos infratores, seguidores, simpatizantes, e (conforme os alemães diziam, em caçoada) os "brancos como a neve". De modo bastante previsível, nem todos deram uma resposta honesta para a pergunta "O senhor já foi alguma vez um membro do NSDAP?" – uma das 131 feitas no formulário-padrão. Na metade de 1946, já havia ficado claro para Clay e seus colegas que o tipo de desnazificação tentado na Operação Lifebuoy – que havia levado à demissão de um terço de todos os funcionários na zona norte-americana[72] – era simplesmente incompatível com uma transição tranquila para o autogoverno alemão. Clay mais tarde chamou a desnazificação de seu "maior erro", um "procedimento irremediavelmente ambíguo" que havia criado uma "'comunidade de destino' patética entre nazistas sem importância ou importantes".[73]

Era hora de conter os membros da administração. Em maio de 1946, Kissinger recomendou que Joachim George Boeckh – um especialista na literatura alemã barroca – fosse demitido de seu cargo de docente na Universidade de Heidelberg devido à sua conduta pró-nazista nas décadas de 1930 e 1940. Suas recomendações não foram levadas em conta; Boeckh permaneceu em Heidelberg até 1949, quando ele se mudou para a zona soviética, permanecendo o resto de sua carreira na Berlim Oriental.[74] Ele era um dos muitos milhares de nazistas convictos que ficaram sem punição quando o ímpeto inicial para a desnazificação cedeu lugar a uma medida mais pragmática.

III

A desnazificação começou como uma vingança justificada e terminou em uma política local conturbada. Em novembro de 1945, alegações foram veiculadas no *Daily Mail* de Londres de que reuniões do Partido Nazista continuavam a ser feitas em Bensheim. Um recruta do Exército dos Estados Unidos até mesmo alegou – com base nos testemunhos do *Bürgermeister* e do *Landrat* da vizinha Birkenau – que elementos do Governo Militar estavam subvertendo os esforços do CIC por causa de "um caso entre [...] um dos membros do destacamento do Governo Militar em Bensheim" e "a intérprete selecionada [...] como intermediária entre o destacamento e o povo alemão", que era "ninguém mais que a *Ringfuehrerin* [líder] da BDM [Bund Deutscher Mädel] (Juventude Hitlerista Feminina), a *Fräulein* Wilms [...] uma loira excepcionalmente bem-apessoada, muito atraente".[75] Kissinger investigou com todo cuidado essas alegações, mas concluiu que era um "caso de rancor" ligado à demissão do *Landrat* devido à lentidão no processo de desnazificação. A mulher em questão havia realmente sido empregada como intérprete, mas fora demitida depois de seu passado nazista ter sido exposto pelo CIC. Quanto ao suposto caso, não havia evidências de quaisquer contatos sociais entre ela e os oficiais norte-americanos.[76]

Como já vimos, as forças de ocupação norte-americanas haviam antecipado uma resistência nazista organizada contra a presença deles, se não uma insurgência total. Quaisquer sinais de saudades do regime hitlerista eram, portanto, do maior interesse para o CIC. O caso contra *Fräulein* Wilms não havia procedido, mas era preciso ficar de sobreaviso. Em setembro de 1945, Kissinger exigiu que o recém-empossado prefeito de Bensheim lhe fornecesse um detalhado relatório sobre os sentimentos da população local, incluindo atitudes em relação aos nazistas, ao Governo Militar, aos Aliados, à propaganda aliada, à antiga Wehrmacht, à restauração dos partidos políticos, às tendências separatistas, e ao futuro da Alemanha em geral.[77] O relatório resultante foi bastante negativo, alertando a respeito da hostilidade crescente, sobretudo entre os jovens "descontentes", e ocasionou dez prisões.[78] Relatórios subsequentes do CIC sobre a opinião pública, tal como este datado de outubro de 1945, fornecem *insights* vívidos a respeito dos conturbados meses do pós-guerra.

Novas perturbações ocorreram com a Juventude Hitlerista em Viernheim. Tropas táticas reclamaram de grupos de jovens nas esquinas que exibiam uma atitude arrogante e provocativa. Uma suástica foi pintada em um veículo norte-americano. Ouviram um jovem se vangloriar a respeito de seu conhecimento de armas ocultas. Agentes dessa equipe prenderam quinze ex-líderes da Juventude Hitlerista em Viernheim. Eles ficarão presos aguardando interrogatórios minuciosos.[79]

À medida que o tempo passava, entretanto, evidências de um hitlerismo residual foram diminuindo, sendo substituídas por relatos de "excitação" pública relacionada às próprias medidas de desnazificação.[80] Uma consequência da Operação Lifebuoy foi a de semear discórdia entre elementos autenticamente antinazistas, para quem os norte-americanos haviam se voltado em busca de uma liderança local confiável, simpatizantes, nazistas fervorosos e – de algum modo o grupo mais problemático – antigos nazistas que então procuravam se reconciliar com os norte-americanos denunciando seus antigos *Volksgenossen* (literalmente, "companheiros"). Alguns alemães (incluindo padres) condenavam as denúncias como "não cristãs". Outros reclamavam a respeito da "arbitrária linha divisória que separava as remoções compulsórias das opcionais e a falta de elasticidade inerente em tais medidas".[81] O objetivo do CIC de "fazer da desnazificação não somente uma série de medidas dirigidas pelos norte-americanos, mas [para] reduzir grande parte dela ao nível de um problema interno alemão" foi alcançado somente em parte.[82] Quando os norte-americanos adotaram critérios menos rígidos, surgiram novas reclamações.[83]

Com a aproximação do inverno, o estado de espírito da população ficou mais sombrio. "A população está cada vez mais pessimista em relação ao futuro da Alemanha", relatou a equipe do CIC de Kissinger. "A aproximação de um inverno sem carvão, a percepção do isolamento total da Alemanha, a ausência de quaisquer perspectivas de assistência criaram uma atmosfera de crescente pessimismo."[84] Não haveria uma acolhida calorosa para os refugiados do Leste, já que eles iriam apenas deixar mais complicada a questão da carência de alimentos, combustível e moradia. Quanto aos esforços das forças de ocupação para "americanizar" os alemães com jazz e filmes, eles também pareciam produzir efeitos negativos.

Muitos alemães bem-intencionados questionam a sensatez de forçar a música norte-americana aos ouvintes alemães. Sem qualquer explicação sobre suas origens, a música com frequência soa degenerada e pouco melodiosa aos ouvidos alemães, e dizem que ela não é uma boa representante da cultura norte-americana. [...] Os filmes norte-americanos não são muito bem recebidos. Já que os filmes exibidos até agora, em sua maioria, têm sido típicos filmes de entretenimento, mostrando uma vida de glamour, opulência, doçura e luminosidade, eles não são bem recebidos por uma população maltrapilha, friorenta e faminta.[85]

Porém, a reclamação mais amarga – e contundente – era a de que o CIC simplesmente não passava da "Gestapo dos Estados Unidos". Para uma população familiarizada demais com o padrão de denúncias, interrogatórios e prisões, a ideia de que as forças norte-americanas estavam tentando um tipo de "reeducação" benigna era incompreensível. "Nós, norte-americanos, viemos aqui para fazer de você um homem decente", Kissinger falou para um antigo líder da Juventude Nazista. Quando o alemão respondeu que seus pais já haviam se encarregado disso, Kissinger respondeu, friamente: "Ok... pode ir embora".[86]

Em um aspecto o CIC foi realmente o sucessor da Gestapo: quanto à dependência de informantes. Isso demonstrou ser o calcanhar de Aquiles da desnazificação. Ao chegar a Bensheim, Kissinger não havia perdido muito tempo para recrutar muitos informantes, entre eles Erwin Kiesewetter, um ex-instrutor da polícia de 49 anos, que alegava ter sido demitido de seu cargo em 1944 por ser um social-democrata. Em 10 de julho, aparentemente como resultado de uma pressão do CIC, Kiesewetter foi designado diretor da polícia de Bensheim, substituindo um antigo suboficial da Wehrmachat chamado Richard Graf. O homem que designou Kiesewetter para seu posto, ao menos de forma nominal, foi Willy Klapproth, a quem os norte-americanos haviam nomeado prefeito depois de o primeiro indicado deles, um social-democrata chamado Gottfried Kräge, ter se demitido por questões de saúde. Klapproth também era social-democrata; assim como Kiesewetter, ele havia sido oficial de polícia durante os anos de Weimar. Os dois homens entraram em conflito, entretanto. No começo de agosto, Kiesewetter tentou usar seu poder como chefe de polícia para interferir em uma das muitas brigas relacionadas à acomodação que estavam se alastrando em Bensheim.[87] Três semanas depois, Klapproth procurou impor sua autoridade a Kiesewetter, requisitando relatórios sobre todas as prisões duas vezes por semana,[88] e então decidindo abruptamente uma redução de salário para ele.[89] Depois de uma conversa telefônica acalorada em 1º de setembro, Kiesewetter pediu demissão.[90]

Essas eram notícias claramente pouco agradáveis para o agente do CIC "Sr. Henry", que apreciava Kiesewetter por sua "ficha de atividades antinazistas" e "valor como informante".[91] O resultado foi uma encarniçada batalha burocrática, cujos detalhes Klapproth teve o cuidado de registrar com precisão teutônica, embora não necessariamente com veracidade. Na noite da demissão de Kiesewetter, às 23h30, Kissinger convocou a seu escritório um conselheiro local chamado Muschard, defendeu Kiesewetter, e ameaçou romper relações com o governo local de Bensheim, dizendo: "Se não interrompêssemos essa história com o Kiesewetter, nós iríamos descobrir quão forte o CIC poderia ser". Dois dias depois, Kissinger foi ao escritório de Klapproth e, sem passar pela porta, gritou em "um tom de voz mais que inamistoso" que ele deveria ir ao escritório do CIC na manhã seguinte às 11h. Quando Klapproth se apresentou, Kissinger lhe disse bruscamente que ele não iria mais lidar diretamente com ele ou com Muschard; que eles iriam nomear novos representantes para tratar com ele; que ele requeria um posto deles; e que o filho de um ex-funcionário nazista chamado Nolde não poderia mais servir como auxiliar na polícia. Conforme solicitado, Klapproth enviou outro conselheiro, o comunista Hans Lehmann-Lauprecht, para ver Kissinger. Dessa vez, Kissinger tinha em prontidão nada menos que sete solicitações, entre elas:

a) que Lehmann-Lauprecht deveria comparecer ao CIC todas as terças e sextas-feiras às 11h;
b) que ele teria de entender que o CIC e o Governo Militar eram "duas instituições completamente separadas, totalmente independentes uma da outra";
c) que Klapproth deveria apresentar sugestões para os folhetos de propaganda relacionados ao trabalho forçado que estava sendo imposto a mais de cem nazistas sentenciados (*Nazi-Arbeitseinsatz*) para garantir que os nomes dos envolvidos viessem a público;
d) que as "manobras políticas" deveriam ser interrompidas; e
e) que pôsteres nazistas com slogans "Nós devemos isto ao Führer" e "Deem-me dez anos e vocês não irão mais reconhecer a Alemanha" deveriam ser exibidos com destaque em Bensheim.

E o "Sr. Henry" tampouco havia acabado. Naquele mesmo dia, Klapproth foi convocado ao escritório de Kissinger e lhe foi dito, em termos bastante precisos, para não "jogar o Governo Militar e o CIC um contra o outro" porque "em uma perspectiva em longo prazo o CIC era mais forte que o Governo Militar".

Mesmo levando em consideração que essa era a versão de Klapproth dos acontecimentos, a conduta de Kissinger era claramente conflituosa. Ainda que ele estivesse simplesmente sendo rígido, em vez de vingativo, o "Sr. Henry" nitidamente ainda não estava tão pronto quanto seus superiores para colocar o poder local nas mãos de pessoas como Klapproth. Porém, o homem mais jovem havia subestimado seu oponente (um homem que chegou a ser chefe de polícia de Frankfurt, até sua carreira ser interrompida quando ele cometeu perjúrio em um caso de corrupção). Com a vantagem de trinta anos a mais de experiência em serviços administrativos, Klapproth, o burocrata alemão, levou a melhor sobre Kissinger, o futuro homem do governo. Escrevendo indignado para o chefe do Governo Militar em Bergstrasse,[92] ele suplicou-lhe que intercedesse junto ao "Herr Henry" de modo que as relações entre o prefeito e o CIC pudessem ser mais "harmoniosas", enfatizando claramente suas próprias credenciais democratas ("O senhor sabe que eu esperei durante doze anos pelos norte-americanos e pela libertação").[93] Kiesewetter não foi reintegrado; ele arrumou um emprego no setor privado, enquanto continuava a trabalhar como informante do CIC.[94] Quando Kissinger solicitou que dessem permissão a Kiesewetter para manter uma sala na delegacia de polícia, Klapproth recusou terminantemente.[95] O prefeito foi devidamente vingado quando descobriu testemunhas prontas para jurar que Kiesewetter havia, na verdade, sido um dos primeiros nazistas (um *Alter Kämpfer*, literalmente, um "velho combatente").[96] Veio à tona que ele havia sido membro da SA, bem como um notório fraudador.[97] Em 16 de janeiro de 1946, o homem de Kissinger foi preso. No mês seguinte ele foi condenado a seis meses de prisão e a uma multa de 10 mil Reichsmarks por "roubo de patentes e por dar falsas informações para as autoridades norte-americanas".[98]

O caso Kiesewetter ilustra a extrema dificuldade da tarefa do CIC na Alemanha do pós-guerra. Os norte-americanos dependiam dos alemães para obter informações, mas em quais alemães eles poderiam confiar? Com frequência, assim como Kiesewetter, os mais ansiosos para colaborar com as forças de ocupação eram precisamente aqueles que tinham algo a esconder. Por outro lado, uma fonte confiável de informações sobre o passado nazista poderia muito bem ser o alvo de falsas denúncias por parte de quem tivesse medo de ser incriminado. Outro informante duvidoso empregado por Kissinger durante sua permanência em Bensheim foi Alfred Lungspeer. Nascido em Nova York, Lungspeer fora para a Alemanha depois que seus pais morreram. Durante o Terceiro Reich, ele havia estabelecido para si mesmo a reputação de grafologista – publicando diversos livros sobre análise de escrita sob o nome "Noeck Sylvus" – e trabalhou para inúmeras indústrias nessa função. Lungspeer não era membro do Partido Nazista; ele era, entretanto, um oportunista egoísta, que não perdeu tempo em oferecer seus serviços como analista de caligrafia e agente para missões secretas.[99] É por si só intrigante que Kissinger, nessa época, considerasse a grafologia uma ciência legítima, embora nesse aspecto ele não fosse uma raridade em sua geração.[100] Entretanto, também há provas claras de que Lungspeer tentava explorar sua posição como informante do CIC para intimidar antigos membros do Partido Nazista em mais uma briga por causa de habitação.[101] Novamente Klapproth teve condições de lamentar a inconfiabilidade dos *protégés* do "Sr. Henry".[102] Na primeira batalha burocrática de sua carreira, Henry Kissinger foi clamorosamente derrotado.

Os dias de Klapproth como *Bürgermeister* estavam contados, entretanto, pois a democracia estava retornando à Alemanha, mesmo com a desnazificação sendo discretamente deixada de lado. Já em outubro de 1945, o Governo Militar norte-americano havia criado um Council of Minister Presidents [Conselho de Ministros Presidentes] (o *Länderrat*) [Câmara das Regiões] em Stuttgart, ao qual Clay delegou um número cada vez maior de responsabilidades administrativas. No fim de 1945, todos os estados novos ou reconstituídos na zona norte-americana tinham governos alemães e "pré-parlamentos". E na primeira metade do ano seguinte, os governos locais foram formados e eleições realizadas. Em Bensheim, assim como em grande parte do sudoeste da Alemanha, a vitória foi para a nova União Democrata Cristã (CDU), um descendente indireto do antigo Partido do Centro Alemão. Joseph Treffert sucedeu Klapproth em 1º de abril de 1946.[103] Não se passou muito tempo, contudo, antes que o novo prefeito começasse a reclamar sobre a "persistente tensão entre o Governo Militar e o CIC" e a tendência de "uma autoridade ordenar o que a outra havia proibido".[104]

Talvez porque estivesse cansado de tais atritos, talvez simplesmente porque estivesse então apto para ser liberado do Exército, no começo de novembro de 1945 Kissinger solicitou um emprego civil, procurando um posto em "pesquisa política, pesquisas investigativas, [ou] administração civil".[105] Ele fez questão de enfatizar a extensão de seus feitos educacionais: "Eu falo, leio e escrevo fluentemente alemão, assim como francês. Minha instrução consiste em dois anos no College of the City de Nova York, onde me especializei em administração de empresas. Também estudei [no] programa de Foreign Area and Language do Exército, especializando-me em história europeia, sociologia e economia".[106]

É sugestivo que entre os primeiros empregos que lhe foram oferecidos se encontrasse o de ser um dos "investigadores e interrogadores em conexão com atividades de crimes de guerra para os teatros de operação europeu e mediterrâneo". Kissinger certamente se interessava pelos julgamentos de Nuremberg; em certo momento em 1946 ele assistiu à reinquirição de Ernst Kaltenbrunner, chefe do Escritório Central de Segurança do Reich e o mais alto oficial da ss a ser julgado. Outra opção era um emprego como "oficial de informações políticas e controle de notícias" com o Governo Militar.[107] Porém, qualquer um dos dois cargos teria significado permanecer no Exército, se bem que com o posto de segundo-tenente.[108] Kissinger claramente já havia tido sua cota de interrogatórios e uniformes, sem mencionar os aspectos "moribundos e burocráticos" da vida militar. Pelo contrário, ele aceitou seu primeiro cargo de professor, como instrutor do Departamento de Orientação Ocupacional da Escola de Informações do Teatro Europeu das Forças Norte-Americanas em Oberammergau, na Baviera.[109]

As tensões que Kissinger deixou para trás em Bensheim eram inerentes aos objetivos duplos norte-americanos de desnazificação e democratização. Seu sucessor, um agente do CIC chamado Samuels, não perdeu tempo em fazer o *Bürgermeister* Treffert entender que ele "não era mais fraco que o [Sr.] Henry". O prefeito não poderia cometer o erro de pensar que "outras medidas seriam postas em prática porque o Sr. Henry não era mais o encarregado". Assim como Kissinger, Samuels – cujo nome sugere que também ele era judeu – estava mais interessado em acabar com o nazismo do que em fazer a Alemanha voltar a ser uma democracia. Os dois homens evidentemente suspeitavam que o CDU incluísse mais do que um punhado de elementos não convertidos do regime anterior. Como Samuels disse, as iniciais CDU pareciam, para muitos norte-americanos, significar "Centrale Deutsche Untergrundbewegung" [Central Clandestina Alemã] – uma alusão à resistência nazista que o CIC havia esperado encontrar no país.¹¹⁰ Tais suspeitas – que, em qualquer caso, estavam longe de ser infundadas – persistiram por muito tempo depois de o poder ser colocado nas mãos dos políticos alemães. Durante grande parte de sua carreira, apesar de repetidas manifestações de admiração pela República Federal que surgira das ruínas do Reich, Kissinger tinha dúvidas a respeito da força do novo comprometimento dos alemães com a democracia.

No entanto, é fato incontestável que Kissinger escolheu permanecer na Alemanha quando poderia facilmente ter procurado emprego nos Estados Unidos, e quando sua família o estava pressionando para voltar para casa. Por que ele ficou? A resposta de Kissinger era veemente.

> Vocês nunca vão entender isso e eu nunca explicaria a não ser com sangue e tristeza e esperança. Às vezes, quando eu dou uma olhada em nossa mesa e vejo os lugares vagos de nossos homens bons e capazes, os homens que deveriam estar aqui para concluir aquilo por que nós lutamos, eu penso em Osterberg [?] e na noite em que a morte de Hitler foi anunciada. Naquela noite, Bob Taylor e eu concordamos que, não importaria o que acontecesse, não importaria quem fraquejasse, nós iríamos ficar para fazer, com nossos modestos meios, o que pudéssemos; para fazer com que todos os sacrifícios anteriores tivessem um significado. Nós ficaríamos apenas o tempo suficiente para fazer isso.
>
> E então, hoje Taylor está [ilegível] embora ele pudesse ter ido em outubro passado e eu estou aqui. E então, eu vou ficar um pouco mais. Não vou ficar um ano, vou voltar para casa em 1946, mas quero fazer algumas coisas antes.

Resumindo, Kissinger havia jurado desempenhar sua parte na reeducação política da Alemanha. Sua única hesitação ao aceitar o posto em Oberammergau era "porque eu realmente quero *fazer* alguma coisa diretamente, não ensinar".¹¹¹

IV

No começo de 1946, entretanto, um novo inimigo estava assomando com mais força às mentes norte-americanas do que os nazistas clandestinos, um inimigo que encorajava a transição de uma política de desnazificação agressiva para uma de esquecimento, se não de perdão, dos erros passados. Poucos entre os líderes dos Aliados tinham sido tão rápidos quanto Alan Brooke para prever que, assim que a Alemanha tivesse sido derrotada, a União Soviética passaria de amiga a inimiga. Roosevelt e alguns de seus conselheiros – especialmente Harry Dexter White, o coautor do sistema financeiro Bretton Woods e, mais tarde se tornou público, uma confiável fonte de informações para os russos – fracassaram completamente em antecipar quão impiedosamente Stálin iria adotar o ataque, sob a forma de subversão política da democracia europeia, como a melhor tática defensiva.

A mais famosa petição em favor de uma política mais realista foi, naturalmente, o ultrassecreto Longo Telegrama de 5 mil palavras do diplomata de carreira George F. Kennan – número 511 – enviado para Washington de Moscou em 22 de fevereiro de 1946. O telegrama de Kennan era pesado; a certa altura, ele comparou o comunismo internacional a um "parasita maligno que se alimenta somente de tecidos doentes".[112] No entanto, essa foi somente uma das inúmeras metáforas surpreendentes da época. Duas semanas mais tarde, falando no Westminster College em Fulton, Missouri, Churchill alertou que uma "cortina de ferro" havia descido sobre o continente europeu. Por trás da cortina estava uma "esfera soviética" abrangendo Varsóvia, Berlim, Praga, Viena, Budapeste, Belgrado, Bucareste e Sofia. Em 10 de março, cinco dias depois da palestra de Churchill, George Orwell escreveu no jornal *The Observer* que "[d]epois da conferência de Moscou, em dezembro passado, a Rússia começou a fazer uma 'guerra fria' contra a Grã-Bretanha e o Império Britânico".

Havia sido a última esperança vã dos nazistas que os Aliados reconheceriam a ameaça soviética a tempo de se juntar a eles contra Stálin. O terreno tendo sido preparado pela propaganda de Goebbels, os alemães comuns foram até mais rápidos para antecipar tal conflito. Já no Natal de 1945, rumores em Bergstrasse incluíam "o suposto armamento de soldados alemães para uma guerra contra a Rússia" e "uma guerra neste inverno entre a Rússia e as potências ocidentais".[113] Porém, a Guerra Fria assumiria formas muito diferentes da Segunda Guerra Mundial. Como já vimos, os norte-americanos não tinham demonstrado escrúpulos em designar membros do Partido Comunista Alemão (KPD) para posições de responsabilidade em sua zona de ocupação. Qualquer "antinazista" era considerado elegível. Somente aos poucos ficou claro que o KPD poderia estar agindo como uma quinta-coluna soviética. "O partido com melhor organização em Kreis Bergstrasse é [o] comunista", segundo um relatório do CIC datado de outubro de 1945, que acrescentou, soturno: "A organização deles é modelada pela dos nazistas".[114] Os próprios comunistas mudaram suas táticas no começo de 1946 – sobretudo devido ao seu fracasso em vencer as eleições locais – adotando uma política de oposição extraparlamentar.[115] Conforme Kissinger relembrou mais tarde: "De dezembro de 1945 a junho de 1946, nossa missão [em Bergstrasse] mudou aos poucos, se concentrando [...] nos esforços de penetração estrangeira".[116] Mesmo antes disso, o CIC estava tentando (em vão) bloquear a designação do comunista Wilhelm Hammann como *Landrat* para o distrito de Gross-Gerau, tendo como base que "O indivíduo fez mau uso de seu cargo para promover um partido político".[117] Esse foi o início de uma prolongada campanha norte-americana contra Hammann que culminou na prisão dele. (Apesar das evidências de que Hammann salvara as vidas de mais de cem crianças judias enquanto era prisioneiro em Buchenwald, ele foi acusado pelas autoridades norte-americanas de crimes contra a humanidade. Depois de um protesto internacional, as acusações foram retiradas.)

À primeira vista, Oberammergau parecia um campo de batalha da Guerra Fria bastante improvável. Aninhada às margens do rio Ammer, aos pés dos Alpes Bávaros, a cidadezinha era (e continuar a ser) mais conhecida por sua representação da Paixão de Cristo, uma dramatização local da história do Novo Testamento. A cada dez anos desde 1634, os habitantes da cidade encenavam a representação, tendo se comprometido a fazê-lo para garantir a proteção divina contra uma epidemia de peste.[118] Porém, na época vitoriana, ela havia se transformado em uma atração turística. A revisão de 1860, feita pelo padre Joseph Alois Daisenberger, expurgara o texto de vulgaridades medievais e de maneirismos barrocos, garantindo que ele poderia ser apreciado por pudicos protestantes.[119] Os visitantes se sentiam igualmente deleitados com o antiquado e rústico grupo teatral e o agradável pano de fundo alpino do Kofel, a montanha com topo rochoso que domina a paisagem. Acima de tudo, eles admiravam a qualidade literal da produção.[120] Juntamente com o monastério de Ettal no alto da colina de Kienberg, que havia ressurgido como um templo ao estilo de Lourdes depois de sua dissolução em 1900, e a antiga Wieskirche, a Paixão de Cristo de Oberammergau oferecia aos viajantes uma elevação tanto literal quanto metafórica.[121] Na década de 1920, ela era um dos principais destinos europeus da Thomas Cook, atraindo dezenas de milhares de turistas britânicos e norte-americanos.

Mas inextricavelmente ligado à Paixão de Cristo estava o antissemitismo. Tradicionalmente, tais representações estavam associadas à violência contra os judeus, uma das razões pelas quais as autoridades da Baviera tinham-nas banido em 1770, um banimento de que Oberammergau conseguiu uma dispensa com muita dificuldade.[122] No texto revisado de Daisenberger, entretanto, os judeus haviam passado a ser os maiores vilões da representação.[123] Perto do fim, eles proclamavam sua culpa coletiva pela morte de Cristo, exclamando: "O sangue Dele sobre nós e sobre nossos filhos!".[124]

Setenta anos mais tarde, depois de ver a produção da década de 1930, um rabino norte-americano chamado Philip Bernstein ficou pensando sobre "seus prováveis efeitos na atitude" dos cristãos em relação aos judeus, que eram representados como "completamente responsáveis" pela morte de Jesus.[125] Encenada em 1934, em seu tricentésimo aniversário, a Paixão foi sancionada com uma visita de Hitler, que foi entusiasticamente, para não dizer "histericamente", celebrada pelos moradores locais.[126] Dos 714 membros do elenco na produção de 1934, 152 haviam aderido ao Partido Nazista antes de maio de 1937 (a data usada pelos Aliados para definir "nazistas puros"), incluindo Alois Lang, que representava Jesus, Anni Rutz, a Virgem Maria, e oito dos doze apóstolos.[127]

É verdade que os principais membros da população de Oberammergau continuaram leais ao católico Partido Popular da Baviera e à Igreja Católica Romana.[128] O clero local lutou para alertar seu rebanho contra "falsos profetas" e resistiu com sucesso a qualquer nazificação explícita do texto da Paixão de Cristo.[129] Comparados a outros, os habitantes de Oberammergau protegiam os judeus e "meio-judeus" entre eles, e produziram pelo menos um grupo de resistência antinazista.[130] Entretanto, o prefeito Raimund Lang acabou aderindo sem escrúpulos ao antissemitismo dos nazistas, orgulhosamente descrevendo a Paixão de Cristo como "a representação mais antissemita que nós temos".[131] Anton Preisinger, o homem que passaria a representar Cristo nas produções de 1950 e 1960, participou de um ataque na *Kristallnacht* a Max Peter Meyer, um compositor nascido judeu que havia se convertido ao cristianismo e se mudara para Oberammergau na esperança de fugir das perseguições.[132]

Oberammergau era duplamente cúmplice nos crimes do Terceiro Reich. Pois foi para lá, em um complexo construído parcialmente nas montanhas das cercanias, que a Messerschmitt com base em Augsburg transferiu seu setor de projetos ("Upper Bavarian Research Institute" – Instituto de Pesquisas da Alta Baviera) responsável pelos novos caças a jato, o Me-262 e o P1101-VI, bem como o míssil Ezian.[133] O físico prussiano Wernher von Braun – o projetista do foguete v-2 e do protótipo do míssil intercontinental "americano" – foi transferido para Oberammergau no começo de abril de 1945, juntamente com outros quatrocentos cientistas. Braun e seus colegas tinham seus próprios motivos para desejar se distanciar do campo de concentração de Dora que havia fornecido a mão de obra escrava para a linha de produção do foguete em Mittelwerk. Como funcionários da Luftwaffe, entretanto, eles se encontraram sob ordens do *ss-Obergruppenführer* Hans Kammler, o engenheiro que havia construído o campo de extermínio em Auschwitz, para pegar o trem "Expresso da Vingança" a 640 quilômetros ao sul para Oberammergau. Essa pode ter sido parte do plano não totalmente sério para a liderança nazista se refugiar em um "reduto alpino"; ou talvez Kammler esperasse que os cientistas do foguete pudessem ser uma moeda de troca em negociações com os Aliados vitoriosos. De qualquer modo, Kammler simplesmente desapareceu, enquanto Braun persuadiu a ss a dispersar os cientistas do foguete (ostensivamente para reduzir o risco de eles serem atingidos pelos P-47 Thunderbolts norte-americanos que bombardeavam a área regularmente, porém mais provavelmente para reduzir o risco de que a ss fosse matá-los todos em vez de permitir que caíssem em mãos dos Aliados). Na confusão da derrocada alemã, muitos conseguiram escapar para o Tirol.[134]

Unidades do vii Exército dos Estados Unidos chegaram a Oberammergau em 29 de abril de 1945. Von Braun, seu irmão Magnus e alguns dos principais colaboradores, sobretudo Walter Dornberger, que havia sido o comandante militar do programa do foguete, não perderam tempo em se entregar.[135] Eles e seus colegas foram devidamente interrogados, e 118 dos mais competentes em termos técnicos foram então incorporados pelos militares norte-americanos como parte da Operação Overcast [Enevoada] (rebatizada Paperclip [Clipe de papel] em 1946), juntamente com componentes do V-2 e os documentos que haviam sido enterrados em uma mina nas montanhas Harz. Embora a filiação anterior de Von Braun, tanto ao Partido Nazista como à ss, rapidamente se tornasse pública, isso não impediu que ele se transformasse em uma figura central no subsequente desenvolvimento dos mísseis nucleares de alcance intermediário norte-americanos e, posteriormente, no programa espacial da NASA.[136]

Assim como em Bensheim, o mesmo aconteceu em Oberammergau: o período imediato pós-guerra foi marcado por um caos que a desnazificação tendia a exacerbar. Os norte-americanos prenderam os principais nazistas da localidade, começando com o prefeito Lang e Georg Lang, o diretor das representações da Paixão de 1930 e 1934.[137] Quando o rabino Philip Bernstein retornou à Baviera depois da guerra como conselheiro para o Governo Militar, ele disse à comissão das Nações Unidas: "Se o Exército dos Estados Unidos se retirasse amanhã, haveria *pogroms* no dia seguinte". Uma enquete de 1946 mostrou que 59% dos bávaros se enquadravam nas categorias de "racista", "antissemita" ou "intensamente antissemita".[138] Assim como em todos os outros lugares, entretanto, as deterioradas condições econômicas e sociais se opunham a um expurgo abrangente das elites locais. Oberammergau presenciou uma onda de estupros e crimes contra a propriedade, comportamento desregrado das PDs e crianças quase selvagens, e escassez crônica de alimentos, desnutrição e doenças. Os norte-americanos ficaram um tanto escandalizados ao descobrir que os supostamente piedosos habitantes de Oberammergau eram ativos praticantes do mercado negro, rapidamente trocando seus famosos entalhes em madeira por gim e cigarros.[139] A desnazificação acabou com a imposição de multas em *Reichsmarks* praticamente sem valor e a rápida reabilitação dos Langs e de outras pessoas.[140] Embora uma tentativa de reviver a Paixão de Cristo em 1946 tenha sido deixada de lado porque os principais integrantes do grupo ainda estavam na prisão,[141] em 1947 os oficiais norte-americanos deram à cidadezinha uma subvenção de 350 mil dólares para apoiar uma nova produção.[142] No ano seguinte, Raimund Lang foi eleito prefeito com um grande apoio de ex-nazistas e alemães expulsos dos Sudetos. Em 1949, a vida ia seguindo, com Georg Lang declarando: "Nós temos a consciência tranquila". Quando a lista do elenco feita pelo Comitê da Paixão foi liberada, ouviram alguém perguntar: "Os nazistas ganharam?".[143] Embora a representação revivescida tivesse grande apoio das potências ocidentais, com mais de 30 mil lugares reservados para os soldados e a cerimônia de abertura assistida pelos altos comissários tanto dos Estados Unidos quanto do Reino Unido, antigas atitudes logo estavam sendo vistas.[144] Disseram que Anni Rutz havia sido rebaixada de Virgem Maria para Maria Madalena depois de ela ter sido vista dançando com um soldado norte-americano.[145]

A ideia de estabelecer uma academia militar nesse ambiente um tanto surreal foi de ninguém mais que Fritz Kraemer. A European Theater Intelligence School [Escola de Informações do Teatro Europeu] (ETIS 7707), posteriormente European Command Intelligence School [Escola de Informações do Comando Europeu], foi concebida "para dar treinamento para membros do serviço de informações que não haviam sido adequadamente treinados para se confrontar com os problemas da ocupação".[146] Isso significava, em primeiro lugar, ensinar-lhes a língua, história e cultura alemãs. Não era uma tarefa fácil. Foi difícil impor a disciplina de uma sala de aula a homens que até tão pouco tempo estavam envolvidos em combates. Os soldados fumavam e punham os pés sobre as carteiras; a animada confraternização deles com os habitantes locais levou a uma epidemia de doenças venéreas. Kraemer se voltou para a reconhecida feminista e política alemã Marie-Elisabeth Lüders – a primeira mulher alemã a receber o título de doutora – para introduzir um pouco de disciplina prussiana à escola.[147] Ela também ajudou a treinar a inexperiente equipe de instrutores de Kraemer. Isso incluía então o favorito de Kraemer, Henry Kissinger.

Do ponto de vista de Kissinger, o emprego era muito atraente. O salário de 3.640 dólares anuais (mais 25% [910 dólares] de "diferencial do exterior" e horas extras acima de quarenta horas por semana) era mais do que o dobro da renda média norte-americana, que era de apenas 1.811 dólares em 1945.[148] Ele foi solicitado a ministrar dois cursos: "História e Mentalid[ade] Alemãs" e "Investigação de Informações". Este era principalmente baseado em suas experiências como agente do CIC em Bergstrasse, embora com ênfase em (nas palavras de Kraemer) "os tão frequentemente negligenciados aspectos psicológicos do trabalho no serviço de informações".[149] O outro, como fica claro pelas anotações detalhadas para uma palestra sobre "A mentalidade alemã" que sobreviveram, era no geral mais ambicioso. A palestra começava com "Importância da compreensão de diferenças psicológicas entre alemães e norte-americanos" e prosseguia abordando quatro características alemãs ("Egoísmo", "Falta de firmeza interior", "Submissão" e "Falta de senso de proporção"). Ela então abordava "Prussianismo (10 minutos)", "Nacionalismo (10 minutos)" e "Militarismo (8 minutos)", concluindo com duas recomendações: "Reeducação por meio d[a] criação de instituições livres" e "Reforma d[o] sistema de ensino". O que chama muito a atenção é o tratamento dado pelo jovem palestrante à "ascendência [...] sobre o indivíduo" do Estado prussiano, suas "bases filosóficas (Lutero, Kant, Fichte, Hegel)", e – aqui a dívida com Kraemer fica clara – sua autoavaliação "em termos de sucesso exterior ao invés de méritos interiores".¹⁵⁰ Pouco havia nas anotações a que um historiador mais experiente do período pudesse ter feito objeções; na verdade, pode até ter havido uma dívida para com o popular *Course of German History* [Curso de história alemã] de A. J. P. Taylor. Tão bem-sucedido foi Kissinger como professor que logo lhe pediram que acrescentasse um curso sobre "Europa Oriental [...] apresentando um panorama sobre a situação atual da Polônia, Tchecoslováquia, Hungria, Romênia, Bulgária, Grécia e Turquia".¹⁵¹

O último tópico era uma escolha reveladora. Segundo Jane Brister, uma assistente administrativa na escola, ele refletia uma decisão de alto escalão tomada "para deixar de lado [a desnazificação] e passar para a antissovietização". O papel de Kissinger era, portanto, duplo: "treinar os membros tanto da contrainformação quanto da informação nos procedimentos de desnazificação e começar a doutriná-los sobre o que representava a ameaça soviética".¹⁵² Essa nova responsabilidade parece ter sido apreciada por Kissinger. Enquanto outros poderiam ter questionado a visão kenniana-churchilliana-orwelliana de que uma Guerra Fria com os soviéticos estava a caminho, ele com quase certeza não o fez. Em um relatório notável para o oficial comandante da escola, Kissinger criticou severamente a segurança interna em Oberammergau. "Muito pouco respeito é mostrado pelos princípios e pelas diretivas norte-americanas", ele alertou.

> Isso é manifestado em uma série de indiretas ou de afirmações contra a ocupação [da parte de empregados alemães] [...] [os quais] são indicadores de uma atitude que torna mais difícil o cumprimento das ordens ou o controle do pessoal civil. [...] O único modo pelo qual a infiltração a longo alcance pode ser evitada é vigiar continuamente os empregados mais importantes. [...] A vigilância inclui também conhecer o máximo possível a respeito das cidadezinhas nas redondezas, especificamente Oberammergau. Será da maior importância, por exemplo, saber quem são os comunistas, e quais deles são particularmente amistosos com os funcionários deste posto ou talvez até mesmo sejam aparentados com eles. [...] [A]té mesmo funcionários [que são] basicamente indiferentes podem ocasionalmente fornecer informações para potências externas.¹⁵³

As recomendações de Kissinger para combater a subversão comunista eram draconianas. Deveria haver "uma contínua [...] vigilância dos funcionários civis", incluindo o uso de "informantes" e a "verificação" de correspondência e de conversas telefônicas. "Funcionários temporários" na área também deveriam "ser vigiados continuamente", sobretudo "membros do Partido Comunista". "Como regra geral", ele escreveu, "os comunistas não deveriam ser empregados neste posto e pessoas que reconhecidamente são amistosas com os comunistas deveriam ser observadas de perto". O objetivo deveria ser o de "intimida[r] os fracos, os covardes e os indiferentes" e, desse modo, "restringir o vazamento de informações de segurança a um pequeno grupo de fanáticos que é observado com maior facilidade".[154]

Assim como em Bensheim, Kissinger não ficou preso à sua mesa em Oberammergau. Ele foi enviado para fazer palestras em Berlim, Bad Nauheim e Baden-Baden (na zona francesa),[155] bem como em Wiesbaden. Essas viagens permitiram que ele e seus colegas professores "ficassem conhecendo os problemas com que os oficiais do CIC em campo se defrontavam". Voltando de Baden-Baden, eles descobriram evidências de "um ataque comunista de grandes proporções às autoridades norte-americanas", incluindo um "comício" comunista em Bensheim, no qual os membros do Governo Militar foram "tachados de idiotas" e vários informantes do CIC "nomeados e o fato de eles não serem filiados ao Partido Comunista foi enfatizado".[156] Igualmente, ao voltar de Wiesbaden em outubro de 1946, Kissinger fez uma parada em Darmstadt para saber mais sobre "métodos atuais de penetração dos russos e tentativas norte-americanas de neutralizar essas tendências". Seu relatório deixa claro por que a desnazificação cedeu lugar tão rapidamente à busca por "vermelhos metendo o bedelho".

> Enquanto até junho de 1946 o principal objetivo do CIC era o controle de segurança da população civil, o perigo mais latente no momento parece [ser] a tentativa por parte de grupos dominados pelos russos, particularmente os comunistas, de invalidar nossas medidas, bem como espionagem absoluta. Principalmente dois métodos são usados. É feita uma tentativa de obter controle de posições cruciais e de administrá-las de tal forma a desacreditar as medidas norte-americanas e a fazer com que se cumpram as leis de maneira a mostrar a falta de habilidade dos estrategistas políticos norte-americanos. Um exemplo claro é o uso que eles fazem de [...] os tribunais para libertação do nazismo. Em muitas das áreas visitadas,

os comunistas, devido a uma variedade de razões, obtiveram o controle desses tribunais. [...] Outros métodos consistem em infiltrar comunistas em posições-chave, sobretudo a polícia alemã, para servirem de cobertura para atividades de espionagem. Na Regi[ão] III, um centro de espionagem foi descoberto, o qual, utilizando canais da polícia alemã, fornecia informações para os russos.[157]

Conforme Kissinger observou, os problemas do CIC haviam mudado "de problemas técnicos de que uma personalidade enérgica poderia se encarregar, nos quais ataques, prisões e interrogatórios abusivos de suspeitos eram as principais armas, para o objetivo mais sutil de observar grupos subversivos, de analisar seus métodos de operação, de compreender como certos atos aparentemente sem sentido assumem um significado tendo como pano de fundo as necessidades de uma potência estrangeira". A escola em Oberammergau precisava dedicar mais atenção para "as forças que moldam a política das potências estrangeiras na Alemanha", para "tendências em suas atividades de informação" e para "os antecedentes, a história e os objetivos dos grupos subversivos".[158]

V

Oberammergau introduziu Kissinger a algo além de simplesmente o espectro da subversão comunista. Ela também o apresentou ao tipo de ambiente acadêmico onde ele iria passar vários dos vinte anos seguintes de sua vida. Kraemer tinha olhos bons para descobrir talentos, e o corpo docente da ETIS incluía outros três jovens brilhantes que logo passariam a ser amigos e colegas de toda a vida de Kissinger: Helmut "Hal" Sonnenfeldt, outro refugiado judeu alemão, posteriormente um dos maiores especialistas do Departamento de Estado sobre União Soviética; George Springer, um refugiado judeu da Tchecoslováquia e matemático talentoso; e Henry Rosovsky, nascido em Danzig de pais judeus russos, e que mais tarde se especializaria na economia japonesa.[159] Apesar dos desafios dos primeiros anos, cada um deles logo iria seguir carreiras de renome nas vidas acadêmica e pública.

Em 1946, contudo, eles ainda eram jovens, liberados fazia pouco tempo das restrições da vida militar. A vida social em Oberammergau agitava-se ao redor da Pensão "Friedenshöhe" na König-Ludwig-Strasse, que havia sido um local visitado com frequência pela família de Thomas Mann na década de 1920 e ainda era dirigida pela família Schmid depois da guerra. Kraemer morava lá com a esposa e o filho, enquanto Kissinger alugava um quarto na casa da família Schmid na Passionswiese 1. Que ele e seus amigos sabiam como se divertir é confirmado por um acontecimento em outubro de 1946, quando Kissinger, com George Springer, sua esposa Marjorie e uma instrutora civil alemã chamada Leonie Harbert foram presos e acusados de dirigir em alta velocidade e sob influência de bebidas alcoólicas. Duas coisas a respeito da altercação deles com a polícia militar são dignas de nota. Em primeiro lugar, a reação de Kissinger ao comportamento dos policiais não foi comedida. "Por favor, deixem de usar tais táticas", disse ele para o homem que os havia prendido, "elas podem colocar vocês em maiores apuros do que se dão conta". O sargento interpretou isso como uma ameaça e aproveitou a oportunidade para trancafiar Kissinger em uma minúscula cela no porão por uma hora,[160] embora a acusação de dirigir sob a influência de bebidas alcoólicas fosse retirada logo em seguida.[161] Em segundo lugar, um dos presos com Kissinger – Leonie Harbert – era, na verdade, a sua namorada. Naquele mesmo mês de outubro, em uma viagem a Paris, Kissinger comprou um filhote de cachorro, um *cocker spaniel* de dois meses, branco e caramelo.[162] Quando ele retornou aos Estados Unidos, foi Harbert que providenciou para que o cachorro fosse enviado por via aérea.[163] Foram feitas alegações anteriores de que Kissinger tinha uma namorada alemã durante sua permanência em Oberammergau – até mesmo de que ele havia entrado em uma briga por causa dela.[164] A briga é ficção; o relacionamento, real.[165]

Fica claro que o envolvimento de Kissinger com Leonie Harbert não era assim tão sério. J. D. Salinger, por outro lado, se casou com sua amada alemã e a levou para casa, com resultados infelizes. Porém, Kissinger continuou a manter contato com Harbert por muitos anos depois de seu retorno aos Estados Unidos – na verdade, pelo resto da vida dela. E o caso também foi sério no sentido de que um relacionamento com uma gentia alemã dificilmente seria aceito pelos pais de Kissinger, que esperavam ver seu filho casado com uma moça judia, de preferência de sua própria comunidade ortodoxa. Kissinger resistiu tenazmente. "Eu não sei como vou me sentir quando voltar", ele disse para os pais em fevereiro de 1947. "Eu certamente não estou com vontade de me casar ou de me comprometer. Tudo menos isso".[166] Quando sua mãe o alertou contra tomar uma "decisão precipitada", ele ficou impaciente: "Não há o menor risco disso. Não se esqueça de que eu não tenho mais dezenove anos. [...] Quaisquer que possam ser minhas decisões, elas não poderão ser precipitadas. Não há chance de eu me comprometer por muito tempo".[167]

A questão do casamento, que é crucial para qualquer família comprometida com o judaísmo ortodoxo, revelou uma mudança importante que o serviço militar havia ocasionado. Kissinger havia perdido sua fé religiosa. "No Exército", como ele relembrou posteriormente, "não havia muita oportunidade para praticar qualquer visão particularmente ortodoxa. [...] [V]ocê não pode ser parte de uma sociedade que sofreu o que o povo judeu tem sofrido por milênios sem um forte sentimento de identificação com ela e o senso de comprometimento com ela [a fé judaica]. Porém, isso não inclui necessariamente a prática de qualquer aspecto específico dela".[168] Quando seus pais ficaram sabendo disso mais tarde, eles evidentemente se sentiram infelizes o suficiente para levar Kissinger a escrever uma carta surpreendentemente franca em sua própria defesa.

> Para mim, não existe somente o certo ou o errado, mas muitas nuanças entre eles. [...] As verdadeiras tragédias da vida não se encontram nas escolhas entre o certo e o errado. Somente as pessoas mais insensíveis escolhem o que elas *sabem* que é errado. A verdadeira tragédia acontece [ilegível] em um dilema para avaliar o que é correto. [...] Os verdadeiros dilemas são dificuldades da alma, que provocam agonias, o que vocês, em seu mundo em preto e branco, sequer podem começar a compreender.

E Kissinger não parou por aí. "Eu não sou como outros filhos", disse ele para seus pais, "mas isso não é culpa minha, nem de vocês. É culpa do mundo em que eu nasci". Foi por seus pais desaprovarem a conduta dele durante um período prolongado de tempo que "me vi forçado a tomar a atitude que assumo hoje, de indiferença, de ironia distante, uma atitude concebida para evitar a rejeição antes que ela ocorra".[169]

Essa extraordinária *apologia pro vita sua* nos diz muito sobre quanto as experiência da imigração e da vida militar haviam transformado Kissinger. Assim como muitos dos milhões de jovens que combateram na Segunda Guerra Mundial, ele voltaria para casa para encontrar os Estados Unidos pouco mudados. Porém, Kissinger sabia que ele próprio estava bastante diferente.

"Muito em breve, três anos de esperanças e de trabalho vão ficar para trás", ele escreveu no começo de abril de 1947. "Muito em breve eu vou voltar para um futuro que poderá ser incerto, mas que encaro com suprema confiança. [...] Agora sei exatamente o que eu quero e irei atrás disso." Seu plano era o de ir para uma universidade, "porque, para o que quer que eu faça, vou precisar de um diploma de faculdade". Mas, qual?

> Eu preferiria não estudar em NY, já que detesto NY, mas quero ficar perto o suficiente para voltar para casa nos fins de semana. Eu enviei diversas cartas para as principais universidades do Leste, incluindo Columbia, e tomarei minha decisão depois de receber as respostas delas.
>
> Outra coisa. Uma coisa que os últimos doze anos devem ter nos ensinado é que ninguém pode planejar o futuro nos mínimos detalhes. As pessoas têm, preponderantemente, de viver no presente. Eu não tenho um grande plano para meu futuro, e não é provável que vá ter um. Eu vou terminar a faculdade, vou escrever, posso dar palestras mais tarde. [...] Eu tenho muita confiança. [...]
>
> Também não se preocupem muito com a readaptação. Afinal, nem todos saíram dessa guerra psiconeuróticos.[170]

Então, Kissinger sabia muito bem que cada carta que ele enviasse da Alemanha iria deixar seus pais ainda mais inquietos. Era tudo muito enervante, dos contínuos pedidos de "cigarros" à incerteza sobre a data de seu retorno, à revelação de que ele estava planejando usar seu tempo de licença em uma viagem de duas semanas para Paris, Londres, Nice, Roma, Florença, Veneza e Trieste – na companhia da esposa de um amigo. ("Não fiquem chocados, o marido dela sabe, e é puramente platônico.")[171] Ele não tinha interesse por seus antigos amigos. ("Eu não tinha consciência de qualquer tipo de diferença em qualquer plano, ideológico ou não, com John Sachs. [...] Não acredito que qualquer um desses supostos amigos ainda vá me agradar quando eu voltar.")[172] Ele era despreocupado quanto ao dinheiro. ("O que significa o dinheiro hoje? E o que é a vida se não for a capacidade de apreciar o que é belo e bom enquanto se pode? [...] Ninguém pode viver a vida toda sempre trabalhando duro.") E ele se recusava terminantemente a pensar em qualquer faculdade que não fosse "boa" ou "reconhecida" (o que excluía um retorno ao City College).[173] Cada nova carta era mais incendiária que a anterior.

Finalmente, em junho de 1947, ele estava pronto para voltar. Assim como muitos jovens que retornavam da guerra, ele sabia que não seria fácil.

Eu tenho uma única esperança [ele escreveu para os pais] e é que eu possa não desapontar suas maiores expectativas. Os últimos anos deixaram suas marcas em mim. De certo modo, eu fiquei muito decidido, talvez egoísta. Muitos ajustes de ambos os lados se encontram à frente. Por favor, não se esqueçam de que o que vocês chamam de uma "vida normal em família" tem sido um conceito muito distante para mim por vários anos. Nós aprendemos a viver de um dia para o outro. Eu tive grandes esperanças e decepções profundas. Porém, isso tudo não quer dizer que eu esteja repleto de uma das duas. É muito mais provável que vocês me considerem excessivamente retraído. Eu tenho vivido minha própria vida por tanto tempo que posso não ter condições de compartilhá-la de modo espontâneo. Certos laços criados pelas convenções pouco significam para mim. Eu passei a julgar os homens por seus próprios méritos. Tenho vivido em um grupo cooperativo por tanto tempo, que não sei como a competitiva vida civil irá me afetar. Vi coisas importantes e tenho feito coisas importantes. Como uma insignificante existência cotidiana irá parecer? Todos esses problemas estão postos. Não posso prometer a vocês nada além das melhores intenções. Não peço nada além de paciência.

E assim termina minha última carta da Europa. De modo apropriado, faz um dia triste lá fora. As nuvens pairam baixas sobre a montanha. Dois anos atrás, quando Bergstrasse estava em flor, quando nossos homens ainda eram jovens e a guerra não fora esquecida, nós descobríamos a cada dia fragmentos do passado e criávamos elos para o futuro. Nós pensávamos que tínhamos movido mundos e dado nossa juventude para algo maior que nós mesmos. Hoje, a guerra acabou mesmo, e um retorno da guerra em um frustrante 1947.[174]

O combatente que retornava havia aprendido muito. Ele ainda tinha de aprender que a pura sinceridade dificilmente é o caminho para evitar um conflito, sobretudo com os próprios pais.

Livro II

CAPÍTULO 7
O idealista

Os pensadores, em sua juventude, são quase sempre criaturas muito solitárias. [...] A universidade mais merecedora de uma admiração racional é aquela na qual seu pensador solitário pode se sentir menos sozinho, mais verdadeiramente incentivado, e alimentado com maior abundância.

WILLIAM JAMES[1]

Somente quando você trabalhou sozinho – quando sentiu ao seu redor um abismo negro de solidão mais isoladora que aquela que rodeia o homem moribundo, e contra todas as circunstâncias confiou em sua própria vontade inabalável –, somente então você foi bem-sucedido. Somente assim você pode conseguir a alegria secreta e isolada do pensador, que sabe que, cem anos após ele estar morto e esquecido, homens que jamais ouviram falar dele estarão agindo de acordo com o pensamento dele.

OLIVER WENDELL HOLMES[2]

Harvard era um novo mundo para mim então, seus mistérios ocultos por trás de uma informalidade calculada. Eu não sabia o que fazer das experiências pelas quais havia passado, ou que relevância os valores de Harvard teriam para minha vida. Nunca me passou pela cabeça que eu partiria de Harvard novamente.

HENRY KISSINGER[3]

I

Henry Kissinger foi um dos mais de 2 milhões de soldados norte-americanos que se aproveitaram da GI Bill [Lei do Soldado] para frequentar a faculdade.

O Servicemen's Readjustment Act [Lei para Reajuste dos Soldados Desmobilizados] de 1944, que pagava a mensalidade dos veteranos que voltavam para casa e desejavam estudar, era a contribuição individual mais importante do governo federal para a mobilidade social no período pós-guerra. Sem ela, Kissinger teria tido poucas opções além de arrumar um emprego. Sem ela, Harvard continuaria a ser um sonho inalcançável.

A carta de apresentação de Kissinger não era nada mais que autoconfiante. "Eu [...] desejo me matricular em sua universidade para o período letivo de outono sob a 'GI Bill of Rights' [Lei dos Direitos dos Soldados]", ele escreveu em 2 de abril de 1947. "Eu agradeceria quaisquer informações que os senhores me pudessem dar sobre se qualquer crédito é concedido para experiências no período passado junto às Forças Armadas, e o período mais próximo em que posso fazer minha matrícula. [...] Eu gostaria de estudar inglês e ciências políticas." Na verdade, isso era impossível em Harvard, onde permitia-se uma única "concentração", e onde "governo" era estudado, e não ciências políticas. Além do mais, abril era um período muito tardio no ano acadêmico para enviar tal carta; as outras faculdades para as quais Kissinger escreveu (Columbia, Cornell, Universidade de Nova York, Universidade da Pensilvânia e Princeton) rejeitaram-no na mesma hora. Suas chances, ele reconheceu, não eram "nem um pouco animadoras. Tudo que posso fazer é esperar".[4] Nervoso, ele insistiu com os pais para que mandassem para Harvard "meu histórico escolar completo (notas, matérias estudadas, boletins) tanto da George Washington H. S. & Lafayette College, mas não do City College, já que (1) Harvard não dá créditos para escolas noturnas e (2) ter frequentado o City College diminui minhas chances ao invés de aumentá-las. [...] *A rapidez é essencial*".[5] Seus temores eram infundados. Tão notável se mostrou sua carta que Kissinger não apenas foi aceito por Harvard; ele também foi premiado com uma das duas Harvard National Scholarships [Bolsas Nacionais de Harvard] concedidas a nova-iorquinos naquele ano.[6] Ele voltou para os Estados Unidos, vindo da Alemanha, naquele mês de julho, fez sua primeira visita a Cambridge no fim desse mesmo mês,[7] e começou seus estudos em setembro, na verdade no segundo ano, já que Harvard (afinal de contas) concedeu-lhe crédito por seus estudos no período pré-guerra no City College.[8]

O início da carreira acadêmica de Kissinger se beneficiou do apoio entusiasmado de seu mentor no Exército, Fritz Kraemer. Este também havia voltado para os Estados Unidos, mas para Washington, onde ele trabalhou em primeiro lugar como conselheiro político e econômico para o secretário assistente do Exército, e depois como pesquisador sênior para o principal historiador do United Nations Relief and Rehabilitation Administration [Administração das Nações Unidas para o Auxílio e a Reabilitação].[9] "Não hesito em afirmar que considero as qualificações de Kissinger excepcionais", escreveu Kraemer em uma de suas vigorosas cartas de referência. Ele tinha aquela "capacidade para o estudo e a pesquisa pacientes e diligentes sem os quais até mesmo as pessoas mais inteligentes estão condenadas a permanecer amadores brilhantes". Ele era "o tipo raro de estudante de graduação que estuda para alcançar um entendimento mais profundo dos fenômenos, e não para obter um diploma". Ele não se transformaria "em um desses tipos comuns de intelectuais que adotam um cinismo desdenhoso, um relativismo niilista ou o radicalismo político". Ele era "surpreendentemente altruísta e livre daquela ambição e vivacidade evidente encontradas em muitos dos assim chamados meninos brilhantes". Talvez a única fraqueza de Kissinger, Kraemer concluía, fosse "sua seriedade um pouco não juvenil, embora amistosa, que está associada à ausência de um senso de humor ativo".[10] O que Kraemer deixou de mencionar foi que esse jovem diligente, tão trabalhador e aparentemente sem senso de humor, não iria sozinho para Harvard. Smoky foi com ele.

Comprado em um impulso em Paris, Smoky, o *cocker spaniel*, não havia sido deixado para trás em Oberammergau (ao contrário da namorada de Kissinger, cuja tarefa melancólica havia sido a de providenciar o voo de Smoky para Nova York). "Estou ciente das dificuldades", ele escreveu para seus pais, "mas minha decisão de levá-lo para casa é imutável. Se vocês amassem cachorros iriam saber que a pessoa simplesmente não deixa seu cachorro para trás".[11] Quando se deu conta de que o cachorro iria chegar antes dele, Kissinger bombardeou seus pais com seis páginas e meia de instruções detalhadas sobre cuidados caninos. "Smoky significa muito para mim", ele explicou. "Vocês podem dizer que ele é apenas um cachorro. Mas, por outro lado, ele tem sido um bom amigo para mim por aqui e seria um elo maravilhoso entre a vida que já foi e a que será. Então, por favor, cuidem bem dele. [...] Quem conhece Smoky o ama. [...] *Nunca batam nele*."[12] Felizmente, sua mãe gostou do cachorro. Um ano depois de seu retorno, Kissinger respondeu uma carta da família no estilo de "Seu amoroso neto, Smoky". "É claro que, comumente, eu mesmo responderia", o cachorro supostamente escreveu. "No entanto, sinto-me seguro de que vocês que me conhecem irão perceber que [...] atualmente estou ocupado estudando a estrutura atômica do fóssil (osso para o ignorante)."[13]

"Tão encantador quanto os cães podem esperar ser", segundo o comentário irônico de Kraemer, Smoky representava, e ainda representa, um problema.[14] O jovem Kissinger é às vezes representado como um severo conformista.[15] Porém, um homem que não somente escreve cartas em nome de seu cachorro, mas também leva o cachorro para a faculdade dificilmente se encaixa nessa descrição, sobretudo porque animais de estimação eram expressamente proibidos nos alojamentos da universidade. Embora seus colegas passassem a tolerar a tendência de Smoky de pular e de babar no colo dos visitantes, as "biddies" (empregadas) denunciaram sua presença, forçando Kissinger a "pedir um carro emprestado todas as manhãs, colocar Smoky em um canil em Cambridge, e contrabandeá-lo de volta para os alojamentos mais tarde, quando as empregadas haviam ido embora".[16]

A verdade é que Smoky era um conforto em um lugar desconhecido e intimidador. "Eu me sentia completamente inseguro", Kissinger recordou posteriormente. "Eu havia saído do Exército e me sentia como um imigrante de novo. Quando fui para o Exército, eu era um refugiado, e quando saí, era um imigrante."[17] No fim, a presença de Smoky foi tolerada, mas não por causa (como seu dono falou mais tarde, em tom de brincadeira) de as autoridades de Harvard "considerarem que elas tinham um caso de neurose de guerra em suas mãos".[18] Ele foi tolerado porque Kissinger era um membro de uma geração ímpar cuja chegada iria mudar Harvard para sempre. Muitos membros da Turma de 1950 foram para a faculdade como veteranos – como homens que haviam passado pelas agruras e pelos horrores da guerra. A maior parte deles jamais teria tido a oportunidade de frequentar a universidade mais prestigiada dos Estados Unidos se não fosse pela guerra. Depois de anos usando uniforme, não era fácil que eles se adaptassem a ser "homens de Harvard", com tudo que essas palavras implicavam. Harvard tinha de se adaptar a eles. E ela se adaptou tão bem a Kissinger que ele iria passar os 21 anos seguintes de sua vida lá.

II

Atualmente, Harvard pode afirmar que é a maior universidade do mundo. Nem sempre foi assim. Quando o historiador de ideias políticas Isaiah Berlin visitou Harvard na década de 1940, ele não ficou impressionado. Os estudantes, ele reclamou, eram "tolos e sofisticados ao mesmo tempo, e eu fico feliz por não ter de dar aula para eles. Eles são céticos quanto às opiniões e ingênuos a respeito de fatos que aceitam sem o menor espírito crítico, o que é um erro. Depois de Oxford, Harvard é um deserto".[19] Seu colega Hugh Trevor-Roper mostrou-se igualmente desdenhoso nove anos mais tarde, época em que Henry Kissinger estava em seu primeiro ano. "O padrão de educação deles é realmente muito entristecedor!", ele escreveu para seu amigo, o historiador da arte Bernard Berenson (ele próprio um aluno de Harvard). "Harvard me deprimiu muito."[20]

Dos pontos de vista exaltados da All Souls e da Christ Church, duas das mais importantes faculdades de Oxford, Harvard pode mesmo ter parecido uma terra desolada intelectual. Quando essas instituições foram fundadas em, respectivamente, 1438 e 1546, Harvard ainda não existia. Estabelecida pela incipiente colônia britânica de Massachusetts em 1636, seus primeiros anos foram modestos, para não dizer precários. Sua localização – em meio a pastagens de gado nas lamacentas margens do rio Charles – a princípio não era salubre. Seus primeiros prédios eram primitivos (nenhum construído antes de 1720 sobreviveu). Ela dependeu demais do governo colonial para sua fundação e era regularmente atacada pelo entusiasmo religioso dos colonizadores.[21]

No entanto, Harvard foi em frente, floresceu e acabou passando à frente das antigas universidades inglesas – na verdade, já as estava ultrapassando na década de 1940, como Berlin e Trevor-Roper poderiam ter percebido se tivessem examinado com mais atenção. Como? Em primeiro lugar, sucessivos presidentes, com muito êxito, fizeram com que ela deixasse de se tornar um simples seminário sectário, encorajando o objetivo de educar cavalheiros, não clérigos. Nas palavras dos *fellows* residentes em 1721, "[O] grande fim para o qual a faculdade foi fundada era a educação erudita e piedosa dos jovens, sua instrução em línguas, artes e ciências, e fazer com que suas mentes e seus comportamentos fossem adequadamente moldados". John Leverett (presidente entre 1708 e 1724) se vangloriava de que Harvard produzia não somente ministros, mas também professores, juízes, médicos, soldados, mercadores e simples fazendeiros, "aos quais a cultura acadêmica serve somente para suavizar os modos grosseiros e dar-lhes um lustro". Ele e seus sucessores (sobretudo Edward Holyoke) suportaram incontáveis ataques contra a "ímpia Harvard" por parte dos congregacionalistas e de outros, estabelecendo uma tradição de liberdade acadêmica que demonstraria ser vital. Em segundo lugar, a partir de 1717, a administração de Harvard divergiu daquela das faculdades de Oxbridge no sentido de que os professores residentes foram excluídos da corporação administrativa, cujos *fellows* passaram a ser mais como curadores externos – com frequência ricos "brâmanes" de Boston, cujas doações gradualmente se tornaram um legado substancial, acabando com a necessidade de apoio estadual em 1823. Com a transformação, no século XIX, do corpo de administradores em um corpo de graduados eleitos, em vez de representantes "da Igreja e do Estado", a independência de Harvard do governo foi estabelecida.[22] Em terceiro lugar, Harvard apoiou o lado vencedor na Guerra da Independência. Samuel e John Adams estavam entre os oitos signatários da Declaração da Independência oriundos de Harvard; somente 16% dos graduados eram lealistas. Em quarto lugar, imitando as universidades escocesas, Harvard não demorou a criar escolas profissionais: a Faculdade de Medicina (1782), a Faculdade de Direito (1817) e a Faculdade de Teologia (1819) colocaram-na muito à frente de Oxford e Cambridge, onde o arraigado poder dos "diretores", simultaneamente *fellows* e professores, agia como um freio para a maior parte das inovações. Em quinto lugar, e pela mesma razão, Harvard era muito mais aberta que suas equivalentes inglesas à influência benigna das universidades alemãs em seu apogeu do século XIX. Como presidente, o químico Charles William Eliot importou o ideal alemão da Lernfreiheit – a liberdade acadêmica – de modo que os estudantes foram gradualmente libertados de cursos obrigatórios e tiveram permissão para escolher entre os cursos "eletivos". O primeiro doutorado à moda alemã foi concedido em 1873.

Como consequência dessa e de outras reformas, a Harvard do século XIX estava, na verdade, muito longe de ser um fim de mundo intelectual. Ralph Waldo Emerson fez seu famoso pronunciamento "The American Scholar" [O erudito norte-americano] ao capítulo da Sociedade Phi Beta Kappa em 1837. Ele e os outros membros do Saturday Club [Clube dos Sábados] – Nathaniel Hawthorne, Henry Longfellow, Richard Henry Dana Jr., James Russell Lowell e Charles Eliot Norton – estavam entre os grandes pensadores norte-americanos da época. Talvez até mais notáveis fossem seus sucessores, o professor de direito e posteriormente juiz da Suprema Corte Oliver Wendell Holmes, o filósofo William James e o polímata Charles Sanders Peirce, cujo efêmero Metaphysical Club [Clube Metafísico] foi o local de nascimento do pragmatismo norte-americano.

Um termo emprestado da *Crítica da razão pura*, de Immanuel Kant, o pragmatismo tem sido descrito por Louis Menand como uma reação intelectual à sangrenta polarização da Guerra de Secessão. Para Holmes, que havia combatido na guerra, o pragmatismo significava o reconhecimento de que "alguns de nós não sabem que nós não sabemos nada". Para Peirce, ele implicava uma visão coletiva e cumulativa do conhecimento: "A opinião que está destinada a ser finalmente aceita por todos que pesquisam é o que nós consideramos ser a verdade". Para James, "A verdade *acontece* para uma ideia. Ela *passa a ser* verdade, *é* tornada verdadeira pelos acontecimentos. Sua veracidade é, realmente, um acontecimento, um processo". Ou, como ele disse em outra ocasião: "Crenças [...] são realmente regras para ação. [...] O verdadeiro é o nome do que quer que se prove ser bom no que diz respeito à crença. [...] Se a hipótese de Deus funciona de modo satisfatório [...] ela é verdadeira". A geração pragmática, nas palavras de Menand, "queria evitar a violência que eles viam embutida nas abstrações".[23]

A influência do pragmatismo se estendeu muito além de Harvard. Ela encorajou James a ver o universo (e os Estados Unidos) como "pluralista". Na Chicago próspera, mas destroçada pelos conflitos da década de 1890, ela inspirou John Dewey a se voltar contra o capitalismo *laissez-faire* e o darwinismo social. Em Oxford, ela fez os pesquisadores Horace Kallen e Alain Locke da cátedra Rhodes – um judeu, outro afro-americano – considerarem a possibilidade do "pluralismo cultural" em uma América multirracial. Entre os alunos de James estava W. E. B. Du Bois, o primeiro homem negro a completar o doutorado em Harvard (com a tese "The Suppression of the African Slave Trade [A Supressão do Tráfico de Escravos Africanos]). Às vésperas da Primeira Guerra Mundial, Harvard estava cada vez mais pluralista. Os jornalistas Walter Lippmann e John Reed começaram suas carreiras políticas como membros do Clube Socialista de Harvard. Como Reed recordou,

Os membros [do clube] escreviam artigos no jornal estudantil contestando ideais dos estudantes de graduação, e criticavam a universidade por não pagar a seus empregados um salário mínimo. [...] Dessa agitação surgiram a Harvard Men's League for Women's Suffrage [Liga Masculina de Harvard em Prol do Sufrágio Feminino] e um grupo anarquista. Pediram ao corpo docente que houvesse um curso de socialismo. [...] Por todos os lugares os radicais surgiam, na música, na pintura, na poesia, no teatro. Os jornais mais sérios da faculdade assumiam um tom socialista, ou, pelo menos, progressista.[24]

Não admira que o jovem socialista inglês Harold Laski, um defensor do novo pluralismo, preferisse Harvard à sua sonolenta *alma mater* Oxford.

É notório que Lippmann e Reed dificilmente seriam típicos alunos de Harvard. Na qualidade de faculdade para aspirantes a cavalheiros, Harvard tinha uma cultura de graduação que não era tão diferente daquela de Oxford na mesma época. Os "almofadinhas ociosos" de quem Benjamin Franklin reclamara, com suas brincadeiras de bêbados e clubes secretos – começando na década de 1790 com a criação do Porcellian para "O sangue de Harvard" e o frívolo Hasty Pudding –, haviam sido sucedidos pelos "membros de clube e atletas": habitantes da Nova Inglaterra musculosos oriundos de modo desproporcional de escolas preparatórias particulares como as solenes academias Phillips (Andover) e Phillips Exeter e das mais recentes Browne & Nichols, Groton, Milton e St. Paul's.[25] Suas paixões eram o futebol, uma forma mutilada de rúgbi desenvolvida em Harvard, na qual os ataques e capturas de bola eram permitidos, e os mais ortodoxos remo e canoagem à moda de Oxbridge. Suas acomodações se localizavam em prédios confortáveis e caros como Beck, Felton e Claverly, que se amontoavam na "Costa Dourada" da Mount Auburn Street, a pouca distância – mas muito diferentes – dos espartanos dormitórios de Harvard Yard.[26] E a vida social deles movia-se ao redor de uma pirâmide de clubes. Na base se encontrava o Institute of 1770, que selecionava cem membros de cada nova turma, e os oitenta melhores deles se tornavam membros do DKE ("Dickey" ou "Deeks"), que, por sua vez, esperavam por uma eleição para os "clubes de espera", S.K. e Iroquois, de cujas fileiras uns poucos sortudos eram escolhidos para os "clubes finais", o Porcellian, A.D., Fly, Spee, Delphic, Owl, Fox e D.U. (em ordem decrescente de prestígio).[27] Estes, os equivalentes de Harvard das fraternidades, não admitiam mais que 12% dos estudantes, e o *crème de la crème* pertencia a quatro ou mais clubes. Até a revista satírica *Lampoon* se transformou em um tipo de clube. Esnobismo era costumeiro, com o pertencimento à elite social marcado pelo característico sotaque de Harvard, no qual a letra *a* era pronunciada à moda inglesa, "como em *father*".[28] Para os que estavam no topo da pirâmide, *father* normalmente era um membro do Country Club em Brookline.

O sucessor de Eliot na presidência, Abbott Lawrence Lowell, é às vezes retratado como um sustentáculo dessa ordem social hierárquica. Certamente ele tentou deixar Harvard mais parecida com Oxford e menos com Heidelberg. Também é verdade, como iremos ver, que ele apoiava pelo menos parte dos preconceitos raciais da sua época. No entanto, em muitos aspectos, Lowell era um notável modernizador, cujas reformas acabaram com o reinado oligárquico da Costa Dourada. Ele é mais lembrado por ter criado as sete primeiras residências estudantis – Dunster, Lowell, Eliot, Winthrop, Kirkland, Leverett e Adams – de modo que as três classes superiores pudessem desfrutar de uma versão da vida estudantil de Oxbridge, completa com tutores residentes, salões de jantar e salas de uso comum. Porém, igualmente importante foi a insistência de Lowell de que todos os calouros deveriam viver nos alojamentos do Yard. Essas inovações foram conscientemente concebidas para aumentar a "coesão intelectual e social"[29] de Harvard. A presidência de Lowell também testemunhou cinco criações adicionais: a Faculdade de Administração (1908), a Faculdade de Arquitetura (1914), a Faculdade de Educação (1920), a Faculdade de Planejamento Urbano (1929) e a Sociedade dos Fellows (1933). Lowell foi quem deu ao campus de Harvard sua aparência discreta, resistindo às tentações arquitetônicas contemporâneas do "gótico universitário" e "elisabetano imperial". E foi ele quem introduziu as concentrações e distribuições, concebidas para impor certa disciplina intelectual à desorganização do sistema eletivo de Eliot, determinando que "cada aluno fizesse uma escolha de eletivas que irá garantir uma educação sistemática, baseada no princípio de conhecer um pouquinho de tudo e algo muito bem".[30] Isso era o pragmatismo como estratégia de educação.

Ao procurar aumentar a coesão social de Harvard, entretanto, Lowell se preocupou não somente em eliminar as divisões de classes exemplificadas pela Costa Dourada. Ele também não se sentia tranquilo a respeito do significativo aumento nos números de estudantes judeus em Harvard. Embora o hebraico tenha sido estudado em Harvard em seus primeiros anos, os judeus desempenhavam um papel reduzido lá antes do fim do século XIX. Na verdade, antes de 1886, não mais que uma dúzia de judeus havia se formado na faculdade. Em 1906, a onda de imigração judaica da Europa Central, combinada com a desproporcional instrução e habilidade dos imigrantes com números, havia mudado isso. Logo existia "número suficiente de meninos judeus russos vindos das escolas públicas de Boston" para fundar uma Menorah Society para "o estudo e a difusão da cultura e dos ideais hebraicos".[31] Entre 1900 e 1922, a proporção de estudantes judeus em Harvard passou de 7% para 22%, mais que o dobro da quantidade em Yale.[32] Tudo isso estava perfeitamente de acordo com a ambição do professor Eliot de tornar Harvard cosmopolita e "não denominacional"; era precisamente por isso que ele fizera com que a abolição da frequência compulsória à igreja fosse aceita em 1886, quarenta anos antes de Yale.[33] O ponto de vista de Eliot tinha sido o de que "uma grande universidade exerc[ia] uma influência social unificadora" precisamente por abrir suas portas para todos os homens jovens com uma aptidão acadêmica apropriada.[34] Porém, Lowell viu poucos sinais de que Harvard "unificasse" estudantes judeus e gentios. Somente uma minúscula porcentagem dos judeus era eleita para os clubes sociais. Em vez disso, eles fundaram suas próprias fraternidades. Os judeus tinham mais probabilidade de ser "viajantes" da área de Boston, estudantes mais pobres que tinham de "comer sua comida trazida de casa no porão da Philips Brooks House ou nos degraus da Widener".[35] Era menos provável que eles participassem de práticas esportivas ou de outras atividades extracurriculares, com as únicas exceções dos debates e da música. Por outro lado, eles claramente tinham uma grande representação entre os alunos nas duas primeiras listas de realização acadêmica, e ganhavam uma proporção cada vez maior das bolsas de estudo por mérito criadas por Eliot. Convencido de que todas essas tendências estavam aumentando o "antagonismo racial", Lowell propôs que se "limita[ssem] quaisquer grupos de homens que não se misturassem indistintamente com a maioria".[36]

Como vice-presidente da Immigration Restriction League [Liga pra Restrição da Imigração], Lowell não restringiu seus preconceitos aos judeus: "orientais", "homens de cor" e até mesmo franco-canadenses lhe pareciam perigosamente estranhos. A partir de 1922, Lowell especificou que a proporção de bolsas concedidas aos judeus não deveria ultrapassar a quantidade representada por eles entre os calouros e deixou claro que, ao limitar as transferências de outras faculdades, ele tencionava reduzir a cota de judeus no corpo discente de 22% para 15%.[37] E então se seguiu uma batalha renhida entre Lowell e o corpo docente a respeito da questão dos critérios de admissão ("princípios e métodos para avaliação de candidatos"). Até mesmo antes do relatório do comitê estabelecido para revisar esses princípios e métodos, um novo formulário de submissão foi introduzido com perguntas como "Que mudança, se houve alguma, foi feita, desde o nascimento, em seu próprio nome ou no de seu pai? (Explique em detalhes)".[38] É verdade que a ideia de Lowell sobre as cotas foi derrotada, e a simultânea diminuição do rigor dos critérios acadêmicos para admissão – que supostamente deveriam acabar com o preconceito regional de Harvard em relação à Nova Inglaterra e Nova York – somente aumentou a cota de judeus admitidos, a um ponto máximo de 27% em 1925. A partir de 1926, entretanto, Harvard seguiu uma liderança já assumida por Columbia, NYU, Yale e Princeton, limitando a turma total de calouros em mil e baseando parcialmente as decisões para admissão em critérios não acadêmicos como "personalidade". Os dados não são muito confiáveis, mas o resultado parece ter sido uma queda na proporção de calouros judeus de volta a 16% em 1928.[39]

A posição dos judeus em Harvard na década de 1940 era tão controversa que pelo menos dois trabalhos finais de curso foram dedicados ao tema. O estudo antropológico de Bruce Stedman de homens judeus de classe alta nas turmas de 1942 e 1943 apresentava problemas metodológicos, sobretudo porque ele em parte identificou os judeus com base na "presença [...] de características físicas judaicas".[40] Porém, seu estudo ainda é útil de duas maneiras. Em primeiro lugar, ele confirma que havia antissemitismo em Harvard.[41] Em outubro de 1941, ele registrou a seguinte conversa com outro aluno:

> Eu disse para A-9 que D-9 me contara haver um maior número de judeus que não judeus em determinado Comitê do Conselho Estudantil (para o qual os membros são escolhidos simplesmente com base em desempenho acadêmico), de dois para um.
> A-9 disse: "São muitos judeus".
> Eu disse: "Entretanto, os judeus com certeza são inteligentes. Acho que eu nunca conheci um judeu burro".
> A-9 respondeu: "Eles não são tão inteligentes, eles são é espertos. Muitos deles parecem ter condições de preencher um formulário preestabelecido, ou de realizar uma função habitual, mas, na hora do trabalho criativo, eles mostram que não são bons".[42]

Em segundo lugar, Stedman mostrou como os judeus em suas residências reagiam a tais preconceitos "cultivando amigos não judeus ou negando ter conhecimento da religião hebraica etc. Outro empenho na direção do mesmo fim pode ser visto na adoção de apelidos que não são judeus".[43]

Em comparação, o trabalho de Marvin Kraus sobre os judeus nas turmas de 1951, 1953 e 1954 era bem mais rigoroso, mas sua conclusão acabava sendo a mesma. Os judeus de Harvard estavam lutando pela sua assimilação. Eles eram menos religiosos que seus pais; mais da metade comparecia ao serviço religioso somente uma vez por ano; 29% não respeitavam o Rosh Hashanah; 49% não jejuavam no Yom Kippur; quase ninguém (5%) respeitava as leis alimentares ou se abstinha de trabalhar no Sabbath; e uma proporção notável (79%) namorava não judeus. No entanto, eles continuavam, em uma proporção significativa, segregados, com quase metade tendo somente colegas de quarto judeus, metade participando do Hillel, e um terço identificando sua "turma social" como predominantemente judia.[44]

Quando Theodore White, filho de um imigrante com pouco dinheiro que se instalara em Boston vindo de Pinsk, foi para Harvard em 1934, ele se classificou como um dos "obtusos", na base da pirâmide social. No alto estavam os "homens brancos, com nomes como Morgan, Rockefeller, Roosevelt e Kennedy, que tinham automóveis [...] iam a Boston para as festas de debutantes, os jogos de futebol americano [e] a corrida contra Yale de junho"; então vinham os "homens cinzentos [...] meninos das escolas públicas, robustos filhos da classe média norte-americana", que "iam aos jogos de futebol americano e de beisebol, ocupavam postos no Crimson e no Lampoon [e] concorriam aos comitês das classes". Contrastando com eles, os "obtusos" tinham ido para Harvard "não para desfrutar dos jogos, das meninas, dos shows de variedade do Old Howard, da camaradagem, dos elmos, das folhas avermelhadas do outono, das margens cobertas de mato do Charles. Nós tínhamos ido para conseguir o distintivo de Harvard, que diz '*veritas*' [verdade], mas na verdade quer dizer um emprego [...] em algum posto burocrático, em alguma instituição, em alguma escola, ou laboratório, ou universidade, ou escritório de advocacia. [...] Nós estávamos na luta para melhorar de posição". Embora houvesse irlandeses e italianos entre os "obtusos", os mais determinados eram judeus como White.[45]

Com a saída de Lowell da presidência em 1933 e a designação de James Bryant Conant, a questão judaica começou a perder relevância. Químico por treinamento, dizem que Conant transformou Harvard em "uma meritocracia, na qual os alunos e os professores competiam por honras com pouca piedade ou gentileza".[46] Embora não fosse mais perceptivelmente filossemita que Lowell, a prioridade de Conant era a capacidade acadêmica e o sucesso. Foi ele quem introduziu a regra do "para o alto ou para fora", segundo a qual os membros do corpo docente que não fossem efetivados perderiam o emprego. Essa e outras políticas meritocráticas tiveram o efeito de favorecer os alunos judeus. Um relatório de 1939, intitulado "Some Problems of Personnel in the Faculty of Arts and Sciences" [Alguns problemas com os funcionários na Faculdade de Artes e de Ciências], reconhecia o papel do "sentimento antissemita" ao dificultar a promoção de acadêmicos judeus,[47] porém tais preconceitos estavam perdendo rapidamente sua legitimidade, em parte por causa da crescente aversão pela conduta do regime nacional-socialista na Alemanha, e em parte por causa do subsequente êxodo de acadêmicos judeus indiscutivelmente brilhantes da Europa Central.

Uma terceira força estava em ação. Na efervescência das décadas de 1930 e 1940, a ideologia estava se transformando em uma fonte de conflitos mais nítida que o preconceito racial. Arthur Schlesinger Jr. cresceu em um lar de Harvard, neto de um judeu da Prússia Oriental que havia se estabelecido em Ohio e se convertido ao protestantismo, e filho de um reconhecido historiador dos Estados Unidos. Os Schlesinger eram liberais do New Deal, cujo círculo de amigos incluía o futuro juiz da Suprema Corte Felix Frankfurter e o romancista de esquerda John Dos Passos.[48] Como aluno de graduação, o jovem Schlesinger se filiou à American Student Union [União dos Estudantes Norte-Americanos], controlada pelos comunistas, e era conhecido do historiador comunista de carteirinha Richard Schlatter e do simpatizante Francis Matthiessen. Porém, depois da guerra, ao voltar para Harvard como professor adjunto, Schlesinger rompeu com os comunistas. Seu livro de memórias recorda com nitidez o rompimento, na liberal Harvard, entre os comunistas (membros do CPUSA [Partido Comunista dos Estados Unidos]) e simpatizantes, de um lado, e, do outro, a esquerda anticomunista, que Schlesinger considerava como o "centro vital".[49] Com o passar do tempo, tais diferenças políticas gradualmente assumiram a precedência sobre as diferenças étnicas, desde que não coincidissem com elas.

III

A Turma de 1950 era a maior da história de Harvard até aquele momento, com 1.588 diplomados. Henry Kissinger não era o único membro da classe que estava destinado ao serviço público. James Schlesinger iria ser diretor da CIA, secretário de Defesa e secretário do Departamento de Energia. Herbert J. Spiro posteriormente serviu na Secretaria de Planejamento de Políticas no Departamento de Estado e como embaixador na República dos Camarões e na Guiné Equatorial. Outro diplomata era William Harrop, que foi embaixador em Israel. John T. Bennett foi vice-diretor da missão USAID em Saigon – de onde ele foi evacuado em 1975 – e também serviu em Seul e na Guatemala. Os formandos de 1950 também incluíam dois congressistas republicanos, Sedgwick William Green e Amory Houghton, o conhecido advogado nova-iorquino e ativista do Partido Democrata George Dwight, e George Cabot Lodge, filho do senador, embaixador e candidato à vice-presidência Henry Cabot Lodge Jr., de Massachusetts, que, ele próprio, concorreu ao Senado em 1962. A classe também produziu jornalistas – Jonathan Spivak do *The Wall Street Journal* e William Graves da *National Geographic* –, bem como o escritor Lawrence Osgood e o artista Edward Gorey. Havia alguns banqueiros e homens de negócios, como era de se esperar. Contudo, a maior parte estava destinada às profissões liberais, ou, como Kissinger, a se tornar professor.[50]

A maioria dos jovens que vão à universidade faz suas primeiras amizades duradouras lá. Essa não foi a experiência de Henry Kissinger. Jornalistas que procuraram seus contemporâneos de Harvard ficaram espantados com essa ausência de amizade, que em pelo menos um caso chegava quase a ser hostilidade ("Ele não tinha encanto").[51] Entretanto, havia boas razões para isso. Nós podemos ser tentados a imaginar a Harvard no fim da década de 1940 em termos românticos, como um ponto de transição entre a intensa Harvard de *Not to Eat, Not for Love* [Não para comer, não por amor], de George Weller (1933), e a melosa Harvard de *Love Story*, de Erich Segal (1970). Nada poderia ser mais enganador. Harvard, no outono de 1947, era um caos pouco acolhedor. Para começar, havia uma falta crônica de acomodações. Quando as tropas retornaram, a universidade que antes da guerra tinha estado acostumada com um corpo estudantil total de cerca de 8 mil lutou para dar conta de um número próximo de 12.500. A pressão exercida sobre as instalações da faculdade de graduação era especialmente severa. Tendo sido admitido no último minuto, Kissinger provavelmente teve de passar maus bocados na atribuição de acomodações.[52] Com aproximadamente outros 180 infelizes calouros, ele passou suas primeiras semanas em Harvard como morador do Indoor Athletic Building [Ginásio Esportivo] (atualmente o Malkin Athletic Center), cujo espaço para prática de basquete havia sido transformado em alojamento improvisado.[53]

A indignidade não acabava aí. Quando finalmente foi encontrado um quarto para ele, foi no pouco simpático Claverly Hall – "outrora o recinto da opulência da Costa Dourada", como o *Crimson* dizia, e agora "o calabouço da indolência estudantil". Construído em 1893, Claverly era um monumento ao gosto da Era Dourada, seus quartos eram muito maiores que os do Yard ou das Houses, mas suas cornijas enfeitadas e suas pias de mármore indicavam sua idade. Mais importante, a falta de instalações para refeições e, como consequência, de qualquer "confraternização" real entre os vários andares (conhecidos como "acessos") havia feito com que Claverly fosse bastante impopular na década de 1940 – tanto que referências eram feitas a ele como "a Sibéria da Mount Auburn St.". Havia, resumindo, um estigma ligado a ele.[54] A natureza desse estigma pode ser adivinhada pelo fato de que os dois colegas de quarto de Kissinger no quarto 39 eram ambos judeus: Edward Hendel e Arthur Gillman – assim como também era o amigo de Kissinger de Oberammergau, Henry Rosovsky, que posteriormente passou a ser um dos tutores em Claverly. A era de segregação residencial dos judeus estava se acabando, porém, lentamente.[55]

Mesmo que Kissinger tivesse desejado ser sociável, Harvard não deixou isso fácil para ele. Assim como muitos estudantes judeus da época, ele não sentia vontade de enfatizar sua identidade judaica frequentando o Hillel Club, muito menos a sinagoga Temple Beth-El. Como calouro, ele fazia suas refeições na Harvard Union (atualmente o Barker Humanities Center), um clube que havia sido criado para quem não pertencia a nehuma agremiação e era conhecido por sua falta de ambiente.[56] Porém, Kissinger claramente não desejava ser sociável. Ele havia ido a Harvard para estudar, e estudou, com uma intensidade que intimidava seus colegas de quarto. Como Hendell relembrou: "Ele trabalhava mais, estudava mais. Lia até uma ou duas horas da madrugada. Ele tinha uma energia e uma disciplina incríveis. Passava muito tempo pensando. Ele estava absorvendo tudo". Outro recordou o jovem

Kissinger como "muito sério. [...] Ele se sentava naquela cadeira superestofada [...] estudando de manhã até à noite e roendo as unhas até a carne, até sair sangue".[57] Ele não corria atrás das meninas de Radcliffe. Não se importava com suas roupas. Ele praticamente ignorava as atividades esportivas da faculdade (e certamente não participava delas). Até quando foi admitido na Adams House – ao lado de Claverly, mais muitos degraus acima em termos sociais[58] –, ele mesmo assim não se tornou mais sociável. Formada pela fusão de três prédios da Costa Dourada, a Adams House era conhecida por sua piscina na entrada "B", suas quadras de squash, seus bailes de sábado à noite e sua animada vida política.[59] Em 1º de dezembro de 1949, por exemplo, Kissinger poderia ter participado de um debate no Common Room entre o ex-membro da Adams Arthur Schlesinger Jr. e o historiador radical H. Stuart Hughes.[60] Porém, se o jovem Kissinger desempenhou um papel na vida da House, nenhum traço disso sobreviveu. Ele parecia ser "algo como um recluso – um homem invisível".[61]

O que os estudantes mais jovens não entendiam é que Kissinger não tinha somente uma, mas duas vidas fora da comunidade de Harvard. A primeira era sua vida como veterano. Amizade da faculdade é uma coisa; para aqueles que combateram na Segunda Guerra Mundial, a camaradagem de armas era de modo geral mais importante. Durante seu período na graduação, Kissinger continuava a servir como oficial de reserva do CIC, o que consumia uma parte considerável de seu tempo de férias.[62] Ele permanecia em contato regular com os amigos que havia feito no Exército, especialmente seu mentor, Kraemer, a quem visitava em Washington.[63] Ainda era para Kraemer que Kissinger confidenciava seus pensamentos mais íntimos, como o que ele apresentou em uma carta de novembro de 1949: "Talvez a luta do homem por valor, a certeza de verdades maiores jamais possam ser abordadas com métodos pedantes de filosofia, mas precisem do poeta que vê a totalidade da vida e não somente suas manifestações".[64] (A resposta de Kraemer, característica, foi: "Omita a primeira palavra na afirmação acima".) Um ano depois de começar seus estudos em Harvard, e pouco antes de voltar para seu segundo ano, Kissinger escreveu de um campo do Exército de Maryland uma melancólica carta para um amigo que ele havia feito na Alemanha:

> Eu penso frequentemente e com alegria naqueles dias tão extraordinários e inspiradores de 1945-46, quando tudo parecia possível e instável.

Desde que retornei, minha vida mudou bastante. Durante oito meses do ano eu sou uma vez mais um estudante, o que é interessante, mas às vezes é um tanto limitador. Durante o verão, como dá para ser visto em meu endereço, eu me vejo uma vez mais envolvido em um campo de atividade que é muito mais próximo de minha vida prévia [na Alemanha] do que minha vida de estudante é.[65]

Seus colegas de quarto em Harvard podem ter visto um rato de biblioteca sem senso de humor. Seus antigos companheiros de Exército conheciam um Kissinger muito diferente, como fica claro em uma carta absolutamente não convencional enviada para Kissinger mais ou menos na mesma época por seu colega oficial do CIC Victor Guala, que claramente tencionava caçoar da linguagem burocrática das comunicações do CIC ao estilo dos Irmãos Marx:

1. Solicitando informações sobre o futuro paradeiro de HENRY KISSINGER, também conhecido como Sr. Henry, também conhecido como Herr CIC Ahguent, também conhecido como Herr Henry, também conhecido como Der Bensheimer Kerl der fuer Herrn L. arbeitet. Deseja-se saber especificamente se essa pessoa estará nas redondezas de NY durante o fim de semana vindouro, ou qualquer fim de semana, ou, se esta for enviada por meio dos canais, esteve ele aqui mesmo durante 1948?

2. Vistoria em nossos arquivos não indica correspondência digna de nota no passado entre essas duas agências; sua atenção é voltada para RA (Reflexo Adquirido) #0001.01, Para. 1, Linha 3, Palavra 76493a, que afirma, na realidade, que normalmente se espera que essas duas agências irão manter uma liason (pronuncia-se: lyêsom) (grafia: liaison) inadequada, desse modo acrescentando materialmente à confusão do serviço. Tendo em vista o mencionado acima, se o senhor acrerditar [sic] no acima, o Cavalheiro Comandante manifestou sua intenção de apresentar o abaixo e fora por telefone, enquanto a parte da segunda parte, a seguir a ser referida como a parte da primeira parte, e a parte da primeira parte, a seguir a ser referida como Sujeito, também conhecido como A Parte, também conhecido como a primeira parte da parte, também conhecido como 4ª parte, distinguindo-se da 3ª, partidos Dem e Rep e todos os outros partidos doravante e até agora mencionados ou ignorados é totalmente coincidência e não intencional.[66]

Não se sabe se Kissinger aceitou esse convite específico para Nova York, mas ele certamente visitou sua casa na cidade com regularidade enquanto esteve em Harvard. Assim como todos os nova-iorquinos que frequentavam a universidade às margens do Charles, ele sem dúvida achava Cambridge um pouco monótona nos fins de semana. De qualquer modo, a outra vida de Kissinger – sua vida particular – se encontrava em Nova York, não em Massachusetts. A razão pela qual ele não mostrou interesse pelas "meninas de Radcliffe" era simples: em algum momento no fim de 1948 – depois de uma noite no teatro para assistir ao bizarro musical *Finian's Rainbow* [O arco-íris de Finian] – ele assumira um compromisso com Anne Fleischer.

Os Fleischer eram oriundos exatamente do mesmo mundo de judeus alemães ortodoxos que os Kissinger. Assim como eles, os Fleischer haviam criado uma vida nova, porém não totalmente diferente, em Washington Heights. Anne havia vivido um pouco, com certeza. Ela tinha passado um ano em Colorado Springs, trabalhando em um hotel e frequentando informalmente alguns cursos. Havia estudado escrituração com seu cunhado Gerald Reich e trabalhado por certo tempo em uma firma de decoração de interiores.[67] Contudo, seu casamento com Henry Kissinger em fevereiro de 1949 representava uma vitória inequívoca para os pais dele. Enquanto estava na Alemanha, o filho mais velho havia chocado a família tendo um caso com uma mulher gentia, e ainda por cima alemã. Como já citado, ele tinha resistido vigorosamente à pressão dos pais para ficar noivo de Anne. O retorno dele aos Estados Unidos o trouxe de volta para o aprisco. A cerimônia de casamento ocorreu no apartamento dos Kissinger e foi realizada pelo rabino Leo Breslauer, o rabino ultraortodoxo sobrevivente ao *pogrom* de 1938 em Fürth e unido a outros sobreviventes de sua congregação em Nova York.

Por que Kissinger mudara de ideia? Certamente não era porque ele havia reencontrado sua perdida fé religiosa. Mesmo no dia do casamento houve um atrito renovado quando ele pôs objeções à insistência de Breslauer de que Anne tomasse o banho ritual, o *mikvah*, antes da cerimônia.[68] Uma resposta plausível é que Kissinger tentava apaziguar seus pais, especialmente porque seu irmão mais novo estava fazendo exatamente o oposto (e acabaria desafiando-os ao fugir com uma jovem cristã). Outra explicação é de que o ano como aluno de graduação em Harvard havia feito com que a vida de

casado subitamente parecesse ser mais atraente. Como seu irmão Walter*
recordou: "Ele sentia dificuldades em se adaptar à frivolidade da vida na
faculdade. Nós dois passamos maus bocados tentando nos ajustar à vida em
um alojamento com um monte de garotos recém-saídos da escola preparatória. Casar-se com Ann [ela tirou o 'e' depois de seu casamento] permitiu
que ele fosse sério".[69] Especificamente, Ann poderia arrancar Kissinger da
Adams House e lhe proporcionar uma vida como um adulto sem ter de abrir
mão de seus estudos. Embora a cerimônia tenha sido tradicional, o casamento era moderno em pelo menos um aspecto central: Ann era o arrimo
de família. Foi ela que saiu à procura de um apartamento para eles;[70] foi ela
quem encontrou o primeiro lar deles no número 49 da Florence Street, em
Arlington, e o segundo no número 495 da Lowell Avenue, em Newton, a
uns 13 quilômetros a oeste do campus de Harvard; ela que trabalhava como
escriturária para uma loja de móveis em Malden. A poupança dela (700 dólares) e o salário dela (1.100 dólares por ano) eram um suplemento importante para as economias dele do tempo de guerra e o apoio que ele recebia
com a GI Bill.[71] Além do mais, assim como as esposas de muitos dos acadêmicos da década de 1950, Ann proporcionou a Kissinger o serviço de secretária gratuito, datilografando o trabalho final dele, bem como fazendo todo
o serviço doméstico e colocando a comida na mesa. O que fica mais difícil
de determinar é até que ponto o casamento proporcionou felicidade para
Kissinger. Se aconteceu, não foi por muito tempo.

O casamento pode ter significado uma medida de apoio financeiro para
um estudante maduro. Mas ele também tinha implicações óbvias, relacionadas ao seu futuro emprego remunerado. A questão ainda estava por ser
respondida: Exatamente o que Kissinger tinha ido aprender em Harvard?
E até onde esse aprendizado o levaria? Não era nem um pouco óbvio a

---

* Walter havia voltado para casa, vindo da guerra, até mesmo mais tarde que seu irmão. Tendo servido com o 24º Corpo do Exército em Okinawa, e chegado ao posto de sargento, ele aceitou um emprego no governo do pós-guerra na Coreia, onde foi responsável pela reabertura das minas de carvão do país. Ao voltar para os Estados Unidos, ele estudou em Princeton e depois na Faculdade de Administração de Harvard – motivado, segundo sua mãe, por "rivalidade entre irmãos". Na verdade, foi Walter quem mencionou em primeiro lugar sua intenção de seguir uma carreira no serviço diplomático, embora ele mais tarde tenha optado pelos negócios.

princípio que a resposta seria uma carreira acadêmica no Departamento do Governo de Harvard.

IV

Como o presidente Eliot havia tencionado, o programa de graduação de Harvard dava aos estudantes a escolha – a chance de experimentar. Henry Kissinger se aproveitou dessa oportunidade. Em seu primeiro ano, ele havia feito cursos introdutórios de francês, governo, história e matemática, tirando A em cada um deles, bem como química como uma quinta matéria que não contava créditos.[72] Durante certo tempo, ele acalentou a ideia de se aprofundar no estudo de química. Seu professor, George Kistiakowsky, era uma figura notável que havia trabalhado no Projeto Manhattan em Los Alamos durante a guerra. Porém, quando Kissinger lhe pediu conselho, Kistiakowsky respondeu: "Se você tem de perguntar, não deve fazer".*[73] Kissinger também assistiu a palestras do grande físico Percy W. Bridgman, cujo trabalho sobre física de altas pressões lhe valeu o Prêmio Nobel em 1946. Naquele mesmo ano, Kissinger se dedicou à filosofia, estudando com o diminuto e deprimido Henry M. Sheffer, mais conhecido por introduzir na lógica formal a linha vertical conhecida como o "Conectivo de Sheffer". Para tristeza de Kissinger (e para deleite de pelo menos um rival), ele obteve B no curso de Sheffer, a única nota abaixo de A que ele já recebera.[74] (Pode ter sido como uma resposta a isso que ele inseriu um confuso e pouco relevante apêndice filosófico no fim de seu trabalho final de curso.) Seu desempenho geral era excelente, mas não o melhor. Embora suas notas fossem boas o suficiente para garantir-lhe como um membro do corpo docente de alto escalão como orientador, sua

---

* Posteriormente, Kistiakowsky serviu no Ballistic Missiles Advisory Committee [Comitê Consultivo de Mísseis Balísticos] estabelecido em 1953 e no President's Science Advisory Committee [Comitê Consultivo de Ciências do Presidente] criado depois da crise do Sputnik. De 1959 até 1960, ele serviu como assistente especial de Eisenhower para ciência e tecnologia. Kissinger mais tarde brincou que, se Kistiakowsky o tivesse aconselhado a seguir firme com a ciência, "ele poderia ter me mantido longe de anos de encrencas, permitindo que eu me tornasse um químico medíocre".

eleição para a elite acadêmica – o capítulo de Harvard de Phi Beta Kappa – não aconteceu senão em seu último ano.

Dois enigmas se apresentam em relação à carreira de estudante de graduação de Kissinger. Em primeiro lugar, por que ele se concentrou no governo, em vez de se graduar em história? Tendo em vista seu perene interesse por temas históricos, poderia se esperar que ele seguisse os passos de Arthur Schlesinger Jr., cujo pai pertencia a um grupo de conhecidos historiadores que lecionavam então em Harvard. Paul Buck havia vencido o Prêmio Pulitzer por seu *Road to Reunion, 1865-1900* [A estrada para a reunião, 1865-1900], e era um dos principais historiadores do Sul dos Estados Unidos. Crane Brinton, especialista na Revolução Francesa e grande influência para Samuel Huntington, era o amplamente lido autor de *Anatomia das revoluções*. Edwin O. Reischauer era o principal historiador do Japão e havia formado uma firme parceria docente com John King Fairbank, o primeiro especialista de Harvard em história chinesa.[75] Um homem que posteriormente escreveu seu trabalho final intitulado "The Meaning of History" [O sentido da história], e cuja tese de doutorado se concentrava no período do Congresso de Viena, com certeza teria sido o primeiro da fila para o popular curso chamado Café da Manhã com Brinton sobre a França revolucionária. Um homem que iria transformar as relações entre os Estados Unidos e a China teria pelo menos de ter pensado em fazer o curso introdutório de Fairbank e Reischauer sobre o Leste asiático (carinhosamente conhecido pelos estudantes como "campos de arroz"). Pelo contrário, provavelmente seguindo o conselho de Kraemer, ele escolheu se concentrar em ciências políticas ou (seguindo a nomenclatura de Harvard) "se concentrar em governo".[76]

A segunda questão é por que, tendo Kissinger feito essa escolha, ele foi ser aluno de William Yandell Elliott, quando Carl Friedrich teria sido um orientador mais óbvio. Aluno do irmão de Max Weber, Alfred, Friedrich fora de Heidelberg para Harvard em 1926 e se estabelecera como uma grande autoridade na Alemanha moderna e em particular em constituições democráticas. Em 1949, ele havia acabado de voltar de um posto como consultor do Office of Military Government [Agência de Serviço Militar] na Alemanha. Sua reputação como um "bom alemão" estava no auge. O livro mais influente de Friedrich da década de 1940 havia sido *The New Belief in the Common Man* [A nova crença no homem comum] (1942), que ele relançou em uma edição ampliada na década de 1950 como *The New Image of the Common Man* [A nova imagem do homem comum].⁷⁷ Vigorosamente contrário ao totalitarismo, o livro de Friedrich ataca a "revolta das massas" de José Ortega y Gasset e a teoria de Vilfredo Pareto sobre as elites. Ele procura encontrar uma via intermediária entre o pluralismo e a "idolatria do Estado", elevando o ideal essencialmente norte-americano do "homem comum" como uma fonte de sabedoria democrática. Não raro, argumenta Friedrich, o homem comum tem razão, porém

> [h]á [...] um campo extremamente importante da atividade governamental no qual grande parte do que nós temos dito a respeito do julgamento do homem comum não se sustenta. Esse é o campo das relações internacionais. As decisões nessa área são de uma natureza que as afasta da compreensão do homem médio. Elas não admitem qualquer relação marcante com seus costumes, tradições e crenças. [...] Já que o homem comum [...] se esquiva da política externa, tal política em um governo nacional democrático oscila, como a democracia norte-americana tem oscilado, entre o isolacionismo e o internacionalismo.⁷⁸

Esse dificilmente pode ter sido um argumento desagradável para o jovem Kissinger, mesmo que o apelo final de Friedrich por um "pan-humanismo" não fosse de todo convincente.⁷⁹ Além do mais, Friedrich não era um acadêmico severo que esperasse que seus alunos passassem a vida inteira nas bibliotecas e nas salas de palestras. Entre os que estudaram com ele na década de 1950 se encontrava Zbigniew Brzezinski – também nascido na Europa, também um imigrante da safra de 1938 –, que iria seguir Kissinger, tornando-se conselheiro de Segurança Nacional em 1977.

Porém, Friedrich e Kissinger jamais foram almas gêmeas. Uma teoria é a de que, depois de Kraemer, Kissinger não tinha necessidade de outro *Meister* [mestre] alemão. Outra é a de que Friedrich ficou menos impressionado com o intelecto de Kissinger do que seu colega.⁸⁰ Segundo o próprio Friedrich, Kissinger lhe disse de modo abrupto: "Estou interessado nas medidas práticas das relações internacionais, e o senhor está interessado em filosofia e em sabedoria".⁸¹ Uma explicação mais plausível é a da banalidade. Caso ele tivesse sido um aluno de pós-graduação, Friedrich e Elliott poderiam muito bem ter competido pela fidelidade dele. Como simples aluno de graduação, entretanto, Kissinger foi designado para Elliott pelo Departamento do Governo por meras razões burocráticas.

Filho de um advogado do Tennessee que morreu quando ele tinha apenas três anos, William Yandell Elliott III foi criado por sua mãe em Nashville, onde ela foi a bibliotecária da Faculdade de Direito da Universidade Vanderbilt. Ele próprio teve uma bem-sucedida carreira como aluno de graduação nessa mesma universidade, onde tomou parte no grupo informal de jovens poetas sulistas conhecido como os Fugitivos,* que se viam "resgatando [...] os ideais da amizade, da lealdade pessoal, e do orgulho comunalista [...] do gradual anonimato do século XX".[82] Elliott serviu como primeiro-tenente no 114º Regimento de Artilharia de Campanha em 1917-18, e então passou vários meses estudando na Sorbonne antes de voltar para Vanderbilt, obtendo seu mestrado em 1920 e começando sua carreira acadêmica como instrutor de literatura inglesa. Nesse mesmo ano, uma bolsa Rhodes o levou para Oxford. Durante sua permanência no Balliol College, Elliott frequentou círculos literários com Robert Graves e W. B. Yeats. Ele provavelmente ficou sob a influência do "Round Table Group" [Grupo da Távola Redonda] fundado pelo político e administrador colonial britânico Alfred Milner, ao qual alguns dos *fellows* de Balliol pertenciam.[83] Porém, a principal influência de Elliott foi o filósofo escocês A. D. ("Sandy") Lindsay, uma autoridade em Platão e Henri Bergson, e um homem da esquerda moderada. Depois de um breve período como professor auxiliar em Berkeley, Elliott foi nomeado instrutor e professor assistente no Departamento do Governo em Harvard. Ele galgou a escadaria acadêmica com constância, e em 1942 era professor de uma cátedra, a mais alta posição acadêmica em Harvard abaixo de um titular de cátedra.

O livro que fez a reputação de Elliott foi *The Pragmatic Revolt in Politics: Syndicalism, Fascism, and the Constitutional State* [A revolta pragmática na política: sindicalismo, fascismo e o Estado constitucional] (1928). Dedicado a Lindsay, ele é uma leitura estranha nos nossos tempos. Prolixo, bombástico e repetitivo, o livro estabelece conexões entre a escola filosófica de pragmatismo norte-americana e os movimentos contemporâneos na política europeia que só podem ser descritas como tendenciosas. O ponto de partida de Elliott é

---

* Os outros membros do grupo eram John Crowe Ransom, Allen Tate, Donald Davidson e Robert Penn Warren. Embora Elliott nunca tenha adotado as ideias do agrarianismo, como Ransom fez em *O idealista*, ele continuou a sentir simpatia pelo conservadorismo anglófilo de seus amigos do Sul.

"o ataque que está agora tomando forma notável tanto na prática quanto na teoria, em grande parte da Europa, contra o Estado constitucional e democrático". Em todas as suas formas – abrangendo do sindicalismo ao fascismo – esse ataque é apresentado por Elliott como "parte de um anti-intelectualismo profundamente enraizado" associado ao pragmatismo.[84]

O ponto em que Elliott tinha razão era que muitos intelectuais dos dois lados do Atlântico estavam relutantes em confrontar a escala da ameaça à democracia do entreguerras – sem mencionar a ameaça ao sistema de segurança coletiva com base na Liga das Nações – representada pelas ideologias não liberais. Mais questionável era sua alegação de que havia ligações significativas entre William James e Mussolini. Em uma leitura mais atenta, *The Pragmatic Revolt* era uma mistura de revisões – de Georges Sorel, Harold Laski, G. D. H. Cole, John Dewey e Léon Duguit – mantidas juntas pelos mais frágeis dos laços. (Em 1928, já estava claro que Mussolini acreditava com mais seriedade no poder do Estado do que seus constituintes corporativos.) Não chega a surpreender que atualmente ninguém se lembre da teoria de Elliott sobre o "Estado coorgânico", que deveria resgatar "a soberania legal da Nação-Estado democraticamente organizada" das supostas subversões dos pragmatistas. Porém, Elliott se manifestou no momento oportuno, à medida que os norte-americanos começaram lentamente a compreender a seriedade do que estava acontecendo na Itália e os herdeiros de James passaram do pragmatismo a um pluralismo que parecia desafiar a legitimidade do próprio Estado democrático. Como uma reafirmação das verdades pré-jamesianas, uma defesa da visão do pós-guerra de Woodrow Wilson, e uma indicação daquilo pelo que os Estados Unidos acabariam lutando sob Franklin Roosevelt, *The Pragmatic Revolt* atendia aos seus propósitos. Elliott não ocultou sua simpatia pelos "esforços racionalistas do liberalismo democrático para criar um veículo político tal como um governo parlamentarista, que luta para prover a evolução social sob as leis e para ampliar essa maquinaria gradualmente do nacionalismo constitucional a uma Liga Mundial". Assim como Friedrich, ele se voltou para Kant e a "crença de que o governo sob a lei é a expressão de um propósito moral compartilhado rumo a um ideal de uma vida tranquila".[85]

Elliott tem sido apresentado como um conservador, combatendo em uma infrutífera ação na retaguarda contra a "mudança de paradigma" que iria estabelecer o pluralismo como a teoria dominante do Estado nas ciências políticas norte-americanas.[86] Ele certamente não era páreo para os proponentes do pluralismo como o inglês George Catlin, estabelecido em Cornell, autor de *The Science and Method of Politics* [A ciência e o método da política], que exerceu grande influência para afastar a ciência política norte-americana tanto da teoria política quanto da história.[87] Porém, a importância histórica de Elliott se encontra em outra parte. Em primeiro lugar, como se verá adiante, ele (juntamente com Friedrich) defendeu um idealismo um tanto banalizado, mas, não obstante, vigoroso. Em uma época em que a filosofia de Harvard ainda estava sob o domínio de A. N. Whitehead,* que havia morrido apenas alguns meses depois da chegada de Kissinger a Cambridge, Elliott insistia para que seus alunos voltassem a Kant. De certo modo, como seu aluno Louis Hartz disse, ele foi o último dos idealistas de Oxford, "a consciência do estudo político em Harvard, forçando-o sempre na direção das premissas éticas que ele envolve".[88] De Lindsay ele havia adquirido traços de T. H. Green e F. H. Bradley, e trouxe um resíduo do pensamento deles para Harvard.[89] A "revolta pragmática" não era um constructo totalmente imaginário; Elliott estava liderando uma revolta contra o pragmatismo em Harvard.

Em segundo lugar, Elliott mais do que cumpriu suas obrigações para com a bolsa Rhodes, tornando-se um dos primeiros proponentes da Aliança Atlântica. Depois de *The Pragmatic Revolt*, seus dois mais importantes trabalhos seguintes, *The New British Empire* [O novo Império Britânico] (1932) e *The Need for Constitutional Reform* [A necessidade de uma reforma constitucional] (1935), juntos formavam um manifesto a favor de uma convergência anglo-americana, o primeiro estimulando a transformação do Império em uma "liga de nações manejável dentro da liga mundial, em uma base puramente consultiva e cooperativa, se destituindo de uma filosofia mercantilista de exploração", o outro propondo anglicizar o sistema político norte-americano ao estabelecer um funcionalismo permanente, dando ao presidente mais poderes do que um primeiro-ministro, e criando novos "*commonwealths* regionais" modelados nas províncias canadenses. Resumindo, Elliott acreditava que o Império Britânico e os Estados Unidos deveriam ficar mais parecidos um com o outro, um argumento que trazia a indelével marca de sua permanência em

---

* Coautor, juntamente com Bertrand Russell, do *Principia Mathematica* e autor do assustadoramente confuso *Process and Reality* [Processo e realidade], Whitehead havia levado a filosofia na direção da matemática e da física e muito longe da política.

Balliol.⁹⁰ Ao contrário de alguns dos herdeiros do Round Table de Milner, entretanto, Elliott era (assim como Sandy Lindsay) um ativo opositor da política de apaziguamento, "diversas vezes frustra[ndo] as maquinações de [o Grupo de Cliveden] quando eles estavam tentando levar a política do jornal *The Christian Science Monitor* [nos Estados Unidos] naquela direção e em outras manobras".⁹¹ Antes que o envolvimento dos Estados Unidos na Segunda Guerra Mundial tivesse início, Elliott já estava cooperando com a Mazzini Society, um grupo de *émigrés* italianos antifascistas, incluindo Gaetano Salvemini e o conde Carlo Sforza.⁹² Ele era, em muitos aspectos, uma figura autenticamente churchilliana.⁹³

Em terceiro lugar, e talvez mais importante para Henry Kissinger, Elliott mostrou que um professor também poderia ser um ator político. Conservador como realmente chegou a ser se comparado à média dos professores de Harvard, ele não obstante não teve escrúpulos em se juntar ao Committe on Administrative Management [Comitê de Gerenciamento Administrativo] de Roosevelt e desempenhou papéis de não muito destaque no Reorganization Act [Lei de Reorganização] de 1939 e na criação do Gabinete Executivo do presidente. Em 1937, ele foi nomeado para o Business Advisory Council [Conselho de Consultoria de Negócios] criado pelo secretário do Comércio Daniel C. Roper para dar mais voz à indústria em Washington, servindo sob seu presidente, o banqueiro (e posteriormente diplomata e político) W. Averell Harriman, por cinco anos. Foi nessa época que Elliott ficou preocupado com a questão das *commodities* estratégicas. Como um dos coautores de *International Control in the Non-Ferrous Metals* [Controle internacional de metais não ferrosos] (1938), ele argumentou a favor de um condomínio anglo-americano para controlar o estoque mundial desse tipo de metal e outras matérias-primas de guerra.

Elliott tinha uma verdadeira coragem política. Um oponente ferrenho da neutralidade norte-americana, que insistiu na revogação do Ato de Neutralidade que se seguiu à invasão da Polônia pela Alemanha, bem como no apoio financeiro para a Finlândia, e no preparo militar para resistir à agressão por parte da Alemanha, da Itália e do Japão, ele se transformou em uma pessoa bastante impopular entre os elementos não intervencionistas em Harvard. Quando, no fim de 1940, Roosevelt enviou para Churchill cinquenta velhos destróieres norte-americanos em troca do uso de bases navais britânicas, manifestantes em Harvard se pronunciaram com placas que diziam: "Mandem

Cinquenta Professores Bem Velhos para a Grã-Bretanha".⁹⁴ Rememorando a década de 1930 em julho de 1942, Elliott lamentava "a relutância [da Grã--Bretanha e dos Estados Unidos] em aplicar sanções em uma época em que poderia ter havido pouco perigo na aplicação delas nos estágios incipientes do fascismo e do militarismo japonês de 1931 a 1938. Somente a cegueira é capaz de explicar isso – a cegueira da apatia pública e as pressões de certos interesses por lucros que demonstraram ser mais poderosas que quaisquer preocupações pelo interesse público durante esses cruciais anos do pré-guerra".⁹⁵

Os acontecimentos deram razão ao "professor bem velho", que foi devidamente recompensado em 1940 com um lugar na National Defense Advisory Commission [Comissão Consultiva de Defesa Nacional] e um cargo como vice-chefe do Setor de Commodity, Reserva e Importações do Office of Production Management [Junta do Controle de Produção]. Tirando vantagem de sua posição, ele propôs ao secretário de Estado, Cordell Hull, que empréstimos para o *Commonwealth* britânico fossem feitos com a condição de que a matéria-prima dos beneficiários fosse reunida para "estabelecer pela primeira vez na história um controle internacional realmente sensato das principais matérias-primas mundiais, com o propósito de desenvolvê-las adequadamente do ponto de vista da conservação em longo prazo e produção planejada".⁹⁶ Elliott foi presciente uma vez mais quando, em setembro de 1941, alertou que "este país também precisa se preocupar, e quase com a mesma intensidade, com a Guerra do Pacífico" e que a base naval britânica em Cingapura defendida de forma inadequada era o "calcanhar de Aquiles" do programa de defesa dos Estados Unidos.⁹⁷ Depois de Pearl Harbor e a queda de Cingapura mostrarem que ele tinha razão mais uma vez, Elliott esperava com deleite a criação de um futuro "sistema mundial" sob a liderança dos Estados Unidos, que finalmente estavam "comprometidos com um destino de líderes mundiais".⁹⁸ Ele continuou a ser produtivo como acadêmico nos anos de guerra, sendo coautor de *The British Commonwealth at War* [O Commonwealth britânico em guerra] (1943), com o historiador H. Duncan Hall, de Balliol, e *Anglo-American Postwar Economic Problems* [Problemas econômicos anglo-americanos do pós-guerra] (1945), com o economista Frank D. Graham, de Princeton. Porém, suas maiores energias estavam sendo consumidas em Washington e não em Cambridge, e durante o restante de sua carreira em Harvard ele ficou indo e voltando de um lugar para o outro, às vezes com frequência semanal.

Assim como acontecia com a maioria dos professores, os estudantes prontamente fizeram uma caricatura de Elliott. "Alto, robusto, com sobrancelhas espessas, rosto grande e uma voz ressonante", ele e seu histórico sulista e suas tendências anglófilas o fizeram um alvo fácil para a zombaria. Para alguns ele era o "Bill Louco", para outros, "o Senador do Tennessee". Histórias, com certeza fantasiosas, corriam sobre rinhas de galo no porão de sua casa em Concord. Nenhum livro que ele escreveu perdurou; tampouco conseguiu chegar ao alto cargo executivo que alguns acreditavam que ele ambicionava. Não é surpreendente encontrar traços de preconceito racial em sua correspondência. "Ele é um judeu", ele escreveu a respeito de um candidato a um emprego em 1952, "mas é em todos os aspectos uma criatura saudável e distinta, sem o sentimento de ser um judeu".[99] "Há certas partes dessa história de dessegregação que eu não consigo suportar", ele confessou em 1956.[100] Contudo, Elliott merece algo melhor que a condescendência da posteridade. Em uma época em que a maior parte dos professores norte-americanos preferia fazer palestras a conversar com seus alunos, Elliott importou para Harvard o método tutorial de Oxford. Apesar de suas frequentes viagens a Washington, e a onerosa carga de leituras imposta pelo curso introdutório Governo 1, que ele lecionou por trinta anos, Elliott ainda achava tempo para se encontrar individualmente com os alunos. Os que chamavam a sua atenção eram convidados, à moda de Oxford, a percorrer uma longa lista de livros, escrever um ensaio, lê-lo em voz alta, e então discutir com Elliott. Foi essa prontidão para dar atenção aos alunos de graduação que atraiu para Elliott jovens do calibre de John F. Kennedy, Dean Rusk e McGeorge Bundy, e ainda Pierre Trudeau. Os *protégés* acadêmicos de Elliott incluíam Louis Hartz, autor de *The Liberal Tradition in America* [A tradição liberal nos Estados Unidos] (1955), o influente teórico de sistemas David Easton, e Samuel Huntington, que fez sua fama com *O soldado e o Estado* (1957).[101]

Quando Kissinger se encontrou com Elliott pela primeira vez, como o então candidato recordou muitos anos mais tarde, ele estava

> mexendo em uma papelada com um ar cansado, sentado a uma mesa que ameaçava a qualquer momento desabar sob o peso dos documentos que a cobriam. Eu havia adentrado em seu escritório porque a secretária dele não estava lá. Meu propósito era o de perguntar o que eu agora reconheço ser uma pergunta sacrílega: se, tendo em vista minha experiência no Exército, era necessário que eu fizesse Governo 1. A pergunta pareceu aumentar a melancolia de Bill.[102]

Muito cansado, Elliott aconselhou Kissinger a fazer outra disciplina: Governo 1A, que ele também lecionava. Kissinger estava mais impressionado com a forma que com o conteúdo das palestras. "Naturalmente, Bill Elliott se importava. A teoria política para ele não era um tema abstrato para ser estudado historicamente ou para ser usado como uma demonstração de habilidade dialética. Era uma aventura em que o bem e o mal estavam em luta constante para dar sentido à existência, e em que os épicos pareciam ser uma receita para a ação." Por esse motivo, Kissinger não ficou nem um pouco sentido pela indicação de Elliott como seu supervisor. Entretanto,

> quando mencionei esse fato [para Elliott], ele anunciou que seus deveres estavam ficando excessivos. Ele disse que eu deveria voltar depois de ler a *Crítica da razão pura*, de Kant. Essa não era uma mera tarefa para alguém com pouca experiência em filosofia. Como resultado, só fui terminar meu ensaio quando o semestre já andava pela metade. Bill fez com que eu o lesse para ele, e em algum momento no meio do trabalho a aparente indiferença dele desapareceu. Ele sugeriu que eu trabalhasse com teoria política, não como um historiador, mas como um filósofo criativo. Essa ideia nunca me tinha passado pela cabeça.[103]

Essa é uma história que já foi contada mais de uma vez. Em outras versões, a tarefa quase impossível seria uma comparação entre *Crítica da razão pura* e *Crítica da razão prática*. Elliott ficou tão impressionado com o ensaio (o qual não sobreviveu) que ele declarou que Kissinger era "uma mistura de Kant com Espinoza".[104]

Assim como Kraemer antes dele, Elliott havia detectado talento. Sua reação foi fazer Kissinger mergulhar nos clássicos não apenas da filosofia ocidental, mas também da literatura: as tarefas de leitura variavam de Homero a Dostoiévski, passando por Hegel e muito mais. Na época em que Kissinger entrou em seu último ano, Elliott estava lhe pedindo que fizesse comentários sobre seus próprios manuscritos. Escrevendo uma carta de recomendação para Phi Beta Kappa em outubro de 1949, Elliott descreveu seu aluno como "mais como um colega maduro que um aluno. [...] Eu diria que não tive nenhum aluno nos últimos cinco anos, mesmo no grupo Summa cum Laude [Com as maiores honras], que tenha tido a profundidade e o *insight* filosófico demonstrados pelo sr. Kissinger".[105] Elliott tinha suas reservas, com certeza, mas suas críticas eram mais reveladoras de seus próprios preconceitos que dos defeitos de seu aluno. A mente de Kissinger, ele escreveu, "é destituída de graça, e é teutônica em sua meticulosidade sistemática. Ele tem certa inclinação emocional, talvez devido à sua origem de refugiado, que surge ocasionalmente. [...] Ele precisa desenvolver seu escopo nas artes e em alguns aspectos da área das humanidades, sobretudo da parte estética".[106] Vale a pena acrescentar que essa referência foi escrita antes que Kissinger entregasse seu trabalho final, que seria o ápice de sua carreira como aluno de graduação e uma prova duradoura da influência de William Yandell Elliott sobre ele.

V

"The Meaning of History" [O sentido da história] entrou para a história – como o trabalho final mais longo jamais escrito por um aluno do último ano de Harvard e a origem do atual limite de tamanho (35 mil palavras, ou cerca de 140 páginas, ainda conhecido por alguns como "a regra de Kissinger").[107] O trabalho tinha 388 páginas – e isso depois de os capítulos sobre Hegel e Schweitzer terem sido cortados. Segundo um relato, Friedrich se recusou a ler além da página 150.[108] Porém, o tamanho não era a característica mais notável do texto. Em uma impressionante destilação de três anos de leituras, Kissinger nos oferece não somente Spengler, Toynbee e Kant, mas também Collingwood, Dante, Darwin, Descartes, Dostoiévski, Espinoza, Goethe, Hegel, Hobbes, Holmes, Homero, Hume, Locke, Milton, Platão, Sartre, Schweitzer, Tolstói, Vico, Virgílio e Whitehead – bem como Bradley, Huntington, Joseph, Poincaré, Reichenbach, Royce, Russell, Sheffer, Stebbing e Veblin no apêndice sobre a lógica do sentido. É indiscutivelmente o trabalho de um homem jovem: um exercício de exibicionismo acadêmico, marcado por erros superficiais como grafar Sartre como "Satre" e tratar *data* e *phenomena* como formas no singular, e *polis* como plural (lembretes de que a Kissinger havia sido negada uma educação clássica na Alemanha).[109] Grande parte do texto é dedicada a uma exposição detalhada dos argumentos centrais dos três autores, porém – em parte porque Kissinger omitiu frases como "Segundo disse Spengler" para economizar espaço – às vezes é difícil dizer onde os pontos de vista do autor terminam e onde começam os comentários de Kissinger. Como resultado, mais de um leitor erroneamente tem atribuído o pessimismo cultural de Spengler ao próprio Kissinger.[110] No entanto, o trabalho, apesar de todas as falhas, mereceu sua Summa. Ele também oferece *insights* valiosos a respeito da influência de Elliott sobre Kissinger, que foi muito além da antiquada substituição de "porém" por "não obstante", uma idiossincrasia extraída da prosa empolada de Elliott.

Oswald Spengler, Arnold J. Toynbee e Immanuel Kant eram estranhos companheiros, para dizer o mínimo. Enquanto Kant, naquela época como atualmente, era reverenciado como uma das principais figuras da filosofia ocidental, Spengler era um polemista pouco ortodoxo cujas profecias obscuras em O *declínio do Ocidente* – publicado em dois volumes entre 1918 e 1923 – haviam sido infectadas por associações com a direita alemã (ele foi a *bête noire* do fundador do departamento de sociologia de Harvard, Pitirim Sorokin), ao passo que a história da ascensão e queda da civilização de Toynbee, em doze volumes, estava apenas parcialmente completa na época em que Kissinger escreveu. A escolha de Toynbee – outro membro de Balliol – provavelmente devia alguma coisa a Elliott. Mas ela também pode ter refletido o imenso sucesso dos primeiros seis volumes de *Um estudo da história*, que haviam sido publicados condensados em um único livro nos Estados Unidos em 1947 e vendido mais de 300 mil cópias, sem dúvida com o auxílio de uma reportagem de capa da *Time* em março daquele ano. "Nossa civilização não está inevitavelmente condenada" era a manchete da *Time* – uma ideia sempre muito bem recebida pelos norte-americanos, assim como a afirmação de Toynbee a respeito da vital importância do cristianismo para o Ocidente. Já que Toynbee estava sendo saudado pela imprensa como o anti-Spengler, a escolha desses autores por parte de Kissinger era na verdade bastante atual. E, considerando que um entusiasmo pela "paz perpétua" de Kant era virtualmente tudo que seus orientadores acadêmicos tinham em comum, parecia uma boa estratégia para um ambicioso jovem acadêmico mostrar quão superior Kant era como pensador em relação a Spengler e Toynbee.

Surpreendentemente, Kissinger não resolveu discutir a pergunta óbvia, ou seja, como os três autores difeririam a respeito da causalidade na história.[111] Ele decidiu se concentrar em uma questão mais profunda e difícil: o tratamento que eles davam à tensão fundamental na condição humana entre qualquer teoria do determinismo histórico e nossa ideia, como seres humanos, sobre o livre-arbítrio. Como fica claro na introdução, essa era uma questão pela qual ele tinha um interesse especial.

Na vida de todo ser humano chega um momento em que ele percebe que, de todas as possibilidades aparentemente ilimitadas de sua juventude, ele se transformou, de fato, em uma realidade. Sua vida não é mais uma vasta planície com convidativas florestas e montanhas por todos os lados, mas fica claro que a jornada da pessoa ao longo dos campos seguiu, na verdade, um caminho regular. [...] Nós nos confrontamos com a questão da necessidade e da liberdade, da irrevogabilidade de nossas ações, da objetividade de nossa vida. [...] O desejo de reconciliar nossa experiência de liberdade com um ambiente específico é o lamento da poesia e o dilema da filosofia. [...] Qual é o sentido de uma causalidade que se realiza sob a forma de liberdade?[112]

Conforme Kissinger demonstrou, cada uma de suas autoridades escolhidas oferecia uma resposta diferente a essa pergunta. Spengler era o mais rigoroso determinista dos três. Para ele, a história "representa[va] o crescimento e o declínio de culturas orgânicas, a essência delas um mistério, sua força motriz a ansiedade e sua manifestação o poder".[113] Não é necessário aqui nos debruçarmos sobre a exegese um tanto prolongada de Kissinger. Tudo que importa é que a insistência de Spengler em um ciclo universal que ia da biologia à cultura e à civilização e voltava para a biologia não convenceu Kissinger: "A oposição entre a consciência desperta e o ser, entre tempo e espaço, história e causalidade[,] expressa, porém não resolve, o dilema da experiência da liberdade em determinado ambiente".[114]

Toynbee também falhou – na verdade, bem menos. De fato, ele parecia oferecer um papel para a intencionalidade na história, em contraste com o fatalismo de Spengler. As civilizações podem escolher reagir a um desafio ambiental, podem decidir continuar lentamente a escalar a metafórica face escarpada da história. No entanto, se o sentido último da história é uma manifestação da vontade de Deus, então, como Kissinger escreveu, "[n]ós realmente não transcendemos Spengler" de modo algum. "A história não é um livro concebido para ilustrar o Novo Testamento", ele declarou, deixando de lado a *magnum opus* de Toynbee como uma mera "superposição de um método empírico a um fundamento teológico".[115]

Conforme Elliott lhe havia ensinado a fazer, Kissinger mostrou como Kant havia apresentado um domínio para a liberdade ao estabelecer uma distinção entre o mundo fenomênico, que é tanto percebido pela razão e determinista, e o mundo numênico das coisas-em-si, perceptível somente pela experiência interna. "A experiência da liberdade em determinado ambiente é [desse modo] vista como sendo potencialmente significativa, afinal de contas. [...] A intencionalidade não é revelada pela realidade fenomênica, mas constitui a resolução de uma alma. A liberdade tem um lugar em um universo determinado."[116] Kissinger também elogiou a ideia de Kant sobre o imperativo categórico.* Além de seu significado no âmbito da ética, o imperativo categórico fornecia "a estrutura para a filosofia de Kant da história", pois "[s]e a experiência transcendental da liberdade representa a condição para a apreensão da verdade [numênica] maior no cerne de todas as aparências fenomênicas, então suas máximas têm [também] de constituir normas no campo político. A paz, portanto, é o objetivo mais nobre do empenho humano, a afirmação da finalidade da personalidade moral do ser humano".[117]

Em outras palavras, a busca da paz é o mais nobre de todos os atos do livre-arbítrio. Porém, nesse ponto Kissinger acreditava ter flagrado Kant em um erro. No ensaio sobre a "paz perpétua", Kissinger argumentava, "o dever de trabalhar para a paz aparece em primeiro lugar como uma emanação do imperativo categórico, somente para ser revelado como o princípio objetivo que governa os acontecimentos históricos".[118] Para Kissinger, isso representava somente outra tentativa, assim como a de Toynbee, "de expandir a filosofia da história em uma garantia da acessibilidade da lei moral".[119] "Com o intuito de estabelecer a validade de seu imperativo categórico como fundamento da paz eterna, Kant foi forçado a demonstrar a possibilidade de sua aplicação. Porém, sua prova de viabilidade passou a ser uma máxima e parece negar a base moral do imperativo categórico".[120]

Nesse sentido, "Kant também [havia] considerado o dilema inerente a toda a filosofia da história, sem conseguir resolvê-lo completamente [...] a conexão entre o necessário e o possível".[121] Embora os estudiosos de Kant possam

---

* Kant ofereceu três formulações distintas do imperativo categórico (em oposição ao hipotético) em *Fundamentos da metafísica dos costumes* (1785): "Aja somente de acordo com aquela máxima que você pode ao mesmo tempo desejar que pudesse se transformar em uma lei universal sem contradições"; "Aja de tal modo que você trate a humanidade, quer em sua própria pessoa, ou em relação a qualquer outra, nunca simplesmente como um meio para atingir um fim, porém sempre ao mesmo tempo como um fim"; e "Aja como se por meio de sua máxima você seja sempre um membro legislador no reino universal dos fins".

objetar que Kissinger estava misturando os reinos da natureza e dos fins, os quais Kant insistia que eram separados, não há como negar que em "paz perpétua" (bem como em sua "ideia de uma história universal de um ponto de vista cosmopolita"), Kant realmente introduziu uma versão teleológica da história, reconhecendo a existência de uma "causa maior que determina o curso da natureza e o direciona para o fim último e objetivo da raça humana", a saber, a paz perpétua.[122]

Então, onde o próprio Kissinger acabou se posicionando? A resposta é com a liberdade acima da necessidade, com a escolha sendo entendida como uma experiência íntima. "A liberdade", ele escreve em uma passagem central, "não é uma qualidade de definição, mas uma experiência íntima da vida como um processo de decisão de alternativas significativas".

> Isso [...] não quer dizer escolhas ilimitadas. Todas as pessoas são produtos de uma época, de uma nação e de um ambiente. Porém, além disso, elas constituem o que essencialmente não se pode abordar pela análise [...] a essência criativa da história, a personalidade moral. *Como quer que nós possamos explicar as ações em retrospectiva, a realização delas aconteceu com a convicção íntima da escolha.* [...] O homem pode encontrar a sanção para suas ações somente dentro de si mesmo.[123]

E uma vez mais: "A liberdade é [...] um estado íntimo que busca seus próprios estímulos. [...] A liberdade depende menos da existência que do reconhecimento de alternativas, não em um conjunto de condições, mas [em] uma experiência íntima".[124]

Resumindo: "O âmbito da liberdade e da necessidade não podem ser reconciliados a não ser através da experiência íntima".[125] Essa ênfase na interioridade deixa claro que a penúltima página de Kissinger, com suas alusões aos acontecimentos das décadas de 1390 e 1940, é, na verdade, otimista:

> A geração de Buchenwalde [sic] e dos campos de trabalho da Sibéria não pode se expressar com o mesmo otimismo como seus pais. A felicidade de Dante foi perdida em nossa civilização. Porém, isso descreve somente uma questão de declínio, e não sua necessidade. [...] Com certeza[,] estes podem ser tempos exaustivos. Porém [...] a experiência da liberdade permite que nós nos ergamos acima do sofrimento do passado e das frustrações da história. Nessa espiritualidade se encontra a essência da humanidade, o incomparável que

cada ser humano comunica à necessidade de sua vida, a autotranscendência que proporciona a paz.[126]

Tem sido argumentado que não há uma "conexão oculta entre a perspectiva filosófica [de Kissinger] sobre a história e seu papel na formulação e execução da política externa" depois de 1968.[127] Segundo esse relato,

> Auschwitz tornou, para Kissinger, impossível acreditar nos princípios morais universais e nos valores eternos que formaram a base para a fé de Kant no progresso humano. [...] Para Kissinger, Deus morreu em Auschwitz. [...] O contraste gritante entre a *realpolitik* de Kissinger e o idealismo de Kant sugere que o longo trabalho final de graduação era um exercício intelectual que não refletia um aspecto duradouro de sua personalidade e sistema de valores.[128]

Isso é pelo menos discutível. Certamente o Kissinger que escreveu "The Meaning of History" não era um "kantiano decaído". Tampouco ele havia passado para o lado do ceticismo soturno de Espinoza, com sua visão essencialmente hobbesiana do poder.[129] Espinosa mal foi mencionado em "The Meaning of History". E totalmente ausente desse trabalho final estava Maquiavel, cuja influência sobre Kissinger tem sido com tanta frequência erroneamente alegada.

A leitura correta de "The Meaning of History" é um tratado autenticamente idealista. Sob a influência de Elliott, Kissinger havia feito sua lição de casa – havia lido a "paz perpétua" –, mas detectou uma falha no raciocínio de Kant. A paz poderia mesmo ser o objetivo final da história. Do ponto de vista do indivíduo, entretanto – confrontando intimamente suas opções e assim tendo a genuína experiência da liberdade –, qualquer esquema determinista era simplesmente irrelevante: "*Qualquer que seja a concepção do indivíduo a respeito da necessidade dos acontecimentos, no momento de sua realização a inevitabilidade deles não poderia oferecer um guia para a ação*".[130]

Esse *insight* fundamental teve consequências importantes para o mundo da década de 1950. Em primeiro lugar, como Kissinger deixou claro em sua conclusão, suas reflexões sobre o sentido da história deixaram-no profundamente cético quanto às reivindicações econômicas – cada vez mais vistas como a concentração de escolha para um ambicioso homem de Harvard:

À medida que [...] o intelecto frio e materialista substitui o sentimentalismo do romântico, a vida emerge como não mais que um problema técnico. A busca frenética por soluções sociais, por panaceias econômicas, comprova o vazio de uma alma para a qual a necessidade é um estado objetivo [...] e que acredita que somente um pouco mais de conhecimento, somente uma fórmula a mais irá solucionar o crescente aturdimento de um ambiente materialista.[131]

Em segundo lugar (embora Kissinger tenha considerado prudente deixar essa referência à política contemporânea em uma nota de rodapé), os limites do materialismo implicavam que era perigoso permitir que "uma discussão a respeito da democracia [se] transformasse em uma discussão sobre a eficiência dos sistemas econômicos, que se encontra no plano da necessidade objetiva e, portanto, é discutível". Contrastando com isso, "[a] intuição íntima da liberdade [...] rejeitaria o totalitarismo ainda que ele fosse economicamente mais eficiente". Em terceiro lugar, e mais importante, "os argumentos de que conferências internacionais com a Rússia podem resolver de modo mágico todas as diferenças parecem falaciosos. [...] *Entendimento permanente com base na reconciliação íntima parece requerer mais do que conferências, já que as diferenças são mais que simples mal-entendidos*".[132]

Com essas palavras, nós finalmente chegamos ao acontecimento histórico que influenciou de modo implícito cada palavra a respeito de liberdade individual que Kissinger escreveu em seu trabalho final, o acontecimento que seria a base para sua ascensão à proeminência acadêmica e depois ao poder político; o evento que, em 1950, fez com que a paz perpétua de Kant parecesse – até mesmo para um idealista convicto – tão remota quanto o momento de salvação cristã de Toynbee: a Guerra Fria.

CAPÍTULO 8
Guerra psicológica

Nosso objetivo na "guerra fria" não é a conquista de território ou a subjugação por meio da força. Nosso objetivo é mais sutil, mais difuso, mais completo. Nós estamos tentando fazer com que o mundo, por meios pacíficos, acredite na verdade. Essa verdade é que os norte-americanos desejam um mundo em paz, um mundo em que todas as pessoas possam ter a oportunidade para o máximo crescimento individual. Os meios que nós empregaremos para disseminar essa verdade são, com frequência, chamados de "psicológicos". Não tenham medo desse termo só porque é uma palavra pomposa, de cinco sílabas. "Guerra psicológica" é a luta pelas mentes e pelos desejos dos homens.

DWIGHT D. EISENHOWER, 1952[1]

É verdade que a nossa é uma tentativa de exibir os valores ocidentais, porém menos por meio do que *dizemos* do que pelo que *fazemos*.

HENRY KISSINGER, 1954[2]

I

Como espécie, nós parecemos sentir um amor inato pelo ritual. Entretanto, a era moderna tem sido dura para com os tradicionais rituais de passagem, de modo que tantas pessoas atualmente têm somente a mais perfunctória experiência de rituais durante sua vida, se casando em cartórios enfadonhos e se despedindo dos mortos em crematórios antissépticos. A formatura na universidade, portanto, passa a ter uma importância especial. Muito longe de confirmar publicamente que alguém cumpriu os requisitos acadêmicos para que lhe seja concedido um grau – uma qualificação para um emprego mais cerebral e com melhor salário do que geralmente se encontra –, a cerimônia de graduação é uma rara chance de participar de um festival de anacronismo. Poucas universidades podem se equiparar a Harvard nesse ponto.

É uma das muitas idiossincrasias da Universidade Harvard que o acontecimento final e culminante da carreira acadêmica de um estudante – a graduação – seja conhecido como "Começo". Porém, esse nome é a menor das excentricidades desse ritual de um dia inteiro. Em algumas das residências dos graduandos, o dia começa com um gaiteiro convocando os alunos do último ano para o café da manhã com os membros do corpo docente. Representando as forças da lei e da ordem (a última das quais estava longe de ser garantida em tempos passados), os xerifes dos condados de Middlesex e Suffolk entram no pátio de Harvard montados a cavalo. Os formandos e ex-alunos então se reúnem para assistir à procissão do presidente, cujos participantes usam a mais elaborada vestimenta acadêmica – completa com a beca, o capuz, o capelo e outros itens antigos – aos quais eles fazem jus. À frente da procissão se encontram os xerifes locais, vestidos com fraques e armados com espadas nas bainhas, seguidos pelo responsável pela organização, pelo presidente de Harvard, antigos presidentes, os *fellows* da instituição, o conselho de supervisores, o governador de Massachusetts, e os candidatos a graus honoríficos. Atrás deles marcham os reitores, professores e outros membros do corpo docente em ordem de ranque.

Os "Exercícios" matutinos aconteciam no meio do pátio da Harvard, em uma área aberta atualmente conhecida como o Tercentenary Theater. (Aos formandos só cabe rezar por um tempo clemente.) Com o presidente instalado na antiga e reconhecidamente desconfortável Holyoke Chair, o responsável pela organização convoca o xerife de Middlesex para pedir que os presentes façam silêncio; depois disso, três estudantes fazem discursos, um deles uma "dissertação" em latim. Os graus são então conferidos *en masse*, de faculdade em faculdade. Os receptores dos graus de bacharel são acolhidos "à irmandade de homens e de mulheres cultos", e depois disso os títulos honorários são entregues. Todos então cantam o Hino de Harvard, a única outra parte do ritual conduzida em latim. Com a cerimônia concluída, a procissão do presidente parte, a banda de Harvard começa a tocar e os sinos da Memorial Church repicam. A refeição é então servida nas várias faculdades e residências; é nesse momento que as pessoas são chamadas pelo nome e recebem seus diplomas. O evento mais importante do dia, entretanto, é a reunião vespertina da Associação dos Ex-Alunos de Harvard. É lá que o presidente e o orador do Dia do Começo fazem seus discursos.

Mesmo sob a chuva, o Começo é uma ocasião festiva. Atualmente, entretanto, ele pode também parecer frívolo. Era diferente na época de Henry Kissinger. No ano acadêmico antes de ele chegar a Harvard, o discurso do Começo havia sido feito pelo secretário de Estado norte-americano, o general George C. Marshall. Foi nesse discurso – feito com o característico tom monótono de Marshall em 5 de junho de 1947 – que os Estados Unidos se comprometeram com o maciço programa de auxílio econômico à Europa que a história recorda como o Plano Marshall. Portanto, Kissinger e seus contemporâneos de Harvard esperavam qualquer coisa menos frivolidade quando foi feito o anúncio de que o orador do Começo deles seria o sucessor de Marshall, Dean Acheson.

Apesar de seu forte desempenho acadêmico – e de seu gigantesco trabalho final –, Henry Kissinger não desempenhou um papel predominante nos rituais do Começo de junho de 1950, o 299º na longa história da universidade. Ele não era integrante do Comitê Permanente de Classe composto por cinco membros; tampouco fez um dos discursos dos alunos. Ele era apenas um entre 3 mil soldados de infantaria graduandos no grande desfile da universidade. Embora um dos poucos sortudos com permissão para frequentar a reunião literária anual do capítulo de Harvard Phi Beta Kappa – durante a qual Robert Lowell leu um novo poema –, ele provavelmente se ausentou de outros acontecimentos pré-Começo: "Festa e Baile dos Formandos" da Lowell House, o passeio de barco à luz do luar no porto de Boston, a cerimônia de comissionamento do Corpo de Treinamento dos Oficiais de Reserva – sem mencionar o jogo de beisebol Harvard-Yale e o concerto da banda de Harvard e do Glee Club. Essas eram as típicas atividades juvenis de que o estudioso e casado veterano de guerra geralmente se eximia. O Começo, contudo, era outra história. Apesar da pompa antiquada e do estado de espírito animado dos jovens, o discurso de Acheson daria à ocasião uma verdadeira seriedade.

Quinta-feira, 22 de junho de 1950, foi um daqueles dias ensolarados do início do verão que tornam o Começo especialmente estimulante. Havia nuvens sobre Harvard, entretanto – e não eram nuvens comuns. Não era um fato insignificante que um dos doutorados honorários daquele dia tenha sido dado a John von Neumann.* Profundamente hostil tanto ao fascismo quanto ao comunismo (para não falar no keynesianismo), ele havia desempenhado um papel crucial na concepção da primeira bomba atômica e viria a ser um dos inventores da bomba de hidrogênio, do míssil balístico intercontinental, bem como do computador digital. Embora Acheson fosse fazer o principal discurso do Começo, ele foi precedido pelo general Carlos Romulo, o presidente filipino da Assembleia Geral das Nações Unidas e presidente do Conselho de Segurança das Nações Unidas. Apesar de ter sido o ministro do Exterior das Filipinas por quase vinte anos, o nome de Romulo está praticamente esquecido hoje em dia. Porém, suas palavras demonstrariam ser bem mais prescientes que as de Acheson. "Ver a Ásia com olhos asiáticos – esse é o primeiro requisito para a política ocidental em relação à Ásia", declarou Romulo. "Vocês não podem preparar um modelo político para a Europa e [...] assumir que ele vai valer para a Ásia também."

> A tendência a rotular quaisquer movimentos nacionalistas na Ásia como comunistas se baseia em outras dessas suposições que precisam ser reexaminadas. [...] Há movimentos inquestionavelmente nacionalistas na Ásia que são liderados pelos comunistas ou são instigados pelos comunistas. Porém, esse fato não invalida necessariamente a qualidade intrínseca dos genuínos movimentos nacionalistas na região. [...] Esses movimentos, embora originalmente surgidos das aspirações naturais de um povo pela liberdade, são subsequentemente tirados pelos politicamente astutos e impiedosos comunistas das mãos dos tímidos e confusos liberais que não têm um apoio imediato e eficaz de seus amigos no Ocidente.[3]

Essas foram palavras que Acheson e seus sucessores no Departamento de Estado teriam feito bem em considerar.

---

* Matemático e físico nascido na Hungria e de origem judia, com um intelecto prodigioso, Neumann já havia dado contribuições pioneiras para a teoria dos conjuntos, geometria e mecânica quântica antes de ser convidado em 1930 para ir a Princeton, onde passou a revolucionar a matemática com um fluxo de artigos sobre teoria ergódica, teoria dos operadores, teoria dos reticulados e lógica quântica, bem como transformando a economia com a introdução da teoria dos jogos.

Nascido em Connecticut, educado em Yale e filho de um clérigo inglês e de uma herdeira canadense, Acheson era visto com suspeita em Massachusetts. (O jornal *Boston Herald* observou cheio de dúvidas que ele "se parec[ia] com um aristocrata britânico".) Ele era, entretanto, formado pela Faculdade de Direito de Harvard e um democrata por toda uma vida. Ele teve uma audiência favorável em Harvard, sobretudo por causa da contínua guerra contra sua reputação que estava então sendo promovida pelo anticomunista ferrenho e profundamente inescrupuloso senador republicano pelo Wisconsin, Joseph McCarthy, que, somente quatro meses antes, havia declarado publicamente que o Departamento de Estado se achava "infestado de comunistas". Na verdade, Acheson estava no processo de endurecer radicalmente sua própria postura em relação à União Soviética. Tendo apoiado certo tipo de acordo com Stálin no período imediato pós-guerra, em 1950 ele havia se tornado um dos maiores "falcões", ou seja, defensores do uso do poder militar – tanto que sua visita a Cambridge incitou manifestações hostis por parte de um assim chamado grupo pacífico, o Massachusetts Action Committe for Peace [Comitê da Ação pela Paz de Massachusetts], liderado pelo reverendo Robert H. Muir, um clérigo da Igreja Episcopal de Roxbury. (Mais tarde, naquele dia, Muir foi preso por se dirigir aos estudantes da Universidade de Boston na esplanada do rio Charles sem a autorização necessária.)[4] O cartaz de um dos manifestantes dizia: "Acheson, paz e não bombas". Outro insistia com ele para "Acabar com o assunto guerra".

A postura aguerrida de Acheson foi uma resposta mais para a conduta de Stálin do que para a pressão de McCarthy. Na verdade, seu discurso do Começo consistia principalmente em uma exposição de movimentos hostis dos soviéticos desde 1945. Segundo Acheson, a União Soviética havia "renovado pressões intimidadoras" sobre o Irã e a Turquia, imposto "governos de sua própria escolha" à Bulgária, à Romênia e à Polônia, ajudado "guerrilhas dominadas pelos comunistas na Grécia", "sovietiza[do] a região leste da Alemanha", "consumado [seu] controle da Hungria" e tentado "bloquear a recuperação política e econômica da França e da Itália por meio de greves e de outras atividades destrutivas". Esse havia sido o comportamento que persuadira a administração Truman a enviar ajuda para a Grécia e a Turquia e então para a Europa Ocidental em 1947. O subsequente controle comunista da Tchecoslováquia persuadira os Estados Unidos a ir além, assinando o tratado de defesa mútua que estabeleceu a Organização do Tratado do Atlântico Norte, que Acheson, com orgulho, comparava à Magna Carta ou à Declaração de Independência dos Estados Unidos. Sua conclusão foi inequívoca: "Até que os líderes soviéticos aceitem genuinamente a filosofia do 'viva e deixe viver', então nenhuma abordagem do mundo livre, por mais imaginativa que seja, e nenhuma pomba troiana do movimento comunista, irão ajudar a resolver nossos problemas mútuos". No entanto – talvez por causa de a metáfora dupla ser tão canhestra – não foi a frase sobre a "pomba troiana" que atraiu mais atenção da imprensa.[5] Pois Acheson também acrescentou, talvez como uma pequena concessão para os manifestantes a favor da paz do lado de fora, "A guerra não é inevitável".[6]

Menos de três dias mais tarde, no romper da aurora do domingo, dia 25 de junho de 1950, forças da Coreia do Norte atravessaram o paralelo 38. A Guerra da Coreia havia começado.

II

À medida que a Guerra Fria passa a ser uma lembrança, a coisa mais importante a ser lembrada a seu respeito é que ela *foi* uma guerra. Ela não foi uma Paz Quente. A segunda coisa mais importante a ser lembrada a seu respeito é que ela jamais foi a guerra que muitos profetas previram a partir do momento em que a expressão *Guerra Fria* foi emprestada pela primeira vez de Orwell pelo jornalista Herbert Bayard Swope e popularizada por Walter Lippmann. Por meio das deformações no espelho retrovisor, nós vemos ou uma narrativa clássica de dois impérios rivais ou uma luta maniqueísta entre duas ideologias incompatíveis – ou melhor, vemos ambos. Em um olhar mais atento, o que aconteceu foi bastante peculiar. A maioria dos que previram um conflito entre Estados Unidos e União Soviética no fim da década de 1940 assumiu que ele, em certo ponto, se manifestaria como uma "Terceira Guerra Mundial" em grande escala – nuclear e/ou convencional –, tendo a Europa como principal campo de batalha. Essa, na verdade, foi a guerra para a qual os generais de ambos os lados se prepararam até a década de 1980. Porém, foi essa a guerra que não aconteceu. A Guerra Fria foi de fato travada como uma série de conflitos localizados em quase todos os lugares, *com exceção* da Europa, com a Ásia como sua principal zona. Forças norte-americanas e soviéticas jamais combateram diretamente, mas pelo menos um dos lados em cada guerra entre 1950 e 1990 era – ou se acreditava que fosse – um representante de uma superpotência.

A Guerra Fria, John Gaddis argumentou, foi a mais inesperada das inevitabilidades.[7] Para começo de conversa, o rápido colapso da coalizão do período da guerra entre os Estados Unidos e a União Soviética não foi tão inevitável como agora parece ser.[8] Stálin parecia flexível nos preparativos para o período pós-guerra. O socialismo, ele observou, poderia ser alcançado de outros modos, sob outros "sistemas políticos – por exemplo, por uma democracia, uma república parlamentar e até mesmo por uma monarquia constitucional".[9] Em junho de 1944, ele disse aos poloneses de Lublin que o país deles iria "precisar de alianças com as nações ocidentais, com a Grã-Bretanha, a França, e de relações amistosas com os Estados Unidos".[10] Truman também tinha boas razões para continuar a coalizão da guerra. "Gosto de Stálin", ele escreveu para a esposa depois de seu primeiro encontro com o grande tirano. "Ele é direto. Sabe o que quer e vai chegar a um acordo quando não conseguir o que deseja."[11]

Por que, então, a divisão dos espólios entre os conquistadores da Alemanha não permaneceu amigável? O "acordo de porcentagem" que Churchill e Stálin haviam esboçado em Moscou em outubro de 1944 não parecia ser desproposital, dividindo os Bálcãs em partes mais ou menos iguais. O tácito sacrifício dos poloneses feito por Roosevelt em Yalta era ignóbil, mas ele também poderia ter formado a base para uma coexistência pacífica. Não havia nada no que Stálin disse para Milovan Djilas – "Quem quer que ocupe um território também impõe seu próprio sistema social" – que fizesse de um conflito entre as superpotências algo inevitável, desde que as respectivas esferas de influência fossem reconhecidas e respeitadas. O problema era a incômoda suspeita, articulada em primeiro lugar no lado norte-americano pelo secretário da Marinha, James Forrestal, de que Stálin não iria ficar contente com a porcentagem combinada da Europa ou de qualquer outra região. Já em 27 de outubro de 1945, Truman dizia a si mesmo (em um bilhete): "A não ser que a Rússia seja confrontada com um punho de ferro e uma linguagem contundente, outra guerra irá acontecer".[12] Esse sentimento foi acrescido de substância estratégica quatro meses mais tarde, quando George Kennan enviou ao Departamento de Estado seu Longo Telegrama, talvez a mais famosa comunicação na história da política externa norte-americana.[13]

Natural do Wisconsin, filho de um pastor presbiteriano escocês, Kennan conviveu com Stálin durante um curto período na embaixada norte-americana em Moscou no ponto máximo dos expurgos. Ele havia ficado tão desiludido com o fracasso tanto de Roosevelt quanto de seu sucessor, Harry Truman, em discernir as verdadeiras intenções de Stálin que, em agosto de 1945, apresentou sua demissão, citando "um profundo sentimento de frustração diante de nosso desperdício dos trunfos políticos alcançados com tanto custo por nosso recente esforço de guerra [e] diante de nosso fracasso em dar seguimento político às nossas vitórias".[14] Perto do fim de sua segunda permanência na Rússia, entretanto, ele foi convidado pelo Departamento de Estado para fazer um comentário sobre as ações soviéticas recentes. A resposta dele iria lançar as bases para toda uma geração de estrategistas norte-americanos, sobretudo Henry Kissinger. Lido hoje em dia, com a devida concessão ao estilo telegráfico, o Longo Telegrama é um documento surpreendentemente sutil. "A URSS ainda vive em um antagônico 'cerco capitalista'", argumentava Kennan, "com o qual, em longo prazo, não pode haver uma coexistência permanente pacífica. [...] No fundo da visão neurótica do Kremlin sobre as questões mundiais há um tradicional [...] sentimento de insegurança". (Conforme Kennan afirmou em um despacho em março de 1946, "Nada menos do que um desarmamento completo, cessão de nossas forças aéreas e navais à Rússia e resignação do poder de governo aos comunistas norte-americanos" iria acalmar as "sinistras inquietações" de Stálin.)[15] Por razões tanto ideológicas quanto históricas, a política soviética poderia, portanto, ser resumida assim:

> Tudo deve ser feito de modo a promover a relativa força da URSS como agente na sociedade internacional. Por outro lado, nenhuma oportunidade pode ser perdida para reduzir força e influência [...] das potências capitalistas. [...] Nós temos aqui uma força política comprometida fanaticamente com a crença de que com os Estados Unidos não pode haver um *modus vivendi* permanente[;] que é desejável e necessário que a harmonia interna de nossa sociedade seja dificultada, nosso modo de vida tradicional seja destruído, a autoridade internacional de nosso país seja interrompida, se for para garantir o poder soviético.[16]

Kennan deixou bastante claro que os soviéticos tencionavam estender sua influência não somente na Europa, mas no mundo todo. No Longo Telegrama, ele citou como alvos potenciais o norte do Irã, a Turquia, o Oriente

Médio e até mesmo a Argentina. Lisonjas econômicas não dariam em nada, porque, "em questões econômicas internacionais, a política soviética realmente será dominada pela busca de autarquia". Havia somente uma coisa à qual Moscou reagiria: força. "Sem ser afetada pela lógica da razão, [porém] extremamente sensível à lógica da força [...] ela pode se afastar facilmente – e geralmente o faz quando se depara com uma resistência forte."

Qualquer intervenção bem-sucedida em um debate estratégico obtém sucesso na medida em que cristaliza o que outras pessoas já estão pensando. O argumento de Kennan se encaixava perfeitamente com o alerta de Churchill feito em Fulton, Missouri, de uma "cortina de ferro" que estava sendo baixada na Europa. Dois outros especialistas norte-americanos, Clark Clifford e George Elsey, eram até mesmo mais alarmistas, argumentando, apenas alguns meses mais tarde, que "a União Soviética [...] estava inclinada a dominar o mundo".[17] Segundo o parecer de Truman, o que dava credibilidade a tais análises não era tanto o impulso de Stálin de colocar governos pró-soviéticos na Europa Oriental quanto sua exigência, em agosto de 1946, de que a Turquia lhe cedesse territórios e até mesmo bases navais no estreito de Dardanelos. Quando Truman enviou a 6ª Frota para o Mediterrâneo, Stálin desistiu – exatamente como Kennan previra.[18] O presidente estava então convencido. Quando o secretário de Comércio Henry Wallace se manifestou contra "endurecer", ele foi obrigado a se demitir. Conforme disse Kennan, não haveria mais "gestos fátuos de apaziguamento".[19]

No entanto, Kennan não encorajava guerras. Em seu discurso para o Conselho de Relações Exteriores em Nova York, em 7 de janeiro de 1947, ele argumentou que seria possível para os Estados Unidos e seus aliados "conter" o poder dos soviéticos – "se isso fosse feito com educação e sem provocações" – por tempo suficiente para permitir que mudanças internas acontecessem na Rússia.[20] Mais tarde naquele ano, Kennan explicou o que ele queria dizer com "contenção" em um artigo na revista *Foreign Affairs* [Relações Exteriores] intitulado "The Sources of Soviet Conduct" [As origens da conduta soviética], publicado sob a surpreendente assinatura "x". "O poder dos soviéticos", ele argumentava, "[...] traz em seu cerne as sementes de sua própria decadência, e [...] o brotar dessas sementes já está bem adiantado". Qualquer "movimento místico, messiânico" iria "se ajustar de um modo ou de outro", ou por meio de rompimento, ou "abrandamento" se fosse "frustrado" de modo eficaz. A política norte-americana, portanto, deveria ser "uma contenção a longo prazo, paciente, porém firme e vigilante, das tendências expansivas da União Soviética [...] por meio da aplicação hábil e vigilante de forças contrárias em uma série de pontos geográficos e políticos que mudassem constantemente e correspondessem às mudanças e manobras da política soviética".[21] Como diplomata, Kennan concebia a contenção como uma estratégia basicamente diplomática e não militar; sua firmeza seria transmitida por meio de telegramas, em vez de divisões armadas ou mísseis. No contexto de 1947, entretanto, não era difícil entender pelo menos uma de suas definições da nova estratégia – "confrontar os russos com uma força contrária inalterável em cada ponto em que eles mostrarem sinais de violar os interesses de um mundo pacífico e estável" – como um mandato para o uso mundial da força até mesmo em resposta a meros "sinais" de violação soviética.[22]

A princípio, como se viu, a contenção seria econômica. Quando o financeiramente sobrecarregado governo da Grã-Bretanha anunciou o cancelamento de ajuda à Grécia e à Turquia, a Doutrina Truman foi concebida para persuadir o Congresso de que os Estados Unidos deveriam assumir o posto. Somente o dinheiro era necessário, porém – encorajados por Marshall, Acheson e o subsecretário de Estado Will Clayton – Truman apresentou o pedido como parte de uma luta em âmbito mundial entre dois "modos alternativos de vida", na qual os Estados Unidos deveriam "apoiar os povos livres que estão fazendo frente à subjugação por minorias armadas ou por pressões externas". (Na verdade, Kennan desaprovava a retórica messiânica do discurso de Truman, mas, até mesmo para um comentarista arguto como Lippmann, ela era funcionalmente indistinguível da contenção assim como Kennan a definira.)[23] A fase seguinte da contenção também era econômica: o Plano Marshall. Uma vez mais, tudo que os Estados Unidos tinham de enviar para a Europa era dinheiro – uma quantia equivalente a 1,1% do PIB a cada ano, de 1946 a 1952. Mas, dessa vez, havia um ardil concebido por Kennan: os soviéticos e suas marionetes do Leste Europeu foram convidados a participar do "Programa de Recuperação Europeia", com base na hipótese cuidadosamente concebida de que Stálin iria recusar – o que ele de fato fez. Um ardil a mais era a insistência de Marshall não apenas na recuperação econômica, mas também na reorganização política das zonas ocidentais da Alemanha. Stálin – que, pensando melhor, preferia a ideia de uma Alemanha unida, mas desmilitarizada – saiu perdendo mais uma vez. Quando tentou virar o jogo bloqueando o acesso a Berlim Ocidental por estrada ou estrada de ferro, ele sofreu um terceiro revés sob a forma de envio de suprimentos por via aérea, um triunfo da logística norte-americana.

Não é difícil imaginar resultados diferentes da partilha tripla – da Europa, da Alemanha e de Berlim – que estava mais ou menos completa em maio de 1949, quando a República Federal da Alemanha foi estabelecida. O próprio Kennan desejava ardentemente uma Alemanha unida e neutra ("Programa A"), e os soviéticos propuseram repetidas vezes tal solução.[24] Na verdade, essa era possivelmente a "pomba de Troia" a que Acheson se referiu em seu discurso do Começo. Não havia nada predeterminado sobre um governo comunista na Europa Oriental: isso tinha de ser imposto por métodos brutais e, em alguns casos (Berlim Oriental 1953, Budapeste 1956, Praga 1968, Gdansk 1981), reimposto. Tampouco era inevitável que os comunistas da Europa Oriental fossem todos fracassar em suas tentativas de alcançar o poder: na França e na Itália, onde eles podiam contar com até um quinto do voto popular, os norte-americanos tinham de agir de modo a garantir sua exclusão, embora seus métodos fossem muito mais sutis que os dos soviéticos. Talvez o fato surpreendente seja o de que tão poucos países europeus acabassem nas "áreas cinzentas" ocupadas pela Finlândia (capitalista, democrática, mas neutra, se não realmente pró-União Soviética) ou Iugoslávia (comunista, não democrática, mas fora do bloco soviético).

O que tornou o processo de polarização tão abrangente foi o fato de que, no decorrer de 1948, a contenção começou a se transformar – para grande pesar de Kennan – em uma estratégia militar, e não apenas diplomática ou econômica. A desfaçatez do golpe soviético em Praga foi uma razão pela qual isso aconteceu. Outra foi a iniciativa dos próprios europeus ocidentais: o precursor da OTAN foi o Tratado de Bruxelas, uma aliança defensiva militar de 51 anos entre a Grã-Bretanha, a França, a Bélgica, a Holanda e Luxemburgo. Porém, a principal razão foi o fato de os norte-americanos perceberem que o inesperado esfacelamento dos impérios coloniais europeus estava proporcionando aos soviéticos frutos ainda mais substanciais do que a Europa Oriental. A ordem de Stálin ao Politburo em março de 1948 para "apoiar de modo enérgico a luta revolucionária dos povos oprimidos dos países dependentes e coloniais contra o imperialismo dos Estados Unidos, da Inglaterra e da França" foi inspirada. No Oriente Médio, com certeza, era difícil perturbar a transição de um governo britânico e francês para a hegemonia norte-americana, embora os soviéticos fizessem o possível para se alinhar com o nacionalismo árabe. Na Ásia, contudo, o avanço comunista parecia ser impossível de ser detido.

Não é difícil enfatizar como o equilíbrio estratégico parecia se voltar subitamente a favor de Stálin entre o verão de 1949 e o verão de 1950. Xangai capitulou para as forças comunistas de Mao Tsé-tung em maio de 1949; em 1º de outubro, Mao proclamou a República Popular da China (RPC); em 10 de dezembro, Chiang Kai-shek fugiu para a ilha de Formosa (posteriormente Taiwan). Mao já havia indicado que ele tencionava alinhar a China com a União Soviética; em dezembro de 1949, ele foi para Moscou para garantir sua submissão a Stálin, voltando – depois de muita humilhação desnecessária – com um tratado de defesa mútua. Para Truman, reeleito de modo inesperado em 1948, e triunfante em Berlim em 1949, o primeiro semestre de 1950 foi um desastre. Mal a China havia sido "perdida", a prisão de Alger Hiss por perjúrio e a revelação de que Klaus Fuchs era um espião soviético criaram o cenário para McCarthy desencadear sua caça às bruxas a supostos comunistas. Envergonhado por sua amizade com Hiss e genuinamente assustado com a ameaça soviética, Acheson lutou para transformar a contenção em uma estratégia militar, proclamando um plano de "perímetro de defesa" para proteger o Japão, Okinawa e as Filipinas. (Era muito fácil ver que Taiwan e a Coreia do Sul estavam ausentes dessa lista.) O excessivamente sutil Kennan foi substituído como chefe do Planejamento de Políticas por Paul H. Nitze, o antigo vice-diretor do U. S. Strategic Bombing Survey [Comissão de Bombardeio Estratégico dos Estados Unidos]. Para Nitze, como se verá aqui, a principal justificativa para o maciço acréscimo militar proposto no NSC-68 – o documento do Conselho de Segurança Nacional intitulado "United States Objectives and Programs for National Security" [Objetivos e Programas para a Segurança Nacional dos Estados Unidos] – não foi a perda da China, mas as notícias ainda mais devastadoras de que os soviéticos haviam adquirido, por meio de espionagem e seus próprios esforços, a capacidade de produzir uma bomba atômica e talvez também uma versão da muito mais destrutiva bomba termonuclear em que os norte-americanos estavam trabalhando. Entretanto, o NSC-68 foi um apelo às armas convencionais, bem como às nucleares.

O NSC-68 – um documento que deixaria de ser considerado confidencial muitos anos mais tarde, quando o próprio Kissinger era secretário de Estado – propôs "Um rápido desenvolvimento das forças políticas, econômicas e militares no mundo livre".[25] Sua premissa era a de que os soviéticos tinham um "projeto [...] para a subversão completa ou destruição por meio do uso de força do maquinário do governo e da estrutura da sociedade nos países do mundo não soviético, e sua substituição por um aparato e uma estrutura subservientes ao Kremlin e controlados por ele". Como principal obstáculo para esse projeto, os Estados Unidos eram "o principal inimigo cuja integridade e vitalidade teriam de ser subvertidas ou destruídas por um meio ou outro".[26] Além do mais, os soviéticos estavam aumentando seus gastos militares em termos relativos e, em alguns aspectos, em termos absolutos, acima do nível dos Estados Unidos e de seus aliados. Como consequência do "abismo [...] cada vez maior entre sua [da União Soviética] preparação para a guerra e a falta de preparo do mundo livre para a guerra", os Estados Unidos deveriam, portanto, aumentar de modo significativo a percentagem de seu produto nacional bruto usado para a defesa, que Nitze estimava entre 6% e 7%. O NSC-68 teve como resultado o fim não somente da visão de Kennan sobre a contenção diplomática, mas do "Fair Deal" de Truman de programas domésticos financiados por cortes na defesa. Não chega a surpreender que houvesse resistência a ele dentro da administração – do novo secretário da Defesa, Louis Johnson, bem como do próprio Kennan e de outros especialistas em União Soviética do Departamento de Estado. Porém, tudo isso aconteceu antes da invasão da Coreia do Sul apoiada pela União Soviética.

O Começo de Harvard de 1950 foi, então, um início – não somente de 3 mil carreiras de pós-graduação, mas também de uma nova e perigosa era. Para Henry Kissinger e seus contemporâneos, sua vida iria doravante ser vivida, por quase quarenta anos, sob a sombra de uma Terceira Guerra Mundial. Hoje nós sabemos que a Guerra Fria não chegou ao ponto de ser uma guerra total entre os Estados Unidos e a União Soviética. Para a Turma de 1950, entretanto, a probabilidade de uma "Longa Paz" que durasse até o fim da década de 1980 e acabasse com o tipo de colapso soviético que Kennan havia previsto no Longo Telegrama parecia realmente muito pequena. Para a geração que combateu os alemães e os japoneses, a Guerra da Coreia parecia-se muito com o prelúdio para o novo conflito global. O retorno de Douglas MacArthur ao combate, flanqueando o exército da Coreia do Norte em Inchon e empurrando-o para além do paralelo 38, foi um momento de sublime nostalgia, seguido em poucos meses por um pânico abjeto enquanto os chineses desencadeavam sua ofensiva através do rio Yalu e quase derrotaram as forças de MacArthur. É verdade que, em maio de 1951, Truman havia demitido

MacArthur por insubordinação; e o general Matthew B. Ridgway, seu substituto, havia contido o avanço de Mao, enquanto os soviéticos fizeram as primeiras sondagens de paz em Nova York. Mesmo assim, a atmosfera entre as superpotências continuava venenosa durante todo o início da década de 1950, como foi demonstrado em outubro de 1952 com a ignominiosa expulsão de Kennan da Rússia depois do mais breve dos mandatos como embaixador dos Estados Unidos. De fato foi uma gafe não característica de Kennan dizer aos repórteres em Berlim que "o seu isolamento na capital soviética hoje é pior do que o experimentado por ele como diplomata norte-americano detido na Alemanha [...] os nazistas declararam guerra aos Estados Unidos". Mas ele certamente não estava sozinho ao considerar essa nova fase da Guerra Fria como o processo tão familiar através do qual uma guerra regional gera uma guerra mundial.

III

Atualmente, muitos acadêmicos acham difícil entender, e principalmente aceitar, o compromisso da mais destacada universidade norte-americana com a estratégia de segurança nacional dos Estados Unidos durante a Guerra Fria. Um tom de indignação permeia muitos relatos a respeito do relacionamento entre a academia e as várias agências federais responsáveis por enfrentar a ameaça soviética, como se houvesse algo fundamentalmente errado com o fato de professores terem contribuído para a defesa de seu país.[27] Repetindo: a Guerra Fria *foi* uma guerra. A União Soviética jamais invadiu os Estados Unidos, naturalmente, mas ela apontou mísseis nucleares na direção deles, usou espiões contra eles, e os insultou. O Kremlin também se mostrou hábil para exportar sua ideologia e seu sistema de governo muito pouco liberais para outros países, incluindo alguns, como Cuba, geograficamente próximos dos Estados Unidos. Sugerir que Harvard deveria de algum modo ter se recusado a ajudar o Departamento de Defesa ou a CIA é subestimar tanto a magnitude da ameaça representada pelo comunismo soviético quanto o valor da assistência que a universidade tinha condições de oferecer.

Para o recém-formado bacharel em artes Henry Kissinger, assim como para o doutor *honoris causa* em ciências John von Neumann, era natural que eles, como acadêmicos obrigados a fugir da Europa por causa da ameaça do totalitarismo, fossem oferecer seus serviços ao governo que, de todos os governos no mundo, assumiu o mais explícito compromisso de encorajar a liberdade individual. Nem era necessário ser um refugiado para assumir esse ponto de vista. O presidente Conant usou seu próprio discurso do Começo para denunciar "a rápida disseminação de uma filosofia que nega as premissas que todos os acadêmicos outrora deram como certa. Estou me referindo, naturalmente, à atitude de todos os que apoiam a interpretação soviética da filosofia conhecida como 'materialismo dialético' [...] uma doutrina autoritária interpretada pelo comitê central do Partido Comunista".[28] Como membro do Conselho Consultivo do Comitê de Energia Atômica, bem como do Joint Research and Development Board [Conselho de Pesquisa e de Desenvolvimento], Conant estava abaixo somente de J. Robert Oppenheimer como conselheiro do governo para as aplicações militares, bem como civis, da tecnologia nuclear desenvolvida durante a guerra. Ao contrário de Oppenheimer, entretanto, Conant estava acima de qualquer suspeita quanto à questão do comunismo: já no começo de 1948, ele havia se manifestado contra a contratação de professores que fossem comunistas.[29]

Foi Yale, e não Harvard, que fez a maior parte do trabalho sujo ligado à Guerra Fria, no sentido de trabalhar para, ou com, a CIA. Com seu Whiffenpoof Song [canção de encerramento do coral *a cappella* de Yale] e YWAT ("Yale Way of Thinking" [Modo de Pensar de Yale]), os homens de New Haven desempenharam um papel visivelmente maior na Agência de Serviços Estratégicos e nos primeiros anos da CIA.[30] Já foi dito sobre Sherman Kent, historiador de Yale, que ele sabia "como jogar [uma] faca melhor que os sicilianos".* Outros acadêmicos de Yale que foram ativos na CIA foram Walter Notestein e Norman Holmes Pearson.[31] Princeton também foi uma importante "P-Source" [Fonte P] (um código da CIA para informações acadêmicas), sediando o "Princeton Consultants" [Consultores de Princeton], um seminário de conselheiros acadêmicos de alto escalão que se reunia quatro vezes por ano sob

---

* A Law of Coups [Leis dos Golpes] de Kent dizia "que esses golpes que são conhecidos previamente não acontecem"; sua Law of Intelligence [Lei da Informação] diz que, "das coisas que nosso Estado deve saber a respeito de outros, cerca de 90% pode ser descoberto por meios manifestos".

a presidência de Allen Dulles (Classe de 1914) no Nassau Club da universidade.³² Porém, seria um erro minimizar o papel de Harvard nos primórdios do serviço de informações da Guerra Fria. William L. Langer, professor de história da cátedra Coolidge, era o diretor de pesquisas e análises na Agência de Serviços Estratégicos (OSS), que passou a ser, ainda sob a liderança dele, o Office of National Estimates [Escritório de Estimativas Nacionais] da CIA. Embora ele tivesse estudado em Yale, foi em Harvard que McGeorge Bundy* passou a professor titular e, em 1953, decano da Faculdade de Artes e Ciências. Bundy se orgulhava do fato de que os programas de estudo do pós-guerra em Harvard fossem "equipados, dirigidos ou estimulados por graduados do OSS – uma instituição notável, em parte tiras e ladrões, em parte reunião de professores". Era totalmente desejável, ele disse a uma audiência na Johns Hopkins, que houvesse "uma grande medida de interpenetração entre universidades com programas de área e as agências coletoras de informações dos Estados Unidos".³³

Em retrospectiva, não é difícil retratar essa imbricação sob uma luz sinistra, com Harvard reduzida a uma mera "extensão do governo" e o jovem, ambicioso, ainda que inseguro Kissinger ansiosamente se posicionando do lado do Estado de Segurança Nacional para sua promoção pessoal.³⁴ Porém, essa é uma interpretação errônea dos fatos. Kissinger era um estudante da área de governo. Os dois professores com os quais ele mais se relacionava estavam profundamente interessados na formulação da estratégia norte-americana em relação à União Soviética. Não era surpreendente que ele seguisse a liderança deles. Carl Friedrich havia, na verdade, previsto já em novembro de 1941 que

> o mundo [do pós-guerra] seria dividido entre as esferas de influência anglo-americana e russo-soviética – a não ser que a Inglaterra, também, tivesse aderido ao comunismo (o que é concebível, embora não muito provável). [...] Uma quantia considerável de povos, na América e na Europa Ocidental, provavelmente irá

---

* Antes de ir para Harvard no outono de 1949, Bundy havia sido coautor das memórias de Henry Stimson, secretário de Guerra de Roosevelt no período da guerra. Assim como Kissinger, Bundy encontrou um protetor inestimável em Bill Elliott, que estava disposto a contratar o acadêmico de 31 anos, apesar de ele nunca ter feito qualquer curso em ciências políticas.

se agrupar ao redor dos Estados Unidos, enquanto uma boa parte da Ásia e da Europa Oriental se agrupará ao redor de Moscou. [...] A polaridade de perspectivas entre Moscou e Washington será refletida em tensões internas por todas as partes, ensejando situações de guerra civil em territórios marginais.[35]

Em seu *New Image of the Common Man* [A nova imagem do homem comum], Friedrich havia observado a natureza "totalmente sem precedentes" da Guerra Fria.

A história conhece sistemas equilibrados de diversos estados. A História conhece impérios universais. [...] A [H]istória não conhece a polaridade de duas gigantescas potências continentais com oportunidades peculiares para defesa e autonomia. Porém, o que é ainda mais pouco usual é que cada uma dessas potências se baseia em um credo. Cada uma se assemelha a uma igreja e compartilha com as igrejas do desejo de converter todos ao seu credo. Elas são missionárias e não podem deixar de ser missionárias.[36]

Uma das tarefas de que ele encarregou Kissinger como aluno de pós-graduação foi a de ajudá-lo a editar um livro sobre a Alemanha Oriental a ser usado pelos militares norte-americanos.

Não obstante, foi William Yandell Elliott que permaneceu sendo a maior influência de Kissinger. Elliott ansiava por fazer a sua parte para a segurança dos Estados Unidos. Já em 1946, ele estava propondo rebater o "sistema de poder" soviético aumentando o poder das Nações Unidas.[37] Ele estava entre as pessoas que defendiam a colocação das armas nucleares sob controle internacional para evitar uma "corrida armamentista".[38] A Declaração Universal dos Direitos Humanos das Nações Unidas pareceu-lhe oferecer uma base para a "paz perpétua" de Kant, se não fosse pela recusa da União Soviética de votar a favor dela.[39] No fim da década de 1940, Elliott estava agindo como um "consultor ocasional" para Frank Wisner, o vice-diretor de planejamento da CIA, que havia sido um agente da OSS reconhecidamente eficaz em Istambul e nos Bálcãs.[40] Entretanto, apesar de William Jackson, o vice-diretor da agência, favorecê-lo, ele não conseguiu alcançar um posto mais elevado.[41] Em 1951, Elliott teve de aceitar o "status de inativo" na CIA, com todo o futuro trabalho de consulta a ser feito "grátis". No entanto, nenhuma rejeição era forte o suficiente para mantê-lo afastado da capital do país. Ele passou a ser conselheiro para a House Special Committee on Postwar Economic Policy and Planning [Comitê Especial de Política e Planejamento Econômico do Pós-Guerra], chefiado pelo democrata do Mississippi William M. Colmer. Ele também serviu como diretor de equipe para o House Committee on Foreign Affairs [Comitê de Relações Exteriores] e o House Select Committee on Foreign Aid [Comitê Especial para Auxílio Internacional], liderados por Christian A. Herter, de Massachusetts (que, posteriormente, foi por pouco tempo secretário de Estado), escrevendo a maior parte dos relatórios do Comitê Herter sobre as condições da Europa no pós-guerra, uma fonte crucial de apoio ao Plano Marshall. Foi nesse comitê que Elliott se encontrou pela primeira vez com um calouro representante da Califórnia chamado Richard Nixon, um quacre tímido e desconfiado que tinha um pendor para excitar as audiências e ficou conhecido nacionalmente por sua perseguição implacável a Alger Hiss.[42] O Comitê Herter também colocou Nixon em contato pela primeira vez com Frank Lindsay, então trabalhando na CIA, uma amizade que renderia frutos importantes quase duas décadas mais tarde.[43]

Elliott era incansável. Ele escreveu um artigo sobre a ajuda norte-americana para os países em desenvolvimento;[44] serviu como diretor assistente do Office of Defense Mobilization [Escritório de Mobilização da Defesa] durante a Guerra da Coreia; presidiu o grupo de estudos de política externa da Fundação Woodrow Wilson e o Committee on American Education and Communism [Comitê sobre a Educação Norte-Americana e o Comunismo], que promoveu um programa para ensinar aos jovens do país os "fatos frios, básicos e inelutáveis a respeito do comunismo internacional"; também serviu (com Bundy, Kennan e Arthur Schlesinger) em outro grupo de estudos Woodrow Wilson encarregado de investigar "como a estrutura e as práticas do nosso governo poderiam ser melhoradas para permitir o total e eficaz cumprimento das responsabilidades e obrigações norte-americanas". De modo bastante significativo, a resposta que o grupo forneceu foi a de aumentar o poder presidencial relacionado ao Congresso e à burocracia dos vários departamentos executivos.[45] Elliott estava preparado para ir ainda mais longe que seus colegas nessa direção, louvando a prática britânica de colocar "limites rígidos [nos] inquéritos parlamentares sobre questões que afetam a política externa".[46] Ele também foi a favor de "da[r] ao presidente o poder constitucional de convocar uma eleição durante seu mandato para uma questão de sua própria escolha – uma eleição da qual tanto ele quanto os congressistas iriam participar" –, em outras palavras, dar ao presidente o poder de um primeiro-ministro, a viabilidade de "ter uma eleição" quando quisesse.⁴⁷

Às vezes, o entusiasmo de Elliott por tudo que fosse britânico beirava a autoparódia, como em sua palestra na rádio sobre o "espírito do *commonwealth* britânico".⁴⁸ Ele batalhou em vão por mais de uma década para estabelecer uma versão norte-americana da "Távola Redonda" de que tivera conhecimento como bolsista Rhodes em Balliol.⁴⁹ Ele lamentava a decisão norte-americana de não dar apoio ao Reino Unido durante a Crise de Suez, argumentando que Nasser havia sido o agressor ao nacionalizar a companhia do canal.⁵⁰ Mesmo no fim da década de 1950, Elliott permanecia hostil ao nacionalismo árabe, asiático e africano, garantindo a Nixon que os povos coloniais ainda não estavam prontos para "as responsabilidades do Estado moderno".⁵¹ Contudo, os argumentos de Elliott para aumentar o poder presidencial no campo da política externa demonstrariam ser mais influentes do que geralmente se reconhece. Perto do fim do mandato de Truman, enquanto seu sucessor pensava em como melhorar o processo de tomada de decisões estratégicas, Elliott identificou a necessidade urgente "de coordenar o trabalho dos diversos gabinetes executivos da Casa Branca [...] o Escritório do Orçamento, o Conselho de Segurança Nacional, o National Security Resources Board [Conselho de Recursos da Segurança Nacional], o Council of Economic Advisors [Conselho de Assessores Econômicos] e depois o Office of the Director for Mutual Security [Escritório de Direção da Segurança Mútua], bem como o Office of Defense Mobilization [Escritório de Mobilização da Defesa]". A recomendação inicial de Eliot foi a de "elevar [...] o diretor do Escritório do Orçamento a um supernível, como um tipo de chefe de gabinete ou secretário presidencial".⁵² Porém, mais tarde ele reviu essa proposta, sugerindo, ao contrário, que Eisenhower usasse o Conselho de Segurança Nacional como uma "agência administrativa" e não um "secretariado".

> É impossível para o presidente delegar a qualquer outro membro do governo autoridade suficiente para forçar um acordo onde há uma grande divergência de pontos de vista entre os principais membros do seu gabinete. Ele não pode estabelecer um assistente que terá o poder de decisão. [Porém] ele pode e, segundo meu parecer, deve estabelecer um diretor-executivo ou diretor de equipe do Conselho de Segurança Nacional que será mais que um secretário. Se for encontrado um homem do calibre adequado que possua talento diplomático suficiente

e a capacidade de administrar uma equipe, o acordo entre as agências poderá ser facilitado e uma avaliação justa das alternativas reais de política pode ser apresentada para o presidente. [...] [O] diretor-executivo do conselho [deveria] [...] providenciar para que as diretivas políticas tomadas pelo presidente com base no parecer do conselho não permaneçam simples exortações. [...] O apoio [d]o presidente a um diretor-executivo – ou diretor de equipe – do conselho é essencial, mas é igualmente essencial que o diretor de equipe tenha condições de operar sempre em nome do presidente.[53]

Dezesseis anos mais tarde, como se verá adiante, o pupilo de Elliott, Henry Kissinger, desempenharia exatamente esse papel. E não deixa de ser significativo que o memorando de Elliott também considerasse a possibilidade de o vice-presidente desempenhar um papel mais importante na tomada de decisões, talvez como membro do Conselho de Segurança Nacional. Isso dificilmente teria deixado de interessar Richard Nixon, a quem Eisenhower havia escolhido como seu jovem companheiro nas eleições de 1952.[54]

Elliott era uma fonte de ideias. Em 1955, ele presidiu mais um grupo de estudos Woodrow Wilson, cujo relatório (The Political Economy of American Foreign Policy [A Política Econômica da Política Externa Norte-Americana]) propôs que os Estados Unidos e o Canadá se associassem de algum modo à nascente Comunidade Econômica Europeia.[55] Seis anos mais tarde, os dois países se tornaram membros da Organização para a Cooperação e Desenvolvimento Econômico com sede em Paris. Um quintessencial atlanticista, Elliott era membro fundador do Foreign Policy Research Institute [Instituto de Pesquisas de Política Externa] na Universidade da Pensilvânia. Porém, ele também percebeu rapidamente que o terceiro mundo seria "a área de combate decisivo na luta política que é agora o principal campo de batalha com os soviéticos".[56] Assim como muitos estrategistas de poltrona norte-americanos no fim da década de 1950, ele insistiu que os Estados Unidos se engajassem no "tipo de treinamento de forças de segurança, e talvez até mesmo de forças militares, capazes de dar uma 'sufocada' nos regimes recém-surgidos em alguns desses países".[57] Contudo, sua preferência maior era pelo que passou a ser conhecido como "guerra psicológica". Já em 1950, em um relatório para o Senado elaborado para o Office of Production Management [Junta do Controle de Produção], ele incitava a "guerra psicológica do tempo de paz" como uma alternativa à intervenção militar.[58]

O que era exatamente a guerra psicológica? Como as próprias atividades diversificadas de Elliott deixam claro, ela era mais do que uma única coisa. Como membro fundador do American Committee for Liberation [Comitê Norte-Americano pela Libertação] em 1951, Elliott estava envolvido no lançamento da Rádio Liberdade (originalmente Rádio Libertação), uma emissora norte-americana que tinha por alvo a União Soviética. Ele também acreditava piamente em programas de "trocas culturais" que iriam levar estudantes estrangeiros para os Estados Unidos, vindos de países que estavam "começando a nos servir com recursos".[59] Como ele disse em uma palestra em 1960 na Escola Nacional de Guerra: "Nós devemos ajudar a encontrar e a treinar pessoas para que elas administrem um país antes que possam desenvolver um país, antes que elas possam realmente fazer qualquer coisa". Porém, a guerra psicológica também envolvia conquistar os corações e as mentes em casa. Em abril de 1953, Elliott escreveu um memorando para Charles Douglas Jackson, pouco antes da nomeação de Jackson como conselheiro para o presidente, sobre a "organização de medidas defensivas psicológicas em âmbito doméstico". O argumento de Elliott era de que não se poderia confiar na "sobrevivência de ideias em um mercado livre e em competição aberta".[60] O Departamento de Estado precisava ser mais ativo no estabelecimento de "grupos de consulta", onde intelectuais pudessem ser "educados e com frequência convertidos aos pontos de vista do Departamento".[61]

As origens da "guerra psicológica" ou "GP" podem ser remontadas ao Office of Strategic Services [Escritório de Serviços Estratégicos] dos tempos de guerra, que tinha uma divisão separada dedicada ao que era inicialmente conhecido como "Operações Morais".[62] A ideia foi reavivada em 1947, quando a primeira diretiva do Conselho de Segurança Nacional, NSC-1/1, autorizava a ação secreta nas eleições italianas para deter os comunistas e fortalecer os democratas cristãos.* Inicialmente, sob a NSC-4-A, foi dada à CIA a autoridade para realizar "operações psicológicas secretas concebidas para contrabalançar os soviéticos e as atividades inspiradas pelos soviéticos".[63]

---

* Kennan tinha tanto medo da ameaça comunista que em seu mal elaborado "Telegrama Curto" de Manila, datado de 15 de março de 1948, ele sugeriu o cancelamento das eleições italianas e a proscrição do Partido Comunista, mesmo correndo o risco de uma guerra civil e de uma reocupação de bases militares na península pelos norte-americanos.

Porém, quase imediatamente um novo Office of Special Projects [Escritório para Projetos Especiais] (posteriormente Office of Policy Coordination [Escritório de Coordenação Política], ou OPC) foi estabelecido sob as ordens de Frank Wisner. Embora com sede na CIA, ele também deveria receber informações da Secretaria de Planejamento de Políticas do Departamento de Estado. O OPC se especializou em estabelecer organizações de fachada: o National Committee for a Free Europe [Comitê Nacional para a Europa Livre], que administrava a Radio Free Europe [Rádio Europa Livre], o Free Trade Union Committee [Comitê para o Comércio Livre], Americans for Intellectual Freedom [Norte-Americanos a favor da Liberdade Intelectual], e o Congress for Cultural Freedom [Associação pela Liberdade Cultural], para nomear somente quatro. Wisner comparava o OPC a um órgão "Wurlitzer poderoso",[64] mas praticamente desde o início a música que ele tocava era dissonante. Isso se devia em parte ao fato de a guerra psicológica estar muito na moda para ser monopolizada por uma agência; todos queriam tocar o Wurlitzer. Mas também porque os tipos de pessoas que estavam prontas para dar apoio a organizações como o Congress for Cultural Freedom gostavam demais de uma boa briga. Anticomunistas liberais e até mesmo socialistas tinham pouco em comum com os convertidos do comunismo ou os macartistas, além do fato de detestarem a União Soviética. Em 1951, um novo Psychological Strategy Board (PSB) [Conselho de Estratégia Psicológica] foi estabelecido para tentar restaurar a harmonia.[65] Entretanto, a discórdia continuava. Enquanto alguns elementos dentro do PSB, sobretudo seu secretário executivo, Palmer Putnam, queriam provocar o "colapso do Movimento Comunista Mundial" e o rompimento do bloco soviético ("liberação"), vozes mais cautelosas no Planejamento de Políticas (e na CIA) recomendavam a "coexistência". "Veja, você acabou de esquecer a política", um exasperado Nitze disse ao diretor do PSB, Gordon Gray. "Nós vamos criar a política e então vocês a colocam em suas malditas rádios."[66] No entanto, os próprios esforços do Departamento de Estado e da CIA – que incluíam "apoio clandestino a elementos estrangeiros 'amistosos', guerra psicológica 'secreta', e até mesmo encorajamento de resistência clandestina em Estados hostis" (palavras de Kennan) – não eram reconhecidamente bem-sucedidos.[67]

IV

Que Henry Kissinger se sentisse fascinado por tudo isso – dos mais complicados problemas da alta estratégia até os desafios operacionais da guerra psicológica – não surpreende. Esse era o novo "grande jogo", e os melhores e mais inteligentes membros das faculdades da Ivy League ansiavam por jogá-lo. Uma coisa era conversar com os colegas de estudo sobre a ameaça soviética no Oriente Médio, ou os riscos da decisão de Truman de reconhecer o Estado de Israel,[68] outra era se tornar um participante. Não se pode dizer que Kissinger tenha escolhido o caminho óbvio para o poder, que teria sido um doutorado em ciências sociais ou em direito.

A ideia inicial de Kissinger era a de seguir os passos de Elliott, se inscrevendo em Oxford para fazer "pesquisa de pós-graduação em ciências políticas".[69] O próprio Elliott foi desencorajador. Kissinger, ele escreveu, não tinha "exatamente as qualidades pessoais óbvias para [uma] Knox [Fellowship]". O fato de ser casado também depunha contra ele.[70] Mas não foi essa a razão pela qual o plano de Oxford foi abandonado. Como Kissinger explicou para o orientador no Balliol College: "Infelizmente, a situação internacional impede que eu saia dos Estados Unidos. Sou um oficial da reserva no Exército dos Estados Unidos e espero permanecer trabalhando".[71] Essa era a realidade de grande parte da Classe de 1950: assim que terminaram o curso, eles se depararam com um retorno à vida no Exército. É possível imaginar que Kissinger tivesse temido esse destino, mas isso seria minimizar a satisfação que ele sentia em seus serviços militares e enfatizar seu comprometimento com uma carreira acadêmica. O reservado e distante bibliófilo de Harvard possuía um alterego exuberante conhecido apenas por seus companheiros veteranos. Fritz Kraemer conhecia esse Henry Kissinger melhor do que ninguém. "Caso você um dia", escreveu Kraemer em setembro de 1950, "em um súbito rompante de exuberância provocadora jogasse pedras em minha janela depois da meia-noite para ler para mim seu mais recente poema ou me falar dos belos olhos de sua amante – sei que você é casado e desaprova amantes, mas, só suponha –, eu iria até a porta sem hesitar, lhe serviria um drinque e outro para mim, e me divertiria muitíssimo".[72] Os dois homens continuavam grandes amigos, Kraemer recomendando Kissinger para um serviço no setor de informações – "ele poderia ser usado *alternadamente* para um trabalho burocrático mais ou menos 'teórico' no quartel-general e para missões práticas em campo"[73] – e Kissinger tentando conseguir para o filho de Kraemer, Sven, uma bolsa de estudos em uma escola particular.[74] Em março de 1950 – ou seja, antes da eclosão da Guerra da Coreia –, Kissinger havia se apresentado para "noventa dias de treinamento de serviço na ativa"[75] na escola do CIC situada no Campo (posteriormente Forte) Holabird, nas cercanias de Baltimore, onde os cursos incluíam "detecção de traição, insubordinação e atividades subversivas, bem como a prevenção e detecção de sabotagem e espionagem".[76] Ele continuava a impressionar seus oficiais superiores dentro do CIC. "Kissinger tinha uma apreciação pouco usual da vida, e valores éticos objetivos", escreveu um deles em julho de 1950, em uma avaliação reflexiva pouco habitual. "Sua personalidade é do tipo raro, já que seus próprios parâmetros não fazem dele uma pessoa intolerante com as vidas, individuais ou coletivas, que são vividas de acordo com padrões muito diferentes dos seus próprios, ou sem entendimento delas."

> Kissinger jurou fidelidade a este país depois de fazer com sucesso um esforço muito consciente para compreender sua verdadeira natureza e seus verdadeiros objetivos. Ele fez isso sem cair na armadilha óbvia de desculpar integralmente todas as nossas políticas ou todos os nossos métodos. Pois o *insight* dele se junta a uma coragem intelectual que com frequência o tem levado a fazer uma crítica precisa de nossos erros. [...] [Porém] eu ainda tenho de ouvi-lo fazer uma crítica estéril, ou sugerir uma solução para um problema que iria de algum modo contrariar ou os regulamentos ou o mais refinado espírito de nossa mais elevada ética nacional.[77]

A trilha de Kissinger rumo ao serviço de informações da Guerra Fria, incluindo guerra psicológica, então passou pelo Exército, não por Harvard. No começo de 1951, ele se tornou consultor do Operations Research Office (ORO) [Agência de Pesquisa de Informações], uma instituição híbrida que era formalmente parte da Universidade Johns Hopkins, mas tinha sua sede no Forte McNair em Washington.[78] O Exército definia pesquisas de operações como "[o] estudo analítico de problemas militares feito com o objetivo de proporcionar a comandantes responsáveis e agências uma base científica para a tomada de decisão na ação para melhorar as operações militares".[79] No entanto, a maior parte do trabalho realizado pelo ORO era relacionada a armamentos, e mais da metade de seu pessoal tinha treinamento em ciências. Mas C. Darwin Stolzenbach – um ex-analista de programas da Força Aérea que havia entrado no ORO como analista de pesquisas de operações sênior depois de um período de permanência no Escritório do Orçamento e no Departamento de Comércio – estava procurando um tipo de conhecimento diferente. O Projeto Legate – um dos dezessete projetos do ORO executados no Forte McNair – era "direcionado a conclusões relativas à conduta do governo militar em áreas ocupadas". Particularmente, o Exército queria alguém para conduzir pesquisas de campo sobre o "impacto psicológico" da ocupação militar norte-americana sobre o povo coreano.[80] Apesar da completa ignorância de Kissinger em relação à Ásia, e apesar do fato de que havia, com certeza, diversos veteranos da Guerra do Pacífico mais qualificados para ir à Coreia (seu próprio irmão, por exemplo), ele conseguiu o emprego.[81] A vida no exército é assim.

Houve um prelúdio japonês para a missão de Kissinger na Coreia. Por causa do itinerário do avião militar, ele teve de viajar via Tóquio, onde se encontrou com diversos acadêmicos, jornalistas e membros da Dieta. O desvio japonês foi interessante por si só: um de seus interlocutores em Tóquio lhe disse "com ênfase: Nós queremos que os Estados Unidos separem a China da [União] Soviética". Porém, se esperava que tais contatos no Japão pudessem ser úteis na Coreia, ele estava subestimando o sentimento antijaponês em um país que havia sido colônia japonesa de 1910 até a derrota japonesa em 1945. O máximo que poderia ser conseguido era comparar as experiências da ocupação norte-americana no Japão e na Coreia do Sul. Ao chegar à Coreia no fim do verão de 1951, Kissinger começou a trabalhar com sua costumeira meticulosidade, entrevistando funcionários públicos norte-americanos e coreanos sobre tudo, do racionamento de alimentos para os refugiados da zona de combate à falta de intérpretes competentes e a extensão da corrupção entre os funcionários coreanos.[82] O relatório final de 49 páginas recomendava várias mudanças específicas no modo como a ocupação estava sendo controlada, sobretudo em relação ao tratamento de civis deslocados.[83] Mas ele acabava em termos mais gerais, enfatizando "a dificuldade de separar o comando militar e as responsabilidades concernentes às questões civis, e a importância de [...] um enfoque único de responsabilidade dentro do Exército para todas as funções das questões civis", a necessidade de "encontrar oficiais qualificados para as questões civis, incluindo aqueles com conhecimento das línguas da região" e a necessidade de "alertar comandantes e outros militares sobre a importância das questões civis para alcançar objetivos militares e políticos".

A importância desse relato é dupla. Em primeiro lugar, fica claro que o interesse do Exército não era a Coreia *per se*, mas os problemas da ocupação de modo geral, sugerindo que pelo menos alguém no Pentágono esperava que os Estados Unidos fossem conduzir mais intervenções militares como aquela em um futuro previsível, provavelmente na Indochina, onde os franceses estavam claramente lutando para retomar sua autoridade do pré-guerra. Em segundo lugar, Kissinger se revelou um burocrata do Exército muito eficaz quando o assunto foi a negociação do esboço final com Stolzenbach:

> Sei que o senhor reluta em fazer recomendações que nossos dados não possam apoiar. Concordo plenamente com isso. Não obstante, é metodologicamente impossível fazer uma recomendação *completamente* apoiada por dados; nesse caso, o senhor teria uma descrição. Em outras palavras, recomendações sempre envolvem um elemento de interpretação – a pessoa está sempre um pouco sem apoio de outras. Bem, eu acredito que as recomendações que estamos fazendo são realmente um mínimo. Se nós as enfraquecermos ainda mais, elas serão indiscutíveis, mas também sem sentido. À medida que nosso estudo progredir, nós podemos corrigir algumas conclusões. Não há nada de errado com isso. Se alguém for esperar até poder dizer tudo antes de dizer alguma coisa, vai acabar não dizendo nada. [...] Se nós escrevermos um relatório que cada coronel no Pentágono compreenda, nós temos de aceitar o fato de que cada coronel vai sentir que ele poderia tê-lo escrito igualmente bem.

A impaciência de Kissinger revelava mais do que somente sua personalidade combativa: "Se começarmos a fazer revisões substanciais", ele disse a Stolzenbach, "nós ainda estaremos discutindo enquanto o Exército estiver lutando na Indochina".[84]

Uma coisa levava a outra. Encorajado pelo sucesso de seu relato sobre a Coreia, Kissinger escreveu para o coronel William Kintner,* autor do *The Front is Everywhere* [O front está em todos os lugares] (1950), oferecendo-se para esboçar um "memorando delineando um possível programa para o Japão"

---

* Kissinger havia sido apresentado a Kintner por Fritz Kraemer.

como parte de um "esforço psicológico maior no Extremo Oriente".[85] Enquanto isso, instigado por Averell Harriman, o antigo mentor de Kissinger, Kraemer, havia sido convocado para o Psychological Strategy Board [Conselho de Estratégia Psicológica] para trabalhar na Alemanha como parte do que mais tarde passou a ser o Painel "F" do National Psychological Strategy Plan [Plano de Estratégia Psicológica Nacional].[86] Não se passou muito tempo antes que Kissinger o seguisse no papel de consultor. Lá estava uma oportunidade para mais viagens, dessa vez para um país que ele conhecia melhor que ninguém. O memorando resultante, baseado em "várias semanas na Alemanha", explorava a "difusa desconfiança em relação aos Estados Unidos" na recém-estabelecida República Federal.

A guerra psicológica, assim como Kissinger a entendia, significava ver através do véu de queixas manifestas para discernir a essência do estado de espírito de um povo. Ostensivamente, os alemães ocidentais estavam decepcionados com a perspectiva de seu país ficar para sempre dividido, com o tratamento dado aos criminosos de guerra e com as implicações do rearmamento de seu país. No entanto, Kissinger argumentou, "seria um erro dar ênfase excessiva às queixas específicas a não ser como sintomas de um ressentimento mais fundamental" e um erro ainda maior fazer concessões a respeito de questões específicas.

> Elas seriam tomadas como mais uma indicação de que os Estados Unidos nunca compreendem o que realmente impulsiona o povo alemão; que eles estão falando a respeito de instrumentos legais enquanto os alemães descrevem uma experiência histórica.
>
> Isso confere uma qualidade trágica e quase indissociável às relações entre Estados Unidos e Alemanha. Os alemães passaram por três sublevações nos últimos trinta anos: o colapso do Império, da República de Weimar, da Alemanha nazista. A geração mais velha é de um cinismo que conhece apenas um impulso: o de estar, de qualquer modo, do lado do vencedor na próxima vez. A geração mais jovem está confusa e no escuro. As alegações feitas pelos norte-americanos sobre um perigo comunista parecem para todos eles uma reminiscência da propaganda de Goebbels, e superficiais demais em termos de sua própria experiência com a União Soviética. [...] A mudança repentina da política norte-americana em 1950 [quanto à questão do rearmamento alemão] é considerada por muitos alemães não como magnanimidade, mas como total cinismo. Acima de tudo, os alemães

estão cansados e quase neuróticos, e qualquer exortação poderá ser ressentida por causa de sua própria existência. O temor de uma nova guerra, de novos bombardeios e de novas ocupações é disseminado.

Kissinger cita pesquisas que mostravam, ao contrário do que se esperava, que os alemães nas zonas ocidentais da Alemanha consideravam os norte-americanos piores – mais brutais e mais arrogantes – que os russos. "Essa exaltação da força soviética", ele observou, "é o reverso de um desdém pelos Estados Unidos. Surgiu um estereótipo do norte-americano como arrogante, bruto, sem consideração, insensível e impulsionado por um cinismo barato". O que poderia ser feito a esse respeito? Sua resposta exemplificava sua abordagem da "guerra psicológica". Não havia "praticamente perigo" de que a Alemanha "vir[asse] comunista", ele argumentava. A real ameaça era a de que "uma reação nacionalista alimentada por um antiamericanismo dogmático pudesse levar ao poder um governo que irá se apoiar na URSS para conseguir sua independência do Ocidente, quaisquer que sejam suas diferenças ideológicas. Esse titoísmo às avessas não é de modo algum impossível". Os Estados Unidos haviam "tentado criar uma estrutura de relacionamentos legais", mas tinham "deixado de lado o clima psicológico que iria tornar esses relacionamentos eficazes". Ao mesmo tempo, eles haviam feito com que o rearmamento alemão parecesse inteiramente uma questão de conveniência norte-americana. A União Soviética, por outro lado, havia "perseguido seu objetivo mínimo, a neutralização da Alemanha, enfatizando os interesses alemães envolvidos": "Ao favorecer a unidade da Alemanha, ao jogar com os temores alemães relacionados ao rearmamento, ao enfatizar a devastação da Coreia, eles estão criando as condições de um neutralismo que parece ser alcançável somente por meio de uma oposição aos Estados Unidos".

A conclusão de Kissinger era clara. Os Estados Unidos não teriam condições de "melhorar sua posição [na Alemanha] até que enfatizassem o componente psicológico de sua estratégia política". Porém, isso não poderia ser feito por intermédio de "fontes oficiais e nem [por meio de] membros do governo". O segredo era trabalhar "em uma base não oficial em todos os níveis". Isso queria dizer

> enviar alguns indivíduos altamente selecionados para a Alemanha, para dar-lhes uma "cobertura" que lhes permitirá viajar bastante e estabelecer contatos. Uma

universidade, uma grande fundação, um jornal e uma organização semelhante seriam os mais adequados. [...] Acima de tudo, é importante engajar alemães e norte-americanos em projetos de cooperação, de modo que, trabalhando juntos, uma comunidade de interesses possa ser criada. Isso poderia assumir a forma de grupos de estudo, congressos culturais, professores visitantes e programas de treinamento, sempre que possível sob auspícios não governamentais.[87]

Resumindo, a guerra psicológica era – como Eisenhower reconheceu posteriormente – um modo bastante sinistro de descrever um processo de troca cultural que, pelo menos nesse aspecto particular, não era nem um pouco sinistro.

Voltar para a Alemanha reacendeu a ambivalência de Kissinger a respeito de sua terra natal. Nos cinco anos desde que ele partira de Oberammergau, a recuperação econômica do país havia sido impressionante. "O que quer que vocês possam pensar da Alemanha, sua recuperação foi fantástica", ele disse aos pais. No entanto, os próprios alemães permaneciam estranhamente inalterados, como se os horrores dos anos nazistas não tivessem acontecido. "Os bávaros bebem como nos dias de antanho, enquanto os habitantes do Hesse são tão repugnantes quanto sempre." Quanto aos industriais alemães que encontrou em Düsseldorf em uma visita à indústria de munições Krupp, ele ficou devaneando: "Quem imaginaria" que eles iriam oferecer um jantar em honra de Henry Kissinger?[88]

Ainda mais gratificante foi o oferecimento de uma posição permanente no ORO sucedendo a Stolzenbach, que fora enviado para administrar o escritório da organização em Tóquio. Era tentador aceitar. Longe de sentir saudades da academia, Kissinger havia apreciado profundamente seu retorno ao serviço militar de informações. Havia sido emocionante estar perto "da zona de combate" na Coreia. Também tinha sido um alívio estar de volta a um ambiente de trabalho onde tanto uma conversa franca como o humor *risqué* eram apreciados. (Kissinger não conseguia nem arquivar um pedido de reembolso de despesas sem flertar com a secretária de Stolzenbach: "Eu sei quão vazia sua vida é sem canhotos de tíquetes e quão vazia é a minha sem dinheiro".)[89] Havia algo atraentemente viril relacionado à vida militar. "Eu sempre sinto [...] [um] sentimento de emoção [...] quando estou entre homens que fazem as coisas, em vez de ficar falando a respeito delas", ele confessou a um amigo. Em comparação a isso, voltar para Harvard significava voltar para "o lar da frase condicional e da afirmação fortuita. [...] A atmosfera de Harvard ainda parece um pouco irreal, particularmente a discussão séria de tais assuntos profundos como quais bases existem para ação. Eu sinto que mais pode ser aprendido sobre o assunto ao norte do Uijeongbu* do que em um congresso em Cambridge".⁹⁰

Tais comparações são recorrentes em sua correspondência do início da década de 1950. "Eu gostaria que algumas de nossas comunidades acadêmicas aprendessem algo a respeito da lealdade que anima a maior parte do Exército com que eu tive algum tipo de contato", ele escreveu em outubro de 1952.⁹¹ "Quaisquer que sejam os sentimentos que eles [o pessoal em Fort Holabird] possam ter", ele reclamou dois anos depois, "eles são mais humanos que muitos professores associados aqui [em Harvard]".⁹²

Por que, então, Kissinger recusou a oferta de emprego de Stolzenbach,⁹³ escolhendo a "irrealidade" da academia e não os fatos básicos da comunidade do serviço de informações? Por que, perto do fim de 1952, ele havia "reduzido [suas] atividades de Washington a um mínimo", abrindo mão até mesmo do papel de consultor no ORO?⁹⁴

V

Um homem casado não tem liberdade total. Entretanto, é difícil acreditar que sua esposa tenha sido o fator crucial na decisão de Henry Kissinger de ficar em Harvard. Ann parece ter esperado que ele ingressasse na Faculdade de Direito.⁹⁵ Essa teria sido a opção segura preferida por Washington Heights. Pelo contrário, Kissinger se voltou para o professor que havia sido o defensor mais generoso de sua ideia de se tornar um doutor sob sua orientação. Não há motivos para duvidar de que Kissinger estivesse sendo sincero quando expressou sua gratidão a Elliott por seu papel em seus anos de faculdade:

> Eu fui para Harvard em um estado de espírito um tanto desanimado, pois me parecia que uma busca por soluções técnicas havia substituído o fervor moral talvez

---

* A área ao norte de Seul onde muitas tropas dos Estados Unidos estavam (e ainda estão) estacionadas.

um tanto ingênuo ou juvenil do período imediatamente posterior aos anos de guerra. Eu sentia que toda a esperança do mundo estava sendo dissipada na superficialidade das promessas econômicas e que uma corrente subjacente de niilismo poderia jogar a juventude nos braços de uma ditadura, aceitável somente porque ela preenchia um vazio espiritual.

Eu considerei que foi minha boa sorte ter ficado nesse momento, pela segunda vez em minha vida, sob a influência de uma pessoa que ensinava por meio do exemplo, não por dogmas; que representava valores em vez de demonstrá-los. Grande parte desse crescimento interior que eu experimentei durante os últimos três anos ocorreu graças ao seu aconselhamento, que foi ainda mais poderoso porque ele jamais se baseou em uma posição acadêmica, mas sim ao indicar as tendências do possível desenvolvimento, cuja realização, assim como em todos os esforços dignos de nota[,] permaneceu uma tarefa pessoal.[96]

No entanto, é impossível acreditar que Kissinger tenha optado por ser orientando de Elliott e seu *protégé* acadêmico porque ele sinceramente cobiçava sua orientação intelectual. O relacionamento estritamente acadêmico entre Elliott e Kissinger era bastante desarmônico, a julgar pela transcrição de um seminário no qual o estudante de pós-graduação deveria apresentar um trabalho sobre "A relação entre metafísica, epistemologia e conhecimento empírico", com seu orientador no comando. Apesar de repetidas tentativas, Kissinger não consegue ler mais que umas poucas linhas iniciais do trabalho. Uma vez depois da outra, Elliott o interrompe, com frequência de modo que parece frívolo ou despropositado:

KISSINGER: Este trabalho abordará a relação entre metafísica, epistemologia e conhecimento empírico. Ele não deve ser visto como uma tentativa de validar uma concepção metafísica da verdade – tampouco é um ataque ao empirismo. Ele se relaciona somente com o...

ELLIOTT: Bem, Henry [...] deixe-me fazer-lhe uma pergunta e apresentá-la aos membros do Seminário. Vocês todos têm uma boa ideia a respeito da diferença entre o positivismo lógico e o positivismo do século XIX, como o de Comte, por exemplo? Ambos se parecem ao assumir que nenhuma metafísica é necessária para o conhecimento, mas há algumas diferenças, e você aborda isso depois em seu trabalho, Henry?

KISSINGER: Eu vou abordar a questão na medida em que ela está implícita nas diferenças entre Bridgman e Reichenbach.

Elliott então pressiona Kissinger a responder a sua pergunta, o que ele faz. Mas, antes de ele terminar, Elliott o interrompe novamente:

KISSINGER: Por exemplo, se você tivesse o sentimento de temor relacionado à divindade, isso em termos positivistas lógicos é destituído de sentido...
ELLIOTT: Não, isso não é bem assim. Desculpem-me [...] o positivista lógico está realmente tentando fazer algo bastante necessário dentro dessa estrutura. Ele está tentando responder para Hume, tanto quanto Kant estava, mas está tentando fazer isso para salvar a ciência – eu acredito – para salvar a ciência e o naturalismo. Ele não está?
KISSINGER: Como eu vou demonstrar em seguida, ele realmente se aproxima de uma construção de um idealista, porque isso se baseia mesmo no fato de a pessoa ser capaz de imaginar algum tipo de...
ELLIOTT: Bem, então, eu lamento interromper você, mas acredito que esse tipo de estrutura seja necessário como um denominador comum para o Seminário.

Em certo momento, Elliott começa a fazer uma descrição bastante rudimentar do Princípio da Incerteza de Heisenberg, forçando Kissinger a corrigi-lo educadamente. Porém, com mais frequência é Elliott quem interrompe Kissinger. Em quase todas as ocasiões, Kissinger responde com um seco "exatamente", antes de continuar. Tanto quanto se possa entender por meio do manuscrito, somente uns poucos fragmentos do trabalho realmente foram apresentados. A impressão geral que fica para o leitor é a de que Elliott era um tagarela autoritário com quem Kissinger não tinha outra alternativa a não ser concordar.[97]

Por que, então, Kissinger suportou esse tipo de interação infrutífera? A resposta é que tanto ele quanto Elliott tinham mais o que fazer. O que Kissinger havia aprendido em sua viagem para a Alemanha, como já visto, era que a "guerra psicológica" era combatida de forma melhor por meio de trocas culturais não oficiais. E onde melhor realizar tais trocas do que no campus da Universidade Harvard? Essa era a ideia simples, mas altamente eficaz por trás do

Seminário Internacional de Harvard, estabelecido por Elliott em 1951 como uma ramificação da Harvard Summer School. O objetivo declarado era o de "aprimorar o entendimento e a atitude dos líderes culturais de várias partes do mundo onde nós precisamos demais de amigos" convidando trinta ou quarenta do que hoje seriam chamados de "jovens líderes" para passar uma parte das férias acadêmicas de verão no campus de Harvard. Não pode haver muitas dúvidas de que o impulso para o Seminário Internacional partiu de Kissinger; Elliott simplesmente forneceu o cacife professoral. Foi Kissinger quem detalhou os objetivos centrais do empreendimento em um "Memorando informal para o professor Elliott": "virar o balanço espiritual a favor dos Estados Unidos", afastando os preconceitos europeus, alimentados pela propaganda soviética, de que os norte-americanos eram "deformados, materialistas e culturalmente bárbaros", e "cria[ndo] núcleos de entendimento dos verdadeiros valores de uma democracia e de uma resistência espiritual ao comunismo". Foi Kissinger que inicialmente teve por alvo a Europa (com a exceção da Grã-Bretanha, da Escandinávia e da Suíça, com base no fato de que todas elas tinham "uma firme tradição democrática"). E foi Kissinger que administrou o rigoroso processo de seleção, incluindo o exame minucioso de centenas de formulários de inscrição por um comitê de seleção em Cambridge, bem como dezenas de entrevistas na Europa, que ele próprio conduziu.[98] O historiador nascido no Canadá, John J. Conway,* não tinha dúvidas de que o empreendimento era o plano de Kissinger para "atingir o culto do neutralismo que é agora moda na Europa".[99] Elliott certamente gostou da ideia, apregoando que ela seria "muito mais eficaz que qualquer propaganda".[100] Porém, ele não ocultou o fato de que Kissinger era "a estrela-guia do Seminário".[101] "Minha própria parte nele", ele reconheceu, "era simplesmente a de organizar a ideia, conseguir uma parte da subvenção inicial, e dedicar certo tempo à participação em encontros e garantir que os estudantes se divertissem".[102]

Como qualquer pessoa que tenha organizado uma conferência internacional poderá confirmar, o trabalho de trazer jovens bem-sucedidos de todo

---

* Conway, que havia perdido uma das mãos quando servia com a Infantaria canadense na Itália em 1944, foi dirigente da Leverett House de 1957 a 1963, e um dedicado professor para alunos de graduação. Ele publicou diversos livros sobre a história do Canadá.

o mundo para um único local, mesmo que por poucos dias, está longe de ser fácil. Porém, Kissinger almejava algo além: um programa de dois meses que fosse ao mesmo tempo acadêmico e social e se realizasse anualmente. Além do mais, sua intenção desde o início era a de aumentar a abrangência do seminário. Em seu segundo ano, 1952, metade dos quarenta participantes vinha da Ásia. Quando eles chegaram a Cambridge, foram divididos em três grupos, um trabalhando com política, outro com economia e sociologia, e o terceiro com ciências humanas. Cada grupo era presidido por um professor norte-americano e também incluía um participante-observador norte-americano. Os grupos se encontravam três vezes por semana, segundas, terças e quintas, por uma hora e meia na parte da manhã, com participantes se revezando na apresentação de trabalhos. À tarde, havia palestras de convidados, com Kissinger invariavelmente na coordenação.

Parte do desafio era, naturalmente, encontrar palestrantes adequados em uma época do ano em que a maior parte do corpo docente estava longe da cidade. Entre os primeiros convidados que Kissinger conseguiu atrair se encontrava Leonid Strakhovsky, um especialista em história da Rússia da Universidade de Toronto. Porém, ele teve o cuidado de não deixar o conteúdo do seminário excessivamente acadêmico. Em 1954, por exemplo, o grupo de palestrantes incluía não apenas Bundy, Friedrich e Schlesinger, mas também o cartunista Al Capp, criador da *Família Buscapé*. Outros que se apresentaram mais de uma vez no seminário incluíam Eleanor Roosevelt,* o líder sindicalista Walther Reuther, o escritor Thornton Wilder e o jornalista James Reston. Nas quartas-feiras à noite havia o fórum público, durante o qual dois dos participantes apresentariam trabalhos relacionados a seus próprios países; depois acontecia uma "festinha", que geralmente durava até depois das 23h.[103] Como o próprio Kissinger afirmou em 1953, ele tomava "muito cuidado [...] para organizar o programa acadêmico sob a forma de um diálogo [...] [já que] pessoas importantes, cientes de suas qualidades [...] gostariam de contribuir, e não somente de receber".[104] Além disso, os participantes também eram levados a excursões: a uma indústria automobilística,

---

* Foi durante uma visita a ela no Hyde Park, Nova York, durante um Seminário Internacional, que o adorado Smoky, de Kissinger, morreu de insolação, tendo sido inadvertidamente trancado em um carro fechado.

ao Museu de Belas-Artes de Boston, ou a um conjunto habitacional para que se encontrassem com "os norte-americanos comuns que são com tanta frequência afastados de nossos visitantes estrangeiros" – incluindo membros da comunidade negra local.[105]

A experiência do Seminário Internacional não pode ter sido especialmente tranquila. Não importava qual fosse a notoriedade que os participantes já pudessem ter alcançado em seus países de origem, esperava-se que eles passassem calor nos alojamentos dos estudantes de graduação de Harvard, e comessem as refeições que eles comiam no Harvard Union, que se parecia com um hangar.[106] Porém, com frequência eles eram convidados a jantar com os Kissinger na casa deles, onde "a conversa prosseguia por muitas horas, tendo a política como tema principal". Segundo disse Stephen Graubard, que foi recrutado para ajudar Kissinger a dirigir o seminário: "A partir do dia em que eles chegavam, os participantes do seminário [...] sabiam que deviam seu verão em Cambridge a Kissinger".[107] Um dos participantes de 1954, o crítico literário indiano P. S. Sundaram, foi à All-India Radio prestar homenagem ao "Sr. Kissinger, o diretor-executivo, uma combinação pouco usual de eficiência e grande encanto pessoal".[108] Como sua participação sugere, o Seminário Internacional rapidamente se tornou menos europeu e mais autenticamente internacional. Uma participante alemã, Marianne Feuersenger, recordou o empenho de Kissinger com os estudantes, independentemente de sexo ou raça: "Ele não estava interessado em gênero, somente no que você tinha a dizer. Lembro-me de que ele fazia duas coisas com gosto – ele comia e ele discutia os assuntos".[109] Outro participante alemão admirou o fascínio da palestra de Kissinger.[110]

Desde 1967, quando o *The New York Times* publicou um artigo com a manchete "Programas de Harvard receberam ajuda da CIA", historiadores manifestaram sua surpresa pelo fato de o Seminário Internacional – entre outras instituições com sede em Harvard – ser "subsidiado" pela Agência Central de Inteligência.[111] Certamente não há dúvidas de que Elliott encorajou Kissinger a procurar seus contatos na CIA para obter apoio financeiro para o seminário. Na verdade, ele foi além: tentou colocar Kissinger dentro da CIA. Em novembro de 1950, Elliott recomendou seu pupilo a H. Gates Lloyd Jr., o banqueiro educado em Princeton que havia acabado de ser nomeado vice-diretor de administração da CIA.[112] No ano seguinte, Elliott escreveu para Frank Wisner, solicitando que fosse concedido a Kissinger "um status de consultor inativo parecido com o meu, mas que pudesse ser alterado de acordo com as necessidades".[113] Naquela época, Kissinger já havia se encontrado com Lloyd e apresentado um "certo número de etapas para nosso projeto" – o seminário –, incluindo a despesa mais premente, o orçamento para o processo de seleção dos participantes. O valor total solicitado era de 28.500 dólares.[114] Em uma carta posterior, Kissinger teve o cuidado de enfatizar sua crença na "necessidade dos esforços dos Estados Unidos no âmbito psicológico".[115] Fundos vieram subsequentemente de fontes – sobretudo a Fundação Ford e a Fundação Farfield – que são com frequência apresentadas como meros canais para dinheiro da CIA.

Há dois problemas nessa história. O primeiro é que as próprias discussões internas da Fundação Ford no Seminário Internacional salientavam que "um dos maiores trunfos desse programa é o fato de ele ser patrocinado e conduzido de forma totalmente independente do governo. Na verdade, a alta qualidade dos participantes provavelmente se deve em grande escala a esse fator, já que a posição de muitos deles é tal que não poderiam aceitar nem mesmo um patrocínio parcial do governo dos Estados Unidos".[116] Kissinger concordava que uma simples "cobertura" não era suficiente. Como ele mesmo explicou para Allen Dulles em outubro de 1952: "Muitos de nossos convidados mais importantes, incluindo um número inestimável para projetos na área de informação, disseram-me claramente que eles teriam se recusado a vir sob os auspícios do governo".[117]

O segundo, se tudo isso não era sincero, por que provou ser tão difícil arrecadar fundos para o seminário de instituições como a Ford? Para começar, a Fundação Ford na verdade se recusou a apoiar o Seminário Internacional, de modo que seu primeiro ano foi financiado (laboriosamente) com uma série de pequenas doações. No fim do verão de 1952, é verdade, Elliott havia conseguido 66 mil dólares da Ford, mas essa era metade da quantia requisitada para um período de dois anos.[118] Elliott reclamava que ele havia se reduzido a "ficar cobrando dos amigos" para cobrir os custos.[119] No fim de 1953, com o orçamento fixado em 64.780 dólares,[120] Kissinger e Elliott estavam tendo de lutar para fazer com que o dinheiro aparecesse. Elliott procurou o Carnegie Endowment;[121] outros alvos incluíam as Fundações Sloane, Whitney, Mellon e Paley. No fim de 1953, Elliott estava "ficando muito cansado de ser frei mendicante", como ele reclamou para Bundy, e estava pensando em "abandon[ar] a luta".[122] Kissinger também estava desencorajado, reclamando amargamente para Kraemer:

[É] quase certeza agora que não vai haver um seminário. Há uma completa falta de entendimento em relação ao valor dos intangíveis e eu não tive ajuda para arrecadar dinheiro. Elliott gastou três meses correndo atrás de fantasmas com um grau de abstração que se aproxima da irresponsabilidade e, ao fazê-lo, me impediu de tomar quaisquer medidas até muito pouco tempo atrás. Todos os assim chamados "grandões" não compreendem o que nós estamos almejando, e se consolam com o fato de que nós simplesmente podemos começar tudo isso de novo quando quer que lhes dê na veneta.[123]

Rejeitado de todos os lados, Kissinger tornou a falar com a Ford,[124] dessa vez com o apoio de McGeorge Bundy, recentemente elevado a decano da Faculdade de Artes e Ciências de Harvard ("o que, aparentemente, não diminuiu a autoestima dele").[125] Em outubro de 1954, a Ford contribuiu com 80 mil dólares por dois anos,[126] porém, quando a Fundação Rockefeller se recusou a fazer uma contribuição semelhante, não havia alternativa senão fazer economia. Em 1954, o orçamento anual do Seminário Internacional estava em 55 mil dólares.[127] No ano seguinte, uma quantia adicional que chegava a 45 mil dólares foi prometida pela Asia Society.[128] Buscar apoio financeiro da Fundação Ford fez Kissinger se sentir, ele lamentou, "como uma personagem de Kafka que se sentou na frente da porta por tanto tempo que se esqueceu do que existe do outro lado e se lembra apenas de que quer conseguir aquilo".[129] Em setembro de 1956, a Ford cortou a subvenção de vez, para encorajar o seminário a "continuar a aumentar o seu apoio", reduzindo Kissinger a táticas difusas. Naquele mês de novembro ele escreveu cartas para quase trinta fundações, corporações e pessoas ricas; todas lhe deram as costas. Essa dificilmente é a história de um aparelho do Estado de Segurança Nacional que funcionava sem problemas. O dinheiro da CIA certamente ia para fundações como a Ford. Mas o seminário tinha de competir pelo financiamento da Ford, assim como os cientistas atualmente competem por verbas para pesquisas que têm por origem o governo federal.

Kissinger tornava sua vida difícil indo além do imaginável. Não contente em organizar o seminário, ele também embarcou em um plano loucamente ambicioso para publicar uma revista trimestral, a *Confluence*. Esse era essencialmente um meio diferente para atingir o mesmo fim: "para dar aos intelectuais europeus e norte-americanos uma oportunidade de discutir problemas contemporâneos em um nível tão alto quanto sejamos capazes de alcançar", como disse Elliott. Assim como aconteceu com o seminário, ele e Kissinger se esforçaram para dar representatividade a um amplo leque de opiniões (anticomunistas). "Parece-me", Elliott explicou para Milton Katz, da Fundação Ford, "que a melhor propaganda possível é não fazer propaganda. [...] Portanto, estamos propositadamente solicitando a opinião de pessoas que não compartilham de nossos próprios pontos de vista". Austeramente acadêmica em sua aparência, a *Confluence* tinha por objetivo, novamente segundo Elliott, ajudar "dolorosamente, e até mesmo devagar, não obstante todo o desejo de pressa, [a] construir o consenso moral sem o qual medidas políticas comuns são realmente impossíveis".[130] Porém, ele e Kissinger se depararam com mais ou menos a mesma resposta. A Fundação Rockefeller não se mostrou acessível.[131] Shepard Stone, na Fundação Ford, foi mais simpático[132] e conseguiu fundos por meio da Intercultural Publications Inc., uma organização da própria fundação. Porém, assim como aconteceu com o seminário, os membros da Ford relutavam em serem os únicos financiadores da iniciativa.[133]

Os homens que administravam a Fundação Ford não eram amadores. Um dos mais importantes tomadores de decisões, Frank Lindsay, havia sido um herói da Agência de Serviços Estratégicos na Iugoslávia do período de guerra,[134] e também (por pouco tempo) um vigoroso proponente de "empurrar" os soviéticos da Europa Oriental enquanto esteve na CIA.[135] Ele e seus colegas estavam fazendo mais do que administrar um caixa dois. Quando olharam os primeiros volumes da *Confluence*, ficaram um tanto desapontados, recomendando que Elliott e Kissinger arrumassem um "consultor editorial" para "elevar um pouco o padrão deles".[136] Somente o editor James Laughlin (amigo de Ezra Pound e fundador da editora New Directions) foi convencido por Kissinger, que lhe pareceu "uma pessoa muito sincera (um tipo alemão terrivelmente sério) que está dando o melhor de si para realizar um trabalho idealista".[137] Em 1954, quando a Ford decidiu parar de subvencionar publicações, a "primeira reação" de Kissinger "foi deixar a CONFLUENCE morrer, já que estou um pouco cansado de fazer o papel de O Grande Inquisidor". Ele só foi persuadido com dificuldade a mantê-la viva.[138] A revista foi se arrastando até o verão de 1958, e por fim morreu silenciosamente.

Tudo isso lança uma luz reveladora sobre o que passou a ser chamado de "Guerra Fria Cultural". Comparada com outras iniciativas, sobretudo o fato de a CIA subvencionar a National Student Association [Associação Nacional dos Estudantes], a quantia de dinheiro do governo que foi dada para o Seminário

Internacional de Harvard era trivial. Comparada a publicações como *Encounter* e *Partisan Review*, a *Confluence* de Kissinger foi um acontecimento menor, que a própria CIA suspeitava que fosse uma "inutilidade". Ela não somente carecia de pessoas que lhe dessem apoio, ela carecia também de leitores. Os dois primeiros números foram enviados de graça para cerca de 2 mil pessoas em listas de endereços que o próprio Kissinger havia reunido com dificuldade. Ele jamais se aproximou de seu objetivo de aumentar a circulação em dez vezes e de cobrar assinaturas de seus leitores.[139] A guerra psicológica era combatida em um front muito amplo na década de 1950, com o dinheiro da CIA indo não somente para organizações e publicações acadêmicas, mas também para sindicatos, grupos de mulheres, organizações católicas, exibições de arte moderna, e até mesmo para desenhos animados.[140] Nesse contexto, as atividades de Kissinger em Harvard se encontravam entre as mais enfadonhas operações da Guerra Fria Cultural. Em terminologia moderna, era uma abordagem fraca em seu ponto mais fraco.

Quanto à acusação repetida inúmeras vezes de que Kissinger estava agindo por interesse próprio, convidando participantes para o seminário e contribuidores para a *Confluence* que seriam úteis para ele no futuro, ela soa injusta. Dos seiscentos estudantes estrangeiros que participaram do Seminário Internacional entre 1951 e seu último ano em 1968, alguns realmente chegaram à liderança em seus países: o primeiro-ministro japonês Yasuhiro Nakasone, que participou do seminário em 1953, o presidente francês Valéry Giscard d'Estaing (1954), o primeiro-ministro da Turquia Mustafa Bülent Ecevit (1958), o primeiro-ministro belga Leo Tindemans (1962) e o primeiro-ministro da Malásia Mahathir bin Mohamad (1968).[141] Porém, a maioria dos participantes do seminário viveu na obscuridade. Alegar que Kissinger conseguiu criar "um grupo autônomo de elites da Guerra Fria que forjou uma identidade coletiva como engajados intelectuais e protetores da civilização em um mundo ameaçador" é acreditar que o Seminário Internacional alcançou todos os objetivos que ele apregoava a potenciais doadores.[142] Argumentar que Kissinger era "incorrigivelmente atraído por pessoas poderosas, carismáticas e ricas" é glamorizar as atividades claramente enfadonhas de organizar uma conferência e editar uma revista.[143] O máximo que pode ser dito é que estar à frente do Seminário Internacional e da *Confluence* nos primeiros anos de sua existência deu a Kissinger o acesso a pessoas que, no curso normal dos acontecimentos, poderiam não ter dado muita atenção a um mero estudante de pós-graduação. Mas, quando ele viajou para a Europa no começo de 1953, não foi para ver pessoas poderosas, mas sim intelectuais: tais como Raymond Aron, Albert Camus, André Malraux e Jean-Paul Sartre em Paris; Max Beloff, Isaiah Berlin, Alan Bullock e William Deakin em Oxford.[144] E, uma vez mais, assumir essas responsabilidades onerosas não tornou a vida de Kissinger como estudante de pós-graduação nem um pouco fácil. Uma conclusão mais plausível é a de que Kissinger sinceramente via os dois empreendimentos paralelos como as contribuições mais eficazes que ele poderia dar para a guerra psicológica contra o comunismo soviético, na qual ele estava sinceramente empenhado.

Na verdade, é perigoso julgar o começo da década de 1950 a partir do ponto de vista do fim da década de 1960, e ainda pior de nosso ponto de vista atual. O senador Joseph McCarthy não era um renegado solitário. Em julho de 1946, mais de um terço dos norte-americanos entrevistados disse que os comunistas do país deveriam ser ou mortos ou colocados na prisão.[145] J. Edgar Hoover, então diretor do FBI, falou ao Comitê de Atividades Antiamericanas que os comunistas deveriam ser "identificados e expostos, porque o público irá dar o primeiro passo para isolá-los, de modo que eles não causem nenhum mal".[146] Esse processo de identificação e de exposição estava a pleno vapor em 1950; na verdade, ele estava quase fora de controle. E entre os alvos favoritos dos "caçadores dos vermelhos" estava a Universidade Harvard.

Começando em março de 1950, o jornal *Chicago Tribune* publicou uma série de artigos dos jornalistas Eugene Griffith e William Fulton, cuja essência era a de que Harvard era um viveiro do comunismo. "Caçada feliz à Frente Vermelha na U. Harvard – Profs. de esquerda promovem ideias lá" era a manchete do *Tribune* em 7 de abril de 1951, encimando uma história que chamava Harvard de "uma boa área de caça aos comunistas, esquerdistas doutrinários e radicais de todos os matizes" e implicava que a universidade estava permitindo "o fomento de teorias subversivas estrangeiras", bem como vazando segredos atômicos. O artigo era tão tendencioso quanto insultuoso. (O fato de Alger Hiss "ter passado pela Faculdade de Direito de Harvard" não ajudava muito.) *The Harvard Crimson* replicou com uma imitação da manchete de fabricação própria: "Escritor do Chicago Trib. retorna para a 4ª Caçada Anual Vermelha".[147] Mas o relatório que o *Tribune* citou, feito pelo National Council for American Education [Conselho Nacional de

Educação Norte-Americano] não deveria ser deixado de lado com facilidade. "Red-ucators at Harvard University" [Educadores vermelhos na Universidade Harvard] era uma lista de associações políticas questionáveis de membros do corpo docente de Harvard, uma lista que poderia com facilidade ser comparada com o "Guide to Subversive Organizations and Publications" [Guia para Organizações e Publicações Subversivas] produzido em março de 1951 pelo Comitê de Atividades Antiamericanas. As organizações em questão iam do "Committee of One Thousand" [Comitê dos Mil], que angariara fundos para as personalidades de Hollywood que haviam se recusado a responder perguntas perante o comitê de McCarthy, ao American Friends of Spanish Democracy [Amigos Norte-Americanos da Democracia Espanhola], uma relíquia da década de 1930. O *Tribune* alegou que nada menos que 68 membros do corpo docente de Harvard faziam parte de tais "grupos de fachada vermelha", mas ele deu uma atenção especial a Carl Friedrich, o arquiteto Walter Gropious (que então lecionava na Graduate School of Design) e três historiadores: Crane Brinton, Samuel Eliot Morison e Arthur Schlesinger. Segundo o relatório dos "Red-ucators", Schlesinger tinha pelo menos dez afiliações suspeitas.[148]

Naturalmente, Schlesinger era qualquer coisa menos um comunista; ele era um liberal com tendências progressistas, que apoiava o movimento pelos direitos civis por mais ou menos as mesmas razões que havia apoiado a Espanha Republicana antes da guerra. No entanto, na atmosfera febril da Guerra da Coreia, os macarthistas estavam fazendo o máximo para apresentar não somente o liberalismo, mas até mesmo o "internacionalismo" como antinorte-americano. O ataque do *Tribune* a Harvard coincidiu com uma tentativa de promulgar uma lei por intermédio da legislatura de Massachusetts que teria banido o Partido Comunista no estado. Quando Albert Sprague Coolidge, o renomado químico, se opôs a essa medida em nome das "liberdades civis", ele foi acrescentado à lista de professores suspeitos do *Tribune*.[149] Fulton acusou até mesmo o presidente Conant de ser "um globalista e um intervencionista vermelho fervoroso", por apoiar o treinamento militar universal. Outro alvo da ira do *Tribune* era John King Fairbank, o especialista de Harvard sobre a China; de algum modo, os macarthistas tinham condições de combinar isolacionismo com a preocupação com "quem perdeu a China". É nesse contexto que temos de ver a reação de Kissinger a um incidente em julho de 1953, quando envelopes idênticos apareceram na correspondência endereçada a todos os participantes do Seminário Internacional. Quando Kissinger abriu um deles, ficou consternado ao descobrir que ele continha folhetos "banir a bomba", atacando a política externa dos Estados Unidos. Sua reação imediata foi entrar em contato com o FBI.[150] Tempos depois, escritores condenaram isso como ilegal e antiético. Mas certamente não foi uma imprudência em meio ao "alerta vermelho". (Nesse mesmo ano, Kennan considerou prudente pedir a permissão de J. Edgar Hoover antes de fazer uma assinatura do *Pravda*.)[151]

Um importante indicador do panorama político de Kissinger nessa época surge em uma carta a Arthur Schlesinger Jr., que lhe havia enviado um esboço de um artigo sobre o macarthismo. "Eu o achei", Kissinger escreveu,

> praticamente não europeu, com a possível exceção de Raymond Aron, que sabia que tinha havido na verdade um problema de penetração comunista nos Estados Unidos, sobretudo no Army Information Services [Serviço de Informações do Exército] e em outros setores importantes. Igualmente, o real significado do caso Alger Hiss, bem como do caso Rosenberg, foi completamente deixado de lado. [...] É um erro grave supor que somente porque McCarthy e [seu senador aliado Pat] McCarran estão atacando um problema de modo repreensível [...] não exista nenhum problema.[152]

Por outro lado, Kissinger reconhecia perfeitamente o que McCarthy representava – como somente uma pessoa que tivesse vivido pessoalmente um regime totalitário poderia. Ao convidar Camus para escrever um artigo sobre "a ética da lealdade", Kissinger tentou definir o problema que o macarthismo representava:

> A questão [...] é como resgatar o indivíduo das reivindicações do grupo, e o conflito entre a moralidade do grupo e os preceitos morais do indivíduo. Acredito que nossos colaboradores europeus tenham muito a nos dizer sobre sua própria experiência com um problema que não é compreendido em sua totalidade nos Estados Unidos. Parece-me que a Europa tem tido sua própria experiência profunda do conflito de lealdades ocasionado ou por ocupações estrangeiras ou por ditaduras totalitárias ou ambos. [...] Deveria, em tal situação, o indivíduo preocupado com seus valores se colocar imediatamente em oposição declarada, ou a oposição pode se tornar mais eficiente operando dentro do sistema? É claro que

com muita frequência o tratante e o herói se distinguem menos por suas ações que por suas motivações, e isso pode contribuir para a erosão de todas as limitações morais durante períodos totalitários.[153]

Em março de 1954, Kissinger escreveu uma vez mais para Schlesinger sobre o tema do macarthismo:

> Não pode haver dúvidas de que no momento estamos vivendo em uma conjuntura crítica. Estamos testemunhando, ao que me parece, algo que transcende e muito o macarthismo, o surgimento da democracia totalitária. É a essência do sistema democrático que o perdedor possa aceitar sua derrota com relativa graça. É a essência do sistema totalitário que o vitorioso assuma o direito de proscrever seus oponentes. [...] Quando os riscos da derrota eleitoral são tão temíveis, campanhas serão levadas a cabo com uma amargura que pode erodir todo o processo democrático. Quando a questão passa a ser jurídica em vez de política, disputas políticas assumirão as características de uma guerra civil [...] até mesmo se o conflito físico for temporariamente postergado. Que a maioria das pessoas, e acima de tudo os elementos conservadores, acredite que isso não pode acontecer aqui é um sinal de força interna, mas, ao mesmo tempo, um trunfo para o movimento totalitário. Foram precisos seis anos depois da ascensão de Hitler ao poder para que algumas das melhores pessoas na Alemanha percebessem que um criminoso estava governando o país delas, que elas tinham tanto orgulho em considerar um Estado moral[,] tanto que elas foram incapazes de compreender o que na verdade havia acontecido. [...]
>
> Parece-me que o verdadeiro problema agora é [...] convencer os elementos conservadores de que o verdadeiro conservadorismo no momento requer pelo menos oposição a McCarthy.[154]

Como veremos, Kissinger procurou ter uma ampla gama de pontos de vista políticos representados nas páginas da *Confluence*. Um dos poucos artigos que ele rejeitou sumariamente foi uma defesa de McCarthy escrita pelo arquiconservador William F. Buckley Jr.[155] (Foi uma rejeição que Buckley perdoou).

VI

Embora a *Confluence* tenha sido um fracasso, ela não foi de modo algum uma publicação ruim. Kissinger reuniu um notável grupo de conselheiros para ajudá-lo a angariar apoio: além de Bundy e de Schlesinger, ele incluía Arthur Sutherland da Faculdade de Direito, o advogado Huntington Cairns, o psicólogo político freudiano Harold Lasswell, e o presidente da Brooklyn College, Harry D. Gideonse.[156] Kissinger era incansável como editor, solicitando artigos de alguns dos maiores escritores do Ocidente. Nem todos os peixões morderam a isca: Camus nunca contribuiu, nem Graham Greene, e E. M. Forster se recusou categoricamente. Mas não foi um feito qualquer para um estudante de pós-graduação conseguir um artigo original de pessoas como Hannah Arendt, Raymond Aron e Reinhold Niebuhr – além de Seymour Martin Lipset, Hans Morgenthau, Paul Nitze e Walt Rostow. Kissinger não somente conseguiu persuadir alguns dos mais talentosos intelectuais públicos da época a colaborar com a revista; ele também foi bem-sucedido ao conseguir bons artigos deles. Ele era um editor cheio de energia, que às vezes solicitava aos colaboradores que reescrevessem seus textos – até Arthur Schlesinger recebeu a solicitação de voltar a trabalhar em um ensaio sobre o conservadorismo norte-americano que foi considerado deficiente.[157] É verdade, a crítica de um leitor inglês não foi totalmente destituída de acerto: "Os artigos são com frequência excessivamente generalizados, simplesmente opinativos, palavrosos e até mesmo pouco consistentes". O mesmo leitor também tinha razão a respeito "dos clichês anticomunistas que se insinuam em alguns de seus artigos".[158] Havia problemas estruturais também. Certos nomes, importantes como eles eram, apareciam com pouca frequência; o Leste asiático mal era representado. Devido à dificuldade perene de conseguir que os artigos fossem enviados a tempo, temas que deveriam ser discutidos em uma única edição acabavam sendo colocados na seguinte, ou mesmo duas edições depois. Contudo, apesar de todos esses defeitos, ler a *Confluence* ainda significa ser levado de volta a uma era heroica de discussões públicas.

"Há realmente quaisquer valores comuns subjacentes à civilização ocidental?", foi a questão feita por Elliott no início do volume 1, número 1, à qual Niebuhr certamente deu a mais profunda resposta.[159] "O método democrático é adequado para solucionar os problemas da atualidade?", foi a pergunta que Kissinger fez para os colaboradores do segundo número.[160] Tais perguntas de estilo investigativo logo cederam lugar a tópicos menos restritos como "A difusão de ideologias". Sobre esse tema, Aron manifestou um ceticismo gaulês a respeito da ambição norte-americana de "curar o vírus revolucionário com a melhora constante das condições de vida".[161] Rostow discordou: as pessoas somente tinham de ser ajudadas para que vissem como estariam em uma situação muito melhor com a adoção do modelo norte-americano.[162] Arendt alertou contra a tentativa de rechaçar o comunismo "tenta[ndo] inspirar a vida pública e política uma vez mais com 'paixão religiosa'".[163] Schlesinger manifestou seus temores (reescritos) a respeito de "O novo conservadorismo nos Estados Unidos".[164]

Provavelmente, Kissinger não desejava que a *Confluence* fosse dominada por temas políticos. Ele solicitou artigos sobre uma sucessão de temas relativamente não políticos: "O papel social da arte e da filosofia", "A mídia de comunicação de massas", "O papel da ciência", "Os problemas da religião", "Educação nos dias de hoje" e "A cidade na sociedade". Porém, suas próprias preocupações, combinadas com o objetivo subjacente de todo o projeto, tornou inevitável que tópicos políticos viessem à tona: "O problema das minorias" (para o qual Lilian Smith, autora do livro seminal sobre direitos civis *Strange Fruit* [Fruta estranha], contribuiu com um ensaio), "Os problemas do período nuclear" (que apresentava o jovem defensor do poder militar do Partido Trabalhista, Denis Healey), sem esquecer "Os problemas do liberalismo", "A situação internacional" e, nos números finais de 1958, "As perspectivas para os partidos socialistas e os movimentos trabalhistas". Foram os ensaios que Kissinger solicitou sobre "A ética da igualdade", entretanto, que causaram o maior impacto – embora de um modo que ele não havia previsto.

Um problema central da Guerra Fria era o de que, desde seu início, o anticomunismo era uma seita muito ampla, englobando ex-comunistas, social-democratas, liberais clássicos, progressistas, democratas cristãos, conservadores, reacionários e fascistas declarados. Uma publicação que tinha por objetivo uma representação equilibrada desse espectro não poderia ignorar com facilidade as últimas categorias, não mais do que uma política de contenção da União Soviética poderia prescindir deles. Na qualidade de judeu nascido na Alemanha e de refugiado do nazismo, Kissinger talvez se sentisse em uma posição mais firme que a maioria para oferecer espaço nas páginas para intelectuais da direita alemã. Ele não contava com a reação de seus leitores à presença na *Confluence* dos nomes Ernst Jünger e Ernst von Salomon.

Um herói condecorado da Primeira Guerra Mundial, Jünger havia alcançado a fama na Alemanha com a publicação de seu romance *Tempestades de aço* em 1920. Inflexível em sua rejeição ao nazismo, e afastado do Exército por causa de sua associação com os conspiradores aristocráticos que tentaram assassinar Hitler em 1944, Jünger era, não obstante, visto com considerável suspeita no período pós-guerra por causa de sua celebração anterior dos efeitos transfiguradores da guerra sobre o indivíduo e seu antimodernismo incisivo. Seu artigo "A retirada na floresta" predizia que as "*elites* estão a ponto de começar a luta por uma nova liberdade que irá requerer um grande sacrifício [...] comparado ao [qual] [...] a queda da Bastilha – um acontecimento que ainda fornece alimento para a atual noção de liberdade – se parece com um passeio dominical nos bairros". Jünger se identificou com os "andarilhos na floresta (*Waldgänger*)" que estavam "preparados para se opor ao automatismo" do mundo moderno. Ele concluía com a esperança de que "entre os milhões de anônimos um ser humano perfeito possa surgir".[165] Esse era um material pesado para ser publicado em uma revista norte-americana menos de dez anos depois do fim da Segunda Guerra Mundial.

Em comparação, a defesa feita por Solomon da resistência alemã a Hitler parece contida.[166] Porém, a identidade do autor era chocante por si só. Um assassino condenado, Solomon havia sido sentenciado a cinco anos de prisão por sua participação no assassinato do ministro das Relações Exteriores Walther Rathenau, cuja identidade como judeu, industrial e advogado do "cumprimento" do Tratado de Versalhes havia feito dele a *bête noire* da extrema direita. Em 1927, Solomon foi novamente encarcerado por tentativa de assassinato político, e, embora tenha se recusado a se filiar ao Partido Nazista, ele jamais se reconciliou com a democracia. Na verdade, ele escreveu o roteiro para o filme de propaganda pró-colonial *Carl Peters* (1941), e seu livro do pós-guerra *Der Fragebogen* [O questionário] oferecia respostas descaradamente irônicas ao formulário oficial que era a base para a desnazificação. A publicação do artigo de Solomon suscitou cartas indignadas de, entre outros, Shepard Stone, da Fundação Ford – uma carta que Kissinger não deve ter gostado de ler, muito menos de publicar –, e do historiador Adam Ulam.[167]

Em uma carta para Kraemer, o editor sitiado fingiu não se importar. "Eu me esqueci de mencionar a você", ele escreveu, "que, assim como na maior parte das coisas, eu me juntei a você como um dos principais vilões na demonologia liberal. Parece que o fato de eu ter publicado Solomon e Jünger seja um sintoma de minhas simpatias totalitárias e mesmo nazistas, e fez com que alguns dos guardiões de nossos valores democráticos aqui protestassem com algumas das fundações que nos dão apoio".[168] Mas o assunto era sério. Ulam era um especialista na história do socialismo e do comunismo, e viria a ser uma das maiores autoridades de sua geração sobre a União Soviética; ele também era, assim como Kissinger, um imigrante de origem judaica. Além do mais, ele havia acabado de ser nomeado professor titular pelo próprio departamento de Kissinger. Reconhecido por aquilo que seu colega Samuel Beer chamaria mais tarde de sua "integridade sombria", ele era o pior tipo de inimigo que um jovem estudante de pós-graduação poderia ter. Até esse momento, Kissinger havia desempenhado, deliberadamente, o papel de editor invisível, não fazendo comentários, não propondo nenhuma "linha" para a *Confluence*. Como ele afirmou, em uma época em que a sinceridade no debate público era "medida em decibéis" e o "verdadeiro diálogo" estava com valor reduzido, ele tinha "tentado apresentar tantos pontos de vista diferentes quanto possível" e havia "portanto [...] me abstido tanto de escrever editoriais quanto de expressar minha própria opinião em forma de artigo". A crise por causa de Solomon forçou-o a tomar uma posição. O resultado, sob a forma de uma réplica para Ulam, foi sincero – e revelador.

Kissinger não tentou defender Solomon. Ele era um assassino; ele era então um publicitário cujos escritos "exibiam uma tendência que eu pessoalmente deploro, um niilismo cínico. [...] Nada disso o qualifica como um dos mais elevados representantes de nossas normas éticas". No entanto, Solomon também exemplificava um importante fenômeno: a resposta de uma geração de alemães "cujos valores entraram em colapso na Primeira Guerra Mundial". Enquanto alguns haviam escolhido "o caminho do oportunismo", outros, como Solomon, tinham concluído a partir de sua desilusão que "toda crença é destituída de sentido, toda fé é hipocrisia". O próprio Kissinger poderia não se importar com tais "niilistas [...] mesmo quando eles estão ao lado dos anjos", mas eles inegavelmente ofereciam um *insight* para a questão da lealdade: "Essa tem sido a vida deles e na verdade seu dilema, [tanto que] eles perderam a capacidade de pensar em termos de dever que pressupõe um padrão moral e são capazes de ver relacionamentos somente em termos pessoais de lealdade". Resumindo, a discussão de "A ética da lealdade" sem alguém como Solomon teria sido incompleta.

Tendo apresentado seus argumentos para a publicação de Solomon como um modo de "ilumin[ar] um aspecto d[o] problema total" da lealdade, Kissinger então se voltou para Ulam. Ele começou com uma surpreendente concessão. "O senhor pode sentir", ele escreveu, "[...] que eu fui longe demais. Eu até mesmo irei conceder que posso errar ocasionalmente para o lado de uma tolerância ampla demais". Ulam havia objetado especialmente ao fato de que Solomon jamais manifestara contrição. Porém

> eu responderia que há algumas coisas das quais é impossível a pessoa se arrepender. As autojustificativas sentimentais de tantos de nossos intelectuais, passando do comunismo ao freudianismo, à religião, sempre adequadas com precisão às correntes populares, não são necessariamente moralmente superiores. Para mim, Solomon é uma alma condenada perseguida pelas Fúrias. Como um fenômeno político e moral, eu não gosto dele, mas não me iludo pensando que o que ele representa seja um acidente pessoal e não um sintoma de certas tendências de nossa era. Eu me oporei ao que ele representa, mas não do modo estridente de tantos de nossos apóstolos do ódio, que são tão consumidos por suas paixões que eles se parecem cada vez mais com seus inimigos.[169]

Esse havia sido também o mais presciente aviso de George Kennan em seu Longo Telegrama: "O maior perigo que pode acontecer conosco ao lidar com [...] o comunismo soviético é o de permitir que nos tornemos iguais àqueles com os quais estamos lidando". A ambição de Kissinger como diretor do Seminário Internacional de Harvard e coeditor da *Confluence* tinha sido exatamente a de evitar isso – "exibir os valores ocidentais, porém menos por meio do que *dizemos* do que pelo que *fazemos*". O ataque de Ulam o havia forçado a abandonar sua estudada posição de neutralidade editorial. Kissinger havia descoberto sua própria voz. O que iria ele dizer com ela em seguida? E o que ele iria fazer?

As pessoas que apresentam Henry Kissinger como impiedosamente inclinado a escalar o ensebado mastro da "universidade da Guerra Fria" não são capazes de explicar com facilidade por que, nesse caso, ele decidiu fazer sua primeira contribuição acadêmica significativa não na "guerra psicológica" – tampouco em nenhum dos assuntos de maior interesse que apareceram nas páginas da *Confluence* –, mas no obscuro, para não dizer francamente empoeirado, tema da diplomacia europeia do começo do século XIX.

Capítulo 9
Doutor Kissinger

Eu acredito que uma análise do pensamento dos maiores homens de Estado irá mostrar uma consistência mais substancial do que os psicólogos admitiriam.

HENRY KISSINGER[1]

Eu perguntei aos meus colegas: "Nós queremos um cientista político que conhece alguma coisa a respeito de Metternich?". E eles responderam: "Ah, droga, não".

CHARLES KINDLEBERGER[2]

I

"Paz, legitimidade e o equilíbrio (um estudo da capacidade política de Castlereagh e Metternich)", a tese de doutorado de Kissinger de 1954, não somente lhe deu o título de *philosophiae doctor*; ela também lhe valeu o Prêmio Senador Charles Sumner, concedido a cada ano pelo Departamento do Governo de Harvard para a melhor tese "pela abordagem legal, política, histórica, econômica, social ou étnica, versando sobre quaisquer meios ou medidas que se voltem para a prevenção da guerra e o estabelecimento da paz universal".[3] Publicada três anos mais tarde – quase inalterada – como o livro *A World Restored: Metternich, Castlereagh and the Problems of Peace, 1812-1822* [O mundo restaurado: Metternich, Castlereagh e os problemas da paz, 1812-1822], tem sido há bastante tempo uma espécie de introdução para a carreira de Kissinger como homem de Estado. Francis Fukuyama chamou-o de uma das "manifestações clássicas do realismo político", sugerindo que no livro Kissinger "apresenta os princípios gerais da diplomacia do equilíbrio de poderes que iria caracterizar suas próprias medidas como conselheiro de Segurança Nacional e secretário". Foi nesse livro, segundo Fukuyama, que o futuro secretário de Estado pela primeira vez "defendeu sua posição de que a paz internacional seria garantida de modo melhor não por intermédio da lei ou de organizações internacionais, mas por meio de uma distribuição de poder que moderasse as ambições do forte".[4] Robert Kaplan viu-o como "evidência de como o Holocausto, juntamente com o relato mais amplo da história europeia moderna, fez de Kissinger um 'realista'", no sentido de um antiapaziguador, decidido a pensar "de modo impessoal e desumano" a respeito do poder, e a defender "interesse[s] vitais [...] de modo violento [...] se necessário".[5] Sucessivos biógrafos igualmente detectaram no texto todos os tipos de antecipações da conduta futura de seu autor.[6] Segundo um relato, "Kissinger mostrou como o homem de Estado conservador, que procurava preservar a ordem mundial, aprendeu a lidar com uma nação revolucionária voltando-se com astúcia ao equilíbrio de poder. Ao fazê-lo, ele estabeleceu a base para sua filosofia da *realpolitik* e a perspectiva conservadora que perdurou durante sua carreira".[7] "Para Kissinger", escreveu outro, "a história diplomática foi útil como um instrumento para a tomada de decisões contemporânea".[8]

No entanto, a realidade era muito diferente. A decisão de Kissinger de escrever o que era essencialmente um livro de história – ainda que baseado unicamente em fontes publicadas, e não em arquivos – dificilmente foi tomada para promover sua carreira seja na academia seja na esfera pública. Em uma época em que a maioria dos pós-graduandos no Departamento do Governo estava profundamente concentrada em questões contemporâneas,* foi algo muito próximo de um ato de autoimolação passar quatro anos estudando a história diplomática da Europa na década subsequente à retirada de Napoleão de Moscou. A escolha do tema foi unicamente de Kissinger. Ela não tinha quaisquer relações com os interesses de William Yandell Elliott, seu maior defensor em Harvard, embora a versão publicada fosse dedicada a ele. A escolha

---

* Dos outros treze doutorados de Harvard em ciências políticas obtidos em 1954, seis se voltavam para temas contemporâneos internacionais: políticas trabalhistas no Japão ocupado, sobre o nacionalismo iraniano, sobre o serviço de saúde do Reino Unido (duas teses), sobre a manutenção da paz e os refugiados internacionais e as Nações Unidas. O único outro estudante que pesquisou o século XIX foi Gordon Lewis, que havia escrito sobre os socialistas cristãos de 1848.

foi feita sem qualquer consulta (do tipo que seria esperada atualmente) às principais autoridades no assunto, tais como o historiador de Oxford A. J. P. Taylor, cuja obra-prima *The Struggle for Mastery in Europe, 1848-1918* [A luta pela supremacia na Europa, 1848-1918] foi publicada em 1954. (É verdade que o livro de Taylor foi lançado alguns meses depois de a tese de Kissinger ser finalizada, mas era de conhecimento público que ele estava trabalhando em um livro assim desde 1942.) O especialista de Harvard em história da diplomacia europeia, William Langer, aparentemente jamais foi consultado. A evidência sugere com muita força que o amigo de Kissinger, Stephen Graubard, tinha razão quando disse: "Seu propósito ao escrever era principalmente o de se instruir".[9] Tão misterioso parecia o tema que, mesmo depois de seu próximo livro ter feito dele uma celebridade menor, ele ainda não conseguia encontrar uma editora universitária norte-americana que estivesse disposta a publicar *O mundo restaurado*. O livro foi adquirido pelo ambicioso editor londrino George Weidenfeld, outro refugiado do nazismo, que rapidamente percebeu o talento de Kissinger (e anglicizou a ortografia dele).[10]

Julgada em seus próprios termos, a tese é um trabalho notável, sobretudo considerando com quantas coisas mais Kissinger tinha de lidar entre o verão de 1950 e o começo de 1954, quando o manuscrito estava mais ou menos finalizado. É fato que ele cobre um recorte de tempo menor que o que Kissinger havia pretendido, que teria sido todo o "período de paz que durou quase cem anos" do Congresso de Viena ao começo da Primeira Guerra Mundial.[11] No fim de 1953, Kissinger nem sequer havia começado a parte planejada sobre Bismarck.[12] Contudo, não há como negar a profundidade de seu conhecimento tanto dos documentos publicados quanto dos trabalhos históricos secundários. Os resenhistas acadêmicos mais pedantes não conseguiram encontrar mais do que duas omissões na bibliografia.[13] Ainda mais impressionante é o brilho de Kissinger como escritor de prosa. Cada uma das personagens principais na narrativa é introduzida com um floreio memorável. O príncipe Metternich, o ministro do Exterior da Áustria, "era uma figura rococó, complexa, muito bem cinzelada, todo superfície, como um prisma lapidado de modo intricado. Seu rosto era delicado, mas sem profundidade, sua conversação brilhante, mas sem uma seriedade derradeira".[14] "Incompreendido em casa", o secretário dos Assuntos Estrangeiros britânico, Lord Castlereagh, "se portava com [...] reserva metódica, enfadonhamente persuasivo, motivado por um instinto sempre mais seguro que sua capacidade de expressão".[15]

A vida do tsar russo Alexandre I foi uma "cujas realizações foram descobertas somente em antecipação".[16] O diplomata francês Talleyrand "não conseguiu atingir a grandeza porque suas ações sempre foram ajustadas demais ao espírito predominante, porque nada o atraía tão completamente que ele sacrificasse o ganho pessoal. Isso pode ter se dado por uma sincera tentativa de permanecer em uma posição para moderar os acontecimentos; observadores externos podem ser desculpados se eles consideram isso oportunismo".[17]

Assim como A. J. P. Taylor, Kissinger não conseguiu deixar de ser infectado pelo estilo epigramático privilegiado por muitos diplomatas do século XIX. "É a essência da mediocridade que ela prefira a vantagem tangível ao intangível ganho na posição".[18] "Uma série de paradoxos pode ser intrigante para o filósofo, mas eles são um pesadelo para o homem de Estado, pois este não deve somente contemplá-los, mas resolvê-los."[19] "O infinito alcançado por meio de etapas finitas perde seus terrores e suas tentações."[20] "A sorte, na política, assim como em outras atividades, não é mais que o resíduo do desígnio."[21] "Para as pessoas sem inspiração, todos os problemas são igualmente difíceis – e igualmente fáceis."[22] Esses e outros *obiter dicta* [passagens incidentais] são parte do permanente encanto de *O mundo restaurado*, embora certamente estejam um pouco fora de lugar em uma tese de doutorado.

As formulações mais notáveis se relacionam à arte da diplomacia e vale a pena fazer uma lista delas por causa da luz que lançam sobre o ponto de vista inicial de Kissinger – e, a essa altura, totalmente teórico – a respeito do assunto. "[A] perfeita flexibilidade na diplomacia é a ilusão dos amadores", escreveu o então amador. "Planejar a política baseado na igual possibilidade de todas as contingências é confundir capacidade política com matemática. Já que é impossível estar preparado para todas as eventualidades, a suposição da perfeita flexibilidade do oponente conduz a uma paralisia de ações."[23] A autoparalisia foi uma ideia a que Kissinger voltou mais de uma vez. "[C]álculos sobre o poder absoluto", ele escreveu, "conduzem a uma paralisia de ação [...] força depende da *relativa* posição dos Estados".[24] Ele já estava muito consciente do perigo de ter muito tempo para fazer cálculos, e das paradoxais vantagens de estar em crise: "[P]rever o rumo em um mar calmo pode acabar sendo mais difícil do que estabelecer uma rota em meio a águas tempestuosas, onde a violência dos elementos transmite inspiração por meio da necessidade de sobrevivência".[25] E ele prestou homenagem à importância de permanecer imparcial – uma lição aprendida com Metternich acima de tudo: "[E]ntusiasmo pode ser perigoso nas negociações [...] pois ele priva o negociador da pretensão à liberdade de escolha que é sua arma de negociação mais eficiente".²⁶

Um tema central do livro é o papel da força na diplomacia. Não foi somente o gênio de Metternich que restaurou a Europa a um tipo de equilíbrio: também foi a falta de genialidade de Napoleão fora do campo de batalha. "Um homem acostumado ao comando", escreve Kissinger, "descobre que é quase impossível aprender a negociar, porque a negociação é uma admissão de poder finito".²⁷ Essa dificuldade de trocar entre os dois modos de política – da guerra à paz – suscita a reflexão:

> [A] guerra tem sua própria legitimidade e é a vitória, não a paz. Falar em condições de paz durante guerras totais parece quase uma blasfêmia, um julgamento mesquinho. Quando o poder reina supremo, quaisquer condições parecem restritivas, e uma ameaça à excitação da ação comum. [...] A moderação em um momento de triunfo é apreciada somente pela posteridade, raramente pelos contemporâneos, aos quais ela tende a parecer como uma rendição inútil.²⁸

Tendo servido como soldado, Kissinger sempre conservou um ceticismo a respeito da capacidade do combatente de alcançar objetivos políticos. "[É] a característica de uma política que se baseia em considerações puramente militares", ele observa, "ser imoderado no triunfo e tomado de pânico na adversidade".²⁹ Ele devidamente reconhece que, "em qualquer negociação, é sabido que a força é o derradeiro recurso", mas acrescenta:

> [É] a arte da diplomacia manter essa ameaça potencial, manter sua extensão indeterminada e recorrer a ela somente como um recurso derradeiro. Pois, uma vez que o poder tenha se tornado real, as negociações no sentido próprio acabam. Uma ameaça do uso de força que demonstra ser ineficaz não retorna a negociação ao ponto antes de a ameaça ter sido feita. Ela destrói a posição de negociação por completo, pois é uma confissão não de poder finito, mas de impotência.³⁰

Além do mais, um Estado fraco incapaz de fazer essa ameaça ainda pode alcançar seu objetivo de "preserv[ar] o *status quo* sem esgotar seus recursos" com "a criação de um consenso moral".³¹ Fatores psicológicos, em outras palavras, são em última análise mais importantes que força militar – uma preocupação central de Kissinger nessa época, como já vimos.

É, portanto, errado pensar em *O mundo restaurado* como algum tipo de guia antecipatório para a arte de governar feito por um futuro praticante. A verdadeira importância do livro é a de um tratado que ia contra a corrente da época. O primeiro alvo de Kissinger é a própria ciência política. "Uma cultura de determinismo social", ele escreve, "reduziu o homem de Estado a uma alavanca em uma máquina chamada de 'história', ao agente de um destino que ele pode discernir de modo impreciso, mas que ele concretiza independentemente de sua vontade". Como ele havia deixado claro em sua correspondência com Darwin Stolzenbach relativa ao relatório deles de 1952 sobre a Coreia, Kissinger era profundamente hostil às reivindicações de todas as ciências sociais na medida em que elas colocavam o materialismo – ou, para ser mais preciso, dados empíricos – acima do pensamento. "Dizer que a política não cria sua própria substância", ele escreve em *O mundo restaurado*, "não é o mesmo que dizer que a substância se aplica por si só". No caso do início do século XIX – mas também como regra geral –, "[a] escolha entre [...] medidas políticas não residia em 'fatos', mas em sua interpretação. *Ela envolvia o que era essencialmente um ato moral*: uma estimativa que, para ser válida, contava tanto com uma concepção de objetivos quanto com um entendimento do material disponível, que se baseava no conhecimento, mas não era idêntico a ele".[32]

Uma demonstração central da filosofia antimaterialista de Kissinger é seu tratamento da identidade nacional e, especialmente, do papel da história para formar o entendimento de um povo sobre seu próprio interesse:

> A lembrança dos Estados é o teste da veracidade de sua política. Quanto mais elementar a experiência, mais profundo é o impacto sobre a interpretação do presente de uma nação à luz do passado. É até possível para uma nação passar por uma experiência tão perturbadora que ela se torne prisioneira de seu passado. [...] Quem irá brigar com a interpretação que um povo faz de seu passado? Ela é seu único meio de encarar o futuro, e o que "realmente" aconteceu é com frequência menos importante do que o que se pensa ter acontecido.[33]

Para o "forasteiro" (ou para o cientista político norte-americano), "Estados podem aparecer [...] como fatores em um acordo de segurança". Mas, na verdade, todos os Estados "se consideram como expressões de forças históricas. Não é o equilíbrio como um fim que os preocupa [...] mas um meio de concretizar suas aspirações históricas em relativa segurança".[34]

Entre os temas mais importantes na tese de doutorado de Kissinger está a natureza do conservadorismo. Na época, é importante enfatizar, Kissinger pensava em si mesmo explicitamente como um conservador. Foi nessa condição que ele discutiu questões sobre a política contemporânea norte-americana com o declaradamente liberal Arthur Schlesinger. Em uma época em que a maioria dos imigrantes judeus tendia a gravitar em torno do Partido Democrata – sobretudo porque elementos significativos do Partido Republicano continuavam a ser antissemitas de uma forma mais ou menos declarada –, o conservadorismo de Kissinger requer certa explicação. *O mundo restaurado* a fornece. Em seu cerne se encontra o desafio proposto pela revolução – não somente o herdeiro da Revolução Francesa, Napoleão, mas também a revolucionária figura do tsar Alexandre I. Kissinger nunca é explícito a respeito do que ele tem contra a revolução, mas a implicação mais forte é a de que ela é associada à desordem ou ao "caos". Em um trecho crucial, Kissinger estabelece uma distinção nítida entre duas definições de liberdade: "liberdade como a ausência de coibição ou liberdade como a aceitação voluntária da autoridade. A primeira posição considera que a liberdade reside fora da esfera da autoridade; a outra concebe a liberdade como uma *qualidade* de autoridade".[35] O leitor não é deixado na dúvida de que é a segunda definição que o autor prefere. Kissinger então acrescenta uma segunda distinção, entre motivações. Em um período revolucionário – que dizer, um período em que a liberdade é entendida como a ausência de coibição – a motivação central é "um conceito de *lealdade*, em que o ato de submeter a sua vontade adquire um significado simbólico e até mesmo ritualístico, porque as alternativas sempre parecem estar presentes". A motivação conservadora, de modo oposto, é "um conceito de *dever* [...] em que os modos de agir alternativos não são rejeitados, mas são inconcebíveis".

> "Certo ou errado, meu país" – esta é a linguagem da lealdade. "Então aja de modo que suas ações passem a ser, por intermédio de sua vontade, leis universais da natureza" – esta é a linguagem do dever. O dever expressa o aspecto da universalidade, a lealdade o da contingência.

Aqui, o eco do trabalho final de graduação de Kissinger, inspirado por Kant, é inconfundível.

Existe, entretanto, um paradoxo. A "posição fundamental" do conservador moderno é "uma negação da validade das questões relacionadas à natureza da autoridade". No entanto, assim que responde a tais questões, ele pode ser visto como alguém que implicitamente reconhece a validade delas. "É o dilema do conservadorismo", Kissinger escreve, "que ele deva combater a revolução de modo anônimo, pelo que é, não pelo que diz".[36] Em um outro ensaio, ele definiu esse dilema como tripartite: "[Q]ue é a tarefa do conservador não derrotar, mas evitar revoluções, que uma sociedade que não possa prevenir a revolução – e uma sociedade na qual a desintegração de seus valores tem sido demonstrada pela existência da revolução – não terá condições de derrotá-la por meios conservadores, [e] que a ordem, uma vez destruída, possa ser restaurada somente por meio da experiência do caos".[37] Se, como Burke, alguém resiste à revolução em nome das forças históricas, ou, como Metternich, em nome da razão, o conservadorismo tem de ser basicamente uma questão de atos, não de palavras, porque muitas das palavras em questão foram cunhadas pelos revolucionários. De modo significativo, Kissinger parece tender na direção de Burke, observando a "rigidez" de Metternich e voltando repetidamente à concepção burkeana de nações e povos historicamente constituídos. Como veremos, essa versão de conservadorismo estava longe de ser natural nos Estados Unidos. A relação de Kissinger com as formas mais comuns do conservadorismo norte-americano jamais seria fácil.

Um terceiro tema que vai contra a corrente em *O mundo restaurado* é sua visão nitidamente antiquada de história como uma disciplina essencialmente trágica. "Não é por nada", escreve Kissinger, "que a história é associada à figura de Nêmesis, que derrota o ser humano realizando seus desejos de uma forma diferente ou atendendo às suas orações completamente". Caso ele tivesse completado sua planejada trilogia sobre o século entre 1815 e 1914, é claro qual teria sido a narrativa mais ampla: a de que o próprio sucesso dos homens de Estado no Congresso de Viena ao estabelecer um equilíbrio de poder europeu sustentável tornou inevitável a catástrofe de 1914. O cerne da questão – e o da crise de julho de 1914 – era a Áustria. "[A]ssim como na tragédia grega", Kissinger escreve, "o sucesso de Klemens von Metternich tornou inevitável o colapso final do Estado por cuja preservação ele havia lutado por tanto tempo".[38]

> Um império antigo, mal se recuperando de duas guerras desastrosas, não pode ser reformado enquanto ele está prestes a lutar pela sobrevivência. O homem de Estado não pode escolher sua política como se todos os caminhos estivessem

igualmente disponíveis. Na qualidade de Estado multinacional, a Áustria não poderia lutar em uma guerra nacional; na qualidade de Estado financeiramente exaurido, ela não poderia lutar em uma guerra longa. O "espírito da época" era contrário à continuação de um império poliglota, mas é demais pedir a seu homem de Estado para elevar o suicídio nacional a um princípio de política.[39]

O padrão mais justo para julgar a política de Metternich, Kissinger conclui, não deveria ser seu fracasso final, mas, em vez disso, "por quanto tempo ele evitou o desastre inevitável".[40] Generalizando a partir do caso específico de Metternich, ele observa que os homens de Estado geralmente têm uma "qualidade trágica", porque eles são condenados a lutar com "fatores que não são facilmente controlados por nossa vontade e que não podem ser alterados no período da vida de uma pessoa".[41] O problema central, como Kissinger argumenta (e como ele jamais iria esquecer), é que a política externa precisa ser conduzida "com a premonição da catástrofe".[42] Isso acontece de modo mais natural com uma potência que sofreu desastres no passado recente, porque a lembrança ainda está fresca. "[O] estímulo da política doméstica é uma experiência social direta; mas o da política externa não é a experiência real, e sim, potencial – a ameaça da guerra – que os homens de Estado tentam evitar que se torne explícito." Como regra geral, entretanto, "[e]stá na natureza das políticas bem-sucedidas que a posteridade esqueça com quanta facilidade as coisas poderiam ter acontecido de modo diverso".[43] Esse era um problema crônico para uma potência com relativamente poucas lembranças de desastre.

O contrafactual – o que pode ser e o que poderia ter sido – está sempre vivo na mente do modelo de homem de Estado de Kissinger. A paz que ele alcança é sempre por definição um desastre que foi evitado. "O homem de Estado é, portanto, como um dos heróis no drama clássico que teve uma visão do futuro, mas não consegue transmiti-la diretamente aos seus semelhantes, e não consegue validar a 'verdade' dela. As nações aprendem somente por meio da experiência; elas 'sabem' somente quando é tarde demais para agir. Mas os homens de Estado devem agir *como se* a intuição deles já fosse experiência, como se a aspiração deles fosse a verdade." Pior, com frequência ocorrerão momentos em que o homem de Estado não poderá revelar suas intenções porque "tornar público o seu propósito é favorecer um desastre". Por exemplo, em períodos em que um inimigo tem de ser conciliado porque uma nação não tem o poder de resistir, pode ser necessário simular colaboração.

Porém – e aqui Kissinger retornou a um tema que ele havia abordado pela primeira vez na *Confluence* – "[e]m tais períodos, o tratante e o herói, o traidor e o homem de Estado se distinguem, não por seus atos, mas por seus motivos".⁴⁴ Em outras palavras, pode muito bem ser necessário para o homem de Estado abaixar a cabeça para conquistar. Pelos mesmos motivos, em períodos revolucionários uma grande parte da atividade diplomática pode ter a aparência de um enigma. Uma conferência com uma potência revolucionária tem somente um valor psicológico: "[E]la tenta estabelecer um motivo para a ação e é dirigida basicamente aos que ainda não se comprometeram. [...] [A] principal dificuldade de um período revolucionário [é] a de convencer os não comprometidos de que o revolucionário é, na verdade, um revolucionário, que seus objetivos são ilimitados".⁴⁵

O quarto – e talvez mais importante – argumento de *O mundo restaurado* é o de que o mundo da Guerra Fria não era, na verdade, sem precedentes e que, por analogia, *insights* úteis poderiam ser obtidos com o estudo da Europa do século XIX. Antecipando as objeções mais óbvias de seus contemporâneos a essa abordagem histórica, Kissinger rapidamente reconheceu que "Napoleão não é exatamente o equivalente de Hitler, ou Castlereagh o de Churchill". As analogias que ele fez não implicam "uma correspondência precisa", mas uma "similaridade dos problemas" sendo confrontados.

> [A] história ensina por analogia, não por identidade. Isso significa que as lições da história jamais são automáticas, que elas podem ser apreendidas somente por um padrão que admite a significância de um leque de experiências, que as respostas que nós obtemos jamais serão melhores que as perguntas que fazemos. [...] Conclusões significativas não são possíveis no estudo das relações exteriores – o estudo dos Estados agindo como unidades – sem a consciência do contexto histórico.

Assim, a história era duplamente importante: como uma fonte de analogias para o homem de Estado, mas também como o fator definidor na identidade nacional. É verdade, os "acadêmicos positivistas" poderiam insistir que "em qualquer momento um Estado não é mais que um conjunto de indivíduos". Mas, na realidade, um povo define sua identidade "por meio da consciência de uma história comum. [...] A história é a lembrança dos Estados".

Em *O mundo restaurado*, então, Kissinger estabeleceu simultaneamente uma metodologia idealista, uma ideologia conservadora, uma filosofia da história e uma sensibilidade trágica. O desafio para o leitor moderno é apreciar toda a riqueza de sua argumentação por analogia porque boa parte dela é deixada implícita.

As partes explícitas são diretas. O êxito do sistema do Congresso em criar uma "ordem legítima" depois de 1815 contrasta de modo sombrio com o fracasso dos tratados de paz de Paris em alcançar o mesmo resultado depois de 1919. Líderes revolucionários – Hitler e Stálin – ascendem para apresentar seus desafios existenciais à ordem legítima, assim como Napoleão e, de modo inesperado, o próprio tsar russo representaram desafios para a antiga ordem da era pré-1789. O Reino Unido no século XIX se parece com os Estados Unidos em sua localização além-mar e mentalidade insular.[46] Como se verá, o instinto historicamente informado de Kissinger era o de que os Estados Unidos deveriam, tanto quanto possível, desempenhar o mesmo papel da Grã-Bretanha depois de 1815 – o de potência equilibradora além-mar. No entanto, na prática, os Estados Unidos estavam desempenhando um papel muito mais parecido com aquele da Áustria de Metternich, um participante ativo na luta continental, com o desafio muito mais difícil de manter uma aliança contra o poder revolucionário. Compreender esse ponto é vital, porque ele esclarece a ambivalência em relação a Metternich que caracteriza o relato de Kissinger – uma ambivalência que tem sido com frequência deixada de lado.

Kissinger se identificava com Metternich? Ele claramente o admirava. "[Um] homem que passou a dominar todas as coalizões de que ele participou, que era considerado por dois monarcas estrangeiros como mais confiável que seus próprios ministros, que por três anos foi na verdade primeiro-ministro da Europa, um homem como esse não pode ser uma criatura qualquer."[47] Porém, uma passagem como esta não pode ser mal interpretada:

> O tipo de jogo que Metternich decidiu jogar era [...] não o de uma manobra ousada, que arriscava tudo em um rápido xeque-mate. Pelo contrário, era deliberado e astucioso, um jogo em que a vantagem se encontrava em uma transformação gradual da posição, em que os movimentos do oponente eram utilizados em primeiro lugar para paralisá-lo e então para destruí-lo, enquanto o jogador organizava seus recursos. Era um jogo cuja ousadia residia no isolamento em que ele tinha de ser jogado, em face da não compreensão e do insulto por parte de amigos e inimigos; cuja coragem se encontrava em sua imperturbabilidade

quando uma jogada errada poderia significar desastre e perda de confiança poderia pressagiar o isolamento; cuja grandeza derivava da habilidade de suas jogadas e não da inspiração de sua concepção.⁴⁸

Enquanto Kissinger passaria a ser associado a tais táticas por jornalistas atraídos pela ideia do diplomata como um especialista em evitar situações difíceis e em fazer maquinações, o ponto crucial aqui aparece no fim. Pois a falta de inspiração subjacente à concepção estratégica de Metternich é, para Kissinger, um defeito fatal. "Os sucessos [que Metternich] gostava de atribuir à superioridade moral de suas máximas", escreve Kissinger em outra passagem crítica, "se deviam com mais frequência à extraordinária habilidade de sua diplomacia. Seu gênio era instrumental, não criativo; ele era excelente em manipulação, não em construção".⁴⁹ Metternich era

> doutrinário [...] [e, no entanto] dissimulado, porque a própria certeza de suas convicções fazia com que ele fosse extremamente flexível em sua escolha dos meios; prosaico e reservado; friamente perseguindo a arte do estadismo. Sua qualidade característica era tato, a sensibilidade às nuances. [...] Um estrategista medíocre, mas um grande tático, ele era um mestre da batalha campal em períodos em que o contexto era dado ou os objetivos impostos a partir do exterior.⁵⁰

Sua força se encontrava "não na criatividade, mas na habilidade [...] de alcançar aparentemente ao acaso a melhor adaptação às circunstâncias".⁵¹ O que é significativo em *O mundo restaurado* é, na verdade, a ênfase de Kissinger nos "limites das habilidades de Metternich": "Pois homens de Estado devem ser julgados não somente por suas ações, mas também por sua concepção de alternativas. Os homens de Estado que alcançaram uma grandeza final não o fizeram por meio da resignação, ainda que bem fundamentada".⁵² Seu veredicto final é, na verdade, bastante crítico:

> A autossatisfação complacente de Metternich com uma virtuosidade essencialmente técnica [...] impediu que ele alcançasse a estatura trágica que ele poderia ter. [...] O que falta em Metternich é o atributo que permitiu que o espírito transcendesse um impasse em tantas crises da história: a capacidade de contemplar

um abismo, não com o distanciamento de um cientista, mas como um desafio a ser superado – ou perecer no processo.⁵³

O verdadeiro herói de *O mundo restaurado* não é Metternich, mas Castlereagh, que realmente pereceu na busca pelo equilíbrio. Reservado, desajeitado e não amado, o aristocrático secretário de Relações Exteriores *tory*, não obstante, compreendeu que "o descanso da Europa era primordial" e que "doutrinas de governo tinham de ser subordinadas à tranquilidade internacional".⁵⁴ Ao contrário de Metternich, Castlereagh foi um homem de Estado autenticamente trágico precisamente porque ele não tinha esperanças de persuadir seus concidadãos insulares de que uma aliança europeia permanente poderia "cimentar a paz". Sua "visão da unidade da Europa alcançada por boa-fé [...] era uma miragem que condenou seu defensor à destruição".⁵⁵ Entretanto, essa não era basicamente uma questão de personalidade. Algumas das passagens mais incisivas em *O mundo restaurado* contrastam as situações dos dois protagonistas. Como estudante de geopolítica, Kissinger deixou clara a diferença fundamental de localização entre as ilhas britânicas de Castlereagh e o império centro-europeu de Metternich. Porém, ele também tinha consciência da diferença entre os dois sistemas políticos:

> Todo homem de Estado tem de tentar reconciliar o que é considerado justo com o que é considerado possível. O que é considerado justo depende da estrutura interna de seu Estado; o que é possível depende dos seus recursos, de sua posição geográfica e de sua determinação, e dos recursos, determinação e estrutura interna de outros Estados. Assim, Castlereagh, tendo a consciência da segurança insular da Inglaterra, tendia a se opor somente a agressões declaradas. Porém Metternich, o homem de Estado de uma potência situada no centro do continente, procurava acima de tudo evitar sublevações. Convencido da indestrutibilidade de suas instituições domésticas, a potência insular desenvolveu uma doutrina de "não interferência" nos problemas internos de outros Estados. Oprimido pela vulnerabilidade de sua estrutura doméstica em uma época de nacionalismo, o poliglota Império Austro-Húngaro insistiu em um direito de interferência generalizado para derrotar o tumulto social onde quer que ele ocorresse.⁵⁶

II

Kissinger sabia muito bem que *O mundo restaurado* iria parecer antiquado para muitos leitores. Ele começa sua introdução ao livro: "Não é surpreendente que uma era confrontada com a ameaça de uma extinção termonuclear possa olhar com nostalgia para períodos em que a diplomacia trazia em si penalidades menos drásticas, quando as guerras eram limitadas e a catástrofe quase inconcebível". É verdade, o período compreendido entre 1815 e 1914 não foi perfeito, mas ele foi "são" e "equilibrado": "Ele pode não ter cumprido todas as esperanças de uma geração idealista, mas deu a essa geração algo talvez mais precioso: um período de estabilidade que permitiu que suas esperanças fossem concretizadas sem uma grande guerra ou uma revolução permanente".[57] Como isso havia acontecido? Para Kissinger, a resposta se encontrava em um paradoxo: "Aquelas épocas que, em retrospectiva, parecem mais pacíficas se empenhavam menos na busca da paz. Aquelas cuja busca pela paz aparenta ser infinita parecem menos capazes de alcançar a tranquilidade". Para Kissinger, o significado prático da era de Castlereagh e Metternich se encontra no seguinte fato: eles buscaram uma *estabilidade* alcançável e não uma paz perpétua. Talvez as frases mais memoráveis do livro sejam estas: "Sempre que a paz – concebida como o ato de evitar a guerra – foi o objetivo primordial de uma potência ou de um grupo de potências, o sistema internacional ficou à mercê do mais impiedoso membro da comunidade internacional. Sempre que a ordem internacional reconheceu que certos princípios não poderiam ser comprometidos até mesmo em nome da paz, a estabilidade baseada em um equilíbrio de forças foi pelo menos concebível". A alusão é ao fracasso do apaziguamento na década de 1930; a inferência é a de que a década de 1950 deveria ser diferente. Mas exatamente de que modo?

O argumento de *O mundo restaurado* que tem maior relevância para o início da Guerra Fria diz respeito a como um período revolucionário pode ser encerrado e a estabilidade restabelecida. A chave para a estabilidade é que ela surge de "uma legitimidade geralmente aceita [...] [que] implica a aceitação da estrutura da ordem internacional por todas as principais potências, pelo menos na medida em que nenhum Estado esteja tão insatisfeito que [...] expresse sua insatisfação em uma política externa revolucionária".[58] O século de estabilidade depois de 1815 era a prova por si só de que uma ordem legítima havia sido estabelecida.⁵⁹ Não se poderia dizer isso da época em que Kissinger escrevia. Em 1954, a União Soviética ainda parecia um Estado revolucionário, embora não pelas mesmas razões que a Alemanha de pós-1919. Como Kissinger observa, "a motivação da potência revolucionária pode muito bem ser defensiva [e] ela pode muito bem ser sincera em suas manifestações de se sentir ameaçada". Porém

> a característica marcante de uma potência revolucionária não é que ela se sinta ameaçada – tal sentimento é inerente à natureza das relações internacionais baseadas em Estados soberanos –, mas que nada possa tranquilizá-la. Somente a segurança absoluta – a neutralização do oponente – é considerada uma garantia suficiente, e assim o desejo de uma potência por segurança absoluta significa insegurança absoluta para todas as demais. [...] A diplomacia, a arte de conter o exercício do poder, não pode funcionar em tal ambiente. [...] [E] como em situações revolucionárias os sistemas conflitantes estão menos preocupados com o ajuste das diferenças que com a subversão das lealdades, a diplomacia é substituída ou pela guerra ou por uma corrida armamentista.⁶⁰

Aqui, ainda que de forma disfarçada, estava uma crítica à política não apenas da década de 1930, mas também da de 1950. Especificamente, Kissinger estava jogando um balde de água fria sobre quem insistia que o diálogo com a União Soviética não produziria nada além de (como ele dizia) "repetições estéreis de posicionamentos básicos e acusações de má-fé, ou alegações de 'irracionalidade' e de 'subversão'". Desde que houvesse uma potência revolucionária à solta, conferências não poderiam ser nada além de "elaboradas representações que tentam atrair potências ainda não comprometidas a um dos sistemas opostos". Especificamente, ele desdenhava de quem defendia "tratar a potência revolucionária como se suas manifestações fossem meramente táticas; como se ela realmente aceitasse a legitimidade existente, mas exagerasse ao apresentar seus argumentos para ter como negociar; como se ela fosse motivada por queixas específicas para ficar satisfeita com concessões limitadas".⁶¹ Como ele escreveu em um artigo de 1956 que estabelecia um paralelo bastante explícito com as conversações contemporâneas entre as superpotências, "os negociadores em Viena não confundiram a atmosfera da conferência com os elementos de estabilidade do sistema internacional".⁶²

No entanto, não havia nada aqui para distinguir Kissinger dos proponentes da contenção, quer em sua forma original kennaniana ou em sua forma nitzeana posterior, mais militarizada. É somente por meio da leitura cuidadosa da narrativa de Kissinger dos acontecimentos entre 1812 e 1822 que se pode perceber o que havia de verdadeiramente original em sua contribuição.

A primeira metade da narrativa de *O mundo restaurado* é fornecida pelas transições de Metternich de colaboração com a França, quando a posição austríaca se encontrava em seu ponto mais fraco, à aliança, à mediação, à neutralidade, ao antagonismo absoluto. O objetivo de Metternich – uma ordem legítima reconstruída na qual o próprio liberalismo fosse ilegítimo – era fundamentalmente diferente do de Castlereagh, que era essencialmente um projeto para um equilíbrio de cinco potências no qual a Grã-Bretanha desempenhasse o papel de "equilibrador".[63] Ao contrário dos austríacos, os britânicos estavam lutando "uma guerra pela segurança, não por doutrina, contra a conquista universal, não contra a revolução".[64] O desafio para ambas as partes era o de persuadir outros envolvidos de que esses objetivos atendiam seus interesses também – garantir que "o que poderia ter sido uma declaração de [...] interesse próprio passasse a ser visto como a expressão de simples justiça".[65] O único modo de Metternich alcançar isso era por meio de "uma diplomacia tortuosa e deliberada" para estabelecer "a estrutura moral da aliança". Muito mais do que Castlereagh, Metternich estava preocupado com "a questão essencialmente moral de como legitimar o acordo".[66]

Kissinger se admira com o "hábil [...] malabarismo"[67] de Metternich. Porém, uma razão crucial para o sucesso dele foi a incapacidade de Napoleão de reconhecer seus próprios limites;[68] especificamente, sua incapacidade de contemplar a possibilidade de que o imperador austríaco, com cuja filha ele havia se casado, estivesse disposto a entrar em guerra com seu próprio genro (capítulo 5). Para complicar a política de Metternich havia a emergência do tsar como um revolucionário potencial, aspirando a ser o "árbitro da Europa" após a derrota de Napoleão na Rússia. Esses dois fatores – a autodestruição de Napoleão e a ambição de Alexandre – significaram que Metternich e Castlereagh tiveram de trabalhar com afinco para impor uma paz moderada na Europa. Neste ponto Kissinger estabeleceu um contraste explícito entre Viena em 1814 e Versalhes em 1919, que teve importantes implicações para sua visão da Europa depois de Potsdam em 1945. A lógica da guerra total implica uma paz punitiva.[69] A escolha se dá entre uma paz retrospectiva e vingativa ou uma paz vindoura e magnânima. A primeira – como em Versalhes – "procura esmagar o inimigo, de modo que ele seja incapaz de lutar de novo; seu oposto irá lidar com o inimigo de modo que ele não deseje atacar de novo". Uma paz retrospectiva inadvertidamente cria uma nova situação revolucionária "porque a nação derrotada, a não ser que seja completamente desmembrada, não irá aceitar sua humilhação". Uma paz vindoura, de modo contrastante, reconhece que "a tarefa do homem de Estado capaz não é a de punir, mas de integrar": somente um acordo aceito pela potência derrotada pode ter a esperança de ser a base para uma ordem internacional legítima.[70] Em tal ordem, ninguém – nem os vencedores, nem os perdedores de uma guerra – pode ter "segurança absoluta", que é uma quimera:

> A base de uma ordem estável é a segurança relativa – e, portanto, a insegurança relativa – de seus membros. Sua estabilidade reflete não a ausência de reivindicações insatisfeitas, mas a ausência de agravos de tal magnitude que a reparação será tentada com o rompimento do acordo em vez de por meio de um ajuste dentro de sua estrutura. Uma ordem cuja estrutura é aceita por todas as potências mais importantes é "legítima".

Uma ordem internacional legítima não se baseia nem em um equilíbrio mecânico nem matemático; tampouco ela é baseada em certa aspiração compartilhada pela harmonia. Pelo contrário, ela requer um processo quase constante de ajuste entre múltiplos agentes – cada qual movido por sua visão histórica de si mesmo – que concordam somente com as regras mais gerais do jogo.[71]

É por esse motivo que Castlereagh, mais que Metternich, é o herói de *O mundo restaurado*.[72] Foi Castlereagh, Kissinger argumenta, quem conseguiu os compromissos relativos à Polônia e à Saxônia que possibilitaram o acordo. Foi Castlereagh quem violou as próprias instruções de Londres e dissolveu a coalizão vitoriosa do tempo de guerra (capítulo 9). Foi Castlereagh que, após o retorno de Napoleão de Elba, continuou a favor da moderação quando outros estavam exigindo o desmembramento da França (capítulo 10). Metternich, por outro lado, ficou ainda mais dogmático, aspirando a uma ilusória restauração da velha ordem (capítulo 11).[73] Em última análise, a Grã-Bretanha não poderia se comprometer a apoiar uma ordem europeia contrarrevolucionária do tipo que Metternich aspirava criar, e que ele encorajou o tsar a acreditar que fosse sua própria ideia. Crises políticas na Espanha, em Nápoles e, posteriormente, no Piemonte foram, na perspectiva de Metternich, ameaças mortais para a nova ordem; para os britânicos elas pareciam pequenas dificuldades locais, e a intervenção nelas poderia desestabilizar essa mesma ordem.[74] Em Troppau – o ponto alto da habilidade diplomática de Metternich – ele foi capaz de apresentar sua condenada "batalha contra o nacionalismo e o liberalismo" como um empreendimento europeu e não austríaco (capítulo 14).[75] Castlereagh percebeu com clareza que a Rússia estaria igualmente disposta a interferir do lado do nacionalismo se, como nos Bálcãs, ele fosse dirigido contra o Império Otomano (capítulo 16). Mas, em 12 de agosto de 1822, Castlereagh, exausto e desesperado, cortou sua garganta com um canivete, sua tragédia completa. Tudo que restava depois do Congresso de Verona era "o princípio legitimador" – ao mesmo tempo contrarrevolucionário e antifrancês – como base para a "Sagrada Aliança" entre Áustria, Prússia e Rússia.[76]

Em grande parte, *O mundo restaurado* é na verdade uma crítica retrospectiva aos tratados de paz que se seguiram à Primeira Guerra Mundial.[77] "Segurança coletiva", como representada pela Liga das Nações (e consequentemente por sua sucessora, as Nações Unidas), é um dos muitos aspectos da ordem do período entreguerras que Kissinger critica severamente. Mas o livro é também uma crítica oblíqua da política norte-americana pós-1945. Deveria então ficar claro que lição Kissinger desejava extrair do Congresso de Viena: que o objetivo da política norte-americana deveria ser a criação de uma "ordem internacional [na qual] nenhuma potência [ficasse] tão insatisfeita que ela não preferisse procurar soluções dentro da estrutura do [...] acordo ao em vez de destruí-lo [...] [uma] ordem política [que] não contivesse uma potência 'revolucionária', suas relações [...] cada vez mais espontâneas, baseadas na certeza crescente de que uma sublevação catastrófica era improvável".[78] Mas isso somente poderia ser alcançado com a habilidade de Metternich e a sabedoria de Castlereagh. Já havia sido cometido o erro de impor uma rendição incondicional ao Terceiro Reich e dividir a Alemanha. Portanto, existia o perigo de uma Alemanha revanchista ressurgindo uma vez mais como uma potência revolucionária, voltada para a derrubada da ordem internacional. Simplesmente porque nós agora sabemos que isso não aconteceu não significa que fosse um perigo que Kissinger e seus contemporâneos pudessem deixar de lado – e era clara a intenção de Kissinger de dedicar grande parte de seu livro histórico seguinte à "Questão alemã" e a resposta de Bismarck para ela (prefigurada no capítulo 13). Mais importante, era inconcebível que o mesmo tipo de vitória pudesse ser alcançado sobre a União Soviética com um custo aceitável para os norte-americanos. O único modo de estabelecer uma ordem internacional deveria, portanto, ser a transformação da União Soviética de uma potência revolucionária – o que ela certamente era sob Stálin – em uma potência *status quo*. Aqui se encontrava a semente da política que passaria a ser conhecida como *détente*. O que fez essa semente florescer na cabeça de Kissinger foi a evidência crescente, até mesmo antes da morte de Stálin, de que os líderes da União Soviética não eram mais verdadeiros revolucionários e certamente não eram aqueles "profetas" a quem Kissinger considerou como os inimigos mortais do homem de Estado.[79]

III

Kissinger finaliza *O mundo restaurado* com um ensaio sobre a diferença entre o homem de Estado e os dois tipos de revolucionários: o conquistador e o profeta. Conforme havia feito em seu trabalho final de graduação, ele acrescenta um sincero credo pessoal a um tratado acadêmico. "[A]s reivindicações do profeta", ele escreve, "são ideais e buscam a perfeição, e a perfeição implica uniformidade. [Porém], utopias não são alcançadas a não ser por um processo de nivelamento e de deslocamento que deve erodir todos os padrões de obrigação [...] [ao passo que] confiar inteiramente na pureza moral de um indivíduo é abandonar a possibilidade de contenção". Em oposição ao profeta, Kissinger favorece o homem de Estado, que "deve sempre ter suspeitas desses esforços, não porque aprecie a mesquinharia da manipulação, mas porque ele tem de estar preparado para a pior contingência". Parte da tragédia do homem de Estado é o fato de ele sempre estar em minoria, pois "não é o equilíbrio que inspira os homens, mas a universalidade; não a segurança, mas a imortalidade".[80] As pessoas anseiam por transcendência; isso as deixa suscetíveis aos profetas. Além do mais, as pessoas sentem um forte apego a sua própria definição nacional de "justiça". Nesse ponto, Kissinger claramente tinha os norte-americanos em mente, e a tendência deles a julgar o mundo baseados em seus critérios supostamente universais, mas na verdade idiossincráticos.

Se a sociedade se legitima por meio de um princípio que reivindica tanto a universalidade quanto a exclusividade, se seu conceito de "justiça", resumindo, não inclui a existência de diferentes princípios de legitimidade, as relações entre ela e as outras sociedades passarão a ser baseadas na força. [...] Não é por nada que tantas nações exibem uma rebelião poderosa, ainda que subconsciente, contra a política estrangeira. [...] É por essa razão que o homem de Estado com frequência compartilha do destino dos profetas, de eles não serem honrados em seu próprio país. Um homem de Estado que excede em demasia a experiência de seu povo irá fracassar em alcançar um consenso interno, por mais que sua política seja sábia.[81]

No entanto, a tragédia do homem de Estado apresenta outro aspecto: sua política também deve ser vendida à burocracia de seu governo. Aqui se encontrava a primeira manifestação de outro *leitmotiv* que estaria presente na carreira de Kissinger: a tensão entre o homem de Estado virtuoso e os burocratas em quem ele confia para executar sua política.

O espírito da política e o da burocracia são diametralmente opostos. A essência da política é sua contingência; seu sucesso depende da exatidão de uma avaliação que é em parte conjectural. A essência da burocracia é sua busca pela segurança; seu sucesso é o cálculo. [...] A tentativa de conduzir a política burocraticamente leva a uma busca pelo cálculo que tende a se tornar prisioneira dos acontecimentos.[82]

O ideal de Kissinger, então, é um Castlereagh norte-americano: um homem de Estado conservador que tem de lutar ao mesmo tempo para educar um público provincianamente idealista e galvanizar uma burocracia inerte e avessa aos riscos, na busca por uma ordem internacional legítima e que se fortalece baseada no equilíbrio de poder entre Estados internamente heterogêneos.[83]

Atualmente, tendo o benefício da visão em retrospecto, nós podemos decidir ler *O mundo restaurado* como um prólogo para a futura carreira de Kissinger como homem de Estado.[84] Naturalmente, não foi assim que o livro foi recebido por seus contemporâneos, que em sua maior parte o leram como um puro trabalho de história. O historiador britânico sir Charles Webster (a maior autoridade sobre Castlereagh) foi muito crítico. O livro lhe pareceu "bastante pretensioso", principalmente porque as vãs alegações de Metternich de ter "previsto tudo e puxado todos os cordões" foram "aceitas pelo dr. Kissinger sem contestação".

> Ele se encontra sob a influência tão forte de Metternich que, em alguns casos, é levado a relatos tendenciosos e explicações não convincentes. Ele até mesmo imita o estilo obscuro de Metternich e com frequência usa o mesmo tipo de jargão em suas análises, dedicando páginas à exposição de proposições que poderiam ser descritas de modo melhor em poucas sentenças.[85]

O historiador alemão Ernst Birke foi mais respeitoso, porém (como Webster) não resistiu em apontar uma omissão na bibliografia de Kissinger.[86] Somente uns poucos norte-americanos compreenderam o verdadeiro propósito de Kissinger. O resenhista da revista *World Affairs* achou-o "verdadeiramente estimulante", e seu último capítulo sobre a capacidade do homem de Estado é "de importância fundamental".[87] Ao escrever no *The New York Times*, o historiador Hans Kohn também foi favorável.[88] A resenha mais perspicaz foi a de Quincy Wright, da Universidade de Chicago, na revista *American Historical Review*. Identificando corretamente as analogias que Kissinger desejava estabelecer entre a era de Metternich e o início da Guerra Fria, Wright recomendou vivamente o livro "tanto para os estudantes quanto os praticantes de política internacional".[89]

Essa resenha certamente deixou o iniciante autor feliz. Mas de muito maior importância para a carreira acadêmica de Kissinger foi a recepção da tese original em Harvard. O fato de ela ter recebido o Prêmio Sumner deixa claro que pelo menos alguns dos membros de alto escalão do Departamento do Governo a aprovaram. Entre seus leitores se encontrava McGeorge Bundy, então o poderoso decano da Faculdade de Artes e de Ciências. Seus comentários não foram preservados, mas a resposta de Kissinger sugere que Bundy compartilhava da visão de Charles Webster de que o autor estava muito influenciado por Metternich, sem mencionar seu estilo de escrever. "É extremamente difícil fazer qualquer coisa com Metternich", retrucou Kissinger, "porque nele uma concepção essencialmente estéril de um homem de Estado capaz era ligada a uma habilidade política realmente extraordinária". Não estava, ele insistiu, impressionado. O sucesso de Metternich era "nada mais que um *tour de force*, e tão frágil quanto um castelo de cartas".

Porém, para poder mostrar sua fragilidade, eu primeiro tive de demonstrar seus sucessos. O problema com a capacidade de Metternich como homem de Estado era, assim como eu a entendo, não sua esterilidade em curto prazo, mas sua falta de concepção em longo prazo. Seria muito fácil mostrar que ele fracassou porque não foi capaz de reconhecer a tendência da época, mas isso deixa tudo simples demais. Ele a reconheceu, mas fez o melhor possível para reprimi-la.

Bundy também fizera objeções à suposição – evidente no modo de Kissinger tratar tanto Castlereagh quanto Metternich – de que um homem de Estado tem uma personalidade unitária.

Eu [...] concordo com o senhor como uma proposição abstrata [Kissinger respondeu] que nenhum homem de Estado é "unitário". Não obstante, em qualquer caso, isso pode não se aplicar. Eu acredito que uma análise do pensamento dos maiores homens de Estado irá mostrar uma consistência mais substancial do que os psicólogos admitiriam. [...] A diferença entre um homem como Acheson e os homens de Estado em que eu estou pensando não é que eles tenham sido mais sábios, mas que eles tiveram mais tempo de governo e menos pressões internas, e tiveram, portanto, condições de implementar suas máximas de modo mais consistente.[90]

IV

Exatamente como, então, o estudo da Europa do início do século XIX influenciou as ideias de Kissinger a respeito de homens como Dean Acheson? Nós podemos responder essa pergunta com uma precisão considerável graças à sobrevivência de um bom número de cartas e de memorandos inéditos escritos por Kissinger durante o período em que ele estava redigindo sua tese de doutorado. O primeiro foi endereçado ao seu orientador, Bill Elliott, logo após a eclosão da Guerra da Coreia.

Essa era uma situação estranha. A Coreia do Norte, com aprovação da União Soviética, tinha invadido a Coreia do Sul. Truman, inspirado tanto pelas lembranças da década de 1930 quanto pela lógica da contenção, havia garantido a aprovação das Nações Unidas para intervir. Mas o esforço militar

À ESQUERDA: Heinz Kissinger (à direita) com seu irmão mais novo, Walter, e o gato de estimação dos avós no jardim da casa destes em Leutershausen.

ABAIXO: "Sim ao Führer": Cartazes nazistas em uma escola em Schwabacher Strasse, Fürth, Alemanha, 19 de agosto de 1934. Os alemães votaram majoritariamente para reunir os poderes do chanceler do Reich e do presidente nas mãos de Hitler.

Acima: Heinz Kissinger (abaixo, à esquerda), com catorze anos de idade, e outros alunos na Realschule judaica em Fürth, 1938.

À direita: Membros do Partido Nazista marcham por Fürth quando voltavam do comício do partido em Nuremberg, 1938. Na placa lê-se: "Limites da cidade de Fürth: Os judeus são nosso infortúnio". O prédio à direita era uma fábrica que havia pertencido anteriormente à "arianizada" (i.e., antes propriedade de judeus) firma J. W. Spear.

À ESQUERDA: Henry Kissinger é o segundo a partir da direita, com sua família em Londres, a caminho dos Estados Unidos, 28 de agosto de 1938. Também aparecem (no centro da fotografia) a tia de Paula Kissinger, Berta, e seu marido, Sigmund Fleischmann, com quem os Kissinger ficaram em Golders Green.

ABAIXO: Os soldados da Companhia G, 2º Batalhão, 335º Regimento de Infantaria, 84ª Divisão de Infantaria ("Railsplitters"), antes de serem enviados para a Europa em 1944. Henry Kissinger é o sexto a partir da esquerda, na quarta fileira.

À DIREITA: Às vésperas da batalha em Eygelshoven, Holanda, no começo de novembro de 1944. Dentro de poucos dias, Kissinger estaria no front se deparando com a Linha Siegfried em Aachen. Seu retorno à Alemanha aconteceu pouco mais de seis anos depois de sua família ter sido mandada para o exílio pelos nazistas.

ABAIXO: Tropas norte-americanas passando por uma Bensheim devastada, 27 de março de 1945. O papel de Kissinger como oficial do Counter Intelligence Corps era o de remover os mais ardorosos nazistas na área de Bensheim.

Acima: O campo de concentração em Ahlem, a oeste de Hanover, que os membros da 84ª Divisão, entre eles Henry Kissinger, liberaram em 10 de abril de 1945. Segundo Vernon Tott, que tirou esta fotografia, era "o Inferno sobre a Terra". Um sobrevivente, Moshe Miedzinski, lembrou-se de que foi Henry Kissinger quem lhe disse: "O senhor está livre".

À esquerda: Um dos prisioneiros de Ahelm logo depois da liberação do campo, possivelmente Folek Sama, a quem Kissinger dirigiu seu curto ensaio, "O judeu eterno": "A humanidade é acusada por sua pessoa. Eu, Joe Smith, dignidade humana, todos falharam com você. [...] Dignidade humana, valores objetivos, eles se detiveram nessa cerca de arame farpado".

Acima: Mefistófeles para o Fausto de Kissinger: Fritz Kraemer (direita), que se apresentou com sucesso aos norte-americanos como um oficial prussiano antinazista, mas era, na verdade, um especialista judeu em direito internacional. A pose extravagante é característica. Posteriormente, Kissinger disse que ele foi "a maior influência em meus anos de formação".

À direita: Uma cena da Paixão de Cristo em Oberammergau, Baviera, 1950, sede do Occupational Orientation Department da European Intelligence School das Forças Norte-Americanas. Era um local improvável para um judeu renegado iniciar sua carreira de professor.

À ESQUERDA: William Yandell Elliott, mentor de Kissinger no Departamento do Governo de Harvard: em suas palestras, teoria política era "uma aventura em que o bem e o mal estavam em luta constante para dar sentido à existência". Um ardoroso anglófilo (e atlanticista) que havia descoberto o idealismo filosófico enquanto era um Rhodes Scholar no Balliol College, Bill Elliott personificava para o jovem Kissinger o acadêmico ativo, sempre indo de uma ponta de "Boswash" para a outra. Na fotografia, ele está com sua esposa e o guaxinim de estimação.

ABAIXO: A geração idealista: Kissinger conversando com estudantes na Student Conference on US Affairs, West Point, 1956.

À ESQUERDA: Um míssil PGM-11 Redstone – o primeiro a transportar uma arma nuclear – em exibição na Grand Central Station, Nova York, 7 de julho de 1957.

ABAIXO: O *Pravda* anuncia o lançamento bem-sucedido do Sputnik, 6 de outubro de 1957.

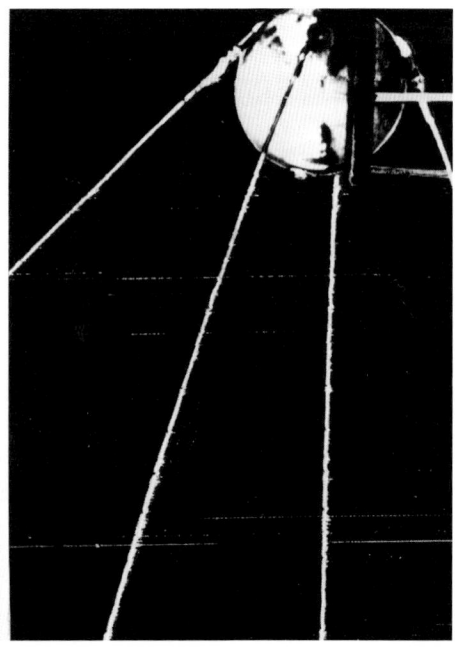

Acima: A "ofensiva de paz" soviética vai a Hollywood: Nikita Khrushchov e sua esposa, Nina, com Shirley MacLaine e Frank Sinatra, no set de *Can-can*, 1959.

À direita: Khrushchov abraça o líder da Revolução Cubana, Fidel Castro, nas Nações Unidas, Nova York, 1960.

Os professores e os funcionários do Center for International Affairs de Harvard, incluindo (na fila à frente) Henry Kissinger (segundo à esquerda), Robert Bowie (terceiro à esquerda), Samuel Huntington (terceiro à direita) e Thomas Schelling (segundo à direita).

O presidente eleito John F. Kennedy visita o historiador John Schlesinger Jr. na residência de Schlesinger em Cambridge, Massachusetts, 9 de janeiro de 1961. Schlesinger e seu amigo Henry Kissinger eram apenas dois dos muitos acadêmicos de Harvard atraídos pela combinação de carisma masculino e de retórica ardente de Kennedy.

"O grande desafio", 19 de fevereiro de 1961. Kissinger debate "A estratégia mundial dos Estados Unidos como grande potência" com o economista Paul A. Samuelson, então presidente da American Economic Association; Lewis L. Strauss, ex-presidente da Comissão de Energia Atômica; Adlai Stevenson, então embaixador norte-americano nas Nações Unidas, e o historiador Arnold Toynbee. Parece que não há gravações existentes dessa discussão, que foi transmitida pela CBS.

Tanques M48 norte-americanos confrontados com tanques soviéticos T-54 e T-55 em Checkpoint Charlie, Berlim, outubro de 1961. Kissinger ficou consternado com a decisão da administração Kennedy de concordar com a construção do Muro de Berlim. "Estou tomado de uma sensação de desastre nacional iminente", ele escreveu.

Os destroços do avião espião U-2 abatido durante a Crise dos Mísseis de Cuba, 1962.

O presidente Kennedy se encontra com membros do comitê executivo na Casa Branca, durante a Crise dos Mísseis de Cuba, 29 de outubro de 1962.

"Isso dói em mim mais do que em você!" A charge de Ed Valtman no *The Hartford Times* zomba da decisão de Khrushchov de tirar os mísseis soviéticos de Cuba. O povo norte-americano ignorava o acordo que os irmãos Kennedy haviam feito para trocar os mísseis norte-americanos na Turquia pelos mísseis soviéticos em Cuba.

À direita acima: Tirando o máximo de proveito de uma situação ruim: uma charge soviética ridiculariza os planos norte-americanos de forçar Cuba à obediência, *Krokodil*, 20 de maio de 1963.

À direita abaixo: Dr. Fantástico, o insano estrategista nuclear interpretado por Peter Sellers no filme de Stanley Kubrick, que era mais Herman Kahn que Henry Kissinger.

O vice-presidente Lyndon B. Johnson, o presidente Kennedy, a sra. Kennedy e outros assistem ao voo do astronauta Alan Shepard da Casa Branca, 5 de maio de 1961.

O vice-presidente Johnson, o presidente Kennedy e o secretário da Defesa Robert McNamara no complexo de lançamento 39 da NASA, construído para realizar o sonho de Kennedy de um pouso lunar.

Acima à esquerda: Com excesso de peso e infeliz no casamento, em 1962.

Acima à direita: Sendo entrevistado pela Radio Free Europe em Berlim, novembro de 1962. A estação de rádio subvencionada pelos Estados Unidos transmitia para ouvintes na Bulgária, Tchecoslováquia, Hungria, Polônia e Romênia.

À esquerda: Mais magro para a década de 1960. Depois de seu divórcio em 1964, Kissinger perdeu peso e também ascendeu socialmente.

inicial dos Estados Unidos havia fracassado em conter o avanço da Coreia do Norte. Kissinger – escrevendo em julho de 1950, antes mesmo de ele ter iniciado suas pesquisas para o doutorado – começou com um ataque à burocracia. Tinha havido, ele observou, uma "falha muito grande no sistema de informações" no lado dos Estados Unidos, sobretudo "o grande abismo entre uma previsão bastante vaga dos potenciais [soviéticos] e um prognóstico específico de uma ameaça definida", que estivera completamente ausente:

> Qualquer pessoa que conheça o modo de operar de uma burocracia irá saber que, em uma situação de alternativas obviamente limitadas, o caminho seguro envolve a previsão de tantas contingências quanto possível, para as quais, entretanto, nenhuma informação especial é requerida e que, consequentemente, são em grande parte deixadas de lado. A consciência da segurança tende a se tornar o subterfúgio da mediocridade e a imaginação fica submersa na superficialidade.

O ponto mais importante relacionado à crise coreana, entretanto, era "o completo fracasso moral de nosso método de alcançar alianças". Kissinger baseava esse ponto de vista "não [...] no aspecto da linha de batalha atual, que eu suponho que será invertido, mas no fato de que o *status quo* ante [o estado antes existente] será alcançado por meio do comprometimento quase exclusivo das principais forças dos Estados Unidos". Os sul-coreanos haviam simplesmente desmoronado sob o ataque da Coreia do Norte.

> Isso destaca um conceito de política externa que com muita frequência é deixado de lado: os vários beneficiário[s] do auxílio norte-americano precisam de nós mais do que nós precisamos deles, e a tentativa de conquistar "amigos" por meio de constantes concessões não é um substituto para certa firmeza interna e a consciência dos objetivos básicos. [...] Dólares não irão suprir o dever moral sem o qual nenhum governo pode existir por muito tempo. Espero que nós não compreendamos mal a natureza de quaisquer êxitos que possamos alcançar na Coreia. A vitória militar não deveria ser considerada o objetivo único, mas a condição para uma reavaliação de nossa abordagem prévia. Não faz muito sentido ceder continuamente a governos que irão desmoronar sob sua impotência tão logo eles sejam expostos ao mais ligeiro esforço. Estou com muito medo de que a resistência da Alemanha Ocidental e da Europa Ocidental não irá ser muito maior que o esforço coreano.[91]

Para um homem que havia acabado de receber seu diploma de bacharelado, isso era de fato muita franqueza. Auxílio econômico, Kissinger estava argumentando, tinha um valor estratégico praticamente nulo se quem o recebesse demonstrasse ser incapaz de se defender.

Cinco meses mais tarde, em dezembro de 1950 – e nessa época MacArthur havia derrotado com facilidade os norte-coreanos em Inchon e em Seul, atravessado o paralelo 38 e capturado Pyongyang, somente para ser empurrado de volta por um Exército chinês que ele havia subestimado de modo desastroso –, Kissinger voltou ao tema com uma crítica ainda mais abrangente da política de contenção. "O fracasso fundamental de nossa política externa", ele começou com a plena autoconfiança de um jovem, "resulta de uma avaliação inadequada das intenções e táticas russas e de um estado de espírito que confunde frases inteligentes com soluções excelentes".

> Todas as declarações sobre "acordos", "conferências" e "negociações" fazem pressupor que a atual crise reflete uma incompreensão, ou talvez uma queixa de natureza específica, a ser resolvida por homens sensatos com um espírito de comprometimento. O fato incontestável da situação é, entretanto, que o expansionismo soviético está voltado contra nossa existência, não contra nossas políticas. Qualquer concessão, portanto, passaria a ser um trampolim para novas investidas.

Kissinger admitia que a contenção "carregava os germes de uma ideia profunda". Porém, sua aplicação havia "exposto tamanha timidez fundamental e, às vezes, superficialidade de concepção, que ela havia passado, na verdade, a ser um instrumento da política soviética:

> Para ser eficaz, a contenção implicava a restrição dos movimentos soviéticos por meio da ameaça de uma guerra total contra os Estados Unidos. Isso não quer dizer (nos termos da situação das tropas norte-americanas não poderia querer dizer) que os Estados Unidos iriam rechaçar fisicamente cada ameaça soviética onde quer que ela ocorresse ao redor da periferia soviética. *Ao tratar as movimentações soviéticas como problemas militares, nós permitimos que a URSS selecionasse pontos de envolvimento para um desconforto máximo dos Estados Unidos, levando a uma fragmentação de nossas forças e o comprometimento delas em áreas estrategicamente improdutivas.* A própria indefinição de nossas reações, as exortações da

opinião mundial como um modo de definir a política norte-americana, limitando todas as medidas ao mais baixo denominador comum – tudo serviu para convencer os líderes soviéticos de que qualquer ataque poderia ser localizado de acordo com a vontade deles e que uma guerra total contra os Estados Unidos (a única ameaça real desencorajadora) não aconteceria por meio de uma iniciativa norte-americana de forçar uma decisão em questões fundamentais. [...] Já que nós nos comprometemos a tratar as movimentações soviéticas como investidas isoladas, não como aspectos de um padrão, e a reagir a elas em uma base *ad hoc*, em vez de forçar uma resolução total, *nós na verdade temos permitido ao Estado-Maior soviético, em um sentido estratégico, utilizar nossos recursos e, em um sentido tático, atrair nossos exércitos a infindáveis aventuras.*

Aqui, Kissinger estava ecoando a crítica à contenção que Walter Lippmann e outros já haviam feito. Mais original era a "reavaliação total da estratégia russa" que ele propunha então. A guerra contra a União Soviética, ele argumentava, era "inevitável, não por causa da política dos Estados Unidos, mas por causa da existência dos Estados Unidos como um símbolo da democracia capitalista". Os soviéticos estavam comprometidos por sua ideologia marxista-leninista a não "trabalhar em prol de uma paz ilusória", mas a "entrar na guerra nas melhores circunstâncias possíveis". Os Estados Unidos deveriam, portanto, adotar a mesma abordagem, procurando travar a guerra em seus próprios termos, explorando sua mobilidade superior "graças ao domínio dos oceanos, superioridade tecnológica e linhas exteriores de comunicação", e evitando quaisquer conflitos que permitissem aos soviéticos explorar suas "forças reunidas" e "absoluta impiedade". Se os soviéticos desejassem atrair os Estados Unidos a uma disputa entre grandes exércitos terrestres, os Estados Unidos deveriam reagir da seguinte maneira:

A. Uma linha deveria ser claramente definida, e quaisquer transgressões dela significariam uma guerra total, embora não necessariamente no ponto em que a movimentação soviética ocorra. [...]
B. Em caso de guerra, os Estados Unidos deveriam tentar (pelo menos enquanto a Europa estiver em uma posição de aguentar o impacto das batalhas iniciais) forçar a Rússia a travar batalhas em que o terreno torne o uso de grandes exércitos pouco lucrativo, e em que o *know-how* tecnológico seja escasso (por exemplo, Oriente Médio). Se perdas incapacitantes são evitadas

nos estágios iniciais do conflito (ou por meio da fragmentação das forças norte-americanas em um período de semiguerra concebido pela Rússia para determinar as disposições norte-americanas), deveria ser possível (1) alcançar superioridade local ao longo da periferia soviética (sobretudo por meio da interdição de seus sistemas de comunicações); (2) reduzir o moral soviético por meio de uma série de ações imprevistas; e (3) dispersar os exércitos deles de modo que grandes batalhas terrestres finais possam ser travadas contra um inimigo enfraquecido.[92]

Essa era uma recomendação surpreendente para dezembro de 1950: na verdade, traçar uma linha vermelha, cuja transposição por parte de Moscou iria desencadear uma guerra em grande escala entre as superpotências, preferivelmente combatida em teatros como o Oriente Médio, onde os Estados Unidos desfrutariam de vantagem. Ela deixa claro que, nesse momento, Kissinger compartilhava do ponto de vista disseminado de que a União Soviética era uma potência intransigentemente revolucionária com a qual nenhum tipo de equilíbrio pacífico poderia ser alcançado. Ela também mostra quão pessimista Kissinger estava. Assim como muitos de sua geração, ele via os acontecimentos na Coreia simplesmente como um prelúdio para uma guerra mundial que teria de ser travada diretamente contra os soviéticos. De modo revelador, ele confessou para Elliott que ele havia "se sentido como uma Cassandra desde o último agosto".[93]

Kissinger retomou e aprimorou esses argumentos em uma carta de março de 1951 para Elliott, motivada por um comentário feito pelo secretário da Força Aérea, Thomas K. Finletter, sobre o problema das assim chamadas "áreas cinzentas" – regiões do mundo geograficamente distantes dos Estados Unidos e sem a presença de forças terrestres norte-americanas. Uma vez mais, Kissinger caracterizou a contenção (em sua variação pós NSC-68) como "a contenção física da União Soviética por meio da reunião de forças superiores em todos os pontos ao longo da periferia soviética". Uma vez mais, ele argumentou que guerras limitadas na periferia não constituíam um fator de dissuasão eficiente; que somente "a ameaça de uma guerra total contra os Estados Unidos" iria desencorajar a agressão soviética de modo definitivo. Uma vez mais, ele destacou que, "ao tentar conseguir posições de força em cada ponto da periferia soviética como uma condição para nossa política, nós na verdade permitimos que o Estado-Maior soviético use as nossas forças e atraia nossas

Forças Armadas para infindáveis aventuras". Uma vez mais ele destacou que os Estados Unidos estavam sendo envolvidos em conflitos localizados na periferia soviética, nos quais Moscou tinha uma vantagem natural devido às suas linhas internas de comunicação, acrescentando que qualquer um desses conflitos tinha o potencial de se transformar em uma guerra mundial. Uma vez mais, ele insistiu no estabelecimento de uma linha "claramente definida", e "quaisquer transposições dela acarretariam uma guerra total". E uma vez mais ele insistiu para que os Estados Unidos usassem o Oriente Médio, juntamente com a Turquia, como a base para uma "reserva estratégica norte-americana compacta, muito móvel, a pouca distância dos centros vitais soviéticos". O novo argumento introduzido então por Kissinger era o de que, após testemunhar a devastação da Coreia, poucas outras "áreas cinzentas" iriam querer se transformar em campos de testes para as forças militares das superpotências. Uma consequência não intencionada da versão de Acheson da contenção era a de que ela "torna[va] pior a tensão psicológica sobre os países ameaçados e encoraja[va] tentativas para alcançar a neutralidade com o intuito de desviar a movimentação soviética para outras áreas". Seria melhor, pelo contrário, encorajar os aliados norte-americanos, especialmente na Europa, "a apoiar um esforço defensivo bastante amplo", que, por sua vez, iria "refletir uma condição psicológica, um desejo de combater, de ser impulsionado por um suporte terrestre norte-americano limitado, a certeza de uma política externa norte-americana consistente e autoconfiante e outras medidas psicológicas".[94]

Em grande parte dessa estratégia de poltrona, o contexto histórico estava implícito. A exceção notável é a carta que Kissinger escreveu para o coronel William Kintner, um dos principais teóricos da CIA sobre guerra psicológica, em novembro de 1951, época em que a Guerra da Coreia havia chegado a um impasse que era mais Primeira Guerra Mundial que Segunda Guerra Mundial. Nela, muito mais do que ousou em sua tese, ele teve condições de estabelecer as semelhanças – mas, igualmente importante, as diferenças – entre 1951 e 1815. "Um equilíbrio de poder", ele escreveu, "depende [...] dos seguintes fatores:

> (a) Uma área geograficamente determinada; (b) Um equilíbrio de forças dentro dessa área; (c) Um equilibrador externo com uma concepção profunda de estratégia nacional e não onerado por considerações ideológicas; (d) Uma grande medida de acordos sobre valores básicos dentro desse "concerto de potências".

[...] [A]ntes que se possa ter um equilíbrio de poder deve haver o poder para ser equilibrado. O equilibrador não pode ele próprio ser parte do equilíbrio, a não ser para afetar os resultados. Acima de tudo, a política deve ser concebida como um processo contínuo, com a guerra simplesmente como um instrumento para a obtenção de determinados objetivos. O equilíbrio de poder é incompatível com a afirmação de valores absolutos.[95]

Porém, como Kissinger colocou de forma enfática, "a atual situação não apresenta nenhuma dessas condições". Não apenas um equilíbrio global – em oposição a um puramente europeu – era quase impossível, mas os Estados Unidos não estavam em posição de desempenhar o tradicionalmente britânico papel de equilibrador:

Talvez a Europa recupere seu moral e forneça uma força independente. Possivelmente, o Oriente emergente irá representar outro centro de poder. Se for assim, os Estados Unidos devem desempenhar em relação à Eurásia o papel tradicional de uma ilha de poder em relação a uma massa continental – evitar a consolidação daquele continente sob um regime único. [Mas] no momento os Estados Unidos não são um equilibrador, e sim um participante direto em escala mundial; e, além do mais, não por escolha.

Essa era uma diferença crucial aos olhos de Kissinger. Os Estados Unidos já estavam envolvidos demais com suas alianças militares na Europa e na Ásia para terem a opção de se comportar como a Grã-Bretanha do século XIX. Além do mais, eles existiam em um mundo muito polarizado para tal estratégia "britânica" ser viável.

Ser repentinamente projetado em um tradicional papel britânico representaria uma pressão muito grande exercida sobre o discernimento dos Estados Unidos. Mas, uma responsabilidade mais pavorosa nos aguarda. A introdução de um elemento ideológico na política faz da autolimitação um ideal quase inatingível. A política começa a ser concebida como os meios de uma atitude absoluta, não como a definição de uma relação contínua. Na inevitável atmosfera de desconfiança cada lado tende a jogar por uma segurança absoluta, o que quer dizer insegurança absoluta (i.e., neutralização) de seu oponente. Isso seria verdade mesmo que somente um lado fosse introduzir o elemento ideológico.

Kissinger finalizou sua carta para Kintner com uma surpreendente reflexão sobre o que estava à espera dos Estados Unidos.

Eu sei que há uma tendência de apontar a tolerância religiosa que se seguiu às guerras da Reforma como uma possível substituta para o conflito ideológico. Mas certamente o ponto significativo é que esse equilíbrio foi conseguido somente depois de uma Guerra dos Trinta Anos. [...] Eu não acredito que este período vá seguir o padrão do século XVII. Acho que nós vamos nos flagrar no papel de Roma depois das Guerras Púnicas, e é por isso que eu usei o adjetivo "pavoroso" para descrever nosso futuro.[96]

Em outras palavras, Kissinger esperava confiante que a Roma norte-americana triunfasse sobre a Cartago soviética. Era o que aconteceria em seguida que o preocupava, quando "no período de uma geração [nós poderemos] nos encontrar em um mundo no qual nós próprios devemos suprir nossos desafios. Essa é uma questão séria para um pensamento em longo prazo, e sua solução requer uma doutrina profunda".[97] Essa era uma coisa pouco comum com que se preocupar em 1951: o começo da decadência imperial depois de uma vitória norte-americana sobre os soviéticos.

Ao contrário de George Kennan, cujos escritos publicados ele certamente leu, Kissinger não era especialista em União Soviética. Seu argumento em um memorando de dezembro de 1951 intitulado "Estratégia soviética – possíveis contramedidas norte-americanas" era bastante convencional. Os russos, por razões históricas e ideológicas, tendiam a ver a guerra como inevitável e, portanto, a tentar expandir a zona de segurança soviética por razões que eles concebiam como defensivas. Por enquanto, eles poderiam ser dissuadidos pela ameaça de uma guerra total, mas isso iria mudar. À medida que eles aumentassem sua força aérea estratégica e capacidade atômica, eles almejariam um confronto decisivo na Europa Ocidental. Nesse ponto, a crise coreana havia sido como um passo inicial em uma estratégia concebida para fazer com que os Estados Unidos dispersassem suas forças ao redor do planeta. Daí a necessidade de Washington mudar urgentemente de uma "contenção física" (como a praticada por Acheson) para "uma estratégia militar total" baseada em considerações "psicológicas", incluindo a criação da reserva estratégica móvel no Oriente Médio de Kissinger.[98]

V

Quase dois anos se passaram antes que Kissinger escrevesse qualquer outro texto nesse teor. Na época em que ele voltou ao tema da estratégia contemporânea, muita coisa já havia mudado. Harry Truman saíra da Casa Branca, para ser substituído por Dwight Eisenhower, o único general a servir como presidente no século xx. Ao contrário de muitos outros presidentes do período, "Ike" não havia ambicionado o cargo mais elevado. Ele poderia ter se retirado legitimamente em 1952, depois de servir como comandante supremo da OTAN, sua reputação garantida como um dos principais arquitetos da vitória aliada na Segunda Guerra Mundial. Mas a hostilidade em relação à OTAN – na verdade, o franco isolacionismo – do principal candidato do Partido Republicano, o senador Robert Taft, de Ohio, o havia persuadido a concorrer. Ao mesmo tempo que projetava uma imagem de um avô cordial, jogando golfe, assistindo a filmes de caubói e tendo a pintura como hobby, Eisenhower jamais deixou de ser um firme estrategista. Ele recusou qualquer escalada da Guerra da Coreia, mas insinuou aos soviéticos e chineses que armas nucleares poderiam ser usadas para encerrar o impasse. O resultado foi um acordo negociado que dividiu a Coreia em duas. Ele foi igualmente decisivo no âmbito doméstico. Quando Joseph McCarthy cometeu a ousadia de fazer do Exército norte-americano o próximo alvo de sua caça às bruxas anticomunista, Eisenhower fez com que seu vice-presidente condenasse a "fala irrefletida e os métodos questionáveis" de McCarthy.

A União Soviética também estava diferente. Na madrugada de 1º de março de 1953, Stálin sofreu um acidente vascular cerebral. Quatro dias depois, ele estava morto. Quase imediatamente, o triunvirato que o sucedeu – Lavrentiy Beria, Georgiy Malenkov e Viatcheslav Molotov – agiu para reduzir as tensões internacionais. "Na conjuntura atual", Malenkov disse ao Soviete Supremo nove dias após a morte de Stálin ter sido anunciada, "não há questões controversas ou não resolvidas que não possam ser solucionadas pacificamente por acordo mútuo dos países interessados. Isso se aplica às nossas relações com todos os Estados, incluindo os Estados Unidos da América".[99] O tom da propaganda soviética também havia mudado, com o advento da assim chamada ofensiva de paz. Esta era uma nova ameaça: não uma guerra de verdade, mas a variedade psicológica, assumindo a forma de propostas para a reunificação alemã – assim como a que o próprio Stálin havia feito em março de 1952 – que eram tão atraentes para os alemães comuns quanto insinceras para os estrategistas políticos norte-americanos. Os norte-americanos, que haviam insistido a favor do rearmamento alemão, subestimaram a necessidade de estabelecer o "clima psicológico" adequado para isso. Eles subestimaram o perigo daquilo que Kissinger chamava de "titoísmo às avessas – governos nacionalistas que, para provar sua independência dos Estados Unidos, irão pender cada vez mais para o lado da URSS". Por essa razão, ele via "uma atitude conciliatória por parte da União Soviética" como "mais perigosa que uma continuação da Guerra Fria".

A boa notícia era que, com Stálin morto, a Guerra Fria estava perdendo parte de sua intensidade ideológica e revertendo para o padrão mais familiar de geopolítica. Como resultado, em uma alteração importante, Kissinger viu que a analogia que ele havia repudiado em 1951 tinha uma aplicabilidade potencial:

> Em relação ao continente eurasiano, os Estados Unidos estão na posição da Grã-Bretanha para o continente no século XIX. É uma potência insular com recursos inferiores, no momento somente em quantidade de tropas, mas, com o passar do tempo, até na capacidade industrial.* Portanto, os Estados Unidos não podem permitir a consolidação do continente eurasiano sob o domínio ou o controle de uma potência qualquer que seja sua forma de governo. [...] [Pelo contrário], com o intuito de conservar seus próprios recursos, a estratégia norte-americana deveria tentar criar um equilíbrio de forças no continente eurasiano. Isso quer dizer que não se pode permitir de jeito nenhum a expansão da esfera soviética – na verdade, ela deveria ser reduzida, pois a consolidação de um bloco satélite sino-soviético-europeu oriental deverá, com o passar do tempo, representar um perigo mortal para a segurança dos Estados Unidos.

---

* Durante a maior parte da Guerra Fria, os principais especialistas norte-americanos, incluindo Kissinger, exageravam de modo consistente a capacidade econômica e o potencial do sistema soviético. Em 1953, a economia soviética era um terço do tamanho da norte-americana.

Essa foi uma importante mudança de enfoque: os Estados Unidos teriam então a esperança de agir como uma potência equilibradora à moda britânica. Mas como exatamente isso seria feito? Uma redução forçada do núcleo do bloco soviético estava claramente fora de cogitação, precisamente pelo fato de que ela implicava uma guerra. Entretanto, "um rompimento entre a URSS e seus satélites, incluindo a China", era uma "possibilidade" clara. Aí se encontrava o embrião de outro conceito estratégico que seria concretizado duas décadas mais tarde.

Tendo por base essa análise, Kissinger tinha uma proposta específica a fazer. A morte de Stálin, ele argumentou, havia oferecido uma "grande oportunidade" para a diplomacia norte-americana "[de], com ousadia, assumir o controle da ofensiva de paz", convocando um encontro das quatro potências para discutir os problemas europeus, sobretudo a Alemanha dividida. Nesse encontro, os Estados Unidos iriam propor "a conclusão de um tratado de paz e eleições em toda a Alemanha" – em outras palavras, a reunificação da Alemanha. Tal cenário, Kissinger argumentava, seria "menos temido por nós que pela URSS", embora certamente devesse haver uma garantia das fronteiras alemãs segundo as diretrizes dos Tratados de Locarno de 1925. É verdade, essa jogada iria postergar, se não desencaminhar totalmente, o plano em discussão para uma Comunidade Europeia de Defesa (EDC), mas Kissinger argumentou, com razão, que a EDC tinha "poucas perspectivas de ratificação, de qualquer modo". Por outro lado, haveria benefícios reais na Ásia se a jogada norte-americana fosse bem-sucedida: "O efeito causado sobre a China por um encontro das Quatro Potências, sacrificando um satélite soviético, poderia ser profundo, sobretudo se uma conferência asiática posterior demonstrasse ser improdutiva. [...] Essa falta de confiança pode ser reforçada colocando na agenda uma garantia mútua das respectivas fronteiras pelas Quatro Potências, mas excluindo a China". Kissinger admitia que fosse improvável que os soviéticos concordassem com tal encontro. Mas, "caso a conferência fracassasse, como é provável, a EDC e a Guerra Fria poderiam ser retomadas em um clima político muito mais saudável".[100]

O memorando de Kissinger sobre "A ofensiva de paz soviética" foi amplamente divulgado e quase tão amplamente admirado. Bundy ficou entusiasmado, dizendo a Kissinger: "Você falou coisas tão sensatas em tão pouco espaço", e encaminhou o memorando ao seu amigo Robert Bowie no Planejamento de Políticas.[101] Porém, um antigo colega, George Pettee, do ORO, não se convenceu. Ele fez uma crítica significativa: "[N]o processo de fazer excelente uso do passado e de seu conhecimento, há momentos em que você tende a atribuir características para o futuro que foram legítimas para o passado, mas podem não ser legítimas para o futuro. A sugestão de que um pacto parecido com os de Locarno poderia ser importante é o tipo de coisa que tenho em mente".[102]

Kissinger se defendeu, insistindo que ele não pretendia repetir os erros da década de 1920; a ideia de um tratado estava lá somente por causa do "profundo efeito psicológico" que ela teria. Como ele afirmou: "Todas as minhas propostas são, de qualquer modo, concebidas para reaver a iniciativa. Parece lógico que, se a burocracia governamental soviética for como a nossa – não há razão para supor que seja radicalmente diferente em essência –, quanto mais ideias nós pudermos apresentar no processo, menos tempo eles terão para ter ideias originais e eles tenderão a ter menos flexibilidade".[103] Pettee havia, não obstante, articulado uma ideia que outros sem dúvida compartilhavam: Kissinger gostava demais de seus paralelos históricos, relutava demais em reconhecer que em certos aspectos o presente não era igual ao passado.

No verão de 1953, Kissinger estava começando a sentir a frustração que, mais cedo ou mais tarde, todos os estrategistas amadores sentem: ele estava cheio de ideias, mas ninguém lhe prestava atenção. Bowie poderia ter visto seu artigo sobre a unificação da Alemanha; ele pode até mesmo tê-lo lido. Com certeza, ele se tornara oportuno devido aos acontecimentos em Berlim Oriental, onde uma onda de greves, iniciada em 16 de junho de 1953, havia sido reprimida pelas tropas soviéticas. Ninguém, entretanto, convocou Kissinger para ir a Washington. Ele foi forçado a trocar cartas com almas irmãs como Schlesinger, um homem de esquerda, porém, mais importante, um historiador. Kissinger não se impressionou com o que é com frequência visto como o maior sucesso da guerra psicológica norte-americana no início da Guerra Fria. Assim como em 1948, os democratas cristãos venceram as eleições italianas de 1953 – com uma significativa ajuda da CIA. Mas Kissinger viu o resultado simplesmente como "mais uma prova da futilidade de conduzir a política externa por meio de artifícios". "A política externa, infelizmente, é diferente de defender um caso no tribunal, onde, depois de o veredicto do júri ser dado, as mentiras que você contou não podem voltar para assombrá-lo."[104] Por outro lado, o candidato dos democratas para a presidência, Adlai Stevenson, não parecia melhor que Eisenhower:

Enquanto eu concordo com Stevenson que nós não devemos bombardear Moscou se a Itália virar comunista, acho que é igualmente insensato anunciar de antemão que não iríamos bombardear Moscou sob quaisquer circunstâncias. Tampouco acho sensato lutar em outras guerras da Coreia.

Eu também gostaria que os candidatos finalmente parassem de ficar falando sobre "a paz a ser conquistada" como se em uma determinada data "a paz irromperá" e as tensões desaparecerão com um passe de mágica. Eu não conheço nenhum período em que isso tenha sido válido em toda a história, com a exceção do Império Romano. Não consigo imaginar nenhum acordo com a Rússia que irá permitir que nós digamos que não haverá mais nenhuma tensão, e isso seria verdadeiro mesmo que o Kremlin fosse governado por arcanjos. Pois, em um mundo em que duas superpotências governam, as tensões são inevitáveis.[105]

Isso não era assim tão diferente de um argumento que havia sido exposto por Carl Friedrich dez anos antes. Mas Kissinger realmente precisava mencionar o Império Romano para embasar seu raciocínio?

VI

Não era inusitado na Harvard de 1954 que fosse oferecido a um bem-sucedido aluno de doutorado um cargo de professor assistente não muito tempo depois de a sua tese ser concluída. Apesar de um pouco de pressão exercida por Elliott, nenhuma oferta semelhante foi feita a Henry Kissinger. E ele tampouco foi bem-sucedido em sua solicitação para ser membro da Harvard Society of Fellows, uma instituição de elite semelhante ao All Souls College de Oxford.[106] Inúmeras explicações têm sido dadas para esse revés: alguns membros do corpo docente consideravam-no muito mundano; outros achavam que ele havia dedicado mais esforços ao Seminário Internacional e à *Confluence* que aos seus deveres como professor do curso de Ciências Sociais II de Sam Beer.[107] Nós sabemos que ele havia se recusado a auxiliar Bundy em seu curso, Governo 180, no semestre da primavera de 1953.[108] Provavelmente não deve ser dado muito crédito a esse fato, obviamente recordações rancorosas de ex-colegas que se transformaram em inimigos políticos na década de 1970, embora seja possível que alguns quase contemporâneos – principalmente Adam Ulam – já estivessem criando antipatia por Kissinger.[109]

Mas há uma explicação diferente, e mais plausível. Segundo Charles Kindleberger, o brilhante historiador econômico do MIT, Elliott havia "perguntado se nós poderíamos oferecer um emprego ao Kissinger porque não havia vagas em Harvard. Então, eu perguntei aos meus colegas: 'Nós queremos um cientista político que conhece alguma coisa a respeito de Metternich?'. E eles responderam: 'Ah, droga, não'".[110] Assim como muitos outros novos doutores, Kissinger foi forçado a sobreviver com uma bolsa de pós-doutorado: em seu caso, 4 mil dólares da Fundação Rockefeller "que permitirão ao sr. Henry A. Kissinger estudar o declínio na observância das máximas políticas do século XIX durante o período de 1870 a 1914".[111] O prêmio foi financiado por um novo programa da Fundação Rockefeller em filosofia do direito e da política. Isso foi o suficiente para Harvard designar Kissinger como pesquisador em ciências políticas.[112]

Não pode haver dúvidas de que Kissinger estava decepcionado. Em 8 de junho de 1954, ele teve a extraordinária iniciativa de endereçar uma carta sincera a McGeorge Bundy sobre "um dos principais problemas enfrentados pela educação de nível superior e Harvard de modo específico: o estado de espírito do aluno graduado e do membro mais novo do corpo docente". Embora escrita em termos gerais, a carta era, sem a menor dúvida, um lamento pessoal. Kissinger começou, de modo surpreendente e revelador, definindo o estado de espírito do aluno graduado como

> uma estranha mistura de insegurança e hipocrisia, de gentileza e do mais desonesto tipo de manipulação, de diligência cheia de tensão e ociosidade indolente. Ele é despido de humor e alegria. Apesar de sua aparência de pedantismo, ele está sempre à beira da histeria. Apesar de suas alegações de ser universal, ele é caracterizado por um isolamento quase total. Embora trabalhos substanciosos ocasionalmente sejam produzidos[,] eles são um testemunho da força de um indivíduo para transcender seu meio ambiente, não um ímpeto derivado dele. Nada se volta para a criatividade, a espontaneidade, a inspiração. Todas as pressões se dirigem à conformidade, uma grande quantia de mediocridade e de segurança.

Tamanha era a falta de "alegria" na vida acadêmica, ele prosseguiu, que "eu também tenho pensado seriamente em desistir da carreira acadêmica e ir para a Faculdade de Direito". Isso não se devia a motivos financeiros, mas sim porque "a profissão acadêmica continuará a ser pouco atraente qualquer que seja sua escala salarial até que sejam dados os passos iniciais para reformar algumas de suas atuais atitudes".

> Em nenhuma outra profissão a pessoa é tão dependente da aprovação de seus colegas e, no entanto, em nenhuma profissão a pessoa tem de criar tanto sozinha. Em nenhum outro campo a disparidade entre o ato criativo e sua recepção é tão acentuada. A profissão acadêmica requer um grau especial de dedicação, portanto. Mais do que qualquer outra atividade, ela tem de ser feita por amor a si própria. Até um ponto incomum, ela depende de uma atmosfera que não iniba a inspiração. Seu problema crucial é manter seus padrões perante as forças que tendem a dissolvê-los. Mas, só porque não existem padrões "objetivos" ou porque a verdadeira criatividade constantemente transcenda as normas existentes, o perigo da atrofia ou da mediocridade sempre está à espreita sob a superfície. Não é que a qualidade seja conscientemente suprimida; é, pelo contrário, que a *ideia da qualidade* possa estar perdida.

Kissinger condenou amargamente a atmosfera "cada vez mais limitada e até mesmo estéril" de Harvard, e seu debilitante "espírito de atomismo": "Ninguém se importa com o trabalho de nenhuma outra pessoa, e muito menos com seu desenvolvimento como ser humano". Uma rara exceção para essa regra era seu antigo mentor Elliott, "a pessoa mais responsável por meu desenvolvimento, [que] não o fez em primeiro lugar por causa de sua erudição, mas, acima de tudo, por causa de sua humanidade, dando-me o sentimento de que alguém a quem eu poderia respeitar estava preocupado com meu desenvolvimento". Mas ele claramente não eximiu Elliott de sua próxima queixa, a de que a vida da pós-graduação girava ao redor das "águias" (docentes mais importantes) no Departamento do Governo. Já que todos os alunos de graduação de Harvard aspiravam a se tornar professores titulares de Harvard, eles estavam destinados a se tornar conformistas servis. Kissinger concluiu sua invectiva com três recomendações concretas: a criação, em Harvard, de algo similar ao Instituto de Estudos Avançados de Princeton, para encorajar trabalho interdisciplinar de alto nível; a transferência de decisões sobre nomeações dos departamentos para o decano (i.e., Bundy); e a possibilidade de ser titular mais cedo.[113]

Para dizer pouco, foi uma carta notável para um recente doutor escrever ao decano da Faculdade de Artes e de Ciências, em muitos aspectos o segundo membro mais poderoso de Harvard depois do presidente. Mesmo fazendo uma concessão ao seu relacionamento relativamente amistoso com Bundy, sobretudo graças à *Confluence*, foi um risco – até mesmo uma temeridade – Kissinger desabafar desse modo. Ele não poderia ter mesmo esperado que suas propostas fossem concretizadas, dada a característica de claro interesse próprio delas. Não obstante, com sua tese finalmente concluída, ele não poderia resistir a manifestar suas frustrações. Nenhuma cópia da resposta de Bundy foi encontrada nos arquivos de Harvard; talvez ele tenha manifestado suas opiniões oralmente. A relação entre os dois homens permaneceu cordial, com Bundy aceitando os convites de Kissinger para palestrar no curso de verão, e Kissinger continuando a ser convidado para almoçar com visitantes ilustres (por exemplo, Harold Stassen, o ex-governador de Minnesota e concorrente quadrienal à candidatura à presidência pelo Partido Republicano). No entanto, se Kissinger esperava que sua carta fosse melhorar suas perspectivas de um cargo de professor, ele ficou desapontado. No outono de 1954, Bundy parece ter oferecido a Kissinger algum tipo de posto – provavelmente o de um "instrutor", o degrau mais baixo na escada acadêmica –, mas a reação apática de Kissinger deixa claro que a oferta ficou muito aquém de suas expectativas.[114] Mesmo quando tinha a proposta de um cargo de professor da Universidade de Chicago, Kissinger não conseguiu garantir uma oferta equivalente de sua *alma mater*. No fim de 1954, parecia que sua carreira em Harvard estava se aproximando de um final frustrante.

VII

Quase vinte anos depois, Kissinger teve a oportunidade de pensar de novo nas patologias da vida acadêmica. Foi em março de 1972, e ele estava sentado no Salão Oval com o presidente Richard Nixon. "Mas que diabo está acontecendo com eles?", perguntou Nixon, se referindo aos acadêmicos norte-americanos, muitos dos quais criticavam sua política externa. A conversa que se seguiu mostrou quão a passagem dos anos – e o sucesso mundial – haviam mudado o ponto de vista de Kissinger:

Kissinger: Mas a vida acadêmica é um período deprimente, então todos eles...

Nixon: Por que é deprimente? Eles não têm um talento perceptível?

Kissinger: Bem, em primeiro lugar, porque o senhor está passando sua vida com um grupo de adolescentes, sr. Presidente. E acontece, afinal, que, em vez de ajudar os adolescentes a crescer, eles passam a ser quase tão irresponsáveis quanto as pessoas com as quais eles se encontram, dia sim, dia não. Em segundo lugar, é uma profissão que acarreta inseguranças. Não para as pessoas mais importantes...

Nixon: Hum.

Kissinger: [...] que têm uma reputação nacional, hum, como Arthur Schlesinger [Jr.] ou eu mesmo. Mas para os... até mesmo o professor médio de Harvard passa por um período difícil, porque ele atravessa dez anos de uma insegurança enlouquecedora antes mesmo que consiga ser titular. E se ele não conseguir isso em um bom lugar, há... não é como em uma faculdade de direito, na qual no seu segundo ano a pessoa sabe se é boa ou não.

Nixon: Hum.

Kissinger: E a pessoa não consegue disfarçar.

Nixon: Hum.

Kissinger: E a pessoa pode... a pessoa pode muito bem predizer onde ela estará em termos da disponibilidade dos escritórios de advocacia.

Nixon: Hum.

Kissinger: Na vida acadêmica, a pessoa depende completamente da recomendação pessoal de algumególatra. Ninguém sabe quão boa a pessoa é. Droga, em Harvard eu... em [19]54, em Harvard, eu era sempre um esquisitão, eu era sempre nessa acepção um forasteiro. Eu passei por um período difícil. [...] Meu primeiro livro [...] foi sobre a diplomacia do século XIX e as pessoas comuns não estavam interessadas por isso. [...] Era um livro muito profundo. Ele abordava como a paz foi alcançada em 1815, e [...]

Nixon: Certo, oh, sim.

Kissinger: Ele era, era um livro profundo. Mas é uma profissão que acarreta inseguranças. Então, eles são muito influenciados pela teoria socialista. E [...]

NIXON: E então por quê? É isso o que eu quero dizer. Por quê? Eles sempre foram, mas [...]
KISSINGER: Eles acreditam em manipulação, sr. Presidente. E, portanto, isso os irrita. Nesta sociedade, intelectuais não são uma classe muito respeitada, isso os incomoda.[115]

O desgosto com a política da vida acadêmica é surpreendentemente comum entre os acadêmicos. O filósofo George Santayana, que estudou em Harvard e lecionou filosofia lá entre 1890 e 1912, disse que ele "jamais tinha tido um amigo de verdade que fosse um professor", e se perguntava: "Seria ciúme, como entre as mulheres, e uma secreta relutância a ser totalmente satisfeito? Ou é a consciência de que um professor ou uma mulher tem de ser em parte um embuste; e daí a mescla de desprezo e de piedade para com a pobre vítima da necessidade?"[116] E esse sentimento tampouco é restrito aos professores de Harvard. Não foi na verdade Henry Kissinger que cunhou a frase que diz que "a razão pela qual a política da vida acadêmica é tão amarga é que tão pouca coisa está em jogo"; foi Wallace Stanley Sayre, um professor de gestão pública em Columbia e autor de *Governing New York City* [Administrando Nova York] (onde as apostas eram consideravelmente mais altas). Mas Kissinger certamente gostava de repetir a "Lei" de Sayre de que, "em qualquer disputa, a intensidade dos sentimentos é inversamente proporcional ao valor daquilo que está em jogo", e citando a política de Harvard como o exemplo clássico.

No entanto, o que estava em jogo não pode ter parecido tão pouco para Kissinger certo dia de verão em 1954, enquanto ele caminhava desanimado ao longo do Pátio de Harvard, contemplando o marasmo de sua outrora brilhante carreira acadêmica. Ao cumprimentar seu amigo Arthur Schlesinger, invejavelmente instalado como professor titular no Departamento de História, já vencedor do Prêmio Pulitzer, Kissinger não tinha a menor ideia de que a conversa que ele estava prestes a travar iria mudar o curso de sua vida. O "cientista político que sabia alguma coisa a respeito de Metternich" estava a ponto de virar nuclear.

Capítulo 10
Doutor Fantástico?

O Sr. Kissinger acredita que (1) nós temos de estar [tão] preparados para enfrentar um ataque total como uma agressão localizada; (2) um ataque total tem de ser respondido com um contra-ataque total; (3) uma agressão localizada tem de ser rechaçada por uma campanha militar limitada. Em cada caso, nós deveríamos usar a arma mais apropriada para a tarefa missão. A arma mais apropriada é normalmente uma arma nuclear.

Edward Teller, 1957[1]

Naturalmente Kissinger tem razão ao conceber os problemas de planejamento de políticas e estratégia em termos de poderio nacional, em uma analogia básica com as lutas nacionais do século XIX; no entanto, eu tenho a impressão de que há coisas profundas acontecendo no mundo, que com o tempo irão flanquear todas as lutas assim concebidas. Isso não há de acontecer hoje, nem de modo tão fácil desde que o poder soviético continue grande e inalterado; mas, não obstante, acredito que com o tempo as comunidades transnacionais em nossa cultura começarão a desempenhar um papel proeminente na estrutura política do mundo, e até mesmo afetarão o exercício do poder pelos Estados.

J. Robert Oppenheimer, 1957[2]

I

No verão de 1954, Henry Kissinger tinha um doutorado sobre a história do início do século XIX, mas não muito mais que isso. Harvard havia se recusado a oferecer-lhe o cargo de professor que ele achava que lhe era devido. Ele tinha uma proposta para um cargo na Universidade de Chicago, mas não tinha vontade de ir para lá; a Universidade da Pensilvânia oferecia "mais dinheiro, mas pouco prestígio".³ Ele estava sobrevivendo com uma pequena bolsa da Fundação Rockefeller, desperdiçando seu tempo tentando publicar capítulos de sua tese de doutorado sob a forma de artigos acadêmicos mais ou menos obscuros em revistas acadêmicas. No entanto, três anos mais tarde, Kissinger seria um dos mais destacados especialistas norte-americanos em estratégia nuclear, um autor muito vendido, um convidado especial em programas de entrevistas na televisão, o tema de debate em Washington e o tema de denúncias em Moscou. Em 1964, ele era mencionado como a inspiração para as sinistras personagens do professor Groeteschele, o frio cientista político representado por Walter Matthau no filme de Sidney Lumet *Limite de segurança*, e (de modo menos plausível) o Dr. Fantástico, o estrategista nuclear francamente insano representado por Peter Sellers na comédia de mesmo nome de Stanley Kubrick.* Como tudo isso foi possível? A resposta começa dez anos antes do *Dr. Fantástico*, com um encontro casual no Pátio de Harvard.

Embora politicamente não tivessem as mesmas ideias, Arthur Schlesinger Jr. e Henry Kissinger eram amigos. Kissinger sempre participava das recepções do Começo organizadas a cada ano pelos Schlesinger e seus vizinhos, os Galbraith, onde coquetéis** eram a única bebida oferecida, e cigarros poderiam ser encontrados à vontade em tigelas. Como retribuição, conforme recordou Marianne Schlesinger, ela e seu marido jantavam *chez* Kissinger, onde "o perfeito Herr Professor" e sua esposa ofereciam "comida substanciosa [e] pensamentos substanciosos. [...] Tudo era branco. A louça, até mesmo a comida".⁴ Depois de Fritz Kraemer, Schlesinger era o homem

---

* A inspiração para o Dr. Fantástico foi na verdade Herman Kahn, e várias de suas ideias são mencionadas diretamente no roteiro de Kubrick. Assim como Kissinger, entretanto, Kahn era de origem judaica, e, ao contrário de Kissinger, ele havia nascido nos Estados Unidos. O Dr. Fantástico, por outro lado, é claramente um ex-nazista e nesse aspecto se parece com Wernher von Braun, o cientista do projeto do foguete.

** Deve ser lembrado que, enquanto o próprio Kissinger jamais teve o costume de beber, praticamente todas as outras pessoas nos Estados Unidos da década de 1950 estavam consumindo quantidades de bebidas que seriam hoje consideradas excessivas. Para maiores detalhes, consultar DeVoto, *Hour*.

com quem Kissinger se sentia mais à vontade para confiar seus pensamentos elevados (se não os mais íntimos). Schlesinger sentia-se feliz por introduzir seu inteligente amigo aos chefões liberais em seu círculo, entre eles, Eleanor Roosevelt, Adlai Stevenson e os irmãos Kennedy.[5] Foi após uma breve e inesperada conversa no Pátio de Harvard que Kissinger (conforme ele diz) "foi atraído por Arthur Schlesinger Jr. a uma discussão tripartite entre ele, os irmãos Alsop [Joseph e Stewart]* e Paul Nitze", o autor do NSC-68.[6] O ponto de partida foi a carta do ex-secretário da Força Aérea, Thomas Finletter, que casualmente Schlesinger tinha em seu bolso, e que, inopinadamente, ele sugeriu que Kissinger lesse.[7] Discordando de Finletter, que defendia que a administração se baseasse na ameaça de uma retaliação maciça, Kissinger escreveu rapidamente um ensaio intitulado "The Impasse of American Policy and Preventive War" ["O impasse da política e da guerra preventiva dos Estados Unidos"]. Foi esse ensaio que deu início à sua carreira no nascente campo dos estudos estratégicos.**

O ponto de partida do ensaio era que, após um ano e meio no poder, a política externa da administração Eisenhower estava fracassando:

> O colapso do Sudeste asiático [uma referência à derrota francesa na Indochina, que havia culminado na Batalha de Dien Bien Phu apenas quatro meses antes], as hesitações de nossos aliados ocidentais, os rumores no Japão, as mudanças no equilíbrio armamentista, tudo aponta para uma crise que é não obstante séria mesmo sendo negada em pronunciamentos oficiais de Washington. Nos últimos quinze meses, a URSS conseguiu controlar a ofensiva de paz de modo que no

---

* De 1945 a 1958, Joseph e Stewart Alsop escreveram a coluna "Matter of Fact", publicada três vezes por semana no *New York Herald Tribune*. Homens de Harvard de impecável herança Wasp [White, Anglo-Saxon and Protestant – Branco, Anglo-Saxão e Protestante], eles se descreviam como "Republicanos por herança e registro, e [...] conservadores por convicção política".

** "Bem, Arthur", Kissinger disse a Schlesinger muitos anos mais tarde, "você é a única pessoa que me promoveu à arena pública, você tem apenas a si mesmo para culpar pelos estragos que causa ao país". Pelo resto de sua vida, Kissinger continuou grato a Schlesinger, como o filho deste, Andrew, relata em mais de uma anotação em seu diário ainda inédito, e como o próprio Kissinger deixou claro em seu tributo a Schlesinger em 2007.

mundo inteiro os Estados Unidos parecem cada vez mais um obstáculo para a paz; ela deu um grande passo no desenvolvimento de suas armas nucleares e desse modo confrontou a Europa Ocidental pelo menos com neutralização iminente; ela mantém a iniciativa diplomática em todos os cantos do mundo com os Estados Unidos vacilando entre estilo bombástico e docilidade, mas de qualquer modo reduzidos a uma relativa ineficácia.

Quanto à Comunidade Europeia de Defesa, ela havia se transformado "em uma hipoteca para o prestígio norte-americano", enquanto propunha a Organização do Tratado do Sudeste Asiático (Seato) simplesmente "acrescentava fraqueza à fraqueza". Kissinger identificou três motivos para essa ladainha de fracassos. Em primeiro lugar, os Estados Unidos, "concentrados com justiça na ameaça soviética", haviam subestimado o apetite do resto do mundo pela paz e sua "relutância [...] em acreditar em uma falta de entendimento insuperável". Em termos de guerra psicológica, os Estados Unidos estavam em uma situação difícil pela "ofensiva de paz" soviética que se seguira à morte de Stálin. Em segundo lugar, os estrategistas políticos norte-americanos estavam atribuindo uma importância ingênua às suas alianças com outros Estados. Essa era a ocasião para reciclar um dizer favorito: "Se na prática [uma aliança] leva à concepção de unidade como um fim em si só, ela se torna incapaz de alcançar o que almeja. Pois, se uma aliança é equiparada ao consenso de seus membros, sua política é moldada por seus componentes mais fracos". Os Estados Unidos eram uma potência líder; eles tinham de *liderar* seus aliados.

Esses eram argumentos que Kissinger havia apresentado antes; eles certamente pareceram familiares a Schlesinger. Porém, o terceiro era novo: era um argumento a respeito da guerra de verdade, e não de sua variedade psicológica: "Confrontada com a possível neutralização, [nós podemos ver] a guerra [...] como a alternativa preferível, e a guerra preventiva como o meio de forçar um confronto antes que nós fiquemos em uma situação muito difícil. Mas uma guerra é uma questão séria demais para ser levada a cabo em um rompante de frustração". O problema era que as medidas de defesa da administração conhecidas como "New Look" [Nova Perspectiva] não conseguiam decidir "se eram uma estratégia para combater a Guerra Fria ou um meio de vencer uma guerra de verdade". Se fosse a primeira opção, eram mal compreendidas. E se fosse a segunda? Kissinger não foi explícito, mas seus leitores entenderam.⁸ Conforme ele disse em uma carta a um deles: "Na verdade, estou dizendo que uma guerra local é possível".⁹ Isso era duplamente provocativo. A posição da administração Eisenhower era de que a Coreia mostrara claramente os perigos de uma guerra local. Era mais barato, bem como mais eficaz, deter a agressão soviética com a ameaça de uma guerra geral – o que significava uma guerra nuclear. Kissinger parecia estar dizendo que os Estados Unidos poderiam ter o melhor das duas estratégias: uma guerra local que também fosse nuclear.

O otimista liberal Schlesinger estava muito mais pronto para acreditar em uma disposição nova e mais "flexível" em Moscou do que Kissinger.¹⁰ Não obstante, ele ficou mais excitado que o normal com o esboço de Kissinger, chamando-o de "a mais interessante e útil discussão do atual impasse da política externa que eu já li em qualquer lugar",¹¹ e oferecendo-se para mostrá-lo a expoentes como Adlai Stevenson, a quem Eisenhower havia derrotado para a presidência dois anos antes, bem como Thomas Finletter, cuja carta para Schlesinger suscitara o ensaio.* O velho amigo de Kissinger no ORO, George Pettee, ofereceu a visão de um cínico conservador.

> O problema com o texto é que ele não tem uma cobertura açucarada para ninguém. Todos querem que ou Acheson ou Dulles sejam elogiados como pessoas muito capazes [i.e., por questões partidárias]. Cada um deles foi um técnico [que] teria feito uma boa figura a qualquer momento do século passado, e você devidamente apresentou ambos como quem não entende a questão [a respeito das armas nucleares]. Seu ensaio é um bom teste, de certo modo, porque ele não tem atrativo nenhum para qualquer das variantes do partido na posição farisaica da diplomacia racionalista-legalista-idealista. Se alguém gostar de seu ensaio, portanto, vai valer a pena saber algo a respeito dessa pessoa.¹²

Porém, foi a resposta de Finletter que causou o maior impacto, porque ela desafiou explicitamente o elemento militar na análise de Kissinger, defendendo a ideia de que a ameaça de uma "guerra geral" era o melhor modo de deter um posterior avanço soviético. "Confesso", respondeu Kissinger,

---

* Antes de suceder a Stuart Symington como secretário da Força Aérea, Finletter havia sido presidente da Comissão Política Aérea de Truman.

com uma alusão pouco característica ao papel da economia, "que, para mim, simplesmente não faz sentido pensar nas ilimitadas potencialidades militares de um país [a URSS] que tem uma produção de aço de menos de 5 milhões de toneladas".[13] Apesar da verdadeira extensão do poderio soviético, entretanto, Kissinger ainda questionava o raciocínio de Finletter: "A disposição para entrar em uma guerra geral por si só não é suficiente para deter a agressão; pois, a não ser que o bloco soviético conheça a extensão da determinação norte-americana, ele pode se engajar em uma ação exploratória que talvez resultasse em uma guerra geral evitável, evitável porque a ação exploratória poderia não ter sido realizada caso nossas intenções tivessem sido totalmente compreendidas". O verdadeiro problema, Kissinger argumentava, era credibilidade:

> Considerando que áreas essenciais sejam definidas, e que os Estados Unidos não tenham dúvidas a respeito de sua disposição para defendê-las, e então? Uma das duas consequências parece quase inevitável: ou o bloco soviético acredita em nós, o que acarretaria o corolário de que todas as áreas não definidas como essenciais para os Estados Unidos poderiam ser absorvidas tendo como oposição no máximo uma resistência local. Ou então o bloco soviético iria considerar nosso anúncio um blefe – algo não de todo impossível depois de dois anos de "retaliação maciça" – e então nós estaremos uma vez mais em Dien Bien Phu.[14]

Kissinger não era especialista em questões militares; ele estudava história diplomática. Tampouco era o primeiro a apresentar tais argumentos. No entanto, sua crítica à doutrina de dissuasão da administração Eisenhower foi bem recebida por homens influentes na área militar. No Army War College [Escola de Guerra do Exército], segundo o general Richard G. Stilwell, ela havia "atraído todos os membros do corpo docente que tiveram a oportunidade de lê-la".[15] O general da força aérea James McCormack, então vice-comandante do Air Research and Development Command [Comando Aéreo de Pesquisa e Desenvolvimento], também aprovou.[16] Encorajado por essa resposta, Kissinger começou a pensar se ele por acaso havia tido um *insight* importante: que travar uma guerra limitada *com* armas nucleares era uma alternativa viável para a ameaça de uma guerra total. Desdenhando muitos planos para o desarmamento que estavam então em voga,* ele falou para Schlesinger que era errado

> pensar que guerras locais e o emprego tático de armas nucleares irão obrigatoriamente levar a uma guerra atômica global, porque os russos não terão condições de prestar atenção em detalhes. Para mim, isso parece confundir uma inferência lógica com a realidade estratégica. Todas as pressões recairão sobre os russos para que eles sejam detalhistas. Acho que eles poderiam compreender a diferença entre a destruição de Moscou e uma bomba atômica explodindo sobre um campo de batalha.

Empolgando-se com seu novo tema, Kissinger argumentou que "o poder de destruição das atuais armas nucleares [i.e., estratégicas]" era tão grande que elas somente seriam usadas "por causa de inércia burocrática".

> O principal uso do SAC [Strategic Air Command – Comando Aéreo Estratégico], assim como eu o entendo, é o de permitir que nós combatamos guerras locais de acordo com nossos termos; ou vamos nos expressar de outro modo – o poder de destruição das armas nucleares é tamanho que a única coisa que elas impedem é seu uso pelo lado oposto. Assim, o lado que contar com um sistema de armamentos alternativo pode manter as armas definitivas como um modo de dissuadir o outro, para evitar que ele inicie uma guerra total. Assim, se nós tivermos um sistema de armamento que enseje o emprego tático de armas nucleares e permita que travemos guerras locais, e se nós integrarmos isso em uma diplomacia que deixe claro que estamos interessados somente em transformação local e não em uma rendição incondicional, o SAC pode impedir os russos de iniciar uma guerra total.[17]

Aí se encontrava a essência do argumento nitidamente contraintuitivo que iria fazer a fama de Kissinger.

---

* "Não sou muito favorável às propostas de desarmamento a não ser por causa de seu impacto psicológico. Na história, o desarmamento normalmente aconteceu depois de uma *détente*, não a precedeu. Se as nações conseguissem concordar a respeito do desarmamento, elas concordariam com outras coisas e, por sua vez, a necessidade de ter armas desapareceria."

O surgimento de Henry Kissinger como um intelectual público no emergente campo de estudos estratégicos pode ser datado de abril de 1955, que testemunhou a publicação na revista *Foreign Affairs* [*Relações Exteriores*] de seu artigo "Military Policy and the Defense of 'Grey Areas'" [Política militar e a defesa das "Áreas Cinzentas"].[18] Publicada desde 1922 pelo Council on Foreign Relations [Conselho das Relações Exteriores], *Foreign Affairs* era (como ainda é) suficientemente jornalística para ser legível, e suficientemente acadêmica para ser respeitável. Não demorou muito para Kissinger dominar o estilo da casa. O que havia começado como um memorando apressado para Schlesinger[19] se transformara em uma crítica ousada e elegante do pensamento estratégico norte-americano – embora ele ainda não fosse mais do que uma primeira parte do *magnum opus* [obra máxima] que apareceria dois anos depois.

"É surpreendente", começou Kissinger, com frieza, "como o pensamento estratégico norte-americano tem sido pouco afetado pelo fato de que dentro de uns poucos anos a URSS terá condições de desencadear um ataque poderoso com armas nucleares aos Estados Unidos". Deixando de lado a ideia de algum tipo de ataque inicial preventivo ("um programa tão contrário às ideias do país e dos limites constitucionais dentro dos quais a política externa norte-americana tem de ser conduzida"),[20] a administração Eisenhower não tinha nada mais plausível para oferecer do que a sombria ameaça de John Foster Dulles de uma "retaliação maciça", que significava "uma maior confiança [...] no desenvolvimento de nossa Força Aérea Estratégica e no poder cada vez maior de nosso arsenal nuclear". Essa era a teoria por trás do assim chamado "New Look". Na prática, entretanto, a administração desejava evitar ser levada a guerras de exaustão nas "áreas cinzentas" do mundo (segundo Finletter em seu livro *Power and Policy* [Poder e política]), querendo dizer territórios não pertencentes à OTAN na periferia eurasiana.[21]

A resposta de Kissinger consistia em cinco partes. Em primeiro lugar, o rápido crescimento da capacidade nuclear da União Soviética estava aumentando rapidamente os custos potenciais de uma guerra total para os Estados Unidos. Em segundo lugar, uma guerra limitada do tipo que havia sido travada na Coreia, ainda que dificilmente fosse agradável, poderia ser "um modelo melhor para nossa futura estratégia que um conflito totalmente atômico", que os Estados Unidos tinham cada vez menos probabilidade de arriscar – a não ser em caso de um ataque direto ao território norte-americano – à medida que a capacidade nuclear da União Soviética crescia.²² Em terceiro lugar, os soviéticos também não tinham interesse em uma guerra global; eles poderiam alcançar "seu objetivo final, a neutralização dos Estados Unidos, com um risco muito menor, erodindo gradualmente as áreas periféricas, o que iria colocar o equilíbrio de poder contra nós de modo imperceptível sem ao menos nos apresentar um desafio definido".²³

> Se nós nos recusamos a combater na Indochina quando a capacidade nuclear soviética era relativamente pequena por causa do perigo de que uma guerra limitada se transformasse em total, dificilmente estaremos mais bem preparados para arriscar um bombardeio nuclear por causa de Burma ou do Irã ou mesmo da Iugoslávia.²⁴

Em quarto lugar, contar exclusivamente com a ameaça de uma retaliação maciça iria debilitar o sistema de alianças norte-americano, já que "ou nossos aliados sentirão que qualquer esforço militar da parte deles é desnecessário, ou eles poderão ser levados à convicção de que a paz é preferível à guerra quase a qualquer preço".²⁵ Finalmente, havia o risco paradoxal de que a dissuasão não dissuadisse.

> [S]e o outro lado se convencer de que [...] nossas ameaças de retaliação imediata são um blefe [...] [ele] pode então decidir, à medida que seu arsenal nuclear aumenta, absorver as "áreas cinzentas" e nos confrontar com a escolha entre abrir mão delas ou arriscar a destruição de cidades norte-americanas. E como os líderes sino-soviéticos podem muito bem estar enganados em sua estimativa de nossa reação quando confrontados com tal alternativa, nossa atual política militar pode ocasionar a guerra global que ela tenta evitar.²⁶

Segundo o ponto de vista de Kissinger, então, a administração Eisenhower estava correndo um risco pequeno de um Armagedom, mas um risco grande de isolamento. Aqui ele aproveitou a oportunidade para oferecer aos leitores da *Foreign Affairs* uma nova versão de sua analogia histórica favorita:

> Em relação à Eurásia, os Estados Unidos são uma potência insular com recursos inferiores atualmente apenas no que diz respeito a tropas, mas posteriormente até mesmo em capacidade industrial. Assim, nós somos confrontados

pelo tradicional problema de uma potência "insular" – de Cartago em relação à Itália, da Grã-Bretanha em relação ao Continente –, o de que sua sobrevivência depende de evitar que a massa continental oposta fique sob o controle de uma única potência, acima de tudo uma declaradamente hostil. Se a Eurásia ficasse sob o controle de uma única potência ou grupo de potências, e se a essa potência hostil fosse dado tempo suficiente para explorar seus recursos, nós deveríamos enfrentar uma ameaça avassaladora. Na melhor das expectativas, nós seriamos forçados a um esforço militar não consistente com o que é agora considerado o "estilo norte-americano de vida". Se os Estados Unidos um dia forem confinados à "Fortaleza Norte-Americana", ou mesmo se a expansão soviética nas "áreas cinzentas" fosse longe o suficiente para debilitar a vontade de resistir de nossos aliados, os norte-americanos seriam confrontados por três quartos da raça humana e não muito menos de seus recursos[,] e sua existência contínua seria precária.[27]

Qual, então, seria a alternativa? A resposta era dupla. Em primeiro lugar, os Estados Unidos teriam de estar prontos para combater e vencer de modo decisivo a próxima guerra limitada ao estilo da coreana. A própria Coreia havia sido vencível, afinal de contas: "Se nós tivéssemos empregado mais quatro divisões, na verdade, até mesmo se tivéssemos estabelecido um limite de tempo nas negociações do armistício, poderíamos ter conseguido uma vitória militar importante [na Coreia]".[28] Além do mais, a Coreia havia sido "uma localidade vantajosa para os chineses", o que não era verdade em relação ao Sudeste asiático. "Na Indochina", argumentava Kissinger, "um esforço total norte-americano ainda pode salvar pelo menos o Laos e o Camboja".[29] O ponto crucial era ter "governos locais com estabilidade suficiente de modo que os soviéticos possam assumir o controle somente por meio de agressão declarada, e forças militares locais capazes de combater uma ação dilatória". Se essas condições pudessem ser satisfeitas, os Estados Unidos precisariam apenas manter "uma reserva estratégica (digamos, nas Filipinas, na Malásia ou no Paquistão) capaz de restabelecer o equilíbrio e [...] um sistema de armamentos que possa traduzir nosso avanço tecnológico em superioridade local". Um benefício claro de estar habilitado para combater essas guerras locais era que isso faria com que o bloco sino-soviético ficasse sob pressão. Mesmo nesse estágio inicial da Guerra Fria, havia estrategistas norte-americanos esperando que o tradicional antagonismo entre os chineses e os russos levasse sua aliança a se desfazer por si só; em uma digressão presciente, Kissinger argumentou que tal rompimento "não iria acontecer por si só".

> Há muita coisa a se ganhar com a unidade, muitos prêmios ainda deverão ser conquistados, a lembrança de Tito ainda está recente demais no Kremlin, para que nós tenhamos condições de contar com erros soviéticos. Uma ruptura entre a URSS e seus satélites, e ainda mais uma ruptura com a China, pode acontecer somente por meio de pressão externa, por meio da criação de contingências que possam forçar uma divergência de pontos de vista abertamente.[30]

Aí estava outra lição da Guerra da Coreia: "Caso tivéssemos derrotado o Exército chinês na Coreia em 1951, nós teríamos nos confrontado com a URSS com o dilema se arriscaríamos tudo por causa do crescente poderio chinês; e se tivéssemos dado sequência a nossa vitória com uma proposta política conciliatória para Pequim, nós talvez fizéssemos com que se refletisse se a boa vontade norte-americana não poderia representar uma melhor proteção do que seguir cegamente a linha soviética". Além do mais, "o problema indo-chinês dificilmente teria assumido suas atuais dimensões caso a China sofresse um revés decisivo em seu primeiro confronto militar com os Estados Unidos".[31] Uma lição final da Coreia era a de não ser constrangido por aliados: "Em guerras locais, nós não precisamos deles e não deveríamos insistir no seu auxílio se eles não tiverem interesses diretos em jogo".[32]

Isso era ousado e original; além de tudo, ilustrava a forma como no início de sua carreira Kissinger começou a pensar maneiras de desfazer a aliança sino-soviética, bem como o que deveria ser feito a respeito de uma Indochina pós-francesa. Mas era o segundo argumento de Kissinger que deveria causar alvoroço. Uma coisa era defender alguma terceira opção intermediária entre um apocalipse nuclear e uma rendição. Por si só, recomendar "um melhoramento em nossa capacidade para guerra local" não era especialmente controverso; sir Basil Liddell Hart, entre outros, vinha apresentando tais argumentos desde 1946, tendo por base que "uma guerra ilimitada travada com poderio atômico [...] iria ser mutuamente suicida".[33] Robert E. Osgood já estava trabalhando firme em um livro intitulado *Limited War* [Guerra limitada].[34] Porém, Kissinger estava argumentando que a capacidade em questão deveria incluir "armas táticas nucleares". Isso era algo muito mais pesado. É verdade, a ideia de que bombas atômicas menores poderiam ser usadas contra alvos puramente militares – ou seja, nenhum centro urbano grande – tinha sido publicamente divulgada em outros lugares.³⁵ Bernard Brodie já havia escrito dois artigos (um tanto vagos) sobre o assunto.³⁶ Como será visto, isso também fora debatido no centro da administração Eisenhower, mas até então rejeitado pelo presidente. E foi, por isso, um tanto surpreendente descobrir o argumento a favor de armas nucleares táticas sendo apresentado por um estudante de história diplomática de Harvard nas páginas da *Foreign Affairs*.

Quase tão notável foi o artigo que Kissinger publicou um mês depois naquele baluarte do pensamento liberal norte-americano, a revista *The New Republic*. "The Limitations of Diplomacy" [Os limites da diplomacia] antevia de modo ambivalente o encontro entre as quatro potências que seria realizado em Genebra em julho de 1955.* Para um acadêmico dedicado ao estudo de história diplomática, Kissinger estava desdenhando com rispidez o que provavelmente seria conseguido. A "ideia de uma conferência internacional que reduzisse ou até mesmo eliminasse tensões por trás de portas fechadas" poderia ser "sedutora". Porém, a diplomacia no mundo de 1955 era duplamente circunscrita pelo "inerente elemento de rigidez [...] em um mundo com duas superpotências" (mesmo que os líderes britânicos e franceses também estivessem presentes), e pelo fato de que uma potência revolucionária estava do outro lado da mesa de conferências, desafiando a própria estrutura do sistema internacional. "Nós não deveremos nutrir ilusões de que [as negociações com o bloco sino-soviético] irão acarretar uma melhora drástica da situação imediatamente", Kissinger concluiu. O máximo que poderia ser conseguido seria "esclarecer condições em seu impacto sobre nossos aliados e os não alinhados na Ásia", já que a rejeição de propostas para conferências poderia "retardar nossos objetivos imediatos de conseguir acordos de assistência mútuas" e a recusa em negociar de modo geral iria

---

* Esse foi o primeiro de tais "encontros" dos líderes norte-americanos e soviéticos desde Potsdam dez anos antes, no qual o primeiro-ministro britânico, Clement Attlee, também estivera presente. Em Genebra, Eisenhower, o primeiro-ministro Nikolai Bulganin e o primeiro-ministro Anthony Eden se juntariam ao primeiro-ministro francês, Edgar Faure. Encontros entre as quatro potências já eram um anacronismo. A partir de 1959, os principais encontros da Guerra Fria seriam bilaterais. No total, foram mais de vinte encontros entre as "superpotências", envolvendo somente líderes norte-americanos e soviéticos.

acabar "desintegrando nosso sistema de alianças".[37] Esse argumento – de que as conversações de paz com os soviéticos eram pouco melhores que o teatro kabuki – era o oposto da afirmação de Kissinger na revista *Foreign Affairs* de que a guerra nuclear limitada tinha de ser uma opção disponível para os estrategistas políticos norte-americanos.

O *début* de Kissinger como intelectual público foi um sucesso. Ele confessou para seu colega mais jovem, Samuel Huntington, estar "um pouco nervoso por causa da reação".

> Ele [o artigo na *Foreign Affairs*] passou a ser uma leitura obrigatória no Air War College, no Army War College e na Escola Nacional de Guerra; o general [John H.] Michaelis o distribuiu para a associação de imprensa, e o general [James M.] Gavin, o vice-chefe de gabinete, fez com que ele fosse leitura obrigatória no Pentágono. [...] Eu tenho plena consciência de sua gênese para não me preocupar nem um pouquinho como as reputações são construídas neste país.[38]

Algo ainda mais notável, alguns de seus colegas em Harvard, Huntington entre eles, também gostaram do artigo.[39] Mais importante, Bundy ficou impressionado. O item central de seu popular curso "Government 180: The U.S. in World Affairs" [Governo 180: Os Estados Unidos nas questões mundiais] era uma condenação da política de apaziguamento na crise de Munique; o uso prudente da força, Bundy argumentava, teria sido muito mais eficaz.[40] O argumento de Kissinger era, portanto, conveniente para ele; e também lhe deu a oportunidade de ajudar Kissinger a sair do limbo em sua carreira. Antes de ir para Harvard, Bundy havia trabalhado por pouco tempo no Council on Foreign Relations. Quando Kissinger – sua confiança tendo sido impulsionada por ver seu nome nas páginas da *Foreign Affairs* – manifestou interesse por um emprego no conselho, Bundy lhe deu apoio total. Embora o diretor da *Foreign Affairs*, Hamilton Fish Armstrong,* não fosse favorável à contratação de Kissinger como seu vice, ele teve condições de oferecer-lhe o posto de diretor de equipe de um grupo de estudos que trabalhava com as implicações das armas nucleares na política externa dos Estados Unidos.[41]

---

* Posteriormente, Kissinger comentou a respeito de Armstrong: "Ele acha que Deus, no sétimo dia, criou a *Foreign Affairs*".

II

Quando Henry Kissinger se mudou de Cambridge para Nova York, foi para lutar contra um enigma. Por que os Estados Unidos haviam obtido tão poucas vantagens de seu monopólio nuclear temporário na administração Truman? Entre a destruição de Hiroshima e Nagasaki e o primeiro teste atômico soviético em agosto de 1949, tinha havido somente uma potência nuclear. Até agosto de 1953, os Estados Unidos monopolizavam a bomba de hidrogênio, e até 1955 eram a única potência com bombas na escala de megaton. Até mesmo quando os soviéticos os alcançaram em termos de tecnologia, ainda ficavam para trás em quantidade. Em abril de 1947, um observador tão arguto quanto George Kennan tinha condições de argumentar que "dez bons ataques com bombas atômicas" iriam ser suficientes para acabar com a indústria soviética. "Eu acho que nós e nossos amigos temos uma preponderância de força no mundo agora", ele concluiu.[42] Essa preponderância acabou representando muito pouco. Ao longo desse período, os soviéticos alcançaram uma série de vitórias geopolíticas incontestáveis, colocando quase toda a Europa Oriental sob seu controle (com a notável exceção da Iugoslávia), dando apoio à tomada de poder comunista da China, e travando uma prolongada guerra por procuração contra as forças norte-americanas na Coreia. Longe de se sentir confiante, Washington ficou cada vez mais temerosa. Já na época do NSC-68, Nitze e outros estavam imaginando uma reserva soviética de bombas de fissão tão grande que, em 1955, Moscou poderia "se sentir tentada a atacar rápida e sub-repticiamente".[43]

A corrida armamentista não era algo inevitável. Um plano para o controle internacional de energia atômica havia sido concebido por Robert Oppenheimer e David E. Lilienthal, mas a versão dele de Bernard Baruch havia sido rejeitada pelos soviéticos.[44] Em julho de 1949, Truman desistiu da ideia. "Nós nunca conseguiremos o controle internacional", ele disse. "Já que não conseguimos obter o controle internacional, nós temos de ser os mais fortes nas armas atômicas."[45] Essa visão era essencialmente sancionada pelo sombrio relatório do painel presidido por Oppenheimer, que recomendou a retirada do Comitê de Desarmamento das Nações Unidas tendo por base que seus esforços eram "em vão".[46] Tendo o benefício da visão em retrospectiva, podemos dizer que a Guerra Fria se transformou em um "sistema autorregulamentado [...] que ninguém concebeu ou mesmo pensou que pudesse durar por muito tempo, que se baseava não nos ditames da moralidade e da justiça, mas sim em uma divisão arbitrária e muito artificial do mundo em esferas de influência, e que incorporava alguns dos mais amargos e persistentes antagonismos com exceção da própria guerra na história moderna", mas que, não obstante, "durou duas vezes mais que o acordo mais cuidadosamente concebido da Primeira Guerra Mundial".[47] Depois de o fato acontecer, nós podemos especular por que isso ocorreu: a inerente simplicidade de um sistema bipolar; o essencial afastamento das superpotências uma da outra; as restrições domésticas sobre ambas; a coexistência de "paranoia e prudência" que estava no cerne da dissuasão mútua; a pouca transparência tornada possível pelo reconhecimento (sem mencionar a espionagem desenfreada); a rejeição, de cada lado, do objetivo da rendição incondicional do outro; e a evolução de uma variedade de "regras do jogo" que minimizavam o conflito. Como o mundo evitava o Armagedom nuclear, os historiadores são tentados a concluir que o "equilíbrio de terror" funcionava como um sistema de dissuasão mútua.[48]

Na época, entretanto, quase ninguém esperava um desenlace benigno, e os observadores mais informados consideravam a rivalidade entre as superpotências extremamente instável. Já durante a Segunda Guerra Mundial, Eisenhower antecipava com receio um mundo pós-guerra onde "o comunismo e a anarquia [poderiam] [...] se espalhar rapidamente, enquanto o crime e a desordem, a perda de liberdades pessoais e uma pobreza abjeta [iriam] amaldiçoar as áreas que testemunhem qualquer tipo de combate".[49] Como presidente, ele foi muito explícito sobre quais seriam as consequências de uma guerra total. "[P]ermita-me dizer-lhes que, se uma guerra acontecer, ela será um horror", ele disse ao presidente sul-coreano Syngman Rhee em 1954. "A guerra atômica irá destruir a civilização. [...] Haverá milhões de pessoas mortas. [...] [O]s resultados são horríveis demais para pensarmos neles. Não sou nem sequer capaz de imaginá-los." Uma avaliação altamente confidencial um ano e meio mais tarde o persuadiu de que, depois de uma guerra total, "algo em torno de 65% da população [norte-americana] iria requerer algum tipo de assistência médica, e, na maior parte dos casos, nenhuma oportunidade de obtê-la. [...] Seria literalmente o caso de abrirmos um caminho em meio às cinzas, e começar de novo".[50]

Em parte sob a influência de Nitze, Truman acabara perseguindo uma "estratégia de todas-as-anteriores", não somente desenvolvendo o arsenal nuclear, mas também investindo pesadamente em forças convencionais e até mesmo travando uma guerra na Coreia. Eisenhower considerava essa abordagem fundamentalmente insustentável, sobretudo por causa da sobrecarga fiscal – a multiplicação por quatro do orçamento da defesa – que ela necessariamente implicava. "A força espiritual, multiplicada pela força econômica, multiplicada pela força militar, é aproximadamente igual à segurança", ele escreveu em seu diário.[51] Se o custo da corrida armamentista erodisse o modo de vida americano e a saúde econômica do país, acarretaria a sua própria derrota. E, além do mais, os soviéticos compreendiam isso e estavam deliberadamente procurando "por meio de sua ameaça militar [...] impor aos norte-americanos e ao mundo livre um insuportável ônus ligado à segurança que leva ao desastre econômico".[52] De qualquer modo, Eisenhower havia testemunhado uma guerra total em primeira mão. Ele era profundamente cético a respeito da ideia de que uma guerra limitada – convencional ou nuclear – pudesse ser travada contra os soviéticos; e qualquer conflito desse tipo provavelmente só cresceria.[53] Isso ajuda a explicar sua ênfase constante em uma estratégia de retaliação maciça: não apenas ele queria dissuadir o inimigo, persuadindo "*todos* os adversários de que *qualquer* conflito *poderia* chegar a um ponto em que *ninguém* poderia ter esperanças de triunfar"; ele também desejava dissuadir seus próprios conselheiros.[54] Superficialmente, conforme articulado no estilo combativo de John Foster Dulles, o New Look era de fato uma combinação grosseira da ameaça de uma retaliação maciça e "política arriscada". Na verdade, a estratégia de Eisenhower era sutil e cheia de nuanças. Os sete pilares da estratégia de Eisenhower – tão discutida nos encontros de um Conselho Nacional de Segurança renovado,* quase todos presididos por ele – eram o imperativo de evitar um holocausto nuclear; a viabilidade da dissuasão; a necessidade de uma capacidade "para a segunda investida" segura; o abandono de um "empurrão para trás" forçado do império soviético como objetivo norte-americano; o reconhecimento da característica de longa duração da

---

* Um papel crucial nesse aspecto foi desempenhado pelo general Andrew J. Goodpaster, secretário de gabinete de Eisenhower.

Guerra Fria; o reforço das alianças norte-americanas na Europa e na Ásia; e a busca de formas realistas de controle de armas.[55] Além do mais, os meios para alcançar esses fins iam muito além do Comando Aéreo Estratégico, abarcando diplomacia, guerra psicológica e operações secretas.

Tudo isso representava um refinamento da contenção. Ao mesmo tempo, Eisenhower fez o possível para rechaçar a "ofensiva de paz" pós-Stálin dos soviéticos. Seu discurso "Chance para a paz" de 16 de abril de 1953 lamentava sinceramente os gastos da corrida armamentista. ("O custo de um bombardeiro pesado é o seguinte: uma moderna escola de alvenaria em mais de trinta cidades.")[56] Os britânicos desejavam entrar na jogada; por isso o apelo de Churchill para um encontro entre as quatro potências.[57] Mas, em que exatamente a paz deveria se basear? Em seu discurso, Eisenhower culpou os soviéticos abertamente por "oito anos de temor e de força" e propôs "o início de discussões políticas que conduzissem às eleições livres em uma Coreia unida", bem como "um fim para os ataques diretos e indiretos sobre a segurança da Indochina e da Malásia". Havia pouca chance de que os soviéticos concordassem com isso. É verdade, a nova liderança em Moscou estava disposta a fazer concessões, abrindo mão de suas reivindicações territoriais na Turquia, por exemplo. Mas a questão central da era pós-guerra – a Questão Alemã – continuava tão longe quanto sempre de ser resolvida. Nem os norte-americanos nem os russos tinham condições de pensar na reunificação da Alemanha com um entusiasmo sincero; pelo contrário, Washington estava determinada a integrar uma Alemanha Ocidental rearmada na OTAN e na nova Comunidade Europeia de Defesa.

Na verdade, o estado de espírito em Washington estava longe de ser pacifista.[58] O secretário de Estado Dulles soava muito menos brando que o presidente em seu discurso para a Sociedade dos Editores de Jornais dois dias depois do "Chance para a paz" de Eisenhower. Quando o presidente formou três forças-tarefa para estudar suas opções estratégicas, o cenário mais ameno era essencialmente o de manter o *status quo*: os outros eram o de completar um perímetro defensivo que cercasse o bloco sino-soviético ou (o mais radical de todos) forçá-lo para trás, reduzindo sua extensão territorial. O relatório final do "Projeto Solarium", que passou a ser o NSC-162/2, englobava a "capacidade de infligir danos retaliatórios por meio de uma força de ataque estratégica ofensiva" como ponto-chave da estratégia de Eisenhower, embora outras forças norte-americanas e aliadas fossem permanecer à disposição para enfrentar a agressão soviética em áreas vitais. A pergunta central, como já visto, era se essas outras forças iriam incluir bombas nucleares.⁵⁹ O que ninguém fora dos mais altos escalões do governo poderia saber era que Eisenhower não havia desconsiderado por completo que elas incluiriam. Na verdade, um dos primeiros atos de sua administração fora o de enviar armas nucleares táticas em segredo para a Europa Ocidental. Depois de um encontro do CSN em 7 de outubro de 1953, chegou-se a um acordo sobre o texto final do NSC-162/2. Ele incluía a frase: "Caso ocorram hostilidades, os Estados Unidos irão considerar as armas nucleares disponíveis para uso, assim como outras munições".⁶⁰ Seis dias mais tarde, o próprio presidente confirmou o que isso significava. Em resposta a uma pergunta do almirante Arthur Radford, o chefe do Estado-Maior das Forças Armadas (JCS), Eisenhower disse que "nós iremos usar a bomba na Coreia se a agressão for renovada" pelos chineses.⁶¹ (O JCS considerou que isso incluiria alvos na China também.) Nesse mês de dezembro, o próprio Eisenhower tentou persuadir Anthony Eden de que

> o povo norte-americano não estabelece mais a distinção entre armas atômicas e outras armas nucleares [...] e tampouco há qualquer diferença lógica. [...] Por que eles iriam se limitar a altos explosivos que requerem milhares de aviões para atacar as bases chinesas quando eles podem fazer isso de modo mais barato e fácil com átomos? O desenvolvimento de armas atômicas menores e o uso de artilharia atômica torna [sic] a diferença difícil de ser mantida.⁶²

Argumentos semelhantes foram apresentados pelo vice-presidente Nixon no ano seguinte: ele estava até mesmo preparado para usar armas atômicas para apoiar a posição francesa na Indochina.⁶³ "Os Estados Unidos não podem se dar ao luxo de evitar o uso de armas nucleares até mesmo em uma situação local", afirmou Eisenhower no início de 1955, "se tal uso fizer com que a agressão chegue a uma interrupção rápida e certa, e se, no balanço de considerações políticas e militares, tal uso for promover os interesses de segurança dos Estados Unidos".⁶⁴ Eisenhower continuou a insistir que qualquer guerra limitada iria provavelmente se transformar em um conflito nuclear global. ("[Q]uando você recorre à força como árbitro das dificuldades humanas, você não sabe para onde está se dirigindo. [...] [S]e você for cada vez mais fundo, não há um limite justo a não ser o que é imposto pelas limitações da própria força.")[65] No entanto, repetidas vezes ele disse aos militares norte-americanos que "o planejamento deveria prosseguir com base no uso de armas táticas atômicas contra alvos militares em qualquer guerra menor em que os Estados Unidos possam estar envolvidos".[66]

O enigma da administração Eisenhower – e é um enigma com o qual os historiadores ainda se debatem – é que suas declarações públicas estavam com muita frequência em desacordo com tais deliberações privadas. No mesmo mês em que Eisenhower apregoava ataques atômicos contra os chineses para Eden, ele dizia à Assembleia Geral das Nações Unidas – e para o mundo* – que os Estados Unidos e outros governos que tivessem armas atômicas deveriam "começar agora e continuar a fazer contribuições conjuntas de seus suprimentos de urânio normal e de materiais fissionáveis para uma Agência Internacional de Energia Atômica" sob a égide das Nações Unidas.[67] "Átomos para a paz" – como o discurso de Eisenhower passou a ser conhecido[68] – não foi exatamente o oximoro que aparentava ser. Os Estados Unidos deram sequência ao apelo do presidente para disponibilizar material físsil para a construção de reatores nucleares no exterior. Mas o discurso coincidia com a adoção de um programa de defesa de três anos que não apenas aumentava o orçamento do SAC, mas também investia em uma variedade de sistemas de defesa, incluindo redes de detecção precoce de radares árticos, concebidas para detectar e interceptar um ataque nuclear soviético, e o avião de reconhecimento Lockheed U-2, capaz de voar em uma altitude de 70 mil pés [21.330 metros].[69] Um mês mais tarde, Dulles fez um discurso no Council of Foreign Relations que deixou até Nitze consternado com sua rígida formulação da doutrina de retaliação maciça.[70] Quando os soviéticos responderam ao "Átomos para a paz" com um apelo para "o banimento incondicional de armas atômicas e de hidrogênio", a administração foi apanhada de surpresa.[71] Mal Dulles havia sido persuadido das vantagens para os Estados Unidos de um banimento dos

---

* O discurso "Átomos para a paz" foi um dos mais divulgados da história. Houve uma cobertura maciça nos jornais, nas rádios, nas televisões dos Estados Unidos. A *Voice of America* transmitiu o discurso ao vivo em mais de trinta idiomas. Houve até mesmo um selo comemorativo.

testes nucleares – uma ideia que também agradava a Eisenhower – e ele mudou de ideia.[72]

O verdadeiro problema é que em 1955 a estratégia era o produto de um processo não somente burocraticamente complexo, mas também intelectualmente congestionado. Outrora as armas nucleares haviam sido o território dos físicos que as desenvolviam. Eles ainda desempenhavam um papel importante: basta observar o Technological Capabilities Panel [Painel de Capacidades Tecnológicas], presidido por James Killian, o presidente do MIT, posteriormente o primeiro assistente especial de Eisenhower para a ciência.[73] Mas os cientistas estavam cada vez mais divididos. Uma vítima da caça às bruxas de McCarthy, Oppenheimer estava sendo privado de sua habilitação de segurança no governo como resultado de alegações de que ele era "um agente da União Soviética".[74] No outro extremo, o físico Edward Teller deixava de lado todas as discussões sobre redução de armamentos ou banimento de testes como infundadas e covardes. Enquanto isso, soldados, marinheiros e aviadores tinham desenvolvido suas próprias ideias; não é surpreendente que o Exército e a Marinha se ressentissem da substancial transferência dos recursos, implícita na retaliação maciça, para a Aeronáutica e particularmente ao Comando Aéreo Estratégico. Para políticos profissionais como Harold Stassen o terreno estava cada vez mais traiçoeiro: seu papel como assistente especial de Eisenhower para o desarmamento ("Secretário da Paz") representava um desafio óbvio demais para Dulles.[75] Era difícil se opor ao desarmamento em público, mas não havia consenso entre especialistas sobre como a corrida armamentista poderia ser detida. Na primavera de 1955, com o presidente ansioso e preparado para o encontro em Genebra, um impasse havia se criado. Nas Nações Unidas, os soviéticos estavam fazendo propostas que soavam cada vez mais sensatas a favor do desarmamento. Havia alguma resposta dos Estados Unidos que fosse, ao mesmo tempo, cientificamente possível, militarmente exequível e politicamente viável? Essa era uma oportunidade para um quarto grupo de especialistas profissionais se inserir no processo de tomada de decisões. O nascimento dos estudos estratégicos como um campo acadêmico separado certamente teria sido retardado caso os cientistas, soldados e homens de Estado da administração Eisenhower tivessem entrado em acordo.

III

As batalhas relacionadas à estratégia nuclear que se desenrolavam em Washington não foram seguidas com facilidade em Harvard. Era possível ler os discursos, naturalmente; mas as deliberações do Conselho de Segurança Nacional eram quase totalmente desconhecidas do público, professores aí incluídos. A era dos vazamentos e da "liberdade de informação" ainda estava a uma década de distância. O melhor que Kissinger poderia fazer era convidar pessoas que desempenhavam papéis centrais no drama para participar do Seminário Internacional organizado por ele e Elliott. O vice-presidente se recusou a ser o orador inaugural em julho de 1955, o primeiro de muitos desencontros entre Nixon e Kissinger,[76] mas Stassen foi. Kissinger considerou o discurso dele "um grande sucesso, com exceção do ar-condicionado no Hotel Continental".[77] Bundy julgou Stasen "um homem muito intrigante e interessante".[78] Os homens de Harvard dificilmente poderiam estar mais fora da jogada.

Foi Bundy que deu uma chance a Kissinger. Seu emprego no Council on Foreign Relations não somente o tirou de Harvard, como também o inseriu em um mundo que ele até então só conhecia por meio de jornais. Originalmente estabelecido em 1918 como um clube de homens de negócios, o CFR havia sido reconstituído em 1921 por antigos membros do "Inquiry", o grupo de planejamento do pós-guerra de Woodrow Wilson, e era essencialmente uma resposta norte-americana ao Royal Institute of International Affairs [Real Instituto de Relações Internacionais] com sede em Londres, em Chatham House (e com frequência conhecido por esse nome).[79] Os estudos de guerra e paz do conselho deram uma importante contribuição para o pensamento norte-americano sobre a nova ordem internacional. Seus membros eram todos homens, com frequência pertencentes à Ivy Legue, e – quando eles não estavam diretamente envolvidos em fazer política externa em Washington ou no exterior* – se sentiam

---

* Uma pesquisa com 502 membros do governo em altos cargos entre 1945 e 1972 mostrou que mais da metade era do Council on Foreign Relations. A qualquer momento durante esse período, a proporção dos filiados que eram funcionários do governo chegava perto de um quinto. Sendo uma entidade em Nova York, os membros do CFR estavam em sua maior parte nas áreas de finanças, de imprensa ou na academia.

bem confortáveis na elegante sede de seu clube na Park Avenue com 68th Street.⁸⁰ O CFR era influente – embora não todo-poderoso, e certamente não tão sinistro, como às vezes tem sido alegado.⁸¹

Os membros do grupo de estudos sobre armas nucleares que se encontravam lá em 5 de maio de 1955 eram quase todos "de dentro" com uma considerável experiência pessoal ou no governo ou na área militar. Na presidência estava Gordon Dean, o ex-chefe da Comissão de Energia Atômica. Tendo servido como diretor do Planejamento de Políticas, Paul Nitze estava então na Escola de Estudos Internacionais Avançados da Universidade Johns Hopkins (SAIS), da qual ele havia sido cofundador em Washington, esperando o retorno de um democrata à Casa Branca. Frank Pace havia servido na administração Truman como secretário do Exército, enquanto Frank C. Nash tinha sido assistente do secretário de defesa para assuntos de segurança internacional na mesma administração. Além deles, havia três conhecidos militares. O general James M. Gavin tinha liderado a 82ª Divisão Aerotransportada na Operação Market Garden. Como chefe de pesquisas e desenvolvimento do Exército, ele era um pioneiro na ideia de transportar armamentos e artilharia, bem como tropas, por via aérea, um conceito que (como se verá aqui) ele vendeu com sucesso a Kissinger.* Durante a guerra, o general Richard C. Lindsay havia sido chefe da Divisão do Estado-Maior Conjunto do Quartel-General da Força Aérea do Exército; ele posteriormente serviria como comandante das forças aéreas da OTAN no sul da Europa. O coronel William Kintner já havia publicado um livro sobre guerra psicológica e em 1953 lançara *Atomic Weapons in Land Combat* [Armas atômicas no combate terrestre]. Finalmente, os acadêmicos incluíam Caryl P. Haskins, o biólogo e fundador do Haskins Laboratories, e Shields Warren, uma autoridade sobre os efeitos fisiológicos da radiação. Embora não fosse cientista, Carroll L. Wilson havia sido o primeiro administrador-geral da Comissão de Energia Atômica. No lado das relações internacionais estavam Arnold Wolfers, professor da cátedra Sterling de Relações

---

* Gavin – cujo amor por saltos de paraquedas lhe havia valido o apelido de "Jim Saltador" – pediria demissão do Exército em 1958 com a crença de que os Estados Unidos estavam ficando para trás na corrida armamentista.

Internacionais em Yale, e Don K. Price, que posteriormente foi o decano fundador da Escola Kennedy de Harvard.*

Qual exatamente seria o papel de Kissinger? Como George S. Franklin, diretor executivo do CFR, explicou para Oppenheimer, a quem ele solicitou que transmitisse informações ao novo contratado, era "passar quinze meses pensando em alguns dos problemas levantados pelo grupo" e então "escrever um livro, que eu espero que seja uma contribuição interessante e importante". Ele e seus colegas sabiam muito bem que estavam convidando um amador. "O sr. Kissinger não teve muita experiência nesse campo como certas pessoas podem ter tido", admitiu Franklin, "mas depois de um encontro com ele eu acredito que vocês vão perceber que sua habilidade e sua objetividade mais que compensam essa falha".[82] O próprio Kissinger não demorou muito a reconhecer sua falta de experiência. "Embora eu normalmente não confie em pessoas que, depois de aceitarem um emprego, anunciam sua humildade em relação ao cargo", ele confessou a Oppenheimer, "eu me sinto um tanto intimidado pela enormidade do tema".[83] Com somente um toque de ironia, Bundy ofereceu uma reflexão consoladora. "O tema é do tipo que constantemente faz todo estudante se lembrar de que é mortal, e sua enormidade exige respeito. Então, esse é um campo em que coisas muito importantes podem ser feitas sem a presunção de que tudo já foi levado em consideração. Há um ponto a favor em acreditar em todos os trabalhos com tais inerentes incentivos à humildade."[84] Entretanto, é duvidoso que a humildade fosse a emoção predominante

---

* Também presentes nesse dia estavam Frank Altschul da General American Investors Company, Hanson W. Baldwin do *The New York Times*, Ben T. Moore, Charles P. Noyes II e Henry L. Roberts. Os membros restantes do grupo de estudos, que estavam ausentes, eram Hamilton Fish Armstrong, diretor da *Foreign Affairs*; William A. M. Burden, presidente do Museu de Arte Moderna; Thomas K. Finletter, o ex-secretário da Força Aérea; o advogado Roswell Gilpatric, que tinha sido vice-secretário da Força Aérea na administração Truman; Joseph E. Johnson, presidente do Fundo Carnegie para a Paz Internacional; o físico Isidor Isaac Rabi, que fora o sucessor de Oppenheimer como presidente da Comissão de Energia Atômica; Walter Bedell Smith, que havia sido chefe de gabinete de Eisenhower, e depois diretor da Agência Central de Inteligência e subsecretário de Estado, e Henry DeWolf Smyth, que fora membro da CEA mas pedira demissão depois de Oppenheimer ter perdido sua habilitação de segurança.

de Henry Kissinger depois de seu primeiro encontro com o grupo de estudos do CFR. Raramente uma reunião de luminares pode ter representado tão menos que a soma de suas partes.

Já era o sexto encontro do grupo; portanto, foi preciso ter muita coragem, como Kissinger teve, para fazer um resumo inicial da "tendência dos encontros" até então, baseado em sua leitura das minutas e das conversas com os participantes. Ele fez três observações e uma pergunta. Em primeiro lugar, os serviços armados dos Estados Unidos estavam ficando cada vez mais dependentes das armas nucleares. Em segundo lugar, o uso de armas atômicas táticas em uma guerra limitada estava passando a ser visto como impossível por causa da dificuldade de estabelecer uma linha nítida entre usos táticos e estratégicos e a probabilidade de que um oponente em desvantagem não fosse derrotado sem desencadear toda a sua capacidade de destruição. Em terceiro lugar, havia "um perigo muito real de que o temor dos soviéticos do potencial nuclear norte-americano [pudesse] levar o Kremlin a tentar dar o primeiro golpe". Finalmente, Kissinger perguntou como o governo norte-americano iria "organizar o esquema político antes de começar qualquer operação militar limitada necessária de modo a tornar evidente que os objetivos deste país são limitados".[85] O que se seguiu foi tão próximo de um deus nos acuda quanto o Council on Foreign Relations jamais pode ter testemunhado.

Nitze deixou de lado a maioria das observações de Kissinger. Ele "não concordava que o consenso do grupo fosse o de que os serviços armados estejam ficando incapazes de combater uma guerra convencional". Ele também via com ceticismo (assim como outros) a ideia de que fosse possível chegar a um acordo prévio sobre as regras de uma guerra limitada com um oponente tão pouco confiável quanto a URSS. Arnold Wolfers então esboçou um cenário em que, apesar de tudo, uma guerra limitada na Europa chegaria ao ponto em que armas estratégicas acabassem sendo usadas. Hanson Baldwin, do *The New York Times*, concordou que seria muito difícil manter uma guerra limitada na Europa, devido à alta densidade populacional do continente.

Os militares tinham pontos de vista diferentes. O general Lindsay argumentava que a guerra do futuro seria provavelmente prolongada e iria envolver o uso de "todos os tipos de aparatos para propósitos tanto ofensivos quanto defensivos". O general Gavin foi além:

Em sua opinião, os Estados Unidos poderiam derrotar a União Soviética sem usar quaisquer armas atômicas, devido ao seu poder de fogo superior. Portanto, ele concluía que, desde que os Estados Unidos estivessem dispostos a aumentar suas forças convencionais, poderia ser de seu interesse não introduzir o átomo como uma arma. [...] [Gavin] sugeriu uma analogia com o papel da polícia em uma comunidade. O patrulheiro pode ter uma submetralhadora na delegacia como sua arma derradeira, mas ele usa seu cassetete para conter o criminoso sem abrir buracos na população em geral. Pelo mesmo motivo, os Estados Unidos precisam demonstrar que têm o poder e o critério de vencer escaramuças locais sem destruir a civilização europeia.

O mesmo argumento se aplicava ao Oriente Médio menos populoso, Gavin argumentou. Mas o general Lindsay "não concordava que o serviço pudesse ser feito de modo convencional". Além do mais, ele afirmou, haveria uma chance melhor de limitar uma guerra atômica no Oriente Médio que na Europa. Gavin admitiu que o Exército tivesse "um abrangente arsenal atômico que ele gostaria de ter liberdade de usar desde que tal ação não desencadeasse uma guerra nuclear" e que "forças locais iriam ser consideravelmente fortalecidas por meio do uso de armas atômicas de baixo rendimento [...] contra alvos militares". Entretanto, ele não acreditava que os Estados Unidos fossem tornar públicas suas intenções de defender áreas aliadas com armas atômicas.

Pelo menos dois dos membros "laicos" do grupo de estudos consideravam tais armas atômicas táticas indispensáveis para a defesa do Oriente Médio contra agressões soviéticas. Um deles (Charles Noyes) "observou que se os Estados Unidos decidissem que não poderiam usar bombas-A táticas contra uma agressão declarada que acontecesse no Irã ao longo de uma área pouco habitada, contra os caucasianos, e para benefício dos habitantes locais e talvez por solicitação deles – desse modo eliminando muitas das objeções políticas para o uso de armas atômicas –, eles jamais teriam condições de usá-las". A conclusão da discussão deixou todos pensativos. Nitze observou que, "na análise final, os líderes políticos devem perguntar aos militares o que aconteceria se os Estados Unidos fossem forçados a atacar a União Soviética, e, se a resposta fosse que os Estados Unidos, assim como nós os conhecemos, seriam destruídos, então os políticos devem estar preparados para aceitar a humilhação da retirada".

Isso certamente era um conselho derrotista. Se, no começo dessa discussão, Kissinger havia sido receptivo aos pontos de vista de Nitze sobre o assunto ("que uma vez que a guerra passe a ser nuclear é muito mais difícil estabelecer quaisquer limites eficazes"), no fim ele estava ouvindo atentamente os militares. Tinha de haver alguma alternativa para a retaliação maciça – sobretudo se na prática ela fosse uma ameaça vazia por trás da qual espreitasse a perspectiva de uma humilhação maciça.

A presença de Kissinger em tais discussões, como ele observou secamente em uma carta para Arthur Schlesinger, era "um processo que só poderia ser chamado de pesquisa por osmose. Parece ser a crença do conselho de que estar perto de grandes homens, ou pelo menos de grandes nomes, por si só produz resultados superiores".[86] Como se fosse para colocar essa ideia a mais uma prova, Kissinger estava prestes a ficar ainda mais próximo de um homem que geralmente era considerado o portador de um dos mais importantes nomes em todos os Estados Unidos: Rockefeller.

IV

Seria difícil imaginar dois homens com histórias mais diferentes que Henry Kissinger e Nelson Rockefeller. Kissinger, um refugiado adolescente cujo primeiro emprego nos Estados Unidos havia sido em uma simples fábrica em Chelsea, havia aberto com dificuldade seu caminho para Park Avenue por meio de um campo de treinamento do Exército norte-americano e uma bolsa de estudos da GI Bill. Com exceção de inteligência, determinação e pais amorosos, ele não havia nascido com nada. Em comparação, Nelson Rockefeller herdara o mundo. Neto do magnata do petróleo John D. Rockefeller (e, pelo lado da mãe, do senador Nelson Aldrich, um dos arquitetos do Sistema de Reserva Federal), ele cresceu no meio do poder e do privilégio. Depois da Academia Phillips Exeter e da Faculdade Dartmouth, imediatamente lhe foi dado um emprego no império de negócios da família, trabalhando no Chase National Bank, Rockefeller Center, Inc., e Creole Petroleum, a subsidiária venezuelana da Standard Oil. Na verdade, a vocação de Rockefeller era a política, seguida pela filantropia; os negócios vinham em um distante terceiro lugar. Mas isso não fazia diferença. Como um Rockefeller, ele foi bem recebido em Washington também. Roosevelt fez dele coordenador da agência Inter-American Affairs e depois subsecretário de Estado para assuntos do hemisfério ocidental (o começo de um perene interesse pela América Latina). Truman o nomeou presidente do International Development Advisory Board [Conselho para o Desenvolvimento Internacional]. E então Eisenhower o encarregou da tarefa de presidir seu Advisory Committee on Government Organization [Comitê Consultivo para a Organização Governamental]. Quando esse comitê propôs a criação de um novo Departamento da Saúde, Educação e Bem-estar, Rockefeller foi seu subsecretário por um curto período de tempo. Em 1954, entretanto, Eisenhower persuadiu Rockefeller a ir para a Casa Branca para ser assistente especial do presidente, encarregado de proporcionar "um entendimento e uma cooperação cada vez maiores entre todos os povos", bem como seu representante no Operations Coordinating Board [Comitê de Coordenação de Operações] (que havia substituído o Psychological Strategy Board [Conselho de Estratégia Psicológica] em 1953).[87] Enquanto seu predecessor, C. D. Jackson, havia sido conselheiro de Eisenhower para a guerra psicológica, o encargo de Rockefeller era mais abrangente. Na verdade, ele deveria ser a resposta para o problema representado pela "ofensiva de paz" soviética. Como tal, ele imediatamente entrou em desacordo com algumas das maiores figuras na administração, especialmente o secretário de Estado Dulles, que via o plutocrata com suspeita.

Mesmo sendo privilegiado como era, Rockefeller conhecia seus limites. Sua mãe o havia encorajado a procurar seus "superiores" intelectuais como conselheiros; isso parecia adequado para um homem que sustentava que o melhor modo de ler um livro era se encontrar com seu autor. De modo a causar o maior impacto em seu novo papel, Rockefeller convocou uma pouco usual mescla de pensadores para o Marine Corps Officer Candidates School [Academia para Treinamento de Oficiais do Corpo de Fuzileiros Navais] em Quantico, Virginia: economistas e sociólogos, bem como especialistas em defesa e agentes do serviço de informações. Depois de cinco dias de deliberação, o grupo apareceu, entre outras coisas, com a ideia do "Open Skies" [Céu aberto], a proposta para uma vigilância aérea recíproca de instalações militares, o que – apesar da desaprovação de Dulles – Eisenhower sugeriu no encontro de Genebra, causando uma oportuna tempestade.[88] (Um traço característico da abordagem de Rockefeller era a conexão de Quantico com o setor privado. Entre os presentes se encontrava o ex-agente da CIA Frank Lindsay, que posteriormente seria o diretor-executivo da Itek, a companhia apoiada por Rockefeller para a produção de câmeras para os satélites espiões dos Estados Unidos.)[89]

Todos esperavam que "Open Skies" fosse um trunfo. A opinião mundial iria receber bem a transparência norte-americana e condenar os soviéticos quando estes rejeitassem a ideia, como eles certamente fariam. O sentimento de que os soviéticos, não obstante, haviam vencido a guerra psicológica em Genebra, melhorando de modo significativo sua imagem aos olhos dos eleitores ocidentais, deu ensejo a uma nova iniciativa: um painel de estudos sobre os "Aspectos psicológicos de uma futura estratégia norte-americana".[90] Foi desse segundo grupo – às vezes erroneamente chamado de Quantico II – que Henry Kissinger foi convidado a participar. Seu mentor de Harvard, Bill Elliott, posteriormente reivindicou o crédito por ter "colocado a ideia na cabeça dele e dado a Nelson a dica para usar Henry Kissinger".[91] Mas seu nome na verdade foi sugerido em primeiro lugar por William Kintner, que havia conhecido Kissinger quatro anos antes.[92] Lá do Pentágono, Fritz Kraemer também pode tê-lo recomendado.[93]

Embora os destinatários pretendidos de seu relatório fossem claramente o presidente e outros membros do governo, o painel foi subvencionado pelo Rockefeller Brothers Fund, que Nelson Rockefeller e seus três irmãos haviam criado em 1940. Assim como o grupo de estudos do CFR, então, essa era uma entidade não oficial, mas uma vez mais ela colocou Kissinger em contato direto com alguns eminentes tomadores de decisões "de dentro", dessa vez em Washington.[94] Seu presidente era o general aposentado da força aérea, Frederick Anderson, um veterano da época dos bombardeios na Alemanha; os outros membros incluíam C. D. Jackson, o predecessor de Rockefeller na "guerra psicológica", que, em 1955, havia voltado para a TimeLife, e o coronel George A. Lincoln, que havia preparado Roosevelt e Marshall para a Conferência de Yalta e era então chefe do Departamento de Ciências Sociais de West Point. Por meio de seu trabalho com o Operations Research Office, Kissinger já conhecia Ellis A. Johnson, Paul Linebarger e George Pettee; ele certamente havia encontrado os economistas Max F. Millikan e Walt Rostow no MIT e o especialista em assuntos soviéticos Philip E. Mosely no CFR; mas provavelmente esse foi seu primeiro encontro com Stefan Possony, o estrategista nascido na Áustria.* Quando o painel se reuniu pela primeira vez em Washington no fim de agosto de 1955, o presidente do Estado-Maior Conjunto e o vice-diretor da CIA discursaram para eles.[95] Embora Kissinger não trabalhasse diretamente para o governo, seu papel no painel de Rockefeller o deixava um passo mais perto dos corredores do poder.

A primeira impressão de Kissinger sobre Rockefeller não foi favorável. Ele "entrou na sala dando tapinhas nas costas dos acadêmicos reunidos, sorrindo e chamando cada um deles pela forma mais próxima do nome de batismo deles de que ele conseguia se lembrar" (ou "cara", se nenhum nome passava pela cabeça dele).[96] Além do mais, o trabalho que lhe haviam pedido que fizesse era, sob vários aspectos, menos desafiador do que o serviço para o conselho sobre armas nucleares. Como já vimos, Kissinger havia sido um estudante de guerra psicológica durante boa parte de uma década. Como ele disse para Rostow depois da primeira reunião do painel de Rockefeller, estivera "insistindo durante os últimos anos que o componente mais importante de nossa política externa era o psicológico".[97] Inevitavelmente, o tema das armas nucleares era central nas deliberações do painel. Sem dúvida, foi uma contribuição para o desenvolvimento do ponto de vista de Kissinger sobre o assunto que uma das apresentações militares a que eles assistiram reconhecesse abertamente que as "armas nucleares serão usadas em situações que não sejam a guerra total. [...] Eles estavam de acordo que o mundo ficaria mais feliz se as armas-A táticas fossem usadas em uma guerra pequena que não se transformasse em uma grande".[98] Mas os dois artigos que Kissinger foi incumbido de escrever abordavam outras questões, mais familiares: "O problema da unidade da Alemanha" e "Aspectos psicológicos e de coação das negociações com a URSS".

---

* Johnson era químico por formação; Linebarger, um especialista em Ásia que, além disso (com o pseudônimo "Cordwainer Smith"), escrevia ficção científica; Possony, posteriormente, conceberia a Iniciativa Estratégica de Defesa para Ronald Reagan; Millikan e Rostow (que não era formalmente um membro do painel, mas esteve envolvido de qualquer modo) passaram a ser ferrenhos proponentes de auxílio econômico como um fomento à Guerra Fria.

A questão alemã era o problema central da Guerra Fria, com Berlim como seu cerne. A divisão da Alemanha foi um substituto para um tratado de paz no fim da Segunda Guerra Mundial – uma partilha *de facto* que refletia e depois perpetuava as realidades militares no momento do colapso do Terceiro Reich. Na prática, o arranjo satisfazia muito bem tanto os Estados Unidos quanto a União Soviética, mas não era popular entre a maioria dos alemães, especialmente os eleitores social-democratas na República Federal. A propaganda soviética havia visado à integração da Alemanha Ocidental na OTAN como evidência de que os imperialistas norte-americanos e os nazistas secretos provocadores de guerra estavam de conchavo; Moscou poderia se arriscar a propor a reunificação e a neutralização da Alemanha sabendo que suas marionetes em Berlim Oriental fariam o que lhes fosse dito. O que deixava a situação mais difícil, de uma perspectiva norte-americana, era a natureza fundamentalmente indefensável de Berlim Ocidental, um enclave ocidental totalmente rodeado pelo território da Alemanha Oriental e pelas tropas soviéticas.[99] No entanto, politicamente Berlim Ocidental representava uma ameaça para a legitimidade do regime fantoche soviético, uma propaganda para a liberdade mais poderosa que qualquer exibição patrocinada pela CIA. Por si só, a divisão da Alemanha poderia ter sido estável; a divisão de Berlim certamente não. Tinha sido a revolta dos trabalhadores em 1953 em Berlim Oriental que dera a Nikita Khrushchov – um político cada vez mais influente no Comitê Central do Partido Comunista soviético – sua oportunidade para derrubar Beria, que havia anteriormente apresentado argumentos a favor de uma Alemanha reunida mas neutra. A próxima crise de Berlim poderia ter ramificações políticas internacionais, bem como domésticas.

Segundo a análise de Kissinger, os Estados Unidos tinham de recuperar a iniciativa antes que um número excessivo de alemães ocidentais visse "uma negociação direta com a URSS" como uma alternativa atraente a "uma *détente* [EUA–URSS] alcançada à custa do objetivo primordial da Alemanha: reunificação" – um fantasma que iria assombrá-lo por muitos anos vindouros, como se verá. Washington deveria, portanto, propor a reunificação com base em "eleições em toda a Alemanha e [...] algum tipo de acordo de segurança baseado na redução bilateral de forças". Se (como eles provavelmente o fariam) os soviéticos rejeitassem a ideia, então os Estados Unidos iriam rebater com uma proposta para a "unidade econômica, começando um Parlamento Econômico para toda a Alemanha" a ser localizado em uma Berlim neutra. Se isso também fosse rejeitado, a terceira opção seria propor uma livre movimentação entre a Alemanha Ocidental e a Oriental. O ponto dessas propostas não era, naturalmente, que Moscou fosse aceitar qualquer uma delas; era que a rejeição soviética desse apoio à posição dos Estados Unidos na Alemanha e, portanto, reforçasse a posição doméstica do chanceler Konrad Adenauer.[100] Isso era diplomacia como guerra psicológica, em um contraste marcante com a proposta feita por George Kennan em 1957 para a reunificação com base na desmilitarização (ver capítulo seguinte), que ele ingenuamente imaginava que pudesse ser aceitável em Moscou.

O segundo artigo de Kissinger era muito mais amplo em escopo e começava com uma comparação caracteristicamente ousada entre o mundo de 1955 e o mundo, tão caro para seu coração, de 1815. "Confrontado por uma potência que por mais de uma geração reivindicou para sua nação tanto a exclusividade quanto a universalidade da justiça social; que tem baseado seu aparato de controle doméstico no mito de um mundo externo permanentemente hostil; e que está desenvolvendo uma capacidade nuclear para infligir golpes catastróficos em [nós]", os Estados Unidos simplesmente não poderiam se basear na diplomacia tradicional. A questão era "não mais o ajuste de disputas locais entre protagonistas alinhados em um quadro político básico, mas o quadro básico em si". Para Kissinger, o "aspecto predominante" do que ele chamava de "nova diplomacia" era sua "dimensão psicológica". Era bastante concebível que a ofensiva de paz soviética fosse sincera; mas era mais provável que Moscou estivesse "simplesmente jogando para ganhar tempo" até que sua capacidade nuclear estivesse "mais perto de ser equiparável com a dos Estados Unidos e até que a constelação de forças no mundo não comunista" melhorasse. Nesse caso, "uma rendição muito rápida aos agrados soviéticos" iria ser desastrosa. O problema era que a tática soviética de "falar sobre a paz, em geral", enquanto se concentrava na questão específica do rearmamento da Alemanha Ocidental, tinha efetivamente dado aos soviéticos uma imagem melhor ao representar os Estados Unidos como a superpotência agressiva. A solução era o presidente propor que "os líderes soviéticos se associassem a ele em uma declaração de que os Quatro Grandes se opunham ao acordo de disputas por meio de força" e fossem a "uma conferência para discutir medidas concretas para erguer a Cortina de Ferro, talvez começando com uma proposta para viagens livres dentro da Alemanha". A chave era aprender com o exemplo do líder iugoslavo Josip Tito, que tinha "respondido a cada agrado soviético com uma solicitação de ações, e não palavras, até que Khrushchov apareceu em Belgrado". Mas Kissinger não conseguiu resistir a terminar com uma reflexão sobre as implicações de sua estratégia diplomática recomendada para a corrida de armamentos nucleares:

> É possível argumentar que contínuos altos níveis de gastos com a defesa, associados a uma recusa em negociar a não ser que a URSS faça concessões, possa levar os soviéticos a um ataque antecipatório. Mas é mais que duvidoso que a URSS vá desencadear uma "guerra preventiva", a não ser que ela considere suas chances melhores do que nunca, uma situação que nossos níveis de armamentos deveriam ser sempre capazes de evitar. [...]
> O verdadeiro significado das armas termonucleares pode muito bem ser o de que eles passem a julgar muito importante uma estratégia que transfere o risco do uso delas para o outro lado. [...] Se nós investirmos tudo em uma política militar do tudo ou nada, uma das duas consequências passa a ser inevitável: ou nossos aliados irão sentir que a paz é preferível à guerra a quase qualquer preço; ou eles reduzem seus gastos militares na suposição de que os acontecimentos não podem ser afetados por suas ações.[101]

As contribuições de Kissinger representaram apenas dois dos vinte artigos que Rockefeller entregou a Eisenhower em novembro de 1955 sob o cabeçalho "Aspectos psicológicos da estratégia dos Estados Unidos", cujo ponto essencial era de que os gastos com a defesa deveriam ser aumentados. Para Kissinger, tinha sido – ou assim ele disse a Rockefeller – "uma das experiências mais satisfatórias, ainda que exaustivas, que eu tive nos últimos anos".[102] Também fora moderadamente lucrativa: seus honorários como consultor foram de 1.530 dólares (o equivalente a 60 mil dólares em 2013).[103] No entanto, não se pode dizer que os esforços "ativos" do painel tenham surtido muito efeito. A posição de assistente especial não tinha uma base institucional. Rockefeller já havia se deparado com resistência por parte do Departamento de Estado e do Tesouro. Depois da criação de um novo Planning Coordination Group [Grupo de Coordenação de Planejamento] sob a presidência de Rockefeller, Allen Dulles se uniu a seu irmão no que chegava a ser uma campanha de resistência passiva. Funcionou. Einsehower, se recuperando de um derrame, deixou claro que ele não iria adotar as recomendações de Quantico II. Em dezembro, Kissinger ficou "entristecido" ao saber que Rockefeller se demitira.[104]

Particularmente, ele estava frustrado por seus esforços não terem dado em nada. "Stassen fez uma palestra outro dia na qual ele incluiu como conquistas republicanas a trégua Indo-Chinesa, o armistício da Coreia e o fato de que pela primeira vez desde 1912 o mundo havia presenciado um ano sem guerra", ele resmungou para Arthur Schlesinger.

> Parece-me que esse tipo de conversa pode parecer plausível somente em um ambiente onde todos os padrões de discussão racional se desintegraram. Eu acho que é necessário um discurso que, de área em área, explique como nós fracassamos e como nossa política pode ser aprimorada. Também, sendo bastante sincero, eu tenho aversão a frases como "nós estamos trabalhando na direção da paz", porque ela dá a impressão de que, em um dia mágico, a paz subitamente irá irromper.[105]

Ele pode ter sido conservador, mas, nesse ponto da sua carreira, Kissinger estava revoltado com a política externa dos republicanos: "a insinceridade do programa de segurança, a incomensurabilidade entre as promessas de campanha relativas às relações internacionais e a realidade". Eisenhower havia sido colocado em um pedestal pelas "agências de propaganda", ele reclamou para Schlesinger, mas uma crítica eficiente poderia expor o presidente como "hipócrita e pretensioso".[106]

No entanto, Kissinger ainda estava tentando encontrar uma alternativa coerente para as medidas de Eisenhower. Seu esboço de memorando, "Soviet Strategy – Possible U.S. Countermeasures" [Estratégia soviética – possíveis contramedidas norte-americanas], começava com uma revisão da antiga tese de Kennan sobre a contenção e reiterava argumentos em que Kissinger insistira por certo tempo. A contenção sob Truman levara os Estados Unidos a "ações periféricas" na Ásia e em outros lugares que haviam permitido aos líderes soviéticos explorar suas vantagens. A alternativa de Eisenhower – uma dependência excessiva na ameaça de uma guerra total – apenas aumentou o perigo de "o mundo se encaminhar para uma guerra". "Uma linha deveria ser definida com clareza", Kissinger argumentou, "e qualquer transgressão dela acarretaria uma grande guerra, embora não necessariamente ao ponto de agressão". Ele uma vez mais esboçou seu plano para uma "reserva estratégica norte-americana bastante móvel, a pouca distância dos centros vitais soviéticos, em áreas onde o terreno maximize a superioridade tecnológica dos Estados

Unidos" – especialmente o Oriente Médio. Talvez, ele conjecturasse, os britânicos e (estranhamente) os sul-africanos pudessem contribuir com tropas para essa força, que teria como base a Jordânia ou Cirene (Líbia). Com o intuito de disponibilizar recursos para essa iniciativa, o Japão poderia ser rearmado.[107]

Esse ainda era um trabalho que estava sendo feito.

V

A guerra psicológica contra um inimigo externo não é travada com facilidade durante um ano eleitoral. Inúmeras vezes, em 1956, Kissinger ficou consternado com o que os políticos diziam em sua caçada por votos. "Eu achei a atuação de [John Foster] Dulles na *Life** bastante assustadora", ele reclamou para Schlesinger,

> mas também acredito que [Adlai] Stevenson [o desafiante democrata] e [Hubert] Humphrey [que desejava a nomeação à vice-presidência] mal se distinguiram. Uma coisa é dizer que Quemoy e Matsu [ilhas controladas por Taiwan, e que haviam sido bombardeadas pela República Popular da China em 1954] não são dignas de uma guerra nuclear; outra é afirmar que nós jamais podemos ameaçar entrar em guerra. O slogan "não há alternativas para a paz" [usado por Eisenhower na época de Genebra] equivale a dar aos soviéticos um cheque em branco, pelo menos neste ano de eleições.[108]

A resposta de Kissinger foram dois artigos na revista *Foreign Affairs* no período de seis meses: "Force and Diplomacy in the Nuclear Age" [Força e diplomacia na era nuclear] e "Reflections on American Diplomacy" [Reflexões sobre a diplomacia norte-americana]. O primeiro começava com um

---

* Essa foi a entrevista em que Dulles descreveu "a capacidade de chegar ao ponto sem entrar em guerra" como "a arte necessária": "Se você não consegue dominá-la, você inevitavelmente entra em guerra. Se você tenta fugir dela, se você tem medo de ir para a beira, você está perdido". A partir desse momento, seu nome seria sempre associado à "diplomacia arriscada".

ataque brusco à retórica da campanha: frases como "retaliação maciça" e "não há alternativas para a paz" eram perigosas, a primeira porque apresentava, "para nós, riscos desproporcionais aos objetivos a serem alcançados", a outra porque removia "um freio poderoso para as ações exploratórias dos soviéticos e qualquer incentivo para a União Soviética fazer concessões".[109] Dessa vez, entretanto, Kissinger prosseguiu esboçando seu ponto de vista que se cristalizava rapidamente sobre a viabilidade de uma guerra nuclear limitada. Pela primeira vez, ele foi explícito: "[A]rmas nucleares, sobretudo as do tipo de baixo rendimento, parecem oferecer a melhor oportunidade para compensar nossa inferioridade em tropas e para usar nossa superioridade tecnológica do melhor modo".[110] Os soviéticos estavam tentando com todas as forças deslegitimar essa alegação insistindo que uma guerra nuclear limitada não era possível e exercendo pressão para um desarmamento abrangente ("Banir a bomba"). Mas isso não era nada mais que uma manobra para evitar que os Estados Unidos aproveitassem a oportunidade apresentada pelas armas nucleares táticas. Ao passo que os soviéticos estavam preparados para uma prolongada guerra de exaustão com grande concentração de tropas, "em um campo de batalha nuclear, a dispersão [seria] a chave para a sobrevivência e mobilidade o pré-requisito para o sucesso" – para não mencionar a "liderança de um alto nível, iniciativa pessoal e aptidão mecânica, todas as qualidades em que nossa organização militar provavelmente supera a da URSS".[111]

O segredo para evitar que uma guerra nuclear limitada aumentasse era "nossa diplomacia informar ao bloco soviético que nós somos capazes de ações além de uma guerra total ou inatividade, e que nós tencionamos usar essa capacidade", embora não na busca de uma rendição incondicional.[112] Essa mensagem tinha de ser transmitida não somente aos soviéticos, mas também aos aliados norte-americanos, bem como aos países não alinhados. Os primeiros tinham de ter a certeza de que a guerra não queria dizer "uma inevitáv[el] [...] catástrofe nacional"; aos últimos seria preciso "dar apoi[o] [...] para deixá--[los] impressionados com nossa capacidade de ação". Kissinger concluía com uma revisão de sua defesa de:

> um sistema de armamento que possa lidar com as tensões que surgirão com maior probabilidade nas áreas não compromissadas – tensões que por si só não levam ao uso maciço de armas termonucleares: guerra civil, ataques periféricos ou uma guerra entre os não compromissados. Na verdade, essa é uma medida

ingrata e certamente impopular. Mas nós não teremos condições de evitar a impopularidade. No curto prazo, tudo por que podemos esperar é respeito.[113]

Em uma época em que Eisenhower estava tornando a defender a retaliação maciça como "o segredo para a sobrevivência", Kissinger oferecia uma alternativa.[114]

"Reflections on American Democracy" tinha um tom de autoconfiança ainda maior. A política externa norte-americana, Kissinger afirmava bruscamente, havia chegado a "um impasse por causa de nosso gosto por finais felizes". Os norte-americanos não estavam apenas inclinados demais a se sentirem atraídos pela propaganda de paz dos soviéticos. Eles tinham um "gosto por soluções *ad hoc*", cuja base era uma crença ingênua de que a política externa poderia ser conduzida como uma ciência, quando ela era na verdade "a arte de pesar probabilidades [...] [de] compreender as nuances de possibilidades".[115] Além do mais, apesar da remodelação do CSN feita por Eisenhower, a tomada de decisões norte-americana era atormentada pela burocracia: múltiplos comitês, funcionários subordinados sobrecarregando seus superiores com montanhas de detalhes sem importância, departamentos rivais negociando medidas, decisões tão difíceis de alcançar que elas se tornavam impossíveis de reavaliar. E o pior, os norte-americanos eram excessivamente otimistas, eles não tinham "experiência trágica".

> [P]ara muitos de nossos homens mais respeitáveis, sobretudo na área de negócios, os alertas de perigo iminente ou de desastre iminente soam como os alertas de Cassandra feitos por distraídos "geniozinhos". [...] [O secretário de Defesa Charles Wilson e o secretário do Tesouro George Humphrey] simplesmente não podem acreditar que na era nuclear a penalidade para um cálculo errado possa ser a catástrofe nacional. Eles podem saber em suas cabeças, mas não conseguem aceitar em seus corações, que a sociedade que eles ajudaram a construir poderia desaparecer como aconteceu com Roma, ou Cartago ou Bizâncio, as quais provavelmente pareciam igualmente eternas para seus habitantes. [...] O erro irrevogável ainda não faz parte da experiência norte-americana.[116]

Por todas essas razões, Kissinger argumentava, os norte-americanos eram psicologicamente mal adaptados para fazer política externa no que ele via como um período revolucionário. Eles não conseguiam entender que, "em uma ordem revolucionária, os protagonistas na mesa de conferências se dirigem não tanto uns aos outros, como ao mundo em geral".[117] De modo paradoxal, "nós, os empiricistas, aos olhos do mundo somos rígidos, sem imaginação e até um tanto cínicos, enquanto os dogmáticos bolcheviques exibem flexibilidade, ousadia e sutileza".[118] O resultado final era "uma crise em nosso sistema de alianças e [...] ganhos substanciais soviéticos entre os povos não compromissados do mundo". A Guerra Fria havia se transformado em uma "disputa pela submissão da humanidade" e os Estados Unidos a estavam perdendo.

Nesse artigo (que, deve ser observado, foi injusto em relação ao extremamente bem dirigido CSN de Eisenhower),[119] as providências de Kissinger eram diplomáticas em vez de militares. Os aliados deveriam ser persuadidos de que "a melhor chance de eles evitarem a guerra termonuclear se encontra em nossa capacidade de tornar a agressão local dispendiosa demais", o que significava garantir uma contribuição eficaz dos próprios aliados. Quanto às "áreas não compromissadas", os Estados Unidos não deveriam procurar popularidade, mas respeito. "Em suas relações com os não compromissados", Kissinger concluiu, de modo um tanto pomposo, "os Estados Unidos devem desenvolver não somente uma compaixão maior, mas também uma majestade maior". "Temos procurado ser apreciados por nós mesmos, e temos desejado ser bem-sucedidos por causa da persuasão de nossos princípios e não por meio de nossa força."[120]

Kissinger havia percorrido um longo caminho desde seu entusiasmo de aluno de graduação por Kant. Era perceptível em seu trabalho de 1956 um primeiro vestígio da influência de Maquiavel. No capítulo 17 de *O príncipe*, Maquiavel pergunta "se é melhor ser amado do que ser temido, ou temido do que amado?". Ele responde que "a pessoa deveria desejar ambos, mas, como é difícil unir os dois em uma só pessoa, é muito mais seguro ser temido do que ser amado, quando for necessário abrir mão de um dos dois". Se um livro foi escrito para inspirar medo dos Estados Unidos, e não amor a eles, esse livro foi *Nuclear Weapons and Foreign Policy*.

VI

Kissinger trabalhou arduamente no livro durante o outono de 1956, negligenciando seus demais compromissos (o que incluía a edição da *Confluence* e a obtenção de fundos para o Seminário Internacional e ainda um novo projeto para Rockefeller) porque, como ele explicou para Bundy, "quando eu escrevo, negligencio todas as outras coisas".[121] "Tem sido [...] difícil", ele prosseguiu, "porque, ao passo que o tema é muito importante, tão pouco se sabe sobre ele que quase tudo que alguém escreve se aproxima da pura conjectura; e há uma pressão psicológica adicional porque todos no conselho, em sua gentileza, esperam uma obra-prima, enquanto eu não tenho ideia de com que uma obra-prima sobre o assunto se pareceria".[122] Não houve tal pressão quando ele estava escrevendo *Um mundo restaurado*. Na metade de novembro, ele reclamou para Graubard que estava "enjoado" do livro, e que faltavam ainda cinco capítulos para escrever.[123] No fim do ano, era "uma corrida disputada entre minha sanidade e o fim dela".[124] Sua esposa pouco o via. Ela colocava bandejas com comida pela porta do escritório dele e se afastava.[125]

Uma razão pela qual Kissinger achou *Nuclear Weapons and Foreign Policy* tão difícil de escrever era que as ideias nele contidas não pertenciam todas a ele. Não se tratava apenas do fato de que lhe tivessem pedido para sintetizar os pontos de vista discrepantes e na verdade contraditórios de um grupo de estudos. Ele também tinha se esforçado para consultar outros especialistas na área, desde Oppenheimer até seu antigo mentor, Fritz Kraemer. "Seu conteúdo dificilmente será uma surpresa para você", ele disse a Kraemer, "na verdade, em muitos trechos vai ser difícil que nos lembremos quem pensou em quais questões em primeiro lugar."[126] Como Kissinger explicou para Edward Teller, sua relação com o grupo de estudos havia sido de modo deliberado parcialmente distante: "A questão é que jamais houve uma tentativa de chegar a um consenso. Sempre foi entendido que eu iria ser o único responsável pelo livro e que o grupo seria em grande parte consultivo. Toda a segunda parte do livro jamais foi discutida no grupo de estudos, e nenhuma parte do manuscrito jamais foi submetida a ele".[127]

Além do mais, partes significativas do livro haviam sido publicadas antes na *Foreign Affairs* e em outras publicações; havia mesmo trechos reaproveitados de *Um mundo restaurado*. Uma das façanhas de *Nuclear Weapons* é que, apesar de tudo isso, o livro é coerente. Sabendo que sua extensão – 482 páginas – poderia afastar o leitor não especializado, Kissinger se esforçou para resumir seu tema. De modo pouco característico, ele o fez dois meses antes de sua publicação. Em 15 de abril de 1957, ele deu uma palestra para o Economic Club de Detroit sobre "How the Revolution in Weapons Will Affect

Our Strategy and Foreign Policy" [Como a revolução nas armas irá afetar nossa estratégia e a política externa].[128] Essa era essencialmente uma sinopse. Simultaneamente, ele publicou outro ensaio na *Foreign Affairs*: "Strategy and Organization" [Estratégia e organização].[129] Como John Eisenhower disse em um bilhete manuscrito para seu pai, o artigo era "um resumo do resumo do resumo do livro".[130]

Qualquer sumário é, naturalmente, seletivo. Portanto, é revelador que em "Strategy and Organization" Kissinger tenha escolhido se concentrar muito menos na guerra nuclear limitada que estava no cerne de sua argumentação e muito mais nas tomadas de decisão que iriam precedê-la e na diplomacia que iria ser desenvolvida no seu decurso. Seu primeiro ponto era que os Estados Unidos não tinham uma "doutrina estratégica" para a era nuclear. Pelo contrário, eles tinham, no máximo, "o consenso possível de ser atingido entre departamentos soberanos". As discussões entre departamentos e entre as agências para chegar a um acordo "somente postergam o dilema doutrinário até que alguma crise ou o processo orçamentário forcem uma reconsideração sob a pressão dos acontecimentos".[131] Por causa do "predomínio de considerações fiscais em nosso planejamento de defesa [...] a doutrina é adaptada e se necessário inventada para se acomodar às solicitações orçamentárias. [...] A busca por números é um sintoma da abdicação da doutrina".[132] Como consequência, houve um fracasso em compreender todas as implicações da guerra termonuclear, a saber, que poderia não ter um vencedor em um conflito total "porque até mesmo o lado mais fraco pode ter condições de infligir um grau de destruição que nenhuma sociedade poderá tolerar".[133] A doutrina de Kissinger relativa a uma guerra nuclear limitada poderia ser apresentada simplesmente:

> Contra o ameaçador pano de fundo de uma devastação termonuclear, o objetivo da guerra não pode mais ser uma vitória militar assim como nós a entendemos. Pelo contrário, deveria ser a realização de certas condições políticas específicas que são totalmente compreendidas pelo oponente. O propósito da guerra limitada é infligir perdas ou apresentar, para o inimigo, riscos que sejam desproporcionais aos objetivos disputados. Quanto mais moderado o objetivo, menos violenta a guerra terá probabilidade de ser.[134]

Isso tinha diversas implicações práticas. Em primeiro lugar, os Estados Unidos precisavam ter "um entendimento da psicologia com base na qual o oponente calcula seus riscos e a capacidade de apresentar-lhe a cada momento uma oportunidade para um acordo que pareça mais favorável do que o que resultaria se a guerra fosse continuada".[135] Seria preciso haver "pausas para análise" entre os enfrentamentos e negociação entre os dois lados mesmo enquanto a guerra estivesse acontecendo. Em segundo lugar, as forças nucleares retaliatórias do inimigo (segundo ataque) tinham de ser excluídas como alvos; ou então qualquer guerra poderia se intensificar. Em terceiro lugar, as forças militares dos Estados Unidos teriam de ser reorganizadas. Enquanto o Exército, a Marinha e a Aeronáutica continuariam como unidades administrativas e de treinamento, elas seriam subordinadas a duas organizações abrangentes: a Força Estratégica e a Força Tática. Em quarto lugar, o ciclo do orçamento para a defesa seria estendido de um para dois anos.[136]

Notável por sua ausência desse resumo era qualquer discussão séria do que uma guerra nuclear limitada realmente poderia ser. A única observação explícita de Kissinger sobre o tema – "as batalhas irão se aproximar dos combates estilizados do período feudal, que eram tanto um teste de força de vontade quanto uma prova de força" – até parecia implicar que a futura guerra seria *menos* destrutiva que os conflitos convencionais do período pré-nuclear.[137] Havia um motivo para essa imprecisão pouco característica, como se verá adiante. Para propósitos retóricos, o ponto crucial era enfatizar as implicações horrendas de uma guerra nuclear total. Como Kissinger argumentou em outro "trailer" para seu livro – um artigo curto no *The Reporter** –, os defeitos das "doutrinas estratégicas predominantes" faziam com que uma catastrófica guerra nuclear total fosse mais provável do que as pessoas reconheciam:

> Do jeito que as coisas estão, as grandes potências, de modo concebível, poderiam ser levadas a uma guerra totalmente contra a vontade delas. O conflito por causa do Canal de Suez mal foi previsto pelas potências ocidentais e talvez nem mesmo pela União Soviética. E a revolução húngara foi um choque profundo para o Kremlin. As duas sublevações resultaram em ações militares que as doutrinas

---

* *The Reporter* havia sido fundado em 1949 por Max Ascoli, um refugiado da Itália fascista, e pelo jornalista James Reston, e era extremamente influente como um veículo para expressão de comentários anticomunistas em defesa de soluções militares. Ele foi incorporado pela *Harper's Magazine* em 1968.

estratégicas predominantes poderiam com facilidade ter intensificado em uma guerra total. Movimentações soviéticas semelhantes na Alemanha Oriental ou na Polônia são repletas de um perigo ainda maior.

Para Kissinger, entretanto, o Armagedom não era o pesadelo. Pelo contrário, era o medo do que o Armagedom poderia causar. "A ausência de quaisquer limites conhecidos para a guerra", ele alertou, "destrói a estrutura psicológica da resistência à movimentação comunista. Onde a guerra é considerada tão nociva quanto suicídio nacional, a rendição pode parecer o menor de dois males".[138]

Nuclear Weapons and Foreign Policy foi publicado em 26 de junho de 1957. Apesar da objeção de McGeorge Bundy ao seu "tom e [...] atitude de superioridade crítica", a maioria dos leitores ficou impressionada com o competente exame da estratégia de segurança nacional de Eisenhower.[139] Especialmente, havia uma sedutora firmeza no argumento. O "desafio da era nuclear", Kissinger argumentava, era que "a desmesura das armas modernas torna a ideia da guerra repugnante, mas a recusa a correr quaisquer riscos significaria dar aos dirigentes soviéticos um cheque em branco".[140] Um dissuasor termonuclear, ele se arriscou a argumentar, era análogo à Linha Maginot francesa na década de 1930. Somente dezessete anos depois do abjeto fracasso da linha em manter a Wehrmacht fora do território francês, essa era uma comparação que ainda tinha o poder de assustar. Mas, como Kissinger argumentou, o *establishment* da defesa norte-americana estava parado na era da Segunda Guerra Mundial em mais de um modo. Ainda havia a suposição de que, como em Pearl Harbor, a próxima guerra iria começar com um ataque surpresa, ao qual a Força Aérea norte-americana iria reagir com um devastador bombardeio aéreo de cidades inimigas. A única diferença era que dessa vez todas as bombas seriam nucleares. Enquanto isso, a Marinha iria navegar e o Exército iria marchar, cada qual com suas próprias armas nucleares. No entanto, essas suposições eram completamente anacrônicas na era nuclear, e deixavam os Estados Unidos expostos a uma estratégia soviética bastante diferente (assim como na Coreia) de ataque a países periféricos, mantendo suficientemente baixas as apostas de que a retaliação maciça jamais fosse a resposta adequada. Era necessário "uma estratégia de objetivos intermediários".[141]

Outros autores já haviam tentado descrever como poderia ser uma guerra nuclear, mas o relato de Kissinger nos capítulos 3 e 4 de *Nuclear Weapons* foi pioneiro, aparecendo dois anos antes do romance best-seller de Nevil Shute *A hora final*, e três anos antes da publicação de *On Thermonuclear War* [Sobre a guerra termonuclear] de Hermann Kahn. Começando com uma estimativa dos efeitos destrutivos de uma bomba de dez megatons jogada sobre Nova York, Kissinger avalia que um ataque soviético total sobre as cinquenta maiores cidades dos Estados Unidos iria matar entre 15 e 20 milhões de pessoas e ferir entre 20 e 25 milhões; outros 5 a 10 milhões iriam morrer por causa dos efeitos do decaimento radioativo, enquanto talvez outros 7 a 10 milhões ficassem doentes. Os sobreviventes iriam se defrontar com "desintegração social".[142] Mesmo então os Estados Unidos ainda teriam condições de infligir uma devastação comparável à União Soviética: "Doravante, o único resultado de uma guerra total será o de que *os dois* combatentes devam perder".[143] Ao contrário de muitos escritores posteriores, entretanto, o objetivo de Kissinger não era o de se manifestar a favor do desarmamento nuclear. Na verdade, ele foi bem claro que "os horrores de uma guerra nuclear provavelmente não [seriam] evitados por meio de uma redução de armamentos nucleares"; ou, por falar nisso, por sistemas de inspeção de armas.[144] Se "a guerra total [tivesse] portanto deixado de ser um instrumento significativo de política", Kissinger perguntava, seria, não obstante, "possível imaginar aplicações de poder menos catastróficas que uma guerra nuclear total?".[145] Sua resposta, como já visto aqui, era sim: uma guerra nuclear limitada era, na verdade, possível.

O fato de que uma guerra nuclear limitada não tenha acontecido durante a Guerra Fria não é uma evidência clara de que a tese de Kissinger estivesse errada. Pelo contrário, o livro estava claramente correto no sentido de que, depois de sua publicação, as duas superpotências começaram a adquirir uma considerável capacidade nuclear tática e ainda estavam aumentando essa capacidade no começo da década de 1980. Que ela nunca tenha sido usada é irrelevante; o que importa é que tais armas eram consideradas utilizáveis por ambos os lados. As falhas em *Nuclear Weapons and Foreign Policy* são mais sutis e refletem o fato de que – apesar da autoria única de Kissinger – o livro continuasse, no fundo, a ser o trabalho de um comitê.

Grande parte da crítica de Kissinger à administração Eisenhower é agora familiar. Nós já nos deparamos com o argumento de que se basear na ameaça de uma retaliação maciça poderia tender a debilitar o sistema de alianças regionais dos Estados Unidos, sobretudo na Europa; igualmente familiar é a análise feita por Kissinger do pensamento estratégico da União Soviética e da

China, que delineia suas ideias anteriores a respeito do modo como as potências revolucionárias se comportam; sua análise da "ofensiva de paz" soviética, e sua recomendação para a junção das forças armadas e criação de forças estratégicas e táticas novas e rigidamente separadas. Os capítulos novos se relacionam à natureza de uma guerra nuclear limitada por si só. É neste ponto que Kissinger se baseava mais nos militares do grupo de estudos do CFR – e é neste ponto, como resultado, que seu argumento é mais fraco.

O primeiro elo fraco no "argumento a favor da possibilidade de uma guerra limitada" é a alegação de Kissinger de que "os dois lados têm um interesse comum e preponderante em evitar que ela aumente" além do "limite que desencadearia uma guerra total".[146] Na verdade, ele sugere, a ideologia marxista deles fez com que os líderes soviéticos dificilmente "arriscassem tudo para evitar mudanças que lhes sejam desfavoráveis, desde que a sua sobrevivência nacional não seja diretamente afetada".[147] Entretanto, Kissinger acrescenta uma série de informações a esse argumento. Seria necessário haver "áreas protegidas imunes a ataques, porque qualquer ameaça à força de ataque estratégica do oponente [iria] tornar provável um holocausto termonuclear". Por exemplo, bases de forças aéreas estratégicas e cidades acima de determinado tamanho deveriam ser zonas proibidas.[148] Também seria necessário haver diferentes "mecanismos de transporte [identificáveis] que não possam ser confundidos com forças estratégicas".[149] Kissinger até mesmo propõe regras sobre o tamanho das armas que pudessem ser empregadas, sugerindo a certo ponto um máximo de quinhentos kilotons. Se tais regras fazem com que uma guerra limitada soe mais como um jogo que como um combate violento, a ideia de Kissinger a respeito de pausas diplomáticas também soa assim:

> Toda campanha deveria ser concebida em uma série de fases independentes, cada uma delas implicando um objetivo político e com um intervalo suficiente entre elas para permitir a aplicação de pressões políticas e psicológicas. [...] [S]erá necessário abrir mão da ideia de que o contato diplomático cessa durante as operações militares. Pelo contrário, o contato direto será mais que nunca necessário para garantir que os dois lados possuam a informação correta sobre as consequências de expandir uma guerra e possam apresentar fórmulas para um acordo político.[150]

O leitor moderno não pode deixar de ficar pensando quão eficazes tais dispositivos limitadores teriam sido na prática, caso uma guerra nuclear limitada tivesse começado. A experiência das guerras mundiais não dava muita base para a ideia de que os canais diplomáticos de comunicação fossem permanecer abertos depois de as hostilidades terem começado. Na verdade, na época da publicação de *Nuclear Weapons*, Thomas Schelling já havia começado a trabalhar em uma teoria econômica de negociação que iria suscitar sérias dúvidas a respeito de quão facilmente a escalada poderia ser evitada em qualquer jogo entre dois contendores que fosse baseado parcialmente em ameaças.[151]

O segundo problema ligado a esse relaciona-se ao caráter preciso de uma guerra nuclear limitada por si só. Kissinger argumenta que tal guerra seria travada por "unidades de grande mobilidade e considerável poder de fogo, que poderiam ser movidas com rapidez para pontos de conflito e que poderiam fazer com que suas forças fossem usadas com discernimento".[152] No capítulo 6, ele estabelece uma analogia com a guerra naval tradicional, na qual "unidades independentes com grande poder de fogo gradualmente conseguem ganhar vantagem destruindo seus inimigos sem ocupar fisicamente o território ou estabelecer uma linha de frente". As forças nessa guerra futura estariam se movimentando ao redor do campo de batalha em "helicópteros de transporte de tropas"; na verdade, "até mesmo ao soldado individual em algumas unidades [seria] dada a capacidade rudimentar de se transportar por via aérea por meio da 'plataforma voadora'". Os alvos não seriam cidades, campos aéreos ou instalações industriais, mas simplesmente as unidades móveis do inimigo.[153] Partes desse argumento têm as características de ficção histórica; algumas delas, de pura ficção científica.

Uma terceira dificuldade é o argumento de que os Estados Unidos teriam vantagens inatas em tal conflito, por causa de seu "potencial industrial superior, o maior alcance de nossa tecnologia e a adaptabilidade de nossas instituições sociais [...] [bem como] liderança de um nível mais alto, iniciativa pessoal e aptidão mecânica, qualidades mais predominantes em nossa sociedade que no sistema altamente organizado da URSS".[154] Não fica de modo nenhum claro por que, se isso fosse verdade, a União Soviética teria tido qualquer incentivo para aceitar as regras de combate de uma guerra limitada. Na verdade, como Kissinger reconhece no capítulo 11, os russos já haviam dedicado uma quantia considerável de propaganda ao argumento de que uma guerra nuclear limitada era uma impossibilidade.

Resumindo, o ponto central de *Nuclear Weapons and Foreign Policy* – sua visão de armas nucleares táticas sendo transportadas na guerra por unidades do Exército conduzidas por helicóptero – não convence. Por que, então, o livro teve tanto sucesso, tanto de leitores especializados quanto comercial? Parte da resposta é a eficácia de sua crítica a Eisenhower e Dulles. Outra parte é o seu pessimismo subjacente: como será visto aqui, o livro foi publicado no momento exato para coincidir com uma onda de ansiedade pública a respeito de os soviéticos alcançarem os norte-americanos na corrida armamentista. Mas há uma terceira explicação. A base filosófica de *Nuclear Weapons* é a de que algo aparentemente repugnante como uma guerra nuclear limitada poderia ser o menor dos males se as alternativas fossem a impotência ou a aniquilação. Em seu capítulo final, Kissinger explica com clareza uma teoria geral do menor dos males que pode ser vista como um tipo de credo para sua carreira de modo geral:

> [A] não ser que nós mantenhamos pelo menos um equilíbrio de poder [...] nós não iremos ter chances de tomar quaisquer medidas positivas. E a manutenção desse equilíbrio pode requerer certas escolhas muito difíceis. Nós temos a certeza de que seremos confrontados com situações de extraordinária ambiguidade, tais como guerras civis ou golpes internos. [...] Não pode haver dúvida de que teremos de tentar impedir tais ocorrências. Mas, uma vez que elas tenham acontecido, nós temos de ter o poder de agir e de correr riscos em uma situação que permita apenas a escolha entre males. Se, por um lado, jamais devemos abrir mão de nossos princípios, também temos de perceber que não podemos manter nossos princípios a não ser que nós sobrevivamos. [...] Seria confortador se pudéssemos confinar nossas ações em situações em que nossas posições morais, legais e militares estivessem em harmonia completa, e em que a legitimidade estivesse em sua maior parte de acordo com os requisitos para a sobrevivência. Mas, como a potência mundial mais forte, nós provavelmente não mais teremos as simples escolhas morais com que poderíamos insistir em nosso passado mais seguro. [...] Lidar com problemas de tamanha ambiguidade pressupõe acima de tudo uma ação moral: uma prontidão para correr riscos baseada em um conhecimento parcial e para uma aplicação menos que perfeita dos nossos princípios. A insistência em absolutos [...] é a prescrição para a inatividade.[155]

Esse era o Kissinger em sua veia kantiana mais familiar: era um ato inerentemente moral fazer uma escolha entre os males menores e os maiores.

VII

"Eu não conseguiria viver comigo mesmo, se fosse fazer algo para o conselho aquém do melhor de que sou capaz", Kissinger tinha escrito um ano antes da publicação de *Nuclear Weapons and Foreign Policy*. "Não é simplesmente uma questão de terminar *um* livro, mas de terminar um livro verdadeiramente de primeira categoria."[156] Poucos autores sabem com certeza se seu trabalho é de primeira categoria; a maior parte espera extremamente ansiosa o veredicto dos demais, começando com aqueles solicitados por seus editores. Não é difícil imaginar o alívio que Henry Kissinger sentiu ao ler o seguinte texto:

> O histórico livro do dr. Kissinger é extraordinariamente bem fundamentado, e nesse aspecto é bastante sem precedentes no campo das armas nucleares. Ele é escrupuloso em sua apreciação dos fatos, e ao mesmo tempo apaixonado e firme na argumentação. Sua tese é a de que a guerra, longe de ter se transformado em "incogitável", é, na verdade, cogitável, e precisa das ideias mais lúcidas, sóbrias e originais se ela deve ser ou evitada, ou limitada, direcionada para servir os interesses de nosso país, ou planejada para evitar uma castástrofe [sic] inimaginável. Espero que todos os que se sintam responsavelmente envolvidos com o futuro de nosso país o leiam.[157]

O fato de que essas palavras tenham sido escritas por Robert Oppenheimer, o pai da bomba atômica, foi uma garantia de que a falta de conhecimento científico de Kissinger não havia sido fatal para sua empreitada. Particularmente, Oppenheimer estava entusiasmado também: o livro era "um começo magistral e potencialmente muito importante [...] de longe a melhor coisa que eu tenho visto em público, e muitíssimo melhor que qualquer coisa existente nos documentos oficiais durante os anos em que eu tinha de dar uma olhada neles". Quanto à sua advertência, citada na epígrafe deste capítulo, ela poderia facilmente ser deixada de lado como uma utopia: em 1957, havia poucos indícios de comunidades transnacionais substituindo Estados-Nações no âmbito do poder político. Houve outras opiniões favoráveis anteriores à publicação

– de Caryl Haskins e Clare Boothe Luce* –, mas era a de Oppenheimer que importava.¹⁵⁸

As primeiras resenhas foram, como Kissinger disse, "bem boas".¹⁵⁹ Chalmers Roberts, do *The Washington Post*, chamou-o de "o livro mais importante de 1957 [...] uma discussão exploratória, inteligente e desafiadora [...] [que] deveria ser lida por todos os civis em altos postos e líderes militares na nação".¹⁶⁰ Escrevendo para o *Chicago Tribune*, Robert E. Osgood louvou a "perspicácia profunda, a imaginação fértil e a impressionante capacidade analítica"¹⁶¹ do autor. O resenhista do *New York Herald Tribune* considerou o livro "profundamente sério [e] determinadamente sincero",¹⁶² enquanto o *The Christian Science Monitor* chamou Kissinger de "mestre da lógica", acrescentando a informação de que o livro era "uma leitura difícil, ao ponto em que um pensamento intensamente racional em uma área relativamente nova pode ser difícil".¹⁶³ Edward Teller concordou que ele era "não somente bastante longo, [mas] também um tanto difícil de ler", mas sua resenha no *The New York Times* – com frequência o árbitro do sucesso de um livro nos Estados Unidos – foi positiva.¹⁶⁴ Outro aval importante ("grande brilho, amplo conhecimento e bom julgamento") veio de Hans Morgenthau, cujo *A política entre as nações* (1948) já o havia estabelecido como o decano do realismo na política externa norte-americana.¹⁶⁵ Em Londres, *The Economist* julgou o livro "prolixo e às vezes bastante obtuso, mas não obstante muito inteligente e estimulante".¹⁶⁶ A primeira manifestação de ceticismo surgiu em um artigo no *Herald Tribune*, em que Ralph E. Lapp, o diretor do Nuclear Science Service [Serviço de Ciência Nuclear], expressou suas dúvidas a respeito da possibilidade de uma guerra nuclear limitada.¹⁶⁷

A verdadeira resistência começou no *The New Republic*. James E. King Jr. contestou a princípio a abordagem aparentemente amoral de Kissinger da questão da guerra nuclear. O "ponto de partida" do livro, ele sugeriu, era "realista". Em nenhum ponto "o leitor iria descobrir qualquer inclinação a fundamentar conclusões em premissas morais".¹⁶⁸ No entanto, dois pontos centrais do argumento não eram nem um pouco realistas: o primeiro, de que uma guerra

---

* Luce, a espirituosa e glamorosa esposa do editor da *Time*, havia acabado de voltar depois de servir como embaixadora dos Estados Unidos em Roma. Foi ela quem cunhou a frase: "Nenhuma boa ação fica sem ser punida".

nuclear limitada não fosse automaticamente se transformar em uma guerra total; e o segundo, de que uma guerra nuclear limitada iria ser travada como uma guerra naval na era da navegação. Ainda mais contundente era a resenha de Paul Nitze em *The Reporter*, que achou o argumento do livro "supersimplificado e exagerado" – sobretudo quando ele passava a criticar as decisões na administração Truman em que Nitze estivera diretamente envolvido. Havia "várias centenas de trechos em que ou os fatos ou a lógica parecem duvidosos, ou pelo menos não estão claros". Kissinger havia minimizado os prejuízos causados por bombas nucleares afirmando que o impacto explosivo e os efeitos térmicos das armas aumentam apenas proporcionalmente à raiz cúbica de seu poder explosivo ampliado, enquanto na realidade era pela raiz cúbica *ao quadrado*:

> Uma arma megaton tem um impacto explosivo 10 mil vezes maior que o de uma arma de uma tonelada de TNT, e não cem vezes, o que seria se a regra da raiz cúbica de Kissinger fosse, na verdade, válida. Isso possivelmente pode explicar por que Kissinger pensa que armas de quinhentos quilotons são apropriadas para inclusão em um arsenal para uma estratégia nuclear limitada concebida para poupar da aniquilação os habitantes da área geográfica em que a campanha deverá ser conduzida. Erros de informação de uma ordem de magnitude de uma centena para um podem ter implicações significativas para a doutrina.*

As "cidades abertas" de Kissinger (as cidades declaradas livres de armas nucleares) seriam poupadas de todas as ações militares ou somente da ação nuclear? Se fosse o primeiro caso, argumentou Nitze, haveria um incentivo para desenvolver forças convencionais nessas cidades antes de qualquer conflito; se fosse o outro caso, "então a guerra poderia em grande parte passar a ser uma guerra convencional pelo controle de áreas excluídas do ataque nuclear". De modo geral, segundo o ponto de vista de Nitze, Kissinger estava subestimando a probabilidade de que a maioria das futuras guerras, se não todas elas, seriam, na verdade, convencionais. "Na era nuclear", ele concluiu,

> todos devem ser a favor da limitação das guerras, se a própria guerra não pode ser eliminada. Mas, se as limitações realmente devem prevalecer sob as imensas

---

* É surpreendente que Oppenheimer não tenha visto esse erro.

pressões de até mesmo uma guerra "pequena", pareceria que algo mais é requerido que um gráfico feito por Rube Goldberg de limitações arbitrárias, armas sem peso, plataformas voadoras que não requerem combustível e táticas que não são baseadas em alvos para ataque, e nenhuma vulnerabilidade logística ou de comunicações para defender.[169]

Esse era um ataque extraordinário para um homem que havia participado do grupo de estudos que Kissinger estava de certo modo representando, e deixou o autor incerto. (Segundo Nitze, posteriormente Kissinger brincou que ele "tinha chegado à página 147 de [uma] refutação e decidiu que, se a refutação precisava de tantas páginas, tinha de haver alguma coisa de errado na minha posição".)[170]

Como acontece tantas vezes com livros escritos por acadêmicos que atraem muita atenção e vendem muitos exemplares, *Nuclear Weapons and Foreign Policy* foi ferozmente atacado pelos resenhistas em publicações mais acadêmicas. Talvez tenha sido inevitável que os homens que haviam passado muito mais tempo que Kissinger pensando nos problemas de uma guerra nuclear se ressentissem da ambição dele. Nitze, por exemplo, fora deixado para trás; na verdade, seus próprios argumentos a respeito de como uma guerra nuclear limitada poderia ser travada – publicados na *Foreign Affairs* em janeiro de 1956 – haviam contido pelo menos tantos furos quanto os que ele detectou no livro de Kissinger.[171] Mas a situação talvez tenha ficado pior devido ao fato de o livro ter sido publicado pelo Council on Foreign Relations, a mais veneranda das instituições norte-americanas dedicadas ao estudo de relações internacionais e, portanto, o alvo perfeito para novos grupos de especialistas ansiosos para ficarem conhecidos. A Rand Corporation (abreviação de "Research and Development" [Pesquisa e desenvolvimento]) tinha sido estabelecida pela Douglas Aircraft Company em 1946, mas passou a ser uma entidade independente dois anos mais tarde. Outros novos competidores eram o Center for Research on World Political Institutions [Centro de Pesquisas de Instituições Políticas Mundiais] (CRWPI), fundado em Princeton em 1950, e o Center for International Studies [Centro de Estudos Internacionais], fundado um ano mais tarde, também em Princeton. De origem mais recente era o Foreign Policy Research Institute [Instituto de Pesquisas de Política Externa], fundado na Universidade da Pensilvânia em 1955. Escritores afiliados a essas instituições foram ainda mais longe que King e Nitze na tentativa de destruir o raciocínio de Kissinger. Richard W. Van Wagenen, o diretor do CRWPI de Princeton, ignorou a distinção entre guerra nuclear limitada e total como "engenhosa mas duvidosa" (um veredicto ecoado na resenha de Morgenthau, que em outros aspectos era amistosa).[172] Bernard Brodie, da Rand, deixou claro que ele se sentia insuficientemente reconhecido como o pioneiro do debate sobre a guerra limitada.[173] Stefan Possony, que em breve iria se filiar à Hoover Institution de Stanford, criticou as "ideias acadêmicas 'retrógradas'" de Kissinger, argumentando que o livro simplesmente não compreendia "as complexidades da estratégia moderna" e deixava de lado a realidade de que os Estados Unidos já estavam dedicando cerca de 60% de seu orçamento de defesa "precisamente para a causa que o dr. Kissinger está defendendo", ou seja, capacidades não estratégicas utilizáveis em uma guerra limitada.[174]

A maioria das resenhas hostis, entretanto, foi feita pelo colega de Brodie na Rand, William W. Kaufmann. Kissinger, ele argumentou, havia feito uma leitura superficial das questões cruciais sobre quantos danos as armas nucleares táticas realmente causavam, quanto realmente iria custar para adotar uma estratégia de guerra nuclear limitada, e quão alarmados os aliados dos norte-americanos iriam ficar agindo dessa maneira. Para Kaufmann, *Nuclear Weapons* subestimava esses três pontos:

> Kissinger descreve a bomba de quinhentos quilotons como a maior que pode ser usada sem o risco de um decaimento radioativo significativo e, portanto, o tamanho máximo que poderia ser permitido em uma guerra limitada. Deixando de lado o problema de como esse limite poderia ser imposto e cumprido, ficamos pensando onde ele obteve a ideia de que tal bomba, mesmo se usada em quantidades pequenas, não iria criar uma quantidade significativa de radioatividade. Nós também ficamos pensando como ele pode falar em usar tais armas com discernimento quando uma bomba de explosão aérea de quinhentos quilotons irá causar sérios danos por impacto da explosão a objetos tais como construções de concreto armado em uma área de cerca de 24 quilômetros quadrados, e produzir sérios efeitos térmicos em uma área ainda maior.

Ao mesmo tempo, a visão mais ou menos benigna de Kissinger de uma guerra nuclear limitada se baseava em um ponto de vista totalmente irreal da atual e da futura tecnologia militar:

[Um] razoável conhecimento de tecnologia militar iria sugerir que uma aeronave que decole e pouse na vertical dificilmente vai se tornar uma arma operacionalmente útil antes da metade da década de 1960; que nós não estamos nem perto de um substituto para o motor de combustão interna, que os veículos para transporte nuclear não parecem ser muito promissores para a próxima década ou algo assim, e que o Exército ainda nem chegou perto de se libertar de bases logísticas e de linhas de comunicação [...] [L]er os capítulos de Kissinger sobre uma campanha militar limitada é acreditar que o equivalente militar do ioiô sem corda está disponível.[175]

VIII

Por quê, mesmo quando o veredicto de especialistas como William Kaufmann foi tão negativo, *Nuclear Weapons and Foreign Policy* ainda foi um sucesso tão grande, com uma tiragem inicial de 70 mil exemplares com capa dura, e selecionado para o Clube do Livro do Mês? Parte da resposta é que relativamente poucas pessoas liam publicações como *World Politics* [Política Mundial]. Mas uma resposta melhor é que o livro de Kissinger proporcionou o que parecia ser uma munição útil aos críticos da doutrina de retaliação maciça dentro e fora da administração Eisenhower. Ainda mais importante, poucos meses após a publicação do livro, acontecimentos fora dos Estados Unidos deram uma inesperada credibilidade para o argumento de Kissinger de que a estratégia norte-americana estava em crise.

Era inevitável que o lado oficial se mostrasse desdenhoso. O secretário da Defesa Charles E. Wilson afirmou bruscamente: "Não vai haver nenhuma guerrinha com os russos". Esse também era o ponto de vista do almirante Arthur W. Radford, presidente do Estado-Maior Conjunto.[176] O coronel Ephraim M. Hampton, suplente para avaliações no Air War College, chamou a distinção entre guerra limitada e total de um "estratagema escapista – um caso de o açúcar cobrindo a verdade amarga".[177] Porém, o *establishment* em Washington não foi unânime. Como o membro do grupo de estudos do CFR a quem Kissinger havia dado maior atenção, o general James M. Gavin dificilmente renegaria o que ele chamou de "um livro esplêndido [...] um dos mais significativos, se não for o mais significativo, de nossa época".[178]

O chefe de Gavin, o secretário do Exército Wilber M. Brucker, também deu apoio à ideia de guerra limitada.[179] Como o *The Washington Post* relatou, o livro de Kissinger havia causado "muitos questionamentos internos no Pentágono, no Estado e no Capitólio".[180] O jornal poderia ter acrescentado a Casa Branca a essa lista. O vice-presidente Nixon achou o livro "muito estimulante e construtivo".[181] Henry Cabot Lodge Jr., ex-senador por Massachusetts a quem Eisenhower havia nomeado seu representante nas Nações Unidas, recomendou *Nuclear Weapons* ao presidente, dizendo que era "lúcido, profundo e construtivo".[182] Um resumo detalhado foi devidamente preparado pelo general Andrew Goodpaster, o secretário de confiança de Eisenhower.[183] Por sua vez, Eisenhower ficou suficientemente impressionado pelo resumo para recomendar o livro a Dulles.

> Não quero dizer que você vá concordar com tudo que o homem diz. Acho que há falhas nos argumentos dele e, no mínimo, se fôssemos organizar e manter forças militares de acordo com as linhas sugeridas por ele, nós teríamos o que George Humphrey [que havia acabado de se demitir da Secretaria do Tesouro] sempre chama de "tanto o velho quanto o novo". Essa, sem dúvida, seria uma operação mais custosa que a que nós estamos levando a cabo agora.
>
> Entretanto, o autor direciona seus argumentos a certos conceitos e equívocos gerais e populares, e [...] eu acho que você vai achar interessante e válido ler pelo menos essa parte do livro.[184]

Em 11 de agosto, *The New York Times* publicou uma reportagem de primeira página dizendo que "membros nos mais altos escalões do governo" estavam lendo Kissinger.[185] Não havia como negar isso.

O verão de 1957 foi um período de mudanças na administração Eisenhower. Humphrey não foi o único a sair; Wilson deixou o Pentágono logo depois da publicação do livro de Kissinger, para ser substituído por Neil McElroy, da Procter & Gamble, enquanto Radford foi substituído como presidente do Estado-Maior Conjunto pelo general Nathan F. Twining. Detectando algo além de uma simples mudança, o influente correspondente do *Manchester Guardian* em Washington, Alistair Cooke, comparou o impacto de Kissinger com o de Kennan na gênese da estratégia da contenção.[186] A *Time* fez um comentário semelhante.[187]

Essas mudanças aconteceram depois de uma série de crises na política externa que havia tornado oportuna uma crítica como a de Kissinger. Em 29 de outubro de 1956, sem consultar os Estados Unidos, a Grã-Bretanha, a França e Israel haviam iniciado uma invasão do Egito concebida não apenas para reverter a nacionalização do Canal de Suez feita pelo presidente Gamal Abdel Nasser, mas também para derrubar o próprio Nasser. Em menos de uma semana, em 4 de novembro, o Exército Vermelho havia invadido a Hungria com o intuito de acabar com o regime reformista de Imre Nagy. Eisenhower estivera trabalhando arduamente para conquistar os líderes árabes, temendo que eles pudessem ser atraídos para a órbita soviética. Assim como muitas pessoas de esquerda na Grã-Bretanha, ele se sentiu incapaz de simultaneamente condenar a invasão da Hungria e apoiar a do Egito. Não era difícil para uma pessoa "de fora" bem informada criticar severamente a administração, e Kissinger o fez. "Em relação aos acontecimentos recentes, a que eu mais me oponho", ele vociferou em uma carta para Stephen Graubard,

> não é tanto a insensatez de nossa política, que em meu ponto de vista se aproxima do traiçoeiro, mas acima de tudo o pedantismo e a falta de estilo de nosso comportamento. Os burocratas mesquinhos em Washington estavam mais indignados com a Grã-Bretanha e a França que com os soviéticos, porque os britânicos atrapalharam os planos deles com mais força. E eles estavam até um pouco irritados com os húngaros porque eles os forçaram a tomar decisões que teriam sido muito mais simples nunca ter de enfrentar. Se Cristo tivesse tido uma Secretaria de Planejamento de Políticas, ele com certeza jamais teria subido na cruz.

Essa foi uma deixa para um dos ataques cada vez mais frequentes de Kissinger à abordagem legalística da política externa feita pela administração.

> A negação pedante do elemento trágico da vida que é nossa característica mais marcante pode muito bem prenunciar nossa destruição. Os advogados espertos que administram nosso governo parecem ter uma resposta para tudo, exceto para o compromisso interno. Mas o Ocidente iria ainda ser um apêndice insignificante de uma Eurásia bárbara caso ele sempre tivesse sido impulsionado por uma ausência de sentido de missão e uma busca por um risco mínimo que é nossa característica mais marcante. Em nossa situação, a insistência em pura moral é por si só a mais imoral das posturas. E os húngaros nos mostraram a insignifi-

cância de nossa estatura moral. Os europeus não são destituídos de culpa porque eles estiveram pregando o pacifismo por tanto tempo que eles paralisaram tanto a nós quanto a si próprios, mas acredito que a reação deles seja mais saudável que a nossa.[188]

No começo de fevereiro, muito tempo depois de a Grã-Bretanha e a França terem se submetido às resoluções das Nações Unidas e retirado suas forças do Egito, Kissinger ainda reclamava do "pedantismo e da hipocrisia" da reação norte-americana à crise. "Nós podemos ter provado que a agressão não compensa", ele disse a Bundy, "mas nós o fizemos para o povo que tem menos probabilidade de perturbar a paz, e à custa do orgulho nacional deles, o que não será totalmente visível por certo tempo. [...] Eu me sentiria mais feliz a respeito de protestos de altos princípios morais se eles não coincidissem com tanta frequência com uma política de mínimo risco".[189]

É duvidoso que muitos norte-americanos compartilhassem da indignação de Kissinger a respeito dos acontecimentos nos distantes países da Hungria e do Egito. No começo de 1957, muitos ainda sentiam certa despreocupação em relação à ameaça nuclear, um estado de espírito muito bem mostrado pela música do grupo Five Stars em estilo *doo-wop*, "Atom Bomb Baby".* Havia, entretanto, um amplo apoio no Congresso para a resolução concebida em termos vagos por Eisenhower em janeiro de 1957, que comprometia os Estados Unidos a defender "o Oriente Médio" contra "agressão armada declarada da parte de qualquer nação controlada pelo comunismo internacional".[190] De modo inquestionável, o apoio estava aumentando para a proposta de que a ameaça de uma retaliação maciça era insuficiente para evitar uma furtiva expansão soviética. Mas foi a noite de 4 de outubro de 1957 que garantiu a celebridade de Kissinger. O lançamento bem-sucedido do Sputnik 1, o primeiro satélite artificial, em uma órbita elíptica ao redor da Terra, concretizou a crescente ansiedade dos norte-americanos de que os soviéticos os estivessem alcançando não somente em termos militares, mas também tecnológicos e

---

* "Atom bomb baby, boy she can start/ One of those chain reaction in my heart/ A big explosion, big and loud/ Mushrooms me right up on a cloud." ["A menina atômica, cara, ela pode desencadear/ Uma reação em cadeia no meu coração/ Uma explosão imensa, grande e barulhenta/ Me atira em uma nuvem de cogumelo."]

econômicos. Com o dobro do tamanho de uma bola de basquete, o Sputnik (abreviatura para "satélite elementar") era capaz de completar sua órbita em 96 minutos e era tanto visível no céu noturno quanto audível, transmitindo sinais de rádio de ondas curtas para a Terra. Por si só, ele era inofensivo, mas o fato de que os soviéticos tivessem sido capazes de lançá-lo indicava que eles também seriam capazes de produzir mísseis de longo alcance que poderiam atingir alvos nos Estados Unidos.* O resultado foi uma onda de pânico público alimentada pela mídia.[191] "A ciência russa [havia] dado uma surra na ciência norte-americana", declarou *The Boston Globe*. Com o programa de satélites norte-americano ficando bem para trás, a CIA desesperadamente tentou conceber façanhas que pudessem rapidamente se equiparar ao feito soviético. (Uma sugestão foi usar uma bomba de hidrogênio para conter um tufão.)[192] De modo significativo, a resposta cheia de reflexão de Eisenhower para a crise – ele inicialmente a havia desdenhado como um "truque" – enfatizava as vantagens norte-americanas em armamentos que teriam feito pouco sentido sem a possibilidade de uma guerra nuclear limitada.[193]

O Sputnik lançou Kissinger em uma nova órbita. De repente, ele era visto e ouvido em todos os lugares: um "homem a ser observado", segundo o *New York Herald Tribune*.[194] Dez dias depois do lançamento do satélite soviético, o *Herald Tribune* publicou um editorial especial "de emergência" sob o título "Kissinger se manifesta", baseado em uma entrevista que provavelmente era a primeira da carreira de Kissinger. Ele não se manifestou com menos veemência. "Os soviéticos nos deixaram para trás", foi a citação feita das palavras dele. "Nós realmente estamos em apuros, agora. Nós fomos empurrados para trás gradualmente, de posição em posição. [...] A tendência básica está contra nós". Especialmente, o Sputnik havia revelado "como os russos administram seu programa militar. Eles podem reduzir o tempo de produção deles de um modo que nós não temos condições de fazer".

---

* Isso era mesmo correto: o R7 que havia colocado o Sputnik em órbita foi o primeiro míssil balístico intercontinental, e ele havia sido concebido especificamente para atirar bombas de hidrogênio em alvos norte-americanos. O equivalente norte-americano, o Atlas D, não foi testado com sucesso senão em julho de 1959, quase dois anos depois do Sputnik. Nesse aspecto, houve uma disparidade no fim da década de 1950.

Os soviéticos estão em uma curva tecnológica. Cada invenção implica que há outras invenções esperando para ser reveladas. É difícil deter o progresso deles. [...] A coisa mais preocupante a respeito do satélite é o que ele nos mostra sobre o estado dos foguetes deles, e o estado de nossas próprias informações. [...] A economia deles é apenas a metade da nossa, e o conjunto de força de trabalho especializada deles é menor, embora esteja crescendo. Isso indica organização e doutrina superiores.

Por outro lado, "o Departamento de Defesa não está organizado para travar uma guerra. Ele está organizado para administração interna". E Kissinger não parou por aí. "Se as coisas continuarem como estão", ele declarou, "nossa expulsão da Eurásia é uma certeza matemática. [...] Oito anos atrás, teria parecido fantasia que os soviéticos fossem se transformar em uma grande potência no Oriente Médio. Agora nós gostamos de sorrir de Baldwin e Chamberlain em 1938, mas eles se consideravam como realistas firmes".[195] Kissinger evidentemente mudou de ideia a respeito de parte disso quando viu o texto impresso. Mas sua continuação um tanto pedante ("colocar uma conversa bastante extensa em um espaço limitado transmitiu um tom de dogmatismo que não corresponde aos meus pontos de vista na totalidade") não poderia apagar o alarmismo do que fora originalmente dito. Antes do Sputnik, ele havia sido convidado a participar de somente um evento relacionado ao livro; depois de 4 de outubro, os convites jorraram, do Research Institute of America [Instituto de Pesquisas dos Estados Unidos],[196] da Associação do Exército dos Estados Unidos,[197] e – garantindo uma ampla audiência nacional – do talk show de domingo da CBS, *Face the Nation*, que havia começado sua extraordinária carreira de sessenta anos em 1954.

O *début* televisivo de Kissinger em 10 de novembro de 1957 o colocou contra três jornalistas: John Madigan do *Chicago American*, Richard C. Hottelet da CBS News e Chalmers Roberts do *The Washington Post*. Como acontece tantas vezes no *Face the Nation*, o ritmo era frenético e o assunto mudava com regularidade e abruptamente. Para um novato na televisão, Kissinger se saiu bem. Ele fez sua crítica à política de Eisenhower: "Nós acreditamos por muito tempo que éramos relativamente invulneráveis. [...] Nós estivemos mais preocupados com a paz, enquanto nosso oponente esteve mais preocupado com a vitória, o que criou uma desigualdade psicológica". Ele mostrou a tese de seu livro: "Acredito que seja possível travar uma guerra limitada com armas nucleares". E ele deu um exemplo concreto: que os Estados Unidos deveriam estar prontos para travar uma guerra limitada para conter a agressão soviética no Oriente Médio. "Acredito", ele declarou, "que será necessário tomar uma atitude um pouco mais firme e uma disposição, uma disposição um tanto maior, para correr riscos". Uma vez mais, ele deu exemplos para a questão: os Estados Unidos deveriam ter "feito os russos pagar o preço mais alto por terem dominado a Hungria", transportando suprimentos para as forças antissoviéticas por via aérea, "mesmo que os russos tivessem abatido os aviões". Perguntado se era um democrata ou um republicano, ele respondeu conciso (e prudente): "Sou um independente".[198]

Talvez o louvor definitivo para qualquer intelectual norte-americano da Guerra Fria fosse ser denunciado pelo outro lado. Como o serviço de Foreign Broadcast Information Service [Serviço de Informação de Transmissões Estrangeiras] da CIA observou, Kissinger não foi mencionado pelo nome, mas não foi por acaso que houve uma "inundação de propaganda rotineira atacando a tese dos Estados Unidos de 'pequenas' guerras nucleares [...] em transmissões para consumo tanto internacional quanto doméstico, logo depois da publicação" de *Nuclear Weapons and Foreign Policy*.[199] A questão central, entretanto, era até que ponto a política norte-americana iria realmente ser transformada pelos argumentos de Kissinger. Superficialmente, ela foi. Em janeiro de 1958, Eisenhower deixou de lado argumentos anteriores contra o uso de canhões nucleares de 280 mm e foguetes "Honest John" de 762 mm na Coreia do Sul. Um ano mais tarde, a força aérea acrescentou um esquadrão de mísseis de cruzeiro Matador com cabeça nuclear capazes de atingir alvos não apenas na Coreia do Norte, mas também na União Soviética e na China.[200] Como veremos, entretanto, esse não era um novo ponto de partida; Eisenhower sempre havia discretamente conservado a opção de usar armas nucleares táticas, mesmo quando ele insistia publicamente que qualquer conflito iria se transformar em uma guerra total. Nesse e em outros aspectos, nós vemos os limites do papel público de um intelectual. Por meio do Council on Foreign Relations e de Nelson Rockefeller, Kissinger havia chegado mais perto do que ele jamais estivera dos pontos mais altos de comando do governo norte-americano. No entanto, ele ficava de fora, com somente o acesso mais limitado a documentos confidenciais. Foi baseado na leitura de reportagens de jornais na distante Cambridge que ele criticou a burocracia de Washington. Mesmo quando se aquecia sob as luzes fortes do estúdio da CBS, ele não tinha como saber que, somente uns dias antes de seu *début* em *Face the Nation*, uma crítica muito mais abrangente – mas extremamente confidencial – da estratégia da administração tinha sido apresentada ao presidente. O título do relatório era "Deterrence and Survival in the Nuclear Age" [Dissuasão e sobrevivência na era nuclear], embora ele passasse a ser conhecido como o Relatório Gaither por causa do presidente do comitê, H. Rowan Gaither. E sua análise era muito mais alarmante – e suas recomendações muito mais assustadoras – do que qualquer coisa em *Nuclear Weapons and Foreign Policy*.

Henry Kissinger merecia a fama que *Nuclear Weapons* acarretou para ele. Mesmo que o futuro previsto pelo livro – de armas táticas sendo usadas no campo de batalha em uma guerra nuclear limitada – jamais tenha acontecido, isso não diminui a eficácia da crítica do livro à estratégia da administração Eisenhower. Não tanto que o lançamento do Sputnik justificasse Kissinger, embora a ocasião dificilmente pudesse ter sido melhor. Era mais o fato de que, ao formular uma crítica coerente da estratégia norte-americana na corrida armamentista intelectual, Kissinger havia conseguido atacar em primeiro lugar.

CAPÍTULO 11
Boswash

> Seus extraordinários talentos intelectuais e personalidade são tais que você será um homem famoso e influente. [...] Tenho pensado com frequência que Harvard propicia aos seus filhos – seus alunos de graduação – a oportunidade de serem moldados por aquilo que eles amam. Isso, como quem frequentou Harvard, você teve. Para seu corpo docente, ela reserva a oportunidade – perigosa, talvez fatal – de ser moldado por aquilo que eles odeiam.
> JOHN CONWAY, 1956[1]

> Em certos aspectos, o intelectual jamais foi tão procurado; que ele faça uma contribuição relativamente pequena não é por ele ser rejeitado, mas porque sua função é mal compreendida. Ele é procurado com entusiasmo, mas pelas razões erradas, e na busca de objetivos errados. [...] [C]om muita frequência, o que o tomador de decisões quer do intelectual não são as ideias, mas o endosso.
> HENRY KISSINGER, 1959[2]

I

A permanência de Henry Kissinger no Council on Foreign Relations estava se aproximando do fim. E então? Harvard o havia desprezado e, embora antigos colegas como John Conway e Sam Huntington se mostrassem simpáticos,[3] uma nova e "muito vantajosa" proposta da Universidade de Chicago não poderia ser deixada de lado.[4] Estabelecida em 1890 – com o dinheiro dos Rockefeller –, ela tinha reputação internacional em ciências políticas, bem como em economia. Mas, apesar do conselho de "Mac" Bundy para aceitar a proposta, Kissinger ainda sentia grande relutância em ir para lá. "Além da objeção estética a Chicago", ele falou para Bundy, a "incomensurabilidade entre o que [a vida acadêmica] poderia ser e o que é" parecia "especialmente triste" naquela universidade específica.⁵ Com a "objeção estética a Chicago", Kissinger poderia estar fazendo alusão à deterioração das cercanias de Hyde Park, que já na metade da década de 1950 estava adquirindo uma reputação de ser perigosa. Mas sua verdadeira objeção ao emprego era diferente. A posição acadêmica de Chicago era boa, sem dúvida. Porém, lá os professores desempenhavam um papel muito menor na vida pública norte-americana – e acima de tudo no governo – do que seus pares em Harvard. Para Henry Kissinger, assim como para muitos outros acadêmicos de sua geração, a estrada para Washington, DC, passava por Cambridge – para ser exato, pelo Pátio de Harvard. Foi somente em 1965 que Herman Kahn e Anthony Wiener cunharam o nome Boswash para descrever a incipiente megalópole que se estendia da Nova Inglaterra à Virginia. Mas Kissinger já era um cidadão de Boswash em 1956. Ele iria passar grande parte do resto de sua vida indo para lá e para cá – de avião, de trem e, quando necessário, de carro – ao longo do estreito corredor que ligava Boston a Nova York e a Washington, unindo cérebros ao dinheiro e ao poder.

Mesmo quando estava escrevendo *Nuclear Weapons and Foreign Policy*, tomando notas apressadas em seu apartamento em Nova York, Kissinger estava se agarrando à Costa Leste com as pontas dos dedos. Um tipo de salvação surgiu com Nelson Rockefeller. Tão impressionado ele havia ficado com o trabalho de Kissinger que, em maio de 1956, ele o convidou para a reunião em Quantico⁶ e então lhe ofereceu um emprego em tempo integral no Rockefeller Brothers Fund, para desempenhar um papel importante em seu Special Studies Project [Projeto de Estudos Especiais], uma ousada tentativa de identificar os desafios estratégicos com que os Estados Unidos se confrontavam na segunda metade do século XX e refletir sobre eles.⁷ Isso era mais do que Kissinger desejava; ele continuava comprometido com a via acadêmica, suspeitando – corretamente – que sucumbir inteiramente ao apelo de Rockefeller iria representar a perda de toda a liberdade intelectual e política. Mas Rockefeller era hábil. Quando Kissinger alegou ter outros compromissos – não somente o então incompleto livro para o Council on Foreign Relations, mas também sua proposta em Chicago –, ele se surpreendeu ao descobrir que Rockefeller já havia cuidado de tudo isso. "Uma pressão realmente incrível foi exercida sobre mim", ele reclamou para Stephen Graubard.

[O]u ele ou seus irmãos, sem que eu soubesse, foram ao Council e à Universidade de Chicago, pedindo a eles que me liberassem por um período de três meses. O reitor da Universidade de Chicago então me escreveu uma carta instando-me que trabalhasse com Rockefeller. Eu mal poderia insistir em um compromisso com a Universidade de Chicago quando a própria Universidade me liberava dele por um período de três meses.[8]

O resultado foi um acordo. Kissinger aceitou o posto de diretor do Special Studies no Rockefeller Brothers Fund até março de 1957, depois do que – se nada mais desse certo – ele iria para Chicago.[9]

A explicação dada por Kissinger para essa decisão era reveladora. "Eu honestamente não sinto que deva alguma coisa especial para a vida acadêmica", ele disse a Graubard. "A disparidade entre minha reputação fora da vida acadêmica e dentro da vida acadêmica é tão grande que chega a ser ridícula. [...] Eu não vejo nenhum desafio especial à minha frente, a não ser ter todas as motivações generosas interpretadas da pior maneira possível." Não obstante,

eu irei a Chicago em abril e darei à vida acadêmica mais uma chance. [...] Eu só espero dela uma de duas coisas: ou que ela me ofereça um desafio diretamente, ou que ela me permita criar meus próprios desafios. Eu não considero que galgar com esforço os degraus da carreira acadêmica com um salário indigno, rodeado por pessoas as quais eu não considero simpáticas, seja um desafio especial, mas isso pode ser diferente em Chicago e, por esse motivo, irei para lá em abril.

De modo contrastante, era impossível não se sentir atraído pelo trabalho com Rockefeller, "que, quaisquer que sejam seus limites, está investindo uma boa quantia de seus recursos e muito de seu prestígio em uma atividade com a qual ele pessoalmente não tem nada a ganhar". Kissinger e Graubard tinham "com frequência comentado sobre a inexistência de uma aristocracia neste país".

Eu sinto que se deve a uma pessoa com a motivação de Rockefeller pelo menos não desencorajá-lo demais. [...] O projeto de Rockefeller é extremamente interessante, não somente pela seriedade, mas de um ponto de vista sociológico. O poder dessas pessoas é inacreditável, e seu método de trabalho extremamente fascinante. Por outro lado, eles me parecem chegar muito perto de desempenhar a função de uma boa aristocracia – muito mais do que alguns dos franceses que Sombart* estava descrevendo de modo tão eloquente.[10]

A estratégia evasiva de Kissinger deu certo. No último instante, antes de ele ter de se forçar a "ir para lá", ou seja, para Chicago, Bundy lhe atirou uma boia salva-vidas lá de Harvard, convidando-o para retornar e "ajudar a iniciar" o novo Center for International Affairs [Centro de Assuntos Internacionais] (CFIA) da universidade.[11] Bundy achou Kissinger "um pouquinho incerto quanto a querer voltar a um departamento que não havia sido unanimemente simpático com ele um ano atrás", mas ele "tentou alegrá-lo a esse respeito". O Departamento do Governo votou unanimemente para fazer de Kissinger um instrutor por "três ou quatro anos" (o mesmo tipo de cargo a que, auspiciosamente, Bundy havia sido nomeado em seu retorno para Harvard); ao mesmo tempo, ele foi nomeado diretor associado do novo centro.[12] Pode ser que Bundy tenha insinuado a Kissinger que ele não teria de esperar por muito tempo por uma promoção a professor titular. Entretanto, Kissinger não estava arriscando. Não estando contente com um emprego com Rockefeller e um cargo em Harvard, ele acrescentou ao seu currículo um relacionamento de 4 mil dólares por ano com o recém-criado Foreign Policy Research Institute [Instituto de Pesquisas em Relações Exteriores] (FPRI) na Universidade da Pensilvânia.[13] Ele também chegou a um acordo para trabalhar duas vezes por mês como consultor para a Carnegie Corporation depois de ter finalizado seu trabalho com Rockefeller.[14] Como se não bastasse, foi noticiado em pelo menos um jornal que ele também estava trabalhando como consultor para o Estado-Maior Conjunto.[15] O único compromisso de que Kissinger abriu mão em 1959 foi seu posto como oficial da reserva, alegando "a pressão de outros compromissos, e a convicção de que posso ser de mais ajuda em um posto mais alto caso uma situação de emergência requeira esse passo".[16]

Jovens acadêmicos que, depois de anos de luta na obscuridade, de repente se veem sendo solicitados com muita frequência se sobrecarregam. Foi este o

---

* Alusão a Nicolaus Sombart, filho libertino do ainda mais famoso sociólogo Werner Sombart, que havia escrito sua tese de doutorado sobre Claude-Henri de Rouvroy, conde de Saint-Simon, o aristocrático profeta de uma utopia industrial em parte socialista, em parte meritocrática.

caso. A agenda de Kissinger estava tão lotada que ele teve de se recusar a ser tutor de alunos da graduação no outono de 1957.[17] Graubard lembrou-se "do caráter cada vez mais desorganizado da vida dele" nessa época; "ele parecia sempre estar correndo, sempre atrasado, e constantemente assediado".[18] Suas frequentes ausências de Harvard provavelmente foram o motivo inicial de atrito entre ele e o diretor do CFIA, Robert Bowie. Pior, a incapacidade dele de fazer qualquer tipo de trabalho para o FPRI gerou uma conversa tão azeda com Stefan Possony que Fritz Kraemer teve de intervir. Kraemer ficou do lado de Kissinger na briga, mas, em um bilhete escrito à mão e em alemão, ele aconselhou em caráter pessoal seu antigo *protégé*: "Alguma coisa está errada com você. Como seu amigo, e como alguém que compreende sua situação provavelmente até mesmo no nível subconsciente, eu tenho de lhe dizer que está deixando de lado coisas que, como ser humano, você não deveria esquecer". Kissinger não estava apenas afastando colegas como Possony; segundo Kraemer, ele também estava negligenciando seus próprios pais. "Você está começando a se comportar de um modo que não é mais humano [*menschlich*], e pessoas que admiram você estão começando a considerá-lo distante, talvez mesmo insensível. [...] Você está correndo o risco de permitir que seu coração e sua alma se consumam em seu trabalho incessante. Você vê em demasiado pessoas 'importantes', e não o suficiente pessoas 'reais'."[19] Não seria a última vez que Kraemer iria dar conselhos desse tipo, nem a última vez que ele iria caracterizar Kissinger como o Doutor Fausto, o brilhante acadêmico que havia vendido sua alma para o diabo em troca de poder mundano. No entanto, Kraemer não podia reclamar. Era graças em parte ao apoio de Kissinger que ele havia sido recentemente nomeado para o corpo docente da Escola Nacional de Guerra. Ele também estava se beneficiando da generosidade de Rockefeller como um contribuinte para a série de Estudos Especiais que Kissinger estava então dirigindo.[20]

II

O Rockefeller Brothers Fund Special Studies Project, do qual Henry Kissinger era o diretor, se desenvolveu a partir da crença, conforme Kissinger dizia, de que "muitas de nossas dificuldades, tanto domésticas quanto internacionais, se devem não tanto a uma ausência de boas ideias, mas à nossa incapacidade de descobrir conceitos e atitudes para lidar com uma situação que se transforma mais rapidamente e em direções diferentes daquelas que nossas experiências nacionais nos levaram a esperar".²¹ Os desafios dos Estados Unidos em 1957 – o ano em que grande parte do trabalho de escrita foi feito – certamente eram inéditos. Na corrida nuclear armamentista, a União Soviética parecia estar se aproximando deles, talvez até mesmo ultrapassando-os. À medida que os impérios coloniais na Ásia, na África e no Oriente Médio se esfacelavam, poucas das "novas nações" pareciam ansiosas para ficar do lado do Ocidente capitalista. No âmbito doméstico, também, havia comoção política. O governador do Arkansas convocou a Guarda Nacional para impedir que estudantes negros se matriculassem na Central High School de Little Rock, fazendo com que Eisenhower enviasse tropas federais para garantir acesso livre à escola aos "Nove de Little Rock". Elvis Presley apareceu no *The Ed Sullivan Show*, mas somente da cintura para cima. *Prisioneiro do rock* chegou aos cinemas. *West Side Story* estreou no teatro. *On the road*, de Jack Kerouac, foi publicado. *Howl*, de Allen Ginsberg, foi banido.

Devemos admitir que o Special Studies Project pouco tinha a dizer sobre direitos civis e menos ainda sobre rock'n'roll.²² Rockefeller e Kissinger organizaram seis painéis e um "Painel Geral" de coordenação. Seus tópicos e a ordem em que eles apareciam deixaram claro que a política externa era a preocupação central:

I.   Objetivos internacionais e estratégias dos Estados Unidos
II. Objetivos internacionais de segurança e estratégia dos Estados Unidos
III. Política econômica externa para o século XX
IV. Política econômica e social dos Estados Unidos
V.   Utilização dos recursos humanos dos Estados Unidos
VI. Processo democrático dos Estados Unidos – seus desafios e oportunidades

Um sétimo painel, proposto pelo economista Robert Heilbroner, foi concebido para discutir as dimensões morais do propósito nacional, mas ele já nasceu morto. O desafio organizacional foi por si só intimidador. No geral, Kissinger teve de controlar as contribuições (e os egos) de 108 palestrantes e 102 consultores e autores.²³ (O único local grande o suficiente para o encontro inicial em maio de 1955 foi o salão de ensaios no Radio City.)²⁴ Os 26 membros do Painel Geral incluíam Robert B. Anderson, que foi designado secretário do Tesouro durante suas deliberações; Christian Herter, governador de Massachusetts, que seria o sucessor de Dulles no Departamento de Estado; James R. Killian, presidente do MIT, que foi conselheiro científico de Eisenhower; Henry Luce, editor-chefe da Time Inc.; e Dean Rusk, presidente da Fundação Rockefeller.[25] Para dar a esses luminares matéria bruta para reflexão, Kissinger se voltou em primeiro lugar aos seus antigos mentores: não somente Kraemer para esboçar textos sobre a Alemanha, mas também Elliott, que foi convidado a escrever sobre "integração do controle presidencial da política externa no governo federal"[26] e o "processo democrático dos Estados Unidos".[27] A princípio, Kissinger escreveu muita coisa sozinho, mas durante 1957 seu papel passou a ser o de editor, e finalmente administrador.[28]

Os seis relatórios foram publicados assim que ficaram prontos. Talvez fosse inevitável, dado o trabalho simultâneo de Kissinger em *Nuclear Weapons and Foreign Policy*, que o segundo relatório – então intitulado "International Security: The Military Aspect" [Segurança internacional: o aspecto militar] – tenha sido terminado em primeiro lugar. O fato de Edward Teller ter sido membro do Painel II também ajudou. Teller não admitia de bom grado pessoas com inteligência média, muito menos tolas; ele e Kissinger se deram muito bem, descobrindo que estavam "praticamente de acordo" sobre a questão da guerra nuclear.[29] (Em certa ocasião, Teller jogou seu relógio no veterano do New Deal, Adolf Berle.)[30] Eles ganharam reforço do diretor do Itek, Theodore Walkowicz, cujo trabalho profundamente pessimista "Survival in an Age of Technological Contest" [Sobrevivência em uma época de combate tecnológico] também impressionou Kissinger.[31] Membros do painel que ousaram diferir tiveram poucas chances. No entanto, forças externas também serviram para colocar o relatório militar na posição de frente. Em primeiro lugar, como já vimos, havia o temor público por causa do Sputnik. Depois vieram notícias de um "relatório secreto" que, segundo o *The Washington Post*, descrevia os Estados Unidos como correndo "o maior perigo de sua história".

> Ele vê a perspectiva norte-americana a longo termo extremamente perigosa em face de um poderio militar soviético cada vez maior e de uma economia e uma tecnologia soviéticas crescentes e poderosas, as quais irão acarretar [...] ataques à

liberdade em todo o planeta. [...] [O] relatório remove a complacência e desnuda a verdade extremamente desagradável.³²

O Relatório Gaither era, de fato, alarmante – ainda mais que o livro de Kissinger, *Nuclear Weapons*. Ele mostrava que os Estados Unidos logo poderiam ser vulneráveis a um ataque nuclear soviético de surpresa se eles não acelerassem a produção dos mísseis balísticos internacionais e mísseis balísticos lançados por submarinos, aumentassem a proteção de sua própria "segunda força de ataque" retaliatória, dispersando-a de modo mais abrangente e "reforçando" os locais de lançamento, e construindo mais abrigos para proteger o povo norte-americano de decaimento radioativo depois de um ataque.³³ Mesmo as implicações fiscais dessa análise eram alarmantes, já que o custo de implementar as recomendações de Gaither teria sido entre 19 bilhões e 44 bilhões de dólares além do já existente orçamento de defesa de 33 bilhões de dólares.³⁴ Eisenhower considerava tal aumento nos gastos não somente inflacionário, mas também passível de transformar os Estados Unidos em um "Estado fortificado", mas ele não poderia ignorar completamente o relatório; tampouco negar sua existência, embora ele se recusasse categoricamente a torná-lo público. O cenário dificilmente poderia ser melhor para o relatório do Rockefeller Special Studies. Sob pressão intensa de Rockefeller, que pressentia um golpe de relações públicas, Kissinger lutou para finalizar o relatório, trabalhando sem parar durante o mês de dezembro de 1957, ignorando as festas.³⁵

O relatório se harmonizava perfeitamente com o estado de espírito da população. A humanidade se defrontava com "duas ameaças sombrias [...] a ameaça comunista de conseguir o domínio mundial [...] e a nova tecnologia armamentista capaz de destruir a civilização". Os Estados Unidos estavam ficando para trás não apenas em termos de gastos militares, mas também nos "principais campos da tecnologia. Em certas áreas designadas como alta prioridade pelo Kremlin, a União Soviética nos havia ultrapassado tanto qualitativa como quantitativamente".³⁶ O orçamento de defesa teria de ser reforçado (embora somente em 3 bilhões de dólares, muito menos que o aumento proposto por Gaither). O Departamento de Defesa precisaria ser totalmente reorganizado para aumentar o poder do secretário e reduzir a rivalidade entre as áreas.³⁷ O painel propôs a criação de uma grande "força retaliatória instantaneamente à disposição" equipada com armas nucleares. "A vontade de entrar em uma guerra nuclear, quando necessário", o relatório argumentava, era "parte do preço da nossa liberdade". Kissinger foi ao ponto de alegar que "armas nucleares muito poderosas" poderiam ser usadas "de tal modo que elas tivessem efeitos insignificantes sobre as populações civis".[38]

Liberado em 6 de janeiro de 1958, o "Relatório Rockefeller" mais que concretizou as esperanças de seu criador. Livros escritos por comitês dificilmente viram best-sellers. Esse virou. Quando Rockefeller apareceu no programa *Today* da NBC, o âncora mencionou que telespectadores que desejassem ler o relatório poderiam simplesmente enviar seus nomes para o canal. "Vocês vão ter de dar um Ford v-8 com cada exemplar", brincou um dos produtores. Ele não poderia estar mais enganado. Depois de mais de 250 mil solicitações recebidas, o editor teve de encerrar a oferta.[39] No total, os seis relatórios venderam mais de 600 mil cópias em menos de três anos.[40] Esse sucesso se devia em parte à eficácia de Kissinger como escritor e editor. Arthur Schlesinger havia reclamado de "brandura" em alguns dos primeiros esboços que havia visto,[41] mas admirou o "vigor" da edição publicada.[42] Assim como aconteceu com *Nuclear Weapons and Foreign Policy*, entretanto, o momento da publicação foi crucial. "Ao contrário do Relatório Gaither, que [...] não foi levado ao público", opinou *The Philadelphia Inquirer*, "o Relatório Rockefeller foi liberado. Mas os dois grupos, compostos por homens eminentemente qualificados [...] concluem de modo geral que os Estados Unidos estão correndo o sério perigo de ficar para trás da Rússia [...] [e] isso é uma questão de grande preocupação para todos os norte-americanos".[43] Somente quatro dias depois da publicação do relatório do Painel II, Rockefeller foi convocado perante o Senate Preparedness Subcommittee [Subcomitê de Prevenção do Senado]. Em 3 de fevereiro, Prescott Bush, senador republicano por Connecticut, endossou as recomendações do relatório a favor de um comando militar unificado.[44]

Os outros relatórios, em comparação, causaram menos impacto. O relatório do Painel IV, que apareceu em abril de 1958, acrescentou pouco além de observar a "importância central do Crescimento [de preferência de 5% ao ano] para alcançar os objetivos nacionais" (embora suas deliberações fossem notáveis, devido à objeção levantada por Anna Rosenberg, uma das poucas mulheres no painel, às implicações econômicas negativas de gastos mais altos com a defesa recomendados pelo Painel II).[45] Dois meses mais tarde, o Painel III, chefiado por Milton Katz, o ex-diretor do Plano Marshall, recomendou uma combinação de livre-comércio e fluxo de capital internacional privado (ao invés de público).⁴⁶ O relatório do Painel v sobre "educação e o futuro dos Estados Unidos" também apareceu em junho de 1958. Mas foi só em dezembro do ano seguinte que o relatório do Painel I sobre a política externa dos Estados Unidos finalmente foi publicado, enquanto o sexto relatório – "O poder da ideia democrática" – surgiu somente em setembro de 1960.⁴⁷ Embora Rockefeller a chamasse de "a experiência mais excitante e intelectualmente instigante que eu jamais tive", nem todos concordaram.⁴⁸ Desconfiando instintivamente de qualquer coisa que tivesse o nome Rockefeller, a revista *National Review* de William F. Buckley Jr. desdenhou os relatórios como um amálgama de "planos liberais já existentes".⁴⁹ Talvez, mas não havia como negar sua influência. Como uma resposta clara ao relatório do Painel II, Eisenhower anunciou uma reavaliação da organização do Departamento de Defesa, embora o Estado-Maior Conjunto fizesse o possível para debilitar o empreendimento. A expressão favorita de Rockefeller, "propósito nacional", logo aparecia em todos os lugares, inspirando livros de Oscar Handlin e Hans Morgenthau, bem como uma série de artigos na *Time*.⁵⁰ Foi sugerido que o objetivo primordial dos relatórios era "mante[r] Nelson nos noticiários como alguém que estudava o governo com seriedade".⁵¹ Certamente, ao publicá-los em um período de dois anos e meio e então finalizar o processo com a compilação em um volume, *Prospect for America* [Perspectiva para os Estados Unidos], Rockefeller garantiu sua permanência constante no palco nacional. No entanto, havia uma ironia vindoura, como se verá aqui, pois os Special Studies causariam seu maior impacto na administração de um presidente democrata.⁵²

Para Kissinger, a experiência de organizar o Special Studies Project foi transformadora. Pela primeira vez – a não ser que seja contada a direção do Seminário Internacional em Harvard – lhe havia sido dada uma responsabilidade administrativa significativa, pela primeira vez ele tinha tido de lidar com pessoas, e não com livros e artigos. Assim como muitos acadêmicos acostumados a trabalhar sozinhos – intelectualmente confiante, mas socialmente desajeitado –, ele achou difícil no início. Universidades não têm estruturas hierárquicas rígidas; decanos não são exatamente chefes. Mas, em Rockefeller, Kissinger tinha um chefe, e um que estava acostumado a ter suas ordens acatadas. Os biógrafos de Rockefeller oferecem relatos contrastantes do relacionamento entre os dois homens. Um escreve sobre "um romance de almas gêmeas da política externa";⁵³ outro sugere uma afinidade mais ambivalente, e ocasionalmente explosiva.⁵⁴ Segundo essa versão, Kissinger era "francamente lisonjeador na presença de Rockefeller", mas "caçoando [...] depreciando [...] [e] desaprovando" pelas costas dele. Isso não parece ser verdade. A amizade deles era turbulenta. Em certa ocasião, Kissinger "abandonou" Rockefeller depois de ter sido mencionado em um jantar que cópias dos rascunhos de Kissinger tinham sido enviadas para diversos assistentes para comentários e correções, ignorando a ordem formal "*Ninguém* edita meu texto". "Da próxima vez que o senhor comprar um quadro", Kissinger perguntou irritado ao grande colecionador de arte, "o senhor vai ter um especialista em mãos e um especialista em pés?" Quando Kissinger voltou ao escritório no dia seguinte para esvaziar sua mesa, ele encontrou Rockefeller à sua espera. "O senhor é um homem forte, e eu sou uma homem forte", ele disse. "Então, temos duas escolhas. Nós podemos tentar destruir um ao outro, ou podemos tentar trabalhar juntos."⁵⁵ Rockefeller admirava o intelecto de Kissinger o suficiente para aturar seus ocasionais acessos de mau humor. "Acho que Henry Kissinger é uma das pessoas verdadeiramente bem-sucedidas neste país", ele disse ao ex-senador democrata William Benton em agosto de 1957.⁵⁶

Embora tivesse se recusado a trabalhar em tempo integral para Rockefeller, Kissinger estava sendo pago por seus esforços. Em 1958, por exemplo, ele recebeu 3 mil dólares por seus serviços. Mas isso pouco mais fez além de repor o salário que ele perdeu em Harvard por se afastar para trabalhar para Rockefeller.⁵⁷ Não era o dinheiro a sua motivação; na verdade, ele se sentia um tanto mal pago, considerando o trabalho "absolutamente incessante" envolvido, que nem lhe deixava tempo para ir cortar o cabelo. Havia algo gratificante a respeito de estar em termos cada vez mais íntimos com o mais dinâmico dos netos do mais famoso magnata norte-americano. "Se não for por mais nada", ele escreveu para Graubard em novembro de 1956, "é um estudo sociológico fascinante".⁵⁸ Três semanas mais tarde, ele foi além. "Meu respeito pela família Rockefeller continua a aumentar. [...] Parece-me que eles desempenham a função mais útil de uma classe alta – a de encorajar o mérito – e eles não têm a abordagem de um burocrata que tenciona julgar a essência de cada trabalho."⁵⁹

O serviço tinha bonificações exóticas. Como presente de Natal, Rockefeller deu a Kissinger uma litografia do artista francês pós-impressionista Jean-Édouard Vuillard; Kissinger retribuiu com o novo livro de Truman Capote, *The Muses Are Heard* [As musas são ouvidas], um bem-humorado relato de uma missão cultural de uma companhia de ópera norte-americana na União Soviética.⁶⁰ Em 1957, Rockefeller estava oferecendo a Kissinger o uso de uma de suas casas em Pocantico Hills, a propriedade de 3 acres de Rockefeller no condado de Westchester.⁶¹ Um ano mais tarde, o palaciano apartamento de Rockefeller em Manhattan, com sua fascinante coleção de arte, estava ao seu dispor. Sem dúvida o relacionamento com o voraz colecionador também ajudou a tornar mais fácil a eleição de Kissinger para o Century Association, o clube masculino preferido por artistas e escritores.⁶² Tudo isso com certeza era gratificante para um homem cujos pais ainda viviam modestamente em um apartamento atravancado em Washington Heights. Mas também era exaustivo. "O benevolente maníaco, NAR, teve de me manter ocupado com seu artigo, que acabou se transformando em mais trabalho que um escrito por mim", Kissinger reclamou para sua mãe em março de 1958. "Eu passei três dias em Nova York no apartamento de Nelson. Ele e sua esposa foram muito gentis. Mas agora eu gostaria que ele me deixasse em paz por algum tempo."⁶³

Com certeza Henry Kissinger não é o primeiro homem na história que lidou com um chefe muito exigente sendo ainda mais exigente com seus próprios subordinados. Foi nos escritórios do Special Studies Project de Rockefeller que uma nova faceta de sua personalidade veio à tona, uma faceta que se tornaria familiar para todos aqueles que trabalharam com ele posteriormente no governo. Ele aprendeu a reclamar aos altos brados e a ficar muito irritado. A mulher que testemunhou – e ouviu – a maior parte disso na década de 1950 foi Nancy Hanks, a secretária executiva do Special Studies, e também membro do comitê de planejamento do projeto. Nascida em Miami Beach e educada na Universidade Duke, Hanks tinha trabalhado pela primeira vez para Rockefeller quando ele era presidente do Advisory Committee on Government Organization [Comitê Consultivo para a Organização Governamental] de Eisenhower e havia passado a ser sua assistente pessoal quando ele dirigiu por um curto período o Departamento de Saúde. As cartas dela para seus pais estão cheias de reclamações sobre "brig[ar] com HAK".⁶⁴ "Na minha opinião, HAK deixou a mim e a todos os demais decepcionados", ela escreveu depois de uma briga especialmente feia. "Ele está perto de ser um caso psicológico. [...] Realmente tem se portado como uma criança e abandonou todas as responsabilidades no que diz respeito à direção do Projeto. Coloca toda a culpa em NAR [Rockefeller] e Oscar [Ruebhausen]* – por coisas tão tolas como não manter contato com ele etc. [...] Oscar e NAR simplesmente não o aguentam mais."⁶⁵ Em 1961, com a publicação do volume final, Nancy Hanks rememorou "muitas 'experiências felizes' que na época teriam sido qualificadas com mais precisão como 'brigas do salve-se quem puder'".⁶⁶ Posteriormente, Ruebhausen relembrou como Kissinger "sofria muito levando as coisas para o lado pessoal, coisas simples, como se um carro estava à espera dele no aeroporto, e se era um Cadillac ou não. Ele chorava nos ombros da gente por causa de qualquer crítica. [...] era uma manobra sincera e maquiavélica ao mesmo tempo".⁶⁷

No entanto, a política dos escritórios do Special Studies Project era mais complexa do que parecia. Inteligente e atraente, Nancy Hanks personificava os desafios que estavam à espera de qualquer mulher que desejasse ter uma carreira profissional na década de 1950. Ela havia se transformado na amante de Rockefeller na época em que ele estava vivendo separado de sua esposa e de seus cinco filhos; Hanks tinha motivos para esperar que ele fosse se divorciar.⁶⁸ À medida que ficou cada vez mais claro que suas esperanças não se concretizariam,** Kissinger provou que havia sensibilidade por trás de seus berros. "Henry não está tão desagradável quanto costumava ser", Hanks confidenciou para seus pais em 1960. "Ele é praticamente a única pessoa com quem Nelson está conversando ou a quem ouve. Desde que eu consiga continuar encorajando Henry no bom caminho, estamos bem. [...] Foi só por causa do esforço dele que nós temos um 'time' com o qual trabalhar. A situação ficou terrível. Nosso amigo [Rockefeller] simplesmente parou de dar ouvidos a todas as pessoas."⁶⁹ A correspondência entre Kissinger e Hanks revela que

---

* Ruebhausen havia sido colega de quarto de Rockefeller em Dartmouth. Kissinger o considerava um peso-pena e não o suportava. A animosidade era recíproca.

** Rockefeller acabou o relacionamento com Hanks quando foi eleito governador do estado de Nova York. Entretanto, ele logo começou outro relacionamento adúltero com Margaretta "Happy" Murphy, uma amiga da família que havia trabalhado na campanha dele e se juntara à equipe em Albany. Ao contrário de Hanks, ela era casada. Em 1962, a esposa de Rockefeller entrou com um pedido de divórcio. No ano seguinte, Murphy e seu marido também se divorciaram. Um mês depois, ela e Rockefeller estavam casados. Durante esse período, Hanks havia sido diagnosticada com câncer e passou por uma mastectomia e uma histerectomia.

eles ficaram mais amigos à medida que Rockefeller se afastava dela. Em tom de desculpas, ele lhe pediu que garantisse aos funcionários do Special Studies que "meus modos desagradáveis são um reflexo de meu temperamento, e não da capacidade deles".[70] Ele também sentia por ter sido como um "suplício" para Francis Jamieson, o chefe de Relações Públicas de Rockefeller.[71] Em 1960, Kissinger estava assinando seus telegramas para Hanks "COM CARINHO Henry".[72] Ela retribuía, mesmo quando estava "brava" com ele.[73] Em março de 1960, ele lhe mandou flores – uma "rosa magnífica".[74] Nessa época, o relacionamento era claramente uma paquera: "Eu fiquei bem empolgada mesmo, e arruinei completamente sua reputação contando para todo mundo sobre a MINHA rosa. O mundo inteiro vai ter a impressão de que você é gentil e cheio de consideração! Serão precisos anos para desfazer o 'dano' que você causou. E oh, que dano você me causou! [...] Eu queria preservar SUA FLOR para toda a vida".[75]

Mas isso com certeza não era mais que um flerte, com um toque de simpatia pela situação que Hanks estava vivendo. O tom das cartas trocadas continuou a ser mais como uma comédia maluca que um romance. "Eu sabia que você era capaz de falsificar a assinatura de um dos Rockefeller", ele escreveu quando ela lhe mandou uma cópia do volume final do Special Studies, assinada por Nelson e Laurance, "mas falsificar as duas é um verdadeiro feito".[76] Em junho de 1960 ele a amolou por causa dos "relatos" que ele havia ouvido de que "você estava muito encantadora". "Você deve estar ficando doce [...] nós não podemos tolerar isso no Special Studies, ou *eu vou* reaparecer."[77]

Pois nessa época Kissinger havia voltado para Harvard, aparentemente bem casado e então, aos 35 anos, pai. A princípio, ele e Ann estavam contentes em viver com o cachorro de estimação (o substituto de Smoky foi outro cocker spaniel chamado Herby) em uma modesta casa geminada na Frost Street, vizinhos do historiador Klaus Epstein* e de sua esposa, Elizabeth. Quando sua posição na universidade ficou mais segura, entretanto, ele se sentiu em condições de mudar de situação. Como foi mostrado no jornal *Boston Traveler*, a residência dos Kissinger em 104 Fletcher Road, Belmont, era a perfeita casa de um professor de Harvard, suas paredes cobertas de

---

* Outro refugiado da Alemanha nazista, Epstein havia acabado de publicar a biografia definitiva do político da República de Weimar, Matthias Erzberger.

livros, a sala de jantar grande o suficiente para receber a visita de colegas, estudantes e acadêmicos. Segundo o artigo, Ann sentia-se feliz por "cuidar de toda a correspondência pessoal [dele]", manter "cadernos de recortes sobre o serviço de [seu] marido" e preparar frango e arroz para o jantar.[78] A primeira filha do casal, Elizabeth, nasceu em março de 1959; um filho, David, chegou dois anos depois. Embora nem Kissinger nem sua esposa fossem judeus praticantes, David foi circuncidado em um *bris*, um momento familiar que levou Kissinger a relembrar "com orgulho todos aqueles anos difíceis" e a pensar que ele "dev[ia] quase tudo ao espírito de nossa família, que nos manteve juntos nos dias bons tanto quanto nos ruins".[79] No entanto, mesmo quando ele escrevia essas palavras, o espírito da família estava vacilando e morrendo em 104 Fletcher Road. Ann havia voltado para Cambridge tencionando se estabelecer. Para Kissinger, Harvard era apenas uma pausa no caminho de coisas maiores em outras partes de Boswash. Trabalhar para Rockefeller lhe havia dado um vislumbre de mundos mais glamorosos: a riqueza de Manhattan, o poder de Washington, DC. Enquanto ele lutava para ser admitido nesses mundos, Ann seria deixada para trás.

A fama que Kissinger havia conquistado com *Nuclear Weapons and Foreign Policy* o havia tornado mais confiante. "Um metro e setenta e cinco de altura, atarracado e usando óculos com aros de chifre", segundo um dos primeiros perfis publicados em jornal, "o dr. Kissinger se descreve como um jogador de tênis 'médio', e um jogador de xadrez 'muito bom.'"[80] Segundo o ponto de vista de seu irmão, Kissinger então "dominava" Ann de um modo que não era saudável. Walter Kissinger seguira um outro caminho norte-americano, em dois aspectos. Ele estava conquistando para si mesmo a reputação de ser um homem de negócios capaz de recuperar empresas que não estavam indo bem. A princípio na General Tire em Akron, Ohio, depois na Sperry Rand, a companhia que produzia o Univac – o segundo computador comercial produzido nos Estados Unidos –, Walter havia aprimorado suas habilidades como um executivo corporativo. Ele também estava ficando mais confiante. Em 1958, ele assombrou os pais ao fugir com Eugenie Van Drooge, uma aluna de Radcliffe de 26 anos, que ele havia conhecido quando ela era estagiária na companhia de semicondutores que ele estava dirigindo. Ela era da Igreja Episcopal. Logo ficou claro que o casal não tinha intenção de criar os filhos na tradição judaica.[81]

III

"A honestidade me leva a relatar", Henry Kissinger escreveu para Nelson Rockefeller em janeiro de 1960, "que [os professores mais jovens] não são muito mais interessantes que os mais velhos".[82] Há pelo menos duas versões diferentes sobre a volta de Kissinger a Harvard. A primeira enfatiza sua tendência a ser "anti-Harvard", simultaneamente distante da remanescente ascendência Wasp e indiferente em relação aos intelectos menos mundanos do corpo docente.[83] A outra o retrata como o arquetípico "intelectual público da Guerra Fria", tirando o máximo proveito das oportunidades oferecidas na destacada "Universidade da Guerra Fria".[84] Com certeza, o lugar estava se transformando rapidamente. Durante a presidência de Nathan Pusey, e com Wilbur Bender encarregado das admissões, Harvard ficou mais academicamente rigorosa em sua política de admissões (embora não tão rigorosa quanto cientistas como George Kistiakowsky teriam gostado); mais internacional e mais eclética em seu currículo; e mais dependente das subvenções federais para suas pesquisas, sobretudo em química, engenharia e medicina.[85] Entre 1953 e 1963, o total de fundos federais destinados a Harvard para dar apoio às pesquisas aumentou cinco vezes, de 8 milhões de dólares para 30 milhões por ano.[86] Antes da guerra, a maioria de todos os professores tinha diploma de Harvard, mas essa proporção foi diminuindo rapidamente até chegar a apenas um terço, à medida que os professores eram recrutados ou promovidos "porque um comitê *ad hoc* [chefiado pelo próprio presidente] os havia considerado proeminentes em seu campo".[87] Embora ele próprio fosse professor de literatura inglesa e de história antiga, Pusey foi presidente em uma era utilitária. "Centros" com este ou aquele foco regional ou disciplinar proliferaram, sobretudo o Russian Research Center [Centro de Pesquisas Russas], fundado em 1948 sob a direção do antropólogo Clyde Kluckhohn, e o East Asian Research Center [Centro de Pesquisas do Leste Asiático], estabelecido sete anos mais tarde sob a direção de John K. Fairbank. No começo da década de 1950, Kissinger e seu mentor, Bill Elliott, foram forçados a lutar com dificuldade para financiar seu Seminário Internacional e sua publicação associada, a revista *Confluence*. Com a criação do Center for International Affairs, tais indignidades poderiam ser vistas como coisas do passado. O Seminário

Internacional prosseguiu como um "trabalho de amor", como dizia Elliott, mas a *Confluence* pereceu discretamente, tanto por falta de tempo quanto por falta de fundos.[88] Em 1959, foi decidido transformá-la em uma publicação anual, mas outros números jamais foram lançados.[89]

A decisão de estabelecer um centro de estudos internacionais datava de 1954, quando um comitê havia sido reunido como parte de uma iniciativa da Fundação Ford para uma reavaliação das ciências do comportamento na universidade. Embora houvesse então treze cursos oferecidos sobre aspectos da política internacional, a área tendia a ser deixada de lado como simplesmente "uma ramificação dos acontecimentos atuais" ou "comentários sobre a edição de ontem do *Times*".[90] A primeira escolha de Bundy para diretor foi Robert R. Bowie, que era então diretor do Planejamento de Políticas no Departamento de Estado e subsecretário de Estado. Bowie era formado em direito; antes de sua nomeação para o departamento em dezembro de 1955, ele se especializou na lei antitruste na Faculdade de Direito. Entretanto, tendo previamente servido como assistente do general Lucius Clay na zona norte-americana de ocupação na Alemanha do pós-guerra, e como conselheiro geral do alto comissário para a Alemanha, John J. McCloy, Bowie também acumulara conhecimento considerável em Europa Ocidental. Embora se sentisse tentado a recusar a oferta de Harvard e a ficar no governo, Bundy foi persuasivo. Não apenas ele atraiu Bowie de volta para Harvard com a oferta da direção do CFIA e uma cátedra em meio período no Departamento do Governo, ele também o persuadiu de que Kissinger seria um diretor associado prestativo.

Embora o relacionamento entre Bowie e Kissinger rapidamente tenha se deteriorado,[91] a princípio os dois tinham um só ponto de vista. A julgar por sua linguagem, o programa do novo centro, publicado em 1958, era pelo menos em parte concebido a quatro mãos:

> Atualmente, nenhuma região é isolada, nenhuma pode ser ignorada; ações e acontecimentos em locais remotos podem ter um impacto mundial imediato. [...] Ao mesmo tempo, forças imensas estão remodelando o mundo com uma velocidade imensa. Sob o impacto de guerras, do nacionalismo, da tecnologia e do comunismo, a velha ordem foi destruída; nações outrora dominantes são forçadas a se adaptar a uma influência reduzida. Novas nações surgiram e estão lutando para sobreviver. [...] E acima de tudo paira o átomo, com sua promessa e sua ameaça.[92]

Seriam cinco áreas de pesquisa: relações europeias, desenvolvimento político e econômico, o papel do controle das forças e das armas, organização internacional e Extremo Oriente. O centro não iria dar aulas para alunos de graduação ou pós-graduação – Bowie e Kissinger iriam desempenhar essas funções em outros locais, como professores do Departamento do Governo.[93] Pelo contrário, ele iria "combinar uma pesquisa básica em relações exteriores com estudos avançados feitos por pessoas experientes [...] livres das pressões das questões cotidianas".[94]

Sempre consciente do potencial para as guerras territoriais, Kissinger temia que o centro pudesse acabar sendo pouco mais que "um apêndice dos departamentos existentes", sobretudo de "um Departamento de Ciências Políticas [i.e., Governo] acostumado a tratar as relações internacionais como uma subdivisão do governo", ou mesmo "neg[ando] a validade das relações internacionais como tema". O centro, ele alertou Bowie, teria de ser "impiedoso em [sua] insistência de uma independência de concepção e execução". Não era "simplesmente uma questão de desenvolver um programa"; era também "necessário estabelecer uma atitude e uma disciplina intelectual. Tal objetivo é um anátema para muitas tendências em Harvard. Ele é, entretanto, o único caminho verdadeiro para a conquista".[95] Ele e Bowie concordaram no início que "não havia muito propósito em fazer uma vez mais o que todas as outras organizações de pesquisa e centros de relações internacionais também estão tentando [...] [porque] o suprimento de talentos é muito escasso [e] os temas a serem discutidos [são] [...] limitados". O único ponto de discórdia entre eles foi a proposta de Bowie para "Fellows com certo tempo de carreira [...] vindos do governo, da vida acadêmica, do mundo dos negócios, das profissões liberais e da imprensa", que passariam entre seis meses e dois anos no centro. Kissinger preferia a estrutura exclusivamente acadêmica do Instituto de Estudos Avançados de Princeton.[96]

A rápida degeneração do relacionamento Bowie-Kissinger em um microcosmo um tanto absurdo da Guerra Fria que ambos estudavam tinha anuviado o sucesso inicial da parceria. Inicialmente localizado no nº 6 da Divinity Avenue, a antiga sede do Museu Semítico de Harvard, o CFIA iria florescer rapidamente. O fato de as duas contratações seguintes para cargos importantes serem de alta qualidade ajudou: o economista do desenvolvimento Edward Mason, que passou de decano da Graduate School of Public Administration [Instituto de Estudos em Administração Pública], e o teórico dos jogos Thomas

Schelling, que estivera em Yale desde sua saída da administração Truman em 1953. O relacionamento de Kissinger com Schelling também acabaria em aspereza e afastamento, mas por muitos anos eles trocaram ideias sobre questões europeias e estratégia nuclear com base em um respeito intelectual mútuo. Com grande apoio financeiro da Fundação Ford (100 mil dólares), da Fundação Rockefeller (120 mil dólares), do Rockefeller Brothers Fund (105 mil dólares), da família Dillon, da Standard Oil e da IBM – bem com da própria universidade –, Bowie e Kissinger não tiveram de dedicar muito tempo à captação de recursos. Contrariando as expectativas de Kissinger, o programa dos Fellows foi um sucesso, sobretudo porque os seminários constantes ajudaram a reduzir as barreiras entre as disciplinas e a construir um *esprit de corps*.97 O café, com suas longas mesas escolhidas por Bowie para encorajar "polinização cruzada intelectual" na hora do almoço, dificilmente ficava vazio.98 Acima de tudo, o centro conseguiu atrair acadêmicos de primeira linha, com destaque para Zbigniew Brzezinski, Morton Halperin, Samuel Huntington e Joseph Nye. E não levou muito tempo para o centro se estabelecer como um participante de importância no debate sobre a política externa norte-americana. Já em 1960, ele produziu dois relatórios de peso – o "Ideology and Foreign Affairs" [Ideologia e relações exteriores], para o Comitê de Relações Exteriores do Senado, e o "The North Atlantic Nations" [As nações do Atlântico Norte], para o secretário de Estado Herter.99

Então, o que deu errado? Não parece plausível que diferenças sutis de opinião desempenhassem um papel. É verdade, Kissinger nunca se persuadiu com o argumento de Bowie a favor de uma força nuclear multilateral (FML), que teria estabelecido uma força nuclear oceânica (em sua maior parte submarina) sob o controle da OTAN, com tripulações multinacionais.100 Mas essa foi uma questão de debate acadêmico, não uma contenda pessoal. Tampouco a política pode ser culpada pelo rompimento Bowie-Kissinger; ambos eram figuras relativamente conservadoras em uma universidade onde ser de direita era ser (como observou certa vez Bill Elliott) "um contra muitos".101 Uma hipótese é a de que Bowie era exatamente o tipo de "funcionário do governo com orientação legalística" que Kissinger iria desdenhar repetidamente em seus escritos no fim da década de 1960; outro é o fato de que ele era "o ianque esperto, o perfeito Wasp" (na verdade, ele vinha de uma antiga família de Chesapeake) e, como tal, fundamentalmente hostil ao seu colega subordinado (e judeu).102 Na verdade, o problema era estrutural. Depois de vários anos em um posto importante no governo, Bowie esperava que o CFIA fosse dirigido como uma instituição hierárquica; ele via Kissinger como seu diretor *assistente*.[103] Kissinger tinha um ponto de vista diferente. Ele é que havia escrito o best-seller, ele era a pessoa cujo conselho Nelson Rockefeller apreciava; ele era a pessoa entrevistada na televisão. Ele era um homem ocupado. Seu escritório em Cambridge era um de dois: o outro se localizava no Rockefeller Brothers Fund em Nova York.[104] O Special Studies Project continuava a consumir tempo até a publicação do volume final em 1961. Além de seus compromissos em Nova York, Kissinger tinha então uma série de palestras por todo o país. Tudo isso tinha de ser, de algum modo, organizado junto às suas palestras proferidas duas ou três vezes por semana em Harvard. Sua nova assistente em Harvard observou que ela não tinha "reclamações – a não ser a inevitável de não vê-lo o suficiente".[105] Essa logo passou a ser uma das muitas queixas de Bowie. Ele acusou Kissinger de "escrev[er] de modo a aparecer nos jornais", de ser "publicado principalmente por causa de [sua] reputação", e de fazer um trabalho que estava "abaixo dos níveis aceitáveis".[106] O colapso nas relações começou com discussões enfurecidas. "Eu entrei em uma briga insana com o maníaco maldoso, Bowie, que consumiu todas as minhas energias por um bom tempo", Kissinger disse para sua mãe em março de 1958, explicando por que ele havia deixado de fazer-lhe uma visita em seu aniversário. A briga acabou em um silêncio gelado. Schelling relembrou como os dois homens – cujos escritórios eram contíguos – iriam "às vezes verificar com suas secretárias antes de sair para ter certeza de que o outro não estava lá", embora isso fosse um exagero poético.[107]

Bundy, entretanto, honrou seu lado do compromisso. Em julho de 1959, ele usou uma subvenção da Fundação Ford para dotar duas cátedras parciais no Departamento do Governo, para uma das quais ele escolheu Kissinger, a outra para o acadêmico da área de francês Stanley Hoffmann.[108] Como os dois postos tinham a posição de professor associado com titularidade, eles tinham de ser votados pelo departamento (pelos professores titulares existentes), bem como por comitês *ad hoc*. Mas, apesar das reservas de alguns – principalmente o especialista em União Soviética Adam Ulam, que considerava o livro de Kissinger *Nuclear Weapons* não acadêmico –, as duas nomeações foram confirmadas.[109] Kissinger tinha então segurança no emprego. Como professor titular de Harvard, ele não poderia ser demitido. Na verdade, ele tinha um emprego vitalício, se assim desejasse.

Exatamente o que o serviço acarretava? Como professor, Kissinger proferia seminários de pós-graduação, onde alunos mais maduros ouviam apresentações de especialistas convidados, seguidas por uma discussão comandada por Kissinger. Juntamente com Hoffmann e o quacre francófilo Larry Wylie, Kissinger coordenou um sobre a Europa Ocidental. Ele também coordenou o Defense Policy Seminar [Seminário de políticas de defesa], que era parte do Programa de Estudos de Defesa, tentando reduzir a preponderância de alunos ex-militares da Faculdade de Administração de Harvard e aumentar a qualidade dos palestrantes externos (entre eles, um congressista republicano de Grand Rapids chamado Gerald Ford e o jovem senador de Washington defensor do militarismo, Henry M. "Scoop" Jackson).[110] Um seminário de nível especialmente alto, a que compareceram somente membros do corpo docente, foi o Seminário Conjunto Harvard-MIT sobre controle de armamentos, inciado em 1960 depois de dois influentes estudos sobre o tema, que foram subvencionados pela Academia de Artes e de Ciências dos Estados Unidos. Uma *joint venture* entre o CFIA e o MIT Center for International Studies [Centro de Estudos Internacionais do MIT], o Seminário sobre Controle de Armamentos se reunia regularmente a cada duas ou três semanas, para discutir artigos escritos por um ou mais participantes previamente selecionados.[111] Essas eram reuniões noturnas, normalmente realizadas em um dos sombrios salões do andar superior do Harvard Faculty Club na Quincy Street. A ambientação do Velho Mundo, para não mencionar os casacos de tweed e os cachimbos preferidos por alguns participantes, dava uma falsa aparência ao caráter inovador das discussões. Kissinger e Schelling participavam regularmente, com especialistas em ciências e tecnologia como o bioquímico Paul Doty; Richard Leghorn, do Itek; e Carl Overhage, do Lincoln Lab do MIT.[112] O jovem Morton Halperin agia como relator (bem como professor assistente para o Seminário de Políticas de Defesa de Kissinger). O nível das discussões era alto, os participantes todos especialistas no campo que crescia rapidamente. A reunião de dezembro de 1960 foi típica, na qual todos os que haviam participado da sexta Conferência Pugwash em Moscou* deram suas impressões sobre o evento.[113]

---

* As conferências foram criadas em resposta ao manifesto lançado em 1955 por Bertrand Russell e Albert Einstein conclamando cientistas para que se reunissem para avaliar os perigos representados pelas "armas de destruição em massa" e lutar contra eles.

Mas Kissinger também dava aulas para alunos de graduação. Seu curso "Princípios de política internacional" (Governo 180) era popular, atraindo regularmente mais de cem alunos, apesar de sua intimidante lista de leituras de quatro páginas. Cobrindo (assim como dizia a ementa) "os principais conceitos e questões da política internacional com ênfase nos problemas básicos do poder, incluindo a natureza, as estratégias e os controles da 'política de poder'", a primeira versão do curso tinha dez textos "obrigatórios", incluindo *História da Guerra do Peloponeso* de Tucídides, *O príncipe* de Maquiavel, *Reflexões sobre a Revolução Francesa* de Burke, *A aproximação da tempestade* de Churchill, *A política entre as nações* de Morgenthau – e *Nuclear Weapons and Foreign Policy* do próprio Kissinger. (Posteriormente, Tucídides e Maquiavel foram substituídos por historiadores mais recentes – e mais britânicos – como Alan Bullock e Michael Howard, embora em 1963 eles por sua vez tenham sido suplantados por teóricos das relações internacionais baseados nos Estados Unidos, como John Herz e Kenneth Waltz.) As leituras "sugeridas" eram uma mistura de livros sobre relações internacionais do passado e contemporâneas, com um viés acentuado para a história europeia dos séculos XIX e XX. A edição de 1963 do Guia confidencial para os cursos dos alunos captava o estilo das palestras de Kissinger: "[Ele] é uma visão e tanto enquanto anda empertigado ao longo do estrado, alternadamente louvando Metternich, criticando Kennedy e lançando coroas de louro para Kissinger pelas soluções de Kissinger para os males que assediam nossa mal conduzida política externa".[114] *The Harvard Crimson* afetuosamente condensou Kissinger e seu colega Hoffmann em uma paródia de diálogo:

> P: Enquanto o senhor está falando sobre o tema dos indivíduos, permita-me perguntar sobre Henry Kissinger?
> R: Estudando as complexidades.
> P: De quê?
> R: Da situação.
> P: Entendo. E o professor Hoffmann?
> R: Estabelecendo as difíceis diferenças.[115]

Assim como seu próprio mentor na graduação, Bill Elliott, Kissinger estava frequentemente "fora da cidade" para estar disponível para cada aluno de sua classe. Ele havia visto como Elliott controlava sua agenda e o imitou em mais de um aspecto. Mas isso não quer dizer que ele não fosse popular entre os alunos. Pelo contrário, os que se matricularam em Governo 180 geralmente gostavam da prontidão de Kissinger para responder suas perguntas sobre questões atuais, e apreciavam a mordacidade de suas respostas. Para a maioria, como ainda é com frequência o caso em Harvard, havia uma ligeira excitação por assistir às palestras de um professor suficientemente conhecido para aparecer no *Face the Nation*. Sobrou para alguns poucos tipos diligentes expressar suas dúvidas sobre o Homem de Boswash. Charles Maier era um estudante de último ano da graduação quando publicou "O papel do professor como consultor do governo" no *Crimson*, um artigo ilustrado com a fotografia de Kissinger. "O crescimento da nova classe de professores-consultores acarreta perigos, bem como uma promessa", ele alertou. O principal perigo era o de que essa "nova classe professoral" poderia ficar tão "arrogante em pompa e tão encantada com seu reconhecimento recém-descoberto" a ponto de ser "complacente e intelectualmente embotada". A implicação maior era a de que o professor-consultor arriscava "altera[r] seu papel tradicional de crítico para o de porta-voz do regime".[116] Era junho de 1960. Três anos mais tarde, o *Crimson* publicou um artigo em que Kissinger e Schelling eram apresentados como inexplicáveis "militaristas civis" incapazes de ver "como a razão poderia ser usada para evitar conflitos". Tudo o que eles faziam em seus escritórios no CFIA era "acumular dados e colocá-los em um computador e então determinar que tais e tais dias seriam os mais propícios para jogar uma bomba na União Soviética".[117] Antes de a década terminar, tais dúvidas sobre o relacionamento entre o corpo docente de Harvard e o "Estado de Segurança Nacional" seriam transformadas em violentos atos de protesto.

IV

Enquanto o "professor-consultor" aparentava estar perto demais do governo para alguns estudantes, em um aspecto ele estava longe. A Guerra Fria não foi o duelo épico dos teóricos do jogo travado em público. Muito do que era público era falso, assim como a propaganda que evocava defasagens imaginárias de mísseis, e muito do que era verdadeiro era escondido, como a guerra secreta entre as agências de informação. Até mesmo a pessoa "de fora" mais bem informada poderia ter somente uma vaga ideia das mentiras e dos mistérios da Guerra Fria. Somente quando Henry Kissinger entrou no círculo mais próximo do governo – apenas quando ficou a par de documentos "altamente confidenciais" – ele compreendeu que seu comentário sobre política externa na década de 1950 havia em muitos pontos sido ingênuo, que ele tinha subestimado de modo significativo a astúcia da administração Eisenhower.

Em relação à Guerra Fria global, o que realmente se aplicava era o seguinte: o conflito entre as superpotências pelo predomínio no Terceiro Mundo, que poderia muito bem ter sido chamado de Guerra do Terceiro Mundo.[118] Se a ameaça da destruição mútua garantida foi suficiente para produzir uma "longa paz" para os Estados Unidos, a União Soviética e uma Europa dividida, o mesmo não era verdadeiro para grande parte da África, da Ásia, da América Latina e do Oriente Médio. Nesses locais a guerra entre as superpotências, com frequência travada por procuração, teve um custo assustadoramente alto em vidas humanas. Agora nós sabemos muito mais sobre essa guerra do que qualquer pessoa fora dos círculos oficiais sabia na época. É verdade, não era segredo que, à medida que os impérios europeus desmoronavam ou se desfaziam na grande contenda do pós-guerra para "descolonizar", a União Soviética levava uma vantagem. "Quase todos os Estados recém-surgidos do mundo", resmungava Eisenhower, "prefeririam adotar o comunismo, ou qualquer outra forma de ditadura, a reconhecer o domínio político de outro governo". Os "novos países" faziam-no pensar em uma fileira de dominós esperando para cair uns sobre os outros.* Às vezes, o processo parecia estar acontecendo ainda mais rapidamente que a "disseminação de ditadores" na década de 1930.[119] "A invasão da Coreia, as atividades dos Huk nas Filipinas, o esforço para invadir todo o Vietnã, a tentativa de subversão do Laos, do Camboja e de Burma, a tentativa quase bem-sucedida de conquistar o Irã, a exploração da localização conturbada de Trieste e a tentativa de penetração na

---

* A primeira referência de Eisenhower à teoria do dominó foi feita em uma conferência de imprensa depois da derrota francesa em Dien Bien Phu: "Vocês têm uma fila de dominós arrumada. Vocês dão uma batidinha no primeiro. [...] O que vai acontecer com o último é a certeza de que ele vai cair rapidamente". Isso era estranho, já que ele não havia feito quase nada para evitar que o dominó francês caísse.

Guatemala" foram todos exemplos "da pressão soviética destinada a acelerar a conquista, pelo comunismo, de cada país onde o governo soviético tivesse condições de fazer sua influência ser sentida".[120] Eisenhower e Dulles poderiam ter tomado posse falando sobre "libertação", como se o império soviético pudesse de alguma forma ser mantido em seus limites; ambos perceberam com muita rapidez que (como Kennan observou com a aguda *Schadenfreude* [exultação maliciosa] de um homem expulso do mundo confidencial) eles estavam "sobrecarregados" com contenção.[121] Embora Cuba e, indiscutivelmente, o Vietnã do Norte fossem os únicos países perdidos para o comunismo sob a vigilância de Eisenhower, não foi assim por falta de tentativas por parte de Moscou. Em janeiro de 1961, Khruschev garantiu explicitamente o apoio soviético para "guerras nacionais de libertação". A ideia era a de aproveitar a onda de descolonização apresentando Moscou como a aliada de todos os revolucionários e definindo os Estados Unidos como os novos imperialistas. É muito fácil esquecer quão bem-sucedida essa estratégia foi. Em vez de combater em múltiplas guerras no estilo da Coreia, foi somente por meio de uma grande campanha de propaganda "cinzenta" e "negra" e operações secretas que os Estados Unidos tiveram condições de conter a disseminação da influência soviética.[122] Ideias relacionadas à guerra psicológica que haviam se desenvolvido durante a Segunda Guerra Mundial foram então levadas para qualquer país que fosse considerado vulnerável.

A abrangência geográfica da Guerra Fria era vasta. O Vietnã do Sul estava inundado de literatura anticomunista produzida pela USIA;* o Vietnã do Norte estava infiltrado por sabotadores e provocadores treinados pela CIA;[123] Indonésia, Laos e Tailândia foram sufocados com propaganda. Também houve um imenso esforço norte-americano para colocar o Paquistão em uma "fileira setentrional" de Estados pró-Ocidente (juntamente com a Turquia, o Irã e o Iraque) e para combater o neutralismo na Índia.[124] James Eichelberger, que estava situado no Egito como conselheiro de Relações Públicas de Nasser, era na verdade um agente da CIA.[125] Essa era uma campanha multimídia que envolvia não somente auxílio econômico e militar, mas também feiras comerciais,

---

* A Agência de Informações dos Estados Unidos, também conhecida como USIS (United States Information Service [Serviço de Informações dos Estados Unidos]) quando operava no exterior.

programas de troca, viagens culturais, bibliotecas, cinemas móveis e transmissões radiofônicas.[126] Nesse aspecto, a guerra psicológica era muito parecida com as tendências contemporâneas na propaganda comercial: a suposição era a de que "persuasores ocultos" poderiam ser tão eficazes na política externa como nas vendas. Porém, os resultados disso tudo sem dúvida foram variados. A luta norte-americana para exercer influência no exterior sem reproduzir o colonialismo europeu foi rapidamente escarnecida em livros como *O americano tranquilo*, de Graham Greene (1955), e *The Ugly American* [O americano feio] (1957), de William Lederer e Eugene Burdick. "Apesar de nosso auxílio econômico maciço e de nossa assistência militar [...] nosso histórico anticolonialista, nossas reconhecidas boas intenções, nossa sociedade livre e diversificada", reclamava um relatório do President's Committee on Information Activities Abroad [Comitê presidencial sobre atividades de informações no exterior], "nós parecemos estar sendo mais identificados com os aspectos negativos do passado e o *status quo*, sobretudo entre as pessoas mais jovens".[127] Basicamente, era difícil fazer com que Estados independentes pensassem em ceder aos desejos norte-americanos. A Rádio Cairo embolsou dinheiro norte-americano e foi denunciar o principal aliado europeu dos Estados Unidos. Para deixar a situação pior, quando líderes do Terceiro Mundo – como Thava Raja, um cidadão malaio e secretário do Sindicato dos Trabalhadores Postais de Johore – visitavam os Estados Unidos em programas de troca, eles frequentemente descobriam que eram vítimas de preconceito racial.[128]

Quando a persuasão falhava, a alternativa era, naturalmente, a subversão. Para Allen Dulles e seus contemporâneos, que haviam aprendido seu ofício durante a Segunda Guerra Mundial e observado então com desalento enquanto os soviéticos impiedosamente substituíam os regimes na Europa Oriental, não havia um motivo óbvio por que os Estados Unidos devessem jogar por regras diferentes. Assim, sob Dulles, a CIA "organizou a derrubada de dois governos estrangeiros [...] tentou sem sucesso derrubar outros dois [...] e pelo menos levou em consideração complôs de assassinato contra diversos líderes estrangeiros – se realmente não participou deles".[129] A derrubada de Mohammed Mossadegh, de fato, havia sido uma iniciativa britânica depois de ele nacionalizar a Anglo-Iranian Oil Company [Companhia de Petróleo Anglo-iraniana] controlada pelos britânicos, mas a CIA logo se envolveu, aumentando de modo considerável os recursos disponíveis para financiar o golpe.[130] Na Guatemala, a iniciativa partiu de uma empresa norte-americana, a United Fruit Company, que havia sido nacionalizada por Jacobo Árbenz depois de sua eleição em 1951. Foi a CIA que organizou o golpe militar que derrubou Árbenz, laboriosamente criando e divulgando a história de que ele era uma marionete do Kremlin.[131] Esse tipo de operação foi confirmado como legítimo pelo NSC-5412, aprovado por Eisenhower em 15 de março de 1954, que outorgou a responsabilidade pelo planejamento de operações secretas para Allen Dulles, mas garantiu que a Casa Branca, o Departamento de Estado e o Departamento da Defesa tivessem o direito de aprovação por meio do assim chamado "Grupo Especial".[132] Quando Fidel Castro assumiu o poder em Cuba em janeiro de 1959, não foi mais que natural que a CIA começasse a trabalhar em uma operação para se livrar dele também. Como vice-diretor dos planos, o exuberante Richard Bissell estava bastante inclinado a pensar em assassinatos, não somente de Castro, mas também de Rafael Trujillo, da República Dominicana, e de Patrice Lumumba, o primeiro-ministro do Congo. Embora os assassinos que mataram Trujillo e Lumumba em 1961 não fossem eles próprios agentes da CIA, as armas que usaram foram fornecidas pela agência.[133] Não se pensou muito no potencial "efeito adverso" que poderia ocorrer quando – como era certamente inevitável em uma sociedade com uma imprensa livre – essa e outras operações secretas fossem expostas ao escrutínio do público. O fato de que a KGB estivesse combatendo em uma Guerra Fria igualmente suja não é suficiente como explicação, sobretudo quando os regimes visados pelos Estados Unidos fossem tão nacionalistas quanto comunistas.

V

O Henry Kissinger do fim da década de 1950 tinha muito pouco conhecimento da Guerra do Terceiro Mundo. Com certeza, ele subestimava a extensão de sua própria ignorância sobre o que a administração Eisenhower estava realmente fazendo, de um jeito ou de outro, para combater a propagação do comunismo. No entanto, ele não se esquecia dessa faceta cada vez mais importante da Guerra Fria. Em uma notável entrevista de meia hora com Mike Wallace da ABC em julho de 1958, Kissinger foi conduzido por seu interlocutor para além dos debates do ano anterior sobre os méritos relativos de uma retaliação maciça e da guerra limitada. A conversa revela muito sobre como o sucesso havia mudado Kissinger. Ele estava mais confiante em sua primeira aparição na televisão, ocasionalmente se permitindo um sorriso astuto à medida que as perguntas de Wallace se tornaram mais inquiridoras, mas geralmente dizendo suas frases mais arrepiantes no estilo monótono que Walter Matthau iria aperfeiçoar no papel do Professor Groeteschele em *Limite de segurança*.[134]

WALLACE: Para compreender melhor sua proposta para uma guerra limitada, talvez fosse bom o senhor definir o que considera ser a atual política militar dos Estados Unidos. Qual é nossa política militar?

KISSINGER: Nossa atual política militar se baseia na doutrina de retaliação maciça, que nós ameaçamos um ataque total à União Soviética caso a União Soviética se envolva em agressão em qualquer lugar. Isso significa que nós baseamos nossa política em uma ameaça que irá envolver a destruição de toda a humanidade. Isso é muito arriscado e eu acho dispendioso demais.

WALLACE: O senhor obviamente considera que é errado – perigoso para nossa segurança. Fico pensando se o senhor falaria mais sobre o assunto. Somente por causa do que o senhor chama de risco e somente por causa dos gastos, não é válido?

KISSINGER: Não. O que isso vai significar é que em todas as crises um presidente norte-americano terá de fazer a escolha se um determinado objetivo vale a destruição de cidades norte-americanas. O presidente norte-americano terá de decidir se Beirute ou qualquer que seja a questão vale 30 milhões de vidas norte-americanas. Na prática, eu tenho medo de que o presidente norte-americano tenha de decidir que não vale e, portanto, isso irá encorajar a lenta conquista do mundo por meio da agressão soviética.

WALLACE: Por que o senhor acredita que os soviéticos compreendam nossa falta de vontade ou falta de habilidade – certamente nossa falta de vontade – de travar uma guerra total?

KISSINGER: Os soviéticos compreenderão nossa falta de vontade cada vez maior de entrar nesse tipo de guerra e, portanto, a missão deles será a de nos apresentar um desafio que nem ao menos pareça digno de uma decisão final, mas cuja acumulação irá levar à destruição do mundo

> livre. [...] Eu não aconselho que comecemos uma guerra. A questão da guerra irá surgir somente se a União Soviética atacar. Então, se a União Soviética atacar, e na verdade nós temos muito mais medo de uma guerra total que eles – eles irão gradualmente chantagear o mundo livre para que ele se submeta. Tudo que eu digo se baseia na suposição de que nós estamos tão prontos para correr riscos quanto a União Soviética. Se não for esse o caso, estamos perdidos, e acho que deveríamos enfrentar o fato...
>
> WALLACE: Então o senhor acha que a estratégia norte-americana deveria ser reavaliada de modo a fazer com que a guerra volte a ser um instrumento utlizável na política?
>
> KISSINGER: A estratégia norte-americana tem de enfrentar o fato de que ela pode ser confrontada com uma guerra e que se a agressão soviética nos confrontar com a guerra e nós não estivermos dispostos a resistir, isso vai significar o fim de nossa liberdade. Isso então se reduz a uma escolha de valores. Nesses termos, sim, acredito que a guerra possa ser um instrumento utilizável na política.[135]

A conversa passou para novos caminhos, entretanto, quando Wallace forçou Kissinger a dar exemplos de como sua alternativa preferida de uma guerra limitada realmente poderia funcionar. Sem titubear, Kissinger ofereceu um cenário possível, o "caso de um ataque soviético, digamos, ao Iraque". Pronunciando-se somente 24 horas antes que um golpe de Estado liderado pelos pan-árabes derrubasse a monarquia Hachemita em Bagdá, Kissinger argumentou que o Iraque era exatamente o tipo de lugar onde os Estados Unidos não tinham forças militares convencionais suficientes para a defesa. "Se nós tivéssemos mais divisões e se tivéssemos transporte aéreo, então [...] nós poderíamos transportar por avião algumas divisões para a área e, com forças locais, tentar uma defesa."[136] Quando Wallace acusou-o de propor somente "medidas de guerra" e nenhuma "medida positiva de paz", Kissinger respondeu-lhe de modo severo, rejeitando a dicotomia como falsa.

> KISSINGER: Políticas de defesa são essenciais para manter a paz. Elas não irão, entretanto, solucionar os problemas políticos do mundo. Elas vão apenas nos proporcionar um escudo atrás do qual nós possamos nos dedicar a medidas construtivas. O que é essencial agora é que

nós nos identifiquemos com a tremenda revolução que está varrendo o mundo, que nós tenhamos uma imagem para a construção do mundo livre que se baseie em outros motivos além de simplesmente defender o mundo contra o comunismo. Nós devemos deixar claro aquilo que defendemos, em vez de aquilo a que somos contra. Se nós fôssemos mais explícitos a respeito do tipo de mundo que queremos construir, se nós conseguíssemos mostrar essa ideia para outras pessoas, então não pareceríamos sempre tão intransigentemente militantes, então nós seríamos identificados com medidas positivas em vez de simplesmente com alianças militares.[137]

Uma vez mais, Wallace insistiu nos detalhes, mencionando outro país presente nos noticiários: a colônia francesa da Argélia, então em seu quarto ano de uma rebelião que iria acabar conquistando a independência depois de mais quatro anos de derramamento de sangue. A resposta de Kissinger foi uma vez mais reveladora:

KISSINGER: De modo geral, nós deveríamos nos opor aos regimes coloniais. Por outro lado, nós deveríamos apresentar ideias [...] uma Argélia independente não pode sobreviver como um Estado puramente independente. O grande paradoxo deste período é que, por um lado, existe um impulso na direção de uma quantidade cada vez maior de Estados soberanos e, por outro lado, não há mais algo como um Estado puramente independente. O que sempre me atraiu, portanto, é que haveria a possibilidade de defendermos uma federação norte-africana que poderia ser unida economicamente e por outros projetos de desenvolvimento, e que a Argélia iria encontrar seu lugar como parte dela em vez de um Estado puramente independente.[138]

A República Árabe Unida recém-criada por Nasser, que havia juntado Egito e Síria no começo daquele ano, seria convidada a participar? Kissinger achava que não, acrescentando que a política norte-americana em relação a Nasser não fora "amistosa o suficiente para fazer dele um amigo, e nem hostil o suficiente para degradá-lo. [...] Eu diria, entretanto, que Ibn Saud não representa a força com que nós nos identificaríamos no Oriente Médio"[139] – uma alusão ao monarca saudita, cuja preferência pela *xaria* em detrimento do pan-arabismo secular o havia levado a ordenar um atentado malsucedido contra a vida de Nasser.

Em grande parte dessas ideias, a influência de Rockefeller sobre Kissinger era óbvia – tanto a hostilidade inflexível em relação aos regimes coloniais quanto o entusiasmo por soluções federais. Mas não há dúvida que Kissinger também estava expressando seus próprios pontos de vista nitidamente idealistas. Ao ser perguntado por Wallace se ele considerava que os Estados Unidos poderiam existir "em um mundo completamente revolucionário socialista", Kissinger deu uma resposta sincera:

> KISSINGER: Bem, o senhor sabe, é possível argumentar que a identificação de socialista e revolucionário não é uma identificação muito boa. Seria muito bem possível argumentar que uma sociedade capitalista, ou, o que me parece mais interessante, uma sociedade livre, é mais um fenômeno revolucionário que o socialismo do século XIX, e isso ilustra precisamente um de nossos problemas. Acredito que nós deveríamos continuar com a ofensiva espiritual no mundo. Deveríamos dizer que a liberdade, se é liberada, pode alcançar muitos desses propósitos. [...] Mesmo quando nós nos empenhamos em medidas construtivas [...] nós sempre as temos justificado com base na ameaça comunista, muito raramente com base nas coisas que desejávamos fazer por causa de nosso intrínseco dinamismo. Eu acredito, por exemplo, que nós reagimos de forma muito errada às revoltas na América Latina [uma alusão aos protestos ocasionados pelas visitas do vice-presidente Nixon ao Peru e à Venezuela no mês de maio anterior]. Em vez de dizer: "Eles são inspirados por comunistas e nós temos de evitar que a América Latina se transforme em comunista", nós deveríamos ter dito: "Isso nos faz pensar em nosso dever. Essas são coisas que nós queremos fazer por causa dos valores que nós defendemos, não porque queremos derrotar os comunistas".[140]

Isso dificilmente era a linguagem do realismo. Na verdade, Kissinger abandonou seus habituais modos para criticar severamente o secretário Dulles por "estar tão empolgado com os mecanismos da política externa e com o caráter de negociação da política externa que ele não conseguiu projetar as ideias mais profundas que nós defendemos, e com frequência tem criado grande desconfiança no exterior".[141]

Houve apenas um momento na entrevista em que Kissinger hesitou, e foi no fim, quando a discussão se voltou para a política interna. Wallace citou uma declaração feita por Kissinger para outro repórter da ABC de que "[n]ós temos uma administração de homens velhos, contentes com a vida que eles levaram". Sorrindo, Kissinger enfrentou a situação.

> KISSINGER: Eu falei isso. Eu acredito que os grupos aos quais me referia são pessoas muito bem-intencionadas, muito sinceras, muito patrióticas. A dificuldade que elas têm é a de que pensam que o mundo em que cresceram é o mundo normal. A tendência delas é, quando surge uma crise, tentar amainar a situação e então esperar [...] esperar que as forças normais se restabeleçam. Portanto, elas conduzem a política um pouco como, oh, talvez, banqueiros de cidades pequenas que consideram que a gente sempre pode ter algum lucro em uma boa situação.

Porém, quando Wallace lhe pediu para se identificar com um político da geração seguinte, Kissinger respondeu com evasivas, dizendo apenas que ele não discernia "nenhum grande dinamismo moral" em nenhum dos lados da divisão político-partidária. Wallace tentou de novo:

> WALLACE: Se há alguém, quais são os homens na vida pública a quem o senhor admira e em quem o senhor confia para a liderança nos Estados Unidos, dr. Kissinger?
> KISSINGER: Bem, devo dizer, em primeiro lugar, que estou aqui como um não partidário, que sou um independente. Eu não represento nenhum partido aqui. Depende. Eu tenho respeitado o sr. Stevenson em muitas de suas declarações, respeitado o sr. Acheson em muitas de suas declarações, embora eu tenha discordado muito dele em outras coisas. Hmm [...] É muito difícil para um partido que está fora do poder provar o que ele pode fazer.
> WALLACE: Mas não há um republicano que surja imediatamente em sua cabeça, que o senhor acredite que esse homem tem o entendimento de que nós precisamos para nos liderar nesta situação?
> KISSINGER: Eu detesto discutir personalidades. Eu acredito que o sr. Ni-

xon em suas declarações públicas recentemente tem mostrado compreensão da situação. Mas eu preferiria não me deter nas personalidades, se o senhor quiser saber.

Essa era uma resposta bastante estranha para um homem que já estava tão associado a Nelson Rockefeller na visão do público. A educação política de Henry Kissinger estava apenas começando – e tinha um longo caminho a percorrer.

Livro III

CAPÍTULO 12
O intelectual e o estrategista político

Quando você vai à Espanha e compra um Picasso e o traz para pendurar na mansão do governador, não contrata um pintor de paredes para retocá-lo.
HENRY KISSINGER para Nelson Rockefeller[1]

Por algum tempo pensei que o melhor papel para mim neste assunto seria não operar através de Henry Kissinger. Acho esse intermediário um canal duvidoso.
WILLIAM ELLIOTT para Richard Nixon[2]

I

Em 1958, Henry Kissinger era mais do que apenas um "professor-consultor"; era um intelectual renomado. Candidatos rivais à presidência mencionavam o seu nome com frequência em seus discursos.* Quando a Câmara Júnior de Comércio dos Estados Unidos o nomeou como um dos "Dez Jovens Mais Notáveis" de 1958, ele se viu colocado na mesma categoria de Pat Boone.[3] Por mais que apreciasse a fama súbita, Kissinger tinha plena consciência das dificuldades de oscilar entre uma extremidade de Boswash e a outra. Em um ensaio longo e bastante introspectivo intitulado "The Policy-maker and the Intellectual" [O estrategista político e o intelectual], publicado na revista *The Reporter* em 1959, Kissinger procurou identificar essas dificuldades – e sugerir uma solução para elas.

---

* Ver, por exemplo, o discurso de John F. Kennedy no Senado em 14 de agosto de 1958: "Desenvolvemos o que Henry Kissinger chamou de mentalidade da Linha Maginot". Kennedy não precisou explicar quem era Kissinger.

Em teoria, com certeza, o intelectual que estivesse disposto a deixar a clausura teria condições de combater a tendência indesejável de "uma sociedade cada vez mais especializada e burocratizada" de produzir líderes restringidos por comitês, com dedicação maior a "evitar riscos do que à audácia da criação". Em primeiro lugar, os intelectuais "logo se veem tão sobrecarregados que o seu ritmo de vida dificilmente difere daquele dos executivos a quem aconselham. Eles não conseguem fornecer uma perspectiva, pois são tão procurados quanto os estrategistas políticos". Resultado: a perda da criatividade que era para ser o trunfo do intelectual. Em segundo lugar, "indivíduos que desafiam os pressupostos da burocracia, seja governamental ou privada, raramente conseguem manter as suas posições de consultores" – em contraste com aqueles dispostos a "aprimorar temas familiares em vez de arriscar novos projetos". O intelectual cujo contrato de consultoria foi renovado é o que ofereceu "não ideias mas endosso".[4]

Não que a alternativa de voltar a um distanciamento acadêmico fosse preferível. Kissinger já via em torno de si em Harvard aonde isso o levaria.

> A busca por universalidade, que tem produzido tantos dos melhores esforços intelectuais, pode levar a algo como um dogmatismo nos assuntos nacionais. Isso talvez resulte em uma tendência a recuar diante do ato de escolher entre alternativas, o que é inseparável do ato de criar estratégias políticas, e a ignorar o aspecto trágico de criar estratégias políticas que reside precisamente no componente inevitável da conjectura [...]. Os técnicos que agem como se a Guerra Fria fosse seu próprio propósito são confrontados por outros que às vezes falam como se fosse possível dar fim à Guerra Fria ao redefinir o termo.[5]

A única solução estava, concluiu ele, em uma combinação de engajamento e independência. O intelectual não deve se abster do processo de criar estratégias políticas, a despeito de todas as suas armadilhas. No entanto, ele deve reter a sua "liberdade para lidar com o estrategista político a partir de uma posição de independência, e de se reservar o direito de acessar as exigências do estrategista político em termos de seus próprios padrões".[6]

É esclarecedor, diante desse artigo, seguir a trajetória do papel de Kissinger como consultor de Nelson Rockefeller, o homem que tantas vezes entre 1958 e 1969 pareceu tentadoramente perto de uma campanha bem-sucedida à presidência dos Estados Unidos.

II

As apostas já eram altas em julho de 1958, quando Rockefeller pediu a Kissinger que "trabalhasse com ele em dois ou três discursos curtos fundamentais".[7] Àquela altura, Rockefeller buscava a nomeação pelo Partido Republicano para o governo de Nova York, que viria a obter em agosto.[8] Contudo, era óbvio para todos os envolvidos que aquilo poderia servir como plataforma para a presidência. Por que então ele faria discursos sobre um estilo novo e mais positivo de política externa, se política externa dificilmente fazia parte da competência de um governador estadual?[9]

A equipe política de Rockefeller era quase tão conflitante quanto a sua vida pessoal. Alguns, como Frank Jamieson e George Hinman, sugeriam a Rockefeller que esperasse e consolidasse a sua posição em Albany. Outros, como o seu leal secretário Bill Ronan e o espalhafatoso escritor de discursos Emmet J. Hughes, o encorajavam a ir em frente. Kissinger não perdeu tempo em estabelecer o seu domínio sobre o processo de composição de discursos a respeito de política externa, protestando contra a preferência de Rockefeller por um sistema prolongado e coletivo de revisão ("não deveria passar por 25 mãos diferentes")[10] e encorajando-o a "dar mais prioridade à discussão [sobre política externa] do que à discussão sobre táticas básicas".[11] Os resultados, porém, foram ambíguos. Pelo menos um dos discursos rascunhados por Kissinger foi um absoluto fracasso, com conteúdo acadêmico demais para um público que havia passado antes por "pelo menos duas festas com coquetéis".[12] Arthur Schlesinger provavelmente estava sendo sarcástico ao perguntar se Rockefeller nomearia Kissinger como o seu secretário de Estado caso se tornasse governador.* (Era uma função para a qual ele não tinha nenhuma qualificação.)[13]

O maior desafio de Rockefeller era o fato de que estava enfrentando um vice-presidente ainda no cargo com uma sólida base de apoio do *apparat* do Partido Republicano. Richard Nixon não era muito apreciado pela ala conservadora do partido, mas esta certamente detestava Rockefeller.

---

* O secretário de Estado de Nova York é responsável pela regulamentação de uma série de profissões e negócios no estado.

Ainda por cima, no período até a eleição presidencial de 1960, Nixon teve a liberdade de exercer um papel cada vez mais proeminente na política externa dos Estados Unidos, chegando a confrontar Khrushchov cara a cara no famoso "*kitchen debate*" televisionado a partir da Exposição Nacional Norte-Americana em Moscou em julho de 1959. Ao mesmo tempo, as relações entre as superpotências demonstravam sinais de melhora, o que tendia a enfraquecer o alarmismo exibido no Projeto de Estudos Especiais de Rockefeller.

Duas questões passaram a dominar o debate sobre política externa nos últimos anos do mandato de Eisenhower. A primeira foi a campanha pelo banimento dos testes nucleares, que ganhava apoio à medida que a população se informava dos perigos causados pela precipitação radioativa. Com o apoio tanto de cientistas proeminentes quanto de políticos (em especial o de Averell Harriman, que havia perdido a eleição para governador de Nova York para Rockefeller após servir por um mandato), o "banimento dos testes" era algo difícil a que se opor depois que os soviéticos o propuseram formalmente após o lançamento do Sputnik, e ainda mais depois que eles anunciaram o banimento unilateral dos testes em março de 1958. A segunda questão, igualmente controvertida, era a Alemanha: de maneira ampla, a sua desmilitarização, desnuclearização, neutralização e reunificação. O "desengajamento" na Europa Central também contava com apoiadores importantes, como o arquiteto da contenção, George Kennan, em sua palestra para o programa Reith Lectures da BBC em 1957.[14] Isso também era uma proposta de difícil oposição após os soviéticos começarem a defendê-la, complementando o discurso com ações em janeiro de 1958, ao reduzir o Exército Vermelho em 300 mil homens.[15] Quem, tão pouco tempo depois dos horrores da Segunda Guerra Mundial, poderia culpar seriamente Khrushchov por se opor ao rearmamento alemão?

As posições de Kissinger acerca dessas duas questões eram inflexíveis. "Numa época de conversas insensatas sobre 'conferências de cúpula', 'desengajamento' e 'neutralidade' [e] quando o sr. Kennan faz palestras cujo tom racional apenas camufla o teor explosivo e potencialmente desastroso", um abrandamento não era possível. Banir os testes era uma má ideia. Qualquer tipo de concessão à Alemanha era ainda pior. Em "Missiles and the Western Alliance" [Mísseis e a aliança ocidental] (1958), ele instou os leitores da *Foreign Affairs* a descartar essas noções, revisitando o seu argumento anterior em prol da guerra nuclear limitada com um "sistema de mísseis [da OTAN] que seria movido por motor, e teria uma grande parte em constante movimento", com a meta "primária não de destruir o país soviético, mas de apresentar riscos desproporcionais para qualquer vitória que as forças soviéticas viessem a obter na Europa".[16] O Plano Rapacki para a desnuclearização da Europa Central – introduzido pelo ministro polonês de Relações Exteriores Adam Rapacki em 1957 – teria removido de forma efetiva as forças nucleares norte-americanas da Europa, deixando o seu equivalente soviético a apenas 965 quilômetros de distância de alvos na Europa Ocidental. Um esquema muito melhor, argumentou Kissinger, seria induzir um sistema de inspeção em vez de desarmamento.[17] A manchete do jornal *Herald Tribune* desbravou a prosa muitas vezes densa do autor: "Kissinger incentiva a Europa a aceitar bases de mísseis".[18] Em conversas particulares, Kissinger criticava as propostas "histéricas" e "hipócritas" de Kennan.[19] O desafio, como explicou para Arthur Schlesinger, era encontrar alternativas à abordagem de Eisenhower que fossem tanto diferentes quanto críveis.[20] O problema de ambas as questões – o banimento dos testes e a Alemanha – é que se revelavam inerentemente complicadas, e por certo não eram o assunto de uma campanha política de sucesso.

Para o público, o banimento de testes nucleares era uma ideia atraente. O Comitê de Energia Atômica, então chefiado por John McCone, era contra. Os cientistas se mostravam divididos: enquanto Isidor Rabi era a favor do banimento, Edward Teller e Lewis Strauss se opunham de modo veemente.[21] Em 22 de agosto de 1958, Eisenhower, curvando-se à "opinião mundial", anunciou a suspensão por um ano dos testes nucleares norte-americanos, começando a partir de 31 de outubro, como o prelúdio das negociações com os soviéticos.[22] Absurdamente, as duas superpotências haviam àquela altura feito uma verdadeira farra de testes em antecipação ao banimento: houve 81 detonações nucleares pelo mundo nos primeiros dez meses de 1958.[23] A situação se complicou ainda mais com a evidência científica relativa à dificuldade de distinguir testes nucleares subterrâneos de atividades sísmicas naturais.[24] Kissinger tentou ao máximo encontrar um equilíbrio. "Eu sempre acreditei que é essencial haver um estudo cuidadoso e imparcial dos problemas do desarmamento", disse ele ao jornal *The Harvard Crimson* em 1958, após um artigo o ter retratado como um opositor do controle das armas. Os Estados Unidos deveriam "estar sempre prontos para negociar sobre esse assunto".²⁵ O problema era a dificuldade extrema em assegurar compromissos formais do outro lado na ausência de alguma autoridade supranacional com poderes extensivos de inspeção e aplicação de normas. "Se as nossas únicas alternativas fossem a guerra ou o governo mundial", alertou Kissinger, "era mais provável que tivéssemos uma guerra".²⁶ O artigo que escreveu sobre a questão do banimento dos testes, publicado no mesmo mês na *Foreign Affairs*, argumentava que um banimento dos testes simplesmente desgastaria a capacidade tecnológica norte-americana, enquanto os soviéticos tentariam trapacear. Em todo caso, seria mesmo provável que um acordo fosse honrado pelos "homens que prenderam os líderes da revolução húngara [de 1956] ao mesmo tempo que negociavam um armistício com eles, e que os executaram apesar da promessa de salvo-conduto"? Kissinger, portanto, ofereceu a sua própria proposta. Os Estados Unidos convidariam a União Soviética a se juntar a um comitê das Nações Unidas. Este estabeleceria uma dosagem máxima de precipitação radioativa permitida nos testes nucleares bem abaixo dos níveis recentes. Em seguida, o comitê das Nações Unidas "designaria uma cota para os Estados Unidos e seus aliados, e outra para o bloco soviético em uma base de 50% para cada". Por dois anos, ambos os lados concordariam em registrar junto às Nações Unidas todos os testes que envolviam precipitação radioativa, e também em não exceder as suas cotas. Durante esses dois anos, a cota seria reduzida progressivamente, até chegar a zero. Depois disso, os únicos testes permitidos seriam testes de superfície de armas "limpas", testes subterrâneos e testes além da atmosfera terrestre. "Técnicos de ambos os lados entrariam em acordo a respeito de um mecanismo adequado de inspeção", concluiu Kissinger, "que fosse relativamente simples".²⁷

Esse esquema sofisticado ganhou a aprovação calorosa de Edward Teller, para quem a ideia de banir os testes era um anátema – talvez porque ele estivesse certo de que os soviéticos, compulsivos na manutenção de segredos, rejeitariam a última parte sobre inspeções.²⁸ Entretanto, em sua complexidade, a proposta de Kissinger oferecia distintamente menos benefícios políticos do que a sugestão anterior de "Open Skies". Na ocasião, a administração Eisenhower alterou a sua posição, propondo um acordo limitado que baniu todos os testes na atmosfera e todos acima de certo limiar subterrâneo. Quando os soviéticos hesitaram diante do número de estações de inspeção que seriam necessárias para policiar o acordo, os Estados Unidos cederam.

Àquela altura, a opinião de Eisenhower era de que qualquer acordo seria "melhor do que nenhum".²⁹

Esse era precisamente o tipo de arranjo que Kissinger mais detestava. Em uma entrevista precedendo um discurso em Omaha, Nebraska, ele criticou a administração: "A maioria dos norte-americanos são como espectadores de uma peça que não lhes interessa [...]. Estamos perdendo a Guerra Fria, e as pessoas em todo o mundo estão se voltando para o comunismo". Foi na Coreia, argumentou ele, que a podridão se estabelecera. Como um observador naquele país em 1951, ele achou "absolutamente doloroso" ver as forças lideradas pelos Estados Unidos fracassarem em obter uma vitória decisiva. "Começou com a Coreia. Nós simplesmente perdemos a coragem. Desde então, temos sido temerosos e pouco imaginativos".³⁰ Ao escrever a Rockefeller em fevereiro de 1959, ele expressou a sua convicção de que "estamos nos encaminhando para uma situação desesperada não muito diferente daquela enfrentada pela Inglaterra após Dunkerque".³¹ Rockefeller, por sua vez, agradeceu a Kissinger por melhorar o seu "entendimento da amplitude e das inter-relações de tantas das forças que não apenas afetam o futuro de nossas vidas, mas criam uma corrente de preocupação profunda para as pessoas do nosso país".³²

III

A reputação de Kissinger crescia no exterior e nos Estados Unidos. Em junho de 1959, ele viajou para a Inglaterra como delegado do "Congresso Atlântico" que marcou o décimo aniversário da OTAN, onde ele conheceu David Ormsby-Gore, então ministro de Estado do Departamento de Relações Exteriores, assim como as três luzes guias da oposição trabalhista: o líder Hugh Gaitskell, o vice-líder Aneurin Bevan e seu aliado Richard Crossman.³³ No entanto, foi na Alemanha, país em que nasceu, que Kissinger causou o maior impacto. Ao fim de 1958, Kissinger voou até a Alemanha a convite do governo da República Federal para uma série de palestras em cidades como Munique, Bonn e Hamburgo, além da sua cidade natal, Fürth.³⁴ Em Munique, ele se dirigiu à Gesellschaft für Auslandskunde [Sociedade pelo Estadismo], o equivalente na Alemanha Ocidental ao Conselho das Relações Exteriores, que havia sido fundado em 1948,³⁵ e foi lá também que ele encontrou pela primeira vez a vice-editora do semanário *Die Zeit*, Marion Countess Dönhoff.* Eles se deram bem, "(acho que) apesar da minha opinião sobre Kennan" – e apesar, Kissinger poderia ter acrescentado, da vasta diferença de suas origens sociais.³⁶

O momento lhe era propício. Uma crise a respeito de Berlim fervilhava. A Guerra Fria, alertara Eisenhower, entrava "num período em que o risco de uma guerra mundial crescerá a um ponto muito alto, talvez mais alto do que qualquer outro até agora".³⁷ Naquele mês de novembro, Khrushchov exigiu que as tropas ocidentais deixassem Berlim e que o controle do acesso à cidade fosse passado às autoridades da Alemanha Oriental. Nem Eisenhower nem o seu embaixador em Bonn, David Bruce, gostavam da situação de Berlim Ocidental como uma "ilha [...] cercada por território hostil". Se houvesse uma maneira de neutralizar Berlim tornando-a uma cidade livre sem dar a aparência de rendição à pressão soviética, eles poderiam muito bem tê-lo feito, bem como teriam concordado com a reunificação alemã, não fosse pela evidente intenção dos soviéticos de subverter a parte ocidental da jovem democracia. Como estava claro que não era possível defender Berlim com forças convencionais, não havia alternativa senão ameaçar, mais uma vez, uma guerra total. (Como explicou o presidente, um jogador de pôquer, "A fim de não começar com as fichas brancas e tentar ganhar as azuis, deveríamos mandar o aviso de que toda a pilha está em jogo".)³⁸ Era a vulnerabilidade especial de Berlim Ocidental, assim como a natureza unicamente delicada da questão alemã, que tornava aquilo o derradeiro ponto crítico da Guerra Fria.³⁹ O governo da Alemanha Ocidental estava satisfeito de ter Kissinger – nascido na Alemanha, mas agora um professor em Harvard – explicando por que qualquer tipo de "desengajamento" militar ocidental aumentaria em vez de reduzir os riscos de guerra.⁴⁰ Seus argumentos foram endossados publicamente pelo belicoso ministro da Defesa da Baviária, Franz Josef Strauss.⁴¹

---

* Construiu-se uma longa amizade, embora apenas após o septuagésimo quinto aniversário de Marion – quando eles já se conheciam havia trinta anos – é que ela tenha sugerido que começassem a utilizar entre si o pronome familiar *Du* em vez do formal *Sie*.

No entanto, havia uma fraqueza fundamental na posição norte-americana, o que se tornou claro quando Kissinger deu uma longa entrevista a Rudolf Augstein e Konrad Ahlers à revista *Der Spiegel*, que já havia se estabelecido como o semanário mais contundente da Europa Central. Kissinger argumentou que, se os soviéticos bloqueassem Berlim Ocidental, os Estados Unidos deveriam enviar um comboio pelo território da Alemanha Oriental até Berlim Ocidental. Se os soviéticos atacassem o comboio, a OTAN deveria defendê-lo. E se os soviéticos expulsassem as forças da OTAN do território da Alemanha Oriental e tomassem Berlim Ocidental? Nesse caso, respondeu Kissinger, "eu seria a favor de dar aos soviéticos um ultimato e, se necessário, de partir para a guerra total". *Spiegel*: "Uma guerra total por Berlim e pela Alemanha?". Kissinger: "Sim, se não houver outra maneira de defender a liberdade de Berlim [Ocidental]". Não apenas isso, mas se outros aliados da Europa Ocidental se mostrarem relutantes a entrar nessa guerra, os Estados Unidos e a República Federal deveriam lutar sozinhos.[42] Essa resposta deu aos editores de *Der Spiegel* a sua manchete. Previsivelmente, a imprensa da Alemanha Oriental tomou aquilo como um exemplo da impulsividade norte-americana na instigação à guerra.[43] Claro, Kissinger estava apenas articulando as implicações da política dos Estados Unidos. Isso ilustrou, porém, a dificuldade da sua própria tese em *Nuclear Weapons and Foreign Policy*, pois até mesmo ele viu que era impossível negar que uma guerra nuclear *limitada* pudesse ser travada por Berlim Ocidental.

Kissinger retornou aos Estados Unidos com um mau pressentimento. Ao discursar em um evento em Harvard, ele e o colega mais jovem Zbigniew Brzezinski, um talentoso emigrado da Polônia que na época era professor assistente no Departamento de Governo, debateram sobre Berlim. Para Brzezinski, que construía uma reputação como especialista em política soviética, Moscou estava blefando. "Os russos não têm nenhuma intenção de entrar em guerra", argumentou. As exigências deles seriam "uma fachada para esconder o verdadeiro motivo para tentar deter a saída dos refugiados da Alemanha Ocidental". Kissinger era mais pessimista. Esperava "mais problemas com os soviéticos", acrescentando que a maneira como Eisenhower lidara com a questão o deixara "desapontado e infeliz".[44] Os preparativos para outra conferência das quatro potências estavam em andamento. Esses encontros haviam ocorrido previamente em Londres e Moscou (1945 e 1947), Nova York (1946,

1948 e 1949), Berlim (1954), Viena e Genebra (1955 – o ano do "Céu Aberto"). Em cada ocasião havia sido impossível alcançar um acordo quanto à Alemanha. Contudo, Kissinger estava preocupado que dessa vez – assim como na questão no banimento dos testes nucleares – Eisenhower cederia à pressão popular, que considerava um acordo ruim preferível a nenhum acordo.[45] Escrito durante a conferência, seu artigo seguinte para a *Foreign Affairs*, "The Search for Stability" [A busca da estabilidade], foi uma evisceração detalhada da mais recente proposta soviética para a unificação da Alemanha com base na neutralização.[46]

"The Search for Stability" é notável não apenas como contribuição para o debate sobre Berlim. Também ilustra até que ponto Kissinger nessa época ainda se via como um crítico do realismo da política externa. "Um excesso de 'realismo' na aceitação da divisão da Alemanha", argumentou ele, "permitirá que a União Soviética transfira para nós a responsabilidade pelo fracasso da unificação". Nessa questão, sem dúvida, Kissinger se via como um idealista, disposto a assumir um imenso risco no que se referia à questão alemã ao defender a reunificação:

> O Ocidente [...] precisa defender a unificação alemã apesar das experiências de duas guerras mundiais e do medo compreensível de um renascimento da truculência germânica. O Ocidente talvez tenha que aceitar a divisão da Alemanha, mas não a pode encorajar. Qualquer outra opção acabará por causar o que mais tememos: um poder militante e insatisfeito no centro do continente. Lutar pela unificação alemã não é um dispositivo de barganha, mas uma cláusula da estabilidade europeia.[47]

A reunificação alemã era uma questão de princípios: o princípio da autodeterminação, como enunciado quarenta anos antes por Woodrow Wilson, o mais idealista entre os presidentes norte-americanos. "Devemos negar à Europa o que defendemos na Ásia e na África?", indagou Kissinger. "Durante a crise de Suez, insistimos que manteríamos os nossos princípios até mesmo contra os nossos aliados. Devemos dar a impressão agora de que os manteremos apenas contra os nossos aliados?" Como *quid pro quo* da reunificação, Kissinger estava preparado para contemplar a possibilidade de retirar as forças da OTAN e do Pacto de Varsóvia* de algum tipo de "cinturão neutro". Ele até sugeriu cinco esquemas diferentes para esse fim,** que soavam como variações sobre um tema de Kennan. Entretanto, em uma análise detalhada, as propostas de Kissinger foram arquitetadas cuidadosamente de forma a garantir a rejeição dos russos. Um cinturão neutro, escreveu Kissinger, era "concebível somente [...] caso fosse parte de um plano satisfatório para a unificação da Alemanha com base em eleições livres [e] caso um estudo cuidadoso demonstrasse que forças substanciais inglesas e norte-americanas pudessem ser posicionadas nos Países Baixos e na França".[48]

Como disse Kissinger, os soviéticos "provavelmente rejeitariam qualquer proposta compatível com os nossos valores e interesses. Nesse caso, é essencial que estejamos preparados para admitir o nosso fracasso e não transformar um acordo ou uma negociação em um fim por si só".[49]

Como devemos entender o idealismo da resposta de Kissinger à questão alemã? Uma resposta é que as visitas que fez à Alemanha Ocidental (esteve lá de novo em 1960) o comoveram de maneira mais profunda do que admitiu por

---

* O Pacto de Varsóvia foi o tratado de defesa coletiva de 1955 ligando a União Soviética a Albânia, Bulgária, Tchecoslováquia, Alemanha Oriental, Hungria, Polônia e Romênia. Foi uma resposta direta à decisão do Ocidente de tornar a Alemanha Ocidental membro da OTAN. A intenção original havia sido que a República Federal se juntasse à Comunidade Europeia de Defesa, mas o tratado de 1952 que criou a CED não conseguiu garantir a ratificação junto à Assembleia Nacional Francesa.

** "[1] As forças norte-americanas, inglesas e francesas recuariam até a linha de Weser enquanto as forças soviéticas recuariam até Vístula. As forças alemãs entre Weser e Oder seriam restritas a armamentos defensivos, assim como as forças polonesas entre Oder e Vístula. [2] [...] Um teto máximo seria estabelecido para as forças da OTAN entre o Reno e as fronteiras ocidentais da República Federal e para as forças do Pacto de Varsóvia no satélite da Alemanha Ocidental para que os dois estabelecimentos militares fossem substancialmente iguais em número. [3] Ou então a OTAN e as forças soviéticas recuariam, digamos, 160 quilômetros a partir do Elba. Um sistema de controle seria estabelecido entre o Reno e Oder. [4] [...] a neutralização da Alemanha [seria atrelada] à da Polônia, Tchecoslováquia e Hungria. [Ou] [5] poderíamos lutar por uma linha de demarcação em Oder, com as forças do Pacto de Varsóvia e da OTAN recuando em igual distância, deixando uma zona neutra guarnecida por forças defensivas em números balanceados da Alemanha e da Polônia-Tchecoslováquia sob um sistema de inspeções."

escrito. Os líderes da Alemanha Ocidental – não apenas Adenauer, mas também o prefeito de Berlim, Willy Brandt – o haviam impressionado como homens de "estatura". O princípio guia de Adenauer havia sido o de "atar a Alemanha de forma tão íntima ao Ocidente ainda durante a vida dele que até mesmo o mais medíocre sucessor não seria capaz de romper o laço". Tanto Adenauer como Brandt estavam determinados a resistir a qualquer concessão dos soviéticos. Algumas pessoas em Washington pensavam que eles desejavam exercer "um poder de veto sobre a cúpula". Entretanto, Kissinger "não via de modo algum por que os alemães não deveriam ter o poder de veto sobre o destino de uma cidade alemã".[50] Previsivelmente, ele desdenhou o acordo firmado pelas quatro potências: um "acordo provisório" de cinco anos sobre Berlim, que incluía a promessa das potências ocidentais de não se envolver em atividades "subversivas" na cidade. Na opinião de Kissinger, isso era "uma piada" que concedia de modo implícito aos soviéticos o direito de interferir na política de Berlim Ocidental.[51]

Havia, porém, outro motivo para que ele tomasse uma posição tão absolutista em relação à Alemanha. Simplesmente, para que o candidato de Kissinger à presidência tivesse alguma chance de arrancar a nomeação pelo Partido Republicano das mãos de Richard Nixon, ele teria de superá-lo na questão de segurança nacional.

IV

Rockefeller acreditava que era possível derrotar Nixon. Também acreditava que Henry Kissinger poderia ajudá-lo a fazer isso. Como disse Eisenhower, "Rocky" era "uma peste", um homem cuja fortuna herdada o acostumara "a contratar intelectos em vez de usar o seu próprio".[52] Henry Kissinger com certeza sabia mais do que Rockefeller sobre armas nucleares. Talvez soubesse mais do que qualquer um nos Estados Unidos sobre a Alemanha. O problema era que ele sabia mais sobre a Alemanha do que sobre os Estados Unidos. Mesmo no fim da década de 1980, a média dos norte-americanos havia visitado apenas metade dos cinquenta estados do país.[53] Em 1959, era provável que Kissinger conhecesse menos de dez.

É natural que um homem que passou mais da metade de sua vida adulta em Nova York ou em Massachusetts tivesse uma ideia exagerada do apelo popular de Nelson Rockefeller em relação ao seu principal rival republicano. Rockefeller havia conquistado o governo de Nova York com ampla margem, em um ano de recessão em que a maioria dos candidatos republicanos se saiu mal, manchando Nixon (como o vice-presidente comentou mais tarde) "com o pincel da derrota partidária".[54] Em comparação, Nixon já se estabelecera como uma figura odiada aos olhos dos liberais de Nova York. Para a proprietária do *New York Post*, Dorothy Schiff, "o nixonismo [havia] substituído o macarthismo como a maior ameaça ao prestígio da nossa nação hoje em dia".[55] A situação parecia favorecer Rocky. Entretanto, os dois anos seguintes ensinaram Kissinger que popularidade em Nova York estava muito longe de ser garantia de uma vitória em âmbito nacional. Talvez sentindo o risco de apostar todas as suas fichas em Rockefeller – pelo menos até que este declarasse formalmente a sua intenção de concorrer contra Nixon –, Kissinger recusou o convite para se tornar seu consultor em tempo integral. Como explicou a Rockefeller em maio de 1959, foi "uma das mais difíceis decisões da minha vida", mas ele precisava dar prioridade a se "estabelecer em Harvard [...]. As maiores tarefas me parecem ainda que estão por vir, e [...] estarei pronto para largar tudo por aqui no momento apropriado" – presumivelmente se e quando Rockefeller vencesse a nomeação do Partido Republicano.[56]

Rockefeller, porém, não era um homem que aceitasse não como resposta. A princípio, teve que se contentar com rascunhos de discursos do professor-consultor.[57] Em junho de 1959, por exemplo, Kissinger lhe ofereceu alguns parágrafos "bastante contundentes" sobre a ameaça soviética "para combater a euforia atual".[58] Um mês mais tarde, Rockefeller tentou de novo, convidando Kissinger para "lidar com a distribuição e coordenação de textos sobre política externa, bem como aqueles no campo de defesa". Do que ele precisava eram "fatos atuais que sejam úteis e efetivos para influenciar a política nacional, seja na forma de conversas particulares [...] ou, em uma menor possibilidade, de asserções de posições como um candidato nacional, caso ele venha a se tornar um".[59] Dessa vez, Kissinger concordou em "ajudar".[60] De fato, o Projeto de Estudos Especiais – renomeado como o Programa de Estudos Nacionais – seria revivido como a bandeira política da campanha de Rockefeller. Como Kissinger insistisse em manter o seu cargo em Harvard, ele compartilhou a direção do programa com o advogado Roswell "Rod" Perkins; Stacy May cuidava da política econômica.[61]

O verão de 1959 parecia promissor para a estratégia de superar Nixon na questão de segurança nacional. A visita de Nixon à União Soviética em julho de 1959 – ocasião do famoso "*kitchen debate*" com Khrushchov – levantara suspeitas em certos segmentos republicanos de que a administração estaria "se socializando" com os soviéticos quando deveria empregar uma linha dura. Essas suspeitas foram ainda exacerbadas pela visita de Khrushchov aos Estados Unidos em setembro do mesmo ano. Kissinger se sentia extremamente incerto sobre esse encontro. "[Isso] não vai mudar a situação", disse a Rockefeller em setembro de 1959.

> Não consigo conceber que forma de sucesso teria [...]. É bem provável que a troca de visitas enfraqueça os laços dos aliados no longo prazo [...]. Não estou impressionado com os aplausos ao presidente. O mesmo ocorreu após Munique [...]. Além disso, estou convencido de que, em um ano, estaremos no meio de uma grande crise a respeito de Berlim [...]. Em algum momento, o sr. Khrushchov anunciará que, já que as negociações fracassaram, ele não tem alternativa a não ser assinar um tratado de paz com a Alemanha Oriental [...]. Os que agora estão tentado capitalizar sobre tendências imediatas não obterão um lucro maior do que os líderes da França e da Inglaterra em 1940.[62]

O rascunho da declaração que ele sugeriu que Rockefeller fizesse após o seu próprio encontro com Khrushchov por certo não era tão explosivo.[63] Kissinger recomendou que ele se mostrasse condescendente com o líder soviético, *de haut en bas*, em vez de confrontá-lo. O cargo de primeiro secretário do Partido Comunista Soviético talvez fosse superior ao de governador de Nova York. Contudo, "para um arrivista e bolchevique como Khrushchov, encontrar-se com um Rockefeller tem uma significância similar à que tornou Napoleão tão ávido por ser aceito pelos soberanos estabelecidos. Além disso, [...] você talvez seja presidente algum dia".[64] Kissinger preferiu realizar o confronto por conta própria, via imprensa. Seu artigo no *The New York Times* sobre os "perigos e esperanças" em torno da visita de Khrushchov tinha a intenção de jogar água fria sobre o acontecimento. A Guerra Fria não era "o resultado de um mal-entendido entre os nossos líderes e os da União Soviética". Era resultado das políticas soviéticas: a supressão da liberdade na Europa Oriental, a recusa de qualquer acordo sobre o controle de armas, a "pressão em todas as regiões em torno" e a "ameaça não provocada a Berlim".

Sem fazer nenhuma concessão nessas questões, Khrushchov fora premiado com "reuniões com o presidente das quais os nossos aliados foram excluídos". Aquilo era "a culminação de uma tendência que está levando a aliança ocidental perigosamente ao ponto de se despedaçar".[65]

Khrushchov e a esposa passaram vários dias viajando pelos Estados Unidos, com escalas em Nova York (onde apresentou à Assembleia Geral das Nações Unidas um ousado plano de desarmamento geral), Califórnia, Iowa e Pensilvânia. Assim como o *kitchen debate*, a visita não foi poupada de momentos cômicos. Khrushchov enfureceu-se quando lhe recusaram uma visita à Disneylândia, alegadamente por motivos de segurança. Contudo, sob um ponto de vista soviético, a viagem como um todo foi um sucesso claro, culminando com a reunião de dois dias com Eisenhower em Camp David, o retiro presidencial em Maryland. Em retribuição por concordar em não fixar um limite de tempo para as negociações sobre Berlim, Eisenhower aceitou comparecer a outra reunião das quatro potências no ano seguinte e a visitar a Rússia depois disso.[66] Em um fórum em Cambridge, Kissinger se mostrou desdenhoso. "Se Khrushchov comparar a posição dele hoje com a de um ano atrás, concluirá que a melhor maneira de lidar com o Ocidente é [nos] atemorizar", dissera ele a respeito de Berlim. "Temos jogado charadas com nós mesmos."[67]

O problema era que agora ele começava a soar como um estraga-prazeres em um momento em que outros estavam entusiasmados com "o espírito de Camp David". "Não me oponho a reuniões de cúpula desse tipo", informou em tom irritado ao editor do *Crimson*.[68] "Não me oponho a concessões." O próprio Rockefeller teve que negar publicamente que se opunha ao convite a Khrushchov.[69] Ele enfrentou dificuldades semelhantes em novembro ao dar a impressão de estar defendendo que os Estados Unidos retomassem de forma unilateral os testes nucleares subterrâneos.[70] Para piorar, ao pressionar por maiores gastos em defesa, Rockefeller antagonizava Eisenhower, que não deixara de notar a tendência do primeiro a um "governo exorbitante" em impostos e gastos em Nova York. A estratégia não estava funcionando, e Rockefeller sabia disso. Em dezembro de 1959, ele decidiu, se não desistir da campanha, pelo menos não contestar a primeira rodada de primárias. Abalado, Kissinger admitiu "uma sensação de quase desespero ao saber da sua desistência [...]

> desespero não por você, mas pelo país e pela causa da liberdade no mundo. Quatro anos é um longo tempo na nossa idade, e muitas oportunidades que existem

agora terão desaparecido. Muito do sofrimento que teria sido evitado agora terá que ser vivido. Estamos nos encaminhando, disso estou convencido, para tempos sombrios, talvez desesperados, e para piorar a situação, tudo parece calmo – a calmaria, receio eu, do olho do furacão.[71]

Ele talvez houvesse sido sábio ao não se comprometer completamente com Rocky.

V

A eleição de 1960 estava destinada a ser disputada. Se não fosse pelo limite de mandatos introduzido nove anos antes pela 22ª Emenda (ironicamente, uma iniciativa apoiada pelos republicanos), Eisenhower talvez pudesse ser persuadido a concorrer mais uma vez, e provavelmente teria vencido. Isso tornou o seu apoio valioso, mas ele tinha dúvidas tão sérias, tanto sobre Rockefeller quanto sobre Nixon, que repetidamente se recusava a oferecê-lo. O candidato democrata favorito, o jovem e fotogênico senador de Massachusetts, John F. Kennedy, tendia a preferir Nixon como rival. Contudo, ele também tinha uma campanha a vencer pela indicação do seu partido. Seu rival texano Lyndon Johnson era em certos aspectos um candidato mais forte: protestante e sulista em um tempo em que as fissuras entre os liberais do nordeste e os "dixiecratas" do sul começavam a se ampliar de forma perigosa, sendo a questão dos direitos civis um dos principais motivos. Também na disputa estava o senador pelo Missouri, Stuart Symington, que havia trabalhado sob Truman e tinha o apoio do ex-presidente.

Sob essas circunstâncias, Kissinger talvez tenha sido prudente ao insistir – mesmo que ainda escrevesse discursos para Rockefeller – que era politicamente independente. Ao ouvir que Bundy dissera a um aluno de Harvard que "Kissinger pendia em direção ao republicanismo", ele se apressou a refutar essa ideia:

Eu não achava que você pensava tão mal de mim. Meus sentimentos sobre os partidos são, como disse alguém no campeonato nacional de beisebol de 1945, que nenhum dos lados merece vencer, embora os democratas provavelmente mereçam um pouco menos do que os seus oponentes. Entre os candidatos (modestos ou não), a minha preferência é por Rockefeller, embora isso não me impeça de estar em bons termos com vários dos esperançosos do outro campo. E seria possível argumentar que Rockefeller é a melhor alternativa disponível ao republicanismo.

Falo apenas em parte a sério, mas *tenho* protegido a minha independência com bastante firmeza.⁷²

Uma opção, caso Rockefeller não concorresse, era simplesmente apostar em outro cavalo. Como vimos, Kissinger havia, de forma inesperada, mencionado Nixon, não Rockefeller, quando Mike Wallace lhe pediu que nomeasse um republicano com "o entendimento de que precisamos para nos liderar neste momento". Ele em vão havia convidado Nixon várias vezes para falar no Seminário Internacional de Harvard.⁷³ Na realidade, os dois homens tinham mais em comum do que Kissinger com Rockefeller, o playboy plutocrata que sonhava em ser presidente. Dado que Kissinger e Nixon formariam uma das mais extraordinárias parcerias na história da política externa norte-americana, vale perguntar por que ela só teve início em 1968.

Como Kissinger – e diferentemente de Rockefeller –, Richard Milhous Nixon nasceu sem privilégios. O pai tinha uma mercearia e um posto de gasolina em Whittier, no sudeste de Los Angeles; dois de seus três irmãos morreram antes que ele se formasse na faculdade. Como Kissinger, Nixon fora criado em uma família religiosa conservadora. No último ano da faculdade, lembrava-se de como o literalismo bíblico havia sido "incutido em mim" pelos pais "quacre fundamentalistas", que "[me] acautelaram contra a ciência".⁷⁴ Como Kissinger, era muito inteligente, um acadêmico; sem dúvida, também teria entrado em Harvard se o pai não houvesse necessitado que ele ajudasse na loja da família, confinando-o a Whittier College. Como Kissinger, também era trabalhador, "se esforçando muito, por princípio [...] acreditando, erroneamente, que dava o melhor de si no limite da fadiga, quando queimava os neurônios tentando resolver um problema".⁷⁵ E finalmente, também como Kissinger, havia sofrido uma crise de fé quando jovem. A exposição em Whittier a Hume, Mill e outros filósofos o levou a exclamar, aos vinte anos: "Não sou mais adventista do sétimo dia! [...] Não sou mais fundamentalista. Não resisti às heresias dos professores da faculdade".⁷⁶

Ainda mais impressionante é o fato de que, quando jovem, Nixon também se considerava um idealista, citando até mesmo Kant para oferecer a melhor maneira de reconciliar o conhecimento filosófico e a existência de Deus. Sentia muita admiração por Woodrow Wilson, apesar do fato de – como a maioria dos norte-americanos no início da década de 1930 – ver a entrada dos Estados Unidos na Primeira Guerra Mundial como "um erro terrível" que havia "apenas posto as rodas da indústria para girar em direção a outra guerra maior ainda". Em seu ensaio introspectivo de último ano "What Can I Believe" [No que posso acreditar?], Nixon encorajou a aplicação dos ensinamentos de Cristo no campo internacional:

> [R]evoguem os aspectos repreensíveis do Tratado de Versalhes [...]. Desarmem todas as nações do mundo o mais rápido que for humanamente possível. Restabeleçam a Liga das Nações – para todas as nações – e acrescentem um Tribunal Mundial para disputas econômicas à nossa corte atual. Ponham a máquina em movimento para um enorme programa de propaganda educacional e científica cujo propósito será o de aproximar mais as pessoas da Terra. Trabalhem para que sejam abolidas as tarifas e restrições sobre a imigração [...]. Creio que todos os problemas do mundo podem ser solucionados pelos tribunais de investigação que considerariam os conflitos individuais e passariam decisões consultivas [...]. Eu imagino um mundo em que não há muros entre as nações, sem ódios raciais, sem armamentos; vejo um mundo em que cada nação produz o melhor que puder no campo da economia, arte, música etc.; vejo um mundo onde homens e mulheres de todas as nacionalidades viajam juntos, comem juntos, até vivem juntos. Vejo um mundo que coopera, que escala até chegar afinal aos mais elevados valores da vida.77

Essa era apenas uma das várias posições surpreendentemente liberais que o jovem Nixon tomou. Ele também favorecia o "controle democrático" da economia a fim de reduzir a desigualdade, um relaxamento das restrições sobre a imigração, e até mesmo o casamento inter-racial – algo então proibido na maioria dos estados norte-americanos. Contudo, Nixon permaneceu como conservador, por exemplo, na questão da política externa. Consistente e militantemente anticomunista, como vimos, construiu sua reputação no Congresso como o flagelo de Alger Hiss. Foi precisamente a sua habilidade em tomar posições liberais em algumas das questões fundamentais da década de 1960 – em especial a dos direitos civis dos afro-americanos – e de, ao mesmo tempo, tranquilizar os conservadores com o seu militarismo na política externa que tornou Nixon um candidato republicano tão formidável. Nisso também Nixon tinha muito em comum com Kissinger. Até mesmo compartilhavam certos traços de caráter. Ambos eram extremamente sensíveis a insultos, especialmente daqueles que consideravam conhecedores profundos da classe dominante. Ambos eram capazes de tratar subordinados com um temperamento selvagem quando sob pressão.[78] Ambos eram no fundo solitários, mesmo que Kissinger já estivesse aprendendo como usar a sua sagacidade para dar uma boa impressão em festas. Ambos eram vistos e se sentiam como eternos forasteiros.[79] Nenhum dos dois sabia como relaxar.

Assim, Kissinger se sentiu mais do que meramente lisonjeado quando Nixon lhe escreveu para lhe dizer o quanto apreciara o seu artigo para o *The New York Times* sobre a visita de Khrushchov ("soberbo"), ao ponto de citá-lo em um discurso. "Em grandes aspectos", assegurou-lhe Nixon, "as minhas opiniões coincidem exatamente com as que você expressou".[80] Certamente, tais bajulações precisavam ser recebidas com cautela; era bem característico de Nixon escrever nesse tom adocicado ao principal consultor de seu rival. Por outro lado, era nítido que os dois homens tinham opiniões em comum. Além disso, havia um óbvio canal de comunicações de Harvard para o candidato republicano favorito. Ao mesmo tempo que Kissinger cultivara Rockefeller, o seu antigo mentor Bill Elliott – que continuara sonhando com uma promoção em Washington – havia cultivado Nixon de maneira assídua, bombardeando-o não somente com convites para Harvard, mas com uma variedade de textos políticos sobre assuntos calculados para despertar o interesse do vice-presidente.[81] Em 1958, Nixon se referia a Elliott como "meu bom amigo".[82] Em especial, Elliott explorou a convicção de Nixon de que estava sendo perseguido pela mídia liberal, escrevendo-lhe regularmente para consolá-lo após ataques de *The Nation* e *The New York Times*. Ele também desempenhou um papel fundamental em persuadir Nixon da necessidade de reformar o poder executivo a fim de aumentar o poder da presidência em relação à burocracia e à legislatura. Com a nomeação de Christian Herter como secretário de Estado, Elliott ganhou um novo abrigo nos corredores do poder: um cargo no Departamento de Estado. Enquanto Kissinger se queixava das iniquidades da diplomacia de cúpula, Elliott voava com Nixon para se encontrar com Khrushchov em Moscou. "Eu me sentiria honrado", escreveu em março de 1960, "se fosse verdade que sou um dos principais consultores de Dick Nixon. Faço o possível para ser útil a ele".[83]

Os planetas pareciam estar alinhados. O mentor de Kissinger em Harvard aconselhava Nixon; até mesmo o encorajava a oferecer um gesto de boa vontade a Nelson Rockefeller e a considerar a hipótese de recrutar alguns intelectos de Harvard para a sua própria campanha. Entretanto, não foi nessa ocasião que Henry conheceu Dick. Em parte porque Elliott não queria que isso acontecesse. O motivo principal, porém, foi porque Kissinger simplesmente se recusou a conhecê-lo.

Para Elliott, Kissinger estava rapidamente se tornando o aprendiz de feiticeiro; dez anos mais tarde seria o pupilo, não o mestre, que Richard Nixon nomearia como o seu consultor de confiança em política externa. O que tornava isso ainda mais irritante era que o cargo de consultor em segurança nacional, como foi definido mais tarde por Nixon e Kissinger, exibia uma notável semelhança ao tipo de "presidente assistente" que Elliott por anos havia encorajado Eisenhower a criar – e que o presidente pensou seriamente em adotar no início de 1959, quando o irmão, Milton, propôs a criação de dois "superconsultores", um para política externa e o outro para interna. (Por mais que Nixon gostasse da ideia em teoria, ele se opunha com veemência a ela enquanto fosse vice-presidente, temendo que os novos postos viessem a solapar a sua posição já enfraquecida na administração.)*[84] Elliott percebia que o seu protegido de Harvard já se dava ares de rei da cocada preta. Em janeiro de 1960, ele sugeriu a Nixon que tentasse "elaborar o tipo de entendimento com Nelson que obtenha dele o máximo de auxílio sem comprometer demais a sua própria liberdade de ação futura". No entanto, ele fez tudo o que podia para excluir Kissinger dessas tentativas de diálogo:

> Não estou certo de que eu seria o melhor intermediário entre você e Nelson, embora, como você sabe, eu o ajudei a montar o Projeto Especial dele. [...] Há algum tempo venho pensando que o melhor papel para mim nessa questão seria a de não operar por meio de Henry Kissinger. Vejo esse intermediário como um canal duvidoso, que agora se vê desapontado em [suas] ambições graças à decisão muito sábia de Nelson.

---

* Com espertaza, Nixon argumentava que nomear dois superconsultores reforçaria a percepção pública de que "esse presidente não trabalhava tanto quanto os outros". Isso era o bastante para dar fim àquela ideia.

Na lista de docentes de Harvard que Elliott encorajou Nixon a recrutar para a sua campanha, era conspícua a ausência de seu ex-aluno.[85] Infelizmente para Elliott, seus esforços para auxiliar Nixon fracassaram na primavera de 1960, quando os diretores da campanha de Nixon o afastaram.[86] Esfaquear Kissinger pelas costas foi seu último ato no drama da eleição de 1960. (Elliott se sentiu tão amargurado com o modo como Nixon o tratou que se recusou a aconselhá-lo quando embarcou em uma turnê de palestras em 1961.)[87]

Entretanto, nem mesmo a traição de Elliott importava. Afinal, Kissinger já havia se decidido contra a trabalhar com Nixon, e reafirmaria repetidas vezes o seu desdém por ele nos anos que se seguiriam. Vale ponderar os motivos disso. A melhor explicação é que a má reputação de Nixon o precedeu junto a Kissinger. Grande parte do "Coração da América" via e identificava "Nick" Nixon como o forasteiro, o empreendedor, o batalhador, o cara comum cuja ideia de relaxar era beber cerveja em um barco com dois outros caras comuns como Bebe Rebozo e Bob Abplanalp: ambos filhos de imigrantes, ambos empreendedores.[88] Cambridge e Nova York envergavam apenas "Tricky Dicky" [Dicky Trapaceiro]. Parte do problema era com certeza a extraordinária inabilidade social de Nixon. "Um introvertido em um campo de extrovertidos", como ele mesmo admitiu, um homem patologicamente tímido que se sentia mais confortável quando se sentava sozinho, rabiscando em um bloco de notas amarelo, Nixon nunca aprendeu a deixar as pessoas à vontade.[89] Os primeiros encontros com ele eram sempre desagradáveis.[90] Pessoas comuns nunca tinham essa experiência simplesmente porque nunca haviam encontrado Nixon. Elas o "encontravam" apenas ao vê-lo pela televisão ou atrás de um pódio, onde toda uma preparação e memorização implacáveis lhe garantiam desempenhos políticos cuidadosamente trabalhados e com objetivo claro. Somente os cidadãos de Boswash tinham que conversar com Nixon atrás dos bastidores nos inúmeros eventos sociais e para arrecadação de fundos a que um candidato a um cargo principal precisa comparecer. O motivo principal por que os bastiões liberais da Costa Leste não confiavam em Nixon era, porém, a sua desonestidade: as negações durante o caso Hiss de que ele visitara a fazenda da testemunha principal, Whittaker Chambers;[91] o escândalo do financiamento de campanha de 1952 que quase lhe custou a vaga na cédula presidencial republicana; o aparente deleite com que se envolvia em campanhas negativas e todas as outras artes políticas baixas; a inefável qualidade (como descreveu a secretária pessoal de Eisenhower, Ann Whitman) de "agir como um bom homem em vez de ser um".⁹² Quando jovem, Nixon havia se interessado pelo teatro amador. Nunca conseguiu se livrar daquela faceta de ator de segunda categoria interpretando um vilão de Shakespeare⁹³ – um "vilão sorridente e maldito": Cláudio, ou então Iago, o sombrio e vingativo semeador da discórdia que proclama na primeira cena de *Otelo*: "Não sou o que sou".* Nunca o tendo encontrado e sem saber do tanto que tinha em comum com ele, Kissinger queria simplesmente não ter "nada a ver com" o homem que um biógrafo chamara de "Nixon, o intolerante; Nixon, o profano; Nixon, o furioso; Nixon, o jogador duro e inescrupuloso"⁹⁴ – em resumo, o odioso Nixon desenhado tantas vezes pelo cartunista Herb Block de *The Washington Post*.

Talvez a prova mais convincente da rejeição de Kissinger a Nixon fosse que ele preferia trabalhar com o rival democrata. Como aludira a Bundy, ele já havia sido abordado pelos principais candidatos democratas, inclusive Kennedy, em 1959. Após a aparente desistência de Rockefeller, eles o contataram de novo. De fato, em fevereiro de 1960, Lyndon Johnson fez questão de ler para o registro no Senado uma carta que Kissinger escrevera para o *The New York Times*, que mais ou menos descartava Eisenhower como ultrapassado ("experiência adquirida no período até e durante a Segunda Guerra Mundial é quase completamente irrelevante para o problema estratégico da era contemporânea", e até mesmo "perigoso […] na era de mísseis e armas nucleares").⁹⁵ Regularmente, Kissinger instruía Oscar Ruebhausen e Rod Perkins. Quando os democratas o abordaram pela primeira vez, antes que voltasse a trabalhar para Rockefeller, ele havia dito, dirigindo-se a Ruebhausen e Perkins, que iria

> responder perguntas específicas, mas sem escrever nem oferecer meu conselho. Segui essa prática até junho. Desde então, não tive contato com nenhum deles até a desistência de Nelson. Depois disso, fui abordado novamente por Kennedy e Symington, e evadi o assunto.
>
> Minha opinião é a seguinte: entre as nossas figuras públicas da liderança, a única na qual acredito de verdade é Nelson. Por ele, estive prepara-

---

* Mark Feeney sugeriu de maneira memorável que Nixon era uma amálgama de Iago, Malvólio e Ricardo III, mas essas outras personalidades eram menos visíveis em 1960. O desafio é se lembrar de Nixon antes da queda, antes que o Watergate e a renúncia lhe destruíssem completamente a reputação.

do para desistir da minha posição como independente, que valorizo muito. Quanto aos outros, creio que farei a minha melhor contribuição ao não me comprometer com ninguém e ficar longe de políticas partidárias. Se Nelson não concorrer, proponho que eu fique de fora da campanha; na verdade, proponho que eu me afaste durante parte do verão, pelo menos para que não me procurem.

Enquanto eu estiver trabalhando com Nelson, tenha certeza de que os manterei informados de quaisquer conversas que eu tenha com outras figuras da liderança antes que aconteçam. Vocês não devem dar crédito a quaisquer histórias nos jornais que venham a ler se não coincidirem com o que eu já lhes tiver dito. Sou bastante obcecado com a questão de lealdades, e não há necessidade de se preocuparem.[96]

De qualquer forma, Kissinger mantinha as suas opções em aberto. Encorajava Rockefeller a não voltar a se candidatar em 1960, mesmo que "raios o atingissem". Posicionar-se acima da briga política no momento o tornaria "a escolha quase inevitável para 1964".[97] Em março de 1960, ele dava sinais de querer renunciar ao Projeto de Estudos Especiais, que então se aproximava de sua conclusão.[98] O problema era que Rockefeller também mantinha as suas opções em aberto, torcendo para que uma onda de apoio popular ou um apoio de Eisenhower o impulsionasse de volta à campanha pela indicação republicana. Kissinger se viu preso. Enquanto Rocky mantivesse as esperanças, não poderia desistir dele de forma elegante. Dois anos após esses acontecimentos, ele resumiu sua posição para Arthur Schlesinger:

> Se Rockefeller tivesse concorrido em 1960, eu o teria apoiado. Se tivesse sido eleito, eu sem dúvida teria servido em seu gabinete. Até a campanha de 1960, eu era o seu principal consultor em política externa. (Eu me afastei durante a campanha porque não queria nada com a candidatura de Nixon. De fato, você deve lembrar que fiz o possível para ajudar Kennedy, com o seu auxílio e o de Walt Rostow.) [...] O meu apoio a Rockefeller em 1960 não teve nada a ver com filiação partidária, para início de conversa. O fato de ele ser do Partido Republicano era, na minha estimativa, uma desvantagem. Eu nunca trabalhei com nenhum outro republicano, nem apoiei. Apoio Rockefeller porque compartilho as suas convicções e acredito nos seus objetivos.[99]

Apesar de sua precisão estudada, havia uma complexidade nessa posição que não era compatível com a agressividade da vida política norte-americana. Ele estava com Nelson Rockefeller ou não? A resposta do professor era, em essência, "Depende".

VI

Eisenhower estava determinado quanto ao desarmamento. Quando, em 1960, o Pentágono criou o SIOP-62 – o primeiro plano estratégico integrado, juntando as três Forças Armadas –, mais de 2.500 alvos soviéticos foram identificados. A Lista Nacional de Alvos Estratégicos final especificava 1.050 Marcos Zeros Designados (MZDs) para armas nucleares, inclusive 151 propriedades urbano-industriais. Até mesmo a versão mínima do plano previa que 650 MZDs seriam atingidos por mais 1.400 armas com o total de 2.100 megatons. Nas palavras de George Kistiakowsky, o novo consultor científico de Eisenhower (e antigo professor de química de Kissinger), aquilo era "uma matança exagerada desnecessária e indesejável". O presidente confessou que a apresentação de Kistiakowsky sobre o assunto "me mat[ou] de medo".[100] Parecia que as três Forças Armadas não tinham uma estratégia mais sofisticada do que disparar o máximo possível contra a União Soviética. Isso apenas reforçou a suspeita de Eisenhower de que o orçamento de defesa havia inchado com armamentos supérfluos.

O objetivo aparentemente ao alcance, à medida que a conferência entre as quatro potências em Paris se aproximava, era um acordo quanto ao banimento dos testes nucleares. Os soviéticos aceitaram a proposta norte-americana de uma moratória em testes atmosféricos e em subterrâneos em larga escala. Tudo o que faltava era um acordo sobre a duração da paralisação e do número de inspeções locais.[101] No entanto, a conferência de Paris foi arruinada quando os soviéticos derrubaram o avião de espionagem U-2 de Gary Powers, que a CIA havia enviado para o espaço aéreo soviético através do Paquistão em 1º de maio (um feriado em que quase mais nada estava no céu).[102] Como Eisenhower disse corretamente, foi uma "bagunça imbecil".[103] Kissinger foi encarregado de explicar as tecnicalidades da questão do banimento dos testes,[104] enquanto garantia que Rockefeller também permanecesse a par da crise ainda em ebulição em Berlim.¹⁰⁵ O colapso da conferência de Paris introduziu uma nova oportunidade para argumentar contra a política de Eisenhower. "A inferioridade em mísseis", disse Kissinger a Rockefeller, em apoio implícito à teoria da "disparidade dos mísseis" [*missile gap*], "não é tão preocupante quanto a vulnerabilidade de toda a força de retaliação", que não estava suficientemente dispersa ou defendida para desencorajar um ataque surpresa soviético. Mesmo que a disparidade diminuísse, haveria um equilíbrio instável baseado na "invulnerabilidade mútua". Em críticas anteriores, Kissinger havia traçado paralelos com a década de 1930; agora retrocedia ainda mais, até a origem da Primeira Guerra Mundial:

> No caso em que se torna aparente em um período de alguns anos que a nossa situação de ameaça e contra-ameaça será sempre resolvida pelo recuo de alguém, essa mesma sensação de segurança pode causar um confronto. Afinal, a crise que levou à Primeira Guerra Mundial à primeira vista não parecia diferente de inúmeras outras que haviam sido resolvidas com a ameaça de nos levar à beira da guerra. E quando a guerra finalmente chegou, uma guerra total foi travada por uma questão relativamente trivial porque nenhuma outra alternativa havia sido considerada.¹⁰⁶

As soluções eram as de sempre: maximizar o espectro de opções militares "entre a rendição e o Armagedom", e aprofundar os laços entre os Estados Unidos e o resto da OTAN, colocando parte das forças de retaliação inglesas e norte-americanas sob o controle da OTAN.¹⁰⁷ Em junho de 1960, Kissinger já não mais debatia que "a 'disparidade dos mísseis' se materializará no período entre 1960 e 1964"; a única dúvida era se isso levaria a um ataque surpresa soviético ou meramente à "erosão gradual do mundo livre [...] da qual a crise a respeito de Berlim é apenas um augúrio".¹⁰⁸

Agora a situação era mais favorável para Kissinger. Com o fracasso da conferência de Paris, o ânimo da população se voltou para o temor pós-Sputnik. Tanto Rockefeller quanto Kennedy passaram a dizer ao povo e a jornalistas que gastos em defesa precisavam ser exacerbados a fim de diminuir a disparidade dos mísseis e criar opções além da retaliação em massa. Nixon era pressionado de ambos os lados pelo que ele chamava de ataque contra um "alvo fácil", mas não podia conceder que os críticos tivessem razão sem condenar Eisenhower implicitamente.¹⁰⁹ Rockefeller tinha um problema maior:

precisava do apoio de Eisenhower para passar à frente de Nixon antes da convenção republicana, mas que esperança tinha de obtê-lo enquanto censurava o presidente na própria questão que Ike acreditava conhecer melhor? Para seu aborrecimento, Kissinger foi forçado a cancelar uma turnê de palestras bem paga à Alemanha em junho de 1960 a fim de se manter disponível para informar Rockefeller.[110] Estava agora sendo usado "para consultoria final em questões de política externa", trabalhando com Perkins no gerenciamento de uma equipe de pesquisadores na revisão dos pareceres que produziam.[111] Entre as ideias que Kissinger encorajou Rockefeller a considerar estava uma para a Confederação do Atlântico Norte que lhe havia sido sugerida por Edward Teller.[112] Em 8 de junho, Rockefeller soltou a bomba: uma bombástica "denúncia metralhadora" da candidatura de Nixon, rascunhada principalmente por Emmet Hughes, mas com algumas linhas reconhecidamente kissingerianas ("a nossa posição no mundo é dramaticamente mais fraca hoje do que há quinze anos, ao final da Segunda Guerra Mundial"), que não poderia ter sido mais bem calculada para enfurecer Eisenhower.[113] Quando Rockefeller ampliou o insulto ao perguntar a Eisenhower se ele deveria concorrer, este o deixou aguardando por dois dias, e então lhe disse de forma ríspida que "não acreditava que era certo alarmar as pessoas sem necessidade" sobre questões de segurança nacional. Aconselhou-o a não retornar à campanha; zombariam dele "por ficar indo e voltando como um ioiô".[114]

Em meio a essa comédia de erros, Kissinger lutou para preservar a sua independência política. Ao aparecer no programa *Prospects of Mankind* [Perspectivas da humanidade][115] da emissora WNEW-TV de Eleanor Roosevelt ou quando foi entrevistado pelo *The New York Times*,[116] não foi como consultor de Rockefeller, mas por conta própria. Um novo ensaio para a *Foreign Affairs*, "Arms Control, Inspection and Surprise Attack" [Controle de armas, inspeção e ataque surpresa], apareceu em julho de 1960, o mês crucial da convenção republicana em Chicago. Não fazia nenhuma referência aos rivais para a indicação. Na verdade, um aspecto notável no estilo de Kissinger na época era o seu caráter apolítico. O texto para a *Foreign Affairs* era um argumento contra o desarmamento e em favor de aumentar a dissuasão "não pelos números, mas pela mobilidade ou endurecimento das nossas forças de retaliação". O objetivo das "medidas de controle de armas responsável", arguiu Kissinger, "deve ser o de determinar, sem sentimentalismo, não como eliminar as forças de retaliação, mas como manter um equilíbrio entre elas". A redução dos números das armas nucleares não era a solução infalível que aparentava ser para os militantes do desarmamento. Havia até limites para o que poderia ser alcançado pelos sistemas de inspeção ou vigilância: qualquer sistema tinha que ser "suficientemente confiável para impedir evasões que possam perturbar o equilíbrio estratégico, mas não tão predominante que destrua a segurança da força de retaliação". No final, até a solução preferida de Kissinger – "estabilidade no número de armas ofensivas" (em outras palavras, dissuasão mútua) – fracassaria se um lado fizesse um avanço tecnológico extraordinário na defesa contra mísseis.[117] Um político que tentasse basear um discurso de campanha nesse artigo de argumentos densos e de profundo pessimismo logo se veria falando a uma sala vazia.

A realidade era que Kissinger estava sendo honesto em relação a reter a sua independência como pensador acadêmico. Esquecendo-se da campanha pela Casa Branca, o conselho editorial de *Daedalus*, o periódico da Academia Americana de Artes e Ciências, pediu a vinte grandes peritos – a maioria membros do Seminário do Controle de Armas da Harvard-MIT – que contribuíssem para uma edição especial sobre armamento nuclear e controle de armas.[118] Kissinger estava entre eles, e aproveitou a oportunidade para realizar a menos política das manobras: um giro de 180 graus. "Muitos acontecimentos", escreveu ele, haviam causado "uma mudança na minha opinião sobre a ênfase relativa a ser dada a forças convencionais em oposição a forças nucleares". Entre eles estava "o desacordo dentro da nossa organização militar e dentro da aliança sobre a natureza da guerra nuclear limitada", que havia levantado "dúvidas se saberíamos como limitar uma guerra nuclear".

> Já que nenhum país tem qualquer experiência com o uso tático de armas nucleares, a possibilidade de um erro de cálculo é considerável. A tentação de utilizar o mesmo sistema de alvos usado em uma guerra convencional e assim causar uma vasta perda de vidas será devastadora. O ritmo das operações talvez ultrapasse as possibilidades de negociação. Ambos os lados operariam no escuro sem nenhum precedente que os guie.[119]

Essa foi uma mudança impressionante na posição de Kissinger, pois significava o repúdio à tese central do seu livro mais vendido sobre o assunto, publicado apenas três anos antes. Era de fato um ajuste razoável à nova realidade criada pelo advento dos mísseis de longo alcance e o rápido crescimento do arsenal soviético. Também estava claro que Kissinger vinha escutando os argumentos dos políticos da Alemanha Ocidental. "Se um ataque da União Soviética contra a Alemanha Ocidental levar à desolação da República Federal", reconheceu ele, "os soviéticos marcariam um ponto importante mesmo que se oferecessem para mais tarde recuar à sua posição inicial". No caso alemão, poderia muito bem ser "vantajoso para os comunistas aceitar o *status quo ante* em uma guerra que oblitera a área disputada".[120] De qualquer forma, a aversão pública à ideia de utilizar armas nucleares só crescia. Sob tais circunstâncias, a única decisão racional era aumentar a capacidade de armas convencionais do Ocidente. Mais uma vez Kissinger propôs uma nova estrutura de comando: agora, porém, no lugar da separação anterior entre forças táticas e estratégicas, ele propunha uma separação entre comandos convencionais e nucleares. A opção nuclear se tornava o último recurso em vez de uma opção disponível desde o início de uma guerra limitada.

Às vezes, uma reviravolta é prova de integridade acadêmica. Como o economista John Maynard Keynes supostamente disse: "Quando as informações que tenho mudam, altero as minhas conclusões. O que o senhor faz?". Os fatos sobre a corrida armamentista nuclear haviam de fato mudado desde 1957. No entanto, para um homem que era consultor político pelo menos parte do tempo, tais inconsistências traziam suas desvantagens – como o gasto obviamente mais alto das forças convencionais ampliadas que Kissinger agora desejava ver. A única vantagem era que esse argumento se encaixava com os de dois candidatos à presidência; era provável que a ideia teria sido aceitável para Nixon também, se este não fosse restringido pela lealdade a Eisenhower.

Kissinger havia trabalhado duro e por muito tempo para Nelson Rockefeller desde que retornara a Harvard. Havia rascunhado discursos, encomendado pareceres para terceiros e os editado, e se mostrado disponível sempre que chamado. No entanto, em meados de 1960, as chances de Rockefeller se tornar o candidato republicano diminuíam a cada dia. Teria todo o seu esforço sido em vão? Alguns acadêmicos – uns perfeccionistas, outros covardes – tinham o hábito de deixar manuscritos sem publicar. Como se poderá ver, Henry Kissinger mais tarde optaria por deixar a versão datilografada de um livro inteiro juntar poeira em uma gaveta. Entretanto, em 1960, sentia-se relutante a consignar todos os artigos e pareceres dos últimos três anos ao esquecimento. *The Necessity for Choice* [A necessidade de escolha] era um título apropriado para o livro resultante em mais de uma maneira. Superficialmente um compêndio de seus escritos recentes acerca de vários aspectos da política externa norte-americana, a obra era ao mesmo tempo uma afirmação sutil a respeito do relacionamento entre o processo histórico e a formulação de políticas, e uma exortação implícita ao próximo presidente para que escolhesse entre cursos de ação alternativos. Ao fazer as suas recomendações independentemente de qualquer candidato, é claro, o próprio Kissinger era capaz de evitar uma escolha. De fato, ao insistir na publicação "sob os auspícios" do Centro de Assuntos Internacionais, em vez de diretamente com ele – o que significaria um contrato menos atraente em termos comerciais com a Harvard University Press –, Kissinger levou sua insistência em independência tão longe a ponto de enfurecer Robert Bowie.[121]

Qualquer livro que transforma artigos antigos em capítulos corre o risco de incoerência, e qualquer autor cujo livro anterior esteve entre os mais vendidos sabe o que esperar dos críticos. Escrevendo no *The New York Times*, Walter Millis julgou Kissinger "um pouco sujeito demais a chover no molhado ao nos acusar de tolices que já não são predominantes". Descrevendo o livro como "uma longa demonstração de que [...] os Estados Unidos não devem definir 'por nós mesmos' uma paz que seja tanto coerente com os nossos valores e adequada à nossa segurança", concluiu Millis, "ele enfatiza a 'necessidade de escolha', mas não nos oferece nada para escolher".[122] "Um testemunho sólido, mesmo que às vezes pomposo, do debate estratégico recente" foi o veredito de L. W. Martin na *Political Science Quarterly*. "Ele precisa de homens a se inclinar, e seus escassos reconhecimentos vão principalmente àqueles a quem está prestes a esmagar."[123] "Faíscas voam em muitas direções", escreveu Esmond Wright a Chatham House, "e iluminam ao passarem. No entanto, não há um diagrama claro aqui, nem para o acadêmico nem para o estadista. E apesar do apelo por uma análise aguçada e por destreza nas manobras, o ponto de vista é fixo e rígido, aquele de Maquiavel oferecendo ao seu príncipe ideias e argumentos para com eles defender a república contra o inimigo inflexível". O livro talvez fosse "perspicaz [e] incisivo", mas também era "bastante sombrio".[124]

Esses julgamentos hoje parecem estar longe do alvo. É verdade que *The Necessity for Choice* é um produto da era da "disparidade dos mísseis". Seu ponto inicial é a alegação alarmante de que tanto Truman quanto Eisenhower não haviam conseguido manter a posição dos Estados Unidos no pós-guerra, e de que "quinze anos mais de uma deterioração [desse tipo] da nossa posição no mundo [...] nos reduziriam à Fortaleza América em um mundo em que nos tornamos, em grande parte, irrelevantes".¹²⁵ Faltava aos Estados Unidos uma doutrina estratégica e uma política militar coerente; as iniciativas de controle de armas contradiziam a estratégia nuclear; suas alianças se fragmentavam; e os programas de auxílio a países em desenvolvimento não estavam funcionando. Como resultado, a "margem de sobrevivência" havia "se estreitado de forma perigosa"; de fato, havia um risco real de uma "tragédia" – de um "desastre nacional". Os Estados Unidos se viam diante de "perigo mortal" de um ataque surpresa dos soviéticos. O mundo ocidental estava "com grandes problemas".¹²⁶ Tudo isso soa hoje como exagero, principalmente à luz dos estudos históricos mais recentes sobre Eisenhower. Na verdade, o general Twining, chefe do Estado-Maior Conjunto das Forças Armadas dos Estados Unidos, dissera ao Comitê de Relações Exteriores do Senado em sessão fechada (mas com Kennedy presente) que não havia nenhuma disparidade de mísseis até fevereiro de 1959 – um julgamento baseado em fotografias aéreas obtidas por aviões de espionagem U-2. Em 1961, o satélite espião Corona da CIA havia estabelecido com quase certeza que os soviéticos tinham pouquíssimos mísseis intercontinentais e vinham ainda bem atrás dos Estados Unidos na corrida armamentista. Também sabemos que, embora os soviéticos estivessem mais do que felizes em explorar oportunidades de tomar atitudes temerárias no Terceiro Mundo, desde Cuba até o Congo, Khrushchov não tinha intenções sérias de travar uma guerra total por regiões tão remotas.¹²⁷ No entanto, como será visto, Kissinger não estava de modo nenhum exagerando o perigo de que duas superpotências cada vez mais armadas poderiam acabar indo à guerra por Berlim como resultado de erros de cálculo diplomáticos, assim como as grandes potências guerrearam pela Bósnia e Bélgica em 1914. E ele tinha muita razão ao ridicularizar os vários comentaristas ocidentais que depositavam esperanças irrealistas em uma liberalização iminente do sistema soviético, ou que inocentemente iniciavam negociações com os soviéticos como se isso ajudasse a decidir posições de retirada ou a sinalizar a disposição a fazer concessões em algum ponto entre as posições iniciais.

As recomendações políticas concretas de Kissinger são ainda mais impressionantes sabendo-se o que estava por vir, pois quase todas elas foram adotadas durante a década de 1960 (embora se deva acrescentar que não eram ideias unicamente dele). Ele arguiu mais uma vez que, a fim de lidar com o risco de um ataque surpresa com mísseis da União Soviética, a capacidade norte-americana para uma segunda investida precisava se tornar menos vulnerável por meio de "dispersão, endurecimento e, acima de tudo, mobilidade".[128] Isso foi feito. Repudiando mais uma vez o próprio argumento anterior a favor da guerra nuclear limitada, Kissinger argumentou que os Estados Unidos deveriam fortalecer as suas forças convencionais, para que forças não nucleares estivessem disponíveis para combater "chantagens" localizadas dos soviéticos. Para melhor ou para pior, isso também foi feito. Ele defendeu que o Ocidente deveria pressionar a Alemanha a se reunificar com base em uma fronteira ocidental traçada entre Oder e Neisse,* com reduções de força equivalentes em ambos os lados da fronteira. Isso também se tornou o objetivo da política norte-americana, embora não tenha sido alcançado até 1990. Ele defendeu um acordo de não proliferação nuclear internacional, estabelecendo um compromisso tanto com potências nucleares quanto não nucleares, aplicado por um sistema de inspeção mundial sob os auspícios da Agência Mundial de Energia Atômica, autorizada a computar todos os materiais fissionáveis. Exatamente essa parte foi assinada pela primeira vez em 1968. E ele encorajou as superpotências a "negociar um limite para a produção nuclear e uma redução dos arsenais – desde que controles adequados sejam concebidos", precisamente o caminho que mais tarde levaria às Conversações sobre Limites para Armas Estratégicas. A única proposta que não chegou a lugar nenhum foi a de "aumentar a coesão política [da OTAN] para que comece a se aproximar de um sistema federal" e de então colocar um arsenal de armas nucleares unicamente sob seu controle.[129] Por ironia, esse foi o argumento no qual Kissinger mais insistiu após a publicação do livro (provavelmente por ser um dos favoritos de Rockefeller).[130]

Contudo, as melhores partes de *The Necessity for Choice* exibiam um foco mais filosófico do que político. Em um capítulo inspirado intitulado "Of Political Evolution: The West, Communism and the New Nations" [Da evolução política: o Ocidente, o comunismo e as novas nações] – cuja existência começara como uma correspondência com o cientista Caryl Haskins após

---

* Naquela situação, a fronteira entre Alemanha Oriental e Polônia mal seguia os rios Oder e Neisse. Isso significava a perda de grandes extensões da Prússia histórica. Para muitos alemães – e não somente os antigos nazistas e a bastante influente "Liga dos Expatriados" –, isso era inaceitável.

uma discussão com os economistas J. K. Galbraith e Arthur Lewis[131] –, Kissinger expôs uma nova versão de sua filosofia da história em resposta à hipótese dos economistas de que o sistema soviético evoluiria em uma direção liberal como resultado do desenvolvimento econômico. Ele concordou que era provável que as sociedades comunistas mudassem:

> No entanto, a natureza da transformação não é de forma alguma predestinada. Talvez se mova em direção à liberalização; mas talvez também produza o pesadelo cinzento de *1984*. Talvez leve ao aumento da liberdade; talvez também refine as ferramentas da escravidão. Além disso, o mero fato de uma transformação não ser a única preocupação da nossa geração. De igual importância é a escala de tempo em que esta ocorre. Afinal, não foi nenhum consolo para Cartago que, 150 anos após a sua destruição, Roma tenha se transformado em uma potência pacífica de fato.[132]

Como Kissinger observou com sabedoria: "O processo de evolução não funciona tão facilmente ou em uma direção tão clara como aparece na posteridade. O pluralismo do Ocidente foi o resultado de centenas de escolhas, e cada uma delas, caso feita de outra maneira, poderia ter levado a um resultado completamente diferente". A ênfase da Reforma nas consciências individuais com certeza não vinha com a intenção de encorajar o pluralismo. Na verdade, a emergência da democracia na Europa foi o resultado de uma multiplicidade de tais peculiaridades: a herança greco-romana, a separação cristã entre Igreja e Estado, a multiplicidade de Estados, e "um impasse nas guerras religiosas impondo a tolerância como uma necessidade prática". Nas palavras de Kissinger:

> A industrialização não foi de modo algum o mais significativo desses fatores. Se qualquer um dos outros houvesse faltado, o curso da evolução política ocidental teria sido radicalmente diferente. [...] [É] somente para a posteridade que a evolução parece inevitável. O historiador [...] lida apenas com elementos bem-sucedidos e, mais ainda, com os flagrantemente bem-sucedidos. Ele não tem como saber o que era mais significativo para os participantes: o elemento de escolha que determinou o sucesso ou o fracasso.

Para Kissinger, o processo histórico era fundamentalmente diferente da história natural:

A evolução ocorre não em linha reta, mas por uma série de variações complexas. Cada passo na estrada são curvas e bifurcações, que devem ser enfrentadas para o bem ou para o mal. As condições que governam uma decisão são dos mais delicados matizes. Em retrospecto, a escolha talvez pareça quase aleatória ou então a única opção possível sob as circunstâncias vigentes. Em ambos os casos, é o resultado da interação de toda a soma de escolhas anteriores – refletindo a história ou a tradição ou os valores –, além das pressões imediatas da necessidade de sobrevivência.[133]

Kissinger também era sensível à possibilidade de que a evolução levasse à "rigidez" e "petrificação", que eram os primeiros sintomas do declínio. "O colapso das nações", argumentou ele, se devia à "rigidez interna somada a um declínio na habilidade, tanto moral quanto física, de moldar as circunstâncias ao redor. [...] Como teria sido a história do Ocidente se os cavaleiros que derrotaram os árabes em Tours houvessem se rendido por acreditarem na inevitabilidade histórica do triunfo da cristandade? A Europa Central hoje seria muçulmana".[134]

O pensador histórico sério deve acreditar, como Kissinger, na "necessidade de uma escolha" e, portanto, na plausibilidade do contrafactual. Aqueles que preferem a teologia do determinismo histórico sofrem de uma abundância de ideologia ou de uma pobreza de imaginação. No entanto, o que mais impressiona sobre esse capítulo não é a insistência no papel da contingência na evolução histórica; é a inferência que Kissinger traça sobre a política norte-americana para o Terceiro Mundo. "A menos que sejamos capazes de tornar os conceitos de liberdade e respeito pela dignidade humana significativos para as novas nações", escreveu ele, "a tão alardeada competição econômica entre nós e o comunismo nas áreas não filiadas não terá significado". Como muitos contemporâneos, é claro, Kissinger exagerou a capacidade da União Soviética de vencer uma disputa definida em termos de crescimento de produção. Contudo, tinha toda a razão ao argumentar que a reivindicação ocidental à superioridade precisava ser baseada na dignidade humana, não em produtividade. O que fazia a democracia funcionar no Ocidente eram certas limitações peculiares do poder governamental, desde o Estado de Direito à "convicção de que a política não importa" do homem comum. Essas limitações não ocorriam naturalmente nos "países novos". Portanto, "a menos que nós mesmos tratemos do problema de encorajar instituições que protejam a dignidade humana, o futuro da liberdade é, sem dúvida, sombrio". Mais uma vez Kissinger escrevia não como um realista, mas como um idealista. O objetivo da competição da Guerra Fria no Terceiro Mundo não era vencer um concurso entre modelos rivais de desenvolvimento econômico, mas acima de tudo "preencher [...] um vazio espiritual", pois "até o comunismo conseguiu converter muito mais pessoas graças à característica teológica do marxismo do que ao aspecto materialista do qual se orgulha".[135]

VII

Como é tão frequente, tudo se resumia à política fiscal. Rockefeller e Kennedy pressionavam por um maior orçamento de defesa, assim como mais gastos em auxílio exterior, com frequência usando argumentos como os apresentados em *The Necessity for Choice*. Nixon desejava muito apresentar o mesmo argumento, mas não o poderia fazer sem alienar Eisenhower ainda mais. Imagine a estupefação de Kissinger, sob essas circunstâncias, ao receber um documento vazado do general Robert E. Cushman, assistente de Nixon para assuntos de segurança nacional: uma cópia de instruções da Casa Branca para o orçamento de defesa do ano fiscal de 1961. Cushman se queixava de que o texto, ao firmar o compromisso de não aumentar os gastos com defesa, soava "como se o fiasco da conferência nunca houvesse acontecido". Ele o enviara a Kissinger "porque acredito fundamentalmente que você é capaz de influenciar o homem, sejam quais forem os defeitos dele, com a maior porção das qualidades que pode nos tirar do estado em que estamos. Se ele responder com um contra-ataque devastador usando material como este, se fará presidente, e talvez até mesmo pela cédula democrata".[136] O documento não era secreto, mas estava carimbado "Apenas para uso oficial" e poderia ser rastreado até o gabinete do vice-presidente, o que significava que Kissinger poderia citá-lo, mas não deveria mostrá-lo a ninguém.

Não estava claro para Kissinger se aquilo era uma armadilha preparada para ele e Rockefeller, ou uma tentativa genuína de diálogo. Provou ser o segundo caso. Já em maio, Nixon concluíra que seguir caminho por meio de primárias não contestadas para a nomeação republicana na verdade o estava prejudicando; as vitórias suadas de Kennedy sobre Hubert Humphrey obtinham muito mais cobertura da imprensa. A tentativa de Rockefeller de reentrar mais tarde na campanha para a indicação nunca representou uma ameaça séria a Nixon. Era pura fantasia que ele viesse se beneficiar de uma daquelas ondas de apoio que haviam provocado reviravoltas em disputas pela indicação nas convenções do partido no passado (a mais recente quando Adlai Stevenson fora "recrutado" como o candidato democrata em 1952). No entanto, agora ocorria a Nixon que ter Rockefeller como seu vice na chapa reforçaria a sua posição no nordeste liberal do país; no mínimo, trazer Rocky a bordo antes da convenção demonstraria a habilidade de Nixon de se desviar para o centro antes do confronto final com Kennedy. Em 22 de julho, dois dias antes do início da convenção republicana em Chicago, o vice-presidente voou em segredo a Nova York e jantou com o rival no apartamento deste na Quinta Avenida. Reconhecendo com franqueza os próprios cálculos eleitorais, ofereceu a Rockefeller a vaga de vice-presidente na chapa, prometendo aumentar a importância do cargo em caso de vitória. Como Rockefeller disse mais tarde a Kissinger, Nixon lhe ofereceu "(a) comando da plataforma, (b) controle completo sobre a política externa, (c) apoio do estado de Nova York se ele participasse da chapa".[137] Rockefeller recusou, bem como o seu convidado imaginara, e em seguida apresentou uma declaração de "princípios" que teria de fazer parte da plataforma do partido se Nixon quisesse o apoio de Rockefeller. Emmet Hughes telefonou de Chicago para ajudar o disléxico Rockefeller com as letras miúdas.

Determinado a conseguir pelo menos o apoio de Rockefeller, Nixon concordou com tudo, até mesmo com a proposta para a Confederação do Atlântico. O ponto de impasse era o orçamento de defesa, que Rockefeller queria ver aumentado em 3,5 bilhões de dólares ou 9%. Nixon sabia que Eisenhower jamais aceitaria aquilo. Em vez de especificar um número, concordaram com a seguinte formulação: "Os Estados Unidos podem e devem fornecer o aumento das despesas para implementar plenamente este programa necessário para reforçar a nossa postura de defesa. Não deve haver nenhum limite de preço para a segurança do país". Os catorze pontos do "Tratado da Quinta Avenida" foram combinados com o presidente do comitê da plataforma Charles Percy às 3h. Foi uma grande história ao ser anunciada, mas o acordo de bastidores não trouxe vantagens a nenhum dos dois. Eisenhower acusou Rockefeller de cometer uma "traição pessoal" e Nixon de "repudiar" o histórico da administração. Horrorizado ao ver um programa liberal de direitos civis inserido na plataforma, o conservador incendiário Barry Goldwater denunciou "o Pacto de Munique do Partido Republicano". Nixon se submeteu a Ike, mas não a Goldwater. O programa de direitos civis permaneceu, mas a linguagem sobre defesa foi atenuada ainda mais. "Os Estados Unidos podem e devem fornecer o que for necessário para garantir a sua própria segurança", dizia a versão final, "a fim de prover qualquer aumento necessário das despesas para responder a novas situações. [...] Mais que isso seria um desperdício. Menos seria catastrófico".[138] Agora era Rockefeller que precisava ceder. Esgotadas as esperanças de ser indicado, ele ofereceu à convenção um apoio pouco entusiasmado a "Richard E. [sic] Nixon".

Kissinger não deve ter se surpreendido com o resultado. Sabiamente, manteve distância da convenção de Chicago. Em agosto, porém, visitou a casa de veraneio de Rockefeller em Seal Harbor, no estado do Maine, "para lhe explicar [como contou a Arthur Schlesinger] por que não o poderia ajudar na campanha no outono". Como Schlesinger registrou em seu diário, o motivo era claro: "Henry diz que não fará nada que possa ajudar Nixon". Rockefeller compartilhava da aversão de Kissinger por Nixon: "Como diz Henry, pronunciando a palavra em três sílabas, 'Ele de-tes-ta Nixon'". Contudo, a sorte estava lançada. Condenado a fazer campanha em nome do homem que odiava mas havia apoiado, Rockefeller "parecia desanimado e deprimido [...] bastante desapontado com a falta de reação em Chicago".[139] Kissinger não se sentia obrigado de nenhuma forma. Ao receber pedidos de consultoria sobre questões de segurança nacional tanto do Comitê Nacional Republicano quanto da campanha de Nixon,[140] informou que estava de partida para o Japão no dia seguinte e ficaria indisponível.[141] Tal era a sua aversão por Richard Nixon em 1960.

Kissinger era leal a Rockefeller. Continuou a se considerar como proeminente entre os seus consultores. ("Não consigo me lembrar de nenhuma questão de política externa na qual o governador não tenha me contatado primeiro", contou ele a Rod Perkins em novembro de 1960.)[142] Ele prosseguiu com o seu trabalho sobre o assunto da confederação regional, embora crescessem as dúvidas sobre sua viabilidade tanto para o Atlântico Norte quanto para o hemisfério ocidental.[143] E frequentemente encorajava Rockefeller a começar a armar a base para uma tentativa de indicação mais bem sucedida em 1964, até mesmo sugerindo nomes de "alguns indivíduos que lhe desejam o melhor", entre eles o senador por Nova York, Jacob K. Javits, e o *publisher* do meio-oeste John Cowles.¹⁴⁴ Na verdade, é possível datar o interesse de Kissinger nos detalhes mecânicos da política interna norte-americana a partir desse período. Em dezembro de 1960, ele comparecia a reuniões semanais com a equipe principal de Rockefeller em Albany "para definir uma estratégia para os próximos quatro anos".¹⁴⁵ Em janeiro de 1961, ele já aconselhava Rockefeller a impedir antecipadamente o provável desafio democrata ao seu cargo de governador "pens[ando] nas várias jogadas que Kennedy poderia fazer, nos grupos que tentaria contatar, no modo como poderia usar a família, na influência do velho Kennedy sobre o mundo financeiro, e assim por diante".¹⁴⁶

Ao fim de fevereiro de 1961, Kissinger escreveu a Rockefeller uma longa carta sobre como melhor se preparar para uma campanha presidencial em 1964: "Pode ser que você então decida não concorrer à presidência, ou porque Kennedy está conduzindo políticas com as quais você concorda em essência, ou porque qualquer candidato republicano poderá ser apenas um cordeiro de sacrifício. [...] Meu forte palpite[, porém,] é que talvez estejamos no meio de uma crise em que a sua contribuição será desesperadamente necessária". Dessa vez, Rockefeller precisava aprender a partir dos erros cometidos em 1959 e 1960, quando fora criticado por negligenciar as suas responsabilidades em Nova York, mas havia, na verdade, investido tempo insuficiente em uma organização nacional.¹⁴⁷ O mais notável sobre essa carta era que fora escrita exatamente dezenove dias após ter sido anunciado na imprensa que Kissinger estava considerando a hipótese de um cargo na administração John F. Kennedy – o próprio homem contra o qual ele encorajava Rockefeller a concorrer dali a três anos, mas também o homem que por um fio de cabelo havia derrotado a ovelha negra, Richard Nixon, em novembro.

Para Kissinger, Rockefeller parecera personificar o *ethos* aristocrático, na medida em que poderia existir em uma democracia. Como explicou a Caryl Haskins (numa passagem nitidamente atenuada para publicação em *The Necessity for Choice*):

> [P]arece-me que as sociedades democráticas que vêm obtendo mais sucesso têm sido essencialmente aristocráticas (seria possível defender o argumento de que vivemos por muito tempo do capital moral dos fundadores da República e temos uma constituição escrita, em si uma força conservadora). Uma sociedade aristocrática – ou melhor, uma sociedade cujos valores são moldados por conceitos

aristocráticos – encoraja o autocontrole, não porque aristocratas tenham moralidade superior ou menos egoísmo do que outros grupos. Em vez disso, sua estrutura e *ethos* os força a se oporem à proeminência individual e, por consequência, ao governo absolutista. E eles se legitimam por meio de uma noção de *qualidade* que vai contra o despotismo da democracia igualitária.[148]

Como o seu antigo mentor, Fritz Kraemer, Kissinger sentiu-se repelido por muito daquilo que viu em Washington – em especial as tendências esclerosadas da burocracia governamental. Quando, em 1956, Kraemer escrevera em tom quase histérico sobre as suas frustrações ao ter que se sentar no Pentágono, redigindo "estudos analíticos de busca, profundas críticas políticas e artigos tão inteligentes", enquanto jovens húngaros lutavam contra o comunismo nas ruas de Budapeste, com certeza tocou em um ponto sensível:

> [S]abemos tão bem que a história não é realmente feita pela caneta ou pela tinta da impressora. Ah, sim, podemos racionalizar o que fazemos, de forma belíssima. Não são os nossos memorandos e textos de opinião armas muito importantes na batalha pelas mentes de outros homens? No entanto, por sorte temos consciência do fato de que, na realidade, os homens adotarão as políticas ousadas e imaginativas que queremos que adotem, não porque seus intelectos serão convencidos por argumentos conclusivos, mas porque seus corações se sentirão comovidos. E aqui estamos, cientistas políticos excessivamente treinados, sem arriscar a nossa preciosa existência para propagar a nossa fé, mas argumentando como advogados e professores de faculdade. Zelosos, nós nos agarramos a um estilo desidratado, eliminando das nossas efusões até o último traço de emotividade.[149]

O idealista Kissinger também ansiava por uma liderança heroica, até mesmo quando tomado pela desidratação estilística. Como disse a Schlesinger: "Precisamos de alguém que traga um grande salto – não apenas um aprimoramento das tendências existentes, mas uma mudança para uma nova atmosfera, um novo mundo".[150]

Entretanto, Kraemer, mais do que Kissinger, se preocupava com as concessões que o seu protegido já fizera para que conseguisse desempenhar o papel de consultor para o aristocrata a quem Kreamer se referia como "N.R.".

Em dezembro de 1957, ele escrevera uma longa e sincera carta a Kissinger, pedindo-lhe que se lembrasse de seu "dever altruísta – e de forma nenhuma egoísta – de continuar a ser a pessoa que é.

> O N.R. [...] não tem como entender o que você representa no [...] meio do século XX. Ele coleciona pinturas raras; nunca lhe ocorreria queimá-las; tal barbárie lhe seria muito estranha. [No entanto,] os seres humanos não trazem rótulos colados a eles por especialistas que declaram o seu valor, e é por isso que o perigo é tão grande, nesta época em que o valor é medido em fatos e números, em que pessoas insubstituíveis são queimadas, usadas simplesmente como combustível, em especial aquelas que já foram acesas pela natureza e já estão, de qualquer forma, em pé entre as chamas. O burguês corre menos perigo por ser tão mais difícil de inflamar; mas os outros – os poucos, os raros –, quão esplendidamente esses ardem!

Kreamer sabia muito bem que o que viria a escrever magoaria Kissinger. Talvez, especulou ele, houvesse sido melhor se eles nunca tivessem se conhecido anos antes em Camp Claiborne. "Orgulho-me do seu sucesso", escreveu ele. "Não apenas eu, mas espantosamente muitos outros, estão contando com você. Você já representa muito mais do que a si mesmo."

> Contudo, o seu sucesso não o deve arruinar por dentro e fisicamente. [...] O homem valioso não deve se deixar destruir pelos "outros", não importa o quão "simpáticos", amigáveis e quase acima da média possam ser, não importa se a "admiração" e incompreensão bem-intencionadas deles sejam os principais motivos da destruição. [...]
>
> [C]omo já lhe disse em Claiborne e Palenberg, o segredo da independência está em agir de modo independente; pode-se até mesmo não visar ao sucesso. Não se pode, não se pode nunca contar que tudo dará "certo" [...] na barganha. Só se de fato não "calcular" você terá a liberdade que o distingue das pessoas comuns e o torna tão à prova de embustes quanto qualquer um. Que até agora tenha se mantido sempre firme é uma das coisas que torna a minha fé em você tão forte. No entanto, até agora tudo era mais fácil. Você teve que resistir apenas às tentações completamente normais dos ambiciosos, como a avareza, e à indústria da intriga acadêmica. *Agora* a armadilha está em seu próprio caráter. Você está sendo tentado, por assim dizer, com os seus próprios princípios mais profundos:

de se comprometer com dedicação e responsabilidade. *Contudo*, outras tarefas mais decisivas estão por vir.[151]

Nos primeiros meses de 1961, quando Henry Kissinger se preparava para responder à tão aguardada convocação dos corredores do poder, ele talvez tenha recordado e ponderado as implicações da advertência de Kraemer.

Capítulo 13
Respostas flexíveis

Espero que a Cortina de Ferro não esteja entre os pragmáticos e os dogmáticos, e espero também que, se a Cortina de Ferro estiver entre os pragmáticos e os dogmáticos, que os pragmáticos não obtenham uma vitória incondicional. [...] Deveríamos nos perguntar não o que estamos fazendo, mas o que devemos fazer, e não onde estamos, mas onde estamos tentando nos colocar; e talvez aconteça que aquilo cuja prova não é tão fácil de demonstrar seja o que afinal guiará a prática da política de segurança nacional; enquanto as análises muito sagazes em que nos envolvemos sobre os problemas do dia a dia são de certa forma tão ilusórias quanto algumas das sombras nas cavernas de Platão.

Henry Kissinger, julho de 1963[1]

A minha contribuição para o planejamento de Berlim é a de um espectador berrando comentários aleatórios nas laterais.

Henry Kissinger a Arthur Schlesinger, setembro de 1961[2]

I

John F. Kennedy ocupa uma posição única na memória coletiva norte-americana. Em uma pesquisa Gallup conduzida em novembro de 2013, 74% dos norte-americanos o avaliaram como um presidente excelente ou acima da média, comparado com 61% para Ronald Reagan, 49% para Dwight Eisenhower, 30% para Lyndon Johnson e 15% para Richard Nixon – a pontuação mais baixa para qualquer presidente do pós-guerra.[3] Em uma pesquisa de 2011, 11% dos norte-americanos nomearam Kennedy como o maior de todos os presidentes dos Estados Unidos, comparado com apenas 1% para Eisenhower e menos de 0,5% para Johnson e Nixon.⁴ A reputação de Kennedy não é de todo consequência de seu assassinato, por mais que esse evento continue a fascinar a população. É um artigo de fé para a maioria dos norte-americanos que a administração Kennedy era idealista, enquanto a de Richard M. Nixon era realista ao ponto de não ter princípios. "Que todas as nações saibam", declarou Kennedy em seu discurso de posse, "que pagaremos qualquer preço, suportaremos qualquer fardo, enfrentaremos qualquer dificuldade, apoiaremos qualquer amigo, nos oporemos a qualquer inimigo, a fim de assegurar a sobrevivência e o sucesso da liberdade". A retórica altiva de Kennedy é ainda citada hoje em dia; ninguém se lembra, em comparação, da nobre promessa que Nixon fez em sua primeira posse de "liderar o mundo finalmente para fora do vale de turbulências e para o campo elevado da paz com que o homem tem sonhado desde o início da civilização". Como rivais políticos cujos destinos não poderiam ter sido mais diferentes – um assassinato devastador, uma renúncia humilhante –, Kennedy e Nixon passaram a personificar polos opostos da política norte-americana. Um fato complicador é que um homem – Henry Kissinger – serviu a ambos os presidentes. Outro é que, pelo menos a seus próprios olhos, não era Kennedy o idealista, mas o próprio Kissinger.

Henry Kissinger era apenas um em meio a um impressionante número de acadêmicos de Harvard que foram para Washington trabalhar para Kennedy. O que o tornava excepcional era que ele permanecia leal a Rockefeller. Isso teve duas consequências distintas. Em primeiro lugar, Kissinger não gozava da total confiança dos outros membros da administração, inclusive a do seu chefe imediato, McGeorge Bundy. Em segundo lugar, ele tinha opiniões bem diferentes da maioria deles sobre questões fundamentais de política externa, em especial em relação à Europa. Por mais incrível que pareça, era Kissinger quem criticava – a princípio em particular e mais tarde publicamente – o *realismo* da administração Kennedy, e era Kissinger quem encorajava Rockefeller a adotar uma posição mais idealista nas questões mais incendiárias de política externa na presidência de Kennedy: Alemanha e Cuba.

Seria difícil imaginar duas cidades mais diferentes do que Berlim e Havana em 1961: a primeira uma fria metrópole industrial prussiana, ainda profundamente marcada pela guerra total que se encerrara apenas dezesseis anos antes, a segunda uma capital colonial tropical, com apenas alguns prédios altos novos em estilo soviético e armas antiaéreas para indicar o caráter revolucionário de seu governo. E, no entanto, seria nessas locações díspares que o compromisso de John F. Kennedy para com as belas palavras edificantes de seu discurso de posse seria posto à prova final.

II

"Os melhores e mais brilhantes", David Halberstam os chamava, citando Shelley sem querer.[5] Na época, a imprensa preferia "meninos-prodígio" ou "banco de cérebros".[6] Para o vice-presidente Lyndon Johnson, com seu diploma da Faculdade de Professores do Sudoeste do Estado do Texas, eram simplesmente "os Harvards".[7] A universidade perdeu mais de cinquenta instrutores para a nova administração, incluindo não apenas Bundy e Kissinger, mas também Archibald Cox, J. K. Galbraith, Carl Kaysen, Henry Rowen e Arthur Schlesinger. Não era de se estranhar que a *alma mater* do presidente fosse vista por alguns como "o quarto ramo do governo".[8] Caso Bowie e Schelling tivessem aceitado o convite de Washington, o Centro de Assuntos Internacionais teria sido privado de quase todos os professores mais graduados. No entanto, até mesmo aqueles que permaneceram em Cambridge se sentiam fortalecidos. Nas palavras de Bundy: "As pessoas de Harvard [...] estão de fato mais próximas dos processos governamentais do que muitos outros que estão bem aqui [em Washington]".[9] Em seu discurso de despedida à nação, Eisenhower alertara sobre o aumento do "complexo militar-industrial".*[10] Sob Kennedy, era o complexo acadêmico-intelectual que governava.[11]

Apesar da sua bem conhecida associação com Rockefeller, Henry Kissinger havia, na verdade, sido abordado pela campanha de Kennedy já em dezembro de 1958. Foi o advogado de Nebraska Ted Sorensen, que escrevia os discursos de Kennedy, que o convidou – como disse o próprio Kennedy em uma carta – "a oferecer algumas ideias agora sobre quais problemas e posições de

---

* Originalmente, a sua intenção era a de se referir ao "complexo militar-industrial-congressional", refletindo a sua própria frustração quanto à insistência de certos congressistas – inclusive o seu próprio sucessor na presidência – de que havia uma disparidade de mísseis que a todo custo precisava ser fechada. No último minuto, ele riscou a palavra "congressional".

longo prazo deveriam ser tratados durante os próximos meses [...], em especial essa questão da reavaliação das armas, a diminuição da ênfase em mísseis balísticos de alcance intermediário e bases no exterior etc.".[12] Kissinger respondeu que teria "prazer em contribuir para o desenvolvimento de políticas públicas, mas pedia um encontro "para a troca de ideias" a fim de ajudar a "definir as questões".[13] Em 15 de fevereiro de 1959, os dois homens se encontraram para almoçar no Clube de Harvard de Boston, para "alguma discussão sobre questões de defesa e política externa".[14] Kennedy então perguntou qual era a opinião de Kissinger a respeito de um parecer sobre "o programa de mísseis",[15] que argumentava que construir trinta submarinos nucleares Polaris diminuiria a disparidade de mísseis com a União Soviética. (Kissinger mostrou-se cético.)[16] Kennedy em seguida pediu a Kissinger a sua opinião sobre a Alemanha, comentando com presciência que ele sentia que "o problema alemão é da maior importância".[17]

Mais cedo ou mais tarde, esse romance acabou por ser tornar público. Em 11 de dezembro de 1959, um ano após ter começado, *The Boston Globe* foi o primeiro a dar a notícia, mencionando Kissinger como um entre quinze* acadêmicos de Harvard, do MIT e de Amherst que Kennedy estava recrutando para formar "um banco de cérebros do campus".[18] Como Abram Chayes da Escola de Direito de Harvard recordou mais tarde, o jornal errou apenas ao exagerar o grau de organização e coesão do grupo.[19] Como vimos, Kissinger se apressou a reassegurar aos amigos em Albany que não tinha intenções de abandonar Rockefeller;[20] talvez tenha acrescentado que dois outros professores republicanos também estavam envolvidos. Entretanto, como admitiu a Sally Coxe Taylor (que se casou com um membro da família a que *The Boston Globe* pertencia),

---

* Os outros professores de Harvard mencionados eram Sam Beers (governo), Abram Chayes (direito), Archibald Cox (direito), J. K. Galbraith (economia), Fred Holburn (governo), Mark DeWolfe Howe Jr. (direito), W. Barton Leach (direito) e Arthur Schlesinger Jr. (história). A matéria também mencionava cinco professores do MIT – David Frisch, Martin Myerton, Lucian Pye, Walt Rostow e Robert C. Wood –, assim como Earl Latham de Amherst, que na época estava de visita em Harvard. O *Globe* omitiu Arthur E. Sutherland Jr., outro professor da Escola de Direito de Harvard consultado por Kennedy.

[o] que [o jornal] relatou era basicamente verdade. [...] Eu havia me encontrado duas vezes com um grupo no ano passado em que Kennedy pediu a alguns de nós que declarássemos o que achávamos serem as principais questões.

A minha objeção era direcionada não contra a história, mas contra o que tomei como um esforço de Kennedy de me identificar com ele. Deixei claro para ele e para a sua equipe inúmeras vezes que, se Nelson não concorresse, eu não apoiaria ninguém, e recusei várias ofertas para me juntar à equipe dele.[21]

Uma nova década surgia. Para Kissinger, como para todos de sua geração, era impossível ignorar os primeiros sinais do que provou ser uma grande reviravolta social e cultural. Em *Necessity for Choice*, afirmou de maneira sucinta: "A nossa geração viverá em meio a mudanças. A nossa norma é o fato da reviravolta. O sucesso das nossas ações não é medido pela tranquilidade no curto prazo. [...] A década de 1960 requererá esforços heroicos".[22] A diferença entre Kissinger e aqueles que já começavam a encontrar a nova "contracultura" era que, para ele, a reviravolta que estava por vir seria provavelmente geopolítica.

No início de 1960, Robert Zimmerman estava prestes a largar os estudos na Universidade de Minnesota, adotar o nome de "Bob Dylan" e se dirigir a Greenwich Village. Mais ou menos ao mesmo tempo, Henry Kissinger alertava que a nova década "provavelmente seria um tempo de graves perigos". Dylan logo articularia o medo persistente que a sua geração sentia da precipitação radioativa na canção "A Hard Rain's A-Gonna Fall". Kissinger favoreceu a linguagem austera dos estudos de segurança, avisando que uma crescente disparidade de mísseis levaria a um ataque surpresa dos soviéticos. A justaposição talvez pareça incongruente, mas não eram os seus temores no fundo idênticos? Em "Blowin' in the Wind", também escrita em 1962, Dylan expressaria a questão central da era de maneira bem simples: "How many years can some people exist/ Before they're allowed to be free?" [Quantos anos algumas pessoas conseguirão existir/ Antes que lhes permitam que sejam livres?]. Era uma canção cantada com gosto tanto por oponentes do colonialismo quanto por proponentes dos direitos civis dos afro-americanos. No entanto, Kissinger era capaz de articular a mesma ideia básica, ainda que o fizesse em prosa em vez de poesia: "Não estamos apenas interessados em avanços materiais, seja para nós mesmos ou para outros. Preocupamo-nos que os princípios democráticos em que acreditamos sejam aplicados. Respeitamos um governo em primeiro lugar não porque é eficiente, mas porque assegura a liberdade e dignidade de seu povo".²³ Ao discutir a eleição que se aproximava com o apoiador mais leal de Kennedy em Harvard, Arthur Schlesinger, Kissinger expressou a sua esperança de que uma vitória de Kennedy significasse "um grande salto [...], uma nova atmosfera, um novo mundo. Se tudo o que Kennedy fizer é argumentar que ele pode manipular o *status quo* melhor do que Nixon, estará perdido".²⁴

Em termos de voto popular, a eleição de 1960 foi a mais apertada do século XX. Quando, com apenas duas semanas de campanha restantes, Kissinger disse que uma vitória de Kennedy era "certa", estava confiante demais.²⁵ Era verdade que Kennedy tinha a vantagem em debates televisionados em relação a Nixon, o primeiro reluzindo após uma tarde de copulação, o segundo todo suado e com a barba por fazer. No entanto, em termos de conteúdo, os candidatos estavam empatados. A acusação de Kennedy de que Nixon fazia parte de uma administração que havia "perdido Cuba" era difícil de reconciliar com a sua insistência de que a mesma administração deveria ceder as ilhas Quemoy e Matsu a Pequim. Enquanto isso, Nixon desdenhava a ideia de uma invasão de Cuba, apesar de ter encorajado Eisenhower a aprovar a ação. Sobre política externa, não havia um vencedor claro; de maior importância foi a resposta hesitante de Nixon à prisão em Atlanta do líder negro do movimento de direitos civis Martin Luther King Jr., que lhe custou uma porção considerável dos votos dos afro-americanos. (Poucos foram persuadidos pela promessa de seu candidato a vice, Henry Cabot Lodge, de incluir um membro não branco no gabinete.) Mesmo assim, Nixon venceu em mais estados do que Kennedy e perdeu no voto popular por uma margem inferior a 113 mil votos – menos de 0,2%. A quantidade de fraudes e erros nos importantes estados de Illinois e Texas era o suficiente para justificar longas contestações legais e até mesmo algumas condenações por crime. Nixon, porém, apesar de famoso por sua inclemência política, decidiu não protestar contra o resultado – assim como havia se recusado a utilizar a questão da religião durante a campanha –, e assim, pela mais estreita das margens, Kennedy se tornou o primeiro presidente católico do país.

Em poucos dias, a equipe de transição de Kennedy entrou em contato com Kissinger, pedindo-lhe que sugerisse candidatos para o cargo de secretário de Estado. Mais uma vez ele se viu em um dilema. Seria isso uma continuação do flerte anterior, ou uma das múltiplas cartas enviadas pelo país para pesquisa de opinião? Será que Kennedy não tinha mesmo ninguém em mente para o cargo mais importante da sua administração? Em um rascunho de resposta, Kissinger começou um longo preâmbulo, alertando que a administração Kennedy poderia vir a enfrentar "algumas das crises de política externa mais sérias da história da República".

> Haverá uma crise a respeito de Berlim. Países como o Irã desmoronarão a qualquer dia. A emergência de novas nações na África não será completada sem novas revoltas. [...] O castrismo talvez se espalhe na América Latina. [...] Em contraste com a maioria dos meus colegas em Harvard, creio que [a tarefa da nova administração] seja infinitamente mais complexa do que aplicar as máximas do New Deal em escala global. [...] [E]m partes importantes do mundo, os deslocamentos econômicos e sociais vêm acompanhados da ausência de *qualquer* estrutura política. Em questão não está apenas o problema do progresso econômico, mas também a natureza da legitimidade política.

Ele concluiu recomendando Adlai Stevenson, que em vão buscara a nomeação democrática para presidente pela terceira vez. Refletindo melhor, porém, Kissinger decidiu não enviar esse documento.[26] Em vez disso, escreveu uma carta mais curta, sugerindo Chester Bowles, já estabelecido como um dos consultores de política externa de Kennedy.[27] Na ocasião, Bowles foi nomeado subsecretário de Estado, a posição número dois; Kennedy optou por dar a Dean Rusk o cargo principal em Foggy Bottom.*

Rusk trabalhara para Truman como secretário assistente de Estado para assuntos do Extremo Oriente, mas havia passado à era Eisenhower gerenciando a Fundação Rockefeller. Ao colocá-lo como responsável pelo Departamento de Estado, com Douglas Dillon no Tesouro e Robert McNamara na Defesa, Kennedy mandava um sinal: sua administração seria tanto experiente quanto bipartidária. (Tanto Dillon quanto McNamara eram republicanos com experiência no setor privado.) Isso fazia sentido tanto em termos intelectuais quanto políticos. Afinal, Kennedy e Rockefeller haviam criticado Eisenhower de modo muito similar a respeito de sua confiança excessiva na ameaça de uma guerra nuclear "total", mas também por vários pecados de

---

* A área de Washington onde se localiza o Departamento de Estado, em um prédio originalmente projetado para o Departamento de Guerra.

omissão na política interna. Na verdade, quase tão importante quanto a conexão com Harvard era o elo da nova administração com o Projeto de Estudos Especiais de Rockefeller, onde muitas dessas críticas haviam sido formuladas pela primeira vez. Não menos do que 26 dos 210 palestrantes, consultores e autores responsáveis pelos relatos do projeto de Rockefeller se juntaram à administração Kennedy: entre eles estavam não somente Rusk e Bowles, mas também Roswell Gilpatric, que se tornou o vice-secretário de Defesa; Harlan Cleveland, secretário assistente de Estado; e Walt Rostow, o vice-consultor sobre segurança nacional.[28] Desse modo, não foi de forma nenhuma uma surpresa que o homem que havia dirigido o Projeto de Estudos Especiais também fosse convidado para Washington. Não fez mal nenhum que, no dia seguinte à posse de Kennedy, com a administração ainda sob construção, a *The New Yorker* publicasse uma crítica bastante elogiosa a *The Necessity for Choice*, em que Richard Rovere – que assinava a coluna semanal "Carta de Washington" da revista – descrevia Kissinger como "provavelmente um dos críticos mais influentes sobre política militar e externa", e o livro como um "texto essencial" para estrategistas políticos.[29] O próprio Kennedy não leu o livro antes de 1963, mas com certeza havia visto a crítica.[30] Kissinger, de sua parte, se impressionou com o discurso de posse de Kennedy. "Achei[-o] excelente", admitiu ele a Arthur Schlesinger. "Por razões egoístas, espero que os boatos de que você vai para Washington não sejam verdade, mas, caso sejam, você talvez me transforme em um democrata registrado."[31]

Se Kissinger sentiu uma ponta de inveja ao ouvir que Schlesinger recebera a oferta de um cargo na Casa Branca, não teve que esperar muito pela sua própria convocação a Camelot. É improvável que ele não tenha percebido a ironia em recebê-la quando residia em um dos palácios de Rockefeller: Caneel Bay, nas Ilhas Virgens, uma luxuosa estação de férias desenvolvida por Laurance Rockefeller. A carta era datada de 28 de janeiro de 1961, e partiu do chefe de Kissinger em Harvard, o reitor da Faculdade de Artes e Ciências, Mac Bundy.

> O presidente me pediu para conversar com você quando lhe for conveniente sobre a possibilidade de você se juntar a nós aqui [, escreveu Bundy]. A única complicação na situação, pelo ponto de vista dele, é que várias partes do governo o possam querer. Ele não quer dar a impressão de interferir nas necessidades de qualquer departamento em particular, mas quer que você saiba que, se estiver

interessado, ele mesmo gostaria de debater a noção da sua adesão ao pequeno grupo que Walt Rostow e eu estamos juntando para o uso direto do presidente.³²

A notícia foi divulgada em 5 de fevereiro. "O dr. Kissinger se encontrou com o presidente na sexta-feira e pernoitou na cidade", relatou o *Globe* em tom esbaforido. A sua "importante missão" seria "no campo da política e da estratégia internacional".³³

Como Bundy insinuara, houve de fato certa batalha pelos serviços de Kissinger dentro da nova Beltway.* Rusk também lhe ofereceu uma posição no Departamento de Estado, mas – com a oferta de Bundy para um papel de consultor na Casa Branca já na mesa – Kissinger recusou de imediato, seduzido pela "possibilidade de trabalhar com o senhor em uma relação bem direta", como Bundy relatou a Kennedy.³⁴ Todavia – por motivos que se tornarão claros –, Kissinger parecia hesitar. Como disse a Bundy em 8 de fevereiro, "a missão que você e o presidente têm em mente é tão desafiadora quanto delicada". O problema era "menos o fato do que a forma" da sua participação.³⁵ Embora se sentisse "honrado [...] por ser convidado a se juntar a uma administração cujo tom, nomeações e ações têm me impressionado de forma profunda" e embora estivesse "convencido de que no campo que mais me preocupa – o de política externa e de segurança nacional – os quatro próximos anos serão decisivos para o futuro do país e talvez da ideia democrática", ele mesmo assim alegava que os compromissos em Harvard "tornavam impossível qualquer partida abrupta". Ele pediu então por um cargo em tempo parcial. Isso também lhe permitiria algum espaço para "pensar um pouco sobre o contexto em que a minha contribuição seria mais efetiva".³⁶

Pouco mais de uma semana mais tarde, Kissinger voltou a Washington para acertar os detalhes com Bundy.³⁷ Finalmente concordaram com "uma nomeação como consultor [...] na área geral de armas e política, e no campo especial de examinar todos os aspectos do problema da Alemanha". Bundy sugeriu que o papel fosse como o de membro do Comitê Consultivo de Ciências do presidente, "cujos membros estão de plantão para aconselhar sobre problemas específicos de uma forma que é determinada pelos problemas, e não

---

* A Interestadual 495, autoestrada em torno da cidade de Washington conhecida como Beltway, foi inaugurada em dezembro de 1961.

por qualquer plano *a priori*".³⁸ Foi decidido que Kissinger iria a Washington por cerca de uma semana todos os meses durante o semestre e pela maior parte do verão, de meados de maio até o fim de agosto, excluindo junho, para quando já havia marcado uma viagem à Europa.³⁹ Se o arranjo em tempo parcial não funcionasse, eles "reconsiderariam a questão de uma posição em tempo integral".⁴⁰ Em 27 de fevereiro, a nomeação foi anunciada.⁴¹ O braço direito de Rockefeller aparentava ter desertado para o lado democrata.

Dada a deterioração subsequente do relacionamento entre Kissinger e Bundy, vale indagar por que Bundy agiu desse modo. Ao aceitar o posto de assistente especial do presidente para assuntos de segurança nacional – ou consultor de segurança nacional, para resumir –, Bundy tinha grandes expectativas de que desempenharia um papel predominante na formulação da política externa.* Por que trazer a bordo um homem que teria desempenhado o mesmo papel se Rockefeller houvesse se tornado presidente e que, sem dúvida alguma, tinha um entendimento mais profundo de pelo menos uma das questões principais da época? A explicação era que havia sido Kennedy, não Bundy, quem quisera Kissinger, e em tempo integral.⁴² Foi na verdade Bundy quem persuadiu Kissinger a requisitar uma posição parcial.⁴³

Mesmo assim, Kissinger tinha seus próprios motivos para recusar a posição em tempo integral. Seu relacionamento íntimo com Rockefeller por certo não conseguiria sobreviver a um compromisso dedicado ao homem a quem ele sinceramente esperava ver desafiado por Rockefeller na campanha presidencial de 1964. Dada a cobertura da imprensa, Kissinger não tinha nenhuma opção a não ser admitir as suas negociações com Kennedy. Ele se sentiu tão surpreso quanto impressionado quando Rockefeller o admoestou por ter hesitado. (Como mais tarde contou a Schlesinger, "ele me encorajou a aceitar qualquer posição em que eu fosse realmente útil. Disse-me também que, embora o fato de abandoná-lo seria um golpe pessoal para ele, queria que Kennedy fosse bem-sucedido porque isso seria um sucesso para todos nós, e que ele se recusava a especular sobre um desastre nacional".)⁴⁴ O trabalho em tempo parcial, portanto, agradava a Kissinger tanto quanto a Bundy. Ao escrever

---

* Não havia garantias ou certeza disso. Paul Nitze tinha recusado o cargo antes de ser oferecido a Bundy, na crença errônea de que uma posição elevada em um dos departamentos principais seria mais influente.

para Rockefeller em meio às negociações, Kissinger lhe agradeceu calorosamente pela sua "compreensão [...] em respeito às decisões que tive que tomar nas últimas semanas".[45] Agora, ele seria capaz de experimentar em primeira mão os desafios de trabalhar no nível mais alto do governo, com o potencial de ser consultado pelo próprio presidente, ao mesmo tempo que se mantinha disponível para aconselhar o homem que, na expectativa da maioria, desafiaria Kennedy na eleição seguinte. Durante todo o tempo em que trabalhou como consultor na Casa Branca, Kissinger continuou a aconselhar Rockefeller *ad hoc*.[46]

Por certo, esses foram tempos de vacas magras para as pesquisadoras apelidadas de "Brownies" no escritório de Rockefeller em Nova York. Para a frustração de June Goldthwait e suas colegas, o governador não deu nenhuma atenção ao trabalho delas pela maior parte de 1961.[47] Ela e Kissinger continuaram a brincar com a ideia de algum tipo de confederação do Atlântico, que continuava sendo um dos assuntos favoritos de Rocky.[48] No entanto, em abril de 1961, Rockefeller havia decido "manter [...] outras operações em suspenso".[49] Pelo jeito, ele já tinha o bastante com que lidar governando o estado de Nova York. Entretanto, a equipe de pesquisa de Rockefeller continuou a acompanhar o desempenho de Kennedy em uma ampla gama de questões.[50] De fato, novas "Brownies" foram recrutadas, entre elas Nancy Maginnes, na época iniciando o doutorado em Berkeley (sobre a atuação da Igreja Católica na França de Vichy), que se juntava ao grupo durante os meses de verão.[51] Embora a nova posição de Kissinger significasse que era raro que fosse a Nova York, ele continuava a supervisionar o trabalho em política externa, direcionando Goldthwait e suas pesquisadoras à medida que preparavam "resumos bimestrais [...] sobre [...] defesa, Berlim, América Latina, defesa civil, OTAN, Irã, auxílio exterior, controle de armas e Vietnã do Sul".[52]

A extensão do compromisso emocional contínuo com Rockefeller se torna claro a partir das anotações que sobreviveram de uma reunião de debate na residência em Tarrytown de Rockefeller em 30 de abril de 1961, quando ele, Kissinger e Hugh Morrow, assistente especial de Rockefeller que lhe escrevia os discursos, buscaram chegar a uma conclusão sobre a sua posição em política externa nos termos mais amplos possíveis. Embora tenha sido Morrow quem fez as anotações, há pouca dúvida de que foi Kissinger quem mais falou.[53] Três temas claros emergem: o primeiro, o retorno da guerra nuclear limitada como uma opção; o segundo, a necessidade de enfrentar as intrusões soviéticas em qualquer lugar e em todos os lugares; e o terceiro e mais importante, a necessidade de idealismo na política externa norte-americana. Tão fascinante é esse documento como uma ilustração da insistência de Kissinger na necessidade de um fundamento moral para a política externa que merece ser citado extensamente.

Pelos padrões do movimento nascente de paz – ou de *Dr. Fantástico* de Kubrick –, o argumento de que estar preparado para usar armas nucleares fosse um ato moral era, sem dúvida, bizarro. No entanto, isso ignorava a premissa fundamental de que não estar preparado para utilizá-las tornaria uma vitória soviética na Guerra Fria inevitável:

> Armas nucleares apenas criam equilíbrio. Falar de holocausto nuclear nos tolhe. Precisamos estar preparados para utilizar armas nucleares, mas também aprimorar as forças convencionais. [...]
>
> Se não houvesse sido pelas armas nucleares, as forças democráticas judaico-cristãs não existiriam hoje. As armas nucleares, em vez de [serem] a ameaça, têm preservado a civilização.
>
> Retomem os testes de armas nucleares – tornem-nas limpas e de uso tático.

Argumentos contra o teste da bomba de nêutrons* eram, segundo as anotações de Morrow, baseados em "conceitos completamente artificiais de moralidade". Como indicou Kissinger em uma carta a Rockefeller um mês depois, "o grande problema no Ocidente é uma paz que preserve os nossos valores. Também podemos ter paz nos rendendo, é claro. A fim de preservar os nossos valores, porém, talvez tenhamos que encarar um aparente paradoxo. Precisamos fazer tudo o que honradamente pudermos para evitar uma guerra. Ao mesmo tempo, não devemos estigmatizar armas nucleares ao ponto em que criemos as condições para uma chantagem nuclear comunista".[54]

Da mesma maneira, era improvável que o segundo argumento de Tarrytown – a favor de tratar "Cuba, Laos, Vietnã do Sul, Berlim [e] Irã [como]

---

* A bomba de nêutrons foi concebida em 1958 como uma arma de "radiação aumentada". A liberação dos nêutrons produzidos pela fusão seria letal para humanos nos arredores de uma detonação; os efeitos térmicos e explosivos relativamente menores possibilitariam que prédios e infraestrutura sofressem menos destruição do que de uma bomba de hidrogênio.

pontos de testes de propósito nacional" – encontrasse ressonância com os compositores de canções de protesto. Contudo, as anotações deixam claro que, para Kissinger, perder esses lugares para os governos comunistas seria um mal maior do que contra-atacar:

> Não podemos permitir um encolhimento maior das áreas de liberdade. Aqui devemos nos sustentar. Estamos chegando ao ponto de onde não há retorno – como um homem a meio caminho da rampa de esqui e se aproximando do salto, e que está descendo rápido demais para parar. [...]
> Se não nos sustentarmos em Cuba, Laos e Berlim, teremos minado tanto a confiança do grupo do mundo livre que ninguém permanecerá conosco. [...]
> Devemos nos organizar e treinar para uma liderança democrática em todo o mundo. [...]
> Na ausência de uma força policial hemisférica, nós nos Estados Unidos devemos exercer uma autoridade policial até que essa força exista. [...]
> Não podemos exigir perfeição antes da ação. Não podemos tornar todos democráticos a princípio. [...] Vamos enfrentar a questão de quem apoiamos; vamos defender os desgraçados e reformá-los mais tarde. [...]
> Nove mil baixas no Vietnã apenas no ano passado – 13 mil guerrilheiros vindos do Vietnã do Norte. [...]
> Ações subversivas internas contra o governo são mais perigosas do que ameaças militares visíveis. Os comunistas criam bases de poder a partir de dentro, e então dizem que, se você entrar, nós entramos – enquanto isso, fornecem guerrilheiros e suprimentos. Amedrontamento do governo civil. Khrushchov nos avisou que faria isso. Por que não prestamos atenção? [...]
> Não incorporamos toda essa técnica (infiltração e subversão comunista) em nossas considerações de política interna ou externa. Já que há envolvimento de uma ação militar visível, não é o nosso conceito moral agir contra ela, mas deveria ser.

Aqui, sem nenhum verniz, as anotações de Morrow deixam claro que fazer o papel de policial global acabaria por envolver alianças desagradáveis com "desgraçados", como aqueles que então governavam o Vietnã do Sul. No entanto, esses compromissos seriam um mal menor do que as vitórias comunistas. E aqui estava a cruz do problema. Se o governo comunista significava – como com certeza significara na Rússia, na Europa Central e Oriental, e na

China – dezenas de milhões de mortes, então guerras com taxas de mortalidade na casa das centenas de milhares *eram* moralmente justificáveis:

> É hora de pararmos de nos enganar em termos morais. A eliminação de um tumor não é mais uma violação de princípios morais do que a polícia avançando sobre uma gangue ou um médico operando para remover um tumor maligno.
>
> Vamos parar de iludir o povo norte-americano. [...] A nossa ação militar não é uma questão de guerra e paz – mas de preservar a lei, a ordem e a justiça. [...]
>
> *Dignidade* e *humanidade* – nós não temos um senso de dignidade e humanidade; trairemos qualquer um e em seguida divulgaremos uma declaração moral. Essa moralidade superjusticeira fará com que nos tornemos uma sociedade mesquinha, reservada, neurótica. [...]
>
> Visualize o modo como o mundo nos vê: não somos morais. Estamos fazendo tudo o que os russos estão fazendo e tentando nos desculpar moralmente com o argumento de que não o estamos fazendo com eficácia. [...]
>
> Grande parte do mundo nos vê como hipócritas cantando salmos, e tem razão considerável para isso. [...] Pensamos que é moral invadir com mil homens e fracassar – mas imoral invadir com 10 mil e vencer. [...] Com frequência nos colocamos em uma posição em que o que é necessário para a nossa segurança e liberdade é considerado imoral. [...]
>
> "Fé, esperança e amor, e o maior dentre esses é o amor."
>
> Precisamos aprofundar o nosso propósito moral e disposição de correr riscos.
>
> Valores, proposições, conceitos que dão apoio a políticas – e apoio a mecanismos e ferramentas. [...] Política externa não é um fim em si. [...] Devemos criar estratégias políticas – não ser negociadores.

Isso era um tipo de credo, apesar de rascunhado com pressa por um redator de discursos para um pretendente à presidência. Mesmo enquanto aceitava o seu pagamento como consultor de Jack Kennedy, Kissinger encorajava Rockefeller a "servir como a consciência da nação", jurando "fazer o que for necessário para ajudá-lo. [...] [Um] país democrático não tem como sobreviver se seus líderes não estão dispostos a confrontar as pessoas com as tarefas que precisam ser executadas".[55] Essas não eram ideias ortodoxas na era da Guerra Fria, isso era fato. O próprio Khrushchov havia argumentado de modo bem explícito, duas semanas antes da posse de Kennedy, que guerras de libertação nacional no Terceiro Mundo provariam ser o melhor meio de espalhar o comunismo pelo mundo.⁵⁶ Falando em Salt Lake City em 1963, Kennedy identificou como um dos seus objetivos centrais "apoiar a independência das nações para que uma coligação não consiga ganhar poder suficiente para vir a nos superar".⁵⁷ Esse havia sido, de fato, o tema principal de seu discurso de posse.* Walt Rostow também repudiava "por princípio uma assimetria que permitisse sondar comunistas dentro da comunidade livre sem a possibilidade de resposta".⁵⁸ Contudo, Kissinger tinha fortes suspeitas de que, na prática, a administração Kennedy teria dificuldades para fazer jus à sua retórica. Em muitos aspectos, como será possível ver, ele subestimou Kennedy como presidente.⁵⁹ Entretanto, a sua intuição fundamental de que o pragmatismo tenderia a virar dogma se provou correta.

III

Exteriormente, a administração John F. Kennedy foi mais frugal e flexível do que a de seu predecessor, permitindo ao presidente moldar estratégias políticas e tomar decisões. Influenciado pelo livro *Presidential Power* [Poder presidencial], recém-publicado por Richard Neustadt, acadêmico de Columbia, assim como pelos relatórios intercalares do subcomitê da máquina de estratégia de política nacional comandada pelo senador Henry "Scoop" Jackson, Kennedy desmantelou com alegria a complexa estrutura burocrática de Eisenhower.⁶⁰ O Conselho de Planejamento e o Conselho de Coordenação de Operação foram abolidos, eliminando a distinção militar entre planejamento e operações. Como consultor de segurança nacional, Bundy deveria trabalhar

---

* "Para aqueles novos Estados a quem damos as boas-vindas à ordem dos Estados livres, damos a nossa palavra de que uma forma de controle colonial não terá desaparecido meramente para ser substituída por uma tirania ainda mais férrea. [...] Que todos os nossos vizinhos saibam que nos juntaremos a eles a fim de combater a agressão ou subversão em qualquer lugar das Américas. [...] E, finalmente, àquelas nações que se tornariam nossas adversárias, oferecemos não uma promessa, mas um pedido: que ambos os lados recomecem a busca pela paz. [...] Não nos atrevemos a tentá-los com fraqueza. Porque apenas quando as nossas armas forem suficientes além de qualquer dúvida teremos certeza de que elas jamais serão utilizadas."

em conjunto com o presidente, com o apoio de uma pequena equipe de não mais do que uma dúzia de meninos-prodígio.⁶¹ Estes, por sua vez, estavam divididos em subgrupos geográficos, espelhando a organização do Departamento de Estado e produzindo Memorandos de Ação de Segurança Nacional (MASNS) com análises detalhadas como e quando necessário.⁶² O próprio presidente preferia não se encontrar com o CSN completo, favorecendo, em vez disso, reuniões regulares com Bundy, os secretários de Defesa e de Estado, o chefe da CIA e o vice-presidente.⁶³ "Forças-tarefa" interagências foram montadas para tratar de assuntos específicos, muitas vezes deixando o Departamento de Estado de fora.⁶⁴ Em uma crise, como a de Cuba em 1962, um comitê executivo selecionado do CSN se tornava o gabinete próximo de Kennedy. Imaginando que, na época de Eisenhower, uma burocracia lenta apresentara a um presidente em idade avançada posições de consenso para serem aprovadas, Bundy decidiu dar a Kennedy opções significativas.⁶⁵

A realidade de como a Casa Branca funcionava sob Kennedy era bem diferente das reestruturações grandiosas de Neustadt e Jackson. O novo sistema dava com efeito ao consultor de segurança nacional, por força de sua proximidade com o presidente, uma vantagem sobre o secretário de Estado, em especial porque Rusk insistiu que o "trabalho do secretário era o de agir conforme a opinião do presidente", e Bundy estava em uma posição muito melhor para adivinhá-la.⁶⁶ Devido à inexperiência tanto dele quanto dos outros meninos-prodígio, porém, a princípio tiveram dificuldades para estabelecer a predominância sobre a CIA e os militares. A própria Casa Branca era um cenário de atividade frenética, não de todo produtiva. O secretário de imprensa Pierre Salinger deixou um vívido testemunho de como ele e sua equipe, amontoados em cubículos "pouco maiores que uma garagem dupla", eram forçados a colocar os teletipos de quatro fios "entre os canos do banheiro". As coletivas de imprensa, que ocorriam duas vezes ao dia, lembravam "um trem do metrô de Nova York no pico da hora do *rush*", enquanto a sala dos correspondentes da Casa Branca, bem em frente ao saguão, era "uma desgraça", as mesas "uma lixeira coberta com papéis velhos, cartas de baralho e caixinhas de remédio", o chão como "o da Broadway após um desfile com confete e serpentina". Esse cenário esquálido se localizava a apenas 22 metros do escritório do presidente.⁶⁷ No entanto, a despeito da proximidade à Sala Oval, o corpo de jornalistas fazia vista grossa sobre as extraordinárias peripécias sexuais do comandante-chefe.

Para o mundo, o casamento de John F. Kennedy era um conto de fadas. Casados em 1953, ele e a sua atraente esposa, Jackie, eram o sonho de qualquer editor de revistas; com dois filhos, um menino e uma menina, aparentavam ser o núcleo familiar perfeito do pós-guerra. A realidade era bem diferente. Kennedy teve diversos relacionamentos extraconjugais: com Mary Pinchot Meyer, a ex-esposa do agente da CIA Cord Meyer e cunhada de Ben Bradlee (na época o chefe do escritório de Washington da revista *Newsweek*); com Mimi Alford, estagiária da Casa Branca, com 19 anos; talvez com as estrelas de cinema Marlene Dietrich e Marilyn Monroe; e, com toda certeza, com Judith Campbell, cujos outros amantes incluíam Sam Giancana, chefe do crime organizado de Chicago, e seu sócio Johnny Roselli.[68] Essas e muitas outras "jovens glamorosas" eram vistas como o *hobby* do presidente. "Somos um bando de virgens", resmungou Fred Dutton, secretário do gabinete, "e ele é como Deus, transando com quem quiser, a qualquer hora que der vontade". Tudo isso era de conhecimento do diretor do FBI, J. Edgar Hoover, e também do círculo interno de Kennedy (notoriamente de sua secretária Evelyn Lincoln).* Nada foi reportado pela imprensa.[69]

Eram os anos 1960, claro, que mal haviam começado a badalar. Após declinar até apenas 2,1 por milhar, o percentual mais baixo do período pós-guerra, a taxa de divórcios embarcava em um surto de duas décadas que a levaria a 5,3 por milhar em 1979. Fora difícil para aqueles que trabalhavam próximo a Nelson Rockefeller na década de 1950 ignorar os seus casos. Henry Kissinger por certo sabia do seu relacionamento com Happy Murphy em março de 1962, pouco depois do divórcio de Rockefeller de sua primeira esposa, Mary. O que Kissinger não esperava era que, um ano mais tarde, Murphy também se divorciaria de seu marido, nem que ela e Rockefeller viessem a se casar apenas um mês após o primeiro casamento dela ser anulado. Com tristeza, ele assegurou Arthur Schlesinger de que Murphy "se desapontaria e seria infeliz caso se casasse com Nelson; que este era um homem solitário, distante e indiferente, a despeito de toda a aparente amabilidade, e que ela se veria excluída da vida dele assim como acontecera com a primeira sra. Rockefeller".[70]

---

* Da sra. Lincoln, o presidente certa vez disse que, "se ele telefonasse para informá-la de que acabara de decepar a cabeça de Jackie e queria se livrar dela, a devotada secretária viria de imediato com uma caixa para chapéus do tamanho apropriado".

O julgamento de Kissinger não deve ter sido influenciado pelo próprio rompimento matrimonial mais ou menos na mesma época. Apesar do fato de o segundo filho deles, David, ter nascido em setembro de 1961, os Kissinger vinham se afastando havia anos. Ann tendera a ter acessos de ciúme durante todo o período em que estiveram casados; as frequentes ausências do marido para ir a Washington e ainda mais longe apenas alimentavam a insegurança dela. Convencida de que ele estava sendo infiel, ela lhe revistou os bolsos em busca de evidências incriminadoras – em vão, pois Kissinger não era nenhum Jack Kennedy. Em uma tentativa de reduzir o atrito entre eles, Kissinger mandou construir "um estúdio sobre a garagem, distante de tudo".[71] Em novembro de 1962, suas ausências em Cambridge eram tão frequentes que o pai de Kissinger brincou que ele estaria, "no jargão militar alemão, D.U. [...] 'dauernd untauglich' (inapto para o serviço)". Quando os filhos viajaram a Nova York com a mãe para visitar a casa dos avós pela primeira vez, o pai deles não os acompanhou.[72] Em uma noite no outono de 1963, em meio a mais uma briga sobre a suposta infidelidade dele, Kissinger perdeu a paciência. Sem qualquer premeditação verdadeira, deixou a casa da família para nunca mais voltar. Logo depois o casal decidiu se separar, com Ann permanecendo em Cambridge com os filhos, e Kissinger se mudando para um apartamento de solteiro em Beacon Hill, a vizinhança mais pitoresca de Boston.[73]

Diferentemente de seu irmão mais novo, Kissinger havia tentado preencher as expectativas de uma vida convencional em família ao casar com uma garota simples e honesta da comunidade judaica ortodoxa alemã de Washington Heights. Ele o fizera contra todas as resoluções que tomara antes de retornar da Alemanha para os Estados Unidos. Ele o fizera por amor e respeito aos pais, apesar de ter perdido a própria fé religiosa. Foi uma concessão que fracassou – como concessões desse gênero costumam fracassar.

IV

Dada a indisciplina que se infiltrara na Casa Branca no primeiro ano da presidência de John F. Kennedy, era talvez inevitável que ele tropeçasse. O obstáculo no caminho se revelou ser a ilha de Cuba, a 144 quilômetros da costa da Flórida. No início de 1959, os guerrilheiros de Fidel Castro haviam tomado o poder em Cuba, informalmente uma dependência norte-americana desde os tempos de Theodore Roosevelt. Um nacionalista carismático, Castro fora celebrado pela mídia ao visitar os Estados Unidos naquela primavera, inclusive na Universidade Harvard, onde discursara – por longo tempo – para uma multidão de 10 mil pessoas em Soldiers Field. (Bundy, que apresentara o palestrante em prol do fórum da Escola de Direito e da universidade, mal conseguiu ocultar o desgosto pelo instigador caribenho e seus seguidores barbudos.)[74] Entretanto, evidências crescentes de que Castro estava preparado para se alinhar com os soviéticos, combinadas com o *lobby* cada vez mais eficiente dos apoiadores exilados do regime cubano anterior, convenceram Allen Dulles e Richard Bissell da CIA de que Castro precisava ser removido. Confiante em suas habilidades em operações secretas, Bissell traçou um plano para a mudança de regime, envolvendo a criação de uma força de oposição política, uma longa campanha de propaganda e uma invasão da ilha por uma força paramilitar, idealmente apoiada por um levante anti-Castro dentro de Cuba.[75] Para a maioria dos eleitores norte-americanos, Cuba não era uma questão crucial nas eleições de 1960,[76] mas se tornou o pomo da discórdia em outubro, quando foi anunciado que Kennedy apoiava uma "intervenção dos Estados Unidos em Cuba", uma posição que Nixon denunciou como hipocrisia, sendo "provavelmente a recomendação mais perigosa e irresponsável que já fez durante esta campanha".[77] Publicamente, Kennedy se apressou a rejeitar o uso de "força bruta". Logo após a vitória nas eleições, porém, foi informado da Operação Pluto de Bissell, e, fossem quais fossem as suas dúvidas, por certo não a cancelou.[78]

Quatro fatores garantiram o fracasso da operação, rebatizada Zapata quando foi decidido que o desembarque seria na Baía dos Porcos em vez de no porto cubano de Trinidad. Em primeiro lugar, havia a inabilidade da CIA e do Estado-Maior Conjunto de chegar a um acordo sobre um plano viável de invasão. (A CIA favorecia o uso de uma força de guerrilha; o Estado-Maior queria empregar forças regulares.) Em segundo lugar, o que era para ser uma operação "secreta" era tão amplamente prevista tanto pelo regime de Castro quanto pela imprensa norte-americana que qualquer elemento de surpresa fora perdido. Em terceiro, aqueles dentro da administração com dúvidas sobre o plano – como Arthur Schlesinger e Chester Bowles – não conseguiram defender seus argumentos, pois estavam em um nível hierárquico inferior a Rusk, McNamara e Lyman Lemnitzer (chefe do Estado-Maior Conjunto), que apoiavam Bissell.⁷⁹ A pedido de Kennedy, Schlesinger teve que escrever o rascunho de um informe justificando a intervenção.⁸⁰ Em quarto lugar, o fator mais crucial, o próprio presidente ignorou evidências consideráveis da alta probabilidade de fracasso, confiando nos especialistas que havia herdado de Eisenhower, assim como na sua própria sorte, até então prodigiosa.⁸¹ Os céticos haviam feito apenas o suficiente para garantir que a operação partisse mal preparada, sem nada próximo do que seria a potência militar necessária para garantir o sucesso. Foi o próprio Kennedy quem descartou a participação direta de forças norte-americanas na invasão, cancelou o segundo ataque aéreo contra a força aérea de Castro e negou apoio aéreo quando a operação começou a afundar.⁸² Quatro pilotos perderam a vida na operação. Mais de cem exilados cubanos foram mortos nos três dias de combate feroz; 1.200 foram capturados, dos quais muitos foram executados nos meses seguintes ao fracasso da invasão, juntamente com opositores locais de Castro que se manifestaram em apoio ao golpe. "A força é algo rude, brutal neste mundo", disse o ex-presidente Eisenhower à revista *Newsday*, negando qualquer responsabilidade pelo fiasco. "Se for usá-la, precisa estar preparado para ir até o fim."⁸³

Os melhores e mais brilhantes haviam causado um desastre funesto. "Arruinamos mesmo a situação", esbravejou Kennedy. "Como é possível que o pessoal da CIA e do Pentágono estivessem tão errados?"⁸⁴ A administração havia se "revelado ser não mais do que uma continuação do passado Eisenhower-Dulles", lamentou Schlesinger em seu diário. "Não apenas parecemos imperialistas, parecemos imperialistas ineficientes, o que é pior; e parecemos imperialistas ineficientes e estúpidos, o que é o pior de tudo."⁸⁵ Embora Kennedy assumisse em público a responsabilidade pela derrota, cabeças rolaram nos bastidores. Seguindo o relatório condenatório do grupo de estudo do general Maxwell Taylor,⁸⁶ Dulles e Bissell foram afastados, e John McCone, presidente do Comitê de Energia Atômica, foi nomeado diretor da Agência Central de Inteligência.⁸⁷ Em outubro de 1962, Taylor sucedeu Lemnitzer como chefe do Estado-Maior Conjunto.⁸⁸ O vencedor sem mérito algum foi Bundy, que na realidade falhara tanto qualquer outro em apresentar o argumento fundamental de que os riscos de fracasso excediam em muito os custos de um cancelamento completo.⁸⁹ Fora Bundy quem insistira em desmantelar a "fábrica de papel" de Eisenhower; fora Bundy quem insistira que menos do que uma dúzia de meninos-prodígio seriam capazes de substituir o velho CSN, para não falar do Departamento de Estado.⁹⁰ No entanto,

Bundy emergiu do fiasco com seu poder aumentado. O CSN foi relocado para o porão da Ala Oeste da Casa Branca, garantindo que a partir daí Bundy teria acesso incomparável ao presidente.[91] A transformação da pista de boliche do porão no Gabinete de Crise (na realidade, duas salas) junto aos escritórios do CSN tinha a intenção de dar um novo foco ao processo de tomada de decisões, criando "um funil para todas as informações secretas provenientes de todas as agências de segurança nacional".[92]

Foi nesse redemoinho que Henry Kissinger entrou em sua nova função como consultor em tempo parcial da Casa Branca, praticamente ignorante em Cuba e assentado na maior parte do tempo na distante Cambridge, para onde material ultrassecreto era enviado de vez em quando por emissários da CIA e arquivado em um cofre comprado especialmente para isso em seu escritório na avenida Divinity.[93] A primeira tarefa que recebeu de Bundy o lançou no centro da revisão geral da política de defesa dos Estados Unidos em favor da qual Kissinger havia argumentado e Kennedy fizera a sua campanha. Convidado a ir à capital "por um ou dois dias", Kissinger se surpreendeu quando lhe pediram que opinasse sobre o orçamento militar suplementar. Ele estava sendo atirado aos leões, como descreveu mais tarde:

> Quando cheguei [...], recebi um grande tomo contendo cerca de cinquenta recomendações diferentes, com um texto explicativo. Representava o trabalho de duas forças-tarefa, que passaram seis semanas nesse trabalho. Recebi o relatório em algo como duas horas em segmentos de meia hora de cada vez. Pediram-me para preparar um memorando dos comentários e para me reunir com Mac para uma revisão preliminar depois de ter o tomo por menos de uma hora. Não tive nenhuma oportunidade de discutir o relatório com os autores para descobrir o que eles tinham em mente, nem sabia quais aspectos da questão preocupavam o presidente. Enfim, fiquei acordado até as quatro da manhã escrevendo um memorando sobre um relatório que havia sido tomado de mim.[94]

Escrevendo em tais circunstâncias, Kissinger teve que recorrer a sutilezas acadêmicas. O Pentágono reconhecia a velha distinção clausewitziana entre guerra geral e guerra limitada; muito bem. No entanto, não parecia compreender a distinção entre dissuasão finita, que afirmava que "algumas ou todas as formas de agressão [...] podem ser dissuadidas ao se ameaçar a União Soviética com danos inaceitáveis" de forma que "a vitória no sentido tradicional seja deixada de lado em troca da capacidade de administrar punições"; e contraforça, que significa ou "uma força de retaliação poderosa o bastante para aceitar o primeiro golpe e vencer mesmo assim", que Kissinger considerava "sem sentido", ou "uma força de retaliação capaz de vencer ao atacar primeiro".⁹⁵

Se alguém em Washington leu essa missiva do Seminário sobre Controle de Armas da Harvard-MIT, não reconheceu o fato. Em vez disso, veio uma segunda tarefa: comentar sobre o memorando de Ted Sorensen sobre o conceito de "resposta flexível" como base da nova estratégia de defesa de Kennedy. Aqui novamente Kissinger assumiu uma linha dura: por que o presidente propunha renunciar à "guerra preventiva, guerra de antecipação ou qualquer outro primeiro ataque em massa?".⁹⁶ Por que descartar essas opções em troca de nada?

Buscando tomar a iniciativa, Kissinger rascunhou um longo e intricado memorando para Kennedy chamado "Major Defense Options" [Principais opções de defesa], apresentando argumentos contra uma estratégia de contraforça de segunda investida, argumentos a favor e contra a dissuasão finita. O ponto crucial do raciocínio era, como sempre, que a confiança excessiva na dissuasão nuclear apresentava-se perigosa porque poucas questões além de um devastador primeiro ataque soviético pareceriam merecer uma guerra total. Era necessário haver "um aumento substancial das forças de guerra limitada do mundo livre" precisamente para que os Estados Unidos e seus aliados retivessem a opção de "intervir localmente". No entanto, aqui ele fez seu argumento de uma nova maneira. Era verdade que havia riscos inseparáveis de uma ênfase acentuada nas forças convencionais. Isso poderia "levar os nossos aliados ao pânico ou tentar os soviéticos a cometer atos precipitados. [...] [T]emos que tomar cuidado para não dar a impressão de que preferiríamos ser derrotados por forças convencionais a recorrer a armas nucleares". Contudo, não aumentar as forças convencionais induziria um risco ainda maior: de que, em um conflito, o presidente poderia "perder o controle sobre a decisão de empregar armas nucleares" para um militar ansioso para puxar o gatilho. Aqui, Kissinger traçou um paralelo com a eclosão da Primeira Guerra Mundial, que ilustrou "o perigo de permitir que os militares desenvolvam planos com base em considerações 'puramente' estratégicas. [...] A Primeira Guerra Mundial se tornou inevitável [...] em parte porque ninguém sabia como recuar a partir de uma postura de mobilização".⁹⁷ Não há nenhuma evidência de que Kennedy sequer tenha lido esse documento. Se leu, porém, é provável que concordasse com ele. Embora *Canhões de agosto* de Barbara Tuchman não tivesse ainda sido publicado, o fiasco da Baía dos Porcos dera a Kennedy um gostinho do que era estar à mercê de planejadores militares. À época da próxima crise sobre Cuba, ele se mostraria intensamente preocupado com o medo do que A. J. P. Taylor mais tarde chamaria de "guerra por calendário".

A maior derrota dos estrategistas acadêmicos da década de 1960 foi o amor pela abstração, levado ao seu extremo lógico na teoria dos jogos. Kissinger, em contraste, ansiava por tornar os dilemas da era nuclear mais concretos. "Muito do nosso planejamento", queixou-se ele, "se preocupou na maior parte com as forças necessárias para o Dia D e para uma única crise. Se a análise acima estiver correta, mais consideração deveria ser dada ao processo pelo qual crises locais se desenvolvem ao longo do tempo, em especial à situação obtida nos dias D+15, D+30, D+45 etc".[98] Para Kissinger, porém, Cuba e Laos, outro país que se suspeitava estar escorregando para a órbita soviética, eram terra desconhecida. Aos olhos dele, era evidente que o teatro principal do conflito das superpotências era a Europa e, especificamente, a Alemanha.[99] Era nessa questão que ele se sentia unicamente bem qualificado para dar conselhos.[100] Afinal, quem mais entre os meninos-prodígio tinha um entendimento melhor da questão alemã?

V

A crise de Berlim de 1961 é menos lembrada do que a crise cubana do ano seguinte. Contudo, em muitos aspectos foi a mais perigosa das duas. Afinal, a posição norte-americana era bem mais fraca no caso alemão. Precisamente por esse motivo, a administração Kennedy estava mais disposta a ameaçar travar uma guerra nuclear contra Berlim do que contra Cuba. Khrushchov, por sua vez, duvidava da disposição norte-americana de ir até o limite pelo que parecia a ele ser uma pequena alteração do status da antiga capital alemã.[101] Em junho de 1961, assim como em novembro de 1958, Khrushchov enviou um ultimato, dando às três potências ocidentais seis meses para retirarem suas forças de Berlim. Sua intenção era assinar um tratado de paz em separado com o regime da Alemanha Oriental, que passaria a controlar o acesso à cidade. O líder soviético tinha duas preocupações: a primeira, conter o fluxo de migrantes de Berlim Oriental para Berlim Ocidental, que ameaçava a viabilidade da República Democrática Alemã como Estado; a segunda, combater o renascimento militar da Alemanha Ocidental, pois temia que este acabaria por transformá-la em uma potência nuclear por seu próprio direito. Não está bem claro se testar a resolução norte-americana tinha uma posição proeminente em seus planos.

Kennedy foi informado logo após a eleição de que os russos estavam sob "grande pressão para solucionar a questão de Berlim e deter o movimento de refugiados para o Ocidente detrás da Cortina de Ferro".[102] No entanto, a posição norte-americana era complicada pela intransigência de alguns aliados europeus (mas não todos) do país. Enquanto os ingleses estavam dispostos a tolerar Berlim como uma cidade livre, os franceses recusavam terminantemente a ideia. "*Qualquer* recuo de Berlim", disse De Gaulle a Kennedy em Paris, "*qualquer* mudança de status, *qualquer* retirada de tropas, *quaisquer novos* obstáculos a transporte e comunicação significariam a derrota".[103] O problema era que, como explicou o Supreme Allied Commander Europe – SACEUR [Comandante Supremo Aliado na Europa], general Lauris Norstad, qualquer "guerra por Berlim seria uma guerra nuclear – ou uma derrota imediata e desonrosa".[104] O motivo parecia óbvio: em uma guerra convencional por Berlim, o Ocidente não teria nenhuma chance, dado o tamanho muito superior das forças do Exército Vermelho nas proximidades.

A crise de Berlim foi tratada de forma bem diferente daquela da Baía dos Porcos. Autoridades dos departamentos de Estado, Defesa e o Estado-Maior Conjunto colaboraram em uma grande Força-Tarefa Berlim, cujo trabalho foi coordenado pelo secretário assistente de Estado, Foy Kohler, e pelo secretário assistente da Defesa, Paul Nitze, juntamente com o representante do Estado-Maior Conjunto, major-general David Gray.[105] No entanto, a situação em Berlim era, em si, anômala. O comandante norte-americano em Berlim reportava ao embaixador em Bonn em sua função política, mas em sua função militar ele reportava a um general de quatro estrelas em Heidelberg e, por meio dele, ao general Norstad em Paris.[106] Além de ser o SACEUR, Norstad era o comandante da Live Oak, a organização militar secreta para a defesa de Berlim que havia sido implantada pelas três potências em novembro de 1958. Para complicar ainda mais a situação, em agosto de 1961, Kennedy enviou o general Lucius Clay – ex-governador da zona de ocupação norte-americana no pós-guerra – a Berlim como seu representante pessoal. Kennedy era bem servido por seu embaixador em Moscou, Llewellyn Thompson, que logo percebeu que era presumível que os alemães orientais "selariam o setor limítrofe a fim de deter o que provavelmente consideravam um fluxo contínuo intolerável de refugiados por Berlim".[107] Em Washington, porém, ele foi logo pressionado a não ceder nem mesmo nessa questão. Entre aqueles que encorajavam uma postura rígida estava Henry Kissinger.

Na sexta-feira, 10 de março, Kissinger participou de uma reunião do Conselho de Segurança Nacional; passou segunda e terça sendo informado sobre Berlim pelos especialistas do Departamento de Estado — George McGhee, Henry Morgan, Charles Bohlen e Martin Hillebrand —, assim como por partes interessadas na CIA e no Pentágono.[108] Por sugestão de Bundy, o ex-secretário de Estado Dean Acheson foi trazido para dirigir o grupo de revisão. A conclusão de Acheson — que Kissinger ouviu em forma preliminar em uma reunião do grupo de coordenação interdepartamental para planos de contingência sobre Berlim — era severa. A questão sobre Berlim era um "conflito de vontades" que não seria resolvido por negociações. Os soviéticos haviam parado de acreditar na "disposição norte-americana de ir à guerra nuclear" por Berlim. Era preciso fazê-los ver que Washington estava "de fato preparado para usar armas nucleares para a proteção de Berlim, na qual apostamos todo o nosso prestígio". Acheson recomendou o aumento das forças tanto nucleares quanto convencionais, em antecipação a um confronto assim que houvesse qualquer tentativa de impedir a movimentação ocidental para dentro de Berlim. Também pediu a preparação de um programa de sanções e operações secretas dirigidas contra todo o bloco soviético. No entanto, deixou claro que "nada seria mais perigoso do que embarcar em um curso de ação do tipo descrito neste papel na ausência de uma decisão de aceitar a guerra nuclear em vez de aceder às exigências que Khrushchov fazia agora".[109] A opinião de Kissinger era mais ou menos a mesma. "Podemos [...] chegar ao extremo de dizer que nenhum lado deveria fazer exigências que só serão obtidas por meio da guerra", disse ele a Rostow em 4 de abril. "O lado reverso disso é, sem dúvida, a implicação de que tomaríamos uma ação drástica se a questão de Berlim fosse pressionada."[110] "A melhor abordagem", argumentou, "é firmeza em respeito ao planejamento militar e à expressão de uma determinação clara de manter a posição em Berlim".[111]

Para o governo da Alemanha Ocidental, a situação era de agonia. Não apenas o destino da sua antiga capital estava em jogo, mas também a sobrevivência do país dividido. Entretanto, as decisões principais eram tomadas em Washington, Londres e Paris – sem falar de Moscou –, e não em Bonn. Sobre a questão específica de Berlim, o chanceler da Alemanha Ocidental, Konrad Adenauer, era na verdade profundamente ambivalente. Criado na região católica romana da Renânia, tinha idade suficiente (aos 85 anos) para se lembrar de como o regime bismarckiano havia discriminado os não protestantes. De fato, dizia em tom quase de brincadeira que preferia fechar as cortinas da sua cabine quando o trem para Berlim atravessava o rio Elba, para não ter que olhar para as "estepes asiáticas" da Prússia. Em termos pessoais, também não tinha nenhuma objeção profunda à divisão da Alemanha; tinha preferência por uma reunificação que viesse a colocar socialistas, ou mesmo comunistas, no poder. Ele estava até disposto a contemplar uma troca, dando aos alemães orientais toda a cidade de Berlim em troca de partes da Saxônia e Mecklemburgo.[112] O objetivo principal de Adenauer, porém, era garantir que o compromisso do Ocidente – e em especial dos norte-americanos – de defender a Alemanha Ocidental não vacilasse.

Antes da visita do chanceler a Washington, Kissinger tentou explicar as complexas motivações dele. "Conversar com Adenauer sobre a sabedoria da flexibilidade em termos abstratos", argumentou ele, "é como dizer a um membro dos Alcoólatras Anônimos que um martíni antes do jantar não lhe fará mal. Adenauer prefere errar pelo excesso de lealdade aos seus aliados do que pela política de tirar vantagem da posição central da Alemanha para jogar os vizinhos uns contra os outros". O grande medo do líder da Alemanha Ocidental era de que a ênfase da nova administração na expansão das forças convencionais "prenuncie o abandono da Europa pelos Estados Unidos", que seria seguido pela "retirada das armas nucleares norte-americanas, deixando o Exército alemão à mercê do arsenal nuclear tático soviético".[113] A sua principal intuição era que a premissa básica da dissuasão – de que os Estados Unidos estavam dispostos a arriscar uma guerra total com a União Soviética pela liberdade dos alemães ocidentais – não era de todo crível. Qualquer alteração na postura militar norte-americana na Europa estava, portanto, fadada a ser interpretada por Adenauer como um prelúdio de um desengajamento e da retirada. (Ele havia, afinal, sido prefeito de Colônia na década de 1920, na última vez em que as potências ocidentais haviam abandonado a Alemanha.)

Não se deve pensar que, em seus conselhos sobre esse assunto, Kissinger era movido por alguma afeição que ainda persistisse pelo país de nascimento.

Constitucionalmente, é claro, a República Federal era uma verdadeira democracia, e os democratas cristãos e social-democratas na liderança tinham um histórico impecável de oposição a Hitler. Contudo, o mesmo não se podia dizer de um número significativo do segundo nível de homens que administrando o governo e a indústria da Alemanha Ocidental. Em conversas privadas, Kissinger às vezes era mordaz até mesmo sobre os "bons alemães" como o industrial Kurt Birrenbach.* Além disso, não se sentia mais confortável falando em alemão em ocasiões formais. "Por mais estranho que pareça", confessou ele a Bundy, "o meu vocabulário em alemão não é bom o bastante para falar de forma extemporânea sobre um assunto complicado. Como a minha educação no ensino secundário e superior foi em inglês, todo o meu pensamento sobre assuntos internacionais e militares também tem sido feito em inglês. (Tenho um soberbo vocabulário alemão sobre futebol, se isso interessar a algum público.)"**[114] De sua parte, os alemães ocidentais estavam fadados a ver Kissinger com suspeita; será que os seus verdadeiros sentimentos pelo povo que havia matado tantos de seus parentes não seriam de antipatia? Um dos assistentes de Adenauer admitiu que os dois norte-americanos que mais preocupavam "o velho" eram Henry Kissinger e Adlai Stevenson.[115] Ele e seus colegas não conseguiam se decidir sobre que destino Kissinger, em segredo, teria em mente para a Alemanha: se deveria ser reduzida a cinzas com a eclosão de uma guerra nuclear limitada, ou deixada à mercê dos soviéticos com a remoção da ameaça de uma guerra nuclear total.

Na realidade, ao deixar claro em um memorando sobre o assunto em 5 de maio, a preocupação principal de Kissinger era a credibilidade da política externa norte-americana. "O destino de Berlim é a base do futuro da Comunidade do Atlântico Norte", argumentou ele, ecoando as palavras de Acheson.

---

* Kissinger descreveu Birrenbach como "pertence[nte] à variedade acusadora e nervosa de alemães", mas "mesmo assim um homem de alguma influência. Está no comando da Thyssen Enterprises. Embora o velho Thyssen tenha financiado Hitler, o próprio Birrenbach passou o período nazista no exílio. É amigo do chanceler, que conta com ele para sondar opiniões em países de língua inglesa, sob a impressão errônea de que Birrenbach tenha um jeitinho especial com os norte-americanos" (a Schlesinger, 25 de maio de 1962).

** Kissinger certa vez parabenizou Marion Dönhoff pela "fortaleza com que tolerou um discurso que fiz em alemão".

"Uma derrota em Berlim, que é uma deterioração da possibilidade de Berlim viver em liberdade, desmoralizaria de forma inevitável a República Federal. [...] Todas as outras nações da OTAN acabariam por tirar as conclusões indicadas de tal demonstração da impotência do Ocidente. Para outras partes do mundo, a natureza irresistível do movimento comunista seria enfatizada."

No entanto, isso implicava um "confronto" caso os soviéticos persistissem em seus esforços de alterar o *status quo* em Berlim, não importando se isso tomasse a forma de um rompimento dos canais de abastecimento à guarnição aliada ou uma interrupção do tráfico civil. E um confronto teria de incluir a possibilidade de uma guerra nuclear:

a) Os soviéticos serão capazes de prender e, provavelmente, derrotar os ataques convencionais de quase qualquer magnitude que consigamos lançar na direção de Berlim com as forças atualmente disponíveis à OTAN.

b) É provável que um ataque nuclear total não consiga destruir a força de retaliação soviética.

c) Se os soviéticos estiverem preparados para pressionar a situação, seremos [portanto] confrontados com a necessidade de recorrer a armas nucleares localmente ou em uma guerra controlada de retaliação.

d) Por consequência, não devemos realizar ações locais de qualquer tipo sem primeiro determinar a resposta para a seguinte pergunta: estamos preparados para aceitar uma derrota por forças convencionais ou devemos empregar armas nucleares caso seja necessário?[116]

Kissinger sabia muito bem que este não era um fio de raciocínio agradável para os membros permanentes do CSN.[117] McNamara simultaneamente defendia "o uso de forças convencionais substanciais antes de considerar a hipótese de recorrer a armas nucleares", inclusive operações secretas que incitassem um levante na Alemanha Oriental.[118] Kissinger também havia começado a detectar a ambivalência de Bundy, notável em sua relutância em definir o que exatamente esperava de Kissinger mesmo quando lhe eram oferecidas opções para escolher, de "uma análise dos nossos planos de guerra existentes, sob o ponto de vista de seu impacto político", conselhos sobre "quase qualquer assunto no campo da OTAN".[119] Contudo, à medida que o semestre de Harvard chegava ao fim nos últimos dias de abril de 1961, Kissinger tinha duas vantagens. A primeira era que Bundy e sua equipe estavam se recuperando do fiasco da Baía dos Porcos. À parte de seus memorandos datilografados, Kissinger enviou a Bundy um recado manuscrito deplorando um ataque "injusto" contra Bundy do *The New York Times*. Bundy se mostrou agradecido. "Quando sentimos que contribuímos para um desastre", respondeu ele, "não é fácil manter o caminho correto, e uma simples amizade ajuda".[120]

A segunda vantagem era que Kissinger já tinha uma viagem marcada para Bonn e era agora suficientemente conhecido por lá – em parte pelo seu trabalho em estratégia nuclear – para conseguir arranjar reuniões tanto com Adenauer quanto com o seu combativo ministro de Defesa, Franz Josef Strauss. O encontro de Kissinger com este último teve um aspecto quase cômico. Escoltado por três generais alemães, Strauss repreendeu o visitante norte-americano, assumindo a posição de que a expansão das forças convencionais dos Estados Unidos era, na verdade, ruim para a segurança alemã. Será que Kissinger tinha consciência de que as tropas de solo alemãs eram de fato superiores às norte-americanas? Sabia que social-democratas como "Helmuth [sic] Schmidt" estavam "cit[ando] o livro de Kissinger totalmente fora de contexto para provar que o consultor do presidente Kennedy apoiava a postura do Partido Social Democrata na questão da defesa nacional" (ou seja, a oposição a basear a defesa da Europa Ocidental na ameaça de retaliação em massa)? Durante o jantar na embaixada norte-americana na mesma noite, "Strauss se mostrou ainda mais vociferante do que durante a tarde e muito menos flexível. Talvez a quantidade de bebida consumida tenha sido em parte culpada".

> Ele sugeriu que, em Berlim, as relações dos Estados Unidos com os soviéticos são como as relações dele com o seu cão. Se ele diz ao cão para ir para debaixo do fogão, e o cão, em vez disso, vai para debaixo da mesa, ele logo acrescenta: "Ou então você pode ir para debaixo da mesa", a fim de manter a ilusão de estar no controle dos eventos. [...] [No final,] ele perdeu o controle e aludiu que Berlim seria perdida não importava o que qualquer um dissesse, em especial no lado alemão. [...] De algum modo, a discussão chegou ao assunto de um possível levante da Alemanha Oriental. Strauss afirmou que, enquanto fosse o ministro da Defesa, o Exército alemão não se moveria nem mesmo se alemães fossem mortos a balas nas ruas bem diante dele do outro lado da linha. [Richard] Balken [do Ministério das Relações Exteriores da Alemanha] disse que, se fosse comandante de divisão, ele se moveria sem se importar com o que Strauss ordenasse. Strauss berrou: "En-

tão, eu o prenderia. Na verdade, eu deveria prendê-lo agora mesmo". Embora o dissesse como piada, é um homem capaz de levar a ameaça a cabo.[121]

A reunião de Kissinger com Adenauer apenas uma semana depois esclareceu melhor o pensamento alemão. A despeito das garantias oferecidas por Kissinger ("Berlim, eu disse, não era uma cidade alemã, mas um teste de liberdade para todos os lugares. [...] A Alemanha não deveria mais se considerar um país estrangeiro"), o chanceler se mostrou cheio de suspeitas. Os Estados Unidos haviam "fracassado" em liderar a OTAN em direção a uma estratégia nuclear integrada. Ora, diante não só de uma disparidade de mísseis, mas do que Adenauer agora entendia como sendo uma liderança soviética em todas as armas nucleares,[122] Eisenhower havia prometido em segredo "entregar Berlim" a Khrushchov. Macmillan estava prestes a se submeter a essa "extrema fraqueza". Só em De Gaulle era possível confiar, e isso apenas porque possuía capacidade nuclear independente.

> Adenauer afirmou que os Estados Unidos precisam tentar entender os temores europeus. Preocupam-se com a possibilidade de que um presidente norte-americano seja morto durante um ataque e não tenhamos a liderança para uma retaliação. Além disso, e quanto aos anos de eleição nos Estados Unidos? Ele indagou se eu poderia dizer com honestidade que Eisenhower teria utilizado a Bomba H para retaliar um mês antes da eleição? Respondi: "Na verdade, teria, sim". Ele perguntou: "A Europa pode mesmo ser tão dependente das decisões de um só homem?".[123]

A importância dessa alusão ao recém-alcançado poderio nuclear da França* não passou despercebida por Kissinger. Ele acabara de receber informações detalhadas a esse respeito do diplomata francês François de Rose, que deixara claro que a França consideraria a ideia de integrar a sua *force de frappe* à estrutura de comando da OTAN somente em troca de assistência técnica dos Estados Unidos.[124] Os estrategistas políticos norte-americanos começavam a compreender um novo desafio da era nuclear: como impedir a proliferação de armas nucleares, que mesmo nas mãos de aliados acabariam por aumentar a

---

* A França havia detonado com sucesso uma bomba nuclear no sudeste da Argélia em 13 de fevereiro de 1960.

probabilidade de um Armagedom involuntário – a menos que alguma forma de veto norte-americano fosse imposta sobre a sua utilização. As reuniões de Kissinger com Strauss, Adenauer e De Rose o levaram a apreciar mais ainda a necessidade urgente de fortalecer a OTAN, pelo menos para resistir ao impulso de De Gaulle – e talvez também ao de Strauss – de agir sozinho.[125] Se os franceses e alemães acreditavam com sinceridade que "a nossa ênfase em forças convencionais era mesmo uma artimanha para nos desligarmos da Europa", não havia como culpá-los por quererem as suas próprias forças nucleares de dissuasão.[126] Outro argumento, raramente explicitado pelos europeus, era o de que seria mais fácil em termos políticos seguir nessa rota do que aumentar as forças convencionais.

A viagem de Kissinger à Alemanha ampliou bastante o seu prestígio em Washington e no mundo em geral. Tanto ele como Strauss divulgaram publicamente as suas divergências entre si; não só a imprensa alemã, mas também o *The New York Times* e o *Observer* de Londres tomaram nota.[127] "O recente discurso do presidente no Congresso pedindo uma rápida expansão dos armamentos 'convencionais' soou como se houvesse sido escrito por Kissinger", exclamou o *New York Post* com entusiasmo no início de junho. "E a promessa norte-americana de lutar por Berlim caso seja necessário é uma posição clássica de Kissinger." Kissinger não resistiu a dar ao *Post* uma resposta curta e não muito diplomática: "A dificuldade com a política de [John Foster] Dulles não é que ele estivesse errado sobre o comunismo, mas que ele estivesse certo sobre quase nada além disso".[128] Por mais interessantes que os "memcons"* de Kissinger possam ter sido, é difícil acreditar que Bundy lesse tudo isso com prazer. O que é mais importante, as opiniões deles começavam a divergir daquelas que seu pupilo expressava sem rodeios.

Para Kissinger, assim como para Acheson, a questão era simples. Ele não se sentiu nem um pouco surpreso com o comportamento agressivo de Khrushchov quando este e Kennedy se encontraram em Viena no início de junho; era bem isso o que Kissinger (diferentemente do presidente, que fora

---

* Um "memcon" é um memorando sobre uma conversa face a face. Esses são os mais antigos "memcons" encontrados escritos por Kissinger. O vívido estilo desses documentos contrasta com os sóbrios relatórios oficiais enviados quando diplomatas norte-americanos também estavam presentes.

mais otimista) havia esperado.¹²⁹ Na opinião de Kissinger, um confronto sobre Berlim era inevitável por ser o desejo dos soviéticos. O importante era discutir em detalhes as fases da resposta norte-americana – inclusive para assegurar que o presidente permanecesse no controle do processo de escalada nuclear. A estratégia alternativa era fazer discretamente uma concessão aos russos: em específico, deixar de lado a insistência norte-americana de trânsito livre dos civis dentro de Berlim a ponto de tolerar um fechamento da fronteira entre Berlim Oriental e Ocidental, assim como da fronteira entre a Alemanha Ocidental e a República Democrática Alemã em volta. Essa era a jogada de Moscou que Llewellyn Thompson previu corretamente – a jogada que já havia sido decidida pelos soviéticos e pelos alemães orientais no início de julho.¹³⁰ Até então, ninguém em Washington discutia esse resultado de maneira explícita. No entanto, a divergência entre os da linha dura e os mais flexíveis já era evidente.¹³¹ Antes da reunião crucial do CSN de 19 de julho, Bundy traçou uma distinção clara entre "uma ala direita do grupo de Kohler, liderada por Acheson e Nitze", e outra mais flexível – que incluía, por implicação, ele mesmo – que favorecia que "se deixasse claro agora que nem um tratado de paz nem a substituição dos alemães orientais pelos russos ao longo da Autobahn é uma questão em debate" e que se "fizessem sérias sondagens junto aos soviéticos em relação aos elementos de um possível acerto da crise".¹³²

Arthur Schlesinger havia insistido enfaticamente com o próprio presidente que "Henry Kissinger deveria ser trazido para o centro do planejamento sobre Berlim".¹³³ Isso não aconteceu. A princípio, Kissinger não conseguia entender a maneira esquiva de Bundy, a relutância em lhe passar uma instrução clara. "Estou convencido de que a fim de fazer uma contribuição verdadeira", escreveu ele, "preciso ser capaz de seguir um dado problema ou um conjunto de problemas por um período de tempo". Em vez disso, Bundy o tratava como "um homem de ideias", lhe passando um ou outro documento e lhe dando apenas uma tarde para formular uma opinião: "O meu desconforto com certos aspectos da nossa política externa, portanto, acabará por se expressar em comentários que devem parecer de menor importância e irritantes para aqueles que vêm participando da criação dos pareceres políticos. É como se me pedissem no meio de uma partida de xadrez para sugerir um lance sem que eu esteja em posição de estudar o andamento do jogo".¹³⁴

Apesar do grande conhecimento de Kissinger sobre a Alemanha, os cargos principais relacionados a Berlim haviam sido atribuídos a Henry Owen e

Carl Kaysen. Frustrado, Kissinger rescindiu a oferta para trabalhar em período integral para Bundy durante o verão, propondo reverter a uma posição de "consultor *ad hoc*".¹³⁵ De início, Bundy aceitou a proposta, fingindo estupefação.¹³⁶ Houve discussões superficiais a respeito de um "estudo especial sobre o controle civil na OTAN [...] como um problema *ad hoc*"¹³⁷ e uma outra oportunidade de criticar o rascunho do parecer sobre desarmamento da administração. (Nas palavras de Kissinger, "seria melhor rasgar tudo e começar do zero".)¹³⁸ No entanto, foi apenas depois de semanas de cartas, telefonemas e reuniões inconclusivas que a verdade surgiu: "Ele afirmou que as minhas opiniões sobre Berlim são rígidas demais, que a minha identificação com a linha 'dura' embaraçaria o presidente junto a pessoas como [Walter] Lippmann e [o senador William] Fulbright". A fim de evitar embaraços, Bundy agora sugeria que Kissinger trabalhasse "como um consultor pessoal para o presidente sobre Berlim, enquanto outra pessoa, provavelmente um assistente da equipe, receberia a responsabilidade formal".¹³⁹ Kissinger concordou com relutância, mas confidenciou as suas dúvidas persistentes a Rostow.

> Mac concordou que eu deveria participar de todas as reuniões que tratem de Berlim. Em qual função? Será inevitável que eu contate os departamentos. Como? [...] Para ser franco, se eu me sentisse menos desesperado a respeito da situação internacional, eu me retiraria. [...] Fiz uma contribuição infinitamente maior à política militar e à estratégia da OTAN como um cidadão comum do que estou fazendo agora como consultor da Casa Branca. Se o mesmo processo começasse agora em relação ao problema de Berlim, eu imaginaria que seria melhor voltar a ser professor.¹⁴⁰

O professor estava recebendo uma lição sobre a política de Beltway que ele jamais esqueceria, e a lição estava longe de acabar.

Àquela altura o fulgor dos melhores e mais brilhantes havia se apagado. A revista *Time* agora zombava do "esquadrão de professores e bisbilhoteiros da Casa Branca" de Kennedy, entre eles o "consultor especial do presidente Henry Kissinger". Pelo "teste crucial da realidade", declarou a revista, "o sistema de John Kennedy não está funcionando. No campo da política externa, o histórico é triste. Quando vêm os problemas, a solução de Kennedy tem sido atividade em vez de ação".¹⁴¹ A crítica foi exageradamente severa. Berlim era um problema de complexidade extraordinária. Além disso, Kennedy estava sendo bombardeado por informações e análises muitas vezes contraditórias. Talvez de maior perplexidade – embora Kissinger não tivesse ciência disso – era a descoberta, principalmente com base no programa de satélites Corona, de que não havia na verdade uma disparidade de mísseis, ou melhor, que a disparidade favorecia os Estados Unidos.[142] Isso tornou a aparente determinação de Khrushchov de forçar um confronto por Berlim – sinalizada pelo aumento em um terço no gasto com defesa anunciado em julho – ainda mais desconcertante. Ao mesmo tempo, Kennedy absorvia um novo parecer de Thomas Schelling que parecia rejeitar de forma categórica a noção de uma guerra nuclear limitada utilizando mísseis "táticos".[143] Percebendo corretamente que a abordagem de Acheson talvez fosse restrita demais, Kennedy pediu que Schlesinger preparasse "um memorando não assinado sobre as questões não exploradas no problema de Berlim". Schlesinger, por sua vez, chamou Kissinger e Abe Chayes. O resultado – rascunhado com pressa em 6 de julho, em apenas duas horas, antes que o helicóptero presidencial partisse para Hyannis Port, o retiro de Kennedy em Cabo Cod – buscava expandir o escopo da estratégia da administração sobre Berlim formulando uma série de perguntas preocupantes.

Havia "algum objetivo político além dos procedimentos de acesso atuais pelos quais estamos preparados para incinerar o mundo[?]". Qual era a "verdadeira intenção" de Kennedy em relação à unificação alemã? E se os soviéticos fizessem algo além de interromper o acesso militar a Berlim, a hipótese principal de Acheson? O que uma guerra nuclear significa "em termos concretos"? Que papel os aliados dos Estados Unidos desempenhariam na hipótese de um confronto?[144] Foi Kissinger quem pressionou mais na questão nuclear. O seu pesadelo continuava sendo que os militares forçariam a mão do presidente em uma crise antes que o próprio Kennedy soubesse "o que uma guerra nuclear significa" na prática.[145] De repente, parecia que Kissinger tinha aquilo que por meses havia pedido que Bundy lhe desse: um papel junto a Rowen e Kaysen para criar um plano de resposta militar gradual ao desafio soviético – sem eliminar a ameaça de armas nucleares, mas calibrando-a com cuidado a fim de evitar a Terceira Guerra Mundial.[146] Na verdade ainda era Bundy quem tinha acesso ao presidente. Contudo, pelo menos estava entregando uma mensagem que trazia o selo de Kissinger. De fato, Bundy agora reenviara o "poderoso" memorando sobre Berlim que Kissinger havia escrito em maio.[147] Kissinger finalmente se viu com algo digno para fazer em seu escritório (sala 399) no edifício do gabinete executivo, mesmo que ainda passasse apenas dois ou três dias por semana em Washington.[148]

"Não gosto de adjetivos como 'duro', 'brando' ou 'firme' quando aplicados à política", afirmou Kissinger mais de uma vez durante a crise. No caso de Berlim, essas distinções faziam menos sentido ainda. Na reunião do CSN de 13 de julho, Acheson, com o apoio do vice-presidente Lyndon Johnson, pediu a proclamação de uma emergência nacional, a convocação dos reservistas, um aumento nos gastos em defesa, e outras medidas econômicas. Kissinger, em contraste, propôs uma iniciativa diplomática, pelo menos para evitar a aparência de uma intransigência norte-americana.[149] Ele se opunha a uma declaração de emergência. Na verdade, estava preparado para contemplar até mesmo um reconhecimento *de facto* do regime da Alemanha Oriental se a alternativa fosse uma guerra nuclear.[150] Convencido de que o presidente não estava recebendo dos militares opções delineadas com clareza, ele continuava preocupado com "as consequências militares de um fracasso nas negociações".[151] Esses argumentos não deixaram de receber atenção. Em um pronunciamento à nação transmitido pela televisão na noite de 25 de julho, Kennedy chamou Berlim de "o maior local de teste da coragem e vontade ocidentais"; Rostow fez referências a *Matar ou morrer*.[152] Entretanto, quando o presidente apresentou a posição norte-americana – para horror de Acheson –, ele acabou por não declarar uma emergência, optando, em vez disso, por igualar o último aumento de Khrushchov em gastos com a defesa a fim de dar ao Exército seis divisões a mais, ao mesmo tempo que fazia alusões à possibilidade de os Estados Unidos estarem agora interessados somente em manter o acesso a Berlim Ocidental, assim como a sua presença lá.[153]

Khrushchov entendeu a mensagem. Em conversa com John J. McCloy em sua casa de veraneio junto a Sochi, ele brandiu seu sabre, dizendo que iria "assinar o tratado de paz não importava o que acontecesse; os direitos de ocupação cessarão depois disso, o acesso será cortado, tornando necessário então realizar um acordo com a RDA; se tentarem forçar o caminho, nós os enfrentaremos com força; a guerra está fadada a ser termonuclear e, embora eu e você talvez venhamos a sobreviver, todos os seus aliados europeus serão completamente destruídos".[154] No entanto, ele também "reafirmava a disposição de garantir liberdade e independência a Berlim Ocidental [...] e até mesmo dizia que pensava que qualquer proposta do Ocidente visando tais garantias seria aceita".[155]

Incentivando as suas forças convencionais ao mesmo tempo que deixava a porta aberta à negociação, Kennedy em alguns aspectos seguia o conselho de Kissinger. Todavia, ele recebia esse conselho de modo indireto, por meio de Bundy. Kissinger desabafou a Schlesinger a sua "grande sensação de estar sendo excluído por Mac", queixando-se de que (como registrou Schlesinger),

> embora o presidente lhe tenha pedido para trabalhar aqui em tempo integral, Mac o havia encorajado com insistência a não fazer isso; que Mac nunca lhe pedira o seu conselho sobre nada e não havia sequer respondido de forma nenhuma à série de memorandos muito inteligentes que Henry tem escrito sobre Berlim; que, quando o presidente havia expressado um desejo de vê-lo, Mac nunca lhe esclarecera por que ele o queria ver, e que Henry por consequência se mostrava tão mal preparado e tenso que não conseguia fazer justiça a si mesmo; e que toda a experiência havia sido humilhante para ele.[156]

Alienado como estava do círculo próximo do presidente, Kissinger não tinha como saber que a decisão crucial – e supremamente pragmática – de anuir já havia sido tomada caso os soviéticos decidissem fechar a fronteira de Berlim, como o senador J. William Fulbright previra publicamente que fariam.[157] O próprio Kennedy disse a Rostow que Khrushchov "teria que fazer algo para conter o fluxo de refugiados. Talvez um muro. E nós não seremos capazes de impedi-lo".[158] Em Moscou, Llewellyn Thompson deixou bem claro a Khrushchov que alguma forma de restrição do fluxo para fora da Alemanha Oriental seria aceitável aos Estados Unidos.[159] Por volta de 9 de agosto, o resto do Pacto de Varsóvia tinha concordado com o plano, e o regime alemão oriental adquirira de forma sorrateira pilares de concreto, arame farpado, madeira e outros materiais que seriam necessários para cercar Berlim Ocidental. Dois dias depois, a Reuters informou que a Câmara do Povo da Alemanha Oriental havia passado uma "'resolução enigmática', estabelecendo que seus membros aprovavam quaisquer medidas que o governo da Alemanha Oriental desejasse tomar para lidar com a situação 'revanchista' em Berlim".[160] À 1h de 13 de agosto de 1961, os hilotas de Walter Ulbricht, líder da Alemanha Oriental, começaram a construir o Muro de Berlim.[161] O comandante norte-americano em Berlim assistiu impávido. Ao ouvir a notícia, Kennedy instruiu Rusk com frieza que fosse a um jogo de beisebol, e voltou para o seu iate em Cabo Cod.[162] O máximo que estava preparado a fazer era enviar Lucius Clay a Berlim, com o vice-presidente Johnson, e autorizar o reforço da guarnição norte-americana em Berlim Ocidental.

Sob um ponto de vista privilegiado, os acontecimentos que culminaram na construção do Muro de Berlim foram uma calamidade, o resultado de "incoerência, indecisão e fracasso político".[163] Pelo ponto de vista pragmático que John F. Kennedy preferia, no entanto, o resultado foi o melhor possível.[164] O que era mais importante: a guerra nuclear havia sido evitada. ("Maldição, [...] use a cabeça", ralhou Kennedy com Roswell Gilpatric, o vice-secretário de Defesa, sobre a crise. "Estamos falando de 70 milhões de norte-americanos mortos.")[165] Em segundo lugar, um confronto convencional, que teria terminado em guerra nuclear ou em humilhação para o Ocidente, também fora evitado. Nas palavras de Kennedy: "Um muro é bem melhor do que uma guerra".[166] Em terceiro lugar, os soviéticos e seus lacaios na Alemanha Oriental haviam sido expostos pelo que eram: inimigos impassíveis da liberdade. No entanto, Kennedy estava errado em pensar que "este era o fim da crise de Berlim".

Talvez seja surpreendente, considerando o quanto ele estava pensando em possíveis cenários militares, que Kissinger não houvesse previsto o abandono dos berlinenses orientais à própria sorte. É verdade, a construção do Muro de Berlim meramente fechou a última brecha na Cortina de Ferro. Tecnicamente, o muro cercava Berlim Ocidental, não Berlim Oriental. Contudo, quando os guardas da fronteira da Alemanha Oriental matavam civis que tentavam atravessar do leste para o oeste – a primeira vítima, Günter Litfin, foi morta a tiros em 24 de agosto –, se tornava claro, de forma horripilante, quem de fato havia sido encarcerado. Para Kissinger, esse foi um duplo ultraje. Em primeiro lugar, o muro representava um abandono de qualquer fantasia de que a Alemanha viesse a ser unificada em um futuro próximo. Em segundo, parecia ser mais uma concessão norte-americana aos soviéticos. Aqui mais uma vez Kissinger era o idealista e Kennedy, o realista.

O que Kissinger queria era uma afirmação norte-americana de que o princípio universal de "autodeterminação" nacional – como enunciado pelo próprio Woodrow Wilson quatro décadas antes – deveria se aplicar à Alemanha e, na verdade, a toda Berlim. A política dos Estados Unidos deveria ser formulada de modo que os soviéticos tivessem de "assumir a responsabilidade de manter a Alemanha dividida". Isso significava tomar de forma literal a recusa do governo da Alemanha Ocidental em reconhecer a legitimidade da República Democrática Alemã (mesmo se Adenauer permanecesse secretamente contente com a divisão *de facto* da Alemanha). "Eu sei que será dito que Adenauer não deveria ser capaz de vetar a política dos Estados Unidos", observou Kissinger em um dos muitos documentos que escreveu sobre o assunto naquele verão. "No entanto, não está claro para mim por que os aliados não deveriam ter uma voz importante nas decisões que afetam o futuro dos seus próprios países."[167] Em outro, ele rejeitava em tom explícito a visão de que "o realismo deve nos impelir a confirmar o que somos incapazes de mudar", e que, portanto, os Estados Unidos deveriam "aceitar a divisão da Alemanha como final". Pelo contrário, argumentou ele, o Ocidente "deve defender a unidade da Alemanha, apesar das experiências de duas guerras mundiais". O argumento de Kissinger em favor da reunificação não era ingênuo, com certeza. Estava convencido de que, se o Ocidente demonstrasse que aceitava a divisão da Alemanha, os alemães ocidentais talvez se sentissem inclinados a entrar em uma "política de Rapallo"* de "tentar fazer transações separadas com o Oriente". Nas palavras dele, "se o Ocidente entender de forma correta os seus interesses", continuará a defender a reunificação alemã com base na confederação inicial, seguida de eleições livres, combinada com a desmilitarização e o reconhecimento da fronteira de Oder-Neisse com a Polônia como imutável – não porque isso seria aceitável a Moscou, mas precisamente porque o rejeitariam.[168]

Kissinger estava certo sobre o fato de Washington haver subestimado a repulsa do povo da Alemanha Ocidental à construção do Muro de Berlim, articulada de forma apaixonada pelo prefeito de Berlim, Willy Brandt.[169] Contudo, estava errado se achava que "o sr. Bundy" – como o chamava agora[170] – daria ouvidos aos seus argumentos em favor de uma posição de princípio sobre a unidade alemã. Em uma carta pessoal a Maxwell Taylor, Kissinger deixou claro o seu próprio desgosto:

---

* A alusão era ao Tratado de Rapallo (1922), assinado pela República de Weimar com a União Soviética, uma das muitas tentativas dos governos alemães entre as duas grandes guerras de se livrarem das restrições do Tratado de Versalhes negociando com Moscou. Kissinger mais tarde criaria argumentos semelhantes contra a *Ostpolitik* de Willy Brandt.

De Gaulle tem razão.

Os soviéticos fizeram com que parecêssemos macacos, macacos fracos, e que não podemos esperar para demonstrar o nosso masoquismo, rastejando de volta e pedindo-lhes que, por favor, negociem conosco, para que possamos desistir de algo mais para lhes dar.

Em vez de choramingar em nossas notas que a divisão de Berlim é ilegal, deveríamos anunciar como um pré-requisito da negociação que as paredes de concreto sejam demolidas e a divisão terminada. [...]

Se os soviéticos não respondessem, e provavelmente não responderiam, as negociações seriam adiadas indefinidamente. Nós então os informaríamos de que partiremos para a guerra antes de renunciarmos [sic] aos nossos direitos em Berlim e de acesso à cidade, prosseguiríamos com tranquilidade com a nossa escalada militar e deixaríamos o nervosismo para eles, para variar.

Os franceses se alinhariam completamente conosco, e creio que seria fácil conseguir que Der Alte [Adenauer] se juntasse à festa. Isso isolaria os ingleses, por certo, mas os Kohler e os Owen não parecem muito chateados com o isolamento atual da França. Quanto à Índia, Daomé, Alto Volta, e o resto dos "não comprometidos", nos preocuparemos com eles no devido tempo; essa questão de Berlim de 1961 é o nosso problema no momento, e precisamos parar de agir como se fosse um concurso de popularidade.[171]

Como o tom veemente dessa carta sugere, Kissinger estava agora em pé de guerra. No que lhe dizia respeito, a crise de Berlim estava longe de acabar; afinal, os soviéticos poderiam complementar a construção do muro com alguma outra ação que infringisse de forma direta os direitos dos Estados Unidos na cidade. Com raiva, advertiu Taylor de que "os rapazes do [Departamento de] Estado" logo "teriam alguma posição covarde de negociação toda acertada como *A* posição dos Estados Unidos em conselhos quadripartites, talvez inicialmente no fórum diplomático [...], sem que o presidente tenha a oportunidade de indicar a sua decisão sobre as linhas gerais que a nossa posição de negociação deva estabelecer". Era crucial que Kennedy recebesse opções mais fortes tanto para a resposta diplomática dos Estados Unidos ao muro como para possíveis contramedidas militares: "Ele deve se pôr diante do maldito tribunal da história e escolher entre alternativas apresentadas com cuidado e clareza".[172] Se os soviéticos tentassem de qualquer forma restringir o tráfego aéreo para o aeroporto de Tempelhof, os Estados Unidos não deveriam aceitar.

De fato, "seria melhor, por muitas razões, se os comunistas fossem obrigados a abater um avião".[173] No início de setembro, Kissinger previa "uma crise prolongada".[174] Aparentemente sem saber das novas informações a respeito da disparidade de mísseis, alertava que os soviéticos haviam retomado o teste nuclear precisamente porque "estão em um nível igual e, é provável, superior ao nosso"; se esperavam que essa superioridade fosse temporária, então "devemos esperar um confronto ainda este ano".[175]

Kissinger estava no clima para confrontos. Em 8 de setembro, enviou a Schlesinger uma diatribe extraordinária de onze páginas contra Bundy. "Tornou-se evidente para mim", escreveu ele, "que não consigo mais fazer uma contribuição útil. A princípio, eu tinha a intenção de apresentar um pedido formal de demissão. No entanto, decidi que seria melhor evitar uma ruptura pública" – pois, nas palavras dele, "é provável que uma renúncia formal a esta altura seja interpretada no exterior como uma derrota da linha 'firme'". Ele havia, portanto, decidido "simplesmente parar de ir a Washington. A julgar pelas últimas quatro semanas, não haverá nenhuma solicitação dos meus serviços. [...] Se eu visse a menor oportunidade de ser eficiente, os meus receios sobre a tendência atual dos eventos seria um estímulo ao esforço em vez de uma razão para sair. Contudo, a minha contribuição é tão insignificante, na verdade tão ilusória, que não tenho escolha senão me retirar". Como vimos, o papel de Kissinger como consultor em tempo parcial nunca fora bem definido. Talvez porque Bundy via o seu colega de Harvard como uma ameaça, talvez porque as suas opiniões fossem "dogmáticas" demais, ele o manteve a distância, excluindo-o das reuniões na Casa Branca que realmente importavam.

Para Kissinger, a experiência foi "digna de Kafka". Depois de muita tergiversação, Bundy havia enfim lhe pedido para trabalhar na questão de Berlim, embora não oficialmente como o "'homem de Berlim' da Casa Branca"; era sabido que ele até mesmo citava o próprio Kissinger em apresentações para o Grupo de Coordenação sobre Berlim; no entanto, o próprio Kissinger não havia participado de nenhuma reunião do CSN desde a primavera; ele não fora convidado a se juntar a nenhum dos dez subgrupos do Grupo de Trabalho sobre Berlim; seus vários memorandos haviam sido ignorados; funções fundamentais haviam sido "atribuídas de forma a me excluir – às vezes de maneira bem humilhante"; e os seus esforços (sugeridos por Rostow) para contribuir para "o problema das atividades de inteligência na

Alemanha Oriental" haviam terminado em outra humilhação. Na semana seguinte à construção do muro, ele "passara a maior parte do tempo lendo os telegramas que chegavam de todo o mundo", pois Bundy não lhe dera nada para fazer. ("Devo ser uma das pessoas mais bem informadas no gabinete da Casa Branca a esta altura", acrescentou em tom irônico, "embora o meu inglês esteja, receio, arruinado para sempre.") Excluído do Gabinete de Crise e contatado raramente por Bundy, ele se sentia como "um espectador gritando comentários aleatórios a partir das linhas laterais". Contudo, essa não era a imagem mais marcante conjurada por Kissinger. Voltando-se para a essência da política norte-americana – e em particular à forma como a crise de Berlim estava sendo tratada –, ele se comparou a "um homem sentado ao lado de um motorista que, enquanto guia o carro em direção a um precipício, lhe pede que verifique se o tanque de gasolina está cheio e se a pressão do óleo está boa".[176]

É tentador ler essa carta como um mero protesto angustiado de um novato de Washington cuja estreia na Casa Branca tenha fracassado. Cumprindo o seu dever, Schlesinger mostrou parte da carta a Kennedy, que, por sua vez, persuadiu Bundy a confortar os sentimentos feridos de Kissinger. Em um encontro que não deve ter sido bom para nenhum deles, Bundy assegurou Kissinger de que "muitas ações foram tomadas com base no" trabalho que ele realizara durante o verão. Após elogios efusivos a Kissinger sobre as suas "habilidades, dedicação, produtividade etc. etc.", Bundy deu um exemplo: "Bem, você sabe, estávamos agora mesmo examinando o problema de convocar os reservistas [a que Kissinger havia se oposto] e, você sabe, Henry, você foi responsável por manter 50 mil homens longe do front. [...] Podemos não ter dito nada, porque, claro, estamos sempre tão ocupados, mas você pode ter certeza de que tudo que sugeriu foi considerado com muito cuidado".

Ele esperava ainda poder recorrer aos conhecimentos de Kissinger no futuro, como e quando fosse necessário. "MB [McGeorge Bundy] fez uma grande tentativa de súplica", observou Kissinger com amargura após a reunião, "e já que cobriu quase todos os pontos da carta a AS [Arthur Schlesinger], parece óbvio que ele foi instruído a fazer isso". No entanto, tudo o que conseguiu se forçar a dizer a Bundy era que ele "talvez concorresse à eleição com [um] slogan sobre manter 50 mil rapazes longe do front". Bundy, com condescendência, ignorou a ironia. "E muitos deles eram de Massachusetts, Henry", disse ele ao escoltar Kissinger para fora da sala, deixando-o sem nenhuma certeza de que Kissinger havia de fato se demitido.[177]

Segundo o filho de Schlesinger, Stephen, Kissinger recordava como "Bundy [...] o empurrara para fora da administração Kennedy apesar das promessas feitas a ele por JFK". Schlesinger lhe perguntou o motivo. "Pelo visto, ele se sentia ameaçado por mim", replicou Kissinger. "No entanto, ao barrar a minha oportunidade de trabalhar com Kennedy, que eu teria aceitado, ele me colocou no caminho para um cargo com Nixon. Afinal, se eu tivesse me tornado um membro da administração Kennedy, Nixon nunca teria me contratado."[178] Todavia, havia tanto conteúdo quanto orgulho ferido nas lamentações de Kissinger. Como ele disse a Arthur Schlesinger na época:

> [A] minha preocupação não está ligada a slogans como "brando" e "duro". Pelo contrário, estou preocupado com a falta de uma estratégia geral que nos torna prisioneiros dos eventos. Estou angustiado com a atitude de parte da burocracia e em relação a ela que produz um excesso de versões requentadas das políticas da administração anterior. O resultado tem sido uma preocupação exagerada com táticas e a falta de um conceito orientador, que foram responsáveis pela maior parte das nossas dificuldades. [...] [O] que tenho visto do nosso planejamento me parece bastante irrelevante para os perigos à nossa frente. Estamos caminhando para uma crise enorme, talvez um desastre, enquanto a burocracia continua a tratar procedimentos bem organizados como o principal propósito do governo, e ao presidente são dados planos que não definem as suas opções de forma adequada, e que quando necessários se provarão superficiais.

A crítica de Kissinger era tanto sobre o processo quanto sobre o resultado. Os velhos hábitos burocráticos da era Eisenhower haviam retornado de modo furtivo, de forma que o presidente estava mais uma vez "enfrentando fatos consumados pela burocracia que ele pode ratificar ou modificar, mas que impedem uma consideração real de alternativas". Como resultado, a política militar "não t[inha] a flexibilidade que o presidente desejava". O plano de desarmamento da administração era essencialmente uma recauchutagem do de Eisenhower. A posição de negociação dos Estados Unidos com relação à Alemanha precisava "ainda ser formulada". Acima tudo, a questão de Berlim havia sido definida de maneira incorreta.

O problema não é simplesmente o acesso livre a Berlim – como é tantas vezes estabelecido –, mas as esperanças e expectativas dos povos de Berlim, da República Federal e da Europa Ocidental. Se eles perdem a confiança em nós, a crise atual se transformará em uma grande derrota mesmo que venhamos a obter algum tipo de garantia de acesso a Berlim. Se as tendências atuais continuarem, o resultado será uma cidade decadente e desmoralizada com algumas garantias de acesso, uma Alemanha na qual se desenvolverá a neutralidade, e uma OTAN consideravelmente enfraquecida. [Enquanto isso] [...], a intransigência soviética tem sido incentivada ao ponto em que o presidente talvez enfrente aquilo que tem procurado evitar: a escolha entre a humilhação e a guerra nuclear geral.[179]

Até que ponto ia o idealismo de Kissinger é ilustrado por uma correspondência subsequente entre ele e Schlesinger. Como historiador dos Estados Unidos, este se sentiu "um pouco desconfortável transformando em fetiche a autodeterminação no ano do centenário da nossa própria decisão nacional de suprimir esse princípio" – referindo-se à Guerra Civil, que começara no Forte Sumter em abril de 1861. Kissinger, o historiador da Europa, de imediato contestou a analogia implícita (e muito ruim) entre a Confederação e a República Democrática Alemã. Nas palavras de Kissinger: "A situação seria análoga se os franceses houvessem estabelecido um governo em Richmond contra a vontade dos estados do Sul, e se o Norte tivesse sido pressionado pela Grã-Bretanha a aceitar esse fato. O que você acha que isso teria causado ao futuro das relações entre Estados Unidos e Grã-Bretanha por uma geração?". E ele repetiu o seu argumento anterior: o seu "pesadelo" continuava sendo "um ressurgimento do nacionalismo na Alemanha e de transações entre soviéticos e alemães em termos nacionais, destruindo as conquistas de quinze anos de integração europeia". Embora estivesse "disposto a ser flexível em questões de segurança, em procedimentos de acesso e assuntos semelhantes", tinha certeza absoluta de que "desistir do princípio da autodeterminação aplicada à Alemanha terá consequências catastróficas".[180]

A briga entre Kissinger e Bundy era mais do que amargo ressentimento. A crise de Berlim, afinal, não se encerrara. Na verdade, chegaria a um clímax perigoso dentro de poucas semanas após o confronto inconclusivo – e mais ou menos pelos motivos que Kissinger temia.

VI

Eram poucas as oportunidades de contato entre os cidadãos norte-americanos e soviéticos durante a Guerra Fria. A grande parte dos norte-americanos nunca sequer vislumbrou um russo em carne e osso, e vice-versa. A exceção à regra era a interação entre cientistas. Todos os anos, desde 1955, acadêmicos preocupados com a questão do desarmamento nuclear se reuniam nas conferências Pugwash. Em 1961, a localização do encontro foi a cidade de Stowe, nas Montanhas Verdes de Vermont. Sem dúvida aliviado por escapar da umidade assim como das humilhações de Washington, Henry Kissinger esteve entre os participantes. O que ele aprendeu lá dos representantes soviéticos confirmou sua crença de que a questão alemã ainda estava muito longe de ser resolvida.

Durante a sessão plenária, um dos representantes norte-americanos, o físico nascido na Rússia Eugene Rabinowitch, veterano do Projeto Manhattan e fundador do *Bulletin of the Atomic Scientists*, havia se queixado de que "o governo dos Estados Unidos estava conduzindo políticas do século XIX em relação a Berlim em um momento em que tais medidas eram de todo insanas. Como resultado [...], frases como 'se formos pressionados demais a respeito de Berlim, partiremos para a briga' não passavam de blefe e não eram levadas a sério por nenhum norte-americano". Kissinger, acompanhado por seu colega/rival de Harvard Robert Bowie, se apressou a assegurar aos representantes soviéticos que "eu vi parte do funcionamento do nosso governo [e] poderia lhes garantir que as nossas ameaças sobre Berlim eram absolutamente sérias. Uma política soviética com base no pressuposto de que estávamos blefando só poderia levar ao desastre". O historiador russo Vladimir Khvostov respondeu que isso "provava que a política soviética estava certa ao retomar os testes nucleares", ao que Kissinger replicou que, "se os soviéticos estavam preparados de forma unilateral para interromper o nosso acesso a Berlim, estavam de fato corretos em retomar os testes, pois qualquer interrupção ao nosso acesso levaria a uma guerra". Por iniciativa dos russos, esse diálogo foi sucedido por reunião mais longa na noite seguinte, com a participação de Kissinger, Khvostov, do bioquímico Norair Sissakyan e do general Nikolai Talensky do Gabinete Geral do Exército Vermelho. Após uma troca de posições agora familiares sobre Berlim, animada pelo humor mordaz habitual de Kissinger, a conversa se voltou para a questão mais ampla da fronteira oriental da Alemanha. Encorajado por Kissinger, Talensky perguntou "se eu achava possível que fizéssemos um acordo com a União Soviética em que eles garantissem o acesso a Berlim em troca da nossa garantia sobre as fronteiras orientais da Alemanha [a linha Oder-Neisse que ainda era rejeitada por muitos conservadores da Alemanha Ocidental]. As garantias de acesso a Berlim fariam, então, parte de um tratado de paz que a União Soviética assinaria em separado com a RDA". Enfatizando que falava como um cidadão comum – embora os soviéticos sem dúvida não acreditassem nisso –, Kissinger disse que acreditava que sim, acrescentando a seguir um quarto ponto, que os alemães orientais assumissem a gestão do acesso a Berlim Ocidental como agentes da União Soviética, mas insistindo que a iniciativa de tal acordo teria de vir de Moscou, não de Washington.

O dia seguinte se passou sem mais conversas, mas, no último dia da conferência, os representantes soviéticos estavam prestes a embarcar no ônibus para o aeroporto quando Kissinger foi mais uma vez abordado, dessa vez por Khvostov e o físico Igor Tamm, que o bombardearam com novas perguntas. Estava ele convencido de que não poderia haver tropas soviéticas em Berlim Ocidental? Será que uma garantia da ONU dos direitos norte-americanos em Berlim Ocidental seria aceitável? Kissinger respondeu que os Estados Unidos "não concordariam com uma situação que pudesse ser alterada a cada ano por uma maioria na Assembleia Geral. Tamm perguntou sobre uma garantia de cinco anos. Eu disse que era muito curta. Ele então propôs dez anos. Respondi que, se isso continuasse, eu sugeriria 150 anos, e talvez pudéssemos nos encontrar no meio. Ele riu e disse que nós entendíamos um ao outro. Eu disse: 'Não tenho certeza disso'". Finalmente, Tamm chegou ao ponto: de que forma uma iniciativa soviética sobre a Alemanha seria aceitável? Será que uma carta escrita por um cientista para o *Pravda* bastaria? Kissinger objetou; seria necessário que partisse de um porta-voz do governo soviético. "Khvostov, que ficara em silêncio durante toda a discussão, declarou então que, sendo também historiador, queria me dizer que eu havia aprendido bem as minhas lições."[181]

Essa foi a primeira de muitas conversas por "canais ocultos" em que Henry Kissinger se comunicaria com representantes da União Soviética. Tais conversas foram importantes na Guerra Fria precisamente porque ambas as partes poderiam alegar que não representavam posições oficiais, mesmo quando cada uma assumia que a outra estivesse fazendo exatamente o mesmo. (O caráter não oficial também criava oportunidades para a sagacidade de Kissinger, que o *homo sovieticus*, com sua predileção pelo humor negro, tendia a apreciar.) Tamm, assim como o seu aluno Andrei Sakharov, via com ceticismo o valor das conferências Pugwash justamente porque os participantes soviéticos não tinham permissão de falar com liberdade. No entanto, o sinal que acabara de enviar a Washington por meio de Kissinger era importante.[182] Em seu discurso às Nações Unidas em 25 de setembro, Kennedy se mostrou tão conciliador sobre o tema de Berlim que até mesmo o jornal oficial da Alemanha Oriental *Neues Deutschland* elogiou a sua "notável [...] disposição de negociar".[183] O ministro soviético das Relações Exteriores, Andrei Gromyko, pelo contrário, foi inflexível. Como Acheson, Kissinger se irritou com o fato de os soviéticos continuarem a duvidar da determinação norte-americana. Era evidente que apenas algumas ações militares concretas os convenceriam de que não poderiam avançar mais em Berlim.[184] Era algo razoável. Não havia, afinal, nenhuma garantia de que os soviéticos, tendo construído o muro, não imporiam agora restrições ao acesso ocidental à sua parte da cidade. O problema era que ainda havia pouquíssimas medidas militares a serem tomadas em Berlim que não agravassem rapidamente a situação até chegar a uma guerra nuclear total. Na verdade, a suspeita de Kissinger era que o general Norstad considerava qualquer ação convencional como "quase que inteiramente um gatilho para [o uso de] armas nucleares".[185]

Durante toda a crise de Berlim, Kissinger foi repetidas vezes acusado de ser aguerrido demais. Ele se enfureceu quando *The Crimson* de Harvard publicou uma história com o título "Kissinger Cautions Disarmament Might Lead to U.S.S.R. Victory" [Kissinger alerta que o desarmamento poderia levar a uma vitória da União Soviética].[186] Na realidade, como continuava a insistir, a sua posição sobre Berlim tinha nuances demais para ser classificada simplesmente como "dura" ou "firme". Como vimos, ele favorecia uma posição intransigente na questão da autodeterminação alemã.[187] Acreditava com firmeza que os Estados Unidos precisavam transmitir a Moscou a sua determinação de não fazer mais concessões quanto ao acesso a Berlim Ocidental, e que medidas militares – inclusive a retomada dos testes nucleares na atmosfera – talvez fossem necessárias para atingir esse objetivo. Contudo, como as suas conversações em Stowe deixaram claro, Kissinger estava disposto a negociar sobre uma ampla gama de questões, desde a situação de Berlim Ocidental até a fronteira da Alemanha Oriental. E ele sentia o sincero temor de que os planos militares de Norstad corressem "riscos desnecessários, fosse de uma guerra geral ou de alguma forma de humilhação".[188] Em 16 de outubro, Kissinger escreveu um memorando ríspido, criticando o relatório recente de Norstad para o presidente, o chefe do Estado-Maior Conjunto, Rusk e McNamara; ele acusava Norstad de "arrogar-se de decisões que deveriam ser do presidente" ao "solicitar carta branca para fazer o que lhe parecesse apropriado no momento da crise, sem especificar as contingências ou o passo seguinte". Live Oak consistia, em essência, de "sondas" ao longo da autoestrada para Berlim Ocidental, a serem sucedidas, ao primeiro sinal de resistência soviética ou da Alemanha Oriental, pela rápida escalada militar, presumivelmente – embora não estivesse muito claro quando – envolvendo armas nucleares. Era interessante que, quando confrontado com a hipótese de um confronto militar por Berlim, Kissinger agora revertia ao seu argumento inicial de *Nuclear Weapons and Foreign Policy* [Armas nucleares e política externa] de que seria possível travar uma guerra nuclear limitada com mísseis táticos. Entretanto, a seus olhos isso não era caracterizado como uma política "dura" se a alternativa implícita por Live Oak era uma escalada incontrolável a uma guerra total que envolveria forças estratégicas de ambas as superpotências.[189] Não adiantou. Os memorandos de Kissinger foram ignorados. Ele se viu reduzido a ler os jornais para obter informações sobre a expansão das forças convencionais.[190]

Kissinger havia tentado se demitir como consultor antes, e não conseguira. Em 19 de outubro, ele tentou de novo.[191] Schlesinger, como de costume, se mostrou compreensivo. ("Considero tudo isso uma vergonha e um erro terríveis.")[192] Bundy, como de costume, tentou convencê-lo a ficar. Kissinger, como de costume, deixou a porta aberta para "pedido[s] de conselho" no futuro.[193] Dessa vez, porém, resolveu encaminhar uma resignação formal, escrevendo diretamente a Kennedy e pedindo a Schlesinger que entregasse a carta, presumivelmente temendo que Bundy mais uma vez demonstrasse "a sua habilidade extraordinária em me mover de uma posição de desvantagem para outra".[194] Mesmo assim, Bundy teve a última palavra. "Já que do nosso lado não há nenhuma alteração em nosso desejo de nos beneficiarmos de seus conselhos", escreveu ele, "não parece haver sentido em anunciar a sua demissão".[195]

Aquilo foi um xeque-mate. Kissinger se sentiu furioso. O único motivo de Bundy, desabafou ele a Schlesinger, havia sido "dar ao presidente a impressão da minha participação enquanto continuava a me excluir até mesmo das responsabilidades mais triviais". Sentia-se "indignado que, nestes tempos críticos, a competitividade pessoal tomasse uma forma tão brutal".¹⁹⁶ Contudo, ele já havia proposto "não [...] discutir em público ou em particular nem o fato nem os motivos da minha separação". Quando a *Newsweek* telefonou pedindo a confirmação de que teria havido "um sério desacordo entre mim e a Casa Branca sobre a política em Berlim" e que isso "provavelmente levaria ao meu pedido de demissão e a uma ruptura pública", Kissinger precisou dar uma negação contida:

> Eu disse que a melhor resposta a essa pergunta era o fato da minha ida a Washington na semana que vem para participar de algumas conversas sobre a Alemanha. Embora seja inevitável que existam pontos de vista diferentes sobre um assunto tão complexo quanto Berlim, eu não iria para lá se não quisesse apoiar as principais linhas de nossa política. Quanto ao grau da minha colaboração com a Casa Branca, essa foi em grande parte uma questão técnica relacionada com as minhas obrigações em Harvard e com o tipo de responsabilidades que eu seria capaz de assumir em Washington.¹⁹⁷

A estreia de Kissinger na Casa Branca, pelo jeito, terminara de forma melancólica. O seu acesso a material secreto foi encerrado; o cofre da CIA em seu escritório em Cambridge foi removido.¹⁹⁸ Ele estava o mais longe possível do Gabinete de Crise da Casa Branca – para ser exato, dando uma palestra na Universidade Duke – quando a crise de Berlim finalmente atingiu o ápice. No entanto, na ausência de qualquer declaração pública, o mundo continuava a vê-lo como um "assessor de JFK" e "consultor especial do presidente".¹⁹⁹

O *crescendo* veio na sexta-feira, 27 de outubro de 1961. Assim como Kissinger previra, os russos haviam autorizado a polícia da fronteira da Alemanha Oriental a exigir que os civis aliados apresentassem os seus documentos antes de entrar na zona de ocupação soviética. Tomando a iniciativa, Clay resolveu resistir a essa violação com procedimentos estabelecidos, fornecendo escoltas armadas a diplomatas que cruzassem a fronteira para Berlim Oriental. Ambos os lados agora enviavam tanques para o centro de Berlim. Pela noite do dia 27, dez tanques M48 norte-americanos encaravam dez tanques T55 soviéticos em cada lado do dilapidado posto de sentinela em Friedrichstrasse conhecido como Checkpoint Charlie. Ambos os lados tinham munição real. Estavam separados por apenas 146 metros de distância. À meia-noite, com Kennedy ao telefone em Washington, Clay informou que outros vinte tanques soviéticos estavam a caminho. O número total de tanques norte-americanos na cidade inteira era de apenas trinta. Foi um dos momentos decisivos da Guerra Fria – e um dos mais surreais, à medida que os berlinenses que saíam da estação de metrô de Friedrichstrasse se viam no epicentro do que poderia ter sido o Armagedom.

Clay – recordando sua própria experiência na época do bloqueio aéreo de Berlim – tinha certeza de que os russos estavam blefando. De tudo o que sabemos hoje sobre Khrushchov, é quase certo que ele tivesse razão. No entanto, Kennedy e seus consultores mais uma vez recuaram. Em segredo, o presidente enviou o irmão, o procurador-geral Robert Kennedy, para dizer ao espião simpatizante Georgi Bolshakov que, "se os tanques russos forem embora, os norte-americanos fariam o mesmo em vinte minutos".[200] Ao mesmo tempo, Dean Rusk informou Clay que a entrada em Berlim "não era um interesse vital que justificasse determinado recurso à força para protegê--la e mantê-la". Às 10h30 do dia seguinte, os tanques soviético se retiraram; meia hora depois, os tanques americanos fizeram o mesmo. Falando no 22º Congresso do Partido, Khrushchov anunciou devidamente o encerramento do ultimato de Berlim.[201] De maneira tácita, concordou-se que autoridades norte-americanas, inglesas e francesas continuariam a gozar de acesso à zona soviética da cidade.

A crise estava encerrada – e um importante precedente foi determinado. Em vez de arriscar uma guerra nuclear, Kennedy estava preparado para fazer concessões por canais ocultos, desde que o público não o visse vacilar. Esse era o realismo em ação.

VII

Na esteira da crise de Berlim, Kennedy reformulou o seu gabinete de política externa no que ficou conhecido como o Massacre do Dia de Ação de Graças. Chester Bowles foi substituído como vice de Rusk por George Ball; Rostow passou a comandar o Planejamento Político; Carl Kaysen se tornou o vice de Bundy no CSN; e Michael Forrestal e Robert Komer foram chamados para tratar, respectivamente, do Vietnã e do Oriente Médio.[202] Surge a pergunta:

por que exatamente Bundy fez tão pouco uso eficaz de um colega de Harvard que era um verdadeiro especialista sobre a Alemanha, mesmo quando a própria sobrevivência dos Estados Unidos parecia depender de Berlim? Foi realmente, como Kissinger se queixou a Schlesinger, apenas uma questão de "competitividade pessoal"? A resposta é que havia outra razão pela qual, desde o início, Bundy estava decidido a manter Kissinger a uma distância segura do presidente. Arthur Schlesinger deixou a verdade escapar na época em que Kissinger se demitiu.[203] Tratava-se do fato de que ele era ainda visto como leal a Rockefeller – e Nelson Rockefeller ainda parecia o homem com a maior probabilidade de desafiar Kennedy à presidência em 1964.

Kissinger teve o cuidado de negar que houvesse um conflito de lealdades. Ele instou Schlesinger a tranquilizar Kennedy e esclarecer-lhe que, "embora houvesse sido consultor do governador Rockefeller no passado, ele não trabalhou com Rockefeller durante o período em que esteve na Casa Branca, e não se propõe a fazê-lo agora. Ele sente que a política externa estará em mãos muito melhores sob uma administração democrata do que uma republicana".[204] Quando Rod Perkins lhe pediu que elaborasse um discurso para Rockefeller, "revisando e criticando a política externa da administração Kennedy", Kissinger recusou com a explicação de que "não seria apropriado que eu contribua para um ataque contra uma administração [...] enquanto eu mantiver uma relação – por mais tênue que seja – como consultor da Casa Branca". No entanto, a sua explicação a Rockefeller deixou muito claro a profundidade de sua desilusão com Kennedy:

> Tenho o forte pressentimento de que um desastre nacional é iminente. A nossa política em relação à Alemanha enfraqueceu Adenauer e produzirá naquele país, em poucos anos, o nacionalismo ou o neutralismo. Os frutos de quinze anos de cooperação do Atlântico foram postos em risco. O nosso capital moral tem sido desperdiçado ao ponto em que uma Comunidade do Atlântico Norte em breve será um sonho vão. A nossa indecisão e falta de propósito têm instigado a intransigência soviética. A nossa posição sobre o desarmamento é uma farsa arrogante. Grande parte da burocracia está desmoralizada pelos métodos caóticos e brutais da administração. O nosso tom alterado no mundo subdesenvolvido não consegue superar a imagem de indecisão e declínio nacional. Se as tendências atuais continuarem, a minha expectativa é não apenas de um revés na política externa, mas de uma derrocada. Os nossos amigos em todos os lugares estão se

sentindo desmoralizados. No Sudeste Asiático, no Congo, no Irã, na América Latina, a nossa margem é tão delicada que um colapso total poderia começar daquele ponto.

Além disso, Kissinger deixou claro que ele estava à beira de "cortar os meus poucos laços remanescentes" com a administração "assim que as decisões atuais a respeito de Berlim se tornassem irrevogáveis, e se forem o que eu suspeito". Embora ele não pudesse escrever um discurso atacando Kennedy de maneira direta, estava preparado para ajudar Rockefeller de quase qualquer outra forma.

> Ficarei feliz em me encontrar com você a qualquer momento para lhe dar a minha opinião sobre questões atuais. Terei todo o prazer em verificar a precisão factual do trabalho da sua unidade de pesquisa. Eu ficaria encantado em examinar as palestras Godkin [que Rockefeller havia concordado em dar em Harvard, sobre o seu assunto predileto, o federalismo].[205] Posso fazer qualquer coisa em que o meu julgamento seja solicitado por um dos nossos importantes cidadãos e um homem por quem sinto uma profunda amizade. [...] Foi uma tragédia que o Partido Republicano não o tenha indicado. Acredito em você, e em breve espero ser capaz de atuar de novo como seu colaborador sem nenhuma reserva.[206]

No dia seguinte, ele prometeu enviar a Rockefeller "no meio de novembro [...] os dois memorandos que discutimos que tratam do problema da estrutura política do mundo livre e das medidas para tornar o conceito de liberdade significativo".[207]

Tendo se demitido formalmente em sua carta a Kennedy de 3 de novembro, Kissinger poderia retomar o trabalho com Rockefeller com a consciência limpa. Um mês depois, elaborou um parecer para ele sobre os testes nucleares.[208] Mais tarde, naquele mesmo mês, escreveu outro parecer sobre "a natureza da liberdade" – provavelmente um projeto para as palestras Godkin.[209] No início de 1962, estava de volta para aconselhar Rockefeller em toda a gama de questões de política externa. Em sua ausência, o estado de espírito no laboratório de pesquisa de Nova York havia se abatido. June Goldthwait se queixava de que não estava bem claro se ela estava trabalhando "(1) apenas [para] poder fornecer a NAR munição política para derrotar JFK e ganhar a eleição de 1964; ou (2) fazer isso, mas também auxiliar na educação de NAR a respeito de algumas das questões com que teria que lidar se fosse eleito, e, até certo ponto, ajudar a desenvolver programas e propostas positivos". ("Para ser franca", acrescentou ela, "estou mais cética quanto à possibilidade ou não da realização do número (2).")[210] A fim de tentar melhorar a situação, Perkins e Kissinger decidiram nomear um novo diretor da unidade de pesquisa, oferecendo o trabalho primeiro a Jay Iselin, ex-editor-chefe de *The Harvard Crimson*,[211] e depois a John Deardourff, assessor legislativo de Jessica Weis, congressista por Nova York.[212] Desapontados por serem preteridas para promoção, tanto Goldthwait quanto Mary Boland pediram demissão. O resultado final foi que a carga de trabalho de Kissinger para Rockefeller cresceu. Em março de 1962, ele regularmente tinha "conversas com o governador [...] no nível da política nacional geral".[213]

Contudo, havia uma complicação. Um ano após o retorno de Kissinger ao campo de Rockefeller, um pedido de Bundy e Kaysen chegou para reavivar o seu papel anterior como um canal de comunicação entre Washington e Bonn.[214] Kissinger agora precisou escrever outra carta esclarecendo as suas lealdades, dessa vez para Perkins. Bundy, explicou, queria que ele realizasse "uma missão específica que tem a ver com o nosso planejamento na OTAN:

[Todavia], exceto por essa única missão, que levou cerca de uma semana, não tenho mantido nenhum relacionamento com o governo desde o fim de outubro.

Ao cumprir a missão que mencionei acima, fui de novo colocado na ficha de pagamento como consultor. Seria complicado demais explicar os métodos que permitiram que isso fosse realizado. Seria um comentário muito interessante sobre as técnicas políticas da Nova Fronteira [um slogan do discurso de aceitação de Kennedy na Convenção Democrata de 1960].

Estou me estendendo sobre isso porque quero que você tenha absoluta certeza de que, embora tenha ocorrido apenas esta única vez, eu talvez venha a me sentir obrigado a responder a perguntas específicas que me sejam feitas pela Casa Branca em outras ocasiões. E quando isso ocorrer, não serei capaz de participar na elaboração de um parecer para o governador quando se referir às mesmas questões específicas.

Este não é um problema imediato, pois, como já disse, a minha conexão tem sido muito tênue e meus planos são que ela permaneça assim. No entanto, precisamente porque não há nenhum problema agora, é importante não deixar dúvidas de que serei incapaz de trabalhar para o governador em qualquer assunto sobre o qual eu tenha obtido acesso a informações do governo por um período de tempo posterior razoável. Vou, é claro, manter isso em mente ao julgar se eu deveria realizar qualquer missão específica para a Casa Branca.

O ponto principal que eu gostaria de frisar é a expressão da minha convicção de que estamos em meio a uma profunda crise nacional que me obriga a responder ao pedido do governo por conselhos quando sinto que posso ser útil. Não preciso acrescentar que Nelson sempre terá a minha atenção especial dada a amizade e devoção que sinto por ele.[215]

"Resposta flexível" havia sido uma das marcas registradas da administração Kennedy. A frase também se aplica bem ao modo como Henry Kissinger havia procurado desempenhar um papel na administração Kennedy, ao mesmo tempo que mantinha sua associação com o homem que estava entre os rivais políticos mais proeminentes do presidente. As desvantagens da resposta flexível como estratégia militar haviam sido expostas pela crise de Berlim; no final, Kennedy simplesmente não se convencera de que uma guerra limitada poderia ser travada sem uma rápida escalada para uma guerra nuclear total. Na falta de uma opção militar crível, fechou um acordo com Khrushchov não uma vez, mas duas – acordos que deixaram Berlim dividida por um muro horrendo, com uma "faixa da morte" (*Todesstreifen*) que tiraria a vida de algo entre 120 e 240 pessoas nos 28 anos de sua existência.[216]

A crise também revelara que a resposta flexível era uma base fraca para uma carreira no ramo executivo do governo federal dos Estados Unidos. Aqui, a distinção entre realismo e idealismo – ou pragmatismo e dogmatismo, como Kissinger preferiu dizer nessa época – volta a ser relevante. Sobre a questão central da Alemanha, como já vimos, ele fora o idealista, insistindo na aplicabilidade do princípio wilsoniano da autodeterminação. Kennedy fora o pragmático, fazendo concessões sobre a construção do Muro de Berlim e do controle do acesso à Alemanha Oriental, o que Kissinger deplorava. Sabendo hoje o que estava por vir, podemos agradecer à sorte que o pragmatismo em vez do idealismo tenha prevalecido no Gabinete de Crise. Há pouca dúvida de que Kissinger estivesse mais disposto do que Kennedy a contemplar uma guerra sobre Berlim em preferência a um muro cruzando a cidade.

No entanto, Kissinger tinha a sua própria versão de pragmatismo. Como o seu mentor Bill Elliott antes dele, Kissinger desejava ser admitido nos corredores do poder. Contudo, tentar entrar a convite de um presidente democrata enquanto carregava no bolso uma promessa de compromisso posterior com uma administração republicana foi uma estratégia pragmática demais para que desse certo. Bundy havia dado a Henry Kissinger uma lição dolorosa nas artes negras praticadas dentro da Beltway em Washington. Não sem razão, pode-se dizer, ele havia buscado minimizar o papel de seu protegido aguerrido. Ao fazê-lo, Bundy o ensinou que o acesso ao presidente não era o fator mais importante na política norte-americana; era o único fator – e que, sem ele, mesmo os melhores e mais brilhantes meninos-prodígio de Harvard estavam fadados à impotência. Infelizmente, a próxima lição que Kissinger teria de aprender – a de que há poucas coisas mais enganosamente perigosas na política do que a pergunta de um jornalista – seria quase tão angustiante.

Capítulo 14
Fatos da vida

> Quando digo que falo aqui como um cidadão privado, percebo que estou um pouco na posição de um membro da Liga da Proibição que é flagrado bebendo, e quando alguém lhe pergunta: "Como é que você consegue se conciliar como membro da Liga da Proibição?", ele responde: "Estou bebendo na minha capacidade privada". (risos)
>
> Henry Kissinger, 1962[1]

> Se os Estados Unidos não mudarem de atitude, vamos todos para o inferno, e essa é a única coisa que faremos juntos.
>
> Paul Stehlin, 1962[2]

I

Era um tema recorrente da obra madura de Henry Kissinger que a política interna e a externa são atividades fundamentalmente diferentes. Isso não era algo que os irmãos Kennedy percebiam de todo. Haviam aprendido a sua *realpolitik* em casa. Crescer como um Kennedy era em si um curso de nível avançado. O pai era contrabandista, mulherengo e conciliador; John e Robert Kennedy perderam a irmã mais velha para uma lobotomia em 1941,* o irmão mais velho para a guerra em 1944, e a segunda irmã para um acidente de avião em 1948. Jack Kennedy foi um herói de guerra, mas também um tremendo mentiroso. A infidelidade compulsiva à esposa era apenas uma de muitas fraudes. Ao longo de sua carreira política, ele ocultou a gravidade de seus problemas de saúde

---

* Ela sobreviveu ao procedimento, mas sofreu danos mentais permanentes.

(ele sofria de dor aguda nas costas, hipotiroidismo e doença de Addison, uma condição que faz com que as glândulas adrenais não produzam hormônios esteroides suficientes, o que exigia tratamentos contínuos com cortisona). Ele se ausentou deliberadamente da votação no Senado que censurou Joe McCarthy, que mais de uma vez havia sido hóspede na casa de Kennedy. Mentiu ao próprio irmão sobre a sua decisão de tornar Lyndon Johnson o seu companheiro de chapa em 1960. É possível que a campanha de Kennedy tenha recorrido à assistência da máfia para derrotar Richard Nixon naquele ano. Intervir a favor de Martin Luther King Jr. quando este foi preso também ajudou Kennedy a ganhar a eleição de 1960, mas isso não impediu que Bobby Kennedy, como procurador-geral, autorizasse escutas no telefone de King três anos mais tarde.[3]

John F. Kennedy ganhara a presidência dos Estados Unidos jogando sujo, estado por estado. O que quer que tenha dito em seu eminente discurso de posse, ele presumiu que a Guerra Fria teria de ser combatida da mesma forma, jogando sujo, Estado por Estado. Não eram só Cuba e Alemanha que estavam em jogo. Como Kissinger observou em 1961, os soviéticos e os seus confederados também exerciam pressão "no Sudeste Asiático, no Congo, no Irã, na América Latina".[4] Para que a resposta flexível tivesse qualquer significado como conceito estratégico, precisava permitir que os Estados Unidos realizassem ações militares em um ou mais desses locais sem levar o mundo à destruição total. Se a guerra limitada se revelasse arriscada demais – como com certeza fora o caso em Berlim –, então havia outros métodos disponíveis. Mesmo antes da posse de Kennedy, em 17 de janeiro de 1961, Patrice Lumumba, o primeiro primeiro-ministro eleito de forma democrática na República do Congo, foi morto por um pelotão de fuzilamento; embora não fosse responsável de modo direto, a CIA vinha conspirando para que ele fosse morto. Quatro meses depois, o ditador militar da República Dominicana, Rafael Trujillo, foi morto a tiros com carabinas M1 fornecidas com a aprovação da CIA. Esses dois casos foram herdados por Kennedy de seu antecessor, mas a nova administração se revelou igualmente ou até mais entusiasmada por assassinatos como um instrumento da política. A seguir na lista vinham Fidel Castro e, como se verá, o líder sul-vietnamita Ngo Dinh Diem. Finalmente, onde um assassinato não era a solução, sempre havia acordos a serem feitos.

Essa abordagem à "Guerra do Terceiro Mundo" tinha duas desvantagens. Em primeiro lugar, havia uma tendência a exagerar o poder do lado adversário. Democratas e republicanos eram em geral bastante parelhos nas eleições presidenciais, com recursos comparáveis em termos de apoio; vitórias esmagadoras não eram comuns. A competição entre os Estados Unidos e a União Soviética não era assim. Desde o início, a economia dos Estados Unidos era muito mais forte: em termos de produto interno bruto, a União Soviética tinha cerca de um terço do tamanho. Ao longo da década de 1950 e também em boa parte da de 1960, o arsenal nuclear dos Estados Unidos era muito maior.* No entanto, durante a Guerra Fria, Washington tendeu a exagerar o poderio soviético, no aspecto econômico e também no militar. Essa foi a principal razão por que Kennedy se dispunha a fechar acordos com Khrushchov quando poderia com legitimidade ter exposto o blefe do russo. A outra dificuldade em tratar política externa como um jogo essencialmente idêntico ao da política interna era o perigo de incompreensão. Cuba não era o Colorado, o Vietnã não era a Virgínia. Eram países estrangeiros, e faziam as coisas de forma diferente por lá. Um realismo que negligenciasse essa simples verdade não era nem um pouco realista.

Nada ilustra o problema melhor do que o caso de Henry Kissinger. Nunca em toda a vida ele estivera no Sudeste Asiático, muito menos no Congo, no Irã, ou na América Latina. A única ilha do Caribe que já visitara era Saint John, quando se hospedara na estação de férias de Rockefeller em Caneel Bay. Na verdade, com exceção das viagens ao Japão e à Coreia em 1951 e ao Japão novamente em 1960, Kissinger jamais viajara para fora da Europa e dos Estados Unidos. Isso era, obviamente, uma desvantagem possível de ser superada. No entanto, visitar países desconhecidos implicava riscos – em especial para um homem a quem o mundo continuava a ver como consultor do presidente dos Estados Unidos.

---

* Para ser mais preciso, em 1962, a União Soviética tinha 20 mísseis balísticos intercontinentais; os Estados Unidos, pelo menos, 180. Os soviéticos tinham 200 bombardeiros de longo alcance; os norte-americanos, 630. Os soviéticos tinham apenas 6 submarinos com capacidade de lançar até 3 mísseis balísticos a partir do mar; os norte-americanos, 12 submarinos Polaris, cada um transportando 12 mísseis nucleares. Esses números tornam claro como o pânico da "disparidade de mísseis" do final da década de 1950 era absurdo, pelo menos em termos de mísseis de longo alcance.

II

A relação complexa e controversa de Henry Kissinger com a América Latina começou em maio de 1962, quando, por sugestão do Departamento de Estado, ele visitou o Brasil para dar uma palestra na Escola Superior de Guerra. O país estava então sob um governo com tendências de esquerda que estava longe de ser estável. Jânio Quadros fora eleito presidente como líder da União Democrática Nacional, de centro-direita, mas as decisões que tomou de estabelecer relações diplomáticas com a União Soviética e a China, e de estatizar as minas de minério de ferro em Minas Gerais, haviam levado à sua renúncia depois de apenas sete meses. Quando Kissinger chegou, o vice-presidente João Goulart havia assumido, mas só depois de uma longa crise que terminara com o estabelecimento de um sistema parlamentar destinado a limitar os poderes da presidência. Graças aos contatos de Rockefeller e dos bons escritórios do embaixador dos Estados Unidos, Lincoln Gordon, Kissinger conseguiu se reunir com uma variedade de brasileiros influentes,[5] inclusive o eminente antropólogo Gilberto Freyre.[6] A sua primeira impressão foi confusa. "Muitos brasileiros o alertavam para esperar uma grande crise política – talvez até um levante violento – em pouco tempo", observou ele. "No entanto, eles não foram capazes de explicar qual era o problema."[7] A visão na embaixada dos Estados Unidos era clara: Goulart, assim como seu antecessor Quadros, pretendia dar uma guinada para a esquerda. Observando a situação mais de perto, "as perspectivas de curto prazo no Brasil [eram] bastante desanimadoras",[8] concluiu Kissinger, especialmente após a nomeação do socialista Hermes Lima como primeiro-ministro. Kissinger havia se encontrado com Lima. "*The New York Times*, com a sua habitual perspicácia, descreveu [Lima] como um 'socialista moderado'", comentou ele com Kraemer. "Se isso é verdade, então eu gostaria de ver com o que um comunista se parece."[9]

A experiência de Cuba levou muitos norte-americanos a verem todos os países latino-americanos como se estivessem à beira do "colapso" para o comunismo.[10] Esse era o poder da ideia de "efeito dominó" de Eisenhower. O problema era que parecia haver apenas um antídoto confiável, e esse era o regime militar. Durante a sua visita, Kissinger se reuniu com o general Nelson de Mello, comandante do II Exército, e Antônio Sílvio Cunha Bueno, membro da Assembleia do estado de São Paulo. Ante a pergunta de se Jânio Quadros poderia ganhar o governo de São Paulo e encenar um retorno político, Cunha Bueno respondeu

> que Jânio nunca conseguiria assumir o cargo se fosse eleito. Os militares interviriam, preferindo uma ditadura segura ao resultado imponderável do retorno de Quadros a uma posição política proeminente. O general De Mello [sic] nem confirmou nem negou essa declaração, embora a tivesse ouvido claramente. O deputado Cunha Bueno disse ao dr. Kissinger que os generais do Exército, com uma ou duas exceções bem conhecidas, tinham convicções democráticas e eram amigáveis aos Estados Unidos.[11]

Ao fim de março de 1964, Goulart de fato seria derrubado pelas Forças Armadas em uma reação contra as suas "reformas de base", que incluíam a estatização das refinarias de petróleo do país e a imposição de controles sobre a renda. Pelas duas décadas seguintes, o Brasil seria uma ditadura militar.

O fato de que tantos observadores norte-americanos temiam a subversão comunista na América Latina não é evidência por si só do que estava acontecendo; nem, no entanto, é prova de que *não* estava acontecendo. A KGB por certo estava ativa no Brasil, assim como na maioria dos principais países da América Latina no início da década de 1960.[12] Contudo, é provavelmente justo dizer que os estrategistas políticos norte-americanos exageraram em muito a sua influência, ao mesmo tempo que subestimavam as fontes endógenas de descontentamento com as ordens políticas caracterizadas pela desigualdade, corrupção e repressão. Para um homem que combatia a Guerra Fria, todo radical aparentava ser uma ferramenta soviética, toda revolução um golpe da KGB. Do mesmo modo, quando uma revolução derrubou o imã do Iêmen do Norte em setembro de 1962, Kissinger não tardou a ver o início de uma "crise do Oriente Médio" mais ampla.

> O governo revolucionário no Iêmen começou a exercer pressão nas áreas de Áden e nos emirados sob o controle dos ingleses. As tropas egípcias também constituem uma ameaça para a Arábia Saudita.
>
> Somadas às revoltas no Iraque, é bem provável que, nos próximos anos, haja levantes na Arábia Saudita e, em particular, na Jordânia. Se o rei da Jordânia for

morto, é improvável que o reino sobreviva. Nesse caso, se o governo que o suceder se juntar a um dos vizinhos maiores da Jordânia, é certo que haverá outra guerra árabe-israelense.[13]

Essa análise, na melhor das hipóteses, estava em parte correta. O novo regime republicano no Iêmen, sem dúvida, representava uma ameaça para o posto colonial britânico avançado de Áden, e o regime de Nasser no Egito tinha esperanças de usá-lo como uma cabeça de ponte na região. As monarquias do Golfo, inclusive a saudita, reconheceram o perigo e cooperaram com o governo britânico e com o Serviço Secreto de Inteligência para combatê-lo. Kissinger também estava certo ao prever outra guerra árabe-israelense, embora esta não acontecesse até 1967. No entanto, nem a Arábia Saudita nem a Jordânia seguiram o Iraque e o Iêmen pelo caminho da revolução; em vez disso, foi na Síria e no Iraque que os regimes baathistas tomaram o poder em 1963. Aqui está uma ilustração perfeita dos perigos que surgem quando acadêmicos que são especialistas sobre uma parte do mundo acreditam que conseguirão aplicar os seus conhecimentos de forma indiscriminada a contextos completamente diferentes.

Não foi para o Oriente Médio que Kissinger viajou no final de 1961, no entanto, mas para o sul da Ásia. A sua incursão em Washington havia, aparentemente, terminado mal. O seu casamento atravessava um momento difícil. Os convites para visitar a Índia e o Paquistão pareciam oferecer um refúgio atraente dessas dificuldades, em especial porque poderia contar com a hospitalidade universitária de seu colega de Harvard J. K. Galbraith, agora instalado como embaixador dos Estados Unidos em Délhi. Sem dúvida, Kissinger aprendeu muito em seu passeio. Contudo, se partiu esperando descanso e recuperação, logo se desapontou.

Kissinger chegou a Délhi menos de duas semanas depois que o Exército indiano invadiu o enclave colonial de Goa, que estivera nas mãos de Portugal por quatro séculos e meio. Essa ação unilateral foi condenada pela administração Kennedy, mas o ministro da Defesa da Índia, o volátil V. K. Krishna Menon, respondeu que as queixas ocidentais eram apenas "vestígio(s) do imperialismo ocidental". O incidente foi significativo, em particular porque havia muitas outras relíquias coloniais europeias na Ásia, inclusive a colônia portuguesa do Timor-Leste e a colônia holandesa da Nova Guiné Ocidental, ambas reivindicadas pela Indonésia. Kissinger estava na Índia como parte do programa de intercâmbio cultural da USIS; daria palestras sobre a política externa norte-americana no Instituto Indiano de Administração Pública e em outros lugares. Contudo, ele também se aproveitou de sua posição como consultor presidencial para se reunir com importantes autoridades e políticos indianos, que estavam interessados nas opiniões dele sobre a questão do desarmamento nuclear. O primeiro encontro foi com R. K. Nehru, líder permanente do Ministério das Relações Exteriores da Índia.[14] Também se reuniu com o secretário das Relações Exteriores, M. J. Desai, que sugeriu que a questão da Nova Guiné Ocidental fosse referida à Assembleia Geral da ONU.[15] Em 8 e 10 de janeiro, Kissinger teve dois encontros com Krishna Menon, então abaixo apenas do primeiro-ministro Jawaharlal Nehru. Estas foram as suas primeiras impressões do que poderia ser chamado o estilo histriônico da política do sul da Ásia.

> Todos os seus assessores pareciam estar em estado de terror. Pediram-me, curvando-se e fazendo muitas reverências, que entrasse em seu escritório. Ele me cumprimentou à porta, me tomou a mão e me guiou a uma poltrona. O chefe de Gabinete da Força Aérea da Índia estava na sala. Krishna Menon se voltou para ele e gritou algumas instruções. A impressão de que toda a cena havia sido montada para causar efeito era inevitável. [...]
> Durante todo o encontro, Menon fez um grande esforço para ser encantador e se provar razoável. No entanto, parecia ser um homem lutando para manter o autocontrole, e, ao iniciar cada ponto, começava em um tom de voz baixo e comedido, que crescia até se tornar frenético.

As objeções norte-americanas à tomada de Goa pela Índia, disse ele a Kissinger, "demonstravam a influência das grandes famílias inglesas sobre a política dos Estados Unidos". Estrangeiros não especificados estavam encorajando a Índia a ir à guerra com a China por uma terra "absolutamente sem valor" na fronteira nordeste. A motivação delas era minar "os elementos progressivos na Índia" porque os adversários de "qualquer política social avançada [...] agrupavam tudo sob o rótulo de comunismo". No entanto, esses esforços estavam "fadados ao fracasso. [...] Não é possível lutar no Himalaia, e isso era bem sabido". (Na verdade, a guerra eclodiu em outubro daquele ano quando a China reverteu de forma decisiva a "Política Avançada" indiana de estabelecer postos avançados no lado chinês da fronteira.)

Kissinger não se sentiu desconcertado com aquele "método de apresentar uma enorme quantidade de detalhes, todos um pouco distorcidos, para criar um quadro da injustiça norte-americana, da tolerância indiana e da sabedoria comunista". Ele acrescentou, em um memorando da reunião enviado ao Departamento de Estado, que era "um pensamento assustador que Nehru receba boa parte das suas informações sobre política externa e sobre os Estados Unidos desse homem".[16]

Por outro lado, o seu encontro com Nehru foi tranquilo, embora tenha culminado em uma troca reveladora: "Eu [...] lhe perguntei se a Índia assinaria um acordo de desarmamento do qual a China comunista não fizesse parte. Ele me respondeu que lhe parecia impossível para a Índia fazer isso. Eu lhe indaguei se isso se aplicava até mesmo a um desarmamento nuclear. Ele replicou de modo evasivo, mas indicou que isso poderia acontecer".[17] Os indianos estavam cada vez mais preocupados com o programa nuclear da China, que datava de 1958, mas fora retardado pelo cancelamento da assistência técnica soviética em 1960. A maioria das reuniões subsequentes de Kissinger em Délhi – em especial com o presidente do Comitê de Energia Atômica da Índia – se concentrou de modo implícito na forma como o país deveria responder e se a assistência técnica norte-americana era uma possibilidade.[18]

Tudo isso foi esclarecedor, sem dúvida. Infelizmente para Kissinger, uma parte do processo de intercâmbio cultural envolvia responder perguntas de jornalistas. Essa foi uma provação que já havia experimentado algumas vezes nos Estados Unidos; de fato, ele havia apreciado o clima de competição das entrevistas coletivas norte-americanas. Entretanto, Kissinger subestimou a diferença entre Washington e Délhi. Ele também caiu em uma armadilha muito familiar aos professores de Harvard tanto no passado como no futuro que se seguiu: a armadilha de pensar que, se um jornalista faz uma pergunta sobre um assunto, deve ser porque acredita que o entrevistado sabe algo sobre esse assunto e, portanto, o entrevistado *precisa* saber algo a esse respeito.

Foi na verdade uma pergunta de um jornalista israelense sobre o Egito que iniciou a encrenca. De acordo com uma informação da Associated Press, divulgada por *The Washington Post*, Kissinger – identificado como "consultor particular de Kennedy sobre política externa" – respondeu que "medidas recentes tomadas pelo presidente Gamal Abdel Nasser e transações de armas entre os soviéticos e a RAU* têm provocado uma crise no Oriente Médio". Isso foi o bastante para gerar protestos oficiais no Cairo. Na verdade, segundo outros jornalistas presentes, o que Kissinger havia dito era que as importações de armas soviéticas pelo Egito eram "um fator de tensão" e "causavam preocupação"; ele também sublinhara repetidas vezes que falava em capacidade privada. Mesmo assim, o governo egípcio exigiu uma retratação pública dos comentários de Kissinger.

O que era pior, também haviam pedido a Kissinger que comentasse sobre a prolongada disputa territorial entre a Índia e o Paquistão pela Caxemira. Sua resposta foi que a atitude dos Estados Unidos se basearia nos méritos do caso; Washington não "irritaria a Índia por causa de Goa". Instado a comentar sobre Goa, descartou a reivindicação portuguesa ao território, chegando ao ponto de desdenhar a participação de Portugal na OTAN como um produto da "pactite" norte-americana, um neologismo criado para zombar do entusiasmo da administração Truman por alianças internacionais. Essas observações geraram um protesto oficial do Ministério das Relações Exteriores do Paquistão, que denunciou Kissinger como um "pseudodiplomata peripatético".[19] Pequim também se envolveu na situação, ofendendo-se com uma alusão feita por Kissinger quanto à possibilidade de uma invasão chinesa ao território indiano. Apesar de todos os esforços de Kissinger para esclarecer ou moderar o que havia dito, essa tempestade em copo d'água se alastrou por vários dias. No Paquistão, *Dawn* apelidou-o com deleite de "trapalhão".[20] O governo sírio pediu esclarecimentos sobre as observações feitas por "um alto consultor norte-americano do presidente Kennedy com um nome como Kissinger" que havia "visitado Israel recentemente para discutir a defesa de Israel". A situação não melhorou quando Kissinger foi forçado a confirmar que ele ainda era formalmente um consultor para o CSN.[21]

Kissinger tentou enfrentar o furor com bom humor ao chegar a Peshawar, onde era convidado do Departamento de Informação Públicas do governo do Paquistão. Ele começou o seu discurso no quartel-general da Força Aérea do Paquistão com autodepreciação: "Eu gostaria de deixar claro antes de tudo

---

* A República Árabe Unida fora criada em 1958 como uma união entre o Egito e a Síria. Em 1961, a Síria havia se separado, mas o Egito continuou a se referir a si mesmo como a RAU até 1971.

que me dirijo a vocês não em qualquer capacidade oficial, mas como um irresponsável professor de Harvard. Na verdade, há uma escola de pensamento nos Estados Unidos que defende que, uma vez que você tenha se identificado como um professor de Harvard, o adjetivo 'irresponsável' se torna completamente desnecessário (risos do público)".[22]

No entanto, mais uma vez comprovou-se ser difícil manter a conversa focada no tema escolhido, que era o "pensamento estratégico norte-americano". Em 29 de janeiro, Kissinger havia se encontrado com o presidente paquistanês, Ayub Khan, bem como com o seu ministro do Exterior, S. K. Dehlavi; ambos acreditavam terem assegurado o apoio dos Estados Unidos em favor da posição do Paquistão sobre a Caxemira, e ambos ameaçaram que o Paquistão teria que reconsiderar a sua posição caso Washington agora se aliasse à Índia, como Kissinger aparentemente implicara. De fato, Ayub sugeriu a possibilidade de neutralismo, se não mesmo de alinhamento com a Rússia e a China. Um oficial do Exército educado na Real Academia Militar de Sandhurst e que havia tomado o poder em 1958, Ayub parecia, sob alguns aspectos, o aliado modelo para os Estados Unidos: perfeito domínio da língua inglesa, um regime secular ainda que não democrático, o compromisso com a aliança demonstrado pela sua disposição em permitir que U-2s norte-americanos partissem de bases aéreas paquistanesas. Kissinger estava "impressionado", admitiu ele, com a "franqueza e sinceridade" de Ayub.[23] Entretanto, os comentários de Kissinger na entrevista coletiva em Délhi haviam sido interpretados como um questionamento da validade da aliança entre os Estados Unidos e o Paquistão. Ao lhe perguntarem sobre o uso da palavra "pactite", Kissinger mais uma vez respondeu em tom bem-humorado:

> Leio os jornais do subcontinente com interesse infinito, pois descubro que mesmo as atividades nas quais estou envolvido são novas para mim quando leio sobre elas na imprensa. (risos) [...] A declaração que fiz, que, devido a um limite de espaço na imprensa tanto do Paquistão quanto da Índia, não foi relatada por completo, foi a seguinte: eu disse que qualquer país que acredite que o instrumento da aliança é em si uma forma de segurança sofre de uma doença chamada "pactite"; que uma aliança, para ser eficaz, requer a disposição de se defender, uma prontidão para fazer esforços para se defender, e governos que sejam apoiados pelo povo. Quando essas condições são atendidas, uma aliança pode ser eficaz e é eficaz; quando essas condições não são atendidas, então uma aliança se torna

meramente um exercício de substituir uma defesa real por um documento escrito, e, na medida em que uma aliança é só um documento escrito, sem cumprir esses outros requisitos, se está realmente sofrendo do que eu chamei de "pactite". Foi isso o que eu disse na Índia, isso é o que estou dizendo aqui, e não estou dizendo nada no Paquistão que não tenha dito na Índia ou vice-versa.[24]

Isso não foi o bastante para o público. Kissinger logo se viu tendo que justificar o auxílio dos Estados Unidos à Índia e responder perguntas hipotéticas sobre o que os Estados Unidos fariam se a Índia atacasse o Paquistão. As suas tribulações também não acabaram na sala de aula. Ao retornar ao hotel, Kissinger foi novamente assediado por repórteres "que se recusavam a ser dissuadidos quando ele tentou evitar responder quaisquer perguntas", como relatou a sua escolta do Departamento de Estado com *Schadenfreude* mal disfarçado:

No final, ele consentiu generosamente em responder a alguns, mas as perguntas eram tão capciosas que o oficial de comunicações [...] se sentiu obrigado a intervir diversas vezes. A pergunta mais insistente era se o dr. Kissinger tinha visto alguma evidência do "Conluio Pushtunistão" quando visitou o Passo Khyber, uma alusão à atividade afegã na região. Depois de frisar que havia estado lá por apenas uma hora e que essa foi a sua primeira visita, o dr. Kissinger afirmou com relutância que não tinha visto nada do que fora mencionado.

No dia seguinte, o *Dawn* publicou a manchete "Nenhum sinal de agitação pró-Cabul [...] Dr. Kissinger visita área tribal".[25] Quando Kissinger chegou a Lahore, onde estava programado que fizesse uma palestra na Universidade do Punjab, a viagem já havia se degenerado em farsa. Ele começou a sua última sessão de perguntas e respostas com "o que é para um professor de Harvard uma confissão histórica, no sentido de que eu não sei tudo sobre tudo".[26]

O que ele mais tarde chamaria de "a histeria no Paquistão" havia aberto os olhos de Kissinger para a facilidade com que uma resposta casual para uma pergunta capciosa poderia desencadear uma balbúrdia diplomática.[27] As suas dificuldades não passaram despercebidas em Washington. Irritado com o que chamou de um "grande rebuliço", Bundy estipulou que, no futuro, "apenas autoridades deste governo em tempo integral sejam anunciados [pela USIS] como tendo uma conexão significativa com a administração".[28]

III

O conteúdo da palestra em Peshawar de Kissinger sobre o "pensamento estratégico norte-americano" talvez não tenha atraído muita atenção em comparação com os seus comentários menos prudentes à imprensa. No entanto, vale a pena lê-la, pois, evitando a linguagem mais técnica que ele teria utilizado diante de um público norte-americano, Kissinger enquadrou com muita clareza o problema central da resposta flexível. Em primeiro lugar, ele reconheceu que a dissuasão continuava sendo fundamental para a estratégia dos Estados Unidos. E porque "a dissuasão tenta impedir o adversário de dar certos passos [...], ela é testada [...] por coisas que não acontecem". Isso significava que "uma ameaça concebida como um blefe, mas que fosse levada a sério", era mais útil do que "uma ameaça que fosse para ser levada a sério, mas acabasse interpretada como um blefe". A posição dos Estados Unidos era que qualquer ataque soviético em Berlim significaria uma guerra geral. Até então, isso havia funcionado em termos de causar o recuo dos soviéticos. Contudo,

> a exigência imposta à política externa de um país ao confiar somente na guerra geral é grande demais, pois a única maneira pela qual alguém consegue comunicar a sua determinação, penso eu, é conduzindo uma política em que se indica uma alta capacidade de irracionalidade. O necessário a se fazer é provar que, em determinadas situações, há uma propensão a se perder o controle, e que, independentemente do que os cálculos possam indicar, o nervosismo é simplesmente tão forte que a arma vai disparar. Um louco segurando uma granada na mão tem uma vantagem muito grande na negociação.

Infelizmente, "dada a opinião pública da democracia ocidental, essa não é uma política que possa ser conduzida" – enquanto para Khrushchov, batendo o sapato em cima da mesa na ONU (como havia feito em 1960), isso era claramente uma opção. Por essa razão, os Estados Unidos estavam ampliando o seu repertório estratégico, "desenvolv[endo] forças capazes de ajudar os nossos amigos na defesa dos seus próprios territórios" com armas convencionais e "expandi[ndo] as suas forças táticas nucleares". Acima de tudo, Washington estava buscando transformar as suas alianças "do que eram, a rigor, garantias norte-americanas unilaterais" em "esforços de cooperação real para prevenir ameaças de invasão a outros países.

> Qualquer pessoa, portanto, que tenha analisado o problema estratégico dos Estados Unidos deve chegar à conclusão de que, do ponto de vista militar, nós e os nossos aliados temos a obrigação de avaliar a situação em termos de um esforço maior para assegurar a defesa de áreas ameaçadas. Isso não significa, quero salientar, que os Estados Unidos não vão se envolver em uma guerra geral se isso for necessário. [...] Todavia, há muitas etapas entre o engajamento em grande escala e outras coisas, e é por isso que essas forças são necessárias e que a resposta mais flexível é importante.[29]

Tais argumentos eram incontroversos no Paquistão em 1962, porque as potências rivais do sul e do leste da Ásia ainda não haviam adquirido armas nucleares. Na Europa Ocidental, pelo contrário, eram vistos com profunda suspeita. Como vimos, apesar das suas suspeitas crescentes de que Kissinger fosse uma ameaça ou algum tipo de espião de Rockefeller, Bundy continuou a considerá-lo como um trunfo sempre que precisava vender ideia da resposta flexível aos europeus e, em particular, aos alemães. Essa foi a única razão por que Bundy havia complicado a questão da demissão de Kissinger em outubro de 1961. Com efeito, ele tinha especificamente pedido que Kissinger estivesse presente em Washington durante a visita do chanceler Adenauer no mês seguinte – uma de apenas três ocasiões em que Kissinger realmente se encontrou com Kennedy enquanto este era presidente – e lhe pediu que continuasse trabalhando "sobre o tema das negociações entre Oriente e Ocidente" depois disso. Enquanto Kissinger estava na Índia, Bundy escreveu mais uma vez indagando se ele estaria "disposto a ir à Alemanha para tranquilizar Adenauer sobre a política da administração [...] o mais rápido possível após o meu retorno". Embora se sentisse exausto pela viagem de volta e admitisse estar "desatualizado em relação à nossa política alemã desde setembro", Kissinger concordou. Após um dia sendo instruído em Washington, onde Bundy o fez assinar um novo contrato como consultor, Kissinger tomou um avião para a Europa.[30] A informação secreta crucial que Bundy havia compartilhado com ele foi a nova evidência surpreendente, com base em informações adquiridas pelos aviões U-2 e pelo programa de satélites Corona, de que, longe de ter estabelecido uma disparidade de mísseis, os russos eram os verdadeiros retardatários na corrida armamentista nuclear.[31]

Antes de chegar a Bonn, Kissinger fez uma escala em Paris. Já estava começando a discernir o problema central da política europeia. Em um mundo ideal, os Estados Unidos teriam preferido uma Europa Ocidental mais ou menos unida sob a liderança britânica, com todas as armas nucleares europeias reunidas e sujeitas a algum tipo de veto norte-americano sobre a sua utilização, e todos os exércitos europeus ampliados. No mundo real, eram os franceses que tinham o poder de veto – sobre a participação britânica na Comunidade Econômica Europeia. França e Inglaterra também tinham o poder de veto sobre qualquer partilha de capacidades nucleares, visto que cada um desses países gostava de possuir uma força de dissuasão independente e que nenhum deles queria que a Alemanha possuísse sequer uma cota da capacidade nuclear. Em termos econômicos, a posição de negociação britânica se enfraquecia rapidamente; dentro de poucos anos, seria óbvio para todos que o Reino Unido era o proverbial "homem doente da Europa". Entretanto, mesmo aqueles responsáveis pelo crescimento mais rápido das economias alemã e francesa não tinham o desejo de aumentar os gastos com defesa; afinal, os problemas com o balanço de pagamentos na Grã-Bretanha não haviam sido em parte consequência das suas obrigações vestigiais, porém custosas?

A amplitude do Atlântico sobre a questão básica da defesa contra a União Soviética se tornou flagrantemente evidente quando Kissinger almoçou com o general Paul Stehlin, chefe da Força Aérea Francesa, em 5 de fevereiro. Stehlin, considerado por Kissinger como "de longe o mais equilibrado entre os oficiais graduados franceses, o menos xenófobo, e com toda a probabilidade o mais pró-norte-americano",* mostrava-se desanimado. A crença de De Gaulle era que "uma correlação imediata existia entre o arsenal de armas nucleares de um país e a sua influência internacional". A sua principal motivação para retirar a França da Argélia era liberar recursos para a *force de frappe*. Ele "falava com escárnio aos seus oficiais-generais sobre a OTAN, que descrevia como um apêndice da política norte-americana", e planejava "resistir a qualquer esforço adicional de integração" das forças francesas à estrutura de comando da aliança. Stehlin duvidava que a França fosse de fato capaz de desenvolver sozinha uma força nuclear eficiente, mas tinha a mesma opinião

---

* Após se aposentar, ele se tornou consultor para a empresa de defesa norte-americana Northrop.

de De Gaulle sobre a OTAN.³² Esses pontos de vista foram confirmados mais tarde, no mesmo dia, por dois generais franceses (Puget e Martin) e pelos diplomatas François de Rose, Jean Laloy e Jean-Daniel Jurgensen. Durante o jantar, De Rose foi brutalmente franco.

> Os Estados Unidos precisavam compreender que a França não era um país pequeno que se pode pressionar. Para que ameaçá-la com armas nucleares alemãs? A França iniciara a sua política após considerar as consequências, e a constante tagarelice norte-americana sobre o perigo das armas nucleares alemãs era ou infantil ou desleal. Os Estados Unidos tinham que meter na cabeça que a França não estava interessada em uma força da OTAN sem assistência à sua força nacional. Se os Estados Unidos continuarem a sabotar uma força nacional francesa, esta decidiria não fazer nada com respeito a uma força nuclear da OTAN. [...] As relações franco-americanas nunca estiveram piores. Ele diria que não seria possível que se tornassem ainda piores, caso a experiência não lhe houvesse ensinado que as profundezas da loucura eram incomensuráveis.

Quando Kissinger indagou "onde tudo isso nos deixava", De Rose respondeu: "Se os Estados Unidos não mudarem de atitude, vamos todos para o inferno, e essa é a única coisa que faremos juntos". Kissinger se sentiu "chocado com a amargura em sua linguagem". No entanto, quando se viram sozinhos, De Rose se tornou mais fatalista do que amargurado. "Por anos ele havia lutado pela solidariedade atlântica", queixou-se ele. Os seus esforços, porém, se provaram em vão. "A obstinação de um velho [De Gaulle] e a falta de compreensão psicológica dos Estados Unidos frustrariam todos os esforços."³³ Laloy chegou mesmo a ir até o hotel de Kissinger na manhã seguinte para enfatizar "o impasse nas relações franco-americanas".³⁴

Dez dias mais tarde, Kissinger estava na Alemanha, armado com uma enorme pasta de documentos informativos e uma agenda lotada de reuniões com os líderes políticos do país, e também com um grupo de industriais.³⁵ Consciente da sua experiência infeliz no sul da Ásia, Kissinger alertou a embaixada em Bonn que não "daria nenhuma entrevista coletiva nem faria comunicados à imprensa, e desejava manter [a] visita em segredo".³⁶ De imediato, dois fatos se tornaram aparentes. Em primeiro lugar, havia uma oposição intensa a qualquer determinação definitiva da fronteira da Alemanha Oriental com a Polônia, a menos que fizesse parte de um acordo aceitável sobre a reunificação alemã. Poucos políticos alemães estavam preparados para abandonar as suas reivindicações aos "territórios perdidos" apenas em troca de um acordo com os soviéticos sobre o acesso a Berlim Ocidental – uma posição explicitada a Kissinger pelo diplomata veterano Hans von Herwarth, que então trabalhava para o presidente alemão, Heinrich Lübke.* Ele escutou a mesma história dos líderes da Livre Democracia Knut von Kühlmann-Stumm, Erich Mende e Ernst Achenbach (a quem Kissinger identificou como "um dos oportunistas mais inescrupulosos, e um dos tipos mais desagradáveis, na vida política alemã atual"),** bem como dos industriais. No entanto, essa não era uma posição exclusiva da ala direita. Em 17 de fevereiro, Kissinger se encontrou com Fritz Erler, vice-presidente do Partido Social Democrata, que lhe disse que "a geração mais jovem da Alemanha não aceitaria indefinidamente o argumento de que tinham que pagar pelos crimes cometidos pelos pais" e "rejeitou com veemência a minha sugestão de que a fronteira de Oder-Neisse fosse aceita em troca de garantias de acesso. Ele afirmou que isso era pagar aluguel por Berlim e apenas levaria a novas demandas".37

O segundo fato que emergiu das reuniões de Kissinger em Bonn foi a profundidade da desconfiança de Adenauer em relação à estratégia da administração Kennedy.*** Adenauer francamente não acreditava na alegação norte-americana de que, mesmo em caso de um primeiro ataque soviético, os Estados Unidos teriam mais armas e veículos de entrega remanescen-

---

* Hans-Heinrich von Herwarth Bittenfeld foi um diplomata alemão aristocrático que serviu o seu país mais ou menos ininterruptamente desde 1927 até a sua aposentadoria em 1977. Lübke havia trabalhado para Albert Speer durante a guerra, e por certo estava ciente do uso de trabalho escravo na base aérea de Peenemünde; revelações sobre o seu papel no Terceiro Reich levaram à sua renúncia em 1969.

** Kissinger tinha razão. Diferentemente de Kühlmann-Stumm e Erich Mende, Achenbach havia sido membro do Partido Nazista desde 1937. Como chefe do departamento político da embaixada alemã em Paris durante a guerra, Achenbach estivera diretamente envolvido na deportação de judeus da França para os campos de extermínio.

*** Kissinger mais tarde se lembrou de que Adenauer lhe perguntara: "Quanto tempo você gasta trabalhando para o governo?". Kissinger respondeu que passava cerca de um quarto do seu tempo. "Então", replicou Adenauer, "posso supor que você está me dizendo a verdade três quartos do tempo".

tes do que os soviéticos. Em sua opinião, o planejamento norte-americano "consistia em transformar os Estados Unidos e a União Soviética em um santuário e fazer com que [o] ônus de [um] conflito caísse sobre a Europa Ocidental e países satélites". Ele retornou ao seu antigo medo "sobre o que aconteceria se o presidente fosse assassinado ou se houvesse alguma outra interrupção nas comunicações". E ele discordava das estimativas dos serviços de inteligência dos Estados Unidos sobre a força convencional soviética na Europa Oriental:

> A estimativa dele era que, em vez de 26 divisões, a União Soviética tivesse algo como oitenta divisões nessa área, inclusive nas regiões fronteiriça russas. Ele, portanto, sentia que a ação convencional estava fadada a levar ao desastre ou à humilhação ou à guerra nuclear. É por isso que ele havia proposto um bloqueio [naval], uma etapa importante no longo caminho para o confronto final. Ele acrescentou que as forças convencionais norte-americanas estavam muito menos equipadas do que as forças convencionais soviéticas. Isso tornava uma ação convencional particularmente imprudente.

Ao final, Adenauer não conseguiu resistir a acrescentar que "se sentia profundamente preocupado com o declínio do prestígio dos Estados Unidos. Era perceptível na Europa, na América Latina e na Ásia. Em muitas partes do mundo, os Estados Unidos pareciam carecer de uma ideologia em nome da qual lutar contra o comunismo".

É um aspecto crucial da arte da diplomacia saber como conquistar um interlocutor combativo. Kissinger era um consultor em tempo parcial com bons motivos para se sentir desencantado com os seus superiores em Washington e com sérias reservas quanto à estratégia norte-americana para a Europa. Contudo, como o embaixador dos Estados Unidos registrou com algum assombro, o diplomata amador rebateu todos os pontos de *der Alte* com uma mistura extraordinariamente eficaz de paciência, empatia e argumentos. Ele delineou a evidência de que os Estados Unidos conseguiriam suportar um primeiro ataque. Mostrou que a estratégia dos Estados Unidos não implicava em abandonar a Europa à sua sorte. Nem era a oposição de Washington à "multiplicação de forças nacionais [nucleares] [...] projetada a fim de manter a Europa em uma posição de segunda classe.

Pelo contrário, reflete a convicção de que as forças nacionais acabariam se tornando ineficientes em comparação com o tipo de forças que Kissinger acabara de descrever. A solução não estava em uma fragmentação da OTAN, mas em uma fusão da Comunidade do Atlântico, seguindo [o] curso que o chanceler havia escolhido de forma tão sábia em relação às nações europeias entre si. [...] Os Estados Unidos estavam, em princípio, preparados para prosseguir com a criação de uma força da OTAN multinacional, controlada multilateralmente, se isso fosse desejável aos nossos parceiros na OTAN.

Os temores do chanceler acerca das forças convencionais dos Estados Unidos também foram afastados.

Até então, Kissinger havia sido conciliador, até mesmo obsequioso em suas respostas. Todavia, agora ele assumia o risco de se tornar combativo. Em resposta ao argumento de Adenauer em favor de um bloqueio naval como uma possível reação a qualquer desafio soviético, "Kissinger retrucou que queria ser bem franco e talvez um pouco não diplomático. Era possível interpretar essa proposta do chanceler como uma tentativa da República Federal de deslocar o ônus e o risco de quaisquer contramedidas para outros membros da aliança. Isso talvez indicasse que a República Federal não estava preparada para lutar por Berlim se isso resultasse em ações no solo ou em uma guerra nuclear". Essa artimanha, calculada com cuidado a fim de cutucar o orgulho nacional de Adenauer, funcionou. A princípio, o chanceler "negou [...] com veemência" a acusação de Kissinger. No entanto, na frase seguinte, citou o próprio Kissinger ("não se deve se envolver em uma ação convencional sem se estar preparado para uma guerra nuclear") e louvou a "conquista histórica dos Estados Unidos ao ajudar os inimigos derrotados a recuperar a autoestima". Kissinger concluiu esse *tour de force* de xadrez diplomático numa jogada de captura:

> [A] escolha diante de nós era muito semelhante àquela enfrentada pelo próprio chanceler em 1949. Tínhamos uma oportunidade de afirmar uma meta teórica geral, caso contrário poderíamos tomar medidas específicas em conjunto com nossos amigos europeus a fim de criar um quadro de ação comum sempre que isso fosse possível. Na opinião de Kissinger, o curso mais sábio era um que o próprio chanceler traçara em relação à integração europeia, ou seja, trabalhar em medidas específicas para uma ação comum, em vez de desperdiçar energias

em disputas teóricas. Esse era o espírito que animava as nossas propostas no âmbito da OTAN.

Tão bem-sucedido foi Kissinger em conquistar Adenauer com os próprios argumentos de Adenauer que o chanceler fez com que os norte-americanos se atrasassem para o almoço. Como o embaixador Walter C. Dowling registrou,

> Em duas ocasiões em que Kissinger e eu tentamos sair, ele nos pediu para ficar a fim de lhe dar outra oportunidade de expressar a sua gratidão pelo que havia sido dito e a sua forte concordância. Afirmou que se sentia aliviado ao ver que havia ânimo para defender a liberdade e que a tarefa principal era garantir que não ocorressem falhas humanas. Ao sairmos, Kissinger disse que queria que o chanceler entendesse que, quando falamos do nosso poder e da nossa dedicação à comunidade atlântica, essas não eram simplesmente frases indolentes. O chanceler respondeu: "Graças a Deus por isso!". Nessa nota, a reunião chegou ao fim.[38]

Kissinger havia sido inepto na Ásia. Na Alemanha, demonstrara inspiração. De volta a Washington, o próprio presidente se mostrou perplexo. "O chanceler havia expressado certa preocupação com questões que imaginávamos terem sido completamente esclarecidas em ocasiões anteriores", resmungou ele ao embaixador alemão, Wilhelm Grewe. "Vínhamos tentando explicar os pontos enfatizados por Kissinger desde junho passado." Por que a "constante necessidade de tranquilizar os alemães"? Por que era "necessário reiterar repetidas vezes esclarecimentos sobre a política dos Estados Unidos e da nossa posição estratégica que, assim pensávamos, haviam sido explicados por completo durante a visita do chanceler em novembro"? O secretário Rusk ficou igualmente espantado. "O dr. Kissinger tinha ido à Alemanha sem nenhuma instrução especial", observou ele. "Ele tratou de assuntos a que não dávamos importância, e ainda assim o chanceler julgou os seus comentários tranquilizadores, como se contivessem informações novas." A realidade, como Grewe deixou claro, era que Kissinger havia obtido sucesso onde os diplomatas de tempo integral haviam falhado.[39] O próprio chanceler explicitara a Dowling a diferença entre o que ouvira em Washington em novembro e o que ouvira de Kissinger. O primeiro havia falado "em termos gerais, ao passo que Kissinger tinha sido muito mais específico, tratado de fatos concretos, sendo assim muito mais informativo e reconfortante".[40] Não é de admirar que o recém-chegado embaixador russo nos Estados Unidos, Anatoly Dobrynin,* tenha listado Kissinger como um dos quatro membros da administração com quem gostaria de estabelecer algum relacionamento – os outros eram Bundy, Schlesinger e Sorensen.[41]

Kissinger também entendia melhor do que os seus empregadores na Casa Branca que tudo na Europa agora dependia do relacionamento franco-alemão. Poucos relacionamentos pessoais na Europa do pós-guerra foram mais cruciais, e poucos eram mais voláteis, do que o que existia entre Adenauer e De Gaulle. Às vezes – por exemplo, o famoso encontro entre eles no retiro campestre de De Gaulle, Colombey-les-Deux-Églises, em 1958 –, eles pareciam personificar a reconciliação franco-alemã. Mais frequentemente, mostravam-se em desacordo, com Adenauer convencido de que somente a OTAN seria capaz de proteger a Alemanha Ocidental da ameaça soviética e que só a integração europeia o asseguraria contra o egoísmo americano, e De Gaulle ainda ansiava pela paridade nacional francesa com os Estados Unidos e o Reino Unido, tentado a limitar o envolvimento francês tanto na OTAN quanto na CEE. Em 15 de fevereiro – véspera do seu encontro com Kissinger –, Adenauer havia se reunido com De Gaulle e seus respectivos ministros das Relações Exteriores em Baden-Baden. Além de discutir o projeto de uma união política europeia, os dois líderes tinham discutido seus pontos de vista sobre questões de segurança e, em particular, sobre a necessidade de reduzir a dependência europeia dos Estados Unidos.[42] No dia seguinte à sua reunião com Adenauer, Kissinger tomou um avião para Paris para outra reunião com Stehlin, que lhe informou que De Gaulle estava mudando de opinião, chegando à conclusão de que a França precisava adicionar uma via europeia à política de defesa. A interpretação de Kissinger, retransmitida diretamente a Rusk, foi que "os alemães se decidiriam pela opção francesa apenas se nós os levarmos a isso".[43] O problema era que "as partes na Alemanha que são essencialmente pró-aliança ocidental se opõem às negociações, enquanto aqueles que são a favor

---

* Filho de um serralheiro, Dobrynin havia aderido ao serviço diplomático em 1946 e servido por pouco tempo como vice-secretário-geral da ONU, em 1957. Ele permaneceria como embaixador nos Estados Unidos até 1986, servindo sob seis presidentes americanos, e se tornando talvez o mais importante interlocutor estrangeiro de Kissinger.

das negociações [ou seja, os social-democratas] são, em essência, nacionalistas. Enquanto essa atitude persistir, os franceses têm certa vantagem". Era crucial, portanto, "convencer os alemães e fazê-los assumir a responsabilidade nas negociações sobre Berlim".44 Ao mesmo tempo, os Estados Unidos precisavam se esforçar para convencer os franceses de que "a defesa da região da OTAN não pode ser efetivada a não ser que seja tratada como uma unidade".45

Kissinger estava dando ao Departamento de Estado uma lição na arte da diplomacia. Contudo, ele também queria dar ao CSN uma lição em pensamento estratégico. Em abril de 1962, elaborou uma crítica sagaz ao esquema norte-americano de criar uma base de submarinos europeia, a Multilateral Force (MLF) [Força Multilateral], que daria aos europeus uma participação maior nas defesas nucleares do continente. A justificativa militar para isso não era óbvia, argumentou Kissinger, pois todos os alvos que poderiam ser atingidos pela MLF já eram protegidos pelo Strategic Air Command (SAC) [Comando Aéreo Estratégico] dos Estados Unidos.* O argumento político, assim se alegava, era "reduzir os temores europeus de que estejamos relutantes em usar armas nucleares em benefício deles, dando às nações europeias uma cota do planejamento, controle e direcionamento de uma força da OTAN"; na realidade, era "isolar a França e, com o tempo, atrofiar o esforço nuclear francês". Contudo, não estava claro para Kissinger como uma "força militar inútil" poderia ser "desejável sob um aspecto político". Do ponto de vista de falcões alemães como Strauss, a criação de uma força assim seria apenas um convite para conceber um uso militar real para ela.

> Quanto a uma voz nas decisões, existem duas possibilidades: (a) que retenhamos o poder de veto sobre a força nuclear da OTAN, ou (b) que construamos uma força nuclear da OTAN sem nenhum veto.

---

* Aqui Kissinger certamente se enganou. O advento dos submarinos nucleares de 1959 em diante foi crucial para a transição de uma Guerra Fria potencialmente explosiva para o equilíbrio que Donald Brennan, do Instituto Hudson, mais tarde batizou em tom satírico de "Destruição Mútua Garantida". O ponto-chave era que os submarinos com mísseis nucleares revelavam-se virtualmente impossíveis de serem detectados e destruídos. Qualquer primeiro ataque, portanto, seria inevitavelmente respondido com um contra-ataque devastador por debaixo das ondas.

Se retivermos o poder de veto, então não demos de fato aos aliados europeus uma voz na nossa decisão. O que teremos feito é criar duas forças: uma muito grande, sob o SAC, que poderemos utilizar a nosso critério, e uma pequena, muito menos eficaz, que, além de sujeita ao nosso veto, tem várias possibilidades de veto embutidas. [...] [Uma] força nuclear da OTAN com poder de veto norte-americano multiplicaria as válvulas de segurança, mas não os dispositivos de disparo.

Se, no entanto, estivermos dispostos a desistir do veto, uma séria questão constitucional será levantada. Seremos, então, parte de uma força capaz de obrigar os Estados Unidos a entrar em guerra sem a aprovação do Congresso ou do comandante-chefe. Apesar de isso não ser muito diferente da situação de fato, creio que a questão levantaria um debate constitucional neste país, enfraquecendo quaisquer eventuais benefícios desse arranjo.

A conclusão de Kissinger era radical. Os Estados Unidos deveriam apoiar uma força atômica europeia independente, por mais que isso significasse dar fim à posição anômala em que a força nuclear nacional independente do Reino Unido era apoiada pelos Estados Unidos, mas a equivalente francesa era condenada.[46] Essa foi uma análise penetrante do que havia de errado com a MLF, mesmo que não fosse tão engraçada como a "MLF Lullaby" [Canção de ninar da MLF] antigermânica de Tom Lehrer.* No entanto, não recebeu nenhuma resposta.

IV

Henry Kissinger estava farto. "Ouvi mais pronunciamentos 'finais' no ano passado do que em todo o resto da minha vida", desabafou a Arthur Schlesinger em mais uma longa invectiva contra Bundy. "Mesmo assim, sou forçado a passar essencialmente pela mesma trama sem parar, como um rolo de um filme B que ficou preso no projetor." Depois de relatar nos mínimos detalhes

---

* "Durma, nenê, durma, em paz pode cochilar,/ Nenhum perigo espreita para o seu sono perturbar,/ Nós temos os mísseis para a paz determinar,/ E um dos dedos no botão será alemão."

a sequência de eventos desde a sua última tentativa de deixar a administração Kennedy, Kissinger chegou ao ponto. Apesar de ter manipulado Adenauer com habilidade, e apesar das suas ideias sobre a questão da MLF, ele estava sendo ignorado:

> Desde [...] cerca de 15 de fevereiro, não tive, para todos os efeitos práticos, nenhum contato com a Casa Branca. Ninguém se preocupou em reconhecer a minha viagem à Europa (que eu empreendi somente a pedido de Mac e com grande inconveniência para mim). Enviei a Mac pelo menos dez memorandos sobre a minha visita à Europa e a minha viagem à Ásia. Não recebi nota de recebimento de nenhum deles, muito menos comentários a respeito – mantendo o histórico que data desde maio passado. Em várias ocasiões, quando estive em Washington para tratar de outros negócios, notifiquei o escritório de Mac com alguns dias de antecedência. Nenhuma dessas ligações foi retornada.

A explicação era clara. Bundy mais uma vez havia "me manobrado para ocupar precisamente a posição que ele sugerira da primeira vez em que me demiti em outubro passado, e que eu então havia rejeitado": isto é, "permanecendo tecnicamente como consultor, embora desistindo de qualquer símbolo de responsabilidades contínuas, como o meu escritório. Tenho sido manipulado para manter uma postura que, em essência, é fraudulenta: estou sendo usado, quando sou, como fachada, e para vender políticas em cuja formulação não tive nenhuma participação, e cujo conteúdo por vezes me deixa bastante desconfortável".

Era uma situação intolerável, nascida do "emprego de manipulação e da falta de humanidade", bem como de uma "preocupação excessiva com táticas que considero como a maior fraqueza da administração". Kissinger sentia que seria "ridículo" enviar outro pedido formal de demissão; em todo caso, ele não tinha nenhum desejo de "iniciar uma nova série de manobras" ou mesmo de voltar a se comunicar com Bundy. Pelo contrário, ele "simplesmente deixaria o arranjo atual terminar quando este chegasse ao fim". A partir de então, passaria a "responder a pedidos de conselhos sempre que pudesse fazê-lo de modo responsável" e "se sentiria livre para defender qualquer posição em público ou se envolver em qualquer outra atividade ditada pelas minhas convicções".[47] Quanto à acusação de Bundy de que "as minhas relações com a Casa Branca têm sido dominadas por um esforço de manter a minha liberdade de ação para 1964" – em outras palavras, o seu desejo de permanecer disponível para Nelson Rockefeller, caso este optasse por desafiar Kennedy pela presidência –, Kissinger se sentiu tão indignado que escreveu a Schlesinger uma refutação à parte, mas igualmente longa. "Comecei com um relacionamento de consultoria", declarou ele, "não para me preservar para 1964, mas a fim de conhecer o pensamento do presidente e para que ele fosse capaz de julgar a minha utilidade".

> O argumento de Mac revela uma atitude sobre a natureza de ambição e uma visão de decoro que é talvez a causa mais profunda do problema. Teria sido mesmo apropriado de minha parte atacar associados em 1964 porque eu era "apenas" um consultor – em especial se a minha participação na estratégia política houvesse sido como busquei com insistência que fosse? Poderia alguém acreditar com seriedade que, fosse qual fosse a minha posição formal, eu teria me voltado em 1964 contra os colegas com quem eu teria trabalhado por quatro anos, e muitos dos quais têm sido amigos pessoais por uma década? Não acredito que honra dependa de tais distinções legalistas. [...] Comecei o meu relacionamento com a Casa Branca com a intenção de ajudar a administração a obter sucesso – não com o *arrière pensée* de me preservar para o seu fracasso. [...] [O] meu único propósito tem sido o de servir em um tempo de crise. A minha dedicação e energia estiveram à disposição da Casa Branca. O resultado que eu teria preferido seria aquele que me permitisse me dedicar, algum dia, em tempo integral ao serviço nacional.

Kissinger concluiu a mensagem observando em tom sombrio que "uma mudança na administração em 1964 [poderia] ocorrer apenas como o resultado de uma crise esmagadora que viesse a desacreditar muitas pessoas a quem respeito e muitos valores que quero ver concretizados". Ele havia tentado em boa-fé evitar uma situação como essa, mas fora rejeitado repetidas vezes. Dali em diante, ele defenderia as suas crenças "como um cidadão privado e independente".[48]

Kissinger não pretendia deixar a esfera pública por completo, é claro. Uma semana depois de suas duas cartas a Schlesinger, enviou a Rockefeller o rascunho de um parecer sobre Berlim.[49] Ele também recomendou como opções políticas ou a criação de uma força nuclear centralizada da OTAN ou a criação de um comando nuclear europeu no seio da OTAN, assim como a criação de um novo Conselho de Ministros dentro da OTAN com o poder de tomar decisões compulsórias à aliança.⁵⁰ Agora, no entanto, era a vez de Rockefeller ignorar Kissinger. Ele recusou o convite para falar no conselho norte-americano sobre a Alemanha no aniversário do levante de 1953 de Berlim Oriental.⁵¹ Quando Kissinger lhe enviou o seu artigo mais recente para a *Foreign Affairs*, ele recebeu uma resposta padronizada do tipo que o escritório de Rockefeller enviava em massa todos os dias.⁵² Kissinger pediu com secura a Nancy Hanks que dissesse ao assistente do governador que, "da próxima vez que eu lhe enviar um artigo [...], a resposta deveria ser que este será entregue ao sr. Kissinger, que é quem lida com questões de política externa". Foi apenas quando os dois se encontraram na nova casa de Rockefeller, em julho de 1962, que a velha amizade/parceria foi restaurada.⁵³

Nesse sentido, o artigo de Kissinger, "The Unsolved Problems of European Defense" [Os problemas não resolvidos da defesa europeia], era de fato o trabalho de um cidadão privado e independente. Influenciado não só por suas visitas recentes à França e à Alemanha, mas também por sua correspondência com Basil Liddell Hart, Kissinger decidiu reavaliar a resposta flexível. Ele traçou as origens da presença convencional dos Estados Unidos na Europa Ocidental e do relacionamento entre as 22 divisões da OTAN em terra e as forças nucleares do SAC sob o controle norte-americano que executariam qualquer estratégia de "contraforça" contra a União Soviética. Dada a situação geral ao final da era Eisenhower, as forças convencionais eram, em essência, uma presença simbólica; uma força muito menor teria bastado para estabelecer que "algo mais que uma incursão fronteiriça estava ocorrendo" e sinalizar a necessidade de o SAC lançar seus mísseis e bombardeiros. Isso, por sua vez, incentivou as nações da Europa a adquirir as suas próprias forças nucleares de retaliação, já que a doutrina norte-americana havia claramente "definido estas como sendo, em última análise, as armas decisivas". A resposta flexível havia sido idealizada para expandir as forças convencionais a fim de "nos permitir enfrentar um desafio soviético em qualquer nível de violência que seja apresentado". No entanto, o objetivo da administração de uma força da OTAN com trinta divisões corria o risco de ser "pequena demais para uma verdadeira defesa local, e muito grande para uma estratégia de contraforça manter a credibilidade" (dado que qualquer contingente dos Estados Unidos na Europa provavelmente seria aniquilado no caso de uma guerra nuclear total). Se a OTAN tivesse intenções sérias de combater uma invasão soviética com forças puramente convencionais, "o objetivo de trinta divisões teria de ser aumentado de forma substancial". Se fosse politicamente impossível, a OTAN precisaria voltar ao argumento introduzido em *Nuclear Weapons and Foreign Policy*, utilizando armas nucleares táticas "no campo de batalha [...] assim que se tornasse claro que um ataque soviético em massa estava a caminho".[54] É verdade que, como muitos já haviam refutado (inclusive o vice-secretário de Defesa Gilpatric), um tiroteio nuclear tático poderia se acirrar até se tornar uma guerra total. Entretanto, a pura estratégia de contraforça fez com que esse acirramento fosse não um risco, mas uma certeza.

O ressurgimento da ideia de uma guerra nuclear limitada não era, no entanto, o argumento mais controverso no artigo de Kissinger. Ele também propunha que "o arsenal atômico no continente fosse agrupado em um comando separado" e chegou mesmo a defender a busca francesa de uma capacidade nacional nuclear como "não tão sem sentido como frequentemente se sugere que é". A administração parecia querer que os europeus "integrassem as suas forças convencionais em um comando conjunto e devotassem uma confiança crescente em uma defesa convencional, enquanto um parceiro reserva para si um monopólio sobre os meios de responder à ameaça nuclear soviética e sobre a liberdade de ação para empregar armas nucleares". Isso era "contra toda a lógica". Repetindo o seu ponto anterior de que a MLF contemplada pela administração "multiplicaria as válvulas de segurança, mas não os dispositivos de disparo" (em outras palavras, aumentaria apenas o número de obstáculos ao uso das armas), ele defendeu com fervor "uma Força Atômica Europeia que fundisse as [existentes] forças nucleares britânicas e francesas", sem veto dos Estados Unidos, e concluiu que o apoio para a *force de frappe* francesa talvez fosse a melhor maneira de atingir esse objetivo.[55]

O autor desse artigo de argumentos complexos tinha poucas ilusões sobre a agitação que causaria. Ele admitiu a Schlesinger, em tom quase apologético, que aquele havia sido "o texto mais difícil que já tivera de escrever, e [...] o fiz apenas depois que todos os outros meios de apresentar os meus pontos de vista se provaram fúteis".[56] Chalmers Roberts, do *The Washington Post*, localizou a história de imediato: "Assessor de Kennedy propõe apoio à força atômica francesa".[57] Isso levou a perguntas inevitáveis ao porta-voz da Casa Branca sobre a situação de Kissinger na administração. De forma desajeitada,

Pierre Salinger negou que Kissinger fosse um "consultor em tempo parcial" para o presidente (como o *Post* relatara), mas teve que confirmar que ele ainda era consultor do CSN. Contudo, "[e]le não se encontrou com o presidente este ano. Ele realizou uma única missão de natureza secreta para o Conselho de Segurança Nacional durante este ano. Essa missão não tinha nada a ver com o assunto do artigo para a *Foreign Affairs*. Ele não fez nenhuma recomendação para o Conselho de Segurança Nacional sobre esse assunto [a força atômica francesa]".[58]

Dentro da administração, havia consternação. Uma crítica oficial ao artigo de Kissinger argumentava que a meta de trinta divisões fazia sentido na eventualidade de uma guerra convencional por Berlim, e que a antecipação de uma guerra nuclear limitada confinada à Europa era politicamente perigosa, pois os europeus veriam isso como uma tentativa por parte dos Estados Unidos de "se afastarem da ameaça de um ataque nuclear, deixando que seus parceiros suportassem o maior impacto". De todo jeito, tal guerra, se não se exacerbasse até se tornar uma guerra total, exigiria muito mais forças nucleares do que as que estavam disponíveis no momento na Europa.[59]

O assunto suscitava mais que interesse acadêmico. Em abril de 1962, uma proposta norte-americana para internacionalizar a questão do acesso a Berlim – dando fim aos arranjos das quatro potências do pós-guerra – havia sido vazada na imprensa da Alemanha Ocidental. Foi tão grande a repulsa contra a ideia de uma autoridade internacional de acesso, em que a Alemanha Oriental teria status de igualdade com a República Federal, que o esquema foi descartado de pronto. Em 5 de julho, Khrushchov escreveu a Kennedy, exigindo que metade do contingente ocidental em Berlim Ocidental fosse substituída por tropas do Pacto de Varsóvia e de países neutros. Três semanas mais tarde, quando Llewellyn Thompson se encontrou com Khrushchov pela última vez no papel de embaixador dos Estados Unidos em Moscou, foi informado de que uma demora maior sobre a questão "não era aceitável a Moscou. [...] Era uma questão de prestígio soviético [...] que a situação de Berlim fosse resolvida rapidamente, e que tratados de paz apropriados fossem assinados".[60] Na Casa Branca havia mais consternação. Por que, exigia saber o presidente, havia tanto "desacordo entre os Estados Unidos e os nossos aliados sobre o uso de armas nucleares táticas"? Kennedy poderia "concordar com os europeus que, se os russos iniciassem um ataque em massa contra a Europa, seríamos quase forçados a utilizar armas nucleares contra o primeiro russo que cruzasse a fronteira". No entanto, isso por certo não se aplicaria no caso de uma briga menor por Berlim. Como concessão, Kennedy sugeriu dizer aos europeus que "concordaríamos com o uso inicial de armas táticas nucleares se eles montarem trinta divisões". Contudo, McNamara se opôs a essa ideia. Se os Estados Unidos "concordassem com o uso inicial de armas nucleares, os nossos aliados diriam que isso removia a necessidade de expandir para trinta divisões, assim como o artigo de Kissinger defendia na edição de julho da *Foreign Affairs*". Ele e Rusk concordavam com Kissinger que "a relutância dos aliados para expandir as forças convencionais partia de dois fatores básicos: eles acreditavam que a estratégia nuclear oferecia a melhor esperança de garantir a dissuasão, e também não queriam gastar dinheiro".[61] Kissinger talvez estivesse longe dos olhos da Casa Branca, como Bundy sempre intencionara, mas não longe do coração.

Na Alemanha, Kissinger também gerava comoção. O ministro da Defesa Strauss escreveu pessoalmente para lhe dizer que as suas propostas não eram "executáveis" ("ele ainda está martelando o mesmo prego", observou Kissinger).[62] Ao participar de uma conferência do Instituto de Estudos Estratégicos em Bad Godesberg, Kissinger se encontrou com Karl-Theodor zu Guttenberg, o porta-voz para assuntos estrangeiros do bloco CDU/CSU no Bundestag, que rejeitou terminantemente a ideia de aumentar a Bundeswehr em 75 mil homens por ser "politicamente impossível", e ecoou a preocupação de Strauss de que os Estados Unidos estavam "rebaixando" as próprias armas táticas nucleares.[63] Uma crise fervilhava na Alemanha, embora, no final, provou-se ser uma crise política interna em vez de uma crise geopolítica. O parlamentar social-democrata Herbert Wehner tinha maus pressentimentos. "Berlim foi perdida", disse ele a Kissinger. "O resultado final das políticas dos últimos anos fez com que, mais cedo ou mais tarde, Berlim fosse arruinada." A raiz do problema, explicou ele, era que o interesse dos Estados Unidos em Berlim "acabara sendo [...] puramente jurídico", enquanto o interesse alemão era uma questão moral. "Nunca aceitaremos o muro", ele quase gritou. "Nunca aceitaremos o campo de concentração no leste." Ele previu, "para os próximos dois ou três anos, um crescimento do sentimento nacionalista na Alemanha".

> Muitos que agora se diziam pró-norte-americanos se voltariam contra nós. Isso também, disse ele, era uma consequência inevitável de falência de Adenauer. A

única esperança que conseguia vislumbrar era uma coligação entre a UDC e o SPD. Ele disse que o dilema era que a UDC poderia ser arruinada por uma coligação, e o SPD, pela oposição continuada. Em qualquer caso, uma divisão prolongada entre os dois partidos seria o fim das forças democráticas na Alemanha. Ele imaginava que a reação às propostas vazadas dos Estados Unidos na Alemanha indicava um renascimento do nacionalismo. Afirmou que não se devia permitir que a ala direita voltasse a capturar todos os sentimentos nacionais.

Quanto à Alemanha Oriental, Wehner sentia que a República Federal tinha um dever para com ela. "Se tudo corresse como ele queria", disse Kissinger, "ele faria um apelo a todos os alemães orientais para que deixassem o território da zona soviética, independentemente das consequências. Perguntei-lhe se isso não significaria que a fronteira polonesa seria movida para o rio Elba. Ele respondeu que o problema humano era mais importante". Como visto, o próprio Kissinger se preocupava de maneira constante com tal mudança na política interna alemã, o que o tornava receptivo aos temores de Wehner. O detalhe importante a ser percebido, porém, era que uma "grande coalizão" entre a UDC e o SPD tornava-se iminente. Antes que aquele ano chegasse ao fim – e como consequência direta de uma história sobre a política de defesa de Strauss no *Der Spiegel**–, Wehner tentaria negociar essa coalizão com ninguém menos que Zu Guttenberg.

As informações de Kissinger, em suma, eram de alta qualidade. Porém, não eram mais enviadas a Bundy. A embaixada em Bonn se mostrou intrigada. "Embora o professor Kissinger tenha solicitado que a embaixada lhe fornecesse carros, secretários etc. – e se encontrado com muitos VIPs alemães", resmungou o homem de ponta de Bundy na Alemanha, "ele nunca passou à embaixada qualquer informação sobre as suas atividades".[64] Na verdade, Kissinger tornou os seus "memcons" das reuniões com Zu Guttenberg e Wehner

---

* Em 8 de outubro de 1962, a revista informou que o Bundeswehr mal estava preparado para a eventualidade de uma invasão soviética, o que levou Strauss a ordenar a prisão do diretor e editores-chefes da revista, e do jornalista que escreveu a matéria. Quando se tornou claro que Strauss agira de maneira ilegal, o FDL ameaçou derrubar o governo de Adenauer. Strauss foi forçado a renunciar; a grande coalizão não se concretizou por mais quatro anos.

disponíveis para o Departamento de Estado por meio de Helmut ("Hal") Sonnenfeldt,* que também estava presente na conferência do ISS.⁶⁵ Entretanto, em todos os outros aspectos, ele era agora um ex-consultor. Apenas nove meses antes, havia almoçado com o presidente. Agora, via-se reduzido a pedir a Schlesinger uma audiência com Kennedy no Jardim das Rosas para os participantes do seu Seminário Internacional.⁶⁶ Em 19 de agosto de 1962, o próprio Schlesinger veio falar ao Seminário Internacional. Com tristeza, informou aos participantes que o presidente dos Estados Unidos tinha menos poder do que no passado, pois havia agora quatro ramos de governo: o legislativo, o judiciário, a presidência e "o executivo (burocracia)". O novo ramo – a burocracia – possuía "uma capacidade infinita de diluir, atrasar, obstruir, resistir e sabotar os propósitos presidenciais". Schlesinger já se sentia nostálgico em relação aos primeiros dias da Camelot de Kennedy, a ponto de indiscrição. O ano de 1961 "foi o ano exuberante [...] quando todos nos sentíamos livres para agir e intervir quando acreditávamos que tínhamos uma ideia ou quando pensávamos que havíamos visto algo errado. No entanto, o gelo começa a se formar sobre o governo mais uma vez; a imprensa, o Congresso e (de forma tácita) a burocracia começaram a colher os homens da Nova Fronteira como em uma emboscada; e as velhas continuidades, as continuidades de Eisenhower-Dulles, começam a se reafirmar".⁶⁷

No que pareceu ser uma ilustração desse ponto, Kissinger recebeu no mês seguinte uma carta elaborada com muito tato de não outro senão Bundy, propondo uma "separação amigável": "A minha impressão da sua própria posição é que manter um posto contínuo como consultor o coloca em uma situação um tanto ambígua, e, embora eu saiba quanto esforço você tem empreendido em se manter cuidadosamente equilibrado, também é verdade para nós aqui que, em algumas ocasiões, nos perguntaram se as suas opiniões declaradas em público de alguma forma refletem as da Casa Branca". Ele não teria sido Bundy, porém, se não deixasse "as portas da Casa Branca [...] abertas para

---

* Hal Sonnenfeldt, assim como Kissinger, havia nascido de uma família judia na Alemanha (em 1926), deixara o país em 1938 e servira no Exército dos Estados Unidos. Juntou-se ao Departamento de Estado em 1952. Em 1963, foi nomeado chefe da seção soviética do Bureau of Intelligence and Research [Agência de Inteligência e Pesquisa].

você sempre que tiver algum ponto em especial que gostaria de reportar em particular". Além disso, Bundy acrescentou, "gostaríamos de poder solicitar a sua opinião informal de vez em quando".[68]

A resposta de Kissinger foi contundente. Ele havia "por muito tempo se preocupado que as minhas declarações públicas sobre certos aspectos da nossa política seriam mal interpretadas como 'balões de ensaio' da Casa Branca". Fora exatamente por isso que ele havia tentado renunciar repetidas vezes no ano anterior. "Na época, você tinha um ponto de vista diferente e, à sua insistência, concordei em realizar duas tarefas, uma das quais nunca se concretizou. Visto que a distinção que você tentou fazer na época entre o meu papel como consultor e como participante em nossos debates públicos obviamente não está funcionando, estou aliviado em ver que você agora concorda comigo."[69] A última palavra de Bundy era uma obra-prima de eufemismo burocrático: a sua despedida, escreveu ele, era "um reconhecimento necessário dos fatos da vida como haviam se desenvolvido em uma determinada situação".[70] Lendo hoje essa correspondência, jamais seria possível imaginar que, entre a primeira carta de Bundy e a segunda, a administração Kennedy levara os Estados Unidos para mais perto de uma catástrofe nuclear do que em qualquer outro momento da Guerra Fria.

Capítulo 15
Crise

A presidência norte-americana é [...] formidável porque representa o ponto de decisão final no sistema político dos Estados Unidos. Ela é exposta porque a decisão não ocorre em um vácuo: a presidência é o centro do jogo de pressão, interesses e ideias na nação; e o cargo da presidência é o vórtice para o qual todos os elementos da decisão nacional são atraídos de modo irresistível. E é misteriosa porque a essência da decisão final permanece impenetrável ao observador – muitas vezes, de fato, também para aquele que decide. [...] Sempre haverá momentos sombrios e confusos no processo de tomada de decisões – misterioso mesmo para os que estejam envolvidos de forma mais íntima.

JOHN F. KENNEDY, 1963[1]

Eu estava trabalhando para Kennedy naquela época, e [Truman] me perguntou o que eu havia aprendido com Kennedy, e respondi: "Aprendi que o presidente não pode fazer tudo o que quer porque a burocracia é o quarto ramo do governo". E ele replicou: "Besteira". [rindo] [...] Ele disse: "O problema com Kennedy é que ele tem opiniões demais. Um presidente precisa saber o que quer fazer".

HENRY KISSINGER, 1992[2]

I

Hoje sabemos que o pior não aconteceu durante a Guerra Fria. Nenhuma colisão entre as superpotências se acirrou nem mesmo ao ponto de uma guerra nuclear limitada, muito menos um conflito em larga escala. E nenhum dos percalços e alarmes falsos do período teve consequências catastróficas. Contudo, isso não é o mesmo que dizer que a probabilidade de uma guerra termonuclear foi zero durante todo o período, ou que a lógica da destruição mútua garantida assegurou ao mundo uma longa paz. Pelo contrário, a humanidade chegou perigosamente perto da beira do Armagedom em mais de uma ocasião durante a Guerra Fria. O "relógio do juízo final", ajustado duas vezes por ano pelo Conselho de Ciências e Segurança do *Bulletin of the Atomic Scientists*, implicava que o risco de "catástrofe induzida por tecnologia" atingiu o seu pico entre os anos de 1953 e 1959, quando o relógio marcava dois minutos para a meia-noite. Talvez refletindo os seus preconceitos políticos, os cientistas ajustaram o relógio para 23h48 durante a presidência de John F. Kennedy. Na realidade, foi no outono de 1962 que o sino de uma "meia-noite [nuclear] para [...] a civilização" chegou mais perto de soar.[3] O próprio Kennedy sugeriu que as probabilidades de um desastre – uma guerra termonuclear que custaria a vida de 100 milhões de norte-americanos, mais de 100 milhões de russos e milhões de europeus – estavam "entre uma em três, ou meio a meio".[4] Arthur Schlesinger mais tarde simplesmente chamaria as circunstâncias de "o momento mais perigoso na história humana".[5]

A Crise dos Mísseis de Cuba era exatamente o tipo de "crise profunda" a que Henry Kissinger havia alertado durante a crise de Berlim no ano anterior. O que a tornou tão profunda foi que não era apenas sobre Cuba. A decisão soviética de enviar mísseis à ilha caribenha representava claramente uma ameaça bem diferente da decisão de desafiar o *status quo* em Berlim, dada a proximidade de Cuba com os Estados Unidos. Todavia, também era, em essência, a mesma ameaça. Era um desafio ao qual os Estados Unidos pareciam ser capazes de responder de apenas duas maneiras: capitulando ou partindo para uma ação militar que nem todos acreditavam ser possível impedir que fugisse ao controle. Além disso, Khrushchov teve a oportunidade, ao apresentar mais de um desafio ao mesmo tempo, de tornar a tomada de decisões ainda mais difícil para Kennedy, visto que a probabilidade de uma guerra geograficamente limitada era pequena desde o início. As crises de Havana e Berlim interagiam uma com a outra, porque, se uma se agravasse, a outra era quase que obrigada a se agravar também.

A crise também ilustrou o perigo de os dois jogadores não chegarem necessariamente à melhor solução cooperativa postulada pela teoria dos jogos. Nem o governo dos Estados Unidos nem o Politburo soviético se mostrou de maneira nenhuma um ator estritamente racional. Ambos chegaram a decisões de maneiras que refletiam as idiossincrasias de suas estruturas organizacionais, com burocracias de ambos os lados exercendo pressão em direção a decisões "satisfatórias" em termos dos seus próprios interesses no curto prazo, sem que fossem necessariamente, no longo prazo, de interesse nacional. Além disso, em cada caso o homem no topo foi sujeito a pressões políticas internas, não tanto por parte da opinião pública, que foi em grande parte excluída do processo de tomada de decisões, mas de grupos de interesses concorrentes e indivíduos rivais representados no comitê principal da tomada de decisões.[6]

II

Henry Kissinger não previu a Crise dos Mísseis de Cuba, embora acompanhasse os esforços da administração Kennedy em pressionar o regime de Castro, começando com o embargo de importações iniciado em 7 de fevereiro de 1962 (e ainda em vigor à época em que esta obra foi escrita).[7] Sem que ele soubesse, em novembro do ano anterior, Kennedy havia autorizado operações secretas para enfraquecer e, finalmente, derrubar o regime de Castro. A Operação Mongoose foi uma operação interagências comandada pelo gabinete de Robert Kennedy, sob a direção do general Edward Lansdale. Embora Bundy se opusesse à intervenção direta dos Estados Unidos, pois "ações visíveis trariam consequências graves a todo o mundo", em agosto de 1962 o chefe da CIA, John McCone, havia persuadido Kennedy a adotar uma estratégia mais agressiva de "busca[r] provocar de forma deliberada uma revolta em larga escala contra Castro que venha a exigir a intervenção dos Estados Unidos para obter sucesso".[8] Relatórios anteriores das agências de inteligência sugeriam que os soviéticos estavam enviando mísseis terra-ar e bombardeiros Il-28 desmontados para Cuba. Em setembro, a questão se tornara pública: o Senado aprovara uma resolução proposta pelos republicanos Kenneth Keating (Nova York) e Homer Capehart (Indiana) que autorizava o uso da força contra Cuba "a fim de evitar a criação [...] de uma capacidade militar ofensiva com apoio externo que ponha em perigo a segurança dos Estados Unidos".[9] Quando Richard Nixon sinalizou o seu retorno à vida política ao instar que Cuba fosse posta em "quarentena", Rockefeller procurou o conselho de Kissinger. Fique longe do debate cubano, lhe recomendou Kissinger;[10] na verdade, "fique longe do campo das relações exteriores até novembro".¹¹ Mesmo assim, ele elaborou um parecer para Rockefeller que condenava "a transformação de Cuba em um Estado comunista mantido por armas soviéticas" como uma violação da Doutrina Monroe, assim como do Artigo 6 do Tratado Interamericano de Assistência Recíproca assinado no Rio de Janeiro em 1947.

Como Kissinger observou com astúcia, no passado teria sido uma decisão clara para os Estados Unidos intervir em um país do Caribe ou da América Central. Recentemente, em 1954, "um governo dominado pelo comunismo na Guatemala foi derrubado sem que ninguém sugerisse represálias soviéticas em outros lugares e sem repercussões graves no hemisfério ocidental. Hoje – segundo o presidente –, esse não é mais o caso". Isso marcou uma "deterioração" preocupante da posição dos Estados Unidos. Dessa forma, o "perigo" apresentado por Cuba era "não só o comunismo em uma ilha relativamente pequena do Caribe, mas o caos no hemisfério ocidental".¹² No entanto, a posição de Kissinger era inequívoca. Assim como em Berlim, a ação militar – fosse por um bloqueio naval ou por um ataque armado – teria apenas dois resultados possíveis: "ou 1) apostar em um blefe soviético e pagar para ver; ou 2) um conflito armado. Caso se tome a decisão de utilizar essas medidas, devemos estar prontos para aceitar a consequência de uma eventual escalada em uma grande guerra, e devemos nos comprometer militarmente a levar essas medidas a cabo. Não podemos fazer outra tentativa sem empenho total".¹³

A motivação de Khrushchov não era apenas defender a experiência de Cuba com o marxismo, embora Castro estivesse mais do que satisfeito em interpretar a situação dessa forma.¹⁴ O líder soviético também não estava apenas tentando obter uma vitória psicológica. O seu cálculo estratégico era duplo. Em primeiro lugar, ao transformar Cuba em uma plataforma de lançamento para mísseis de alcance intermediário voltados para alvos norte-americanos, diminuiria a disparidade na capacidade nuclear entre a União Soviética e os Estados Unidos, de cuja verdadeira natureza os soviéticos sabiam muito bem. O plano era enviar quarenta mísseis balísticos para Cuba: 24 R-12s de médio alcance (com alcance de 1.690 quilômetros, o suficiente para atingir a capital, Washington) e dezesseis R-14s de alcance intermediário, com o dobro do alcance. Ambos os tipos carregavam ogivas de um megaton. Isso dobraria o número de mísseis soviéticos capazes de atingir os Estados Unidos, e o faria de forma bem mais barata do que com a construção de novos mísseis intercontinentais.

Para justificar a ação, Khrushchov tinha apenas que olhar para fora de sua casa de férias em Pitsunda na Geórgia em direção à Turquia, onde quinze mísseis PGM-19 Jupiter norte-americanos haviam sido instalados em 1961 como parte da resposta pós-Sputnik à disparidade imaginária de mísseis. "O que estão vendo?", ele gostava de perguntar aos visitantes, entregando-lhes binóculos. "Eu vejo mísseis dos Estados Unidos na Turquia, apontados para a minha *dacha*."[15] (Os Jupiters foram, na verdade, instalados junto a Izmir, na costa do mar Egeu.) Os mísseis soviéticos em Cuba simplesmente dariam aos norte-americanos "um pouco do seu próprio remédio".[16] No entanto, é claro que Khrushchov estava pensando menos na Turquia do que na Alemanha. Seu segundo objetivo era dar um xeque-mate aos norte-americanos em Berlim. Kennedy não compreendeu isso de início, mas afinal a ficha caiu: "tudo o que fizermos em relação a Cuba dará a ele a oportunidade de fazer o mesmo em relação a Berlim".[17] Um bloqueio norte-americano a Cuba correria o risco de um bloqueio soviético de Berlim Ocidental. Um ataque dos Estados Unidos contra Cuba correria o risco de levar a um ataque da União Soviética contra Berlim Ocidental.

A Operação Anadyr foi, em certo aspecto, um triunfo da estratégia soviética. Além dos mísseis, os soviéticos enviaram quatro regimentos motorizados, dois batalhões de tanques, um caça MIG-21, algumas baterias antiaéreas, doze destacamentos de mísseis SA-2 terra-ar com 144 lançadores de mísseis, e 42 bombardeiros médios a jato IL-28 equipados com bombas nucleares. Também enviaram ogivas nucleares para os mísseis de cruzeiro Sopka para defesa costeira que haviam sido fornecidos previamente aos cubanos. Em última análise, mais de 50 mil soldados soviéticos foram para Cuba. Essa foi uma operação colossal. No entanto, entre 8 de setembro, quando o primeiro míssil balístico nuclear chegou a Cuba, e 15 de outubro, quando a inteligência norte-americana identificou os locais dos mísseis, o governo dos Estados Unidos não tinha ciência de que as armas que estavam sendo fornecidas a Cuba eram nucleares. Na verdade, o período de ignorância talvez houvesse durado até mais – possivelmente até a planejada visita de Khrushchov aos Estados Unidos, quando pretendia revelar a sua jogada de mestre – se as tropas soviéticas em Cuba tivessem pensado em camuflar os locais de lançamento, ou abater os U-2s que os detectaram.

Ser flagrado no ato, porém, não foi o maior erro soviético. "Acho que teremos sucesso nessa operação", Khrushchov havia dito a seus colegas no

Presidium do Soviete Supremo quando estes aprovaram o plano em 8 de junho.[18] Contudo, uma "vitória" soviética ocorreria apenas se os Estados Unidos aquiescessem, o que era impossível, ou se limitassem a ameaças vazias de retaliação. Era um sinal de como Khrushchov não se impressionava com as ameaças de Kennedy a respeito de Berlim que ele tenha seguido um curso tão arriscado. Era como se o próprio líder soviético houvesse passado a acreditar no conceito de malabarismo atômico de John Foster Dulles, ao mesmo tempo que os Estados Unidos tentavam deixar essa ideia para trás. No entanto, tanto o próprio embaixador de Khrushchov quanto o seu ministro do Exterior entendiam que, do ponto de vista da política interna americana, não era possível haver nenhuma equivalência entre Cuba e Berlim. Uma estava a 6 mil quilômetros de distância. A outra estava no quintal dos Estados Unidos.

Parte da crítica de Kissinger à administração Kennedy sugeria que esta não conseguira dar credibilidade à resposta flexível. Havia alguma verdade nisso. Quando o Gabinete de Segurança Nacional se reuniu em 4 de setembro, apenas quatro dias antes de o primeiro míssil balístico soviético chegar a Cuba, Bobby Kennedy incitou o irmão a anunciar que os Estados Unidos não tolerariam armas ofensivas soviéticas em Cuba. Depois de uma reunião inconclusiva entre o jovem Kennedy e um impassível Dobrynin, o presidente atendeu ao pedido.[19] Três dias depois, a Casa Branca pediu permissão para convocar 150 mil reservistas. Àquela altura, a ideia de mísseis nucleares soviéticos em Cuba ainda era vista como uma contingência hipotética em Washington. O que os soviéticos não sabiam ao certo, mas já suspeitavam, era que os norte-americanos contemplavam um ataque a Cuba, mesmo antes do tamanho da operação soviética se tornar claro.[20] Tanto ataques aéreos quanto um bloqueio naval já estavam em discussão desde setembro. Com efeito, em 1º de outubro – duas semanas antes de os U-2s fotografarem as bases de lançamento de mísseis soviéticos –, McNamara ordenou que o comandante-chefe da Frota do Atlântico, almirante Robert Lee Dennison, se preparasse para um bloqueio. Naquela noite, Dennison deu ordens para que os comandantes da frota se preparassem para ataques aéreos em 20 de outubro. Uma invasão em larga escala também estava sendo considerada.[21]

Era evidente que Khrushchov via essas contramedidas americanas como bastante improváveis. Porém, ele não as descartava por completo. O que os norte-americanos não sabiam era que, no dia 7 de setembro, ele havia dito ao seu Ministério de Defesa para dar às brigadas motorizadas soviéticas em

Cuba uma dúzia dos mísseis nucleares táticos conhecidos como Lunas, cada um com alcance de menos de 64 quilômetros, mas com poder explosivo entre cinco e doze quilotons: o suficiente para abrir um buraco de doze metros de largura e profundidade, e matar tudo dentro de um raio de 36 metros. A intenção de Khrushchov era que estes fossem utilizados caso os Estados Unidos tentassem uma invasão. Dissuadido por seus consultores militares mais prudentes de acompanhá-los a Cuba, Khrushchov concordou em enviá-los, juntamente com as ogivas para os mísseis de alcance intermediário. Também ordenou que submarinos Foxtrot portando armas nucleares escoltassem os navios que transportavam as armas nucleares. Em 11 de Setembro, a agência de notícias soviética TASS emitiu um aviso oficial de que qualquer ataque contra Cuba ou contra os navios a caminho daquele país seria interpretado como uma agressão à própria União Soviética.[22]

Embora o senador Keating viesse afirmando desde 10 de outubro que mísseis "capazes de atingir alvos 'no coração dos Estados Unidos' haviam sido instalados em Cuba",[23] foram precisos ainda mais seis dias para que o presidente fosse informado de que um avião de espionagem U-2 detectara mísseis perto de Havana. Kennedy e seus principais assessores (reunidos no que ficou conhecido como o Executive Committee of the National Security Council [Comitê Executivo do Conselho de Segurança Nacional], ou "ExComm")* se viram perplexos com a audácia do movimento soviético. Segundo relatos da CIA, até oito mísseis de médio alcance já poderiam ser disparados contra os Estados Unidos a partir de Cuba. Dentro de seis a oito semanas, as duas instalações de lançamento de mísseis de alcance intermediário estariam prontas também. Uma vez que todos os mísseis fossem instalados, apenas 15% das forças estratégicas norte-americanas sobreviveriam a um ataque soviético. "[É] como se, de repente, começássemos a colocar

---

* Os membros principais do ExComm eram: o presidente Kennedy, o vice-presidente Johnson, o secretário de Estado Rusk, o secretário do Tesouro Douglas Dillon, o secretário de Defesa McNamara, o procurador-geral Kennedy, o diretor da Central de Inteligência McCone, o chefe do Estado-Maior Conjunto Maxwell Taylor, o embaixador geral Llewellyn Thompson, e o assessor especial Bundy. Contudo, mais de vinte outras autoridades participaram de reuniões do ExComm como e quando se fizeram necessárias.

uma enorme quantidade de mísseis balísticos de médio alcance na Turquia", esbravejou Kennedy. "Bem, nós fizemos isso, senhor presidente", alguém o lembrou.[24] As opções apresentadas a Kennedy a princípio variavam entre ataques aéreos, um bloqueio naval e um apelo diplomático a Castro. Entretanto, o Estado-Maior Conjunto, por mais ansioso que se sentisse para bombardear Cuba, não garantia que todos os mísseis seriam destruídos dessa forma, abrindo a porta para uma possível retaliação nuclear russa. E ninguém além de Curtis LeMay, o sempre belicoso chefe da Força Aérea, negava o risco de que um ataque a Cuba poderia desencadear um ataque da União Soviética contra Berlim,[25] ao qual – como todos haviam aprendido no ano anterior – as únicas respostas possíveis seriam a capitulação ou uma guerra nuclear total. Em vez disso, ignorando as alusões sem tato a Munique feitas por LeMay, Kennedy se decidiu por uma abordagem em duas vias. Seguindo o conselho de McNamara, decidiu impor um bloqueio naval parcial ("quarentena defensiva") a fim de impedir mais transferências de equipamento militar soviético a Cuba. No entanto, rejeitou a proposta de McNamara de negociar simultaneamente com os soviéticos. Em vez disso, em um pronunciamento pela televisão às 19h de 22 de outubro, ele lançou um ultimato, exigindo que os soviéticos retirassem os seus mísseis, que denunciou como uma "ameaça clandestina, imprudente e agressiva à paz mundial". No caso de esse ultimato ser rejeitado, Kennedy ordenou a preparação de uma grande força de invasão.[26] A agência TASS respondeu, acusando os Estados Unidos de "violar leis internacionais, iniciar operações de pirataria e incitar uma guerra nuclear".[27]

Em comparação com o início da presidência de Kennedy, o processo de tomada de decisões em outubro de 1962 havia melhorado muito. O grupo de doze homens do ExComm era suficiente para ser gerenciável sem ser tão pequeno que sucumbisse ao "pensamento de grupo". Bundy fez o melhor que pôde para oferecer a Kennedy escolhas significativas, até mesmo mantendo "viva" a opção de ataques aéreos após a maioria dos membros do ExComm a ter rejeitado (sob o risco de dar ele mesmo a impressão de indecisão).[28] No entanto, no final, foi agindo às escondidas da maioria dos membros do ExComm que Kennedy, mais uma vez usando o irmão como canal oculto de comunicação com os soviéticos, chegou a uma resolução da crise. Assim como havia acontecido a respeito de Berlim, os irmãos Kennedy fecharam um acordo com o lado adversário.

Por sorte, Khrushchov estava disposto a fazer concessões. Em primeiro lugar, respondendo a uma proposta do secretário-geral das Nações Unidas, U Thant, ele ordenou que os navios soviéticos a caminho de Cuba não cruzassem a linha de quarentena dos Estados Unidos, de 800 quilômetros de distância da costa da ilha. Em segundo lugar, depois de parecer a princípio pouco impressionado pelo ultimato televisionado de Kennedy, ofereceu dois acordos possíveis, um sob a forma de uma longa carta a Kennedy, e o outro transmitido pela Rádio de Moscou. O primeiro destes, que chegou ao Departamento de Estado às 21h de sexta-feira, 26 de outubro, previa simplesmente uma retirada dos mísseis em troca de uma garantia norte-americana de não invadir Cuba. O segundo, que chegou à Casa Branca quando o ExComm se reuniu treze horas depois, oferecia uma retirada dos mísseis cubanos em troca da retirada dos mísseis Jupiter ("armas análogas") da Turquia ("bem próximas a nós"). O fato de a primeira comunicação ser secreta enquanto a segundo era pública complicava muito a situação. Embora a troca de mísseis cubanos por mísseis turcos talvez soasse a "qualquer [...] homem racional" como "uma troca bastante justa", nas palavras do presidente, as implicações de tal troca para a OTAN eram repugnantes para a maioria dos membros do ExComm.

Aquele dia – sábado, 27 de outubro de 1962 – foi provavelmente o momento em que o mundo chegou mais perto da destruição. Às 10h22, um U-2 norte-americano foi abatido sobre Cuba por um foguete SA-2 soviético, disparado pelo comandante local soviético, sem autorização de Moscou. O piloto morreu. Baterias antiaéreas cubanas dispararam a seguir contra outros aviões de reconhecimento norte-americanos que voavam baixo. Enquanto isso, outro U-2 havia penetrado sem querer o espaço aéreo soviético junto ao Estreito de Bering. Quando os MIGs soviéticos decolaram para interceptá-lo, F-102A com base no Alasca foram enviados. Em outros lugares, meros acidentes chegaram perto de desencadear o apocalipse. Um urso que vagava pela base da Força Aérea de Duluth levou à mobilização de F-106 carregando armas nucleares em Minnesota. Um teste de rotina no Cabo Canaveral foi interpretado como um míssil soviético por uma unidade de radar em Nova Jersey. Quando os membros do ExComm se reuniram naquela tarde, o clima era de grande ansiedade. Às quatro horas da tarde, veio a notícia do U-2 abatido. Sabemos graças às gravações secretas feitas por Kennedy da reunião do ExComm naquela tarde como ele reagiu a essa bomba: "Como vamos explicar o efeito?", perguntou ele, quase que incoerente. "Essa mensagem de Khrushchov de ontem à noite e a decisão deles [...] Como nós – quero dizer que é uma..." A frase que tinha na ponta da língua seria presumivelmente algo como "uma provocação que não temos como ignorar". Naquela noite, antes que o ExComm se reunisse, o vice-presidente Lyndon Johnson aproveitou a ausência dos irmãos Kennedy na sala do gabinete para protestar contra um "recuo", instar uma resposta militar à derrubada do U-2, e – com grande veemência – se opor a qualquer tipo de acordo que efetivamente trocasse mísseis em Cuba por mísseis na Turquia. "Porque, desse jeito, toda a sua política externa se foi", disse Johnson ao presidente quando este retornou à mesa. "Tire tudo da Turquia. Vinte mil homens, todos os seus técnicos, e todos os seus aviões e todos os seus mísseis. E tudo vai se desintegrar".[29] Mais tarde naquela noite, McNamara falou como se o ExComm já houvesse se decidido em favor da guerra:

McNamara: Você tem alguma dúvida?
Robert Kennedy: Bem, não. Acho que estamos fazendo a única coisa que podemos fazer, e bem, você sabe. [...]
McNamara: Acho que a única coisa que devemos mesmo fazer antes de agir, Bobby, é ter toda a certeza de que eles compreendem as consequências. Em outras palavras, temos que lhes mostrar de fato onde estamos agora, porque precisamos ter duas coisas prontas [...] um governo para Cuba, porque vamos precisar de um – nós invadimos com aviões de bombardeio; e, em segundo lugar, os planos de como responder à União Soviética na Europa, porque com certeza eles vão fazer alguma coisa por lá.
Dillon: Você tem que escolher as coisas que eles possam...
McNamara: Bem, eu acho, isso é verdade. [...] Eu suponho que vai ser olho por olho.
Dillon: Essa é a missão.
Robert Kennedy: Eu retomaria Cuba.
Não identificado: Eu tiraria Cuba de Castro.
Não identificado: Que tal tornar Bobby o prefeito de Havana[?][30]

Isso era humor negro por excelência. Parecia a véspera da destruição. Comendo frango com o presidente no andar superior nos aposentos da família, o seu assessor especial, Dave Powers, pensava que aquela seria a sua última refeição. McNamara lembrara-se de sair da Casa Branca para saborear o pôr do sol carmesim. "Para olhar e sentir o cheiro", lembrou ele, "porque eu pensava que seria o último sábado que eu veria". Em Moscou, precisamente naquele momento, Fyodor Burlatsky, um alto assessor do Kremlin, telefonou à esposa. Ele lhe pediu que "largasse tudo e saísse de Moscou".[31]

Se Johnson tivesse sido presidente, a Terceira Guerra Mundial poderia muito bem ter acontecido (essa era por certo a visão de Bobby Kennedy). Sem o conhecimento de Johnson, porém, o presidente, em segredo, havia autorizado o irmão a concordar com a troca de mísseis cubanos por turcos com Dobrynin (no que mais tarde veio a ser chamado de "estratagema Trollope").* Sentado em seu escritório no Departamento de Justiça, absolutamente esgotado, o Kennedy mais jovem esbravejou, mas, em seguida, fez o acordo com delicadeza:

> Precisávamos ter um compromisso até pelo menos amanhã de que aquelas bases seriam movidas. Isso não era um ultimato, eu disse, mas apenas a declaração de um fato. Ele precisava entender que, se eles não removerem aquelas bases, nós as removeremos. O país dele talvez tome medidas de retaliação, mas precisava compreender que, antes de tudo terminar, embora talvez haja norte-americanos mortos, haveria também mortos russos. Ele então me perguntou sobre a outra proposta de Khrushchov a respeito da remoção dos mísseis da Turquia. Respondi que não haveria nenhum *quid pro quo* – nenhum acordo desse tipo seria realizado. [...] Se algum tempo se passasse – e [...] mencionei quatro ou cinco meses – eu disse que tinha certeza de que essas questões seriam resolvidas de forma satisfatória.[32]

O ponto crucial era que o presidente não dissesse "qualquer coisa em público em relação à Turquia". Bobby não precisava explicitar a vulnerabilidade do irmão e do Partido Democrata sobre essa questão. Como vimos, repetidas acusações haviam sido feitas pelos republicanos de que a administração esta-

---

* A alusão é aos romances de Anthony Trollope *The American Senator* [O senador norte-americano] e *John Caldigate*, em que um gesto casual é deliberadamente mal interpretado como uma proposta de casamento. Neste caso, os irmãos Kennedy responderam às duas propostas de Khrushchov da maneira que lhes era mais adequado, mas praticamente ignoraram a segunda.

va recuando a sua posição em relação a Cuba, e as eleições para o Congresso estavam marcadas para o mês seguinte. Apenas com dificuldade, Kennedy deu a entender a Dobrynin, o irmão estava conseguindo segurar os falcões em seu gabinete.

No entanto, a política interna não foi decisiva.[33] Mais importante foi a questão dos aliados dos Estados Unidos. Os membros principais do ExComm (e não apenas o vice-presidente) haviam, de fato, rejeitado esse acordo, argumentando que este enfraqueceria a OTAN. Nas palavras de Bundy, "já deixaria claro que estaríamos tentando vender os nossos aliados em troca dos nossos interesses. Essa seria a opinião de todos da OTAN. Ora, é irracional e é loucura, mas é um fato *terrivelmente* poderoso".[34] Mesmo que estivessem cientes de que os Jupiters fossem obsoletos e estivessem programados para serem substituídos por submarinos Polaris no Mediterrâneo, o governo turco também queria que a decisão de se livrar deles fosse mantida em segredo.[35] O estratagema Trollope foi, portanto, estritamente secreto. Além dos irmãos Kennedy, oito outros membros do ExComm estavam a par dele; nem Johnson nem McCone foram informados.[36] Na verdade, nada foi confirmado oficialmente até a década de 1980.

Khrushchov dormia em seu sofá no Kremlin enquanto tudo isso acontecia. O relatório de seu embaixador – enviado, por incrível que pareça, pela Western Union – não chegou ao Ministério soviético das Relações Exteriores até a manhã seguinte (domingo, 28 de outubro). Assim que Khrushchov foi informado sobre o que Bobby Kennedy dissera, ele contou aos colegas no Presidium que estavam "face a face com o perigo da guerra e de uma catástrofe nuclear, que possivelmente destruiria a raça humana [...]. A fim de salvar o mundo, temos de recuar".[37] Outra carta pública foi redigida e devidamente transmitida às 17h, horário de Moscou, 9h em Washington. (Deveria ter sido mais cedo, mas o mensageiro se viu preso no tráfego da hora do *rush*.) Dessa vez, Khrushchov dizia apenas que os mísseis em Cuba seriam desmantelados, encaixotados e levados para casa.

Acabara. "Tive vontade de rir ou gritar ou dançar", lembrou um membro do ExComm com alívio intenso. O jornalista britânico Alistair Cooke observou uma gaivota voar no céu acima dele e se perguntou por que não era uma pomba. No entanto, uma gaivota talvez fosse o pássaro certo. Afinal, ao mesmo tempo Khrushchov enviava duas mensagens particulares a Kennedy. A segunda dizia que os mísseis só estavam sendo retirados "porque você concordou com a questão turca". Adlai Stevenson, o embaixador norte-americano nas Nações Unidas, mais tarde seria acusado de ter oferecido a troca dos mísseis turcos pelos cubanos. Era uma calúnia; foram os irmãos Kennedy que haviam feito aquilo. E a crise também não chegara exatamente ao fim. O Pentágono continuou a preparar a sua invasão a Cuba, ainda sem saber que havia quatro vezes mais tropas soviéticas na ilha do que estimavam, e que estavam armados com mísseis nucleares de combate. Foi apenas em 20 de novembro, quando Khrushchov também concordou em retirar os bombardeiros Il-28, que a crise chegou realmente ao fim.

III

A Crise dos Mísseis de Cuba foi um jogo do covarde, mas não foi apenas Khrushchov que se desviou.[38] Em última análise, Kennedy triunfou por causa de uma mistura de sorte, aversão ao risco e relações públicas hábeis. Teve sorte ao não dar ouvidos àqueles que encorajavam uma invasão anfíbia, pois a instrução inicial de Khrushchov ao comandante soviético em Cuba, o general Issa Pliyev, na noite entre 22 e 23 de outubro, era inequívoca: "Se houver um desembarque [dos Estados Unidos], [utilize] as armas atômicas táticas, mas [não] as armas estratégicas até que [haja] uma ordem". É verdade que, sob pressão do vice-premiê Anastas Mikoyan e do ministro da Defesa Rodion Malinovski, mais cautelosos, ele mais tarde alteraria essas instruções, ordenando o uso de mísseis sem ogivas nucleares. Mesmo assim, ele poderia ter mudado de opinião diante de uma invasão norte-americana, ou Pliyev a poderia ter mudado em seu lugar se as comunicações houvessem sido cortadas.[39]

Kennedy foi brando ao concordar em trocar os Jupiters na Turquia pelos mísseis russos em Cuba – uma troca criticada com veemência por Walt Rostow e outros da administração.[40] Até que ponto o presidente estava disposto a ceder se torna claro com o fato de que, em 27 de outubro, Kennedy pedira a Rusk que entrasse em contato com Andrew Cordier – reitor da Universidade de Columbia e ex-assistente executivo de U Thant – e lhe ditasse uma declaração propondo a remoção dos Jupiters da Turquia e dos mísseis soviéticos de Cuba. Se tudo mais falhasse, Cordier deveria entregar essa declaração a

Thant, que então proporia a retirada recíproca como uma iniciativa da ONU – uma proposta que Kennedy aceitaria de imediato.[41] Khrushchov não precisava ceder tão facilmente quanto o fez no dia 28. Mais uma vez, Kennedy teve sorte.

Ao aceitar o acordo Turquia-Cuba de forma privada e não em público, Khrushchov entregou a Kennedy uma vitória de relações públicas. Enquanto os soviéticos desmontavam os seus mísseis, os norte-americanos posavam como os caras durões que não haviam "vacilado". Khrushchov, pelo contrário, sofreu prejuízos domésticos irreparáveis: a aposta em inclinar o equilíbrio do poder de forma decisiva a favor de Moscou fracassara.[42] Em uma reunião do Comitê Central em 23 de novembro, ele procurou apresentar a situação da melhor maneira possível. Não era verdade que a União Soviética não havia derrubado um avião norte-americano? E que os Estados Unidos haviam se comprometido a não invadir Cuba? No entanto, os seus colegas sentiam que ele agira de forma imprudente em nome de poucos benefícios reais. Em outubro de 1964, dois anos após a troca dos mísseis turcos pelos cubanos, o próprio Khrushchov seria trocado por Leonid Brejnev. Na verdade, Castro foi o único que se beneficiou com a crise – e o único dos três líderes desapontado com o desfecho pacífico, tanto que teve que ser forçado por Mikoyan a aceitar a retirada de quase todas as armas soviéticas.[43]

Em certos aspectos, o resultado da Crise dos Mísseis de Cuba representou o triunfo da guerra psicológica sobre a resposta flexível. Khrushchov estivera certo, em parte. Ao dispor de opções militares convencionais para lidar com a ameaça soviética em Cuba, Kennedy não se dispusera a ir além de uma "quarentena defensiva". No entanto, a resolução da crise foi extremamente vantajosa para Kennedy em termos psicológicos. François de Rose, que havia criticado tanto a política dos Estados Unidos apenas alguns meses antes, agora escrevia a Kissinger uma carta eufórica parabenizando-o pela "maneira magistral" com que Kennedy havia lidado com o "caso todo". "Vocês todos devem se sentir muito orgulhosos", escreveu De Rose.[44] Todavia, as felicitações eram para outros; Kissinger passou com humildade a carta a Schlesinger na Casa Branca.[45] A dura realidade era que o autor de *Nuclear Weapons and Foreign Policy* estava tão completamente por fora da situação em outubro de 1962 que a única crise com a qual tivera que lidar foi a dos funcionários do secretariado no departamento de pesquisa de Nelson Rockefeller.[46] Enquanto os seus ex-colegas lutavam com o perigo de uma Terceira Guerra Mundial,

Kissinger negociava com as "Brownies" a respeito de salários. Enquanto Bundy refletia sobre uma vitória extraordinária para o aparato do CSN que havia construído, Kissinger escutava uma história triste de um motorista de táxi sobre "uma garota de Minnesota que está tentando conseguir um emprego como digitadora em Nova York". (Apesar de não conhecer a garota, ele passou o nome dela a June Goldthwait porque, "às vezes, é agradável se coisas inesperadas acontecem às pessoas".)[47]

O fato realmente inesperado era que, é claro, Kennedy havia triunfado, como Kissinger reconheceu com franqueza em seu comentário sobre a crise cubana em *The Reporter*. O presidente havia "detonado o mito de que em todas as situações os soviéticos estavam preparados a correr riscos maiores do que nós". Como exatamente ele havia triunfado, porém? A resposta de Kissinger foi dupla. Em primeiro lugar, Khrushchov havia cometido um "erro colossal" que não fazia nenhum sentido militar:

> Se os soviéticos pensavam que mísseis baseados em território cubano eram necessários para restabelecer o equilíbrio estratégico geral, o arsenal soviético de foguetes intercontinentais deve ser muito menor do que se acredita. Se, por outro lado, os soviéticos consideram o seu arsenal de foguetes intercontinentais adequado, bases nucleares em Cuba são irrelevantes para problema de segurança em Cuba.[48]

Em segundo lugar, o recuo da União Soviética confirmava que, de fato, não havia uma disparidade de mísseis; em vez disso, eram os Estados Unidos que gozavam da superioridade nuclear:

> A crise não teria terminado de forma tão rápida e decisiva se não fosse pelo fato de os Estados Unidos serem capazes de ganhar uma guerra geral se atacassem primeiro, e de infligir danos intoleráveis à União Soviética mesmo que fossem vítimas de um ataque surpresa. Sejam quais forem as reservas que se tenha sobre a estratégia de contraforça anunciada pelo secretário McNamara para o longo prazo, ele provou a sua eficiência na crise cubana. Os líderes soviéticos não se atreveram a invocar a ameaça de uma guerra nuclear contra o nosso bloqueio. [...] [P]ara esta crise, pelo menos, a credibilidade da nossa dissuasão foi maior do que a deles.[49]

Ao se preocupar com a disparidade de mísseis e então repreender Kennedy por ser brando em Berlim e por muito mais, Kissinger estivera errado, e não hesitou em admitir isso.

No entanto, em comum com quase todos fora do círculo mais íntimo do presidente, Kissinger ainda estava sob a impressão de que "a exigência de desmantelar as nossas bases turcas" havia sido "recusada". Caso soubesse que o acordo havia sido feito de fato, certamente teria sido mais severo. Mesmo sem esse conhecimento, não conseguiu resistir a uma crítica pessoal. "Cuba foi um caso em que os comunistas foram além das próprias capacidades", comentou ele a Rockefeller, "mas também um exemplo do desprezo com que viam a administração. E mesmo assim a administração não utilizou essa vantagem".[50] Isso talvez tenha sido o que tentou Rockefeller a dar uma "cotovelada" imprudente em Kennedy por permitir a permanência de tropas soviéticas na ilha.[51] Em julho de 1963, no entanto, ele e Kissinger haviam trabalhado em uma posição mais convincente.[52] O seu projeto de resolução para a conferência do governador de 1963 – projetada para agradar a comunidade cada vez mais influente de exilados cubanos – incitava o governo a usar todos os meios para tirar as tropas soviéticas de Cuba e defender a Doutrina Monroe.[53] "Não creio que Cuba marque o fim do imperialismo soviético", escreveu Kissinger em novembro 1963.[54] A questão era onde no mundo os Estados Unidos estavam de fato preparados para combatê-la, senão em uma ilha junto à costa da Flórida.

IV

"Um professor titular não tem que ser digno?", indagou Nancy Hanks com malícia, ao ouvir que Harvard promovera Kissinger a essa posição em 1962.[55] No passado o cargo de professor titular lhe parecera o mais cintilante dos prêmios. Agora, porém, as salas de aula e auditórios de seminários haviam perdido muito de seu brilho. Após a Casa Branca, o Centro de Assuntos Internacionais parecia um lugar maçante. Depois de escrever tantos "memcons" confidenciais, era difícil voltar a coescrever um livro interessante sobre a política da Alemanha Ocidental com Karl Kaiser. E, em comparação com as tomadas dinâmicas de decisão do ExComm, a teorização abstrata de Thomas

Schelling no seminário sobre o controle de armas de Harvard-MIT era, a seus olhos, horrivelmente árida.[56] Quando Kissinger foi convidado a contribuir para uma conferência em honra a Bill Elliott, seu antigo mentor, em julho de 1963, o resultado foi uma conversa muito pouco acadêmica que, à primeira vista, foi quase que de todo focada na prática e não na filosofia da segurança nacional. Em uma análise mais profunda, porém, esta acabou por revelar uma profunda meditação sobre o que ele havia aprendido em seus encontros de primeira mão com a tomada de decisões nos níveis mais altos.

O tema de Kissinger foi "o problema da conjectura na política externa", uma frase que usara pela primeira vez em seu ensaio de 1959 "The Search for Stability" [A busca de estabilidade].[57]

> [Por] um lado, a política exige prudência e cautela e qualidades de inteligência para manipular o que é conhecido. Contudo, também requer a habilidade de projetar além do que é conhecido. E quando se está no reino do novo, então se chega ao dilema de que há, na verdade, muito pouco para orientar o estrategista político a não ser as suas próprias convicções. […] [T]odo estadista precisa escolher em algum momento se deseja a certeza ou se deseja confiar em sua avaliação da situação. […] [I]sso não significa que, todas as vezes que uma pessoa agir com base em uma avaliação em uma situação de incerteza, essa pessoa estará certa. Significa meramente que, se uma pessoa quiser provas demonstráveis, ela se torna, em certo sentido, uma prisioneira dos acontecimentos.

Para ilustrar esse ponto, Kissinger deu uma série de exemplos contrafactuais. Se as democracias houvessem agido contra os nazistas em 1936, por exemplo, "não saberíamos hoje se Hitler era um nacionalista mal compreendido, se tinha objetivos apenas limitados, ou se era verdadeiramente maníaco. As democracias aprenderam que ele era, de fato, maníaco. Obtiveram certeza disso, mas tiveram que pagar com alguns milhões de vidas". Seguindo o mesmo raciocínio, não era "inconcebível que Khrushchov tenha por toda a vida desejado o aumento da produção de bens de consumo e que fosse, na verdade, um homem de negócios frustrado do meio-oeste norte-americano (embora tivesse escolhido uma carreira estranha para concretizar esse desejo)".

> Tudo que estou dizendo é que não temos como saber. Estou dizendo que a hipótese alternativa também é concebível, o que também não tem como ser provado.

[...] [É] possível também que seja coerente com as táticas soviéticas que exista um período de consolidação após um período de expansão. É possível nesse período que a União Soviética queira incentivar uma corrida a Moscou [dos líderes europeus que buscam acordos bilaterais]. [...] O perigo que enfrentamos é que presumiremos que [...] o nosso próprio materialismo motiva os revolucionários soviéticos, e que, porque gostamos tanto de geladeiras, esse é o objetivo predominante de pessoas que, apesar de tudo, conseguiram sobreviver sob Stálin.

Um argumento semelhante poderia ser feito a respeito dos debates sobre a integração europeia entre federalistas e gaullistas. O ponto-chave para Kissinger era a incerteza que deve cercar de modo inevitável essas escolhas. Por esse motivo, eram "as suposições filosóficas que se fazem sobre a natureza da realidade, a natureza das tendências históricas que se está enfrentando", que estavam fadadas a serem "as características determinantes na prática da política externa". Os intelectuais tinham uma tendência a esquecer que a "abordagem puramente analítica funciona com assuntos que são conhecidos, e [...] não tem a dimensão do tempo; enquanto o estrategista político faz parte de um processo histórico e toma decisões irreversíveis, cada uma das quais se torna a base factual para a próxima decisão".

O período após a Crise dos Mísseis de Cuba foi um momento de relaxamento acentuado na Guerra Fria; alguns até mesmo o viram como as origens da *détente*. Rusk, por exemplo, já brandia a palavra por aí.[58] No entanto, o próprio "pragmatismo" que estava sendo exaltado em 1963 dava a Kissinger a sensação de ser perigoso.

> Os pragmáticos que muito se orgulham de sua flexibilidade, e que sempre dizem que estão seguindo o curso intermediário preciso entre os extremos, e que dizem que, se dois lados tomarem uma posição, ambos têm que estar errados, e o sujeito no meio é quem deve estar certo – essa exaltação do meio-termo está fadada a produzir os extremos que todo mundo deplora, pois, quando se está lidando com o pragmático perfeito, a única maneira de se obter o que se deseja é produzir os tipos de pressões que o forçarão a um ajuste, e todos têm o mais alto grau de incentivo para criar pressões. [...] As pessoas muito flexíveis, os muito "pragmáticos", são, de fato, como fenômenos internacionais, pessoas absolutamente não confiáveis, pois não se pode ter certeza do que vão fazer até que se saiba qual é a situação.[59]

Isso não passava de uma acusação velada à administração Kennedy e à prática, se não à teoria, da resposta flexível.

Não era provável, é claro, que Kissinger se escondesse em Cambridge por muito tempo. Em novembro de 1962, Nelson Rockefeller, tendo assegurado a reeleição como governador de Nova York, mas sem declarar nenhuma intenção de concorrer em 1964, lhe pediu para "assumir a responsabilidade de preparar [...] pareceres nos campos internacionais e de segurança, organizar contatos com a comunidade intelectual [...] e com líderes estrangeiros" a fim de que ele fosse "familiarizado com o espectro inteiro de opiniões responsáveis".[60] Entre aqueles que Kissinger convidou para se encontrar com Rockefeller nos meses subsequentes estavam o general Lauris Norstad (ex-SACEUR), Max Ascoli (editor do *The Reporter*), Frank Meyer (editor da *National Review*), o almirante Arleigh Burke (ex-chefe de operações navais), U Thant (secretário-geral da ONU), o presidente da Tanzânia Julius Nyerere, e Juan Bosch, o presidente recém-eleito da República Dominicana. No outono, a equipe de pesquisa organizava freneticamente as citações de Rockefeller em todas as questões de política externa concebíveis. Muito desse trabalho foi penoso. Em particular, Kissinger não deve ter se divertido com a tarefa de elaborar as respostas de Rockefeller a cartas do público sobre assuntos internacionais. No entanto, persistiu nela. Quando Bundy o procurou em janeiro de 1963 com mais um pedido para ir à Alemanha em capacidade semiprivada, Kissinger recusou com firmeza – "assim como a esposa de César", como explicou a George Hinman, outro consultor de Rockefeller, ele precisava estar acima de qualquer suspeita. "Alegar [...] que estou visitando como um cidadão comum só confundiria os alemães", respondeu ele a Bundy. Se lhe pedissem as suas próprias opiniões, isso "levaria mais uma vez ao constrangimento produzido pela nossa decisão em setembro passado de eliminar a ambiguidade da minha posição".[61] O máximo que Kissinger estava preparado a fazer era enviar a Bundy os seus "memcons" de reuniões importantes de quando visitara a França e a Itália no início de 1963.[62]

Aconselhar um político que aspira ao mais alto cargo é ao mesmo tempo libertador e restritivo. Kissinger estava agora livre para escrever discursos e pareceres que criticavam com severidade a administração Kennedy. Como as palavras seriam proferidas por Rockefeller e não por ele mesmo, não havia deslealdade. Por outro lado, Kissinger só podia escrever palavras que Rockefeller seria capaz de dizer com credibilidade absoluta, e por isso é importante não ler os documentos desse período como declarações inequívocas das opiniões pessoais de Kissinger. Dito isso, a veemência da sua crítica a Kennedy era surpreendente. Em um memorando de 25 páginas escrito em 8 de janeiro de 1963, Kissinger repreendeu a administração na qual um dia trabalhara. Esta havia "desmoralizado a burocracia e muitos dos militares". Havia se envolvido em um "governo de improvisação e manipulação". Confiava em "truques de relações públicas e [...] em uma imprensa superficial e que se deixa conduzir". O seu conceito de liderança era "o registro da opinião pública como expressada nos editoriais dos nossos principais jornais". Era um governo que não "tinha nenhum respeito pela dignidade individual e que trata as pessoas como ferramentas. Intelectuais com força de vontade, inebriados ao saborear o poder pela primeira vez, empurram as suas teorias independentemente do seu impacto sobre o ânimo da burocracia ou do militar profissional". Aqui estava mais uma indicação da antipatia pessoal que Kissinger sentia agora por Bundy.

No entanto, a administração Kennedy era "desmoralizante" não apenas para os Estados Unidos, mas para os seus aliados.

> Seu espírito de manipulação representa um perigo em particular para todos aqueles que têm uma relação emocional com este país: o único grupo relativamente imune a isso são os nossos inimigos, que podem usar o seu oportunismo para nos deslocar de uma posição de desvantagem para outra. [...] Temos brutalizado os nossos aliados dentro da OTAN, na Nova Guiné Ocidental e no Congo para marcar pontos sem relação a qualquer concepção prioritária. [...] Não parecemos ser capazes de distinguir entre amigos e inimigos. Do Laos ao Iêmen e ao Congo, temos tomado a posição de que, se os nossos amigos não são perfeitos, vamos nos alinhar com os nossos inimigos para destruí-los.

E isso não era tudo. O Brasil estava "à beira da anarquia". O Irã "seria perdido a qualquer dia". No Vietnã, a escala dos ataques comunistas estava "aumentando". A administração estava enfraquecendo a reputação de confiabilidade norte-americana – "o bem mais importante de qualquer nação". Tudo isso era, em parte, resultado da maneira como a política era conduzida. O Departamento de Estado era "um pandemônio, desmoralizado pela fraqueza do secretário de Estado e pela interferência da Casa Branca". O "pragmatismo extraordinário" do governo levou de maneira inevitável a "uma política irregular ao extremo", em que "períodos de letargia se alternam com movimentos bruscos para impor alguma solução rápida, geralmente aos nossos aliados". Contudo, havia também uma falta fundamental de clareza estratégica, algo desesperadamente necessário em "um período de mudança revolucionária". Em suma, a política externa de Kennedy era, "em essência, um castelo de cartas". A sua fraqueza havia sido apenas obscurecida por "três fatores: (a) ainda somos tão fortes que conseguimos impor até mesmo políticas erradas em muitas partes do mundo; (b) para nossa sorte, o movimento comunista tem se dividido por cismas internos. [...]; (c) o uso imensamente hábil das relações públicas reprime o debate e tem neutralizado qualquer foco possível para a oposição". A conclusão era desoladora: "Se as políticas atuais não produzirem um impasse, Kennedy será imbatível em 1964. Todavia, mais cedo ou mais tarde, elas devem produzir um impasse. E então aqueles que alertaram a tempo serão necessários de forma tão desesperada quanto foram Churchill em 1940 e De Gaulle em 1958".[63]

Dizer que Kissinger queria que Rockefeller vencesse em 1964 seria eufemismo. Também queria muito que Kennedy perdesse. Entre as passagens mais notáveis desse memorando estão aquelas dirigidas aos métodos políticos da família Kennedy, que ele comparava aos de Napoleão, que "confundiu os seus oponentes com a destreza de suas jogadas, baseadas numa organização profunda e meticulosa.

> O mesmo é verdade dos Kennedy. Os políticos da velha guarda confiam no bom companheirismo e nas alianças temporárias para fins limitados. Tendem a apostar em palpites; tentam várias medidas para ver qual funciona. Mesmo os políticos de tempo integral, em um sentido profundo, são amadores.
>
> Os Kennedy são diferentes. Nunca se apoiam no bom companheirismo; nunca apostam em palpites. Obtiveram sucesso porque sabem. Compreendem que a sorte é o resultado do planejamento. A sua pesquisa é meticulosa; a sua organização, abrangente. Estado por estado – e condado por condado de Massachusetts –, eles sabem quem são as pessoas importantes; que questões preocupam os eleitores; que acordos precisam ser feitos; que soluções podem ser impostas.

Para que Rockefeller conseguisse enfrentar o Kennedy mais velho e vencê-lo, argumentou Kissinger, ele precisaria de uma "preparação meticulosa" e o "máximo de flexibilidade" (a qualidade que aparentava ter maior valor no campo da política interna). Em particular, Kissinger recomendou a "criação de um grupo entre os seus assessores para lhe recomendar posições em um nível mais orientado à política interna", assim como a nomeação de um "chefe de gabinete para assuntos nacionais, para planejar e implementar conteúdo, organização e estratégia". Acima de tudo, Rockefeller precisava que seus assessores lhe fornecessem "um conceito estratégico claro [...] de uma noção de como a vitória seria alcançada". Caso contrário, avisou ele, "cada um dos seus consultores continuará a tentar obter a sua aprovação para cursos específicos de ação que, por mais meritórios que sejam por si mesmos, não teriam a coerência".[64]

Essa diatribe, na verdade, criticava Rockefeller quase tanto quanto Kennedy, mesmo que a crítica à falta de estratégia do primeiro fosse implícita (e, de fato, em grande parte disfarçada como uma crítica à campanha malsucedida de George Lodge em Massachusetts contra Edward Kennedy). Nancy Hanks admitiu a sua preocupação de que Kissinger teria a "cabeça cortada por causa daquele memorando".[65] Entretanto, Fritz Kraemer, a quem Kissinger mostrou um rascunho inicial, expressou uma preocupação mais profunda. Apesar de impressionado com a franqueza do memorando, ele permanecia cético de que Rockefeller possuísse as qualidades de um presidente. Na verdade, ele confessou ter "uma sensação de tragédia" ao lê-lo: "As suas 26 páginas são apenas um grande alerta dirigido ao rei: 'Senhor, seja excelente!'. No entanto, é provável que ele seja apenas 'quase excelente' e, ainda assim, excelente *demais*" para travar o tipo de guerra política cruel em que os Kennedy se sobressaem.[66] Foi uma observação astuta. Henry Kissinger tem sido muitas vezes retratado como sendo muito cruel e calculista em sua busca do poder. Contudo, ao se comprometer de novo e de novo com Nelson Rockefeller, ele não conseguia ver que estava apoiando um homem que nunca seria presidente dos Estados Unidos.

V

John F. Kennedy fora eleito em parte por causa de um espasmo de ansiedade pública de que a União Soviética estava ganhando a corrida armamentista nuclear. Esse medo, como vimos, era muito exagerado. Todavia, mesmo se tivesse mais fundamento, ao final do primeiro mandato de Kennedy como presidente teria sido eliminado. Apesar de muita conversa sobre desarmamento, até 1964 os Estados Unidos haviam aumentado o número de armas nucleares disponíveis em 150% e a sua "megatonelagem de entrega" em 200%, graças em grande parte à construção de dez submarinos Polaris e quatrocentos mísseis Minuteman adicionais.[67] Mesmo assim, quanto mais o arsenal norte-americano crescia, mais desconfortáveis os aliados europeus dos Estados Unidos se sentiam. "As nossas relações com a Europa se deterioraram de forma alarmante", disse Kissinger a Rockefeller. "A Europa [...] pode muito bem se transformar no nosso problema de política externa mais difícil".[68]

O problema, em parte, era que avanços na tecnologia tornavam cada vez mais difícil para os britânicos e franceses manterem a sua capacidade nuclear independente. A decisão dos Estados Unidos de cancelar o Skybolt AGM-48 – um míssil lançado do ar que havia sido prometido ao Reino Unido como uma forma de prolongar a vida dos bombardeiros da estratégica britânica – deixou o governo de Harold Macmillan em apuros. Como uma oferta conciliatória, Kennedy, quando se reuniu com Macmillan em Nassau em dezembro de 1962, ofereceu mísseis Polaris ao britânico, mas apenas como parte da planejada Força Multilateral (MLF) dentro da OTAN; as armas poderiam ser usadas de forma independente somente quando "interesses nacionais supremos" estivessem em jogo. Para Kissinger, essa era uma ilustração perfeita da forma como a administração Kennedy antagonizava os seus aliados.[69] Era também o resultado de "uma teoria estratégica que é quase uma caricatura da guerra de apertar botões" – uma estratégia supostamente "pura" que "subordina todas as considerações da psicologia, política e moral dos nossos serviços a considerações abstratas e técnicas de comando e controle".[70]

Quando Kissinger visitou a França – que também recebera a oferta de mísseis Polaris nos mesmos termos –, ele não se surpreendeu ao ouvir ataques à política de Kennedy de todos os lados. De acordo com Jean-Daniel Jurgensen, vice-presidente da missão francesa da OTAN, o acordo de Nassau confirmava que não só a Grã-Bretanha "preferia um acordo com os Estados Unidos a qualquer preço a uma ação comum com a Europa", mas também que a estratégia dos Estados Unidos implicava transformar a Europa em "um campo de batalha".[71] O ministro das Relações Exteriores, Maurice Couve de Murville, rejeitava a "integração ou multilateralismo [...] que estamos pressionando" como "inaceitáveis".[72] Segundo De Rose, os novos debates sobre uma *détente* foram interpretados por De Gaulle como o prelúdio de um condomínio de superpotências que reduziria a França e, na verdade, a Europa à cidadania de segunda classe, uma visão compartilhada por Jean Laloy.[73] Os alemães também estavam em pé de guerra, como de costume. Eles viam cada iniciativa norte-americana invariavelmente como "o primeiro passo para o desengajamento atômico".[74] Em 10 de janeiro de 1963, Kissinger se encontrou com o general Hans Speidel, veterano de ambas as guerras mundiais e agora comandante-chefe das forças de solo da OTAN na Europa Central. Speidel revelou as raízes do mal-estar alemão: que a Alemanha não poderia depender do apoio francês (daí o seu conselho a Adenauer para que tomasse cuidado com a oferta secreta de De Gaulle de cooperação nuclear); e que as forças convencionais atuais da OTAN "permitiriam uma defesa apenas contra as forças soviéticas agora implantadas na Alemanha Oriental ao longo da linha de Weser[,] [...] exigiriam a utilização de armas táticas nucleares desde o início[,] [...] [e] permitiriam a defesa por somente uma média de nove dias".[75] Na Itália também havia inquietação. Os italianos com que Kissinger se encontrou – inclusive o presidente, Antonio Segni; o primeiro-ministro, Amintore Fanfani; o ministro da Defesa, Giulio Andreotti, e o chefe do serviço diplomático, Attilio Cattani – haviam àquela altura descoberto que os mísseis Jupiter estavam sendo retirados da Turquia como parte de um acordo secreto com os soviéticos sobre Cuba. Seriam os deles os próximos a ser removidos?[76] Embora se mostrassem mais entusiasmados do que os franceses em relação à MLF, os italianos tinham suas dúvidas sobre como esta funcionaria na prática. Segundo Fanfani, "é provável que os Estados Unidos proponham colocar cozinheiros italianos nos submarinos e chamar isso de controle conjunto".[77] Essa foi uma das muitas maneiras sutis com que o acordo que concluiu a crise cubana demonstrou ter, na verdade, repercussões negativas para a OTAN. À medida que a verdade vinha à tona, a confiança na liderança norte-americana diminuía.

Apesar do rompimento de relações entre Kissinger e Bundy, a imprensa italiana ainda o creditava como "um assessor especial do presidente Kennedy para assuntos militares".[78] De fato, como vimos, Kissinger não fazia mais do que enviar a Bundy cópias de seus "memcons", inclusive os detalhes da sua conversa com Speidel, a despeito do fato que – como Kissinger deixou claro – o general lhe falara "na mais rigorosa confidencialidade" e "me implorou para que não fizesse qualquer uso das informações que me passou".⁷⁹ Escrevendo a Bundy após o seu retorno da Europa, seus comentários permaneceram construtivos. "Tenho discordado da perspectiva da administração em várias ocasiões", concedeu ele. "No entanto, eu estava convencido de que a oferta de Nassau [dos Polaris aos franceses] era séria. É verdade, haveria muitos problemas técnicos a serem resolvidos. Pareceu-me, porém, que se provariam solucionáveis caso a França entrasse no debate com uma mente aberta e no espírito de dar e receber."⁸⁰ Escrevendo a Rockefeller, no entanto, ele foi mordaz. A política europeia da administração Kennedy estava em "desordem" por causa de sua "natureza errática e vacilante".⁸¹ A conclusão a que havia chegado com firmeza era que a MLF estava condenada ao fracasso porque os europeus sabiam que por trás da palavra "multilateral" se encontrava um aumento da dominância norte-americana sobre a estratégia da OTAN. Em vez disso, "[d]everíamos deixar aos europeus a organização interna das forças nucleares da Europa e tentar coordenar essa força europeia com a nossa".⁸²

Como tantas vezes, Kissinger recorreu às páginas da *Foreign Affairs* para explicitar a sua nova posição. "Strains on the Alliance" [Tensões na aliança] se propunha a explicar a desilusão alemã e francesa com a política externa dos Estados Unidos em termos caracteristicamente psicológicos. No caso alemão, a questão de Berlim era crucial "em princípio não porque a cidade está vulnerável em termos físicos, mas porque toda a Alemanha está vulnerável em termos psicológicos". A administração Kennedy buscou um acordo pelo acesso a Berlim Ocidental dando efetivamente à Alemanha Oriental e à Alemanha Ocidental o mesmo status. Entretanto, "nenhum líder político alemão pode aceitar como permanente a subjugação de 17 milhões de alemães por armas comunistas", o que tornava a proposta norte-americana intragável, mesmo que fosse praticável. Também no caso francês "temos tratado o que é, em essência, um problema de política e psicologia como se fosse primordialmente técnico, [...] [demonstrando] pouca compreensão sobre as preocupações de alguns dos nossos aliados europeus a respeito de como a sua sobrevivência possa depender inteiramente de decisões tomadas a 4.800 quilômetros de distância". O resultado não intencional da má interpretação das psiques nacionais alemã e francesa tem sido o de "incentivar o entendimento franco-alemão". A visão da administração de uma força multilateral era improvável de ser concretizada sob essas circunstâncias. Seria melhor "encorajar um mecanismo de controle político europeu para as suas forças nacionais, e então coordená-las com a nossa força estratégica", ao mesmo tempo estabelecendo, de alguma forma, o "corpo de coordenação do Atlântico".[83]

Ao caracterizar o pensamento estratégico de Adenauer e De Gaulle, Kissinger revisitou a distinção entre idealismo e realismo. Claramente, nenhum deles era idealista. (Na verdade, De Rose havia lhe dito, de forma memorável, que, "para De Gaulle, Estados eram monstros insensíveis que operavam apenas com base no interesse próprio".)[84] Ele e Adenauer eram arquirrealistas. Contudo, "a realidade deles é o seu conceito de futuro ou da estrutura do mundo que desejam construir.

> A abordagem pragmática em excesso de muitos dos nossos estrategistas políticos parece a muitos europeus envolver o risco de instabilidade latente, assim como a tendência conceitual dos europeus aparenta às nossas autoridades ser demasiado legalista e teórica. [...] [A] geração que segue [Adenauer e De Gaulle] corre tanto perigo de exaltar a técnica acima do propósito como o fazem os seus contemporâneos nos Estados Unidos. Entretanto, em ambos os lados do Atlântico, devemos nos lembrar de que existem dois tipos de realistas: aqueles que manipulam os fatos e aqueles que os criam. O Ocidente não exige mais do que homens capazes de criar a sua própria realidade.[85]

A antítese desse tipo de realismo visionário era a forma de reducionismo tecnocrático favorecido pelo Departamento de Defesa de McNamara. Em um artigo paralelo para *The Reporter*, Kissinger abriu uma nova frente na sua própria guerra intelectual: contra a RAND Corporation e, em particular, Albert Wohlstetter. Havia sido o argumento deste de que o equilíbrio nuclear do terror era "delicado", e que uma guerra poderia ser vencida pelos Estados Unidos mesmo depois de um ataque surpresa soviético, desde que os Estados Unidos ainda tivessem a capacidade de destruir as forças nucleares restantes da União Soviética.[86] McNamara e Gilpatric aceitaram esse argumento e chegaram à conclusão lógica de que tudo o que importava, portanto, era a força de retaliação estratégica norte-americana. Todas as outras forças nucleares – mísseis táticos, a dissuasão francesa e britânica – eram irrelevantes. Portanto, "todas as armas nucleares da aliança precisavam estar sob um controle rígido, na verdade sob um comando único, que, por consequência, significava o comando dos Estados Unidos".[87] O "dilema nuclear" da OTAN, na opinião de Kissinger, era duplo. Em primeiro lugar, com o tempo, os soviéticos talvez adotassem e implementassem a mesma doutrina, reduzindo a vantagem no momento reivindicada por McNamara. Em segundo lugar, insistir em um monopólio dos Estados Unidos sobre as armas nucleares levava à consequência não intencional de afastar os principais aliados europeus do país. Conclamar uma força multilateral que, na realidade, fora concebida para subordinar todas as forças nucleares à cadeia de comando norte-americana era simplesmente mentiroso. Sugerir ao mesmo tempo aos europeus que ampliassem as suas forças convencionais não fazia sentido. Como disse Kissinger em tom irônico, "os europeus, vivendo em um continente coberto de ruínas que atestam a falibilidade da previsão humana, sentem nos ossos que a história é mais complicada do que análises de sistemas".[88]

O apelo de Kissinger para "aceitar os esforços nacionais britânicos e franceses e incentivar, em primeiro lugar, um programa comum franco-britânico e, mais tarde, um europeu" provocou "reações muito diferentes". O colega francófilo Harvard Stanley Hoffmann se mostrou encantado. "Você é inimitável e inigualável", elogiou. "Eu só gostaria que eles o ouvissem mais lá em Washington".[89] "Lá", porém, como Kissinger indicara, os seus artigos não o ajudavam a fazer "muitos amigos".[90] A ideia básica por trás da MLF, argumentou Henry Owen em uma crítica para o CSN, era resistir a "pressões alemãs por um papel nuclear *nacional*", que, segundo Owen, o esquema de Kissinger só serviria para aumentar.[91] A réplica pública mais combativa veio de ninguém menos que Robert Bowie, chefe titular de Kissinger no Centro de Assuntos Internacionais e defensor ferrenho da MLF.[92] Aparentemente, nenhum dos dois compreendeu o ponto central de Kissinger. Como explicou a Schlesinger, "as minhas soluções específicas são muito menos importantes do que o fato de que a nossa abordagem até agora não conseguiu estabelecer [na Europa] nenhuma confiança real. Isso por si só condena as nossas propostas específicas".[93] Ele estava preparado para defender os seus ex-colegas contra acusações francesas de "mentiras e insinceridade".[94] Estava até preparado para manter o Departamento de Estado informado de suas conversas quando visitou Bonn em maio de 1963: como dissera a Bundy, "as minhas divergências com a administração cessam à beira d'água".[95] Contudo, ele permaneceu convencido de que a política europeia da administração era "mal concebida" em aspectos fundamentais.

Era para a linha de Kissinger ser interpretada como a mesma de Rockefeller? Essa foi a pergunta feita pelo *Observer* de Londres. Com desdém, Kissinger negou:

> Somente eu sou responsável pelas minhas declarações públicas. Nem o governador Rockefeller nem qualquer um de seus associados sequer sabiam que eu estava escrevendo um artigo. Eles não viram nenhum rascunho em manuscrito nem datilografado nem impresso. Eles não discutiram o artigo comigo desde a sua publicação.
>
> A esse respeito, seguimos simplesmente o procedimento que tem caracterizado uma amizade que se estende por quase uma década. Nem o governador Rockefeller nem qualquer um dos seus associados jamais procurou influenciar direta ou indiretamente os meus escritos. Eu nunca lhes passei informações antecipadas sobre as minhas publicações. Ambos os lados reconhecem, sem que isso se torne um problema, que a manipulação de ideias é degradante, e que a obrigação primária de um professor é a sua concepção da verdade.[96]

Algo semelhante aconteceu um mês mais tarde durante um painel de discussão da Câmara de Comércio, que colocou Kissinger e Walter Judd, congressista republicano de Minnesota, contra Bundy e Thomas J. Dodd, senador democrata por Connecticut. Quando o mediador, Lawrence Spivak do *Meet the Press*, descreveu Kissinger como "porta-voz de Rockefeller", Kissinger replicou com vigor:

> Estou aqui como um professor de Harvard, e não como porta-voz do governador Rockefeller. O governador Rockefeller é um amigo meu, e eu o admiro. Quando ele pede a minha opinião, eu respondo. No entanto, a minha presença diante da Câmara de Comércio é na minha qualidade de professor de relações internacionais, e nada que eu diga deve ser considerado como reflexo das opiniões de qualquer outra pessoa.[97]

Esse distanciamento divergia um pouco da realidade. Rockefeller no momento seguia de perto o roteiro de Kissinger sobre a maioria das questões de política externa. Um discurso para a Associação de Editores de Jornais em Nova York em 25 de abril foi mais ou menos um resumo de dois artigos de Kissinger sobre a Europa,[98] assim como foi o argumento de Rockefeller em favor de "um corpo permanente, no mais alto nível, responsável por explorar os meios de reforçar a coesão das nações que circundam o Atlântico Norte". Também era um pouco kissingeriano o chavão que Rockefeller repetia a jornalistas nessa época: "Os homens são movidos por ideais e valores, e não apenas pelo cálculo frio. Não há nada de automático na forma do futuro. É composto pela visão e a ousadia e a coragem do presente".[99] Ele e Rockefeller mantinham contato regular. "Temos que enfrentar de modo direto a questão", disse o governador em abril de 1962, "se estamos [ou não] preparados para ver um centro independente de decisão nuclear na Europa e coordenar a sua ação com a nossa por meio do processo de consulta política. O nosso curso atual [...] tende para a desnuclearização da Europa. Temo que isso venha a produzir um neutralismo".[100] Kissinger estava agora envolvido de maneira profunda no desenvolvimento das posições políticas de Rockefeller para a planejada campanha presidencial de 1964.

No entanto, fazia pouco sentido tático para Kissinger se comprometer publicamente com Rockefeller nessa fase inicial. O desafio a Rockefeller do senador conservador pelo Arizona Barry Goldwater já crescia.* Quando o congressista pelo Wisconsin Melvin Laird, apoiador "não anunciado" de Goldwater, pediu que Kissinger contribuísse para uma coleção de ensaios intitulada *The Conservative Papers* [Os ensaios conservadores], Kissinger permitiu que seus dois artigos sobre a Europa fossem combinados e resumidos como "The Essentials of Solidarity in the Western Alliance" [A essência da solidariedade na Aliança Ocidental]. Além disso, parecia haver pouca chance de que Rockefeller ou Goldwater conseguiria derrotar Kennedy em 1964. "Na prática, o mandato do presidente tinha oito anos", disse Kissinger a Adenauer ao visitar Bonn novamente em maio de 1963. "A menos que aconteça uma calamidade inconcebível [...] o presidente Kennedy será reeleito".[101]

---

* Embora não fosse um conservador social forte – mais tarde ele resistiria à pressão cristã para politizar a legalização do aborto e os direitos dos gays –, a campanha de Goldwater à indicação republicana se beneficiou do escândalo que envolveu o divórcio e o novo casamento de Rockefeller. Mais substancial foi o contraste entre o libertarianismo econômico anti-New Deal de Goldwater e o recorde de impostos e gastos de Rockefeller como governador de Nova York.

Em todo caso, ser identificado como um consultor da Casa Branca não prejudicou a habilidade de Kissinger de andar pelos corredores do poder do outro lado do Atlântico. Assim que as aulas terminaram em Harvard, ele voltou mais uma vez à Europa, onde se encontrou com importantes estrategistas políticos alemães, franceses, belgas e britânicos. As opiniões sobre a MLF permaneciam mistas. Os belgas estavam dispostos a colaborar "para que a Alemanha não desenvolvesse as suas próprias armas nucleares", segundo o ministro da Defesa belga, Paul-Willem Segers.[102] Os alemães se juntariam a ela, afirmou Adenauer, "a fim de não perder o contato com os Estados Unidos".[103] Contudo, Franz Josef Strauss, que fora forçado a renunciar por seu papel no caso *Spiegel*, discordou: na opinião dele, a MLF era "uma fraude".[104] Ainda mais direto foi Lorde Mountbatten, o último vice-rei da Índia, agora servindo como chefe do Gabinete de Defesa, que disse a Kissinger que a MLF era "um absurdo". Em particular, "ele havia comandado navios suficientes em sua vida para saber que a noção de tripulações de nacionalidade mista era uma burrice".[105] Denis Healey, secretário de Defesa paralelo do Partido Trabalhista, não foi muito mais educado.[106] As opiniões mais negativas, porém, vinham dos franceses. Stehlin e De Rose advertiram que De Gaulle estava tomando passos decisivos para reduzir a integração da França à OTAN.[107] Kissinger retransmitiu a Bundy essas e outras introspecções, comentando apenas que ele deveria lidar com as informações francesas "com discrição especial".[108]

O problema em atacar John F. Kennedy era que ele retinha a capacidade de arrebatar o sucesso político das mandíbulas do fracasso estratégico. A maneira como a administração lidara com o problema de Berlim não fora ideal; fizera concessões aos soviéticos; deixara a cidade dividida sob um arranjo anacrônico de quatro potências, e dividida ela permaneceria até 1989. No entanto, quando Kennedy viajou para a cidade em junho de 1963 como convidado de Willy Brandt, foi para fazer um dos maiores discursos de sua carreira.[109] Como milhões de alemães, o industrial Kurt Birrenbach se sentiu profundamente comovido com o discurso "*Ich bin ein Berliner*" de Kennedy, realizado no Schöneberg Rathaus, sede do Senado de Berlim Ocidental, em 26 de junho. O desafio de Kennedy àqueles que viam o comunismo como "a onda do futuro" – "*Lass' sie nach Berlin kommen!* Que venham a Berlim!" – foi emocionante de uma forma que nenhum discurso de Rockefeller jamais fora ou jamais seria. Os argumentos principais não poderiam ter sido mais bem explicados. O desprezo que sentia pelo muro era faiscante. A alusão à antiga Roma – *civis Romanus sum*, disse Kennedy, um dia foi o equivalente a "Eu sou berlinense" – era uma afirmação sutil da *Pax Americana* transatlântica. E a afirmação de que o seu objetivo final era a reunificação da Alemanha, não apenas de Berlim, era tão manifestamente sincera quanto tocante. O discurso, disse Birrenbach a Kissinger, "comoveu as massas de uma maneira que eu não via em décadas", e fornecia "imunização contra as tentações francesas". ("Não estou tão certo de que gosto da implicação em 'décadas', observou Kissinger com ironia em um *post-scriptum* para Schlesinger. "No entanto, não podemos ter tudo.")[110]

Era difícil ter que atuar depois de Kennedy, mas foi o que Rockefeller fez, embarcando poucos meses mais tarde em uma viagem de duas semanas pela Europa, por sugestão de Kissinger e com Kissinger ao seu lado. (Como a viagem ocorreu no início do semestre de Harvard, Kissinger pediu que não houvesse comunicados à imprensa sobre o assunto, pois "os conselhos de administração de Harvard talvez se perguntassem o que um dos membros do corpo docente está fazendo, excursionando pela Europa com uma figura política".)[111] De maneira significativa, porém, os dois homens evitaram a Alemanha. Na verdade, evitaram com muito cuidado se encontrar com qualquer um com quem Kissinger havia sido visto trabalhando como consultor da Casa Branca.[112] (Como explicou a Rusk, era "para evitar qualquer possível embaraço ao governo" e "porque envolve um ponto um tanto delicado de honra".)[113]

O problema para Rockefeller não era apenas que Kennedy fosse um orador mais talentoso, nem que Kennedy tivesse conseguido fazer melhor uso dos contatos europeus de Kissinger. O problema era que, em questões fundamentais de política externa, Kennedy vinha obtendo sucesso. Depois que os soviéticos retomaram os testes nucleares atmosféricos em agosto de 1961, Kennedy ignorou o conselho de Bundy a não fazer o mesmo.[114] Ao mesmo tempo, porém, Kennedy propôs um banimento dos testes atmosféricos que seria monitorado pelos sistemas nacionais de inspeção. A princípio, Kissinger acautelou Rockefeller a não opinar sobre a questão, mas, refletindo melhor, ele e Teller decidiram que seria melhor apoiar a proposta de Kennedy.[115] De agosto de 1962 até julho de 1963, Rockefeller e sua equipe fugiram do assunto. Em janeiro de 1963, Rockefeller emitiu um comunicado alertando contra um banimento dos testes prolongado e unilateral, mas se sentiu consternado com a quantidade de cartas hostis que recebeu de seus constituintes em resposta.¹¹⁶ Quatro meses mais tarde, Kissinger propôs um esquema alternativo que envolvia "fix[ar] um limite superior de precipitação radiativa e estabelec[er] cotas para os países", mas isso também era complicado demais para ser viável.¹¹⁷ Além de Teller, Rockefeller consultava a opinião de Stanley Hoffmann, Bernard Brodie e Malcolm Hoag da RAND, e até mesmo de Walt Rostow.¹¹⁸ No fim – depois que Khrushchov desistiu de maneira inesperada de se opor à proposta de Kennedy –, Rockefeller, de má vontade, se pronunciou a favor do banimento parcial dos testes nucleares, que proibia os testes atmosféricos, estratosféricos ou subaquáticos, mas não os subterrâneos.¹¹⁹

Juntamente com o Tratado de Interdição Parcial de Ensaios Nucleares, a criação de uma linha direta com o Kremlin e a revitalização das negociações de desarmamento em Genebra tornaram a ideia da *détente* uma realidade. Era difícil se opor a ela. Em entrevista a *US News & World Report*, Rockefeller tentou uma demolição abrangente do histórico de Kennedy sobre Cuba, a OTAN, a América Latina, auxílio ao exterior e até o Vietnã, acusando-o de "indecisão, hesitação e fraqueza".¹²⁰ Como se poderá ver, porém, não era como se Kennedy estivesse recuando em relação ao compromisso dos Estados Unidos com o Vietnã do Sul; muito antes pelo contrário. Outra linha de ataque era a "abertura à esquerda" na Itália, a tentativa de Fanfani de trazer elementos da ala esquerda para o governo no nível nacional e local, o que Kennedy apoiou. Todavia, a alegação de que isso abria a porta para uma "desastrosa" tomada comunista soava como um exagero.¹²¹ O único caminho a seguir para Rockefeller parecia ser "atingir [...] o cinismo geral e o discurso enganoso da administração".¹²² "No reino da política externa", afirmava o "material do pacote da imprensa" da campanha, datado de 21 de novembro, o "governador Rockefeller considera a administração Kennedy 'confusa, debatendo-se em um mar de expedientes'". Como poderia "uma administração composta por tantas pessoas inteligentes [...] tropeçar de crise em crise"? A resposta era "uma falta de compreensão da natureza da cooperação política internacional" e uma tendência "a colocar a conveniência acima dos princípios".¹²³

Não havia mais nenhum sentido em ser tímido. Kissinger era agora descrito como "assessor militar de Rocky" pelo *The Washington Post*.¹²⁴ No entanto, a campanha em si estava enferma. Teller relatou da Califórnia que Rockefeller estava "acabado", ao que Kissinger só pôde responder: "O meu desgosto com o que está acontecendo é tão grande quanto o seu".¹²⁵ Com a primeira eleição primária republicana em New Hampshire ainda quatro meses à frente, a sua vida já estava "caótica além de qualquer descrição".[126] Entretanto, até onde Kissinger era capaz de julgar, no estado crucial da Califórnia, Rockefeller era "quase que um completo desconhecido, exceto por sua vida pessoal". A maioria dos republicanos da costa oeste era "a favor de Goldwater, mas não de modo que não pudessem mudar de ideia se soubessem o que governador defende".[127] A esperança de Kissinger era que o círculo íntimo de Rockefeller conseguisse estabelecer o que exatamente Rockefeller defendia antes que a campanha presidencial começasse de verdade. Até então, eles não haviam obtido sucesso.

VI

O assassinato de John F. Kennedy por Lee Harvey Oswald em Dallas em 22 de novembro de 1963 mudou o curso da história norte-americana de maneiras que nunca serão conhecidas com certeza. Uma administração de segundo mandato de Kennedy talvez houvesse se mostrado menos inclinada a intensificar a guerra no Vietnã do que foi a de Lyndon Johnson – talvez até houvesse revertido o curso, retirando em vez de reforçar a força de 12 mil norte-americanos que já estavam no Vietnã do Sul quando Kennedy morreu.[128] É provável que ele houvesse sido menos ousado na promulgação dos direitos civis e na legislação da "Grande Sociedade", que foram as realizações de política interna mais importantes de Johnson.* Em outros aspectos, por certo a situação teria continuado a mesma.[129] O que a morte súbita e violenta de Kennedy assegurou foi que criticar a sua presidência se tornaria muito difícil nos próximos anos. Isso também teve o efeito de silenciar, mesmo que apenas temporariamente, aqueles que mais haviam atacado de forma consistente a sua política externa. Assim que ouviu a notícia, Kissinger telegrafou

---

* As consequências de um programa nacional menos progressivo são especialmente difíceis de imaginar. No romance de Stephen King *Novembro de 63*, um Kennedy reeleito encontra-se presidindo uma reação nacional contra o movimento dos direitos civis que culmina com a eleição do governador George Wallace do Alabama como presidente em 1968. Wallace logo exacerba a Guerra do Vietnã ao ponto de usar armas nucleares, com consequências desastrosas.

a Bundy: "QUERO QUE SAIBA QUE ESTOU PENSANDO EM VOCÊ COM PROFUNDA SIMPATIA NESTE TRISTE MOMENTO".[130] Era uma mensagem prosaica, até mesmo patética, com certeza. Contudo, talvez o elemento mais notável seja o próprio fato de Kissinger sentir a necessidade de enviar uma mensagem a Bundy, após as frustrações e decepções dos três anos anteriores.

No trigésimo dia da moratória na campanha que se seguiu à morte de Kennedy, Kissinger teve tempo para refletir sobre a melhor forma como Rockefeller deveria responder. Curiosamente, ele incluiu em seu rascunho uma afirmação explícita de apoio aos direitos civis: "Aos membros do meu próprio partido", escreveu Kissinger, "digo que [...] devemos tomar a liderança na luta pelos direitos civis. Devemos tomar a liderança ao garantir uma educação melhor, um emprego decente, um lar seguro e um corpo saudável para todos". A nação havia sofrido um "profundo choque" como resultado do "ataque violento e sem sentido" contra o presidente. Contudo, "temos visto que os homens podem desaparecer, mas as nossas instituições sobrevivem. Balas não conseguirão destruir o nosso processo constitucional. [...] Sofremos uma perda. No entanto, a vida continua".[131] Já estava claro para Kissinger que, em questões de política externa, Rockefeller não teria como superar o falcão Goldwater – um defensor feroz da "reversão", inflexível em sua hostilidade contra todos os regimes comunistas.[132] Todavia, isso criava uma lacuna importante na discussão pública que se provaria fatal. Se Kennedy estava, pelo menos por algum tempo, acima de qualquer crítica, não haveria muita oportunidade de avaliar o histórico da resposta flexível. A análise de Kissinger sobre os seus defeitos, tanto estratégicos quanto táticos, permaneceria em suspenso; as concessões feitas por Berlim e Cuba seriam esquecidas, e as contradições da doutrina de contraforça seriam deixadas de lado.

Os Estados Unidos sob Kennedy haviam optado por não travar uma guerra convencional por Berlim, ou por Cuba, por medo de que ela se agravasse até gerar uma guerra nuclear. No entanto, a *détente* reduziu o risco desse agravamento. O paradoxo era que a guerra convencional que os Estados Unidos decidiram travar – aquela pela qual John F. Kennedy já havia optado, aquela que se agravaria de forma inexorável e calamitosa pelo resto da década de 1960 – não foi pela estrategicamente crucial Berlim nem pela quase vizinha Cuba, mas por uma ex-colônia francesa distante e estrategicamente inconsequente: o Vietnã.

Livro IV

Capítulo 16
A estrada para o Vietnã

Eu me opunha à guerra enquanto Kissinger a apoiava.

Hans Morgenthau, 1969[1]

Oriana Fallaci: Mas o senhor não acha, dr. Kissinger, que essa tem sido uma guerra inútil?
Henry Kissinger: Nisso eu concordo.

Entrevista, 1972[2]

I

Dez anos depois de os Estados Unidos terem retirado o seu último homem de forma ignominiosa de Saigon, o jornalista Joseph Lelyveld observou com sagacidade que, "quando falamos sobre o Vietnã, raramente falamos sobre o país com esse nome ou sobre a situação das pessoas que vivem lá. Em geral, falamos sobre nós mesmos. É provável que sempre tenha sido assim, que é uma razão conspícua pela qual os nossos líderes julgavam ser tão difícil formar uma estratégia que se encaixasse conosco e com o nosso terreno escolhido".[3] Há muitas maneiras de explicar por que os Estados Unidos fracassaram de forma tão espetacular no Vietnã. Entretanto, o simples fato de que isso aconteceu será sempre surpreendente. Os Estados Unidos eram não só um país cinco vezes mais populoso do que o Vietnã, mas a sua economia era 76 vezes maior. Em 1964, havia apenas cerca de dez países do mundo, além da África subsaariana, mais pobres do que o Vietnã em termos de produto interno bruto per capita, em uma época em que os Estados Unidos só perdiam para a Suíça.[4] Na questão tecnológica, a diferença entre os dois países – inclusive no aspecto dos armamentos – era de uma grandeza quase incomensurável. Ainda assim, os Estados Unidos perderam. Não admira que a Guerra do Vietnã tenha se tornado um trauma não só para aqueles que serviram nela, mas para toda uma geração de norte-americanos.

Robert McNamara, que foi o secretário de Defesa durante todo o período de escalada militar, revia com vergonha ao menos seis diferentes falhas pelas quais assumiu alguma responsabilidade. Houve falha na consulta aos aliados, apesar da existência da Organização do Tratado do Sudeste Asiático (OTASE) desde 1954; a falha em apreciar como um povo armado conseguiria suportar e superar o armamento mais sofisticado; a falha em ver os limites do auxílio econômico e militar no processo de construção do Estado; a falha em manter princípios democráticos no governo do Vietnã do Sul; a falha em compreender a complexa relação entre a aplicação de força militar e a realização de objetivos políticos; e, acima de tudo, a falha no processo de tomada de decisões norte-americana em si. Os estrategistas políticos "não levantaram questões importantes, não lidaram com questões sobre escolhas políticas, e não reconheceram a sua incapacidade de fazê-lo". Para explicar isso, McNamara culpou a falta de tempo, falta de memória institucional dentro do governo, e "a natureza incremental da tomada de decisões sobre a intervenção no Vietnã [que] nunca permitiu aos estrategistas políticos uma oportunidade de recuar".[5]

Outro membro da ordem flagelante de autoridades do velho grupo Kennedy-Johnson era McGeorge Bundy. Em um memorando escrito apenas em maio de 1967 – um ano depois de haver deixado a administração para assumir a Fundação Ford –, Bundy ainda assegurava ao presidente: "O fato de que o Vietnã do Sul não tenha sido perdido e não será perdido é de importância verdadeiramente gigantesca na história da Ásia, do Pacífico e dos Estados Unidos". Quase trinta anos depois, Bundy acrescentou uma única nota à margem: "McGB todo *errado*". A sua explicação para o fracasso americano foi uma subestimação básica da "resistência do inimigo".[6]

Como defende John Gaddis, uma intervenção como a realizada no Vietnã era uma consequência lógica da estratégia da resposta flexível. Não era necessário aceitar acriticamente a teoria do dominó de Eisenhower para "acreditar de modo profundo" – nas palavras de Walt Rostow a Bobby Kennedy em agosto 1961 – que o caminho para "salvar o Sudeste Asiático e minimizar as chances de um grande envolvimento militar dos Estados Unidos por lá é o presidente tomar uma decisão ousada [pelo envolvimento militar *limitado*] muito em breve". Além disso, a resposta flexível implicava uma calibração precisa do uso da força: o que aparentava ser uma pequena ameaça poderia ser enfrentado com uma intervenção modesta, e, se a ameaça acabasse por ser maior do que o esperado, a pressão militar simplesmente teria o volume aumentado como em um daqueles rádios transistorizados que era onipresentes na era do Vietnã. Todavia, o resultado, na prática, foi "não um 'ajuste fino', mas uma reação exagerada e desajeitada; não coordenação, mas desproporção; não precisão estratégica, mas, no final, um vácuo estratégico".[7]

A análise de sistemas deu aos tecnocratas que infestavam o Pentágono a ilusão de que era possível medir o progresso em direção à vitória com a mesma acuidade da produção de veículos de uma fábrica da General Motors. Os apoiadores mais obstinados da estratégia de escalada do envolvimento militar dos Estados Unidos eram aqueles que, como Walt Rostow, mais sofriam daquilo que os psicólogos comportamentais chamam de viés de confirmação – o "filtro mental automático [que] [...] aceita apenas dados de reforço, ao mesmo tempo que rejeita sistemática e totalmente todas as evidências contrárias, não importa quão convincentes sejam".[8] Sem dúvida, livros continuarão a ser escritos, demonstrando como os Estados Unidos poderiam ter vencido a Guerra do Vietnã. Entretanto, tais argumentos se apoiam invariavelmente em uma concepção demasiado estreita de vitória. Concentram-se nos sucessos operacionais e ignoram os enormes erros de julgamento estratégicos que estavam por trás de cada operação.[9] Clausewitz nos ensinou que a guerra é "não apenas um ato de política, mas um instrumento político verdadeiro, uma continuação do intercâmbio político, realizado por outros meios" (*Da guerra*, livro 1, capítulo 1).[10] Com base nisso, qualquer argumento que represente o Vietnã como uma vitória militar, mas como um fracasso político, desmorona.

Presume-se há muito tempo – desde que Hans Morgenthau o afirmou pela primeira vez em 1969 – que Henry Kissinger "apoiou" a Guerra do Vietnã por toda a década de 1960, e que esse teria por certo sido um dos principais motivos por que Richard Nixon lhe ofereceu o cargo de consultor sobre segurança nacional. Essa visão é incorreta. Embora Kissinger certamente pensasse de início – como McNamara, como Bundy, como Rostow – que o Vietnã do Sul precisava ser defendido contra a agressão comunista, ele percebeu mais cedo do que os outros que as administrações de Kennedy e Johnson estavam estragando aquela defesa. Em público, nas poucas ocasiões em que lhe pediram que o fizesse, ele defendeu a administração Johnson. No entanto, em particular, como os arquivos mostram, era um crítico mordaz. Então por que manteve a sua crítica em segredo? A resposta é que Kissinger não se contentou em reclamar de fora do campo. A partir de 1965, quando fez a primeira de três viagens ao Vietnã em uma tentativa prolongada de melhorar a sua compreensão da guerra, ele procurou salvar a situação, em primeiro lugar, recomendando melhorias à estratégia de contrainsurreição norte-americana, e depois – a um grau nunca antes reconhecido por acadêmicos –, buscando intermediar algum tipo de acordo de paz com os norte-vietnamitas, usando uma variedade de canais indiretos de comunicação com Hanói que passavam não somente por Paris, mas também por Moscou.

II

As origens da Guerra do Vietnã podem ser rastreadas a 1956, embora seja sempre importante lembrar que os Estados Unidos poderiam ter mudado de curso a quase qualquer momento desde então até 1965 – o ano crucial em que Lyndon Johnson expandiu a presença militar dos Estados Unidos além do nível em que uma retirada unilateral teria sido possível a um custo modesto.

Foi a administração Eisenhower que optou por não assinar o Tratado de Genebra de 1954[*] e, por medo de uma vitória comunista, deu uma piscadela para a decisão do governo sul-vietnamita de cancelar as eleições marcadas para julho de 1956. O objetivo era "apoiar um Vietnã do Sul amistoso e não comunista",[II] mas, na prática, isso significou auxílio militar e econômico por

---

[*] Segundo os acordos alcançados ao fim da conferência de Genebra de 1954, a França concordou em retirar as suas tropas da Indochina, que foi dividida em três países: Laos, Camboja e Vietnã. O Vietnã seria temporariamente dividido ao longo do paralelo 17 N até que fossem realizadas eleições, após as quais o país seria unificado. No entanto, os Estados Unidos não assinaram o documento, e as eleições nunca aconteceram. Embora Walter Bedell Smith, representante dos Estados Unidos em Genebra, pareça ter indicado que Washington se comprometeria a respeitá-las, na prática, os Estados Unidos apoiaram a proclamação de Ngo Dinh Diem do Vietnã do Sul como um Estado independente.

tempo indeterminado ao presidente católico, conservador e corrupto Ngo Dinh Diem e a seu irmão e principal conselheiro, Ngo Dinh Nhu, que juntos haviam deposto o imperador Bao Dai após um referendo fraudulento.

Parte do que restringia os estrategistas políticos dos Estados Unidos no caso do Vietnã foi a percepção generalizada de que Eisenhower havia sido muito brando em relação ao país vizinho, o Laos. Lá, a pressão norte-americana fora suficiente para manter o comunista Pathet Lao longe do poder, mas não para impedir que um governo neutralista liderado pelo primeiro-ministro Souvanna Phouma aceitasse quantidades consideráveis de auxílio dos soviéticos, inclusive armas, projetadas para obter "a liquidação das fontes de intervenção internacional nesta região e a neutralização deste país".[12] O impasse costumeiro da Guerra Fria prosseguiu, com ambas as superpotências vertendo dinheiro no país, os soviéticos apoiando Phouma, os norte-americanos apoiando o seu rival, o general Phoumi Nosavan. Um golpe militar em 1960 pareceu preparar o palco para que Nosavan assumisse, mas incursões norte-vietnamitas logo transformaram uma grande parte do país em uma estrada (a "Trilha Ho Chi Minh") para suprimentos a fim de apoiar os insurgentes comunistas conhecidos como vietcongues no Vietnã do Sul.[13] A desintegração do Laos, alertou Eisenhower a Kennedy quando se preparava para entregar a Casa Branca, era "o problema mais importante enfrentado pelos Estados Unidos" e talvez exigisse intervenção militar.[14]

Na primavera de 1961, começaram de fato as preparações para enviar pelo menos algumas forças com comando norte-americano para o Laos. No entanto, isso foi um blefe. Kennedy, abalado pelo fiasco da Baía dos Porcos, se viu feliz em aceitar uma iniciativa britânica em que uma conferência internacional em Genebra abria o caminho para um governo com base amplamente neutra, de novo liderada por Phouma, mas agora incluindo Pathet Lao.[15] Apesar das reservas de McNamara e Bundy, Averell Harriman convenceu o presidente de que um governo neutralista, ainda que com ministros comunistas, era preferível a uma guerra civil.[16] Em última análise, Kennedy não considerava o Laos como "digno de envolver a atenção das grandes potências", enquanto Khrushchov se contentou em esperar que o país "caísse no nosso colo como uma maçã madura".[17]

Quando Kennedy perguntou pela primeira vez ao seu consultor de segurança nacional, Walt Rostow, sobre o Laos – em 9 de janeiro de 1961 –, Rostow "respondeu que simplesmente não sabia o suficiente sobre a situação para lhe dar uma opinião".[18] Por razões que não são óbvias, Rostow não sentia a mesma inibição ao passar ao presidente as suas opiniões excessivamente confiantes sobre o Vietnã. "Com certeza, estamos engajados no Vietnã", observou ele mais tarde naquele ano; "com certeza honraremos o nosso [...] compromisso com a OTASE".[19] Rostow já tinha a visão de que bombardear o Vietnã do Norte colocaria a economia rudimentar do país de joelhos.[20] Como tantos na administração, a sua hipótese não questionada era que a sangrenta guerra de guerrilha e a campanha terrorista travadas pelos vietcongues no Vietnã do Sul eram financiadas e comandadas pelo Vietnã do Norte. Robert Komer, membro do gabinete do CSN, concordava: "a reação norte-americana à agressão prolongada seria calibrada com cuidado a fim de alertar os comunistas de que a política dos Estados Unidos apoiava com firmeza um Vietnã do Sul não comunista, que os Estados Unidos tinham disposição e capacidade para retaliar militarmente qualquer aumento da pressão comunista sobre o Vietnã do Sul, e que represálias militares se intensificariam caso a pressão comunista persistisse".[21] Em maio de 1961, o CSN chegou a um consenso: o compromisso dos Estados Unidos por um Vietnã do Sul não comunista era essencial e irrevogável.[22] O NSAM 52 – National Security Action Memorandum 52 [Memorando de Ação de Segurança Nacional 52], datado de 11 de maio, definiu os objetivos da política como sendo "evitar a dominação comunista do Vietnã do Sul; criar nesse país uma sociedade viável e cada vez mais democrática, e iniciar, de forma acelerada, uma série de ações de apoio mútuo de caráter militar, político, econômico, psicológico e secreto projetadas para alcançar esse objetivo". Também autorizava um "exame completo pelo Departamento de Defesa [...] do tamanho e composição das forças que seriam desejáveis no caso de um possível engajamento das forças dos Estados Unidos no Vietnã".[23]

Uma visita ao Vietnã com o general Maxwell Taylor em outubro de 1961 confirmou Rostow como o líder dos "falcões austeros".[24] Quando Averell Harriman, secretário assistente do Estado, propôs a negociação de um acordo, como no Laos, Rostow retrucou:

> Se adiarmos a ação no Vietnã para participar de conversações com os comunistas, com certeza teremos uma crise de nervos no Vietnã e no Sudeste Asiático. A imagem da falta de disposição dos Estados Unidos para enfrentar o comunismo – induzido pelo acontecido no Laos – será considerada como definitivamente

confirmada. Haverá pânico e desordem. [...] Se negociarmos agora – enquanto a infiltração continua –, seremos de fato julgados mais fracos do que no Laos.[25]

Apenas com dificuldade Dean Rusk conseguiu resistir à recomendação de Taylor e Rostow de que 8 mil soldados norte-americanos acompanhassem a multidão de consultores, especialistas e instrutores militares que agora eram enviados para limpar o regime em Saigon – uma recomendação que McNamara, e até alguns funcionários do Departamento de Estado (como Robert H. Johnson), haviam apoiado.[26] Bundy também passara a acreditar na necessidade de engajar "unidades *limitadas* de combate dos Estados Unidos, se necessário, para fins *militares* (não para apoio moral), a fim de ajudar a salvar o Vietnã do Sul". A questão, disse ele a Kennedy, já "se tornou uma espécie de pedra de toque da nossa vontade".[27] A pressão sobre Rusk apenas crescia à medida que os falcões eram encorajados pelo aparente sucesso do "olho por olho" na questão dos mísseis cubanos. "Toda a lição da Guerra Fria, inclusive a recente crise cubana", explicou Rostow ao tentar convencer Rusk dos benefícios dos ataques aéreos, "é que os comunistas não partem para a escalada militar em resposta às nossas ações".[28]

A intervenção no Vietnã era, em suma, a resposta flexível em ação. Em seu "Basic National Security Policy" [Política básica de segurança nacional] (março de 1962), Rostow instou Kennedy a "expandir o nosso arsenal de contramedidas limitadas secretas e não secretas se formos de fato transformar a criação de crises – uma atitude profundamente embutida na ideologia e nos hábitos de trabalho dos comunistas – em uma ocupação lucrativa".[29] Por outro lado, grandes perdas de território, argumentou ele, "tornariam mais difícil para os Estados Unidos criar o tipo de ambiente mundial que deseja [...], gerar o derrotismo entre os governos e povos no mundo não comunista, ou aumentar as frustrações em casa".[30] É verdade que havia vozes dissonantes. J. K. Galbraith previu "o perigo consequente [de que] venhamos a substituir os franceses como a força colonial na região, e sangrar como os franceses sangraram";[31] até Douglas MacArthur advertiu Kennedy de que "não havia fim para a Ásia e mesmo que mandemos 1 milhão de soldados de infantaria norte-americanos para aquele continente, ainda nos veríamos em desvantagem numérica por todos os lados".[32] Isso fez pouca diferença. De aldeias estratégicas ao desfolhamento, os elementos primordiais do esforço de guerra dos Estados Unidos já estavam no lugar antes que o assassinato de Kennedy entregasse a presidência a Johnson.

Como um idealista determinado a resistir ao avanço comunista e defensor da "guerra limitada", talvez se esperasse que Kissinger favorecesse uma linha dura no Vietnã. Seus primeiros comentários sobre o assunto por certo tiveram tom aguerrido. Já no início de junho de 1961, ele rejeitou como "hipócrita" o argumento de Walter Lippmann de que "não devemos nos envolver no Sudeste Asiático para não enfraquecer as defesas em Quemoy, Matsu e Berlim".[33] Falando sobre o Laos durante uma visita ao Paquistão em fevereiro do ano seguinte, ele expressou "uma visão pouco ortodoxa, que não é compartilhada por muitas das nossas instituições militares [...], de que o Laos era, na verdade, um bom lugar para lutar uma ação convencional.

> Não vejo como os chineses teriam mantido forças substanciais ao longo da única estrada que está disponível para eles quando a nossa Força Aérea é capaz de fazer qualquer coisa, e a minha opinião pessoal é que se você perguntar sobre uma área onde seja possível lutar uma ação convencional, uma área em que o agressor tenha apenas uma ou duas linhas de comunicação, onde esteja bem longe do seu potencial industrial e que seja inadequada para uma operação de grande porte, o Laos não é um mau lugar para essa luta.[34]

A essa altura, Kissinger estava deixando a administração Kennedy e havia retomado o trabalho como consultor para Nelson Rockefeller. Um documento informativo de fevereiro de 1962, antes de uma aparição de Rockefeller na televisão, revela mais uma vez a natureza condicional da posição de Kissinger. Em resposta à pergunta típica "Você aprova as ações norte-americanas no Vietnã do Sul?", Kissinger escreveu:

> Toda a história prova que não há nenhuma maneira barata e fácil de derrotar movimentos guerrilheiros. O Vietnã do Sul tem sido assolado por ataques comunistas vietcongues desde que se tornou independente em 1954. A sua derrota só será obtida por uma força militar adequada. Espero que estejamos cientes disso e que tenhamos assumido o compromisso interno de garantir que um esforço militar suficiente seja feito para acabar com os ataques de guerrilheiros; não devemos nos contentar apenas com manter uma paz inquieta.
> No entanto, a mera segurança física não vai solucionar o problema. O povo do Vietnã do Sul precisa desenvolver um compromisso em longo prazo com o seu governo, se deseja alcançar a estabilidade política e econômica. [...] Lamen-

to que a administração JFK tenha aparentemente revertido a sua posição de exigir a reforma governamental antes de fornecer assistência adicional e agora esteja dando o auxílio sem provas de uma reforma substancial.³⁵

Muitas mãos estavam envolvidas na elaboração dos principais pareceres de Rockefeller à medida que este se preparava para outra campanha presidencial, mas é claro que Kissinger fez algumas alterações cruciais em um parecer de abril de 1962 sobre o Vietnã, que de novo enfatizou a dificuldade de travar uma guerra de guerrilha:

a. O presente programa militar dos Estados Unidos parece pouco entusiasmado e inadequado, e talvez combine as piores características de cada curso de ação. É possível que nos leve lentamente a uma guerra que um esforço decisivo agora conseguiria impedir.

b. Há riscos envolvidos no processo de intensificar o nosso esforço militar no Vietnã do Sul. No entanto, é provável que, se não utilizarmos a nossa força aqui, teremos que lutar em algum outro lugar do Sudeste asiático [acrescentado:] sob circunstâncias piores.

c. ~~Muitas~~ Algumas pessoas ~~temem~~ argumentam que, se os Estados Unidos aumentarem o seu esforço de auxílio militar, a situação talvez escale para uma grande guerra. No entanto, ~~é preciso levar em consideração que o presente aumento gradual no uso de pequenas forças é em si uma escalada.~~ o pior curso é um engajamento apenas grande o suficiente para conter os guerrilheiros, mas não o bastante para derrotá-los. É quase certo que isso nos levará a uma grande guerra.³⁶

Em uma veia similar, Kissinger aconselhou Rockefeller a enfatizar que os Estados Unidos haviam sido "superados estrategicamente pelos soviéticos" no Laos, com o resultado de que o país agora estava sendo usado como "um corredor de suprimentos para o Vietnã do Sul".³⁷ Um parecer de maio de 1962 até mesmo recomendava o "engajamento de forças militares dos Estados Unidos no Laos" com um argumento semelhante ao que Kissinger já havia feito sobre o Vietnã: "se não defendermos o Laos, talvez sejamos forçados mais tarde a lutar sob circunstâncias piores em outro local. [...] Devemos tomar a decisão de defender o Laos, e precisamos estar dispostos a engajar uma força militar suficiente para fazer isso, ou devemos estar dispostos a recuar a nossa linha de defesa no Vietnã do Sul, no Camboja e na Tailândia".[38] Esse aviso de que ações ineficazes poderiam agora levar a uma "grande guerra" em outro local "sob circunstâncias piores" era bastante diferente do apoio acrítico da política da administração Kennedy.

Essa política atingiu um ponto de crise no outono de 1963. Por essa altura, Kennedy havia de fato chegado à conclusão de que, nas palavras do seu porta-voz de imprensa em 2 de outubro, "é possível completar a maior parte da tarefa militar dos Estados Unidos [no Vietnã] até o final de 1965 [...] [e] que, até o final deste ano [...] mil soldados serão retirados" de um total de mais de 16.700 norte-americanos então no Vietnã.[39] Essa era a "maneira de sair do Vietnã" recomendada por McNamara com base em uma visita a Max Taylor, que agora fora nomeado chefe do Estado-Maior Conjunto. O NSAM 263, datado de 11 de outubro, se referia de maneira explícita "à implementação de planos para retirar" as tropas do Vietnã.[40] O que saiu errado? A resposta de que "Kennedy foi assassinado" é simples demais, pois ignora a sequência desastrosa de eventos em Saigon posta em movimento em agosto, quando Roger Hilsman, que comandava a seção do Leste da Ásia do Departamento de Estado, elaborou um telegrama dirigido ao embaixador dos Estados Unidos em Saigon afirmando que o presidente Diem deveria "se livrar" do irmão Nhu ou perder o apoio norte-americano. Averell Harriman aprovou o texto, inclusive a linha ameaçadora: "Se, apesar de todos os seus esforços, Diem permanecer inflexível e se recusar, temos de enfrentar a possibilidade de que Diem não possa ser preservado".

Era o ápice do verão. O presidente estava em Hyannis Port. Rusk estava nas Nações Unidas. McNamara, Bundy, Taylor e McCone estavam todos fora da cidade. George Ball, o vice de Rusk no Departamento de Estado, estava jogando golfe com Alexis Johnson, mas Harriman e Hilsman vieram em busca de Ball para garantir a sua aprovação. Embora fosse um dos pombos da administração, Ball não sentia nada além de desprezo por Diem e Nhu; assim – depois de um telefonema rápido a Rusk –, ele atenuou a linguagem e telefonou ao presidente, com quem "repassou a coisa toda". Kennedy instruiu para que o telegrama fosse enviado desde que Ros Gilpatric assinasse em nome do Pentágono. Acreditando que o próprio Kennedy já o tinha aprovado, Gilpatric não hesitou em assinar.[41] Ao ficarem sabendo sobre o telegrama, McNamara e Taylor se enfureceram, e Rusk imediatamente instruiu Saigon a revogar a instrução. ("Meu Deus!", exclamou um Kennedy exasperado ao jornalista Charles Bartlett. "O meu governo está desmoronando.")⁴² No entanto, o embaixador recém-chegado, que havia formado uma péssima opinião tanto de Diem quanto de Nhu, traçou as suas próprias deduções.⁴³

Henry Cabot Lodge Jr. havia sido companheiro de chapa de Nixon em 1960. A decisão de Kennedy de nomeá-lo embaixador no Vietnã do Sul foi uma de suas muitas tentativas de construir pontes junto aos republicanos moderados. Isso se provou um erro. Kissinger gostava de Lodge, mas também estava ciente de seus problemas de intelecto e temperamento. Em Saigon, Lodge gostava de mostrar aos visitantes a arma que sempre carregava consigo. Ele se mostrou horrorizado ao saber que Nhu era viciado em ópio, e ainda mais chocado com a autoritária Madame Nhu. Lodge ansiava por ação, e a ideia de um golpe contra Diem oferecia exatamente isso. Quando o telegrama de 24 de agosto foi rescindido, Lodge protestou a Rusk e instou que o auxílio a Diem fosse cortado.⁴⁴ À medida que rumores de um golpe pairavam em torno de Saigon, o presidente mudou de ideia. Em 6 de outubro, telegrafou a Lodge comunicando que "os Estados Unidos não frustrarão um golpe".⁴⁵

Em 1º de novembro, Diem telefonou a Lodge para lhe informar que os seus próprios generais o estavam ameaçando. Lodge respondeu que eram 4h30 em Washington e que o "governo dos Estados Unidos não poderia de forma nenhuma ter uma opinião", mas que se ele pudesse fazer qualquer coisa "pela sua segurança física, por favor, me ligue". Diem e o irmão foram mortos a tiros, com as mãos amarradas às costas, os corpos mutilados. A alegação dos conspiradores de que eles haviam cometido suicídio era risível. Quando Kennedy ouviu a notícia, de acordo com Taylor, ele "se levantou e saiu apressado da sala com uma expressão de choque e consternação no rosto". Isso por certo foi uma encenação. Kennedy, por admissão de seu próprio secretário de Estado, praticamente dera a ordem para o golpe. Como Lodge disse a Kissinger quando os dois se encontraram em Saigon dois anos mais tarde, o presidente não apenas tinha conhecimento prévio do golpe; ele havia sido diretamente responsável por ele. Kissinger respondeu com franqueza: "Eu pensava que muitas das dificuldades atuais surgiram a partir desse período".⁴⁶

A derrubada de Diem não foi apenas um verdadeiro ato criminoso; também foi um desastre estratégico. Longe de reforçar o Estado sul-vietnamita, teve precisamente o efeito contrário, aumentando a sua dependência dos Estados Unidos. Em um ato que invalidou por completo toda a discussão anterior sobre reduzir o número de soldados, Kennedy deixou claro que, para todos os efeitos, o governo de Saigon era tanto uma criatura dos Estados Unidos quanto o de Budapeste era uma criatura da União Soviética. Em ambos os casos, os homens no poder chegaram lá graças a um golpe sangrento patrocinado por uma superpotência.

Na época, ao contrário da maioria dos observadores, Kissinger compreendeu a magnitude desse erro. Já em setembro de 1963, ele havia incitado Rockefeller a condenar Kennedy por "aparentemente estimular uma revolta militar e, em outros aspectos, enfraquecer o governo existente".[47] Um mês depois, ele denunciou os "ataques públicos da administração contra o governo Diem" como apenas os exemplos mais recentes do "estilo infeliz de conduzir a política por meio de comunicados à imprensa e confundir truques de relações públicas com diplomacia".

> O principal objetivo de qualquer guerra de guerrilha é desmoralizar o governo existente. Se enfraquecermos o regime de Diem, só estamos de fato fazendo o trabalho dos vietcongues para eles. Além disso, como conciliar o nosso encorajamento a uma revolta militar contra o governo de Diem com a nossa desaprovação de revoltas militares em outras partes do mundo? [...]
>
> Um anúncio público do secretário McNamara de que retiraremos mil soldados até o fim deste ano e o restante até 1965 deve dar conforto aos vietcongues. Deve ter provado aos comunistas que, se resistirem por tempo suficiente, acabarão prevalecendo.[48]

É claro que Kissinger não estava defendendo a retirada do Vietnã nessa fase. Ele permanecia comprometido com a estratégia de ganhar a guerra de guerrilha contra os vietcongues. Contudo, ele compreendia muito melhor do que ninguém na administração que essa guerra não seria vencida apenas pelo poder de fogo; era uma guerra psicológica – e, nesses termos, enfraquecer Diem foi um ferimento autoinfligido.

Ao receber a notícia do assassinato de Diem, Kissinger se sentiu indignado. Em uma carta furiosa a Rockefeller em 6 de novembro de 1963, resumiu a sua posição:

> d) Há um vago mal-estar moral sobre o Vietnã que, assim me parece, alguém precisa cristalizar.

e) A nossa política tem sido vergonhosa e você faria um grande serviço se fosse o primeiro líder nacional a falar contra isso.
f) As condidições [sic] no Vietnã, na minha opinião, vão piorar. Seria importante alertar contra isso.
g) Você teria escolhido um tema sobre o qual está moralmente correto e que, ao mesmo tempo, deve ser capaz de unir muitos republicanos.

O contra-argumento é que Lodge, sem dúvida, apoiará a administração. No entanto, se levarmos isso a sério, estaremos para sempre impedidos de levantar a questão sobre o Vietnã – uma das questões mais efetivas que já tivemos.[49]

Convencido de que um erro terrível fora cometido, Kissinger compôs de maneira apressada um pronunciamento para Rockefeller, que – caso houvesse sido divulgado – teria redefinido de forma radical os termos do debate sobre o Vietnã:

O governo de um país aliado – que fora estabelecido originalmente com forte apoio dos Estados Unidos – foi derrubado por um golpe militar encorajado pelo nosso governo. Os seus líderes foram assassinados. [...] Uma ditadura militar mal disfarçada foi estabelecida. Estou profundamente preocupado com a política dos Estados Unidos que deu origem a esses métodos. A honra e a posição moral dos Estados Unidos exigem que um relacionamento exista entre fins e mcios. [...] É concebível que os movimentos de tropas que levaram ao golpe tenham ocorrido sem o nosso conhecimento? Os líderes da junta teriam se revoltado se lhes houvesse sido dito, nas conversas com o secretário McNamara há menos de um mês, que o nosso repúdio a golpes militares não se limitava à América Latina?

Kissinger traçou um paralelo entre o que acontecera no Laos, onde uma coalizão neutralista havia sido instalada com o apoio da União Soviética, e o que ocorrera no Vietnã. Nenhum dos casos enviou um sinal encorajador a outros aliados dos Estados Unidos. Entretanto, o caso do Vietnã era o mais perturbador. "Afinal, o regime de Diem não era apenas qualquer governo. Os Estados Unidos foram, em grande parte, responsáveis pela sua criação em 1955 e o apoiaram em sua luta para estabelecer um Estado viável em um país dividido". Contudo, agora a derrubada de Diem estava sendo justificada "com o argumento de que a governo de Diem estava perdendo a guerra contra os guerrilheiros comunistas. Isso contrasta de modo estranho com repetidos relatos altamente otimistas da administração sobre a luta contra os vietcongues". Kissinger, como um "observador de fora", não ousava "julgar a eficiência do esforço de guerra do regime de Diem", mas era capaz de identificar os "obstáculos objetivos a uma política eficaz no Vietnã do Sul, independentemente de que governo está no poder", ou seja, a abertura da fronteira entre o Laos e o Vietnã à "infiltração da guerrilha", e as vantagens inerentes dos guerrilheiros lutando com apoio externo a partir de um "santuário privilegiado". A esses obstáculos agora fora adicionado um terceiro que Diem não havia enfrentado: a suspeita de ser um "fantoche dos Estados Unidos", que provavelmente viria a "solapar o apoio popular essencial a um prosseguimento bem-sucedido de uma guerra de guerrilha". Na realidade, e de modo paradoxal, o novo governo estava em "uma posição bem mais favorável a se tornar intratável em relação a nós do que o seu predecessor", pois, "tendo estado envolvidos de forma pública com um governo vietnamita, estamos em má posição para pressionar o seu sucessor". De modo geral, o princípio fora sacrificado em nome da conveniência. E Kissinger concluía em termos que, mais uma vez, o marcavam como um idealista em comparação com os pragmáticos inescrupulosos de Camelot:

> [N]enhum norte-americano pode se orgulhar de que o nosso governo tenha se associado a eventos que levaram ao assassinato de dois líderes dos quais éramos formalmente aliados. Não gosto que pensem no nosso país em termos do uso cínico do poder. A nossa força é o princípio, não o espírito de manipulação. O nosso papel histórico tem sido o de nos identificarmos com os ideais e as esperanças mais profundas da humanidade. Se perdemos [sic] esse bem, sucessos temporários não terão nenhum significado.[50]

III

Lyndon Baines Johnson não era um homem muito agradável. Quando Kennedy lhe ofereceu o posto de número dois na cédula democrática de 1960, ele pediu à sua equipe para descobrir quantos presidentes nos últimos cem anos haviam morrido durante o mandato. A resposta era cinco em dezoito. "Clare, eu pesquisei", contou ele a Clare Boothe Luce, "um a cada quatro presidentes morreu no cargo. Sou um apostador, querida, e esta é a única chance que eu tenho".[51] Johnson era tão corrupto quanto desprezível, como os jornalistas que investigaram as atividades comerciais de seu amigo Bobby Baker descobriram. Também era alcoólatra, como o pai, com uma predileção pelo uísque escocês Cutty Sark com gelo que só era rivalizada pelo seu vício em café e cigarros. Só desistiu da nicotina após o ataque cardíaco de 1955. No início da carreira, Johnson diluía as bebidas, seguindo o raciocínio de que "[b]eber faz com que se perca o controle". Todavia, ele gostava de ver outros perderem o controle. Em seu escritório, as bebidas dos convidados eram sempre de teor alcoólico regular; as dele não. Era apenas em seu rancho no Texas que Johnson bebia em grande quantidade. Ao subir ao topo do pau de sebo, porém, o seu consumo de álcool em Washington cresceu. "Já tinha visto pessoas fumar e beber no jantar", recordou um jornalista, mas Johnson "o fazia como um homem tentando se matar".[52] Um dia haverá um estudo aprofundado do papel desempenhado pela ingestão de bebidas alcoólicas durante o almoço na escalada militar da guerra no Vietnã – embora pelo menos um participante afirme que Johnson não consumia álcool nos almoços regulares de terça-feira que tinha com os principais assessores.

Uma característica que definia Johnson, aprimorada no Senado, era a habilidade de dobrar os outros à sua vontade. Norman Mailer, entre outros, se impressionara com o jeito frio e distante de John F. Kennedy. Não havia nada de frio ou distante em Johnson, que gostava de se impor aos outros, começando com um aperto de mão de esmagar os ossos. Na opinião de Bobby Kennedy, que passou a odiá-lo, ele era "mesquinho, amargo, cruel – um animal em muitos aspectos".[53] Contudo, mesmo aqueles que admiravam Johnson deveriam ter questionado a prudência de ter um valentão daqueles a apenas algumas balas certeiras de distância do cargo mais poderoso do mundo.

A princípio, Johnson se contentou em continuar a política de duas caras de Kennedy. A sua primeira declaração sobre o assunto do Vietnã foi inequivocamente equivocada. O "ponto central" e o "objetivo primordial da política dos Estados Unidos no Vietnã do Sul" ainda eram "auxiliar o novo governo de lá a vencer a guerra contra os insurgentes comunistas vietcongues", mas a meta de retirar mil militares norte-americanos também se mantinha. Essa também era a essência do NSAM 273, embora este acrescentasse a possibilidade de "operações militares até uma linha de no máximo 50 quilômetros dentro do Laos".⁵⁴ A equipe de política externa de Kennedy foi mantida intacta, mesmo que isso significasse pedir ajuda à mãe de Bundy para que convencesse o filho a ficar.⁵⁵ George Ball tinha a impressão de que Johnson estava mais concentrado no programa legislativo de política interna que havia herdado do que nos "problemas do Vietnã que nos acompanhavam".⁵⁶ Entretanto, como as notícias do Vietnã do Sul se deteriorassem no decurso de dezembro 1963 – ao ponto de McNamara advertir que o Vietnã do Sul se encaminhava para uma "neutralização na melhor das hipóteses, e, muito provavelmente, para um Estado sob controle comunista" –, Johnson começou a se preocupar. Até mais do que para Kennedy, a política externa para Johnson era a continuação da política interna por outros meios. "Vocês querem outra China?", perguntou ele, lembrando a forma como os republicanos haviam insultado Truman por "perder a China" após o triunfo de Mao em 1949. "Não quero que as pessoas ao redor do mundo se preocupem conosco, mas elas estão preocupadas […], [e]las se preocupam se vocês têm um presidente fraco ou um presidente forte."⁵⁷ Como explicou a John Knight, dos jornais da Knight Ridder, se ele optasse por "fugir e deixar os dominós começarem a cair […], Deus todo-poderoso, o que disseram sobre nós termos abandonado a China seria apenas um pré-aquecimento em comparação com o que diriam agora".⁵⁸

Para ser justo, Johnson precisava pensar na política interna. O ano de 1964 era um ano eleitoral, e, embora os eleitores estivessem indo às urnas menos de um ano depois do assassinato de seu antecessor, ele não se sentia inclinado a contar com os votos de simpatia. A sua melhor esperança, como se viu, estava nas divisões que ameaçavam fragmentar o Partido Republicano. Rockefeller, mais uma vez, foi o candidato do nordeste de inclinação liberal – da assim chamada "classe dominante". O desafiante era Barry Goldwater, um piloto nascido no Arizona que fora eleito para o Senado em 1952 e que jamais havia sido nada além de um conservador com garras e presas ensanguentadas. (Ele certa vez defendera a ideia de "introdu[zir] alguém no banheiro masculino do Kremlin", e queria desfazer o New Deal.) Ao contrário de Nixon, Goldwater era o queridinho da ala direita ideológica. O Comitê para Eleger Goldwater havia sido fundado por Peter O'Donnell, presidente dos republicanos no estado do Texas, F. Clifton White, líder dos Jovens Republicanos, e William Rusher, da *National Review*, todos os quais viam Nixon como um oportunista sem princípios.⁵⁹

Cada um dos dois principais candidatos possuía um grande trunfo. Rockefeller tinha dinheiro. Goldwater tinha um exército de jovens "guerreiros suburbanos" entusiásticos, prontos para bater às portas de todo o país, cada um deles levando uma cópia do manifesto pretensamente escrito por Goldwater, *The Conscience of a Conservative* [A consciência de um conservador], com a sua mistura inebriante de governo descentralizado, direitos dos estados (código para oposição aos direitos civis)* e anticomunismo da linha "liberdade ou morte". No entanto, cada um tinha uma séria fraqueza. A de Goldwater era a tendência a falar sem pensar – em contextos oficiais –, fazendo declarações extremas, até mesmo bizarras, sobre questões que iam desde os direitos civis até a Guerra Fria. O calcanhar de Aquiles de Rockefeller era sua vida privada. Se houvesse sido uma corrida simples de dois cavalos, Rockefeller talvez houvesse vencido, apesar do divórcio, do novo casamento e do novo bebê. Entretanto, nunca era tão simples. Nixon descartou a própria candidatura, mas dava repetidas pistas (como Rockefeller o fizera quatro anos antes) de que talvez aceitasse a indicação se ele fosse convocado pela liderança do partido. Apesar de estar em Saigon, Henry Cabot Lodge entrou nas listas, encorajado por Eisenhower. O mesmo fez o governador da Pensilvânia, William W. Scranton – também incentivado por Eisenhower, que nunca deu a qualquer candidato o seu apoio total. E assim também, finalmente, fez o governador de Michigan, George Romney. O efeito combinado desses candidatos adicionais se provou fatal para Rockefeller.[60]

Muito do que Rockefeller fez na campanha pela indicação foi imprudente. No verão de 1963, ele protestou contra "elementos extremistas" – "bircherianos e outros da orla lunática da ala direita radical" – cujos métodos incluíam "cartas ameaçadoras, literatura de ódio e calúnia, táticas de agressão e força, ameaças de bomba e atentados, infiltrações e tomadas de organizações políticas estabelecidas por métodos comunistas e nazistas" – em resumo, as "táticas do totalitarismo".[61] Não funcionou: Goldwater subiu nas pesquisas.[62] Rockefeller também subestimou inteiramente o efeito das suas peripécias conjugais junto aos eleitores com princípios republicanos: "os anos 60" ainda não haviam chegado à zona rural de New Hampshire, onde a crucial

---

* Goldwater votara contra a Lei dos Direitos Civis de 1964, alegando que os Títulos II e VII ampliavam de modo indevido o poder do governo federal sobre o comércio.

primeira primária seria realizada e onde as pessoas ainda julgavam errado que "um homem jogasse fora a antiga esposa e se metesse com uma mulher mais jovem".⁶³ E ele cometeu o erro de se preocupar com Nixon – apesar do conselho de Kissinger "para ignorar Nixon por completo até que este se declare"⁶⁴ – quando a verdadeira ameaça era o candidato ausente Lodge, cujos apoiadores entusiasmados fizeram uma campanha tão eficiente para que os eleitores acrescentassem o nome dele na cédula que ele de fato venceu a primária de New Hampshire por uma margem enorme, um golpe do qual Rockefeller nunca se recuperou por completo.⁶⁵ (Kissinger depois repreendeu Lodge por não "sai[r] da campanha em New Hampshire e encoraj[ar] os seus apoiadores a votar em Rockefeller". Lodge retrucou que não esperara receber tantos votos.)⁶⁶

O senso comum ditava que toda a política era local, e nenhuma política era mais local do que as primárias do partido em estados como New Hampshire. Era verdade que as questões de política externa surgiam no fim da lista de prioridades dos eleitores,⁶⁷ em comparação com questões econômicas domésticas como segurança social e direitos civis. Todavia, Goldwater parecia determinado a provocar Rockefeller sobre assuntos internacionais. Ele caracterizou o apoio de Rockefeller à ideia da administração de vender trigo dos Estados Unidos à União Soviética como o equivalente político de "Eu também".⁶⁸ Sugeriu ao *Meet the Press* que o reconhecimento diplomático da URSS deveria ser retirado.⁶⁹ Defendeu o fornecimento de armas aos exilados cubanos para que estes realizassem uma nova invasão da sua terra natal.⁷⁰ Instou à administração que violasse o Test Ban Treaty [Tratado de Interdição de Testes Nucleares]. Propôs que, em uma crise, o comandante da OTAN fosse habilitado a usar mísseis táticos nucleares sem consultar o presidente. Sugeriu a ideia de alterar a Carta das Nações Unidas a fim de eliminar o poder de veto soviético sobre o Conselho de Segurança.⁷¹ Ele até questionou com rudeza a "confiabilidade" dos mísseis nucleares norte-americanos.⁷²

Como principal consultor de política externa de Rockefeller, Kissinger foi mantido ocupado martelando essas ideias idiossincráticas na cabeça. Era um trabalho desconcertante. Ele se esforçara bastante para garantir que Rockefeller fosse mantido a par de questões internacionais como a corrida espacial por pesos pesados como George Kistiakowsky.⁷³ Goldwater, porém, parecia estar recebendo informativos científicos de Alfred E. Neuman da revista *MAD*. ("O quê? Eu, me preocupar?") A dificuldade era que, como admitiu

Kissinger, havia algumas questões sobre as quais Rockefeller e Goldwater concordavam em essência.74 No entanto, onde divergiam, eram Rockefeller e o *The New York Times* que concordavam.75 Havia algo não muito convincente para os eleitores republicanos sobre as caracterizações de Rockefeller das posições mais extremas de Goldwater como "irresponsáveis", "perigosas" e "radicais". "Não creio", disse ele ao *Times*, "que a resposta para as falhas na política externa da atual administração será encontrada em beligerência [sic] imprudente".76 Muitos republicanos em 1964 acreditavam firmemente na beligerância.

Era sobre o Vietnã que Kissinger acreditava que Rockefeller deveria tomar uma posição. À direita, havia Goldwater, defendendo "levar a guerra até o Vietnã do Norte" e refletindo que, dez anos antes, os Estados Unidos teriam simplesmente soltado uma bomba atômica de baixo poder explosivo em Hanói. À esquerda, havia Johnson, dando prosseguimento à política obviamente autocontraditória de aumentar o controle sobre Saigon e ao mesmo tempo se comprometer a retirar as tropas. Os eleitores estavam confusos. Uma pesquisa entre republicanos e independentes com inclinações republicanas no início de 1964 revelou que, enquanto 46% sentiam que os Estados Unidos estavam fazendo o suficiente no Vietnã, 12% queriam fazer mais, 22% queriam fazer menos, e 20% não sabiam responder.77 No eleitorado como um todo, apenas cerca de um terço dos eleitores queria intensificar o esforço norte-americano. Paradoxalmente, LBJ tinha um índice de aprovação de 68% na questão "manter o país fora da guerra".78

Começando já em outubro de 1963, Kissinger bombardeou Rockefeller com novos argumentos sobre o Vietnã, encorajando-o a se diferenciar dos outros candidatos e explorar a incerteza pública. Ele deveria argumentar que era hora de pressionar os chineses a ter "uma influência de restrição sobre as políticas agressivas dos norte-vietnamitas". Deveria chamar a atenção para as semelhanças perturbadoras entre o Laos e o Camboja, outra monarquia fraca que já estava sendo usada para abastecer os vietcongues e que talvez acabasse sendo "neutralizada".79 Em 16 de janeiro de 1964, Rod Perkins e ele elaboraram o rascunho de uma declaração em que Rockefeller instaria Johnson a explicar ao "povo norte-americano, com franqueza, quais são afinal, de fato, as políticas e os objetivos dessa nação no Sudeste Asiático". Mais uma vez, isso não era uma defesa da retirada; pelo contrário, a linha continuava sendo a de que "o nosso fracasso em derrotar a movimento guerrilheiro comunista no Vietnã levará à extensão do comunismo por todo o Sudeste Asiático". Contudo, mesmo sob o risco de isso implicar uma escalada militar ainda maior, Kissinger agora queria que Rockefeller exigisse a confissão de Johnson de que a guerra estava indo mal, e argumentasse que isso estava acontecendo porque os vietcongues gozavam de vantagens inerentes à guerrilha com apoio externo.[80]

De fato, Kissinger estava correto ao supor que a campanha de Rockefeller para a nomeação republicana estava afundando. Se adotar uma posição mais crítica sobre o Vietnã teria ajudado é outra questão, mas não é realmente o problema. O que mais surpreende é quão cedo Kissinger se afastou da estratégia de Kennedy e Johnson: mesmo antes do golpe contra Diem. Infelizmente, os políticos profissionais na campanha de Rockefeller consideravam o que ele estava propondo arriscado demais. A declaração de 16 de janeiro sobre o Vietnã passou por oito rascunhos, e foi então enterrada ao ser divulgada em 29 de janeiro. Uma segunda declaração, mais ortodoxa, passou por dois rascunhos e foi emitida em 23 de fevereiro, apesar da "obje[ção] explícita" de Kissinger. Uma terceira nunca seria usada. Apenas no dia 26 de abril o candidato fez uma declaração sobre o Vietnã que Kissinger aprovou. Três meses antes, Kissinger estava convencido, teria sido uma crítica notavelmente presciente da política dos democratas.[81] Procrastinar foi um erro, insistiu ele. "A política externa", argumentou Kissinger, "é a área onde as suas diferenças com a administração são mais óbvias. Isso neutraliza a estratégia provável de Goldwater de rotulá-lo como estando próximo dos democratas".[82]

Durante um jantar no início de fevereiro de 1964, Kissinger e Rockefeller tiveram uma conversa franca sobre a campanha. Depois que voltou à sua escrivaninha, Kissinger resolveu desabafar em um memorando sem rodeios. "O seu principal adversário não é Goldwater", afirmou Kissinger, "mas os chamados 'cavalos azarões': Scranton, Lodge, Nixon. Goldwater vai derrotar a si mesmo". Quanto a Johnson, "[a] área em que [ele] é mais vulnerável é a política externa. Aqui os instintos dele são menos desenvolvidos. Ele herdou um legado terrível. Muitas crises estão além de seu controle. Seus assessores são as mesmas pessoas que criaram a situação crítica atual". No entanto, os outros assessores de Rockefeller haviam frustrado de forma sistemática as repetidas tentativas de Kissinger até de "ter uma discussão sobre a declaração a respeito do Vietnã". Em vez disso, a campanha emitira documentos desordenados sobre as Nações Unidas, a corrida espacial e assim por diante, sem qualquer consideração com a estratégia geral. "O processo atual", queixou-se Kissinger, "sobrevaloriza considerações de relações públicas de curto prazo em detrimento de preocupações morais fundamentais que são a sua principal razão de ser. A busca pela manchete de amanhã põe em risco a sua capacidade de liderar daqui a seis meses".[83] "A maior contribuição que você pode fazer ao nosso país é defender os programas que representam aquilo no que você mais acredita. O teste do seu papel não está no editorial de amanhã, mas em três ou cinco anos a partir de agora. Só uma atitude assim pode reverter a colapso dos valores e do pensamento que tem caracterizado tanto a nossa política do pós-guerra."[84]

Esse memorando passou por vários rascunhos ao longo de diversos dias, cada iteração marcada como "estritamente pessoal e confidencial", e cada uma terminando com a recomendação de que Rockefeller criasse "um grupo de consultores principais encarregado de coordenar estratégia, conteúdo e imagem". Kissinger acompanhou a versão final com um pedido para que Rockefeller não o mostrasse para qualquer outro membro da equipe e um adendo ambíguo sobre Rod Perkins.*[85] O seu conselho foi atendido. Pouco depois, Rockefeller criou um "grupo substancial" com seis homens. Entre os seus membros estavam Kissinger e Perkins.[86]

Kissinger estava agora de todo envolvido na batalha tática pela indicação republicana. Ele se ofereceu para falar em nome de Rockefeller na costa oeste do país (embora advertisse que, "em geral, me dou melhor em um contexto apartidário do que em um partidário").[87] Ele se opôs à contratação do jornalista Don Whitehead para tentar um desafio de última hora em Massachusetts ("um prostituto político de primeira ordem").[88] Propôs ataques à sensibilidade de Johnson a insultos, e exaltou os benefícios políticos de "enfure[cê-lo] de forma absoluta".[89] Contudo, sobre a questão do conteúdo, ele era coerente. "Creio que a situação no Vietnã é uma bagunça", escreveu ele em 24 de janeiro, "mas também penso que Johnson fará algo a respeito disso antes que muito tempo se passe. Recomendo com firmeza que declaremos uma

---

* "A visão dele do que é prioritário nem sempre coincide com a minha. Ele tem uma mente muito literal e é muito agressivo na realização do que entende ser o que você deseja. A insistência dele às vezes me deixa muito nervoso."

posição de liderança aqui."⁹⁰ Em reconhecimento ao conhecimento maior de Rockefeller sobre a América Latina, ele estava disposto a expandir o ataque à política da administração para incluir Cuba, Brasil e até mesmo o Panamá, e invocar uma "lacuna na liderança" generalizada.⁹¹ Entretanto, a resposta roteirizada para uma entrevista coletiva de Rockefeller em New Hampshire manteve o Vietnã como o clímax da piada: "Cuba é um bastião comunista e o Panamá está em crise. O Laos está deslizando por baixo da Cortina de Bambu, o Camboja talvez seja o próximo, e no Vietnã os comunistas pelo jeito estão vencendo a guerra".⁹²

Mesmo assim, Kissinger continuou a ser uma voz solitária sobre esse assunto. Em 17 de março de 1964, ainda não havia um consenso sobre o Vietnã dentro do campo de Rockefeller além da ênfase na "importância do Vietnã do Sul para todo o Sudeste Asiático" e "o efeito desmoralizante [...] da confusão na política norte-americana".⁹³ Em 24 de fevereiro, Kissinger havia afirmado com impaciência que ele "já não [tinha] nenhuma confiança de que o meu entendimento do que é a política correta e o daqueles que revisam essas declarações" coincidem.⁹⁴ Era, observou ele em abril, uma "terrível [...] confissão de futilidade" que Rockefeller não conseguisse fazer uma declaração significativa sobre o assunto em seis meses de campanha, visto que Vietnã e Cuba haviam se tornado "os dois maiores problemas que temos em assuntos de relações exteriores".⁹⁵ Frustrado, enviou Doug Bailey para ser instruído sobre o Vietnã por Dolf Droge e Donald Rockland da USIA. A opinião deles da situação só aprofundou a convicção de Kissinger de que a campanha contra os vietcongues ia muito mal e que a Guerra do Vietnã era agora um conflito de âmbito regional em que o Laos e o Camboja estavam ambos envolvidos, enquanto os norte-vietnamitas jogavam com sucesso os soviéticos contra os chineses para assegurar o auxílio máximo sem compromissos.⁹⁶

Isso não era bom. A intervenção tardia de Rockefeller no debate sobre o Vietnã em 26 de abril – ele pediu ataques aéreos dos Estados Unidos contra as linhas de abastecimento dos vietcongues no Laos e no Camboja, o que Kissinger já via como uma necessidade militar – teve impacto mínimo. Goldwater havia vencido em Illinois em 14 de abril, Lodge levou Nova Jersey uma semana depois, seguido por seu estado natal de Massachusetts em 28 de abril. Scranton venceu na Pensilvânia nesse mesmo dia. Goldwater, em seguida, colheu vitórias na Geórgia, no Texas e no Tennessee, e depois em Indiana e

Nebraska. O primeiro sucesso de Rockefeller veio na Virgínia Ocidental, um estado em que a vitória de um multimilionário era improvável. Àquela altura, Rockefeller estava tão atrás na contagem de delegados que ele começou a falar como se o seu único propósito fosse manter Goldwater dentro da corrente "convencional" de pensamento.[97] Apesar de vencer também no Oregon em 15 de maio – um grande revés para Lodge, que dera a impressão de ser impossível de parar em meados de abril[98] –, Rockefeller foi derrotado por Goldwater na primária decisiva da Califórnia em 2 de junho.

Em parte, Rockefeller perdeu porque a "campanha corpo a corpo" em prol de Goldwater realizada por centenas de voluntários conservadores superou a estratégia de George Hinman de construir a mais impecável lista de delegados a partir da elite californiana.[99] No entanto, é provável que o nascimento de Nelson Junior em 30 de maio, apenas um ano após o novo casamento controverso do candidato, tivesse custado ao pai a nomeação mesmo que as campanhas houvessem sido dirigidas de maneira idêntica. (Como Lodge diria mais tarde: "Apenas um homem abastado como Rockefeller acreditaria poder ter ambas no mesmo ano: vida amorosa e indicação presidencial".)[100] Um jornalista experiente disse a Kissinger algumas semanas mais tarde que "NAR perdeu as primárias da Califórnia em parte por causa do nascimento de Nelson Jr., e em parte porque à sua campanha faltava qualquer conteúdo".[101] A última deficiência foi uma que Kissinger havia tentado, sem sucesso, remediar.

IV

A resposta de Henry Kissinger à admissão de derrota de Rockefeller foi emotiva. Em uma nota manuscrita, confessou a Rockefeller que "nunca o admirei mais do que nestas semanas difíceis, em que você tão [sozinho?] lutou pelos seus princípios. Se o Partido Republicano e o nosso sistema bipartidário for salvo, o crédito, em grande parte, será seu".[102] Isso pode soar hiperbólico, talvez calculado para animar o seu patrono derrotado. Contudo, seria um erro subestimar o ânimo febril de Kissinger nesse momento. A convenção nacional de 1964 do Partido Republicano, realizada no Cow Palace de San Francisco, em julho, foi o primeiro evento do gênero de que ele já participara. Nunca antes ele estivera tão próximo do processo democrático norte-americano, das salas cheias de fumaça onde os acordos eram fechados para a multidão partidária da câmara de convenções. Foi uma experiência marcante, registrada em um diário assinalado como "Pessoal e Confidencial".[103]

Kissinger chegou a San Francisco uma semana antes da convenção. Ele e os outros membros da equipe de campanha de Rockefeller não tinham muitas esperanças de obter muito, mas o chefe continuava convencido de que conseguiria de alguma forma restringir Goldwater, mesmo que apenas garantindo que a plataforma do Partido Republicano fosse expurgada das posições mais extremas do provável candidato. Tecnicamente, ainda precisaria haver uma votação para confirmar Goldwater como candidato, visto que Scranton ainda estava na disputa, mas a conclusão dos eventos já era clara para todos. "A atmosfera geral era de desânimo", observou Kissinger após uma reunião inicial. "Esse poderia ter sido o espetáculo de NAR. Do jeito que tudo está, todos os presentes tinham os seus próprios arrependimentos e a sua própria teoria para o fracasso."[104] Ele se mostrou pouco impressionado com o que viu dos demais perdedores – o desorganizado e indeciso Scranton, o garboso mas vazio e egoísta Romney, o arrogante mas insignificante Lodge –, "nenhum deles [...] tem a coragem moral para levantar uma questão de princípios, e cada um deles se mantém disponível tanto para o inesperado aqui ou, pelo menos, para a possibilidade de se tornar o herdeiro presumido de Goldwater em 1968". Kissinger era completamente a favor de uma demonstração de resistência, instando Rockefeller a "utilizar o argumento de que ele não queria que o partido de Lincoln fosse entregue às forças de Goldwater por aclamação" a fim de forçar uma convenção contestada caso a plataforma do partido não cumprisse os requisitos mínimos. Esses seriam "(a) a manutenção da nossa condição de membros da ONU; (b) o reconhecimento continuado da URSS; e (c) nenhuma delegação a respeito da decisão do uso de armas nucleares".[105] Como explicou ao menos excitável Perkins: "O grupo anti-Goldwater fazia campanha para a história, não só para a convenção".[106] A contribuição mais significativa de Kissinger foi tentar fazer com que a convenção alterasse a programa de Goldwater na plataforma do partido que propunha delegar o controle sobre armas nucleares ao comandante da OTAN.[107] Ele passou longas horas ao telefone e em reuniões tentando reunir ex-assessores da administração Eisenhower, em especial Allen Dulles, Thomas Gates, Christian Herter e John McCloy – e até o irmão de Eisenhower, Milton – apenas para ver o próprio ex-presidente se recusar a um confronto, Scranton se acovardar e Romney desertar por completo.[108]

Quase todos os aspectos da convenção chocaram Kissinger. Havia Mel Laird, "expondo o soco inglês" ao dirigir o comitê da plataforma em antecipação à vitória de Goldwater. Havia os "assim chamados moderados [...] impotentes, incompetentes e egoístas" – e o que era pior, divididos. Havia o velho pessoal da administração Eisenhower, sempre astutos demais para se comprometerem com algum dos princípios de Kissinger. O pior de tudo eram os apoiadores de Goldwater. Longe de serem "velhinhas de tênis e coronéis aposentados", observou Kissinger, eram "jovens brilhantes e entusiásticos" com uma predileção pelo "purismo semântico [...] intenso, eficiente, sem humor, curiosamente inseguro". Por vezes Kissinger era lembrado de forma ameaçadora da política da sua infância alemã. "Os moderados se comportaram hoje no que se tornou sua hesitação característica", escreveu ele em 9 de julho. "O comportamento todo é uma reminiscência da atitude dos partidos democráticos em face a Hitler – uma falta de vontade de acreditar que o oponente fala a sério, uma tendência a apostar em poucos benefícios e negligenciar as questões básicas." Os apoiadores de Goldwater, pelo contrário, eram "de classe média e 'respeitáveis'. Eles se sentem ameaçados e inseguros. Anseiam pela segurança do comprometimento total. Qualquer que sejam os pontos de vista 'reais' de Goldwater, como um fenômeno, o seu movimento é semelhante ao fascismo europeu".[109] Nada perturbou Kissinger mais do que um encontro com um apoiador de Goldwater nas primeiras horas de segunda-feira, 13 de julho, depois de uma reunião até tarde da noite em que Rockefeller, Scranton e Lodge haviam tentado concordar sobre o linguajar da emenda ao programa de armas nucleares. "Enquanto saíamos da sala", registrou Kissinger em seu diário, "um goldwaterista riscava nomes em uma lista. Eu não estava nela. No entanto, ele me conhecia e disse: 'Kissinger... não pense que vamos nos esquecer do seu nome'."[110] Aquelas eram palavras apavorantes para um refugiado da Alemanha nazista.*

---

* Mais tarde, no mesmo dia, Kissinger foi "abordado na rua por [Graig] Hosmer, [o] principal membro republicano da Câmara no Comitê Conjunto de Energia Atômica. Ele me parou com as palavras: 'Percebi que você passou para o lado inimigo'". Kissinger nunca havia se encontrado com Hosmer antes.

A própria convenção se iniciou mais tarde naquele mesmo dia. Foi um pandemônio, fazendo jus à vida anterior daquele local como o pavilhão de pecuária do estado da Califórnia. Os moderados derrotados continuavam a pressionar com a ideia de propor emendas a três programas da plataforma: não só o controle presidencial das armas nucleares, mas também os direitos civis (aos quais Goldwater se opunha de forma indireta) e a questão do "extremismo". No entanto, eles se viram sobrepujados em todas as tentativas. A programação fora alterada de modo que o debate sobre as emendas não começasse antes das 21h, garantindo que os telespectadores da costa leste não vissem nada disso. Os apoiadores de Rockefeller, em grande desvantagem numérica, descobriram que haviam recebido assentos no canto mais afastado do salão. Pela estimativa de Kissinger, três quartos dos porteiros e comissários eram "apoiadores de Goldwater e usavam distintivos de Goldwater sem nem disfarçar"; até alguns dos policiais pareciam apoiar "Barry" abertamente. O presidente da convenção, o senador pelo Kentucky Thruston Morton, desdenhava publicamente qualquer um que se colocasse no caminho do candidato presumido. Para coroar tudo, as atitudes dos partidários de Goldwater eram orquestradas via *walkie-talkies* pelo idealizador da campanha de Goldwater, Clif White, do seu trailer de comunicação verde e branco parado atrás da sala de convenções.[111]

Entretanto, foi o comportamento espontâneo da multidão que mais estarreceu Kissinger. Com um convite para se sentar na cabine de Scranton, assim como um passe para a parte baixa do pavilhão, ele tinha não um, mas dois assentos privilegiados para a convenção partidária mais indisciplinada dos tempos modernos:

> De imediato, me senti impressionado com o frenesi, o fervor e a intensidade da maioria dos delegados e de praticamente todo o público. A atmosfera se assemelhava mais a um encontro de avivamento religioso do que a uma convenção política. Uma revolução estava claramente em andamento. Nem espectadores nem delegados haviam se deslocado para participar de uma vitória tradicional. Estavam lá para celebrar um triunfo. Queriam esmagar, em vez de integrar, os oponentes. [...] Seria impossível descrever o caldeirão de bruxas que era o Cow Palace nesta noite. Os brados de Bar-ry, Bar-ry enchiam a sala.[112]

Quando Eisenhower, em seu discurso de abertura, fez uma referência de cunho racista a criminosos com canivetes,* "a maioria [dos delegados] tomou isso como um eufemismo a uma crítica ao movimento dos direitos civis e, nesse espírito, aplaudiram com entusiasmo qualquer referência a isso pelos que discursaram a seguir". Houve "aplausos frenéticos" quando o senador John Tower leu as partes da plataforma do partido que pediam a "libertação" dos Estados Bálticos e a dissolução da Iugoslávia. Mas o ponto mais baixo foi o discurso de Nelson Rockefeller em favor da emenda do extremismo, cujo texto fora decidido naquela manhã:

O Partido Republicano respeita plenamente a contribuição de críticas responsáveis, e defende o direito de dissidência no processo democrático. Contudo, repudiamos os esforços de grupos irresponsáveis e extremistas, como a John Birch Society, a Ku Klux Klan, o Partido Comunista e outros, para desacreditar o nosso partido com seus esforços para infiltrar as posições de responsabilidade no partido, ou para se atrelarem a seus candidatos.

Recebido com assobios de escárnio, Rockefeller foi vaiado ao usar a expressão "esquadrões e métodos nazistas" e, por alguns minutos, sua fala foi quase que de todo abafada por gritos de "Queremos Barry!". Ele prosseguiu destemido, condenando "qualquer minoria doutrinária militante, fosse comunista, Ku Klux Klan ou [John] bircher", e convidando o Partido Republicano a "rejeitar o extremismo tanto de esquerda quanto de direita". Embora essas palavras fossem devidamente aplaudidas pelas delegações de Nova York e New Hampshire, as vaias do resto do salão soaram ainda mais alto quando Rockefeller atacou uma "minoria" de direita "forasteira" e afirmou a sua crença no "liberalismo republicano". Finalmente, ao proferir as palavras "ameaças extremistas", os goldwateristas enlouqueceram com uma cacofonia ensurdecedora de buzinas de megafone e cânticos. Berrando uma acusação

---

* Eisenhower advertiu contra "a simpatia sentimental pelo criminoso que, vagando pelas ruas com canivetes e armas de fogo ilegais em busca de uma presa fácil, de repente se torna, após a apreensão, um pobre desfavorecido que conta com a compaixão da nossa sociedade e com o relaxamento ou fraqueza de muitos tribunais para perdoar a ofensa".

final de "ameaças diretas de violência pessoal" à multidão, um furioso Rockefeller abandonou o pódio.[113] Foi sorte que, àquela hora, a maioria dos norte-americanos já havia desligado a televisão. Como anúncio publicitário de um partido político, aquilo era tão ruim quanto o adversário teria desejado. Clif White havia, de fato, perdido o controle sobre o seu próprio pessoal.[114]

Kissinger ficou horrorizado:

> Um resumo que vi na TV me pareceu ser apenas um reflexo pálido do ódio venenoso, cruel e histérico que enchia o Cow Palace. Antes que NAR sequer começasse a falar – apresentado sem quaisquer adjetivos, simplesmente como o governador de Nova York –, houve minutos de vaias, gritos e assobios que o presidente não fez nada para conter. O pronunciamento era interrompido a cada meia dúzia de palavras com erupções repugnantes, vulgares e horríveis, e mais uma vez o presidente não foi nada útil.

Não foi nenhuma surpresa quando a emenda antiextremista foi rejeitada em meio a mais cenas de desordem; bem como a versão aguada de Romney; bem como a emenda dos direitos civis; bem como a emenda sobre a autoridade nuclear na qual o próprio Kissinger trabalhara com tanto afinco.

O ponto culminante da convenção foi o discurso bombástico de aceitação de Goldwater. Em parte pela reação extasiada do público, o discurso é mais lembrado pelas frases escritas para Goldwater por Harry Jaffa, um acadêmico mais conhecido por sua reinterpretação conservadora de Lincoln. "Recordo a vocês", trovejou Goldwater, "que o *extremismo na defesa da liberdade não é um mal*. E deixem-me lembrá-los também de que a moderação na busca da justiça não é virtude". (Nem todos aplaudiram. "Meu Deus", murmurou um repórter atordoado. "Ele vai concorrer como Barry Goldwater." Richard Nixon, de cara amarrada, visivelmente não aplaudiu.)[115] No entanto, o discurso foi significativo em mais de um sentido. As referências desdenhosas de Goldwater aos "terrenos pantanosos do coletivismo" e à "intimidação do comunismo" não eram muito novas. As poucas palavras que disse sobre a política externa, porém, foram calculadas para provocar Lyndon Johnson: "Ontem era a Coreia. Esta noite é o Vietnã. [...] Estamos em guerra no Vietnã. [aplausos] E ainda assim, o presidente, que é o comandante-chefe das nossas forças, se recusa a dizer [...] se o objetivo por lá é a vitória ou não". Também foram significativas as multidões hostis fora da sala da convenção. Cerca de 40 mil manifestantes pelos direitos civis tomaram a City Hall Plaza para denunciar Goldwater como o próximo Hitler.

A imprensa liberal era um dos alvos favoritos dos goldwateristas. A cobertura dos jornais sobre a convenção revidou. Alguns jornais, pelo jeito sem saber das origens judaicas da família Goldwater, relataram de modo bizarro que ele planejava uma visita a Berchtesgaden – o retiro de Hitler nos Alpes – após a convenção. A revista *Life* falou de uma "maré de fanatismo". O colunista Drew Pearson detectou "o cheiro de fascismo".[116] Um dos que estiveram presentes na convenção como membros credenciados do Partido Republicano se mostrou inclinado a concordar. Henry Kissinger não tinha nenhuma dúvida sobre o que havia testemunhado:

> O frenesi dos aplausos no Cow Palace era uma reminiscência dos tempos nazistas. [...] Eles [os apoiadores de Goldwater] são a classe média exaltada: os tecnocratas, os trabalhadores de colarinho branco impelidos por um zelo quase fanático. São o resultado de uma geração de desmascaramento liberal, do moralismo hipócrita e presunçoso de tantos intelectuais. [...] Eles têm uma fé, não um partido. Os delegados andando por aí com distintivos de "fora Huntley e Brinkley"* são um fenômeno novo. O delegado que me disse lamentar que o distintivo não fosse grande o suficiente para incluir Howard K. Smith e todos os jornais do leste era um novo tipo de delegado. Esse grupo, uma vez organizado, vai ser difícil de desalojar. Tentará se tornar o legatário residual de todas as crises prováveis da próxima década. [...] A vitória de Goldwater é um fenômeno novo na política norte-americana – o triunfo do partido ideológico no sentido europeu. Ninguém tem como prever como isso vai terminar, porque não há precedentes para tal.

A cobertura dessa "tragicomédia" foi suficiente para alarmar o pai de Kissinger, então em férias nos Alpes suíços, que escreveu ao filho avisando que seria uma "tragédia para os Estados Unidos, bem como para todo o mundo", se "esse homem" fosse levado por "descontentes" e "reacionários" a uma vitória

---

* David Brinkley e Chet Huntley eram os apresentadores liberais do programa *The Huntley-Brinkley Report* da NBC, um noticiário noturno. *Howard K. Smith: News and Comment* ia ao ar pela ABC nas manhãs de domingo.

em novembro.¹¹⁷ No entanto, o seu filho entendia que existiam também outros perigos. Uma força igual e oposta talvez estivesse se reunindo também na esquerda política. "O que talvez esteja diante de nós", observou ele com presciência, "foi simbolizado no Cow Palace. Do lado de fora havia piquetes exigindo a neutralização do Vietnã, o fim da OTAN, e manifestantes do CORE – Congress of Racial Equality [Congresso da Igualdade Racial]. Dentro, havia extremistas da ala direita".¹¹⁸

Havia sido, admitiu ele ao historiador britânico Michael Howard alguns dias depois, uma "experiência desoladora [...], pior do que qualquer coisa que os jornais poderiam ter relatado".¹¹⁹ Howard simpatizava. Aquelas experiências em primeira mão da vida política eram um "castigo". "O poder da irracionalidade é algo sobre o qual nós acadêmicos sabemos tudo a respeito em princípio", escreveu ele, "mas é muito desagradável quando o encontramos na prática, e isso aumenta o nosso respeito pelos políticos que têm sucesso em dominá-lo".¹²⁰ No entanto, a comparação de Howard entre os goldwateristas e a Campanha pelo Desarmamento Nuclear – então em um de seus períodos de ascensão no Reino Unido – não estava correta.¹²¹ O que estava acontecendo nos Estados Unidos era algo diferente e, segundo uma reflexão maior de Kissinger, tinha pelo menos algo a ver com a *trahison des clercs* que caracterizara o mandato de Kennedy, quando os melhores e mais brilhantes da Ivy League haviam sido levados às pressas para Washington, convencidos da correção inexorável do projeto liberal.

> Toda democracia deve respeitar a diversidade [ele escreveu]. Contudo, também deve saber quais são os seus propósitos. A tolerância não tem que ser equacionada com a neutralidade moral. Pelo contrário, se o relativismo cresce de forma desenfreada, pseudovalores substituirão os valores reais, que terão sido destruídos. O homem não vive de slogans cansados e invocações de moralismo hipócrita. A verdade toda não foi revelada à humanidade na década de 1930. A condescendência presunçosa e arrogante com que muitos dos meus colegas (e provavelmente eu também) têm tratado os menos sofisticados estava fadada a criar um vácuo emocional. [...] Se o fenômeno Goldwater passar, ambos os partidos têm a obrigação de empreender uma introspecção profunda. Deveriam se perguntar por que a paz e a prosperidade se provaram não ser o bastante; por que a classe média se radicalizou durante um período de bem-estar material. Precisam considerar que a democracia

não sobrevive a menos que fundamente o respeito à diversidade em um sentido forte de propósito.[122]

Foi a tragédia da década de 1960 que convenceu aqueles que governavam os Estados Unidos de que a Guerra do Vietnã forneceria esse sentido de propósito. As consequências desastrosas do acirramento dessa guerra pela administração Lyndon Johnson foram o motivo por que, pelos próximos quinze anos, não eram os extremistas dentro do Cow Palace, mas aqueles fora dele, que pareciam ser os principais atores no drama da política norte-americana, mesmo quando, em termos eleitorais, os goldwateristas estavam em número bem maior do que os extremistas de esquerda.

V

O governo da República Democrática do Vietnã estava muito longe de ser uma vítima inocente da agressão norte-americana, como os seus propagandistas – e apologistas da ala esquerda – gostavam de alegar. Foi em dezembro 1963, um ano e meio antes da decisão fatídica de Lyndon Johnson de engajar as tropas dos Estados Unidos em uma guerra em grande escala, que o IX Congresso do comitê central do Partido Trabalhista do Vietnã aprovou a seguinte resolução: "Caso não derrotemos as forças militares do inimigo, não conseguiremos [...] levar a revolução à vitória. Por esse motivo, a luta armada desempenha um papel direto e decisivo".[123] O regime de Hanói se comprometeu a enviar tropas regulares do Exército Popular do Vietnã para o sul até a Trilha de Ho Chi Minh, em setembro de 1964, seis meses antes que Johnson enviasse os fuzileiros navais para a costa de Da Nang. Durante todo o conflito, o seu objetivo era, nas palavras de uma resolução aprovada no XII Congresso em março de 1965, "infligir uma derrota ao [...] imperialismo norte-americano, defender o Norte, libertar o Sul, completar a revolução nacional-democrática em todo o país".[124] Era, portanto, nada implausível que, em 2 e 4 de agosto de 1964, o contratorpedeiro norte-americano *Maddox* tenha sido atacado por torpedeiros norte-vietnamitas no Golfo de Tonkin. Também não era irracional que o presidente Johnson acusasse os norte-vietnamitas de "agressão aberta". A autorização que ele solicitou ao Congresso

— para tomar "todas as medidas necessárias a fim de repelir qualquer ataque armado contra as forças dos Estados Unidos e evitar mais agressões" – não foi sem justificativa.[125]

O que Johnson deixou de informar ao Congresso foi que o "incidente" do Golfo de Tonkin foi uma consequência direta do OPLAN 34-A – um programa de ataques de comando sul-vietnamitas ao longo da costa do Vietnã do Norte que fora elaborado pelo Departamento de Defesa dos Estados Unidos e apoiado pela CIA – e do esforço paralelo da Marinha dos Estados Unidos de realizar as suas próprias missões de reconhecimento (as chamadas "patrulhas de Desoto", abreviação de "DE Haven Special Operations off TsingtaO" [Operações Especiais do *De Haven* Junto a Tsingtao], onde haviam sido realizadas pela primeira vez).[126] Em 2 de agosto de 1964, torpedeiros de patrulha norte-vietnamitas de fato atacaram o *Maddox* enquanto o contratorpedeiro estava em águas internacionais; o ataque foi confirmado por apoio aéreo enviado do porta-aviões *Ticonderoga*. Johnson estava, portanto, dentro de seus direitos ao enviar o USS *Turner Joy* para se juntar ao *Maddox* em patrulha. Mais duvidosa foi a maneira como ele e outros membros da administração trataram os relatórios conflitantes recebidos em 4 de agosto. Embora ambos os navios relatassem o que pareciam ser novos ataques dos torpedeiros, ao que responderam com fogo de artilharia, o piloto norte-americano no avião de apoio não viu "nada além de água preta e poder de fogo norte-americano". O comandante do *Maddox* enviou uma mensagem urgente para Honolulu culpando "os efeitos do clima estranho sobre o radar e operadores de sonar excessivamente ansiosos", embora mais tarde ele tenha mudado a sua história. Houve apenas um fragmento de inteligência interceptada para sugerir que os norte-vietnamitas realmente tinham atacado. Mesmo assim, Johnson e McNamara utilizaram essa evidência escassa para retaliar com um ataque aéreo inicial contra o que Johnson chamou de "atos repetidos de violência contra as Forças Armadas dos Estados Unidos".[127]

Johnson estava sendo Johnson. Ele tinha esperanças de manter o Vietnã fora da campanha eleitoral; na verdade, a sua intenção era de cortar os gastos com defesa em 1965.[128] Entretanto, a oportunidade era simplesmente boa demais. Ele estava tomando o café da manhã com líderes do Congresso quando recebeu os relatórios iniciais dos segundos ataques. "Vou lhes dizer o que eu quero", retrucou ele. "Não só quero esses barcos de patrulha que atacaram o *Maddox* destruídos, mas quero tudo naquele porto destruído; quero a coisa toda destruída. Quero lhes dar uma verdadeira surra."[129] Essa era sua chance de refutar de modo conclusivo a alegação de Goldwater em San Francisco de que a administração era branda com o Vietnã.[130] Na véspera do seu pronunciamento à nação de 4 de agosto, Johnson chamou Goldwater para garantir o seu apoio para "mand[ar] todos os barcos que pudermos, e todas as bases das quais eles vêm".[131] Que bom patriota poderia dizer não? Por uma perspectiva estritamente eleitoral, Johnson estava fazendo o que era certo.[132] Constitucionalmente, ele não precisava da resolução do Golfo de Tonkin. No entanto, esta reforçou a sua cartada contra o Congresso. Como o próprio Johnson disse, "era como a camisola da vovó. Cobre tudo". Apenas os senadores Wayne Morse (Oregon) e Ernest Gruening (Alaska) votaram contra dar ao presidente o que equivalia a uma carta branca no Vietnã. Era tudo parte de uma brilhante estratégia de campanha para apresentar Johnson como líder da "reação positiva" contra a "reação negativa" de Goldwater.[133] O resultado foi uma vitória esmagadora que deu a Johnson a maior porcentagem de votos da história. Até Kissinger votou nele.[134] Ele se irritara tanto com a convenção republicana que publicou uma crítica mordaz a Goldwater na véspera da eleição.[135]

Não foi difícil para Johnson retratar Goldwater como um "louco [...] tão pirado quanto um doido varrido" – "um insano – um cão raivoso".[136] O candidato republicano fornecia ampla evidência do seu mau julgamento. A afirmação de Johnson de que "ele quer lançar bombas atômicas sobre todos" havia de fato sido a base para um dos anúncios de ataque na televisão de maior sucesso de todos os tempos – o famoso comercial "Daisy", que retratava a incineração nuclear de uma garotinha.[137] Entretanto, não foi apenas a campanha presidencial que os republicanos perderam em 1964. Também perderam 36 assentos na Câmara, dando aos democratas a maioria mais larga que qualquer partido já desfrutara desde 1945, além de dois assentos no Senado, resultando em outra enorme maioria democrática (de 68 a 32), também a maior desde a guerra.[138] Foi o ponto mais baixo da sorte republicana. Até mesmo os membros liberais do partido, como Nelson Rockefeller, pareciam vulneráveis à guinada para a esquerda: quando Bobby Kennedy renunciou ao cargo de procurador geral – após Johnson lhe negar o pedido de promoção a vice-presidente ou secretário de Estado –, Rockefeller demonstrou preocupação com a possibilidade de Kennedy decidir concorrer contra ele pelo governo de Nova York. O triunfo dos democratas habilitou Johnson de duas maneiras. Permitiu-lhe aprovar uma grande quantidade de legislação liberal: a Lei dos Direitos de Voto, os programas de segurança social Medicare e Medicaid, bem como as leis que protegem consumidores e o meio ambiente. Também pareceu remover todas as restrições políticas à sua política quanto ao Vietnã. Nunca o Partido Democrata foi mais poderoso do que quando a Guerra do Vietnã estava chegando ao auge.[139] A ironia é que um dos motivos por que Johnson expandiu o envolvimento militar dos Estados Unidos na guerra foi o temor de ser rotulado como "brando" por um movimento conservador que ele havia esmagado.[140]

Os passos para o inferno eram muitos, assim como as razões para dá-los. Em 7 de setembro, Johnson ordenou ataques aéreos de retaliação "em termos de olho por olho" em caso de ataques a unidades norte-americanas. No entanto, quando os vietcongues atacaram a base aérea norte-americana em Bien Hoa, ele pediu a um grupo de trabalho do CSN liderado pelo irmão de McGeorge Bundy, William, agora secretário assistente de Estado para assuntos do Leste Asiático e Pacífico, que considerasse duas outras opções: um ataque aéreo pesado do tipo que LeMay desejava, ou uma campanha de bombardeio mais gradual defendida por Walt Rostow. A última opção venceu com facilidade, e março de 1965 conheceu a primeira fase da Operação Rolling Thunder – o início de uma campanha de bombardeio contra o Vietnã do Norte que duraria, com intervalos esporádicos, oito anos.[141] Março de 1965 foi também o mês em que os primeiros batalhões de combate dos Estados Unidos desembarcaram perto de Da Nang. Em 1º de abril, o CSN decidiu empregar essas tropas diretamente contra os vietcongues. Em maio de 1965, 47 mil soldados de combate norte-americanos já estavam no Vietnã.[142] Em 7 de junho, Westmoreland aumentou o seu "pedido" para 44 batalhões, o que teria levado o número total de soldados norte-americanos enviados a 175 mil até o final do ano. Embora McNamara tenha chamado isso de "precipitado ao ponto da loucura", apoiou mesmo assim a decisão de elevar o total para 100 mil homens.[143]

A decisão de acirrar a Guerra do Vietnã em um "ritmo lento ascendente" (palavras do NSAM 328)[144] em vez de conceber uma estratégia de saída foi o pior erro estratégico que os Estados Unidos cometeram durante a Guerra Fria. Desde o início, Johnson tinha as suas próprias dúvidas sobre essa estratégia, assim como outros membros da administração, em particular George Ball.[145] Contudo, o presidente continuou em frente por quatro razões. Em primeiro lugar, a ação direta dos Estados Unidos aparentava ser a maneira mais simples de lidar com a instabilidade crônica do Vietnã do Sul, cujos "políticos briguentos" pareciam cada vez menos capazes de alcançar o sucesso militar por conta própria. Uma tentativa do general Nguyen Khanh de tomar o poder foi frustrada por estudantes e monges budistas que foram às ruas, mas Khanh foi logo restaurado ao poder quando o Exército se recompôs e, tendo sobrevivido a uma tentativa de golpe, foi capaz de criar um Alto Conselho Nacional e de, com base na constituição que este redigiu, estabelecer um governo civil com o antigo prefeito de Saigon, Tran Van Huong, como primeiro-ministro.[146] Como Ball diria mais tarde, "tinha ocorrido uma imensa série sórdida de golpes, havia uma sensação de que todo o tecido político do Vietnã do Sul estava começando a se desintegrar, e que tínhamos de fazer algo muito justo e afirmativo para impedir que essa confusão maldita se fragmentasse". O bombardeio norte-americano era "um bom jeito de dar uma força ao Vietnã do Sul".[147]

Em segundo lugar, os militares sob o comando do general William Westmoreland prometiam a Johnson uma "guerra limitada com objetivos limitados, travada com meios limitados e programada para a utilização de recursos limitados".[148] Johnson acreditava que qualquer engajamento maior – em particular, uma invasão do Vietnã do Norte – arriscava atrair os chineses para a guerra; o medo de outra Coreia nunca o abandonava. Na verdade, era por isso que os argumentos de LeMay em favor de uma força esmagadora não tiveram chance.[149] No entanto, a estratégia de "procurar e destruir" favorecida por Westmoreland era, em essência, uma estratégia de atrito que expunha as tropas norte-americanas a um número de baixas que se provou desmoralizantemente alto.* Não havia sido dada consideração suficiente à alternativa defendida pelo chefe do gabinete do Exército Harold K. Johnson e seu vice, Creighton Abrams, que sugeria que as forças dos Estados Unidos liberassem e mantivessem cidades importantes, deixando a maior parte das operações de combate aos sul-vietnamitas.[150]

Em terceiro lugar, a força militar "em lenta ascensão" era o máximo que Johnson poderia empregar sem pôr em risco o programa nacional, que estava

---

* As mortes em batalha por mês eram aproximadamente 469 no Vietnã em comparação com 909 na Coreia.

em ascensão acelerada. De fato, Johnson se moveu tão rápido tanto em segurança social quanto em direitos civis que ele quase foi longe demais, apesar do seu partido controlar o Congresso. Em 30 de junho, o seu projeto de lei para dar às famílias pobres subsídios para aluguel por pouco não foi derrotado; os projetos de lei sobre o direito de voto e o Medicare, marcados para conferência no final de julho, também pareciam vulneráveis. Uma aliança entre republicanos fiscalmente conservadores e "Dixiecratas" do sul parecia ameaçar a Grande Sociedade. Johnson, por conseguinte, não se atreveu a pedir ao Congresso por aquilo que a sua escalada da guerra realmente necessitava: uma nova resolução, a autorização para convocar os reservistas, uma grande apropriação suplementar, e um aumento de impostos. Em vez de fazer um pronunciamento em horário nobre na televisão, Johnson anunciou de maneira casual a expansão do engajamento de tropas em uma entrevista coletiva ao meio-dia, insistindo que aquilo não "implicava qualquer mudança na política de forma nenhuma".[151] Como explicou a McNamara, se ele fizesse "um pedido maior [...] ao Congresso [...], isso mataria [o nosso] programa legislativo interno". Johnson estava determinado a não dar ao Congresso a escolha entre armas e manteiga, até mesmo porque eles talvez preferissem as primeiras à última. Nisso, ele tinha o apoio do líder da maioria no Senado, Mike Mansfield.[152]

Finalmente, e o que era mais crucial, aqueles que tinham dúvidas sobre a estratégia de escalada gradual fracassaram de forma miserável ao expor seus argumentos. Não era que Johnson estivesse fechado ao debate, como tem sido sugerido com frequência.[153] Em comparação com presidentes mais recentes, os debates em 1965 eram, notavelmente, abertos. Em um memorando datado de 2 de abril de 1965, John McCone previu com precisão o "aumento da pressão para parar o bombardeio [...] vindo de vários elementos do público norte-americano, da imprensa, das Nações Unidas e da opinião mundial"; inferiu de forma correta que os norte-vietnamitas estavam "contando com isso"; e advertiu que, mesmo com um "engajamento cada vez maior dos militares norte-americanos", a administração se veria "atolada em um combate na selva num esforço militar que não temos como vencer e do qual teremos extrema dificuldade para nos desembaraçar". Outro cético inicial era John T. McNaughton, secretário de Defesa.[154] Ele retornou desanimado de uma visita a Saigon na primavera de 1965 com o veredito de que os Estados Unidos haviam sido "um 'bom médico' que tinha simplesmente perdido um paciente que estava além da cura".[155] "Os amarelos devem resolver os problemas dos amarelos", observou ele sem rodeios, em junho de 1965.[156] Clark Clifford tinha advertido já em 17 de maio de 1965 sobre um "pântano" se muitas forças terrestres fossem enviadas.[157] "Odeio essa guerra", confessou ele a Johnson em Camp David em 23 de julho. "Não creio que possamos vencer. [...] Ela vai nos arruinar. Cinco anos, 50 mil homens mortos, centenas de bilhões de dólares – simplesmente não está para nós."[158] Para George Ball, que passara algum tempo na França depois da guerra e, portanto, sabia melhor do que a maioria das autoridades norte-americanas pelo que os franceses tinham passado, o Vietnã era apenas um "país podre". Ele também questionava a sabedoria de "aumentar o negócio gradualmente". Em uma das principais reuniões na Casa Branca em 21 de julho, Ball defendeu de maneira inequívoca a ideia de "limitar o nosso prejuízo" pelo simples motivo de que "uma grande potência não tem como derrotar guerrilheiros". Enviar mais soldados norte-americanos seria como "dar tratamento com cobalto para um paciente terminal de câncer". É verdade, isso significaria a perda do Vietnã do Sul. No entanto, o "pior golpe seria [revelar] que a potência mais poderosa do mundo é incapaz de derrotar guerrilheiros".[159]

Todos esses prognósticos seriam corroborados pelos eventos que se seguiram. No entanto, como Ball mais tarde confessou: "Eu tinha uma espécie de sensação de fatalidade de que não conseguiria impedir que acontecesse. Aconteceria de fato. Uma vez que se põe uma coisa dessas em movimento, é como beber só um pouquinho de uma bebida alcoólica; você vai experimentar um pouco mais. É uma compulsão".[160] Por outro lado, Rostow era inabalável em seu otimismo, reassegurando a Johnson sem parar que a guerra seria vencida.[161] E, fatalmente para a sua própria reputação e futura paz de espírito, McNamara escolheu o lado errado. Foi ele quem concluiu o crucial debate de julho de 1965 ao reavivar a teoria do dominó, prevendo que uma derrota no Vietnã levaria à "dominação comunista" não só "no Laos, no Camboja, na Tailândia, em Burma [e] na Malásia", mas também potencialmente no Japão e na Índia. O Paquistão, advertiu ele em tom sombrio, "se aproximaria da China. A Grécia e a Turquia passariam para uma posição neutralista. A agitação comunista aumentaria na África".[162]

Assim, com uma ampla previsão de que os Estados Unidos perderiam o Terceiro Mundo se perdessem o Vietnã do Sul, a sorte foi lançada.

VI

Henry Kissinger dificilmente poderia ter sido menos responsável pela fatídica decisão de intensificar a guerra no Vietnã. Como principal consultor de política externa de Nelson Rockefeller, perdedor de duas eleições presidenciais – o homem cujo discurso contra o extremismo fora abafado pelas vaias da multidão na Convenção Nacional do Partido Republicano –, Kissinger estava de modo enfático do lado de fora. Ao contrário de seu antecessor, Lyndon Johnson não tinha nenhuma utilidade para um consultor que era fiel a um rival.

Em todo caso, ao mesmo tempo que Johnson descartava uma estratégia de saída que teria tirado os Estados Unidos do Vietnã, Kissinger estava preocupado com uma estratégia de saída para si mesmo. Em agosto de 1964, foi concedido o divórcio a ele e a Ann em Reno, Nevada. Era inevitável que mesmo essa dissolução "rápida" de seu casamento fosse demorada e perturbadora. A sua vida, queixou-se ele mais de uma vez nessa época, era "terrivelmente" ou "incrivelmente caótica" por causa de "uma combinação de problemas pessoais e dificuldades profissionais imprevistas".[163] Mudar-se da casa da família em Cambridge – o que significava a remoção de todos os seus livros e papéis do estúdio construído para esse fim acima da garagem – não deve ter sido agradável. O maior desafio eram, sem dúvida, as crianças, que, embora com apenas cinco e três anos quando os pais se divorciaram, tinham idade suficiente para reconhecer uma ruptura irrevogável. Os avós se preocupavam que Kissinger não os veria o bastante.[164] Na verdade, como é por vezes o caso, o divórcio fez dele um pai mais atento, pois, quando estava com Elizabeth e David, ele agora tinha que lhes dar a sua total atenção.

O divórcio também aproximou Kissinger dos próprios pais. "Eu aprecio o calor que emana das suas linhas", escreveu o pai em fevereiro de 1964, lhe agradecendo por um presente de aniversário.

> Estou feliz que você pelo jeito não sinta mais por nós o ressentimento que sentia há algum tempo.
>
> Henry, acredite em mim, ambos sentimos toda a tragédia da sua situação. Nós, pais, não poderíamos esperar que você, em consideração a nós, tomasse uma

decisão que não levaria, no final, à sua felicidade. Sabemos bem demais [que] ninguém desistiria facilmente e sem profundas reservas internas de um imóvel tão belo como o estúdio maravilhoso e todo o conforto de uma casa própria. [...]

Você é o único juiz do que é melhor para você. Por favor, Deus, você em breve encontrará um meio de lhe trazer uma vida de satisfação interior e felicidade.

Você está sobrecarregado com grandes obrigações financeiras no momento. [...] Sentimos profundamente e não desejamos nada mais do que sermos capazes de ajudá-lo.[165]

Embora pudesse lhes oferecer pouca ajuda financeira, Louis Kissinger procurou dar aos filhos apoio emocional. Em particular, ele se esforçou para mantê-los conectados à sua herança alemã e judaica. Um típico presente de Chanucá era uma seleção de discos de vinil de compositores alemães: a Oitava e a Nona Sinfonias de Beethoven, interpretadas pela Filarmônica de Berlim sob a regência de Karajan, a Quinta e a Oitava (inacabada) Sinfonias de Schubert, a Sinfonia Renana de Schumann, e Mahler 2, com a Filarmônica de Nova York regida por Bernstein. Um ano mais tarde, foram duas sinfonias de Haydn e a Sinfonia Concertante de Mozart. Ao mesmo tempo, Louis exortou os filhos a darem aos próprios filhos uma "educação religiosa judaica em uma escola hebraica".[166] Contudo, ambos – Walter ainda mais do que Henry, para grande angústia do pai – moviam-se de maneira decisiva na direção de um estilo de vida secular norte-americano.

O divórcio é mesmo caro, mas pode valer cada centavo. Henry Kissinger vivia agora em um apartamento elegante na rua Beacon, 419, em Boston. Também fazia viagens frequentes a Nova York e Washington, e, para variar, nem todas as suas viagens eram a negócios. O pai dele sem dúvida teria preferido que ele houvesse ido ao Carnegie Hall; em vez disso, Kissinger conseguiu ingressos para ver a farsa musical *A Funny Thing Happened on the Way to the Forum* [Algo curioso aconteceu no caminho até o fórum], estrelado por Zero Mostel. O próprio senso de humor de Kissinger se tornava mais visível. "Sou sarcástico apenas com pessoas de quem gosto e que respeito muito", disse ele a um assistente novato de Rockefeller.[167] Frases como essa acabaram fazendo sucesso em festas. O pai notou com desaprovação essa nova sociabilidade. Dois dias antes do quadragésimo segundo aniversário de Kissinger, escreveu ao filho para expressar o seu pesar pelo fato de Kissinger não poder jantar com ele e Paula, como antes fora o costume da família. Eles haviam pensado em telefonar, mas "suponho que você não queira que eu divulgue o seu aniversário no coquetel".[168] Outros também notaram a mudança. Tom Schelling certa vez descrevera Kissinger a um colega em Londres como "gordo, meio atarracado, pálido e com ar doentio". No entanto, o Kissinger que chegou ao aeroporto de Heathrow para uma reunião do Instituto Internacional de Estudos Estratégicos não correspondia a essa descrição. Havia perdido peso, o rosto estava bronzeado, e o terno era agora digno da glamorosa avenida Madison em Nova York.[169] A esposa de Frank Lindsay, Margot, também percebeu isso. O velho Kissinger "não [costumava ser] um saco de risadas". O novo Kissinger, mais magro, era "divertido e fofoqueiro".[170]

No entanto, mesmo que deplorasse o novo estilo de vida do filho, Louis Kissinger não podia deixar de se orgulhar das suas realizações. Quando "o nosso rabino Goldberg na sinagoga do 'Centro Judaico Fort Tryon' no nosso bairro mencionou você no sermão do último Sabbath e citou algumas frases do seu novo livro", Louis vibrou de felicidade.[171] Impressionou-se em especial com a aparição de Kissinger no debate acerca do Vietnã transmitido pela CBS em dezembro de 1965 (ver página 671):

As pessoas nos telefonaram ou falaram comigo quando as encontrei na rua, na nossa casa, no metrô. Os judeus alemães estavam orgulhosos de que um "deles" tivesse a distinção de representar este país, outros apreciaram que você tenha tentado explicar a política norte-americana, mas todos se impressionaram com o seu desempenho, mesmo aqueles que não concordam com as ações dos Estados Unidos no Vietnã. Como um advogado me disse hoje: você foi fantástico. E eu fiquei feliz que você tenha falado com tanta moderação, nem um pouco beligerante.[172]

Kissinger retribuiu, garantindo que os pais recebessem o tratamento de tapete vermelho quando foram à Suíça em férias.[173]

Em quase todos os aspectos, como vimos, a participação de Kissinger na convenção republicana de 1964 fora uma experiência miserável. Contudo, havia um lado positivo no pesadelo goldwaterista: foi lá, em um dia de verão em San Francisco, que Kissinger conheceu Nancy Maginnes, a bela, brilhante e – em relação a Kissinger – incrivelmente especialista em história francesa que começara a trabalhar em tempo parcial para Rockefeller três anos antes.[174] A chama que se acendeu em San Francisco ardeu lentamente. Apenas em 18 de janeiro de 1967 ele escreveu a ela para lhe oferecer um trabalho de tempo integral como pesquisadora de política externa. "Permita-me dizer agora", concluía a carta, "que será um prazer estar associado com você de novo".[175] Sabemos agora que o romance entre eles havia, de fato, começado logo após a convenção republicana de 1964, onde Kissinger se sentira tão impressionado com ela que a procurara, fileira por fileira, na sala da convenção.[176] No entanto, dado o divórcio recente de Kissinger e a reação provável de seus pais à possibilidade de o filho mais velho se casar fora da fé judaica, eles haviam resolvido manter o relacionamento em segredo.

VII

Quando Louis Kissinger viu o filho na televisão em dezembro de 1965, pouco percebeu o quanto ele havia trabalhado para retornar ao debate público sobre a política externa norte-americana – e não só ao debate público, mas também ao processo de formulação de políticas. Pode-se pensar que, tendo sido crítico tanto de Kennedy quanto de Johnson sobre o tema do Vietnã, Kissinger teria tido dificuldade especial em voltar ao campo da estratégia política. Em um aspecto, porém, a sua tarefa foi facilitada. O argumento decisivo de McNamara nos debates fundamentais de julho de 1965 havia sido uma versão do efeito dominó: a derrota no Vietnã teria um efeito de contágio, encorajando os insurgentes comunistas de todo o mundo. De forma totalmente independente, Kissinger chegara a uma conclusão semelhante. Em setembro de 1964, ele redigiu um rascunho para um discurso de Rockefeller que ainda se apoiava em uma crítica ao "mal-entendido sobre o desafio comunista" e à "confusão, indecisão e falta de sinceridade" da administração no Vietnã, mas que, mesmo assim, abriu o caminho para a sua reabilitação em Washington.

O efeito dominó de Eisenhower dava a entender que o comunismo se disseminava através das fronteiras, marchando como um exército de um país contíguo a outro. Entretanto, Kissinger agora propunha um quadro diferente, uma versão atualizada mais apropriada para a era dos jatos e mísseis intercontinentais.

A hesitação de ser firme e inabalável diante dos avanços comunistas no Laos e no Vietnã tem aumentado a tendência à neutralidade em nossos aliados da OTASE.

[...] Contudo, deveria também estar claro que a nossa incapacidade de fazer com que Sukarno pague por sua agressão tem sido um convite a Nasser – que uma fraqueza no Muro de Berlim resultou em mais um teste da nossa força sobre os mísseis em Cuba.

Não existem mais problemas ou Estados isolados. Soluções únicas e simples não estão mais disponíveis. Cada evento tem consequências em todo o mundo.[177]

Esse anúncio impressionante da globalização levou Kissinger a um paradoxo a que ele retornaria várias vezes pelo resto de sua carreira. "Enquanto a tecnologia moderna criou uma comunidade de povos, conceitos e ferramentas políticas que ainda estão presos nos Estados-nações. [...] [O] triunfo da autodeterminação nacional, por mais bem-vindo que seja, veio no exato momento da história mundial em que o Estado-nação não consegue mais existir por si só." A fragmentação política do mundo pós-colonial, em outra palavras, ia contra as tendências tecnológicas e econômicas que aumentavam a integração e interdependência internacional. O que isso implicava, observou Kissinger, era a necessidade de uma nova "estrutura mais ampla" da ordem internacional.

Kissinger continuava sendo mais idealista do que aqueles que ele criticava. Por princípio, como Woodrow Wilson, ele defendia "um sistema mundial de segurança e crescimento". No entanto, isso era "impedido pela hostilidade comunista". Portanto, "o grande desafio diante da nossa política externa" deveria ser a criação de uma "União dos Livres". Um primeiro passo nessa direção seria estabelecer um "órgão permanente no mais alto nível da OTAN encarregado da responsabilidade de desenvolver posições de negociação comuns e uma política comum para o futuro do Ocidente". Tal entidade iria "deixar claro para todo o mundo que as vítimas de agressão – na Malásia, no Vietnã do Sul, na Tailândia, na Venezuela, no Oriente Médio – em qualquer lugar, a qualquer momento – podem contar com o nosso apoio". Sem dúvida, isso também promoveria o desenvolvimento econômico desses países, mas Kissinger deixou muito claro que ele aspirava a muito mais:

A eficiência nunca deve ser o único objetivo dos povos livres. Sozinho, o materialismo destrói a liberdade. Apesar de todos os desejos otimistas, não há nenhuma conexão inevitável entre o bem-estar material e os valores democráticos. [...] [E]m cada uma das grandes democracias ocidentais, o processo de industrialização foi *precedido* pela aceitação dos valores democráticos.

Por mais falaciosas que sejam, não conseguiremos combater ideias que falem do bem-estar material. Todas as pessoas querem valores que deem sentido à sua existência física. Não podemos nos dar ao luxo de deixar a liberdade e a democracia fracassarem.

Não devemos ter vergonha de afirmar a nossa dedicação ao objetivo de tornar a democracia a onda do futuro.
- De torná-la uma realidade a todos em nossa própria terra;
- De demonstrar ao mundo uma fé que é válida para a realização de valores humanos em todos os lugares;
- De medir o seu valor em termos espirituais e não materiais;
- De encontrar nela a causa para a imaginação, iniciativa e diligência dada aos nossos ancestrais.[178]

Este tipo de linguagem grandiloquente – destinada, sem dúvida, ao uso de Rockefeller* – era, pelo menos de modo superficial, compatível com os termos que Johnson e o seu Gabinete de Segurança Nacional usavam agora para justificar a escalada militar da Guerra do Vietnã. (O fato de que eles agiam sem nenhum apoio europeu era a diferença óbvia. Todavia, pelo menos por agora, era possível ignorar esse fator.)

Na primavera de 1965, Kissinger fez a sua jogada, bombardeando membros e ex-membros do governo com convites para conversar e jantar, e cartas de encorajamento. Convidou McNaughton para um "bate-papo descontraído" sobre a guerra de contrainsurgência no Seminário de Política de Defesa.**[179] Jantou com Robert Kennedy, agora senador por Nova York.[180] Em 30 de março, escreveu para assegurar Bundy de que "penso que as nossas presentes ações no Vietnã são, em essência, corretas, e também para expressar o meu

---

* O leitor pode legitimamente se perguntar se um rascunho de discurso como este pode ser considerado como uma expressão dos pontos de vista do próprio Kissinger, e não como os pontos de vista que Kissinger entendia que Rockefeller queria expressar. No entanto, Kissinger não era um mero redator de discursos. Embora parte do linguajar que usou aqui estivesse por certo destinada a satisfazer o estilo imponente de Rockefeller como orador, as ideias eram claramente de Kissinger. Era por suas ideias que Rockefeller lhe pagava, não por frases bonitas.

** O Seminário de Política de Defesa de Harvard havia sido iniciado por Barton Leach na Faculdade de Direito e continuou a se realizar lá, mesmo depois de Kissinger assumir.

respeito pela coragem com que a administração está agindo".[181] Duas semanas mais tarde, Bundy respondeu com apreço, observando que o seu apoio à administração talvez tornasse Kissinger "um pouco solitário entre todos os nossos amigos em Harvard".[182] Kissinger viu a sua abertura.

> Sob o risco de ser mal interpretado [ele escreveu no dia seguinte], quero lhe dizer que senti que o programa do presidente sobre o Vietnã, conforme descrito em seu discurso, era de todo correto: a mistura apropriada de firmeza e flexibilidade. Digo isso porque as críticas de alguns dos seus ex-colegas em Harvard talvez passem uma impressão enganosa de unanimidade. Procurarei por uma oportunidade em breve para expor as minhas opiniões em público.[183]

Tudo foi perdoado. "Tenho usado o seu nome em vão", escreveu Bundy em 30 de abril, "para algumas pessoas que querem saber se algum professor respeitável está do nosso lado".[184] Kissinger devidamente reiterou o seu "forte apoio à política da administração no Vietnã" e condenou um "ataque ultrajante" de membros da sociedade acadêmica Phi Beta Kappa que acusaram Bundy de "desprezo pelos críticos, leigos e acadêmicos" quando Bundy recusou um convite para um "fórum educativo" radical.[185]

No entanto, foi um republicano, não um democrata, que garantiu a Kissinger o seu primeiro trabalho no governo desde a derrocada de seu cargo de consultoria em tempo parcial na administração Kennedy. Apesar de malsucedido na campanha pela indicação republicana, Henry Cabot Lodge fora reconduzido por Johnson ao cargo de embaixador em Saigon, uma decisão que Kissinger aprovou com entusiasmo.[186] Como parte de sua ofensiva de charme, Kissinger convidou Lodge ao seu Seminário de Política de Defesa, mas este tinha sido forçado a cancelar o compromisso quando a política interna do Vietnã do Sul piorou. Havia, porém, outro Lodge disponível: o filho mais velho do embaixador, George, então professor assistente na Faculdade de Administração de Harvard e autor de um livro sobre o trabalho nos países em desenvolvimento. Em 1962, Kissinger apoiara a campanha fracassada do jovem Lodge contra Edward Kennedy, então com 30 anos, a uma das duas cadeiras do Senado por Massachusetts. (Na época, Kissinger dissera a Nancy Hanks em tom parcialmente sério que era provável que se opor a um Kennedy significaria "o fim da minha carreira política por oito anos".)[187] Agora Lodge lhe vinha à mente no momento em que Kissinger procurava por um jovem universitário brilhante para fazer em seu Seminário Internacional algumas palestras sobre a rápida intensificação do conflito de gerações dentro dos Estados Unidos. Os dois homens almoçaram no Century Club para discutir o assunto. Lodge, porém, teve uma ideia melhor. E se ambos, ele e Kissinger, se oferecessem para servir no Vietnã – como consultores do pai de Lodge?[188]

Era um convite que Kissinger aceitou de imediato. Pouco mais tarde, ele requisitou e obteve um ano de licença de Harvard. (Ele teria partido logo em seguida para Saigon, caso Bundy não houvesse lhe pedido para adiar a viagem por um mês, e Lodge não lhe telegrafasse dizendo que outubro "estaria ótimo".)[189] No entanto, não se pode argumentar com facilidade que, ao fazê-lo, ele fosse motivado por ambição, pois o papel de consultor especial para o embaixador em Saigon não era de forma nenhuma uma posição de prestígio. Além disso, como veremos, o trabalho acarretava alguns riscos; seus pais tinham bons motivos para orar pela segurança do filho em um momento em que ataques terroristas vietcongues em Saigon se tornavam cada vez mais frequentes.[190] Os colegas de Kissinger em Harvard se mostravam céticos. Como Tom Schelling comentou com sarcasmo ao *The Harvard Crimson*, "Ninguém em Harvard sabe se Kissinger estará trabalhando em Saigon, vagueando pela selva, ou enfurnado em um porta-aviões".[191] Alguns, como Stanley Hoffmann, sentiam uma franca curiosidade e pressionariam Kissinger por informações quando este retornasse. No entanto, a maioria já estava convencida de que, nas palavras de Kissinger, os norte-vietnamitas eram "pobres vítimas inocentes e exploradas", e que servir em Saigon era cear com o diabo.[192] A denúncia da política dos Estados Unidos publicada no *Crimson* por três participantes franceses do Seminário Internacional de Kissinger era característica do ânimo cada vez mais sombrio no verão de 1965. Assim como os franceses na década de 1950, argumentaram eles, os norte-americanos se iludiam ao insistir que estavam lutando pela liberdade. Na realidade, estavam de fato "defend[endo] a estrutura feudal da sociedade local, a opressão dos camponeses e a corrupção da classe dirigente.

> O fato que devemos considerar é que o Vietnã tem sido devastado pela guerra por mais de vinte anos, apenas porque poderes externos não aprovam uma alteração em seu sistema social, uma mudança que é desejada pela maioria dos habitantes do Vietnã. [...] [A]s grandes potências [precisam admitir] que cada

nação deve escolher por si só o seu próprio destino e forma de governo, seja essa forma qual for.[193]

Se havia algo que Kissinger não esperava obter ao ajudar o representante do governo dos Estados Unidos no Vietnã do Sul era popularidade em Cambridge, Massachusetts. A sua verdadeira motivação parecia ser mais direta. No verão de 1965, o Vietnã se tornara não apenas o desafio mais importante de política externa que os Estados Unidos enfrentavam, mas também o único, e ele estava ansioso para entender melhor o problema.

Henry Kissinger nunca estivera antes no Vietnã. Sabia pouco ou nada sobre a história do país e não falava uma palavra do idioma. Contudo, em agosto de 1965, quando começou a se preparar para a longa e árdua jornada a Saigon, já sabia de uma coisa: aquela era uma guerra que não seria vencida por meios militares. A única pergunta que valia a pena discutir era como negociar um fim para ela.

Era uma pergunta que ele estava destinado a passar os próximos oito anos lutando para responder.

Capítulo 17
O americano intranquilo

Kissinger sugeriu o seguinte quadro para discussão:
(1) A realização de operações militares em relação às negociações.
>Minutas de uma discussão em Harvard, agosto de 1965[1]

Vamos encarar a verdade. Em algum ponto dessa estrada, teremos que cortar as bolas das pessoas que estamos apoiando agora no Vietnã, e, se você quiser fazer um estudo bem construtivo, deveria examinar a questão de como podemos cortar as bolas deles.
>John McNaughton a Kissinger, em setembro de 1965[2]

I

No romance *O americano tranquilo* de Graham Greene – escrito quando os Estados Unidos ainda apoiavam com pouco entusiasmo o arruinado regime colonial francês na Indochina –, o personagem de Alden Pyle personifica a situação dos Estados Unidos na Guerra Fria. Para o narrador, um correspondente de guerra britânico calejado pelo combate, ele parece comicamente ingênuo:

> Ele falava sobre as velhas potências coloniais – Inglaterra e França, e de como não dava para esperar ganhar a confiança dos asiáticos. Era aí que os Estados Unidos entravam, então, com as mãos limpas.
> "Havaí, Porto Rico", disse eu, "Novo México". [...]
> Ele disse que [...] sempre havia uma Terceira Força a ser encontrada que fosse livre do comunismo e do veneno do colonialismo – uma democracia nacional,

era como a chamava; tudo que era preciso fazer era encontrar um líder e mantê-lo a salvo dos antigos poderes coloniais.³

Pyle não consegue compreender que essa busca por colaboradores locais era, em essência, imperial. Ele também não vê que instalar essa tal "Terceira Força" sem um compromisso com o país no longo prazo só poderia terminar em desastre. Em uma tentativa de convencê-lo disso, o narrador de Greene traça um paralelo explícito com os britânicos na Índia e na Birmânia.

> Eu estive na Índia, Pyle, e sei os danos que os liberais causam. Não temos mais um partido liberal – o liberalismo infectou todos os outros partidos. Somos todos ou conservadores liberais ou socialistas liberais: todos temos uma boa consciência. [...] Invadimos o país: as tribos locais nos apoiam: somos vitoriosos: no entanto [...] [na Birmânia] fizemos a paz [...] e deixamos os nossos aliados para que fossem crucificados e serrados ao meio. Eles eram inocentes. Pensaram que permaneceríamos. Contudo, éramos liberais e não queríamos nenhum mal na consciência.⁴

Pyle acaba se revelando menos ingênuo do que parecia à primeira vista. No entanto, a sinistra operação da CIA em que está envolvido não é suficientemente secreta para que consiga evitar uma morte horrível. *O americano tranquilo* é uma obra presciente, até mesmo profética. Dez anos antes de Lyndon Johnson ordenar que tropas de combate e B-52s entrassem em ação, Greene já sentia o que o Vietnã tinha reservado para os Estados Unidos.

É tentador retratar o Henry Kissinger que tomou um avião para o Vietnã em novembro de 1965 como outro "americano tranquilo", com esperanças de enquadrar o círculo do império em negação dos Estados Unidos, disposto a utilizar todos os métodos disponíveis para conseguir a vitória. Entretanto, um dos aspectos mais marcantes da primeira viagem de Kissinger ao Vietnã foi a ausência completa da autoconfiança insuportável personificada por Pyle. Kissinger viajou para Saigon com perguntas, não respostas.

II

Era 4 de agosto de 1965. O cenário, uma sala de seminários de Harvard. Entre os presentes encontravam-se os membros do Seminário de Controle de Armas de Harvard-MIT que não estavam de férias, em especial o bioquímico Paul Doty, o sinólogo John Fairbank, o cientista político Samuel Huntington, o advogado internacional Milton Katz, e o economista Carl Kaysen, que retornara a Harvard após três anos como vice-consultor sobre segurança nacional de Kennedy. O tópico de discussão era o Vietnã, e na presidência da mesa estava Henry Kissinger. A pauta que ele propunha era surpreendente. O item número um era "A realização de operações militares em relação às negociações". Sob esse título, Kissinger fazia três perguntas:

(a) As negociações deveriam aguardar alguma mudança na situação militar?
(b) As operações militares poderiam ser orientadas para apoiar o objetivo de iniciar negociações?
(c) Que medidas não militares podemos tomar durante as operações militares para apoiar o objetivo das negociações?

Uma quarta pergunta ainda mais estarrecedora fora anexada em parênteses: "(O que fazer se o regime de Saigon entrar em colapso?)". O segundo item na pauta de Kissinger continha algumas questões processuais, de novo sobre negociações:

(a) Quem deve apresentar propostas para a negociação? Seria mais aceitável aos países comunistas se outras potências que não os Estados Unidos tomassem a iniciativa?
(b) Quem deve participar das negociações?

No terceiro item, e talvez o mais importante, Kissinger perguntava sobre o "conteúdo e propósitos das negociações":

(a) Critérios – O que estamos tentando conseguir? Mostrar que guerras de libertação nacional não funcionam? Conter a expansão chinesa? Explorar os conflitos sino-soviéticos? (Esses não são mutuamente exclusivos.) Johnson e Rusk afirmam que estamos tentando preservar a livre escolha para o povo do Vietnã. Estamos lutando contra um determinado método de mudança (guerras de libertação nacional) ou contra o fato da mudança?

(b) Podemos dar conteúdo à expressão "um Vietnã do Sul livre e independente"? O Vietnã do Sul seria o único objeto de negociação, ou outras áreas problemáticas deveriam ser incluídas?

(c) Que garantias são necessárias? Quem deve participar das garantias?[5]

Em outras palavras, o ponto de partida de Kissinger para discutir a Guerra do Vietnã – e, na verdade, a premissa na qual se basearia todo o seu trabalho posterior sobre a guerra – era a necessidade de haver uma solução negociada para ela. Ele já via a vitória prometida repetidas vezes a Johnson por seus comandantes como uma quimera.

A discussão que se seguiu lança uma luz fascinante sobre como membros importantes entre os "melhores e mais brilhantes" do corpo docente de Harvard pensavam sobre a Guerra do Vietnã na véspera da grande revolta geracional que a guerra em breve desencadearia nos campi universitários em toda a América do Norte e Europa Ocidental. Três fatores se destacam de imediato. Em primeiro lugar, ninguém na sala tinha a menor ideia de que se aproximava uma onda de protestos estudantis contra a guerra. Na verdade, a opinião pública norte-americana não foi nem sequer mencionada na discussão. Em segundo lugar, a maioria dos participantes se mostrava pessimista, embora nem todos fossem tão longe quanto o cientista político do MIT Norman Padelford, cuja única contribuição foi chamar o Vietnã de "a guerra errada no momento errado no lugar errado", uma frase usada pela primeira vez pelo general Omar Bradley em 1951 como argumento contra expandir a Guerra da Coreia até a China. Em terceiro lugar, não havia nada remotamente semelhante a um consenso sobre como os Estados Unidos deveriam prosseguir no Vietnã.

A discussão girou em torno de três questões principais. Em primeiro lugar, qual seria exatamente o objetivo das negociações? Lucian Pye do MIT, o otimista do grupo, sugeriu que "o primeiro objetivo [das negociações] seria fazer com que o Vietnã do Norte cessasse o auxílio à insurgência". Em sua opinião, os vietcongues poderiam ser derrotados; na verdade, a guerra contra eles se aproximava de um "aperto bem difícil". Talvez, ofereceu Huntington, o objetivo devesse ser "separar os vietcongues de Hanói e negociar com eles a criação de um governo em Saigon com participação comunista, mas não dominação". O cosmopolita Kaysen, que era quem possuía maior experiência de governo entre os presentes, argumentou que, como "não conseguimos encontrar um governo livre viável para o Vietnã do Sul [, era p]rovável que a melhor solução seria a 'conversa sem fim' – uma situação mista caracterizada por algumas conversações, e alguma violência comedida – como no Laos". Marshall Shulman, do Centro de Pesquisas Russas de Harvard, concordou. "As negociações, para o nosso próprio bem", devem ser iniciadas o mais cedo possível, "e é provavelmente melhor que não sejam muito precisas sobre o que queremos". No entanto, Pye discordou. "Devemos considerar a possibilidade", observou ele, "de que as negociações levarão as partes a adotarem uma linha dura", especialmente se houvesse algum tipo de "ligação entre bombardeios e negociações". Milton Katz foi enfático: "Se entrarmos em negociações sem saber quais são os nossos objetivos, vamos fazer papel de bobos e daremos de cara na parede".

A segunda questão debatida no seminário foi a ideia de criar "enclaves seguros [no Vietnã do Sul], onde as pessoas que contam com a nossa proteção possam ser protegidas", como explicou um participante. Kaysen, com a velha autoconfiança de Camelot, retrucou que os Estados Unidos eram capazes de fazer melhor do que isso: "Podemos emparedar o Vietnã do Sul se estivermos dispostos a pagar o preço. Sete ou oito divisões na fronteira entre o Vietnã do Norte e do Sul e ao longo da fronteira com o Laos devem bastar". Entretanto, o consenso era de que isso seria muito caro em sangue e dinheiro. Para Doty, parecia óbvio que "teremos que aceitar uma solução com algum tipo de enclave". Era para isso "que estamos nos encaminhando". David Cavers, professor de direito em Fessenden, rebateu que enclaves norte-americanos no Vietnã apenas "amplificariam [...] a tensão". Ele preferia a ideia de envolver as Nações Unidas.

O terceiro ponto de discórdia era o papel da China. O argumento em essência derrotista de Fairbank era que "o Vietnã, como a Coreia, está na área da cultura chinesa. Tanto o Vietnã do Norte como o governo da Coreia do Norte são estruturados sobre o modelo chinês. Não é o comunismo que é importante, mas a China. O padrão chinês, como muitas vezes antes na história, está sendo exportado para a periferia da área cultural chinesa. Se não houvesse Mao, haveria vietcongues". Segundo Fairbank, faria mais sentido "estabelecer limites à expansão comunista" na Malásia ou na Tailândia. Mesmo um "Vietnã dividido" permanentemente, seria impossível para os Estados Unidos sustentar. "O principal", concluiu ele, "é tentar trazer a China para a questão, para lhe dar a ideia que tem um papel responsável no mundo, levá-la às Nações Unidas, e estabelecer contato com ela em tantos níveis e no maior número de contextos possível".

Katz, em essência, concordou. Os Estados Unidos não tinham nenhum "interesse estratégico vital" no Vietnã. Sua presença lá era somente devido ao "espectro da China [que] é um fator político interno assustador nos Estados Unidos. […] Se acertarmos as nossas prioridades, veremos que podemos nos dar ao luxo de limitar as nossas perdas quando chegarmos a uma situação insustentável". Alguns dos outros concordaram. Mesmo Pye se mostrou disposto a contemplar a noção de representantes chineses na "mesa de conferências".

Kissinger escutou tudo isso com atenção. Fez apenas uma intervenção, lá pelo meio da discussão, mas foi enfático. "Não podemos entrar em negociações, a menos que saibamos quais são os nossos objetivos, pelo menos dentro de limites amplos", disse ele. "Precisamos saber (a) o que é desejável do nosso ponto de vista; e (b) o que é suportável". Quanto a "estabelecer enclaves – 'novas Hong Kongs'", Kissinger se pronunciou "não interessado" nisso, pois seriam "apenas um irritante perpétuo. Se chegarmos a esse ponto, devemos cair fora".[6]

III

O que era desejável? O que era suportável? Os professores em Cambridge não sabiam, mas a administração Johnson já havia começado a procurar uma saída negociada do Vietnã.[7] O problema era que eles e os norte-vietnamitas deram respostas mutuamente incompatíveis para essas perguntas. Em dezembro de 1964, um grupo de trabalho criado por Johnson informou que os Estados Unidos deveriam "estar preparados para explorar soluções negociadas que obtenham os objetivos dos Estados Unidos de uma maneira aceitável". Todavia, esses objetivos eram dar fim ao apoio e direcionamento norte-vietnamitas aos vietcongues e "restabelecer um Vietnã do Sul independente e seguro com as garantias internacionais adequadas, inclusive a liberdade de aceitar a assistência norte-americana e outras assistências externas conforme o necessário".[8] Os norte-vietnamitas consideravam essas metas inaceitáveis. Isso se tornou claro logo que terceiros tentaram mediar. Blair Seaborn era o membro canadense da International Control Commission [Comissão Internacional de Controle] que fora criada para implementar os Acordos de Genebra de 1954. Entre junho de 1964 e junho de 1965, Seaborn visitou Hanói cinco vezes e transmitiu o que ouviu lá para Washington.[9] A mensagem era contundente: os norte-vietnamitas queriam um Vietnã unificado. A tentativa amplamente divulgada, mas abortada pelo secretário-geral das Nações Unidas U Thant, de iniciar conversações no outono de 1964, falhou pelo mesmo motivo.[10]

Ao mesmo tempo que autorizava o bombardeio do Vietnã do Norte, Johnson tentava conter a crescente hostilidade interna ao bombardeio, mostrando-se aberto a negociações de paz. Em um discurso em 25 de março de 1965, afirmou que estava "pronto para ir a qualquer lugar a qualquer momento, e se reunir com quem quer que fosse sempre que houver a promessa de progresso em direção a uma paz honrosa".[11] Reiterou essa mensagem em um discurso na Universidade Johns Hopkins em 7 de abril, ao falar sobre "discussões incondicionais".[12] No dia seguinte, Hanói respondeu com seus Quatro Pontos, a primeira declaração formal do regime de objetivos de paz (ou melhor, metas de guerra). Esses eram quase o oposto dos de Johnson. As forças dos Estados Unidos deveriam se retirar do Vietnã do Sul. Não haveria alianças estrangeiras antes da reunificação vietnamita. A Frente de Libertação Nacional (FLN, a organização comunista de fachada no Vietnã do Sul, cujo braço armado eram os vietcongues) teria autoridade interina em Saigon, e a reunificação se daria com base na autodeterminação.[13] Por razões de política interna que Lucian Pye estava certo em questionar, Johnson decidiu responder a esse documento intransigente com uma pausa de cinco dias na campanha de bombardeios Rolling Thunder.[14]

MAYFLOWER foi a primeira de muitas tentativas mal concebidas e malogradas de articular os esforços militares e diplomáticos do governo. Foi mal concebida porque Johnson aparentemente pensava que o tipo de tática que funcionava em um *saloon* no Texas funcionaria no Vietnã: bater em um homem, depois parar de bater e dizer: "Desista, ou eu bato mais".[15] Foi mal concebida porque, ainda receando as críticas da ala direita, Johnson nem sequer divulgou o que estava fazendo: somente Hanói e Moscou sabiam da sua oferta de que os Estados Unidos manteriam a pausa dos bombardeios desde que isso levasse a discussões produtivas e que Hanói não procurasse tirar vantagem militar da pausa (uma oferta mais tarde conhecida como "Fase A – Fase B"). Também foi malograda porque, quando os norte-vietnamitas responderam abrandando o seu terceiro ponto, deixando de lado todas as referências à FLN para dizer apenas que os Estados Unidos deveriam "deixar o povo sul-vietnamita decidir os seus próprios assuntos", os analistas da inteligência norte-americana não perceberam. E foi malograda ainda mais porque William Bundy descartou uma mensagem potencialmente importante retransmitida de Paris pelo diretor da Ásia no Quai d'Orsay, Étienne Manac'h, que conseguira que o embaixador norte-vietnamita na França, Mai Van Bo, aceitasse que "a realização concreta" da retirada norte-americana fosse "ligada às conclusões de uma negociação".[16] "Temos que manter as propostas de paz em andamento", disse Johnson a Ball, Clifford, McNamara e Rusk dois meses após o fracasso do MAYFLOWER. "É como uma luta de boxe. A nossa direita é o nosso poder militar, mas a nossa esquerda precisa ser as nossas propostas de paz."[17] Ele nunca entendeu de fato que a diplomacia não é como o boxe. Repetidas vezes a mão direita de Johnson agia como se não soubesse o que a mão esquerda estava fazendo. Os socos militares e diplomáticos que acertava em Hanói tendiam a se anular mutuamente.

IV

Bundy e Lodge tiveram razão em atrasar a partida de Kissinger. Isso lhe deu tempo para aprofundar o seu conhecimento e, em particular, consultar outros que não fossem professores de Harvard. O que ele aprendeu não era o que havia esperado. Antes mesmo que Kissinger pusesse os pés no Vietnã, ele recebeu uma iniciação chocante à total desordem estratégica da administração Johnson.

Um relatório militar um tanto cínico do coronel John M. ("Mike") Dunn, ex-assessor de Lodge, era um prenúncio do que estava por vir.[18] Em 13 de setembro, Kissinger almoçou em Washington com William Bundy, secretário assistente de Estado para assuntos do Leste Asiático e Pacífico. Kissinger perguntou quanta confiança Bundy tinha nos relatórios da inteligência sobre a infiltração vietcongue das áreas controladas pelo governo. Bundy respondeu que acreditava que estivessem "triplamente errados".[19] Em seguida, ele se dirigiu à CIA, onde foi instruído pelo vice-diretor Ray S. Cline e por William Colby, chefe da Divisão do Extremo Oriente da agência e ex-chefe da estação Saigon. Intrigado com o seu otimismo relativo – eles lhe asseguraram que não estavam tendo nenhuma dificuldade para recrutar 50 mil agentes sul-vietnamitas para trabalhar em quadros de oficiais pró-governo nas capitais de províncias –, Kissinger se sentiu bastante perturbado pelos comentários "uniformemente hostis" acerca do general Edward Lansdale, conhecido como o grande mestre da contrainsurgência, que retornara ao Vietnã do Sul como ministro na embaixada em Saigon.[20]

A consternação de Kissinger se completou após um encontro com o diretor da agência, o almirante William Raborn, que lhe ofereceu

> uma visão geral da situação internacional [...] de simplicidade quase inacreditável, do nível de um estudante do ensino secundário. Ao falar sobre a África do Sul, disse que lá "eles estão tentando fazer com que tiremos o país dos brancos e o passemos aos crioulos, que demonstraram que não conseguem administrar nada", e que ele não via por que "seria preciso passar as coisas aos crioulos quando havia brancos anticomunistas capazes de governar o país". Eu finalmente consegui que ele se concentrasse no Sudeste Asiático. Ao discutir o Vietnã, ele confundiu os nomes das principais figuras de lá; por exemplo, ele pensava que o general Ky, que é o primeiro-ministro, fosse o comandante do 1º Corpo do Exército, e que o general Thi, que é o comandante do 1º Corpo, fosse o homem principal no diretório – este, por sua vez, calha de ser o general Thieu. Ele também não sabia o nome dos líderes budistas. Em suma, em um dos assuntos mais complicados da política externa, o diretor da Central de Inteligência se mostrou surpreendentemente mal informado.[21]

Raborn sabia, porém, que as operações da CIA no Laos foram muito mais rentáveis do que as do corpo de fuzileiros navais. O problema que a agência não conseguia superar era o fato de que, "no Sudeste Asiático, não havia nada nem semelhante a um homem honesto". Ele e J. Edgar Hoover, disse ele a Kissinger, consideravam o Vietnã – para não mencionar a República Dominicana, para onde a administração Johnson também havia enviado tropas norte-americanas – como "uma maldita confusão".[22]

A situação não melhorou no dia seguinte, quando Kissinger fez suas andanças pelo Pentágono. John McNaughton lhe ofereceu um triste relato das condições que enfrentavam. Se qualquer outra crise explodisse na Ásia, os Estados Unidos se veriam pressionados para responder, visto o tamanho do engajamento deles no Vietnã do Sul. No entanto, mesmo com 200 mil soldados, McNaughton ainda via chances menores que 50% de sucesso:

> Ele me mostrou alguns papéis que havia preparado para as contingências de um cessar-fogo, daquilo que os VC [vietcongues] poderiam fazer e daquilo que eles não poderiam fazer. Eu disse a ele que a minha impressão era que o pacote que ele chamava de Pacote de Compromisso B [...] com efeito equivalia a uma divisão do país e o reconhecimento da FLN como uma unidade legítima. Ele respondeu que era isso mesmo.

Nada do que Kissinger lera até então o havia preparado para isso. Mas havia mais:

> Ele então me mostrou um parecer que havia preparado no qual havia atribuído probabilidades a vários resultados com vários níveis de força. Em nenhum caso e em nenhum nível de força ele deu uma probabilidade de vitória superior a 40%. Em todas as situações ele dava a maior probabilidade a um resultado de compromisso que, em seguida, teria a característica essencial das áreas VC reconhecidas.

Quando Kissinger balbuciou que "os VC nessas condições podem muito bem dominar o país", a resposta de McNaughton foi demolidora. "Vamos encarar a verdade", disse ele. "Em algum ponto dessa estrada, teremos que cortar as bolas das pessoas que estamos apoiando agora no Vietnã, e, se você quiser fazer um estudo bem construtivo, deveria examinar a questão de como podemos cortar as bolas deles."[23]

Ir desta reunião a um encontro à tarde com Walt Rostow no Departamento de Estado só pode ter sido surreal, pois Rostow "borbulhava" de otimismo sobre a guerra, enquanto McNaughton se entregava ao desespero. As "principais forças" dos vietcongues tinham apenas que ser "esmagadas". Os norte-vietnamitas simplesmente tinham que ser "convencidos [...] a parar de guiar e abastecer" os vietcongues. Quando isso fosse alcançado, os guerrilheiros "acabariam desaparecendo". Em seguida, a FLN seria dividida, permitindo que os comunistas participassem da política sul-vietnamita "como indivíduos", mas não como um grupo organizado. A sensação de realismo voltou com Leonard Unger, que retornara recentemente do Laos para liderar a força-tarefa vietnamita do Departamento de Estado. Unger advertiu que "qualquer negociação seria difícil ao extremo porque o governo sul-vietnamita não tinha coesão suficiente e porque a mentalidade vietnamita era tão complicada que eles por certo considerariam uma negociação como o início de uma desistência norte-americana". Pior ainda, não havia "nenhuma ideia clara" do que o lado norte-americano queria conseguir com uma negociação.

Em suma, sempre que Kissinger ia a Washington, encontrava maledicências de diferentes graus de agressividade. Max Taylor era agora consultor especial do presidente, mas também havia servido como chefe do Estado-Maior Conjunto, bem como embaixador em Saigon. Ele não resistiu a uma gozação com McNamara, "que queria dominar todo o país" e envolver os Estados Unidos em "uma aventura imperial por um número indefinido de anos".

Kissinger não esperava encontrar a harmonia perfeita. Não haviam sido poucas as recriminações quando o esforço de guerra dos Estados Unidos começara a atolar na Coreia, afinal. Entretanto, o que mais consternava Kissinger era a maneira como as principais autoridades ocultavam informações umas das outras. William Bundy admitiu em um almoço que "os documentos significativos [...] estavam sendo mantidos em seu escritório e não circulavam no Departamento [de Estado]".[24] Kissinger ouviu uma história semelhante de Adam Yarmolinsky, assessor de McNamara, que se ofereceu para lhe mostrar um relatório "mantido bastante em segredo" que McNamara havia escrito sobre o Vietnã.[25] Ao visitar McNaughton, este também revelou "um arquivo dos cadernos de folhas soltas que nunca são autorizados a deixar o seu escritório e que nunca haviam sido mostrados para o Departamento de Estado. De fato, as cópias foram vistas apenas por Mac Bundy, McNamara e McNaughton". Para o jovem Kissinger, ironicamente, essa tendência a manter tudo em segredo era bizarra. "Não está claro para mim", observou ele no diário que começara a manter, "como é possível criar uma política nacional se cada um dos funcionários principais dos subgabinetes guarda os seus documentos para uso pessoal sem os compartilhar nem com a própria equipe nem com o departamento principal".[26]

McNaughton ofereceu uma explicação. Enquanto McNamara "compartilhava até certo ponto" as suas "noções de engajamento", elas tinham que ser "muito bem guardadas porque o Estado-Maior Conjunto se opunha de forma violenta a qualquer noção desse tipo, e ele, portanto, me implorou que nunca mencionasse nada do gênero aos líderes militares". Kissinger começava a entender que a política dos Estados Unidos no Vietnã era o resultado não do grande pensamento estratégico, mas da "luta burocrática". Não havia nenhum plano global, nenhum conceito central, apenas "pedaços de papel" produzidos por "operações essencialmente autônomas". Desse modo, "era bem possível que agências diferentes seguissem filosofias diferentes e simplesmente evitassem a concorrência aberta". O almirante Raborn dissera um monte de besteiras, mas estava certo quanto a um aspecto, concluiu Kissinger. Fazia-se necessária uma "abordagem do tipo consultoria administrativa em que as partes componentes fossem estudadas e todo o quebra-cabeça fosse montado". Como comentou a Lodge, que não deve ter ficado surpreso ao ouvir isso: "Em Washington, não parece existir qualquer integração de longo alcance das muitas operações diferentes que acontecem agora. O que se passa sob o nome de planejamento interagências é, na realidade, um dispositivo para coordenar esforços essencialmente autônomos que talvez sejam até baseados em conceitos e pressupostos diferentes".[27]

Se essa era a situação em Washington, como seria em Saigon? Em 7 de setembro, em um relatório preliminar para Lodge, Kissinger tentou resumir os seus pensamentos iniciais. Em primeiro lugar, o governo do Vietnã do Sul (a sigla GVS foi preferida em documentos oficiais) deve ser reforçado, não enfraquecido. Não se deve mais falar sobre golpes, e muito menos sobre "uma atitude de desdém" em relação aos vietnamitas. Da mesma forma, os vietcongues não devem ser honrados com o nome propagandístico de Frente de Libertação Nacional (FLN). Em segundo lugar, a administração deve parar de falar sobre "negociações" sem dizer o que a palavra de fato significa; era necessário "um programa concreto" de modo urgente. Isso era duplamente importante. Uma oferta ampla demais para negociar deu aos norte-vietnamitas uma opção livre: "Se eles souberem que sempre poderão chegar à mesa de conferências e os termos permanecerão, em essência, os mesmos, eles terão todo o incentivo para continuar as operações militares". Em todo caso, seria errado esperar que os comunistas entrassem em negociações com a intenção de "apaziguamento"; eles o fariam "com o objetivo de ganhar na mesa de conferências o prêmio que lhes escapava no campo de batalha". Ao mesmo tempo, é provável que falar demais sobre negociações desmoralizasse o governo e o povo sul-vietnamita. Kissinger aprendera algumas lições valiosas sobre esse tipo de processo de paz com a Crise de Berlim:

> "Negociações incondicionais", "cessar-fogo", "concessões tácitas mútuas" são frases úteis se algum significado concreto lhes for atribuído. Caso contrário, podem se voltar contra nós, e confundir e desmoralizar os nossos amigos. É verdade que não temos como conhecer todos os elementos de uma posição de negociação com antecedência. No entanto, sabemos que teremos de adotar uma atitude em relação à FLN; precisamos saber se vamos lutar por uma solução para todo o Vietnã ou somente para o Vietnã do Sul; precisamos de ideias sobre como policiar um acordo. Se não conseguirmos ser precisos sobre essas questões, há um grave perigo de que as negociações se concentrarão primordialmente nas nossas concessões. [...] [Nós] temos que reconhecer que eles estão começando uma nova fase da luta, e não marcando o seu fim.[28]

A terceira e talvez mais importante conclusão a que Kissinger havia chegado antes da sua partida para Saigon consistia em que a Guerra do Vietnã era, em primeiro lugar e acima de tudo, uma guerra civil. Isso importava porque guerras civis eram "as mais difíceis de terminar por meio de negociações, e 'acordos' que preservem um equilíbrio complicado são susceptíveis de serem frágeis.

> Isto não é acidente. As guerras civis costumam evocar as paixões mais intensas. Envolvendo pessoas com a mesma história e cultura e que habitam a mesma região, os termos são extremamente difíceis de aplicar. É por isso que as guerras civis que terminaram desde a Segunda Guerra Mundial em geral concluíram com a predominância de um lado ou de outro – como na Grécia, na Malásia, nas Filipinas ou na China – sem um reconhecimento formal pelo lado derrotado. Acordos formais como no Laos ou no Chipre têm quase invariavelmente sido o ponto de partida de um novo conflito.

A conclusão que ele traçou mediante essa análise era fascinante, ou seja, que "um resultado em que alcancemos uma grande pacificação sem um acordo formal talvez não seja o pior resultado da guerra vietnamita".[29]

Como Lodge observou, o relatório de Kissinger foi "uma contribuição notável de alguém que nunca esteve aqui".[30] Contudo, o mais notável sobre ele era o seu pessimismo *ex ante*. Um segundo relatório, escrito quase três semanas mais tarde, não era muito mais animador.³¹ Antes de arrumar as malas, Kissinger já havia realizado mais outras dezessete entrevistas com especialistas dentro e fora do governo, discutindo de tudo, desde a estratégia geral aos detalhes, das operações contra os vietcongues. Embora somente fragmentos de notas dessas entrevistas tenham sobrevivido, e apesar de não ser possível saber quem são todos os entrevistados (em suas notas, Kissinger identificou indivíduos por uma única letra), alguns pontos ajudaram a moldar o seu pensamento. "A" – claramente um militar de alta patente – enfatizou o "ponto de interrogação" sobre "a capacidade de manter o controle sobre a região rural" e a "rivalidade no Vietnã entre as várias agências norte-americanas".³² "B" fez duas perguntas difíceis: "Por que não estamos controlando mais estradas? Como alguém a uma distância de 16 mil quilômetros pode convencer que está preparado para permanecer, em comparação com o povo local que não tem para onde ir?".³³ "C" – que era Alexis Johnson, que havia pouco retornara de Saigon para se tornar vice-subsecretário de assuntos políticos – alertou Kissinger de cinco problemas distintos sobre o Vietnã do Sul.

> No que diz respeito aos generais, eles irão em frente [com qualquer negociação] sem compreendê-la. O que mais temem é a paz. Eles estão certos. [...]
>
> A carência total de experiência política dos líderes vietnamitas. A experiência que têm, do jeito que as coisas são, é conspiratória. [...]
>
> Os vietnamitas têm um complexo de Sansão; demolem o templo em torno de si. [...] O fato avassalador da situação é o regionalismo. [...] O grau de controle do governo central é tênue. Os comandantes dos corpos do Exército e os líderes das províncias cumprem ordens se lhes apetecer. [...]
>
> Os norte-americanos não devem fazer uma pacificação (ou seja, limpar e manter uma área infestada pela guerrilha removendo os guerrilheiros em meio à população). É um trabalho sem esperanças para estrangeiros.³⁴

Johnson também acreditava que Kissinger deveria evitar três fatores específicos: uma conferência "de Genebra em trajes formais", pois o resultado de um encontro internacional desse tipo seria inevitavelmente pior do aquele de 1954; um cessar-fogo como um elemento preliminar para as negociações, o que seria equivalente a "jogar a toalha"; e insistir em um *quid pro quo* que os norte-vietnamitas acabem com a infiltração nas forças no Vietnã do Sul, pois isso seria, na prática, impossível de verificar.[35]

Uma característica marcante final da preparação de Kissinger para a sua viagem ao Vietnã era que não lhe faltavam bons conselhos de autoridades. "D" (Allen Whiting, funcionário do Departamento de Estado em assuntos sobre a China) observou com sagacidade que havia sido um erro em 1965 "acirrar as operações aéreas enquanto o Vietnã do Norte estava deliberando – [o que] lhes deu a sensação de que os estávamos tentando bombardear para que entrassem em negociações". Os comunistas, acrescentou ele, "nunca duvidaram da nossa determinação no curto prazo. Eles duvidam da nossa capacidade de resistir por cinco anos".[36] Chester Cooper, do CSN, via com clareza a necessidade de gerir as expectativas norte-americanas:

> Precisamos de apoio público para a proposição de que esse tipo de guerra não tem nenhuma vitória e, se sairmos do modo que entramos, estamos bem.
> Devemos reconhecer que até mesmo um acordo implica
> (1) Continuação da existência do Vietnã do Norte;
> (2) Continuação da existência dos vietcongues.

"É preciso compreender", anotou Kissinger, "que o único resultado possível é um resultado limitado [...] em que os vietcongues têm algum tipo de papel". Tal solução de compromisso era a única boa opção disponível. A vitória absoluta no Vietnã do Sul era inatingível, pois "não sabemos nada sobre como construir nações".[37] O quebra-cabeça – não pela última vez na história – permanece sendo por que a estratégia norte-americana saiu tão desastrosamente errada quando tantos funcionários públicos em altos postos entendiam tão bem a natureza do problema que enfrentavam.

Longe de chegar a Saigon como um novato, portanto, Henry Kissinger já era um homem mais triste e sábio sobre o assunto do Vietnã no caminho de Washington para casa. Ele havia se impressionado especialmente com as opiniões do vice-subsecretário Alexis Johnson, cuja versão de melhor das hipóteses era que houvesse uma "reunião militar técnica" entre os representantes dos governos de Hanói e Saigon, em que este último exigiria a retirada do seu território das unidades da "força principal" dos vietcongues. Contudo, para que isso acontecesse, dois fatores seriam essenciais: um governo competente em Saigon e um governo derrotado em Hanói. No outono de 1965, nenhum parecia muito provável. "Meu único problema", Kissinger lhe disse, "é que me encontro concordando tanto com você que não sei o que serei capaz de adicionar ao seu próprio relatório".[38] De Saigon, Philip Habib – consultor de Lodge para assuntos políticos – escreveu para reforçar a extrema dificuldade da missão de Kissinger. Os "objetivos finais de longo prazo" dos Estados Unidos, "como afirmados pelo presidente", se resumiam a "um Vietnã do Sul independente, garantido de forma segura, livre para moldar as sua relações etc.". Se um acordo negociado conseguisse isso, as condições no solo precisariam melhorar de maneira drástica "em termos de forçar as unidades vietcongues a recuar e destruir o aparato exposto da Frente de Libertação [Nacional], restaurando o governo local e a capacidade de autodefesa".[39]

No bem-sucedido seriado da CBS *Missão: Impossível*, que foi ao ar pela primeira vez em 1966, homens inteligentes de meia-idade em trajes civis combatiam nebulosos regimes autoritários. A missão de Henry Kissinger no Vietnã em 1965 tinha algo da mesma qualidade.

V

Foi um longo caminho. Kissinger deixou Boston em 7 de outubro. O itinerário era cansativo e exigia nada menos do que cinco escalas: Nova York, Pittsburgh, San Francisco, Honolulu – onde parou para reuniões no quartel-general do CINCPAC* – e Hong Kong. Ele chegou em 15 de outubro. Como consultor do Departamento de Estado, foi obrigado a viajar na classe econômica durante todo o trajeto, embora tenha pagado do seu bolso por suas próprias melhorias nos trechos mais longos do percurso. A duração prevista da sua estadia no Vietnã era de apenas três semanas.[40] Como dissera a Lodge, porém, "não me incomoda – até prefiro – trabalhar quinze horas por dia todos os dias em que estiver no Vietnã (incluindo os finais de semana)".[41] A julgar pela lista exaustiva de pessoas importantes com que se encontrou – norte-americanos e vietnamitas, civis e militares –, ele cumpriu a palavra.[42] A missão talvez se provasse impossível, mas Henry Kissinger estava determinado a dar o máximo de si.

---

* Comandante-chefe do Comando do Pacífico.

O método preferido do norte-americano intranquilo era fazer perguntas inquietantes. Em Honolulu, ele foi instruído sobre o planejamento operacional dos Estados Unidos para o Vietnã pelo tenente-general Paul S. Emrick, chefe de gabinete do Comando do Pacífico. Um dos temas prioritários do esforço norte-americano ao fim de 1965 era destruir as unidades da "força principal" dos vietcongues. A pergunta de Kissinger era simples: "Eu lhe perguntei o que aconteceria se os vietcongues não lutassem em unidades do tamanho de batalhões". Então, respondeu o general, o problema se tornaria de "pacificação" em vez de combate. Contudo, não fora esse precisamente o mesmo desafio que os sul-vietnamitas tinham enfrentado em 1961? Kissinger perguntou.

> O general Emrick respondeu que todos os soldados no Vietnã estavam sendo treinados para serem embaixadores da boa vontade, distribuindo doces e defendendo as cidades. Havia uma distinção enorme entre os soldados norte-americanos e os soldados franceses, pois os franceses tinham uma atitude colonial distante, mas os soldados norte-americanos vinham como amigos. Sugeri que talvez o problema não fosse apenas amizade, mas de segurança física contra assassinatos. Muitas pessoas em cidades norte-americanas pagam por proteção contra gângsteres. Isso não significa que gostem dos bandidos; só prova que a polícia não é capaz de protegê-las.[43]

Ao contrário do personagem Pyle no livro de Greene, Kissinger nunca teve a ilusão de que havia alguma diferença moral profunda entre os norte-americanos no Vietnã e os franceses na Indochina.

Emrick era um defensor do bombardeio norte-americano do Vietnã do Norte, argumentando que a medida tinha cortado pela metade o número de forças inimigas que era possível posicionar no sul. Todavia, a análise mais esclarecedora – e estarrecedora – do bombardeio veio do general John W. Vogt, um antigo membro do Centro para Assuntos Internacionais de Harvard. Era muito improvável, afirmou ele a Kissinger, que os ataques com B-52s "não estivessem atingindo absolutamente nada". Em todo caso, eles não eram realizados com a finalidade de destruir as forças inimigas. "Os ataques com B-52s representam alguns dos métodos mais baratos de usar o nosso poder. O suprimento de bombas era quase ilimitado; os B-52s estariam em missões de treinamento de duração similar de todo jeito, e isso lhes dava ótima prática em buscar alvos sob condições quase perfeitas. [...] Em outras palavras, para apoiar a guerra no

Vietnã, o SAC não estava pagando mais do que pagaria de qualquer maneira pelo treinamento." Na realidade, o bombardeio "não era de fato concebido para apoiar a situação tática imediata no Vietnã do Sul, mas para atingir o objetivo político de forçar os vietnamitas a irem à mesa de conferências".

Kissinger deixou Honolulu reassegurado em apenas um ponto. A probabilidade de uma intervenção chinesa na guerra, no modelo coreano, era minúscula. Embora houvesse concentrações de soldados e aeronaves da Frente da Libertação Popular nas imediações da fronteira vietnamita, estes seriam facilmente derrotados pelos contra-ataques norte-americanos (especialmente, observou Kissinger, "se armas nucleares forem utilizadas"). No entanto, em todos os outros aspectos, os relatórios militares o enervaram. O fato era que "ninguém sabia de fato me explicar como, até mesmo sob as premissas mais favoráveis sobre a guerra no Vietnã, a [guerra] iria acabar". Ninguém realmente tinha um plano para a pacificação. Ninguém sabia na verdade como a infiltração estava acontecendo. A sua conclusão foi tão sombria quanto presciente:

> Estou plenamente convencido de que uma porção excessiva do planejamento do governo e uma grande parte do planejamento militar pressupõem que o adversário é estúpido e que vai lutar o tipo de guerra para o qual está mais bem preparado. Contudo, [...] a essência da guerra de guerrilha é nunca combater o tipo de guerra que o adversário espera. Tendo espalhado muitas unidades numerosas pelo Vietnã [...], não devemos nos tornar prisioneiros agora de uma mentalidade de grande unidade. Caso contrário, penso que teremos de enfrentar o problema da exaustão psicológica.

Talvez o mais enervante de todos tenha sido o aviso de Vogt a Kissinger para permanecer perto da embaixada dos Estados Unidos e de outras instalações seguras, visto que "as perdas para a atividade terrorista em Saigon eram muito maiores do que estavam sendo anunciadas".[44]

VI

Saigon na década de 1960 era um inferno. Isso, pelo menos, foi a impressão que muitos jornalistas norte-americanos gostavam de transmitir. Beverly

O embaixador norte-americano Henry Cabot Lodge, Jr. encontra-se com o presidente do Vietnã do Sul, Ngo Dinh Diem, 1963. A administração Kennedy conspirou para a derrubada e execução de Diem. O resultado involuntário foi o aumento da dependência de Saigon em relação a Washington.

O economista e teórico de jogos Thomas C. Schelling, em 1964. Embora ele e Kissinger tivessem um relacionamento amistoso durante a década de 1960, a situação se deteriorou mais para a frente, quando Schelling buscou se distanciar da Guerra do Vietnã.

Segundo fracasso: Nelson Rockefeller e seu filho mais velho, Rodman Rockefeller, com um cartaz de campanha, 1º de junho de 1964. Kissinger apoiou todas as três tentativas malsucedidas de Rockefeller de se tornar o candidato indicado pelo Partido Republicano à eleição presidencial.

Martin Luther King, Jr., em Cambridge, como orador convidado na Memorial Church em Harvard, janeiro de 1965.

Acima: Apoiadores de Barry Goldwater, o candidato vencedor da Convenção Nacional do Partido Republicano em 1964, em San Francisco.

À esquerda: A última prussiana: a condessa Marion Dönhoff, redatora-chefe e mais tarde editora do semanário *Die Zeit*, da Alemanha Ocidental.

Kissinger entre os alemães: transmitindo informações a oficiais da Bundeswehr [Forças Armadas da Alemanha], inclusive o comandante da 5ª Divisão Armada da Alemanha Ocidental, por volta de 1965.

Uma parceria menos problemática: Henry Kissinger com seu pai, Louis, em um evento que marcou a publicação do livro de Kissinger, *The Troubled Partnership* [A parceria problemática], de 1965. "É uma pena", comentou o pai, "que esse livro tenha sido publicado em um momento em que todas as atenções estão concentradas na Ásia e não na Europa".

McGeorge Bundy e Lyndon Johnson na Casa Branca. O ex-reitor da Faculdade de Artes e Ciências de Harvard trabalhou tanto para Johnson quanto para Kennedy como "assistente especial do presidente para assuntos de segurança nacional" – ou conselheiro de Segurança Nacional, para abreviar.

McGeorge Bundy é recebido pelo embaixador Maxwell Taylor (atrás de Bundy) na base aérea de Tan Son Nhut, Saigon, 4 de fevereiro de 1965.

Bombardeio da embaixada norte-americana em Saigon por terroristas vietcongues, 30 de março de 1965.

Um soldado sul-vietnamita chuta um suspeito de ser guerrilheiro vietcongue, Xom Chua, Vietnã, outubro de 1965.

À esquerda: Kissinger no Vietnã em 1965. Sua primeira viagem ao país o convenceu de que os Estados Unidos haviam chegado a uma posição indefensável. "O simples fato de que muitos programas pretensiosos tenham sido iniciados e logo entrado em colapso", observou ele, "tem induzido uma atmosfera geral de cinismo e desmoralização".

Abaixo: Daniel Ellsberg no Vietnã, onde trabalhou com o general Edward Lansdale, o chefe da contrarrevolução norte-americana. Ellsberg inicialmente se interessara por assuntos de segurança nacional no Seminário de Política de Defesa em Harvard. Mais tarde ele "vazaria" documentos secretos sobre a guerra que se tornariam conhecidos como os "Documentos do Pentágono".

À DIREITA ACIMA: A agonia no Vietnã: fuzileiros navais norte-americanos carregam um companheiro ferido durante uma operação ao sul da zona desmilitarizada entre o Vietnã do Norte e o do Sul, outubro de 1966.

À DIREITA ABAIXO: Um soldado norte-americano ferido recebe tratamento no campo de batalha, outubro de 1966. Como Kissinger comentou depois de visitar uma base dos fuzileiros navais três meses antes, "A tarefa aqui era lenta, penosa".

Kissinger com o presidente do Vietnã do Sul, general Nguyen Van Thieu, Saigon, 28 de julho de 1966. A essa altura, Thieu era encarado como o segundo homem de um duunvirato liderado pelo primeiro-ministro Nguyen Cao Ky. Oficial do Exército, católico romano e educado na França, Thieu era hábil em maquinações políticas. Mas, como o secretário de Estado Dean Rusk admitiu, ele tinha "todo o direito de desconfiar dos propósitos de Hanói" nas subsequentes conversações de paz de Paris.

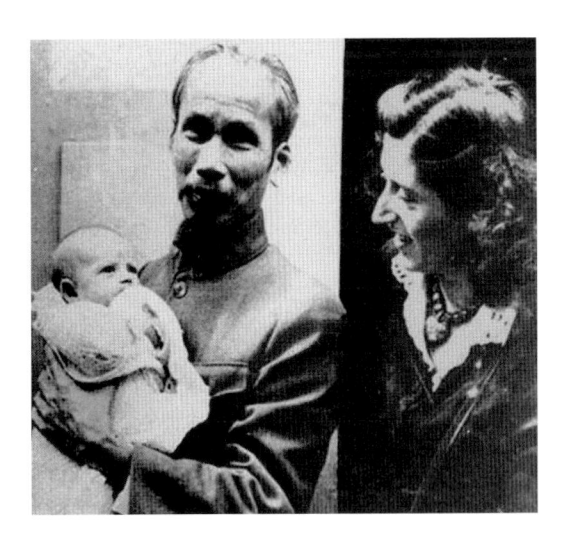

Ho Chi Minh segurando sua neta, Babette Aubrac, ao lado da mãe dela, Lucie Aubrac, Paris, 1946. O pai de Babette, Raymond Aubrac, atuaria mais tarde como um dos dois intermediários franceses que procuraram estabelecer um canal de comunicação entre Kissinger e o governo norte-vietnamita.

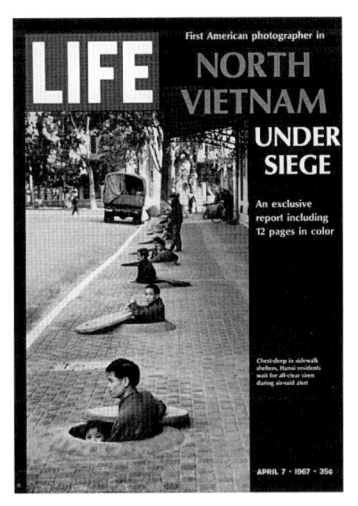

"North Vietnam Under Siege" [Vietnã do Norte sitiado]: capa da revista *Life* de 7 de abril de 1967, mostrando moradores se abrigando de bombardeios norte-americanos. O argumento que os bombardeios norte-americanos abortaram um possível acordo de paz em 1967 pressupõe que o governo do Vietnã do Norte fosse sincero em seu desejo de um fim negociado para a guerra nessa época.

Com oficiais graduados e um paraquedista sendo treinado em Fort Benning, Geórgia.

O presidente da Alemanha Ocidental, Heinrich Lübke, tenta fazer com que o presidente Lyndon Johnson e o presidente Charles de Gaulle apertem as mãos no funeral de Konrad Adenauer, 25 de abril de 1967.

Acima: Richard Nixon sendo entrevistado perto do rio Vltava, em Praga, março de 1967. Dois meses antes, seu anfitrião, Antonín Šnejdárek – diretor do Instituto de Política e Economia Internacional da Tchecoslováquia –, havia dado a Kissinger ideias sugestivas sobre as relações sino-soviéticas.

À esquerda: Apoiadores de Nixon tomando banho de sol com um bebê elefante na Convenção Nacional Republicana de 1968, em Miami.

Richard Nixon aceitando sua indicação como candidato do Partido Republicano à presidência, ao lado do congressista (e futuro presidente) Gerald Ford, 7 de agosto de 1968.

Michael Foot (na extrema esquerda) fala, Tariq Ali (na extrema direita) protesta, London School of Economics, 1969. Os dois incendiários da esquerda britânica derrotaram Kissinger em um debate pela televisão sobre o Vietnã em 1965.

Dean Rusk fuma, Lyndon Johnson escuta, o secretário da Defesa, Clark Clifford, discursa na sala do gabinete, 14 de outubro de 1968. Também presente, à esquerda, o senador Richard Russell.

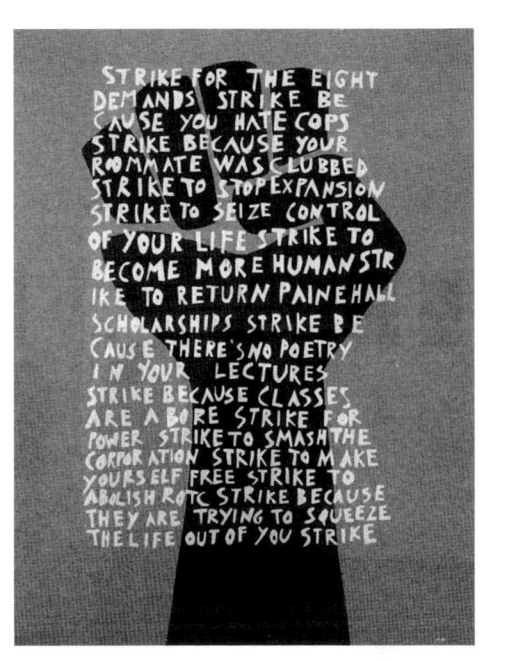

À esquerda: O punho cerrado de Harvard, 1969: um símbolo da revolta no *campus* contra a Guerra do Vietnã e muito mais.

Abaixo: Precedido por Nixon e seguido por Richard V. Allen, Kissinger prepara-se para ser apresentado à imprensa. Allen havia aconselhado Nixon sobre política externa durante a campanha para a presidência e ficou ressentido por ter sido preterido em favor de Kissinger.

Com Richard Nixon no Hotel Pierre, em Nova York, no dia de sua nomeação como conselheiro de Segurança Nacional.

Com Nixon, que está de frente para W. Averell Harriman, e Robert Murphy no Hotel Pierre, em Nova York, final de 1968. Harriman, o experiente diplomata, fora escolhido por Johnson para chefiar a delegação norte-americana nas conversações sobre a paz no Vietnã ocorridas em Paris. Murphy era um conselheiro de Nixon que fora subsecretário de Estado para Assuntos Políticos sob Eisenhower. Apesar de aparentemente novato em comparação com esses veteranos, Kissinger já havia sido elogiado por Harriman como "um professor gentil, mas firme" sobre a questão do Vietnã.

Retorno à Casa Branca: com Lyndon Johnson e seu conselheiro de Segurança Nacional, Walt Rostow, de saída do cargo, 5 de dezembro de 1968. "Leia os colunistas", disse Johnson a Kissinger, "e se eles chamam um membro da sua equipe de ponderado, dedicado, ou qualquer outro adjetivo amigável, despeça-o imediatamente. É ele que vaza informações sigilosas".

Escutando pacientemente o loquaz ex-ministro das Finanças alemão Franz Josef Strauss, em 1969.

O intelectual público enquanto astro em ascensão na mídia: o recém--nomeado conselheiro de Segurança Nacional fotografado pela revista *Life* em 1969.

Henry Kissinger com Nancy Maginnes, em 1973. Eles conseguiram manter seu romance em segredo por quase dez anos. Ela, mais do que a vaga esperança de iniciar negociações com Hanói, foi o motivo pelo qual Kissinger passou tanto tempo em Paris em 1967.

Deepe Keever do *The Christian Science Monitor* vira a cidade pela primeira vez em 1962 e se sentira encantada com os bulevares parisienses, a catedral com a alta torre do sino, e o "ritmo descontraído, necessário em virtude dos dias abafados". À medida que a guerra se intensificava, porém, Saigon se tornou "elétrica, com um ar de incerteza misturada com perigo". A vida lá se tornara um borrão "de conhecidos casuais, perigos ocultos e amanhãs desconhecidos". Logo, como refugiados inundassem a cidade, as ruas se tornaram "aglomeradas" de "mendigos, vendedores do mercado negro, e mulheres carentes vendendo a si mesmas [...], criando uma expansão semelhante a uma favela que ofuscava a cativante cidade afrancesada. [...] Amontoadas do lado de fora de hotéis elegantes estavam crianças esfarrapadas chamadas de *bui dui* – 'poeira da vida'".[45] "Na estação das monções", escreveu Frances Fitzgerald, colaborando com a *New Yorker*, "bairros inteiros da cidade afundam no pântano. Alguns distritos são pouco mais do que esgotos gigantescos, lagos de sujeira acima dos quais palhoças se erguem em palafitas, conectadas apenas por tábuas podres. Em outros bairros onde os refugiados não tiveram tempo de construir palafitas, o esgoto inundou até mesmo as casas".[46] Recrutando membros a partir de uma enorme população de órfãos, gangues de rua "vag[avam] como matilhas de lobos, nunca dormindo no mesmo lugar duas vezes, catando comida do lixo ou roubando".[47]

Michael Herr cobria o assunto do Vietnã para a revista *Esquire*. (É verdade que ele chegou a Saigon dois anos após Kissinger, mas a cidade não deve ter mudado muito em tão pouco tempo.) Herr se sentiu em um inferno:

> Pelas 7h30, estava para lá de caótica, cheia de bicicletas, o ar era como Los Angeles com pouco encanamento, a sutil guerra da cidade dentro da guerra havia se renovado por mais um dia [...] com milhares de vietnamitas [...] conectando a sonda de alimentação aos próprios corações, buscando e se empanturrando; jovens norte-americanos chegando de locais remotos em serviço temporário, carregados de ódio e ancorados no medo dos vietnamitas; milhares de norte-americanos sentados em seus escritórios chorando em entediado refrão: "Não se consegue fazer com que essas pessoas façam porra nenhuma, não se consegue fazer com que essas pessoas façam porra nenhuma".

Havia as famílias de refugiados que viviam em caixas de papelão e em montes de lixo. Havia os "estudantes" desempregados em cafés como La

Pagode, lendo as edições da editora Pléiade de Proust, Malraux e Camus, e comparando o Império Norte-Americano com o Romano. Havia os ferozes ladrões de bolsas e relógios da praça Lam Son, que conseguiam "surrupiar um Rolex do seu pulso como um falcão atacando um rato do campo". Havia os engenheiros civis bêbados no bar do Hotel Continental, para quem os moradores locais eram simplesmente "nigs". Havia os "quatro conhecidos batalhões de sapadores vietcongues na área de Saigon-Cholon, sapadores temidos, superestrelas da guerrilha, [que] nem sequer têm que fazer nada para meter medo". Havia a "implacável mulher-tigre transitando em uma Honda, atirando contra oficiais norte-americanos na rua com uma arma calibre .45". Saigon, Herr queria que seus leitores entendessem, era tão exótica quanto potencialmente fatal:

> Estar em Saigon era como estar dentro das pétalas dobradas de uma flor venenosa, uma história venenosa, fodida na raiz, não importando o quão longe fosse a narrativa. [...] Saigon [...] a respirava e expelia como uma toxina. Merda, mijo e corrupção. Pântano pavimentado, ventos quentes e úmidos que nunca limpavam nada, uma vedação térmica pesada sobre o óleo diesel, mofo, lixo, excremento, atmosfera. Uma caminhada de cinco quarteirões nesse ar acabava com você, você retornava ao hotel sentindo a cabeça como uma daquelas laranjas de chocolate* que, se você bater com força no lugar certo, se segmenta toda. Saigon [...] Você se sentia paralisado às vezes, desorientado e sem ninguém à vista, pensando: "Onde diabos eu estou?".[48]

Exemplares como esse venderam bem na segunda metade da década de 1960, reforçando assim a mensagem cada vez mais explícita da mídia liberal de que a Guerra do Vietnã era algo indiscutivelmente ruim.

A Saigon de Kissinger, como descrita nas páginas do diário pessoal que manteve para uso próprio, era bem menos infernal – e mais plausível. Como

---

* Terry's Chocolate Oranges: bombom de chocolate com óleo de laranja, no formato de uma laranja segmentada em vinte "gomos"; o doce, produzido na Inglaterra pela Mondelēz International, vem em uma embalagem que imita a casca de uma laranja e, para ser consumido, deve ser batido, ainda embalado, contra uma superfície dura, para que os "gomos" se descolem uns dos outros. (N. T.)

veterano de uma guerra muito maior, muito mais mortal (onde ele também havia visto correspondentes de guerra em "ação"), Kissinger tinha pouco tempo para a autodramatização de jornalistas que aspiravam a se tornar o próximo Tom Wolfe. Com efeito, ele mal conseguiu esconder o seu desprezo quando, no aeroporto de Pleiku, encontrou "um grupo inteiramente absurdo de homens da imprensa que haviam ido de helicóptero ao campo de batalha [em Plei Me] que era totalmente seguro, e que se comportavam como se houvessem sido salvos de uma provação horrível. Eles estavam sujos, desgrenhados, com a barba por fazer, e deviam ter passado o tempo todo lançando pás de terra uns sobre os outros, pois os soldados de combate pareciam limpos e refrescados". Ele não tinha tempo nenhum para essas "caricaturas absurdas de Ernie Pyle", o mais famoso correspondente de guerra norte-americano da Segunda Guerra Mundial.[49]

Para Kissinger, Saigon não era o inferno; era apenas "como Washington em agosto [...], embora, por algum motivo, [a umidade] não tenha o mesmo efeito enervante que tem em uma onda de calor nos Estados Unidos". Ele achou o calor do fim de verão "suave e bastante envolvente [...], quase como se fosse possível sentir o ar fisicamente". O único problema era que a "constante alteração entre escritórios individuais com ar-condicionado e a atmosfera um pouco vaporosa do lado de fora levava quase todos a contraírem resfriados".[50] Kissinger decidiu nadar no Cercle Sportif, "que é o que passa por um clube exclusivo de natação em Saigon". Era "como tudo o mais aqui [...], precário e um pouco dilapidado", mas oferecia um alívio agradável ao calor. Ele se sentiu desapontado ao ouvir de uma garota francesa que conheceu na piscina que as magníficas praias ao norte de Saigon já não eram seguras porque estavam sendo usadas "como área de descanso e recuperação para os vietcongues".[51] Para um homem que havia visto cidades inteiras devastadas no norte da Europa em 1944 e 1945 – e cenas semelhantes de devastação na Coreia no início de 1950 –, a atmosfera de Saigon surpreendia pela ausência de traços da guerra:

> Quando eu estava em combate durante a Segunda Guerra Mundial, ou quando visitei a Coreia para o Departamento do Exército em 1951, sabia-se com precisão quando se estava em uma zona de perigo, e enquanto se estava na zona de perigo as chances de ataque eram mais ou menos constantes, digamos, entre 10% e 20%. Em Saigon e em todo o Vietnã, de certo modo, estamos sempre em

uma zona de perigo, mas não há nenhuma aparência de perigo físico. Na frente de combate da Segunda Guerra Mundial ou da Coreia, ouviam-se as armas e dava quase para sentir a aproximação física do perigo. Em Saigon, tudo parece perfeitamente normal e não há na verdade nenhuma opção a não ser continuar a vida como se estivesse no centro de Nova York. Se o perigo se materializar, será súbito, inesperado, e terá quase 100% de certeza de sucesso. O resultado é, curiosamente, que nunca há nenhum medo em particular.

O único sinal de insegurança que notou no seu primeiro dia foi que, "quando os carros param nos cruzamentos, as pessoas olham ao redor para os carros adjacentes e se mostram tensas se alguém se aproxima a pé [...] porque seria, é claro, bem fácil jogar uma granada para dentro do carro, e nunca se saberia se o motorista vietnamita não trouxera uma deliberadamente para uma emboscada". O próprio Kissinger se sentia seguro. Eram todos os outros que estavam nervosos. Ele foi acordado certa noite por "uma saraivada de tiros", mas isso foi porque um dos guardas da embaixada havia disparado o rifle por acidente, "ao que todos os guardas, e acima de tudo os vietnamitas do lado de fora do complexo, começaram a atirar como loucos, embora não houvesse alvos". Ele se assustou com o fato de que as medidas de segurança na embaixada eram muito irregulares, com proteção pesada na entrada da frente, mas sem absolutamente nenhuma defesa do outro lado da rua. "Nada seria mais fácil do que posicionar um morteiro e começar a atirar contra a casa". Mas ninguém fez isso.[52] O pior que aconteceu com ele nessa viagem foi ter a carteira com 247 dólares em dinheiro roubada por um punguista.[53] Outros deixaram Saigon com memórias que lhes trouxeram pesadelos. Kissinger levou para casa uma caixa de laca, um vaso "horrível" de Hue (para ser transformado em lâmpada), e alguns "pequenos objetos montanheses", no valor de quarenta dólares.[54] (Ele admitiu ter "gostos extravagantes".) [55]

Kissinger também não se contentou em permanecer em Saigon, como faziam muitos dos civis norte-americanos para se sentirem mais seguros. Em 26 de outubro, ele voou até Hue, capital do Vietnã entre 1802 e 1945 e uma das cidades mais atraentes do Sudeste Asiático, aninhada nas margens do rio Perfume em um vale rodeado por altas montanhas. Ao explorarem a cidade a pé, não deixou de notar que ele e sua escolta do Departamento de Estado eram os únicos norte-americanos na rua.[56] Hue se situava a pouco mais de 95 quilômetros ao sul da zona desmilitarizada que separava o Vietnã do Norte e o do Sul, logo abaixo do paralelo 17 N. Kissinger não era imprudente, pelo menos não a princípio. Quando o reitor da Universidade de Hue o instou a visitar um túmulo imperial a menos de 5 quilômetros da cidade – uma área de concentração vietcongue tão pesada que, o acautelaram, três pelotões seriam necessários para tirá-lo de lá –, ele recusou. "Na verdade", observou em seu diário, "não tenho tempo para testar esse fato, e provavelmente não sou heroico o bastante [...] de todo jeito".[57] Contudo, não há como negar a sua coragem. Um dos líderes budistas que ele queria entrevistar insistiu em um encontro em um pagode algo distante do centro da cidade. Kissinger observou em tom desolado que, "se os VC fossem de fato tão predominantes como a situação indicava, seria fácil nos abater no caminho até lá". O jovem John Negroponte – que era sua escolha da embaixada – respondeu que "os VC não se envolviam em assassinatos indiscriminados, e que, se eles atirassem em nós, teríamos o consolo de saber que havíamos sido escolhidos como alvos específicos".[58]

Kissinger também voou – através de uma tempestade em um bimotor Beechcraft Modelo 18 – até a pista de pouso "arrepiante" em Pleiku, que havia sido o cenário de um ataque pesado de morteiros no início daquele ano (um incidente importante na narrativa da escalada militar da administração Johnson). Pleiku, terminal da Rota 19, que vinha da costa e era vital em termos estratégicos, era o quartel-general do 2º Corpo sul-vietnamita e estava ocupada, na época da visita de Kissinger, por duas divisões vietnamitas, uma norte-americana e uma sul-coreana. Estava, em essência, sitiada: além de um raio de apenas 16 quilômetros do centro da cidade, era perigoso demais dirigir à noite. O complexo norte-americano estava cercado por sacos de areia, arame farpado e abrigos contra morteiros. Como Kissinger observou, parecia "uma dessas cidades fronteiriças dentro de uma paliçada [que se vê em] filmes sobre o Oeste na televisão". Na época de sua visita, uma grande batalha acabara de acontecer em Plei Me, 40 quilômetros ao sul, onde os 33º e 32º Regimentos do PAVN haviam atacado um campo das Forças Especiais, apenas para serem repelidos pelas forças do ARVN apoiadas pela Divisão da Primeira Cavalaria do Ar dos Estados Unidos.* Não contente com isso, Kissinger então

---

* PAVN: People's Army of Vietnam [Exército do Povo do Vietnã] – Vietnã do Norte.
ARVN: Army of the Republic of Vietnam [Exército da República do Vietnã] – Vietnã do Sul.

prosseguiu com uma escolta da CIA para um posto avançado das Forças Especiais ainda mais remoto, 112 quilômetros ao norte de Pleiku e a 32 quilômetros da fronteira do Laos, a fim de ver como a infiltração norte-vietnamita estava sendo combatida.[59]

Kissinger viu bastante do Vietnã em apenas três semanas. Também viu vários dos responsáveis pela tomada de decisões, começando pelo topo, em 16 de outubro, com o general William Westmoreland, comandante do Comando de Assistência Militar no Vietnã (CAMV) – uma força que, até o final do seu mandato em 1968, cresceria para mais de meio milhão de homens. No que dizia respeito a Westmoreland, a única questão com que Kissinger precisava lidar era "quanto tempo vai levar para que os nossos esforços militares programados alcancem o objetivo de pacificar o país". A resposta foi que 60% da população estaria sob o controle do governo no prazo de dezenove meses – nem dezoito nem vinte – e que, depois de mais dezoito meses, essa proporção subiria para 80%.[60] Kissinger ouviu testemunhos semelhantes de outros oficiais superiores. "Se eu desse ouvidos à descrição de todos sobre como estão sendo bem-sucedidos", comentou ele a Lodge, "não acharia fácil entender como os vietcongues ainda estão vivos".[61] Era a mesma história em Pleiku, onde "os que me instruíram no quartel-general do Segundo Corpo alegaram [que] 68% da população estava sob o controle do governo". Kissinger se sentiu nauseado. "Desde o meu último contato com o Exército", observou ele com escárnio, "ele se degenerou. Produziram um grupo de especialistas em fazer relatórios cujo principal interesse é subjugar o ouvinte com uma maré de estatísticas sem sentido e iludir a si mesmos ou iludir de forma deliberada o ouvinte". Quando ele perguntou aos que lhe instruíram em Pleiku "quanto da população que estava tecnicamente sob o controle deles também estava sob controle durante a noite", eles responderam que apenas 30%. Kissinger não acreditou nisso também, mas, mesmo que fosse verdade, "isso indica quão terrível é o problema. Também indica que podemos ir de vitória técnica em vitória técnica sem fazer nenhum avanço real no grande problema de estabelecer o controle sobre a população".[62]

Na verdade, a maioria dos norte-americanos com quem Kissinger falou no Vietnã era muito menos otimista do que Westmoreland e seus porta-vozes do CAMV. Era óbvio que Lansdale estava sendo marginalizado, provavelmente por ser honesto. Ele contou a Kissinger que "pensava que as condições no Vietnã eram infinitamente piores do que havia esperado". O governo vietnamita "não poderia ser chamado de governo em nenhum sentido normal" – o seu "mandato mal se estendia para fora de Saigon". Quanto aos relatórios do Exército de Pacificação, esses "eram baseados em um critérios [sic] inteiramente formal relacionado ao número de incidentes e engajamentos de grandes unidades". O verdadeiro problema que não estava sendo superado era o "aparato político vietcongue, bastante organizado, que penetrava cada aspecto da vida vietnamita e que existia em cada cidade como um governo *de facto*". Na visão de Lansdale, levaria um mínimo de cinco anos para quebrar o aparelho político vietcongue.[63] Kissinger ouviu uma análise mais ou menos semelhante do chefe da estação da CIA, Gordon Jorgensen. Apesar de os relatórios oficiais indicarem que apenas um quarto da população estava sob o controle dos vietcongues, na realidade, a proporção estava mais perto da metade, "no sentido de que os vietcongues operavam nas cidades durante a noite e estavam em posição de impor a sua vontade de forma seletiva". O visitante fez a sua habitual pergunta incômoda: se eles tinham "alguma indicação de que nas áreas onde os Estados Unidos haviam estabelecido bases o controle pelos vietcongues fora rompido". A resposta foi não. Existia ainda uma batalha política a ser vencida contra os vietcongues nas cidades "por meio de uma cuidadosa operação árdua e detalhada", mas levaria um mínimo de três anos. Quem exatamente eram os vietcongues? Kissinger perguntou em tom inocente. "Eles disseram que conheciam os vietcongues no nível das províncias, mas não sabiam os nomes dos vietcongues no nível distrital e de combate, e que, em muitos casos, só conheciam os nomes de código."[64] Os agentes da CIA com quem Kissinger se encontrou em Hue foram ainda mais pessimistas. Até onde conseguiam estabelecer, 80% da população da província estava sob o controle dos vietcongues à noite, enquanto nas aldeias listadas como pacificadas "as autoridades se escondem com as suas forças de proteção em suas casas e rezam para que os VC não os ataquem".[65] Um acordo de paz baseado em um fim à infiltração seria impossível de confirmar. Um cessar-fogo simplesmente significaria um colapso.

Assim como em Washington, também em Saigon a CIA responsabilizava os militares por serem "pedantes demais e [...] operarem devagar demais e com cuidado demais e, do ponto de vista dos vietcongues, de modo previsível demais", enquanto a embaixada culpava a CIA por "perder tempo no que era, na verdade, um trabalho de reconstrução rural a fim de justificar a sua existência".[66] No entanto, a seção política da embaixada era quase unânime ao concordar com a CIA que as negociações seriam um tiro que sairia pela culatra. "Se Ky tentasse negociar", Habib e a sua equipe de vinte homens, "haveria um golpe dentro de 72 horas. [...] [S]e a FLN fosse formalmente reconhecida, assumiria o governo em pouco tempo. [...] [Q]ualquer anistia dos VC com liberdade para participar no processo político instigaria um colapso. [...] [L]evaria pelo menos nove meses para se ter um governo estável o suficiente para que fosse possível mencionar a ideia de negociações e [...] de três [a] cinco anos para reforçar a estrutura política o suficiente para que conseguisse competir com os comunistas de forma pacífica".[67] Os oficiais de escalão mais baixo do Exército não estavam mais confiantes. Como um deles comentou a Kissinger em Pleiku, "eles conseguiram montar seis batalhões ou dois regimentos a 32 quilômetros de Pleiku em Pleime. Não sabíamos disso até que nos atacaram. O terreno era tal que se tornava simplesmente impossível verificar as rotas de infiltração. Pedi que me instruíssem sobre quanto tempo achavam que seria necessário para terminar o serviço; eles responderam que levaria um mínimo de cinco anos, mais provavelmente dez".[68]

Como antes de sua viagem, Kissinger observou com desaprovação a extensão do preconceito norte-americano em relação aos vietnamitas. Para o chefe da estação da CIA, "os vietnamitas eram as pessoas mais pérfidas do mundo", em comparação com os quais "os chineses eram modelos de honestidade e franqueza". Segundo a equipe de Habib na embaixada, os sul-vietnamitas "nunca acredit[avam] em nada do que lhes era dito e [sempre] presumiam que havia alguma razão pérfida" para tudo. Walter Lundy, o cansado cônsul norte-americano em Hue, disse apenas que no Vietnã "tudo poderia acontecer"; ou, nas palavras de Kissinger, ele havia "aceitado a atitude vietnamita [...] em que um milagre se torna um evento comum".[69] Entretanto, o próprio Kissinger teve uma reação bem diferente aos vietnamitas que conheceu. Ele se impressionou "com a dignidade da média dos vietnamitas. Nunca se vê a miséria e [...] o frenesi da Índia. Nunca se vê um vietnamita vulgar. Este é um povo resistente e impressionante; mesmo que não necessariamente muito atraente".[70] A disposição de Kissinger a demonstrar respeito aos vietnamitas não passou despercebida. Quando ele voltou para casa, o ministro sul-vietnamita das Relações Exteriores decidiu espontaneamente se despedir dele no aeroporto (embora não tenha conseguido localizá-lo).

Kissinger baseava a sua visão positiva do vietnamita em aproximadamente uma dúzia de reuniões com membros tanto do governo quanto da oposição comunista. O que eles tinham a lhe dizer era caracterizado mais pela candura do que pela falsidade. Um falou em nome de muitos no Vietnã do Sul ao dizer que, "quando a paz for alcançada, vocês vão, de repente, perder o interesse em nós e nos deixar à nossa própria sorte; vocês reduzirão a ajuda; vão levar o seu povo de volta, e aí o que vamos fazer[?]".[71] Tran Ngoc Ninh, o comissário para a educação, perguntou a Kissinger sem rodeios se era verdade que "o governo dos Estados Unidos está tentando criar um governo civil que estaria disposto a negociar com a RDV, e que pressões econômicas estavam sendo aplicadas pelo governo dos Estados Unidos para provocar essa mudança?".[72] Essas eram perguntas justas. Mesmo nessa fase inicial, o governo sul-vietnamita sabia – assim como McNaughton havia dito – que negociações não seriam um bom augúrio para eles.

Como o primeiro-ministro Ky tentou explicar a Kissinger durante um almoço em Nha Trang, o Vietnã do Sul era cronicamente fraco em dois aspectos. Em primeiro lugar, o país estava dividido em termos políticos por causa de "problemas antiquíssimos de regionalismo e diferenças religiosas". (O único elemento capaz de transcender essas divisões era, é claro, o Exército.) Em segundo lugar, o governo ainda não havia descoberto como "competir com os vietcongues em muitas partes da área rural – não porque [os] VC sejam populares, mas por causa da sua organização implacável". Por esse motivo, mesmo "o anúncio da aceitação das negociações enfraqueceria o moral e a vontade de resistir ao comunismo a um grau perigoso – até o ponto em que o ARVN talvez perdesse a vontade de lutar, com 'muitos soldados desistindo e voltando para casa'". Além disso, um cessar-fogo apenas "forneceria um meio pelo qual os vietcongues consolidariam ainda mais o domínio sobre as áreas do país que controlam agora", segmentando de maneira eficaz o Vietnã do Sul.[73]

O ministro vietnamita que mais impressionou Kissinger foi o ministro das Relações Exteriores Tran Van Do, "um homem magro com [os] traços delicados e quase etéreos do vietnamita educado". Ele também enfatizou as divisões internas do Vietnã do Sul, em particular o racha entre sulistas e nortistas, que, temia ele, só seria superado por uma organização como o Partido do Congresso da Índia. Kissinger lhe perguntou "se ele pensava que a FLN continha alguns elementos nacionalistas que poderiam ser conquistados". A resposta de Do foi contundente: "A FLN são os vietcongues; não há distinção entre eles". Kissinger indagou "se haveria algum sentido em conversar com eles mesmo assim". Van Do "rejeitou totalmente essa noção e afirmou que esse seria o fim do Vietnã".

Perguntei a Tran Van Do como ele visualizava o fim da guerra. Ele disse que este não era de maneira nenhuma o momento para negociações. O país não estava pronto para isso e [...] o governo sul-vietnamita não se sustentaria se enfrentasse os vietcongues em uma disputa política. Eles precisavam de muitos anos a fim de ressuscitar a estrutura inteira da sociedade que havia sido esmagada.[74]

Quando Do e Kissinger se encontraram de novo pouco antes da partida deste último, Do deixou claro que o seu governo não se sentia vinculado aos Acordos de Genebra e não estava de forma nenhuma comprometido com a reunificação por meio de eleições. A reunificação, argumentou ele, "era algo para o futuro distante e [...], por um tempo indeterminado, a divisão do Vietnã em dois Estados separados deveria ser mantida", o que significava "que o Vietnã do Sul tinha que manter o direito de policiar o seu próprio território [...], o direito de tomar ações contra os rebeldes dentro das suas fronteiras sem obstáculos do Norte. Se o Norte retirasse as suas unidades militares e a ajuda aos vietcongues, isso poderia ser feito. Então, seria possível pensar em parar o bombardeio no Norte".[75]

Em outro encontro, o ministro para a reconstrução rural expandiu a discussão sobre a dificuldade de "restaurar a autoridade civil" nas áreas rurais. "O problema era que os vietcongues haviam começado, dez anos antes, a se infiltrar no campo e construíram uma infraestrutura em todo o país. Agora era necessário que o governo começasse onde os vietcongues já estavam dez anos antes e tentassem reconquistar o país dos vietcongues."[76] A situação não era facilitada pela crise de refugiados. Como o general Nguyen Van Chuan, comandante da 1ª Divisão de Infantaria, explicou a Kissinger em Hue, as pessoas que haviam fugido para o sul para escapar do conflito se tornaram, por sua vez, alvos do recrutamento dos vietcongues para "fomentar distúrbios e insurreição".[77]

O problema era que, como se tornou claro em uma reunião com o major-general Pham Xuan Chieu, o regime militar sul-vietnamita demonstrava indefinição sobre os próprios objetivos além da sobrevivência básica. Chieu reconheceu que o governo precisava apresentar "uma 'nova doutrina' às pessoas que fornecerá uma alternativa ao comunismo", mas "declarou com franqueza ter esperanças de obter *quelques éclaircissements* do professor [antes que este deixasse o Vietnã], e parecia óbvio que ele estava pensando em termos da formulação da sua doutrina política".[78] Por certo, havia pouca esperança de um *éclaircissement* do embaixador dos Estados Unidos. Em um jantar em homenagem ao ministro das Relações Exteriores Do, Kissinger escutou com incredulidade enquanto Lodge insistia que "o sistema norte-americano de eleições era igualmente aplicável ao Vietnã, e que mesmo uma divisão Norte-Sul não era inédita nos Estados Unidos". Habib sugeriu que o sistema eleitoral sul-coreano seria preferível. (Embora Park Chung Hee tenha chegado ao poder por meio de um golpe militar, eleições parlamentares foram realizadas em 1963.) Durante todo o jantar, como Kissinger anotou em seu diário, "Tran Van Do permaneceu sentado ali com uma expressão resignada enquanto Lodge e Habib discutiam se o sistema de eleição de Massachusetts ou o sistema de eleição da Coreia era mais aplicável a um país onde os vietcongues controlavam mais de 50% da população".[79]

A pergunta óbvia surgiu: se o governo militar vietnamita existente era uniformemente hostil à ideia de qualquer tipo de negociação, poderia haver outros elementos no Vietnã do Sul mais dispostos a um compromisso? A resposta parecia ser não. O político civil veterano Phan Huy Quat, que servira por um curto período como primeiro-ministro naquele ano, transmitiu "com uma força considerável a sua convicção plena e absoluta de que as forças não comunistas no Vietnã do Sul estavam de todo despreparadas para um confronto político em termos pacíficos com a minoria comunista". Longe de se mostrar interessado na paz, ele instou os Estados Unidos a acirrar tanto os ataques aéreos no Norte como a guerra no solo no Sul. "Quando o nosso esforço militar eliminar as últimas esperanças comunistas de vitória, eles farão a paz."[80] Ao ser pressionado sobre o objetivo das negociações, Quat afirmou "em tom inequívoco que a sua preferência seria por conversações bilaterais, com o mínimo de fanfarra, entre os governos do Vietnã do Norte e do Sul". Entretanto, os Estados Unidos não deveriam suspender o bombardeio por nada menos do que a retirada de todas as unidades identificáveis do PAVN do Vietnã do Sul.[81] Tran Quang Thuan, ex-ministro do Bem-Estar Social, não era menos intransigente. O Vietnã do Sul simplesmente não tinha a coesão social para negociar um acordo de paz; uma "revolução social" seria necessária para que isso mudasse. Ao contrário de todos os outros com quem Kissinger conversou, Thuan estava aberto à ideia de os Estados Unidos se engajarem em negociações bilaterais secretas com Hanói, ao que Kissinger respondeu que "ele sentia muito fortemente que os Estados Unidos não poderiam fazer isso, que não poderíamos usar países pequenos como peões dessa maneira, e quaisquer discussões com o outro lado precisariam envolver o GRV".[82] Isso só poderia ser visto pelos sul-vietnamitas como ingênuo (ou desonesto). Como Tran Van Tuyen, ex-vice-primeiro-ministro, explicou a Kissinger, já havia contatos regulares entre Hanói e Saigon:

> Fora de Saigon [...], ele estava certo de que havia muito intercâmbio. Também havia contato por meio de terceiros em Paris. (Ele não excluiu a possibilidade de que estivesse em contato com representantes da Frente [de Libertação Nacional] dessa forma, e, de fato, mencionou que amigos dele tinham tal contato.) Em Paris, vietnamitas aliados a ambos os lados se reuniam com liberdade a fim de "trocar ideias". Não havia nenhuma restrição eficaz sobre esse tipo de intercâmbio, que acontecia o tempo todo.[83]

Isso, de fato, dava o que pensar.

Kissinger não se reuniu apenas com políticos e generais. Aprendendo à medida que conhecia a complexa estrutura religiosa do Vietnã do Sul, também se encontrou com líderes católicos e budistas. Padre Ho Van Vui se mostrou pessimista em relação tanto à política vietnamita como à guerra, e não via nenhuma possibilidade de uma vitória militar sobre os vietcongues.[84] Mai Tho Truyen, presidente da Associação de Estudos Budistas do Sul, o alarmou ao prever que "ou os comunistas concordariam em assinar uma paz análoga à dos Acordos de Genebra de 1954 ou a guerra aceleraria em direção a uma Terceira Guerra Mundial".[85] (O fato de isso não ter acontecido é talvez o único aspecto em que a política de Johnson possa ser considerada bem-sucedida.) Outra budista, Thich Tri Quang, lhe sugeriu que "a China era um alvo melhor para bombardeios norte-americanos do que o povo do Vietnã", mas acrescentou que "tudo [no Vietnã do Sul] dependia de corrupção e influência, e que a sociedade estava podre até os ossos".[86] Às vezes, as entrevistas de Kissinger se assemelhavam a uma competição para determinar qual especialista era o mais pessimista. Entre os candidatos para o primeiro lugar estava Dang Van Sung, editor do diário *Chinh Luan*, que desprezava o governo de Saigon como "uma junta militar que não representava ninguém a não ser os seus próprios membros" e "care[nte] de qualquer base popular ou relacionamento com as pessoas".[87]

Ao se preparar para deixar o Vietnã, Kissinger se sentia desanimado. Toda a situação dos Estados Unidos no Vietnã fora resumida por uma invectiva do reitor da Universidade de Hue, Bui Tuong Huan. Como Kissinger anotou em seu diário:

Ele nenhuma vez expressou o menor apreço pelo fato de que o edifício havia sido construído com fundos norte-americanos. Pelo contrário, ele se queixou do estilo arquitetônico que, alegava ele, era incompatível com a tradição vietnamita. [...] A certo ponto da conversa, discutimos o problema geral do auxílio norte-americano, e eu lhe disse que alguns norte-americanos eram da opinião de que, na verdade, o maior esforço no Vietnã deveria ser no domínio econômico, e que a assistência econômica criaria um sentimento de apreço mútuo. O reitor da universidade então me disse que a única ajuda norte-americana que a média dos vietnamitas está recebendo são balas e bombas norte-americanas. Tudo que é reconstruído ou construído pelo [auxílio] norte-americano é [...] necessário por causa do que eles têm destruído.[88]

Era quase hora de partir.

VII

É melhor não zombar de jornalistas. Também é aconselhável não falar com muita franqueza com eles. Henry Kissinger havia experimentado pela primeira vez os perigos da imprensa em sua viagem ao Paquistão, em 1962. Alguns comentários infelizes lhe causaram encrenca o suficiente para lhe ensinar uma lição dolorosa. Na viagem ao Vietnã em 1965, ele havia, portanto, feito o máximo para evitar os repórteres. Contudo, em 1º de novembro, sob pressão do embaixador Lodge e de seu porta-voz principal, Barry Zorthian, Kissinger cedeu. Ele concordou em participar de um almoço na casa de Zorthian, para o qual os principais correspondentes norte-americanos em Saigon haviam sido convidados. Entre os presentes estavam Keyes Beech do *Chicago Daily News*, Malcolm Browne da ABC, Peter Kumpa do *The Baltimore Sun*, Charles Mohr do *The New York Times*, John Maffre do *The Washington Post*, Robert Shaplen da *The New Yorker*, e William Tuohy da *Newsweek*. O último a chegar foi Jack Foisie do *Los Angeles Times*. Como cunhado de Dean Rusk, talvez se esperasse que Foisie representasse a menor ameaça para um consultor que trabalhasse para o departamento do próprio parente. Na verdade, Foisie chegou bem perto de destruir o retorno de Kissinger ao trabalho governamental.

Logo após o almoço, Foisie apresentou uma história que foi publicada no dia seguinte sob a manchete: "Regime vietnamita abalado segundo enviado de Johnson".

> Emissários recentes da Casa Branca estão relatando que há quase uma falta total de maturidade política ou motivação política altruísta entre os líderes atuais do governo do Vietnã do Sul.
> Embora eles próprios não se pronunciem, sabe-se que essas são as conclusões do prof. Henry Kissinger, renomado cientista político, e Clark Clifford, advogado e assessor da presidência em Washington – ambos os quais visitaram Saigon recentemente.
> Clifford e Kissinger foram enviados pelo presidente Johnson para conduzir avaliações independentes da direção que a política norte-americana deve tomar no Vietnã do Sul.
> Há relatos confiáveis de que Kissinger vai contar à Casa Branca que ainda não há um governo nacional coeso aqui principalmente porque não há entre os líderes do país nenhum sentido verdadeiro de dedicação à nação. Os estudos de Kissinger indicam que há lealdade à família e ao clã antes que haja qualquer senso de responsabilidade para com o país.

Seguia-se uma crítica detalhada da corrupção do governo Ky, a sua má gestão do problema dos refugiados e o seu desprezo pelos camponeses. Foisie utilizou todos os truques de sua profissão para colocar palavras na boca de Kissinger. "Apesar de Kissinger não ter indicado as suas reações à tendência atual de ajuda dos Estados Unidos", escreveu ele, "ele foi informado de que muitos estrategistas políticos norte-americanos aqui acreditam que chegou o momento de impor a vontade sobre o funcionalismo vietnamita. [...] Kissinger, como é sabido, tem sido bombardeado com sugestões de mudanças na atitude norte-americana para exercer pressão com o objetivo de resolver alguns dos defeitos do governo vietnamita. Ele se esforçou bastante, é dito por aqui, para ouvir pontos de vista divergentes.

> Kissinger escuta. Observadores diplomáticos que o estudaram desde que chegou a pedido do presidente Johnson estão impressionados com a sua disposição em ouvir. [...]

Aqueles que estiveram mais próximo de Kissinger enquanto ele permaneceu aqui acreditam que levará de volta o somatório de que [...] o governo vietnamita ainda não é eficiente e tem apenas estabilidade superficial.[89]

Uma versão da mesma história também apareceu no *The Washington Post* sob a manchete "Enviados de LBJ encontram falta quase total de maturidade política em Saigon".

Kissinger ficou horrorizado. Antes de deixar Saigon, enviou dois telegramas furiosos a Washington, negando veementemente que a história representasse com precisão os seus pontos de vista. No entanto, o pior ainda estava por vir. Ao aterrissar em San Francisco, leu com "espanto" um comunicado da Casa Branca (feito por Bill Moyers) sobre a sua viagem ao Vietnã, que negava que ele tivesse qualquer papel oficial. Então, fora de si, Kissinger rabiscou uma carta de duas páginas a Mac Bundy:

> Eu estava determinado a realizar a primeira tarefa que recebo do governo em três anos em silêncio e com discrição. Por conseguinte, ao longo da minha estadia no Vietnã, me recusei a falar com a imprensa. Finalmente, no penúltimo dia, a pedido insistente do embaixador e de Zorthian, eu me encontrei com alguns com a promessa de que eles diriam *a mim* os seus pontos de vista sobre o Vietnã. Duvido que eu tenha falado três frases durante aquele almoço. [...] Os pontos de vista atribuídos a mim foram [...] invenções.
>
> Durante toda a minha estadia [...] eu me esforcei para endossar a política da administração. Com relação ao governo de Saigon, fiz o meu melhor possível para salientar a importância da estabilidade governamental. [...] Ao atacar aquilo que eu não disse, a Casa Branca talvez tenha inadvertidamente minado a credibilidade do que eu disse. Em vista do fato de que viajei por ordem do governo e trabalhei de um escritório na embaixada, não sei o que os vietnamitas vão pensar da afirmação de que eu não estava lá em termos oficiais.

Kissinger admitiu que a sua visão da situação no Vietnã era "menos encorajadora" do que havia acreditado antes de ir para lá. Todavia, o problema não era a fraqueza do governo de Saigon, a qual apresentava-se apenas como "um sintoma". Em todo caso, o presente governo era "tão bom quanto qualquer outra alternativa disponível". Ele não conseguia entender por que a Casa Branca havia decidido de maneira tão reflexiva repudiar alguém que havia "apoiado de forma sistemática a política da Administração no Vietnã". Tão magoado quanto indignado, ele exigiu uma retificação oficial.⁹⁰

Não está claro por que Kissinger acreditava ser imune a essas patologias da administração Johnson que ele mesmo observara em Washington e em Saigon – em particular, a tendência de cada um dos diferentes órgãos do governo a culpar os outros pela deterioração da situação no Vietnã. Sem dúvida pensando consigo mesmo, "Aqui vamos nós de novo", Bundy encaminhou a "explosão de raiva" de Kissinger, sem acrescentar nenhum comentário, ao irmão, William.⁹¹ O fato de que o pessoal da embaixada em Saigon estivera presente em todas as reuniões de Kissinger ajudou, assim como um telegrama de Lodge defendendo a conduta dele.⁹² Contudo, não haveria nenhuma retificação da Casa Branca.⁹³ Kissinger, portanto, tomou a decisão de emitir a sua própria contestação pública.⁹⁴ E ele pressionou Bundy a livrá-lo da acusação de ter sido "pelo menos indiscreto e talvez desleal" ao falar com pessoas cuja opinião ele valorizava, inclusive Hamilton Fish Armstrong, editor da *Foreign Affairs*. (Bundy concordou.)⁹⁵ A única outra satisfação que Kissinger recebeu foi uma nota de Moyers expressando o seu "arrependimento" pelo "embaraço" que a sua declaração havia causado.⁹⁶ Em 11 de novembro, quando Kissinger foi a Washington, ele conseguiu informar a Lodge que "a história com Foisie havia se resolvido".⁹⁷

O nome de Clark Clifford fora mencionado por Foisie em uma implicação de que ele compartilhava das visões negativas atribuídas a Kissinger. Foi isso que realmente fez com que Johnson "subisse pelas paredes", já que não era possível negar que Clifford se reportava diretamente ao presidente.⁹⁸ Kissinger escreveu uma longa carta a Clifford, defendendo a própria conduta. No entanto, existia uma diferença crucial. Ele havia almoçado com a imprensa; Clifford, não. De acordo com Kissinger, ele começara a discussão na casa de Zorthian dizendo que

> me parecia inadequado declarar quaisquer conclusões antes que eu o fizesse ao embaixador; na verdade, eu ainda estava no processo de analisar as minhas impressões. Eu me sentiria muito grato, no entanto, pelos pontos de vista de homens experientes sobre a situação no Vietnã, em especial no que diz respeito ao problema de reforçar a legitimidade e continuidade governamental. Pelo resto do almoço, para todos os efeitos práticos, eu não disse nada, e ouvi, em vez disso, um debate por vezes apaixonado entre os jornalistas.

Ele nunca sequer mencionara o nome de Clifford. A sua principal lembrança do almoço era de se sentir "estarrecido com a violência dos comentários da imprensa contra o governo de Saigon". Ele estava "profundamente triste" e "deprimido e abalado por ver que o meu esforço para ser útil à administração e ao embaixador Lodge terminou de forma desonrosa. Eu me torturei nos últimos dias para decidir o que eu poderia ter feito de outra maneira, e ainda não consigo entender o que aconteceu".[99]

Mas então, o que aconteceu? Existem duas explicações possíveis. A de Clifford é que Foisie chegou tarde para o almoço de Kissinger e por isso nunca foi informado de que a conversa não era para ser publicada.[100] Zorthian, no entanto, tinha uma lembrança diferente. "Henry falou bastante e expressou profundo pessimismo sobre a liderança em Saigon, que, segundo ele, não tem apoio popular e era corrupta", contou ele mais tarde a Walter Isaacson. "Devo dizer, a história de Foisie era correta. O pessimismo de Henry também era."[101] Em outras palavras, Kissinger havia mais uma vez cometido uma tolice ao falar com franqueza demais à imprensa. A razão pela qual isso parece plausível é que simplesmente não era o caso, a despeito do que Kissinger disse a Clifford, de os seus próprios pontos de vista, como expressados em seus relatórios a Lodge, estarem "em total desacordo" com aqueles atribuídos a ele por Foisie, ou serem "diametralmente opostos" a eles. Como vimos, quase nada do que Kissinger escreveu sobre a sua viagem ao Vietnã sugeria uma "forte crença na estabilidade governamental em Saigon".[102] Muito pelo contrário. O seu erro foi clássico: revelar a jornalistas o que pensava de fato, e então espernear com negações que somente atraíam ainda mais atenção para o erro.

VIII

O que diabos fazer com o Vietnã? Em suas reuniões iniciais para prestar informações a William Bundy, Alexis Johnson e Len Unger do Departamento de Estado, McNamara, McNaughton e Yarmolinsky do Departamento de Defesa, e Raborn e sua equipe principal da CIA, Kissinger se viu competindo com Clifford, que chegara a Washington antes dele. "Antes de partir", Kissinger relatou a Lodge, "Clifford era o mais extremo dos 'pombos'. Desde que voltou, ele vem dizendo que a expressão 'negociação incondicional' não era sábia em termos diplomáticos nem prudente em termos políticos. Precisamos, de acordo com Clifford, de um slogan mais concentrado nos resultados e nas concessões comunistas. Parafraseando um velho provérbio: o plágio é a forma mais sincera de adulação."[103] Kissinger havia sido persuadido pelos sul-vietnamitas: não bastava – de fato, era positivamente perigoso – apenas falar sobre iniciar conversas com os norte-vietnamitas. Washington estava "despreparado no aspecto intelectual para negociações", apesar de afirmar que as desejava. A outra conclusão principal que tirara da viagem foi que o programa de pacificação da CIA – um eufemismo para a campanha de contrainsurgência para expulsar os vietcongues das cidades que controlavam – precisava ser ampliado de forma gradual, visto que uma expansão apressada das PATS (People's Action Teams ou [Equipes de Ação do Povo] quadros antivietcongues leais a Saigon) poderia "destruir todo o programa".[104]

Kissinger agora se posicionava como o homem de Saigon em Washington. Seus relatórios a Lodge foram acolhidos como "sagazes e úteis".[105] William Porter o instou a "continuar estudando o problema", acrescentando: "Precisamos de você".[106] Philip Habib chamou a visita dele de "uma novidade refrescante" e lhe pediu que voltasse no verão seguinte. "Nenhum outro projeto pode ser tão fascinante, nem mesmo o circo que você gerencia", escreveu ele, presumivelmente se referindo ao Seminário Internacional. "Este é o Grande Cassino, e nenhum jogador pode se dar ao luxo de ficar de fora."[107] Habib estava ansioso para ver o relatório final de Kissinger a Lodge – "ou era tão horrendo que o chefe o manteve longe do meu olhar curioso?". A resposta era que o relatório de Kissinger sobre o Vietnã era tão horrendo que ele nem sequer o enviou Lodge. O "rascunho", do qual Kissinger manteve a única cópia, deixa claro quão negativas eram as suas opiniões após a sua primeira viagem ao Vietnã. É uma acusação grave da situação norte-americana, temperada apenas pela esperança de Kissinger de torná-la, de algum modo, palatável para Lodge.

Era possível, escreveu Kissinger, que a situação militar melhorasse, mesmo levando em conta as previsões "excessivamente otimistas" dos militares. O sucesso, porém, dependeria da "capacidade de criar uma estrutura política para preencher o vazio criado por vinte anos de guerra civil, dez anos de assassinatos sistemáticos das principais autoridades pelos vietcongues, e dois anos de conturbações políticas em Saigon". O governo de Saigon estava "numa posição precária", sem coesão, com autoridade nas áreas rurais "ainda fraca", a burocracia centralizada "onerosa".

> Nas províncias, a guerra civil e a agitação política em Saigon têm produzido uma combinação de [...] desmoralização e letargia. Assassinatos, incompetência, alterações governamentais, tudo isso oferece um bônus sobre apostas garantidas. Ao se analisar os programas de Saigon para as províncias, é alarmante notar quantos fracassam, e quantos desses cujos restos são detectáveis se mostram inúteis. [...] O simples fato de que muitos programas pretensiosos tenham se iniciado e logo entrado em colapso tem induzido uma atmosfera geral de cinismo e desmoralização.

Essa fraqueza era a chave do dilema vietnamita, pois explicava a extrema dificuldade de derrotar os vietcongues, cujo controle noturno sobre as áreas rurais Kissinger agora indicava ser tão alto quanto 85%. Na verdade, Kissinger suspeitava que "em muitas áreas o governo sobrevive apenas por meio de um acordo tácito com os vietcongues pelo qual ambos os lados coexistem sem obstruir um ao outro". Nessas áreas, a contrainsurgência se assemelhava a "uma luta livre profissional". Em outros lugares, os comandantes dos corpos do Exército sul-vietnamita gozavam de "uma autonomia que beirava o lordismo de guerra". O governo provincial era "o elo mais fraco da corrente".

Nessas circunstâncias, os esforços norte-americanos estavam mais propensos a serem contraproducentes do que produtivos. "Nossa burocracia explosiva leva a uma proliferação de programas", escreveu ele, que tendia ao mesmo tempo a sobrecarregar e solapar os esforços do próprio regime sul-vietnamita. Na analogia de Alexis Johnson, o auxílio dos Estados Unidos era um hidrante; a capacidade do Estado sul-vietnamita era como uma mangueira de jardim. Kissinger passou pela lista completa das agências norte-americanas envolvidas no Vietnã do Sul, classificando-as com base em suas observações, começando com a USOM – United States Operations Mission [Missão de Operações dos Estados Unidos], que era gerida pela AID – Agency for International Development [Agência Internacional de Desenvolvimento]. Ele considerava o pessoal no comando "excelente", mas os funcionários nas províncias eram "o grupo norte-americano menos capacitado", e a sua "burocracia crescente" tentava projetos de desenvolvimento nacional ambiciosos demais que estavam não só além das capacidades da burocracia vietnamita, mas, nas áreas controladas pelos vietcongues, poderiam estar simplesmente "estende[ndo] a base tributária comunista". O chefe da estação da CIA impressionara Kissinger, mas no solo a "penetração do aparato dos VC era no todo extremamente pobre [...], apenas cerca de 30% das equipes [de pacificação] estão de fato operando como projetado". O CAMV – a operação militar sob o comando de Westmoreland – estava tentando "fazer muitas coisas ao mesmo tempo"; era burocrática ao extremo; e se concentrava demasiado em resultados que pudessem ser "expressos numericamente". Como consequência, houve um abandono dos "esforços que dependiam de qualidades intangíveis, como a descoberta de grupos de liderança local". Em particular, carecia de habilidades para realizar a pacificação de forma efetiva – ou, como sugeriu Kissinger de maneira polida, "as qualidades especiais desenvolvidas em uma década ou mais de treinamento de combate não incluem o julgamento político discriminado em circunstâncias voláteis e complexas".

Por outro lado, Kissinger se mostrou fascinado por Lansdale – "um artista em lidar com os asiáticos, [...] paciente, inspirado, imaginativo" – e por sua jovem equipe, onde se incluía um brilhante teórico de jogos de Harvard chamado Daniel Ellsberg, que se interessara pela primeira vez em questões de segurança nacional em um seminário de política de defesa de Kissinger. Entretanto, o seu "temperamento artístico e altamente individualista", como Kissinger expressou de modo gentil, havia alienado outras agências. Ele também observou, com astúcia, que Lansdale exagerava as semelhanças entre o Vietnã da década de 1960 e as Filipinas da década de 1950 (quando Lansdale ajudara o governo a derrotar a insurgência Hukbalahap comunista). No final, Kissinger se voltou para a embaixada dos Estados Unidos em si. Talvez de forma inevitável, dado o público ao qual seu relato era dirigido, ele se mostrou relativamente positivo sobre o que chamou de "uma das mais fortes – se não a mais forte – missões norte-americanas que já encontrei em qualquer lugar". No entanto, aqui também ele tinha críticas a oferecer, em particular à tendência da missão de Saigon de conduzir vários programas "idealizados de forma isolada um do outro e não de todo relacionados com os critérios gerais usualmente aceitos por todos os membros do país-equipe", em oposição às "predileções pessoais de algum indivíduo em Saigon ou alguma autoridade da província".

A avaliação global de Kissinger do esforço dos Estados Unidos foi, em igual medida, astuta e mordaz. Havia, simplesmente, uma lamentável falta de cooperação interinstitucional:

Como cada agência está, acima de tudo, ansiosa para empurrar os seus próprios programas, há uma tendência a operar por meio do que é, na prática, uma série de tratados de não agressão. A menos que o programa de uma agência afete diretamente outro elemento da missão, há uma vantagem em não o contestar por medo de submeter um dos próprios projetos tão estimados ao escrutínio geral. Esse processo evita a concorrência direta; também incentiva a proliferação da burocracia e uma tendência a tentar evitar escolhas ao procurar realizar todas as opções disponíveis, um curso que, dada a escassez de meios disponíveis – especialmente de mão de obra treinada –, está fadado a causar decepções.

O desafio que os Estados Unidos haviam assumido era tentar "construir uma nação em uma sociedade dividida em meio a uma guerra civil". No entanto, existia uma lacuna crônica entre concepção e execução por causa do "virtual colapso da administração civil vietnamita nas províncias e a tendência norte-americana a fazer coisas demais, depressa demais e em uma escala vasta demais". Kissinger fez o possível para concluir com algumas recomendações positivas: projetos-piloto calibrados com maior cuidado, melhor acompanhamento uma vez que os projetos tenham sido iniciados, um estudo aprofundado da mão de obra nas províncias, e a criação de um Comitê de Avaliação de Programas com os vice-líderes das agências. Contudo, as suas melhores ideias eram as mais simples. Era hora de alguém desenhar um mapa do Vietnã do Sul que "reflita a situação de segurança não como se aplica às unidades militares, mas como afeta a população civil". E era hora de abandonar a palavra *pacificação*. "Tem um som excessivamente passivo, talvez até mesmo condescendente", observou Kissinger, "que lembra demais as guerras coloniais, quando se pacificava os 'nativos'".[108] De fato, lembrava muito esses tempos – exatamente como Graham Greene havia previsto.

O rascunho do relatório de Kissinger era incisivo demais para ser enviado. Dois dias depois, ele mandou a Lodge uma versão bastante editada, com algumas das críticas mais duras removidas e uma conclusão um pouco diferente, incluindo uma afirmação dócil que, de modo conspícuo, não consta da primeira versão: "Estou profundamente convencido de que o Vietnã é o pivô do nosso esforço nacional onde o sucesso e o fracasso determinarão o nosso papel no mundo durante as próximas décadas".[109] Depois de terminar o relatório revisto, Kissinger acrescentou duas reflexões posteriores. Poderia uma versão vietnamita do Corpo de Paz ser criada para combater "a falta de engajamento dos estudantes e intelectuais em geral ao esforço de guerra", enviando-o para ajudar na pacificação nas áreas rurais? E, com o mesmo fim, não seria uma boa ideia estabelecer "laços estreitos" entre universidades sul-vietnamitas e norte-americanas?

Kissinger estava certo sobre uma coisa: um "problema fundamental" que os Estados Unidos enfrentavam era "desenvolver uma ideologia que conquistasse o apoio popular e, mais ainda, o apoio intelectual [...], algo para afirmar, não só para rejeitar".[110] Entretanto, era a vez dele de sonhar se, agora que 1965 chegava ao fim, ele acreditava seriamente que tal ideologia surgiria a partir de um intercâmbio acadêmico entre Harvard e Hue. Era tarde demais para ambas as universidades.

Capítulo 18
Poeira contra o vento

Nós [estamos] apenas lançando poeira contra o vento.
Daniel Ellsberg a Henry Kissinger, julho de 1966[1]

Nunca tive nenhuma dúvida de que os vietnamitas eram capazes de organizar coisas complicadas. Do que não estou certo é que eles consigam organizar coisas simples.
Henry Kissinger a Michael Burke, setembro de 1966[2]

I

Foi um Henry Kissinger diferente que se dirigiu ao Seminário sobre Controle de Armamentos do Harvard-MIT no início do semestre. Em agosto de 1965, Kissinger havia feito as perguntas e escutado as respostas dos colegas. Em 12 de janeiro de 1966, era ele que dava as respostas. Ao contrário de todos os outros na sala, ele estivera no Vietnã e presenciara as aflições norte-americanas ao vivo. É impressionante quão francamente ele falou, considerando que aquele era um encontro acadêmico sem nenhuma garantia real de sigilo e considerando a má experiência que tivera ao falar francamente em Saigon em novembro anterior.

A boa notícia, disse ele ao grupo, era que "estava claro que não seríamos derrotados militarmente, que não havia previsão de nenhum desastre do tipo que ocorrera em Dien-Bien-Phu, devido à nossa extraordinária superioridade na força aérea e outras formas de equipamento técnico". Esse, infelizmente, era o fim das boas notícias. As más notícias eram aquelas que ele havia descrito ao embaixador Lodge. Primeiro, não estava claro que o vietcongue iria fazer aos militares norte-americanos o favor de travar operações de combate clássicas ou assumir pleno controle de uma das principais capitais provinciais da qual os norte-americanos poderiam, então, expulsá-los. "Nossos militares tendem a esperar lutar essa guerra da forma como lhes ensinaram na escola de Fort Leavenworth", explicou ele, "enquanto o outro lado não segue esse modelo de guerra. O vietcongue está usando critérios políticos e psicológicos, enquanto estamos aplicando critérios militares muito tradicionais". De fato, cada vez mais ele temia que "estamos sendo seduzidos a desempenhar o papel do touro em uma tourada, sempre forçando o outro lado a recuar, mas, nesse processo, tendo suas forças lentamente exauridas". Enquanto as forças norte-americanas estivessem concentradas em lutar da forma como haviam sido ensinadas a lutar, elas não estavam promovendo a pacificação da região rural. Desse modo, os Estados Unidos poderiam não perder, mas também poderiam acabar não ganhando.

Segundo, o Vietnã do Sul era profundamente "fragmentado e desorganizado", com um governo que não possuía nenhum programa concreto coerente e cultivava um costume destrutivo de rixas fratricidas entre ministros. Por enquanto, ocorrera "uma considerável desintegração da presença e coesão políticas" no nível provincial, a tal ponto que, em algumas áreas, o governo civil estava em conluio com o vietcongue, que cobrava impostos e até mesmo lucrava com a ajuda econômica norte-americana. Terceiro, os Estados Unidos "careciam de qualquer conceito abrangente para a direção de operações militares contra as guerrilhas, e para a construção de uma nação". A sua receita habitual de recursos abundantes e burocracia complexa era desastrosamente inadequada.[3]

Kissinger admitiu abertamente que montara "um quadro sombrio". Igualmente sombria era a ingenuidade de algumas das perguntas que lhe foram feitas. Milton Katz perguntou por que não podia haver "ocupação integral e governo militar do Vietnã do Sul pelos Estados Unidos", como na Alemanha e no Japão após a guerra. Kissinger rejeitou essa ideia apontando a ausência de uma estrutura administrativa para os Estados Unidos tomarem, mesmo que isso fosse militarmente concebível, o que não era. Seymour Martin Lipset quis saber por que os helicópteros não "nos permitiam cercar os vietcongues em vez de caçá-los". Kissinger explicou pacientemente que o terreno coberto de selvas se prestava ao esconderijo. Tom Schelling procurou ver o lado positivo, no sentido de que "o quadro de Kissinger [era] sombrio para o vietcongue também [...] Em termos de dor, custos etc., precisamos nos lembrar de que a vida é dura para o vietcongue também. A vida em Hanói é tão ruim quanto a vida em Washington nestes dias [...] [N]ós não devemos subestimar o desespero do outro lado". Do jeito que as coisas estavam, nenhum dos lados podia atingir seus objetivos pela força militar, mas a intensificação da luta representava uma ameaça relativamente maior para o vietcongue. Isso ilustrava perfeitamente a diferença entre teoria de jogos e o conhecimento obtido no campo de batalha. Kissinger retrucou que a verdadeira questão era o prolongamento, não a intensificação, do conflito. "Talvez eles sejam mais pacientes do que nós, ou sintam mais prazer durante o período de combate do que em sua conclusão. Precisamos frustrar as expectativas deles de que podem nos vencer pelo cansaço, mostrando persistência em vez de meramente corrermos atrás de programas de rápida destruição." Como ele já mostrara, contudo, isso era mais fácil falar do que fazer.4

Desde o momento em que voltou do Vietnã, Kissinger se viu em uma posição desagradável. Privadamente, em reuniões de especialistas em Cambridge e Washington, ele podia dar vazão às suas profundas ansiedades quanto ao curso da guerra no Vietnã. Em público, todavia, ele havia se comprometido – com Bundy, Lodge e outros – a defender a administração. O chefe do Estado-Maior Conjunto, Earle Wheeler, observou, em dezembro de 1965, que Kissinger era "muito persuasivo em privado com homens inteligentes, bem informados", mas "não seria adequado para a televisão".5 Nas circunstâncias de 1965 e 1966, essa era uma avaliação correta, porque qualquer defesa pública que Kissinger pudesse preparar sobre a estratégia norte-americana no Vietnã estava fadada a carecer de entusiasmo. Para um homem acusado com tanta frequência de ser insincero, Henry Kissinger era notavelmente ruim em mentir sobre o desastre que estava acontecendo no Sudeste Asiático. Pouco tempo depois de sua volta aos Estados Unidos, por exemplo, ele se viu compartilhando uma tribuna com Tom Wolfe, que acabara de publicar *The Kandy-Kolored Tangerine-Flake Streamline Baby* [A garota aerodinâmica de flocos de tangerina kor-de-karamelo] e estava prestes a ir para a estrada com o chapado de LSD Ken Kesey* e a cáustica escritora da *New Yorker* Marya Mannes,

---

* Kesey é a figura central do livro posterior de Wolfe, *Electric Kool-Aid Acid Test* [Teste de ácido do Ki-Suco elétrico]. No outono de 1965, ele proferiu uma divagação incoerente sobre o Vietnã, que terminava assim: "Só há uma coisa a fazer. Só há uma coisa a fazer que pode fazer algum bem [...] E isso é com todo mundo, só olhe para ela, olhe para a guerra, dê as costas e diga [...] foda-se".

cujo poema pacifista "Assignment" [Missão] seria publicado no ano seguinte ("show us the wombs/ of village mothers, seeded to replace/ the small lives spindled, folded stapled mutilated/ by this war" [mostre-nos os úteros/ de mães da vila, inseminadas para substituir/ as pequenas vidas enroladas, dobradas grampeadas mutiladas/ por esta guerra]).[6] De repente Kissinger era o arquetípico "quadrado", cabelos curtos, gola abotoada, dizendo a Mannes que ela estava "muito errada em criticar as pessoas angustiadas que estão tomando as decisões [sobre o Vietnã]". Os intelectuais estavam em uma posição cômoda para falar sobre políticas ideais, insistiu ele. "Os oficiais hostilizados, em dificuldades, não estão na mesma posição afortunada."[7] Três semanas depois, Kissinger falou em um fórum público em Boston. "Nosso fracasso [em defender o Vietnã do Sul]", disse ele à plateia, "seria considerado por outras nações como um símbolo de nossa incapacidade de protegê-las desse tipo de ataque comunista". Mas essa remodelagem da teoria do dominó perdera qualquer poder que já houvesse tido de convencer uma plateia norte-americana. Um membro da plateia fez uma pergunta simples:

"Em resultado da sua viagem ao Vietnã, dr. Kissinger, o senhor acredita que um acordo final possa ser obtido? E, em caso negativo, que passos o senhor recomendaria?"

Kissinger deu de ombros, sorriu e falou: "Sinto muito, mas não posso responder a essa pergunta".[8]

O clima estava ficando tempestuoso nas universidades norte-americanas, inclusive em Harvard. Uma facção dos Students for a Democratic Society (SDS) [Estudantes por uma Sociedade Democrática] havia sido fundada em 1964 e, no outono de 1965, seus representantes estavam fazendo apelos pela recusa a se prestar o serviço militar.[9] Estudantes e uns poucos docentes iam viajar para Washington a fim de participar da grande manifestação pacifista daquele ano. Quaisquer que fossem as suas apreensões privadas sobre a direção da guerra, Kissinger não tinha dúvida sobre de que lado ele estava quando o movimento pacifista ganhou forças. Para um homem que lutara na Segunda Guerra Mundial, aquilo era derrotismo. Em 10 de dezembro de 1965, ele foi um dos 190 acadêmicos que publicaram uma carta no *The New York Times*, expressando seu apoio à política da administração e sua preocupação de que as táticas ruidosas de uma "pequena minoria da comunidade intelectual" pudessem prolongar a guerra fazendo com que "Pequim e Hanói subestimem seriamente a extensão do compromisso norte-americano".

Tipicamente, os únicos outros signatários de Harvard eram Sam Beer e Morton Halperin.[10] Como o futuro presidente de Harvard, Derek Bok, observaria mais tarde, os docentes estavam começando a se dividir entre esquerdistas, defensores de uma retirada, conservadores e uns poucos que "não perderam o rumo".[11]

O nadir da defesa pública da administração por Kissinger ocorreu onze dias depois, em um debate transmitido pela televisão entre Harvard e Oxford em que ele e dois estudantes da Faculdade de Direito de Harvard – Robert Shrum, depois redator de discursos de George McGovern, e Lawrence Tribe, mais tarde professor de direito em Harvard – enfrentavam o parlamentar do Partido Trabalhista Michael Foot e dois jovens diplomados por Oxford: Tariq Ali, nascido no Paquistão e recentemente presidente da Oxford Union, e Stephen Marks, ex-presidente do Oxford Labour Club [Clube Trabalhista de Oxford]. Os norte-americanos defendiam a moção de que "os Estados Unidos deveriam cumprir seus compromissos no Vietnã". Embora fosse uma produção da CBS, na série *Town Meeting of the World* [Assembleia mundial], o debate foi organizado conforme as regras da Oxford Union e, infelizmente para Kissinger, seus adversários incluíam dois mestres do debate. Ele começou com a fala oficial: o compromisso dos Estados Unidos era dar ao povo do Vietnã do Sul "uma oportunidade de decidir seu próprio futuro, livre de interferência externa". Abandonar esse compromisso agora seria "relegar incontáveis milhares a um destino brutal". É verdade, a guerra era uma "luta terrível e desesperada", mas "[n]ós não estamos no Vietnã porque queremos ficar. Estamos no Vietnã porque queremos nos retirar, e faremos isso assim que a livre escolha estiver garantida para o povo do Vietnã do Sul". O time britânico replicou que os Estados Unidos estavam infringindo os Acordos de Genebra de 1954 e se esquivando das oportunidades de negociar com Hanói. O segundo ponto foi facilmente refutado. Hanói havia recusado repetidamente a mediação da ONU; a proposta transmitida por meio de U Thant não havia sido "uma clara oferta de negociações"; e "tinha havido mais de quinze propostas norte-americanas desde então que certamente poderiam ter fornecido uma abertura para outra conversa".

Mas na questão sobre Genebra, Kissinger fracassou. "Acredito", disse ele, "que os Estados Unidos deveriam aceitar o acordo de Genebra como base para um acordo na guerra atual [...] e tenho a impressão de que o governo norte-americano indicou a sua disposição de fazer isso". Foot atacou:

Foot: Creio que para um especialista da eminência do professor Kissinger dizer que tem a impressão de que eles aceitariam isso – por que os Estados Unidos não dizem claramente que aceitarão todo o acordo de Genebra?

Kissinger: Usei a expressão "tenho a impressão" em deferência à habilidade no debate dos – de meus amigos britânicos. Tenho todas as razões para crer que o governo norte-americano aceita o acordo de Genebra, o que quer que tenha acontecido no passado. Eu apenas não tenho o documento comigo caso seja desafiado a repetir as palavras exatas.

Nesse ponto, Foot soube que seu lado havia ganhado. Pois, como ele observou triunfalmente, Dean Rusk dissera apenas alguns dias antes que "os Estados Unidos ainda querem conversações de paz sobre o Vietnã, mas apenas se a independência e integridade territorial do Vietnã do Sul estiverem garantidas". Isso, disse Foot em tom exultante, era "contrário ao acordo de Genebra".[12] Ao sugerir que os Estados Unidos aceitariam os Acordos de Genebra – que haviam imaginado um Vietnã unido – como a base para a paz no Vietnã, Kissinger havia "tropeçado" de uma forma que um defensor das políticas de Johnson que estivesse realmente convicto não o faria.

Debater contra gente como Michael Foot e Tariq Ali não era brincadeira. Com seus cabelos esvoaçantes e sua retórica incendiária, era praticamente impossível vencê-los, principalmente diante de uma multidão. Logo eles tiveram equivalentes norte-americanos. Debatendo ao lado de George Lodge em um evento na Universidade da Carolina do Norte em junho de 1966, Kissinger se viu enfrentando "um pacifista extremamente desagradável".[13] O problema era que a defesa das políticas norte-americanas no Vietnã deixava as plateias geladas. "Não temos escolha agora exceto manter nosso compromisso para impedir uma tomada de poder comunista no Sul", dissera Kissinger a uma plateia em Winston-Salem, Carolina do Norte, poucos meses antes, assegurando-lhes que, "se pudermos apenas desenvolver perseverança psicológica, podemos impedir a tomada comunista indefinidamente". Como o jornal local comentou: "Fica-se, então, não com uma justificativa para nosso envolvimento no Vietnã em termos grandiloquentes como 'a defesa da liberdade', mas com uma escolha entre males, e uma seleção, presumivelmente, do mal menor".[14] Tudo isso era verdade.

Entretanto, como Kissinger observou em um artigo para a revista *Look* daquele agosto, a guerra no Vietnã era agora "um teste crucial da maturidade norte-americana [...] Não temos o privilégio de decidir enfrentar apenas aqueles desafios que mais combinam com nossos preconceitos morais".[15] A seus olhos, afirmar que os Estados Unidos pudessem simplesmente sair do Vietnã do Sul não era idealismo. Era irresponsabilidade – uma traição aos ideais norte-americanos.

II

A ausência mais notada no relatório de Kissinger sobre sua primeira viagem ao Vietnã – ausente até mesmo de seu primeiro rascunho devastador – havia sido qualquer discussão de negociações como uma forma de encerrar a guerra. Basicamente, Kissinger as havia excluído. Como ele comentou, em sua única alusão à possibilidade de um final diplomático para o conflito, o governo de Saigon era tão fraco que corria o risco de ser ainda mais enfraquecido "pelo mero ato de fazer uma proposta nesse sentido (isso é especialmente relevante na área de negociações)".[16] Falando em Harvard, ele dificilmente poderia evitar o assunto, principalmente considerando que, antes de ir ao Vietnã, ele havia declarado a hipótese de que apenas uma negociação encerraria a guerra.

> Ele concordou [...] que nós provavelmente deveríamos negociar se possível. Mas nós devemos também ver as complexidades envolvidas, complexidades que não surgiriam com um governo mais estável [...] [C]omo não é claro que exista qualquer linha separando territórios que são totalmente controlados pelo vietcongue de territórios que são totalmente controlados pelo nosso lado, uma simples noção de cessar-fogo pode levar a um grande tumulto.[17]

Quando Donald Brennan (cofundador com Herman Kahn do Hudson Institute) perguntou o que estava impedindo a negociação, Kissinger sugeriu que pudesse ser "a exigência norte-vietnamita de uma retirada anterior das forças norte-americanas, o que às vezes eles haviam deixado vago, e que, portanto, talvez pudesse ser negociada". Um segundo empecilho era que, "em ambos os lados, um problema é que temos de tranquilizar constantemente nossos aliados", o que implica que poderia haver o mesmo tipo de coação sobre Hanói (de Pequim?) que havia sobre Washington de Saigon. Mas o principal obstáculo em curto prazo era que os Estados Unidos pareciam incapazes de "especificar em detalhe com que condições nós concordaríamos nas negociações". Além disso, se os Estados Unidos "dessem a impressão de que uma tomada de poder pelos vietcongues era iminente e esperada", isso poderia levar ao "colapso do regime do Vietnã do Sul [...] O perigo é que, se oferecermos ao vietcongue uma retirada lenta, isso talvez faça com que o nosso lado se precipite em uma retirada rápida".[18]

Isso criava um impasse: as negociações eram necessárias porque o governo do Vietnã do Sul era fraco demais, mas elas também podiam não acontecer porque o governo do Vietnã do Sul era fraco demais. Em seu artigo para a revista *Look* – um texto de enfoque geral pró-Johnson que foi publicado com textos mais críticos de Arthur Schlesinger e Hans Morgenthau –, Kissinger escreveu sobre "A impossibilidade da retirada" e "A inevitabilidade da negociação". Mas acrescentou uma cláusula crucial. As negociações seriam possíveis somente "quando Hanói percebesse que seu aparelho político na região rural estava sendo sistematicamente reduzido, e que esse processo irá continuar conforme a guerra durar". Nessa base, ele então argumentava: "o objetivo primordial das operações militares deve ser a criação de áreas seguras". Afinal, era "melhor ter 100% de controle em 40% do país do que 40% de controle em 100% do país". Enquanto isso, o caminho diplomático a seguir era não tentar "resolver a guerra em uma grande conferência que trate de todas as questões simultaneamente", e sim "segmentar as questões em seus elementos componentes, cada um dos quais sendo resolvido pelas principais partes envolvidas".[19] É surpreendente comparar essa formulação com a posição de Kissinger em agosto de 1965, antes de sua visita ao Vietnã, quando ele havia rejeitado categoricamente a ideia de enclaves controlados pelos Estados Unidos no Vietnã do Sul. Também contrastava estranhamente com suas declarações de que o tempo estava do lado de Hanói.

A essa altura, Kissinger ainda era um ator menor em Washington. Mas seu nome estava cada vez mais invocado à medida que a administração Johnson lutava para resolver o problema da quadratura do círculo dessa guerra impossível de se vencer. George C. Denney, o vice-diretor do Bureau of Intelligence and Research [Escritório de Informação e Pesquisa], citou-o a Rusk para apoiar seu argumento de que, sendo marxistas e vietnamitas –

cujo "caráter profundamente desconfiado e atitude instrumental em relação à 'verdade' [...] os observadores estrangeiros [...] têm comentado há muito tempo (mais recentemente o professor Kissinger)" –, o outro lado jamais entraria em negociações de boa-fé.[20] O chefe do Estado-Maior Conjunto queria que Kissinger explicasse ao "senador Mansfield, senador Fulbright e assim por diante" por que uma cessação dos bombardeios não faria nenhum bem.[21] Confiante de que a "pacificação" estava progredindo, Lodge também se opunha ao final dos bombardeios ao Norte.[22]

Sem que Kissinger soubesse, um acalorado debate estava acontecendo dentro da administração sobre qual deveria ser o próximo gesto dos Estados Unidos. De um lado estavam os generais, que não viam alternativa exceto aumentar tanto as forças terrestres norte-americanas no Sul quanto os ataques aéreos sobre o Norte. Quando McNamara encontrou Westmoreland em Saigon no fim de novembro de 1965, o "pedido" era de 400 mil soldados ao final de 1966 e talvez mais 200 mil em 1967. Do outro lado estavam os céticos. "Para onde diabos estamos indo?", perguntou Clark Clifford no início de dezembro de 1965. "Tenho a sensação de que estamos entrando cada vez mais nessa guerra sem nenhuma perspectiva de sair. Estamos lutando o tipo de guerra que Mao Tsé-tung gostaria que lutássemos. Concordo que precisamos realizar o trabalho – estou certo disso. Mas será que não podíamos usar apenas a Força Aérea enquanto mantemos nossas tropas terrestres em posições mais defensivas? Podemos evitar enviar 600 mil homens para lutar naquelas selvas? *Precisamos* tentar realizar o trabalho com meios menos custosos."[23] McNamara também estava agora sendo assaltado por dúvidas, argumentando, inesperadamente, que "devemos estar preparados – no diálogo durante uma pausa, em negociações ou unilateralmente [...] para conceder ao outro lado um cessar-fogo".[24] Em 18 de dezembro, ele aturdiu Johnson ao afirmar que "uma solução militar para o problema não é algo certo – estimo que a probabilidade seja de um em três ou um em dois". "Quer dizer que, independentemente do que façamos no campo militar, você acha que não há certeza de vitória?", perguntou Johnson. "É isso mesmo", replicou McNamara.[25]

McNamara estava esmorecendo, encorajado em seu desânimo pelo desdém crescente de John McNaughton pelos sul-vietnamitas. ("[O] chão sob nossos pés é um mingau por lá [...] A total incapacidade [do] governo sul--vietnamita de se comportar deve valer pelo menos como uma justificativa mínima para nos livrarmos deles.")²⁶ Mac Bundy estava se encaminhando para a mesma opinião. Mas em dezembro de 1965 Bundy saiu da Casa Branca, e Johnson – para a consternação de Bundy – optou por substituí-lo pelo falcão mais radical entre todos os civis na administração: Walt Rostow, um homem que acreditava (como disse Bundy mais tarde) precisar decidir um problema "antes de pensar a respeito [dele]".²⁷ Nas inimitáveis palavras de Johnson, Rostow iria ser "*meu* maldito intelectual e eu vou segurá-lo com rédeas curtas [...] Não vamos ter outro Bundy por aqui" – em outras palavras, outro homem cuja primeira lealdade em política ainda fosse para com John F. Kennedy.²⁸ A nomeação de Rostow como conselheiro de segurança nacional garantiu que Johnson continuasse a pensar na Guerra do Vietnã como uma luta de boxe que poderia ser vencida se ele batesse no seu oponente com força suficiente e depois lhe estendesse uma toalha para que ele a jogasse.²⁹

Não era nenhuma luta de boxe. Havia todos os tipos de outros atores envolvidos, cada um deles no mínimo com o potencial de exercer influência em Hanói. A administração Johnson foi um tanto lenta para entender que nem a União Soviética nem a República Popular da China eram inequívocas em seu apoio a Hanói. Os soviéticos tinham sentimentos nitidamente ambíguos a respeito da intransigente ambição norte-vietnamita de unificar o Vietnã sob o regime comunista, sobretudo porque a atribuíam a Pequim; eles não ficariam infelizes com um compromisso negociado. Apesar de haverem rejeitado firmemente a tentativa de Dean Rusk de alistá-los como mensageiros em Hanói na interrupção dos bombardeios de maio de 1965, os soviéticos sugeriram que um de seus satélites na Europa Oriental poderia desempenhar esse papel.³⁰ Quatro meses depois, Rusk teve um encontro aparentemente encorajador com János Péter, o ministro de Relações Exteriores húngaro,³¹ embora o agente diplomático húngaro János Radványi tenha revelado, após sua deserção, que Péter não era "um verdadeiro contato com Hanói".³² Os chineses estavam, de fato, mais inclinados a instigar Hanói – Mao via a luta de Ho Chi Minh como uma versão da sua própria na década de 1940 –, mas Zhou Enlai tomou o cuidado de sinalizar que não haveria intervenção direta de Pequim a não ser que territórios chineses estivessem sob ataque.³³

Além disso, havia os franceses, que não acreditavam que os Estados Unidos estivessem tentando fazer o que eles próprios, com todo o seu conhecimento da

Indochina, não tinham conseguido. Eles dispunham, de longe, dos melhores contatos ocidentais em Hanói. (Afinal, a liderança norte-vietnamita, a começar por Ho Chi Minh, havia sido educada, em sua maioria, na França.)³⁴ O embaixador norte-vietnamita Mai Van Bo era o ponto de contato quando Edmund Gullion ("x"), um diplomata veterano que conhecia o Vietnã, procurou reviver as moribundas instituições de Genebra – uma iniciativa abortada conhecida pelo código XYZ.

A partir da véspera de Natal de 1965, outra "pausa" nos bombardeios foi tentada. Sempre mais sintonizado com o ambiente doméstico do que com as realidades geopolíticas, Johnson declarou uma "paz ofensiva", despachando Averell Harriman para Budapeste e Varsóvia, acrescentando Belgrado, Cairo e Délhi, para completar. Mobilizados também nesse esforço amplamente disseminado e assistemático estavam o vice-presidente Hubert Humphrey e o secretário adjunto de Estado G. Mennen Williams. Os Estados Unidos agora tinham seus próprios pontos – catorze deles, contra quatro norte-vietnamitas –, que (nas palavras de Rusk) "põem tudo na cesta da paz, exceto a rendição do Vietnã do Sul".³⁵ Dessa vez a importância da pausa nos bombardeios foi transmitida por dois canais: PINTA, as conversas entre o embaixador dos Estados Unidos em Burma, Henry Byroade, e seu equivalente norte-vietnamita, Vu Huu Binh;³⁶ e LUMBAGO, a visita do enviado especial polonês Jerzy Michałowski a Hanói via Moscou e Pequim.³⁷

Mas Hanói não demonstrou nenhum interesse. Como relatou Michałowski de Hanói, os representantes da FLN eram "muito militantes" e "sem vontade de negociar", convictos de que poderiam infligir outro Dien Bien Phu nesse novo inimigo estrangeiro.³⁸ Uma declaração do Ministério de Relações Exteriores denunciou a pausa nos bombardeios como um truque, enquanto uma carta de Ho Chi Minh, transmitida pela rádio estatal em 28 de janeiro de 1966, acusava os Estados Unidos de fraude e hipocrisia, exigia a retirada das forças norte-americanas e insistia que qualquer acordo teria de ser baseado nos Quatro Pontos dos norte-vietnamitas, inclusive o reconhecimento da FLN como a "única representante do povo do Vietnã do Sul". Em 31 de janeiro, após 37 dias de duração, a pausa nos bombardeios se encerrou.³⁹ Em março, o diplomata canadense aposentado Chester A. Ronning tentou novamente, mas não conseguiu nada. O primeiro-ministro norte-vietnamita exigiu que os Estados Unidos cessassem os bombardeios "para sempre e incondicionalmente" antes que as conversações pudessem se iniciar;

Washington replicou exigindo que Hanói se comprometesse com uma interrupção recíproca.[40] Como George Ball comentou mais tarde, todas essas manobras eram "esforços condenados ao fracasso, porque não estávamos preparados para fazer qualquer real concessão. A negociação naquela época ainda consistia mais ou menos em dizer a Hanói: 'Olha, vamos fazer um acordo para acertar a capitulação de vocês'".[41] Mas Hanói estava "mais ou menos" dizendo a mesma coisa.

Todos os tipos de esquemas diplomáticos estavam circulando agora. William Sullivan, o embaixador dos Estados Unidos no Laos, sugeriu que os norte-americanos propusessem filiação dual às Nações Unidas tanto do Vietnã do Norte quanto do Sul, juntamente com a "recepção dual" na Assembleia Geral tanto da China quanto de Taiwan e talvez também a filiação da Alemanha Oriental. Mike Mansfield sugeriu conversas "cara a cara" com a China. Nenhuma dessas ideias saiu do papel. Parecia cada vez mais claro, como até mesmo Rostow foi forçado a admitir, que "nossa melhor possibilidade de fazer as negociações progredirem [era] por meio de conversas muito secretas com Hanói".[42] Mas em quais bases? No fim de abril de 1966, Maxwell Taylor propôs uma barganha. Em troca da cessação dos bombardeios ao Vietnã do Norte, os Estados Unidos deveriam exigir "algum grau de redução ou eliminação das atividades vietcongues e [...] norte-vietnamitas no Sul, ou uma cessação da infiltração por parte do Norte, ou uma combinação de ambos".[43] Essa troca de "fichas azuis",* como veio a ser conhecida, parecia a melhor aposta. Com efeito, a sua viabilidade potencial foi confirmada por Jean Sainteny, o ex-ministro do governo francês enviado a Hanói pelo presidente De Gaulle, após reuniões com Ho Chi Minh e o primeiro-ministro Pham Van Dong.[44] O ponto crucial, disse Sainteny a Chip Bohlen, o embaixador norte-americano em Paris, era que tal acordo devia ser feito por "um canal secreto formado por um indivíduo, não muito conhecido, possivelmente aqui em Paris".[45]

---

* No original, *blue chips*, provavelmente inspirado nos *Blue Chip Stamps* [selos azuis], um programa de fidelidade muito popular na década de 1960 nos Estados Unidos, pelo qual o consumidor recebia selos azuis ao comprar a mercadoria e depois podia trocá-los por outros produtos. (N. T.)

Kissinger, contudo, não estava convencido. Em maio de 1966, ele compareceu a uma conferência em Ditchley Park,* onde teve a oportunidade de conversar sobre o Vietnã com Michael Stewart, então secretário das Relações Exteriores sob Harold Wilson. Um tanto espantado com a sinceridade de seu interlocutor, Stewart relatou que Kissinger estava "decididamente deprimido com a atual situação política no Sul":

> Ele não via real futuro no governo Ky e ridicularizava as impressões otimistas [...] [de] Walt Rostow no sentido de que Ky era [...] um tipo de general Park** sul-vietnamita. Na visão de Kissinger, as eleições dificilmente resolveriam alguma coisa. Não havia possibilidades de os norte-americanos as manipularem de modo a obterem um regime favorável a si próprios [...]
> Kissinger disse que estava preocupado com a ênfase que o governo dos Estados Unidos se sentia obrigado a colocar em sua disposição de entrar em uma ampla negociação ao estilo Genebra. Obviamente essa era uma boa posição pública para fins de propaganda, mas, na prática, se o outro lado alguma vez mostrasse disposição de entrar em tais negociações, isso faria com que o governo dos Estados Unidos enfrentasse problemas muito sérios. Em primeiro lugar, haveria a questão da representação dos vietcongues [...] Isso levava à possibilidade de uma negociação interna dentro do Vietnã do Sul entre um governo sul-vietnamita eleito e os vietcongues [...] Ele estava claramente inclinado a esperar que algum tipo de negociação internacional emergisse depois das eleições e pudesse ser um dispositivo melhor para salvar as aparências e possibilitar uma eventual retirada norte-americana do que qualquer conferência do tipo Genebra.[46]

Isso apresentava-se em forte contraste com os comentários de Kissinger em seu debate na televisão com Michael Foot e Tariq Ali, que haviam implicado apoio a algum tipo de novo acordo de Genebra.

---

* O retiro de Churchill na época da guerra, perto de Charlbury em Oxfordshire – originalmente construído no início do século XVIII pelo conde de Litchfield –, fora transformado por sir David Wills em um centro para conferências sobre relações internacionais (e principalmente anglonorte-americanas) em 1958.

** Alusão ao ditador sul-coreano Park Chung Hee, que governou seu país de 1961 até o seu assassinato em 1979.

Kissinger tinha também "sérias preocupações" com a ideia de Max Taylor de "fichas azuis", que lhe parecia essencialmente propor "um cessar-fogo geral como substituto para um encerramento unilateral dos bombardeios dos Estados Unidos". Isso poderia facilmente sair pela culatra. Era evidente que o início de quaisquer negociações colocaria Washington sob imensa pressão – inclusive da opinião pública nacional e dos governos aliados – para interromper os bombardeios. Haveria, sem dúvida, uma interrupção dos ataques aéreos norte-americanos. Por outro lado, seria possível desenvolver um sistema de inspeção capaz de monitorar táticas vietcongues como o assassinato e a sabotagem? Será que um cessar-fogo não deixaria o vietcongue no real controle de amplas partes do Vietnã do Sul – resultando, de fato, na divisão do país? Uma barganha melhor para o encerramento da guerra aérea, Kissinger sugeriu, seria "se o Norte (a) renunciasse à infiltração no Sul [e] (b) concordasse com o estabelecimento de postos de controle ao longo do caminho Ho Chi Minh e em ambos os lados da fronteira entre o Vietnã e o Laos". Isso, ele acrescentou, teria "a vantagem de relacionar o final dos bombardeios à proibição de fornecimentos, que é o seu propósito declarado".[47]

III

Havia um lugar onde o argumento de Kissinger contra a negociação era bem-vindo, e esse lugar era Saigon. Lendo a crítica de Kissinger à proposta de Taylor, Lodge escreveu, admirando-se de que ambos houvessem chegado "a tantas conclusões iguais".[48] Já em abril de 1966, os dois começaram a discutir uma segunda viagem de Kissinger ao Vietnã do Sul, uma ideia que encontrou o apoio de Len Unger no Departamento de Estado.[49] Como ele disse a William Bundy, Kissinger pretendia tratar de "três problemas[:] (1) o progresso no campo da pacificação [...]; (2) uma pesquisa da situação política interna [...]; e (3) problemas de elaboração de uma constituição".[50] A instrução oficial do Departamento de Estado era, na verdade, discutir com Lodge o "roteiro" das negociações e "outras questões surgidas em conexão com uma possível iniciação de negociações, inclusive cessar-fogo e interrupções das hostilidades, a firme defesa das posições conquistadas, inspeção pela Comissão Internacional de Controle (CIC) ou outro órgão etc.".[51] Isso em teoria. Na prática, Kissinger continuava a desempenhar o papel de homem de Saigon em Washington. "Como você sabe", ele disse a Habib, com quem ficaria nessa visita, "minha opinião e a da embaixada são, na verdade, muito semelhantes. (Eu diria indistinguíveis.)"[52] Nem Lodge nem Kissinger ainda estavam convencidos da conveniência de negociações; continuavam achando que o Vietnã do Sul simplesmente não estava pronto. Por esse motivo, Kissinger passava a maior parte do tempo reavaliando a situação do regime em Saigon e dos vários órgãos norte-americanos encarregados de dar assistência a ele.

Chegando em 16 de julho de 1966, Kissinger estava exultante por estar de volta ao "estranhamente fascinante Vietnã do Sul", com suas ruas sujas, seus engarrafamentos irremediáveis e, apesar disso, seu povo "cortês".[53] Pouca coisa havia mudado. Lodge estava "muito animado e me contou novamente, como já fizera em outubro, que a guerra estava praticamente vencida". Westmoreland, "alto, cortês, de fala suave, um tanto burocrático [...] [mas] muito honrado e digno", explicou como ele estava "mante[ndo] as principais unidades de força vietcongues em deslocamento constante", enquanto bombardeava as concentrações de tropas norte-vietnamitas junto à fronteira.

> Fiquei impressionado com o fato de que no ano passado ele estava defendendo o aumento de forças ao nível atual com muitos dos argumentos que está usando agora para uma ampliação a novos níveis. No ano passado ele me contou que, se tivesse obtido as forças que está recebendo agora, poderia obter a vitória dentro de um ano ou, no máximo, dois. Agora ele está dizendo que pode, com as forças atuais, evitar a derrota, mas não pode garantir nada além de um progresso muito lento.[54]

Os porta-vozes do MACV recitaram as costumeiras estatísticas de pacificação que dividiam áreas entre "limpas", "em processo de limpeza", "em processo de proteção" ou "sob controle vietcongue". A nova equipe da CIA lhe garantiu que "a moral vietcongue estava ficando instável e que a penetração seria mais fácil nos próximos poucos meses". A suposição amplamente disseminada – e "totalmente irreal" – era que "uma grande parcela das forças norte-americanas" permaneceria no Vietnã do Sul após qualquer acordo de paz. Os "valentões [e] aventureiros" de Lansdale – "o único grupo que tem uma compreensão sobre como lidar com os vietnamitas, que tem paciência e dedicação e que não é burocrático" – haviam sido "forçados a sair da operação". Outros visitantes de Washington, dos quais havia uma procissão regular, estavam "completa[mente] divorciados da realidade".

Enquanto isso, os ministros sul-vietnamitas estavam piores do que nunca, dando de ombros para a corrupção e a ineficiência como se essas coisas fossem um "fato básico da vida". O ministro da Reconstrução Rural parecia decidido a usar o programa de pacificação para construir seu próprio exército privado.[55] Tran Van Do, o ministro de Relações Exteriores que havia se tornado amigo de Kissinger em sua visita anterior, queixou-se de que estava "na posição de um homem com dez sogras", uma alusão ao hábito de dez generais no diretório governante se encontrarem em separado dos ministros civis.[56] Kissinger agora percebia que Do era apenas um títere: o real poder estava nas mãos de seu secretário de Estado, o "astuto manipulador" Bui Diem, "o McBundy do primeiro-ministro Ky".** [57] Quanto à situação na região rural, Daniel Ellsberg "pintou um quadro sombrio". O programa do quadro de oficiais era "quase totalmente inútil". Se Kissinger fizesse uma inspeção local, iria "encontrá-los estirados em redes de dormir". A verdade era que "outro bando de saqueadores" havia sido imposto aos aldeões, pois os fundos destinados para os quadros de oficiais eram usados para clientelismo local. O Exército sul-vietnamita era "quase totalmente inútil em operações contra forças terrestres". Sem uma administração provincial melhor, "estamos apenas lançando poeira contra o vento".[58]

Não sendo do tipo que se esquivava de ir para a linha de frente, Kissinger foi ver por si mesmo. Sua primeira parada foi em Bien Hoa, local de uma grande base militar dos Estados Unidos a apenas 25 quilômetros de Saigon. Apesar da proximidade, seu pedido de ir pela estrada foi negado porque "havia surgido um francoatirador na estrada e [...] seria arriscado demais". Assustadoramente – "outro sinal da situação" –, seu helicóptero "tinha

---

* Bui Diem devolveu o elogio ambíguo. Depois do jantar em que ele e Kissinger se encontraram pela primeira vez, outros convidados vietnamitas "se questionaram o porquê de ele estar no país, fazendo tantas perguntas em seu inglês que soava estranho. Quaisquer que fossem seus motivos, minha própria opinião, adquirida no jantar e em um encontro entre Kissinger e Ky em que eu havia estado presente, era que o sujeito era brilhante. Para alguém relativamente ignorante dos assuntos vietnamitas, suas perguntas haviam sido práticas e argutas, nada do que eu esperava de um acadêmico".

duas metralhadoras de cada lado e uma outra na frente. À medida que nos aproximamos da [pista] [...] as metralhadoras foram apontadas para o solo". Os técnicos da AID e da CIA com quem ele conversou em Bien Hoa confirmaram que o sistema dos militares era uma farsa. Quando não estavam "gazeteando", os militares estavam saqueando aldeões ou desertando ao primeiro sinal de problema; "assim que [eles] haviam saído de uma vila, os vietcongues retornavam e então se vingavam de forma terrível". O representante da CIA em Bien Hoa foi especialmente desencorajador: "[E]le declarou que não havia uma vila sequer em toda a província em que ele, como indivíduo, estaria disposto a dormir à noite em base regular. E apesar de 50% dos pequenos vilarejos estarem listados como pacificados, ele não estaria disposto a dormir em mais do que 25% deles, ainda que apenas por uma noite".

Quanto ao Exército sul-vietnamita, "parecia haver uma boa dose de conciliação tácita" entre eles e o vietcongue. No posto de comando das forças de campo, Kissinger recebeu as agora familiares instruções operacionais: "[C]om base na proposta de forçar os oponentes a lutar constantemente e, portanto, primeiro esgotar seus suprimentos, assim como para atrapalhar quaisquer operações que eles possam estar planejando [...] Eu perguntei o que aconteceria se os vietcongues não quisessem ficar ali lutando, mas, em vez disso, executassem ações protelatórias. Isso foi considerado improvável, porque eu suponho que fosse contra os planos deles".59

De volta ao helicóptero, Kissinger voou para o quartel-general da 1ª Divisão, que ficava em uma plantação de seringueiras a 48 quilômetros da fronteira do Camboja. Olhando para baixo, ele avistou os rastros vietcongues na selva, barreiras vietcongues na estrada e pontes demolidas ao longo da Rota 13 da rodovia norte-sul.

É de se perguntar por que um consultor do Departamento de Estado, supostamente em Saigon para sondar o pessoal local a respeito de negociações, sentiu a necessidade de arriscar o pescoço dessa forma. Mas a verdade é que Kissinger se arriscou. Alguns dias depois ele passou a noite com os fuzileiros navais do 9º Regimento em Hill 55,* 16 quilômetros a sudoeste de Da Nang,

---

* A colina fortemente minada era também conhecida como Nui Dat Son ou Camp Muir, em homenagem ao tenente-coronel Joseph Muir, oficial comandante do 3º Batalhão, 3º Regimento dos fuzileiros navais, que havia sido morto lá em setembro passado.

o ponto focal de uma área "de 24 quilômetros de profundidade e talvez 48 quilômetros de extensão" que supostamente estava sob controle norte-americano.[60] O tipo de guerra que estava sendo travado ali era diferente daquele que Westmoreland lhe descrevera: uma campanha de contrainsurgência que visava extirpar bandos de guerrilheiros em vez de uma caçada de "busca e destruição" de amplas formações vietcongues. Como Kissinger comentou em seu diário, contudo, "a tarefa aqui era lenta, penosa". Muito lenta: durante o café da manhã, dois coronéis dos fuzileiros navais admitiram que "a exploração não era feita apenas nas áreas que haviam sido controladas pelos fuzileiros navais desde o começo, mas também naquelas recém-pacificadas".[61] Kissinger então voou para Quin Nhon, na costa, "um miserável vilarejo pesqueiro" que havia sido transformado em "uma imensa taberna" depois de se tornar a principal base de suprimentos para a região norte do país. Voando em um avião a jato, porque o Beechcraft em que ele deveria viajar havia caído, Kissinger escapou da morte por um triz – "por cerca de um metro" – quando ventos com a força de um furacão sopraram do mar.

Em retrospecto, Kissinger admitiu que a decisão de voar novamente para Saigon naquela noite havia sido "insana".[62] A verdade era que o Vietnã despertara o homem de ação havia muito tempo adormecido dentro do professor. Comparado à mortalmente tediosa Cambridge, o Vietnã pulsava com uma energia autêntica, embora letal. Comparada às *longueurs* do Harvard Yard, a embaixada norte-americana oferecia tanto tragédia quanto farsa. Por que Kissinger havia corrido de volta a Saigon? Para um jantar na casa de Lodge com os totalmente irrelevantes embaixadores da Holanda, Coreia e Itália, um evento animado apenas pela apresentação, depois da refeição, de um dos assistentes de Lodge, que "pegou o violão e cantou duas canções que havia composto em Hue, extraordinariamente espirituosas mas [também] extremamente amargas, sendo um amálgama de relatos otimistas enviados por norte-americanos combinados às manchetes de jornais do que realmente acontecera. Essas canções eram profundamente inquietantes".[63]

Apenas dois dias depois, Kissinger estava de volta em um helicóptero fortemente armado, voando a quase um quilômetro de altitude para evitar o fogo de francoatiradores, dessa vez seguindo para o quartel-general da 25ª Divisão de Infantaria na província de Hau Nghia – essencialmente um enclave na "terra de bandidos" dos vietcongues, ao sul do bosque de Ho Bo e do notório "Triângulo de Ferro".⁶⁴ Depois de uma visita à capital da província – "uma fortaleza sitiada" que não se parecia de modo algum com a cidade pacificada que ele havia sido levado a imaginar –, ele estava de volta a tempo de jantar com o general Lansdale, que arrematou outro dia surreal tocando "algumas gravações de canções populares vietnamitas e de vietnamitas cantando canções populares norte-americanas em vietnamita".⁶⁵ Kissinger estava começando a entender o que as equipes de imprensa achavam tão atraente em Saigon. E até sugeriu que ele e Frances Fitzgerald "formassem uma sociedade para contar lendas picarescas sobre o Vietnã".⁶⁶

De volta a Saigon, Kissinger cumpriu seu dever de se encontrar com os líderes políticos e religiosos locais.⁶⁷ Com as eleições para a Assembleia Constituinte marcadas para 11 de Setembro, o principal tópico de discussão era quem seria eleito o próximo presidente do país. Embora Kissinger devesse supostamente sondar a elite política sul-vietnamita sobre a questão das negociações,⁶⁸ ele fez poucos progressos. Apesar de alguns membros do governo insistirem em condições totalmente irreais ("uma retirada de todas as tropas norte-vietnamitas ao norte do paralelo 17 e a liquidação final dos elementos do VC que permanecerem"), os líderes budistas cada vez mais insatisfeitos falavam como se mal pudessem esperar para entregar o poder para a FLN. Como que para salientar a combustibilidade da atmosfera política, Kissinger relatou uma altercação com um "monge de aparência desvairada que revirava os olhos e carregava uma caixa de metralha sob o manto" e que, em seguida, pôs fogo em si mesmo. Quase tão assustador foi o encontro de Kissinger com o coronel Nguyen Ngoc Loan, o chefe da polícia secreta. "Ele quase não tem queixo", anotou Kissinger em seu diário, "tem um riso melancólico, [e] quando uma questão embaraçosa é levantada, praticamente se dobra de tanto rir e parece desmoronar como se fosse feito de massa de vidraceiro".⁶⁹ Como outros próximos aos controles do poder, inclusive o vice-primeiro-ministro Nguyen Huu Co, Loan previa que o próximo presidente seria o general Nguyen Van Thieu, um oficial católico treinado na França com grande habilidade para maquinações políticas.⁷⁰ Como se estivesse lendo um roteiro preparado em Washington, o presidente em retirada, Ky, assegurou a Kissinger que Thieu seria um presidente "do tipo coreano".⁷¹ Até onde Kissinger podia ver, contudo, o Vietnã do Sul estava mais longe do que nunca de se transmutar miraculosamente na Coreia do Sul.

De modo geral, era impossível não ver a situação como pior do que estava no ano anterior. Talvez o fato mais importante que Kissinger descobriu em sua segunda visita ao Vietnã tenha sido que "várias abordagens [foram] feitas em Paris aos representantes da FLN" pelo ministro das Relações Exteriores Do, que encarava "Paris [...] como o melhor lugar para o GRV entrar em contato com a FLN".[72] A partir desse fato e de outras pequenas pistas, Kissinger fez duas inferências, uma das quais se revelou correta. A primeira – a que se mostrou errada – era que talvez houvesse alguma possibilidade de cravar uma cunha entre Hanói e os vietcongues. A segunda era que, se havia um caminho para um acordo de paz, passaria por Paris. Infelizmente, foi a primeira inferência que ele optou por enfatizar em sua volta a Washington.

A responsabilidade de fazer sondagens de paz havia agora sido confiada a Averell Harriman, como presidente de um novo comitê de negociações, e foi a ele e a seu assistente Daniel Davidson que Kissinger prestou informações em 1º de agosto. Ele fez três recomendações. A primeira (como recordou Davidson em seu "memcon" da reunião) foi uma mudança fundamental na estratégia militar:

> Kissinger achava que Hanói e o VC poderiam aceitar uma proporção de mortes de 10-1 quase indefinidamente [...] Ele achava que o VC ainda estava longe do fundo do poço [...]
>
> [N]ossa estratégia estava errada. "A melhor forma de nos esgotarmos", disse ele, "é passarmos nosso tempo caçando unidades de força terrestre perto da fronteira cambojana". Somente os fuzileiros navais haviam aprendido que a guerra tinha de ser vencida contra guerrilhas e não contra as unidades de força terrestre [...] [Mas] essa era uma tarefa árdua e lenta que não agradava aos generais de Saigon [e] [...] eles estavam apenas começando a aprender como efetuar operações antiguerrilha. Nossos militares não estão bem equipados por treinamento ou experiência para travar esse tipo de guerra.[73]

Isso equivalia a solicitar que Westmoreland fosse substituído, e – por mais correto que, sem dúvida, estivesse – não deu em nada. A segunda recomendação de Kissinger, de períodos mais longos de serviço militar no Vietnã, também era tanto correta quanto politicamente impraticável: limitar o período de serviço militar no Vietnã a apenas dezoito meses garantia que não houvesse acúmulo de experiência local, "já que levava cerca de um ano e meio para conhecer a situação suficientemente bem para ser capaz de exercer influência sobre ela". Ninguém tinha a menor intenção de ampliar a duração da permanência no além-mar. Foi o terceiro ponto de Kissinger que fez Harriman prestar mais atenção:

> Kissinger disse que devíamos parar de falar em negociações "incondicionais" se quiséssemos convencer o mundo de que estamos tentando seriamente estabelecer um acordo de paz [...] Devíamos [...] afirmar abertamente quais eram as nossas condições [...] Kissinger argumentou que negociações com FLN-VC ofereciam maior possibilidade de sucesso do que negociações com Hanói ou negociações multilaterais sob a égide dos Acordos de Genebra [...]
>
> Ele concordou que o problema central era efetuar negociações no Sul que não resultassem em uma tomada de poder pela FLN.

Kissinger estava abandonando o papel de "embaixador de Saigon em Washington", pois (como ele admitiu prontamente a Harriman) "seria extremamente difícil fazer o embaixador Lodge aceitar negociações com FLN-VC [...] Lodge era muito próximo de Ky e não iria querer pressioná-lo".[74]

Washington é uma cidade em que as conversas parecem ocorrer por telefone sem fio. Kissinger achava que Harriman estava depositando esperanças demais nas próximas eleições sul-vietnamitas.[75] Harriman entendeu que Kissinger queria dizer não apenas que poderia haver uma forma de apartar os vietcongues de Hanói, mas também que poderia existir uma maneira de fazer com que membros do vietcongue desertassem do lado comunista. Dois dias depois, Lodge recebeu um telegrama de Rusk que não deve tê-lo agradado. "[R]ecentes relatos de Saigon", dizia, "despertaram intenso interesse aqui nos níveis superiores sobre a possibilidade de gerar iniciativas no GRV para fomentar divisões entre VC/FLN, estimular o aumento das deserções e, em última análise, preparar o caminho para conversas entre GRV-VC/FLN para desenvolver solução negociada para o conflito do Vietnã em termos favoráveis". De modo bizarro, Rusk se referiu a uma conversa entre Kissinger e o ex-vice-primeiro-ministro Tran Van Tuyen, apesar do fato de que nenhum dos dois havia mencionado deserções como uma possibilidade. (Eles tinham conversado principalmente sobre a possibilidade de o Instituto Budista ter sido infiltrado por comunistas.)[76] Sem saber, Kissinger dera início a uma busca impossível. De repente, Washington tinha a resposta: a guerra terminaria quando se convencesse os membros do vietcongue e da FLN a desertarem.⁷⁷ Já havia, na verdade, um programa pronto – conhecido como Chieu Hoi* – para encorajar a deserção. Mas o seu foco era o campo de batalha, ao passo que Harriman agora contemplava um esforço mais amplo "em busca de uma possível reconciliação final entre um número significativo de elementos do vietcongue e do GRV". A esperança, ele contou a Johnson e Rusk, era que, "depois das eleições, talvez no início de outubro, as condições estarão maduras para uma proposta por parte do GRV para uma anistia geral com pleno status social, econômico e político àqueles que se apresentarem. Nossos alvos são os VC não comunistas".⁷⁸ Isso era pura fantasia.

IV

Sempre achei inspirador visitar o Vietnã. Não consigo imaginar uma missão mais vital no mundo de hoje. O Vietnã se tornou o pivô de nosso esforço nacional. Se falharmos lá, prevejo décadas de crises crescentes. Se formos bem-sucedidos, isso assinalará uma virada histórica na era de pós-guerra. Assim como o confronto Cuba-Berlim pode ter convencido os soviéticos da futilidade de buscar revoluções políticas por meios militares, assim também o Vietnã pode pôr um fim no expansionismo chinês pelo uso ou ameaça de força.⁷⁹

Quando Henry Kissinger escreveu essas palavras, em agosto de 1966, não estava afirmando uma convicção sincera. Estava, na verdade, administrando um bálsamo a Henry Cabot Lodge antes de lhe transmitir algumas verdades penosas. A primeira delas era que, ao procurar "reconstruir uma estrutura política" no Vietnã, os Estados Unidos estavam tentando o impossível. "Na Europa a transição do feudalismo ao Estado moderno levou três séculos" e isso sem a complicação adicional de um "século de colonialismo". Segunda, os Estados Unidos estavam tentando fazer o impossível sem qualquer

---

* Também transcrito como Chu Hoi, esse termo é livremente traduzido como "Braços Abertos". Convites à deserção foram espalhados em zonas de combate em bolsas à prova d'água usadas para transportar munição para fuzis M16. Em 1967, aproximadamente 75 mil deserções foram registradas, apesar de nem todas terem sido genuínas.

das vantagens dos colonizadores. Em sua visita mais recente, ele não havia "encontrado quase ninguém que soubesse sobre as condições em outubro de 1965". Simplesmente não existia "nenhuma memória coletiva [...] Gente nova começa com muito entusiasmo, mas pouca experiência. Quando aprendem seu trabalho já é hora de partir". Terceira, a pacificação era uma ilusão: "[E]m uma província exibida em nossos mapas como 70% pacificada, nosso conselheiro do setor me contou [...] que 80% da população estava sujeita à taxação do VC".[80]

E isso não era tudo. Harriman e seus colegas haviam redigido um "documento sobre negociações", embora ainda precisassem responder à pergunta crucial: "Que isca podemos oferecer a Hanói?". Ao final de agosto, eles haviam revertido à ideia de um fim dos bombardeios norte-americanos ao Vietnã do Norte em troca de um "compromisso" de Hanói de parar a infiltração de forças no Sul. O problema era que Thieu, agora empossado como presidente, rejeitava a ideia de negociações sem controle.[81] Cinco dias depois das eleições sul-vietnamitas, Michael Burke escreveu todo animado de Saigon para contar a Kissinger que esse "exercício político dos mais complicados [...] [havia] excedido em muito minhas previsões".[82] A réplica sarcástica de Kissinger revelava muito sobre como ele realmente encarava a situação: "Nunca tive nenhuma dúvida de que os vietnamitas eram capazes de organizar coisas complicadas. Do que não estou certo é que eles consigam organizar coisas simples".[83]

Até os alunos de Kissinger sabiam o que ele realmente pensava sobre o Vietnã. Suas palestras para a disciplina Governo 180, "Princípios de relações internacionais", eram agora famosas em Harvard por serem "fortemente críticas tanto da política externa da administração Kennedy quanto da administração Johnson".[84] Entretanto, quanto pior ficava a situação, mais Kissinger ansiava por voltar ao Vietnã. Sua terceira viagem, em outubro de 1966, durou apenas dez dias – acarretando uma ausência de Harvard que teve de ser aprovada pelo reitor da Faculdade de Artes e Ciências, Franklin Ford.[85] O seu propósito alegado era ajudar a embaixada no "programa nacional de reconciliação" que agora crescera de modo descontrolado a partir de sua observação anterior a Harriman sobre a possibilidade de negociações com a FLN.[86] Dessa vez ele voou em alto estilo – embora de tipo brutalista – no Boeing 707 convertido em avião-tanque que McNamara preferia usar em voos de longa distância, equipado com beliches. A bordo, além do próprio secretário da Defesa, estavam Daniel Ellsberg, de volta para se juntar a Lansdale, e o subsecretário de Estado Nicholas Katzenbach, que se lembrou afetuosamente de Kissinger vestido com um macacão laranja brilhante, discorrendo sobre a União Soviética, a Guerra Fria e assuntos relacionados.[87] Mas, apesar das garantias dadas a Harriman, Kissinger sabia muito bem que essa era outra iniciativa fadada a fracassar. Não era apenas que as deserções dos vietcongues provavelmente jamais atingiriam um nível suficiente para alterar o equilíbrio político no Vietnã. Não era apenas que Thieu e o influente Bui Diem eram contra a ideia, o que ameaçava desencadear um confronto entre o novo governo e a Assembleia Constituinte recentemente eleita.[88] Era o fato de que a tarefa simplesmente estava além das capacidades dos vários órgãos governamentais norte-americanos em competição e cujos esforços Kissinger supostamente deveria ajudar a coordenar.

"Estou ficando cada vez mais preocupado", disse ele a Harriman depois de nove dias de trabalho árduo infrutífero, "com o fato de que no Vietnã é relativamente mais simples pensar o que fazer do que fazer". Em teoria, um programa bem-sucedido de reconciliação nacional iria "separar o problema da estrutura interna do Vietnã de seus aspectos internacionais" e "melhorar bastante nossa posição diplomática". Na prática, até mesmo o programa existente Chieu Hui estava "fragmentado entre USAID, JUSPAO,* MACV (por sua vez subdividido entre Psywar** e J-33***) e CAS****". Não havia "nenhuma atribuição clara de responsabilidade". E tudo o mais estava sendo "executado de forma aleatória, assistemática e, acima de tudo, fragmentada". Kissinger cumpriu o seu dever e elaborou um plano para uma melhor coordenação entre os órgãos, mas o tom de seu relatório não era nada otimista.[89] Ele resumiu assim o problema, em uma reunião com Harriman logo após o seu retorno: "Os militares tinham a organização, mas não a mentalidade; a embaixada tinha

---

* O Joint United States Public Affairs Office [Gabinete Conjunto de Assuntos Públicos dos Estados Unidos], que deveria coordenar as "operações de informação" entre as autoridades civis e militares.

** Operações das Forças Especiais e da CIA classificadas como "guerra psicológica", como o Programa Fênix de assassinato de membros da FLN.

*** A Divisão de Desenvolvimento Revolucionário da J3, a Divisão de Operações do MACV.

**** Close Air Support [Apoio Aéreo Próximo].

a mentalidade, mas não a organização" – e isso se aplicava apenas a Habib, que estava saindo, não a Lodge, que ainda "tendia a descrever FLN-VC como gângsteres e assassinos".⁹⁰ Kissinger não deve ter ficado surpreso ao saber, ao final de novembro, que Thieu adiara a planejada proclamação da reconciliação nacional, nem que Zorthian, e não Habib, havia sido encarregado da coordenação entre os diversos órgãos. Isso assinalava tão claramente quanto possível que a iniciativa – o que quer que houvesse restado dela – estava relegada ao reino das relações públicas.⁹¹

Livro V

Capítulo 19
O anti-Bismarck

Eu [...] fiquei um pouco intrigado com a sua sugestão de que deveríamos voltar a uma diplomacia como a de Bismarck. Tendo certa vez planejado escrever um livro sobre a diplomacia de Bismarck e tendo, na verdade, completado a metade dele, não consigo pensar em muitas outras políticas mais suscetíveis de levar à catástrofe nas atuais circunstâncias.

HENRY KISSINGER a Michael Howard, 1961[1]

Toda a política francesa era estruturada para ficar em bons termos com Moscou. A teoria oficial francesa [...] era que o mundo era tripolar. Um centro ficava em Washington; outro em Pequim, dominando a Ásia Oriental; o terceiro era a Europa dominada por Moscou-Paris [...] De Gaulle havia dito a Kossiguin: "Por causa da guerra no Vietnã, os Estados Unidos estão se tornando mais impopulares na Europa a cada dia. Esse é o caminho para construirmos a Europa juntos".

JEAN DE LA GRANDVILLE a Henry Kissinger, 1967[2]

I

Mesmo os mais argutos dos pesquisadores da obra de Kissinger cometeram o erro de afirmar que ele se identificava bastante com o primeiro chanceler do Reich alemão, Otto von Bismarck. Mas Kissinger nunca ambicionou ser "um Bismarck norte-americano [...] apl[icando] os princípios do realismo político" ao cenário mundial fornecido pela Guerra Fria.[3] No verão de 1961, seu amigo, o historiador militar britânico Michael Howard, havia sugerido que os Estados Unidos deveriam considerar adotar uma abordagem mais bismarckiana à política exterior. Isso foi em um tempo em que muitos na

Grã-Bretanha, em especial o primeiro-ministro, Harold Macmillan, se preocupavam com o que viam (erroneamente) como o impetuoso idealismo de John F. Kennedy. Como Howard explicou:

> Escolhi [Bismarck] como o contrapeso habitual a Gladstone, como um homem que acreditava nas realidades das políticas de poder em contraste com alguém que acreditava no poder da liderança moral nas questões mundiais; e como um homem que, durante a maior parte de seu tempo como chanceler, usou o poder para preservar e ajustar o equilíbrio em que se apoiava a paz da Europa, tendo alcançado sua meta rigidamente limitada [...] Foi isso o que eu quis dizer quando falei que o necessário é um frio cálculo de interesses, e que isso será muito mais compreensível para o mundo lá fora do que qualquer tentativa de afirmar "liderança moral", que certamente será mal interpretada no exterior [...] O que queremos ver nos Estados Unidos não é fervor moral, mas uma posição de força descontraída, cortês, confiante, e parece que Kennedy, às apalpadelas, está se encaminhando para isso.[4]

Kissinger confessou ter ficado "um pouco intrigado" com a linha de argumentação de Howard. "Tendo certa vez planejado escrever um livro sobre a diplomacia de Bismarck", ele replicou, "e tendo, na verdade, completado a metade dele, não consigo pensar em muitas outras políticas mais suscetíveis de levar à catástrofe nas atuais circunstâncias".[5]

Para entender a profunda ambivalência com que Kissinger encarava Bismarck — cujo gênio ele jamais contestou, mas cujas realizações ele encarava como fatalmente defeituosas —, não basta ler o célebre artigo que ele publicou sobre o assunto no verão de 1968. Pois "The White Revolutionary" [O revolucionário branco], embora brilhante, não fornece uma avaliação completa. Como Kissinger disse a Howard, em 1961 ele havia, de fato, escrito "metade de [...] um livro sobre a diplomacia de Bismarck", e a maior parte dele provavelmente fora escrita no final da década de 1950. (Em fevereiro de 1967, quando enviou o rascunho inacabado para que Marion Dönhoff o lesse, ele lhe pediu que "lembrasse que isso foi escrito mais de dez anos atrás". Mas também deixou claro que ainda pretendia "trabalhar nele".)[6] Esse livro deveria ser o primeiro de duas continuações de *O mundo restaurado,* e o segundo livro deveria cobrir o período desde a demissão de Bismarck em 1890 até a erupção da Primeira Guerra Mundial. Em outras palavras, o volume sobre

Bismarck deveria ser a peça central de um tríptico "sobre a manutenção de uma paz de cem anos na Europa por meio de um sistema de alianças baseado no equilíbrio de poder". Isso, de qualquer forma, era o que o editor londrino de Kissinger, George Weidenfeld, fora levado a esperar. Depois das "vendas minúsculas" do primeiro volume, ele havia "perdido Kissinger de vista", só o encontrando novamente doze anos depois do lançamento de *O mundo restaurado*, na época em que o autor havia sido nomeado assessor de Segurança Nacional de Richard Nixon. "Eu fui informado confidencialmente pelo seu editor norte-americano", lembrou-se Weidenfeld, "de que ele talvez estivesse terminando o volume sobre Bismarck". Mas Kissinger tinha notícias decepcionantes para ele. "Vou queimar o manuscrito", declarou. "Umas poucas semanas perto do centro do poder bastaram para que eu percebesse o quanto ainda tenho de aprender sobre como realmente se formulam políticas".[7]

Isso não era bem verdade – embora, como observou Weidenfeld, aquela fosse "uma desculpa elegante para não completar o livro". Na verdade, Kissinger jamais terminou o livro sobre Bismarck; e também não o queimou. O manuscrito incompleto sobreviveu, permanecendo não lido por mais de meio século, entre seus documentos privados. Uma leitura cuidadosa dos capítulos do manuscrito confirma que o que Kissinger publicou como "The White Revolutionary" foi apenas uma parte do argumento que ele pretendia desenvolver.

Sabemos, com certeza, como Kissinger pensava sobre Bismarck *mais tarde*, pois o Chanceler de Ferro é longamente discutido tanto em *Diplomacia* quanto em *Ordem mundial*. Na visão madura de Kissinger, a ordem europeia estabelecida por Castlereagh e Metternich no Congresso de Viena se esfacelou na esteira da fundação do Reich alemão por Bismarck, porque, "com a Alemanha unificada e a França como um adversário fixo, o sistema perdeu a flexibilidade".[8] Depois de 1871, uma pentarquia mais rígida das grandes potências (para usar o termo de Leopold von Ranke ao se referir à Áustria, Grã-Bretanha, França, Alemanha e Rússia) dependeu do hábil diplomata Bismarck para se manter em equilíbrio. Não há necessidade aqui de nos estendermos a respeito das pirotecnias bismarckianas para a manutenção da paz nas décadas de 1870 e 1880. Um estratagema, todavia, pareceu adquirir importância extraordinária para Kissinger no período após ele próprio ter deixado o gabinete: o Tratado de Resseguro, um tratado secreto que Bismarck firmou com o ministro das Relações Exteriores da Rússia, Nikolay Girs, em junho de 1887. Sob os seus termos, tanto a Alemanha quanto a Rússia concordavam em guardar neutralidade se o outro país se envolvesse em uma guerra com um terceiro país, a não ser que a Alemanha atacasse a França ou a Rússia atacasse a Áustria-Hungria. Isso obrigava a Alemanha à neutralidade se a Rússia buscasse reivindicar controle sobre os estreitos do mar Negro. Mas o verdadeiro objetivo era desencorajar os russos a buscar um tratado de defesa mútua com a França, que foi exatamente o que aconteceu depois que a queda de Bismarck levou à não renovação do tratado. "Paradoxalmente", como Kissinger afirmou mais tarde, "foi precisamente essa ambiguidade que preservou a flexibilidade do equilíbrio europeu. E o seu abandono – em nome da transparência – desencadeou uma sequência de confrontos que culminaram na Primeira Guerra Mundial".[9] Com a saída de Bismarck, argumentou Kissinger, o grande sistema de poder passou a "intensificar" em vez de "amortecer" as disputas. Com o tempo, "os líderes políticos perderam o controle sobre suas próprias táticas" e, "no fim, o planejamento militar venceu a diplomacia".[10] Apesar disso, essa última obra-prima da habilidade diplomática não foi a faceta da carreira de Bismarck que mais interessou ao jovem Kissinger.

Assim como *O mundo restaurado*, "The White Revolutionary" – como foi publicado na revista *Daedalus* – está cheio de insights.[11] "Democrática demais para os conservadores, autoritária demais para os liberais, voltada demais para o poder para os legitimistas", escreve Kissinger sobre a Europa de Bismarck, "a nova ordem foi adaptada a um gênio que propôs restringir as forças conflitantes, tanto domésticas quanto estrangeiras, manipulando seus antagonismos".[12] Ou: "Não é que Bismarck tenha mentido – esse é um ato por demais consciente –, mas que ele estava perfeitamente sintonizado com as correntes mais sutis de qualquer ambiente, e apresentou medidas ajustadas precisamente às necessidades para vencer. A chave do sucesso de Bismarck era sempre ser sincero".[13] A concepção de Bismarck da unificação alemã sob a liderança prussiana "não foi a primeira vez que os revolucionários foram bem-sucedidos porque seus oponentes não conseguiam acreditar na realidade de seus objetivos".[14] Bismarck era um oportunista? Mas é claro! "Qualquer um que deseje influenciar os acontecimentos precisa ser oportunista em certa medida. A verdadeira distinção é entre aqueles que adaptam seus propósitos à realidade e aqueles que buscam moldar a realidade à luz de seus propósitos."[15] Bismarck negava que "qualquer Estado tenha o direito de sacrificar suas oportunidades a seus princípios".[16] Mas "o ponto cego dos revolucionários [inclusive os "brancos"] é a crença que o mundo pelo qual estão lutando reunirá todos os benefícios da nova concepção com os bons pontos da estrutura derrubada".[17]

Cada uma dessas frases é notável. Mas elas são relacionadas ao argumento principal, ou melhor, ornamentam esse argumento. Há três temas centrais. O primeiro é que Bismarck não era apenas um gênio, mas também um demônio (a palavra *demoníaco* é aplicada a ele seguidamente como um epíteto).[18] Isso explica por que Kissinger gasta tanto tempo na jornada espiritual de Bismarck do deísmo e panteísmo ao pietismo sob a influência de um Thaden ou um Puttkammer – uma trama secundária que, a princípio, parece não ter uma relação evidente com o argumento. Como Kissinger esclarece, o despertar religioso de Bismarck foi uma fachada por trás da qual ele evoluiu para um darwinismo geopolítico:

> O sistema de Metternich havia sido inspirado na noção do século XVIII do universo como um mecanismo universal: suas partes eram intricadamente interligadas, e uma perturbação em uma transtornava o equilíbrio das outras. Bismarck representava uma nova era. O equilíbrio [*equilibrium*] não era visto como harmonia e equilíbrio [*balance*] mecânico, mas como um equilíbrio estatístico de forças em movimento. A filosofia que combinava com ele era o conceito de Darwin da sobrevivência do mais apto. Bismarck sinalizou a mudança da concepção racionalista da política para a empirista [...] Bismarck declarou a relatividade de todas as crenças; ele as traduziu em forças a serem avaliadas em termos do poder que elas podiam gerar.[19]

O "revolucionário branco" – a expressão foi aplicada a Bismarck pela primeira vez pelo banqueiro judeu Ludwig Bamberger em 1867[20] – era, assim, um conservador apenas exteriormente.

O segundo tema é que a nova ordem europeia de Bismarck se articulava à sua habilidade de "manipular os compromissos das outras potências de modo que a Prússia sempre ficasse mais perto de qualquer dos grupos em conflito do que estas se encontravam uma da outra" – uma visão kissingeriana extremamente importante, como veremos.[21] Isso foi possível porque Bismarck não estava mais restringido por quaisquer noções metternichianas de legitimidade. Ele podia se aliar com quem quisesse ou atacar quem quisesse. Mas isso "exigia frieza, porque significava ir atrás de seus objetivos pela calma aceitação de grandes riscos, de isolamento, ou de um súbito acordo à custa da Prússia".[22]

O terceiro tema é que as realizações de Bismarck, apesar de magníficas, foram insustentáveis, porque não podiam ser institucionalizadas. "As instituições são projetadas para um padrão médio de desempenho", escreve Kissinger. "Dificilmente elas são capazes de conviver com o gênio ou com o poder demoníaco. Uma sociedade que precisa produzir um grande homem a cada geração para manter sua posição doméstica ou internacional destruirá a si própria." Em contraste, "[e]stadistas que constroem sistemas que perduram transformam o ato pessoal de criação em instituições que podem ser mantidas com um padrão médio de desempenho". Foi o fracasso de Bismarck em conseguir isso que Kissinger viu como a sua tragédia. "Seu próprio sucesso obrigou a Alemanha a um *tour de force* permanente [...] [e] deixou uma herança de grandeza não assimilada [...] Um sistema que exige um grande homem em cada geração coloca a si próprio um desafio quase insuperável, porque um grande homem tende a sufocar a emergência de personalidades fortes."[23] Em particular, os sucessores de Bismarck não foram capazes de "uma análise adequada dos [...] requisitos do interesse nacional": "Devido à sua magnífica compreensão das várias gradações das relações de poder, Bismarck viu em sua filosofia uma doutrina de autolimitação. Como essas gradações não eram visíveis para seus sucessores e imitadores, a aplicação das lições de Bismarck levou a uma corrida armamentista e a uma guerra mundial".

É verdade que, ao anexar a Alsácia-Lorena, Bismarck havia privado a si mesmo e a seus sucessores de uma opção de que ele havia desfrutado quando primeiro-ministro da Prússia: a opção de se aliar, ainda que temporariamente, com a França. Depois de 1871, havia apenas três potências com as quais a Alemanha podia esperar se alinhar, e uma delas, a Grã-Bretanha, já estava se inclinando para um "esplêndido isolamento". Apesar disso, um líder do calibre de Bismarck ainda poderia ter evitado o desastre. O problema era que seus epígonos viam apenas a crueldade da *realpolitik* e não o elemento de autolimitação. Ao buscar combater o "pesadelo de coalizões" com ostentações militares, conquistas de colônias e construção de navios, eles acabaram cimentando a aliança entre França e Rússia. "Assim, a Alemanha tendeu a gerar o que mais temia."[24] Foi nesse sentido que a "maior figura moderna da Alemanha [...] [havia] lançado as sementes de suas tragédias do século XX".

A importância de "The White Revolutionary", portanto, não é, de modo algum, que Kissinger se identificasse com Bismarck. A própria família de Kissinger havia sofrido mais do que a maioria exatamente por causa das "tragédias" que ele descreveu aqui como a herança humilhante de Bismarck à Alemanha. Ao contrário: Kissinger deplorava o "demoníaco" Bismarck pelo menos tanto quanto o admirava. A verdadeira questão é que Kissinger identificava Bismarck com Charles de Gaulle:

> Assim como o cinismo brutal de De Gaulle dependeu de uma concepção quase lírica da missão histórica da França, também o maquiavelismo pragmático de Bismarck presumia que o singular senso de coesão da Prússia a capacitava a impor o seu domínio sobre a Alemanha. Como De Gaulle, Bismarck acreditava que o caminho para a integração política não estava em se concentrar em fórmulas legais, mas sim em enfatizar o orgulho e a integridade dos Estados históricos. Bismarck defendia que a política externa deveria se basear não em sentimentos, mas em uma avaliação de forças [...] A formulação de políticas dependia de cálculo, não de emoção. Os interesses dos Estados forneciam imperativos objetivos que transcendiam as preferências individuais.[25]

Nenhum contemporâneo bem-informado que lesse essas linhas em 1968 teria deixado de entender a questão. Bismarck e De Gaulle eram os supremos realistas: homens que viam os "requisitos como grande potência" de suas nações como algo que transcendia todas as outras forças, e especialmente a ideologia, seja o liberalismo do século XIX, seja o comunismo do século XX. Como De Gaulle, Bismarck "pressupunha a perfeita flexibilidade das relações internacionais limitada apenas pelos requisitos de interesse nacional".[26]

Que essa é a leitura correta de Kissinger sobre Bismarck é algo que se torna incontestável quando os pontos acima são relacionados ao manuscrito do livro inacabado do qual o artigo publicado é apenas um fragmento.[27] Seis capítulos sobrevivem, alguns em mais de uma versão, dos quais os primeiros quatro foram, em grande medida, a matéria-prima do artigo publicado na *Daedalus*. São o quinto ("The Crimean War" [A Guerra da Crimeia]) e o sexto ("The Contingency of Legitimacy" [A contingência da legitimidade]) que proporcionam o melhor vislumbre do livro que Kissinger poderia ter escrito, se a sedução da ação no presente não o houvesse afastado do estudo tranquilo do passado. Aqui, mais do que no ensaio resumido, Kissinger deixa claro que encarava a *realpolitik* como perigosamente amoral. "A consequência prática que ele extraiu [da crise da Crimeia] foi invariável", escreve Kissinger, "que apenas um sóbrio cálculo das relações de poder, não de ligações sentimentais, deveria motivar os compromissos da Prússia. E, por essa razão, todos os despachos de Bismarck desde o início da [...] crise podem ser reduzidos a um cálculo de forças". No entanto, havia algo muito perturbador na "natureza do novo mundo que seu [de Leopold von Gerlach] comando demoníaco estava evocando, um mundo em que apenas o erro de cálculo era ruim e apenas o fracasso é um pecado. Era um mundo sem ilusões, em que apenas gigantes ou niilistas podiam viver". Bismarck, escreve Kissinger, era "um cientista que havia ponderado os fatores, considerado as combinações possíveis, e procurado forjar uma estrutura que refletiria as reais relações de poder".[28] Após a unificação alemã, "o consenso europeu, se é que existiu, foi derivado a partir de um cálculo de forças, cuja legitimidade dependia da precisão de seu cálculo".

Há muito mais aqui, também, sobre a importância da opcionalidade. Bismarck, Kissinger escreve, tinha uma "política de manter todas as opções abertas até o último instante"; daí os paradoxos de sua "desconcertante franqueza" e "ousada cautela". Em certas vezes, é verdade, Kissinger parece se perder na admiração. "Um estadista se distingue, em última análise, por sua concepção de alternativas. E a habilidade de Bismarck era que ele percebia combinações que haviam sido consideradas impossíveis por mais de uma geração." O Junker sem princípios havia, de algum modo, adivinhado, um século antes que fossem formuladas, as máximas kissingerianas de que o estadista deve sempre agir com "conhecimento insuficiente" – "pois, se ele esperar até que todos os fatos sejam conhecidos, será tarde demais para fazer alguma coisa a respeito deles" e de que a arte de governar é "a arte de encontrar o momento certo para a ação".[29] Apesar disso, na análise final, Kissinger fica do lado dos verdadeiros conservadores contra o revolucionário branco. No último capítulo, inacabado, intitulado "The Contingency of Legitimacy" [A contingência da legitimidade], Kissinger enfrenta o que ele chama de "elemento inextricável da discussão entre os conservadores e Bismarck". Em dois longos parágrafos que foram evidentemente escritos com dificuldade – os trechos riscados e as inserções escritas à mão* são reproduzidos aqui porque são extremamente reveladores – ele tenta articular suas razões para apoiar os críticos de Bismarck:

---

* As inserções escritas à mão estão em letras maiúsculas também no original.

O ponto de vista de Bismarck era o de um observador assistindo de fora dos acontecimentos, cuidadoso ao avaliar suas características, rigoroso ao extrair conclusões, implacável ao aplicá-las. A posição conservadora, por outro lado, envolvia a convicção quase instintiva e, portanto, afirmada de modo canhestro, de que as máximas da análise não fornecem, necessariamente, imperativos de conduta. Pois a força da análise é a irrelevância da atitude pessoal quanto ao tema da análise; mas o ímpeto da ação envolve um compromisso pessoal. Para a análise, o ser humano é uma força entre várias, um meio a ser manipulado. Para a sua intuição ele representa um fim. ~~Anunciar que o interesse próprio sempre motivou o ser humano é afirmar uma banalidade, pois a questão crucial é precisamente a natureza do interesse próprio do ser humano. Pregar o valor de compromissos é igualmente vazio, a não ser que o compromisso possa adquirir algum conteúdo.~~ O paradoxo da análise é que ela pode ~~evadir~~ CORROER as convicções que animam a conduta, que o entendimento ampliado pode apenas levar a uma paralisia da vontade. O paradoxo da ação é que ela é incapaz de relacionar o ser humano às forças fora dele próprio cujas estruturas ele vê, mas cujos motivos ele só pode captar por analogia. Os conservadores sempre insistiram em que o equilíbrio entre esses dois ~~lados~~ ASPECTOS da conduta humana deriva de um senso de reverência, ~~um reconhecimento de forças que transcendem o ser humano e~~ QUE É O LADO INVERSO DE UM RECONHECIMENTO das limitações da percepção individual da realidade. Os grandes rebeldes ~~negaram isso e~~ insistiram em encontrar em sua própria natureza demoníaca um motivo suficiente para o compromisso. Para o conservador o vínculo da sociedade é um mito que reconcilia o ponto de vista que trata o ser humano como um meio e a sua experiência de si mesmo por meio de uma analogia superior à verdade analítica; para o rebelde um mito é a ferramenta dos fracos.

Vale a pena reproduzir o segundo parágrafo, apesar de Kissinger havê-lo riscado subsequentemente com duas linhas diagonais que se cruzavam:

Porém por mais autoevidente que a lição do rebelde possa lhe parecer, ela pressupõe uma capacidade quase sobre-humana de abstração, uma habilidade não apenas de encarar os outros, mas a si mesmo, ~~como uma força, como um forasteiro,~~ COMO UM FORASTEIRO, para que predileções [sic] pessoais não estorvem os cálculos mais exatos. ~~A essência da qualidade revolucionária de Bismarck era que ele extraía as plenas consequências de seu ceticismo, que todas~~

as crenças se tornaram para ele apenas fatores a serem manipulados. Não foi acidente, portanto, que ASSIM, quanto mais Bismarck pregava sua doutrina, mais humanamente distante ele se tornava; quanto mais rigoroso ele era em aplicar suas lições, mais incompreensível ele se tornava a seus contemporâneos. Não era de estranhar, também, que os conservadores tivessem gradualmente passado a ver nele a voz do diabo. Pois o diabo é um anjo caído usando as categorias da religiosidade para destruí-la. E por mais brilhante que seja a análise de Bismarck, as sociedades são incapazes da coragem do cinismo. A insistência em ver seres humanos como átomos, sociedades como forças, sempre levou a um *tour de force* que evade QUE CORRÓI todo o autocontrole. Como as sociedades operam por aproximações e como são incapazes de fazer distinções sutis, uma doutrina do poder como um meio pode terminar transformando o poder em um fim. E por essa razão, embora Bismarck tenha vencido a discussão intelectual, é bem possível que os conservadores encarnassem a maior verdade social.[30]

Esse torturado repúdio a Bismarck combina com tudo o que Kissinger havia escrito até então sobre a impossibilidade de se basear a estratégia apenas no pragmatismo. O idealista ainda resistia ao realismo. E, no entanto, é significativo que essa passagem tenha sido riscada; é significativo que o projeto de um livro sobre Bismarck tenha se encerrado aqui, em um incomum emaranhado hesitante de riscos e inserções.

II

À primeira vista, o caso da Alemanha na época da unificação quase não oferece nenhuma analogia aplicável ao caso dos Estados Unidos na época do Vietnã. Bismarck, é possível pensar, tinha mais em comum com Ho Chi Minh do que com Lyndon Johnson, no sentido de que tanto Bismarck quanto Ho forjaram um país unido a ferro e fogo. Entretanto, o reestudo de Bismarck na década de 1960 ajudou Kissinger a pensar sobre o problema do Vietnã de quatro formas distintas.

Primeiro, era óbvio que a trapalhada mais elementar da administração Johnson havia sido permitir-se ficar isolada diplomaticamente de uma maneira que era tudo menos esplêndida. Exceto pela Coreia do Sul e pela distante

Austrália, quase nenhum de seus aliados ofereceu algum apoio significativo no Vietnã. (Houve também modestas contribuições das Filipinas, da Tailândia e de Taiwan.) A outra face da moeda do agravamento da Guerra do Vietnã foi o declínio do sistema de alianças norte-americano pós-1945. Não apenas a OTASE se revelou quase inútil, como também a própria OTAN. Em contraste, Hanói estava na feliz posição de poder jogar dois poderosos aliados um contra o outro: a União Soviética e a China.

Segundo, Kissinger entendia que os Estados Unidos precisavam se livrar de uma posição de fraqueza com a mesma frieza de cálculo de interesse próprio que possibilitara a Bismarck tirar a Prússia de sua situação de desvantagem crônica nas décadas de 1840 e 1850. Todos os outros em Washington viam De Gaulle como o líder europeu que mais desprezava os ideais alardeados pelos Estados Unidos ao procurarem justificar o que estavam fazendo no Vietnã. No entanto, Kissinger entendia que, em termos de interesse nacional, a França tinha o maior potencial para ajudar os Estados Unidos em uma região que conhecia melhor do que qualquer outra potência ocidental.

Terceiro, estudar Bismarck renovou o perpétuo interesse de Kissinger no problema da unificação alemã. Enquanto a maioria dos norte-americanos via De Gaulle como a principal ameaça à harmonia transatlântica, Kissinger via como a real ameaça as políticas que se tornaram conhecidas como *Ostpolitik* – a reaproximação com o bloco soviético, inclusive a República Democrática Alemã. O mesmo que acontecia com o Vietnã acontecia com a Alemanha: a unificação não podia ser entendida independentemente de seu contexto geopolítico. De qualquer forma, uma unificação que terminasse produzindo um satélite soviético ampliado precisava ser combatida.

Finalmente, Kissinger aprendera, estudando o sucesso de Bismarck e o fracasso de seus sucessores – ou melhor, estudando a natureza insustentável das realizações de Bismarck –, a importância crucial de manter um grau de flexibilidade no sistema de relações entre as grandes potências. O mecanismo mais engenhoso de Bismarck como chanceler da Alemanha fora a combinação de dois compromissos aparentemente incompatíveis: uma aliança com a Áustria-Hungria baseada em defesa mútua e o Tratado de Resseguro com a Rússia. Poderiam os Estados Unidos, de algum modo, fortalecer sua posição estabelecendo relações semelhantes com as outras grandes potências, mesmo sob o risco de assumirem compromissos contraditórios? Kissinger acreditava que a resposta era "sim". A grande estratégia que começou a conceber em meados da década de 1960 teve três fases distintas. Primeiro ele procurou restaurar e revitalizar a aliança norte-americana com a Europa Ocidental, OTAN, tentando neutralizar as poderosas forças da integração europeia revitalizando as relações bilaterais entre os Estados Unidos e as três maiores potências europeias: França, Alemanha e Grã-Bretanha. Depois ele buscou desenvolver a ideia de *détente* em algo mais do que retórica vazia, recorrendo a objetivos práticos para a cooperação entre os Estados Unidos e a União Soviética – a começar pelo Vietnã. Finalmente, ele percebeu que, apesar de seu caráter obviamente revolucionário, a China também podia ser trazida ao âmbito do equilíbrio do poder. Aqui, como em vários outros aspectos, ele havia sido levado como um adepto do realismo por De Gaulle e seu precursor histórico, Bismarck.

Procurando aprender com De Gaulle, Kissinger ia contra a corrente da política externa norte-americana na década de 1960. Aos olhos dos responsáveis pelas decisões nos Estados Unidos, tanto na administração de Kennedy quanto na de Johnson, De Gaulle era parte do problema – especialmente no Vietnã –, e não da solução. Já vimos que De Gaulle reagira negativamente a iniciativas norte-americanas como a Força Multilateral (MLF). Ele havia também se recusado a aderir ao Limited Test Ban Treaty [Tratado de Interdição Parcial de Ensaios Nucleares] de 1963, que proibia testes nucleares na atmosfera. Para a administração Kennedy, De Gaulle parecia decidido a criar dificuldades para a aliança transatlântica, apertando os laços da França com a Alemanha enquanto afrouxava os laços com os Estados Unidos e, ao mesmo tempo, vetando a filiação britânica ao Mercado Comum Europeu.[31] O pior viria depois. Já em agosto de 1963, De Gaulle declarara que a França desejava ver o Vietnã "independente [...] do exterior, em paz e unidade interna e em harmonia com [seus] vizinhos".[32] Em abril de 1964, ele deixou estarrecido o embaixador norte-americano em Paris, o veterano diplomata Charles Bohlen, ao dizer-lhe que "qualquer estabilização militar só aconteceria com o consentimento chinês e que com o consentimento chinês poderia haver neutralidade genuína". Apesar dos protestos norte-americanos, estava claro que De Gaulle imaginava uma neutralização apenas do Vietnã do Sul, não de todo o país.[33] Dois meses depois foi a vez de George Ball ser informado por De Gaulle que "ele não acreditava que os Estados Unidos pudessem vencer [no Vietnã], apesar de sua vantagem militar, mesmo que decidissem travar uma guerra em grande escala".[34] Cada vez mais, De Gaulle pressionava por uma conferência internacional como meio para resolver o conflito. Seu objetivo declarado era um compromisso entre quatro potências, China, França, União Soviética e Estados Unidos, de não intervir no Sudeste Asiático. A sua intenção mal disfarçada era reconhecer o antigo território da Indochina Francesa como parte de uma esfera de influência da China. (Já em janeiro de 1964, a França reconhecera formalmente a República Popular da China.) De Gaulle não aceitou contribuir para os esforços de iniciar negociações entre Hanói e Washington até que os norte-americanos houvessem se comprometido explicitamente a retirar suas forças. O insulto supremo foi o seu discurso de setembro de 1966 em Phnom Penh, que culpava incisivamente os Estados Unidos pela continuação da guerra. Isso aconteceu depois que De Gaulle retirou definitivamente a França da OTASE, bem como da estrutura de comando da OTAN. Para quase todos os estrategistas políticos norte-americanos, esse era um padrão assustador de comportamento desleal.[35]

Se as relações entre De Gaulle e Kennedy haviam sido tensas, entre De Gaulle e Johnson elas eram inexistentes. Eles se encontraram apenas três vezes, sempre em algum funeral de Estado: o de Kennedy, o de Adenauer e o de Eisenhower. (A proposta do senador Mansfield de que os dois dirigentes se encontrassem em Paris fora mal recebida no Palácio do Eliseu, relatou Kissinger em janeiro de 1966, "especialmente quando o senador Mansfield disse que De Gaulle e Johnson fariam uma bela figura, os dois juntos no terraço".)[36] Aqueles cujo conselho sobre o Vietnã Johnson prezava – principalmente Rusk, os irmãos Bundy e Lodge – estavam de acordo em desprezar os repetidos apelos do presidente francês em favor da neutralização. Apenas David Nes – por um curto tempo o número dois de Lodge em Saigon antes que a eleição de 1964 fizesse o embaixador voltar aos Estados Unidos – chegou a perceber que De Gaulle estava oferecendo uma escolha preferível à escalada militar.[37]

Como já vimos, Kissinger havia criticado, quase desde o início, a forma como as administrações Kennedy e Johnson lidaram com as relações entre os Estados Unidos e as maiores potências da Europa Ocidental. "A Aliança do Atlântico Norte está em desordem", ele escreveu em um dos muitos discursos que preparou para Nelson Rockefeller em 1964. "A Administração Democrática [...] deixou de reconhecer as significativas mudanças que vêm ocorrendo na Europa. Tem insistido em políticas incoerentes, propondo a união entre os aliados em um momento e agindo unilateralmente em seguida."[38] Por um lado, Washington estava agindo sem uma consulta adequada a seus aliados (por exemplo, ao escolher apoiar a Indonésia contra a

Holanda na disputa pela Nova Guiné Holandesa). Por outro, o entusiasmo dos norte-americanos pela MLF baseava-se em uma interpretação fundamentalmente equivocada das atitudes europeias quanto à segurança nuclear. Em particular, a tendência de Kennedy e Johnson de insistirem na *détente* com a União Soviética em uma base bilateral estava despertando um medo compreensível por parte das maiores potências europeias de uma "acomodação Estados Unidos-União Soviética" – a expressão era de François de Rose – à sua custa.39 Kissinger ouviu a mesma queixa em Bonn de Klaus Ritter, o ex-vice-diretor do serviço de informações alemão, e do general Hans Speidel, ex-comandante das forças terrestres da OTAN.40 Nesse contexto, os apelos mal alinhavados dos norte-americanos por ajuda no Vietnã estavam fadados a cair em ouvidos moucos.41

O mapa da Europa de Kissinger era bismarckiano. Quando ele viajava para o outro lado do Atlântico, o que fazia todos os anos (geralmente em maio e junho, quando se encerrava o semestre em Harvard), ele ia a Bonn e a Paris impreterivelmente; Londres vinha em terceiro lugar, seguida por Bruxelas, Haia e Roma. Raramente ou nunca visitava as capitais de outros países europeus. A Escandinávia era-lhe uma *terra incognita*, assim como a Península Ibérica. Desinteressado das forças econômicas que estavam impulsionando a integração da Europa Ocidental após a assinatura do Tratado de Roma em 1957, a Europa de Kissinger ainda era a Europa da pentarquia das grandes potências de Ranke: Grã-Bretanha, França e Alemanha, com a Itália como menos importante e a neutra Áustria como um vulcão extinto.42 Das três potências sobreviventes, era a Alemanha que mais o interessava, e a Grã-Bretanha a menos relevante. Entretanto, logo se tornou óbvio que o caminho para Hanói passava por Paris, não por Berlim.

Certamente não passava por Londres. Como o debate de Kissinger com Michael Foot e Tariq Ali, transmitido pela televisão, havia revelado, a hostilidade contra a Guerra do Vietnã estava crescendo quase tão rapidamente no Reino Unido quanto nos Estados Unidos. Em uma visita a Londres em fevereiro de 1966, Kissinger – "falando como um observador independente e respeitado" – fez o que pôde para defender a posição do governo norte-americano em uma série de encontros com parlamentares e funcionários públicos, mas encontrou oposição não apenas por parte da esquerda (especialmente o primeiro secretário de Estado, George Brown) como também da direita (o secretário de Defesa do gabinete paralelo, Enoch Powell) e até mesmo do centro (o líder liberal, Jo Grimond). Apenas uns poucos "funcionários públicos de nível médio" – que possivelmente se lembravam da vitória na Malásia, onde os britânicos venceram o *seu Vietnã* ao derrotarem as guerrilhas comunistas em seu próprio jogo de guerra na selva – achavam que os Estados Unidos "deviam ser mais durões".⁴³ Kissinger tentou demonstrar otimismo, relatando a Len Unger que "os britânicos, praticamente sem exceções, estão dispostos a concordar com nossas políticas e ações no Vietnã, apesar de não se entusiasmarem quanto ao que entendem que deva ser feito. Ele observou que até mesmo os trabalhistas de esquerda compartilhavam dessa visão e achou muito mais fácil conversar até mesmo com os britânicos mais contrários do que com seus colegas acadêmicos de Harvard". Mas isso não era muito difícil, considerando o clima cada vez mais contrário à guerra em Cambridge. A realidade era que mesmo a oposição conservadora estava contra o Vietnã. No café da manhã, o novo líder *tory*, Edward Heath, disse-lhe que "embora ele estivesse esperançoso de modo geral [...] nossa estratégia militar no Vietnã fazia pouco sentido para ele". O secretário de Defesa do gabinete paralelo, Enoch Powell, era o "maior opositor e defendia a nossa retirada imediata do Vietnã". Embora fosse possível argumentar em Londres que o Vietnã importava "não apenas em seu contexto próprio, mas em relação à nossa posição mundial e à futura orientação e papéis da Índia e do Japão", não existia clima para a alegação de que a guerra estava sendo travada "a fim de deter a disseminação do comunismo mundial".⁴⁴ A reação pública positiva à alegação posterior de Powell de que, ao pensar em mandar forças britânicas ao Vietnã, Harold Wilson estava "[agindo] de modo perfeitamente claro e perfeitamente identificável como um satélite norte-americano" pode ter sido suficiente para fazer Wilson mudar de ideia.⁴⁵

III

A discussão alemã de meados da década de 1960 era diferente. Por um lado, a maioria dos alemães via a semelhança entre a sua situação e a dos vietnamitas. Ambos os países estavam divididos; como a Alemanha Oriental, o Vietnã do Norte era um Estado controlado pelos comunistas que representava uma ameaça militar e política em potencial a seus vizinhos não comunistas. Mas esse argumento não era suficientemente potente para fazer os alemães quererem ajudar os Estados Unidos. Ao contrário, os vários líderes políticos e militares alemães com quem Kissinger falou sobre o assunto deixaram perfeitamente claro que encaravam seus próprios problemas oriundos da divisão da Alemanha como tão preocupantes que não tinham tempo ou recursos para se preocupar com o Vietnã.

Kissinger tendia a ser alarmista quanto aos rumos que a Alemanha Ocidental estava tomando, mas, de modo geral, acertou quanto à direção adotada. Já em novembro de 1964, avisou McGeorge Bundy que, ao "pressionar pela aceitação da MLF" e "forçar a situação a se definir", os Estados Unidos arriscavam-se a "destruir a CDU", o Partido Democrata Cristão alemão. "Isso, por sua vez, fará com que o SPD [Partido Social Democrata] enverede por um rumo mais esquerdista e nacionalista", previu. "Minha real preocupação não é com a MLF, mas que, em três ou quatro anos, nós tenhamos uma situação na Alemanha similar à que hoje existe na Itália" – em outras palavras, um desvio fundamental para a esquerda.[46] Isso foi dois anos antes da entrada do Partido Social-Democrata em uma grande coalizão com a CDU e a nomeação de Willy Brandt como ministro das Relações Exteriores e vice-chanceler.

Em abril de 1965, Kissinger teve o seu primeiro encontro com o assessor de imprensa de Brandt, Egon Bahr, que viria a se tornar o arquiteto da *Ostpolitik*. Nascido na Turíngia, um estado alemão do lado errado da cortina de ferro, Bahr havia se juntado aos social-democratas em 1956 não porque fosse socialista, mas porque era um nacionalista que (corretamente) suspeitava que nem os democratas-cristãos nem os norte-americanos eram sinceros quanto à busca da reunificação alemã. Instigado por Brandt, Bahr estava tão ansioso para falar com Kissinger que fora a Boston especialmente para isso. (Kissinger havia, na verdade, tentado evitá-lo.) Como Kissinger relatou, Bahr explicou, com entusiasmo, o que o seu chefe pretendia fazer assim que o SPD chegasse ao poder em Bonn:

> Brandt estava determinado a avançar a toda velocidade. Perguntei-lhe em que direção. Bahr disse que rumo a um maior contato com o Leste, inclusive a Alemanha Oriental. Ele acrescentou que um dos objetivos de maior prioridade seria o desenvolvimento de um esboço de tratado de paz. O plano que ele e Brandt

estavam imaginando teria as seguintes características: uma Alemanha unificada deixaria a OTAN. Renunciaria à posse de armas nucleares. As tropas estrangeiras seriam retiradas de seu território. As Forças Armadas alemãs conservariam o seu tamanho atual. Haveria uma garantia das quatro potências quanto à integridade territorial da Alemanha. Além disso, haveria um tratado de assistência mútua pelo qual as quatro potências se comprometeriam a ajudar uma à outra contra uma agressão alemã.[47]

Kissinger escutou horrorizado. "Perguntei se Bahr estava preocupado que a garantia pudesse justificar uma intervenção constante dos comunistas nos assuntos alemães. Bahr replicou que eu ainda estava pensando em termos de Guerra Fria." Com isso, Bahr queria dizer que Kissinger estava pressupondo "um desejo ilimitado dos soviéticos de expandir sua esfera", enquanto "a perspectiva do SPD de Berlim [...] pressupunha que a União Soviética iria adquirir um caráter cada vez mais nacional" e "valorizaria a amizade com a Alemanha em vez de buscar pressioná-la". Se, todavia, os soviéticos pressionassem, então "o Exército alemão existente lutaria para ganhar tempo até que chegasse ajuda da OTAN".

Kissinger não conseguiu aguentar mais esse tipo de conversa desvairada:

Observei que, se o plano de Bahr contava com uma OTAN forte, tudo indicava que ele iria se desiludir. Nas circunstâncias descritas por Bahr, não apenas a Alemanha deixaria a OTAN como a própria OTAN provavelmente se desintegraria. A possibilidade de se combinar um tratado de assistência mútua com a União Soviética e uma aliança dirigida contra um suposto perigo soviético parecia inconcebível. Bahr replicou que ele não considerava a OTAN como tal muito viável; seu elemento mais significativo era a garantia norte-americana, que ele achava que podia ser mantida mesmo sem a OTAN.[48]

O pior ainda estava por vir. Kissinger perguntou como Bahr propunha alcançar a unificação alemã. A resposta de Bahr foi "por meio de contatos mais íntimos com o Leste, inclusive a Alemanha Oriental". A unificação precisaria esperar até que o fosso econômico entre o Ocidente e o Oriente fosse fechado – para evitar "uma humilhação intolerável" para os alemães orientais –, mas que isso poderia ser alcançado depois de "talvez cinco anos de ajuda econômica substancial dos alemães ocidentais à República Democrática Alemã para igualar os padrões de vida". Kissinger objetou que "então a RDA conseguiria ser ainda mais ativa nos países subdesenvolvidos", mas Bahr retrucou que "esse era um risco que ele estava disposto a correr", porque "toda a concepção do SPD de Berlim era que os alemães orientais eram alemães em primeiro lugar e comunistas em segundo".[49]

Kissinger ficou tão assustado com Bahr que escreveu às pressas um contundente e, de certa forma, profético artigo intitulado "The Price of German Unity" [O preço da unidade alemã] para *The Reporter*.[50] Como estudioso de Bismarck, Kissinger não precisava ser persuadido de que a Alemanha era "a chave para o equilíbrio europeu". Como ele escreveu em "The White Revolutionary", "Se a Alemanha fosse centralizada demais ou poderosa demais, acarretaria uma combinação da França e da Rússia expansionistas para contrabalançá-la. Se a Alemanha fosse dividida demais, atrairia pressão constante". A Alemanha precisava ser "forte o bastante para resistir aos ataques tanto do Oriente quanto do Ocidente, mas não tão poderosa a ponto de inquietar os seus vizinhos; suficientemente unificada para conseguir se defender, mas não tão centralizada a ponto de se tornar uma ameaça ofensiva".[51] O que Bahr imaginava poderia parecer superficialmente sedutor. Com efeito, muitos norte-americanos compraram a ideia de que "um maior contato entre as duas Alemanhas promoverá a erosão do regime da Alemanha Oriental". Mas, na prática, a *Ostpolitik* deveria impelir a Alemanha na direção não apenas da unidade, mas também do "nacionalismo ou da neutralização ou de ambos".[52] No primeiro caso, a abordagem de Bahr tenderia a elevar o status do regime da Alemanha Oriental. Ou a divisão da Alemanha se tornaria mais profunda, ou haveria uma "aceitação gradual, quase imperceptível, do modelo soviético para a unificação alemã: que fosse negociada diretamente pelos dois Estados alemães".[53]

Em vez disso, Kissinger defendia uma abordagem comum da OTAN para a questão. Se haveria algum tipo de confederação da República Federal e da República Democrática, precisaria haver condições, como a garantia de eleições livres para a escolha do governo e uma desmilitarização total de seu território, seguida, após quinze anos, por um referendo a respeito da reunificação. Os dois Estados alemães teriam de se comprometer com a linha Oder-Neisse como fronteira oriental da Alemanha. Em suma, raciocinava Kissinger, a reunificação alemã só poderia ocorrer dentro de um amplo modelo de integração transatlântico e pan-europeu:

> A esperança em longo prazo da unificação alemã reside em uma evolução no Ocidente que agirá como um ímã para os países da Europa Oriental. À medida que a Europa Ocidental alcançar a unidade política, o medo de qualquer Estado diminuirá. Uma Europa unida, além do mais, será um poderoso ímã para os países da Europa Oriental. À medida que os laços entre as duas partes da Europa se fortalecerem, o satélite Alemanha Oriental parecerá cada vez mais como um vestígio de uma era que está findando. Essa Europa unida, por sua vez, deve ser parte de um relacionamento atlântico íntimo e confiante. Uma política ocidental clarividente buscará, portanto, converter o chamado problema alemão em um esforço para construir estruturas, europeias e atlânticas, nas quais a República Federal possa participar como membro respeitado e igual.[54]

Do ponto de vista privilegiado de 2015, essa passagem tem um caráter quase profético. A *Ostpolitik* seria, com efeito, experimentada por Brandt; os soviéticos buscariam de fato subvertê-la e instrumentalizá-la; e, vinte anos depois, a reunificação ocorreria sob um chanceler democrata-cristão exatamente com base em uma aliança atlântica reafirmada e uma União Europeia mais profunda e ampla.

Contudo, teria sido necessário um Doutor Pangloss para atribuir uma alta probabilidade a tal feliz desfecho em meados da década de 1960. Escutando os maus presságios de Herbert Wehner, o presidente do SPD, em junho de 1965, Kissinger ficou ainda mais assustado. O ex-comunista implacável começou fustigando os principais políticos da Alemanha Ocidental, inclusive seu próprio *Kanzlerkandidat*:

> Erhard – um confeiteiro (*konditor*) que adora fazer bolos e colocar velinhas em cima; Schroeder – a obsessão por um colete limpo transformou-o em um antinazista por razões estéticas, não éticas. Se nos metermos em confusão, descobriremos que ele está usando um colete limpo outra vez. Brandt – quando as coisas ficam pretas ele começa a chorar (*flennen*) no ombro de quem quer que tenha nervos de aço; Erler – ele é tão prestativo (*verbindlich*) que vende tudo duas vezes; Mende – disseram a Wehner que a imprensa norte-americana havia

elogiado esse niilista por sua flexibilidade. Isso prova que os norte-americanos são imbecis políticos.* ⁵⁵

Então ele passou a falar do resto da Europa: o ex-primeiro-ministro belga Paul-Henri Spaak era "um balão que irá voar para longe a não ser que seja amarrado, e que fura diante da mais leve alfinetada", enquanto o recentemente falecido líder trabalhista britânico Hugh Gaitskell fora "um pedante que confundia uma caminhada até o palanque com a marcha da história". Quanto a De Gaulle, era "um vestígio de séculos passados". Tudo isso era apenas aquecimento. Como Bahr, Wehner era nacionalista antes de ser socialista. Acreditava apaixonadamente que "a Alemanha ruiria moralmente se permanecesse dividida" e concordava que as outras potências ocidentais apoiavam a reunificação só na retórica. Ao contrário de Bahr, todavia, Wehner desconfiava profundamente da União Soviética. Concordava com Kissinger que

> [q]ualquer reconhecimento do regime da Alemanha Oriental levará apenas a uma competição entre dois Estados nacionalistas. Mesmo assim, a República Federal teria de conduzir uma política de unificação muito ativa se não quisesse perder toda a coesão moral e se não quisesse ver partidos extremistas emergirem de novo à esquerda e à direita. Ele disse que a nova geração não tinha mais o medo mórbido dos comunistas (*Kommunistenschreck*) e que poderiam começar a jogar com o Leste. Pessoas como "aquele diletante" Bahr já estavam brincando com esse tipo de ideias.⁵⁶

Em qualquer parte da Alemanha por onde passava, Kissinger escutava a mesma história. "O Vietnã não era uma guerra, mas um lamaçal sem fundo", Wehner lhe disse. *Der Alte* – o aposentado, mas ainda fulgurante Konrad Adenauer – concordava: "A guerra no Vietnã era um desastre. A Europa era a região decisiva e nós estávamos, em vez disso, sendo sugados cada vez mais para o fundo do lamaçal do Sudeste Asiático. Eu disse que nós estávamos

---

* As referências são ao chanceler Ludwig Erhard; ao ministro das Relações Exteriores, Gerhard Schröder; ao prefeito de Berlim e candidato do SPD a chanceler, Willy Brandt; ao líder do SPD no Parlamento, Fritz Erler; e ao líder do Partido Democrático Liberal e vice-chanceler, Erich Mende.

defendendo a Europa no Sudeste Asiático. Adenauer replicou que se mantivéssemos o ritmo atual perderíamos tanto a Europa quanto a Ásia".⁵⁷

A queixa alemã – ecoada por Eugen Gerstenmaier, o presidente da Câmara – era que os norte-americanos ficavam lhes pedindo para "escolher entre a França e os Estados Unidos", ao que ele tinha vontade de responder: "E depois que houvermos feito a escolha a França irá desaparecer da Europa?".⁵⁸ Como Kissinger tentou explicar a McGeorge Bundy, não fazia sentido usar a República Federal "como [...] aríete do preconceito antifrancês unilateral e quase obsessivo [do Departamento de Estado] [...] Se a Alemanha é constantemente instada a escolher entre os Estados Unidos e a França, ela acabará optando pela unificação por métodos que certamente serão disruptivos [...] Cortejar a República Federal a fim de frustrar a França [...] acabará afastando tanto Paris quanto Bonn".⁵⁹

Kissinger deu um suspiro de alívio quando soube que McNamara estava finalmente abandonando a MLF em favor de uma proposta de um "comitê executivo sobre questões nucleares".⁶⁰ (A MLF foi enterrada para sempre quando Johnson se encontrou com Erhard em dezembro de 1965 e lhe disse – como foi retransmitido para Kissinger –: "Ludwig, farei qualquer coisa por você, mas não complique a minha vida pedindo armas nucleares".)⁶¹ Mas ele acusou os "Grandes Veteranos dos primeiros dias da OTAN" de buscarem sabotar a ideia na crença errônea de que o "perigo em longo prazo na Europa" era "a excessiva assertividade da vontade europeia". O real perigo, Kissinger previa corretamente, era "o oposto – uma tendência a abdicar de toda a responsabilidade [...] [D]aqui a dez anos a nova Europa pode ter caído na situação da Itália – ávida demais por virar a política externa para o nosso lado, mas inconfiável em qualquer período de tensão. Não acredito que seja nosso interesse ser o único país no Ocidente a conduzir uma política externa séria".⁶²

Esse foi um tema ao qual ele retornou um ano mais tarde, depois que mais outra reviravolta na política dos Estados Unidos havia resultado na chamada "solução por meio de equipamentos bélicos" (*hardware solution*), pela qual os submarinos nucleares norte-americanos seriam vendidos à OTAN e colocados sob o controle também dela com uma futura tripulação mista. Isso era, em essência, uma reedição da MLF, e Kissinger não teve clemência em seu desdém.⁶³ O problema real da aliança atlântica não podia ser resolvido com formas de integração que fossem ao mesmo tempo excessivamente restritas em termos militares e, de qualquer forma, não significativas. O que era necessário era que a Europa "assumisse uma responsabilidade maior por suas políticas e defesa":

> Não é nosso interesse nem da Europa que a Europa atue como Grécia e nós como Roma – um lugar atrasado politicamente, interessante em termos culturais, mas incapaz de desempenhar um papel ativo. Isso não seria saudável para nós, porque a hegemonia é degradante em longo prazo. Insisto em que a única forma pela qual podemos preservar nossa influência é reduzindo nossa predominância formal [...] O atual sistema encoraja muitos de nossos aliados a transferir os custos e as responsabilidades da defesa comum para nós.[64]

Os Estados Unidos precisavam parar de lutar contra os esforços europeus de congregar seus recursos defensivos, inclusive os nucleares. Em particular, o argumento de que a Alemanha não deveria ter acesso nem mesmo a uma parcela dos meios dissuasivos nucleares europeus precisava ser abandonado. Como poderia ser "bom para a coesão da aliança ficar insistindo que uma de suas primordiais funções é restringir a ameaça potencial de um de seus principais membros"?[65]

Esse apelo foi ignorado. Em vez de seguir na direção indicada por Kissinger – de uma OTAN mais integrada politicamente e equilibrada militarmente –, a administração Johnson continuou no rumo da *détente*, aparentemente confiando mais em Moscou do que em Bonn. O anúncio em 1967 de que os Estados Unidos abraçariam a ideia (originalmente irlandesa) de um Tratado de Não Proliferação de Armas Nucleares (TNP) provocou outra convulsão na Alemanha. O raciocínio dos norte-americanos, baseado em um estudo profundo feito pelo ex-vice-secretário de Defesa Roswell Gilpatric, era de que não havia melhor forma de impedir a transformação de um mundo de quatro potências nucleares para um mundo de quinze ou vinte potências nucleares em meados da década de 1970.[66] Como Francis Gavin mostrou, o pensamento norte-americano sobre a questão da não proliferação era tão intrincado quanto era global em seu escopo: "[O]s Estados Unidos precisavam lutar uma guerra convencional em uma região de pouco interesse estratégico (Vietnã), durante um período de *détente* e cooperação com o seu principal adversário (a União Soviética), para convencer um aliado (Japão) e um Estado neutro (Índia) a não desenvolverem armas nucleares, porque, se o fizessem, as pressões sobre a Alemanha Ocidental cresceriam, as tensões com os soviéticos se intensificariam e a *détente* seria minada".⁶⁷ Do ponto de vista de Johnson, nem seria necessário acrescentar, o TNP possuía um atrativo político doméstico: como Bobby Kennedy manifestara interesse na ideia, Johnson precisava torná-la sua. Os alemães ocidentais não estavam interessados na complexidade do raciocínio dos norte-americanos; só o que podiam ver era que eles, como leais aliados, estavam sendo de certo modo agrupados com os chineses – que já haviam, além disso, executado um teste nuclear bem-sucedido em 1964. Em janeiro de 1967, Swidbert Schnippenkötter, o experiente diplomata alemão responsável pelo desarmamento, contou a Kissinger que aquele era "o momento crítico nas relações da Alemanha com os Estados Unidos e, em muitos aspectos, o dano já era irreparável".⁶⁸ Franz Josef Strauss, agora de volta ao governo como ministro das Finanças, foi agressivo como sempre: "Ele disse que o Tratado da Não Proliferação era um super-Yalta [...] [O] comportamento dos Estados Unidos lembrava o de um alcoólatra inveterado dizendo aos que não bebiam que se tomassem mais um copo seriam condenados à morte. O Tratado da Não Proliferação equivalia à hegemonia permanente dos Estados Unidos e da União Soviética em assuntos nucleares".⁶⁹ Adenauer, falando com a brutal sinceridade a que lhe davam direito os seus 91 anos, disse a Kissinger que

> O presidente Johnson estava propondo uma relação hegemônica com a União Soviética contra todo o resto do mundo. Os dois grandes ricos estão tentando dividir o mundo contra todos os pobres. Os Estados Unidos estavam ocupados com a Ásia. As prioridades para os Estados Unidos eram, em primeiro lugar, a Ásia e, em segundo, a *détente*; a Europa estava sendo usada simplesmente como um tipo de conveniência, quando não era um incômodo [...] Era ultrajante que os Estados Unidos estivessem até mesmo cogitando estabelecer um tratado que iria, por toda a eternidade, impor uma situação discriminatória à República Federal.⁷⁰

Der Alte avisou que iria "falar publicamente contra vocês".

Embora alguns poucos velhos políticos nos Estados Unidos – especialmente John McCloy e Robert Bowie – estivessem inclinados a concordar com os alemães, o próprio Kissinger estava hesitante a respeito da não proliferação. Quando tentou relacioná-la à questão da reunificação alemã com Strauss, recebeu pouca atenção: "Ele [Strauss] estava cansado que lhe dissessem o tempo todo que a unificação alemã seria o resultado da *détente*. A questão era que a unificação alemã não era interesse de ninguém. Bismarck tivera muita sorte em conseguir criar uma Alemanha unificada, por causa do equívoco de todas as potências vizinhas, que consideravam a Áustria mais forte do que a Prússia".[71] Essa era, é claro, a perspectiva da Bavária, mas não era desprovida de méritos históricos.

Com Adenauer, Kissinger tentou falar sobre o Vietnã. Seria mesmo do interesse da Alemanha, perguntou ele, "que o prestígio dos norte-americanos ruísse tão completamente a ponto de os elementos mais intransigentes no mundo comunista se sentirem encorajados[?] Se os Estados Unidos fossem derrotados pelo Vietnã do Norte, o que os soviéticos poderiam responder a Ulbricht se ele quisesse pressionar Berlim?

> Adenauer olhou para mim e disse: E você acha que eu acredito que vocês irão nos proteger? Eu disse: Sim. Ele disse: Eu não acredito mais que vocês irão nos proteger. As suas ações nos últimos anos deixaram claro que, para vocês, a *détente* é mais importante do que tudo o mais. Não acredito que qualquer presidente norte-americano arrisque uma guerra nuclear por Berlim; a única coisa que está nos salvando é que os soviéticos não têm certeza disso.[72]

Kissinger tentou perguntar sobre a unificação alemã. Adenauer retrucou que "não seria alcançada com ou sem os Estados Unidos". A realidade era que "os norte-americanos eram o povo menos confiável na política". Era muito mais provável, em sua opinião, que "a França possa conseguir a unificação alemã para a República Federal", nem que fosse porque "do ponto de vista da *raison d'État* era essencial para a França empurrar o comunismo para tão longe quanto possível do centro da Europa".

> Os Estados Unidos estavam fazendo tudo o que podiam para quebrar a espinha política da região do Atlântico e destruir a autoconfiança daqueles sobre os quais o sistema de segurança ocidental podia ser construído. Ele disse que iria visitar De Gaulle dali a algumas semanas, e o encorajaria a defender a união política europeia. Uma união puramente econômica simplesmente não era o bastante, e o Estado-Nação era inadequado.[73]

De fato era notável escutar tais opiniões vindas de todo o espectro político e de todas as gerações. Egon Bahr tinha essencialmente a mesma visão sombria do TNP que Strauss e Adenauer, embora a seus olhos aquele fosse um novo argumento para transformar a Alemanha Ocidental em "uma ponte entre o Oriente e o Ocidente",* assim como um novo parceiro para países como a Suécia, o Japão e a Índia, contra os quais o tratado foi claramente arquitetado.74 Helmut Schmidt, o novo presidente da SPD *Fraktion* na Câmara, adotou a mesma linha: os Estados Unidos, em sua opinião, "queriam a *détente* em benefício próprio ao possível custo de um de seus aliados mais próximos [...] e o fim da OTAN estava sendo apressado".75 Se os Estados Unidos haviam decidido desenvolver uma política para cimentar a nova aliança entre democratas-cristãos e sociais-democratas – forjada menos de dois meses antes com a formação de uma grande coalizão sob Kurt Georg Kiesinger –, não poderiam ter encontrado nada melhor do que o TNP.

A Alemanha Ocidental, em suma, não tinha nada a oferecer aos Estados Unidos, ainda mais em relação ao Vietnã. "Não estou certo", Kissinger relatou a John McNaughton depois do que só pode ter sido uma série de encontros desalentadores, "de que mesmo essas conversas façam justiça ao clima de autopiedade e ao nacionalismo incipiente em Bonn hoje em dia".76

IV

Apenas em um aspecto Kissinger aprovou a direção que a Alemanha Ocidental estava tomando. Como ele havia dito durante seu primeiro encontro com Egon Bahr, "toda a concepção [da *Ostpolitik*] pareceu-me bastante gaullista. Bahr replicou que Brandt era fascinado por De Gaulle".77 Paris, mais uma vez, era a chave. Quando se tratava de outros problemas além da questão alemã, os homens em Berlim e Bonn tinham pouco a oferecer. Em 1965, o ministro alemão Heinrich Krone (a quem Kissinger descreveu como "o confidente mais próximo de Adenauer e presidente da versão alemão do CSN") mencionou o tipicamente banal "medo [...] de que os Estados Unidos pudessem ficar tão absorvidos com o Sudeste Asiático que o seu interesse na Europa

---

* Bahr teve o bom senso de rir quando Kissinger retrucou que "sempre há o perigo de que por uma ponte todo mundo pode passar".

se reduziria".[78] Como Kissinger observou a Marion Dönhoff, ele fora, durante algum tempo, "cético quanto a valorizar demais uma relação puramente entre os alemães e os norte-americanos".[79] A Alemanha estava obcecada consigo mesma para oferecer muito em troca do interesse norte-americano. A chave, portanto, era a França.

Já em julho de 1964, Kissinger começou a dar indicações de sua destoante simpatia por De Gaulle. Em uma crítica penetrante do que havia de errado com a aliança atlântica, publicada na *Foreign Affairs,* Kissinger discutiu o gaullismo. O "novo espírito" de independência política e "policentrismo" era perfeitamente compreensível depois de quase vinte anos em que as armas nucleares haviam se tornado exponencialmente mais numerosas e mais destrutivas, mas não haviam realmente sido usadas. O próprio sucesso da dissuasão estava, inevitavelmente, afrouxando os laços transatlânticos à medida que a ameaça do Armagedom parecia recuar. "Longe de duvidar do compromisso militar dos norte-americanos com a Europa", Kissinger argumentou, "o presidente De Gaulle está tão certo dele que não considera a independência política um risco".[80] Em todo caso, os franceses tinham razões legítimas para criticar as políticas da administração Johnson. A força multilateral era uma artimanha. Era "basicamente um dispositivo para tornar a hegemonia nuclear norte-americana aceitável". Com a teoria da resposta flexível, esperava-se que os europeus concordassem com o "controle exclusivo dos Estados Unidos sobre a estratégia nuclear", enquanto eles se limitariam a fortalecer suas próprias forças convencionais. Mas De Gaulle havia "apontado [...] um problema-chave da OTAN. Na ausência de uma política externa comum – ou, pelo menos, de um limite estabelecido de divergências –, a tentativa de arquitetar uma estratégia comum tendia a se mostrar inútil".[81] Kissinger não apenas aprovava a proposta anterior de De Gaulle de um "diretório" das grandes potências; ele também apoiava a visão francesa de uma integração europeia baseada em "encontros institucionais dos ministros das Relações Exteriores e funcionários de subgabinete" em vez de um federalismo de estilo alemão, mesmo porque essa era "a mais compatível com a participação britânica".[82] Comentários como esse deixam claro que Kissinger nunca foi totalmente persuadido pelo plano de Rockefeller de um federalismo transatlântico como solução para os problemas da OTAN.[83]

Em um artigo deliberadamente provocativo intitulado "The Illusionist" [O ilusionista], Kissinger acusou os norte-americanos de "interpretarem mal"

De Gaulle.[84] Mesmo as pessoas que mais compartilhavam de suas ideias, como Marion Dönhoff, ficaram consternadas. (Ela não chegou a terminar de ler o artigo, de tão indignada.) Mas Kissinger se manteve inflexível. "[P]or mais que eu discorde de algumas das respostas dele", Kissinger disse a ela, "ele tem feito perguntas tremendamente importantes".[85] A tentativa de Kissinger de chegar a respostas próprias foi publicada em 1965 como *The Troubled Partnership* [A parceria problemática].[86] Dedicado a seus filhos, o livro originou-se de uma série de três palestras proferidas no Conselho das Relações Exteriores em março de 1964 e foi publicado sob os auspícios do CFR junto a dois outros volumes, *Alternative to Partition* [Alternativa à divisão], de Zbigniew Brzezinski, e *NATO in Transition: The Future of the Atlantic Alliance* [OTAN em transição: o futuro da aliança atlântica], de Timothy W. Stanley. Era um livro escrito às pressas. Até mesmo o "imensamente hábil" auxílio de pesquisa fornecido pelo jovem Peter Rodman e o "conselho incisivo e brilhante" ofertado por Tom Schelling não conseguiram compensar a pressa de sua composição (traída pela ocorrência de vários *Britians* – em vez de "Britains" – e de pelo menos um "franco-alemão" quando o contexto deixa claro que o correto seria "franco-norte-americano"). Como diversos capítulos eram fruto de artigos anteriores, faltava certa coerência à argumentação sobre o futuro da aliança atlântica. Apesar disso, um importante tema foi abordado de modo bem articulado. Os Estados Unidos precisavam levar o gaullismo mais a sério. Os dias em que "os Estados Unidos eram dominantes e a Europa, impotente" estavam encerrados, mas haviam deixado uma herança de, por um lado, "um sentimento de superioridade moral e impaciência" e, por outro, "queixas e inseguranças".[87] De Gaulle foi apenas o primeiro líder europeu a compreender que, sob as condições de real dominância norte-americana da estratégia nuclear e a *détente* entre os Estados Unidos e a União Soviética, havia "pouco risco e considerável ganho potencial na independência política".[88]

O capítulo sobre De Gaulle deixa claro quão importante o paralelo com Bismarck se tornara em seu pensamento naquela época. Enquanto os norte-americanos (inclusive George Ball, do Departamento de Estado)[89] haviam chegado à visão de que a Europa deveria ser integrada na forma de uma federação europeia e que tal entidade seria um melhor parceiro para os Estados Unidos, De Gaulle não se deixara iludir por essa ideia. Apesar de desejar sinceramente a unidade do continente, ele queria apenas uma confederação de

Estados-Nações, e uma que não dependesse mais dos Estados Unidos para sua segurança. Kissinger simpatizava com essa visão:

> Embora De Gaulle frequentemente aja como se a oposição às políticas dos Estados Unidos fosse um fim em si, seu objetivo mais profundo é pedagógico: ensinar às pessoas e talvez a seu continente atitudes de independência e autossuficiência [...] A sua diplomacia segue o estilo de Bismarck, que lutou impiedosamente para alcançar o que ele considerava ser o lugar de direito da Prússia, mas que em seguida tentou preservar o novo equilíbrio por meio da prudência, do controle e da moderação.⁹⁰

Ao longo de todo o livro, ele endossou cada atitude tomada pelo presidente francês, até as que haviam causado indignação em Washington. Desse modo, De Gaulle acertara em rejeitar o pedido de admissão da Grã-Bretanha no Mercado Comum Europeu; acertara em estabelecer a França como "guardiã dos interesses da República Federal da Alemanha" por meio do tratado de cooperação franco-alemão de 1963; acertara ao insistir no poder de dissuasão nuclear independente da França ("Fazer um seguro contra incêndios não indica uma paixão por incêndios"); acertara em rejeitar a MLF.⁹¹ A nova proposta de Kissinger de um "comitê executivo do conselho da OTAN composto por Estados Unidos, Grã-Bretanha, França, República Federal da Alemanha, Itália e um representante rotativo dos países menores" era, essencialmente, um refinamento da ideia natimorta de De Gaulle de um diretório tripartite.⁹² A única armadilha era que, como Bismarck, De Gaulle poderia estar criando uma estrutura que não sobreviveria a ele próprio.

> [U]m estadista deve trabalhar com o material de que dispõe. Se o alcance de suas concepções excede a capacidade que seu ambiente possui de absorvê-las, ele fracassará, independentemente do acerto de suas ideias. Se o estilo dele o faz inassimilável, torna-se irrelevante se ele está certo ou errado. Os grandes homens só constroem realmente se se lembram de que suas realizações devem ser preservadas pelos indivíduos menos dotados que provavelmente os sucederão. Uma estrutura que só pode ser preservada se houver um grande homem a cada geração é inerentemente frágil. Essa pode ser a nêmesis do sucesso de De Gaulle.⁹³

Alguns livros devem seu sucesso ao fato de terem sido lançados em um momento favorável. Isso aconteceu com *Nuclear Weapons and Foreign Policy* [Armas nucleares e política externa]. Em contraste, *The Troubled Partnership* [A parceria problemática] foi lançado em uma hora péssima. "É uma pena", escreveu o pai dele, com uma falta de tato autenticamente alemã, "que esse livro tenha sido publicado quando todas as atenções estão concentradas na Ásia e não na Europa".94 As resenhas, todavia, foram favoráveis. A resenha do *The New York Times* foi escrita pelo repórter veterano Drew Middleton, que encerrara recentemente um período de seis anos de serviço militar na Alemanha. "O sr. Kissinger é um especialista", observou Middleton, com o tradicional esnobismo invertido de um especialista de todos os ofícios, "e muitas vezes ele parece estar escrevendo para outros especialistas". Mas o resenhista apoiou amplamente a crítica de Kissinger à MLF e sua análise da mais recente iteração da questão alemã.95 Bernard Brodie gostou tanto do livro que o resenhou duas vezes, chamando-o de "provavelmente o melhor livro de Henry Kissinger até agora e o melhor livro que conheço sobre a aliança atlântica".96 Outro resenhista elogiou o "faro para as realidades políticas de Kissinger".97 Talvez a crítica mais séria tenha sido a de que Kissinger ignorou quase completamente os aspectos econômicos da relação transatlântica. Não havia nenhuma referência à Organização para a Cooperação Econômica baseada em Paris, nada sobre questões como "ajuda às nações subdesenvolvidas, ou a complexidade da liquidez monetária internacional, nem sobre as relações comerciais e as negociações do General Agreement on Trade and Tariffs (GATT) [Acordo Geral de Tarifas e Comércio]".98 Porém, a fraqueza mais óbvia do livro passou amplamente despercebida: a incompatibilidade fundamental entre a visão de Kissinger de "uma comunidade atlântica em que todos os povos delimitados pelo Atlântico Norte possam realizar suas aspirações"99 e a realidade da visão de De Gaulle como estava se desenvolvendo em seus grandiosos, mas cada vez mais isolados, aposentos no Palácio do Eliseu. Quando Kissinger foi chamado a testemunhar sobre a aliança atlântica diante do Comitê de Relações Exteriores do Senado – um ano após a publicação do livro –, *The Troubled Partnership* já estava obsoleto, e a própria parceria ficara ainda mais problemática.100

V

O desespero europeu em relação à aliança transatlântica vinha em vários sabores diferentes. O clima dominante em Paris em 1965 era de arrogância presidencial. Jean de La Grandville, *ministre plénipotentiaire* no Quai D'Orsay, disse a Kissinger em maio que

> De Gaulle estava decidido a reduzir a dominação norte-americana sobre a OTAN, talvez até mesmo transformá-la em uma aliança tradicional no velho estilo. Ele queria passar a maior parte do ano preparando as bases para o que De La Grandville temia que se transformasse em um ataque ainda mais insistente [...] [E]le tinha a impressão de que De Gaulle achava que poderia estorvar a presença norte-americana na Europa até que estivéssemos reduzidos às forças necessárias para a segurança imediata, em vez de uma formação que, aos olhos de De Gaulle, visava à dominação política [...] Em suma, a principal investida da política de De Gaulle no momento era reduzir a posição dos Estados Unidos no mundo. Ele escutara De Gaulle dizer que "vamos furar o balão norte-americano no Vietnã".[101]

De La Grandville admitiu estar "desesperado com as tendências no Ocidente, principalmente com as políticas de seu país". De Gaulle estava decidido não só a "furar o balão norte-americano"; estava também resolvido a deter qualquer outro movimento europeu em direção ao federalismo e – o mais chocante de tudo – a tratar diretamente com os soviéticos sobre a questão (como De Gaulle se referira propositalmente ao falar com Gromiko) dos "dois Estados alemães [...] Desculpe-me. Quero dizer a zona da Alemanha ocupada pelos norte-americanos e a zona da Alemanha ocupada pelos soviéticos".[102] Kissinger ficou estarrecido. "Enquanto eu havia acreditado que De Gaulle fosse basicamente um aliado do Ocidente", disse ele a De La Grandville, "eu simpatizava com seus esforços e até mesmo acreditava que eles fossem do interesse em longo prazo de todos os aliados. Agora eu tinha minhas dúvidas".[103]

Em um ano, como vimos, De Gaulle havia removido a França da estrutura de comando integrado da OTAN. A sua recusa em assinar o Tratado da Não

Proliferação não era difícil de prever. Quando Kissinger retornou a Paris, em janeiro de 1967, foi mais uma vez brindado com as histórias de De La Grandville sobre as loucuras do gaullismo:

> A teoria francesa oficial – registrada em documentos – era de que o mundo era tripolar. Um centro ficava em Washington; outro em Pequim, dominando a Ásia Oriental; o terceiro era a Europa dominada por Moscou-Paris. Assim, durante a visita de Kossiguin, De Gaulle lhe havia dito: "Precisamos vigiar os alemães continuamente – se necessário, por meio de dois encontros diários [...] Os Estados Unidos estão se tornando mais impopulares na Europa a cada dia. Esse é o caminho para construirmos a Europa juntos". Kossiguin replicara: "Haviam me dito que o senhor pensava isso, mas eu queria ouvir de sua própria boca".[104]

Entretanto, De Gaulle estava, ao mesmo tempo, buscando usar "uma antipatia em relação aos Estados Unidos – fomentada, caso necessário – para construir uma Europa autônoma [...] De Gaulle dissera [ao chanceler alemão] Kiesinger que ele o havia apenas precedido em uma estrada que Kiesinger teria de trilhar mais cedo ou mais tarde". Na opinião de De La Grandville, isso era "loucura, porque a França seria a primeira vítima de tal política alemã".[105] Finalmente, havia a Ásia, onde "a política francesa não faria nada para desafiar a hegemonia de Pequim na Ásia Oriental".

> De La Grandville disse que precisávamos encarar o fato de que a França não era neutra no Vietnã. Ele escutara [o ministro das Relações Exteriores francês] Couve [de Murville] dizer que os Estados Unidos precisavam aprender uma lição no Sudeste Asiático e que isso ajudaria a afetar as suas pretensões em outros lugares. Os dirigentes franceses encontravam-se com Ho frequentemente e incitavam-no a adotar uma postura mais flexível, pois assim os Estados Unidos teriam mais dificuldade em combater. Além disso, os franceses estavam insistindo que a FNL se constituísse como um governo formal e buscasse reconhecimento.[106]

Aqui, portanto, estava o teste de fogo da recente admiração de Kissinger pelo Bismarck francês. Não era só que ele estava batendo de frente contra a grande estratégia norte-americana da *détente*, buscando restabelecer a velha aliança pré-1914 entre a França e a Rússia. Não era só que ele havia decidido seduzir os alemães ocidentais para afastá-los do alcance dos norte-americanos, ao mesmo tempo que excluía os britânicos da Europa. Pior ainda: ele estava trabalhando ativamente para ajudar os vietnamitas do norte a derrotarem os Estados Unidos no Vietnã. E seu motivo para fazer isso era alcançar uma divisão autenticamente bismarckiana do mundo que deixaria a China dominando a Ásia Oriental, os Estados Unidos confinados ao hemifério ocidental e restauraria o poder da França por meio de uma parceria pan-europeia com os russos. E se o caminho para Hanói não passasse apenas por Paris, mas via Pequim?

Por mais indiferente que fosse quanto às ideologias, De Gaulle havia sido mais rápido do que a maioria em prever a ruptura sino-soviética e supor que ela poderia ser explorada em benefício da França. A ideia também ocorrera a Henry Kissinger. Em *The Necessity for Choice* [A necessidade de escolha], publicado em 1961, Kissinger abordara diretamente "a visão frequentemente expressa de que deveríamos conduzir nossa diplomacia de modo a provocar uma cisão entre a China comunista e a URSS". Entretanto, a posição dele era de ceticismo: "É claro que a possibilidade de uma ruptura não deve ser desconsiderada. E, se ocorrer, devemos tirar vantagem dela, em vez de forçar os antigos parceiros a uma nova aliança por meio da intransigência. Mas isso está muito longe da proposta de promovermos uma ruptura".[107] E em outra parte do livro Kissinger foi convencional em sua condenação de "um país que tem demonstrado uma desconsideração tão insensível para com a vida humana". Com efeito, Kissinger foi um dos primeiros escritores norte-americanos a levantar o argumento de que, se a China adquirisse poder nuclear, as consequências seriam "aterrorizantes".

> O que veio a ser chamado de equilíbrio do terror pode parecer menos assustador a fanáticos que dirigem um país com uma população de 600 milhões de pessoas. Até mesmo uma guerra dirigida explicitamente contra centros populacionais pode parecer tolerável e talvez o melhor meio de dominar o mundo. Há relatos de que Chou En-lai disse a um diplomata iugoslavo que após uma guerra nuclear total restariam 10 milhões de norte-americanos, 20 milhões de russos e 350 milhões de chineses.[108]

Quando lhe perguntaram, em fevereiro de 1962, "Qual é a maior ameaça à paz, a Rússia ou a China?", a resposta de Kissinger foi ambígua:

Eu diria que em longo prazo provavelmente a China comunista tende a estar em uma fase mais expansionista do que a União Soviética. Ao mesmo tempo, a maioria das crises recentes foi dirigida pela União Soviética [...] Em minha opinião, ambas são uma ameaça à paz do mundo e em parte devido à doutrina comunista [...]

Em suas táticas, os comunistas chineses provavelmente são a maior ameaça; em sua potencialidade, os russos são a maior ameaça, e a maior parte das discussões entre eles se parece, de certa forma, com as de dois ladrões discutindo se precisam matar a vítima para roubar a carteira ou se podem pegá-la sem dar uma paulada na sua cabeça. Seja como for, você perde a carteira.[109]

Dois meses depois, trabalhando em um parecer para Nelson Rockefeller que começava com a declaração "Nossa política [...] deve ser testar o interesse da China comunista em melhorar as relações conosco", foi Kissinger que tentou endurecer a linguagem:

~~Devemos tentar~~ SE A CHINA COMUNISTA CONCORDAR EM RENUNCIAR AO USO DE FORÇA NO ESTREITO DE FORMOSA, PODEMOS CONSIDERAR a abertura de canais de contato não oficial [...] jornalistas, estudantes, turistas etc.

Se essas medidas mostrarem progresso, nós ~~devemos tentar~~ TALVEZ POSSAMOS estabelecer contatos comerciais, ~~primeiro abandonando o embargo de armas e~~ aplicando à China comunista as mesmas restrições que aplicamos a outros membros do bloco comunista.

Se a China comunista provar ser um membro responsável da comunidade internacional, o que pode fazer concordando com o controle de armamentos, a questão da admissão na ONU pode ser reexaminada sob novas luzes COM BASE EM UMA SOLUÇÃO REFERENTE ÀS DUAS CHINAS.[110]

Essa se tornou a linha de ação de Rockefeller. Os Estados Unidos não deveriam aceitar a filiação da RPC às Nações Unidas até Pequim ter renunciado à sua "política externa beligerante e expansionista" no Sudeste Asiático e no estreito de Taiwan.[111] A decisão francesa de reconhecer a "China Vermelha" deveria, recomendava Kissinger, "ser lamentada".[112]

Independentemente do que Kissinger tenha vindo a acreditar em seguida, depois que se tornara claro tanto para ele quanto para Richard Nixon que uma abertura dos norte-americanos à China poderia provocar uma revolução diplomática na Guerra Fria, a sua linha em meados da década de 1960 era de que o Ocidente "não se beneficiaria muito de uma cisão interna entre os comunistas e [...] na verdade a cisão poderia facilmente tanto duplicar nossos problemas quanto reduzi-los pela metade".[113] Em um discurso rascunhado para Rockefeller em outubro de 1964, Kissinger argumentou que "a ruptura sino-soviética tem enfraquecido o comunismo criando facções rivais em todo o mundo [...] Seguindo uma abordagem diferenciada para os vários regimes comunistas, [o "mundo Atlântico"] pode acentuar as fissuras no mundo comunista". Entretanto, a nova situação tinha seus perigos. "De agora em diante, o Ocidente não está enfrentando periodos alternados de hostilidade e coexistência pacífica, mas ambos ao mesmo tempo". Além disso, a cisão comunista iria "criar grandes tentações de abordagens ocidentais bilaterais". Isso poderia "permitir aos comunistas escapar de suas dificuldades jogando os aliados uns contra os outros".[114] É difícil acreditar que Kissinger tenha permanecido indiferente diante do relato de Herbert Wehner de que "o embaixador soviético em Bonn dissera a Wehner que a China não era mais um Estado comunista, e sim um Estado nazista – o pior epíteto possível no vocabulário soviético".[115] Nenhum relato confiável vindo da China, principalmente quando a Revolução Cultural se iniciou, poderia incentivar o otimismo quanto ao futuro papel de Mao Tsé-tung nas relações internacionais.

A única pista sobre a futura posição de Kissinger foi uma observação em seu ensaio de 1966 "Domestic Structure and Foreign Policy" [Estrutura doméstica e política externa], que, embora os chineses ainda "possuíssem mais fervor ideológico" do que os soviéticos,

> paradoxalmente sua estrutura permite uma flexibilidade maior para novos desvios. Intransigência tática e vitalidade ideológica não devem ser confundidas com rigidez estrutural. Como a liderança baseia seu domínio em um prestígio que transcende a autoridade burocrática, não produziu ainda muitos reféns da estrutura administrativa. Se a liderança mudar – ou se as suas atitudes se modificarem –, as políticas provavelmente serão alteradas muito mais drasticamente na China comunista do que nos países comunistas mais institucionalizados.[116]

Esse era um clássico exemplo do que Kissinger gostava de chamar "problema da conjectura", que ele ilustrou, mais uma vez, com o exemplo de Hitler em 1936, quando ninguém podia saber ao certo se ele era "um nacionalista incompreendido ou um maníaco".

Quando o âmbito da ação é maior, o conhecimento sobre o qual basear tal ação é menor ou ambíguo. Quando o conhecimento se torna disponível, a capacidade de influir sobre os acontecimentos geralmente é mínima [...] O elemento conjectural da política externa – a necessidade de adequar as ações a uma avaliação que não pode ser provada verdadeira quando é feita – nunca é mais crucial do que em um período revolucionário. Nesse momento a velha ordem está obviamente se desintegrando enquanto a forma de sua substituição é altamente incerta. Tudo depende, portanto, de alguma concepção do futuro.[117]

Mas qual era o futuro da China? De Gaulle podia ser o Bismarck francês, mas e se Mao fosse o Hitler dos chineses, seus crimes futuros tão difíceis de prever em 1966 quanto os de Hitler haviam sido em 1936? O que poderia acontecer?

VI

Estudar Bismarck e De Gaulle desafiara o idealismo de Kissinger. Pela primeira vez, ele fora forçado a encarar a possibilidade de que uma estratégia realista, baseada no puro cálculo das relações de poder – puro no sentido de eticamente indiferente e ideologicamente neutro –, poderia ser a única forma de libertar os Estados Unidos de sua absurda enrascada no Vietnã: a nação mais poderosa na história, incapaz de derrotar uma minúscula república comunista do terceiro mundo. A barreira que permanecia – que Bismarck transcendera, mas que derrubaria De Gaulle em 1969 – era a política doméstica. Em "Domestic Structure and Foreign Policy", publicado na revista *Daedalus* em 1966, Kissinger ofereceu alguns vislumbres do processo de formulação de políticas aos quais ele certamente não poderia ter chegado se ficasse apenas sentado em seu escritório em Harvard.

O primeiro problema, Kissinger argumenta, é a burocracia, que faz "um esforço deliberado para reduzir os elementos relevantes de uma questão a um padrão de desempenho médio". Isso só é problemático quando "o que é definido como rotina não trata da extensão de problemas mais significativos ou quando o seu modo prescrito de ação se mostra irrelevante para determinada situação". Nesse momento, a burocracia começa a absorver as energias dos executivos de elite "em acomodar o que é esperado com o que acontece".[118] A atenção se "desvia do ato da escolha – que é o teste de fogo da habilidade política – para a acumulação de fatos", e o que é considerado como planejamento degenera na "projeção do familiar no futuro".[119]

O segundo problema é o intervalo cada vez mais curto em que se espera atingir os resultados, ou, como Kissinger define, "A extensão de tempo pela qual o sucesso administrativo é medido é consideravelmente mais curta do que aquela pela qual a realização histórica é determinada".[120] Decisões são tomadas às pressas, sob tensão, o que torna os responsáveis suscetíveis à eficácia "teatral" de preleções. Mas "nem tudo o que soa plausível é correto, e muitas coisas que são corretas podem não soar plausíveis quando são apresentadas pela primeira vez".[121]

O terceiro ponto é que, consequentemente, há uma tendência de que "controvérsias burocráticas" se tornem o único meio de gerar decisões, ou de que diversos elementos da burocracia façam "uma série de pactos de não agressão uns com os outros e, assim, reduzam o responsável pela decisão a um benevolente monarca constitucional". A principal importância de um discurso sobre política externa feito pelo presidente pode, então, se "estabelecer em um debate interno em Washington".[122] Os presidentes, por sua vez, podem reagir transferindo responsabilidades para emissários ou enviados especiais a fim de contornar a burocracia.

Um quarto e final ponto que Kissinger acrescentou um ano depois em um ensaio à parte foi o fato de que uma lacuna havia se aberto em muitos países entre os requisitos para chegar aos cargos mais elevados e as qualidades necessárias para exercê-los:

Quando as posições mais elevadas precisam ser alcançadas pela luta interminável, os líderes podem desmoronar do topo, com a criatividade esgotada, ou tender a usar em seu cargo elevado os métodos pelos quais fora atingido. Quando líderes políticos se caracterizam principalmente pela busca do poder, quando decidem cuidar do cargo primeiro e dos problemas depois, então sua técnica para conservar o poder é necessariamente de curto prazo e manipuladora.[123]

Se todo Estado moderno fizesse política externa seguindo mais ou menos esse modelo, as probabilidades de "consultas significativas a outras nações" seriam baixas mesmo se não houvesse divergências ideológicas. Quando "o tipo burocrático-pragmático" de Estado (por exemplo, os Estados Unidos) tentava negociar com "o tipo ideológico" (a União Soviética e a China) e o tipo revolucionário-carismático (por exemplo, Cuba), era um milagre que algum acordo fosse obtido.

Esse – Kissinger concluía, embora indiretamente – era o problema com o Vietnã. De um lado estavam os Estados Unidos, cujos negociadores tendiam a ser "extremamente sensíveis aos requisitos táticos da mesa de negociações – às vezes à custa de considerações de prazo mais longo". Em discussões internas, os negociadores norte-americanos "muitas vezes se tornavam defensores da amplitude máxima de concessões, seu conhecimento legal seduzindo-os a agir como mediadores entre Washington e o país com que estão negociando" e a aplicar a máxima de que "se dois grupos discordam a verdade geralmente está em algum ponto intermediário".[124] Esse legalismo era acompanhado de uma "avaliação relativamente fraca dos fatores históricos". ("Os grupos de liderança norte-americanos demonstram alta competência ao lidar com questões técnicas e muito menos habilidade em dominar um processo histórico.")[125] Do outro lado estava o Vietnã do Norte. Em oposição aos otimistas como Rostow, a liderança em Hanói não tinha grande interesse em "elevar o produto nacional bruto [...] [o que] só pode ser alcançado por meio de medidas lentas, dolorosas e altamente técnicas, que contrastam com os esforços heroicos da luta pela independência".[126] Eles estavam "convencidos de que uma política externa arriscada não prejudicará as possibilidades de desenvolvimento econômico e pode até mesmo fomentá-lo", uma visão baseada parcialmente no fato de que a competição entre as superpotências estava fadada a resultar em ajuda econômica de um lado ou de outro. ("[Q]uanto mais audacioza [sic] a política externa, maior as possibilidades de serem cortejados pelos principais antagonistas.")[127]

O cenário estava armado. As duas contrapartes não podiam ter modos mais diferentes de operação, independentemente de seus objetivos declarados. Chegara a hora de tentar colocá-las junto. Para conseguir isso, Henry Kissinger entendia agora, não havia por que voltar a Saigon. Suas viagens em busca da paz no Vietnã o levariam a Varsóvia, Viena e Praga – mas, acima de tudo, a Paris.

Capítulo 20
Esperando Hanói

> Henry disse, enfim: "Não acredito que a segurança dos Estados Unidos seja ameaçada se por alguns instantes nós não bombardearmos num raio de dezesseis quilômetros da capital de uma potência agrícola de quinta categoria". Johnson fechou o cenho e falou: "Ok, vamos fazer do jeito que o professor quer. Mas, (fuzilando Kissinger com os olhos) se não funcionar, vou cortar as suas bolas pessoalmente".
>
> Arthur Schlesinger, Diário, dezembro de 1967[1]

> A própria luta para chegar às alturas é suficiente para preencher o coração de um homem. É preciso imaginar Sísifo feliz.
>
> Albert Camus, *O mito de Sísifo*, 1942[2]

I

A ratoeira, de Agatha Christie, e *Esperando Godot*, de Samuel Beckett, são, pode-se dizer, os polos opostos do teatro na era da Guerra Fria. Embora tenham sido representadas pela primeira vez com uma separação de poucos meses – *A ratoeira* em Nottingham em outubro de 1952, *Godot* em Paris em janeiro de 1953 –, essas peças eram, praticamente em todos os sentidos, antitéticas. É verdade que ambas eram mistérios, e se mostraram persistentemente populares, mas aí terminam as semelhanças. Na peça de Christie, o mistério de quem matou Maureen Lyon e a sra. Boyle é resolvido com uma reviravolta ao gosto da plateia ao final do ato II. Na peça de Beckett, jamais descobrimos por que Estragon e Vladimir (ou "Gogo" e "Didi", como eles chamam um ao outro) estão esperando Godot. Nem, aliás, as suas identidades ou relacionamento são explicados. *A ratoeira* tem ação, inclusive um assassinato (embora cometido com as luzes do teatro apagadas). *Esperando Godot,* como se queixou o resenhista do *The Harvard Crimson*, "não tem quase ação, apenas espera e conversa, a conversa para fazer com que a espera passe mais rapidamente [...] Gogo diz 'Não posso continuar assim', e Didi responde 'É o que você pensa'. E é isso o que é a peça".³

A história diplomática de 1967 parece, à primeira vista, muito mais com Beckett do que com Christie. Por longos dias, Henry Kissinger ficou sentado em Paris e esperou – não por Godot, mas pelo emissário dos norte-vietnamitas na França, Mai Van Bo. Mas seu encontro nunca ocorreu. E, embora o diálogo que preenchia o seu tempo não fosse tão absurdo como outros de Beckett, em alguns momentos era quase tão obscuro quanto. Em incontáveis telegramas, telefonemas e encontros, Kissinger se esforçou por encontrar as palavras mágicas que trariam Bo ao palco e dariam início às negociações diretas – ou melhor, "conversas" – entre Washington e Hanói, que agora pareciam a ele a única forma de pôr fim à Guerra do Vietnã. Em certo momento, pareceu como se a paz do Sudeste Asiático dependesse da diferença entre as palavras francesas *pourraient* e *peuvent* ("poderiam" e "podem").

Agora, porém, é possível ver que o drama encenado em Paris em 1967 era, na verdade, uma história de detetive à moda antiga, em que a plateia é deixada em suspense quanto à identidade do assassino não apenas até o final da peça, mas durante quase meio século. Pela grande parte desse período, os historiadores – encorajados por Robert McNamara, entre outros – tendiam a afirmar que foram os Estados Unidos que "mataram" o que seria chamado de iniciativa de paz PENSILVÂNIA, assim como a MARIGOLD antes disso. Desbocado e de temperamento áspero, o presidente Lyndon Johnson sempre era o principal suspeito, com o excessivamente confiante Walt Rostow e o excessivamente rígido Dean Rusk como seus cúmplices. As armas do assassinato eram os bombardeiros B-52 que não paravam de lançar cargas de alta potência sobre o Vietnã do Norte nos momentos mais inoportunos. O próprio Kissinger explicara em *O mundo restaurado* que a arte da diplomacia era conservar a ameaça de força "potencial, para manter a sua extensão indeterminada e executá-la apenas como um último recurso", porque, assim que ela tiver sido "realizada" e se mostrado inútil, o poder de negociação estará destruído.⁴ A visão convencional é que Johnson e seus conselheiros cometeram esse pecado capital. Mas está errada. Na realidade, o vilão da história não era outro senão o encantador *monsieur* Bo.

Segundo a descrição da revista *Time*, o representante dos norte-vietnamitas em Paris tinha "ficado grisalho, elegante e um tanto encorpado com a *haute cuisine* dos anfitriões encantados com seu fascínio sagaz e inteligência afável". Ele era um *connoisseur* de arte, falava um francês perfeito e gostava de citar Balzac. "Fumando um cigarro atrás do outro e sorvendo um chá forte", Bo recebia os visitantes em seu escritório na rue le Verrier, agradavelmente situado no sexto *arrondissement*, perto do Jardim de Luxemburgo e "a uma breve caminhada da casa que Alice B. Toklas e Gertrude Stein usavam para seus encontros".[5] Bo era o próprio modelo de um marxista-leninista moderno. Veterano da campanha do Viet Minh para expulsar os franceses da Indochina e propagandista experiente, ele era especialista em colocar a culpa nos imperialistas ocidentais e inocentar o seu próprio governo tirânico e assassino. Estudando Bismarck e admirando De Gaulle, Henry Kissinger esforçara-se por entender melhor a mente maquiavélica. Mas nada o preparara para a sinuosidade e dissimulação de Mai Van Bo. Kissinger estava tão ávido por obter uma reviravolta diplomática – por dar um fim ao impasse que parecia condenar os Estados Unidos a um interminável beco sem saída, ou a uma expansão arriscada da guerra – que não conseguiu perceber quão cinicamente, desde o começo, os norte-vietnamitas o estavam enrolando.

Sabemos agora, de fontes vietnamitas, que o regime de Hanói não tinha nenhuma intenção de fazer a paz em 1967. E sabemos, também, que Bo e seus aliados estavam fazendo mais do que apenas ganhando tempo. Durante os longos meses de "conversas sobre conversas", eles travaram uma guerra psicológica contra a administração Johnson, explorando a cisão que haviam percebido entre falcões e pombos. Mais do que isso: habilmente camuflavam seu plano premeditado de lançar uma ofensiva pesada que, esperavam, decidiria a guerra em seu favor.

II

Durante um ano, a partir do outono de 1965, Kissinger tornara-se um especialista no Vietnã com base nas três viagens, às vezes assustadoras, ao Vietnã do Sul. O que ele aprendera convencera-o de que os Estados Unidos precisavam se desvencilhar daquele país por meios diplomáticos. Não havia esperanças de vencer uma guerra contra um movimento de guerrilha com apoio externo a um custo aceitável em um intervalo de tempo também aceitável. Pior, o próprio governo que se estava tentando defender demonstrava poucos sinais de ser capaz, quanto mais digno, de ser preservado. O papel de Kissinger, portanto, precisava mudar. Ele havia começado com as perguntas: O esforço de guerra norte-americano pode ser aperfeiçoado? Saigon pode ser fortalecida? Agora a pergunta era: Como podemos sair sem sermos humilhados? De agosto de 1966 até a queda de Saigon, pouco menos de nove anos depois, Kissinger devotou uma imensa proporção de seu tempo e energia a esse problema. Deve-se reconhecer desde o início que era uma tarefa impossível. Mas o principal obstáculo para uma paz honrada não era o movimento pacifista nos Estados Unidos, como às vezes se pensava. Era a impiedosa determinação dos norte-vietnamitas, independentemente das perdas que sofriam, de não se contentarem com nada menos que a vitória total e a unificação dos dois Vietnãs sob o domínio comunista.

Em 17 de agosto de 1966, o trabalho sisífico de Kissinger começou. Primeiro – apesar de agora ele não ter nenhum cargo formal de consultoria – ele foi encarregado por William Bundy e seu assistente especial, Daniel Davidson, de defender os argumentos dos norte-americanos nas conversações com Hanói na próxima conferência Pugwash dos acadêmicos dos blocos ocidental e soviético na Polônia.[6] No dia seguinte, o comitê de negociações presidido por Averell Harriman decidiu que Kissinger também era "o homem certo" para conversar com o ex-ministro francês Jean Sainteny,* que era conhecido por ter-se encontrado com o primeiro-ministro norte-vietnamita, Pham Van Dong.[7] A posição da administração Johnson foi, à primeira vista, objetiva: "Os Estados Unidos retirarão suas tropas do Vietnã do Sul assim que a independência do Vietnã do Sul for assegurada". Como o presidente Johnson deixaria claro na reunião de cúpula dos líderes asiáticos em Manila, em outubro daquele ano, ele não queria bases permanentes no Vietnã do Sul. A questão, como Kissinger viera a perceber, era até que ponto uma

---

* O fato de a esposa de Jean Sainteny ser uma das alunas favoritas de Kissinger, tendo frequentado o Seminário Internacional em Harvard, provavelmente contribuiu para isso.

ou mais das outras grandes potências conseguiriam persuadir ou induzir os norte-vietnamitas a aceitar um acordo de paz nessa base. Havia indícios evidentes que levavam a se acreditar que os Estados Unidos e a União Soviética tivessem "um interesse comum em controlar a expansão da influência do continente chinês sobre o Sudeste Asiático". Também era óbvio que os franceses tinham melhores contatos em Hanói do que todos os outros países, mesmo que fosse difícil imaginar o general De Gaulle dando "uma mãozinha" para os Estados Unidos.[8]

Fazer sondagens diplomáticas para estabelecer negociações de paz, como Kissinger descobriu gradualmente, não era uma questão simples. Em primeiro lugar, havia o desafio de encontrar o intermediário certo. Utilizar mais de um poderia parecer inteligente em teoria, mas na prática um canal poderia ser prejudicado ou bloqueado pelo outro. Em segundo lugar, era necessário sigilo – aquelas não eram manobras sobre as quais se quisesse ler no *The New York Times* antes que um acordo fosse estabelecido –, mas o sigilo era também um impedimento, que tornava mais ou menos impossível coordenar as ações de todos os organismos envolvidos nos esforços de guerra norte-americanos. Em terceiro lugar, como Kissinger mostrara em seu ensaio "Domestic Structure and Foreign Policy" [Estrutura doméstica e política externa], todos os principais atores precisavam considerar suas próprias políticas internas: não era apenas a opinião pública, mas também os partidos, facções ou grupos de interesse rivais.[9] Em quarto lugar, havia as costumeiras dores de cabeça da diplomacia: conceitos cruciais podem se perder na tradução quando os participantes no processo falam múltiplas línguas (os idiomas tcheco, inglês, francês, polonês, russo e vietnamita estavam envolvidos). Em quinto lugar, os documentos sobre os quais haveria tantas discussões estavam sendo elaborados não só com fins de negociação, mas também de influenciar futuros historiadores e, por meio deles, a posteridade, de modo que algumas coisas eram ditas mais para ficarem registradas do que por qualquer razão premente atual. Finalmente – e, como se revelou mais tarde, crucialmente – havia um fator desconhecido: "o que Hanói tem em mente", nas palavras de William Bundy. Apesar de todos os recursos disponibilizados à CIA, os norte-americanos tinham extrema dificuldade em descobrir isso e, na ausência de boas informações, geralmente faziam inferências incorretas a partir do fato bruto de que sua capacidade destrutiva era muito maior do que a do inimigo.

III

Sopot é um dos locais de veraneio à beira-mar bastante lúgubres na costa do Báltico, outrora prussiano, agora polonês. Foi onde ocorreu a conferência Pugwash de 1966, e foi onde, durante uma viagem de barco ao porto de Gdansk, Kissinger foi informado sobre a verdadeira extensão da cisão sino-soviética. "A China não era mais comunista, e sim fascista", disse-lhe o matemático soviético Stanislav Emelyanov. "A Guarda Vermelha lembrava-lhe muito a Juventude Hitlerista. Os Estados Unidos e a União Soviética tinham um interesse comum em impedir a expansão chinesa." Kissinger viu uma abertura: "Eu disse que, se isso era verdade, eu não entendia a relutância soviética em ajudar a pôr um fim na Guerra do Vietnã. Emelyanov disse que precisávamos ser pacientes. Ele não havia visto o governo soviético tão confuso desde o período seguinte ao discurso de Khruschov sobre a desestalinização. Alguns stalinistas viam na guerra vietnamita uma oportunidade para voltarem à cena; outros simplesmente não sabiam o que fazer".[10] Kissinger ouviu a mesma história de outros membros da delegação soviética com quem conseguiu falar fora da sala de conferências. Em 16 de setembro, o general Nikolai Talensky lhe disse:

> A verdadeira ameaça no mundo era a China. Uma guerra entre os EUA e a URSS a respeito do Vietnã seria um absurdo. O verdadeiro problema era manter o Sudeste Asiático fora das mãos dos chineses. Os chineses eram fascistas. "Se eles têm duas bombas nucleares prontas para usar, será que usarão as duas contra nós ou uma contra vocês?" [...] [Verdade,] ainda há militares que acham que a guerra é uma possibilidade; as lembranças soviéticas da guerra de guerrilha criaram uma simpatia automática pelos vietcongues. Apesar disso[,] a paz entre os EUA e a URSS era essencial para impedir o domínio do mundo pela China e permitir que a URSS continuasse a desenvolver a sua indústria de bens de consumo.

Porém, como o diplomata soviético Vladimir Shustov admitira dois dias antes, os Estados Unidos "superestimaram amplamente o grau de influência de Moscou sobre Hanói". Além disso, "a situação chinesa torna as ações de Moscou muito difíceis".¹¹ Isso explicava por que, na sessão plenária de Pugwash, o porta-voz soviético revertera à sua tradicional "linguagem descontrolada, altamente emocional", condenando o imperialismo norte-americano no Sudeste Asiático e em todo o resto do mundo também.¹² Como Shustov deixara claro a Kissinger, a maior prioridade de Moscou no processo de *détente* era o Tratado da Não Proliferação, que eles pretendiam usar como um meio de assegurar a exclusão permanente dos alemães do clube de armas nucleares. O Vietnã estava bem abaixo em sua lista de prioridades.¹³ Com efeito, uma fraqueza recorrente da posição norte-americana era exatamente a insignificância do Vietnã aos olhos soviéticos. Eles supriam Hanói com armas e conselheiros não porque se preocupassem com o Vietnã, mas porque era um modo barato de obstruir os recursos norte-americanos, e porque, se não o fizessem, se arriscariam a transformar o Vietnã em um Estado-cliente dos chineses.

Os soviéticos haviam sugerido anteriormente que um ou outro de seus satélites no Leste Europeu poderiam estar mais bem posicionados do que eles para ajudar em Hanói. Tendo isso em mente, Kissinger viajou de Sopot a Varsóvia, onde almoçou (na embaixada norte-americana) com Marian Dobrosielski, ex-conselheiro da embaixada polonesa em Washington que estava agora dirigindo o equivalente polonês do setor de planejamento de políticas do Departamento de Estado. Especialista na filosofia de Charles Peirce, Dobrosielski assegurou a Kissinger que "Hanói quer[ia] a paz". Ecoando o que os soviéticos haviam dito em Sopot, ele argumentou que a insistência de Hanói em tratar os vietcongues como os únicos representantes legítimos do Vietnã do Sul (o terceiro de seus quatro pontos) era apenas uma "tática de abertura e negociação". Mais importante, disse que, "se [os] Estados Unidos reduzissem gradualmente o bombardeio ao Vietnã do Norte e finalmente parassem completamente, Hanói retribuiria e cessaria a infiltração do Vietnã do Norte".¹⁴ Para sermos precisos, como Kissinger registrou em seu próprio memorando da conversa, "[N]ós devemos parar de bombardear sem qualquer anúncio durante um período de duas semanas. Poderíamos, em seguida, observar nas estradas se o que nós chamamos de infiltração parou. Se não parou, poderíamos retomar o bombardeio. Ele achava que a infiltração pararia".¹⁵

Ainda mais intrigante foi o que Kissinger escutou em Praga no dia seguinte. Ele se impressionara com a simpatia dos cientistas tchecos em Pugwash. O renomado microbiologista Ivan Málek, chefe do Instituto Central de Biologia e membro do comitê central do Partido Comunista tcheco, havia lhe dito no almoço que "a Tchecoslováquia queria desesperadamente que a guerra no Vietnã acabasse, porque isso só retardava o relaxamento das tensões na Europa". Mas a situação era "difícil". O governo tcheco fizera uma tentativa não divulgada de exortar o Vietnã do Norte a negociar em fevereiro passado, mas fora "brutalmente repelido".[16] Sob o pretexto de comparecer a uma "discussão sobre problemas da Europa Central", Kissinger, Paul Doty e Marshall Shulman viajaram a Praga para se encontrar com Antonín Šnejdárek, o ex-chefe das operações do serviço de informações da Tchecoslováquia na Alemanha, que era agora diretor do instituto de política e economia internacional do país.[17] Depois do jantar no dia 19, Šnejdárek contou a Kissinger que uma delegação de alto nível da Tchecoslováquia estava partindo no dia seguinte para Hanói, com a intenção de "pressionar o máximo possível por uma solução pacífica". Todavia, o tcheco foi franco a respeito de quão limitada era a liberdade de ação de seu governo:

> A Tchecoslováquia não podia se arriscar a incorrer no desagrado dos soviéticos em relação ao Vietnã. Durante os encontros do Pacto de Varsóvia em Bucareste, a Tchecoslováquia havia ficado em uma situação difícil com a URSS ao pedir moderação no Vietnã [...] Tudo o que ele me contou estava sujeito ao veto soviético, pois a Tchecoslováquia não podia se arriscar a perder o apoio dos soviéticos na Europa Central por causa do Vietnã. Os tchecoslovacos não se sentiam totalmente seguros de que os soviéticos quisessem a resolução da guerra vietnamita. Um relaxamento de tensões poderia trazer um afrouxamento do controle soviético na Europa Central, o que deixava os soviéticos bastante apreensivos.
>
> Quanto a Hanói, todos os relatórios diplomáticos e partidários sobre a Tchecoslováquia falavam em extrema intransigência.[18]

O que os tchecos queriam saber era quão sinceros estavam sendo os Estados Unidos sobre buscarem a paz – "ou será que a oferta de paz é uma cortina de fumaça para a continuação da intensificação da guerra?" – e que papel um intermediário poderia desempenhar. Quando Kissinger respondeu que Washington era "indubitavelmente sincero em buscar uma paz honrada" e que havia uma "clara utilidade" de uma terceira parte, Šnejdárek fez mais três perguntas, evidentemente vindas diretamente do comitê central do país:

(a) Se o Vietnã do Norte concordasse em encerrar a infiltração em troca do fim dos bombardeios, o que aconteceria com as forças de guerra acumuladas pelos Estados Unidos no Vietnã do Sul?

(b) Que garantias, além de um governo de coalizão, estão disponíveis para impedir que os membros da FLN sofram o mesmo destino do Partido Comunista na Indonésia [que havia sido aniquilado depois de um golpe abortado em 1965]?

(c) Como os tchecoslovacos poderiam comunicar os resultados de sua viagem a Hanói aos Estados Unidos?

Tendo de responder sobre esses assuntos totalmente fora de sua área de competência, Kissinger improvisou. Embora os Estados Unidos "não pudessem parar o reabastecimento e o rodízio de pessoal", certas "limitações no aumento do número de tropas" lhe pareciam "um tema apropriado para discussão", assim como a ideia de garantias internacionais. Mas quando Kissinger sugeriu usar a embaixada norte-americana em Praga para outras comunicações, Šnejdárek esclareceu-lhe a situação. Atento à ambivalência soviética, "o Comitê Central não queria nenhum contato oficial com os norte-americanos e queria que essas conversas envolvessem o menor número de pessoas possível". Em outras palavras, ele queria que Kissinger fosse o canal alternativo entre os tchecos e Washington.[19]

Kissinger e Šnejdárek se encontraram dez dias depois em Viena na reunião anual do Instituto de Estudos Estratégicos baseado em Londres.* A viagem para Hanói via Moscou havia desencorajado o tcheco. Os soviéticos, ele relatou, "pareciam estar extremamente confusos". A princípio ele havia pensado que "a guerra no Vietnã era um obstáculo para uma *détente* desejada pela União Soviética". Agora ele estava começando a se perguntar "se a União Soviética realmente desejava um relaxamento das tensões – na verdade, se estava realmente muito interessada em terminar a guerra no Vietnã".

---

* Fundado em 1958 pelo amigo de Kissinger, Michael Howard, com o político trabalhista Denis Healey e o jornalista Alastair Buchan, o IES (depois rebatizado como Instituto Internacional de Estudos Estratégicos) era tanto bipartidário quanto, como Pugwash, um canal de comunicação através da cortina de ferro, embora não apenas para acadêmicos.

Segundo a visão soviética, os Estados Unidos estavam afundando cada vez mais na lama do Vietnã. Mais cedo ou mais tarde os Estados Unidos se cansariam disso e então aceitariam termos que iriam muito além de qualquer coisa em que se estivesse pensando agora. Eu argumentei que a guerra não era uma tensão para nós, nem econômica nem militarmente, e que poderíamos continuá-la indefinidamente [...] No entanto, a resposta soviética foi que os Estados Unidos nunca haviam travado uma guerra longa, nem mesmo quando os problemas eram mais claros. Eles contavam com a exaustão psicológica dos norte-americanos.

Isso poderia explicar a fria recepção que a delegação tcheca havia recebido em Hanói quando tentara mover os norte-vietnamitas "em uma direção mais pacífica". "A impressão de Praga era que uma grande luta interna estava ocorrendo na FLN entre as facções pró-Hanói e pró-Pequim [...] Era óbvio que a União Soviética queria usar o Vietnã do Norte como barreira à expansão chinesa e não queria que ele fosse por demais enfraquecido."

Quando Kissinger observou que "nesse aspecto os interesses norte-americanos e soviéticos pareciam semelhantes", Šnejdárek explicou que "esse era o outro lado do dilema soviético; eles não podiam admitir uma identidade de interesses com os Estados Unidos[,] ainda mais que estavam sob constante ataque da China a esse respeito". Com efeito, a crise no Sudeste Asiático poderia acabar sendo "um conveniente pretexto [para Moscou] para reforçar o controle sobre a Europa do Leste". Já havia movimentos de reforma na Eslováquia, onde Alexander Dubček havia sido nomeado primeiro secretário em 1963. Kissinger não tinha como saber, mas as suas francas discussões com Šnejdárek eram em si mesmas um indício da vindoura Primavera de Praga, um degelo político que os tchecos já suspeitavam que fosse inaceitável para os soviéticos.

Ao final de 1966, existiam pelo menos quatro iniciativas, três das quais dependiam dos soviéticos – que Harriman ainda encarava como "nossa melhor esperança de iniciar negociações"[20] –, e todas eram secretas. Como Kissinger explicou a um dos delegados britânicos à conferência de Viena, "quanto mais pessoas souberem sobre as possibilidades de qualquer negociação e, em particular, quanto mais esforços bem-intencionados forem feitos por amigos potencialmente prestativos, menos possibilidades haverá de qualquer negociação real acontecer". De fato, Kissinger "insinuava que a tendência atual em Washington era trabalhar em um pequeno e secreto processo".²¹ A dificuldade era que ele não era um dos membros do grupo que tinha pleno conhecimento de todas as peças envolvidas no jogo. Ele conhecia Šnejdárek e Sainteny. Mas não sabia nada das iniciativas de paz conhecidas pelos códigos MARIGOLD [calêndula] e SUNFLOWER [girassol].

MARIGOLD surgira em junho de 1966, quando Janusz Lewandowski – o membro polonês da International Control Commission (ICC) [Comissão Internacional de Controle] – abordara o embaixador italiano em Saigon, Giovanni D'Orlandi, alegando que lhe haviam pedido para transmitir uma "oferta de paz bastante específica" de Pham Van Dong. Quando ele se encontrou com Harriman na Itália em novembro, D'Orlandi elogiou Lewandowski como "um canal confiável e um repórter preciso". Henry Cabot Lodge, ainda encarregado da embaixada norte-americana em Saigon, foi, assim, autorizado a se encontrar com D'Orlandi e Lewandowski no apartamento do primeiro e preparar a mais recente repetição da proposta norte-americana conhecida como "Fase A-Fase B", pela qual Washington e Hanói concordariam com uma "medida razoável de desescalada", a ser executada em duas fases. A Fase A seria uma suspensão dos bombardeios por parte dos Estados Unidos. Em seguida, após "um período adequado", a Fase B, uma série de passos acordados previamente de "desescalada".²² Lodge explicou isso claramente a Lewandowski na expectativa de que ele comunicasse fiel e acuradamente suas palavras a Hanói. Como esperado, o canal passou por Moscou – ou melhor, por Sofia, onde o ministro das Relações Exteriores da Polônia, Adam Rapacki, informou ao novo líder soviético, Leonid Brejnev,* que então defendeu as negociações junto a Nguyen Duy Trinh, o ministro das Relações Exteriores norte-vietnamita. Brejnev foi entusiástico. "Isso é máxima [sic] da parte dos norte-americanos", disse ele a Trinh. Era "difícil prever os resultados, mas a situação é favorável: os Estados Unidos na encruzilhada, o Vietnã na encruzilhada, a RPC ocupada com a 'Revolução Cultural'".²³

---

* Brejnev havia sido um dos líderes do plano para se livrar de seu colega ucraniano e patrono Kruschov em 1964. Brejnev assumiu o cargo mais poderoso do partido, o de primeiro secretário, enquanto Alexei Kossiguin se tornou chefe do governo soviético (primeiro-ministro). Formalmente, havia uma espécie de liderança coletiva depois da remoção de Kruschov; na prática, o poder tendia a gravitar em torno de Brejnev.

Os norte-vietnamitas pareceram interessados. "Ninguém conseguiu ocultar certa surpresa ao saber do conteúdo da proposta", contou Trinh a Rapacki. Ele cancelou sua visita planejada a Budapeste e voou diretamente a Moscou, onde outro membro do Politburo, Le Duan, deveria encontrá-lo.[24] Em Hanói, Lewandowski teve um novo encontro com Pham Van Dong, que lhe disse que, se o governo dos Estados Unidos estava agora "pronto para confirmar as opiniões expressas nas conversas entre o embaixador Lodge e o embaixador Lewandowski, deveriam fazê-lo diretamente por meio de conversas com o embaixador da RDV em Varsóvia".[25] Agitado, Lewandowski correu a Saigon para informar Lodge, que então retransmitiu a aparente reviravolta a Washington.[26]

Os historiadores norte-americanos, especialmente James Hershberg, culpam os Estados Unidos por "assassinarem" MARIGOLD. Se o Departamento de Estado não houvesse questionado a versão um tanto livre e simplificada dos "dez pontos" feita por Lewandowski sobre o que Lodge lhe dissera a respeito dos norte-vietnamitas, insistindo em que "vários pontos específicos estão sujeitos a importantes diferenças de interpretação", poderia ter sido diferente.[27] Se Johnson não houvesse ordenado a retomada dos bombardeios, alvejando o depósito de veículos de Van Dien e os pátios ferroviários de Yen Vien na periferia de Hanói, MARIGOLD poderia ter florescido.[28] É verdade que os norte-americanos criaram dificuldades demais para a iniciativa polonesa. Primeiro, confundiram Lewandowski com Bogdan Lewandowski, um funcionário polonês das Relações Exteriores encarregado dos assuntos da ONU. Depois aconteceu uma aparente confusão quanto ao encontro em Varsóvia. John A. Gronouski, o embaixador norte-americano na Polônia, deveria encontrar os representantes norte-vietnamitas – seu homólogo, Do Phat Quang, e o enviado especial Nguyen Dinh Phuong – no dia 6 de dezembro. Mas Gronouski nunca apareceu, tendo sido levado pelos poloneses a acreditar que os vietnamitas ainda não estavam prontos.[29] Acima de tudo, já estava claro que o maior problema com negociações secretas era que, por definição, elas não podiam ser comunicadas ao general Westmoreland e seus oficiais de comando no Vietnã.[30]

Apesar disso, há um motivo para o ceticismo quanto à alegação de que Washington matou MARIGOLD. Considerando suas próprias impressões, Lodge dificilmente poderia ter exposto a opinião norte-americana de um modo mais conciliatório, como os registros dos poloneses deixam claro. Ele contou a Lewandowski que estava consciente de que, antes que as conversações se iniciem, os bombardeios precisam parar e que essa interrupção não pode ser condicional. Eles estariam prontos a parar "a qualquer momento" se estivessem certos de que isso conduziria a passos reais rumo às negociações. Eles entendem que Hanói não aceitará uma situação em que a cessação dos bombardeios seja apresentada como um sucesso norte-americano, pois desse modo os bombardeios seriam percebidos como uma coerção aos vietnamitas para negociar. Assim eles estavam prontos a aceitar a incondicionalidade e iniciar as conversas apenas depois que algum tempo [passe] [...]

Eles [os norte-americanos] entendem que a Frente e Hanói têm boas razões para não confiar nos Estados Unidos. Por causa disso, eles [os Estados Unidos] estariam prontos a considerar e executar potencialmente certas medidas concretas para convencer os vietnamitas de que realmente querem encerrar o conflito.[31]

Lodge foi ainda mais afável no dia seguinte, quando disse a Lewandowski que os norte-americanos estavam especificando um prazo de seis meses para retirar suas tropas do Vietnã do Sul porque "uma fonte da 'Europa do leste' havia lhes informado que isso tornaria mais fáceis as negociações". Eles não interviriam nas futuras eleições sul-vietnamitas e deixariam "a questão da unificação do Vietnã [...] ser decidida pelos vietnamitas", desde que permanecessem neutros. Washington estava pronto, Lodge concluiu, "a considerar cuidadosamente todas as propostas, oficiais ou não oficiais, mas concretas. Não se pode esperar deles que simplesmente digam o.k. aos quatro pontos [norte-vietnamitas]".[32]

Os soviéticos concordaram. O mesmo fizeram os poloneses. Era "razoável concluir", observou Rapacki, que os norte-americanos haviam "ampliado sua elasticidade mais do que em qualquer momento do passado e talvez tanto quanto podiam fazê-lo". Entretanto, quando eles defenderam as negociações diante dos norte-vietnamitas, não chegaram a lugar algum. Brejnev se queixou que, ao falar com indivíduos do governo de Hanói, ele "encontrava compreensão", mas as "decisões coletivas" estavam "em conflito com as opiniões dos indivíduos". Havia também "o problema bastante sério, e sobre o qual sabemos muito pouco, das relações entre a RDV e os vietcongues".[33] Os poloneses intervieram, pressionando os norte-vietnamitas a explicar claramente seus "concretos e realistas [...] objetivos no estágio atual da guerra". Mas Trinh permaneceu evasivo, dizendo apenas que iria "passar as informações e meus comentários adicionais a Hanói para uma análise maior e mais profunda".[34] Em Hanói, Dong dizia mais ou menos claramente o que pretendia fazer. Ele e seus camaradas eram "pacientes". Desde que os Estados Unidos saíssem do Vietnã do Sul, não havia "razões para pressa. Eles estão dispostos a esperar". Mas a "cessação de bombardeios" continuava sendo a condição *sine qua non* antes que qualquer negociação possa ser iniciada".[35]

A realidade era que havia uma considerável oposição não apenas em Hanói, mas também em Pequim, ao início das conversações. O vice-ministro das Relações Exteriores, Nguyen Co Thach, "declarou-se categoricamente contra aceitar" as propostas norte-americanas; Zhou Enlai disse a Le Duan que a hora "não era oportuna".[36] Em 7 de dezembro – um dia depois que o encontro de Varsóvia deveria ter ocorrido –, Pham Van Dong "condenou furiosamente a mais recente conduta norte-americana" ao embaixador polonês em Hanói como um "comportamento insolente, enganoso".[37] Walt Rostow não estava completamente errado. Provavelmente estava certo quando expressou a dúvida de que "os comunistas tivessem alguma inclinação a fazer as concessões necessárias para facilitar as negociações".[38] Nessa ocasião, como ao longo de todo o ano de 1967, os norte-vietnamitas não foram sinceros. O fato de, menos de um mês depois, Hanói falar ao *The New York Times* sobre seu interesse em iniciar discussões deve ser encarado nessa questão como prova a favor, e não contra, dada a insistência dos norte-vietnamitas sobre o sigilo durante toda MARIGOLD.[39] Subsequentemente, Dean Rusk mostrou-se inclinado a desprezar todo esse episódio com base na alegação do dissidente húngaro János Radványi de que "Lewandowski era um agente do serviço de informações polonês que atuava por conta própria e que a Marigold foi uma farsa".[40] Mas uma avaliação mais exata foi feita na época pelo comitê de negociações: "Na operação Marigold, Hanói estava tentando ver quão longe poderia chegar na obtenção de concessões por parte dos norte-americanos antes de se ver diante da necessidade de conversar conosco".[41] A conversa de janeiro entre as duas embaixadas em Moscou foi uma repetição: o vice-chefe da missão norte-americana, John Guthrie, ofereceu-se para discutir todo o espectro de questões; o ministro-conselheiro norte-vietnamita respondeu que Hanói iria "trocar ideias" com Washington apenas quando fosse ordenada a interrupção "imediata e incondicional dos bombardeios e todos os outros atos de guerra" contra o Norte.[42]

Nada disso era do conhecimento de Kissinger quando ele retornou a Praga no fim de janeiro de 1967 para mais discussões com Antonín Šnejdárek.⁴³ As relações entre os Estados Unidos e a Tchecoslováquia haviam se complicado pelo caso de Vladimir Kazan-Komarek, um cidadão norte-americano nascido na Tchecoslováquia – que, por acaso, era o chefe do Harvard Travel Service [Serviço de Viagens de Harvard] – preso pelas autoridades tchecas quando uma empresa de aviação soviética com voos de Moscou a Paris fez uma parada não programada em Praga.* A interpretação de Šnejdárek sobre o caso era clara: havia sido impingido aos tchecos pelos soviéticos "para interromper o degelo nas relações Leste-Oeste". A União Soviética, explicou ele, "estava se tornando cada vez mais sensível em relação à liberdade crescente dos países da Europa Oriental e principalmente aos esforços tchecos para reduzir a dependência econômica de Moscou". Então Šnejdárek fez uma pergunta que Kissinger teve de admitir (sem muita exatidão) que "nunca me ocorrera": se ele achava que um "acordo entre os Estados Unidos e a China estava sendo preparado". O norte-americano foi obrigado a blefar: "Decidi manter a calma e disse que todos os países sempre tentam desenvolver o maior número de opções diplomáticas. Eles não deviam esperar que eu falasse sobre possíveis passos norte-americanos ainda não anunciados". Sem se deixar impressionar, Šnejdárek passou a explicar por que a China era a chave do fracasso da tentativa de Harriman de buscar a paz no Vietnã via Moscou. Foi uma aula magna de geopolítica:

> Os soviéticos levaram o ataque dos chineses a eles [um traço fundamental da Revolução Cultural de Mao] extremamente a sério. Eles não conseguiam aceitar facilmente o fim da unidade socialista e ainda menos o desafio à sua posição de principais intérpretes do leninismo. A extensão de sua tentativa de influenciar os

---

* Kazan-Komarek foi acusado de alta traição, espionagem e assassinato, crimes supostamente cometidos no final da década de 1940 quando ele havia ajudado pessoas a escaparem da Tchecoslováquia. Seu julgamento iniciou-se em 30 de janeiro de 1967, o dia da chegada de Kissinger a Praga. Após pressões diplomáticas dos Estados Unidos, ele foi acusado do crime menor de subversão e expulso. Cinco anos depois, seu corpo decomposto foi encontrado em uma região rural da Espanha, perto de sua casa na vila costeira de Estepona.

acontecimentos internos na China não é, portanto, sempre compreendida. Eles respaldaram o aparelho do partido contra Mao por meio de dois métodos, ambos relacionados ao Vietnã: a) Apelaram aos membros do partido para criar uma frente única socialista contra os Estados Unidos no Vietnã. Essa é uma das razões pelas quais [...] a União Soviética tem se mostrado contrária a fazer qualquer coisa para terminar a guerra; b) Usaram o pretexto de remessas de armas ao Vietnã para reforçar as unidades militares consideradas favoráveis a esse ponto de vista.

Isso, por sua vez, explicava dois acontecimentos relacionados: 1. a ambivalência das políticas soviéticas e, já que havia uma possibilidade de usar o Vietnã para reconsolidar a unidade socialista, os soviéticos relutavam em auxiliar os esforços de paz e até mesmo em reduzir as tensões na Europa. (Outra limitação [2.] era o medo de uma independência ampla demais por parte dos países da Europa Oriental.)

O quadro era tão fascinante quanto desencorajador. Os soviéticos haviam apoiado o aparelho do partido na China contra os maoistas e estavam perdendo. Os maoistas, por sua vez, estavam agora desesperados para "expulsar os soviéticos da China. Apenas uma ruptura completa com a União Soviética permitiria que se sentissem seguros". Era verdade, a Revolução Cultural parecia uma ruptura ideológica, com os chineses parecendo os marxistas mais radicais. Mas

[s]eja qual for o fervor ideológico de Mao, o material humano disponível a ele o forçará a adotar uma direção nacionalista – supondo que ele ainda esteja na direção de seu movimento. Apesar de seu discurso radical, os maoistas podem se mostrar mais flexíveis em relação aos EUA do que seus oponentes. Eles terão de isolar a China de qualquer forma para recompor a autoridade governamental e uma forma de tratado de não agressão com os Estados Unidos poderia se encaixar muito bem nesse plano. É claro que eles também odeiam os EUA; mas [...] nenhum comunista consegue esquecer o pacto Hitler-Stálin.

Do ponto de vista tchecoslovaco, tal "pacto Johnson-Mao" era um cenário preocupante, porque, "se os Estados Unidos fizessem um acordo com a China, isso iria intensificar a pressão [soviética] na Europa". Temendo o isolamento, os soviéticos reprimiriam o que Šnejdárek chamou evasivamente de "as perspectivas de desenvolvimento nacional no Leste Europeu".

Kissinger ficou abalado. Raramente em sua carreira, antes ou depois, um interlocutor estava tantos lances à sua frente. Embora mais tarde tenha minimizado a importância política de Šnejdárek,44 ele dificilmente poderia ignorar a profunda importância estratégica do que lhe estava sendo dito. Seus anfitriões tchecoslovacos estavam obviamente sendo sinceros; seu medo de "um pacto EUA-Mao parecia genuíno e profundo". Falando "como professor", ele replicou com a frase oficial de Washington: "a chave está com Moscou", porque, "se os Estados Unidos tivessem escolha entre fazer acordo com Moscou ou com Pequim, provavelmente prefeririam o primeiro, nem que fosse pelo fato de ser mais previsível". Foi um argumento que ele próprio utilizara em um texto publicado. Mas então ele interrompeu o que dizia. "Por outro lado, se Moscou tentou organizar as pressões mundiais contra nós, humilhar-nos no Vietnã e expulsar-nos da Europa, a autodefesa elementar nos forçaria a buscar isolá-la."

Šnejdárek vencera a discussão. Agora Kissinger entendia por que a delegação tcheca voltara de Hanói de mãos abanando, tendo sofrido múltiplas rejeições. Ele resumiu assim a posição dos norte-vietnamitas: "Tanto Hanói quanto a FLN proclamam absoluta convicção de sua vitória[,] falando em uma luta de vinte anos, se necessário. Eles dizem que os norte-americanos vieram à força e terão de sair à força".45 Hanói não se mostrava disposta a negociar porque àquela altura nenhum dos seus maiores apoiadores estava interessado na paz. Os Estados Unidos perdiam tempo em Moscou. Se a salvação norte-americana estava em algum lugar, Šnejdárek dizia a Kissinger, era no hospício em que Pequim se transformara no auge da Revolução Cultural.

Para dar a Kissinger o devido crédito, ele reproduziu fielmente o argumento de Šnejdárek, por mais desagradável que lhe parecesse naquela época.46 Não há nenhum sinal de que alguma pessoa em Washington tenha captado a mensagem (embora Richard Nixon quase certamente o tenha feito quando visitou Praga no mês seguinte, pois Šnejdárek atuou como seu anfitrião, também). Ao contrário: cinco meses depois, Mac Bundy (que não estava mais na Casa Branca, mas ainda agia como consultor) procurou inverter quase completamente o sentido do que haviam dito a Kissinger, dizendo a Rusk que "os tchecos estão alegando que Hanói não rejeita necessariamente a reciprocidade para que os bombardeios parem".47 O círculo cada vez mais reduzido de pessoas a quem o presidente escutava tinha se convencido de que os soviéticos lhes dariam uma folga no Vietnã, e afastavam qualquer prova contrária. O resultado foi SUNFLOWER [girassol], uma tentativa absolutamente inútil de fazer com que o governo britânico se juntasse aos esforços de vender o "Fase A-Fase B" para Moscou.

Harold Wilson era um homem inteligente; havia sido professor universitário em Oxford antes de entrar para a política. Mas isso também o tornara arrogante. "Precisamos usar nossa criatividade", disse ele ao primeiro-ministro soviético, Alexei Kossiguin, "para divorciar, na apresentação, a interrupção dos bombardeios e as medidas subsequentes. Apesar disso, você e eu sabemos que as medidas subsequentes são essenciais se queremos que os bombardeios parem".[48] É verdade que, mais uma vez, ocorreram trapalhadas em Washington, pois Rostow tentou recuar da posição anterior – que Lodge havia declarado francamente e que Chester Cooper agora repetia – de que os Estados Unidos iriam reduzir os ataques primeiro, no entendimento de que qualquer ação recíproca dos norte-vietnamitas viria na Fase B. No dia 8 de fevereiro, sob a insistência de Rostow, Johnson escreveu uma mensagem pessoal a Ho Chi Minh prometendo que os Estados Unidos parariam os bombardeios "*assim que eu tiver garantias* de que a infiltração no Vietnã do Sul por terra e mar *tenha parado*". No último minuto, Washington telegrafou a Londres que esse era o fraseado correto. Wilson, cuja opinião oxfordiana sobre os norte-americanos era agora confirmada, ficou furioso.*

Na historiografia, como em Downing Street, o governo dos Estados Unidos levou a culpa pelo fracasso da iniciativa.[49] Não ocorreu a ninguém que Hanói teria respondido "não" independentemente do que Washington dissesse.[50] O absurdo de todo o episódio foi que Johnson de fato concordara em suspender os bombardeios durante o feriado do Tet e manteve a interrupção até 13 de fevereiro, a uma altura em que era impossível ignorar a vantagem que os norte-vietnamitas estavam levando com a medida.[51] Como acontece com frequência, não foram necessariamente as pessoas mais inteligentes na sala que adivinharam o que estava acontecendo. "Acho", concluiu o bíbulo ministro das Relações Exteriores de Wilson, George Brown, "que os russos estavam levando todo mundo no bico, inclusive a nós".[52] Rusk estava

---

* Como observou George Brown: "Nunca, nem antes nem depois, a 'linha vermelha' entre 10 Downing Street [o endereço do primeiro-ministro do Reino Unido] e a Casa Branca teve um vermelho tão incandescente quanto naquele período".

certo, também, sobre a irrelevância das palavras "tenha parado": "Se Hanói estivesse seriamente interessado em conversações, esse tipo de mal-entendido teria sido resolvido".[53]

Com Moscou fora de cogitação – com Praga e Varsóvia, sem falar em Londres – e Pequim para além dos limites permitidos, restava apenas Paris. Em dezembro de 1966, Jean Sainteny estava sendo chamado por Harriman de "amigo em Paris" de Kissinger. Sainteny havia se oferecido para ir a Hanói descobrir que "valioso preço" Pham Van Dong exigiria para firmar um acordo no Vietnã do Sul. O problema era De Gaulle, que, como Kissinger observou muito bem, "tornara-se conhecido por fazer coisas cínicas e brutais".[54] O discurso do presidente francês em Phnom Penh "excluíra a França como mediador formal". Ele "seguia claramente a linha de estar arrancando um acordo de nós, e existe o risco de que ele possa usar qualquer aproximação formal para seus próprios fins".[55] O problema era que alguém tão graduado quanto Sainteny dificilmente poderia ir a Hanói sem a aprovação de De Gaulle.[56] E essa aprovação era improvável. Em vez disso, os franceses enviaram Bobby Kennedy de volta para Washington com a mensagem de que as negociações se dariam após uma interrupção incondicional nos bombardeios (uma história relatada pela *Newsweek*). Essa foi demais para Johnson. "Vou destruir cada um dos seus amigos pombos em seis meses", despejou ele a Kennedy. "Você estará morto politicamente em seis meses [...] Simplesmente não há nenhuma possibilidade de que eu faça isso, a menor possibilidade." Como Kennedy contou a um amigo: "Se ele explode desse jeito comigo, como ele poderia negociar com Hanói?". Mas a verdadeira questão era que Johnson chegara extremamente perto de fazer exatamente o que os franceses recomendavam.[57] O irritante era que ele não podia contar a ninguém que fizera isso – e que não havia funcionado.

IV

Fizemos dezenas de sondagens. Entramos em contato com o papa, com o secretário-geral U Thant e com as Nações Unidas. Nossa posição é absolutamente clara e pode ser resumida no documento de catorze pontos que agora tornamos público. O outro lado não está interessado. Não tivemos resposta da parte deles. Utilizamos terceiros sem sucesso [...] Todos os nossos esforços foram respondidos com o silêncio. Não obtivemos nenhuma resposta séria, privada ou pública [...] Não há provas de que Hanói esteja disposta a parar a luta. Os norte-vietnamitas querem proteção no Norte sem retribuir com nada, continuando, ao mesmo tempo, a guerra no Vietnã do Sul.[58]

Essas foram as declarações de Dean Rusk em um encontro do CSN em 8 de fevereiro de 1967. Apesar de verdadeiro, onde isso o deixava e a seus colegas? Se, por um lado, os diferentes membros da administração Johnson concordavam com a possibilidade de conversas com Hanói, o fracasso desse tipo de investida provocou uma quase desintegração. Já em 10 de novembro de 1966, John McNaughton havia notado "uma diminuição do poder, da influência, nas mãos de McNamara" na medida em que o secretário de Defesa e o presidente divergiam sobre a questão de continuar os bombardeios no Vietnã do Norte.[59] McNamara rapidamente se transformara em pombo, recomendando que os Estados Unidos reduzissem unilateralmente os bombardeios a Hanói. Como ele observou acerbamente: "O quadro da maior superpotência do mundo matando ou ferindo gravemente mil não combatentes por semana, na tentativa de forçar uma nação minúscula e atrasada a ceder em uma questão cujos méritos são ardentemente disputados, não é bonito".[60] Rostow, enquanto isso, estava se tornando cada vez mais falcão, exortando Johnson a minar o porto de Haiphong e, de modo geral, "aplicar mais pressão" sobre o Norte. "Eles devem sentir que o xerife está vindo devagar pela estrada para pegá-los", declarou ele, em um apelo calculado ao machismo presidencial, "não que estamos morrendo de ansiedade ou desespero".[61] Encorajado pela CIA e por Westmoreland, Johnson concordou em expandir a ação norte-americana, visando pela primeira vez às rotas de infiltração no Laos, mas não foi tão longe quanto desejava Rostow, que agora estava pronto para invadir o próprio Vietnã do Norte – uma opção sistematicamente rejeitada por Johnson por medo de desencadear a intervenção chinesa e outra Guerra da Coreia, com ele no papel de Truman.[62]

A essa altura, o processo de decisão de Johnson parecia consistir em tirar uma média entre falcões e pombos. A partir de 22 de maio, ele aceitou o conselho de McNamara de suspender os ataques em um raio de 16 quilômetros de Hanói, uma suspensão que durou até 9 de agosto.[63] A seguir ele concordou em mais duas semanas de bombardeios dirigidos contra "uns poucos alvos significativos", antes de, mais uma vez, interromper as atividades na região de Hanói em 24 de agosto. Ao mesmo tempo, ele aprovou outro aumento nas tropas, elevando pela primeira vez a força total dos Estados Unidos no Vietnã do Sul a mais de meio milhão. "Será que vamos conseguir ganhar essa maldita guerra?", perguntou ele depois que McNamara retornou de outra viagem investigativa ao Vietnã. "A situação não é um beco sem saída", foi a resposta nada tranquilizante de Westmoreland. "Estamos vencendo devagar, mas com firmeza, e o ritmo pode acelerar se consolidarmos nossos sucessos."[64]

Fora da Casa Branca, no entanto, a maré estava mudando. Em 2 de março, Bobby Kennedy revelou um plano de três pontos para encerrar o envolvimento no Vietnã, começando com uma interrupção incondicional dos bombardeios. Embora Rusk tenha respondido acuradamente que "propostas substancialmente similares" haviam sido "exploradas antes, durante e depois da trégua do Tet – todas sem qualquer resultado", Johnson condenou furiosamente o plano de Kennedy como "um acordo desonroso disfarçado como negociação para fins de popularidade", e informou o colunista Drew Pearson, do *The Washington Post*, que Kennedy era motivado pelo sentimento de culpa porque seu plano para assassinar Castro havia "saído pela culatra e atingido seu finado irmão".[65]

Era 1967. A Era de Aquário. Vivia-se o auge de um período extraordinário de criatividade cultural no mundo anglófono, que produzira uma bomba de fusão musical composta por harmonias populares célticas, o blues de doze compassos do delta do Mississippi e algumas frases de cítara roubadas, na tradição orientalista da Grã-Bretanha, de Ravi Shankar. Nos dois lados do Atlântico, quatro jovens cada vez mais cabeludos de Liverpool galgavam as paradas com *Sgt. Pepper's Lonely Hearts Club Band* e "All You Need Is Love". O musical de contracultura *Hair*, com seu enredo explicitamente antiguerra, cenas de nudismo, referências a drogas e canções sobre sexo interracial, estreou no circuito Off-Broadway. O Velvet Underground, conjunto de Nova York patrocinado por Andy Warhol, estava "Waiting for the Man" [Esperando pelo homem]. O Pink Floyd lançou *The Piper at the Gates of Dawn*. E os Doors estouraram com seu álbum de estreia de mesmo nome, tendo como carro-chefe a hipnótica versão ampliada de "Light My Fire".

É verdade que os primeiros protestos antiguerra haviam ocorrido já em 1965, mas agora as fogueiras estavam sendo acesas em todos os Estados Unidos. O clamor contra a Guerra do Vietnã ficava mais alto, englobando outras questões incandescentes da época em uma única conflagração em todo o território nacional. Na igreja de Riverside, em Nova York, no dia 4 de abril, Martin Luther King Jr. condenou a guerra por "levar os jovens negros que foram mutilados pela nossa sociedade e enviá-los a mais de 12 mil quilômetros de distância para garantir, no Sudeste Asiático, liberdades que eles não encontraram no sudoeste da Geórgia e no leste do Harlem".[66] Apenas três semanas depois, o campeão mundial de boxe na categoria pesos-pesados, Muhammad Ali (nome adotado por Cassius Clay após sua conversão ao Islã), recusou o serviço militar obrigatório "à luz de minha consciência como ministro muçulmano e de minhas convicções pessoais".* Houve manifestações contra a guerra em Nova York e San Francisco em abril, Los Angeles em junho e Washington em outubro. (A última delas preocupou tanto a administração que McNamara aconselhou Johnson a sair da cidade.)[67] Em julho houve conflitos raciais em Newark, Minneapolis, Detroit e Milwaukee. Era o fim do "Verão do Amor" proclamado pelos jovens que foram a Haight-Ashbury ("Hashbury") para *turn on, tune in, drop out* [ligar-se, sintonizar-se, liberar-se], lema criado por Timothy Leary, ex-professor de psicologia demitido de Harvard por exaltar os benefícios dos cogumelos mágicos (psilocibina).

Também não havia verão do amor em Hanói. Se as mentes dos hippies não estivessem tão confusas pela maconha e o ácido – se os manifestantes pacifistas não afirmassem com tanta certeza que era Johnson que estava prolongando a guerra –, eles poderiam ter notado que foram os norte-vietnamitas, não os norte-americanos, que fulminaram a iniciativa de paz de U Thant em março.[68] Duas outras tentativas de mediação pelos embaixadores sueco e norueguês em Pequim (ASPEN e OHIO) também não deram em nada.[69] Johnson ofereceu ao canal soviético uma última oportunidade em seu encontro com Kossiguin em Glassboro, Nova Jersey, em junho de 1967. A reação dos norte-vietnamitas foi, mais uma vez, negativa, o que convenceu os russos de que era "infrutífero se intrometer em qualquer questão entre o Vietnã e os Estados Unidos".[70]

O que os manifestantes pacifistas – e, na verdade, a administração Johnson – não tinham como saber era que em junho de 1967 o politburo norte-vietnamita

---

* Ele foi condenado a cinco anos na prisão e uma multa de 10 mil dólares, além de perder seu título e ser banido do boxe nos Estados Unidos.

endossara o plano do general Nguyen Chi Thanh de uma "Ofensiva e Insurreição Geral" – um ataque maciço sobre o regime dos sul-vietnamitas planejado para vencer a guerra em 1968. A responsabilidade de preparar o que veio a ser conhecido como a Ofensiva do Tet foi entregue ao general Vo Nguyen Giap. Os proponentes restantes de uma estratégia pró-soviética dentro do regime de Hanói foram brutalmente eliminados em uma série de expurgos arquitetados por Le Duan e Le Duc Tho em julho, outubro e dezembro de 1967.[71] Apenas aqueles acostumados a combater o comunismo na Ásia sabiam como avaliar o outro lado. Quando o primeiro-ministro de Cingapura, Lee Kuan Yew, visitou a recentemente rebatizada Escola de Governo John F. Kennedy em Harvard em outubro de 1967, ele iniciou um encontro com os professores mais graduados pedindo comentários sobre a Guerra do Vietnã. Como Kissinger recordou mais tarde: "Os professores, dos quais eu era um membro divergente, estavam divididos principalmente sobre a questão de se o presidente Lyndon Johnson era um criminoso de guerra ou um psicopata". Depois de escutar uma litania de críticas à política de Johnson, cuja tônica era que os Estados Unidos já haviam esperado demais para sair do Vietnã, Lee respondeu apenas: "Vocês me enojam".[72] Como ele relatou ao *The Harvard Crimson*, os Estados Unidos estavam executando um serviço valioso para a região mantendo um "escudo militar" ao redor do Vietnã do Sul. "Saigon pode fazer o que Cingapura fez", argumentou. "Se vocês saírem, nós vamos ficar", disse ele a uma plateia de estudantes em Dunster House. "Só estou lhes contando a terrível consequência que a retirada significaria."[73]

V

A visão ortodoxa sobre a iniciativa de paz PENSILVÂNIA, com a qual Henry Kissinger ganharia sua reputação como diplomata praticante, é inequívoca: o principal obstáculo ao início das negociações eram os bombardeios norte-americanos ao Vietnã do Norte. Hanói deixara claro que os bombardeios tinham de parar antes que as negociações pudessem começar, enquanto os Estados Unidos exigiam que, em troca de uma cessação dos ataques, Hanói precisava dar passos para encerrar, reduzir ou, pelo menos, não aumentar a infiltração de homens e suprimentos no Vietnã do Sul.[74] A paz estava próxima em 1967, argumentava-se. Mas toda vez que parecia ao alcance, os norte-americanos bombardeavam Hanói.

A visão alternativa, baseada nas provas fornecidas pelos norte-vietnamitas e outras fontes, é que nunca houve a mais remota possibilidade de paz em 1967, porque o regime de Hanói estava concentrado em preparar a Ofensiva do Tet. Os norte-americanos pensavam que estavam *Esperando Godot,* e que, mais cedo ou mais tarde, Godot — na forma de Mai Van Bo — apareceria. Os norte-vietnamitas sabiam que estavam todos n'*A ratoeira,* e eles mesmos eram os culpados.⁷⁵

Tudo aconteceu principalmente em Paris. Kissinger viajou para lá em junho de 1967 para assistir a um encontro ampliado do comitê executivo de Pugwash que havia sido convocado pelo físico nascido na Polônia, Joseph Rotblat, secretário-geral da conferência Pugwash, e o microbiologista francês Herbert Marcovitch, diretor do Instituto Pasteur.* ⁷⁶ Embora o primeiro ponto em sua agenda fosse a Guerra dos Seis Dias, que acabara de ser travada entre Israel e seus vizinhos árabes, o encontro também resolveu encontrar uma "fórmula para deter a escalada da guerra" no Vietnã.⁷⁷ Na verdade, Kissinger já tinha consigo a fórmula. Esta consistia em uma versão sutilmente modificada do "Fase A-Fase B": "Comunicar ao outro lado (Hanói e Moscou) por meio de canais adequados nossa intenção de suspender os bombardeios gerais no Vietnã do Norte (com a possível exceção de soutras [sic] áreas limitadas que estejam diretamente envolvidas em suas operações de infiltração) sem ações recíprocas positivas da parte deles, mas sujeita à nossa reconsideração com base em suas ações subsequentes".⁷⁸

O encontro decidiu que o comunicado seria feito por Marcovitch, que viajaria para Hanói via Camboja a pretexto de restabelecer elos científicos entre o Instituto Pasteur e seus antigos associados no Sudeste Asiático.⁷⁹ Por sugestão de Étienne Bauer, Marcovitch viajaria para o Vietnã do Norte com o velho amigo de Bauer, Raymond Aubrac, funcionário experiente da Organização das

---

* Além de Rotblat, Marcovitch e Kissinger, os participantes eram o economista soviético Ruben Andreossian, Étienne Bauer (que trabalhava na Comissão de Energia Atômica da França), Paul Doty, o físico do MIT Bernard Feld, o vice-presidente da academia de ciências da União Soviética Mikhail Millionshikov, e o físico francês Francis Perrin.

Nações Unidas para Agricultura e Alimentação em Roma. Ho Chi Minh morara com os Aubrac em 1946 e era o padrinho da filha de Aubrac, Babette.[80] A fórmula norte-americana poderia, portanto, ser discretamente transmitida como parte de uma visita social ao presidente norte-vietnamita.

Três pontos requeriam uma ênfase especial já de início. Aubrac – geralmente descrito na literatura sobre o Vietnã como "um herói da resistência" – era um comunista engajado. A história de sua fuga das garras de Klaus Barbie, o notório "Carniceiro de Lyon", continua famosa na França, ainda mais por causa do papel romântico desempenhado por Lucie Aubrac na libertação do marido. Seu nome de nascença era Raymond Samuel ("Aubrac" era um de seus vários cognomes de guerra), Aubrac já se envolvera na política esquerdista quando estudante antes da guerra, e depois da queda da França se juntara à Resistência no grupo conhecido como "Libération". Sua esposa era uma inflamada comunista; já em 1935 ela fora selecionada pelo Comintern para treinamento em Moscou. Apesar das alegações, jamais comprovadas, de que Aubrac era o informante que traiu o líder da Resistência Jean Moulin em 1943, não há dúvida de que a principal lealdade de Aubrac era com o Partido Comunista Francês. Tendo perdido seus pais, assim como muitos amigos, mortos pelos nazistas, Aubrac poderia ser perdoado pelo sentimento de vingança. Mas sua conduta como "comissário" em Marselha durante a *épuration* do pós-guerra (dirigida contra ex-colaboradores dos alemães) assemelhou-se mais a um Terror Vermelho do que a um mero acerto de contas; com efeito, De Gaulle demitiu Aubrac, acusando os comunistas de haverem estabelecido "uma ditadura anônima".[81] O fato de Aubrac ser amigo pessoal de "tio Ho" não era uma coincidência. Ele continuou um comunista devotado durante todo o período do pós-guerra e, como suas memórias deixam claro, era, na melhor das hipóteses, ambivalente quanto a "transmitir uma proposta do governo dos Estados Unidos" – mesmo uma que ele considerava "decente".[82]

O segundo ponto a observar é que a iniciativa PENSILVÂNIA partiu do próprio Kissinger. Ele havia informado Dean Rusk sobre o que estava tentando fazer, mas o Departamento de Estado não se interessou. O presidente também não. Johnson e Rusk concordavam: era "apenas outro daqueles becos sem saída que não levavam a lugar algum. Já havíamos passado por isso antes. Esqueça". Foi McNamara – agora mais ou menos convencido de que os Estados Unidos deveriam reduzir as suas perdas no Vietnã – que deu a Kissinger o apoio oficial de que necessitava, depois de receber uma cópia de um dos primeiros telegramas de Kissinger a Rusk.⁸³

O terceiro ponto é que o cronograma de missões de bombardeios norte-americanas ganhou ainda mais importância no caso do PENSILVÂNIA, porque os intermediários foram realmente a Hanói e pretendiam voltar lá. Foi outra terrível trapalhada dos norte-americanos quando aviões dos Estados Unidos atingiram Hanói e Haiphong no dia 20 de agosto, um pouco antes do momento em que Marcovitch e Aubrac deveriam chegar à capital norte-vietnamita, e um dia depois de Johnson ter autorizado Kissinger a dizer que "a partir de 24 de agosto haveria uma notável mudança no padrão de bombardeios nas vizinhanças de Hanói, para garantir sua segurança pessoal e como um símbolo de nossa boa vontade".⁸⁴ Jamais a mão esquerda diplomática de Johnson e a mão direita bélica pareceram em pior coordenação do que em agosto de 1967. Isso facilitou muito o jogo duplo de Hanói.

Aubrac e Marcovitch chegaram ao Camboja em 19 de julho. Foram precisos dois dias para persuadir a embaixada norte-vietnamita em Phnom Penh a emitir os vistos para que pudessem prosseguir até Hanói. Encontraram-se com Pham Van Dong e com o envelhecido Ho Chi Minh na tarde do dia 24.⁸⁵ No dia seguinte, estiveram com Pham Van Dong e o ministro da Saúde, Pham Ngoc Thach (que estava lá, presumivelmente, para manter as aparências de que aquela fosse uma visita científica). Também puderam ver pessoalmente o devastador efeito dos bombardeios norte-americanos sobre Hanói. Imediatamente depois de sua volta a Paris, os dois franceses se encontraram com Kissinger e relataram suas conversas em Hanói, fornecendo também as anotações de Aubrac dos encontros. Kissinger transmitiu a Washington de modo apressado, mas meticuloso, o que eles lhe contaram.

Em vários aspectos, pareceu um grande avanço. Depois das previsíveis preliminares (os franceses comunicaram a versão mais recente do "Fase A-Fase B", o que fez com que Pham Van Dong criticasse os Estados Unidos), a conversa se tornou interessante. Quando Aubrac perguntou a Dong se ele desejava "uma declaração oficial de que os bombardeios haviam parado, ou se ficaria satisfeito com o fim *de facto* dos bombardeios", o primeiro-ministro vietnamita replicou que "uma cessação *de facto* seria aceitável". Então Aubrac perguntou se deveria haver algum intervalo entre o final dos bombardeios e o início das negociações, ao que Dong replicou um tanto elipticamente: "Isso não é um problema". A seguir, quando Aubrac perguntou que canais deveriam ser utilizados, Dong respondeu que isso, também, "não era um problema, mas deveria ser alguém autorizado por ambas as partes". As negociações iniciais, ele disse aos franceses, poderiam ser "sobre aquelas questões que afetam os Estados Unidos e o Vietnã do Norte como os principais participantes"; apenas quando as questões que afetam o Vietnã do Sul fossem levantadas a FLN precisava estar presente. Aubrac e Marcovitch inferiram de tudo isso que "o cenário visualizado por Pham Van Dong envolvia um fim dos bombardeios norte-americanos a ser seguido, em questão de dias, pela abertura de negociações sob auspícios aceitáveis". Dong foi explicitamente encorajador. "Vocês podem achar que suas viagens são inúteis. Na verdade, vocês nos deram muito em que pensar."

No encontro do dia seguinte, em contraste, Dong regalou-os com uma desafiante declaração sobre a resolução militar dos norte-vietnamitas:

[A] Casa Branca e o Pentágono parecem determinados a continuar a guerra contra o Norte. Assim, achamos que os ataques ao Norte provavelmente aumentarão. Tomamos providências contra ataques a nossos diques; estamos prontos a aceitar a guerra em nosso solo. Nosso potencial militar está crescendo devido à ajuda da URSS e outros países socialistas [...] Quanto à situação no campo de batalha, está melhorando constantemente [...] Nós lutamos apenas quando escolhemos; economizamos nossos recursos; lutamos apenas por objetivos políticos [...] Poderíamos facilmente intensificar nossas ações internas [em Saigon]. Mas adotamos apenas aquelas ações com significado político e que poupam vidas humanas [...] Estamos lutando por nossa independência há 4 mil anos. Derrotamos os mongóis três vezes. O Exército dos Estados Unidos, por mais forte que seja, não é tão aterrorizante quanto Genghis Khan.

Mas isso era apenas um prelúdio para uma reiteração dos pontos do dia anterior: Hanói estava "disposta a concordar com uma interrupção *de facto*" sem reconhecimento público de um fim dos bombardeios. Se os norte-americanos suspendessem os ataques aéreos "e nós entendemos que eles estão dispostos a conversar", então não haveria "nenhuma necessidade de intervalo". As próprias negociações poderiam ser mantidas em segredo. E enquanto as negociações não envolvessem o Vietnã do Sul, a FLN poderia ser mantida fora delas. Então Dong acrescentou um novo ponto: "[E]le entendia que algumas tropas norte-americanas teriam de permanecer até o final do processo de acordo político [...] Não queremos humilhar os Estados Unidos". E isso não foi tudo.

> Nossa posição é: o Vietnã do Norte é socialista e quer permanecer assim. Quanto ao Sul, nossos objetivos são independência nacional, democracia, paz e neutralidade. Algumas pessoas acham que queremos impor o socialismo ao Sul. Estamos convencidos de que a FLN não cometerá tal erro. A FLN imagina um amplo governo de coalizão, incluindo todos os grupos e religiões significativos *sem levar em consideração as atividades passadas, inclusive membros du gouvernement fantoche* [do governo fantoche] *et cadres d'armée fantoche* [quadros do exército fantoche] [...] O essencial é esquecer o passado.
>
> Quanto à unificação, reconhecemos que o primeiro passo importante é um acordo político com o Sul. Concordamos em não pressionar pela unificação. Assim que a guerra no Sul estiver resolvida, discutiremos com o Sul e encontraremos a melhor forma.[86]

Sentado na casa de Marcovitch em Saint-Cloud, Kissinger escutou tudo com atenção. A língua francesa não era seu forte, por isso periodicamente ele precisava pedir a tradução para o inglês. Quando eles terminaram, ele disse simplesmente: "Vocês estão trazendo algo novo".[87] Ele fez seu relatório e tomou o avião de volta para casa. O comitê de negociações reagiu com ainda mais entusiasmo, detectando pelo menos quatro razões para encarar as conversas com Pham Van Dong como sendo "de considerável importância potencial".[88] McNamara foi além, chamando-a de "a mensagem mais interessante em matéria de negociações que já tivemos".[89] É verdade que Johnson, Rostow e William Bundy se mantiveram céticos (especialmente quando souberam da "orientação política" de Aubrac).[90] Com efeito, Johnson estava mais concentrado na campanha de intensificação dos bombardeios.[91] Não obstante, Kissinger foi enviado novamente a Paris, acompanhado por Chester Cooper como um tipo de supervisor do Departamento de Estado, "para discutir aspectos de seu relato e possivelmente fazer algumas perguntas para outros esclarecimentos".[92]

O primeiro rascunho de resposta que Kissinger levou a Aubrac e Marcovitch para entregar aos norte-vietnamitas era claríssimo:

> Os Estados Unidos estão dispostos a cessar os bombardeios aéreos e navais ao Vietnã do Norte se isso levar imediatamente a discussões produtivas entre representantes

dos Estados Unidos e a RDV em busca de uma resolução das questões entre eles. Nós pressupomos que, enquanto as discussões prosseguirem, quer com o conhecimento público, quer em sigilo, a RDV não tirará proveito da cessação ou limitação dos bombardeios.93

Todavia, Kissinger tomou o cuidado de explicar que:

(1) A expressão "tirará proveito" se refere a "qualquer aumento no movimento de homens e suprimentos em direção ao sul";
(2) A expressão "discussões produtivas" indicava a determinação de evitar negociações extensas como haviam ocorrido na Coreia durante operações militares incessantes;
(3) A pausa nos bombardeios pode tornar impossível manter secreta a existência de negociações por mais que três semanas no exterior, embora possamos, é claro, garantir o sigilo quanto ao seu conteúdo. Portanto, seria desejável efetuar conversas preliminares enquanto forem introduzidas limitações ou reduções na tonelagem, na área geográfica ou em número de mições [sic] de bombardeios, com um fim completo dos bombardeios quando as negociações finais ocorrerem.94

Os franceses replicaram que estavam dispostos a voltar a Hanói, mas queriam que a palavra *si* (se) na versão francesa da réplica norte-americana fosse substituída por *en comprenant que*. Depois de uma discussão sobre a melhor forma de traduzir a expressão para o inglês, a tradução escolhida foi "*with the understanding that*" [com o entendimento de que].95

Então a espera por Godot se iniciou. Aubrac e Marcovitch informaram à missão diplomática norte-vietnamita sua intenção de viajar novamente a Hanói, mas foram avisados de que os permanentes bombardeios norte-americanos tornavam isso impossível. Não sem razão, os franceses pressionaram Kissinger a obter uma garantia de que os bombardeios iriam ser interrompidos pelo menos temporariamente. Em 18 de agosto, como vimos, Johnson concordou em suspender os ataques em um raio de 16 quilômetros ao redor de Hanói. Como disse Rusk, "esses caras vão chegar lá no dia 25 e não vai ser bom que a gente os atinja". Ele achava que as chances de Kissinger estabelecer "contato secreto" eram uma em cinquenta; McNamara calculou as probabilidades como uma em dez.96 (Era uma época de probabilidades enganosas.)

O secretário de Defesa autorizou Kissinger, portanto, a dizer que "a partir de 24 de agosto haveria uma notável mudança no padrão de bombardeios nas vizinhanças de Hanói para garantir sua segurança pessoal e como um símbolo de nossa boa vontade". Kissinger foi deliberadamente vago quanto à extensão geográfica e a duração da "mudança no padrão de bombardeios" a fim de "evitar [a] impressão de [um] ultimato" – o que tanto Aubrac quanto Marcovitch sabiam que era um ponto nevrálgico para os norte-vietnamitas –, mas McNamara insistiu em que ele especificasse que os ataques aéreos a Hanói seriam retomados no dia 4 de setembro.[97] A essa altura, McNamara e Harriman haviam concordado secretamente que os Estados Unidos deveriam estar prontos a aceitar "um governo de coalizão, incluindo o VC, que seria não comunista e neutro" no Vietnã do Sul.[98]

Tudo isso era pura discussão acadêmica. Os norte-vietnamitas recusaram-se categoricamente a emitir vistos e aferraram-se a essa recusa, apesar de uma indicação explícita de que os franceses eram portadores de uma importante mensagem.[99] McNamara supôs que isso fosse uma reação à onda de ataques aéreos norte-americanos que havia sido executada entre os dias 20 e 23 de agosto devido a uma melhoria no clima no Vietnã do Norte.[100] Mas é altamente duvidoso que isso tenha sido mais do que um pretexto para a rejeição dos pedidos de vistos. Quando Aubrac e Marcovitch se encontraram com Mai Van Bo em 25 de agosto, ele demonstrou "interesse manifesto" nas comunicações mais recentes de Washington, assim como no papel de Kissinger, mas despachou-os sem nada mais do que uma promessa de que telegrafaria essa informação a Hanói.[101] Na semana seguinte, quase nenhum dia se passou sem que Bo se comunicasse com Aubrac e Marcovitch, mas era sempre a "resposta sem resposta". Ele não soubera nada de Hanói (29 de agosto). Havia uma falha técnica nas comunicações com Hanói (30 de agosto). Eles não podiam receber vistos devido à intensificação dos bombardeios norte-americanos, mas Aubrac deveria, apesar disso, permanecer em Paris (31 de agosto, 2 de setembro). Em 2 de setembro, Bo pediu que a suspensão de bombardeios a Hanói fosse estendida pelos "próximos poucos dias"; Kissinger foi autorizado a dizer que seria estendida por 72 horas. No dia 4, Bo voltou a procrastinar e a culpar os ataques aéreos norte-americanos pelo atraso.[102] Quando Marcovitch encontrou-se com Bo em 6 de setembro, ficou com a impressão de que Bo encarava a extensão de três dias da "interrupção dos bombardeios a Hanói" como tendo um "caráter de ultimato", mas isso foi uma inferência a partir da reação "gelada" de Bo. A realidade era que Bo teria se mostrado evasivo mesmo se a interrupção tivesse sido duas ou três vezes maior.[103]

Kissinger não esperou por Godot em Paris. Renunciando à sua humilde suíte do Hotel Port Royal na rue Montalembert, ele estava agora de volta a Cambridge, preparando-se para o início do semestre de Harvard. Aubrac retornou a Roma. Isso criou um bizarro problema de comunicações, pois – por medo de comprometer sua independência – Marcovitch recusou-se a usar a mala diplomática norte-americana para enviar relatos escritos de seus encontros com Bo, de modo que pelo menos uma mensagem fundamental foi enviada pelo correio normal. Na noite do dia 8, todavia, Kissinger voou de volta a Paris, a caminho da Alemanha, onde daria algumas palestras previamente agendadas. Um fato de crucial importância: Bo contara a Marcovitch que, se Kissinger estava voltando a Paris, ele buscaria permissão de Hanói para encontrá-lo.[104]

PENSILVÂNIA era agora suficientemente sério para merecer a atenção do presidente. Em 5 de setembro, ele requisitou "todo o arquivo sobre o projeto de Kissinger",[105] depois pediu a Rostow para enviá-lo para a avaliação do chefe da CIA, Richard Helms.[106] A avaliação de Helms foi confusa. O atraso dos norte-vietnamitas em responder a mensagem de Kissinger poderia refletir "uma combinação de fatores de momento e interpretação, reforçada por sua desconfiança arraigada quanto às intenções dos Estados Unidos para a região". Por outro lado, Hanói "continua[va] a insistir em uma cessação incondicional dos bombardeios e um acordo baseado em seus quatro pontos. Eles não mostra[va]m nenhum sinal ainda de qualquer disposição para abrir mão desses objetivos".[107] William Bundy foi igualmente ambivalente. A mensagem norte-americana havia "colocado Hanói decididamente contra a parede" porque "a maioria das pessoas encararia [isso] – se a conversa alguma vez se tornasse pública – como uma proposta razoável que refletia uma grande mudança em relação às nossas posições públicas passadas". Por outro lado, ele não podia "excluir completamente a possibilidade de que Hanói esteja nos fazendo de bobos e tentando prolongar a suspensão [de bombardeios] em Hanói".[108] Johnson estava agora "muitíssimo interessado" no canal de Kissinger,[109] mas Rostow e Rusk lembraram-lhe que, embora "ainda [houvesse] muito barulho nas escadas [...] ninguém [havia] entrado na sala".[110] Foi acordado que Kissinger deveria agora intensificar a pressão, comunicando via Marcovitch o "crescimento da impaciência dos Estados Unidos diante do não recebimento de qualquer resposta por parte de Hanói", e "contrastar a moderação norte-americana até aquele momento com os numerosos ataques recebidos pelos Estados Unidos no Sul".[111] Kissinger foi enfático, dizendo a Aubrac (que voltara de Roma a pedido de Kissinger) que "nossos dirigentes ficaram com a impressão de que a comunicação com Hanói é uma via de mão única. Não deveríamos ser requisitados a praticar uma contenção unilateral durante um período prolongado sem qualquer sinal de Hanói a respeito de nossa abertura".[112] Mas, para suavizar a mensagem, atribuiu os ataques aéreos a Hanói no final de agosto a uma trapalhada burocrática e observou que "provavelmente o único outro governo que poderia entender toda a complexidade de nosso processo de tomada de decisões era a União Soviética" – uma alusão a Moscou que sem dúvida seria bem recebida por Bo.[113]

Um cuidadoso estudo sobre o comportamento de Bo nos dias seguintes sugere que Bundy estava certo em sua segunda hipótese: Hanói estava mesmo fazendo Washington de bobo. No dia 8, Bo perguntou a Marcovitch quanto tempo Kissinger permaneceria em Paris; a resposta foi: dez dias. A réplica de Bo foi que "algo podia muito bem acontecer" durante esse período, desde que não houvesse bombardeios a Hanói. No dia 9, quando alertado sobre a crescente impaciência dos norte-americanos por Aubrac e Marcovitch, Bo "perguntou se Walt Rostow apagara a mensagem". Os franceses não tinham a menor ideia do que ele queria dizer. Bo explicou que estava, na verdade, perguntando se a mensagem de 25 de agosto era "válida ainda". Então ele avisou que qualquer tentativa por parte dos norte-americanos de criar uma "Linha McNamara" (uma fronteira no estilo daquela estabelecida na Coreia entre o Vietnã do Norte e o do Sul) seria encarada como uma "ação política para tornar a separação entre irmãos permanente".[114] Ambos os pontos visavam claramente transmitir ao lado norte-americano que Hanói tinha um bom serviço de informações – e ganhar tempo.

No dia 11 de Setembro, Bo finalmente entregou aos franceses a resposta oficial. Era absolutamente negativa, acusando os Estados Unidos de emitir um ultimato e fazendo as já conhecidas exigências de um final incondicional dos bombardeios, retirada das forças norte-americanas e reconhecimento da FLN.

VI

A expressão *síndrome de Estocolmo* só seria cunhada seis anos mais tarde. Inspirada no comportamento dos reféns capturados durante o assalto ao Kreditbanken, na capital sueca, em 1973, quando as vítimas ficaram ligadas emocionalmente a seus sequestradores, esse conceito é agora familiar à psicologia evolutiva. É claro que Kissinger tinha irrefutáveis razões pessoais para passar o maior tempo possível em Paris: estava apaixonado por Nancy Maginnes, que estudava na Sorbonne. Aliás, ela morava na rue Monsieur le Prince, a algumas quadras da missão diplomática norte-vietnamita de *monsieur* Bo. Apesar disso, a conduta de Kissinger como negociador em 1967 foi uma síndrome de Estocolmo *avant la lettre*. Curiosamente, neste caso, o sequestrado jamais se encontrou com o sequestrador. Tão empenhado estava Kissinger em encontrar Mai Van Bo que se tornou emocionalmente ligado a ele – ou melhor, ao processo diplomático que ele havia posto em marcha. Bo dissera não. Mas o comentário de Kissinger sobre a resposta dos norte-vietnamitas à carta norte-americana de 25 de agosto foi puro Estocolmo:

> O último parágrafo representa um avanço em relação àquelas conversas anteriores com as quais estou familiarizado em três aspectos: (1) pela primeira vez, Hanói respondeu a uma proposta norte-americana e não fechou a porta a outras negociações; (2) Hanói exige o reconhecimento da Frente Nacional de Libertação, mas parece haver abandonado a insistência anterior de que a Frente Nacional de Libertação seja aceita como o "representante mais autêntico" [...] (3) afirma que negociações se seguiriam a uma cessação de bombardeios.

Em vez de "interpretar a mensagem literalmente e encerrar o canal A-M [Aubrac-Marcovitch]", ele exortou Washington "a tratar a mensagem como um primeiro passo em um complicado processo de negociação", aproveitando a oportunidade para fazer "uma exploração mais ampla do estado de ânimo e das intenções de Hanói" e "aperfeiçoar os registros públicos".[115]

Aqui se revelou a sua inexperiência diplomática. Pois 11 de Setembro era o dia para ir embora. Como Rostow observou, era "dificilmente concebível" que Kissinger estivesse correto em encarar a resposta de Hanói como um "primeiro passo".[116] Kissinger era "um bom analista [...] [mas] ele pode ser um pouco suave demais quando chega a hora decisiva". Rusk tendia a concordar. Kissinger estava "basicamente do nosso lado", disse ele, mas fora ludibriado.[117] Eles estavam certos. Era uma clara demonstração de fraqueza continuar suplicando a Hanói por um encontro entre Kissinger e Bo,[118] seguir se desculpando pelos bombardeios de Haiphong.[119] Kissinger estava agora tão desesperado para se encontrar com Bo que planejara um complicado estratagema pelo qual Marcovitch entregaria ao emissário norte-vietnamita uma nota "em um envelope selado em papel comum e não assinada" dizendo que Kissinger era portador não apenas de uma nova mensagem norte-americana, mas também de um comentário sobre ela, e que, "como o comentário se refere a outras discussões com Hanói que prometemos não revelar", ele havia sido "instruído a entregar [...] pessoalmente".[120] Bo evidentemente achou essa artimanha muito divertida. Ele disse a Marcovitch que, embora não pudesse se encontrar com Kissinger, ficaria feliz em "manter o canal" aberto, se necessário com cartas não assinadas em envelopes selados. "Podemos estar nos encaminhando para algum diálogo" foi a mensagem sempre esperançosa de Kissinger a Washington.[121] Talvez se os Estados Unidos agora desacelerassem um pouco, ocultando a sua "mensagem principal", Bo seria seduzido, por curiosidade, a um encontro.[122] Ou talvez se Marcovitch dissesse a Bo que Kissinger estava prestes a sair de Paris [...] ou será que isso seria interpretado pelos hipersensíveis norte-vietnamitas como outra forma de ultimato?[123] Quanto mais Kissinger dizia a Washington para não dar a Hanói "a impressão de que estamos excessivamente ansiosos", mais ele próprio demonstrava isso.[124]

O problema era de dois lados. Não apenas Bo não tinha nenhuma intenção de encontrar Kissinger, como os franceses estavam indóceis como cavalos na linha de largada. No dia 13, Marcovitch – que já ameaçara revelar as negociações para o governo francês – queixou-se a Kissinger de que "todas as vezes que levei uma mensagem nós bombardeamos o centro de uma cidade norte-vietnamita. Se isso acontecesse mais uma vez, ele não se disporia mais a servir como canal". Aubrac era, de longe, o mais tenaz dos dois homens, e, sempre que ele estava em Roma, Kissinger sentia falta de sua "habilidade política".[125] Seu retorno a Paris melhorou notavelmente as discussões. ("A. comentou que, em seu entendimento, Washington ofereceu-se para interromper os bombardeios de [isto é, "se"] Hanói prometesse negociar e Hanói ofereceu-se para negociar se Washington interrompesse os bombardeios primeiro.")[126] Mas o reaparecimento do velho amigo de tio Ho deu a Bo uma oportunidade de ativar seus encantos, oferecendo uísque, chá e doces quando ele e Marcovitch chegaram com a "mensagem principal" em 16 de setembro.[127] Aubrac avisou a Bo que ele e Marcovitch estavam agora "no seu limite (*au bout de notre rouleau*)", mas Bo, em tom sedutor, sugeriu que um encontro com Kissinger agora era iminente. Marcovitch então ameaçou revelar suas conversas ao Eliseu (implicando, um tanto implausivelmente, que as autoridades francesas ignoravam o que estava acontecendo debaixo de suas barbas). Melífluo, Bo aconselhou-o a não fazer isso e garantiu-lhe: "[S]eu canal não perdeu ainda toda a utilidade". Como Aubrac se preparava para voltar a Roma, Bo continuou tentando tranquilizá-lo: "Pode parecer que as coisas andam devagar. Na verdade, elas estão se movendo em sua velocidade 'normal' para conversas desse tipo". Isso deu a Aubrac novas esperanças de que Hanói estava, de fato, "tateando tortuosamente à procura de um diálogo com os Estados Unidos". No entanto, quando ele voou de volta a Paris em 20 de setembro, sua sugestão de que ele, Bo e Kissinger jantassem juntos arrancou apenas uma risada de Bo. O máximo que ele estava disposto a dizer, mesmo quando Kissinger partiu para Hanover e Cambridge, foi que o canal era "muito conveniente para nós".

Vinte e cinco dias haviam se passado desde que Bo recebera a comunicação inicial dos norte-americanos e isso era tudo o que ele tinha a dizer aos fatigados franceses:

> Os norte-americanos estão jogando um jogo duplo. Por um lado eles estão nos oferecendo paz; por outro, eles intensificam os bombardeios [...] [Mas] aceitarei uma comunicação a qualquer momento. Entrarei em contato assim que tiver algo a dizer [...] Não se preocupem. Se chegarmos à conclusão de que não desejamos nos comunicar via Kissinger, nós lhe diremos. Se um dia pensarmos que vocês não devem mais continuar, nós diremos isso a vocês sem hesitação. Mas queremos que vocês e Kissinger continuem.[128]

Dois dias depois ele entregou outra áspera crítica à conduta norte-americana, condenando os persistentes bombardeios de alvos perto de Hanói e a "política de duas caras" de buscar negociações enquanto, na verdade, intensificavam o conflito ao ponto de "exterminação".[129] Em 30 de setembro, ele repetia mais uma vez que a carta dos norte-americanos de 25 de agosto era implicitamente condicional e, portanto, inaceitável. Apenas se os Estados Unidos parassem os bombardeios completamente Kissinger deveria "pôr o chapéu e vir para Paris imediatamente".[130] Ameaças de uma "crescente impaciência em Washington" entravam por um ouvido e saíam pelo outro. Bo podia contra-atacar dizendo que "conversas" – não confundir com "negociações formais" – podem começar "logo após o fim dos bombardeios".[131]

O encontro de Bo com Marcovitch no dia 2 de outubro – por iniciativa dos franceses – pareceu anunciar a chegada de Godot. A nota que Marcovitch escreveu para transmitir as declarações de Bo a Kissinger foi enviada por entrega especial a Kissinger, pois Marcovitch continuava recusando-se a utilizar os canais oficiais. O seu conteúdo parecia mesmo significar, como Rostow admitiu, "o primeiro movimento que tivemos".[132] A nota sugeria, entre três possíveis cenários, que Hanói aceitaria como uma indicação de uma "parada" incondicional dos bombardeios "uma declaração oficial, mas não pública, precedendo a cessação dos bombardeios", que poderia ser "comunicada pelo canal K/A-M (*officieusement*) – não exatamente oficialmente", um termo cuidadosamente escolhido por Marcovitch para captar a situação semioficial de Kissinger. Os franceses também inferiram que "contatos oficiais, públicos ou não públicos, poderiam iniciar-se com a cessação dos bombardeios, dentro de um curto período" – talvez apenas três ou quatro dias.[133] Mais uma vez, o ceticismo era completamente justificado. Como Helms observou, "tínhamos um norte-americano que não entende francês muito bem conversando com um francês que não entende inglês muito bem em uma ligação telefônica transatlântica".[134] Mal havia Marcovitch enviado sua nota a Kissinger, Bo começou a recuar, negando que jamais houvesse utilizado a expressão "compromisso solene", que Marcovitch jurava que ele havia dito. Bo também se recusou a confirmar dois dos três cenários esboçados por Marcovitch.[135] Com bons motivos, a opinião de Rostow mudou: a comunicação mais recente de Paris era "obscura e rarefeita", se não fosse "uma palhaçada mal-intencionada".[136] "Eles ainda estão nos engambelando", queixou-se Rusk. Como acontecia frequentemente, a resposta de Johnson a um desapontamento diplomático era dizer a McNamara para "acertar todos [os alvos] que puder".[137] Ele insistia em ver a diplomacia e a guerra como substitutos um do outro, em vez de elementos do mesmo processo político. ("Eles se safaram dos bombardeios a Hanói", queixou-se ele em certo momento, "só porque dois professores estão se encontrando.")¹³⁸ Mas mesmo uma mente mais sutil e culta não teria se saído muito melhor.

Em sua novela *Pra frente o pior* (1983), Samuel Beckett escreveu algumas de suas linhas mais famosas: "Nunca tentado. Nunca falhado. Não importa. Tentar de novo. Falhar de novo. Falhar melhor". Isso resume mais ou menos a fase final do PENSILVÂNIA. De Paris veio outra nota sem muita coerência dirigida a "Henri" e ditada por Bo a Marcovitch em uma mistura de francês e inglês:

> Não sei, a essa altura, se o que digo é apropriado; você sabe melhor do que eu.
> O seu governo [...] enviaria uma primeira mensagem por nós anunciando de modo inequívoco a ~~interrupção~~ cessação incondicional da ação que está ocorrendo agora.
>
> Uma vez que isso tenha sido feito realmente, uma segunda mensagem, novamente enviada por nós, sugeriria a abertura de um diálogo, na data e local desejados.¹³⁹

Tarde da noite na Casa Branca, Johnson, McNamara, Rostow e Rusk se esforçaram para rascunhar uma resposta que protegesse Johnson da eventualidade de que os norte-vietnamitas agissem de má-fé, intensificando seus esforços militares assim que os bombardeios norte-americanos cessassem.¹⁴⁰ O resultado foi uma resposta rascunhada que Kissinger foi instruído a entregar a Bo:

> O governo dos Estados Unidos entende a posição da República Democrática do Vietnã como a seguinte: que após a cessação pelos Estados Unidos de todas as formas de bombardeio à República Democrática do Vietnã, sem expressão de condição, a República Democrática do Vietnã entraria imediatamente em discussões produtivas com os Estados Unidos. O propósito dessas discussões seria a resolução das questões entre os Estados Unidos e a República Democrática do Vietnã.
>
> Supondo a correção desse entendimento da posição da República Democrática do Vietnã, o governo dos Estados Unidos está preparado para, de acordo com a sua proposta de 25 de agosto, transmitir previamente à República Democrática do Vietnã a data precisa em que os bombardeios

à República Democrática do Vietnã deverão cessar e sugerir uma data e um local para o início das discussões.[141]

Nessa base, então, Johnson estava preparado para interromper os bombardeios ao Vietnã do Norte. Exortou McNamara a vender a nova pausa aos generais – "Caso contrário, sou um homem sem um país". Rusk continuou em dúvida. "Eu só quero que todo mundo saiba", declarou ele quando o encontro chegou ao final, "que meu faro não está farejando a paz ainda".[142] Mas até mesmo ele estava suficientemente otimista para se juntar à discussão sobre onde deveriam ocorrer as históricas conversações. Estranhamente, o secretário de Estado sugeriu Moscou. Rostow propôs Rangum. Sobre a pessoa mais adequada para representar os Estados Unidos nas conversações, McNamara preferia substituir o antiquado Harriman pelo homem da hora: Henry Kissinger.[143]

Tudo isso era prematuro, é claro. Nem bem Aubrac e Marcovitch haviam visto a resposta norte-americana quando começaram a se queixar de que a expressão "de acordo com a nossa proposta de 25 de agosto" seria rejeitada por Bo, pois Hanói já havia rejeitado aquela proposta.[144] Quando os franceses se encontraram com Bo na manhã de 8 de outubro de 1967, ele objetou imediatamente que "tudo o que foi incluído depois da frase de abertura afirmando a disposição dos EUA de pararem os bombardeios sem condições na verdade são condições. Em particular, B[o] caracterizou como 'condições' as palavras 'imediatamente', 'produtivas' e 'de acordo com a proposta de 25 de agosto'".[145] Ele negou categoricamente que houvesse "alguma coisa de novo" na mensagem de 8 de outubro.[146] Em 17 de outubro, ele explicou claramente a Marcovitch que eles estavam de volta à estaca zero: as "propostas de paz" norte-americanas eram "de duas caras".[147]

Rostow ficou indignado. "Nossos intermediários [...] são como uma dupla de feijões saltadores mexicanos", queixou-se a Johnson. "Gostaria que eles ficassem parados por alguns instantes."[148] Kissinger adiou sua planejada viagem a Paris.[149] O champanhe foi colocada mais uma vez para gelar. Na Casa Branca, o clima ficou sombrio. Será que deviam ir em frente e fazer a pausa, de qualquer jeito, nem que fosse porque isso seria "positivo em termos domésticos"?

DIRETOR HELMS: Acho que não irá sair nada do canal Pensilvânia. Vai fazer as informações chegarem a Hanói. Mas não espero que saia nada disso.

Secretário Rusk: A proposta que enviamos a eles era quase razoável demais.

Presidente: Como vamos conseguir vencer?

Secretário Mcnamara: Estamos fazendo progressos. Mas é lento. Não tenho a menor ideia de como poderemos vencer nos próximos doze meses. Precisamos fazer alguma coisa para aumentar o apoio à guerra neste país. Não conheço nenhuma forma melhor de fazer isso além de uma pausa.

Presidente: Podemos perder se fizermos uma pausa. Não acho que isso faria nenhum daqueles caras mudar.[150]

Tudo o que restava, ao que parecia, era vazar a iniciativa de Paris para a imprensa e tentar receber o crédito.

Mas a síndrome de Estocolmo é poderosa. No dia 17 de outubro, Kissinger telefonou a Rostow com uma última proposta desesperada para salvar o pensilvânia. Ele "discordava completamente da [...] totalmente negativa [...] interpretação" da mais recente comunicação vinda de Paris:

Quando lhe perguntaram o que ele achava de positivo na mensagem, ele disse: "Discussões podem ocorrer", em vez de "poderiam" ter ocorrido [a distinção supostamente fundamental entre *peuvent* e *pourraient*]. Então ele disse que se você supõe que o Vietnã do Norte é uma potência pequena, insegura, com um governo dividido, enfrentando uma potência imensa cujas intenções eles não entendem e nas quais não confiam, a mensagem poderia ser lida da seguinte forma: conversaremos se vocês terminarem com seus bombardeios sem condições; e podemos estudar a sua proposta se vocês arrefecerem significativamente.

Kissinger recomendou que se dissesse a Bo:

Interpretamos a sua mensagem como dizendo que vocês estão dispostos a entrar em discussões produtivas quando os bombardeios houverem cessado incondicionalmente; e que vocês estão dispostos a encarar um período de arrefecimento como a oportunidade para estudar o tempo e o lugar para tais discussões. Nessa base, nós interrompemos nossos bombardeios até, digamos, o paralelo 20; e estamos preparados para cessar os bombardeios incondicionalmente se vocês confirmarem que nossa interpretação está correta.[151]

Sua hipótese era que "o que parece a alguém de fora como uma procrastinação deliberada pode, na realidade, refletir uma dificuldade de comunicação entre Pequim e Moscou, acoplada à incerteza quanto à coesão interna sob a tensão das negociações (especialmente considerando que Pequim desaprove)". A política dos norte-vietnamitas era "um conjunto de acertos entre indivíduos que competiam pela sobrevivência política"; forçosamente seria "tortuosa e complicada em vez de bem definida".[152]

Na noite de 18 de outubro, Kissinger foi convidado a ir à Casa Branca para o que se revelou ser um notável encontro do círculo interno de Lyndon Johnson. Estavam presentes Clark Clifford e o juiz da Suprema Corte, Abe Fortas, junto a Katzenbach, McNamara, Rostow, Rusk e Maxwell Taylor. Kissinger defendeu a ideia de que "Bo está ansioso por manter isso funcionando" e que tinha havido "um leve deslocamento em sua posição". A resposta do presidente foi, como de hábito, nada sutil, mas provavelmente bastante correta:

> Minha avaliação é que eles estão mantendo esse canal funcionando só porque não estamos bombardeando Hanói. Sei que, se houvesse bombardeios a Washington, atingindo minhas pontes e ferrovias e estradas, eu adoraria travar discussões por um intermediário para a restrição dos bombardeios. Isso não custa nada a ele. O resultado disso é que ele tem proteção em Hanói em troca de fazer o cônsul deles conversar com dois cientistas que conversaram com um cidadão norte-americano.

Na discussão que se seguiu, Rusk, Taylor, Clifford e Fortas defenderam o abandono do PENSILVÂNIA, enquanto Katzenbach e McNamara pressionaram para mantê-lo funcionando por meio de uma nova interrupção dos bombardeios. Rostow foi a surpresa, mudando de posição e votando a favor de manter o processo de Paris ativo, não porque acreditasse que algum dia haveria qualquer tipo de progresso, mas porque sentia que a interrupção nos bombardeios era essencial por razões políticas domésticas. (Em suas palavras: "A política doméstica é a frente de batalha ativa agora".) O trunfo foi um memorando de Mac Bundy que Johnson mostrou (sem revelar a autoria), sugerindo que o presidente pretendera, desde o início, dar a Kissinger uma última oportunidade.[153] Tratando-se de Johnson, contudo, ele teve de encerrar o encontro com uma ameaça grosseira. Arthur Schlesinger registrou em seu diário a versão de Kissinger da conversa:

Henry disse, enfim: "Não acredito que a segurança dos Estados Unidos seja ameaçada se por alguns instantes nós não bombardearmos num raio de dezesseis quilômetros da capital de uma potência agrícola de quinta categoria". Johnson fechou o cenho e falou: "O.k., vamos fazer do jeito que o professor quer. Mas, (fuzilando Kissinger com o olhar) se não funcionar, vou cortar as suas bolas pessoalmente".* [154]

VII

Obviamente, a principal "conveniência" do canal PENSILVÂNIA para Mai Van Bo consistia em camuflar as verdadeiras intenções de Hanói, assim como fornecer uma oportunidade de obter informações, ainda que indiretamente, de um influente intelectual norte-americano.[155] A situação política doméstica nos Estados Unidos era de um interesse crescente para Hanói, dado que faltava apenas pouco mais de um ano para a eleição presidencial norte-americana. Como que para zombar de Kissinger, Bo continuou, durante todo esse período, a dar entrevistas a jornalistas norte-americanos, principalmente ao colunista Joe Kraft.[156] Era só que, explicou ele sorrindo a Marcovitch, ele não tinha autorização de Hanói para conversar com "qualquer norte-americano com ligações oficiais". O que Bo pode não ter percebido era que ele mesmo estava, indireta e dramaticamente, afetando a situação política em Washington.

Do ponto de vista privilegiado de Washington, Kissinger estava executando "de maneira bastante correta [...] a complicada dança entre o sr. Bo e o sr. Kissinger", como disse Rostow.[157] McNamara elogiou o "soberbo" manejo de Kissinger da não negociação.[158] Como Katzenbach disse a Johnson, era "a coisa mais próxima que nós já tivemos de estabelecer um diálogo com o Vietnã do Norte".[159] Johnson escreveu a Kissinger para expressar seu "grande

---

* Kissinger também descreveu a Schlesinger uma cena comparável que havia "testemunhado na sala do Gabinete: Johnson atormentando McNamara, dizendo-lhe insistentemente: 'Como posso dar um chute no saco deles [os norte-vietnamitas]? Diga-me como posso acertar o saco deles'". Como um devotado apoiador de Kennedy, Schlesinger era a perfeita plateia para esse tipo de relato.

respeito [pela] habilidade e dedicação com que está buscando o caminho da paz".[160] Mas havia também uma consciência crescente de que o tempo estava se esgotando para Johnson. Nas palavras de Katzenbach: "As oportunidades de resolver a questão do Vietnã antes de novembro de 1968 dependem de nossa habilidade de estabelecer conversas".[161] Infelizmente, isso era praticamente a única coisa sobre a qual os conselheiros mais próximos do presidente concordavam. McNamara estava cada vez mais convencido de que nada além de uma interrupção incondicional dos bombardeios permitiria que as negociações começassem, e que o lado norte-americano teria de aceitar a participação dos vietcongues em um governo de coalizão em Saigon. Katzenbach também era a favor de uma pausa generalizada nos bombardeios, nem que fosse para "eliminar todas as dúvidas possíveis com respeito às negociações de Kissinger". Rostow e Rusk eram contra ambos os gestos. Johnson, o texano durão, estava sendo vagarosa e penosamente rachado. Seu instinto era ficar do lado dos falcões e desconfiar de Paris. Mas onde estava a prova de que ampliar a escalada militar funcionaria? E como ele poderia conter a revolta que crescia dentro de seu próprio partido, mesmo entre velhos apoiadores de sua causa?[162] Os anais do governo norte-americano oferecem poucas ilustrações melhores do que essa sobre o que significa para um líder estar dividido:

PRESIDENTE: Acho que não vair sair nada disso.

ROSTOW: Não vejo nenhuma conexão entre os bombardeios e as negociações.

KATZENBACH: Não acho que vamos conseguir negociações com bombardeios.

PRESIDENTE: Não vejo [motivos para] interromper de novo. O que conseguimos com isso até agora[?]

KATZENBACH: Conseguimos estabelecer comunicações com eles. Não tinha havido comunicações desde fevereiro deste ano [...] Sou a favor de uma pausa entre agora e fevereiro.

PRESIDENTE: Eu também. Mas estamos aceitando rápido demais algo que qualquer professor pode arranjar. Acho que devemos atingir aqueles alvos agora.

Uma pausa não vai mudar a situação política. Vai dar a eles uma resposta, no entanto, de que estamos preparados para ir até o fim. Mas eu quero atingir todos aqueles alvos antes de uma pausa.

McNamara: Não conseguiremos fazer uma pausa sem que os militares digam que ainda há alvos a atingir.

Katzenbach: Não intensifiquem os bombardeios e depois interrompam.

Helms: Não concordo que não bombardear um lugar em particular terá qualquer efeito sobre as conversações.

Presidente: A história pode fazer com que pareçamos idiotas nessa coisa toda.

Nós interrompemos todos os bombardeios em Hanói por seis semanas para que as pessoas comecem [as negociações]. Então elas nunca começam [...] Acho que eles estão nos fazendo de bobos. Eles têm tanta intenção de conversar quanto nós de nos rendermos. Em minha opinião tudo o que você atinge é importante. Faz com que eles sofram mais.

Relativamente poucos homens estão contendo muitos homens. Acho que devemos derrubá-los e mantê-los lá embaixo. Vamos dar a eles uma oportunidade de falar e conversar, se quiserem.

Se acreditamos que devemos bombardear, então devemos atingir as pontes, as usinas hidrelétricas e outros alvos estratégicos fora das zonas que consideramos proibidas. Não ganhamos nada em troca se entregarmos tudo o que conseguimos. Mas acho que uma pausa não vai prejudicar, porque o clima está ruim, de qualquer forma. Mas quero que a gente acerte todos os alvos que ousarmos aprovar [...] Se eles não conversarem, teremos de adotar passos mais drásticos. Estamos perdendo apoio neste país. As pessoas simplesmente não entendem a guerra. Mas ninguém pode justificar interromper por cinco semanas. Precisamos pensar nisso com muito cuidado.

Concordo com Dick Helms. Não faz nenhuma diferença na cabeça deles em que lugar acertamos.

Hanói sozinha não vai fazer isso. Eles ainda querem uma cessação permanente, seus quatro pontos e o que eles disseram. Como você fecha o canal, se não está nos levando a lugar algum[?] [...]

Katzenbach: Bo pode dizer que vai conversar com Kissinger. Faz diferença o que fazemos e dizemos. Devemos ajustar nossas mensagens de modo que eles possam fazer alguma coisa ou cancelar.

Presidente: Nick, quero um documento sobre que esperanças você e o [Departamento de] Estado veem nessa coisa. Eu simplesmente não vejo nada. Mas quero um documento sobre isso. Vocês já deram a eles cinco semanas.

KATZENBACH: Mas isso não nos custou nada.

PRESIDENTE: Vocês construíram um grande guarda-chuva que lhes dá uma oportunidade de reconstruir. Eu negaria isso a eles. Mas me deixe ver isso. Escreva o que nós temos a ganhar [...] Quero que Katzenbach me prepare um memorando sobre por que ele acha que devemos manter esse canal, um cenário para encerrá-lo, porque por duas vezes recebemos um sonoro "não" como resposta.[163]

Foi nesse lamentável estado conflitante que Johnson pronunciou o seu discurso de San Antonio, uma tentativa de Rostow de resolver um problema insolúvel expressando, no estilo fanfarrão texano, uma nova concessão norte-americana – a primeira declaração pública do que Kissinger dissera a Mai Van Bo mais de um mês antes: "Os Estados Unidos estão dispostos a interromper todos os bombardeios aéreos e navais do Vietnã do Norte se isso levar imediatamente a discussões produtivas. Nós, é claro, supomos que, enquanto prosseguirem as discussões, o Vietnã do Norte não se aproveitará da cessação ou limitação dos bombardeios".[164] (Bo rejeitou sumariamente o discurso de Johnson como "ofensivo".)

A discussão foi retomada com uma intensidade ainda maior em 3 de outubro, estimulada pelos últimos resultados falso-positivos de Paris. Depois que Rostow e McNamara haviam se atracado, mais uma vez, a respeito da sensatez de parar os bombardeios, Johnson aturdiu seus conselheiros perguntando "que efeito teria sobre a guerra se ele anunciasse que não iria concorrer à reeleição. Ele disse que, se fosse para decidir naquele dia, a decisão seria que ele não concorreria". Rusk ficou horrorizado. "Você não deve se deixar abater", ele exclamou. "Você é o comandante-chefe e nós estamos em guerra. Isso teria um efeito muito grave sobre o país [...] Hanói acharia que está com a vitória nas mãos." McNamara fez a sua habitual fria análise de custo e benefício:

É claro que não haveria preocupações quanto ao dinheiro e aos soldados. Conseguiríamos apoio para isso. Não sei quanto ao efeito psicológico sobre o país, o efeito sobre a moral dos soldados e o efeito sobre Hanói.

Acho que eles não iriam negociar em nenhuma circunstância e que iriam esperar até as eleições de 1968.

É evidente nas atas desse encontro que a principal preocupação de Johnson era doméstica. Tudo o que ele estava escutando dos democratas no Congresso era que "perderemos a eleição se não fizermos algo a respeito do Vietnã rapidamente", o que (como Rusk observou secamente) tinha muito mais a ver com os recentes aumentos de impostos do que com os protestos contra a guerra. Apesar disso, a disposição de Johnson de abdicar refletia o seu desespero diante da aparente impossibilidade de "fazer algo a respeito do Vietnã rapidamente".[165] Era uma sensação de desespero que Mai Van Bo vinha se esforçando ao máximo para acentuar.

Do ponto de vista de Hanói, a beleza do PENSILVÂNIA era magnífica. Como Johnson e seus conselheiros vieram a entender, eles haviam estendido um ramo de oliveira de boa-fé, mas, como fora exigido e mantido sigilo, e como existia ainda uma minúscula possibilidade de que o canal de Paris pudesse ser reativado no futuro, eles não podiam extrair nenhum benefício doméstico de seus esforços tornando-os públicos. Johnson estava louco para fazer isso. Seu "instinto político" lhe dizia que aquela era a forma de responder aos protestos contra a guerra, tornando suas próprias propostas e as respostas dos norte-vietnamitas "tão claras [...] que possamos contar a um lavrador o que aconteceu e ele possa entender". Mas, como Rusk ponderou: "Os pombos criarão dificuldades se tornarmos a mensagem pública. Além disso, podemos querer conversar assuntos sérios por meio desse canal posteriormente".[166] Além do mais, os arquivos do PENSILVÂNIA continham "muito material que pode se revelar embaraçoso".[167]

Todo o horror da aflição de Johnson – e a natureza trágica da aflição norte-americana – estava agora posto a nu, como ele lamentou incoerentemente a McNamara, Rostow, Rusk e Wheeler, o chefe do Estado-Maior Conjunto das Forças Armadas.

> Não parece que possamos vencer a guerra militarmente. Pedi ao Estado-Maior Conjunto (EMC) sugestões sobre como abreviar a guerra, mas todas as propostas deles se relacionavam a sugestões fora do Vietnã do Sul.
>
> Não temos como vencer diplomaticamente tampouco [...] Experimentamos todas as suas sugestões. Quase perdemos a guerra nos últimos dois meses no tribunal da opinião pública. Esses manifestantes estão tentando mostrar que precisamos que outra pessoa assuma o controle deste país.

As pessoas que querem que paremos os bombardeios precisam saber tudo o que passamos nessas conversações. Há homens nesta mesa que não sabem tudo o que ocorreu. Não vimos nenhuma mudança na posição deles. Eles estão enchendo os meios de comunicação com essa propaganda [...] Os falcões estão se dando por vencidos. Todos estão atacando vocês. San Antonio não adiantou. Não consigo arranjar uma explicação melhor.

Se não podemos conseguir negociações, por que não atingimos todos os alvos militares, sem provocar a Rússia e a China? Fico surpreso que nossos rapazes no Vietnã estejam com a moral tão alta, considerando tudo o que está acontecendo.

Precisamos fazer alguma coisa quanto à opinião pública.

Quero garantir que Kissinger esteja incluído. Precisamos ter uma decisão que qualquer lavrador entenda e o inimigo diga não a ela.

Precisamos mostrar ao povo norte-americano que tentamos e falhamos bem no último quilômetro.

E quanto às reservas?

Não era *A última gravação de Krapp*, de Beckett, mas estava bem perto.

VIII

PENSILVÂNIA levou um longo tempo para morrer. Em 20 de outubro, Kissinger chegou mais uma vez a Paris com um conjunto extenso e indignado de instruções do Departamento de Estado que pode ser resumido como: os Estados Unidos haviam "durante oito semanas deixado unilateralmente, repito, deixado unilateralmente de bombardear as vizinhanças imediatas de Hanói", mas em nenhum momento desse período o governo norte-vietnamita fez qualquer tentativa "(1) de sinalizar, por esse canal ou qualquer outro, que se empenharia, de sua parte, em discussões com os Estados Unidos, apesar de os bombardeios terem parado de acordo com as propostas norte-americanas; ou (2) de fazer qualquer contraproposta sólida sobre como iniciar discussões que levassem à resolução pacífica das diferenças".[168] Para a sua surpresa, Kissinger encontrou Marcovitch "em um estado de grande euforia".

Segundo ele, a última mensagem de Bo fizera com que todas as frustrações valessem a pena. Quando lhe perguntei a causa de seu otimismo, ele chamou a atenção para a distinção entre escalada e bombardeios e a mudança de tempo verbal na última sentença. Eu o fiz cair na real rapidamente. Disse-lhe que a questão era realmente bem simples. Se Hanói quissesse negociar, encontraria alguma forma de expressar esse fato por outros meios que não súbitas mudanças no tempo verbal e referências elípticas cheias de duplos sentidos.[169]

Quando Aubrac chegou de Roma, parecia igualmente fora da realidade. "Ele [Kissinger] teve um problema com os dois amadores M e A", zombou Rostow.[170] Estranhamente, nem ele nem seu chefe parecem ter considerado a possibilidade óbvia de que nem Aubrac nem Marcovitch fossem os intermediários neutros que aparentavam ser. Diante do registro de Aubrac como devotado comunista, ele era tudo menos neutro: desde o início ele não fizera segredo de suas simpatias por Hanói. É claro que é possível que ele e Marcovitch esperassem sinceramente que Mai Van Bo finalmente concordasse em se encontrar com um representante do governo dos Estados Unidos. É mais provável que pelo menos um dos dois estivesse em conluio com Hanói ou, no mínimo, mantivesse Moscou a par dos acontecimentos. Será que Raymond Aubrac realmente queria que o PENSILVÂNIA fosse bem-sucedido? Ou será que ele conhecia, tão bem quanto Bo, a natureza da peça que estava representando? Não temos como ter certeza. Mas, ao não parar para fazer a si mesmo essa pergunta, Kissinger revelava que, se algum membro do elenco era um amador, era ele.

A cena final também teve um clima beckettiano. Naquela mesma noite de 20 de outubro, Aubrac e Marcovitch deveriam se encontrar com Bo, armados com mais outro documento engenhosamente rascunhado. Mas Bo não quis encontrá-los. Quando eles telefonaram, Bo se mostrou evasivo.

A[UBRAC]: Gostaríamos de encontrá-lo com urgência.
BO: Não há nada de novo a dizer. A situação está piorando. Não há motivos para conversar de novo.
A: Há algo novo e muito importante.
BO: (Repetiu palavra a palavra a mesma frase de antes.)

A: Há algo muito importante – talvez o momento mais importante de nossas trocas.

Bo: (Repetiu palavra a palavra a mesma frase, mas depois acrescentou:) Qual é a questão importante[?]

A: Tem a ver com o significado da última sentença da sua última mensagem e a sequência em que os passos precisam ser dados.

Bo: Nossa posição é perfeitamente clara.* [...] (Bo então repetiu palavra a palavra a frase original.)171

Conforme Kissinger relatou a Washington, os franceses ficaram desolados: "M estava quase em lágrimas e A também ficou extremamente deprimido".

Nessas circunstâncias eu me limitei a agradecer-lhes por sua dedicação e meticulosidade. O canal fracassou, não por falta de boa vontade ou imaginação, mas porque Hanói não podia ou não queria conversar. M disse que pelo menos havíamos descoberto o que Hanói queria dizer com incondicional. Eu repliquei que nenhuma pessoa séria poderia acreditar em um relacionamento absolutamente incondicional.172

Rostow deixou a Johnson uma daquelas notas lacônicas que eram o seu forte: "Por meio desta, Kissinger traz M e A mais perto dos fatos da vida".173 Era, refletiu ele, "o fim do canal de Paris". Havia duas explicações possíveis, ele teorizou: ou "eles encaram a política dos Estados Unidos e a diplomacia mundial como atraentes demais para começarem a conversar

---

* Bo remeteu-os a um artigo publicado no *National Guardian* pelo jornalista australiano Wilfred Burchett, baseado em uma entrevista com Nguyen Duy Trinh, que afirmava: "Hanói não está disposta a fazer concessões nem a negociar, e há uma recusa absoluta em oferecer qualquer coisa – a não ser conversas – em troca de uma cessação dos bombardeios. A palavra enfatizada é 'conversas', não negociações [...] Repete-se em todos os níveis que a independência total com a completa retirada norte-americana do Vietnã do Sul é a meta inalterável do governo de Hanói e da Frente de Libertação do Vietnã do Sul. Eles estão preparados para lutar por dez ou vinte anos a fim de atingir essa meta, e a vida está sendo reorganizada nessa base". Burchett era membro do Partido Comunista e também agente da KGB.

agora" ou "suas conversas com a China comunista envolvem um novo acordo de apoio ou mesmo ação militar chinesa". Uma terceira possibilidade, que ele não considerou a princípio, era que todo o episódio havia sido uma farsa.[174] Relendo os arquivos, ele calculou que os norte-vietnamitas haviam se recusado a conversar com Kissinger mais de quinze vezes: isso indicava "uma política clara – pelo menos isso".[175] Helms aplicou o princípio da navalha de Ockham: Hanói nunca havia realmente mudado e Kissinger tinha estado empenhado em "um esforço para procurar algo que simplesmente não [estava] lá".[176] "Em suma, sr. presidente", disse ele a Johnson, "o senhor terminou onde começou".[177]

O sucesso tem muitos pais; às vezes o mesmo acontece com o fracasso. Aubrac e Marcovitch lançaram a culpa sobre Johnson. Achavam "difícil de acreditar" que a coincidência de sua visita a Hanói e a continuação dos bombardeios norte-americanos fosse "acidental", já que "aquelas duas 'entregas' vinham do mesmo 'remetente'".[178] Marcovitch sempre conservou a opinião de que Kissinger fora derrotado pelos falcões que cercavam Johnson.[179] Depois, é claro, Aubrac criticou o próprio Kissinger, acusando-o de vazar toda a história do PENSILVÂNIA ao *Los Angeles Times* a fim de se promover.[180] (De fato, em sua velhice Aubrac alegou que "não tinha ideia da conexão entre Henry e o Departamento de Estado ou a Casa Branca" – ou um espantoso lapso de memória ou uma mentira deslavada.)[181] Mas foi a Johnson que o mundo preferiu culpar pelo fato de a paz não ter brotado no Verão do Amor.

A história vazou, é óbvio. Dois jornalistas – David Kraslow, do *Cox*, e Stuart H. Loory, que havia sido correspondente em Moscou do *New York Herald Tribune* – juntaram peças suficientes do quebra-cabeça para escrever *The Secret Search for Peace in Vietnam* [A busca secreta da paz no Vietnã], publicado em 1968.[182] Eles localizaram Marcovitch. Investigaram John Gunther Dean, primeiro secretário da embaixada norte-americana em Paris. Conseguiram descobrir que "Kissinger se envolvera com dois esquerdistas franceses na transmissão de mensagens a Mai Van Bo no outono deste ano" e que "uma das mensagens transmitida a Bo incluía a garantia de que Hanói não seria bombardeada por certo período de tempo como prova de nossa boa-fé e disposição para entrar em discussões". Ao contrário do que alega Aubrac, no entanto, Kissinger recusou-se a encontrar Kraslow e Loory, apesar de quatro pedidos de entrevista.[183] Cruelmente, do ponto de vista da administração, a tese que os dois jornalistas apresentaram foi que "o presidente e o secretário Rusk estavam enganando o público norte-americano sobre o Vietnã e que [...] os norte-vietnamitas eram receptivos aos esforços norte-americanos para entrar em negociações conosco, algo que a administração nega".[184] Eles estavam redondamente enganados. Mas é claro que a sua interpretação se harmonizava perfeitamente com o clima antiguerra. Os senadores Fulbright e Mansfield – com o apoio até mesmo de republicanos como John Sherman Cooper, do Kentucky – continuaram pressionando por uma cessação completa dos bombardeios, esquecendo-se do fato de que essa era a última ficha de negociação que restara a Johnson e que Hanói a recusara reiteradamente.[185]

Enquanto isso, Hanói se preparava para lançar a sua ofensiva, seguindo o conselho de Mao a Ho Chi Minh de buscar a estratégia da "aniquilação". Em outubro de 1967 – enquanto Henry Kissinger procurava a paz na diferença entre *pourraient* e *peuvent* –, o politburo vietnamita tomou a decisão de ir em frente com a Ofensiva do Tet: "a fase de obter a vitória decisiva" no Vietnã do Sul, nas palavras da resolução emitida dois meses depois e confirmada na décima quarta sessão plenária do comitê central. A "Ofensiva e Insurreição Geral" estava planejada para lançar o vietcongue em um ataque generalizado às maiores cidades do Sul – Saigon, Hue e Da Nang. Nas palavras de Truong Cong Dong, membro da missão da FLN no Vietnã do Norte: "As conversações começarão quando os norte-americanos tiverem nos infligido uma derrota ou quando nós tivermos infligido uma derrota a eles. Tudo será resolvido no campo de batalha".[186] Isso desmente a ideia de que Hanói era de alguma forma sincera a respeito de conversações de paz em 1967. Sem dúvida era verdade, como Nguyen Khac Huynh, do Ministério de Relações Exteriores norte-vietnamita contou mais tarde a McNamara, que "aqueles de nós [em Hanói] que estavam trabalhando em uma estratégia de negociações" tinham sido "muito encorajados" pelo PENSILVÂNIA – encorajados em sua suposição de que conversações genuínas seriam facilmente estabelecidas *depois* da Ofensiva do Tet. Dizer que os esforços de Kissinger haviam "fornecido as bases para o início do processo de paz de Paris" é, portanto, enganoso. Nas palavras de Luu Doan Huynh, um dos homens de Hanói em Pequim na época, a meta dos norte-vietnamitas sempre fora "estabelecer condições que sejam as melhores para as negociações – mas *depois do Tet!*".[187]

Isso explica por que as propostas de paz oferecidas nos meses finais de 1967 – como o PACKERS,* uma iniciativa romena – não foram simplesmente rejeitadas. Nas palavras de George Herring, PACKERS deveria ser entendido como "um exercício de simulação planejado para acalmar os Estados Unidos levando-os a uma falsa sensação de segurança militar e a aumentar as pressões doméstica e internacional por negociações na véspera do ataque militar a ser desferido no Tet".[188] O mesmo pode ser dito não apenas das declarações emitidas por Nguyen Duy Trinh em 29 de dezembro e por Mai Van Bo em 1º de janeiro, mas, com certeza, também sobre o próprio PENSILVÂNIA. Contrariamente às lembranças de McNamara, a conexão francesa permaneceu aberta até a véspera do Tet. No início de dezembro de 1967, Kissinger pediu a Marcovitch para fazer uma tentativa final "de contatar Paul" (o nome em código de Bo). Marcovitch replicou que só poderia fazer isso se ele pudesse propor duas datas: "a primeira anunciando a interrupção, pura e simplesmente, dos bombardeios e de todas as ações de guerra contra a RDVN; a outra, posterior, dentro de um período razoável, mencionando um encontro para discussões". Com elegância cartesiana, ele acrescentou que "a palavra 'frutífera' deve ser rigorosamente evitada, pois, para ser absolutamente lógico, não se pode dizer de antemão se uma discussão que ocorrerá será frutífera".[189] Às 21h do dia 16 de janeiro, Marcovitch foi surpreendido ao receber um telefonema de Bo, convidando-o para o que veio a ser uma conversa de duas horas. A "interrupção das conversas [...] em outubro passado", disse Bo, havia sido "ocasionada pelas condições gerais"; seu governo ainda "têm ambos [Aubrac e Marcovitch] em alta estima pessoal". De fato, Hanói estava pronta a começar as conversas em "um tempo apropriado após a cessação dos bombardeios [...] assim que estiver estabelecido que a cessação está em vigor". Assim, será que agora Bo finalmente consentiria em receber Kissinger? Bo respondeu, com sua costumeira obscuridade, que "sob as circunstâncias existentes qualquer pedido desse tipo seria levado em consideração". Marcovitch telefonou a Kissinger para transmitir esse novo não convite. Kissinger enviou-lhe uma resposta brusca,

---

* Assim designada em referência à equipe de futebol norte-americano Green Bay Packers, porque, segundo o secretário-executivo do Departamento de Estado, Benjamin Read, era uma equipe vencedora. (N. T.)

oferecendo-se para "fazer um esforço de ir [a Paris], apesar de minha agenda estar lotada", se Bo desejasse "me encontrar pessoalmente".[190] Na manhã de 18 de janeiro, Marcovitch transmitiu essa mensagem a Bo em mais outro envelope selado. Bo o abriu, mas disse apenas que esperava que "as coisas estivessem indo para algum lugar dessa vez". A atmosfera, Marcovitch relatou, era "cordial".[191]

A Ofensiva do Tet começou doze dias depois.

IX

O que havia nascido na conferência Pugwash morreu lá mesmo. Em 28 de dezembro de 1967, Henry Kissinger se viu no ventre da besta do comunismo mundial: em Moscou, para um encontro de cientistas soviéticos e norte-americanos, a maioria deles frequentadores regulares das Pugwash. Com efeito, a composição era mais ou menos a mesma que em Sopot, quinze meses antes. Contudo, muito havia mudado nos meses de intervalo. Os delegados soviéticos estavam nitidamente mais contidos em suas condenações das políticas norte-americanas. De seu lado, Henry Kissinger sabia agora muito mais do que em 1966 sobre a natureza do inimigo dos Estados Unidos no Vietnã. Como ele disse aos delegados soviéticos: "Hanói estava relutante em abandonar sua postura de ferocidade inflexível. Hanói encarava os acontecimentos apenas em um contexto local. A desconfiança em ambos os lados era muito profunda".[192] Não haveria alguma forma de Moscou agir como intermediário? O participante mais experiente no lado soviético, Mikhail Millionshikov, cumpriu seu dever e propôs ainda outro plano de mediação (comunicado a Kissinger pelo intérprete da academia de ciências, Igor Pochitalin). Era um plano extremamente elaborado de cinco etapas. Primeiro Millionshikov se encontraria com Kissinger e Paul Doty e informaria a eles que "Hanói estava preparada para concordar em conversar imediatamente e de forma produtiva". Depois, dentro de dez dias, os Estados Unidos "reduziriam significativamente os bombardeios ao Vietnã do Norte, de preferência cessando os ataques a Hanói e Haiphong". Dentro de outros dez dias, "se iniciariam conversas por esse canal sobre a preparação técnica de uma conferência, incluindo itens como agenda, tempo, local etc.". Depois de dez dias da conclusão satisfatória dessas conversas técnicas, os Estados Unidos interromperiam completamente os bombardeios. Finalmente, depois de outros trinta dias, "uma conferência formal, oficial com Hanói ocorreria".

Talvez fosse verdade, como assegurou a Kissinger um homem que ele suspeitava ser o contato da KGB na academia, que "Moscou queria definitivamente um acordo [enquanto] Pequim preferia que a guerra continuasse". Mas talvez não fosse assim. Talvez Moscou estivesse apenas acrescentando outra nuvem corrosiva à cortina de fumaça pré-Tet. O mais próximo de uma exposição sincera da posição soviética veio do economista Stanislav Menshikov, do Institute of the World Economy and International Relations [Instituto de Economia Mundial e Relações Internacionais]. Em vez de discutir o Vietnã na conferência oficial, Menshikov levou Kissinger para um passeio de carro por três horas ao redor das grandes avenidas vazias de Moscou, o mais próximo de um lugar privado que existia na União Soviética naquela época. Era a véspera de Ano-Novo, um bom momento para uma revelação. A verdade, Menshikov explicou – "falando meramente em particular" –, era que os soviéticos não tinham quase nenhuma influência sobre Hanói. Os norte-vietnamitas eram, nas palavras dele, "nada fáceis de se lidar". Além disso, "a extensão da desconfiança em nossos motivos [em Hanói] e a precariedade da posição soviética em relação à China inspiravam grande cautela nos líderes soviéticos".

> O governo soviético tinha um medo mórbido de que lhe jogassem areia nos olhos. Eles simplesmente não estavam seguros das intenções dos norte-americanos [...] Além disso, as dificuldades soviéticas não eram menores do que as nossas. A Guerra do Vietnã piorara as relações sino-soviéticas. A não ser que houvesse um ataque direto dos Estados Unidos sobre a China comunista, dificilmente essas relações seriam restauradas [...] O seu instituto estava executando uma projeção de tendências para o ano de 1980. Chegara à conclusão de que em nenhum momento nesse período as relações sino-soviéticas seriam boas, apesar do fato de que Mao, com certeza, já teria morrido.

Essas declarações eram extraordinárias – quase tão extraordinárias quanto as que Kissinger ouvira de Antonín Šnejdárek em Praga quase um ano antes. Mas Menshikov tinha outra bomba a lançar:

[Ele] perguntou se estávamos preocupados com uma intervenção soviética [no Vietnã]. Eu disse que, é claro, havia [...] profunda preocupação com um conflito com a União Soviética. Ao mesmo tempo, uma olhada no mapa indicava que uma ação militar soviética no Sudeste Asiático não era simples. Menshikov disse: "Poderíamos criar problemas em locais onde a situação é mais favorável, como em Berlim". Eu repliquei: "Só ao risco de uma guerra geral". Menshikov disse[:] "Você vê que temos nossos próprios problemas de credibilidade".[193]

Os acadêmicos especularam durante muito tempo sobre que estrategista norte-americano concebeu a abertura para a China que iria transformar tanto a paisagem geopolítica em 1972. Mas não foram os norte-americanos que pensaram nisso primeiro (embora, como vimos, Kissinger houvesse brincado com a ideia já em 1964, acabando por rejeitá-la). Foram os pensadores estratégicos do bloco soviético – talvez porque geralmente eles preferissem o jogo de xadrez a espetáculos teatrais amadores – que anteviram o novo mundo surgido com a ruptura sino-soviética. Do modo como Menshikov entendia, nada além de uma guerra entre os Estados Unidos e a China restauraria a velha unidade do bloco comunista, e a probabilidade de isso acontecer estava se reduzindo a zero à medida que ficava mais claro que o Vietnã não era a Coreia. A cisão entre Moscou e Pequim criou o potencial para um acordo entre os Estados Unidos e a China, como Šnejdárek explicou: um análogo ao Pacto Nazi-Soviético de 1939, mas dessa vez dirigido contra Moscou – uma parceria de opostos que representaria um triunfo do realismo sobre o idealismo, do pragmatismo sobre a ideologia. Apesar disso, Menshikov entendia que tal pacto não impediria uma continuação da *détente* entre Moscou e Washington.

Os Estados Unidos podiam ter sido humilhados, ignobilmente, no pântano em que se transformara o Vietnã. Um dos seus melhores e mais brilhantes intelectuais podia ter sido feito de bobo e levado no bico por muito tempo em Paris. Mas confundir *A ratoeira* com *Esperando Godot* não era um erro fatal, considerando que, enquanto esperava em vão por Mai Van Bo, Henry Kissinger vislumbrara o roteiro para um drama muito maior – um drama que seria representado não em algum salão fora de moda de Paris, mas cinco anos mais tarde em um salão de banquete obscuro em Pequim.

Capítulo 21
1968

Todas as vezes que vou lá [a Washington], fico impressionada ao ver quão única a posição que temos lá, independentemente se me encontro com republicanos ou democratas, políticos ou burocratas. Na verdade me parece que a reputação que temos permanece a mesma aos olhos de todos e – talvez de modo ainda mais impressionante – em qualquer fase. E isso realmente conta muito em um mundo que parece valorizar apenas a novidade.
Marion Dönhoff a Henry Kissinger, março de 1968[1]

A combinação era improvável.
Richard Nixon, 1978[2]

I

Mil novecentos e sessenta e oito foi o *annus horribilis* da história moderna norte-americana. Começando com o Ano-Novo lunar vietnamita, a Ofensiva do Tet – embora parecesse muito pior para os telespectadores do que para os organizadores militares norte-americanos – foi a primeira de uma sucessão de calamidades. Dezenove sapadores vietcongues invadiram a embaixada dos Estados Unidos em Saigon e mataram cinco soldados norte-americanos. Durante semanas Hue foi o cenário de lutas sangrentas de porta em porta. As fotografias de Eddie Adams, da execução a sangue-frio do oficial vietcongue capturado Nguyen Van Lem por um oficial da polícia do Vietnã do Sul resumiu a brutalidade do contrataque. A violência parecia vazar das telas de televisão para os próprios Estados Unidos. Em 4 de abril, James Earl Ray matou Martin Luther King Jr. com um tiro, quando o líder dos direitos civis estava no balcão de seu quarto em um hotel no Memphis. Dois meses depois, Robert Kennedy foi ferido mortalmente pelo imigrante palestino Sirhan Sirhan enquanto caminhava pela cozinha do Ambassador Hotel em Los Angeles. Houve até um atentado contra a vida de Andy Warhol, perpetrado por uma escritora radical feminista desequilibrada chamada Valerie Solanas.

Protestos estudantis se espalharam pelas universidades por todos os Estados Unidos, começando em Berkeley e depois atingindo a Universidade de Nova York e Columbia; em dezembro a moda de "sit-ins" [ocupações] pacifistas chegara a Harvard. Dois estudantes negros da Universidade do Estado da Carolina do Sul foram mortos a tiros pela polícia durante uma manifestação contra a segregação em Orangeburg. Nas ruas ao redor da Convenção Nacional do Partido Democrata em Chicago, houve batalhas campais entre a polícia e os manifestantes liderados pelo Youth International Party (Yippies) [Partido Internacional da Juventude], pelos Students for a Democratic Society (SDS) [Estudantes por uma Sociedade Democrática], e o National Mobilization Committee to End the War in Vietnam [Comitê Nacional de Mobilização pelo Fim da Guerra do Vietnã]. Houve novos conflitos raciais quando jovens afro-americanos foram às ruas após o assassinato de Martin Luther King, que eles atribuíam a uma conspiração do governo. Os Panteras Negras e outros grupos militantes negros travaram tiroteios com a polícia em Oakland, Califórnia, e Cleveland, Ohio.

No exterior, o mundo rumava rapidamente para o desastre. Embora a Ofensiva do Tet houvesse sido interrompida e pesadas perdas tivessem sido infligidas aos vietcongues e seus aliados norte-vietnamitas, a disciplina entre as forças norte-americanas e sul-vietnamitas ameaçava ruir em uma onda de massacres de civis. Em junho, o Partido Comunista Malaio lançou a segunda insurgência malaia. Em agosto, uma ampla força liderada pelos soviéticos invadiu a Tchecoslováquia para esmagar a Primavera de Praga e derrubar o governo reformista de Dubček. Houve golpes no Iraque, no Panamá e em Mali. Até mesmo na plácida Grã-Bretanha ocorreram ameaças de derramamento de sangue, desde a Royal Ulster Constabulary [Polícia Real do Ulster] espancando manifestantes católicos em Londonderry até a profecia de Enoch Powell, de que a imigração das antigas colônias da Grã-Bretanha terminaria em violência racial. Embora ele citasse a *Eneida* ("Parece que vejo 'o rio Tibre espumando de tanto sangue'"), foi a experiência norte-americana de conflitos raciais que inspirou o discurso de Powell. Em todos os lugares a expressão *Pax*

Americana parecia um oxímoro. O embaixador norte-americano foi baleado nas ruas da Cidade da Guatemala. As forças da Coreia do Norte abordaram e capturaram o USS *Pueblo*. O submarino nuclear *Scorpion* afundou nos Açores. Nem mesmo os céus eram seguros. Em novembro de 1968, uma onda de sequestros começou quando homens armados assumiram o controle do voo 281 da Pan Am, que ia do Aeroporto Internacional John F. Kennedy em Nova York a San Juan, Porto Rico. Entre 1961 e 1967 houve apenas sete tentativas de sequestro de aeronaves norte-americanas. Entre 1968 e 1971 esse número disparou para 71. Quase todos foram desviados para Cuba, o que tornou a frase "Leve-me para Havana" um dos chavões da época.

Não era de admirar que Lyndon Johnson temesse que Robert McNamara pudesse cometer suicídio.[3] Não era de admirar que para o seu secretário de Estado, Dean Rusk, 1968 tivesse sido um "borrão". "Eu estava morto de cansaço", relembrou ele mais tarde, e sobrevivendo com uma dieta diária de "aspirina, *scotch* e quatro maços de Larks". "Também não me lembro muito do que aconteceu naquele ano", disse ele a seu filho.[4] Mas a geração do filho dele é que foi a principal fonte de confusões no mundo. Os *baby boomers* do pós-guerra estavam entrando na casa dos vinte anos, e eles eram em muitos, principalmente na América do Norte, onde a parcela da população na faixa entre 15 e 24 estava crescendo — até atingir o auge em meados da década de 1970, representando quase 20% da população. Não eram apenas jovens norte-americanos, contudo, que estavam indo às ruas. Havia protestos estudantis significativos em Bonn, Paris, Roma, Estocolmo e Berlim Ocidental. Também não era um fenômeno confinado às democracias ocidentais. Os estudantes protestaram na Cidade do México e em Kingston, na Jamaica. Protestos em Estados autoritários (Espanha e Brasil) também aconteceram. E houve protestos estudantis no mundo comunista: Varsóvia (janeiro e março), Belgrado (julho) e, principalmente, na China de Mao, onde a Revolução Cultural era um tipo de revolta geracional patrocinada pelo Estado.[5]

Para os estudantes radicais em busca de um alvo, o Center for International Affairs (CFIA) [Centro de Assuntos Internacionais] da Universidade Harvard — do qual Henry Kissinger ainda era sócio-diretor — exigia ação direta e não meramente ocupações. Em outubro de 1968, o marxista November Action Committee [Comitê de Ação de Novembro] iniciou o que devia ser uma campanha prolongada e cada vez mais violenta contra as "instalações imperialistas" localizadas no número 6 da Divinity Avenue. Em setembro do ano seguinte, um grupo de vinte a trinta membros da facção dos Students for a Democratic Society (SDS), que mais tarde se transformou no Weather Underground [Clima Clandestino], atacou o prédio e expulsou seus ocupantes à força, deixando um dos funcionários com um ferimento profundo. Um folheto publicado pelo grupo retrata o clima do período:

> As pessoas que dirigem o CFIA são assassinos contratados. Eles escrevem relatórios para o governo sobre como sustentar uns poucos norte-americanos ricos e gordos enquanto mantêm a maior parte das pessoas pobre e faminta. Vocês poderiam pensar que esses odiosos cafetões correriam ao Vietnã para lutar, já que gostam tanto de uma guerra. Mas eles são porcos espertos. Preferem ficar em Harvard enquanto os negros de Roxbury e os jovens trabalhadores brancos de Dorchester e Jamaica Plain são enviados para morrer.[6]

Outro panfleto no mesmo estilo acusava o CFIA de produzir "ideias que preservam o poder internacional dos Estados Unidos à custa da maioria da população mundial".[7] O CFIA era "um exemplo especialmente óbvio da cumplicidade da universidade com a penetração econômica norte-americana no exterior à custa dos povos oprimidos".[8]

Os escritórios do CFIA sofreram ataques recorrentes – especialmente em abril de 1970, quando foram vandalizados, e seis meses mais tarde, em 14 de outubro de 1970, com a explosão de uma bomba. O prédio foi saqueado mais uma vez em abril de 1972, em um protesto contra "a guerra genocida dos Estados Unidos contra o povo da Indochina".[9]

Henry Kissinger tinha mais de uma razão para aceitar um cargo em Washington em 1968. Aos olhos de um homem que havia sido um adolescente na Alemanha nazista, a autoproclamada Nova Esquerda parecia familiar de vários modos inquietantes. Em uma resenha de um livro sobre os congressos nazistas de Nuremberg, publicado em março de 1968, Kissinger tornou esse paralelo explícito:

> Existe um risco de que a sociedade de massas moderna deixe o indivíduo emocionalmente faminto. Entre os meticulosos cálculos do Estado burocrático, muitas vezes não há sobras para o engajamento. Mas quando todas as vias normais de engajamento estão fechadas, a necessidade de participar pode irromper de muitas formas básicas. *Não foi por acaso que no início o Partido Nazista era*

especialmente atraente para os estudantes, o mesmo grupo que tem se sentido cada vez mais insatisfeito na sociedade moderna. Felizmente os congressos do partido em Nuremberg são coisas do passado. Apesar disso, devemos lê-los [...] como um aviso.[10]

Logo após o assassinato de Robert Kennedy, Kissinger escreveu um rascunho de discurso para Nelson Rockefeller desenvolvendo esse tema, que nos lembra de que a imaginação histórica de Kissinger nunca se restringiu meramente ao reino da diplomacia, e que seu idealismo permanecia arraigado em uma rejeição ao materialismo tão caro aos marxistas. O problema da inquietude dos jovens era uma patologia de uma "sociedade altamente industrializada, extremamente burocratizada", escreveu ele. Embora mais saliente nas sociedades mais avançadas, era um fenômeno global.

Uma dificuldade é o ritmo inédito das mudanças. Padrões familiares são destruídos em todos os lugares. Mas nada do que os substitui é integrador. A sociedade moderna exalta a especialização. O processo industrial se baseia em uma elaboração de funções individuais. A experiência do dia a dia da maioria das pessoas enfatiza o particular, ainda que a complexidade de nossos problemas sugira a necessidade de alguns princípios gerais. As experiências do dia a dia do indivíduo se tornaram desvinculadas de suas necessidades morais e psicológicas [...]
O senso de reverência do indivíduo tende a ser ameaçado pela vasta escala da vida moderna. Nossos jovens veem as estruturas administrativas funcionando com grande eficiência. Mas a ostensiva automaticidade de seu funcionamento aparentemente reduz a necessidade do indivíduo, de sua criatividade e preocupações. Elas respondem à necessidade de eficiência; deixam aberta a necessidade de compromisso [...] O que está em jogo é simplesmente se é possível dar significado à vida [...] em um ambiente que parece eclipsar o indivíduo.

A resposta para esse problema não era o remédio favorito da era moderna: crescimento e empregos. Como Kissinger indicou, a "inquietude contemporânea – principalmente de nossa geração jovem" – era, em parte, uma "rebelião contra o vazio de uma vida que conhece apenas problemas 'práticos' e bens materiais, e carece de um propósito mais profundo [...] A inquietude contemporânea prova, entre outras coisas, que o ser humano não consegue viver apenas economicamente; precisa de qualidade e propósito além do bem-estar material".[II] O idealista desprezava os paliativos convenientes dos materialistas de sua própria geração quase tanto quanto o falso idealismo de uma juventude rebelde disposta a se alinhar com Hanói e Havana.

II

Não obstante, para muitos norte-americanos – até os dias de hoje – a pior coisa que aconteceu em 1968 não foi nenhum dos eventos descritos acima. Foi a eleição para presidente dos Estados Unidos da América de Richard Milhous Nixon.

Na demonologia da ascensão de Nixon, um papel peculiar mas significativo é atribuído a Henry Kissinger. A começar pelo jornalista Seymour Hersh, uma sucessão de escritores alegou que Kissinger conspirou para ajudar Nixon a vencer a eleição de 1968 vazando informações secretas e vitais sobre as conversações oficiais de paz entre os Estados Unidos e o Vietnã do Norte que se iniciaram em Paris naquele mês de maio. O que Hersh alega é que, depois do fracasso da terceira candidatura de Rockefeller à indicação pelo Partido Republicano, Kissinger ofereceu seus serviços à campanha de Nixon. Segundo Hersh, em 10 de setembro de 1968, Kissinger telefonou a Richard V. Allen, um dos conselheiros de política exterior de Nixon, e disse-lhe que ele "tinha um jeito de contatar" seus amigos na administração envolvidos nas conversações com o Vietnã.* Então ele "transmitiu informações" a Nixon, "traindo pessoas com quem ele havia trabalhado nos esforços de negociação ainda secretos do Vietnã", especialmente Daniel Davidson e John Negroponte. Realmente, em 17 de setembro, ele foi a Paris para estar tão perto quanto possível das negociações. Sabendo muito bem que estava vazando informações confidenciais, Kissinger transmitiu o que sabia a Allen ligando-lhe de telefones públicos e falando parcialmente em alemão. Para encobrir seus rastros, ofereceu simultaneamente a seu ex-colega de Harvard, Zbigniew Brzezinski – que havia servido no planejamento de políticas do Departamento de Estado sob

---

* Allen afirmou depois que Kissinger havia "nos oferecido voluntariamente informações, por meio de [...] um ex-aluno, que ele possuía sobre as conversações de paz de Paris". Não fica claro quem poderia ser esse ex-aluno.

Rusk e estava agora trabalhando na campanha de Humphrey[12] –, o "arquivo negro" de Rockefeller contendo informações incriminadoras sobre Nixon, dizendo a Brzezinski: "Olha, eu odiei Nixon por anos".

Kissinger estava se prevenindo, dizem os relatos: se Nixon ou o indicado pelo Partido Democrata, o vice-presidente Humphrey, vencessem, ele poderia contar que seria nomeado conselheiro de Segurança Nacional, já que também oferecera seus serviços a Humphrey. De fato, ele fez uma oferta de trabalho a Davidson nessa base. Mas ele fez mais por Nixon. Em 26 de setembro, ele disse a Allen que "algo importante estava para acontecer em relação ao Vietnã". Poucos dias depois, ele lhe contou que havia "uma possibilidade mais forte do que nunca de que Johnson ordene uma cessação nos bombardeios aproximadamente em meados de outubro". Em 12 de outubro ele relatou "uma forte possibilidade de que a administração se mexa antes de 23 de outubro" e que isso era "mais importante do que parece". No dia 31, doze horas antes de Johnson finalmente ordenar o final dos bombardeios ao Vietnã do Norte, Kissinger contou a Allen que ele tinha "informações importantes", a saber, que Harriman e seu assistente, Cyrus Vance – ex-vice-secretário de Defesa –, haviam "estourado o champanhe" para celebrar o acordo com Hanói. Essas informações, dizem os relatos, foram valiosíssimas para Nixon, que as recebia por intermédio de H. R. "Bob" Haldeman, que mais tarde se tornaria seu chefe de equipe, e de John Mitchell, o futuro procurador-geral dos Estados Unidos. Em troca, Nixon recompensou Kissinger nomeando-o conselheiro de Segurança Nacional.[13]

O relato de Hersh se tornou canônico. Walter Isaacson suavizou-o um pouco, mas ainda concluiu que Kissinger havia "obtido favores compartilhando segredos" com Nixon.[14] Christopher Hitchens amplificou-o chamando Kissinger de "um informante dentro da administração em exercício" cujas informações eram então transmitidas por Nixon para o governo do Vietnã do Sul, consequentemente "sabota[ndo] as negociações de paz de Paris". Os vazamentos de Kissinger formavam a metade dos supostos truques sujos de Nixon; Anna Chennault, que agia como um canal entre Nixon e o embaixador do Vietnã do Sul, Bui Diem, fornecia a outra metade.[15] A ideia de uma conspiração nixoniana em que Kissinger era cúmplice foi recentemente reforçada por Ken Hughes.[16]

Que Nixon estava ávido por saber como as negociações em Paris estavam evoluindo era óbvio. Mais discutível é a alegação de Clark Clifford, de que "as atividades da campanha de Nixon constituíam uma interferência flagrante, até potencialmente ilegal, nas questões de segurança da nação".[17] Apesar disso, o veredito que perdurou foi o de que Nixon "fez da paz um jogo político para vencer a eleição de 1968".[18] Segundo um estudo sobre a eleição, "as ações republicanas atrasaram a abertura de conversações expandidas durante 1968, e ajudaram a impedir a vitória dos democratas, que teria levado a um acordo de paz em 1969".[19] Foi Nixon, afirma Anthony Summers, que "encorajou o presidente Thieu [do Vietnã do Sul] a acreditar que obteria um acordo melhor de uma administração Nixon [e] na verdade exortou-o a boicotar as conversações".[20]

Como veremos, é altamente duvidoso que o presidente Thieu houvesse se comportado de forma diferente se Nixon se voltasse para a sua fé quacre, perdido a vontade de vencer e cancelado os dois meses finais de sua campanha. Parece igualmente duvidoso, além disso, que os norte-vietnamitas aceitassem um acordo de paz de compromisso mútuo em 1969, mesmo se Thieu tivesse decidido não boicotar as conversações de 1968 – de fato, mesmo se Hubert Humphrey houvesse vencido a eleição presidencial. Agora, contudo, é o relato de Hersh-Hitchens sobre o papel de Kissinger que precisa ser examinado.

Existem duas fraquezas óbvias na alegação de que Kissinger conspirou vazando informações para Nixon. A primeira, que até mesmo um resenhista tão simpático quanto o ex-colega de Kissinger, Stanley Hoffmann, não pôde ignorar, é que Hersh simplesmente "não prova que tenha sido o sr. Kissinger que entregou os segredos das negociações de Paris à campanha de Nixon".[21] William Bundy – que na década de 1990 não era amigo de Kissinger – mostrou-se igualmente cético quanto à possibilidade de Kissinger ter obtido "informações internas" durante sua visita a Paris de 18 a 22 de setembro.[22] Veremos que não há nenhuma prova documental de que Kissinger tenha feito qualquer esforço para obter informações confidenciais sobre as conversações de Paris; tais informações estavam, de qualquer forma, sendo divulgadas à imprensa.

Isso nos leva à segunda fraqueza da narrativa de Hersh-Hitchens. Ela está baseada quase exclusivamente em entrevistas ou comentários feitos algum tempo depois do fato por pessoas que tinham motivos óbvios para apresentar Kissinger de forma negativa. Um exemplo disso é Daniel Davidson. Kissinger ofereceu de fato um cargo no governo a Davidson em 1968, mas a sua nomeação ao CSN não foi bem-sucedida; Davidson acabou tendo uma carreira mediana como advogado em Wall Street, mas qualquer esperança que ele pudesse ter de uma projeção no governo foi frustrada. A testemunha-chave no caso – Richard Allen – estava ainda menos inclinada a falar bem de Kissinger na época em que foi entrevistada por Hersh. Em uma longa entrevista em 2002, Allen declarou que ele havia "recomendado que Kissinger fosse nomeado conselheiro de Segurança Nacional porque eu mesmo não tinha nenhuma pretensão ao cargo, embora muitas vezes se dissesse que eu tinha [...] Eu não tinha nenhuma intenção de fazer isso. Eu queria voltar a Palo Alto", onde ele fazia parte da equipe da Hoover Institution.[23] Pode até ser, mas quando Nixon lhe ofereceu o posto de vice-conselheiro de Segurança Nacional, Allen aceitou – sob a condição de que ele fosse nomeado pelo presidente e não por Kissinger. Não foi um arranjo feliz.

> Imediatamente [...] eu me vi contrariado em quase todos os níveis. Meus memorandos estavam aparentemente indo para o presidente, mas Henry organizou o Conselho de Segurança Nacional de tal forma que ninguém podia escrever ao presidente e o nome dele era registrado nos memorandos que eram preparados por outros [...] Depois Henry nomeou para o CSN um grupo de pessoas que, na melhor das hipóteses, poderiam ser descritas como críticas a Nixon e, na pior, como inimigos de Nixon, e isso me deixou com a pulga atrás da orelha. Então eu estava no CSN, era o número dois ali, vivendo em um mar de hostilidade.

Allen recebeu o encargo de agir como "o ouvinte" de pessoas de níveis inferiores que desejavam influenciar o presidente, mas seus relatórios "nunca chegavam a" Nixon porque eram "desviados" por Kissinger. Allen deixou a administração depois de menos de um ano, em dezembro de 1969, após uma disputa sobre as bases militares secretas dos Estados Unidos.

Allen trabalhou mais tarde para Ronald Reagan, cuja abordagem da Guerra Fria – "vencê-la" em vez de "administrá-la" – ele preferia. Como um dos fundadores do bipartidário Committee on the Present Danger [Comitê sobre o Perigo Atual], Allen era um crítico contundente do prosseguimento da *détente* de Kissinger, assim como do próprio Kissinger. ("Sobre a maior parte do mundo Kissinger não sabia nada. Ele conhecia Metternich e Castlereagh, e conhecia o Vietnã, mas não muito.")[24] Em 1981, Allen aparentemente teve a sua vingança quando Reagan o nomeou conselheiro de Segurança Nacional. No ano seguinte, contudo, ele foi forçado a renunciar devido a um pagamento que havia supostamente recebido de um jornalista japonês para arranjar uma entrevista com a primeira-dama. John F. Lehman também trabalhou tanto sob Nixon quanto sob Reagan. Como membro da equipe do Conselho de Segurança Nacional, assistiu de perto ao duelo entre Kissinger e Allen, e mais tarde recordou como Kissinger havia forçado a saída de seu vice indesejado, isolando-o em um grande escritório no edifício do gabinete executivo, longe dos principais escritórios do CSN na ala oeste, e depois trouxe Alexander Haig para ser o seu número dois efetivo.[25] Kissinger venceu a batalha burocrática, mas fez um inimigo para toda a vida.

A segunda testemunha mais importante do caso Hersh-Hitchens é o próprio Richard Nixon, um homem que ambos os escritores passaram a maior parte de suas carreiras acusando de mentiroso, mas a quem, não obstante – nesse único assunto –, citaram como autoridade confiável. O texto-chave são as memórias de Nixon, *RN*.* O relato de Nixon dos acontecimentos de 1968 aponta que foi Rockefeller, e não o próprio Kissinger, que havia "exortado" Nixon a utilizá-lo como conselheiro de política exterior. Ele também escreve que Kissinger "foi absolutamente discreto nos conselhos que nos deu durante a campanha. Se ele *estava* informado sobre os detalhes das negociações, ele não os revelou a nós". É verdade, Kissinger fez tudo o que pôde para "proteger o sigilo", um traço que Nixon admirava. Mas isso era compreensível quando o cargo mais poderoso do mundo estava em jogo – e quando, além do mais, Kissinger estava aconselhando um homem a quem criticara em diversas ocasiões. A atmosfera era de paranoia coletiva. Nixon fez a si mesmo a pergunta tipicamente astuciosa: "E se o pessoal de Johnson sabia que [Kissinger] estava transmitindo informações a mim e estivesse

---

* É preciso lembrar que a publicação dessas memórias provocou um amplo protesto liderado pelo Committee to Boycott Nixon's Memoirs [Comitê de Boicote às Memórias de Nixon], cujo slogan era "Don't Buy Books by Crooks" [Não compre livros de bandidos]. Vale a pena reproduzir o veredito de J. K. Galbraith: "Que Nixon era um canalha é algo geralmente aceito agora. Mas, como [...] esse livro afirma admiravelmente, ele era e continua sendo um canalha que se considera um homem profundamente moral ou, no mínimo, acredita que pode convencer disso qualquer plateia conhecida [...] A crença de Nixon [é] afirmada aqui, de que o uso impróprio do FBI, IRS e outros órgãos federais é um dos direitos do ofício aprovados". "The Good Old Days", *The New York Review of Books*, 29 jun. 1978.

alimentando-o com histórias falsas?". Ele também mostra que, juntamente com a sua equipe de campanha, eles procuraram obter informações sobre as conversações de Paris de várias fontes, inclusive Everett Dirksen, o líder da minoria republicana no Senado, Dean Rusk, o general Andrew Goodpaster e – em 22 de outubro – "alguém do círculo interno de Johnson" (i.e., claramente não Kissinger), que relatou, com muita exatidão, o plano do presidente de "vencer a eleição para HHH [Humphrey]" anunciando um acordo com Hanói em horário nobre na televisão.

Na verdade não havia nada muito secreto a respeito do que estava acontecendo em Paris. Diferentemente do canal de Kissinger por meio de Aubrac e Marcovitch, as conversações de 1968 eram públicas e ocorreram em meio a um verdadeiro circo midiático. Em meados de outubro, como recordou Nixon, "cresceram rumores de que algo importante estava para acontecer em Paris". O que continuava secreto eram os processos de tomada de decisão separados que ocorriam em Washington, Hanói e Saigon, e Kissinger não estava mais bem informado sobre isso do que um jornalista qualquer. Como as memórias de Nixon deixam claro, a pista vital sobre o anúncio de interrupção dos bombardeios de Johnson em 31 de outubro não veio de Kissinger, mas de um espião dentro da administração. Nem foi Kissinger envolvido de qualquer forma na decisão dos sul-vietnamitas de não participar das negociações quando convidados. O máximo que se pode recolher do relato de Nixon é que Kissinger, mais de uma vez, "alertou [Nixon] contra dar qualquer declaração que pudesse ser minada por negociações das quais eu não estava informado". A se julgar por essa informação, Kissinger não estava fazendo mais do que ajudar o candidato de seu próprio partido a evitar uma surpresa em outubro que, como veremos, ele tinha todos os motivos para temer de Johnson.[26] Talvez simplesmente não se deva acreditar no relato de Nixon. Mas Hersh e Hitchens querem que acreditemos nele, aparentemente sem perceber que o relato de Nixon contradiz sua alegação central contra Kissinger.

Se as provas da acusação contra Kissinger, ou não são confiáveis ou são inexistentes, assim também é a lógica da própria acusação. Se Henry Kissinger realmente estava tão ansioso por um cargo no governo depois da eleição de 1968, será que vazar informações confidenciais sobre as negociações do Vietnã para Richard Nixon – cuja vitória não estava, de forma alguma, assegurada – era o meio óbvio para obtê-lo? Um meio bem mais óbvio seria, com certeza, oferecer seu apoio ao principal candidato republicano desde o início, buscando construir uma reputação de competência e confiabilidade como especialista em política externa. Essas são, afinal, as qualidades que um presidente procura em um conselheiro de Segurança Nacional. Porém Kissinger fizera exatamente o oposto. Sim, ele sonhava com um cargo no governo; ele havia passado grande parte da década de 1960 procurando obter um, em vão. Sim, ele tinha todos os motivos para sair de Harvard, já que o campus se transformara em um pandemônio. E sim, ele acreditava sinceramente que era o homem mais bem qualificado para suceder Walt Rostow como o próximo conselheiro de Segurança Nacional. Mas ele não fez praticamente nada para obter esse cargo de uma forma racionalmente planejada. Com efeito, as perspectivas de sua própria carreira lhe eram tão indiferentes no início de 1968 que ele, mais uma vez, alistou-se como conselheiro de política externa de Nelson Rockefeller – que já perdera a eleição duas vezes e nunca, em nenhum momento, pareceu ameaçar a indicação de Nixon como candidato do Partido Republicano.

III

Rockefeller gostava de sublocar seus conselheiros. Tendo decidido inicialmente não concorrer em 1968, ele disponibilizou Henry Kissinger e o resto de sua equipe de campanha ao candidato que parecia ter as melhores possibilidades de vencer Nixon: George Romney, o favorito de seus colegas governadores republicanos. Segundo as lembranças de Bill Seidman, um dos sócios de negócios de Romney em Michigan, Kissinger havia sido enviado por Rockefeller para informar Romney sobre as questões relacionadas ao Vietnã, sobre as quais o suposto candidato estava tendo dúvidas. Isso não era bom. Em uma entrevista para uma estação de rádio de Detroit no fim de agosto de 1967, Romney comentou que, quando visitara o Vietnã, em novembro de 1965, ele havia "tido simplesmente a maior lavagem cerebral [pelos porta-vozes militares norte-americanos] que se poderia ter".[27] O fato de que provavelmente havia alguma verdade naquela declaração foi o que a tornou tão desastrosa. Romney persistiu, mas seus índices nas pesquisas nunca mais se recuperaram.

Qualquer candidato sério que ambicionasse concorrer à presidência em 1968 precisava, evidentemente, ter uma opinião sobre o Vietnã, e quase certamente precisava ser diferente de sua opinião de quatro anos atrás. Embora Rockefeller continuasse dizendo que não estava concorrendo, ele já estava claramente trabalhando por sua posição. Nove dias antes da entrevista autoimoladora de Romney, Kissinger rascunhou para Rockefeller uma simulação de entrevista sobre o Vietnã, prenunciando um "Apelo de Rockefeller por uma nova política para o Vietnã". Apesar de nunca ter sido publicado, esse documento é notável em termos do âmbito de seu desafio às políticas da administração Johnson. O problema, Kissinger sugeriu que Rockefeller dissesse, era que

> estamos tentando aplicar técnicas de guerra convencional a uma situação que é, em última análise, política e psicológica. Não existe saída puramente militar para o problema do Vietnã. A insegurança do camponês vietnamita comum é produzida, acima de tudo, pelas unidades de guerrilha. A custosa operação de "procurar e destruir" – que faz com que as tropas norte-americanas corram de uma região a outra do Vietnã sem a garantia, para a população local, de que eles ficarão para protegê-los – deve ser substituída por uma ação de "limpar e ocupar", que procura dar uma segurança tão permanente quanto possível àquela parte da população que nossa força militar consegue proteger.[28]

Ajuda econômica também não era uma solução suficiente em um país que "carece do próprio conceito de legitimidade política, ou seja, aceitação da autoridade governamental baseada em processos legais e uma administração competente". Em tal contexto, "desenvolvimento econômico não acompanhado pela criação de estruturas políticas" simplesmente tendia a "multiplicar a desarticulação". O que deveria ser feito? A retirada unilateral era claramente "impensável", mas a vitória total norte-americana parecia "inatingível": "Nosso caminho cai, portanto, entre esses extremos: um uso limitado do poder para assegurar um acordo de compromisso". Kissinger escreveu que era "difícil acreditar que um pouco mais do mesmo remédio militar fosse curar milagrosamente uma situação que se mostrara resistente a dois anos de escalada constante" e concluía que os Estados Unidos deviam

> restringir os bombardeios às estradas de acesso ao Sul e deixar claro que reduziremos nossos bombardeios se Hanói limitar a sua infiltração [...]
> buscar alternativas aos bombardeios no corte de suprimentos do Norte [...]

dar alta prioridade ao desenvolvimento de um conceito de estabilidade política e a sua aplicação na região rural [e] [...] envidar todos os esforços para uma paz negociada [...] descrevendo em detalhe exatamente o que estamos tentando realizar [em relação a] [...] o futuro Estado do Vietnã do Sul, a presença de tropas norte-americanas lá, e o papel da FLN.[29]

Talvez a parte mais impressionante do documento não publicado seja o argumento de Kissinger de que não eram apenas as políticas que estavam erradas no Vietnã, mas a forma como estavam sendo desenvolvidas e aplicadas:

> Estamos travando uma guerra no Vietnã com uma organização que está longe de ser adequada [e] [...] que entra em colapso sob pressão. Não existe foco para coordenar a ação dos vários departamentos exceto o presidente, que não tem tempo para lidar com nada além de decisões de crises. Em resultado, cada departamento segue o seu próprio programa sem nenhuma doutrina ou plano de orientação. Assim, nossos esforços para negociar são, às vezes, derrotados por escaladas militares, e nossos lances diplomáticos de vez em quando evidenciam uma ansiedade característica que os priva de seu impacto fundamental.[30]

Uma recomendação-chave foi, portanto, a reforma institucional em Washington, o que significava criar "um foco para relacionar nossas ações umas com as outras. Nossas ações diplomáticas, militares e econômicas devem formar parte de um padrão". Esse padrão deve incluir uma política mais inteligente em relação a Moscou e Pequim.[31]

Quatro anos antes, Kissinger tentara persuadir Rockefeller a adotar uma postura mais crítica sobre o Vietnã, e falhara. Em 1967 ele falhou de novo. Quando o *The New York Times* publicou uma história especulativa em que Kissinger era citado dizendo que se recusava a ser citado ("Alguém em um cargo de conselheiro não deve falar sobre o que está aconselhando"), Rockefeller emitiu uma negação imediata de que estivesse (como o *Times* afirmara) "deslocando-se para uma posição mais moderada".[32] A questão, no entanto, não saiu de discussão, e foi um problema para o principal candidato republicano tanto quanto havia sido para Romney e Rockefeller.

Richard Nixon não havia abandonado a política completamente pelo direito. Nos anos de ostracismo após a derrota na eleição para o governo da Califórnia em 1962, ele continuara a escrever e falar sobre questões políticas.

Na verdade, em 1965 Kissinger se vira escrevendo para agradecer a Nixon, em nome de Rockefeller, por enviar nada menos do que três declarações sobre o Vietnã (que se suspeita que Rockefeller não tenha lido).[33] Depois, no dia da eleição de 1966, quando Rockefeller esperava para saber se havia ganhado um terceiro mandato como governador de Nova York, chegou uma notável carta de Nixon – nas palavras dele, de um "autêntico grande aliado" a outro. Nixon alegava estar "profundamente angustiado pelo fato de que a administração Johnson falhara em propor uma única ideia nova no campo da política externa" apesar de situações "que simplesmente clamavam por novas iniciativas".

> O que estou tentando dizer é que não vejo novas lideranças vindas do lado democrata, tanto devido à divisão dentro do Partido Democrata quanto [à] total falta de habilidade de Johnson em projetar suas políticas em termos idealistas. No que diz respeito aos republicanos, não parece provável que alguma ideia emerja do grupo da Câmara e do Senado. Minha sugestão é tão extravagante que talvez nada se materialize a partir dela, mas seria bem empolgante e fascinante se nós dois pudéssemos sentar, como fazíamos muito tempo atrás, e fornecer a tão necessária liderança na área de política externa.[34]

Seja qual fosse a motivação de Nixon, o encontro não ocorreu. Mas o fato de que Nixon pudesse sugeri-lo mostrava que o fracasso da política externa de Johnson estava criando uma oportunidade para uma nova configuração no lado republicano.

Na superfície, Rockefeller e Nixon ainda eram rivais. Ao final de novembro de 1967, Kissinger estava de volta ao trabalho, pois Rockefeller mais uma vez se preparava para desafiar Nixon na indicação do Partido Republicano, mais uma vez entrando tarde na disputa, mais uma vez esperando que lhe redigissem textos na convenção.[35] Era o trabalho penoso de sempre: responder cartas de fãs e excêntricos, ler rascunhos de discursos, agendar arduamente uma série de cafés da manhã e almoços com especialistas como, entre outros, Bernard Brodie, Mac Bundy, Stanley Hoffmann, Herman Kahn, Richard Neustadt e o jovem Joseph Nye – sem falar da estrela em ascensão da esquerda francesa, François Mitterrand.[36] Entretanto, por baixo da superfície, Rockefeller e Nixon estavam convergindo. De certa forma, era o Vietnã que os estava aproximando. De modo importante, mesmo que indireto, todavia, era Kissinger em ação.

1968

Durante toda a campanha, Kissinger burilou a posição de Rockefeller sobre o Vietnã (de que a política de defender o Vietnã do Sul estava certa em princípio, e que seria presunçoso criticar o presidente, que era o único pleno detentor dos fatos militares e diplomáticos). Durante o almoço no Century Club, Arthur Schlesinger foi tranquilizado por Kissinger com a declaração de que "as opiniões de Nelson eram idênticas às suas próprias":

> [Kissinger] deixou absolutamente clara sua própria oposição a outras escaladas militares e seu próprio ceticismo quanto à atitude da administração em relação à negociação. Ele se encontrara com Johnson algumas vezes durante o inverno para tratar da proposta de paz com Hanói com a qual ele se tornara acidental mas profundamente envolvido; e adquirira a convicção de que a resistência de LBJ à negociação chega às raias de um tipo de loucura. Henry acha que praticamente qualquer um seria melhor do que Johnson.[37]

Convidado a se encontrar com o próprio Rockefeller, Schlesinger ficou satisfeito ao ter isso confirmado. Embora "Nelson não tenha feito nenhuma declaração sobre o Vietnã [...] as conversas margearam o assunto durante grande parte do tempo, e o pressuposto tácito da conversa era que ele concordava com Henry e comigo sobre a futilidade da política atual e as ilusões da administração Johnson".[38]

Um encontro mais significativo ocorrera dois meses antes. Em 10 de dezembro de 1967, Clare Boothe Luce decidiu reunir Henry Kissinger e Richard Nixon em um coquetel pré-natalino em seu elegante apartamento no número 933 da Quinta Avenida. Kissinger chegou cedo e (como ela lembrou mais tarde) "com seu talento limitado para a conversa fiada, as 'condições objetivas', para usar uma de suas expressões favoritas, indicavam uma retirada apressada". Quando ele estava prestes a sair, Nixon apareceu. Eles conversaram por "não mais do que cinco minutos" – não sobre política, mas sobre os livros de Kissinger, especificamente *Nuclear Weapons and Foreign Policy* (que, como vimos, Nixon lera e apreciara na época de sua publicação).[39] Esse foi o único encontro entre eles antes de 25 de novembro de 1968. O que não foi registrado é se os dois homens também discutiram os textos de Nixon, especificamente o artigo que ele acabara de publicar na *Foreign Affairs*. É inconcebível que Kissinger não o tenha lido ou reconhecido a sua importância.

"Asia After Viet Nam" [A Ásia depois do Vietnã] saiu em outubro de 1967 e é mais frequentemente citado do que lido por pessoas que veem nele um anunciador da abertura de Nixon e Kissinger para a China em 1971-72.⁴⁰ Mas não é disso que trata o artigo. A principal questão discutida por Nixon é, na verdade, que a China representava um "perigo" mortal para o resto da Ásia, e que, depois do Vietnã, os Estados Unidos não poderiam conter essa ameaça sem auxílio. "Durante o último terço do século XX", escreveu Nixon, "a Ásia, não a Europa ou a América Latina, representará o maior perigo de um confronto suscetível de se transformar em uma Terceira Guerra Mundial". O "compromisso norte-americano no Vietnã" havia sido "um fator vital na reviravolta na Indonésia [...] [e havia] desviado Pequim de outros alvos potenciais como Índia, Tailândia e Malásia".⁴¹ Nas palavras de Nixon, em uma comparação incongruente: "Lidar com a China Vermelha é como tentar enfrentar os elementos mais explosivos do gueto em nosso próprio país. Em ambos os casos, uma força potencialmente destrutiva precisa ser contida; em ambos os casos, um elemento fora da lei precisa ser colocado dentro da lei; em ambos os casos é preciso abrir diálogo; em ambos os casos, a agressão precisa ser refreada enquanto a educação progride".⁴² É verdade que Nixon escreveu as famosas linhas: "[N]ós simplesmente não podemos nos permitir deixar a China para sempre fora da família de nações, deixá-la acalentando suas fantasias, cultivando seus ódios e ameaçando seus vizinhos. Não há lugar neste pequeno planeta para que 1 bilhão da população potencialmente mais capaz viva em feroz isolamento".⁴³ É verdade que ele falou da "luta por influência no Terceiro Mundo [como] uma disputa entre três: Moscou, Pequim e o Ocidente". Mas a proposta de Nixon não era o compromisso diplomático com a China. Os Estados Unidos não deveriam "correr para garantir o reconhecimento a Pequim, para admiti-la nas Nações Unidas e apresentar-lhe ofertas de comércio – tudo isso serviria para apoiar os seus dirigentes em seu rumo atual". Em vez disso, a China deveria ser "persuadida [...] de que precisa mudar", colocando-se as outras nações, amparadas pelo poder decisivo dos Estados Unidos[,] [...] no caminho das ambições chinesas". E isso significava construir o ASPAC: um grupo de países que já incluía Austrália, Japão, Malásia, Nova Zelândia, Filipinas, Coreia do Sul, Taiwan e Tailândia – sem esquecer do Vietnã do Sul e do Laos. Todos estavam conscientes da ameaça chinesa, e todos, menos a Malásia, apresentavam laços militares com os Estados Unidos.

O ASPAC afundou sem deixar rastros. Mas em um aspecto crucial o argumento de Nixon era brilhantemente perspicaz. Como ele disse, o crescimento espetacular de economias como a do Japão, de Hong Kong, de Cingapura, da Coreia do Sul e de Taiwan representava "um novo capítulo [...] na conquista do Ocidente: neste caso, uma conquista da promessa da tecnologia ocidental e da organização ocidental pelas nações do Oriente". As economias da Ásia, em rápida industrialização, haviam de fato "descoberto e aplicado as lições do próprio sucesso econômico dos Estados Unidos".[44] E essa era uma das razões-chave de por que – embora Nixon não o diga explicitamente – o fracasso em última instância dos Estados Unidos no Vietnã não importava realmente tanto assim. O comunismo havia sido bem-sucedido na China, na Coreia do Norte e no Vietnã do Norte. Vietnã do Sul, Camboja e Laos ainda estavam em disputa. Mas em todos os outros lugares ele havia perdido. Não apenas isso: o capitalismo estava tendo sucesso nos países que viriam a ser chamados de "Tigres Asiáticos" de uma forma como nunca tivera antes, pois a tecnologia ocidental fora combinada com uma ética do trabalho asiática para gerar algumas das taxas de crescimento mais elevadas já registradas. O dogmático antimaterialista Henry Kissinger dificilmente poderia ignorar as estatísticas citadas por Nixon. O crescimento rápido podia não se traduzir em realização espiritual, principalmente para os adolescentes; mas, para seus pais, que se lembravam da pobreza miserável de toda a região em 1945, era amplamente preferível à outra alternativa. Nixon estava certo: essas eram as notícias fantasticamente boas sobre a Ásia que a obsessão com o Vietnã estava fazendo com que os norte-americanos ignorassem.

Repensar as políticas norte-americanas em relação à Ásia, contudo, era apenas um dos dois fatores que aproximaram Kissinger e Nixon – e pode-se argumentar que tenha sido o menos importante. O outro foi o seu reconhecimento comum de que o desempenho desastroso da administração Johnson no Sudeste Asiático era em si mesmo meramente um sintoma de um problema mais profundo: a condição cronicamente disfuncional da máquina de planejamento da política externa. Foi a esse problema – não às negociações aparentemente emperradas em Paris – que Kissinger dedicou uma crescente proporção de seu tempo e energia no decorrer de 1968. Que havia um problema era algo que gradualmente se tornou evidente para ele, desde suas primeiras preleções antes de ir para o Vietnã em 1965. O colapso das comunicações entre os principais departamentos e entidades em Washington refletia-se em termos práticos no Vietnã do Sul. Depois houve o supremo horror de participar de uma das caóticas reuniões que passavam por encontros sobre segurança nacional no crepúsculo da administração Johnson. Em um artigo extraordinário que ele escreveu para Rockefeller em janeiro de 1968, Kissinger procurou definir o problema em termos tecnocráticos. Havia, afirmou ele, dois problemas básicos: "(a) a capacidade da máquina governamental de receber, absorver ou encontrar os dados relevantes, [e] (b) a habilidade de trazer as informações disponíveis relacionadas a questões imediatas ou mesmo, ainda mais importante, ao planejamento de longo prazo". O problema da sobrecarga de informações era comparativamente novo: "No passado, os governos sofriam principalmente com a insuficiência de informações".

> O governo dos Estados Unidos está [agora] sobrecarregado com isso [...] O principal estrategista político, por sua vez, tem tantas informações a seu dispor que em situações de crise ele acha impossível lidar com isso. Quanto ao planejamento, embora um compromisso quanto a isso exista em teoria, na prática é derrotado pela ação-orientação do principal estrategista político e pela ausência de critérios sobre o que é relevante [...] [U]m de nossos maiores problemas na estratégia política nacional [é] como pôr os estrategistas políticos naturalmente em contato com as questões mais importantes antes que uma crise reduza as possibilidades de reflexão.[45]

Kissinger identificou três necessidades. Primeiro, ele argumentou, "se os principais estrategistas políticos pudessem ser sistematicamente informados sobre prováveis focos de conflito, seria possível lidar com as situações de crise dentro de um esquema conceitual abrangente. O tempo dedicado agora para determinar onde estamos poderia ser gasto em decidir para onde queremos ir. Tal processo possibilitaria que evitássemos completamente muitas crises. O objetivo poderia moldar a técnica e não o contrário". Segundo, "o sistema [...] deveria ser capaz de dar uma indicação de focos de conflito em potencial mesmo quando eles não são considerados de máxima prioridade. Quase tão importante quanto coletar as informações e manter as áreas problemáticas sob vigilância é a habilidade de apresentar em 'tempo real', isto é, o tempo realmente disponível para os principais estrategistas políticos, e de uma maneira que eles consigam absorver". Terceiro, os estrategistas políticos deveriam receber "um conjunto de opções de ação [...] delinea[ndo] as principais alternativas em resposta a circunstâncias previsíveis com uma avaliação das prováveis consequências, domésticas e externas, de cada uma dessas alternativas". Como Kissinger observou, atender essas necessidades exigiria grandes investimentos em programação, armazenagem, acesso e gráficos. Felizmente, a "tecnologia de hardware" então existente desempenhava todas essas quatro funções:

> [N]ós agora podemos armazenar várias centenas de itens de informações sobre cada indivíduo nos Estados Unidos em uma fita magnética de pouco mais de setecentos metros [...] [O]s computadores de terceira geração agora são capazes de executar operações de máquinas básicas em nanossegundos, ou seja, bilionésimos de segundo [...] [S]istemas experimentais de compartilhamento de tempo demonstraram que a capacidade de acesso múltiplo de computadores digitais em larga escala pode permitir informações de input/output tanto em estações executivas quanto operadoras distribuídas por todo o mundo [...] [E] muito em breve teremos monitores de tubos de raios catódicos para exibir o output dos computadores.[46]

O leitor moderno se surpreende, é claro, pela presciência evidenciada aqui – assim como pela indicação do interesse precoce de Kissinger em dados registrados em fitas. Mas a observação era mais sobre a análise do que sobre o armazenamento de dados. O que estava faltando era o esquema conceitual que possibilitaria o que ele propunha em termos de acesso às informações e sistema de exibição a ser usado na prática. Que dados relevantes para as decisões de alto nível sobre política externa seriam realmente inseridos? Como poderia a "regra fundamental" de todos os sistemas de informação – "se entra lixo, sai lixo" – ser imposta? Obviamente, seria necessário executar estudos-piloto. (Ele sugeriu os casos de Berlim, Chipre e Haiti como adequados para um teste.) Mas era difícil acreditar que essa abordagem não produzisse um aperfeiçoamento "no sistema atual de memórias individuais, arquivos de pareceres, discussões de grupos *ad hoc*, e assim por diante".[47]

A década de 1960 foi, afinal, mais do que a era do Flower Power dos hippies; foi também a era do poder de processamento. Quatro anos antes, a IBM apresentara o seu System/360, a primeira vez em que foi possível ter vários computadores compatíveis conetados juntos em uma rede. A empresa de computadores baseada em Nova York já estava gerenciando o sistema SABRE da American Airlines para reservas de voos, assim como os sistemas de orientação do programa espacial Gemini da NASA, o precursor do Apollo. Em 1968, o System/4 Pi da IBM era o padrão em bombardeiros B-52, pois seus dinâmicos chips de Memória de Acesso Aleatório (RAM) permitiam um grande aumento na capacidade de programação. Pode-se achar estranho que Henry Kissinger – um homem cuja tese de doutorado havia "restaurado" um mundo perdido de despachos diplomáticos escritos à mão – pudesse ser um defensor precoce da política exterior computadorizada. Mas a questão que ele levantava era exatamente que o fluxo excessivo de informações criado por uma combinação da burocracia, máquina de escrever e telégrafo tornara impossível o pensamento estratégico metternichiano.

É evidente que Kissinger não era tão ingênuo a ponto de pensar que a tecnologia de informação poderia resolver todos os problemas do governo dos Estados Unidos. Em um artigo obscuro, mas iconoclástico, intitulado "Bureaucracy e Policy Making" [Burocracia e estratégia política], apresentado pela primeira vez em um seminário na UCLA na primavera de 1968, Kissinger delineou um argumento complementar sobre a necessidade de uma transformação da estrutura institucional de tomada de decisões. "[N]ão existe uma política externa norte-americana", iniciou ele. Existia apenas "uma série de gestos que produziram certo resultado", que esses gestos "podem não ter sido planejados para produzir" e aos quais a pesquisa e as organizações de informação, estrangeiras ou nacionais, tentam dar uma "racionalidade e coerência [...] que eles simplesmente não possuem".[48] O "nível mais alto em que as pessoas ainda conseguem pensar" em um departamento do governo era "o nível médio da burocracia – o do secretário-adjunto e seus conselheiros imediatos [...] Acima disso, a operação diária da máquina absorve a maior parte da energia". A burocracia, argumentava Kissinger, era a instituição dominante do governo norte-americano, de modo geral mais poderosa do que qualquer presidente ou secretário. Isso já havia sido observado antes (especialmente por Arthur Schlesinger), mas Kissinger extraiu várias inferências originais. Primeiro, "as decisões não são tomadas até que apareçam como uma questão administrativa". Assim, "[n]ão existe, em minha opinião, algo como uma política para o Vietnã; existe uma série de programas de organismos individuais preocupados com o Vietnã. Esses programas são harmonizados ou não, conforme o caso, se há um conflito entre os envolvidos".[49] O sistema funcionava apenas quando havia dois organismos divergentes, um de cada lado de uma questão; ele entrava em colapso quando um grupo pequeno, dedicado e sem divergências, precisava trabalhar.

Segundo, não podia haver planejamento porque ninguém tinha tempo para isso. ("Planejar envolve conjecturas sobre o futuro e casos hipotéticos. Eles estão tão ocupados com casos atuais que relutam em enfrentar os casos teóricos.") Terceiro, os estrategistas políticos estavam infectados por uma "insegurança congênita", porque careciam da especialização de seus conselheiros; em decorrência, refugiavam-se em "uma busca por consenso administrativo". Muitas vezes eles eram vítimas de palestrantes com talento teatral. Para não serem ludibriados, alguns responsáveis pelas decisões procuraram remover as questões fundamentais da burocracia, decidindo-as em pequenos grupos ou convidando pessoas de fora.⁵⁰ No caso da política externa, todavia, sempre houve uma tentação de não se tomar nenhuma decisão, mas simplesmente ver, depois que uma negociação se iniciou, "o que o outro lado tinha a oferecer".

> Assim, em períodos de diplomacia preliminar, nossa posição é muito rígida e agressiva, mas isso muda rapidamente quando um negociador foi indicado, porque ele age como porta-voz do outro lado. Não é problema dele se preocupar com o quadro geral. Ele se preocupa com o sucesso das negociações, e o jeito de fazer com que as negociações sejam bem-sucedidas é levar muito seriamente em conta o que o outro lado tem a dizer.⁵¹

Kissinger tinha, como vimos, alguma experiência direta nesse quesito. Aqui, contudo, ele asseverou que, "se você não sabe o que é desejável e atua apenas com base no que é negociável, você na verdade encoraja o outro lado a tomar uma posição muito extrema". Por todas essas razões, ele argumentou, "um novo presidente, nas áreas em que ele deseja efetuar mudanças, deve fazer isso nos primeiros quatro meses. Ele [...] deve dar uma sacudida forte o bastante na burocracia para sinalizar que deseja uma nova direção, e deve ser suficientemente brutal para demonstrar que está falando sério".⁵² Kissinger deixou claro que um novo presidente deveria reservar uma sacudida especialmente forte para o Departamento de Estado.

A questão mais reveladora de Kissinger enfocava o declínio e a queda do uso extremamente formal feito por Eisenhower do Conselho de Segurança

Nacional, que ele contrastou com a tentativa de Kennedy de "substituí-lo por um tipo de energia nervosa e muita atividade intelectual" e o modelo de Johnson, que combinava "a desorganização de Kennedy, sem o entusiasmo intelectual, com um tipo de medo que o presidente impunha sobre ele" – sem mencionar a "sigilos[idade] compulsiva do próprio Johnson".[53] É verdade que o sistema de Eisenhower havia produzido políticas que eram (ou pareciam) pouco mais do que "lugares-comuns". Mas isso ainda era preferível ao sistema de 1968. O ideal, Kissinger sugeriu, seria "um Conselho de Segurança Nacional com uma equipe formada por pessoas com as qualidades de McGeorge Bundy" ou "algo similar ao que McNamara fez no Departamento de Defesa, isto é, tentar estabelecer alguns critérios pelos quais julgar o sucesso e o fracasso".[54]

A observação final era que o Vietnã havia desnudado a escassez de critérios para avaliar o interesse nacional, porque "a maior parte dos conceitos tradicionais de equilíbrio do poder simplesmente não são aplicáveis".

> Todo o pensamento sobre o equilíbrio do poder tem sido relacionado ao controle territorial. Podia-se julgar se havia um equilíbrio vendo que país mudou de lado. Vivemos em um período curioso em que o controle territorial pode não ser tão importante. Temos boas categorias para resistir ao que chamamos de agressão. [Mas] deixando de lado a questão sobre se estamos corretos em nossa avaliação de que a guerra vietnamita foi instigada pelos chineses – algo em que não acredito –, ainda seria possível argumentar que nenhum ganho territorial concebível da China Comunista no Vietnã, ou, aliás, no Sudeste Asiático, seria comparável, em termos do aumento de sua força, com a aquisição de armas nucleares, considerando o impacto na situação internacional. Temos alguns critérios para julgar um, e nenhum para o outro.[55]

Infelizmente, a última pessoa que poderia fazer esse tipo de julgamento seria um bem-sucedido candidato à presidência, porque "o típico líder político da sociedade gerencial contemporânea é uma pessoa de força de vontade, alta capacidade de se eleger, mas nenhuma grande concepção do que vai fazer quando assumir o governo". Daí o "curioso fenômeno de pessoas decidindo concorrer ao cargo máximo primeiro e depois procurando em toda parte por intelectuais para lhes dizer quais devem ser as suas posições" – um fenômeno familiar a Kissinger.

Foi por volta dessa época que uma importante nova iniciativa foi tomada em Harvard, com a formação do Study Group on Presidential Transition [Grupo de Estudos sobre a Transição Presidencial], 1968-69, no recém-fundado Instituto de Política.⁵⁶ Os membros do grupo eram Phillip E. Areeda* da Faculdade de Direito, o próprio Kissinger, Frank Lindsay da empresa Itek de defesa, e o historiador Ernest May, autor de um estudo premiado sobre o isolacionismo dos Estados Unidos antes de 1917. O seu modo de funcionamento foi convidar especialistas visitantes a Harvard e extrair informações deles: os palestrantes no semestre de primavera de 1968 foram o general Andrew Goodpaster – a quem se creditava o sucesso do CSN de Eisenhower –, McGeorge Bundy, general Matthew Ridgway e Henry Cabot Lodge; foram seguidos, no outono, pelo general Lauris Norstad, Adam Yarmolinsky e Richard Neustadt. Embora Kissinger tenha "faltado" durante o final da primavera para trabalhar na campanha de Rockefeller, ele conseguiu "juntar-se a nós novamente depois", como Lindsay explicou ao homem a quem, no decorrer de 1968, todos os relatórios do grupo de estudos seriam enviados – um homem a quem ele conhecera desde que haviam trabalhado juntos no Comitê Herter, vinte anos antes. Esse homem era Richard Nixon.⁵⁷

IV

O desmoronar da presidência de Lyndon Johnson forneceu a ilustração perfeita de tudo o que Henry Kissinger e seus colegas estavam dizendo que estava errado com a forma de governo norte-americana. Essa é uma questão de importância vital em dois aspectos. Primeiro, ajuda a identificar o real motivo de Nixon para escolher Kissinger como seu conselheiro de Segurança Nacional. Segundo, esclarece que não havia a menor possibilidade de um término rápido e fácil da Guerra do Vietnã em 1968.

Para a acusação de Hersh-Hitchens contra Kissinger – e, na verdade, a acusação dos mesmos autores contra Nixon – ser historicamente significativa,

---

* Areeda havia sido assessor-adjunto especial na Casa Branca no segundo mandato de Eisenhower.

é preciso que se demonstre que (a) a probabilidade de paz no Vietnã era de fato maior em 1968 do que havia sido no ano anterior e (b) se não fosse pelas ações de Kissinger e Nixon, a paz teria sido alcançada. Superficialmente, não há dúvidas de que a paz parecia mais próxima em 1968. A Ofensiva do Tet não vencera a guerra. Os norte-vietnamitas concordaram em entrar em negociações em Paris. Mas havia três problemas. Primeiro, os norte-vietnamitas não haviam perdido a esperança de obter uma vitória militar cabal, mesmo quando foram a Paris. Continuaram a lutar ainda enquanto conversavam e, com efeito, encaravam as conversações como uma nova frente na guerra psicológica contra os Estados Unidos. Segundo, a administração Johnson também não alterara radicalmente a sua abordagem. Influenciado alternadamente por pombos e falcões, Johnson ainda estava louco para extrair uma recompensa significativa pela cessação dos bombardeios e, quando Hanói "enrolava", queria "dar um chute no saco deles". Terceiro e mais importante, os sul-vietnamitas tinham todos os incentivos, se suspeitavam que os Estados Unidos iriam traí-los depois, para sabotar as conversações. A ideia de que eles dependiam apenas de Richard Nixon para indicações de tal traição – e, aliás, de que Nixon dependia apenas de Kissinger para isso – não é, obviamente, crível. A existência do regime de Saigon estava em jogo. A missão de Bui Diem em Paris era descobrir o que pudesse sobre o que estava acontecendo, com qualquer fonte disponível – e havia fontes muito melhores do que a campanha de Nixon. Mas até mesmo se Diem não tivesse descoberto nada, ainda teria sido fácil adivinhar o que estava por vir. A real importância de Nixon para Saigon não era como uma fonte de informação, mas como futuro presidente. Enquanto parecesse provável que ele iria vencer Humphrey, eles não tinham pressa de entrar em negociações, porque era óbvio que ele seria mais duro com Hanói do que Johnson. Se Humphrey vencesse, a perspectiva era menos auspiciosa para o Vietnã do Sul, mas não muito mais sombria do que era sob Johnson.

Não foi Nixon que negou a paz a Johnson. Foi Johnson que negou a paz a si mesmo, no sentido de que Johnson fracassara em quebrar a determinação do regime norte-vietnamita. Como Kissinger comentou em seu artigo sobre a burocracia, McNamara – o mais talentoso dos "meninos-prodígio" do governo – fracassara. Ele estava suficientemente consciente da proporção de seu próprio fracasso ao encomendar um vasto estudo interno do Pentágono, de 47 volumes, sobre "os antecedentes da Guerra do Vietnã": os arquivos que mais tarde foram "vazados" para o *The New York Times* por Daniel Ellsberg e celebrizados como os "Documentos do Pentágono".[58] Antes mesmo que o estudo tivesse sido completado, McNamara já se convencera de que era a hora de interromper o aumento de forças de combate norte-americanas, estabelecer uma cessação de bombardeios e ampliar a parcela do Vietnã do Sul nas operações militares e, portanto, no número de vítimas. O verdadeiro grau de seu fracasso como secretário de Defesa pode ser medido pelo fato de que ele não conseguiu convencer mais ninguém de que isso importava: nem os chefes do Estado-Maior Conjunto, que haviam cerrado fileiras contra ele, nem o próprio presidente.[59] Embora ele tenha pedido a Rostow para transmitir a proposta de McNamara a seis de seus conselheiros mais confiáveis, Johnson não chegou nem a respondê-la, quanto mais a retransmitir os comentários predominantemente negativos feitos pelos conselheiros.[60] A opinião do presidente era que parar os bombardeios naquele momento – ou, na verdade, colocar um teto no nível de tropas norte-americanas – seria "lido tanto em Hanói quanto nos Estados Unidos como um sinal de enfraquecimento".[61] Ele anunciou peremptoriamente que McNamara seria transferido para a presidência do Banco Mundial, embora, com a típica ambiguidade johnsoniana, não houvesse especificado quando.[62]

O fato de que a Ofensiva do Tet tenha sido uma surpresa foi uma das incontáveis falhas dos serviços de informação durante a Guerra do Vietnã. Mas houve também uma falha estratégica, da qual um sintoma foi o pedido feito por Westmoreland e Wheeler de mais 206 mil soldados. Eles haviam levado a melhor sobre McNamara; agora levariam a melhor sobre Johnson colocando sobre ele o ônus de rejeitar o aumento de tropas, dando-lhes assim um álibi para a derrota na guerra.[63] Johnson estava agora no que lhe parecia uma posição insustentável. É importante ressaltar que os hippies e Yippies em frenesi nos *campi* das universidades não eram, de forma alguma, representantes dos norte-americanos comuns: naquela época, apenas pouco mais de 3% da população frequentava a universidade. Uma pesquisa efetuada por Rockefeller em março de 1968 – ou seja, depois do lançamento da Ofensiva do Tet – deixou claro quão difícil era para qualquer político norte-americano abandonar o compromisso com Saigon. Apenas 24% dos pesquisados eram a favor de "interromp[er] a luta para vencer a guerra e começ[ar] a se retirar gradualmente do Vietnã no futuro próximo". Quase a mesma proporção (25%) era a favor de "aument[ar] e intensific[ar] gradualmente nossos esforços militares", enquanto 28% disseram que apoiariam "um esforço intensivo e total na esperança de vencer a guerra rapidamente mesmo com o risco de a China ou a Rússia entrarem na guerra". Os republicanos eram um pouco mais agressivos que os democratas, mas 49% dos democratas continuavam a apoiar as duas opções de escalada. Uma proporção desconcertante de 59% dos eleitores na casa dos vinte anos era a favor da escalada. A maioria dos eleitores dizia que estava mais propensa a aceitar a escalada do que um ano antes. Apenas os eleitores afro-americanos da região norte eram esmagadoramente a favor da paz, com uma proporção considerável de 45% defendendo a "retirada" completa. Mas as perguntas-chave na pesquisa eram as últimas. Menos do que a metade dos pesquisados respondeu "sim" à pergunta: "Diante dos acontecimentos desde que começamos a lutar no Vietnã, você acha que os Estados Unidos cometeram um erro ao enviar tropas para lutar no Vietnã?". E quase três quartos disseram que esperavam que a guerra terminasse não com vitória ou derrota, mas com um "acordo de paz". O pesquisador de Rockefeller inferiu corretamente que a escalada era defendida por uma maioria de eleitores "não porque o espírito bélico seja predominante no país, mas porque a escalada é vista como uma forma de se acabar com a guerra o mais rápido possível".[64] Apesar disso, a única opção na qual Johnson e seus conselheiros não acreditavam mais era uma nova escalada do tipo exigido por Westmoreland.

O conselho de Kissinger a Rockefeller foi, como antes: declarar uma posição nova e popular. O Tet aumentara a probabilidade de conversações de paz "antes de julho", ele previu, por causa das perdas que o vietcongue sofrera quando sua ofensiva fora repelida. Hanói ganharia com negociações – "especialmente se acompanhadas por um cessar-fogo, ou mesmo [uma] redução das hostilidades" – porque elas tornariam difícil para o governo de Saigon recuperar o controle na região rural. Rockefeller deveria aproveitar a oportunidade para "fazer algumas mudanças unilaterais na estratégia", explicando aos eleitores como ele iria "tornar possível uma solução negociada" que iria "levar ao encerramento da guerra sob condições honrosas".[65] Mas Rockefeller hesitou. Em 19 de março, o *Times* relatou que seus conselheiros estavam "profundamente divididos" a respeito do Vietnã, com Gavin e Javits defendendo uma postura de "pombo moderado" entre Nixon e Robert Kennedy.[66] Nixon, enquanto isso, mostrava-se prestes a fazer exatamente o tipo de gesto que Kissinger estava recomendando.

Ele não precisava. Johnson decidira dar o passo drástico que havia ameaçado no ano anterior. Visivelmente deprimido pelo relatório do seu atual secretário de Defesa, Clark Clifford, que rejeitava o pedido de ainda mais tropas por parte dos militares,[67] por uma desvalorização do dólar (provocada pela conversão da moeda norte-americana em ouro pelos bancos europeus) e pelo aviso de Westmoreland de que o vietcongue estava prestes a lançar uma nova ofensiva contra civis, o presidente foi à televisão para fazer três anúncios: uma cessação parcial nos bombardeios (ao norte do paralelo 20) como um incentivo a Hanói para o início de conversações de paz; a nomeação de Averell Harriman para conduzir as negociações tão logo quanto possível; e sua própria retirada da disputa presidencial.[68]

Essa foi outra decisão sobre a qual ninguém havia refletido adequadamente. Para os norte-vietnamitas, aquilo era um novo indício de que "os Estados Unidos devem estar em grandes dificuldades" – um pensamento consolador depois do fracasso do Tet. A decisão de concordar com discussões preliminares era fácil. Le Duan argumentou que a rejeição pura e simples prejudicaria a imagem internacional de Hanói depois da abdicação de Johnson, mas que não havia necessidade de discussões substanciais; eles poderiam continuar a argumentar, como antes, que essas discussões só teriam condições de começar depois da cessação incondicional de todos os bombardeios.[69] Como mais outra iniciativa secreta (de codinome KILLY) já estava em ação, dessa vez com os italianos como intermediários, era mais uma questão de tornar público o que acontecia em sigilo.[70] Os líderes do Vietnã do Sul Thieu e Ky, ao contrário, estavam apavorados diante da perspectiva de uma crise levar à retirada norte-americana. Eles poderiam ter sido tranquilizados se soubessem o quanto o lado norte-americano planejava pedir aos delegados norte-vietnamitas em relação ao que eles estariam dispostos a ceder em qualquer ocasião. Como Rusk observou: "Nós queríamos que os norte-vietnamitas concordassem com um cessar-fogo, aceitassem o regime sul-vietnamita na mesa de negociações, negociassem uma retirada mútua das forças norte-americanas e norte-vietnamitas, respeitassem a zona desmilitarizada, parassem de atacar as cidades sul-vietnamitas, libertassem os prisioneiros de guerra norte-americanos e cumprissem os Acordos do Laos de 1962". Como ele reconheceu mais tarde, isso era "um tanto ingênuo". Levou semanas para concordarem até sobre o local onde ocorreriam as conversações: Hanói recusou Genebra, Viena, Nova Delhi, Jacarta e Rangun. Finalmente, Rusk propôs Paris. Eles concordaram, e Harriman se preparou para voar para a França, junto a Cyrus Vance.[71] Mas aqueles que tentaram intermediar a paz em Paris no ano anterior e falharam não foram esquecidos. "Eu queria lhe dizer", Harriman escreveu a Kissinger, "que eu acreditava que todo o seu trabalho árduo havia estabelecido um sólido alicerce para nossas discussões que podem agora acontecer e expressar minha profunda gratidão".[72]

A escolha de Paris em maio de 1968 como o local para as negociações de paz – particularmente negociações com um regime comunista – dificilmente poderia ter sido pior. A violência estudantil começara na periferia da cidade em março, no feio campus de concreto da Universidade de Paris X Nanterre, onde uma discussão absurda sobre o acesso de homens aos dormitórios femininos havia, de algum modo, sido o estopim da revolução vermelha. Em maio a crise chegara à Sorbonne e, portanto, ao centro da cidade. Na noite do dia 5 aconteceram conflitos entre estudantes jogando pedras e policiais armados com cassetetes em Saint-Germain-des-Prés, que deixaram as ruas repletas de carros virados e ônibus depredados.[73] No dia 13 de maio, quando os estudantes se juntaram aos sindicalistas para proclamar uma greve geral, Paris parecia à beira de uma autêntica revolução francesa. Com essa horrível escolha de local e hora, esse foi também o primeiro dia das conversações sobre o Vietnã. Havia tantas bandeiras vermelhas na Sorbonne e na *Place de la République* que a delegação de Hanói deve ter se sentido em casa. Felizmente, o Hotel Majestic, na avenida Kléber – onde as primeiras conversações ocorreram –, era a uns bons quinze minutos de carro do principal campo de batalha. Não obstante, o ambiente não era nada propício para conversações de paz. O primeiro-ministro Georges Pompidou comparou a situação da França com o final da Idade Média no século XV.[74] Sem informá-lo, De Gaulle voou para Baden-Baden para reunir o Exército. Por algum tempo havia a impressão de que Harriman e Vance presenciassem o início de uma guerra civil francesa.

Previsivelmente, as conversações não deram em nada. Era a velha história. Os norte-vietnamitas queriam uma cessação incondicional dos bombardeios. Harriman havia sido instruído a obter alguma coisa em troca.[75] Era uma reencenação do não encontro entre Kissinger e Mai Van Bo, com direito à obrigatória proposta de duas fases e uma boa dose de ginástica verbal. (Será que "circunstâncias" é diferente de "condições"?) As conversas sobre retroceder a escalada tornaram-se, de qualquer forma, absurdas por causa do lançamento da segunda fase da Ofensiva do Tet no dia 4 de maio (durou até 17 de agosto, sendo seguida pela Fase III, até 30 de setembro). Agora sabemos que a liderança em Hanói não tinha nenhuma intenção real de chegar a um acordo com os norte-americanos e, na verdade, encarava as negociações como apenas "uma guerra em torno de um tapete verde" até que suas perdas em batalhas finalmente começassem a fazer uma cessação de bombardeios parecer valer uma concessão.[76] Bui Diem assistia à farsa com ceticismo, "convencido de que nada de importante aconteceria".[77] Ele se ocupava dando entrevistas. Não havia mais nada que pudesse fazer além de conversar com a imprensa. Kissinger visitou Harriman em 23 de junho,[78] a caminho de Bonn.[79] De forma pouco usual, Kissinger aparentemente não registrou suas conversas nessa viagem à Europa. Talvez os registros tenham se perdido ou sido destruídos. Ou talvez não houvesse nada que valesse a pena registrar.

Em Washington também era a velha história. Frustrado com a falta de progresso, Johnson se voltou aos falcões e começou a cogitar aumentar os bombardeios. Vance e Clifford ficaram do lado oposto. Entre os pombos, a velha esperança vã de algum tipo de ajuda soviética ressurgiu. Rostow retaliou tentando remover o Departamento de Defesa das comunicações por cabo com Paris. Clifford contra-atacou, alegando – sem nenhuma base – que havia "sinais premonitórios" que insinuavam progressos em Paris, uma mentira deslavada à qual os negociadores norte-vietnamitas Xuan Thuy e Ha Van Lau objetaram, não sem razões.[80] No dia 26 de junho, Vance tentou um encontro secreto com Lau em um esconderijo nos subúrbios. Nada novamente. Em meados de julho, a imprensa se queixava de que as sessões públicas eram "dois monólogos em vez de conversações" ou um "diálogo de surdos". O melhor que podia ser dito era, como o correspondente da *The New Republic* comentou, que "ambos os lados – como amantes que, apesar de frustrados, ainda têm desejo – possuem um acordo tácito de continuar com aquilo apesar da aparente esterilidade".[81] Enquanto isso, uma viagem despropositada a Honolulu para se encontrar com Thieu não foi suficiente para alertar Johnson, Clifford, Rostow e Rusk para o fato de que a liderança em Saigon não tinha nenhuma intenção de engolir um acordo desvantajoso. Harriman continuava desejando que Johnson parasse totalmente os bombardeios, uma posição difícil de vender em Washington enquanto os tanques do Exército Vermelho rodavam pelas ruas de Praga.[82] "Não vamos parar os bombardeios só para lhes dar uma oportunidade de intensificar o seu banho de sangue", vociferou Johnson na convenção anual dos Veterans of Foreign Wars [Veteranos de Guerras Estrangeiras] em 19 de agosto.[83] Rostow exortou-o a considerar "bombardear o Camboja [...] bombardear Hanói-Haiphong, minar Haiphong [...] e [lançar] ataques por terra ao norte da zona desmilitarizada".[84]

Em 17 de julho, como que para animá-lo, Kissinger enviou a Harriman uma cópia de seu artigo sobre Bismarck recém-publicado.[85] Os dois almoçaram juntos pelo menos uma vez em Paris naquele verão, mas não fica claro, na carta de agradecimento "atrasada" de Kissinger, quando isso aconteceu.[86] "Tudo está perdoado", escreveu Harriman, brincando, em 9 de agosto, ao saber das notícias de que Nixon vencera as primárias para a indicação do candidato do Partido Republicano e Kissinger estava tirando férias da política partidária. "Bem-vindo de volta ao rebanho."[87] Mas além de sugerir outro almoço por volta do dia 17 de setembro, quando estaria novamente em Paris, Kissinger não entrou em contato com Harriman nem com qualquer outro membro da delegação norte-americana na capital francesa.[88] Se foi informado sobre as conversas particulares que Harriman e Vance estabeleceram com Xuan Thuy e a figura-chave de Le Duc Tho nos dias 14 e 15 – quando os norte-vietnamitas finalmente concordaram em permitir a presença dos sul-vietnamitas nas conversações de Paris –, ele não registrou o fato.[89] A única comunicação significativa de um diplomata norte-americano que Kissinger recebeu nesse período veio de Henry Cabot Lodge, que repetiu a sua velha frase de que deixar os vietcongues no governo seria como "colocar a raposa no galinheiro".[90] Mas Lodge estava escrevendo da embaixada norte-americana em Bonn. Ele, como Kissinger, estava agora por fora das questões do Vietnã.

V

Havia três razões para Henry Kissinger não se interessar pelas conversações de paz em Paris. A primeira e óbvia era que ele não foi convidado a participar delas. A segunda era que Nancy Maginnes estava agora de volta aos Estados Unidos. E a terceira era que, de abril a agosto de 1968, ele estava extremamente preocupado com a terceira tentativa de Nelson Rockefeller de se tornar o candidato do Partido Republicano à presidência dos Estados Unidos.

Em 10 de abril, o *The New York Times* relatou que Rockefeller havia "contratado" Emmet Hughes para ser seu chefe de equipe, com Oscar Ruebhausen, o economista Richard Nathan, e Kissinger para as Relações Exteriores. Em outras palavras, ele ia concorrer se, como parecia provável, Romney não chegasse ao fim.[91] Kissinger ficou indignado, dizendo a Kraemer (que havia caçoado dele por causa disso): "Minha situação é exatamente a que sempre foi: um consultor externo que determina para si mesmo a extensão de sua participação".[92] Isso era verdade até certo ponto. Quando o *Times* relatou que Rockefeller ia fazer um discurso pacifista sobre o Vietnã rascunhado por Hughes, Kissinger deu um jeito de garantir que fosse ele que escrevesse o discurso.[93] Mais uma vez Rockefeller hesitou, proferindo, em vez disso, um discurso sobre crises urbanas tão entediante que Hugh Morrow o chamou de "a maior bomba desde Hiroshima".[94] Em 30 de abril, uma semana depois que o presidente Johnson o havia exortado a "abandonar sua postura tímida e se tornar um candidato ativo" – mesmo que fosse apenas para manter Nixon fora da Casa Branca –, Rockefeller lançou sua candidatura e logo em seguida venceu a primária de Massachusetts.[95] No dia seguinte, ele proferiu um discurso intitulado "A construção de uma ordem mundial justa" que era Kissinger da melhor qualidade. Ele enquadrou a Guerra do Vietnã como parte de uma crise generalizada na ordem mundial devido ao relativo declínio dos Estados Unidos tanto em termos nucleares quanto financeiros; a fragmentação do mundo comunista; e a consciência crescente de que "a divisão mais profunda de nossa Terra pode não ser entre Leste e Oeste – mas entre Norte e Sul, entre ricos e pobres". Nesse contexto, era tempo de uma "avaliação sóbria" da guerra. Militarmente, os Estados Unidos haviam "aplicado a máxima de que a vitória dependia do controle do território". Mas o objetivo do inimigo no Vietnã não era "apoderar-se do terreno, mas derrubar o governo vigente. Nosso conceito errôneo levou a uma escalada ilimitada [...] e a um beco sem saída em um nível cada vez mais alto de violência". Enquanto isso, os esforços de guerra sul-vietnamitas haviam se tornado cada vez mais "americanizados". Politicamente também fora um fracasso: o esforço de pacificação simplesmente não dera aos aldeãos do Vietnã a segurança adequada. "Por tudo isso", declarou Rockefeller, "a maioria de nosso povo concluiu racionalmente que não pode haver solução puramente militar. Isso parece absolutamente claro". É verdade que a longa lista de propostas que se seguiu continha pouco que fosse novo ou surpreendente. Mas o discurso se encerrou com um floreio que Nixon deve ter reconhecido como um aceno em sua direção:

[C]om relação à China Comunista, nós não ganhamos nada, e não provamos nada, ajudando ou encorajando o autoisolamento de um povo tão vasto. Em vez disso, devíamos estimular o contato e a comunicação – para o bem de ambos. Isso poderia afetar significativamente todo o futuro de nossas relações com o mundo comunista. *Pois em um delicado triângulo com a China Comunista e a União Soviética, nós podemos, em última análise, melhorar nossas relações com cada um – enquanto testamos o desejo de paz de ambos.*[96]

A campanha teve os seus próprios insultos. Para um homem que, menos de um ano antes, havia buscado a paz no Vietnã clandestinamente nas ruas de Montparnasse, a "Chamada aos candidatos" – organizada pelo Junior Council on World Affairs [Conselho Júnior de Assuntos Mundiais] de Massachusetts e apresentada na Boston Latin School em 29 de maio – não deve ter sido muito estimulante.[97] Não obstante, o apelo à juventude era uma parte fundamental da estratégia de Rockefeller, especialmente depois do assassinato de Bobby Kennedy e de um número surpreendente de apoiadores de Kennedy alinhar-se a seu lado, inclusive o pai de Martin Luther King.[98] Kissinger se lançou entusiasticamente à disputa. Consciente de que a campanha de seu candidato ainda precisava "pegar", Kissinger envolveu-se na magia negra da obtenção de votos, propondo um novo "lema popular, nas linhas do 'New Deal' [Novo acordo], 'Let's Get America Moving Again' [Vamos colocar os Estados Unidos em movimento novamente] [ou] 'Great Society' [Grande sociedade]". O lema deveria transmitir simultaneamente "confiança, ou integridade; isso é dirigido a Nixon, a quem muitas pessoas encaram como não confiável e carecendo de integridade", e "uma nova política de justiça, dirigida aos anais do Partido Democrata". Kissinger sabia que política eleitoral não era o seu forte ("Outras pessoas são, sem dúvida, melhores nisso do que eu"), mas ele ainda rejeitou "Fair Society" [Sociedade justa] como possível slogan – uma combinação entre o "Fair Deal" [Acordo justo] de Truman e o "Great Society" de Johnson. Ele também sugeriu um "anúncio de massas" que "pudesse começar com a citação de Santayana sobre aqueles que desconhecem a história estarem condenados a repeti-la" – com certeza a primeira vez que o filósofo de Harvard fora recrutado pela política do Partido Republicano.[99]

De modo talvez não surpreendente, a principal responsabilidade de Kissinger continuava sendo a redação dos discursos de Rockefeller sobre política externa. Em 15 de junho, ele redigiu outro importante: "Government Organization for the Conduct of Foreign Policy" [Organização governamental para a condução da política externa], que estipulou propostas concretas para melhorar o processo de tomada de decisão em Washington. Um novo Gabinete de Política e Programas Internacionais deveria ser criado no Gabinete Executivo do presidente para assumir o trabalho da moribunda equipe do Conselho de Segurança Nacional em planejamento, coordenação e avaliação do programa de longo prazo. Um novo National Security Review Board [Conselho de Análise dos Assuntos de Segurança Nacional] também precisaria ser instalado nos moldes do National Intelligence Review Board [Conselho de Análise dos Assuntos de Inteligência Nacional] "para garantir que a estratégia oriente a tática, e não o oposto".[100] E ele também planejou a plataforma de Rockefeller sobre política externa, desenvolvendo temas de discursos anteriores. Diante das novas circunstâncias do final da década de 1960, Kissinger argumentou, cinco pontos precisavam ser claramente entendidos:

1. Não podemos agir como a polícia do mundo. Os Estados Unidos deveriam se envolver apenas quando existe uma genuína ameaça à paz internacional e nosso próprio interesse nacional esteja diretamente implicado.
2. Devemos medir e distribuir cuidadosamente nossos próprios recursos de acordo com prioridades bem definidas. Nossos compromissos não podem ser ilimitados, unilaterais e intermináveis.
3. Antes de envolver até mesmo pequenas forças, todas as implicações de longo alcance desse ato precisam ser enfrentadas – não foram enfrentadas em relação ao Vietnã. Não devemos nos ver na situação de termos um compromisso sem uma justificativa.
4. Precisamos insistir que os recursos locais sejam usados ao máximo, e que nós apoiamos nossos aliados e não os substituímos.
5. Precisamos assegurar a cooperação internacional mais ampla por meio das Nações Unidas, quando possível. A intervenção unilateral dos Estados Unidos deve ser apenas um último recurso e somente em resposta a um perigo claríssimo.

Quanto à Guerra do Vietnã – cuja condução os cinco pontos repudiavam implicitamente –, os Estados Unidos precisavam agora "alcançar uma paz honrada" baseada no princípio de que "qualquer grupo disposto a agir de acordo com os processos democráticos deveria ser livre para participar na vida política do Vietnã do Sul". Enquanto isso, os Estados Unidos deveriam "desamericanizar a guerra tão rápido quanto possível".¹⁰¹

Logo será visto o quanto esse programa se tornaria a política da administração Nixon. Mas é importante enfatizar quão comprometido estava Kissinger àquela altura em servir não a Nixon, mas a Rockefeller – e também o quanto os dois candidatos ainda diferiam. Um exemplo disso é a rara (e supostamente em coautoria)* incursão de Kissinger na "política econômica externa", um discurso que tratava explicitamente do problema do declínio da confiança externa no dólar e fazia algumas recomendações claramente não nixonianas. "É preciso deixar bem claro", Rockefeller deveria dizer, "que nosso sucesso em resolver nossos problemas fiscal e social em casa determinará se podemos exercer o papel de liderança no mundo livre [...] [pois] os fatores domésticos e internacionais estão fortemente integrados". Mas "a fonte fundamental do problema do equilíbrio de pagamentos" era a "inflação", que levara a "uma perda da credibilidade e práticas de controle assustadoras". Os remédios específicos que ele listava eram "[a] redução dos gastos públicos; aumento do imposto de renda, com um acréscimo de no mínimo 10%; revisão dos compromissos norte-americanos em todo o mundo, e evitar ampliar os controles e as restrições. Esses passos básicos nos permitiriam evitar atos extremos e indesejáveis tais como controle de salários e preços, subsídios diretos às exportações norte-americanas, assim como a desvalorização".

Além de tudo isso, Rockefeller deveria propor um "imposto sobre valor agregado em estilo europeu, para uma parte da arrecadação originária de impostos de renda das empresas, [assim como] isentar as exportações de impostos e aplicá-los sobre as importações".¹⁰² O discurso também endossou a ideia então em moda da mudança do dólar como reserva cambial mundial para os Direitos de Saque Especiais (DSEs) do Fundo Monetário Internacional.¹⁰³ Embora as razões para passar para DSEs nunca tenham sido muito sólidas – os

---

* Um dos redatores dos discursos de Rockefeller, Joseph Persico, talvez tenha contribuído, junto ao consultor de economia Richard Nathan, um ph.D. de Harvard que era na época pesquisador da Brookings Institution. Entretanto, a especialidade de Nathan era política econômica doméstica, não as questões internacionais tratadas nesse discurso.

benefícios líquidos aos Estados Unidos de possuírem a reserva cambial mundial se tornariam gradualmente mais óbvios nas décadas futuras –, o restante da política econômica externa de Rockefeller apresenta muitas vantagens em relação à confusão estagflacionária, protecionista e de fixação de preços que viria sob Nixon.

Obviamente, não se ganhava votos – ou delegados para a convenção – com DSES, muito menos com um aumento do imposto de renda. Tudo se reduzia ao Vietnã. Em 1968, o Vietnã *era* a política externa norte-americana. Em 13 de julho, com a convenção do Partido Republicano a apenas duas semanas, Rockefeller revelou o seu plano de quatro fases para encerrar a guerra "dentro de seis meses aproximadamente" – produto, como vimos, de quatro anos de guerras intermitentes e mutuamente destrutivas entre Kissinger e seus outros conselheiros. A Fase I seria de "um recuo mútuo" das forças norte-americanas e norte-vietnamitas e a inserção entre elas de "uma força internacional de nações neutras – e amplamente asiáticas" como uma zona tampão para forçar um cessar-fogo. Uma vez que os norte-vietnamitas houvessem recuado suas tropas para seu próprio território, os Estados Unidos começariam a retirar suas forças como um "sinal de boa-fé". Na Fase II os Estados Unidos retirariam "a maior parte de suas forças", deixando apenas um pequeno número de tropas confinadas a suas bases, enquanto uma força internacional expandida ocuparia as áreas povoadas do país. Se a FLN renunciasse ao uso da força, poderia participar da política. Na Fase III haveria eleições livres sob observação internacional e a partida das últimas tropas norte-americanas. A Fase IV seria de negociação direta sobre a reunificação entre os dois Estados vietnamitas, seguida pela retirada da força internacional.[104]

O defeito óbvio desse plano, que os norte-vietnamitas foram rápidos em apontar, era que não dizia nada sobre quando a campanha aérea contra seu país iria cessar. Apesar disso, o crítico mais acirrado do plano acabou sendo Hans Morgenthau, o grande mestre do realismo em política externa, que o atacou violentamente como "a tentativa mais elaborada até agora da parte dos apoiadores da guerra para encobrir seus rastros". Isso atingiu Kissinger em cheio.[105] Mas Morgenthau – que havia criticado sistematicamente as políticas norte-americanas na Indochina desde 1956, e que pagara um alto preço ao ser demitido como consultor do Pentágono em 1965[106] – se manteve firme:

> Vocês dois [isto é, Rockefeller e Kissinger] apoiaram a guerra publicamente e emprestaram o seu considerável prestígio a ela. Vocês dois agora compreendem, como quase todos os demais, que a guerra não pode ser vencida e precisa ser liquidada. Mas é impossível fazer isso mantendo as justificativas originais para a guerra.
>
> A verdadeira questão no Vietnã do Sul é: quem deve governar, os comunistas ou seus oponentes? Vocês dois supõem que o governo de Saigon é o governo legítimo do Vietnã do Sul que foi vítima de agressão externa e subversão interna [...] [Mas] o vietcongue naturalmente não tem intenção de entregar na mesa de negociações o que vem conseguindo defender no campo de batalha, isto é, o controle militar e político de uma grande parcela do território do Vietnã do Sul.[107]

Como muitos comentaristas que haviam sido confirmados pelos acontecimentos, Morgenthau estava ansioso para exclamar: "Eu lhes disse!". Como muitos que não foram tão clarividentes, Kissinger estava igualmente ansioso para conservar a sua memória seletiva. "Nunca defendi a guerra publicamente", replicou ele em novembro de 1968 – esquecendo-se, entre outras coisas, de seu debate com Michael Foot e Tariq Ali e seu artigo para a revista *Look*.

> Antes de 1963, isso aconteceu porque eu não conhecia o suficiente sobre o assunto e porque tendia a acreditar nas declarações oficiais. Depois do assassinato de Diem, achei que a situação era sem esperança. Em 1965, quando visitei o Vietnã pela primeira vez, fiquei convencido de que o que estávamos fazendo estava fadado ao fracasso. Então decidi trabalhar *dentro* do governo para tentar encerrar a guerra. Se essa foi a decisão certa nós nunca saberemos, mas não foi eficaz.

Kissinger acrescentou que a sua visão agora era "não muito diferente" da de Morgenthau – "embora, como uma questão prática, eu pudesse tentar estender o processo por mais algum tempo, devido às repercussões internacionais".[108] Morgenthau jamais aceitou essa defesa, ainda que possamos agora ver que o relato de Kissinger sobre suas próprias ideias a respeito do Vietnã, embora não as suas declarações públicas sobre a questão, era acurado. O ponto mais importante, todavia, é que os dois homens discordassem tão profundamente sobre o maior erro da política externa de toda a Guerra Fria.

Não era só que Morgenthau havia tornado públicas as suas críticas,* enquanto Kissinger atuara nos corredores do poder. Morgenthau havia acertado em sua avaliação por ser um realista, discernindo o que estava errado com o regime sul-vietnamita, por que a política norte-americana aproximava Hanói e Pequim, apesar de sua inimizade histórica, e por que guerrilhas famintas derrotariam a análise de sistemas e os B-52s. Kissinger errara – inicialmente – em sua avaliação, e isso ocorrera precisamente por ser um idealista que, por algum tempo, acreditou genuinamente que o direito do Vietnã do Sul à autodeterminação valia as vidas dos norte-americanos.

VI

Agosto não é o melhor mês para se visitar Miami. Na segunda-feira, 5 de agosto de 1968 – o primeiro dia da Convenção Nacional do Partido Republicano –, fazia mais de trinta graus e estava opressivamente úmido, sufocante "como um colchão", como se lembrou um jornalista veterano. William F. Buckley Jr. não se surpreendeu quando Henry Kissinger pediu para se encontrar com ele; o editor da revista *Review* – agora uma figura nacional, graças ao seu programa de televisão *Firing Line* [Linha de Fogo] – sabia que Kissinger estava trabalhando para Rockefeller; de fato, os três homens estiveram juntos naquela primavera para que Rockefeller pudesse relatar a Buckley o seu papel na fundação das Nações Unidas. Agora as questões eram mais sérias. "Se Rockefeller fosse indicado" pela convenção, Kissinger explicou, "ele não conseguiria vencer a eleição se houvesse deserções substanciais na ala direita". A "responsabilidade" de Buckley, Kissinger argumentou, "era demonstrar aos conservadores norte-americanos que o país estaria melhor com Rockefeller como presidente do que com um democrata".

Há idealismo e há ingenuidade. Buckley, com sua vasta experiência na política doméstica norte-americana, sabia distinguir entre os dois:

---

* Em uma entrevista para o *San Francisco Chronicle* em março de 1965, Morgenthau declarou: "Se eu pudesse usar certa palavra de cinco letras neste campus, conseguiria resumir a nossa política no Vietnã".

Eu o alertei de que a questão era inteiramente acadêmica, já que Nixon seria o indicado; eu lhe disse que, se Nixon de repente desaparecesse da face da Terra, Reagan, e não Rockefeller, seria o indicado; e lhe disse, além disso, que Nixon havia me dito, creio que acertadamente, que mesmo se ele, Nixon, se declarasse a favor da indicação de Rockefeller, a convenção não o aceitaria, que apenas um homem poderia efetuar tal indicação, e que seria [Barry] Goldwater; e Goldwater não tinha intenção de fazer isso. E, de qualquer forma, tudo estava acertado para a indicação de Nixon. Kissinger me disse para não ter tanta certeza, mas [...] eu sabia [...] que a sua operação contingente [...] era ou formal ou – mais provavelmente – uma prova da sua tenaz ignorância da política norte-americana.[109]

Nunca houve a mais remota probabilidade, como Buckley disse corretamente a Kissinger, de que Rockefeller pudesse sair de Miami como o candidato republicano. Apenas quatro anos antes, ele havia sido calado aos gritos em San Francisco pelos goldwateristas. A espinha dorsal conservadora do partido não vira nada durante os anos passados desde então que alterasse sua visão de Nelson Rockefeller como um mulherengo privilegiado com uma predileção por um governo centralizador. Theodore White era simpático a Rockefeller, mas ele também reconhecia uma causa perdida quando a via. Nixon foi indicado na primeira votação por 692 votos contra 277 para Rockefeller e 182 para Ronald Reagan, o governador da Califórnia e novo queridinho da ala direita. Quando lhe perguntaram por que ele achava que havia perdido, Rockefeller respondeu acidamente: "Você já viu uma convenção republicana?". Na realidade, Miami 1968 foi a antítese de São Francisco 1964. Depois da confusão da indicação de Goldwater, os fiéis ao partido desejavam "cautela, calma e um vencedor. Richard Nixon era o escolhido".[110]

Entretanto, em um aspecto Kissinger e Rockefeller tinham um papel importante a desempenhar. Ao contrário de Nixon, que havia tido o cuidado de não revelar suas posições, eles tinham um plano para o Vietnã – e estava claro que o Vietnã seria a questão-chave em termos de política externa na eleição, especialmente se as conversações de Paris se iniciassem antes do dia da eleição. Por mais ignorante que pudesse ser sobre a política doméstica norte-americana, Kissinger era o republicano especialista em Vietnã, e Nixon sabia disso.[111] Comparado a Kissinger, o consultor de Nixon para política externa, Richard Allen, era, na melhor das hipóteses, um zero à esquerda. Na época da convenção, a predição dele de que os soviéticos invadiriam a Tchecoslováquia ainda não se realizara; enquanto isso a imprensa permanecia zombando da declaração imprudente que ele redigira para Nixon, depois do pouso forçado de um avião de passageiros norte-americano que invadira o espaço aéreo soviético, em que a expressão "*Pueblo* voador" aparecera (uma alusão ao USS *Pueblo*, que os norte-coreanos haviam capturado em janeiro do ano anterior).[112]

É devido a esse contexto que devemos ler com ceticismo o pitoresco relato de Allen de seus encontros clandestinos com Kissinger em Miami. Com certeza é verdade que os rascunhos do ponto sobre o Vietnã da plataforma do partido foram substituídos no fim de semana antes da conferência. É altamente provável que Allen quisesse evitar ser flagrado por jornalistas conversando com Kissinger na tentativa de fechar outro acordo Nixon-Rockefeller como o "Pacto da Quinta Avenida" de 1960. Não há motivos para se duvidar dessa divertida recordação de eles serem avistados por Robert Novak, do *Chicago Sun-Times*, e adotarem ações evasivas, apenas para trombarem em seguida com Daniel Schorr da CBS. (Como Novak não reconheceu Kissinger e Schorr não reconheceu Allen – que fingiu ser um dos alunos de Kissinger –, eles acabaram se safando.)[113] Mas, na realidade, Allen não era um dos protagonistas-chave – e, de qualquer forma, o *The New York Times* já publicara a notícia. O ponto sobre o Vietnã foi resultado de um fim de semana de frenéticas negociações na sala 1083 do Hotel Fontainebleau – o "posto de comando" de Rockefeller. Do lado de Rockefeller estavam Kissinger, Alton Marshall (outro assistente de Rockefeller), o senador Jacob K. Javits por Nova York e o congressista por Nova Jersey Peter Frelinghuysen; do outro lado, os apoiadores de Nixon, senador John G. Tower pelo Texas e senador Everett Dirksen, que presidiu o comitê de plataforma e cujo esboço inicial os rockefelleristas haviam considerado inaceitavelmente militarista. Depois de muitas discussões, o resultado foi uma solução intermediária que comprometeu o partido com "um programa para a paz no Vietnã – nem a paz a qualquer preço, nem uma rendição camuflada dos legítimos interesses dos Estados Unidos ou seus aliados –, mas um programa positivo que oferecerá um acordo justo e equânime para todos com base no princípio da autodeterminação".[114] Isso contrastava acentuadamente com o ponto equivalente da plataforma do Partido Democrata, adotado no caos de Chicago no final de agosto, que autorizava Humphrey a "interromper todos os bombardeios ao Vietnã do Norte, quando essa ação não colocar em risco as vidas de nossas tropas no campo".

Para Kissinger, o compromisso na convenção era um pálido consolo diante da vitória de Nixon. Ele deixou Miami em um estado de espírito amargurado, dizendo a Casper Citron, o apresentador de rádio de Nova York: "Não sou republicano. Considero-me um independente. Eu tinha a convicção profundamente assentada de que dessa vez Rockefeller era o único candidato que poderia unir o país". Ele tinha, como declarou, "sérias dúvidas" sobre Nixon. Kissinger dizia coisas semelhantes a Oscar Ruebhausen e Emmet Hughes. "É claro que o cara é um desastre", ele comentou com Hughes. "Agora o Partido Republicano é um desastre. Felizmente, ele não pode ser eleito – senão todo o país seria um desastre." A opinião de Kissinger sobre Nixon continuava sendo a mesma de 1960, quando ele se recusara até mesmo a responder às perguntas de Nixon sobre a "organização ideal para a segurança nacional": "Esse homem não está qualificado para ser presidente".[115] Nesse aspecto, como vimos, Kissinger compartilhava a visão convencional tanto de Cambridge quanto de Manhattan: Nixon simplesmente tinha má reputação. Assim, parece razoável tomar a sua nota de 15 de agosto a Harriman literalmente: "Para mim chega de política republicana. O partido é incorrigível e despreparado para governar".[116] Ele disse mais ou menos o mesmo para Daniel Davidson em Paris. "Durante seis dias por semana prefiro Hubert", disse ele, "mas no sétimo dia acho que os dois são horríveis". A ideia de que isso tudo fosse uma cortina de fumaça para ocultar uma intenção secreta de trabalhar para Nixon simplesmente não é plausível. Ao contrário, o primeiro impulso de Kissinger depois de Miami foi oferecer seus serviços a Hubert Humphrey. Afinal, dois ex-colegas próximos e que não eram, de forma alguma, pombos – Samuel Huntington e Zbigniew Brzezinski – já estavam na equipe de Humphrey. Visitando Huntington em Martha's Vineyard com seus filhos mais tarde no verão, Kissinger descreveu o arquivo de Rockefeller, que continha histórias negativas sobre Nixon e do qual ele tinha uma cópia. "Veja, eu odeio Nixon há anos", contou Kissinger a Brzezinski.[117] A oferta de assistência de Kissinger evidentemente chegou ao candidato. "Henry Kissinger deveria estar na Casa Branca", Humphrey escreveu em seu diário no dia da eleição. "Espero que ele venha. Sam Huntington também [...] Esse pessoal de Boston é brilhante. Entendo por que John Kennedy os usava."[118]

Mas, ao mesmo tempo, dizem-nos Hersh e outros, Kissinger estava cortejando a campanha de Nixon. Isso também não é muito exato. Foi Allen que convidou Kissinger "a trabalhar no conselho consultivo sobre política externa de Nixon", um convite que Kissinger rejeitou. O máximo que ele poderia fazer, segundo Allen, era "fornecer conselhos em particular [...] em vez de publicamente", dizendo-lhe: "posso ajudá-lo mais se trabalhar nos bastidores".[119] Durante o almoço, Kissinger disse a Buckley que "tinha algumas ideias que ele achava que seriam interessantes para Nixon, para estruturar os seus discursos de campanha sobre política externa", mas que isso teria de ser feito "discretamente, já que ele não desejava aparecer, tendo acabado de sair da equipe agora desmontada de Rockefeller, e estando à procura de emprego". Buckley transmitiu a oferta a Frank Shakespeare no novo quartel-general de Nixon no Hotel The Pierre; Shakespeare passou o nome para John Mitchell. "Não havia dúvida", Buckley acrescentou, "sobre a ausência de interesses pessoais nesse aconselhamento que ele daria a Nixon".[120] A prova de que era assim está em uma carta de Kissinger a Rockefeller datada de 20 de agosto, em resposta a uma oferta não especificada de Nixon a Rockefeller para fazer as pazes. Kissinger concordou que nada havia "mudado nas últimas duas semanas para que ocorresse uma mudança de opinião sobre a adequação do candidato à presidência". Mas Rockefeller precisava refletir que "todos os republicanos moderados, inclusive a maioria dos seus apoiadores principais, o havia apoiado". Segundo, "[a] próxima presidência provavelmente será trágica. Nada sugere que qualquer dos candidatos em perspectiva possa unificar o país ou restaurar a posição dos Estados Unidos no mundo. Os próximos quatro anos testemunharão crises cada vez piores – desordem em casa, aumento das tensões no exterior".

Nessas circunstâncias, a prioridade de Rockefeller deveria ser "preservar" a si mesmo como um "trunfo nacional que defendeu um programa amplo, humano, avançado durante toda a sua vida pública". É claro que ele não devia se deixar transformar "simplesmente em um instrumento de Nixon". Nem, por outro lado, "parecer um perdedor briguento que pode ser culpado por uma derrota". Rockefeller deveria pedir, como condição de apoio, que Nixon "renunciasse ao senador Thurmond e à estratégia sulista" – a jogada para obter os votos sulistas que havia levado Nixon a dar importância à preferência do segregacionista Thurmond pelo governador Spiro Agnew como indicado para vice-presidente? Kissinger aconselhou contra isso, pois levaria Rockefeller a um beco sem saída político. Em vez disso, ele "recomend[ou] fortemente que, em vez de esperar que Nixon tomasse a dianteira", Rockefeller deveria dizer que ele estava "decididamente preparado a fazer campanha pela plataforma" para a qual ele e sua equipe haviam dado "uma grande contribuição". Em uma nota de apresentação, Kissinger acrescentou: "O memorando anexado vai contra os meus princípios, mas acredito piamente que está correto". Se Rockefeller decidisse fazer campanha para Nixon, Kissinger estaria pronto a lhe dar assistência. "Não preciso lhe dizer", concluiu ele, "que nossos sentimentos serão bastante semelhantes".[121] É no contexto dessa carta que devemos entender a conduta subsequente de Kissinger em relação à campanha de Nixon. Ele e Rockefeller haviam tomado a decisão de "tapar os narizes" e apoiar Nixon, porque haviam alterado suficientemente a plataforma republicana para acreditar nela – e acreditar, nas palavras de Kissinger, que "apenas a chapa republicana pode executá-la". Talvez tenham até mesmo começado a cogitar que Rockefeller aceitasse um cargo no gabinete se Nixon vencesse Humphrey.

Nenhum registro sobreviveu* na caligrafia de Kissinger sobre sua viagem de setembro a Paris, de onde ele enviou a informação de que existia "uma possibilidade mais forte do que nunca de que Johnson irá ordenar uma cessação nos bombardeios aproximadamente em meados de outubro".[122] Essa citação se origina de um relato de Haldeman datado de 17 de setembro, que se refere apenas a uma "alta fonte diplomática que está conosco em sigilo e tem acesso às conversações de Paris e outras informações".

> Nossa fonte sente que há uma possibilidade mais forte do que nunca de que Johnson irá ordenar uma cessação nos bombardeios aproximadamente em meados de outubro. Isso estará ligado a um grande alvoroço de atividades diplomáticas em Paris que não terá nenhum significado, mas que eles vão fazer parecer importante.
>
> Ele sente também que existe uma probabilidade de um terço de LBJ agir antes da eleição sobre o programa que foi discutido com RN na Fazenda. Na área europeia, os russos estão pressionando muito para que Johnson entre num programa que irá ajudar a melhorar a imagem deles no mundo e nossa fonte acha que Johnson vai cair nessa. É algo relacionado à situação no Oriente Médio e ao programa de desarmamento [...].

---

* É claro que é concebível que Kissinger tenha destruído subsequentemente os registros ou simplesmente não tenha registrado essas atividades.

Nossa fonte sente que Johnson tem uma compulsão a fazer algo desse tipo e que ele o fará. Ele acha que isso pode ter alguma relação com a renúncia de [George] Ball, que teria ocorrido para dar a Johnson uma oportunidade de parecer estar dirigindo pessoalmente nossos esforços na ONU.

Nossa fonte não acredita que seja prático nos opormos a uma cessação de bombardeios, mas sente que é preciso refletir sobre o fato de que ela pode acontecer – que nós possamos querer prever isso – e que nós certamente esperamos estar prontos no momento em que acontecer.

Ele questiona seriamente se Nixon e Agnew estão realmente chegando de alguma forma perto de ter as informações que deveriam ter. (Ele sente que Humphrey também não está sendo bem informado, embora Ball possa ter lhe passado informações consideráveis.)

Ele diz que os russos estão agora muito mais flexíveis sobre o Oriente Médio e ansiosos para divulgar sua disposição a embarcar no desarmamento.

Nossa fonte está extremamente preocupada com as atitudes que Johnson possa tomar e espera que ele venha a tomar algumas antes da eleição.[123]

A fonte de Haldeman era, sem dúvida, Kissinger, tendo Mitchell como o provável intermediário. Mas o ponto crucial é que nada disso eram informações vazadas por um membro da delegação de Harriman em Paris. Tratava-se do tipo de análise em que Kissinger se sobressaía, e era – como sua fonte não hesitava em apontar – melhor do que qualquer coisa que Nixon estava obtendo de Allen ou algum outro. Como Kissinger lembrou mais tarde a Bob Haldeman: "Eu não estava participando das discussões [...] Eu só vi as instruções para Harriman" – possivelmente as que o embaixador havia recebido de Johnson com sua mais recente lista de corolários para uma cessação dos bombardeios, cujos detalhes Kissinger não divulgou.[124] O outro ponto a notar é que Kissinger era apenas uma das numerosas fontes externas a que Nixon estava agora recorrendo em um esforço desesperado para evitar ser imobilizado pela surpresa de outubro que ele sabia que Johnson estava arquitetando.

É possível argumentar que Nixon não deveria ter tido contato com Bui Diem, o representante sul-vietnamita nas conversações de paz de Paris, com quem se encontrou em Nova York no dia 12 de julho.[125] Também é possível questionar a sensatez de se usar a enérgica, embora nada sutil, "Mulher

Dragão", Anna Chennault,* como intermediária.¹²⁶ Certamente, Nixon queria que Saigon soubesse que sua posição seria mais dura do que a de Humphrey. Mas qualquer leitor do *The New York Times* poderia ter descoberto isso. É difícil acreditar que a Agência de Segurança Nacional tenha encontrado qualquer coisa incriminadora ou mesmo surpreendente nos telegramas de Diem a Saigon.¹²⁷ Além disso, mantendo Nixon a par dos acontecimentos estavam o ex-diretor da CIA John McCone,¹²⁸ o senador Dirksen,¹²⁹ Dean Rusk,¹³⁰ e até mesmo o próprio Lyndon Johnson, que telefonou aos três candidatos em 16 de outubro.¹³¹ O que fica claro é que, com todas as informações que estavam chegando a ele – especialmente o anúncio de Johnson da grande novidade no dia 16 –, Nixon não dependia tanto assim das intuições de Kissinger a respeito de Paris.

De certa forma, a sequência de acontecimentos era previsível sem informações "de dentro". Primeiro, Humphrey deslocou-se para a esquerda, oferecendo-se para assumir "um risco aceitável pela paz" se interrompesse os bombardeios ao Vietnã do Norte em troca de nada mais do que "sinais – diretos ou indiretos, por ações ou palavras – da disposição dos comunistas de restabelecer a zona desmilitarizada".¹³² Em outubro ele estava falando de "uma redução sistemática das forças norte-americanas" no Vietnã do Sul, novamente em uma base mais ou menos unilateral.¹³³ É verdade que Johnson era profundamente ambivalente quanto a Humphrey como candidato.¹³⁴ Todavia, como Humphrey começou ganhando de Nixon, a lealdade de Johnson a seu próprio partido foi ativada – sem falar da sua compulsão para brincar de política doméstica com todas as questões de política externa.¹³⁵ Igualmente previsível era a crescente ansiedade de Thieu e Ky à medida que Humphrey se tornava simultaneamente mais pacifista e mais popular, e que aumentava a pressão de Washington sobre eles para que fizessem concessões para ajudar a sua causa.¹³⁶ Menos previsível era o que estava acontecendo em Hanói. A decisão dos norte-vietnamitas em concordar com a fórmula "nosso lado, vosso

---

* Chennault, nome de solteira Chan, era a viúva do general Claire Chennault, líder dos "Tigres Voadores", um voluntário da Força Aérea que lutou pela China Nacionalista na Segunda Guerra Mundial. A sra. Chennault tinha contatos com o regime de Chiang Kai-shek em Taiwan. Ela era copresidente, com Mamie Eisenhower, das Mulheres Republicanas Pró-Nixon.

lado" de Harriman – pela qual, se os bombardeios parassem, os sul-vietnamitas (com a FLN) seriam admitidos em conversações ampliadas – era significativa e refletia a pressão sob a qual eles estavam no campo de batalha e dos fornecedores soviéticos.¹³⁷ Mas será que ela realmente sinalizava a paz?

Era o presidente que estava na ofensiva política; Nixon na defensiva. Todos na Casa Branca sabiam disso, como evidenciam os gracejos do almoço da terça-feira, 22 de outubro:

> PRESIDENTE: Nixon vai me perguntar se isso não é como colocar uma raposa no galinheiro. [risos]
> SECRETÁRIO CLIFFORD: Parece que Thieu ganha muito tendo o GVN à mesa.
> PRESIDENTE: Na verdade nós os reconhecemos [a FLN] ao deixá-los sentar conosco.
> SECRETÁRIO RUSK: É tanto [um tanto] como deixar Stokely Carmichael [o líder dos Panteras Negras] se sentar em [uma] reunião do Gabinete.
> SECRETÁRIO CLIFFORD: Ainda parece mais um ponto a favor do que contra.
> PRESIDENTE: Em termos factuais, isso é correto.
> SECRETÁRIO RUSK: Em termos emocionais, isso não é correto.
> WALT ROSTOW: Os sul-vietnamitas têm medo de como vamos manipulá-los na Conferência – empurrá-los para que aceitem descer por uma rampa escorregadia – pressioná-los a [um] governo de coalizão.¹³⁸

O tom de conversa de vestiário revela muito. Nixon estava, é claro, jogando sujo quatro dias depois quando sugeriu (ao dizer que ele "não acreditava" nisso) que Johnson estava fazendo uma "tentativa cínica, de último minuto [...] para salvar a candidatura do sr. Humphrey".¹³⁹ Mas há provas inequívocas de que Johnson estava fazendo exatamente isso. Além disso, Johnson não viu nada de mais em autorizar o FBI a grampear o telefone de Chennault.¹⁴⁰ Igualmente claro é que a concessão dos norte-vietnamitas era apenas mais uma manobra; eles não haviam, de modo algum, abandonado seu objetivo de anexar o Vietnã do Sul e esmagar os não comunistas naquele país. Será que um acordo de paz duradouro teria sido fechado se Nixon houvesse apenas sentado e observado? A resposta deve ser não, pois Thieu com certeza teria jogado areia nas engrenagens, mesmo se ele não tivesse recebido nenhuma dica da campanha de Nixon via Chennault. Teria feito alguma diferença se *The Christian Science Monitor* houvesse publicado a reportagem de sua correspondente Beverly Deepe de que Thieu havia decidido esperar pela eleição de Nixon?[141] Provavelmente não. Era um segredo de polichinelo em Wall Street que Nixon estava "tentando frustrar o presidente, incitando Saigon a intensificar suas demandas, e informando a Hanói que, quando ele assumisse, 'ele poderia aceitar qualquer coisa e culpar seu predecessor'".[142] Ky contou isso a Ellsworth Bunker, o novo embaixador em Saigon, sem meias palavras: "Embora os Estados Unidos queiram uma interrupção dos bombardeios visando ampliar o número de votos para o vice-presidente Humphrey, isso é impossível sem a colaboração do governo [censurado – sul?] vietnamita, e não pode haver a ruína de [censurado] pessoa por causa de uma pessoa".[143]

Em seu discurso na televisão na noite de 31 de outubro, Johnson disse ao povo norte-americano exatamente o que uma significativa parcela de eleitores queria ouvir: que os bombardeios norte-americanos ao Vietnã do Norte parariam imediatamente e que sérias conversações, em que Saigon estaria "livre para participar", começariam no dia seguinte à eleição.[144] Naquele mesmo dia, antes que o discurso tivesse terminado, Thieu deixara claro a Bunker que não aceitava o plano; em 2 de novembro, ele proferiu a mesma mensagem desafiadora à Assembleia Nacional do Vietnã do Sul, sendo entusiasticamente aplaudido.[145] O próprio secretário de Defesa de Johnson reconheceu que Saigon tinha pelo menos cinco incentivos para "não [...] se mexer".[146] O seu próprio secretário de Estado admitiu que "Thieu tinha todo o direito de desconfiar dos propósitos de Hanói nas conversações de Paris".[147] Ele também estava correto em desconfiar de Lyndon Johnson. Thieu não precisava que Spiro Agnew ou John Mitchell falassem a Anna Chennault para dizer para Diem "esperar".[148] E Johnson não tinha razão em acusar a campanha de Nixon de "traição", como fez em 2 de novembro.[149] Foi isso o que tornou a conversa por telefone entre os dois homens no dia 3 de novembro tão hilária. Era como um jogo de pôquer em que as fichas eram mentiras:

NIXON: [M]eu Deus, eu *nunca* faria nada para encorajar Hanói – quero dizer, Saigon, a não comparecer à mesa [...]
JOHNSON: Bem, vou lhe dizer o que acho, acho que não ajuda – não afeta a eleição de um jeito nem de outro...
NIXON: Não acho que afete.

JOHNSON: [...] Não acho que isso vá mudar nem um voto sequer.
NIXON: Bem, de qualquer jeito, vamos nos divertir [risos].
JOHNSON: Obrigado, Dick.
NIXON: Tchau.[150]

A ideia de que, se Johnson revelasse as atividades de Chennault, Humphrey poderia ter ganhado em uma onda de indignação pública diante das trapaças de Nixon não é plausível, precisamente porque Johnson estaria, simultaneamente, revelando as suas próprias trapaças.[151] Como disse Rusk: "Nós recebemos informações como essa todos os dias, algumas delas bastante danosas a figuras políticas norte-americanas. Sempre entendemos que, com respeito a tais fontes, não há 'direito de saber' por parte do público. Tais informações são coletadas simplesmente por motivos de segurança nacional [...] [e] mesmo se a história vaza, era [...] também tarde para que houvesse um impacto significativo na eleição".[152] Como Chennault reconheceu melancolicamente mais tarde, "a política é um jogo muito cruel". Assim que Nixon venceu a eleição, ele praticamente a repudiou.[153] Quando *The Boston Globe* publicou a reportagem em janeiro de 1969, ninguém se importou.[154] Quando o assunto veio novamente à tona na Casa Branca, a sugestão foi de que Nixon poderia chantagear Johnson com provas de que ele havia "usado a cessação dos bombardeios para propósitos políticos".[155] Quando o escândalo de Watergate começou a parecer perigoso para Nixon, seu primeiro pensamento foi divulgar as provas de que Johnson havia "nos grampeado em 68".[156]

VII

Na batalha dos vilões, Nixon venceu. Mas ele não venceu a eleição de 1968 porque Henry Kissinger revelou informações confidenciais sobre as conversações de Paris. Nem venceu porque Anna Chennault – sobre a qual, podemos acrescentar, Kissinger não sabia nada – encorajou Nguyen Van Thieu a boicotar essas mesmas conversações. Nixon ganhou, como veremos, parcialmente pela mesma razão que Georges Pompidou venceu a eleição de junho na França e De Gaulle conseguiu voltar a Paris e, um ano depois, a um merecido retiro em Colombey-les-Deux-Églises; pela mesma razão que, em dezembro,

Mao decidiu frear a Guarda Vermelha enviando uma geração de estudantes chineses "para o campo". Em todo o mundo, como que por alguma lei da física política, as ações violentas dos jovens em 1968 geraram reações iguais e opostas. Foi no contexto dessa reação que Henry Kissinger acabou nomeado, antes que o ano se encerrasse, como conselheiro de Segurança Nacional de Richard Nixon. Podemos perceber agora que isso não teve nada a ver com vazamentos míticos de Paris. No entanto, a escolha de Kissinger por parte de Nixon – assim como a decisão de Kissinger de aceitá-la – ainda exige alguma explanação. Afinal, como vimos, esses dois homens não morriam de amor um pelo outro, por menos que seus caminhos houvessem se cruzado. Foi, como o próprio Nixon reconheceu, uma combinação improvável. Com efeito, mesmo tão recentemente quanto na época da convenção do Partido Republicano em Miami, poucos cenários teriam parecido menos prováveis ao próprio Kissinger. Seu próprio extraordinário *bildungsroman* – a história de 45 anos de sua educação pessoal, filosófica e política – terminou com uma verdadeira reviravolta.

Capítulo 22
A combinação improvável

É preciso saber qual história é relevante. É preciso saber que história extrair.
HENRY KISSINGER, setembro de 1968¹

I

Em 1968, Henry Kissinger conhecia melhor do que a maioria das pessoas a diferença entre intelectual público e funcionário do governo, entre ser "de fora" e "de dentro". Se houvesse previsto a nomeação a um cargo elevado na administração de Nixon, parece improvável que ele tivesse escrito dois artigos controversos publicados no período extremamente delicado de transição de uma administração a outra.

O primeiro foi um ensaio bastante abrangente intitulado "Central Issues of American Foreign Policy" [Questões centrais da política externa norte-americana], publicado pela Brookings Institution em dezembro de 1968, um artigo que inevitavelmente veio a ser lido como um manifesto para a administração da política externa de Nixon.* *The Economist* notou, com arrogância, que o "desejo de ordem filosófica" do autor passaria assim que ele começasse a trabalhar "lutando com o imediato".² Era, na verdade, mais retrospectivo do que prospectivo, e seu conteúdo sugere fortemente que ele

---

* As partes menos interessantes do ensaio eram as seções prescritivas que defendiam, de modo enfadonho, "um novo olhar sobre a política de segurança nacional norte-americana", dividindo os encargos entre os Estados Unidos e os outros membros da OTAN, e a "necessidade prioritária de uma concepção comum [transatlântica] de política". Kissinger vinha dizendo esse tipo de coisa havia anos.

não tinha a menor ideia, quando escreveu o texto, de que seria nomeado conselheiro de Segurança Nacional três semanas depois de sua publicação.

Escrevendo em 1968, Kissinger dificilmente poderia não perceber "a inquietude contemporânea", e iniciou expressando o notável pensamento de que, embora fosse "menos apocalíptica do que as duas guerras mundiais que a geraram", a crise do final da década de 1960 era "ainda mais profundamente revolucionária em natureza". Com isso, contudo, ele não pretendia cumprimentar os estudantes radicais da época. Ao contrário, ele aproveitou a oportunidade para dirigir algumas farpas bem aplicadas à "geração mais jovem [que] considera a administração do poder irrelevante, talvez até mesmo imoral" e cuja "nova ética da liberdade não é 'cívica'; é indiferente ou até mesmo hostil a sistemas e noções de ordem". Como Kissinger observou, havia algo de imperdoável na forma como os "movimentos de protesto transformaram em heróis os líderes de novos países repressivos", esquecendo-se do "absurdo de basear uma reivindicação de liberdade em protagonistas do Estado totalitário – tais como Guevara, Ho ou Mao". Mas a revolução deles não era a que ele tinha em mente. Em vez disso, voltando a temas que discutira pela primeira vez em *O mundo restaurado,* ele se referia ao desafio revolucionário que estava sendo armado contra a ordem internacional de pós-guerra, baseada, desde o final da década de 1940, em uma divisão bipolar do mundo entre os Estados Unidos e a União Soviética. "A era das superpotências", Kissinger anunciou, "está chegando ao fim". Isso representava uma revolução tão profunda quanto a Revolução Francesa. E, assim como nas décadas de 1790 e 1800, a revolução havia criado uma necessidade desesperada de "um conceito consensual de ordem", porque, sem isso, o "terrível poder disponível" permanecia "não restrito por qualquer consenso em relação à legitimidade". Em particular, havia um crônico "problema de legitimidade política [...] em regiões que continham dois terços da população mundial".[3] As guerras no Terceiro Mundo podiam parecer guerras civis. Mas seu número e sua violência estavam tornando a ordem internacional impossível.

Um traço impressionante da análise de Kissinger era que a revolução que ele discernia era impessoal por natureza. Longe de ser o trabalho de "Guevara, Ho ou Mao", suas causas eram tendências "profundamente assentadas" e "estruturais". A primeira era o que já vinha sendo ocasionalmente chamado de globalização: a multiplicação de Estados-nações desde a dissolução dos impérios europeus, combinada a uma integração econômica sem precedentes da era de pós-guerra de liberalização comercial e navios porta-contêineres, e a emergência de novos problemas enfrentados por "todos os Estados modernos […] problemas de burocratização, poluição, controle ambiental, crescimento urbano […] [que] não implicam considerações de ordem nacional".[4]

A segunda era a tensão entre a multipolaridade do mundo pós-colonial e a rígida bipolaridade militar da Guerra Fria, combinada ao aumento "colossal" do poder destrutivo possibilitado pelas inovações da tecnologia nuclear, que paradoxalmente tendiam a reduzir a influência das superpotências sobre os países menores. Isso acontecia não apenas porque as superpotências pareciam cada vez menos propensas a utilizar os seus vastos arsenais atômicos como também porque cada nova potência que se juntava ao clube nuclear reduzia substancialmente o valor da afiliação. (O novo Tratado de Não Proliferação poderia funcionar, mas, por outro lado, poderia ser, de modo demasiadamente evidente, um cartel de superpotências.) Nesse mundo pós-superpotências, "um transmissor de rádio [poderia] ser uma forma mais eficaz de pressão do que uma esquadrilha de B-52s", embora anexar territórios contasse menos do que adquirir armas nucleares.[5] Em todo caso, a própria dissuasão nuclear estava perdendo credibilidade.

> A dissuasão apresenta resultados negativos quando as coisas *não* acontecem. Mas nunca é possível demonstrar *por que* algo não ocorreu. Será que é porque nós estamos buscando a melhor política possível ou apenas uma marginalmente eficaz? […] Quanto mais tempo a paz for mantida – ou quão mais bem-sucedida for a dissuasão –, mais ela fornece argumentos para aqueles que se opõem às próprias premissas da política de defesa. Talvez não houvesse necessidade de prontidão, para começar.[6]

Como as pessoas sempre relutam em pensar de modo hipotético – considerar a importância de coisas que não acontecem –, estava ficando cada dia mais fácil falar em "banir a bomba", especialmente se as bombas estavam ficando cada vez mais destrutivas. Quanto mais a "longa paz" entre as superpotências durasse, menos os seus cidadãos entenderiam a sua dívida para com o equilíbrio do terror.

Esse era o mundo que o 37º presidente dos Estados Unidos herdaria – um presidente que, se assegurasse a reeleição em 1972, poderia esperar estar na Casa Branca quando a República celebrasse o bicentenário de seu nascimento. Kissinger não ofereceu a seus concidadãos nenhuma solução fácil. Ele meramente exortou-os a responderem a duas perguntas simples: "O que nos interessa impedir? O que deveríamos buscar realizar?". Se a Guerra do Vietnã não houvesse feito nada mais de bom, pelo menos havia provado que a resposta a essas perguntas não podia ser "tudo" – pois se os Estados Unidos fossem "o fiduciário de toda a área não comunista", iriam, muito em breve, "exaurir seus recursos psicológicos". Por outro lado, a resposta às perguntas de Kissinger também não podia ser "nada". Com ou sem as diferenças entre gerações, estava na hora de "o estado de espírito norte-americano" parar de "oscilar perigosamente entre ter vergonha do poder e esperar demais dele".7

Tudo isso nos ajuda a começar a entender por que Richard Nixon escolheu Henry Kissinger como conselheiro de Segurança Nacional. Não era, como o seu eterno aluno de pós-graduação Guido Goldman** sugeriu certa vez, em tom jocoso, porque "Henry era a única coisa de Nelson que Nixon podia ter".8

II

Se Kissinger tivesse alguma consciência, no outono de 1968, de que, se eleito, Nixon poderia convidá-lo a integrar a sua administração, parece igualmente improvável que ele houvesse escrito outro artigo clássico, "The Viet Nam Negotiations" [As negociações do Vietnã], publicado na *Foreign Affairs* exatamente no mês da posse oficial de Nixon, e que deve, portanto, ter sido redigido por volta da época da eleição presidencial. Realmente, quando soube que Nixon o queria na Casa Branca, Kissinger tentou, em vão, impedir a publicação do artigo, pela óbvia razão de que também seria encarado como um projeto das futuras políticas.9 De fato, o artigo teve o efeito imprevisto

---

* Naquela época Goldman estava dirigindo o German Research Program [Programa de Pesquisas Germânicas] no CFIA, assim como o Programa de Alemão da Kennedy School. "Há quanto tempo você está na pós-graduação?", perguntou-lhe Kissinger certo dia. Goldman respondeu que estava em seu nono ano. "Nenhum aluno meu", replicou Kissinger, "chega à casa de dois dígitos".

de validar o julgamento de Nixon. Pois provou ser uma das análises mais brilhantes já escritas das aflições norte-americanas no Vietnã.[10]

Escrito com uma energia que Kissinger raramente atingiu desde a publicação de *O mundo restaurado,* o artigo começava definindo o que chamava de "a síndrome vietnamita: otimismo alternando-se com perplexidade; euforia dando lugar à frustração", baseada no problema fundamental de que "sucessos militares [...] não podiam ser traduzidos em vantagens políticas permanentes".[11] Por que era assim? Em parte, ele reconhecia, por causa de um "vasto abismo" em termos culturais: "Seria difícil imaginar duas sociedades menos propensas a entenderem uma à outra do que a vietnamita e a norte-americana".[12] Mas, principalmente, porque a estratégia dos Estados Unidos havia sido mal interpretada durante todo o tempo. Desde o início da intervenção militar sob Kennedy – como Morgenthau notara, mas Kissinger não – houve um "fracasso [...] em analisar adequadamente a importância geopolítica do Vietnã", com o que Kissinger sutilmente implicava a sua relativa falta de importância.[13] E havia o problema fundamental de que os militares norte-americanos estavam travando uma guerra convencional contra guerrilhas, seguindo "a doutrina clássica de que a vitória dependia de uma combinação de controle de território e desgaste do oponente". Os generais haviam raciocinado que derrotar as "principais forças [do vietcongue] faria com que as guerrilhas definhassem". Eles alcançariam a vitória "provocando baixas substancialmente maiores do que as que nós sofremos, até que as perdas de Hanói se tornassem 'inaceitáveis'". Mas essa estratégia era duplamente falha. Primeiro, interpretava de modo equívoco a natureza da guerra de guerrilha:

> As guerrilhas raramente procuram se apossar do território; sua tática é usar o terror e a intimidação para desencorajar a cooperação com a autoridade constituída [...] Saigon controlava grande parte do país durante o dia [...] o vietcongue dominava grande parte da mesma população à noite [...] O objetivo das guerrilhas era geralmente negativo: impedir a consolidação da autoridade governamental [...]
>
> Nós lutamos uma guerra militar; nossos oponentes lutaram uma guerra política. Nós buscamos o desgaste físico; nossos oponentes visavam à nossa exaustão psicológica. No processo, perdemos de vista uma das principais máximas da guerra de guerrilha: a guerrilha vence se não perde. O exército convencional perde se não ganha. Os norte-vietnamitas usaram suas principais forças do mesmo

jeito como um toureiro usa sua capa – para nos manter investindo contra regiões de pouca importância política.[14]

Segundo, a proporção entre as baixas norte-americanas e as norte-vietnamitas, embora agradasse aos analistas de sistemas no Pentágono, era um "indicador não confiável. Mesmo quando as cifras eram precisas, elas eram irrelevantes, porque o nível do que era 'inaceitável' para norte-americanos que lutavam a milhares de quilômetros de casa acabava sendo muito mais baixo do que para os de Hanói que combatiam em solo vietnamita".[15]

A frase sobre as guerrilhas vencerem se não perdessem se tornou, merecidamente, uma das mais citadas de Kissinger. Mas seu artigo levantava outra questão igualmente importante sobre a natureza da assistência norte-americana ao Vietnã do Sul que repetia uma observação que ele havia feito com bastante frequência no passado: economia não é tudo.

No Vietnã – como na maioria dos países em desenvolvimento – o problema decisivo não é sustentar, mas desenvolver uma estrutura política. O progresso econômico que solapa os padrões existentes de obrigação – que são geralmente pessoais ou feudais – serve para acentuar a necessidade de instituições políticas. Um aspecto irônico da guerra do Vietnã é que, embora professemos uma filosofia idealista, nossos fracassos se deveram a uma confiança excessiva em fatores materiais. Os comunistas, em contraste, apegando-se a uma interpretação materialista, devem muitos de seus sucessos a sua habilidade de fornecer uma resposta à questão da natureza e fundação da autoridade política.[16]

Kissinger também expôs o principal defeito da diplomacia norte-americana, mostrando como "nossa diplomacia e nossa estratégia foram conduzidas isoladas uma da outra" – os mal coordenados socos de esquerda e direita de Johnson no ringue de sua imaginação. Hanói, em contraste, não "vê guerra e negociação como processos separados". Equivocando-se ao achar que guerra e diplomacia formam parte de um *continuum*, o presidente havia cometido múltiplos erros espontâneos. Primeiro, Johnson "havia anunciado repetidas vezes que estaríamos prontos a negociar, incondicionalmente, a qualquer momento, em qualquer lugar. Isso, na verdade, deixava a escolha do momento de negociar para o outro lado". Segundo, depois ele se envolvera em uma contagem de pontos: "Hanói anunciou quatro pontos, a FLN sugeriu cinco pontos, Saigon propôs sete pontos e os Estados Unidos – talvez devido à sua maior burocracia – divulgaram catorze", como se estender a agenda de conversações fosse, de algum modo, ajudar o seu início. Terceiro, ao enviar seus emissários para sondar a possibilidade de negociações de paz, Johnson falhara em prever como os norte-vietnamitas flertariam com ele – "muitos contatos com Hanói, que pareceram 'abortivos' para nós, provavelmente cumpriram (do ponto de vista de Hanói) a função de delimitar o terreno".[17] Quarto, os Estados Unidos haviam fracassado – parcialmente por suas próprias razões sistêmicas – em formular uma posição coerente de negociação. "Pragmatismo e burocracia", como Kissinger observou, tinham se "combinado para produzir um estilo diplomático marcado pela rigidez antes das negociações formais e a dependência excessiva de considerações táticas uma vez que as negociações comecem". Os norte-americanos se preparavam para as conversações gravando precondições em pedra; mas, assim que se sentavam à mesa, começavam a discutir pelos detalhes. Quinto, Johnson também não avaliara a importância de mudanças de tempo e modo nas comunicações de Hanói (as infelizes lembranças de "esperar Godot" em Paris ainda estavam frescas). Sexto, Johnson suspenderia os bombardeios ao Vietnã do Norte com a condição – nunca aceita por Hanói – de que as conversações fossem produtivas. Mas, se não fossem, poderiam os bombardeios ser realmente retomados sem uma comoção na política doméstica? Finalmente, ao incluir Saigon nas conversações, Johnson inadvertidamente deixara exposto "o conflito de interesses potencial entre Washington e Saigon", a nova fraqueza para seus inimigos explorarem.

E agora? Kissinger rejeitava de modo inequívoco uma retirada unilateral, empregando termos que definiriam os próximos quatro anos da política externa norte-americana:

[O] compromisso de 500 mil norte-americanos resolveu a questão da importância do Vietnã. Pois o que está envolvido agora é a confiança nas promessas norte-americanas. Por mais que esteja na moda ridicularizar os termos "credibilidade" ou "prestígio", eles não são expressões vazias; outras nações podem pautar suas ações pelas nossas apenas se puderem contar com a nossa constância. O colapso do esforço norte-americano no Vietnã não aplacaria muitos críticos; a maior parte deles simplesmente acrescentaria a acusação de falta de confiabilidade à de mau julgamento. Aqueles cuja segurança ou objetivos nacionais dependem dos compromissos norte-americanos só poderiam ficar consternados. Em muitas partes do mundo – Oriente Médio, Europa, América Latina, até mesmo Japão – a estabilidade depende da confiança nas promessas norte-americanas. Uma retirada unilateral, ou um acordo que, sem essa intenção, acabe produzindo o mesmo resultado, poderia, portanto, levar à erosão do controle e até mesmo a uma situação internacional mais perigosa. Nenhum estrategista político norte-americano pode simplesmente desprezar esses perigos.[18]

É possível imaginar facilmente a alegria com que essas palavras foram lidas em Saigon – embora se deva reconhecer que foram recebidas com considerável entusiasmo também no Japão, na Coreia do Sul e em Taiwan, assim como em Israel e em pelo menos algumas partes da Alemanha Ocidental.* Um ponto estava claro: Kissinger não "fugiria da raia". Ele também indicava que era a favor de negociações bilaterais em vez de envolver a FLN e Saigon (para manter a perturbadora questão do futuro político do Vietnã do Sul fora da agenda); que ele não concordava com um cessar-fogo que, dada a "colcha de retalhos" das posses territoriais atuais, iria "predeterminar o acordo final e tenderia à divisão"; e que ele não iria "participar de uma tentativa de impor um governo de coalizão" que incluísse a FLN em Saigon, pois isso provavelmente iria "destruir a estrutura política existente no Vietnã do Sul e, assim, levaria a uma tomada de poder pelos comunistas".[19] Ele era, por outro lado, a favor de uma "retirada organizada das forças externas, norte-vietnamitas e norte-americanas" – a posição que ele já havia estipulado para Nelson Rockefeller anteriormente no mês de julho. Sugeria que no mínimo relutaria em retomar os bombardeios. E também repetia a recomendação de Rockefeller de "uma presença internacional para assegurar a boa-fé" no Vietnã do Sul, assim como uma "força internacional [...] para supervisionar as rotas de acesso" ao país, idealmente equipada com "uma barreira eletrônica para verificar movimentos" nas fronteiras (a velha e típica fantasia tecnocrática de McNamara).

A recomendação mais concreta feita por Kissinger, todavia, era recuar e situar as negociações vietnamitas em seu contexto mais amplo, levando em conta as outras crises mundiais no Oriente Médio e no Leste europeu. Aqui

---

* Se havia real mérito no argumento a respeito da credibilidade será uma das questões tratadas no Volume 2.

surgiam pelo menos alguns motivos para esperança: "[A] doutrina soviética de que Moscou tem o direito de intervir para proteger estruturas domésticas socialistas tornou uma guerra sino-soviético no mínimo concebível. Pois as acusações de Moscou contra Pequim têm sido, talvez, ainda mais duras do que aquelas contra Praga. Mas em caso de um conflito sino-soviético, Hanói seria deixada a ver navios". O fato de hostilidades terem irrompido ao longo do rio Ussuri havia apenas dois meses confirmava a direção estratégica que Kissinger e Nixon tomariam. "Seja como for que tenhamos entrado no Vietnã, qualquer que seja o julgamento de nossas ações", concluiu Kissinger, "encerrar a guerra de forma honrada é essencial para a paz do mundo. Qualquer outra solução pode desencadear forças que complicariam as perspectivas de ordem internacional. Devemos conceder à nova administração o benefício da dúvida".[20] Kissinger nem imaginava, ao escrever essas palavras, que estava requisitando o benefício para si mesmo.

"The Viet Nam Negotiations" talvez seja o mais penetrante artigo que Kissinger já escreveu. Os acontecimentos subsequentes determinariam até que ponto o conteúdo de sua proposta seria suficiente para alcançar a paz honrada* que ele buscava. Apesar disso, seria um erro supor que a principal preocupação de Henry Kissinger em 1968 fosse com o Vietnã. Na verdade, como fica muito claro em seus próprios artigos, era com o aperfeiçoamento do processo de tomada de decisão em Washington. A visão de Kissinger, depois de quase três anos tentando entender e resolver, de alguma forma, o imbróglio do Vietnã, era que os Estados Unidos estavam caóticos por causa de defeitos fundamentais do sistema de formulação e execução da estratégia de segurança nacional. Esse era o verdadeiro foco de suas energias no final de

---

* A alusão provavelmente era a Benjamin Disraeli, que usou a expressão "paz eu espero que com honra" em um discurso de 27 de julho de 1878, após o seu triunfante retorno do Congresso de Berlim, onde havia não apenas evitado a guerra com a Rússia, mas também revertido amplamente os ganhos que a Rússia conquistara com seu ataque ao Império Otomano e obtido Chipre para o Império Britânico nas negociações. Não é provável que Kissinger pretendesse evocar o uso por Chamberlain da expressão após Munique; também não é provável que ele soubesse do uso por Edmund Burke da mesma expressão em seu discurso em defesa dos norte-americanos em 1775. O primeiro uso da expressão em inglês está, na verdade, no *Coriolano* de Shakespeare, ato 3, cena 2.

1968, e – ainda mais do que as suas ideias incisivas sobre o Vietnã, e muito mais do que o seu "desejo de ordem filosófica [mundial]" – fornece uma chave para a sua nomeação por Nixon.

III

A vitória de Richard Nixon na eleição em novembro de 1968 foi o resultado menos de suas maquinações sobre as conversações de paz de Paris do que de um racha fundamental dentro do Partido Democrata criado pela pressão de Johnson para promulgar os direitos civis em velocidade máxima. Foi, realmente, uma eleição disputada – Humphrey venceu na Pensilvânia, em Michigan, em Nova York e em Connecticut por mais votos do que o esperado, e a margem de vitória de Nixon no voto popular foi de apenas 0,7%. Nixon só apareceu no salão de bailes do Waldorf Astoria para declarar a vitória ao meio-dia e meia do dia 6 de novembro, meia hora depois de Humphrey reconhecer a derrota.[21] O fator-chave foram os 45 votos no Colégio Eleitoral obtidos pelo candidato segregacionista George Wallace, a maioria dos quais teria certamente ido para o candidato democrata se não fosse pela divisão provocada pelos direitos civis. Dessa forma, os democratas conservaram o controle de ambas as casas do Congresso, fazendo de Nixon o primeiro presidente a não controlar pelo menos uma delas desde Zachary Taylor em 1848; os democratas também conservaram o domínio dos legislativos estaduais.

O que aconteceu entre 1964 e 1968 foi uma das maiores reconfigurações do cenário dos eleitores na história dos Estados Unidos. Embora o conflito geracional fosse uma questão, a raça foi o fator-chave. Entre os brancos que votaram em ambas as eleições, um total de um terço trocou de partido. Cerca de um em cada cinco dos que votaram em Goldwater votou em Humphrey ou em Wallace em 1968, com Wallace recebendo três quartos desses votos; ao mesmo tempo, três em cada dez brancos que haviam votado em Johnson em 1964 trocaram para Nixon ou Wallace em 1968, com Nixon assegurando os votos de quatro quintos deles. Um número surpreendente de dois quintos dos eleitores de Nixon veio de cidadãos que haviam apoiado Johnson em 1964. Um total de 97% de eleitores negros optou por Humphrey, enquanto menos de 35% de eleitores brancos fizeram o mesmo.[22] A importância do

Vietnã foi que, especialmente desde as intervenções de Martin Luther King sobre a questão, sem falar das de Stokely Carmichael, "Diabos, não, nós não vamos!", havia se tornado uma resposta sucinta ao recrutamento desproporcional de afro-americanos. A posição oposta foi a do parceiro de candidatura de Wallace, general Curtis LeMay, ex-chefe do Comando Aéreo Estratégico, que teria ficado feliz em terminar a Guerra do Vietnã lançando uma bomba atômica sobre Hanói. Foi Wallace, não Nixon, que derrotou Humphrey, assegurando 13,5% do voto popular e, na verdade, vencendo em cinco estados sulistas – menos do que ele esperara, mas o suficiente para determinar o resultado.[23]

Isso significava que Richard Nixon entrava na Casa Branca como um presidente excepcionalmente fraco, condenado a passar no mínimo dois anos com um Congresso hostil do outro lado da avenida Pensilvânia, assim como uma comunidade de afro-americanos isolada nas grandes cidades da nação. Foi uma bênção para ele, portanto, que um pequeno grupo de professores de Harvard estivesse trabalhando desde agosto para lhe assegurar que enfrentasse uma transição mais suave entre todos os presidentes na história ao assumir o cargo. Um membro desse grupo era Henry Kissinger.

Como já vimos, Kissinger havia sido um dos membros fundadores, com Phillip Areeda, Frank Lindsay e Ernest May, do grupo de estudos de Harvard sobre transição presidencial. Kissinger esteve ausente do grupo temporariamente para trabalhar na campanha de Nelson Rockefeller, mas, depois da derrota de seu candidato em Miami, ele pôde voltar às atividades, que estava agora adequando a suas pesquisas ainda mais cuidadosamente para atender às necessidades de Nixon. Em 15 de agosto de 1968, Lindsay escreveu diretamente ao candidato republicano, oferecendo-lhe o acesso a todas as descobertas do grupo de estudos sobre transições anteriores, suas recomendações sobre como melhor proceder, e talvez também alguns "nomes (especialmente de homens jovens)" que Nixon poderia escolher como auxiliares. Como Lindsay observou, se Nixon vencesse a eleição, ele teria apenas dez semanas até a sua posse para preencher cerca de duas dúzias dos cargos mais importantes de sua administração – muito menos tempo do que seria comum em uma empresa ou mesmo uma universidade empenhada em uma busca análoga por talentos executivos. Ele deveria, portanto, pensar na possibilidade de nomear, com efeitos imediatos, um consultor de recursos humanos para começar a organizar a lista de contratados em potencial; ele deveria também encomendar "estudos aprofundados sobre questões que podem estar em crise" na primeira fase de sua administração. Ele deveria nomear uma comissão de seleção para elaborar pequenas listas de candidatos para cargos-chave e encorajar seus membros a procurarem fora da classe política em fundações, universidades e bancos de investimento. Em vez de entrevistar candidatos, ele usaria seminários para ver quão bem eles se saíam em um ambiente de grupo. E o seu objetivo deveria ser ter todas as posições-chave preenchidas em meados de dezembro.

Mas quais *eram* as posições-chave? O relatório de agosto do grupo de estudos listou três cargos de equipe que Nixon deveria priorizar: secretário responsável pela agenda, secretário de imprensa e o cargo de "coordenação e conselheiro de Segurança Nacional – um papel similar ao desempenhado por Rostow para Johnson, Bundy para Kennedy e Gray e Goodpaster para Eisenhower".[24] Ao preencher esse terceiro posto, Nixon deveria ter em mente o potencial de atrito entre esse indivíduo e o Departamento de Estado: nas palavras do relatório, "a falta de confiança, comunicação e espírito de equipe no primeiro escalão do Departamento de Estado de Kennedy-Johnson não são um precedente feliz".[25] O futuro presidente precisaria fazer uma escolha, mesmo antes de ser eleito, quanto a quem seria o seu "principal conselheiro em todos os problemas de política externa, inclusive sobre a política militar, financeira e econômica". Seria o secretário de Estado, ou o conselheiro de Segurança Nacional? "Essa decisão", os autores comentavam, "afetará tanto as qualidades que se deseja em um secretário, quanto a extensão das atribuições imputadas ao conselheiro de Segurança Nacional em sua equipe".[26] Sem afirmar categoricamente que deveria ser o segundo, o grupo de estudos deixou perfeitamente claro que via o Departamento de Estado como a instituição errada para esse papel mais amplo, devido a seus "perenes problemas de organização" que, no passado, haviam "impedido que ele fosse tão útil para o presidente quanto deveria ser".[27]

E isso não era tudo. Dois meses depois, Lindsay acrescentou um longo relatório, "Dealing with the Old Administration" [Lidando com a velha administração], que reforçava o argumento em defesa de um conselheiro de Segurança Nacional forte. "Um dos seus problemas mais difíceis e críticos durante a transição", dizia a Nixon o próximo relatório do grupo, "será obter o domínio (na medida em que o domínio seja possível) dos assuntos de segurança nacional". Ele deveria assegurar que nenhum arquivo "para leitura exclusiva do destinatário" relacionado a negociações com os norte-vietnamitas desaparecesse pela porta de saída da Casa Branca na bagagem de Lyndon Johnson. Era preciso se apressar: "Ao contrário de McGeorge Bundy [sob Kennedy] [...] a sua equipe de segurança nacional deve ser nomeada cedo e começar a atuar assim que possível".[28] É concebível, é claro, que Kissinger tivesse a si próprio em mente quando ele e seus colegas redigiram essas linhas para Nixon. Mas parece mais provável que ele estivesse oferecendo conselhos imparciais com base em experiências passadas.

No dia 1º de novembro, apenas quatro dias antes que a nação votasse, o grupo de estudos enviou um terceiro relatório, centrado especificamente na organização da transição na área de segurança nacional. Ao contrário dos primeiros relatórios, esse ostentava o nome de Kissinger, assim como as suas impressões digitais metafóricas. O grupo de estudos supôs que Nixon seria seu "próprio secretário de Estado, no sentido de reter o controle sobre as políticas", deixando para quem quer que ele nomeasse a tarefa de "mobilizar e administrar o corpo diplomático e grupos relacionados". Ele deveria procurar "preservar [o] controle centralizado da instituição militar" que havia sido a principal realização de Robert McNamara, mantendo o rígido controle orçamentário que McNamara havia estabelecido por meio do gabinete do secretário de Defesa. Nixon não precisava se preocupar com a CIA, que era "comparativamente eficiente". A única instituição que apresentava "um problema imediato para a sua administração" era – mais uma vez – o Departamento de Estado, que se revelava "ineficiente quando comparado à CIA [ou] à Defesa" e parecia se distinguir apenas por gerar um "impressionante [...] fluxo de matéria escrita". Quando o grupo de estudos recomendou que Nixon "fortalecesse o secretário de Estado", ele queria dizer fortalecê-lo em relação ao Departamento de Estado, tornando, por exemplo, o secretário "intercambiável" com o subsecretário de Estado e dando a ambos o poder de nomear não apenas os secretários adjuntos como também embaixadores-chave, para lhes permitir certa influência sobre os diplomatas de carreira e funcionários administrativos.[29]

A proposta mais importante do grupo de estudos de Harvard no relatório de 1º de novembro, todavia, era que Nixon deveria considerar renovar o Conselho de Segurança Nacional em vez de ter um assistente especial "flutuante" nos moldes de Bundy e Rostow. Rebaixar o status do CSN havia levado a uma excessiva informalidade sob Kennedy e Johnson. É verdade que, como os autores observaram, a administração Johnson tentou restaurar algum tipo de estrutura burocrática na área de segurança nacional com a criação, em 1966, do Senior Interdepartmental Group (SIG) [Grupo Interdepartamental de Alto Nível] como um organismo de coordenação composto pelo subsecretário de Estado (que o presidia), o vice-secretário de Defesa, o chefe do Estado-Maior Conjunto, o assistente especial, os chefes da CIA, da Agência dos Estados Unidos para o Desenvolvimento Internacional (USAID) e da Agência de Informações dos Estados Unidos (USIA). Agora havia também grupos interdepartamentais regionais (IRGs) presididos pelos secretários de Estado adjuntos regionais. Embora esse sistema houvesse, a princípio, parecido "um fracasso total", estava agora funcionando de maneira harmoniosa graças aos esforços de Nick Katzenbach. O grupo de estudos estava, portanto, aberto a "dar ao sistema SIG-IRG uma oportunidade antes de reinstituir o CSN ou outro órgão consultivo formal". Mas o relatório era enfático quando "alerta[va] contra o outro extremo – concentração da função de coordenação sob um único assistente especial", a menos que Nixon estivesse disposto a considerar ter alguém muito forte no papel (como Carl Kaysen e Francis Bator haviam sido para Bundy e Rostow). O ponto-chave era assegurar que a equipe de Segurança Nacional da Casa Branca, independentemente de como fosse organizada, tivesse uma equipe e recursos adequados para lidar com o volume de mensagens, assim como uma equipe de pesquisas ampliada.[30]

"Quando lemos a história da presidência no último quarto de século", concluíam os autores, "vemos que contém muito menos exemplos de decisões com bases frágeis do que decisões mal interpretadas, incompreendidas ou acidentalmente ou deliberadamente não executadas". Nixon faria "bem em não aderir de modo rigoroso demais à regra citada com tanta frequência de que um presidente deve manter tantas opções abertas quanto possível por um tempo tão longo quanto possível" (um vício bismarckiano, como vimos). Isso havia sido encarado como uma virtude por Kennedy e Johnson. No entanto, "ao manter até o último instante a impressão de que poderiam escolher qualquer um de vários caminhos, eles [haviam] encorajado a formação de grupos de pressão burocráticos" – notavelmente a respeito da cessação dos bombardeios ao Vietnã e da Força Multilateral. O presidente tinha de tomar decisões, muitas vezes mais cedo do que seria confortável. Acima de tudo, o presidente precisava deixar clara a concepção estratégica por trás de suas decisões, algo que Johnson nunca fora capaz de fazer.

Os grandes estadistas da Europa do século XIX – Metternich, Castlereagh, Palmerston, Bismarck, Salisbury –, todos tiveram de redigir explicações para suas ações porque eles eram responsáveis perante monarcas. O senhor enfrenta uma necessidade semelhante, é claro, ao ter de responder perguntas nas conferências de imprensa e dirigir mensagens ao Congresso e ao público, mas, em declarações que todo o mundo pode escutar, dificilmente poderá ser tão explícito e sincero como pode ser em particular. E nos próximos quatro anos o senhor enfrentará um desafio tão grande em alcançar a compreensão entre os administradores da sua burocracia como entre os eleitores.[31]

Não há nenhuma dúvida a respeito de que membro do grupo de estudos escreveu esse parágrafo.

O grupo de estudos de Harvard guardou o seu relatório final, sobre a nomeação de funcionários para a Casa Branca, para o dia 6 de novembro, o dia seguinte à vitória de Nixon. Mais uma vez aplicando seu conhecimento íntimo das administrações recentes, os autores desaconselharam a nomeação de chefes de equipe poderosos que controlassem o acesso ao presidente, pois um chefe do Executivo bem-sucedido precisava combinar "elementos de hierarquia e acesso difuso". Do que o presidente mais precisava era ter assistentes leais na Ala Oeste. Esses assistentes não deveriam apresentar as suas próprias opiniões como as do presidente ou imprimir as suas "políticas próprias em qualquer assunto". Eles não deveriam dar declarações à imprensa a não ser sob condição de anonimato, pois haviam ocorrido "casos em que um membro da equipe exagerou seu papel ao falar com a imprensa". Eles deveriam estar preparados para se empenhar em "fazer um trabalho eficaz como advogado do diabo" para resistir às tentações do pensamento de grupo (*groupthink*).* Eles também não deveriam ser especializados, embora Nixon devesse resistir ao pendor de Roosevelt para duplicar atribuições a fim de promover a competição entre seus subordinados. Finalmente, os autores ofereceram uma sugestão: "Nós chamaríamos um conselheiro simplesmente de 'assistente especial' e atribuiríamos a ele, digamos, os assuntos de segurança nacional, em vez de chamá-lo de 'assistente especial para assuntos de segurança nacional'".

---

* O termo foi usado pela primeira vez por William H. Whyte Jr., mais conhecido por seu livro *The Organization Man*, em um artigo para a revista *Fortune* de 1952.

Um forte argumento em defesa desse tipo de generalismo era que "um conselheiro de relações externas deve levar em conta fatores relativos ao congresso ou à política doméstica em seu pensamento e recomendações antes de vir falar com o senhor".[32]

Os relatórios do grupo de estudos de Harvard foram os primeiros tiros em uma batalha sobre a estrutura da administração de Nixon – e, em particular, sobre a questão de se restaurar o CSN – que seria travada em 1969, atraindo comentários especializados de ex-funcionários tão experientes como John Eisenhower (que caracterizou cuidadosamente o papel que Andrew Goodpaster havia desempenhado como secretário de gabinete de Eisenhower)[33] e Roswell Gilpatric (que, como ex-vice-secretário de Defesa de Kennedy, era, naturalmente, contra a restauração do CSN).[34] O resultado teria um profundo impacto no modo como a administração de Nixon funcionou, especialmente em seus primeiros dois anos. Por ora, precisamos refletir apenas sobre a sua importância na decisão de Nixon de nomear Kissinger. Talvez sem ter plena consciência disso, Kissinger havia sido o coautor de uma das mais sofisticadas candidaturas de emprego na história da política externa norte-americana. Ele havia não apenas preparado a sua estratégia para ganhar tempo com o artigo sobre o Vietnã publicado na *Foreign Affairs*, que parece razoável supor que Nixon tenha lido antes de sua publicação. Ainda mais importante: Kissinger e seus colegas de Harvard haviam aplicado a história moderna dos Estados Unidos para explicar ao presidente eleito, com extraordinária precisão, exatamente como ele deveria *executar* a sua estratégia de segurança nacional.

IV

Kissinger não achou que Nixon o contrataria diretamente. Ele achou que Nixon poderia contratar Rockefeller – mais provavelmente como secretário de Defesa – e que Rockefeller então o contrataria. Que Rockefeller faria parte do gabinete de Nixon era, de fato, uma suposição amplamente disseminada nos dias que se seguiram logo após a eleição. O repórter Gene Spagnoli sugeriu a Nixon que Rockefeller poderia dar um bom secretário de Estado. O redator dos discursos de Nixon, William Safire, chegou a sugerir nomear o irmão de Rockefeller, David, para a Fazenda, e Nelson como secretário de Estado.

"Não", disse Safire após um instante de reflexão, "o senhor não pode ter dois Rockefellers no Gabinete". "Existe alguma lei que diga que só se pode ter um?", disparou Nixon.35

Sem saber que Nixon não tinha a intenção de nomear o seu perene rival, Rockefeller reuniu-se com seus conselheiros para discutir como deveria responder a uma oferta de Nixon. A conversa ia a todo vapor quando o telefone tocou. Era Dwight Chapin, o jovem parceiro de Haldeman e futuro perjuro a quem Nixon havia nomeado como seu secretário responsável pela agenda. Ele queria falar com Kissinger.36 Para todos os demais à mesa, aquilo era tão inesperado que ninguém considerou seriamente a possibilidade de que Nixon pudesse mesmo querer oferecer um cargo a Kissinger.37 De fato, o próprio Kissinger pode ter suposto que o presidente eleito meramente quisesse discutir com ele sua hipótese de que Clark Clifford estava cogitando dar um golpe em Saigon antes da posse, uma teoria que Kissinger havia relatado a Buckley pouco tempo atrás.38

O próprio Nixon descreveu mais tarde sua decisão como uma sintonia de ideias. Ele sabia, é claro, dos "comentários depreciativos" anteriores de Kissinger sobre a sua "competência no campo" da política externa, mas "esperava isso de um aliado de Rockefeller, e [...] atribuía isso à política". Quando ele e Kissinger se encontraram no gabinete de transição de Nixon, no trigésimo nono andar do Hotel Pierre às 10h de segunda-feira, 25 de novembro, foi para discutir futuras estratégias, não a política do passado.

> Eu sabia que estávamos muito próximos em nossos pontos de vista gerais no sentido de que compartilhávamos uma crença na importância de isolar e influenciar os fatores que afetavam o equilíbrio de poder mundial. Nós também concordávamos que, qualquer que fosse a política externa, precisava ser forte para ser confiável – e precisava ser confiável para ser bem-sucedida. Eu não tinha esperanças quanto às perspectivas de resolver a Guerra do Vietnã por meio das conversações de Paris e sentia que precisávamos repensar toda a política diplomática e militar sobre o Vietnã. Kissinger concordava, embora ele fosse menos pessimista quanto às negociações do que eu era. Eu disse que estava determinado a evitar a armadilha em que Johnson havia caído, de devotar praticamente todo o tempo e energia de minha política externa ao Vietnã, que era, realmente, um problema de curto prazo. Eu sentia que deixar de lidar com os problemas de longo prazo poderia ser devastador para a segurança e sobrevivência dos Estados

Unidos e, nesse aspecto, eu falei em restaurar a vitalidade da aliança da OTAN, e sobre o Oriente Médio, a União Soviética e o Japão. Finalmente, mencionei minha preocupação quanto à necessidade de reavaliar nossa política em relação à China Comunista, e o exortei a ler o artigo na *Foreign Affairs* em que eu havia levantado essa ideia pela primeira vez como uma possibilidade e uma necessidade. Kissinger disse que estava contente que eu estivesse pensando nesses termos [...] Eu tinha uma forte intuição sobre Henry Kissinger, e decidi ali mesmo que ele deveria ser meu conselheiro de Segurança Nacional.[39]

As lembranças de Kissinger são um tanto diferentes. Nixon transmitiu-lhe a impressão de ser "quase tímido: seus movimentos eram levemente vagos, e sem relação com o que ele estava dizendo, como se dois impulsos diferentes estivessem atrás de discurso e gesto. Ele falava em uma voz baixa, gentil. Enquanto falava, ele tomava xícaras de café que lhe eram trazidas sem que pedisse, uma atrás da outra". O presidente eleito passou a falar não sobre estratégia, mas sobre o "grande problema organizativo" que ele enfrentava:

Ele tinha muito pouca confiança no Departamento de Estado. O pessoal deles não lhe era leal [...] Ele estava determinado a dirigir a política externa a partir da Casa Branca. Achava que a administração Johnson havia ignorado os militares e que seus processos de tomada de decisão não davam ao presidente verdadeiras opções. Ele sentia que era imperativo excluir a CIA da formulação de políticas: os quadros da CIA eram formados por liberais da Ivy League [...] Sempre haviam sido contrários a ele politicamente.

Kissinger replicou, de modo inócuo, que um "presidente que sabe o que quer sempre seria capaz de dominar a política externa". Ele concordava que os métodos da administração Johnson haviam sido negligentes, especialmente quando a tomada de decisões fora transferida para os notórios almoços das terças-feiras. "Uma estrutura mais sistemática parecia-me necessária", disse ele, ainda que se devesse evitar o "formalismo rigoroso" da era Eisenhower. Somente então o assunto se voltou para a política externa em si. Por sua própria conta, Kissinger fez a vaga reflexão de que as políticas precisavam estar "relacionadas a alguns princípios básicos de interesse nacional que transcendam qualquer administração em particular", uma ideia mais sugestiva de realismo do que o seu costumeiro idealismo.[40]

Foi a partir desse ponto que surgiu a confusão. Nixon parecia estar convidando Kissinger a se juntar à administração "em alguma função de planejamento", embora não dissesse especificamente que papel ele tinha em mente. Kissinger supôs que Nixon fosse lhe pedir para trabalhar subordinado a Rockefeller, se este fosse convidado a assumir um cargo no gabinete. A conversa chegou a um encerramento abrupto. Para a surpresa de Kissinger, Nixon ordenou a Haldeman que instalasse uma linha telefônica direta em seu escritório em Harvard. Haldeman então contou a Kissinger sobre o seu próprio papel como chefe de equipe e como os títulos de "assistente especial do presidente" teriam a palavra "especial" removida. Um tanto perplexo, Kissinger retornou a Harvard a tempo de dar o seu seminário das quatro horas da tarde.

Que Kissinger realmente pensou que estava sendo convidado a trabalhar subordinado a Rockefeller é evidente. No mesmo dia em que se encontrou com Nixon – presumivelmente depois do final do seminário –, ele rascunhou uma nota para Rockefeller com um esquema de como ele pensava que o Departamento de Defesa poderia ser reorganizado para conservar as melhores características do tempo em que McNamara era o secretário, notavelmente o acesso direto ao presidente não mediado por um conselheiro de Segurança Nacional, restaurando, ao mesmo tempo, as relações com os chefes militares, "nos quais o secretário McNamara deixara cicatrizes duradouras". A nota sugeria implicitamente que um novo cargo de vice-secretário de políticas e programas seria criado por Kissinger, com a responsabilidade de "(a) representar o secretário em comissões interdepartamentais de gabinetes adjuntos que tratassem de segurança nacional e informações; (b) lidar, em nome do secretário, com os chefes do Estado-Maior Conjunto a respeito de planejamento de contingência e na preparação da redação de memorandos presidenciais estabelecendo níveis de força".[41] Foi um total desperdício de esforços. No dia seguinte, Rockefeller telefonou a Kissinger para contar que havia sido abandonado por Nixon; deveria permanecer em Albany como governador de Nova York. Uma hora mais tarde, John Mitchell telefonou para convidar Kissinger a ir novamente a Nova York para discutir "sua posição na nova administração". Ainda sem saber que papel lhe estavam oferecendo, Kissinger consultou McGeorge Bundy, seu antigo mentor, agora chefe da Fundação Ford. Sempre condescendente, Bundy supôs que ele estivesse sendo considerado para uma reles subsecretaria no Departamento de Estado e aconselhou-o a, em vez de aceitar, pressionar para obter o antigo posto de George Kennan como diretor do Planejamento de Políticas.⁴² Isso também não tinha nada a ver. Quando Kissinger chegou a Nova York, no dia 27, a primeira pergunta de Mitchell foi: "O que você decidiu sobre o cargo na Segurança Nacional?". Kissinger disse que não sabia que ele lhe havia sido oferecido. "Oh, Jesus Cristo", resmungou Mitchell, "ele pisou na bola outra vez". Mitchell atravessou o corredor até o escritório de Nixon em passos pesados e depois voltou para buscar Kissinger. Finalmente, o presidente eleito desembuchou. Queria que Kissinger fosse o seu conselheiro de Segurança Nacional.⁴³

Se Kissinger houvesse tramado o tempo todo para conseguir o cargo, seria de se esperar que houvesse aceitado sem hesitação – especialmente quando ficou claro que pelo menos três outros candidatos estavam sendo cogitados.* Em vez disso, ele pediu tempo para consultar seus colegas, um "pedido extraordinário" a respeito do qual ele se sentiu constrangido mais tarde. (Com bizarra humildade, Nixon sugeriu que Kissinger conversasse com Lon L. Fuller, professor de jurisprudência da Faculdade de Direito de Harvard, que lhe havia dado aulas na Faculdade de Direito de Duke – como se o presidente eleito necessitasse de uma referência.) No entanto, a hesitação de Kissinger era um verdadeiro reflexo de suas persistentes dúvidas sobre Nixon – o homem que "por mais de duas décadas havia sido um anátema político".⁴⁴ Ele havia previsto o dilema quando imaginara trabalhar sob Rockefeller no Pentágono – a ponto de discutir com Gloria Steinem um artigo para a revista *New York* intitulado "The Collaboration Problem" [O problema da colaboração], uma antiga preocupação que remontava aos dias da *Confluence*.⁴⁵ Quando Joseph Kraft ouviu falar da oferta de Nixon, Kissinger entrou em pânico, implorando a Kraft que não contasse a ninguém, nem, de forma alguma, publicasse alguma coisa sobre o assunto. Embora outros colaboradores de Rockefeller tenham reagido à notícia com consternação (alguns cantaram, em gozação, "I

---

* Os outros entrevistados foram Robert Strausz-Hupé, fundador do Foreign Policy Research Institute [Instituto de Pesquisa em Política Externa]; William Kintner, especialista em guerra psicológica; e Roy L. Ash, presidente da Litton Industries, empresa de Wisconsin especializada em defesa. StrauszHupé se tornou embaixador no Sri Lanka, o que sugere que ele falhou redondamente em impressionar Nixon ou sua equipe. Kintner sucedeu-o no FPRI. Ash se tornou diretor do Departamento de Administração e Orçamento, cuja criação ele recomendou como presidente do Conselho Consultivo de Organização Executiva de Nixon.

Wonder Who's Kissinger Now?", um trocadilho com o título da célebre canção "I Wonder Who's Kissing Her Now?"), o próprio Rockefeller exortou-o a aceitar imediatamente – assim como fizera oito anos antes, quando a oferta a Kissinger viera de Kennedy.[46] Arthur Schlesinger disse o mesmo.[47] Na tarde de sexta-feira, 29 de novembro, Kissinger telefonou a Chapin e disse "sim". Na segunda-feira seguinte, Nixon o apresentou à multidão de repórteres reunidos em expectativa no Pierre.

O presidente eleito deixou claro que Kissinger teria um papel diferente do desempenhado por Rostow e Bundy antes dele. Sua primeira tarefa seria "reestruturar as operações do Conselho de Segurança Nacional" para que pudesse realizar mais planejamento de contingência "de modo que não nos limitemos a reagir aos acontecimentos quando eles ocorrem". "O dr. Kissinger tem plena consciência", declarou Nixon, "da necessidade de não se colocar como uma muralha entre o presidente e o secretário de Estado ou o de Defesa. Pretendo ter um secretário de Estado forte". Nixon então descreveu como visualizava o novo regime de segurança nacional.

> Sou alguém que gosta de ter contato com um amplo espectro de pontos de vista, e o dr. Kissinger organizou o que acredito – está organizando atualmente um novo procedimento muito interessante para que o presidente dos Estados Unidos não escute apenas o que deseja ouvir, o que é sempre uma tentação para os funcionários da Casa Branca [...] Homens em posições de responsabilidade e homens que realmente têm a habilidade de pensar de modo criativo muitas vezes perdem tempo lendo os intermináveis telegramas, a maioria dos quais não são realmente relevantes para os problemas com que eles estão lidando. Não quero que ele [Kissinger] desça ao Gabinete de Crise da Casa Branca e passe tempo demais lendo mensagens por lá.[48]

"Kissinger organizou [...] – está organizando [...]." O lapso de Nixon fornece uma pista sobre o que realmente aconteceu. Nixon não havia lido apenas *Nuclear Weapons and Foreign Policy* de Kissinger. Havia lido muito mais, e gostado. Acima de tudo, tinha ficado impressionado com o conselho do grupo de estudos de Harvard sobre como melhor administrar sua transição. No dia anterior à apresentação de Kissinger feita por Nixon, no St. Regis Hotel – a apenas seis quadras de distância do Pierre –, o grupo de estudos se reuniu novamente, sem Kissinger, para discutir um novo artigo sobre "revitalizar e otimizar o CSN".⁴⁹ No dia seguinte, Areeda escreveu a Haldeman, expondo as ideias do grupo sobre a necessidade de uma equipe de planejamento do programa central na Casa Branca.⁵⁰ O ex-procurador-geral da Justiça de Massachusetts, Elliot Richardson, também foi chamado para a discussão. (Nixon depois o nomearia subsecretário de Estado.)⁵¹ No dia 4 de dezembro, uma cópia do artigo fundamental do grupo foi enviada a Kissinger.⁵² Embora outros tenham dado sua opinião,⁵³ a renovação do CSN foi, de fato, a direção tomada por Nixon.⁵⁴

A nomeação de Kissinger deve, portanto, ser entendida como mais do que apenas uma sintonia de ideias, embora certamente também tenha sido isso. Foi parte de uma reestruturação radical do aparelho de formulação da política externa, uma reestruturação cujo projeto havia tido a coautoria do próprio Kissinger. Na apresentação de Kissinger à imprensa, foi Nixon que, visivelmente, mais falou. O que nenhum dos que estavam escutando percebeu foi que ele estava recitando o roteiro escrito por Kissinger.⁵⁵

Talvez a característica mais interessante desse projeto fosse o seu caráter profundamente histórico. Não foi coincidência que um dos relatórios do grupo de estudos, escrito por Ernest May, fosse intitulado "Historians and the Foreign Policy Process" [Historiadores e o processo de política externa] e defendesse a introdução de uma regra de estilo britânico para desclassificação automática – mas depois de apenas doze ou vinte anos, em vez dos trinta vigentes no Reino Unido – para permitir a pesquisa histórica acadêmica no passado recente.⁵⁶ Um tema recorrente da crítica de Kissinger à administração Johnson havia sido a falta de conhecimento histórico, que se estendia desde o próprio presidente ao soldado raso no Vietnã. Ninguém em toda a cadeia de comando parecia ter a menor consciência das lições que poderiam aprender com o passado, até mesmo o passado bastante recente. Isso refletia em parte um fracasso em institucionalizar o processo de aprendizado, em parte a brevidade do período de serviço militar no Vietnã. Mas também refletia o preconceito inato da burocracia norte-americana em favor do treinamento legal. Em um confronto revelador com o cientista político da Universidade de Tufts, John P. Roche* – que havia trabalhado como conselheiro especial

---

* O contexto era o painel "O intelectual e o estrategista político da Casa Branca" na conferência da Associação Norte-Americana de Ciência Política, em setembro de 1968.

de Johnson entre 1966 e 1968 –, Kissinger ridicularizou a alegação de Roche de que "toda a história do mundo não faz nenhuma diferença se os russos decidirem salvar seus clientes".

> É preciso saber que história é aplicável [replicou Kissinger]. É preciso saber que história extrair. Tenho certeza de que um produtor de maçãs diria a Newton que ele não sabia tudo o que há para se saber sobre a maçã. A história não é um livro de culinária que se possa abrir. Alguma história é aplicável a muitas situações [...] [Os advogados são] o grupo mais importante no governo, mas eles têm esse inconveniente – uma deficiência em história.[57]

A administração Nixon iria fracassar por outras razões que não o desconhecimento do passado.

V

A história vazou no dia 29 de novembro.[58] Foi confirmada, como vimos, em 2 de dezembro.[59] Raramente uma indicação presidencial despertou um entusiasmo tão disseminado. A Associated Press gostou da aparência de Kissinger: "compacto, de queixo quadrado e circunspecto" foi a descrição do escolhido por Nixon para suceder Walt Rostow.[60] James Reston, do *The New York Times*, chamou a nomeação de "um sinal tranquilizador de que a nova administração faria uma séria e objetiva reavaliação de seus problemas e prioridades na área de segurança". Kissinger era "inteligente, articulado e notavelmente trabalhador".[61] Seu jornal retratou Kissinger como "rápido e metódico, mas exigente", embora com um "senso de humor autodepreciativo", enquanto um editorial destacava como louvável a sua "ausência de rigidez intelectual ou ideológica".[62] "Desde Florence Nightingale", brincou Buckley, "nenhuma figura pública recebeu uma aclamação tão universal".[63]

No exterior, a recepção foi variada. O *Times* de Londres elogiou-o como "um intelectual de proa, defensor da prontidão militar norte-americana",[64] que era "conhecido por sua firmeza e frio realismo aplicado ao estudo das relações Leste-Oeste".[65] Mas o jornal do *establishment* britânico não esperava que o "dr. Kissinger [...] fosse tão influente [quanto Rostow], porque ele não será tão seguro de si. É menos provável que ele seja a fonte das políticas do que o expositor das dificuldades e defensor da cautela".[66] *The Economist* discordava. Nos textos de Kissinger, a revista encontrava "uma excelente resistência aos clichês da moda e, de vez em quando, uma capacidade adequada e amigável de admitir que possa ter se enganado [...] Ele traz à nova administração um toque de arrogância intelectual que, se não fosse por ele, estaria lamentavelmente ausente".[67] Na esquerda, o *Guardian* o identificou como um "linha-dura",[68] no "mesmo molde rígido, de leves tendências militaristas, como seus dois predecessores imediatos".[69] Sempre simpático aos imigrantes, o jornal notou, com satisfação, que a mãe de Kissinger era "uma amável senhora alemã que ocasionalmente ajuda a servir em jantares festivos em uma rica casa em Nova York".[70] *Le Monde* elogiou Kissinger como "um homem do diálogo, que escuta, que não se satisfaz com preconceitos".[71] Aos olhos de *Die Zeit,* era motivo de celebração que Nixon houvesse contratado não apenas um, mas dois intelectuais, sendo o outro Daniel Patrick Moynihan, que seria consultor sobre assuntos urbanos (referência indireta à crescente violência racial nas cidades norte-americanas).[72] Do outro lado da cortina de ferro, todavia, Kissinger foi previsivelmente denunciado por sua "filosofia da Guerra Fria".[73]

Reconhecidamente, uma recepção calorosa por parte da imprensa norte-americana foi apenas parte de uma lua de mel inesperada (e curta) entre Nixon e seus velhos inimigos na imprensa.[74] Mas a academia também ficou encantada com a ascensão de Kissinger. Adam Yarmolinsky parecia falar por todos os acadêmicos de Harvard quando disse: "Dormirei melhor com Henry Kissinger em Washington". Stanley Hoffmann chamou seu colega de "um homem com um grande caráter e sabedoria" que não era "o tipo de pessoa que se deixará usar". John Kenneth Galbraith, Carl Kaysen e George Kennan também ficaram entusiasmados.[75] Apesar de Schlesinger ter recebido as nomeações iniciais de Nixon para o gabinete com elogios sarcásticos – "indefinido, mas não desastroso" –, ele não teve dúvida de que "a melhor nomeação" foi a de Kissinger.[76] Kissinger era o astro da *intelligentsia* da Costa Leste ao entrar em Princeton para uma breve aparição em uma grande conferência de ciência política sobre "Os Estados Unidos: seus problemas, impacto e imagem no mundo" que lá ocorreu no início de dezembro.[77] O historiador de esquerda de Princeton, Arno Mayer, foi uma rara voz dissidente nesse momento inicial, criticando Kissinger por "insistir em visões estereotipadas do comportamento de política externa dos agentes políticos soviéticos [e] continuar a enfatizar que um regime comunista em qualquer parte do mundo não ocidental, inclusive a América Latina, iria 'inevitavelmente se tornar um centro de política antiocidental' e deveria, portanto, ser impedido".[78] Tudo isso foi admiravelmente complementado pela queixa de Robert Welch da John Birch Society de que o novo conselheiro de Nixon tinha uma "compulsão – e possivelmente idealista – de ver os Estados Unidos e a Alemanha e todos os outros países se tornarem simples entidades geográficas em um império mundial [...] dirigido pelos comunistas".[79] Em suma, apenas os políticos mais radicais objetavam seriamente à nomeação de Kissinger.

Em Harvard havia uma atmosfera de real celebração quando Kissinger dirigiu seu último seminário no dia 16 de dezembro.[80] Harvard ama o poder mais do que a maioria das universidades e, durante uma manhã alegre e confiante, parecia como se o banco de cérebros de Camelot estivesse funcionando outra vez. Kissinger foi até mesmo aplaudido em pé. ("Isso vai fazer bem demais à minha megalomania", foi o primeiro gracejo da nova era.) O palestrante do último seminário, Morton Halperin – cujo tópico era "Segurança na Ásia após o Vietnã" –, já havia começado a trabalhar para Kissinger em seu novo papel. Tendo trabalhado sob McNamara no Pentágono antes de retornar ao Centro de Assuntos Internacionais, Halperin parecia o homem ideal para perguntar "como se pode aplicar as técnicas que Bob McNamara usava na Defesa a todo o espectro de problemas de política externa". Ele atendeu ao pedido fornecendo um clássico diagrama do Pentágono, mostrando o assistente do presidente para a Segurança Nacional em uma caixa própria no ápice de uma pirâmide composta pela equipe do CSN, assistentes de planejamento e a equipe de planejamento.[81] Sua recomendação era substituir o Grupo Interdepartamental de Alto Nível, presidido pelo subsecretário, por um novo Grupo de Análise presidido pelo conselheiro de Segurança Nacional. Halperin era um dos muitos intelectuais na fila para serem nomeados: Jerome Wiesner, reitor do MIT, ofereceu uma lista de doze nomes para um relatório sobre controle de armamentos. A maioria deles constituía-se de velhos amigos ou colegas, veteranos do Seminário de Controle de Armamentos de Harvard-MIT, como Paul Doty, Carl Kaysen e Bernie Feld.[82] Richard Neustadt já estava trabalhando firme na reestruturação do CSN.[83] O grupo de estudos de Frank Lindsay, agora bastante ampliado, produziu seu relatório final, trazendo ainda mais água para o moinho da reforma do Executivo.[84] Zbigniew Brzezinski deu algumas sugestões sobre o Departamento de Estado.⁸⁵ Na véspera de Natal, Kissinger também recebeu a descrição interna de Andrew Goodpaster do funcionamento do csn de Eisenhower.⁸⁶ Na véspera do Ano-Novo, ele estava escrevendo a Ernest May para pedir desculpas por não ter respondido à sua lista de sugestões de especialistas na América Latina a serem nomeados. "Não é preciso dizer", confessou ele, "que o ritmo aqui em Nova York tem sido mais frenético do que imaginei quando aceitei o cargo. Espero que as coisas se acalmem depois do dia 20" – a data marcada para a posse de Nixon.⁸⁷ Será que Kissinger realmente se apegava a uma esperança tão obviamente fadada a ser frustrada? Não, ele estava apenas tentando fazer um colega não nomeado se sentir melhor quanto ao seu lugar na hierarquia.

A tudo isso os membros da administração que se encerrava assistiram com os olhos ressentidos de homens que dificilmente admitiriam que seu próprio modo de operação pudesse ser aperfeiçoado. Em 3 de dezembro, em um dos últimos almoços de terça-feira de Johnson, o assunto do novo conselheiro de Segurança Nacional veio à baila:

PRESIDENTE: Qual a sua impressão sobre Kissinger?
SECRETÁRIO RUSK: Teórico mais do que prático [...] [Mas ele] se comportou de forma correta nas conversações de Paris.
WALT ROSTOW: [...] Henry é um cara de integridade e decência [...] [embora ele] não entenda [a] emergência [na] Ásia.⁸⁸

Outros foram mais generosos. Se Averell Harriman tivesse alguma suspeita de que Kissinger havia traído as confidências parisienses, não deu nenhum sinal disso. Em 3 de dezembro, ele ofereceu a Kissinger o seu apartamento em Nova York caso precisasse dele durante a transição.⁸⁹ Não demorou muito, todavia, até Harriman requisitar o apartamento de volta: em 5 de janeiro de 1969, Nixon anunciou que Harriman seria substituído nas conversações de Paris por Henry Cabot Lodge. Cyrus Vance também estava fora; na saída, seu conselho sarcástico a Kissinger foi "evitar uma situação em que cada gesto que os negociadores desejam fazer precise ser aprovado em Washington e Saigon".⁹⁰ Essa era outra esperança vã. Katzenbach, também, deixou o gabinete com elegância, respondendo ao pedido de Kissinger por uma lista de "cerca de uma dúzia de excelentes funcionários nas relações exteriores" e acrescentando os planos que ele vinha acalentando de "arquitetar alguns passos pequenos, mas significativos, em direção à restauração das relações com a China".[91] Com o anúncio simultâneo da manutenção de Philip Habib como membro da equipe de negociações em Paris e a promoção de Alexis Johnson a subsecretário de Estado, Kissinger podia contar com pelo menos três aliados-chave no Departamento de Estado.[92] Ele estava preparando então o terreno para a marginalização do secretário de Estado, planejada já havia tempo. O fato de Nixon ter nomeado William P. Rogers – ex-procurador-geral da Justiça com quase nenhuma experiência em política externa – não tinha nenhuma importância. Qualquer secretário de Estado teria sido colocado em segundo plano por Kissinger (embora ter um advogado como vítima tenha acrescentado um sabor picante ao processo).

Washington estava convocando-o. Kissinger conhecia a Casa Branca do tempo em que trabalhara como consultor para Kennedy, mas muito havia mudado desde 1961, e sua única visita para fazer uma preleção a Johnson sobre a iniciativa de paz PENSILVÂNIA em 1967 não havia incluído um passeio guiado. Bundy escreveu – de modo um tanto frio, mas sem deixar de ser prestativo – dando conselhos detalhados sobre as instalações que Kissinger poderia esperar encontrar na Ala Oeste da Casa Branca. Seria no porão que Kissinger se estabeleceria, junto ao "complexo de arquivos e comunicações e encarregados da vigilância do chamado Gabinete de Crise [...] É, na verdade, um centro de informações e prestação de contas – muito raramente, também um centro de comando". Lá ele encontraria a "linha vermelha", estabelecida depois da Crise dos Mísseis Cubanos, que ligava a Casa Branca ao Kremlin em uma crise: não um telefone vermelho, mas um sistema de teletipos, operado ininterruptamente (e testado diariamente) por uma equipe de "brilhantes jovens encarregados da vigilância". Como Bundy comentou, a linha vermelha era, ao mesmo tempo, a mais importante ferramenta a seu dispor e a menos usada. A real utilidade do Gabinete de Crise, sugeriu ele, era "para preleções altamente confidenciais [...] com boas telas e quadros-negros embutidos" – se bem que ele admitia que nem Kennedy nem Johnson o haviam utilizado para esse propósito. No fim das contas, Bundy foi obrigado a relatar, os novos locais de trabalho de Kissinger eram, apesar de todo o prestígio associado a eles, "principalmente espaços subterrâneos sem janelas e com acesso inconveniente". Ainda assim, o assistente especial, junto ao Gabinete de Crise, eram "os instrumentos imediatos de ação do presidente no cumprimento de suas responsabilidades de paz e guerra". A sugestão mais construtiva de Bundy foi a de acrescentar "um sistema realmente rápido de transmissão de documentos do sétimo andar do Departamento de Estado" para "manter a proximidade e amplitude de comunicação entre o assistente especial e o pessoal do Departamento de Estado" – uma recomendação ignorada sem hesitações por Kissinger.[93]

Excessivamente confiante, o sucessor de Bundy, Walt Rostow, recomendou que Kissinger não mudasse nada. Em um memorando que redigiu para Johnson antes que o presidente em retirada desse as boas-vindas a Kissinger de volta à Casa Branca, Rostow defendeu os almoços de terça-feira por sua informalidade. Eram, escreveu ele,

> uma versão informal do velho CSN – na verdade, uma reunião regular do CSN com trabalho de equipe cuidadosamente preparado, com a vantagem de reunir em um ambiente humano o presidente e seus principais conselheiros de Segurança Nacional. Nada é mais importante do que os componentes desse grupo estarem próximos; sentirem-se livres para debaterem abertamente uns com os outros na presença do presidente; serem leais uns com os outros assim como com o presidente [...] O conselheiro de Segurança Nacional do presidente pode desempenhar um dos seus papéis mais importantes ao manter os membros desse grupo decisivamente importante próximos uns dos outros e do presidente [...]

"É", ele acrescentou, quase como uma reflexão posterior, "um trabalho desafiador, mas recompensador".[94] O melhor conselho que ele deu foi para não subestimar quanto do seu tempo seria tomado pelas trivialidades: "Discursos no Rose Garden que não justificam uma verdadeira consulta aos secretários envolvidos; encontros informais com a imprensa [...] o planejamento de visitas de dignitários estrangeiros à Casa Branca e as viagens presidenciais ao exterior; a redação de cartas a congressistas e outros; etc.".[95] O seu pior conselho foi: "aposse-se de todo o Laos, contornando o Vietnã do Sul".[96] O presidente de saída se contentou com uma típica tirada sarcástica: "Leia os colunistas, e se eles chamam um membro da sua equipe de ponderado, dedicado, ou qualquer outro adjetivo amigável, despeça-o imediatamente. É ele que vaza informações sigilosas".[97]

Kissinger não subestimou o desafio. Ninguém o deixaria fazer isso. Em um ato que foi ao mesmo tempo de generosidade e de emancipação, Rockefeller lhe deu um cheque de 50 mil dólares, "como símbolo de minha amizade e minha apreciação pelo trabalho que você tem feito pelo povo deste país".[98] (Tendo verificado que era legal fazer isso, Kissinger aceitou o presente. Ele era, afinal, um professor divorciado que vivia de uma licença sabática prolongada de Harvard e que agora estava recebendo um salário do governo. Precisava do dinheiro.) Sempre curioso, Arthur Schlesinger perguntou-lhe

> se Nixon ia se revelar o tipo de homem que Henry esperava que ele fosse. Henry respondeu enigmaticamente que ele estava tranquilo a respeito de certas coisas que antes o preocupavam, mas que estava encontrando outras e inesperadas qualidades que poderiam criar problemas. Quando falei que estava muito feliz por ele ter sido nomeado, Henry disse, em tom melancólico: "Tudo o que posso dizer é que espero que você se sinta igualmente feliz com isso daqui a um ano".[99]

Galbraith dissera algo semelhante. O verdadeiro teste de popularidade de Kissinger, declarou ele ao *The New York Times,* "será como as pessoas reagirão daqui a quatro anos, quando Henry retornar" – o que implicava, com astúcia, que Nixon seria um presidente de apenas um mandato.[100]

Mas coube a Fritz Kraemer desempenhar o papel de *auriga,* o escravo cuja tarefa era sussurrar *Memento homo* ao ouvido do vencedor de um triunfo em Roma: você é apenas um ser humano. Em 9 de dezembro de 1968, Kraemer acrescentou à pilha crescente de recomendações para nomeações na nova administração um extraordinário canto de louvor a um oficial do Exército de 44 anos que havia recentemente retornado do Vietnã como herói, mas que Kraemer viera a conhecer enquanto ele trabalhava no Pentágono. De modo inteligente, Kraemer transmitiu seu recado a Kissinger indiretamente, louvando as qualidades desse jovem oficial que ele implicitamente desejava que seu antigo *protégé* demonstrasse em seu novo papel:

> O tenente-coronel (e isso realmente significa alguma coisa em um mundo hierárquico) aguentou firme com uma coragem absolutamente extraordinária e apresentou seus contra-argumentos incansavelmente por escrito e em conversas informais com seus superiores. Devido a suas maneiras calmas, não agressivas, ele foi, de modo bastante surpreendente, capaz de fazer isso sem criar antagonismo com ninguém. Esse último feito talvez seja ainda mais notável do que a sua independência de pensamento e ação.

Além disso, à medida que ele subia na hierarquia do Pentágono – alcançando a posição de adjunto militar do próprio McNamara –, esse modelo de virtude nunca deixou que o poder o corrompesse.

> No final [ele] se sentou no escritório interno de McNamara e muito frequentemente era o único militar a acompanhar o secretário à Casa Branca e encontros do CSN. Nessa posição, peculiarmente tentadora para um jovem oficial, [ele] conservou a sua total integridade em uma extensão que chegou até mesmo a evocar a admiração do próprio McNamara, cuja capacidade geral para admirar os outros é, sem dúvida alguma, subdesenvolvida [...] McNamara [...] observou [...] "Este é um dos dois únicos oficiais do exército que ousam me contradizer cara a cara." Mais uma vez [ele] havia conseguido transmitir seu recado destemidamente e apesar disso, ao mesmo tempo, ganhando o respeito e a confiança de um homem muito difícil e quase ditatorial.

Indivíduos com essas características, escreveu Kraemer, haviam se tornado muito raros. "Nossa era das massas", observou ele em uma linguagem que sabia que iria repercutir em Kissinger, era "não propícia a produzir o tipo".

Então ele chegou ao ponto: "Em sua nova posição de terríveis responsabilidades, você será um homem solitário e precisa pelo menos de uns poucos em cuja inabalável fidedignidade, integridade e profunda compreensão humana você possa confiar".[101] O homem que ele estava recomendando a Kissinger era Alexander Haig, que Kissinger nomeou, sem hesitação, como seu adjunto militar (e que, doze anos depois, seguiria seus passos tornando-se secretário de Estado). Para Kissinger, Haig atendia uma necessidade. Seu próprio grupo de estudos de Harvard havia aconselhado Nixon especificamente que "pelo menos um membro da sua equipe na Casa Branca deve conhecer os pormenores do Pentágono".[102] Mas Kraemer estava escrevendo tanto sobre Kissinger quanto sobre Haig. ("Na verdade", escreveu ele, para deixar claro que não estava pedindo um favor, "ele e eu não somos amigos próximos, apenas respeitamos um ao outro".)

> Conheço-o já há algum tempo e estou convencido de que você será mais do que bem servido por esse homem. Neste momento todos estão tentando obter algo de você, porque você chegou a um alto posto [...] O país, todavia, está em uma situação muito difícil e perigosa, e é necessário que os poucos talentos que temos

ocupem posições onde possam ser objetivamente mais úteis, e onde possam ser leais e eficazes ajudantes de homens como você, de cujo desempenho tantas coisas dependem.[103]

A primeira metade da vida de Henry Kissinger estava chegando ao fim. O tempo de se tornar Kissinger havia terminado; o tempo de ser finalmente começara. Mas seu primeiro professor – seu Mefistófeles – ganhara o direito à última advertência.

Epílogo
Um *Bildungsroman*

Tudo o que nos acontece deixa rastros; tudo contribui imperceptivelmente para a nossa formação.

GOETHE, *Os anos de aprendizado de Wilhelm Meister*[1]

A história da primeira metade da vida de Henry Kissinger é um verdadeiro *Bildungsroman*: como o influente livro de Goethe, *Os anos de aprendizado de Wilhelm Meister*, é o relato de uma educação por meio de experiências, algumas delas amargas.

Foi uma educação em cinco etapas, em vez das sete de Meister. A primeira foi a experiência do jovem Kissinger com a tirania alemã, a democracia norte-americana e a guerra mundial. A segunda foi a descoberta do idealismo filosófico e depois do conhecimento histórico em Harvard, e sua primeira aplicação em "Boswash" daquelas ideias acadêmicas no novo campo da estratégia nuclear. A terceira etapa foi a dura lição de realidade política que ele recebeu em Washington durante os anos vertiginosos e arriscados da administração Kennedy. Então veio a revelação, a partir da prática, do novo tipo de guerra que estava sendo travado no Vietnã. Finalmente, em Paris, Kissinger aprendeu o que era ser ludibriado diplomaticamente.

Em todas, exceto a última etapa de seu progresso educacional, havia um mentor: primeiro, Fritz Kraemer, o Mefistófeles de monóculo em uniforme militar verde-oliva; depois William Elliott, o idealista do sul dos Estados Unidos formado em Oxford; a seguir McGeorge Bundy, o WASP (branco, anglo-saxão e protestante) na Casa Branca; depois Nelson Rockefeller, tão ingênuo em sua busca de poder quanto Kissinger era idealista em seus conselhos. Cada um desses homens, de maneira diferente, encorajou e desenvolveu o idealismo de Kissinger, que se desenvolveu a partir de uma hermética filosofia kantiana nos anos de Harvard para os slogans mais acessíveis dos melhores discursos de Rockefeller. Na fase final, todavia, Kissinger estava sozinho, lutando contra os dilemas do Vietnã e aprendendo a respeitar o paradigma realista alternativo personificado por Bismarck, De Gaulle e Morgenthau.

Entre 1945 e 1969, Kissinger viu quatro homens comandarem o mais poderoso cargo do mundo: Truman, o indestrutível executor da estratégia da contenção; Eisenhower, o imperturbável administrador da dissuasão e do arriscado malabarismo atômico; Kennedy, o carismático, mas enganador, mestre da reação flexível; e Johnson, o arrogante inescrupuloso que transformou a teoria da guerra limitada na prática do desastre político ilimitado. Kissinger lapidou a sua atuação como consultor político criticando cada um deles a cada vez. Na maior parte do período, ele se apegou à esperança de que a presidência passaria a Nelson Rockefeller, que ele idealizava como um aristocrata norte-americano, republicano moderado e governante esclarecido. O desfecho menos provável na opinião do próprio Kissinger era que ele terminaria como conselheiro de Segurança Nacional do sinistro trapaceiro Richard Nixon, um verdadeiro realista tanto na teoria quanto na prática. Qualquer relato da vida de Kissinger que o retrate como fincando as garras para galgar o pau de sebo da política norte-americana falseia, portanto, a lealdade e a ingenuidade que o fizeram ficar ao lado de Rockefeller, apesar das vastas evidências de que o governador de Nova York nunca faria as concessões necessárias para assegurar a sua indicação como candidato presidencial pelo partido. É verdade que os rivais de Rockefeller procuravam Kissinger em busca de conselhos, e geralmente ele os dava. De todos eles, todavia, Nixon foi aquele a cujos avanços ele mais resistiu. Só quando Nixon deixou os seus desejos absolutamente claros, Kissinger percebeu que o cargo de conselheiro de Segurança Nacional lhe estava sendo oferecido – e mesmo então ele hesitou em aceitar, apesar do fato de Nixon ter sido mais receptivo do que qualquer outro candidato às propostas que Kissinger ajudara a elaborar para reformar o sistema de formulação de políticas de segurança nacional.

Em cada etapa de seu *Lehrjahre*, Kissinger aprendeu algo novo sobre a natureza da política externa, construindo cumulativamente uma compreensão das relações internacionais que, ao final da década de 1960, tinha poucos rivais. O que ele aprendeu vivendo como judeu sob Hitler, saindo da Alemanha como refugiado, voltando para lá como soldado norte-americano, descobrindo o horror do Holocausto? Os escritores anteriores careciam do conhecimento para responder a essas perguntas, então eles especularam sobre traumas ou repressão. Mas como o próprio Kissinger disse a seus pais, "nem todos saíram dessa guerra psiconeuróticos".[2] Suas experiências o afetaram profundamente, mas no sentido nietzschiano: o que não o matou tornou-o mais forte. "Eu sou duro, até mesmo impiedoso, com as pessoas cuja atuação no partido é a responsável por toda essa desgraça", disse ele a seu pai, que o exortou a ser "duro" com os alemães. "Mas, em algum momento esse negativismo tem de acabar; em algum ponto nós temos de produzir algo positivo, ou teremos de permanecer aqui, como guardiães do caos, para sempre."[3] Ou, como ele disse a seu amigo Robert Taylor na noite em que souberam da morte de Hitler, "nós iríamos ficar para fazer, com nossos modestos meios, o que pudéssemos; para fazer com que todos os sacrifícios anteriores tivessem um significado. Nós ficaríamos o tempo suficiente para fazer isso".[4] Como funcionário da contrainformação que executava a desnazificação, ele disse a seus homens: "Nós temos [...] de provar para os alemães, por meio da firmeza de nossas ações, da justiça de nossas decisões, da rapidez com que elas são executadas, que a democracia é, na verdade, uma solução esequível [sic] [...] Não percam nenhuma oportunidade para provar, por meio de palavras e de ações, a força de nossos ideais".[5]

Outros homens voltaram da Segunda Guerra Mundial psicologicamente abalados. Kissinger voltou sentindo-se vencedor – mas um vencedor não apenas sobre os alemães, como também sobre as restrições de sua herança judaica ortodoxa. Como ele contou a seus pais: "Certos laços criados em meio às convenções [agora] pouco significam para mim. Eu passei a julgar os homens por seus próprios méritos".[6] A guerra ensinou Kissinger não apenas a força, mas também, sob a influência de Kraemer, como viver. Ele se lançou com entusiasmo ao trabalho, quer estivesse interrogando nazistas suspeitos, quer ensinando seus compatriotas norte-americanos. Mas ele também aprendeu a aproveitar o momento de prazer: "E o que é a vida se não for a capacidade de apreciar o que é belo e bom enquanto se pode?".[7]

Apesar disso, a lição mais importante que ele aprendeu com a guerra foi a que ele expressou em sua carta de julho de 1948, um ano após haver retornado da Alemanha para os Estados Unidos, na qual ele explicou que "não existe somente o certo ou o errado, mas muitas nuanças entre eles" e que "as verdadeiras tragédias na vida não se encontram nas escolhas entre o certo e o errado", porque "somente as mais empedernidas das pessoas escolhem o que elas sabem que é errado [...] Os verdadeiros dilemas são dificuldades da alma, agonias provocantes".⁸ Depois de 1941, a Segunda Guerra Mundial era em si mesma uma guerra entre males, com Hitler de um lado e Stálin do outro. O dilema havia sido escolher entre esses males, e o desafio era reconhecer que a União Soviética era um mal menor do que o Terceiro Reich. Um bom exemplo do tipo de escolha entre males incomensuráveis foi aquela com que as pessoas se defrontaram em uma Europa com a Alemanha ocupada ou dentro das grandes ditaduras. "Deveria, em tal situação, o indivíduo preocupado com seus valores se colocar imediatamente em oposição declarada; ou a oposição pode se tornar mais eficiente operando dentro do sistema?" Essa era uma pergunta que o jovem Kissinger teve a autoconfiança de fazer a Albert Camus. Uma pergunta, nas palavras de Kissinger, que levantava "problemas sutis que apenas aqueles que viveram nelas [ocupações estrangeiras ou ditaduras totalitárias] têm um direito moral de discutir". Ele vivera sob Hitler, é claro, e, assim, podia arriscar a resposta de que "com muita frequência o tratante e o herói se distinguem menos por suas ações que por suas motivações, e isso pode contribuir para a erosão de todas as limitações morais durante períodos totalitários".⁹ Esse era um tema ao qual ele voltou em sua dissertação doutoral. Às vezes, ele observou, "tornar público o seu propósito é favorecer um desastre". Em períodos quando um inimigo precisa ser acalmado porque um Estado não tem o poder para resistir, pode ser necessário fingir colaboração. Aqui novamente "o tratante e o herói, o traidor e o homem de Estado", se distinguem "não por seus atos, mas por seus motivos".¹⁰

O argumento de que a maioria das escolhas estratégicas é entre males é um dos *leitmotifs* da vida de Kissinger. Em *Nuclear Weapons and Foreign Policy*, por exemplo, ele argumentou que "manter ao menos um equilíbrio de poder [...] pode exigir algumas escolhas muito difíceis".

> Nós temos a certeza de que seremos confrontados com situações de extraordinária ambiguidade, tais como guerras civis ou golpes internos. [...] Não pode haver dúvida de que nós teremos de tentar impedir tais ocorrências. Mas, uma vez que elas tenham acontecido, nós temos de ter o poder de agir e de correr riscos em uma situação que permite apenas a escolha entre males. Se, por um lado, nós jamais devemos abrir mão de nossos princípios, também temos de perceber que não podemos manter nossos princípios a não ser que nós sobrevivamos.¹¹

Se Kissinger já sabia tudo isso mesmo antes de voltar da Alemanha ocupada, o que ele aprendeu em Harvard? Primeiro, aprendeu a respeito da natureza da liberdade individual. Em sua tese de graduação, ele documentou sua própria compreensão de que "todas as possibilidades aparentemente ilimitadas" de sua juventude haviam se reduzido a "uma realidade" – seu primeiro encontro com "a questão da Necessidade e da Liberdade, da irrevogabilidade de nossas ações, da objetividade de nossa vida".[12] Nos "tempos exaustivos" que se seguiram à exaltação das vitórias de 1945, havia o consolo da compreensão de que a liberdade era "uma experiência íntima da vida como um processo de decisão de alternativas significativas", pois era isso que possibilitava ao indivíduo erguer-se "acima do sofrimento do passado e das frustrações da história" e alcançar "a autotranscendência que proporciona a paz".[13]

Em Harvard, Kissinger também aprendeu história em si. Aprendeu a usar analogias históricas, sempre se lembrando de que "qualquer relacionamento que exista [entre dois eventos históricos] depende não de uma correspondência exata, mas de uma similaridade dos problemas confrontados", porque "a história ensina por analogia, não identidade". No estudo das relações exteriores, uma consciência do contexto histórico era indispensável. Em particular, considerando que um povo definiu sua identidade "por meio da consciência de uma história comum", a história podia ser entendida como "a lembrança dos Estados". Seu estudo era, portanto, um guia para a autocompreensão dos outros Estados.[14] Trabalhando sobre essa base, Kissinger via tanto as semelhanças quanto as diferenças entre o mundo de 1815 e o mundo de 1945. Em ambos os casos era imperativo reconstruir uma ordem internacional legítima. Em ambos os casos, o maior obstáculo era a existência de um poder revolucionário (depois de 1949, dois). A lição da história era que os Estados Unidos agora ocupavam uma posição relativa a toda a Eurásia de forma semelhante à posição que a Grã-Bretanha havia outrora ocupado em relação à Europa. Simplesmente agir como o fiel da balança não era suficiente; era necessário simultaneamente construir uma ordem internacional legítima, minando a perigosa energia do poder revolucionário.

Em *Nuclear Weapons and Foreign Policy*, Kissinger reconheceu que o mundo havia sido transformado por Hiroshima, mas não tanto quanto a maioria de seus contemporâneos supunha. Assim como Clausewitz entendera depois de 1815 que nem todas as guerras futuras seriam do tipo absoluto como as travadas por Napoleão, Kissinger argumentava que guerras limitadas ainda podiam ser travadas em uma era de superpotências e armas termonucleares. Não devemos minimizar a surpresa que esse argumento evocava então e agora.

Nem devemos negligenciar a sua fragilidade fundamental em termos estritamente estratégicos: nem Kissinger nem os estrategistas subsequentes da OTAN podiam negar o risco óbvio de que qualquer uso de mísseis nucleares, por mais limitado que fosse em intenção e escala, poderia se transformar em um Armagedom total. Apesar disso, Kissinger sempre se preocupou mais com o princípio de que ainda era necessário manter a capacidade de ameaçar utilizar a força de modo convincente do que com a real viabilidade de uma guerra nuclear limitada; essa, na verdade, era a fraqueza central do argumento.

Kissinger era um idealista kantiano, não um idealista wilsoniano. Para o argumento wilsoniano de que os Estados Unidos deveriam "confinar nossas ações a situações em que nossas posições morais, legais e militares estivessem em harmonia completa", Kissinger tinha uma réplica coerente: "Lidar com problemas de tamanha ambiguidade pressupõe acima de tudo uma ação moral: uma prontidão para correr riscos [...] para uma aplicação menos que perfeita dos nossos princípios". A insistência ingênua em absolutos, tão característica da tradição liberal na política externa norte-americana, era "a prescrição para a inatividade".[15] Como ele disse a Stephen Graubard em 1956, "a insistência em pura moral é por si só a mais imoral das posturas".[16] Mesmo assim, Kissinger desconfiava ainda mais dos realistas ou, como ele os chamava, de modo mais preciso, os pragmatistas: aqueles que prefeririam entregar sossegadamente Cuba, Berlim Oriental, Laos e Vietnã do Sul ao controle comunista em vez de correr o risco de uma confrontação com Moscou ou Pequim. Embora Kissinger não usasse de forma exagerada a analogia com a década de 1930 – ele sabia muito bem que em política externa Stálin e seus sucessores não eram Hitlers –, ele não pôde deixar de observar que Baldwin e Chamberlain haviam se considerado "realistas firmes" na década de 1930.[17] Kissinger nunca foi maquiavélico. Na verdade, um traço marcante de sua carreira em Harvard é quão pouca atenção ele prestou ao florentino e àqueles, como Isaiah Berlin, que procuravam reinterpretá-lo para um público moderno.[18] Nesse aspecto, o que Kissinger não leu (*Guerra e paz* de Tolstoi foi outra notável omissão) era quase tão importante quanto o que ele leu.

Como doutrina política, o idealismo de Kissinger nunca foi mais claramente afirmado do que em sua entrevista de 1958 para Mike Wallace, na qual ele defendeu uma "ofensiva espiritual no mundo" por parte dos norte-americanos que identificasse os Estados Unidos com, em vez de contra, as revoluções pós-coloniais da era:

Nós deveríamos dizer que a liberdade, se é liberada, pode alcançar muitos [...] propósitos. [...] Mesmo quando nós nos empenhamos em medidas construtivas [...] nós sempre as temos justificado com base na ameaça comunista, muito raramente com base nas coisas que nós desejávamos fazer por causa de nosso intrínseco dinamismo. [...] [N]ós deveríamos ter dito, "[...] Essas são coisas que nós queremos fazer por causa dos valores que nós defendemos, não porque nós queremos derrotar os comunistas".[19]

Essas são as posições que o intelectual público pode facilmente assumir. Na terceira fase da educação de Kissinger, ele veio a compreender que o estrategista político pode fazer mais do que belos discursos. Foi na década de 1960 que ele formulou aquela que talvez seja a sua mais importante percepção sobre a natureza da habilidade política: o que ele chamou de "problema da conjectura". Em sua primeira iteração, Kissinger distinguiu entre duas opções: "a avaliação que exige menos esforço" e "uma avaliação que exige mais esforço". Se um líder político escolher a linha de menos resistência, "depois, com o passar do tempo, pode se revelar que ele estava errado e então ele terá de pagar um alto preço". Mas se ele escolher a opção mais difícil "com base em uma suposição, ele nunca será capaz de provar que seu esforço era necessário, mas poderá se poupar de muitos sofrimentos depois". Aqui estava o cerne da questão: "Se ele agir de imediato, não poderá saber se era necessário. Se esperar, pode ter sorte ou azar. É um terrível dilema".[20]

Em um enunciado posterior, Kissinger formulou essa ideia de modo levemente diferente. A política, afirmou ele, exigia a "habilidade de projetar além do que é conhecido". Mas

> quando se está no reino do novo, então se chega ao dilema de que há, na verdade, muito pouco para orientar o estrategista político a não ser as suas próprias convicções. [...] [T]odo estadista precisa escolher em algum momento se ele deseja a certeza ou se deseja confiar em sua avaliação da situação [...] [I]sso não significa que todas as vezes que uma pessoa age com base em uma avaliação em uma situação de incerteza essa pessoa esteja certa. Significa meramente que, se uma pessoa quiser provas demonstráveis, essa pessoa se torna, em certo sentido, uma prisioneira dos acontecimentos.

A questão-chave para Kissinger era a incerteza que deve inevitavelmente cercar todas as escolhas estratégicas. Por essa razão, eram "as suposições filosóficas que se fazem sobre a natureza da realidade, a natureza das tendências históricas que se está enfrentando", que estavam fadadas a ser "as características determinantes na prática da política externa". Diferentemente do intelectual, o estrategista político "faz parte de um processo histórico e toma decisões irreversíveis, cada uma das quais se torna a base factual para a próxima decisão".[21] Basicamente, os ganhos por decisões *ex ante* "certas" eram modestos em relação às penalidades por decisões *ex post* erradas. Se as democracias houvessem enfrentado Hitler em 1936, talvez a Segunda Guerra Mundial pudesse ter sido evitada. Mas ninguém que vivesse nesse mundo paralelo específico experimentaria a Segunda Guerra Mundial, então nunca se saberia o que havia sido evitado; em contraste, a culpa de quaisquer consequências adversas involuntárias de um confronto em Rhineland em 1936 seria atribuída aos proponentes da ação antecipada. Inversamente, se Johnson houvesse seguido o conselho de George Ball e simplesmente abandonado o Vietnã do Sul a seu destino em 1965, o desfecho poderia ter sido ainda pior do que a Guerra do Vietnã, com todo o Sudeste Asiático sucumbindo ao domínio comunista, como Lee Kuan Yew temia. No entanto, quase ninguém hoje em dia é grato por Johnson ter intensificado a guerra contra Hanói.

O problema da conjectura em política externa é também, como Kissinger entendia claramente, o maior problema filosófico com que o historiador se defronta. Nas palavras de Kissinger,: "O historiador [...] lida apenas com elementos bem-sucedidos e, mais ainda, com os flagrantemente bem-sucedidos. Ele não tem como saber o que era mais significativo para os participantes: o elemento de escolha que determinou o sucesso ou o fracasso". Assim como o estrategista político nunca sabe, assim que a Opção A tiver sido escolhida, o que teria acontecido se ele houvesse escolhido a Opção B, o historiador também nunca sabe. Apesar disso, para reconstruir o pensamento passado do estrategista político, o historiador deve imaginar o momento antes da decisão, quando ambas as opções existiam lado a lado, cada uma com seus méritos, cada uma com suas consequências imagináveis e incognocíveis. O processo histórico, portanto, "ocorre não em linha reta, mas por uma série de variações complexas". Há voltas e bifurcações a cada passo da estrada e as escolhas entre rotas "precisam ser enfrentadas, para o bem ou para o mal".

As condições que governam uma decisão podem ser dos mais delicados matizes. Em retrospecto, a escolha talvez pareça quase aleatória ou então a única opção possível sob as circunstâncias vigentes. Em ambos os casos, é o resultado da interação de toda a soma de escolhas anteriores – refletindo a história ou a tradição ou os valores –, além das pressões imediatas da necessidade de sobrevivência.[22]

Nada ilustra melhor essa questão do que a estrada tortuosa que levou os Estados Unidos dos compromissos mínimos assumidos por Eisenhower com o Vietnã do Sul ao envolvimento militar de ampla escala de Johnson. Kissinger aprendeu com suas experiências no Vietnã. Primeiro, que a guerra no campo de batalha era algo radicalmente diferente da guerra como visualizada a partir de uma mesa de almoço na Casa Branca. Embora ele houvesse chegado ao Vietnã em 1965 com a ideia de ajudar a aperfeiçoar o esforço de guerra norte-americano, logo percebeu que a única linha de ação viável era encontrar uma saída diplomática daquele pântano. Foi no Vietnã que Kissinger entendeu quão disfuncional o governo dos Estados Unidos podia ser, pois aquilo não era a Alemanha em 1945 nem a Coreia em 1951. A falta de capacidade de combater métodos de guerrilha, a excessiva confiança em bombardeios e a ausência de cooperação entre os organismos, combinadas à crônica fraqueza do regime sul-vietnamita, tornavam a guerra claramente impossível de ser vencida. Kissinger viu isso logo. No entanto, não se pode negar que Hans Morgenthau viu ainda antes; no final, seu realismo havia sido um melhor guia para o Vietnã do que o idealismo de Kissinger. Essa lição foi crucial. À medida que Kissinger buscava combinações estratégicas para destravar o portão que aprisionava os Estados Unidos no Vietnã, ele se viu pensando em termos cada vez mais bismarckianos. De Gaulle era um anglófobo crônico, mas teria ele a chave para uma saída de Saigon que passasse por Paris? Os soviéticos eram adversários ideológicos, mas será que o caminho de volta para casa passava por Moscou? Finalmente, e hesitantemente, Kissinger começou a ponderar sobre a resposta mais ousada de todas: que a chave para uma paz com honra poderia ser encontrada na Pequim de Mao.

Não há um momento único que se possa indicar e dizer: foi aí que um idealista se transformou em um realista. Na verdade, como John Gaddis me sugeriu quando leu o primeiro rascunho deste volume, talvez seja melhor encarar idealismo e realismo "não como o equivalente biográfico de cargas elétricas positivas e negativas – ou uma, ou outra –, mas como extremos opostos de um espectro ao longo do qual agimos à medida que as circunstâncias exigem".

Epílogo

Algumas pessoas gravitam para um polo ou para o outro durante toda a vida. Outras ziguezagueiam erraticamente. Outras ainda atingem o padrão de Scott Fitzgerald de uma "inteligência de primeira ordem" – contêm ideias opostas na mente ao mesmo tempo, e se ajustam conforme as imprevisibilidades da vida. Esta última, creio, é a essência da estratégia: a habilidade de se ajustar depende de se ter objetivos em longo prazo para improvisos em curto prazo. Ou, como diz Lincoln a Thaddeus Stevens no roteiro de Tony Kushner [para o filme *Lincoln*], você consulta a sua bússola *e* evita pântanos.*

Kissinger, o acadêmico e intelectual público – sem falar do veterano da Segunda Guerra Mundial –, estava profundamente relutante em encarar isso, porém no Vietnã ele descobriu que seu apoio inicial às políticas de Kennedy e Johnson havia conduzido a pântanos. Com efeito, ele podia ter se visto em um pântano ainda mais profundo se o seu conselho inflexível sobre Berlim tivesse sido seguido por Kennedy e Bundy (embora também se possa argumentar que uma postura mais rígida sobre Berlim em 1961 poderia ter evitado a crise cubana no ano seguinte). O idealismo tem seus riscos. Talvez seja por isso que, em algum momento, Kissinger apagou a sua crítica mais sagaz a Bismarck no manuscrito de seu livro inacabado e não publicado sobre o Chanceler de Ferro:

> A essência da qualidade revolucionária de Bismarck era que ele extraía as plenas consequências de seu ceticismo, que todas as crenças se tornaram para ele apenas fatores a serem manipulados. Não foi acidente, portanto, que, quanto mais Bismarck pregava sua doutrina, mais humanamente distante ele se tornava; quanto mais rigoroso era em aplicar suas lições, mais incompreensível ele se tornava a seus contemporâneos. [...] [E] por mais brilhante que seja a análise de Bismarck, as sociedades são incapazes da coragem do cinismo. A insistência em ver seres humanos como átomos, sociedades como forças, sempre levou a um *tour de force* que corrói todo o autocontrole. Como as sociedades operam por aproximações

---

* "Uma bússola, eu aprendi quando trabalhava como agrimensor, [...] indica o norte verdadeiro a partir de onde você está, mas não dá nenhuma orientação quanto aos pântanos, desertos e precipícios que você encontrará no caminho. Se em busca do seu destino você se lança em frente, ignorando os obstáculos, e não consegue nada além de afundar num pântano, qual é a utilidade de saber onde fica o norte verdadeiro?"

e como são incapazes de fazer distinções sutis, uma doutrina do poder como um meio pode terminar transformando o poder em um fim.²³

No final, o poder veio a Kissinger. Já em 1953, Bill Elliott havia argumentado que o presidente precisava de um quase vice a seu lado – "um diretor-executivo ou diretor de equipe do Conselho de Segurança Nacional "que será mais que um secretário" –, um homem que possuísse suficientes habilidades diplomáticas e capacidade de negociar acordos entre entidades e apresentar ao presidente "uma avaliação justa das alternativas reais de política".²⁴ O caminho tortuoso da história levou, em última análise, esse aprendiz de feiticeiro, Henry Kissinger, a desempenhar exatamente tal papel sob Richard Nixon, em 1973, se não antes. Mas, como Kissinger havia previsto ao lutar com o legado de Bismarck, o poder que ele iria adquirir viria mediante um preço: quanto mais bismarckiano era em sua utilização, mais ele corria o risco de se apartar de seus compatriotas norte-americanos por parecer "transformar o poder em um fim" em si mesmo.

Fritz Kraemer teve uma intuição desde o começo de que algo desse tipo poderia acontecer. Embora ele houvesse feito o papel de Mefistófeles em relação ao Fausto desempenhado por Kissinger, ele só podia oferecer poder intelectual, não mundano. De fato, ele exortou Kissinger a *não* buscar o segundo. "[O] segredo da independência", Kraemer explicara no início de sua amizade, "está em agir de modo independente; pode-se até mesmo não *visar* ao sucesso [...] Só se de fato não 'calcular' você terá a liberdade que o distingue das pessoas comuns".²⁵ Mais de uma vez Kraemer alertou seu *protégé* de que a busca do poder poderia corrompê-lo, mesmo que seu motivo para buscá-lo fosse nobre. "Até agora", ele disse a Kissinger em 1957, "você teve de resistir apenas às tentações completamente normais dos ambiciosos, como a avareza, e a indústria de intriga acadêmica. *Agora* a armadilha está em seu próprio caráter. Você está sendo tentado [...] com os seus próprios princípios mais profundos: comprometer-se com dedicação e responsabilidade".²⁶ Dentro de seis meses, Kissinger havia caído em tentação, pois se tornara ainda mais próximo a seu patrono Rockefeller: "Você está começando [Kraemer o alertou] a se comportar de um modo que não é mais humano, e pessoas que admiram você estão começando a considerá-lo distante, talvez mesmo insensível. Você está correndo o risco de permitir que seu coração e sua alma se consumam em seu trabalho incessante. Você vê pessoas 'importantes' em demasia, e não o suficiente pessoas 'reais'".²⁷ Foi essa preocupação que provocou a advertência final de Kraemer a Kissinger, quando ele se preparava para ir a Washington no final de 1968. "Neste momento todos estão tentando obter algo de você, porque você chegou a um alto posto", escreveu ele. "Em sua nova posição de terríveis responsabilidades, você será um homem solitário." Sua única chance era manter "total integridade" e buscá-la nos outros.²⁸

O *Bildungsroman* se encerra, assim, com uma cena estranha: Mefistófeles alertando Fausto contra os efeitos corruptores do poder. É claro que, como muitas vezes é o caso com os mentores de homens bem-sucedidos, as piedosas recomendações de Kraemer escondiam a dor do distanciamento, se não os ciúmes, que ele sentiu ao ver o seu *protégé* alçar voo fora de seu campo gravitacional.* Ainda assim, havia um cerne de verdade no que ele estava dizendo. Em 45 anos, Henry Kissinger havia aprendido muito. Aprendera a verdade nada simples de que aqueles que detêm o poder de decisão têm livre-arbítrio, embora precisem exercitá-lo em condições de incerteza, e que suas escolhas geralmente são entre diferentes males. Aprendera que a autocompreensão dos atores no palco do mundo é historicamente derivada e que analogias históricas podem ser o melhor guia do estadista. Aprendera que os hábitos mentais do pragmatismo e do materialismo – de aceitar o mundo como ele é, e basear todas as decisões em "dados" – poderiam levar, na melhor das hipóteses, a acordos sórdidos, na pior, à paralisia. Bem melhor reconhecer o problema da conjectura e aceitar que, se parece historicamente aconselhável, então uma ousada ação antecipada é moralmente preferível à procrastinação inerte, mesmo se os ganhos políticos se inclinam em favor da última. O que Kissinger tinha ainda a aprender era a resposta à pergunta mais difícil de Kraemer – e dele mesmo. Poderia um idealista habitar o mundo real do poder e ainda conservar seus ideais?

Kissinger foi o primeiro a reconhecer a diferença entre o mundo do intelecto e o do poder. "Vou queimar o manuscrito [do livro sobre Bismarck]", ele disse a George Weidenfeld pouco tempo depois de sua chegada à Casa Branca, como vimos. "Umas poucas semanas perto do centro do poder bastaram para que eu percebesse o quanto ainda tenho de aprender sobre como realmente se

---

* Como Kissinger comentou mais tarde, de modo menos reverente, ele era "como uma mãe judia que se preocupava quando eu saía fora de sua jurisdição".

formulam políticas."²⁹ Entretanto, a lição que ele iria aprender não era – como veremos – aquela trivial de Lord Acton, de que "o poder tende a corromper e o poder absoluto corrompe absolutamente"* – uma ideia que continua irresistível para acadêmicos que nunca se aventuraram além do reino de baixas apostas da política acadêmica. Na verdade, o que Kissinger iria aprender entre 1969 e 1977 – quando deixou Washington depois de oito turbulentos anos – era quão

---

* O argumento de Acton em carta a Mandell Creighton de 1887 era que os historiadores não deveriam julgar os "grandes homens" do passado – ele tinha em mente os papas da era anterior à Reforma – por padrões menos severos do que os da lei vitoriana. "Não posso aceitar sua regra", escreveu ele, "de que devemos julgar o papa ou o rei de modo diferente de como julgamos o resto dos homens, com a presunção favorável de que não fizeram nada de errado. Se há alguma presunção é aquela contra aqueles que detêm o poder, elevando-se à medida que seu poder se eleva. A responsabilidade histórica precisa compensar a falta de responsabilidade legal. O poder tende a corromper e o poder absoluto corrompe absolutamente. Os grandes homens são quase sempre homens maus, mesmo quando exercem influência e não autoridade: mais ainda quando ainda se acrescenta a tendência ou a certeza da corrupção à autoridade". O próprio Creighton era bispo, enquanto Acton – exceto por um breve e insignificante período como membro do parlamento – sempre foi apenas um acadêmico e intelectual público. "[Q]ualquer um envolvido em grandes negócios ocupava uma posição representativa", replicou Creighton, "que exigia consideração especial. O egoísmo, até mesmo o delito, por uma ideia, uma instituição, a manutenção de uma visão aceita da base da sociedade, não deixa de ser delito: mas não é bem o mesmo que um delito pessoal [...] Os atos de homens no poder são determinados pela força efetiva por trás deles, da qual eles são os representantes [...] [O]s homens que consideravam conscientemente a heresia um crime podem ser acusados de um erro intelectual, não necessariamente de um crime moral [...] Estou irremediavelmente tentado a admitir graus de criminalidade, caso contrário a história se torna um sombrio registro de maldades. Concordo consigo que ela me oferece poucos heróis, e registra poucas boas ações; mas os atores eram homens como eu mesmo, dolorosamente tentados pela posse de poder, restringidos pelo fato de terem uma posição representativa (ninguém era mais restringido do que os papas) e, especialmente no século vxi, olhando para as coisas de um modo bastante abstrato [...] Não consigo acompanhar as ações de estadistas contemporâneos com muita satisfação moral. No passado eu me vejo encarando-os com pena – quem sou eu para condená-los?" Qual deles era o mais sábio? Acton, afinal de contas, havia exortado Gladstone a apoiar a Confederação na Guerra Civil norte-americana e lamentava a sua derrota.

sábio seu pai havia sido ao retornar à terra natal de seus filhos para citar *A paz*, de Aristófanes.

Na peça, o irônico e genial Trigeu consegue terminar a Guerra do Peloponeso depois de dez anos de conflito entre Atenas e Esparta. Ele obtém isso voando ao Monte Olimpo nas costas de um escaravelho gigante (seguindo o exemplo de uma das fábulas de Esopo). Encontra o lar dos deuses quase deserto, com a exceção de Hermes, que explica que a deusa Paz havia sido lançada em um profundo poço pelo monstro Guerra e que o prolongamento de seu cativeiro é culpa de certos políticos atenienses – os "pilões" humanos com que Guerra tritura o povo grego em seu almofariz sangrento. Assistido por um coro de seus concidadãos, e também por Hermes, Trigeu consegue libertar a Paz. Mas seu sucesso – embora coroado pelo casamento com a Abundância (simbolizando a prosperidade de pós-guerra), e celebrado pelos agricultores que podem retornar a seus campos – não é completo. Pois o verdadeiro tema de Aristófanes não é a paz. Mas sim sobre como é difícil encerrar a guerra:

> CORO: Sim, um homem como esse é bom para toda a comunidade.
> TRIGEU: Quando chegar a época da colheita, vocês entenderão ainda melhor o meu valor.
> CORO: Mesmo agora nós vemos com clareza. Você se tornou o salvador de toda a humanidade.
> TRIGEU: Você vai dizer isso mais alto ainda quando beber uma taça do novo vinho![30]

Agradecimentos

Este livro não poderia ter sido escrito sem o auxílio à pesquisa de Jason Rockett, cuja dedicação tanto à filosofia quanto à prática da história é insuperável. Foi ele que reuniu arduamente os documentos de arquivos de todo o mundo. Ele foi habilmente auxiliado por Sarah Wallington na batalha para domar o material publicado. O desafio técnico que fiz a mim mesmo foi adquirir o maior número possível de documentos e integrá-los em um banco de dados digitalizado. Isso não teria sido possível sem os esforços de vários alunos de graduação, que passaram longas horas revisando os documentos para garantir que o programa de reconhecimento ótico de caracteres não adulterasse o texto original. Gostaria de agradecer a Nelson Barrette, Ebony Constant, Taylor Evans, Winston Shi, Gil Highet, Danyoung Kim, Keith MacLeod, Sarah Pierson, Will Quinn, Jason Schnier, Cody Simons, Lilias Sun, Sara Towne, Brett Rosenberg, Helen Tu e Esther Yi.

Fui também auxiliado de múltiplas formas por vários sócios e funcionários da Kissinger Associates, assim como por amigos e consultores do dr. Kissinger. Agradecimentos especiais são devidos ao falecido William D. Rogers; sua esposa, Suzanne "Suki" Rogers, e seu filho Daniel R. Rogers. Após a morte de Bill Rogers, coube ao embaixador Richard Viets desempenhar o papel de intermediário e ocasional pacificador entre autor e objeto de estudo. Merecem também a minha gratidão os assistentes do dr. Kissinger, especialmente Theresa Amantea, Louise Kushner, Jessee Leporin e Jody Williams. Igualmente providenciais em momentos críticos foram Dennis Gish, Rosemary Niehuss, Joshua Cooper Ramo, J. Stapleton Roy, Schuyler Schouten e Allan Stypeck. Durante a redação deste volume, desenvolvi um especial apreço pelo trabalho feito por Dennis O'Shea.

Seria impossível, no espaço disponível, expressar gratidão a todos os arquivistas e bibliotecários nos mais de cem arquivos que Jason ou eu visitamos.

Todos aqueles que enumerei nas referências bibliográficas recebem, portanto, meus agradecimentos. Aqueles que foram além do que o dever exigia para nos ajudar incluem Karen Adler Abramson, diretora de arquivos na Biblioteca Kennedy; Sahr Conway Lanz, anteriormente na administração dos Arquivos e Registros Nacionais e agora na Universidade Yale; Gregory Cumming na Biblioteca Nixon; John E. Haynes na Biblioteca do Congresso; Timothy Naftali, antigamente diretor da Biblioteca Nixon; Amanda Seigel da Biblioteca Pública de Nova York, Divisão Judaica Dorot; Diane Shaw, diretora das coleções especiais na Faculdade Lafayette, e Matthew Turi, bibliotecário-pesquisador na Universidade da Carolina do Norte.

Entre os historiadores que foram de grande auxílio durante o processo de pesquisa estão Tomasz Blusiewicz, Sandra Butcher, Peter W. Dickson, Hubertus Hoffmann, Mark Kramer, Stefan Link, Charles Maier, Ernest May, Alan Mittleman, Lien-Hang Nguyen, Luke Nichter, Glen O'Hara, Daniel Sargent, Laura Thiele, Nicholas Thompson, Maurice Vaïsse, Kenneth Weisbrode, Jeremy Yellen e Jennifer Yum. Outros profissionais que foram prestativos incluem Samuel Beer; Christopher Buckley; Abigail Collins; Ariella Dagi; David Elliott e sua esposa, Mai Elliott; Ward Elliott e esposa, Myrna; Frank Harris e esposa, Beri Harris; Tzipora H. Jochsberger; Robert McNamara e esposa, Diana Masieri Byfield; David Houpt; Rabbi Moshe Kolodny; Steven Lowenstein; Errol Morris (e seu assistente Josh Kearney); Herman Pirchner, Jr.; Edward Roney; Alexandra Schlesinger; Arthur Schlesinger; James Tisch (assim como sua assistente Laura Last e seus funcionários nos hotéis Loews); Justin Vaïsse e Gerald Lee Warren.

Tenho uma dívida especial para com as seguintes pessoas por concordarem em serem entrevistadas por mim: Derek Bok, Zbigniew Brzezinski, Guido Goldman, Morton Halperin, Walter Kissinger, Margot Lindsay, Edward Nixon, Roswell Perkins, Henry Rosovsky, Thomas Schelling, Andrew Schlesinger, Marian Cannon Schlesinger, Stephen Schlesinger e George Shultz.

A Universidade Harvard ajudou este projeto de diversas formas. Gostaria de agradecer a Steven Bloomfield, que, como diretor-executivo do Centro de Relações Internacionais de Weatherhead, foi uma fonte constante de encorajamento e financiamento de pesquisas. Sua colega Ann Townes também merece agradecimentos. No Centro de Estudos Europeus (CES), fui também habilmente auxiliado durante a última década por Lori Kelley, Zac Pelleriti, Sarah Shoemaker e Michelle Weitzel. Um papel fundamental foi desempenhado por Paul Dzus, que agiu como meu guru de tecnologia de informação, assim como por seu antecessor, George Cummings. Outros funcionários do CES que foram providenciais em meus trabalhos são Filomena Cabral, Amir Mikhak, Elaine Papoulias, Anna Popiel e Sandy Selesky. Devo também agradecimentos a sucessivos diretores do centro.

Gostaria de agradecer a todos os meus colegas no Departamento de História de Harvard, principalmente meu querido amigo Charles S. Maier. Uma valiosa contribuição veio de colegas docentes que me ajudaram a dar meu seminário sobre a teoria e prática de estadismo de Kissinger: Greg Afinogenov e Barnaby Crowcroft. Obrigada também a todos os estudantes que fizeram o curso.

Na Instituição Hoover, em Stanford, sempre encontrei abrigo para escrever. Além do secretário Shultz, gostaria de agradecer a John Raisian, Condoleezza Rice, Richard Sousa, Celeste Szeto e Deborah Ventura pelo estímulo e ajuda.

Entrevistar Henry Kissinger não foi uma tarefa simples. Meus amigos da Chimerica Media – Melanie Fall, Adrian Pennink, Vivienne Steele e Charlotte Wilkins, com o inigualável diretor de fotografia Dewald Aukema – garantiram que a experiência fosse realmente memorável. Merecem também agradecimentos os meus colegas em Greenmantle LLC, principalmente Pierpaolo Barbieri, Joshua Lachter e Dimitris Valatsas – todos demonstraram compreender que a redação deste livro era prioritária em relação a tudo o mais. Na fase final do projeto, Charlotte Park forneceu inestimável assistência, competentemente reforçada por Ebony Constant.

Andrew Wylie e todos na Wylie Agency, especialmente James Pullen, foram – como sempre – admiravelmente profissionais. Tive também a suprema boa sorte de ter como meus preparadores de texto na Penguin dois dos melhores do ramo: Scott Moyers em Nova York e Simon Winder em Londres.

Se existe um historiador que pode alegar merecidamente ter o domínio da história da Guerra Fria é John Gaddis. Fui imensamente ajudado por seus comentários no primeiro rascunho do manuscrito, que não apenas me salvaram de meus erros como também ajudaram a moldar a conclusão que escrevi na sequência. Gostaria também de agradecer aos meus colegas Graham Allison, Charles Maier, Erez Manela e Joe Nye, que encontraram tempo em um período muito atarefado do semestre de primavera para ler e avaliar o quarto rascunho do manuscrito, assim como fez meu amigo Robert Zoellick. Os rascunhos posteriores foram lidos e aperfeiçoados por Teresita Alvarez-Bjelland, Emmanual Roman e Kenneth Weisbrode. Jim Dickson teve a gentileza de ler as provas.

Finalmente, desejo expressar meus mais sinceros agradecimentos à minha família, que por mais de dez anos teve de enfrentar a presença simbólica em suas vidas de um ex-secretário de Estado. Susan Douglas se lembrará do nascimento do projeto. Seguimos caminhos separados, mas não, espero, em inimizade. Espero também que meus filhos, Felix, Freya, Lachlan e Thomas, leiam um dia este livro e que, ao fazê-lo, isso compense, em certa medida, as muitas ausências do pai enquanto o escrevia. Por último, mas não menos importante, agradeço à minha esposa, Ayaan, a maior fonte de inspiração que eu poderia imaginar.

Dedico o livro aos meus professores da faculdade Magdalen, Oxford, que me ensinaram a ser historiador.

Notas

Prefácio

1. Boswell, *The Life of Samuel Johnson*, 1f.
2. Jorge Luis Borges, "A Lecture on Johnson and Boswell", *The New York Review of Books*, 28 jul. 2013.
3. Cull, *The Cold War and USIA*, 294.
4. Henry Kissinger [doravante HAK] ao autor, 10 mar. 2004.
5. Collingwood, *An Autobiography and other writings*, 111-15.
6. Isaacson, *Kissinger*, Kindle location [doravante KL] 2200-03.
7. Ibid., KL 6932.
8. Lee Dembart, "80 Toast Kissinger for 50thBirthday", *The New York Times*, 28 maio 1973, 8.
9. Judy Klemesrud, "Kissinger's Dinner Honors U.N. Colleagues", *The New York Times*, 5 out. 1973.
10. "Doctor Weds, Nixon Delays Test", *The New York Times*, 22 dez. 1973.
11. "Prince Charles Goes to Sea", *The Washington Post*, 4 jan. 1974.
12. "Ducking Out to Dine", *The Washington Post*, 5 jan. 1974, D3.
13. "Kissinger Weds Nancy Maginnes", *The New York Times*, 31 mar. 1974, 1.
14. Marilyn Berger, "Kissinger, Miss Maginnes Wed", *The Washington Post*, 31 mar. 1974, A1.
15. Isaacson, *Kissinger*, KL 7214-24.

Introdução

1. Oriana Fallaci, "Henry Kissinger", in *Interview with History*, 42, 44. Para o original, ver "An Interview with Oriana Fallaci: Kissinger", *New Republic*, 16 dez. 1972.
2. Ibid., "Henry Kissinger", 17.
3. Mazlish, *Kissinger*, 3f.
4. Fallaci, "Henry Kissinger", 18.
5. Eldridge, "The Crisis of Authority", 31.
6. "Episode 70: Carousel", *You Miserable Bitch*, http://bit.ly/1HAIitm.
7. "Freakazoid Episódio 21 – Island of Dr. Mystico", *Watch Cartoon Online*, http://bit.ly/1EntSvb.
8. "$pringfield (Or, How I Learned to Stop Worrying and Love Legalized Gambling)", décimo episódio da quinta temporada de *Os Simpsons*, transmitido pela primeira vez no dia 16 dez. 1993.
9. "April in Quahog", http://bit.ly/1Gp02Jc.
10. Fallaci, "Henry Kissinger", 40f.
11. Barbara Stewart, "Showering Shtick on the White House: The Untold Story; Woody Allen Spoofed Nixon in 1971, but the Film Was Never Shown", *The New York Times*, 4 dez. 1997.
12. Lax, *Woody Allen*, 112-14. Ver também Day, *Vanishing Vision*, 224-26.
13. "Men of Crisis: The Harvey Wallinger Story", http://bit.ly/1z1ez1V.
14. Lax, *Woody Allen*, 114.
15. "Did Tom Lehrer Really Stop Writing Protest Songs Because Henry Kissinger Won the Nobel Peace Prize?", *Entertainment Urban Legends Revealed*, 5 dez. 2013, http://bit.ly/1CWjcOS.
16. David Margolick, "Levine in Winter", *Vanity Fair*, nov. 2008.
17. Heller, *Good as Gold* [*Gold vale ouro*], 38.
18. Do álbum *Monty Python's Contractual Obligation* (1980), http://bit.ly/1aYjqyv.
19. Idle, *Greedy Bastard Diary*, KL 1827-32.
20. Fallaci, "Henry Kissinger", 25-27.
21. As pessoas interessadas podem encontrar muitos exemplos do gênero em http://theshamecampaign.com e http://www.globalresearch.ca, somente dois de muitos websites parecidos.
22. Quigley, *Tragedy and Hope*; Quigley, *Anglo-American Establishment*.
23. Lyndon H. LaRouche, Jr., "Sir Henry Kissinger: British Agent of Influence", *Executive Intelligence Review* 24, nº 3 (10 jan. 1997): 27f.
24. Ibid., "Profiles: William Yandell Elliott", *Executive Intelligence Review* 24, nº 49 (5 dez. 1997): 29-33; Stanley Ezrol, "William Yandell Elliott: Confederate High Priest", ibid., 28f.
25. Allen, *Kissinger*.
26. Schlafly e Ward, *Kissinger on the Couch*.
27. Marrs, *Rule by Secrecy* [*O governo secreto*].
28. Wesman Todd Shaw, "Henry Kissinger: Architect of the New World Order", 12 nov. 2012, http://bit.ly/1JQkC3k.
29. Len Horowitz, "Kissinger, Vaccinations and the 'Mark of the Beast'", 12 dez. 2002, http://bit.ly/1DrKi1Z.
30. Alan Watt, "Kissinger, Depopulation, and Fundamental Extremists", http://bit.ly/1FkhFbq.

31. Brice Taylor, *Thanks for the Memories: The Memoirs of Bob Hope's and Henry Kissinger's Mind-Controlled Sex Slave*, http:// bit.ly/ 1KcZkgy.
32. David Icke, "List of Famous Satanists, Pedophiles, and Mind Controllers", http:// bit.ly/ 1HA9PuD.
33. Zinn, *People's History of United States*, 548.
34. Zinn, *Declarations of Independence*, 14.
35. Stone e Kuznick, *Untold History*, KL 7983.
36. Hunter S. Thompson, "He Was a Crook", *Rolling Stone*, 16 jun. 1994.
37. Kevin Barrett, "Arrest Kissinger for Both 9/11s", 10 set. 2014, http:// bit.ly/1aYk4Mi.
38. Hitchens, *The Trial of Henry Kissinger* [*O julgamento de Kissinger*], KL 348-59.
39. Shawcross, *Sideshow*, 391, 396.
40. Bass, *Blood Telegram*.
41. Ramos-Horta, *Funu*.
42. Haslam, *Nixon Administration and Chile*; Kornbluh, *Pinochet File*.
43. Chomsky, *World Orders*, 209f.
44. Bell, "Kissinger in Retrospect", 206.
45. William Shawcross, "Chronic Terror: The New Cold War", Hoover Institution Retreat, 28 out. 2013.
46. Peter W. Rodman e William Shawcross, "Defeat's Killing Fields", *The New York Times*, 7 jun. 2007.
47. Christopher Hitchens, "A War to Be Proud Of", *Weekly Standard*, 5-12 set. 2005.
48. Kalb e Kalb, *Kissinger*, 13.
49. Blumenfeld, *Kissinger*, 232.
50. National Security Archive, "Memcon" Elekdag, Esenbel, Tezel, Yavuzalp, Barutcu, Kissinger, Sisco, Hartman, Rodman, 10 mar. 1975.
51. Kalb e Kalb, *Kissinger*, 10.
52. Fallaci, "Henry Kissinger", 43.
53. Kraft, "In Search of Kissinger", 61.
54. "Henry Kissinger, Not-So-Secret Swinger", *Life*, 28 jan. 1972.
55. Evans, *Kid Stays in the Picture*, 228. Ver também Feeney, *Nixon at the Movies*, 168.
56. Feeney, *Nixon at the Movies*, 167.
57. Kraft, "In Search of Kissinger", 54.
58. Thomas Schelling, entrevista com o autor.
59. Shawcross, *Sideshow*, 150.
60. Isaacson, *Kissinger*, KL 5476; Mike Kinsley, "Twelve Professors Visit Washington", *The Harvard Crimson*, 11 jun. 1970.
61. Suri, *Kissinger*, 125. Ver também Mazlish, *Kissinger*, 113.
62. Blumenfeld, *Kissinger*, 14.
63. Stanley Hoffmann, "The Kissinger Anti-Memoirs", *The New York Times*, 3 jul. 1983.
64. Safire, *Before the Fall*.
65. Lasky, *It Didn't Start*.
66. Dallek, *Nixon and Kissinger*.
67. Haldeman e Ambrose, *Haldeman Diaries*, 8.
68. Anthony Lewis, "Kissinger in the House of Horrors", *Eugene Register-Guard*, 21 abr. 1982.
69. Ball, *Memoirs*, 173.
70. Garthoff, *Détente and Confrontation*.
71. Morgenthau, "Henry Kissinger", 58.
72. "Morgenthau Accuses Kissinger of Two-Faced Diplomacy; Says U.S. Seeking to Woo Arab World", Jewish Telegraphic Agency, 14 mar. 1974.
73. Stoessinger, *Henry Kissinger*, 224, 217.
74. Falk, "What's Wrong with Kissinger's Policy?".
75. Landau, *Kissinger*, 130.
76. Suri, *Kissinger*, 2f., 38, 44, 47, 50.
77. Ibid., 222.
78. Mazlish, *Kissinger*, 36f., 46.
79. Heller, *Good as Gold*, 348-49.
80. Mazlish, *Kissinger*, 128; Suri, *Kissinger*, 97.
81. Anthony Lewis, "The Kissinger Doctrine", *Telegraph*, 6 mar. 1975.
82. Kalb e Kalb, *Kissinger*, 6f.
83. Stanley Hoffmann, "The Case of Dr. Kissinger", *The New York Review of Books*, 6 dez. 1979.
84. Stanley Hoffmann, "The Kissinger Anti-Memoirs", *The New York Times*, 3 jul. 1983.
85. Isaacson, *Kissinger*, KL 242.
86. Gaddis, *Strategies of Containment*, 297.
87. Suri, *Kissinger*, 43f.
88. Ibid., 128.
89. Para um exemplo anterior, ver I. F. Stone, "The Education of Henry Kissinger", *The New York Review of Books*, 19 out. 1972; "The Flowering of Henry Kissinger", *The New York Review of Books*, 2 nov. 1972.
90. Courtois et al., *The Black Book of Communism* [*O livro negro do comunismo*].
91. Dikötter, *Tragedy of Liberation*; Dikötter, *Mao's Great Famine*.
92. Rummel, *Lethal Politics*.
93. Applebaum, *Iron Curtain*.
94. Ver Williams, *Tragedy of American Diplomacy*; Williams, *Empire as a Way of Life*. Também influente nessa linha, Kolko e Kolko, *Limits of Power*.
95. Andrew e Mitrokhin, *Sword and the Shield*; Andrew e Mitrokhin, *World Was Going Our Way*.
96. Westad, *Global Cold War*.
97. Lundestad, *United States and Western Europe*.
98. Magdoff, *Age of Imperialism*, 42.
99. Lundestad, *American "Empire"*, 54.
100. Ibid., 65.
101. Pei, "Lessons of the Past", 52.
102. "X" [George F. Kennan], "The Sources of Soviet Conduct", *Foreign Affairs* 25, nº 4 (jul. 1947): 566-82.
103. Kaplan, "Defense of Kissinger".
104. Mazlish, *Kissinger*, 92f.
105. Starr, "Kissinger Years".
106. HAK, *White House Years* [doravante *WHY*], 27.
107. Citado em Mazlish, *Kissinger*, 50.
108. Stoessinger, *Kissinger*, 3.
109. Fallaci, "Kissinger", 39f.
110. Dickson, *Kissinger and Meaning*, 52, 57.
111. Ibid., 129.
112. Ibid., 156f.
113. HAK, *World Order*, 39f., 258.
114. Osgood, *Ideals and Self-Interest*.
115. U.S. Department of State, Office of the Historian, *Foreign Relations of the United States* [doravante *FRUS*], *1969-1976*, vol. 38, part 1, *Foundations of Foreign Policy, 1973-1976*, Doc. 17, Discurso de HAK, "A Just Consensus, a Stable Order, a Durable Peace", 24 set. 1973. Todos os documentos do *FRUS* citados abaixo estão disponíveis on-line em http:// 1.usa.gov/ 1GqRstv.

116. Max Roser, "War and Peace After 1945" (2014), publicado on-line em OurWorldInData.org, http://bit.ly/1Jl6oeO.
117. Dickson, *Kissinger and Meaning*, 149f., 154, 157.
118. Ferguson, *Cash Nexus*.
119. Ferguson, *Colossus*.
120. Ver, e.g., Niall Ferguson, "A World Without Power", *Foreign Policy*, 27 out. 2009, http://atfp.co/1PvdH2D.

Capítulo 1: *Heimat*

1. "Fürth ist mir ziemlich egal", *Stern*, 7 jun. 2004.
2. Mazlish, *Kissinger*, 29, 32.
3. Suri, *Kissinger*, 20, 30, 146, 198, 221, 252.
4. "Der Clausewitz Amerikas hatte in Fürth Schulverbot", *Fürther Nachrichten*, 22-23 nov. 1958, 9.
5. Blumenfeld, *Kissinger*, 3.
6. HAK, *WHY*, 228f.
7. "Fürth ist mir ziemlich egal", *Stern*, 7 jun. 2004.
8. HAK, entrevista com o autor. Cf. Kasparek, *Jews in Fürth*, 46f.
9. "Kissinger besucht Fürth", *Fürther Nachrichten*, 30 dez. 1958.
10. "Grosser Bahnhof für Henry Kissinger", *Fürther Nachrichten*, 15 dez. 1975.
11. "Henry A. Kissinger in Fürth", *Amtsblatt der Stadt Fürth*, 19 dez. 1975, 338.
12. Documentos da família Kissinger, Louis Kissinger, Rede anlässlich die Verleihung der "Goldenen Bürgermedaille" an Dr. Henry Kissinger, 15 dez. 1975.
13. "Beide Parteien distanzieren sich", *Fürther Nachrichten*, 15 dez. 1975.
14. "Henry A. Kissinger in Fürth", *Amtsblatt der Stadt Fürth*, 19 dez. 1975, 339.
15. HAK ao Bürgermeister de Fürth, dez. 18, 1975, *Amtsblatt der Stadt Fürth*, 9 jan. 1976.
16. Wassermann, *Life as German and Jew*, 5.
17. Ibid., 242.
18. Ibid., 26.
19. Ibid., 242.
20. Ibid., 27.
21. Baedeker, *Süd-Deutschland und Österreich*, 171f.
22. Bell e Bell, *Nuremberg*, 153.
23. Anônimo, "Dragon of Fürth".
24. Strauss, *Fürth in der Weltwirtschaftskrise*, 261.
25. Schaefer, *Das Stadttheater in Fürth*.
26. Strauss, *Fürth in der Weltwirtschaftskrise*, 8-16.
27. Schilling, "Politics in a New Key". Ver também Mauersberg, *Wirtschaft und Gesellschaft*.
28. Barbeck, *Geschichte der Juden*, 45-48.
29. Kasparek, *Jews in Fürth*, 6.
30. Israel, "Central European Jewry".
31. Ophir e Wiesemann, *Die jüdischen Gemeinden*, 179.
32. Ibid.
33. Kasparek, *Jews in Fürth*, 10f. Ver também Ferziger, *Exclusion and Hierarchy*, 84.
34. Mümmler, *Fürth*, 125.
35. Ophir e Wiesemann, *Die jüdischen Gemeinden*, 13f.
36. Edgar Rosenberg, "Kristallnacht Memories", http://bit.ly/1DrLCSu.
37. Wassermann, *Life as German and Jew*, 5.
38. Ibid., 6f.
39. Ibid., 12f., 14f.
40. Ibid., 17.
41. Ibid., 22.
42. Ibid., 24.
43. Ibid., 11.
44. Ibid., 64.
45. Ibid., 220f.
46. Hellige, "Generationskonflikt, Selbsthaß und die Entstehung antikapitalistischer Positionen".
47. Documentos da família Kissinger, Martin Kissinger a Charles Stanton, 27 jan. 1986.
48. Ibid., Martin Kissinger a Charles Stanton, 3 jul. 1980.
49. Stadtarchiv Fürth, Biographische Sammlung Henry Kissinger, Herkunft der Familie Dr. Henry A. Kissinger, Friedrich Kühner a E. Ammon, 24 jun. 1974.
50. Kurz, *Kissinger Saga*, 45-49.
51. Ley, "Die Heckmannschule", 68.
52. Stadtarchiv Fürth, Biographische Sammlung Henry Kissinger, E. Ammon ao Dr. W. Mahr, 18 jan. 1974.
53. Ver a fotografia dele de 1932 na Handelsschule Fürth preservada no Stadtarchiv Fürth.
54. Kurz, *Kissinger Saga*, 50f. Cf. Strauss, *Fürth in der Weltwirtschaftskrise*, 103f.
55. HAK, entrevista com o autor. Ver também Isaacson, *Kissinger*, KL 285, citando entrevistas com Paula e Arno Kissinger.
56. Kurz, *Kissinger Saga*, 92.
57. Sobre sionismo em Fürth, ver Zinke, *"Nächstes Jahr im Kibbuz"*.
58. New York Public Library, Dorot Jewish Division: P (Oral Histories), Caixa 90, nº 5, entrevista com Paula Kissinger, 13. Ver também Kurz, *Kissinger Saga*, 92.
59. New York Public Library, Dorot Jewish Division: P (Oral Histories), Caixa 90, nº 5, entrevista com Paula Kissinger, 6.
60. Ibid., 3, 11.
61. Strauss, *Fürth in der Weltwirtschaftskrise*.
62. Stadtarchiv Fürth, Biographische Sammlung Henry Kissinger, E. Ammon a Wilhelm Kleppmann, 12 jun. 1973.
63. New York Public Library, Dorot Jewish Division: P (Oral Histories), Caixa 90, nº 5, entrevista com Paula Kissinger, 6.
64. Stadtarchiv Fürth, Biographische Sammlung Henry Kissinger.
65. "Kissinger's Boyhood Buddy", *Hadassah*, nº 35, mar. 1974.
66. "Als US-Henry Noch Heinz Alfred war", *Wiener Kurier*, 12 ago. 1974.
67. "Kissinger's Boyhood Buddy", *Hadassah*, nº 35, mar. 1974.
68. Ibid.
69. Isaacson, *Kissinger*, KL 400.
70. Blumenfeld, *Kissinger*, 4.
71. "Henry A. Kissinger in Fürth", *Amtsblatt der Stadt Fürth*, 19 dez. 1975, 342.
72. Kilmeade, *Games Do Count*, 63f.
73. "Kissinger's Boyhood Buddy", *Hadassah*, nº 35, mar.

1974. Os pais de Lion foram para a Palestina em 1938. Os antigos amigos se encontraram novamente em 1963, quando Kissinger foi fazer uma palestra no Ministério do Exterior de Israel.
74. Documentos da família Kissinger, Paula Kissinger a HAK, 3 mar. 1964.
75. Mazlish, *Kissinger*, 24.
76. Walter Kissinger, entrevista com o autor.
77. Ophir e Wiesemann, *Die jüdischen Gemeinden*, 19, 179.
78. Ibid., 20.
79. Zinke, *"An allem ist Alljuda schuld"*, 89-94.
80. Strauss, *Fürth in der Weltwirtschaftskrise*, 381f.
81. Zinke, *"An allem ist Alljuda schuld"*, 96ff.
82. Strauss, *Fürth in der Weltwirtschaftskrise*, 165-206.
83. Ibid., 207, 223.
84. Ibid., 457ff.
85. Ibid., 263, 275.
86. Ibid., 280.
87. Ibid., 289-94. Ver também 400, 408 para exemplos.
88. Mierzejewski, *Ludwig Erhard*, 2f.
89. Strauss, *Fürth in der Weltwirtschaftskrise*, 393-96.
90. Zinke, *"An allem ist Alljuda schuld"*, 100.
91. Ibid., 94f.; Strauss, *Fürth in der Weltwirtschaftskrise*, 402f.
92. Mümmler, *Fürth*, 11-15.
93. Strauss, *Fürth in der Weltwirtschaftskrise*, 419.

Capítulo 2: Fuga

1. HAK aos pais, 1945, citado em Isaacson, *Kissinger*, KL 899.
2. Mümmler, *Fürth*, 105.
3. Ibid., 49-52.
4. Ibid., 95-104.
5. Ibid., 21, 23, 80.
6. Strauss, *Fürth in der Weltwirtschaftskrise*, 439.
7. Ophir e Wiesemann, *Die jüdischen Gemeinden*, 22.
8. Grete von Ballin, "Chronik der Juden in Fürth", ed. Hugo Heinemann (n.d.), 5.
9. Strauss, *Fürth in der Weltwirtschaftskrise*, 442.
10. Ballin, "Chronik", 19.
11. Mümmler, *Fürth*, 86, 138-43.
12. Ballin, "Chronik", 5-9, 19.
13. Mümmler, *Fürth*, 215.
14. Ballin, "Chronik", 11.
15. Ibid., 12f.
16. Suri, *Kissinger*, 41.
17. Ophir e Wiesemann, *Die jüdischen Gemeinden*, 182.
18. Ballin, "Chronik", 13.
19. Strauss, *Fürth in der Weltwirtschaftskrise*, 444.
20. Ophir e Wiesemann, *Die jüdischen Gemeinden*, 182.
21. Mümmel, *Fürth*, 122; Kurz, *Kissinger Saga*, 89.
22. Walter Kissinger, entrevista com o autor.
23. New York Public Library, Dorot Jewish Division: P (Oral Histories), Caixa 90, nº 5, entrevista com Paula Kissinger, 8. Para um ponto de vista diferente ver "Sie kramten in der Erinnerung", *Fürther Nachrichten*, n.d., c. 1974, descrevendo o retorno de Louis ao que era então o Helene-Lange-Gymnasium. Há uma citação de Louis dizendo: "Mesmo quem simpatizava com a tendência [política] da época sempre foi amistoso comigo".
24. Stadtarchiv Fürth, Biographische Sammlung Henry Kissinger, E. Ammon, Betreff. Schulbesuch von Henry A. Kissinger, 19 jul. 1974.
25. HAK, entrevista com o autor.
26. Thiele, "Leben vor und nach der Flucht aus dem Regime des Nationalsozialismus", 10f.
27. New York Public Library, Dorot Jewish Division: P (Oral Histories), Caixa 90, nº 5, entrevista com Paula Kissinger, 7.
28. Kalb e Kalb, *Kissinger*, 33.
29. Ballin, "Chronik", 21.
30. Kilmeade, *Games Do Count*, 63f.
31. Jules Wallerstein, "Limited Autobiography of Jules Wallerstein", MS, n.d.
32. Thiele, "Leben vor und nach der Flucht", 12.
33. National Archives and Records Administration, RG 59, Caixa 7, Folder "Soviet Union, May-Sept. 1976", 02036, "Memcon" HAK, Sonnenfeldt, Rabbi Morris Sherer, 23 ago. 1976.
34. Para detalhes sobre os grupos de jovens judeus Esra e Zeirei Agudath Israel, ver Breuer, *Modernity Within Tradition*.
35. Agudath Israel of America, Orthodox Jewish Archives, Herman Landau Papers, HAK nota manuscrita e transcrições, 3 jul. 1937.
36. Para um bom relato recente, ver Sinanoglou, "Peel Commission", in Miller, *Britain, Palestine and Empire*, 119-40.
37. New York Public Library, Dorot Jewish Division: P (Oral Histories), Caixa 90, nº 5, entrevista com Paula Kissinger, 8.
38. Isaacson, *Kissinger*, KL 415.
39. Ibid., KL 459.
40. New York Public Library, Dorot Jewish Division: P (Oral Histories), Caixa 90, nº 5, Entrevista com Paula Kissinger, 9; Kurz, *Kissinger Saga*, 96.
41. Staatsarchiv Nuremberg, Bestand Polizeiamt Fürth, Nr. 441, "Personal-Akt über Louis Kissinger," Bescheinigungen, 21 abr. 1938.
42. Ibid., Louis Kissinger a Polizeiamt Fürth, 24 abr. 1938.
43. Ibid., Geheime Staatspolizei ao Polizeipraesidium Nürnberg-Fürth, 5 maio 1938.
44. Ibid., Finanzamt Fürth a Geheime Staatspolizei ao Polizeipraesidium Nürnberg-Fürth, 6 maio 1938.
45. Ibid., Zollfahndungsstelle a Geheime Staatspolizei ao Polizeipraesidium Nürnberg-Fürth, 9 maio 1938.
46. Ibid., Polizeiamt Fürth, 10 maio 1938.
47. Isaacson, *Kissinger*, KL 466-67.
48. HAK, entrevista com o autor.
49. Kurz, *Kissinger Saga*, 98.
50. HAK, entrevista com o autor.
51. Ophir e Wiesemann, *Die jüdischen Gemeinden*, 25.
52. Edgar Rosenberg, "Kristallnacht Memories", http://bit.ly/1DrLCSu.
53. Mümmel, *Fürth*, 150ff.
54. Edgar Rosenberg, "Kristallnacht Memories".
55. Ibid.
56. Thiele, "Leben vor und nach der Flucht", 14.
57. Ophir e Wiesemann, *Die jüdischen Gemeinden*, 183f.; Ballin, "Chronik", 27-41.

58. Wiener, *Time of Terror*, 252.
59. Yale Fortunoff Archive for Holocaust Testimony, entrevista com Alfred Weinbeber, HVT-2972, 29 mar. 1995.
60. Rosenberg, *Stanford Short Stories 1953*, 163.
61. Mümmler, *Fürth*, 184.
62. Gregor, "Schicksalsgemeinschaft?".
63. Mümmler, *Fürth*, 89.
64. Baynes, *Speeches of Hitler*, 1:741.
65. Ballin, "Chronik". Esta crônica foi compilada em 1943 por ordens da Gestapo. Quando ela terminou (com a deportação do próprio autor), somente 88 judeus permaneciam, dos quais 55 eram originalmente membros da comunidade judaica de Fürth. Para estimativas um tanto diferentes, ver Mümmler, *Fürth*, 89, 156, 220. Uma lista completa de todos os deportados pode ser encontrada em Leo Baeck Institute, 7, Lista de 1841 e Listas dos judeus que foram deportados ou emigraram, 7 out. 1974.
66. Kasparek, *Jews in Fürth*, 34.
67. Thiele, "Leben vor und nach der Flucht", 20.
68. Ophir e Wiesemann, *Die jüdischen Gemeinden*, 186.
69. New York Public Library, Dorot Jewish Division: P (Oral Histories), Caixa 90, nº 5, entrevista com Paula Kissinger, 9.
70. HAK, entrevista com o autor. Kissinger lembrou que ela havia sido enviada para Auschwitz, mas Bełżec parece mais provável.
71. Yad Vashem Central Database of Shoah Victims' Names. Ver também *Gedenkbuch: Opfer der Verfolgung der Juden under der nationalsozialistischen Gewaltherrschaft in Deutschland, 1933-1945*, 2 vols. (Koblenz: Bundesarchiv, 1986). Cf. Kurz, *Kissinger Saga*, 103f.
72. Stadtarchiv Fürth, *Biographische Sammlung Henry Kissinger, Überreichung der Goldenen Bürgermedaille seiner Vaterstadt an Herrn Aussenminister Professor Henry A. Kissinger*, 15 dez. 1975.
73. Isaacson, *Kissinger*, KL 487.
74. HAK, entrevista com o autor.
75. Ibid.

Capítulo 3: Fürth no Hudson

1. Documentos da família Kissinger, HAK a Hilde, 29 jul. 1939.
2. Moore, *At Home in America*, 30, 86.
3. Appelius, *"Die schönste Stadt der Welt"*, 30-34, 151, 127.
4. David Kennedy, *Freedom from Fear*, KL 6342-41, 13940-41.
5. Ibid., KL 3543.
6. Ibid., KL 13515-16.
7. Ferguson, *War of the World*, 273f.
8. David Kennedy, *Freedom from Fear*, KL 5964, 6207.
9. Ibid., KL 6332-33.
10. Ibid., KL 5655-57, 6326.
11. "Mayor Arranges Trucking Parley as Tie-Up Spreads", *The New York Times*, 18 set. 1938.
12. "Bombs Shatter Windows of 7 Fur Shops", *The New York Times*, 12 set. 1938.
13. Bayor, *Neighbors in Conflict*, 41-45.
14. Milton Bracker, "Football Comes to the Gridiron of Asphalt", *The New York Times*, 6 nov. 1938.
15. Horowitz E Kaplan, "Estimated Jewish Population of the New York Area, 1900-1975", 14f.
16. Ibid., 22.
17. Moore, *At Home in America*, 30.
18. Leventmann, "From Shtetl to Suburb", in Rose, *Ghetto and Beyond*, 43f.
19. Moore, *At Home in America*, 36ff.
20. Ibid., 65, 85.
21. Strauss, "Immigration and Acculturation of the German Jew".
22. Lowenstein, *Frankfurt on the Hudson*, 47.
23. Appelius, *"Die schönste Stadt der Welt"*, 30-34, 151.
24. Moore, *At Home in America*, 8, 13.
25. Bayor, *Neighbors in Conflict*, 20.
26. Moore, *At Home in America*, 5.
27. Bayor, *Neighbors in Conflict*, 10-13, 20.
28. Ibid., 25f. Ver também ibid., 127, 130, para o voto judeu em 1933.
29. Moore, *At Home in America*, 215.
30. Bayor, *Neighbors in Conflict*, 51.
31. Ibid., 33ff., 137, 143, 147.
32. Ibid., 29, 31f.
33. Ibid., 39.
34. Ibid., 89, 92f.
35. Moore, *At Home in America*, 204.
36. Bayor, *Neighbors in Conflict*, 41.
37. Moore, *At Home in America*, 223.
38. Ferguson, *War of the World*, 527.
39. David Kennedy, *Freedom from Fear*, KL 7478-79, 7499-500, 7505-06, 7503-04, 7507-09.
40. Ferguson, *War of the World*, 527.
41. "Asks Red Inquiry at N.Y.U., Hunter", *The New York Times*, 6 out. 1938.
42. Appelius, *"Die schönste Stadt der Welt"*, 23-29.
43. Bayor, *Neighbors in Conflict*, 97f.
44. Ibid., 61.
45. Ibid., 57.
46. Ibid., 71-78.
47. Ibid., 113, 116, 121.
48. Epstein, *Oblivious in Washington Heights*, 1f.
49. Lowenstein, *Frankfurt on the Hudson*, 107, map 5.
50. Ibid., 178; Appelius, *"Die schönste Stadt der Welt"*, 177.
51. Appelius, *"Die schönste Stadt der Welt"*, 23-29.
52. Lowenstein, *Frankfurt on the Hudson*, 66. Cf. Moore, *At Home in America*, 82. Ver também Yeshiva University Museum, *German Jews of Washington Heights*; Lendt, *Social History of Washington Heights*.
53. Lowenstein, *Frankfurt on the Hudson*, 86.
54. Moore, *At Home in America*, 66, table 4.
55. Appelius, *"Die schönste Stadt der Welt"*, 171.
56. Bayor, *Neighbors in Conflict*, 150f.
57. Stock, "Washington Heights' 'Fourth Reich' ", 581.
58. Ibid., 584.
59. Appelius, *"Die schönste Stadt der Welt"*, 165f.
60. Stock, "Washington Heights' 'Fourth Reich' ", 582.
61. Ibid., 583.
62. Lowenstein, *Frankfurt on the Hudson*, 49.

63. Ibid., 126.
64. Appelius, *"Die schönste Stadt der Welt"*, 162f.
65. Moore, *At Home in America*, 124-47.
66. Ibid., 178-99.
67. Lowenstein, *Frankfurt on the Hudson*, 152f., 158, 163-67.
68. Ibid., 148, 149, tabelas 25 e 26.
69. Ibid., 19.
70. Stock, "Washington Heights' 'Fourth Reich' ", 584. Para boas imagens de Washington Heights nesse período, ver Stern, *So war es*.
71. Lowenstein, *Frankfurt on the Hudson*, 75, tabela 4, 78, tabela 6.
72. Ibid., 32-38.
73. Appelius, *"Die schönste Stadt der Welt"*, 185.
74. Ibid., 187.
75. Bloch, Marx e Stransky, *Festschrift in Honor of Congregation Beth Hillel*.
76. Para ver insights do pensamento de Breuer, Breuer, *Introduction to Rabbi Hirsch's Commentary*; Breuer, *Jewish Marriage*.
77. Ver, por exemplo, *Mitteilungen: Organ der K'hall Adass Jeshurun und der K'hall Agudath Jeshorim*, [doravante *Mitteilungen*], jan. 1940.
78. Joseph Breuer, "Zur Jahreswende", *Mitteilungen*, set. 1940, 1. Ver também "Der 'zionistische' Aufruf des Propheten", *Mitteilungen*, jul.-ago. 1943, 1.
79. Lowenstein, *Frankfurt on the Hudson*, 114-18, 122, 130. Ver também Appelius, *"Die schönste Stadt der Welt"*, 190f.
80. Lowenstein, *Frankfurt on the Hudson*, 141, 154.
81. HAK, entrevista com o autor.
82. Fass, *Outside In*, 73-79.
83. Moore, *At Home in America*, 96.
84. Fass, *Outside In*, 81, 92, 87 table 3, 94.
85. Greenspan, *Age of Turbulence*, 19-24.
86. Bayor, *Neighbors in Conflict*, 155f. Cf. Appelius, *"Die schönste Stadt der Welt"*, 174f.
87. Lowenstein, *Frankfurt on the Hudson*, 39-46. Ver também Appelius, *"Die schönste Stadt der Welt"*, 21, 52ff., 62ff., 104-09.
88. Appelius, *"Die schönste Stadt der Welt"*, 171.
89. Bayor, *Neighbors in Conflict*, 155f.
90. Lowenstein, *Frankfurt on the Hudson*, 241.
91. Appelius, *"Die schönste Stadt der Welt"*, 179-82, 204.
92. *WHY*, 229.
93. Mazlish, *Kissinger*, 7.
94. Suri, *Kissinger*, 44-47.
95. Appelius, *"Die schönste Stadt der Welt"*, 169.
96. Museum of Jewish Heritage, HAK entrevista com Louise Bobrow, 11 jan. 2001.
97. New York Public Library, Dorot Jewish Division: P (Oral Histories), Caixa 90, nº 5, entrevista com Paula Kissinger, 14.
98. Isaacson, *Kissinger*, KL 582.
99. Appelius, *"Die schönste Stadt der Welt"*, 167.
100. Greenspan, *Age of Turbulence*, 24.
101. Biblioteca do Congresso [doravante BDC], amostras de trabalhos escolares de HAK, 6 jun. 1939. A não ser menção em contrário, todas as referências da BDC são os Documentos Kissinger conservados na BDC.
102. Ibid., notas escolares de HAK, 4 jan. 1940, e 27 jun. 1940. A não ser menção em contrário, todas as referências da BDC são aos documentos de Kissinger conservados quando eu os consultei na Biblioteca do Congresso.
103. HAK, entrevista com o autor.
104. Museum of Jewish Heritage, entrevista de HAK.
105. Kalb e Kalb, *Kissinger*, 36f.
106. Lowenstein, *Frankfurt on the Hudson*, 187.
107. Abraham Goldstein, "Our New Home". *Mitteilungen*, abr. 1941, 5a.
108. Stock, "Washington Heights' 'Fourth Reich' ", 585.
109. Moore, *At Home in America*, 105. Ver também Mazlish, *Kissinger*, 39-41.
110. Isaacson, *Kissinger*, 37f.; Kalb e Kalb, *Kissinger*, 37.
111. Blumenfeld, *Kissinger*, 23, 42.
112. Isaacson, *Kissinger*, 35f.
113. HAK, entrevista com o autor.
114. Stock, "Washington Heights' 'Fourth Reich' ", 588.
115. Documentos da família Kissinger, "Voice of the Union: *Eine Zeitung im Aufbau!*", 1º maio 1939.
116. Ibid., HAK a Hilde, 29 jul. 1939.
117. Lowenstein, *Frankfurt on the Hudson*, 55, 56.
118. Blumenfeld, *Kissinger*, 249.
119. Documentos da família Kissinger, HAK a Hilde, 29 jul. 1939.
120. Appelius, *"Die schönste Stadt der Welt"*, 130ff.
121. Documentos da família Kissinger, HAK a Hilde, 29 jul. 1939.
122. Ibid., HAK ao Dept. of Parks, New York City, 9 jul. 1942.
123. Isaacson, *Kissinger*, 35ff.
124. Documentos da família Kissinger, HAK a Edith, 14 mar. 31 mar. 1940.
125. Ibid., HAK a Hilde, 29 jul. 1939.

Capítulo 4: Um recruta surpreendente

1. Arndt Gymnasium Dahlem, Fritz Kraemer, "Der Pakt zwischen Mephistopheles und Faust (nach Goethes Faust)", *Deutscher Aufsatz*, 3 fev. 1926.
2. BDC, G-14 Supp. (Kraemer), Kraemer ao Prof. Robinson, 8 nov. 1940.
3. Charles Lindbergh, "Des Moines Speech", PBS, http://to.pbs.org/ 1bAMey9.
4. Museum of Jewish Heritage, HAK entrevista com Louise Bobrow, 11 jan. 2001.
5. HAK, documentos familiares, HAK ao Dept. of Parks, New York City, 9 jul. 1942.
6. Isaacson, *Kissinger*, 38.
7. Breuer, "Our Duty Towards America", *Mitteilungen*, jan. 1942, 1.
8. Franklin, "Victim Soldiers", 46.
9. Walter Kissinger, entrevista com o autor.
10. Franklin, "Victim Soldiers", 48, 52.
11. Appelius, *"Die schönste Stadt der Welt"*, 213.
12. Ibid., 211ff.
13. David De Sola Pool, "Immigrant and U.S. Army", *Aufbau*, 30 jan. 1942, 1.
14. Samson R. Breuer, "A Pessach Message from Afar", *Mitteilungen*, abr. 1944, 2.
15. Grailet, *Avec Henry Kissinger*, 8.

16. Isaacson, *Kissinger*, 39.
17. Ibid. Para detalhes sobre Camp Croft, ver http:// bit.ly/ 1217fNd.
18. Franklin, "Victim Soldiers", 48.
19. Suri, *Kissinger*, 58.
20. Isaacson, *Kissinger*, 40f.
21. "Soldier Column", *Mitteilungen*, abr. 1945, 2.
22. Ver Mailer, *Naked and the Dead*.
23. Suri, *Kissinger*, 62.
24. Keefer, *Scholars in Foxholes*, 81n.
25. Ibid., 221.
26. Ibid., 69. Em outros lugares (ibid., 270), o total de homens que entraram no programa é dado como 216.000.
27. Ibid., 93.
28. Reid, *Never Tell an Infantryman*, 31.
29. Ibid., 36.
30. Charles J. Coyle, "Roommate Recalls Kissinger's Days at Lafayette", *Lafayette Alumnus* 44, nº 3 (fev. 1973), 24f.
31. Ibid.
32. BDC, MCD-101, HAK Certificado de Participação, 1º abr. 1944; ASTP Student Record – Lafayette College.
33. Ibid., John H. Yundt carta de recomendação, 13 mar. 1944.
34. Keefer, *Scholars in Foxholes*, 170.
35. Kalb e Kalb, *Kissinger*, 38.
36. Keefer, *Scholars in Foxholes*, 190, 157, 87n, 205, 215, 217, 218, 271.
37. Coyle, "Roommate Recalls", 24f.
38. Isaacson, *Kissinger*, 42.
39. *Camp Claiborne News*, http:// www.campclaiborne.com.
40. Mazlish, *Kissinger*, 41f. Cf. Reid, *Never Tell an Infantryman*, 36.
41. Edwards, *Private's Diary*, 2.
42. Draper, *84th Infantry Division*, x.
43. Matson e Stein, *We Were the Line*, 9.
44. Ibid., 22.
45. Reid, *Never Tell an Infantryman*, 37-42.
46. Edwards, *Private's Diary*, 8.
47. Isaacson, *Kissinger*, KL 695.
48. Grailet, *Avec Henry Kissinger*, 7.
49. Isaacson, *Kissinger*, KL 755-57.
50. Coyle, "Roommate Recalls", 24f.
51. Isaacson, *Kissinger*, KL 726-29.
52. "Fritz Kraemer", *Daily Telegraph*, 10 nov. 2003.
53. Arndt Gymnasium Dahlem, Fritz Kraemer, "Der Pakt zwischen Mephistopheles und Faust (nach Goethes Faust)", *Deutscher Aufsatz*, 3 fev. 1926.
54. Frankfurt University Archives, Fritz Kraemer, "Lebenslauf", 1931.
55. Drucker, *Adventures of Bystander*, 141f.
56. Sven Kraemer, "My Father's Pilgrimage", in Hoffmann, *Fritz Kraemer on Excellence*, 80f.
57. Drucker, *Adventures of Bystander*, 141f.
58. Ibid., 142-47.
59. Ibid., 147.
60. Harley, *International Understanding*, 188.
61. London School of Economics Archives and Rare Books Library, C. A. Waterfield a E. V. Evans, 24 jul. 1926; carta de apresentação de Kraemer, 1926; certificado de Kraemer, 11 abr. 1927; W. C. Dickinson a P. N. Baker, 3 dez. 1926.
62. Frankfurt University Archives, Fritz Kraemer, "Lebenslauf", 1931. Cf. Link, *Ein Realist mit Idealen*.
63. Kraemer, *Das Verhältnis der französischen Bündnisverträge*, 92-95. Ver também 106, 123.
64. Ibid., 128.
65. Ibid., 41.
66. Luig, *Weil er nicht arischer Abstammung*, 244-47. Ver também Bergemann e Ladwig-Winters, *Richter und Staatsanwälte jüdischer Herkunft*.
67. Um fac-símile de seu atestado de óbito pode ser visto em "Krämer Georg", Holocaust.cz, http:// bit.ly/ 1DYouxi. Ver também "Krämer Georg", Memorial Book, Das Bundesarchiv, http:// bit.ly/ 1d9lXrn.
68. Drucker, *Adventures of Bystander*, 147f.
69. Ibid., 148.
70. Id.Ibid.
71. *American Philosophical Society Year Book 1941* (1942). Para o que pode ter sido parte desse projeto, ver BDC, G-14 Supp. (Kraemer), "Territorial Changes in North Europe", n.d.
72. BDC, G-14 Supp. (Kraemer), Philip Jessup a Kraemer, 6 jun. 1943.
73. Ibid., Kraemer ao Prof. Robinson, 8 nov. 1940.
74. Ibid., Kraemer a Mr. Cornelison, n.d., c. 1952.
75. FBI, Fritz Kraemer file: 100-3778 [investigação de 1942]; WFO 118-5366 [investigação de 1951]; WPO 161-15133 [investigação de 1981].
76. BDC, G-14 Supp. (Kraemer), "Story of Contacts with OSS, 1943/ 1944", n.d.
77. "Fritz Kraemer", *Guardian*, 12 nov. 2003.
78. BDC, G-14 Supp. (Kraemer), Kraemer a Mr. Cornelison, n.d., c. 1952.
79. Ibid., Lt. Austin O'Malley ao Prof. Fritz Marti, 28 fev. 1944.
80. "Fritz Kraemer", *Guardian*, 12 nov. 2003.
81. Isaacson, *Kissinger*, KL 772.
82. HAK, "The Prophet and the Policymaker" [homenagem a Fritz Kraemer, 8 out. 2003], in Hoffmann, *Kraemer on Excellence*, 10.
83. Mazlish, *Kissinger*, 47f., 50f.
84. Suri, *Kissinger*, 80.
85. Mazlish, *Kissinger*, 50.
86. Kalb e Kalb, *Kissinger*, 39.
87. HAK, entrevista com o autor.
88. Roberts, *Masters and Commanders*, 514-25.
89. Ibid., 511, 519.
90. Beevor, *Second World War*, 633-43; Hastings, *All Hell Let Loose*, 577-89.
91. Kershaw, *The End*.
92. Matson e Stein, *We Were the Line*, 24.
93. Edwards, *Private's Diary*, 19.
94. Ibid., 28.
95. Matson e Stein, *We Were the Line*, 25.
96. Ibid., 29, 35, 31.
97. Reid, *Never Tell an Infantryman*, 48-54; Matson e Stein, *We Were the Line*, 34-37.
98. Matson e Stein, *We Were the Line*, 43.
99. Edwards, *Private's Diary*, 61.
100. Documentos da família Kissinger, HAK aos pais, 25 nov. 1944.
101. Reid, *Never Tell an Infantryman*, 54f.
102. Edwards, *Private's Diary*, 64.

Capítulo 5: Os vivos e os mortos

1. Documentos da família Kissinger, HAK aos pais, 25 nov. 1944.
2. BDC, A-19(b), HAK, "The Eternal Jew", n.d. [abr. ou maio 1945].
3. Matson e Stein, *We Were the Line*, 49.
4. Reid, *Never Tell an Infantryman*, 63.
5. Documentos da família Kissinger, HAK aos pais, 25 nov. 1944.
6. Draper, *84th Infantry Division*, 10.
7. Edwards, *Private's Diary*, 133.
8. Matson e Stein, *We Were the Line*, 56.
9. Draper, *84th Infantry Division*, 22, 34f.
10. Edwards, *Private's Diary*, 203.
11. Documentos da família Kissinger, HAK aos pais, 16 out. 1944.
12. Draper, *84th Infantry Division*, 4f.
13. Ibid., 20.
14. Ibid., 74f.
15. Ibid., 40.
16. Matson e Stein, *We Were the Line*, 62f.
17. Draper, *84th Infantry Division*, 49-71.
18. U.S. Army Military History Institute, 335th Infantry, 2nd Battalion, HQ Company, "A Company Speaks", 5.
19. Matson e Stein, *We Were the Line*, 74.
20. Ibid., 73.
21. Ibid., 75.
22. Ibid., 77.
23. Edwards, *Private's Diary*, 171.
24. Ibid., 241.
25. Ellis, *World War II Databook*, 228, 255f.
26. Edwards, *Private's Diary*, 577, appendix 1.
27. Matson e Stein, *We Were the Line*, 207ff.
28. HAK, "The Prophet and the Policymaker". Isaacson apresenta Kissinger se passando por motorista-tradutor para o General Bolling, o que parece improvável: Isaacson, *Kissinger*, KL 845.
29. BDC, MDC-101, HAK Inscrição para Emprego Federal, 17 nov. 1945.
30. Documentos da família Kissinger, HAK aos pais, 29 nov. 1944.
31. Edwards, *Private's Diary*, 153.
32. Draper, *84th Infantry Division*, 77f.
33. Grailet, *Avec Henry Kissinger*, 9. Ver também Matson e Stein, *We Were the Line*, 84.
34. Draper, *84th Infantry Division*, 86.
35. Ibid., 87.
36. Ibid., 89.
37. Ibid., 86.
38. Grailet, *Avec Henry Kissinger*, 10f.
39. U.S. Army Military History Institute, 335th Infantry, 2nd Battalion, HQ Company, "A Company Speaks", 7.
40. Matson e Stein, *We Were the Line*, 92f.
41. Railsplitter Society (84th Infantry Division), Capt. Roger K. Taylor, 335th Infantry After Action Report, dez. 31, 1944, http://www.84thinfantry.com.
42. HAK, 335th Infantry After Action Report, 31 dez. 1944.
43. Draper, *84th Infantry Division*, 95-103.
44. BDC, A-19(b), HAK a Walter, "On the Western Front", 5-8 fev. 1945 [jan. 1947], 1.
45. Edwards, *Private's Diary*, 266f.
46. Ver, e.g., ibid., 276.
47. BDC, A-19(b), HAK a Walter, "On the Western Front", 5-8 fev. 1945, 2.
48. Draper, *84th Infantry Division*, 86.
49. Franklin, "Victim Soldiers", 69f.
50. BDC, A-19(b), HAK a Walter, "On the Western Front", 5-8 fev. 1945, 3.
51. Ibid., 4. Segundo Kissinger, esse trecho da carta foi escrito por Kraemer. O mundano comentário a respeito da "arte da sedução" certamente soa mais típico dele que de Kissinger.
52. Ibid., 5.
53. Ibid., 6-7.
54. Id. Ibid.
55. Ibid., 8.
56. Ibid., 8f.
57. Isaacson, *Kissinger*, KL 852.
58. BDC, A-19(b), HAK a Walter, "On the Western Front", 5-8 fev. 1945, 10.
59. Draper, *84th Infantry Division*, 95-103.
60. BDC, A-19(b), HAK a Walter, "On the Western Front" 5-8 fev. 1945, 11.
61. Edwards, *Private's Diary*, 284.
62. Matson e Stein, *We Were the Line*, 106f., 132.
63. Grailet, *Avec Henry Kissinger*, 19-21.
64. Ibid., 15f. Cf. Matson e Stein, *We Were the Line*, 103.
65. Edwards, *Private's Diary*, 284.
66. Matson e Stein, *We Were the Line*, 117.
67. Grailet, *Avec Henry Kissinger*, 36.
68. Ibid., 22ff., 27.
69. Ibid., 40.
70. Ibid., 420f.; Matson e Stein, *We Were the Line*, 140-48.
71. Draper, *84th Infantry Division*, 132-60.
72. Edwards, *Private's Diary*, 431ff.
73. Ibid., 443.
74. Draper, *84th Infantry Division*, 174f. Cf. Matson e Stein, *We Were the Line*, 148-53.
75. Draper, *84th Infantry Division*, 187; Matson e Stein, *We Were the Line*, 156.
76. Bommers, "Kriegsende", manuscrito inédito, 1-3, 11-15.
77. Draper, *84th Infantry Division*, 161-67.
78. Ibid., 183.
79. Matson e Stein, *We Were the Line*, 161.
80. Isaacson, *Kissinger*, KL 862. A história é repetida por Suri, *Kissinger*.
81. Ver, por exemplo, o caso de Eric W. Lange: "97-Pointer Gets Job That May Delay Him", *The New York Times*, 6 jun. 1945, 3.
82. BDC, HAK, A e P, carta de recomendação de Kraemer, 7 mar. 1949. Cf. Elsässer, "Kissinger in Krefeld und Bensheim", 15-19.
83. Kremers, *Lucky Strikes*, 18f.; Bommers, "Kriegsende", 44.
84. Bommers, "Kriegsende", 5.
85. *Parade*, Mar. 24, 1945.
86. Pocock, *Alan Moorehead*, 197.
87. Stadtarchiv Krefeld 70, 565, "Die Verhältnisse im Bahnhofsbunker Krefeld während der letzten Tage des Krieges 1945", 1º nov. 1946.
88. Bommers, "Kriegsende", 16.
89. Matson e Stein, *We Were the Line*, 153.

90. Ibid., 196.
91. Edwards, *Private's Diary*, 499f.
92. Kremers, *Lucky Strikes*, 8-10, 15, 16.
93. Bommers, "Kriegsende", 28.
94. Stadtarchiv Krefeld, 70, 565, "Aus dem Kriegstagebuch eines Linners", 3, 4, 26 mar. 1945.
95. Ibid., 9 abr. 1945.
96. Stadtarchiv Krefeld, 70, 565, "Aus dem Kriegstagebuch eines Krefelders", 7 mar. 1945.
97. Ibid., 70, 565, "Aus dem Kriegstagebuch eines Fischbelners [Franz Heckmann]", 1º mar. 1945.
98. Ibid., 1º abr. 1945.
99. Ibid. Cf. Kremers, *Lucky Strikes*, 11.
100. BDC, MDC-101, HAK a Wesley G. Spencer, 10 maio 1947.
101. Kickum, "Strukturen der Militärregierungen", 110f.
102. Ver, de modo geral, Kershaw, *The End*.
103. Padover, *Experiment in Germany*, 284ff.
104. Stadtarchiv Krefeld, 70, 565, "Heuyng a Lorentzen", 1º mar. 1945.
105. Kickum, "Strukturen der Militärregierungen", 108; Bommers, "Kriegsende", 18-20.
106. BDC, A-19(b), 94-116, HAK e Robert S. Taylor, Memorando ao Oficial Encarregado: Investigação de Funcionários Municipais em Krefeld re: Adequação Política para o Serviço, 17 mar. 1945.
107. Stadtarchiv Krefeld, 70, 565, "Aus dem Kriegstagebuch eines Linners", 29 mar. 1945.
108. National Archives and Records Administration, RG 319.270.84.[84.]20, Krefeld Gestapo XE 019212, 18 abr. 1945.
109. Ibid., RG 319.270.84.20, 37, Darmstadt Gestapo XE 003411, 26 jul. 1945.
110. Hangebruch, "Emigriert-Deportiert", in Rotthoff, *Krefelder Juden*, 137-215.
111. Johnson, *Nazi Terror*.
112. Schupetta, "Die Geheime Staatspolizei".
113. Suri, *Kissinger*, 72. Ver também Mazlish, *Kissinger*, 41f.
114. Colodny e Schachtman, *Forty Years War*, 25.
115. Kissinger, "Prophet and the Policymaker". Cf. Colodny e Schachtman, *Forty Years War*, 25.
116. Matson e Stein, *We Were the Line*, 170f.
117. Draper, *84th Infantry Division*, 202ff. Ver também Edwards, *Private's Diary*, 516f.
118. Kershaw, *The End*, 280.
119. Matson e Stein, *We Were the Line*, 177.
120. Ibid., 181.
121. Documentos da família Kissinger, HAK aos pais, 6 maio 1945.
122. BDC, A-19(b), 86-88, Memorando ao Oficial Encarregado: Atividades Cronológicas de Investigação de Atividades Subversivas, Membros da Gestapo e Complô da Gestapo em Hanover, 16 abr. 1945. Para maiores detalhes sobre Binder, ver Paul e Mallmann, *Die Gestapo*.
123. BDC, A-19(b), 70-72, Tradução de História de Vida e Atividades Subversivas, Adolf Rinne, Membro da Gestapo, Hanover, 16 abr. 1945.
124. Ibid., 90-93, Major-General A. R. Bolling, General Orders Nº 81, 27 abr. 1945. Para maiores detalhes, ver BDC, MDC-101, Paul H. Wyman, Relatório do CIC Atividades do Agente Especial Henry Kissinger, 18 nov. 1945.
125. BDC, MDC-101, Carta de Recomendação relativa ao Agente Especial Henri [*sic*] Kissinger, 28 ago. 1945.
126. Ibid., "Promotion of Enlisted Men", 28 ago. 1945.
127. *Mitteilungen*, dez. 1942, 1.
128. Breuer, "Der jüdische Hilferuf", *Mitteilungen*, fev. 1944, 1.
129. Tott, "Ahlem Concentration Camp", manuscrito inédito, 140.
130. Gutmann, "KZ Ahlem", in Fröbe et al., *Konzentrationslager in Hannover*, vol. 1, 331-406.
131. Tott, "Ahlem Concentration Camp". Mais detalhes são fornecidos em Anschütz e Heike, "Wir wollten Gefühle sichtbar werden lassen".
132. Tott, "Ahlem Concentration Camp", 11. Ver também Tott, *Letters and Reflections*.
133. Edwards, *Private's Diary*, 528f.
134. Ibid., 534.
135. Id. Ibid.
136. Ibid., 528.
137. Tott, "Ahlem Concentration Camp", 4-7, 12-38. O manuscrito de Tott reúne muitos relatos de sobreviventes dos pavorosos maus-tratos em Ahlem.
138. Tott, *Letters and Reflections*, n.p.
139. Edwards, *Private's Diary*, 532.
140. HAK, entrevista com o autor.
141. Anschütz e Heike, "Wir wollten Gefühle sichtbar werden lassen", 33.
142. BDC, A-19(b), HAK, "The Eternal Jew", n.d.

Capítulo 6: Nas ruínas do Reich

143. Harry S. Truman National Historic Site, Oral History #1992-3, Entrevista com HAK, 7 maio 1992.
144. HAK, documentos de Kent [estes são documentos pessoais em posse do Dr. Kissinger que ele conserva em sua casa em Kent, CT], HAK aos pais, 28 jul. 1948.
145. Burleigh, *Moral Combat*, 539.
146. Ferguson, *War of the World*, 555ff., 581.
147. Ibid., 585.
148. Smith, *Papers of General Clay*, 143.
149. Backer, *Priming the German Economy*, 188, table 6.
150. Selby, *Axmann Conspiracy*, 141.
151. Wolfe, *Americans as Proconsuls*, 103.
152. Ver, e.g., Smith, *Papers of General Clay*, 174.
153. Wolfe, *Americans as Proconsuls*, 112f.
154. HAK, entrevista com o autor.
155. Blumenfeld, *Kissinger*, 59f.
156. Fussell, *Boys' Crusade*, 151-58.
157. Museum of Jewish Heritage, HAK entrevista com Louise Bobrow, 11 jan. 2001.
158. HAK, entrevista com o autor.
159. BDC, A-19(b), HAK a Mrs. Frank, 21 abr. 1946.
160. HAK, entrevista com o autor.
161. Documentos da família Kissinger, HAK aos pais, 6 maio 1945.
162. Museum of Jewish Heritage, HAK entrevista com Louise Bobrow, 11 jan. 2001.

163. HAK, entrevista com o autor.
164. Museum of Jewish Heritage, HAK entrevista com Louise Bobrow, 11 jan. 2001.
165. Yale Fortunoff Archive for Holocaust Testimony, HVT-4425, entrevista de Harold Reissner, 24 abr. 2009.
166. Kilmeade, *Games Do Count*, 63f.
167. Mümmler, *Fürth*, 194. Ver também Fritz, *Endkampf*.
168. Documentos da família Kissinger, HAK aos pais, 10 fev. 1946. O cemitério judeu mais novo em Erlangerstrasse não havia sido destruído pelos nazistas.
169. Draper, *84th Infantry Division*, 247. Ver também Edwards, *Private's Diary*, 571.
170. "Fritz Kraemer", *Daily Telegraph*, 10 nov. 2003.
171. Draper, *84th Infantry Division*, 248.
172. U.S. Army Military History Institute, Carlisle Barracks, CIC School, "History and Mission of the Counter Intelligence Corps", MS, n.d., 1-9.
173. Jensen, *Army Surveillance*, 227.
174. Ibid., 228.
175. Ibid., 218.
176. CIC School, "History and Mission", 46.
177. Para maiores detalhes, ver Koudelka, *Counter Intelligence*, esp. 121-49.
178. Selby, *Axmann Conspiracy*, 50.
179. Slawenski, *Salinger*, esp. 131-34, 143f.
180. Selby, *Axmann Conspiracy*, 83.
181. Ibid., 84. Ver Melchior, *Case by Case*.
182. Selby, *Axmann Conspiracy*, 208f.
183. Ibid., 94.
184. BDC, George S. Patton Papers, 51, 8, Eisenhower, "Removal of Nazis and Militarists", 15 ago. 1945.
185. Oppen, *Documents on Germany*, 20.
186. Kalb e Kalb, *Kissinger*, 40f.
187. Suri, *Kissinger*, 75.
188. Elsässer, "Kissinger in Krefeld und Bensheim", 29f.
189. Ibid., 18f.
190. Documentos da família Kissinger, HAK aos pais, 24 jun. 1945.
191. Elsässer, "Kissinger in Krefeld und Bensheim", 28.
192. BDC, Acordo de aluguel, 23 mar. 1946. Uma fotografia de um Mercedes branco conversível sobrevive entre os documentos de Kissinger em Yale, mas ele não é o orgulhoso dono retratado ao lado do carro.
193. Documentos da família Kissinger, HAK aos pais, 24 jun. 1945.
194. BDC, HAK, MDC-101. Ordem emitida por Charles Roundtree, 10 jul. 1945.
195. Ibid., Ordem emitida por Frank Logan, 20 ago. 1945.
196. Ibid., Ordem emitida por Frank Logan, 3 dez. 1945.
197. Ibid., Ordem emitida por Frank Logan, 22 maio 1946.
198. Kilthau e Krämer, *3 Tage fehlten*, 17.
199. Ibid., 19-21.
200. National Archives and Records Administration, 37, Darmstadt Gestapo XE 003411, HAK, Memorando para o Oficial Encarregado, 26 jul. 1945.
201. Kilthau e Krämer, *3 Tage fehlten*, 27.
202. BDC, HAK, A-19(b), HAK repor t, 9 mar. 1946.
203. Documentos da família Kissinger, HAK aos pais, 6 maio 1945.
204. BDC, HAK, MDC-101, HAK a Wesley G. Spence, Office of the Counselor for Veterans, 10 maio 1947.
205. Ibid., Lieut. Paul H. Wyman, Relatório do CIC Atividades do Agente Especial Henry Kissinger, 18 nov. 1945.
206. BDC, HAK, A-19(b), C.I.C. Team 970/ 59, Bensheim, Weekly Report, 24 dez. 1945.
207. Ibid., "Promotion of Enlisted Men", 28 ago. 1945.
208. BDC, HAK, MDC-101, Lieut. James A. Forsyth carta de recomendação, 29 abr. 1946.
209. Ibid., HAK ao Adjutant General (Civilian Personnel Section), 6 mar. 1946.
210. Ibid., Lieut. James A. Forsyth carta de recomendação, 29 abr. 1946.
211. Ibid., Lieut. Paul H. Wyman, Report of CIC Activities of Special Agent Henry Kissinger, 18 nov. 1945.
212. BDC, HAK, A e P, carta de recomendação de Kraemer, 7 mar. 1949.
213. Smith, *Papers of General Clay*, 172.
214. Sayer e Botting, *America's Secret Army*, 296.
215. Douglas Porch, "Occupational Hazards", 37.
216. BDC, HAK, A-19(b), HAK repor t, 16 maio 1946.
217. Ibid., Lieut. Col. Dale M. Garvey to 2nd Lieut. Irwin R. Supow, 16 nov. 1945.
218. Ibid., HAK repor t, 8 jan. 1946.
219. Stadtarchiv Bensheim, 16, 1, Klapproth a Kiesewetter, 22 set. 1945.
220. BDC, HAK, A-19(b), C.I.C. Team 970/ 59, Bensheim, Weekly Report, 13 out. 1945.
221. Ibid., 26 out. 1945.
222. Ibid., 13 out. 1945.
223. Ibid., 26 out. 1945.
224. Ibid., 24 dez. 1945.
225. BDC, HAK, A-19(b), HAK report , 5 fev. 1946.
226. Ibid., C.I.C. Team 970/ 59, Bensheim, Weekly Report, 26 out. 1945.
227. Ibid., 24 dez. 1945.
228. Elsässer, "Kissinger in Krefeld und Bensheim", 26.
229. Stadtarchiv Bensheim, 16, 1, Wien to Lehmann-Lauprecht, 11 ago. 1945.
230. BDC, HAK, A-19(b), Klapproth a Kiesewetter, 31 ago. 1945.
231. Ibid., Klapproth a Kiesewetter, 1º set. 1945.
232. Id. Ibid.
233. Ibid., HAK report , 8 jan. 1946.
234. Ibid., Klapproth ao Captain Leggatt, 10 set. 1945.
235. Stadtarchiv Bensheim, 16, 1, Klapproth a Leggatt, 17 set. 1945.
236. Ibid., memorando de Klapproth, 14 set. 1945.
237. Ibid., Klapproth a "Herr Henry", 11 ago. 1945.
238. Ibid., August, Luise and Martha Sprengart, Eidesstattliche Erklärung, 5 nov. 1945.
239. BDC, HAK, A-19(b), Polizeipräsident Dessau to Klapproth, 8 fev. 1946.
240. Stadtarchiv Bensheim, 16, 1, Carta a Kiesewetter, 19 jan. 1946. Cf. Elsässer, "Kissinger in Krefeld und Bensheim", 21ff.; Manfred Berg, "Bensheim nach dem Zweiten Weltkrieg", in Maasß e Berg, *Bensheim*, 390ff.
241. BDC, HAK, A-19(b), relatório de HAK, 22 fev. 1946.
242. Ver Ferguson, *High Financier*, 417-21.
243. Stadtarchiv Bensheim, 14, 1, Testemunho de Otto e Minna von Humbert, 25 jan. 1946; Klapproth ao Cap. Nagy, 31 jan. 1946; Klapproth a HAK, 31 jan. 1946.

244. Elsässer, "Kissinger in Krefeld und Bensheim", 23f.; Berg, "Bensheim nach dem Zweiten Weltkrieg", 392f.
245. Berg, "Bensheim nach dem Zweiten Weltkrieg", 387.
246. Stadtarchiv Bensheim, 14, 12, Treffert report to CIC, 5 abr. 1946.
247. BDC, HAK, MDC-101, HAK, Inscrição para Emprego Federal, 17 nov. 1945.
248. Ibid., HAK ao Adjutant General (Civilian Personnel Section), 6 mar. 1946.
249. Documentos da família Kissinger, HAK aos pais, 10 fev. 1946.
250. BDC, HAK, A-19(b), D. Donald Klous a HAK, 22 jul. 1946.
251. Ibid., Rosemary Reed a HAK, 8 abr. 1946.
252. Stadtarchiv Bensheim, 14, 12, relatório de Treffert ao CIC, 20 maio 1946, e 5 jul. 1946. Cf. Elsässer, "Kissinger in Krefeld und Bensheim", 25; Berg, "Bensheim nach dem Zweiten Weltkrieg", 389.
253. Documentos da família Kissinger, HAK aos pais, 10 fev. 1946.
254. Gaddis, *Kennan*, 221.
255. BDC, HAK, A-19(b), C.I.C. Team 970/ 59, Bensheim, Weekly Report, 24 dez. 1945.
256. Ibid., 26 out. 1945.
257. BDC, HAK, A-19(b), HAK report , 5 fev. 1946. Cf. Berg, "Bensheim nach dem Zweiten Weltkrieg", 391.
258. BDC, HAK, MDC-101, HAK a Wesley G. Spence, Office of the Counselor for Veterans, 10 maio 1947.
259. BDC, HAK, A-19(b), relatório de HAK, 16 out. 1945; Raymond L. Patten report , 26 out. 1945.
260. Duffy, "Third Century of Passion Play".
261. Shapiro, *Oberammergau*, 17.
262. Duffy, "Third Century of Passion Play", 669f.
263. Waddy, *Oberammergau in the Nazi Era*, 3-12.
264. Shapiro, *Oberammergau*, 57.
265. Ibid., 70.
266. Ibid., 76f.
267. Ibid., 147.
268. Waddy, *Oberammergau in the Nazi Era*, 153f.
269. Shapiro, *Oberammergau*, 149.
270. Waddy, *Oberammergau in the Nazi Era*.
271. Ibid., 141-44, 176f. Ver também 207f.
272. Ibid., 211, 217, 221.
273. Ibid., 184.
274. Shapiro, *Oberammergau*, 142.
275. Waddy, *Oberammergau in the Nazi Era*, 213.
276. Ibid., 223.
277. Piszkiewicz, *Nazi Rocketeers*, 221.
278. Ibid., 234.
279. Heaps, "Oberammergau Today", 1469.
280. Shapiro, *Oberammergau*, 148.
281. Heaps, "Oberammergau Today", 1469.
282. Waddy, *Oberammergau in the Nazi Era*, 243f.
283. Ibid., 235.
284. Shapiro, *Oberammergau*, 180f.
285. Waddy, *Oberammergau in the Nazi Era*, 250.
286. Shapiro, *Oberammergau*, 183.
287. Ibid., 6. Cf. Heaps, "Oberammergau Today", 1469.
288. CIC School, "History and Mission", 83.
289. Lüders, *Fürchte Dich nicht*, 151.
290. U.S. Bureau of the Census, *Statistical Abstract of the United States: 1962* (Washington, DC: U.S. Government Printing Office, 1962), 336, tabela 453.
291. BDC, HAK, A e P, Kraemer, carta de recomendação, 7 mar. 1949. Cf. BDC, HAK, MDC-101, Esboço para Palestras: O Papel do Investigador de Informações, 30 ago. 1946.
292. BDC, HAK, MDC-101, European Theater School of Intelligence Lesson Plans, 28 maio 1947.
293. Ibid., carta do Col. Raymond, 20 jun. 1947.
294. Betty H. Carter Women Veterans Historical Project, University of North Carolina, Greensboro, Digital Collections, Entrevista com Jane Brister, 1999, http://bit.ly/ 1EyZQ9U.
295. BDC, MDC-101, HAK ao Tenente-Coronel Veazey, 1º out. 1946.
296. Ibid.
297. Ibid., Jane G. Brister, ordens especiais, 8 ago. 1946.
298. Ibid., HAK and Springer report, 22 ago. 1946.
299. Ibid., 26 out. 1946.
300. Ibid., HAK ao Diretor de Treinamento, Divisão Acadêmica, Exército dos EUA, 5 mar. 1947.
301. Mazlish, *Kissinger*, 44. Ver também Saalfrank, "Kissinger in Oberammergau", 36f., e Saalfrank, "Kissinger und Oberammergau".
302. BDC, HAK, MDC-101, HAK statement, 5 out. 1946.
303. Ibid., Capt. Edward F. Esken ao Tenente-Coronel Veazey, 9 fev. 1947.
304. Ibid., HAK a Chenil de la Bergenne, Paris, 20 fev. 1947, e resposta datada de 4 abr. 1947.
305. BDC, HAK, A-19(b), Bilhete aéreo da Pan-Am, 7 jul. 1947.
306. Suri, *Kissinger*, 81. Ver também Saalfrank, "Kissinger in Oberammergau", 39.
307. HAK, entrevista com o autor. Ver também Henry Rosovsky, entrevista com o autor.
308. Documentos da família Kissinger, HAK aos pais, 10 fev. 1946.
309. Ibid., 2 abr. 1947.
310. HAK, entrevista com o autor.
311. HAK, documentos de Kent, HAK aos pais, 28 jul. 1948.
312. Documentos da família Kissinger, HAK aos pais, 2 abr. 1947.
313. Id. Ibid.
314. Ibid., HAK aos pais, 12 abr. 1947.
315. Id. Ibid.
316. Ibid., HAK aos pais, 22 jun. 1947.

Capítulo 7: O idealista

1. James, "True Harvard", in Bentinck-Smith, *Harvard Book*, 12.
2. Citado em Menand, *Metaphysical Club*, 60.
3. HAK, "Epics Are Prescriptions for Action", in Anon., *William Yandell Elliott*.
4. Documentos da família Kissinger, HAK aos pais, 12 maio 1947.
5. Ibid., 28 maio 1947.
6. BDC, HAK, MDC-101, HAK ao Registrar, Harvard, 2 abr. 1947. Ver também HAK a Wesley G. Spence,

Escritório do Conselheiro para os Veteranos, 10 maio 1947. Cf. Blumenfeld, *Kissinger*, 81; Mazlish, *Kissinger*, 44; Kalb e Kalb, *Kissinger*, 42.
7. BDC, HAK, MDC-101, Spence a HAK, 13 jun. 1947.
8. Ibid., Spence a Louis Kissinger, 23 maio 1947.
9. UNRRA, Office of the Historian, Staffing Authorization, 16 jul. 1948.
10. BDC, HAK, A e P, carta de recomendação de Kraemer, 7 mar. 1949.
11. Documentos da família Kissinger, HAK aos pais, 12 abr. 1947.
12. Ibid., 18 jun. 1947.
13. Ibid., 12 ago. 1948.
14. BDC, HAK, A-18(a), Kraemer a HAK, 3 out. 1949.
15. Blumenfeld, *Kissinger*, 82-86.
16. Ibid., 81.
17. Ibid., 80.
18. Kalb e Kalb, *Kissinger*, 42.
19. Isaiah Berlin aos pais, 15 mar. 1941, in Berlin, *Letters*, 1:367.
20. Trevor-Roper, *Letters from Oxford*, 34.
21. Morison, *Three Centuries of Harvard*, 1-19, 23.
22. Ibid., 22f., 60, 69ff.
23. Menand, *Metaphysical Club*, 6, 77, 61, 219, 227, 229, 350-57, 441.
24. Morison, *Three Centuries of Harvard*, 435.
25. Ibid., 419ff.
26. Rosovsky, *Jewish Experience*, 72.
27. Feder, "Jewish Threat", 45f.
28. Eaton, "Here's to the Harvard Accent", in Bentinck-Smith, *Harvard Book*, 13.
29. Feder, "Jewish Threat", 10.
30. Morison, *Three Centuries of Harvard*, 446, 449.
31. Feder, "Jewish Threat", 70.
32. Rosovsky, *Jewish Experience*, 7, 11.
33. Ibid., 9.
34. Feder, "Jewish Threat", 5.
35. Rosovsky, *Jewish Experience*, 55.
36. Feder, "Jewish Threat", 13.
37. Rosovsky, *Jewish Experience*, 15.
38. Ibid., 20.
39. Ibid., 23.
40. Stedman, "Born unto Trouble".
41. Ibid., 106.
42. Ibid., 104.
43. Ibid., 110. Ver também 36, 44, 61ff.
44. Kraus, "Assimilation, Authoritarianism, and Judaism", 19f., 35; tabelas 3, 4, 5, 6, 7, 8, 9, 13, 15.
45. White, *In Search of History*, 43f.
46. Ibid., 41.
47. Rosovsky, *Jewish Experience*, 31.
48. Schlesinger, *Life in the Twentieth Century*, 37, 54f.
49. Ibid., 510.
50. "Harvard College Class of 1950", Harvard Alumni, http:// bit.ly/ 1yWyOGX.
51. Ver, e.g., Blumenfeld, *Kissinger*, 82.
52. "Housing Tight Again in Fall", *The Harvard Crimson*, 15 ago. 1947; "College May Discard 5400 'Limit' on Fall Enrollment", *The Harvard Crimson*, 28 ago. 1947. Ver também "President's Report", *Official Register of Harvard University* 46 nº 30 (1º dez. 1949), 5f.
53. "Gym Houses Students Overflow of 180", *The Harvard Crimson*, 22 set. 1947.
54. "Entry System Boosts Appeal, Erases Stigma of Claverly", *The Harvard Crimson*, 1º abril, 1954; "Large Percentage of Claverly Hall Students Will Not Move to Houses", *The Harvard Crimson*, 30 mar. 1955.
55. Mazlish, *Kissinger*, 56.
56. "The Union United", *The Harvard Crimson*, 15 out. 1947. Ver também Harvard Archives, HUB XXX, Caixa 30, 023.B.5, The Harvard Union.
57. Ver, e.g., Blumenfeld, *Kissinger*, 82.
58. Anon., *Gold Coaster*.
59. "Adams Presents Good Food, Pool, Location Near to Yard", *The Harvard Crimson*, 24 mar. 1950.
60. "Adams Forum to Discuss Schlesinger's 'Vital Center'", *The Harvard Crimson*, 1º dez. 1949.
61. Graubard, *Kissinger*, 5; Mazlish, *Kissinger*, 57.
62. BDC, HAK, A-1(a), HAK à CIC Reserve Affairs Section, 26 mar. 1950.
63. Ibid., A-18(a), Kraemer a HAK, 3 out. 1949.
64. Ibid., G-14 Supp. (Kraemer), Kraemer a HAK, 17 nov. 1949.
65. Ibid., MDC-101, HAK a Hans-Joachim Hirschmann, 9 set. 1948.
66. Ibid., Victor Guala a HAK, 8 set. 1948.
67. Blumenfeld, *Kissinger*, 84.
68. Ibid., 90.
69. Isaacson, *Kissinger*, KL 1253-56.
70. BDC, HAK, A-18(a), Ann Kissinger a HAK, 26 set. 1949.
71. Isaacson, *Kissinger*, KL 1257-80.
72. Ibid., KL 1109-13.
73. Ver Kistiakowsky, *Scientist at the White House*.
74. BDC, HAK Kent 9, Harvard Report Card, 21 jul. 1949. Cf. Blumenfeld, *Kissinger*, 83.
75. White, *In Search of History*, 44f.
76. BDC, HAK, A e P, carta de recomendação de Kraemer, 7 mar. 1949.
77. Friedrich, *New Image of Common Man*.
78. Ibid., 117.
79. Ibid., 315.
80. Mazlish, *Kissinger*, 61. Ver também Isaacson, *Kissinger*, KL 1165-68.
81. Blumenfeld, *Kissinger*, 87.
82. Michael W. Schwartz, "On Professor Elliott's Retirement", in Anon., *William Yandell Elliott*. Ver Purdy, *Fugitives' Reunion*.
83. Stone, "New World Order".
84. Elliott, *Pragmatic Revolt in Politics*.
85. Ibid., 423, 469.
86. Gunnell, "Real Revolution in Political Science", 48. Sou grato a David Elliott por compartilhar parte de sua própria pesquisa sobre a carreira de seu pai.
87. Gunnell, "Political Science on the Cusp". Para uma crítica, ver Dryzek, "Revolutions Without Enemies".
88. Louis Hartz, "Elliott as a Teacher", in Anon., *William Yandell Elliott*.
89. Mazlish, *Kissinger*, 64.
90. *Dictionary of American Biography*, 214.
91. Hoover Institution Archives, William Y. Elliott Papers, Caixa 161, Elliott a Samuel Beer, 25 ago. 1961.
92. Stone, "New World Order", 57.
93. Lincoln Gordon, "A Desire to Convey

Understanding", in Anon., *William Yandell Elliott*.
94. *Dictionary of American Biography*, 214.
95. Harris, "Footnote to History", 8.
96. Harvard Archives, William Y. Elliott Papers, Elliott a Cordell Hull, Control of Raw Materials Through Joint Holding Companies, 29 set. 1941.
97. Harris, "Footnote to History", 7.
98. Harvard Archives, William Y. Elliott Papers, Elliott, Control of Strategic Materials in War and Peace, Institute of Public Affairs, 7 jul. 1942.
99. Heard Library, Vanderbilt, RG 300, 162, 21, Elliott a Harvey Branscombe, 14 abr. 1952.
100. Ibid., RG 519, Elliott a Avery Leiserson, 3 jul. 1956.
101. Gunnell, "Political Science on the Cusp".
102. HAK, "Epics Are Prescriptions for Action", in Anon., *William Yandell Elliott*.
103. Ibid.
104. Blumenthal, *Kissinger*, 86ff. Ver também Kalb e Kalb, *Kissinger*, 43.
105. BDC, HAK, A e P, Elliott, carta de recomendação, 31 out. 1949.
106. Ibid.
107. "A Guide to Writing a Senior Thesis in Government", 36, http:// bit.ly/ 1DrBetP.
108. Blumenfeld, *Kissinger*, 92.
109. Suri, *Kissinger*, 29f.
110. Weber, "Kissinger as Historian", 3.
111. HAK, "Meaning of History" [doravante MoH].
112. MoH, 1f., 4.
113. MoH, 10.
114. MoH, 112.
115. MoH, 142, 213.
116. MoH, 276.
117. MoH, 260f.
118. MoH, 288.
119. MoH, 321.
120. MoH, 123.
121. MoH, 123.
122. Dickson, *Kissinger and Meaning*, 59f.
123. MoH, 127f. Itálicos nossos.
124. MoH, 249.
125. MoH, 321.
126. MoH, 348.
127. Dickson, *Kissinger and Meaning*, ix.
128. Ibid., 8, 43, 72f.
129. Curley, "Kissinger, Spinoza and Genghis Khan", in Garrett, *Cambridge Companion to Spinoza*, 315f.
130. MoH, 323.
131. MoH, 333.
132. MoH, 348.

Capítulo 8: Guerra psicológica

1. Lucas, "Campaigns of Truth", 301.
2. *Confluence* 3, nº 4 (1954), 499.
3. John H. Fenton, "'Live and Let Live', Acheson Bids Reds: Acheson at Harvard Yard for Commencement", *The New York Times*, 23 jun. 1950.
4. "Peace Group Pickets Acheson at Harvard", *Boston Traveler*, 23 jun. 1950.
5. "'Acheson Hits Reds' Trojan Moves", *Boston Evening American*, 22 jun. 1950.
6. "The Secretary Speaks", *Harvard Alumni Bulletin*, 760ff., 767.
7. Gaddis, *Kennan*, 404.
8. Leffler, *Soul of Mankind*, KL 540-41.
9. Ibid., KL 594-95.
10. Ibid., KL 603-4.
11. Ibid., KL 853-55.
12. Ibid., KL 928-40.
13. George F. Kennan ao secretário de Estado, telegrama, 22 fev. 1946, http:// bit.ly/ 1 DHuLu6.
14. Gaddis, *Kennan*, 203.
15. Gaddis, *Strategies of Containment*, 20.
16. Kennan ao secretário de Estado, telegrama, 22 fev. 1946, http:// bit.ly/ 1DHuLu6.
17. Leffler, *Soul of Mankind*, KL 1078-79.
18. Ibid., KL 1014-19.
19. Gaddis, *Kennan*, 243f.
20. Ibid., 250.
21. Ibid., 260.
22. Ibid., 261.
23. Ibid., 273.
24. Ibid., 329.
25. Ver de modo geral May, *American Cold War Strategy*. O texto está na pág. 23ff.
26. Ibid., 34.
27. Chomsky, "Cold War and the University"; Robin, *Making of Cold War Enemy*, 57-71.
28. Presidente James B. Conant, "Report to the Alumni", 22 jun. 1950.
29. "Conant, Eisenhower, 18 Educators Urge Ban on Communist Teachers", *The Harvard Crimson*, 9 jun. 1949.
30. Winks, *Cloak and Gown*.
31. Ibid., 119, 247ff., 450, 453, 457ff.
32. Wilford, *Mighty Wurlitzer*, 128f.
33. Winks, *Cloak and Gown*, 447.
34. Suri, *Kissinger*, esp. 93-99, 109f.
35. Friedrich, *New Image of Common Man*, 319f.
36. Ibid., 330.
37. Elliott, "Time for Peace?".
38. Ibid., 166. Ver também William M. Blair, "Declares Russia Plans Atomic War: Prof. Elliott of Harvard Says Loans and Scientific Data Should Be Denied to Soviet", *The New York Times*, 15 jun. 1946.
39. Hoover Institution Archives, Elliott Papers, Caixa 110, Elliott a William Jackson, 11 out. 1950.
40. Ver Winks, *Cloak and Gown*, 54.
41. Ver, e.g., Hoover Institution Archives, Elliott Papers, Caixa 110, Jackson a Elliott, 27 dez. 1950; Joseph Larocque a Elliott, 15 jan. 1951.
42. Ambrose, *Nixon*, vol. 1.
43. Lindsay, *Beacons in the Night*, 330. Sobre o Herter Committee, ver Chris Barber, "The Herter Committee: Forging RN's Foreign Policy", *The New Nixon* (n.d.), http:// bit.ly/1aYeZnj.
44. Elliott, "Prospects for Personal Freedom", 182.
45. Elliott e Study Group, *United States Foreign Policy*.
46. Stone, "New World Order", 187.

47. Hoover Institution Archives, Elliott Papers, Caixa 30, "How Can We Have an Effective Coordination for Foreign Policy Under the Constitution of the United States?", 22 maio 1951.
48. Truman Library, Psychological Strategy Board, Caixa 7, Sidney Sulkin a Raymond Allen, 14 fev. 1952.
49. Hoover Institution Archives, Elliott Papers, Caixa 14, Elliott a Frank Barnett, 28 mar. 1956. Ver também Elliott, "Proposal for a North Atlantic Round Table".
50. Hoover Institution Archives, Elliott Papers, Caixa 77, Elliott a Samuel Beer, 25 ago. 1961.
51. Ibid., Caixa 166, Elliott a Richard M. Nixon [doravante RMN], 11 set. 1958.
52. Eisenhower Library, NSC Series, WHO OSANSA: Records, 1952-1961, Caixa 6, Elliott a Charles Stauffacher, 19 nov. 1952.
53. Ibid., Elliott, "NSC Study", 23 dez. 1952; Memorando para Arthur S. Flemming, 23 dez. 1952. Ver também Edwin B. George a Elliott, 5 jan. 1953.
54. Somente três semanas depois da posse de Eisenhower, Elliott enviou a Nixon a proposta para "desenvolver [...] a capacidade aérea norte-americana por meio do subsídio de uma frota comercial": Nixon Library, Correspondência Geral 239, R. E. Cushman, Jr., a Robert Cutler, 11 fev. 1953.
55. Elliott et al., *Political Economy of American Foreign Policy*, 322f.
56. Hoover Institution Archives, Elliott Papers, Caixa 93, Elliott, Memorando para o subsecretário de Estado Christian Herter, Some Suggested Areas for the Development of Policy Planning in the Department of State, n.d., 5.
57. Ibid., Caixa 112, Elliott ao subsecretário Robert Thayer, 10 jun. 1960.
58. Elliott, *Mobilization Planning*, 35-40.
59. Hoover Institution Archives, Elliott Papers, Caixa 93, Elliott, Memorando para o Subsecretário de Estado Christian Herter, Some Suggested Areas for the Development of Policy Planning in the Department of State, n.d., 4.
60. Eisenhower Library, Elliott a C. D. Jackson, "Organization of Psychological Defense Measures at Home", 24 abr. 1953.
61. Ibid.
62. Para uma visão mais cética de sua eficácia, ver Schlesinger, *Life in the Twentieth Century*, 297.
63. Gaddis, *Kennan*, 295.
64. Wilford, *Mighty Wurlitzer*, 7.
65. Lucas, "Campaigns of Truth". Ver também Lucas, *Freedom's War*, 128-62.
66. Lucas, *Freedom's War*, 131.
67. Wilford, *Mighty Wurlitzer*, 25.
68. Mazlish, *Kissinger*, 59.
69. BDC, A-18(a), HAK ao Conselheiro para Alunos Estrangeiros, Oxford, 5 nov. 1949.
70. Isaacson, *Kissinger*, KL 1282-89.
71. BDC, A-18(a), HAK a "Head Tutor", Balliol, 30 ago. 1950.
72. BDC, G-14 Supp. (Kraemer), Kraemer a HAK, 13 set. 1950.
73. BDC, MDC-101, Kraemer carta de recomendação, 16 fev. 1951.
74. BDC, G-14, HAK a George van Santwoord, 4 maio 1954; Lawrence Noble a Kraemer, 10 jun. 1954.
75. BDC, A-1(a), HAK ao Oficial em Comando, Camp Holabird, 26 mar. 1950.
76. Defense Technical Information Center, Fort Belvoir, VA, "History of Fort Holabird: December 1917 to 29 June 1973", MS.
77. BDC, MDC-101, Hirsch ao Comandante Assistente, Avaliação do MRA (66th) para junho 1950, 6 jul. 1950.
78. Ibid., George Springer a George S. Pettee, 19 abr. 1951, e 30 abr. 1951.
79. Schrader, *History of Operations Research*, 1:v. O relacionamento do ORO com a Johns Hopkins persistiu até 1961, depois de que passou a ser o Research Analysis Corporation.
80. BDC, D-4, HAK a Darwin Stolzenbach, 17 jul. 1951.
81. Kalb e Kalb, *Kissinger*, 49.
82. BDC, K-69, Mais Diários da Coreia, 1951. Para detalhes das entrevistas, ver ibid., MDC-101, HAK a Stolzenbach, 17 nov. 1951.
83. HAK e Darwin Stolzenbach, Memorando Técnico ORO-T-184: "Civil Affairs in Korea, 1950-51" (Chevy Chase, MD: ORO, [ago.] 1952).
84. BDC, D-4, HAK a Stolzenbach, 7 fev. 1952. Dois anos mais tarde, Stolzenbach teve condições de dizer que o relatório deles havia sido muito valioso na prática e era amplamente considerado uma referência pelo ORO.
85. BDC, G-14 Supp. (Kraemer), HAK a Kintner, 20 nov. 1951.
86. Para o memorando de Kraemer de 1951 "U.S. Psychological Warfare Campaign for Political, Economic, and Military Integration of German Federal Republic into Western Europe", ver BDC, G-14, Kraemer a Rentnik, 9 dez. 1951; Truman Library, Psychological Strategy Board, Caixa 24, 334 Painel "I", Harriman a Allen, 16 abr. 1952.
87. Truman Library, Psychological Strategy Board, Caixa 6, Folder 1, Análise de Kissinger sobre a Alemanha, 11 jul. 1952. Ver também ibid., James W. Riddleberger memorando, 30 jul. 1952. Esse artigo pode posteriormente ter sido chamado "The Moral Failure of the Military Occupation of Germany".
88. Isaacson, *Kissinger*, KL 1513-17 [HAK aos pais, 4 jun. 1952].
89. BDC, D-4, HAK a Nancy Sweet, 24 jun. 1952.
90. Ibid., HAK a Richard Sherman, 19 out. 1951.
91. Ibid., HAK ao Maj. A. M. Sears, 10 out. 1952.
92. Ibid., HAK a Otte Pribram, 21 jul. 1954.
93. Ibid., HAK a Stolzenbach, 31 julho, 1952.
94. Ibid., 12 nov. 1952. Ver também Robert Sorensen a HAK, 22 out. 1952; HAK a Sorensen, 31 out. 1952.
95. BDC, A-18(a), Ann Fleischer a HAK, 25 jul. 1950.
96. BDC, A e P, HAK a Elliott, 10 jul. 1950.
97. BDC, A-1(a), transcrição de um seminário do Governo de Harvard, 2 mar. 1953. Ver também a transcrição da semana seguinte: 9 mar. 1953. O encontro posterior foi basicamente organizado por Elliott para uma rememoração

do argumento de seu livro *The Pragmatic Revolt*. Entre os participantes do seminário estava o jovem britânico teórico da política Bernard Crick.
98. Wilford, *Mighty Wurlitzer*, 124f.
99. Ford Foundation Archives, Reel R-0492, John Conway a HAK, 19 abr. 1951.
100. Ibid., Elliott a Carl B. Spaeth, 8 out. 1952.
101. Hoover Institution Archives, Elliott Papers, Caixa 2, HAK a Elliott, 22 ago. 1951.
102. Ibid., Elliott a James Perkins, 20 out. 1953.
103. Ford Foundation Archives, Reel R-0492, Bernard L. Gladieux a Joseph M. McDaniel, 13 ago. 1952.
104. Eisenhower Library, WHO-National Security Council Staff: Papers, 1942-1961, OCB Secretariat Series, HAK a Edward Lilly, 8 set. 1953.
105. Hoover Institution Archives, Elliott Papers, Caixa 2, Elliott a James Perkins, 20 out. 1953.
106. Sobre as reclamações nesse sentido, ver Anne Cameron, "Seminar Is Crossroads for Diverse Ideas, Interests", *The Harvard Crimson*, 6 ago. 1963.
107. Graubard, *Kissinger*, 57f.
108. Ford Foundation Archives, Reel R-0492, Relatório de P. S. Sundaram, 22 nov. 1954.
109. Blumenfeld, *Kissinger*, 98.
110. Ibid., 101.
111. Isaacson, *Kissinger*, KL 1310-16. Cf. Suri, *Kissinger*, 120ff.
112. Hoover Institution Archives, Elliott Papers, Caixa 110, Elliott a H. Gates Lloyd, 15 nov. 1950.
113. Ibid., Elliott a Wisner, 16 jul. 1951.
114. BDC, HAK a H. Gates Lloyd, 20 abr. 1951. Cf. Wilford, *Mighty Wurlitzer*, 123.
115. Ibid., HAK a H. Gates Lloyd, 7 maio 1951.
116. Ford Foundation Archives, Reel R-0492, Bernard L. Gladieux a Joseph M. McDaniel, 13 ago. 1952.
117. Kent papers, HAK a Allen Dulles, 28 out. 1952.
118. Ford Foundation Archives, Reel R-0492, Melvin J. Fox a Carl B. Spaeth, 1º ago. 1952.
119. Hoover Institution Archives, Elliott Papers, Caixa 2, Elliott a Julius Fleischmann, 7 jan. 1953, e a resposta de Fleischmann, 21 jan. 1953.
120. Harvard Archives, 1953 Harvard International Seminar, 9 out. 1953.
121. Hoover Institution Archives, Elliott Papers, Caixa 2, Elliott a James Perkins, 20 out. 1953.
122. BDC, Kent 64, Elliott a Bundy, 3 nov. 1953.
123. BDC, G-14 Supp. (Kraemer), HAK a Kraemer, 31 dez. 1953.
124. Ford Foundation Archives, Reel R-0492, Elliott a Don K. Price, 13 fev. 1954.
125. BDC, D-4, HAK a Stolzenbach, 25 fev. 1954.
126. Ford Foundation Archives, Reel R-0492, Trecho da súmula, 29 out. 1954.
127. Harvard Archives, International Seminar, Elliott a John Marshall, 1º dez. 1954.
128. Ibid., UAV 813.141.10, Robert Blum a HAK, 21 out. 1955.
129. Ibid., International Seminar, HAK a Don Price, 10 dez. 1955.
130. Ford Foundation Archives, Reel R-1057, Elliott a Katz, 17 mar. 1952.
131. Harvard Archives, Elliott a Rusk, 30 abr. 1952; Elliott a Marshall, 12 maio 1952.
132. Ibid., International Seminar, Bowie a Stone, 5 mar. 1953.
133. Ford Foundation Archives, Reel R-0492, Stanley T. Gordon a Shepard Stone, 1º set. 1954.
134. Ver Lindsay, *Beacons in the Night*.
135. Thomas, *Very Best Men*, 70-73.
136. Ford Foundation Archives, Reel R-1057, Shepard Stone a James Laughlin, 13 maio 1953.
137. Ibid., Laughlin a Frank Lindsay, 16 jul. 1953.
138. BDC, Kent 64, HAK a Bundy, 20 maio 1954.
139. Ibid., Marie Carney a Bundy, 20 ago. 1952.
140. Ver Wilford, *Mighty Wurlitzer*. Ver também Cull, *Cold War and USIA*; Saunders, *Who Paid the Piper?*; e Von Eschen, *Satchmo Blows Up the World*.
141. Isaacson, *Kissinger*, KL 1328-32.
142. Suri, *Kissinger*, esp. 124. Ver também Mazlish, *Kissinger*, 71.
143. Isaacson, *Kissinger*, KL 1378-79.
144. BDC, Kent 64, Bundy a Lippmann, 20 fev. 1953; Harvard Archives, International Seminar, Bundy a Byron Dexter, 25 fev. 1953. Ver também HAK a Stone, 17 mar. 1953.
145. Leffler, *Soul of Mankind*, KL 1344-45.
146. Ibid., KL 1347-51.
147. William Fulton, "Harvard Makes It Easy to Air Red, Pink Views", *Chicago Tribune*, 10 abr. 1951.
148. Boston Athenaum, National Council for American Education, "Red-ucators at Harvard University", ms.
149. William Fulton, "'I Am a Red' He Said; 'Also a Harvard Grad'", *Chicago Tribune*, 8 abr. 1951.
150. Isaacson, *Kissinger*, KL 1310-16; Sigmund Diamond, "Kissinger and the FBI", *Nation*, 10 nov. 1979.
151. Diamond, *Compromised Campus*, 138-50. Ver também Suri, *Kissinger*, 127f.; Gaddis, *Kennan*, 496.
152. Kennedy Library, Schlesinger Papers, Correspondência recebida, 1945-1960, Caixa P-17, HAK a Schlesinger, 16 mar. 1953.
153. Harvard Archives, International Seminar, HAK a Camus, 26 jan. 1954.
154. BDC, Kent 63, HAK a Schlesinger, 10 mar. 1954.
155. Isaacson, *Kissinger*, KL 1358-61.
156. Kennedy Library, Bundy Papers, Harvard Correspondence, Caixa 14, HAK a Bundy, 8 maio 1952.
157. BDC, E-2, HAK a Schlesinger, 28 set. 1953.
158. "Letters", *Confluence* 3, nº 3 (1954), 360.
159. William Yandell Elliott, "What Are the Bases of Civilization?", *Confluence* 1, nº 1 (1952).
160. Harvard Archives, International Seminar, HAK a Hessenauer, 3 jan. 1952.
161. *Confluence* 2, nº 1 (1953), 10.
162. Ibid., 42.
163. *Confluence* 2, nº 3 (1953), 126.
164. *Confluence* 2, nº 4 (1953), 61-71.
165. *Confluence* 3, nº 3 (1954), 131f., 136.
166. Ibid., 295-306.
167. *Confluence* 3, nº 4 (1954), 497f.
168. BDC, G-14 Supp. (Kraemer), HAK a Kraemer, 19 nov. 1954.
169. *Confluence* 3, nº 4 (1954), 499f.

Capítulo 9: Doutor Kissinger

1. BDC, Kent 64, HAK a Bundy, 28 jan. 1954.
2. Blumenfeld, *Kissinger*, 93.
3. BDC, MDC-101, Sargento Kennedy a HAK, 2 jun. 1954.
4. Fukuyama, "World Restored".
5. Kaplan, "Kissinger, Metternich, and Realism".
6. Ver, e.g., Kalb e Kalb, *Kissinger*, 46ff.
7. Isaacson, *Kissinger*, KL 1403-05.
8. Suri, *Kissinger*, 129.
9. Graubard, *Kissinger*, 17.
10. BDC, ORO e CIC-HAK Corr. Div. (N-Z), HAK a George Pettee, 4 jan. 1955. Cf. Weidenfeld, *Remembering My Friends*, 384-87.
11. Kalb e Kalb, *Kissinger*, 46.
12. Isaacson, *Kissinger*, KL 1445-50, citando HAK a Louis Kissinger, 31 jan. 1954.
13. Ver, e.g., Birke, "World Restored".
14. HAK, *World Restored* [*O mundo restaurado*] [doravante *WR*], KL 237-38.
15. *WR*, KL 3679-82.
16. *WR*, KL 3664-65.
17. *WR*, KL 2810-14.
18. *WR*, KL 349-50.
19. *WR*, KL 494-95.
20. *WR*, KL 2867-68.
21. *WR*, KL 3509.
22. *WR*, KL 4302.
23. *WR*, KL 1546-50.
24. *WR*, KL 1646-47.
25. *WR*, KL 1725-27.
26. *WR*, KL 1159-61.
27. *WR*, KL 948.
28. *WR*, KL 2300-07.
29. *WR*, KL 2567-68.
30. *WR*, KL 3434-37.
31. *WR*, KL 5442-43.
32. *WR*, KL 6565-84. Itálicos nossos.
33. *WR*, KL 662-64, 747-48.
34. *WR*, KL 3472-74.
35. *WR*, KL 3939-76.
36. *WR*, KL 254-55.
37. HAK, "Conservative Dilemma", 1030.
38. *WR*, KL 230-31.
39. *WR*, KL 1701-05.
40. *WR*, KL 3521-24.
41. *WR*, KL 3802-03.
42. *WR*, KL 1803-04.
43. *WR*, KL 5741.
44. *WR*, KL 453-56.
45. *WR*, KL 1537-43.
46. *WR*, KL 2237-41.
47. *WR*, KL 281-85.
48. *WR*, KL 558-63.
49. *WR*, KL 281-85.
50. *WR*, KL 295-99.
51. *WR*, KL 1336-37.
52. *WR*, KL 4336-39.
53. *WR*, KL 6526-39, 6542-45.
54. *WR*, KL 719-20.
55. *WR*, KL 5621-26.
56. *WR*, KL 181-95.
57. *WR*, KL 172-81.
58. *WR*, KL 102-19.
59. *WR*, KL 172-81.
60. *WR*, KL 140-48.
61. *WR*, KL 119-40.
62. HAK, "Congress of Vienna: Reappraisal", 280.
63. *WR*, KL 702-08.
64. *WR*, KL 847-48.
65. *WR*, KL 1188-92.
66. *WR*, KL 1248-54.
67. *WR*, KL 1270-71.
68. *WR*, KL 1606-08.
69. *WR*, KL 2837-61.
70. *WR*, KL 2923-33.
71. *WR*, KL 2974-3022.
72. Para um relato moderno favorável, ver Bew, *Castlereagh*.
73. *WR*, KL 4178-85.
74. *WR*, KL 5377-78, 5389.
75. *WR*, KL 5396-99.
76. *WR*, KL 6398-400.
77. De modo mais óbvio no seguinte trecho: *WR*, KL 3685-98.
78. *WR*, KL 3478-505.
79. *WR*, KL 3812-19.
80. *WR*, KL 6416-43.
81. *WR*, KL 6633-53.
82. *WR*, KL 6604-29.
83. *WR*, KL 6633-53.
84. Fukuyama, "World Restored"; Kaplan, "Kissinger, Metternich, and Realism".
85. Webster, "World Restored".
86. Birke, "World Restored".
87. Maxwell, "World Restored".
88. Hans Kohn, "Preserving the Peace", *The New York Times*, 13 out. 1957.
89. Wright, "World Restored".
90. BDC, Kent 64, HAK a Bundy, 28 jan. 1954.
91. BDC, A e P, HAK a Elliott, 10 jul. 1950.
92. BDC, Kent 63, HAK a Elliott, 12 dez. 1950.
93. Ibid.
94. BDC, Kent 63, HAK a Elliott, 2 mar. 1951.
95. BDC, G-14 Supp. (Kraemer), HAK a Kintner, 20 nov. 1951.
96. Ibid.
97. Ibid.
98. BDC, Kent 63, HAK, "Soviet Strategy – Possible U.S. Countermeasures", dez. 1951.
99. Leffler, *Soul of Mankind*, 91f.
100. BDC, Kent 63, HAK, "The Soviet Peace Offensive and German Unity", 3 jun. 1953.
101. BDC, Kent 64, Bundy a HAK, 23 jun. 1953.
102. BDC, D-4, George Pettee a HAK, 10 jun. 1953.
103. Ibid., HAK a Pettee, 12 jun. 1953.
104. BDC, E-2, HAK a Schlesinger, 10 jun. 1953.
105. BDC, Kent 63, HAK a Schlesinger, 10 mar. 1954.
106. Isaacson, *Kissinger*, KL 1518-23. Segundo Henry Rosovsky, foi o economista Carl Kaysen que votou contra ele.

107. Mazlish, *Kissinger*, 50, 78f.
108. BDC, Kent 64, HAK a Bundy, 31 dez. 1952.
109. Isaacson, *Kissinger*, KL 1456-99.
110. Blumenfeld, *Kissinger*, 93.
111. Harvard Archives, International Seminar, Leland DeVinney a Nathan Pusey, 20 maio 1954.
112. O prêmio está registrado em um índice mantido no Rockefeller Archive Center.
113. BDC, Kent 64, HAK a Bundy, 8 jun. 1954.
114. Ibid., HAK a Bundy, 26 set. 1954.
115. National Archives, Nixon Presidential Materials, White House Tapes, Oval Office, Conversation Number: 699-1, 31 mar. 1972.
116. Bentinck-Smith, *Harvard Book*, 24.

Capítulo 10: Doutor Fantástico?

1. "A New Look at War-Making", *The New York Times*, 7 jul. 1957.
2. BDC, Caixa 43, Oppenheimer a Gordon Dean, 16 maio 1957.
3. Isaacson, *Kissinger*, KL 1536.
4. Marianne Schlesinger, entrevista com o autor.
5. Diário de Stephen Schlesinger, 6 out. 2008.
6. BDC, Kent 64, HAK a Bundy, 16 set. 1954.
7. HAK, "Eulogy for Arthur M. Schlesinger, Jr.", 23 abr. 2007, http:// bit.ly/ 1yWzxbl.
8. BDC, Kent 63, HAK, "The Impasse of American Policy and Preventive War", 15 set. 1954.
9. Ibid., HAK a Schlesinger, 8 dez. 1954.
10. BDC, E-2, nota de Schlesinger sobre artigos de Harrison Salisbury da Rússia no *The New York Times*, 23 set. 1954.
11. Ibid., Schlesinger a HAK, 22 set. 1954.
12. BDC, D-4, Pettee a HAK, 12 out. 1954.
13. BDC, Kent 63, HAK a Schlesinger, 8 dez. 1954.
14. Ibid., Memorando a Schlesinger, 8 dez. 1954.
15. BDC, D-4, R. G. Stilwell a HAK, 25 fev. 1955.
16. Ibid., HAK a Pettee, 1º mar. 1955. Kissinger achava McCormack "absolutamente brilhante".
17. BDC, E-2, HAK a Schlesinger, 16 fev. 1955.
18. HAK, "Military Policy and 'Grey Areas' ".
19. BDC, E-2, HAK a Schlesinger, 16 fev. 1955.
20. Ver também HAK, "American Policy and Preventive War", *Yale Review* 44 (primavera 1955).
21. Finletter, *Power and Policy*.
22. HAK, "Military Policy and 'Grey Areas' ", 417.
23. Ibid.
24. Ibid., 418.
25. Ibid., 419.
26. Ibid., 428.
27. Ibid., 423f.
28. Ibid., 421.
29. Ibid., 422.
30. Ibid., 425.
31. Ibid., 426.
32. Ibid., 427.
33. Hart, *Revolution in Warfare*, 99. Ver também Hart, "War, Limited".
34. Osgood, *Limited War*.
35. Ver, e.g., Richard Leghorn, "No Need to Bomb Cities to Win War", *U.S. News & World Report*, 28 jan. 1955.
36. Bernard Brodie, "Unlimited Weapons and Limited War", *Reporter*, 18 nov. 1954; Brodie, "Nuclear Weapons: Strategic or Tactical?", esp. 226-29. Ver o artigo posterior de Brodie "More About Limited War". Entretanto, o livro de Brodie *Strategy in the Missile Age* só foi publicado em 1959. Ver de modo geral Larsen and Kartchner, *On Limited Nuclear War*.
37. HAK, "The Limitations of Diplomacy", *New Republic*, 9 maio 1955, 7f.
38. BDC, G-13, HAK a Huntington, 29 abr. 1955.
39. Ibid., Huntington a HAK, 2 abr. 1955.
40. Bird, *Color of Truth*, 107.
41. Ibid., 142. Ver também Isaacson, *Kissinger*, KL 1550.
42. Gaddis, *Kennan*, 374.
43. NSC-68, 56.
44. Gaddis, *Kennan*, 377.
45. Rosenberg, "Origins of Overkill", 22.
46. Bowie e Immerman, *Waging Peace*, 224ff.
47. John Gaddis, "The Long Peace: Elements of Stability in the Postwar International System", in Lynn-Jones e Miller, *Cold War and After*, 1f.
48. Para uma crítica interessante desse ponto de vista, ver Gavin, *Nuclear Statecraft*, 60f.
49. Chernus, "Eisenhower: Toward Peace", 57.
50. Gaddis, *Strategies of Containment*, 171ff.
51. Ferrell, *Eisenhower Diaries*, 210.
52. Gaddis, *Strategies of Containment*, 137.
53. Gaddis, *Cold War*, 68.
54. Gaddis, *Strategies of Containment*, 174. Cf. Craig, *Destroying the Village*, 69.
55. Bowie and Immerman, *Waging Peace*.
56. Ver Soapes, "Cold Warrior Seeks Peace".
57. Fish, "After Stalin's Death".
58. Ver Osgood, *Total Cold War*, 57ff.
59. Bowie and Immerman, *Waging Peace*, 193.
60. Rosenberg, "Origins of Overkill", 31.
61. Jackson, "Beyond Brinkmanship", 57.
62. Ibid., 60.
63. Ambrose, *Nixon*, vol. 1, KL 12757.
64. Gaddis, *Strategies of Containment*, 147f.
65. Ibid., 133.
66. Thomas, *Ike's Bluff*, KL 2772-75.
67. Parry-Giles, "Eisenhower, 'Atoms for Peace' ".
68. Hixon, *Parting the Iron Curtain*, 223.
69. Thomas, *Very Best Men*, 165-69.
70. Paul H. Nitze, "Limited War or Massive Retaliation?".
71. Osgood, *Total Cold War*, 167.
72. Greene, "Eisenhower, Science and Test Ban Debate".
73. Para o relatório do painel, ver http:// 1.usa. gov/1OkG4DA.
74. William L. Borden a J. Edgar Hoover, 7 nov. 1953, http:// bit.ly/ 1ICqWfN.
75. Tal, "Secretary of State Versus the Secretary of Peace".
76. Hoover Institution Archives, Elliott Papers, International Seminar, HAK a RMN, 12 maio 1955.
77. BDC, Kent 64, HAK a Bundy, 17 ago. 1955.
78. Ibid., Bundy a HAK, 23 ago. 1955.
79. Grose, *Continuing the Inquiry*.
80. Wala, *Council on Foreign Relations*, esp. 229-43.

81. Shoup e Minter, *Imperial Brain Trust*. Ver também G. William Domhoff, "Why and How the Corporate Rich and the CFR Reshaped the Global Economy After World War II . . . and Then Fought a War They Knew They Would Lose in Vietnam", http://bit.ly/1DFjoUG. Para uma versão especialmente insensata da teoria da conspiração, "Stuff They Don't Want You to Know—The CFR", http://bit.ly/1JEm63t.
82. BDC, Caixa 43, Franklin a Oppenheimer, 28 mar. 1955.
83. Ibid., HAK a Oppenheimer, 1º abr. 1955.
84. Kennedy Library, Bundy Papers, Caixa 17, Bundy a HAK, 14 abr. 1955.
85. Harvard Archives, Bundy Papers, UA III 5 55.26 1955-1956, encontro do Grupo de Estudos do CFR, volume inédito, 4 maio 1955.
86. Kennedy Library, Schlesinger Papers, Caixa P-17, HAK a Schlesinger, 3 out. 1955.
87. Smith, *On His Own Terms*, KL 5699.
88. Ibid., KL 5894. Ver também Reich, *Life of Rockefeller*.
89. Lewis, *Spy Capitalism*, 21.
90. Rockefeller Archive Center, Gen. Theodor Parker a Nelson Rockefeller [doravante NAR], Esboço de carta a Eisenhower, 29 jul. 1955. Ver também Parker a NAR, 4 ago. 1955; 8 ago. 1955; NAR a Charles Wilson, 9 ago. 1955; Memorando da conversa com John Foster Dulles e Allen Dulles, 11 ago. 1955. Sobre o fracasso de "Open Skies" como propaganda, ver Osgood, *Total Cold War*, 194.
91. Hoover Institution Archives, Elliott Papers, Caixa 166, Elliott a Raymond Moley, 30 mar. 1960.
92. Reich, *Rockefeller*, 614f.
93. Smith, *On His Own Terms*, KL 5995.
94. Rockefeller Archive Center, Panel Members, 16 ago. 1955.
95. Ibid., Observações ao Painel feitas por NAR, 23 ago. 1955.
96. HAK, "Eulogy for Nelson Rockefeller", 2 fev. 1979, http://bit.ly/1DHvpb1.
97. Harvard Archives, International Seminar, 9 set. 1955.
98. Rockefeller Archive Center, Fourth Session, 28 ago. 1955.
99. Gavin, *Nuclear Statecraft*, 57.
100. BDC, Kent 63, HAK, "The Problem of German Unity", 10 out. 1955.
101. Eisenhower Library, HAK, "Psychological and Pressure Aspects of Negotiations with the USSR", NSC Series, 10, "Psychological Aspects of United States Strategy" (nov. 1955).
102. BDC, E-2, HAK a NAR, 8 nov. 1955.
103. Ibid., HAK ao Operations Research Office, 21 dez. 1955. Aqui, como em outros momentos, eu prefiro fazer um ajuste relativo ao PIB em vez de simplesmente usar o índice de preços ao consumidor: detalhes em Lawrence H. Officer e Samuel H. Williamson, "Explaining the Measures of Worth", http://bit.ly/1I4ygkz.
104. BDC, E-3, HAK a NAR, 21 dez. 1955.
105. Kennedy Library, HAK a Schlesinger, 15 dez. 1955.
106. Ibid., Schlesinger Papers, Caixa P-17, HAK a Schlesinger, 25 jan. 1955.
107. Ibid., HAK, Soviet Strategy—Possible U.S. Countermeasures, 15 dez. 1955. Ver também BDC, Kent 13, HAK, Notes on the Soviet Peace Offensive, 4 abr. 1956.
108. Kennedy Library, Schlesinger Papers, Caixa P-17, HAK a Schlesinger, 24 jan. 1956.
109. HAK, "Force and Diplomacy", 350ff.
110. Ibid., 357.
111. Ibid., 360.
112. Ibid., 362.
113. Ibid., 365f.
114. Rosenberg, "Origins of Overkill", 42.
115. HAK, "Reflections on American Diplomacy", 38.
116. Ibid., 41.
117. Ibid., 46f.
118. Ibid., 40.
119. Falk, "National Security Council Under Truman".
120. Ibid., 53, 42.
121. Kennedy Library, Bundy Papers, Caixa 19, HAK a Bundy, 1º nov. 1956.
122. BDC, Kent 64, HAK a Bundy, 8 nov. 1956.
123. Harvard Archives, International Seminar, HAK a Graubard, 12 nov. 1956.
124. Ibid., HAK a Graubard, 31 dez. 1956.
125. Isaacson, *Kissinger*, KL 1627.
126. BDC, A-2, HAK a Kraemer, 24 jun. 1957.
127. Ibid., HAK a Teller, 5 jun. 1957.
128. BDC, Kent 69, discurso de HAK, "How the Revolution in Weapons Will Affect Our Strategy and Foreign Policy", Economic Club of Detroit, 15 abr. 1957.
129. HAK, "Strategy and Organization".
130. Eisenhower Library, Papers as POTUS, 1953-1961 [Ann Whitman File], Caixa 23, nota de Eisenhower, 1º abr. 1957.
131. HAK, "Strategy and Organization", 380.
132. Ibid., 383, 386.
133. Ibid., 387.
134. Ibid.
135. Ibid., 388.
136. Ibid., 390-93.
137. Ibid., 389.
138. HAK, "Controls, Inspection, and Limited War", *Reporter*, 13 jun. 1957.
139. BDC, A-2, HAK a Bundy, 7 fev. 1957.
140. HAK, *Nuclear Weapons and Foreign Policy* [doravante *NWFP*], 7.
141. *NWFP*, 60.
142. *NWFP*, 84.
143. Ibid.
144. *NWFP*, 211, 214, 219.
145. *NWFP*, 128, 131.
146. *NWFP*, 144, 170.
147. *NWFP*, 360.
148. *NWFP*, 227f.
149. *NWFP*, 183f.
150. *NWFP*, 226.
151. Schelling, "Essay on Bargaining"; Schelling, "Bargaining, Communication, and Limited War".
152. *NWFP*, 157.
153. *NWFP*, 180-83.
154. *NWFP*, 194-201.
155. *NWFP*, 427-29.

156. BDC, F-3(c), HAK a Oscar Ruebhausen, 11 jun. 1956.
157. BDC, Caixa 43, Oppenheimer a Gordon Dean, 16 maio 1957.
158. BDC, Oppenheimer Papers, Caixa 262, Kissinger Book, RO Statement, 14 jun. 1957.
159. Harvard Archives, International Seminar, HAK a Graubard, 8 jul. 1957.
160. "A Recipe Against Annihilation", *The Washington Post* and *The Times Herald*, 30 jun. 1957.
161. "An Atom Age Strategy", *Chicago Daily Tribune*, 7 jul. 1957.
162. Book Review, *New York Herald Tribune*, 10 jul. 1957.
163. "On the Problems of Preparedness in Today's World", *Christian Science Monitor*, 27 jun. 1957.
164. "A New Look at War-Making", *The New York Times*, 7 jul. 1957.
165. *American Political Science Review* 52, nº 3 (set. 1958), 842-44.
166. "War Without Suicide", *Economist*, 24 ago. 1957.
167. "Dilemma of the Nuclear Age in a Keen, Many-Sided View", *New York Herald Tribune*, 30 jun. 1957.
168. James E. King, Jr., "Nuclear Weapons and Foreign Policy, I – Limited Defense", *New Republic*, 1º jul. 1957, e "II – Limited Annihilation", ibid., 15 jul. 1957.
169. Paul H. Nitze, "Limited War or Massive Retaliation?".
170. Isaacson, *Kissinger*, KL 1682.
171. Nitze, "Atoms, Strategy, and Policy".
172. Morgenthau, "Nuclear Weapons and Foreign Policy". Ver também a crítica um tanto parecida do jornalista Walter Millis: *Political Science Quarterly* 72, nº 4 (dez. 1957), 608ff.
173. Brodie, "Nuclear Weapons and Foreign Policy".
174. Possony, "Nuclear Weapons and Foreign Policy".
175. Kaufmann, "Crisis in Military Affairs", 585, 593.
176. William H. Stringer, "State of the Nation: Is Limited War Possible?", *Christian Science Monitor*, 24 jul. 1957.
177. "USAF Policy Theorist Brands Limited War Escapist Language", *Globe and Mail*, 16 set. 1957.
178. BDC, A-2, Gavin a HAK, 15 jul. 1957; HAK a Gavin, 27 jul. 1957.
179. "Can War Be Limited?", *Des Moines Sunday Register*, 21 jul. 1957.
180. Chalmers M. Roberts, "Headaches for Ike . . . ", *The Washington Post* and *The Times Herald*, 24 jul. 1957. Ver também Roberts, "Kissinger Volume Stirs a Debate", ibid., 1º set. 1957.
181. Nixon Library, Pre-Presidential Papers, General Correspondence 414, RMN a HAK, 7 jul. 1958.
182. Lodge, *As It Was*, 202.
183. Eisenhower Library, Papers as POTUS, 1953-1961[Ann Whitman File], Caixa 23, Lodge a Eisenhower, 25 jul. 1957.
184. Ibid., Caixa 25, Eisenhower ao secretário de Estado Herter, 31 jul. 1957. Em um memorando particular, entretanto, Eisenhower deixou suas próprias objeções mais explícitas: "Esse homem diria: 'Nós seremos um acampamento armado — capazes de fazer todas as coisas, o tempo todo, em todos os lugares'". Thomas, *Ike's Bluff*, KL 7243-45.
185. Russell Baker, "U.S. Reconsidering 'Small-War' Theory", *The New York Times*, 11 ago. 1957.
186. Alistair Cooke, "Limited or World War? U.S. Debates the Odds", *Manchester Guardian*, 12 ago. 1957.
187. Russell Baker, "The Cold War and the Small War", *Time*, 26 ago. 1957.
188. Harvard Archives, International Seminar, HAK a Graubard, 5 dez. 1956.
189. BDC, A-2, HAK a Bundy, 7 fev. 1957.
190. Gaddis, *Strategies of Containment*, 178f.
191. Osgood, *Total Cold War*, 336f.
192. Ibid., 344.
193. Mieczkowski, *Eisenhower's Sputnik Moment*. Para o texto do discurso de Eisenhower do dia 7 nov. ver http:// bit.ly/ 1EnogkR.
194. "Man to Watch", *New York Herald Tribune*, 21 mar. 1958.
195. "Kissinger Speaks", *New York Herald Tribune*, 14 out. 1957. Ver também "Dr. Kissinger Amplifies", ibid., 17 out. 1957.
196. Eisenhower Library, Records as POTUS – White House Central Files, Caixa 7, Leo Cherne aos membros executivos do Research Institute, 24 out. 1957.
197. "U.S. Warned to Prevent More 'Syrias' ", *Los Angeles Examiner*, 30 out. 1957.
198. BDC, *Face the Nation*, 10 nov. 1957, transcrição.
199. Eisenhower Library, CIA, Foreign Broadcast Information Service, Current Developments Series, Radio Propaganda Report, CD. 78, 1º out. 1957.
200. Jackson, "Beyond Brinkmanship".

Capítulo 11: Boswash

1. BDC, Kent 9, John Conway a HAK, 17 fev. 1956.
2. HAK, "The Policymaker and the Intellectual", *Reporter*, 5 mar. 1959, 30, 33.
3. BDC, G-13, Huntington a HAK, 14 abr. 1956.
4. Ford Foundation Archives, Reel R-0492, Elliott a Don Price, n.d.
5. BDC, Kent 64, HAK a Bundy, 14 jun. 1956.
6. BDC, Kent 13, Rockefeller a HAK, 28 abr. 1956.
7. BDC, F-3(c), HAK a Oscar Ruebhausen, 11 jun. 1956. Sobre a gênese do Special Studies Project, ver Smith, *On His Own Terms*, KL 6096.
8. Harvard Archives, International Seminar, HAK a Graubard, 25 jun. 1956.
9. BDC, Kent 64, HAK a Bundy, 9 ago. 1956.
10. Harvard Archives, International Seminar, HAK a Graubard, 25 jun. e 9 jul. 1956.
11. BDC, Kent 9, HAK a NAR, 22 maio 1957.
12. Atkinson, *In Theory and Practice*, 18. Cf. Isaacson, *Kissinger*, KL 1762-70.
13. BDC, Kent 9, Robert Strausz-Hupé a HAK, 24 jul. 1957. Sobre Strausz-Hupé, ver Wiarda, *Think Tanks and Foreign Policy*, 14ff.
14. BDC, Kent 64, HAK a Bundy, 6 ago. 1957; Bundy a HAK, 15 ago. 1957. Para evidências da inquietação de Bundy quanto aos compromissos extracurriculares de Kissinger, ver HAK a Bundy, 11 set. 1957.
15. "Kissinger Talk Views U.S. Gov't Defense Program", recorte de um jornal não identificado, 31 maio 1958.

16. BDC, E-2, HAK Exoneração como Oficial da Reserva (1959), 6 mar. 1959.
17. BDC, G-13, HAK a Stanley Hoffmann, 13 set. 1957.
18. Graubard, *Kissinger*, 115.
19. BDC, HAK Papers, D-9, Kraemer a HAK, 17 maio 1958.
20. Rockefeller Archive Center, Kraemer, Trends in Western Germany, 1º jun. 1958.
21. Ibid., HAK ao Lt. Col. Robert Ekvall, 7 jul. 1956.
22. Andrew, "Cracks in the Consensus", 551.
23. Rosenberg, "Prospect for America", 2f.
24. Smith, *On His Own Terms*, KL 6096.
25. Rockefeller Archive Center, Special Studies Project, 31 out. 1956.
26. Ibid., Elliott draft, 1º nov. 1956. Ver também o esboço revisado e com novo título, Elliott a Robert Cutler, 2 nov. 1956.
27. Hoover Institution Archives, Elliott Papers, Caixa 88, United States Democratic Process – The Challenge and Opportunity, 9 nov. 1956.
28. Ver, e.g., Rockefeller Archive Center, HAK a Rusk, 27 nov. 1956.
29. Reich, *Life of Rockefeller*, 653, 658f.
30. Smith, *On His Own Terms*, 6156.
31. Lewis, *Spy Capitalism*, 58.
32. Rosenberg, "Prospect for America", 20. Cf. Snead, *Gaither Committee*. Ver também Halperin, "Gaither Committee".
33. Gaddis, *Strategies of Containment*, 182f.
34. Osgood, *Total Cold War*, 345.
35. Lewis, *Spy Capitalism*, p. 79ff.
36. Rockefeller Brothers Fund, *Prospect for America*, 96, 104.
37. Reich, *Life of Rockefeller*, 665.
38. Andrew, "Cracks in the Consensus", 541.
39. Rosenberg, "Prospect for America", 2f. Ver Isaacson, *Kissinger*, KL 1739-42.
40. Rosenberg, "Prospect for America", 2f.
41. Kennedy Library, Schlesinger Papers, Correspondência recebida, 1945-1960, Caixa P-17, HAK a Schlesinger, 13 jan. 1958.
42. BDC, HAK Papers, E-2, Schlesinger a HAK, 28 jan. 1958.
43. Rosenberg, "Prospect for America", 22.
44. Ibid., 27ff.
45. Andrew, "Cracks in the Consensus", 544f.
46. Ibid., 542.
47. Ibid., 538, 548.
48. BDC, Kent 13, NAR a HAK, 2 jul. 1958.
49. Andrew, "Cracks in the Consensus", 549.
50. Rosenberg, "Prospect for America", 7, 27ff.
51. Collier e Horowitz, *Rockefellers*, 195.
52. Rosenberg, "Prospect for America", 5.
53. Persico, *Imperial Rockefeller*, 77.
54. Reich, *Life of Rockefeller*, 661.
55. Ibid., 663.
56. Smith, *On His Own Terms*, KL 6514.
57. HAK, entrevista com o autor.
58. Harvard Archives, International Seminar, HAK a Graubard, 12 nov. 1956.
59. Ibid., HAK a Graubard, 5 dez. 1956.
60. Rockefeller Archive Center, HAK a NAR, 27 dez. 1956; NAR a HAK, 31 dez. 1956.
61. Ibid., HAK a NAR, 9 jan. 1957; BDC, Kent 9, HAK a NAR, 22 maio 1957; BDC, Kent 64, HAK a NAR, 10 ago. 1957.
62. BDC, Kent 69, Milton Katz a HAK, 6 jan. 1961.
63. Isaacson, *Kissinger*, KL 1812-14.
64. Straight, *Nancy Hanks*, 57f.
65. Reich, *Life of Rockefeller*, 662.
66. BDC, F-3(c), Hanks a HAK, 22 set. 1961.
67. Isaacson, *Kissinger*, KL 1730-32.
68. Sobre o relacionamento com NAR, ver Straight, *Nancy Hanks*, 47-55. Ela passou a servir como segunda diretora do National Endowment for the Arts (1969-77).
69. Ibid., 57.
70. BDC, HAK Papers, E-1, HAK a Nancy Hanks, 6 nov. 1958.
71. Ibid., E-2, HAK a Jamieson, 7 nov. 1958.
72. BDC, F-3(c), HAK a Hanks, 12 jan. 1960.
73. BDC, E-1, Hanks a HAK, 17 mar. 1960.
74. Ibid., HAK a Hanks, 21 mar. 1960.
75. Ibid., Hanks a HAK, 23 mar. 1960.
76. BDC, F-3(c), HAK a Hanks, 26 set. 1961.
77. BDC, E-1, HAK a Hanks, 16 jun. 1960.
78. "Summertime... Busiest Season of All. Traveler Visits One of Nation's Outstanding Young Men", *Boston Traveler*, 7 jul. 1959.
79. Isaacson, *Kissinger*, KL 1907-18, citando HAK aos seus pais, 8 set. 1961.
80. "Man to Watch: Dr. Kissinger – Foreign Policy Expert", *Tribune* [?], 21 mar. 1958.
81. Walter Kissinger, entrevista com o autor.
82. BDC, Kent 64, HAK a NAR, 6 jan. 1960.
83. Mazlish, *Kissinger*, esp. 84-88.
84. Suri, *Kissinger*, 133-37.
85. Smith, *Harvard Century*, 215f.
86. Schlesinger, *Veritas*, 209.
87. Smith, *Harvard Century*, 219f., 227.
88. Harvard Archives, International Seminar, 26 mar. 1958. Ver também HAK a Don Price [Ford Foundation], 10 dez. 1958.
89. BDC, Kent 64, Elliott a Bundy, 25 mar. 1959.
90. Atkinson, *In Theory and Practice*, 7-10.
91. Bird, *Color of Truth*, 143. Cf. Kalb e Kalb, *Kissinger*, 57; Mazlish, *Kissinger*, 75f.
92. Bowie e Kissinger, *Program of the CFIA*, 1.
93. Atkinson, *In Theory and Practice*, 28f.
94. Bowie e Kissinger, *Program of the CFIA*, 4.
95. Atkinson, *In Theory and Practice*, 28-32.
96. Ibid., 28.
97. Ibid., 48.
98. Ibid., 44.
99. Ibid., 118.
100. Ibid., 119f.
101. Hoover Institution Archives, Elliott Papers, Caixa 166, Elliott a Raymond Moley, 30 mar. 1960.
102. Mazlish, *Kissinger*, 77f.
103. Isaacson, *Kissinger*, KL 1807-10.
104. BDC, HAK Papers, E-1, Hanks a Corinne Lyman, 28 fev. 1958.
105. Ibid., Corinne Lyman a Hanks, 3 mar. 1958.
106. Kent papers, HAK a Bowie, n.d.

107. Isaacson, *Kissinger*, KL 1785-87; Thomas Schelling, entrevista com o autor.
108. Bird, *Color of Truth*, 143.
109. Isaacson, *Kissinger*, KL 1827-44.
110. BDC, Kent 64, HAK a Bundy, 17 jun. 1958; BDC, G-14 Supp (Kraemer), HAK a Kraemer, 22 dez. 1961.
111. Atkinson, *In Theory and Practice*, 78.
112. Ver, e.g., Kennedy Library, Bundy Papers, Harvard Years Correspondence, Caixa 22, Joint Arms Control Seminar: Abstract of Discussion, 4 out. 1960; Second Meeting, 24 out. 1960.
113. Kennedy Library, Bundy Papers, Harvard Years Correspondence, Caixa 22, Joint Arms Control Seminar: Abstract of Discussion, 19 dez. 1960.
114. Isaacson, *Kissinger*, KL 1844-52.
115. Fred Gardner, "The Cliché Expert Testifies on Disarmament", *The Harvard Crimson*, 16 jan. 1963.
116. Charles S. Maier, "The Professors' Role as Government Adviser", *The Harvard Crimson*, 16 jun. 1960.
117. Charles W. Bevard, Jr., "Two Professors Called Militarists", *The Harvard Crimson*, 29 maio 1963.
118. Westad, *Global Cold War*; Ferguson, *War of the World*, 596-625.
119. Gaddis, *Strategies of Containment*, 128f., 179f.
120. Ibid., 138.
121. Gaddis, *Kennan*, 487.
122. Osgood, *Total Cold War*, 96-113, 124f.
123. Ibid., 118ff.
124. Ibid., 132, 136.
125. Ibid., 138-40.
126. Frey, "Tools of Empire".
127. Osgood, *Total Cold War*, 124.
128. Frey, "Tools of Empire", 543.
129. Gaddis, *Strategies of Containment*, 156.
130. Ruehsen, "Operation 'Ajax' Revisited".
131. Osgood, *Total Cold War*, 146ff.
132. Leary, *Central Intelligence Agency*, 62f.
133. Thomas, *Very Best Men*, 229-32; Grose, *Gentleman Spy*, 723f.
134. HAK, entrevista com Mike Wallace. A entrevista pode ser assistida em http://cs.pn/1GpkMou.
135. American Broadcasting Company, juntamente com The Fund for the Republic, *Survival and Freedom: A Mike Wallace Interview with Henry A. Kissinger* (1958), 3-7.
136. Ibid., 6.
137. Ibid., 9f.
138. Ibid., 10.
139. Ibid., 11.
140. Ibid., 11, 13.
141. Ibid., 14.

Capítulo 12: O intelectual e o estrategista político

1. Smith, *On His Own Terms*, KL 9499-500.
2. Biblioteca de Nixon, Papéis Pré-presidenciais, Correspondência Geral 239, Elliott a RMN, 11 jan. 1960.
3. BDC, coleção de recortes de jornais de Louis Kissinger. Ver também "Kissinger, Among Top Ten Men, Real Expert", *Boston Traveler*, 7 jan. 1959; "Harvard's Kissinger Worked Days, Studied Nights", *Boston Sunday Globe*, 11 jan. 1959.
4. HAK, "Policymaker", 31, 33.
5. Ibid., 34.
6. Ibid., 35.
7. BDC, Kent 13, NAR a HAK, 2 jul. 1958.
8. BDC, Kent 64, HAK a NAR, 26 ago. 1958.
9. Ibid., HAK a NAR, 19 set. 1958.
10. BDC, E-1, HAK a Nancy Hanks, 6 out. 1958.
11. BDC, Kent 64, HAK a NAR, 6 out. 1958.
12. Smith, *On His Own Terms*, KL 7353.
13. BDC, E-2, Schlesinger a HAK, 5 nov. 1958.
14. Gaddis, *Kennan*, 522-27.
15. Osgood, *Total Cold War*, 199-205.
16. HAK, "Missiles and Western Alliance", 383-93.
17. Ibid., 398.
18. "Kissinger Urges Europe to Accept Missile Bases", *New York Herald Tribune*, 19 mar. 1958.
19. Stephen S. Singer, "Limited War Concept Defended by Kissinger", jornal não identificado de Hanover, NH, 19 mar. 1958.
20. Biblioteca de Kennedy, Papéis de Schlesinger, HAK a Schlesinger, 28 mar. 1958.
21. Rubinson, "'Crucified on a Cross of Atoms'".
22. Osgood, *Total Cold War*, 207.
23. Thomas, *Ike's Bluff*, KL 3995-4000.
24. Gaddis, *Strategies of Containment*, 191f.
25. BDC, G-15, HAK a *The Harvard Crimson*, 27 out. 1958.
26. BDC, *The Harvard Crimson*, HAK a Richard Levy, 2 out. 1958.
27. HAK, "Nuclear Testing and the Problem of Peace", 7, 16.
28. BDC, E-2, Teller a HAK, 5 nov. 1958.
29. Osgood, *Total Cold War*, 208f.
30. "Truth Kept from Public", *Evening World Herald*, 23 out. 1958.
31. BDC, Kent 64, HAK a NAR, 9 fev. 1959.
32. Ibid., NAR a HAK, 17 dez. 1958.
33. BDC, E-2, HAK a Schlesinger, 6 jul. 1959.
34. "So wenig wie möglich vernichten", *Die Welt*, 12 jan. 1959.
35. "Atomare Abschreckung genügt nicht mehr", *Süddeutsche Zeitung*, 14 jan. 1959.
36. BDC, D-4, HAK a Dönhoff, 2 fev. 1959. Ver também Dönhoff a HAK, 26 fev. 1959. *Die Zeit* publicou uma versão desse artigo em "The Policymaker and the Intellectual".
37. Gavin, *Nuclear Statecraft*, 58.
38. Ibid., 65.
39. Trachtenberg, *Cold War and After*, 25, 32.
40. "Der Theoretiker des 'begrenzten Krieges'", *Frankfurter Rundschau*, 17 jan. 1959.
41. "Kissinger sprach vor Generalen", *Die Welt*, 24 jan. 1959.
42. "Mit Panzern nach Berlin?", *Der Spiegel*, 11 fev. 1959. Ver também "Harvard Professor Favors Total War as 'Last Resort' to Keep Berlin Free", Reuters, 10 fev. 1959.
43. "Mr. Kissinger ist für den Krieg", *Berliner Zeitung*, 10 fev. 1959; "Westberlin ist Zeitzünderbombe",

Neues Deutschland, 10 fev. 1959; "Wer bedroht wen?", *Nationalzeitung*, 14 fev. 1959.
44. "Professors Express Varied Views on Current State of Berlin Crisis", *The Harvard Crimson*, 13 mar. 1959. Isso foi pouco antes da publicação do livro que criou a reputação de Brzezinski, *The Soviet Bloc: Unity and Conflict*.
45. Ver um primeiro rascunho em BDC, A-1(a), HAK, Além da Conferência (Cópia do Escritório), 20 abr. 1959.
46. HAK, "Search for Stability".
47. Ibid., 542.
48. Ibid., 543, 549, 551, 555.
49. Ibid., 556.
50. BDC, Kent 64, HAK a NAR, 7 mar. 1960; 23 mar. 1960.
51. BDC, C-1, Hobbing/Kissinger, Parecer A-5, Rev. 2 (Preliminar), Berlim, 14 jun. 1960.
52. Ambrose, *Nixon*, vol. 1, KL 7601-02.
53. *Telegraph*, 25 abr. 1988.
54. Nixon, *RN: Memoirs*, KL 3860-61.
55. Ambrose, *Nixon*, vol. 1, KL 10161-64.
56. BDC, Kent 64, HAK a NAR, 7 maio 1959.
57. BDC, E-1, Nancy Hanks a HAK, 14 abr. 1959.
58. BDC, Kent 64, HAK a NAR, 22 jul. 1959; 27 jul. 1959.
59. BDC, F-3(c), Roswell B. Perkins a HAK, 18 ago. 1959.
60. BDC, Kent 64, HAK a NAR, 21 ago. 1959.
61. BDC, F-3(c), Perkins a HAK, Gertrude Hardiman, e Tom Losee, 22 out. 1959.
62. BDC, Kent 13, HAK a NAR, 3 set. 1959.
63. Ibid., Pronunciamento após encontro com o sr. Khrushchov [rascunho], 3 set. 1959.
64. BDC, Kent 13, HAK a NAR, 4 set. 1959.
65. HAK, "The Khrushchov Visit: Dangers and Hopes", *The New York Times*, 6 set. 1959.
66. Ambrose, *Eisenhower*, vol. 2, KL 10735. Cf. Gaddis, *Strategies of Containment*, 195.
67. *The Harvard Crimson*, 30 nov. 1959.
68. BDC, G-15, HAK a Michael Churchill, 30 nov. 1959. A carta foi publicada como "Clarification", *The Harvard Crimson*, 1 dez. 1959.
69. Ambrose, *Eisenhower*, vol. 2, KL 10735.
70. BDC, F-3(c), HAK a Perkins, 5 nov. 1959; HAK a NAR, 9 nov. 1959.
71. BDC, Kent 64, HAK a NAR, 28 dez. 1959.
72. Ibid., HAK a Bundy, 14 out. 1959.
73. Ver, e.g., Biblioteca de Nixon, Papéis Pré-presidenciais, 414, Kirk, RMN a HAK, 10 jun. 1959.
74. Biblioteca de Nixon, RMN, "What Can I Believe: A series of essays prepared by Richard M. Nixon during his Senior year of study at Whittier College during the 1933-1934 School Year in the course 'Philosophy of Christian Reconstruction'", 9 out. 1933-29 mar. 1934, 1.
75. Wills, *Nixon Agonistes*, 31.
76. Biblioteca de Nixon, RMN, "What Can I Believe", 2, 32.
77. Ibid., 30f.
78. Frank, *Ike and Dick*, 213ff.
79. Safire, *Before the Fall*, 275.
80. BDC, Coleção de Jornais de HAK, RMN a HAK, 15 set. 1959.
81. Arquivos do Instituto Hoover, Papéis de Elliott, Elliott a RMN, 29 jan. 1958; Biblioteca de Nixon, Papéis Pré--presidenciais, Caixa 239, RMN a Elliott, 25 fev. 1958.
82. Biblioteca de Nixon, Papéis Pré-Presidenciais, Caixa 239, RMN a George Caitlin, 21 fev. 1958.
83. Ibid., Correspondência Geral, 239, Elliott a John F. Fennelly, 29 mar. 1960.
84. Ambrose, *Nixon*, vol. 1, KL 10319-59.
85. Biblioteca de Nixon, Papéis Pré-presidenciais, Correspondência Geral, 239, Elliott a RMN, 11 jan. 1960.
86. Ibid., Elliott a RMN, 24 abr. 1960.
87. Arquivos do Instituto Hoover, Papéis de Elliott, Caixa 166, sem rótulo, Elliott a RMN, 24 abr. 1961.
88. Aitken, *Nixon*, 341.
89. Reeves, *President Nixon*, 11f.
90. Stans, *One of the President's Men*, 268.
91. Aitken, *Nixon*, 161.
92. Donovan, *Confidential Secretary*, 158.
93. Black, *Richard Milhous Nixon*, 221.
94. Aitken, *Nixon*, 334.
95. Coleção de Jornais de HAK, "Debating Military Policy: Extension of Remarks of Hon. Lyndon B. Johnson", *Congressional Record*, 16 fev. 1960. Cf. "The Nation", *Time*, 15 fev. 1960.
96. BDC, F-3(c), HAK a Perkins, 19 jan. 1960.
97. Ibid.
98. Ibid., Laurance Rockefeller a HAK, 25 mar. 1960.
99. BDC, A e P, HAK a Schlesinger, Re. NAR, 9 abr. 1962.
100. Rosenberg, "Origins of Overkill".
101. Osgood, *Total Cold War*, 210.
102. Thomas, *Very Best Men*, 218.
103. Gaddis, *Strategies of Containment*, 195f.
104. BDC, F-2(a), HAK a NAR, 23 maio 1960.
105. BDC, Kent 64, HAK a NAR, 20 maio 1960.
106. BDC, F-2(a), HAK, Pensamentos sobre a nossa Política Militar, 28 maio 1960, 15.
107. Ibid., 19.
108. BDC, F-2(a), HAK, Nota Adicional sobre Assuntos Militares, 1º jun. 1960.
109. Ambrose, *Nixon*, vol. 1, KL 10831-45.
110. BDC, F-3(c), HAK a Perkins, 8 jun. 1960.
111. BDC, Kent 13, Perkins a NAR, 17 jun. 1960. Cf. BDC, F-2(b), Relações Exteriores: Resumos de Pareceres, 1º jul. 1960.
112. BDC, Kent 64, HAK a NAR, 26 set. 1960; BDC, E-2, HAK a Teller, 1º jun. 1960.
113. Smith, *On His Own Terms*, KL 8030-31.
114. Ibid., KL 10916-28.
115. HAK, "Do the New Nations Need Our Kind of Democracy?", *New York Post*, 19 jun. 1960.
116. "A 'New Look' Plan on Arms Opposed", *The New York Times*, 19 jun. 1960.
117. HAK, "Arms Control, Inspection", 559, 568, 571f.
118. Atkinson, *In Theory and Practice*, 72f., 76.
119. HAK, "Limited War: Conventional or Nuclear?", 806f.
120. Ibid., 808.
121. Isaacson, *Kissinger*, KL 1990-95.
122. Walter Millis, "The Object Is Survival", *The New York Times*, 15 jan. 1961.
123. Martin, "Necessity for Choice".
124. Wright, "Necessity for Choice".
125. HAK, *Necessity for Choice* [doravante *NFC*], 1.
126. *NFC*, 2-6, 32, 98.

127. Fursenko and Naftali, *Khrushchov's Cold War*.
128. *NFC*, 23.
129. *NFC*, 257, 122.
130. HAK, "For an Atlantic Confederacy", *Reporter*, 2 fev. 1961.
131. BDC, Caixa 7, HAK a Caryl Haskins, 12 nov. 1959. Ver também resposta de Haskins, 25 nov. 1959.
132. *NFC*, 122.
133. *NFC*, 300ff.
134. *NFC*, 303, 308.
135. *NFC*, 311, 318, 328.
136. BDC, Kent 64, Cushman a HAK, 28 jun. 1960.
137. Schlesinger, *Journals*, 30 ago. 1960.
138. Ambrose, *Nixon*, vol. 1, KL 11155-97. Ver também Smith, *On His Own Terms*, KL 8159; Black, *Richard Milhous Nixon*, 396.
139. Schlesinger, *Journals*, 30 ago. 1960.
140. BDC, Kent 64, George Grassmuck a HAK, 29 ago. 1960.
141. Ibid., HAK a Grassmuck, 1º set. 1960.
142. BDC, F-3(c), HAK a Perkins, 30 nov. 1960.
143. Ibid., HAK a Adolph Berle Jr., 17 out. 1960.
144. BDC, A e P, HAK a NAR, 18 nov. 1960.
145. BDC, F-3(c), HAK a Cort Schuyler, 20 dez. 1960. Ver também 23 dez. 1960.
146. Ibid., HAK a Schuyler, 11 jan. 1961.
147. BDC, Kent 64, HAK a NAR, 24 fev. 1961.
148. BDC, Papéis de HAK, Caixa 7, HAK a Haskins, 12 nov. 1959. Cf. *NFC*, 313f.
149. Central de Arquivos Rockefeller, Kraemer a HAK, 1º nov. 1956. Ver o parecer Tendências na Alemanha Ocidental, nov. 1956.
150. Schlesinger, *Journals*, 30 ago. 1960.
151. BDC, G-14, Kraemer a HAK, 2 dez. 1957.

Capítulo 13: Respostas flexíveis

1. Arquivos do Instituto Hoover, Papéis de Elliott, "Conference on the Marriage of Political Philosophy and Practice in Public Affairs in Honor of Professor Elliott", Escola de Verão de Harvard, Programa e Procedimentos, 22 jul. 1963.
2. Biblioteca de Kennedy, Arquivo por Assunto, 1961-1964, Caixa WH-13, HAK a Schlesinger, 8 set. 1961.
3. Andrew Dugan e Frank Newport, "Americans Rate JFK as Top Modern President", Gallup, 15 nov. 2013, http://bit.ly/1d9qLNh.
4. Frank Newport, "Americans Say Reagan Is the Greatest U.S. President", 18 fev. 2011, http://bit.ly/1DYtthB.
5. Halberstam, *Best and Brightest*, 42.
6. Schlesinger, *Thousand Days*, 728f.
7. Caro, *Passage of Power*, KL 6294-98, 6301.
8. Smith, *Harvard Century*, 13.
9. Atkinson, *In Theory and Practice*, 126f.
10. Dwight D. Eisenhower, "Farewell Address", 17 jan. 1961, *PBS American Experience*, http://to.pbs.org/1DYtEcw.
11. Atkinson, *In Theory and Practice*, 127.
12. BDC, J-10, John F. Kennedy [doravante JFK] a HAK, 13 dez. 1958.
13. Ibid., HAK a JFK, 23 dez. 1958.
14. Ibid., JFK a HAK, 23 jan. 1959.
15. Ibid., JFK a HAK, 6 fev. 1959.
16. Ibid., HAK a JFK, 13 fev. 1959.
17. Ibid., JFK a HAK, 4 jun. 1959.
18. "Kennedy Moves to Organize Campus Braintrust", *Boston Sunday Globe*, 11 dez. 1959.
19. Programa de História Oral da Biblioteca John F. Kennedy, Abram Chayes, entrevista gravada por Eugene Gordon, 18 maio 1964, 39-45. Ver também Archibald Cox, entrevista gravada por Richard A. Lester, 25 nov. 1964, 39.
20. BDC, F-3(c), HAK a Perkins, 19 jan. 1960.
21. BDC, D-4, HAK a Sally Coxe Taylor, 10 fev. 1960.
22. *NFC*, 6.
23. BDC, Kent 13, HAK a Happy Murphy, 21 jan. 1960.
24. Arthur Schlesinger, *Journals*, 30 ago. 1960.
25. BDC, F-3(c), HAK a Adolph Berle Jr., 25 out. 1960.
26. BDC, J-10, HAK a JFK, 14 nov. 1960.
27. Ibid., HAK a JFK, 16 nov. 1960.
28. Rosenberg, "Prospect for America", 57ff.
29. Richard H. Rovere, "Letter from Washington", *New Yorker*, 21 jan. 1961, 108f.
30. William Manchester, "John F. Kennedy: Portrait of a President", *New York Post Magazine*, 22 mar. 1963.
31. Biblioteca de Kennedy, Papéis de Schlesinger, Carta recebida, 1945-1960, Caixa P-17, HAK a Schlesinger, 23 jan. 1961.
32. BDC, Kent 64, Bundy a HAK, 28 jan. 1961.
33. "Kennedy Expected to Name Dr. Kissinger to Key Post", *Boston Sunday Globe*, 5 fev. 1961.
34. Biblioteca de Kennedy, Memorandos do Gabinete, Caixa 320, Bundy a JFK, 8 fev. 1961.
35. BDC, Kent 64, HAK a Bundy, 8 fev. 1961.
36. BDC, J-10, HAK a JFK, 8 fev. 1961.
37. BDC, Kent 64, Bundy a HAK, 10 fev. 1961.
38. Ibid., Bundy a HAK, 18 fev. 1961.
39. Ibid., HAK a Bundy, 1º mar. 1961; Bundy a HAK, 9 mar. 1961.
40. Ibid., HAK a Bundy, 22 fev. 1961.
41. Biblioteca de Kennedy, Memorandos do Gabinete, Caixa 320, Escritório do Secretário de Imprensa da Casa Branca, 27 fev. 1961.
42. Bird, *Color of Truth*, 186. Ver também 143f.
43. Biblioteca de Kennedy, Arquivo por Assunto, 1961-1964, Caixa WH-13, HAK a Schlesinger, 8 set. 1961. Ver também Biblioteca Pública de Nova York, Diário de Schlesinger, 28 jul. 1961.
44. BDC, A e P, HAK a Schlesinger, Re. NAR, 9 abr. 1962.
45. BDC, Kent 64, HAK a NAR, 10 fev. 1961.
46. Ver, e.g., BDC, F-3(c), Hugh Morrow a NAR, 20 fev. 1961.
47. BDC, F-3(c), June Goldthwait a HAK, 20 mar. 1961.
48. Ver, e.g., HAK, "A Stronger Atlantic Confederacy", *Japan Times*, 22 mar. 1961.
49. BDC, F-3(c), Cort Schuyler a HAK, 13 abr. 1961.
50. Ibid., Mary K. Boland a HAK, 10 mar. 1961.
51. Ibid., Boland a Perkins e HAK, 14 abr. 1961.
52. BDC, Kent 64, HAK a NAR, 7 ago. 1961.
53. BDC, F-3(c), Morrow a NAR, 30 abr. 1961.

54. BDC, Kent 64, HAK a NAR, 1º jun. 1961.
55. BDC, Kent 63, HAK a NAR, 3 maio 1961.
56. Giglio, *Kennedy*, 48.
57. Gaddis, *Strategies of Containment*, 200.
58. Ibid., 216.
59. Freedman, *Kennedy's Wars*, esp. 417ff.
60. Preston, "Little State Department", 639-43.
61. Nelson, "Kennedy's National Security Policy".
62. Preston, "Little State Department", 644.
63. Destler, *Presidents, Bureaucrats*, 96-100.
64. Ibid., 102f.
65. Daalder and Destler, *Shadow of Oval Office*, 40.
66. Preston, "Little State Department", 647f.
67. Salinger, *With Kennedy*, 110f.
68. Reeves, *President Kennedy*, 288.
69. Ibid., 289-92.
70. Biblioteca Pública de Nova York, Diário de Schlesinger ms., 31 mar. 1962.
71. BDC, Kent 64, HAK a NAR, 14 ago. 1961.
72. Papéis da família Kissinger, Louis Kissinger a HAK, 19 nov. 1963.
73. Isaacson, *Kissinger*, KL 1940-41.
74. Bartle Bull, "Castro Cites Cuban Goals in Dillon Talk", *The Harvard Crimson*, 27 abr. 1959.
75. Higgins, *Perfect Failure*, 50.
76. Beck, "Necessary Lies, Hidden Truths", 43.
77. Ibid., 52.
78. Higgins, *Perfect Failure*, 67.
79. Ibid., 68, 71, 81, 91, 168, 75, 103, 108.
80. Schlesinger, *Thousand Days*, 222, 225, 231.
81. Giglio, Kennedy, 58; Daalder and Destler, *Shadow of Oval Office*, 21; Schlesinger, *Thousand Days*, 259.
82. Vandenbroucke, "Anatomy of a Failure", 487, 478.
83. Rasenberger, *Brilliant Disaster*, 386.
84. Salinger, *With Kennedy*, 196.
85. Biblioteca Pública de Nova York, Diário de Schlesinger ms., 21-22 abr. 1961, 174f.
86. Giglio, Kennedy, 63.
87. May and Zelikow, *Kennedy Tapes*, 27.
88. Ibid., 28.
89. Rasenberger, *Brilliant Disaster*, 334.
90. Rothkopf, *Running the World*, 85.
91. Daalder and Destler, *Shadow of Oval Office*, 23.
92. Preston, "Little State Department", 649. Ver também Rasenberger, *Brilliant Disaster*, 334ff.; Rothkopf, *Running the World*, 90.
93. Biblioteca de Kennedy, Memorandos do Gabinete, Caixa 320, Bundy a Allen Dulles, 29 maio 1961; NSC a Bundy, 29 maio 1961; Dulles a Bundy, 30 maio 1961. Cf. Atkinson, *In Theory and Practice*, 129.
94. Biblioteca de Kennedy, Arquivo por Assunto, 1961-1964, Caixa WH-13, HAK a Schlesinger, 8 set. 1961.
95. Biblioteca de Kennedy, Memorandos do Gabinete, Caixa 320, HAK a JFK, 28 fev. 1961.
96. Ibid., HAK a Bundy, 14 mar. 1961.
97. BDC, D-Series, HAK, "Memorandum for the President: Major Defense Options", 22 mar. 1961.
98. Ibid.
99. Ibid., HAK, "Revisions of National Security Council document called 'NATO and the Atlantic Nations'", 5 abr. 1961.
100. Ibid., HAK a Bundy, 5 maio 1961.

101. Fursenko e Naftali, *Khrushchov's Cold War*, 341.
102. Rueger, "Kennedy, Adenauer and Berlin Wall", 77.
103. Brinkley, *Kennedy*, 78. Cf. Gavin, *Nuclear Statecraft*, 64.
104. Gavin, *Nuclear Statecraft*, 65.
105. Ausland e Richardson, "Crisis Management", 294.
106. Ibid., 295.
107. Rueger, "Kennedy, Adenauer and the Making of the Berlin Wall", 95.
108. Ibid., 92f.
109. *FRUS, 1961-1963*, vol. XIV, *Berlin Crisis, 1961-1962*, Doc. 42, Gravação da Reunião do Grupo de Coordenação Interdepartamental sobre o Planejamento de Contingências em Berlim, 16 jun. 1961; Doc. 49, Relatório de Acheson, 28 jun. 1961. Cf. Rueger, "Kennedy, Adenauer and the Making of the Berlin Wall", 102; Gavin, *Nuclear Statecraft*, 67; Schlesinger, *Thousand Days*, 345.
110. Biblioteca de Kennedy, Caixa 462, Arquivo Cronológico de Kissinger 7/61, HAK a Rostow, 4 abr. 1961.
111. Ibid., HAK, Visita do Chanceler Adenauer — Alguns Fatores Psicológicos, 6 abr. 1961.
112. Klaus Wegreife, "Adenauer Wanted to Swap West Berlin for Parts of GDR", *Der Spiegel*, 15 ago. 2011, http://bit.ly/1KcVDHO.
113. Biblioteca de Kennedy, Caixa 462, HAK, Visita do Chanceler Adenauer — Alguns Fatores Psicológicos, 6 abr. 1961.
114. Ibid., HAK a Bundy, 26 dez. 1961. Ver também Bundy a Dowling, 30 dez. 1961; Dowling a Bundy, 18 jan. 1962; Kaysen a HAK, 20 jan.; HAK a Kaysen, 24 jan.; Kaysen a Dowling, 26 jan.; Dowling a Kaysen, 30 jan.; HAK a Kaysen, 2 fev., 3 fev.; Embaixada dos EUA em Bonn a Rusk, 7 fev.; Bundy a Dowling, 7 fev.
115. Biblioteca Pública de Nova York, Diário de Schlesinger ms., 21-22 abr. 1961, 174f.
116. BDC, D-Series, HAK a JFK, 5 maio 1961.
117. BDC, D-4, HAK a Rostow, 5 maio 1961.
118. Patrick, "Berlin Crisis in 1961", 90-93.
119. Biblioteca de Kennedy, Memorandos do Gabinete, Caixa 320, HAK a Bundy, 5 maio 1961.
120. Ibid., Bundy a HAK, 5 maio 1961.
121. BDC, D-Series, HAK, Encontro com o Ministro de Defesa Franz Josef Strauss, 10 maio 1961. Ver também Biblioteca de Kennedy, Caixa 462, Embaixada dos EUA em Bonn a Rusk, 18 maio 1961. Strauss mais tarde concedeu a um jornal uma entrevista em que tornou públicas algumas das suas divergências com Kissinger. Ver também Rueger, "Kennedy, Adenauer and the Making of the Berlin Wall", 148-50.
122. *FRUS, 1961-1963*, vol. XIII, *Western Europe and Canada*, Doc. 111, Dowling a Rusk, 5 jul. 1961.
123. BDC, D-Series, HAK, Encontro com Adenauer, 18 maio 1961. Ver também Biblioteca de Kennedy, Caixa 462, Embaixada dos EUA em Bonn a Rusk, 19 maio 1961.
124. BDC, D-Series, HAK, Conversa com François de Rose, 13 jun. 1961.
125. Ibid., memorando de HAK, 25 maio 1961.
126. Biblioteca de Kennedy, HAK a Bundy, 13 jun. 1961.
127. Biblioteca de Kennedy, Caixa 462, Embaixada dos

EUA em Bonn a Rusk, 25 maio 1961. Cf. Patrick, "Berlin Crisis in 1961", 95f.; Anthony Verrier, "Kissinger's Five Points", *Observer*, 21 maio 1961.
128. Joseph Wershba, "Is Limited War the Road to, or from, the Unlimited Kind?", *New York Post*, 5 jun. 1961.
129. Biblioteca de Kennedy, Caixa WH-13, HAK a Schlesinger, 9 jun. 1961. Cf. Brinkley, *Kennedy*, 80f.; Freedman, *Kennedy's Wars*, 55; Reeves, Kennedy, 174.
130. Brinkley, Kennedy, 78; Kempe, *Berlin 1961*, 294f.
131. Preston, *War Council*, 69f. Ver também Schlesinger, *Thousand Days*, 349.
132. *FRUS, 1961-1963*, vol. XIV, *Berlin Crisis, 1961-1962*, Doc. 76, Bundy a JFK, 19 jul. 1961.
133. Ibid., Doc. 57, Schlesinger a JFK, 7 jul. 1961.
134. BDC, Kent 64, HAK a Bundy, 5 jun. 1961.
135. Ibid., HAK a Bundy, 5 jun. 1961.
136. Ibid., Bundy a HAK, 8 jun. 1961.
137. Ibid.
138. BDC, D-Series, HAK a Bundy, 20 jun. 1961.
139. BDC, A e P, HAK a Rostow, 27 jun. 1961; Biblioteca de Kennedy, Caixa 462, HAK a Bundy, 29 jun. 1961.
140. Ibid., HAK a Rostow, 27 jun. 1961.
141. "The Administration: The Test of Reality", *Time*, 30 jun. 1961.
142. Fursenko e Naftali, *Khrushchov's Cold War*, 370.
143. Rueger, "Kennedy, Adenauer and the Making of the Berlin Wall", 180f.
144. Schlesinger, *Thousand Days*, 350f.; Kempe, *Berlin 1961*, 299f.
145. Biblioteca de Kennedy, Caixa 462, HAK a Bundy, Aspecto de Guerra Geral dos Planos de Contingência para Berlim, 7 jul. 1961.
146. Ibid., HAK a Bundy, Situação dos Planos de Contingência para Berlim, 7 jul. 1961.
147. Biblioteca de Kennedy, Caixa 81a, Alemanha – Berlim, Relatório de Kissinger sobre Berlim, 7 jul. 1961. Em algum ponto, Kissinger expressou dúvidas de que esses memorandos tenham algum dia saído do escritório de Bundy, mas esse não era o caso. Ver também *FRUS, 1961-1963*, vol. XIV, *Berlin Crisis, 1961-1962*, Doc. 38, Bundy a JFK, 10 jun. 1961.
148. Biblioteca de Kennedy, Caixa 462, HAK a Bowie, 8 jul. 1961.
149. Ibid., HAK a Bundy, 14 jul. 1961.
150. Ibid., HAK a Bundy, Negociações com RDA, 11 ago. 1961.
151. Biblioteca de Kennedy, Memorandos do Gabinete, Caixa 320, HAK a Bundy, 11 ago. 1961.
152. Patrick, "Berlin Crisis in 1961", 110.
153. Kempe, *Berlin 1961*, 311ff.; Rueger, "Kennedy, Adenauer and the Making of the Berlin all", 195f., 253f.
154. *FRUS, 1961-1963*, vol. XIV, *Berlin Crisis, 1961-1962*, Doc. 85, Embaixada dos EUA em Moscou a Rusk, 29 jul. 1961.
155. Ibid., Doc. 84, Embaixada dos EUA em Moscou a Rusk, 28 jul. 1961.
156. Biblioteca Pública de Nova York, Diário de Schlesinger ms., 28 jul. 1961.
157. Kempe, *Berlin 1961*, 490.
158. Brinkley, *Kennedy*, 82.
159. Kempe, *Berlin 1961*, 490.
160. Ibid., 332.
161. Ibid., 349, 355f., 371.
162. Brinkley, *Kennedy*, 82.
163. Kempe, *Berlin 1961*, 486.
164. Freedman, *Kennedy's Wars*, 68-69.
165. Brinkley, *Kennedy*, 81.
166. Gaddis, *Cold War*, 115.
167. Biblioteca de Kennedy, Caixa 462, HAK, Algumas Reflexões sobre o Memorando de Acheson, 16 ago. 1961.
168. Biblioteca de Kennedy, Memorandos do Gabinete, Caixa 320, HAK a Bundy, 16 ago. 1961. Ver in General Hofmann, *Emergence of Détente*.
169. Biblioteca de Kennedy, Caixa 462, HAK a Rostow, 16 ago. 1961.
170. Biblioteca de Kennedy, Memorandos do Gabinete, Caixa 320, HAK a Bundy, 18 ago. 1961.
171. BDC, D-Series, HAK a Maxwell Taylor, 28 ago. 1961.
172. Ibid., HAK a Taylor, 29 ago. 1961, anexo um rascunho de memorando para que Taylor enviasse a Bundy.
173. Biblioteca de Kennedy, Caixa 462, Arquivo Cronológico de Kissinger 7/61, HAK a Bundy, 1º set. 1961.
174. BDC, D-Series, HAK a Bundy, Algumas Observações Adicionais sobre a Convocação de Reservistas; Planos de Desarmamento e Militares, 8 set. 1961.
175. Biblioteca de Kennedy, Caixa 462, Arquivo Cronológico de Kissinger 7/61, HAK a Bundy, 6 set. 1961.
176. Biblioteca de Kennedy, Arquivo por Assunto, 1961-1964, Caixa WH-13, HAK a Schlesinger, 8 set. 1961.
177. BDC, A e P, HAK, Memorando de conversa com Bundy, 19 set. 1961, 17h15.
178. Stephen Schlesinger, diário, 6 out. 2008.
179. Biblioteca de Kennedy, Arquivo por Assunto, 1961-1964, Caixa WH-13, HAK a Schlesinger, 8 set. 1961.
180. Ibid., Schlesinger a HAK, 27 set. 1961; HAK a Schlesinger, 3 out. 1961.
181. Biblioteca de Kennedy, Memorandos do Gabinete, Caixa 320, HAK, Memorando da conversa com Delegados Soviéticos em Stowe, Vermont, 13-19 set. 1961.
182. Hargittai, *Buried Glory*, 19.
183. Kempe, *Berlin 1961*, 415f.
184. BDC, D-Series, HAK a Taylor, 28 set. 1961.
185. Ibid., HAK a Bundy, 3 out. 1961.
186. BDC, G-15, HAK a editores de *The Harvard Crimson*, 5 out. 1961.
187. Biblioteca de Kennedy, Arquivo por Assunto, 1961-1964, Caixa WH-13, HAK, Pensamentos Diversos sobre o Discurso, 9 out. 1961.
188. Ibid., HAK a Schlesinger, 15 out. 1961.
189. BDC, D-Series, HAK, Planejamento da OTAN, 16 out. 1961.
190. Ibid., HAK, Programa Militar, 17 out. 1961.
191. BDC, F-2(b), HAK a Bundy, 19 out. 1961.
192. Ibid., HAK a Bundy, 3 nov. 1961.
193. Ibid., HAK a JFK, 3 nov. 1961.
194. Ibid.; Biblioteca de Kennedy, Arquivo por Assunto, 1961-1964, Caixa WH-13, HAK a Schlesinger, 3 nov. 1961.
195. BDC, F-2(b), Bundy a HAK, 13 nov. 1961.

196. Biblioteca de Kennedy, Arquivo por Assunto, 1961-1964, Caixa WH-13, HAK a Schlesinger, 3 nov. 1961.
197. BDC, Kent 64, HAK, Memorando da conversa com o sr. Conway da Revista *Newsweek*, 17 nov. 1961.
198. Biblioteca de Kennedy, Memorandos do Gabinete, Caixa 320, Lois Moock a Bromley Smith, 6 nov. 1961; Charles Johnson, Memorando para Registro, 28 nov. 1961. Ver também Isaacson, Kissinger, 13; Atkinson, *In Theory and Practice*, 131.
199. "JFK Aide Tells of Soviet Goal", *Durham Morning Herald*, 27 out. 1961.
200. Thomas, *Robert Kennedy*, 139.
201. Fursenko and Naftali, *Khrushchov's Cold War*, 400.
202. Daalder e Destler, *Shadow of Oval Office*, 31f.
203. Biblioteca de Kennedy, Arquivo por Assunto, 1961-1964, Caixa WH-13, HAK a Schlesinger, 3 nov. 1961.
204. Ibid., Schlesinger a JFK, 10 nov. 1961.
205. NAR, *Future of Federalism*.
206. BDC, A e P, HAK a NAR, 19 out. 1961.
207. BDC, Kent 64, HAK a NAR, 20 out. 1961.
208. BDC, F-3(c), Goldthwait a HAK, 5 dez. 1961; BDC, F-2(b), HAK a NAR, 7 dez. 1961.
209. BDC, Kent 64, HAK a NAR, 19 dez. 1961; BDC, F-3(c), HAK a Perkins, 20 dez. 1961.
210. BDC, F-3(c), Goldthwait a HAK, 20 fev. 1962; ver também Goldthwait a Perkins, 20 fev. 1962.
211. Ibid., Perkins a HAK, 6 mar. 1962, 4 abr. 1962.
212. Ibid., Perkins a HAK, 14 maio 1962.
213. Ibid., HAK a Perkins (rascunho), 12 mar. 1962.
214. *FRUS, 1961-1963*, vol. XIV, *Berlin Crisis, 1961-1962*, Doc. 215, Bundy a JFK, 20 nov. 1961; BDC, D-Series, HAK, Instrução Militar ao Chanceler Adenauer, 20 nov. 1961; BDC, Kent 64, Bundy a HAK, 30 nov. 1961; Biblioteca de Kennedy, Caixa 462, Bundy a HAK, 17 dez. 1961.
215. BDC, F-3(c), HAK a Perkins (rascunho), 12 mar. 1962.
216. Statistics at *Chronik der Mauer*, http://bit.ly/1JkZSDx.

Capítulo 14: Fatos da vida

1. Biblioteca de Kennedy, Memorandos do Gabinete, Caixa 320, HAK, "American Strategic Thinking", discurso no quartel-general da Força Aérea do Paquistão, 2 fev. 1962.
2. BDC, D-Series, HAK, Memorando de conversa em Paris de 5 fev. 1962, 9 fev. 1962.
3. Garrow, "FBI and Martin Luther King".
4. BDC, BDC-A e P, HAK a NAR, 19 out. 1961.
5. BDC, Kent 64, correspondência de NAR de 1962, HAK a NAR, 25 maio 1962.
6. Biblioteca de Kennedy, Caixa WH-13, Schlesinger a Gilberto Freyre, 25 maio 1962.
7. Biblioteca de Kennedy, Caixa 321, Memorando de conversa consular, A Crise Brasileira, 7 jun. 1962.
8. BDC, Kent 64, HAK a NAR, 21 jun. 1962.
9. BDC, G-14 Supp. (Kraemer), HAK a Kraemer, 20 set. 1962.
10. Biblioteca de Kennedy, Caixa WH-13, Schlesinger a HAK, 1º out. 1962.
11. Biblioteca de Kennedy, Caixa 321, Memorando de conversa consular, 9 jun. 1962.
12. Andrew, *World Was Going Our Way*. Ver também Ladislav Bittman, *The Deception Game* (New York: Ballantine Books, 1981).
13. BDC, F-3(c), HAK a NAR, 6 mar. 1963.
14. Biblioteca de Kennedy, Caixa 462, Embaixada dos EUA em Nova Déli a Rusk, 10 jan. 1962.
15. Biblioteca de Kennedy, Caixa 320, 1-62, Embaixada dos EUA em Nova Déli a Rusk, 12 jan. 1962.
16. BDC, Kent 9, HAK, Memorando de conversa com Krishna Menon (8 e 10 jan. 1962), 8 fev. 1962.
17. Ibid., HAK, Memorando de conversa com Nehru (10 jan. 1962), 8 fev. 1962.
18. Biblioteca de Kennedy, Memorandos do Gabinete, Caixa 320, HAK, Resumo da conversa sobre Desarmamento com Autoridades Indianas, 13 fev. 1962.
19. Biblioteca de Kennedy, Caixa 342, Depto. Estado a Embaixada dos EUA em Tel Aviv, 3 jan. 1962; Embaixada dos EUA em Tel Aviv a Rusk, 9 jan. 1962; Reações a Declarações de Kissinger, 9 jan. 1962; Embaixada dos EUA em Karachi a Rusk, 10 jan. 1962; Embaixada dos EUA em Nova Déli a Rusk, 10 jan. 1962; L. D. Battle a Bundy, 10 jan. 1962; Comentários de Kissinger, 10 jan. 1962.
20. Ibid., Embaixada dos EUA em Karachi a Rusk, 11 jan. 1962; Embaixada dos EUA em Karachi a Rusk, 12 jan. 1962, 15 jan. 1962, 16 jan. 1962.
21. Ibid., Embaixada dos EUA em Nova Déli a Rusk, 11 jan. 1962; Embaixada dos EUA em Damasco, 30 jan. 1962.
22. Biblioteca de Kennedy, Memorandos do Gabinete, Caixa 320, HAK, "American Strategic Thinking", discurso no quartel-general da Força Aérea do Paquistão, 2 fev. 1962.
23. Biblioteca de Kennedy, Caixa 462, Embaixada dos EUA em Karachi a Rusk, 1º fev. 1962.
24. Biblioteca de Kennedy, Memorandos do Gabinete, Caixa 320, HAK, "American Strategic Thinking", discurso no quartel-general da Força Aérea do Paquistão, 2 fev. 1962.
25. Ibid., LeRoy Makepeace ao Depto. Estado, 13 fev. 1962.
26. Biblioteca de Kennedy, Arquivo por Assunto, 1961-1964, Caixa WH-13, Transcrição da Sessão de perguntas e respostas do dr. Kissinger na Universidade de Panjab, Lahore, 3 fev. 1962.
27. Ibid., HAK a Schlesinger, 22 mar. 1962.
28. Biblioteca de Kennedy, Memorandos do Gabinete, Caixa 320, Bundy a Lucius Battle, 13 fev. 1962.
29. Ibid., HAK, "American Strategic Thinking", discurso no quartel-general da Força Aérea do Paquistão, 2 fev. 1962.
30. BDC, BDC-A e P, HAK a Schlesinger, 9 abr. 1962.
31. Gaddis, *Strategies of Containment*, 205, 217, 232.
32. BDC, D-Series, HAK, Memorando de conversa com Stehlin, 5 fev. 1962, 9 fev. 1962.
33. Ibid., HAK, Memorando de conversa de Paris, 5 fev. 1962, 9 fev. 1962.
34. Ibid., HAK, Memorando de conversa com Jean Laloy, 9 fev. 1962.
35. Biblioteca de Kennedy, Caixa 462, Material da

Instrução de Histórico para HAK, 13 fev. 1962; Embaixada dos EUA em Bonn a Rusk, 13 fev. 1962.
36. Ibid., Viagens de Kissinger, Depto. Estado à Embaixada dos EUA em Bonn, 13 fev. 1962.
37. BDC, D-Series, HAK, Resumo das Conversações na Alemanha sobre Negociações, 21 fev. 1962.
38. *FRUS, 1961–1963*, vol. XIV, *Berlin Crisis, 1961-1962*, Doc. 298, Dowling a Rusk, 17 fev. 1962.
39. Ibid., Doc. 300, Memorando de conversa com o Embaixador Grewe, 19 fev. 1962.
40. Ibid., Doc. 305, Dowling a JFK e Rusk, 23 fev. 1962.
41. *FRUS, 1961-1963*, vol. V, *Soviet Union*, Doc. 186, Salinger a JFK, 1º maio 1962.
42. Schwarz, *Konrad Adenauer*, 2:601-4. Ver também Chopra, *De Gaulle and Unity*, 116.
43. Biblioteca de Kennedy, Caixa 462, Viagens de Kissinger, Embaixada dos EUA em Bonn a Rusk, 13 fev. 1962; BDC, D-Series, HAK, Nota sobre Relações Franco-Germânicas, 20 fev. 1962.
44. BDC, D-Series, HAK, Resumo das Conversações na Alemanha sobre Negociações, 21 fev. 1962.
45. Ibid., HAK a Bundy, 6 mar. 1962.
46. Ibid., HAK, Compartilhamento Nuclear da OTAN, 2 abr. 1962.
47. BDC, A e P, HAK a Schlesinger, 9 abr. 1962.
48. Ibid., HAK a Schlesinger, Re. NAR, 9 abr. 1962.
49. BDC, C-1, Livro de Instruções, Europa Central, 16 abr. 1962.
50. BDC, F-2(b), OTAN — Relatório Nº 1, 16 abr. 1962.
51. BDC, Kent 64, Correspondência de NAR de 1962, NAR a HAK, 23 abr. 1962.
52. BDC, F-3(c), HAK a Hanks, 24 jul. 1962.
53. BDC, Kent 64, HAK a NAR, 3 ago. 1962.
54. HAK, "Unsolved Problems of European Defense", 519, 520, 521, 523f, 526.
55. Ibid., 531, 538.
56. Biblioteca de Kennedy, Caixa WH-13, HAK a Schlesinger, 15 jun. 1962.
57. Chalmers Roberts, "Kennedy Aide Proposes French A-Force Support", *The Washington Post*, 18 jun. 1962.
58. Papéis de Kissinger, Na Casa Branca com Pierre Salinger, transcrição, 18 jun. 1962.
59. Biblioteca de Kennedy, Memorandos do Gabinete, Caixa 321, Alguns Pensamentos Breves e Transitórios sobre o Artigo de Henry Kissinger na "Foreign Affairs", 25 out. 1962.
60. Fursenko e Naftali, *Khrushchov's Cold War*, 447.
61. *FRUS, 1961-1963*, vol. XV, *Berlin Crisis 1962-1963*, Doc. 93, William Y. Smith a Maxwell Taylor, 5 jul. 1961.
62. Biblioteca de Kennedy, Caixa WH-13, Kissinger, Strauss a HAK, 15 set. 1962; HAK a Schlesinger, 24 set. 1962.
63. Biblioteca de Kennedy, Caixa 321, HAK, Memorando de conversa com zu Guttenberg, 13 jul. 1962.
64. Biblioteca de Kennedy, Memorandos do Gabinete, Caixa 321, David Klein a Smith, 9 jul. 1962.
65. Biblioteca de Kennedy, Caixa 321, HAK, Memorando de conversa com zu Guttenberg e Wehnert, 18 jul. 1962.
66. Biblioteca de Kennedy, Caixa WH-13, Schlesinger a Helen Lempart, 21 ago. 1962; Schlesinger a HAK, 22 ago. 1962.
67. Biblioteca Pública de Nova York, Papéis de Schlesinger, Diário de Schlesinger ms., 19 ago. 1962.
68. Biblioteca de Kennedy, Caixa 321, rascunho de Bundy a HAK, 12 set. 1962; BDC, Kent 64, Bundy a HAK, 14 set. 1962.
69. BDC, Kent 64, HAK a Bundy, 3 out. 1962.
70. Ibid., Bundy a HAK, 15 nov. 1962. Cf. Atkinson, *In Theory and Practice*, 131f.

Capítulo 15: Crise

1. JFK, "Foreword", in Sorensen, *Decision-Making*, xxix.
2. Harry S. Truman National Historic Site, Oral History #1992-3, Entrevista com HAK, 7 maio 1992.
3. "1953: It Is 2 Minutes to Midnight", *Bulletin of the Atomic Scientists*, n.d., http://bit.ly/1KcVSCC.
4. Graham Allison, "The Cuban Missile Crisis", em Smith, Hadfield e Dunne, *Foreign Policy*, 256.
5. Arthur M. Schlesinger, Jr., "Foreword" a Kennedy, *Thirteen Days*, 7.
6. Allison e Zelikow, *Essence of Decision*.
7. BDC, C-1, Livro de Instruções para NAR, Cuba, 12 abr. 1962.
8. Bird, *Color of Truth*, 242f.
9. May e Zelikow, *Kennedy Tapes*, 37.
10. Centro de Arquivos Rockefeller, HAK a NAR, 19 set. 1962.
11. BDC, Kent 64, HAK a NAR, 25 set. 1962.
12. Ibid.
13. BDC, C-1, Livro de Instruções, Cuba, 28 set. 1962.
14. Fursenko e Naftali, *Khrushchov's Cold War*, 439.
15. Gaddis, *We Now Know*, 264.
16. Talbott, *Khrushchov Remembers*, 494.
17. Allison, "Cuban Missile Crisis", 263.
18. Fursenko e Naftali, *Khrushchov's Cold War*, 440.
19. Bird, *Color of Truth*, 244.
20. Gaddis, *We Now Know*, 265.
21. Ibid.
22. Fursenko e Naftali, *Khrushchov's Cold War*, 455f.
23. Paterson e Brophy, "October Missiles and November Elections", 98.
24. Gaddis, *We Now Know*, 264.
25. Naftali e Zelikow, *Presidential Recordings*, 2:583-84.
26. Rothkopf, *Running the World*, 95.
27. Giglio, *Kennedy*, 219.
28. Bird, *Color of Truth*, 232-35; Daalder e Destler, *Shadow of Oval Office*, 35f.
29. Caro, *Passage of Power*, vol. 4, KL 5597-98. Cf. Shesol, *Mutual Contempt*, 95f.
30. Ver Thomas, *Robert Kennedy*, 229. A conversa, assim como todas as reuniões da ExComm, foi gravada e pode ser ouvida em http://bit.ly/1d9rXAs.
31. Walker, *Cold War*, 171.
32. Allison, "Cuban Missile Crisis", 271.
33. Paterson e Brophy, "October Missiles and November Elections".

34. Tony Judt, "On the Brink", *The New York Review of Books*, 15 jan. 1998.
35. Welch e Blight, "Introduction to the ExComm Transcripts", 17n.
36. Caro, *Passage of Power*, KL 5605-06.
37. Allison, "Cuban Missile Crisis", 272.
38. Poundstone, *Prisoner's Dilemma*, 197ff.
39. Fursenko e Naftali, *Khrushchov's Cold War*, 471, 474.
40. Milne, *America's Rasputin*, 118.
41. Bird, *Color of Truth*, 241. Ver também Welch e Blight, "ExComm Transcripts", 15f.
42. Fursenko e Naftali, *Khrushchov's Cold War*, 491f., 528.
43. Giglio, *Kennedy*, 28.
44. Biblioteca de Kennedy, Caixa WH-13, De Rose a HAK, 29 out. 1962.
45. Ibid., HAK a Schlesinger, 2 nov. 1962.
46. BDC, F-3(c), Goldthwait a HAK, 29 out. 1962.
47. Ibid., HAK a Goldthwait, 28 nov. 1962.
48. HAK, "Reflections on Cuba", *Reporter*, 22 nov. 1962, 21.
49. Ibid, 23.
50. BDC, A e P, HAK a NAR, 8 jan. 1963.
51. "Rockefeller on Cuba", *Christian Science Monitor*, 15 abr. 1963.
52. BDC, C-1, Livro de Instruções sobre Cuba, rascunho, 8 jul. 1963.
53. BDC, F-3(c), HAK, rascunho de resolução sobre Cuba, 18 jul. 1963.
54. Ibid., HAK a Hinman, 13 nov. 1963.
55. Ibid., Hanks a HAK, 23 abr. 1962.
56. Ver Atkinson, *In Theory and Practice*, 57f., 89f.
57. HAK, "Search for Stability".
58. Leffler, *Soul of Mankind*, 176, 183, 190f.
59. Arquivos do Instituto Hoover, 1, Conferência sobre o Casamento de Filosofia Política e Prática em Assuntos Públicos em Honra ao Professor Elliott, Escola de Verão de Harvard, Programa e Procedimentos, 22 jul. 1963.
60. BDC, Kent 64, HAK a NAR, 7 dez. 1962.
61. Ibid., HAK a Bundy, 8 jan. 1963; BDC, F-3(c), HAK a Hinman, 8 jan. 1963; Bundy a HAK, 17 jan. 1963.
62. BDC, Kent 64, Bundy a HAK, 23 fev. 1963.
63. BDC, A e P, HAK a NAR, 8 jan. 1963.
64. Ibid.
65. BDC, F-3(c), Hanks a HAK, 15 jan. 1963.
66. BDC, D-9, Kraemer a HAK, 17 dez. 1962.
67. Gaddis, *Strategies of Containment*, 217.
68. BDC, A e P, HAK a NAR, 8 jan. 1963.
69. BDC, A-1(a), HAK, *The Skybolt Controversy*, 26 dez. 1962; BDC, F-3(c), HAK a NAR, 8 jan.
70. HAK, "The Skybolt Controversy", *Reporter*, 17 jan. 1963, 15–19.
71. BDC, Kent 64, Memorando de conversa com De Rose [10 jan. 1963], 21 jan. 1963.
72. Ibid., Memorando de conversa com Couve de Murville [12 jan. 1963], 21 jan. 1963.
73. Ibid., Memorando de conversa com De Rose [11 jan. 1963], 21 jan. 1963; Memorando de conversa com Laloy [12 jan. 1963], 21 jan. 1963.
74. Ibid., Memorando de conversa com Stikker [12 jan. 1963], 21 jan. 1963.
75. Biblioteca de Kennedy, Caixa 321, Memorando de conversa com Speidel [10 jan. 1963], 22 jan. 1963.
76. Ibid., Embaixada dos EUA em Roma a Rusk, 17 jan. 1963; BDC, Kent 64, Memorando de conversa com Segni [16 jan. 1963], 21 jan. 1963.
77. Ibid., Memorando de conversa com Cattani [16 jan. 1963], 21 jan. 1963.
78. Ibid., Embaixada dos EUA em Roma a Rusk, 15 jan. 1963.
79. Ibid., Memorando de conversa com Speidel [10 jan. 1963], 22 jan. 1963. Em maiúsculas no original.
80. BDC, Kent 64, HAK a Bundy, 5 mar. 1963.
81. BDC, F-3(a), Pronunciamento de NAR, 1º fev. 1963.
82. Ibid., HAK [?], Nossa Aliança Conturbada e o Futuro da Liberdade, 9 fev. 1963.
83. HAK, "Strains on the Alliance", 263, 276, 267, 280, 284.
84. BDC, Kent 64, Memorando de conversa com De Rose [11 jan. 1963], 21 jan. 1963.
85. HAK, "Strains on the Alliance", 285.
86. Wohlstetter, "Delicate Balance of Terror".
87. HAK, "Nato's Nuclear Dilemma", *Reporter*, 28 mar. 1963, 25.
88. Ibid., 27.
89. BDC, G-13, Hoffmann a HAK, 24 mar. 1963.
90. BDC, Kent 64, Memorando de conversa com sir Harold Caccia [21 maio 1963], 31 maio 1963.
91. Biblioteca de Kennedy, Caixa 321, Henry Owen, Comentário sobre "NATO's Dilemma", de HAK, 24 abr. 1963.
92. BDC, F-3(c), Bowie a NAR, 18 out. 1963. Ver Bowie, "Tensions Within the Alliance", e Bowie, "Strategy and the Atlantic Alliance".
93. Biblioteca de Kennedy, Caixa WH-13, HAK a Schlesinger, 19 abr. 1963.
94. Biblioteca de Kennedy, Caixa 321, HAK a Pierre Gallois, 19 abr. 1963.
95. BDC, Kent 64, HAK a Bundy, 10 maio 1963.
96. Biblioteca de Kennedy, Caixa WH-13, HAK a Godfrey Hodgson, 2 abr. 1963; HAK a Schlesinger, 3 abr. 1963.
97. BDC, F-3(c), HAK a NAR, 8 maio 1963.
98. Ibid., (Resumo) Parceria Nuclear na Comunidade Atlântica, 25 abr. 1963.
99. Ibid., comentários de NAR à Newspaper Publishers Association, 25 abr. 1963.
100. Ibid., HAK a NAR, 2 abr. 1963.
101. BDC, Kent 64, Memorando de conversa com Adenauer [17 maio 1963], 30 maio 1963.
102. Ibid., Memorando de conversa com Segers [15 maio 1963], 3 jun. 1963.
103. Ibid., Memorando de conversa com Adenauer [17 maio 1963], 30 maio 1963.
104. Ibid., Memorando de conversa com Strauss [17 maio 1963], 3 jun. 1963.
105. Ibid., Memorando de conversa com Mountbatten [20 maio 1963], 31 maio 1963.
106. Ibid., Memorando de conversa com Denis Healey [21 maio 1963], 31 maio 1963.
107. Biblioteca de Kennedy, Caixa 321, Embaixada dos EUA em Paris a Dean Rusk, 24 maio 1963; Memorando de conversa com De Rose [23 maio 1963], 28 maio 1963; BDC, Kent 64, Memorando de conversa com Stehlin [25 maio 1963], 28 maio 1963.
108. BDC, Kent 64, HAK a Bundy, 29 maio 1963.

109. Kempe, *Berlin 1961*, 500f. O texto completo do discurso se encontra em http://bit.ly/1Gfk4QQ.
110. Biblioteca de Kennedy, Caixa WH-13, HAK a Schlesinger, 12 jul. 1963; BDC, Kent 64, HAK a Bundy, 26 jul. 1963.
111. BDC, F-3(c), HAK a McManus, 30 ago. 1963.
112. Biblioteca de Kennedy, Caixa 321, HAK a Schlesinger, 3 set. 1963.
113. Ibid., HAK a Rusk, 13 set. 1963.
114. Preston, *War Council*, 57.
115. BDC, Kent 64, HAK a NAR, 22 ago. 1962, 23 ago. 1962.
116. BDC, F-3(a), NAR, Testes Nucleares e a Segurança do Mundo Livre, 28 jan. 1963.
117. Ibid., HAK a NAR, 28 jun. 1963.
118. BDC, Kent 64, Teller a NAR, 30 jul. 1963; BDC, F-3(a), Brodie a HAK, 8 ago. 1963; BDC, F-3(a), Memorando do Resumo das Instruções sobre a Política Atual da OTAN, 8 ago. 1963; HAK a Brodie, 15 ago. 1963.
119. BDC, F-3(c), Robert McManus a Gabinete da Câmara Executiva, 20 ago. 1963; BDC, F-3(c), Teller a HAK, 26 ago. 1963; HAK a NAR, 30 ago. 1963.
120. BDC, F-3(a), Perguntas e respostas para US News & World Report, 5 set. 1963; Propostas de Política Externa, 7 set. 1963.
121. Ibid., HAK, Informação de Fundo Histórico para "Opening to the Left", 4 nov. 1963.
122. Ibid., HAK a Perkins, 8 nov. 1963.
123. Ibid., Material do Pacote de Imprensa – Política Externa, 21 nov. 1963.
124. Chalmers M. Roberts, "The Men Around the Big Men", *The Washington Post*, 10 nov. 1963.
125. BDC, F-3(a), HAK a Teller, 5 nov. 1963.
126. BDC, G-13, HAK a Howard, 18 nov. 1963.
127. BDC, F-3(c), HAK, Impressão da situação política na Califórnia, 21 nov. 1963.
128. Ver Blight and Lang, *Virtual JFK*. Ver também James K. Galbraith, "Exit Strategy: In 1963, JFK Ordered a Complete Withdrawal from Vietnam", *Boston Review*, 1º set. 2003.
129. Diane Kunz, "Camelot Continued: What If John F. Kennedy Had Lived?", em Ferguson, *Virtual History*, 368-91.
130. BDC, Kent 64, HAK a Bundy, 22 nov. 1963.
131. BDC, F-3(a), HAK e Douglas Bailey, "Draft of a Post-moratorium Speech or Statement", 16 dez. 1963.
132. Ibid., HAK a NAR, 23 out. 1963.

Capítulo 16: A estrada para o Vietná

1. Hans J. Morgenthau, "Kissinger on War: Reply to Clayton Fritchley", *The New York Review of Books*, 23 out. 1969.
2. Fallaci, "Henry Kissinger", 36.
3. Joseph Lelyveld, "The Enduring Legacy", *The New York Times Magazine*, 31 mar. 1985.
4. Esses números são baseados nos dados de Angus Maddison, http://bit.ly/1JBRRa3, versão de 2013.
5. McNamara, *Argument Without End*, 384, 388.
6. Goldstein, *Lessons in Disaster*.
7. Gaddis, *Strategies of Containment*, 236, 247, 271.
8. Preston, *War Council*, 76.
9. Ver, e.g., Sorley, *Better War*.
10. Clausewitz, *On War* [*Da Guerra*], 28.
11. Cuddy, "Vietnam: Johnson's War – or Eisenhower's?", 354.
12. Fursenko e Naftali, *Khrushchov's Cold War*, 334.
13. Schlesinger, *Thousand Days*, 295.
14. Karnow, *Vietnam*, 197f.
15. Giglio, *Kennedy*, 70.
16. Freedman, *Kennedy's Wars*, 299.
17. Schlesinger, *Thousand Days*, 301-04. Ver também Fursenko e Naftali, *Khrushchov's Cold* War, 351ff.
18. Rostow, *Diffusion of Power*, 284.
19. Gaddis, *Strategies of Containment*, 239.
20. Milne, "'Our Equivalent of Guerrilla Warfare'".
21. Preston, *War Council*, 81.
22. Ibid., 83.
23. *FRUS, 1961-1963*, vol. I, *Vietnam, 1961*, Doc. 52, Memorando de Segurança Nacional nº 52, http://1.usa.gov/1JloV6h.
24. Preston, *War Council*, 87ff.
25. McNamara, *Argument Without End*, 107-08.
26. Preston, *War Council*, 93-98.
27. Ibid., 99.
28. Milne, *America's Rasputin*, 120.
29. Gaddis, *Strategies of Containment*, 213.
30. Ibid., 238.
31. J. K. Galbraith a JFK, 4 abr. 1962: http://bit.ly/1HA7f7Z.
32. Kenneth O'Donnell, "LBJ and the Kennedys", *Life*, 7 ago. 1970.
33. Biblioteca de Kennedy, Arquivo por Assunto, 1961-1964, Caixa WH-13, HAK a Schlesinger, 5 jun. 1961.
34. Biblioteca de Kennedy, Memorandos do Gabinete, Caixa 320, HAK, "American Strategic Thinking", discurso no quartel-general da Força Aérea do Paquistão, 2 fev. 1962.
35. BDC, Kent 64, HAK a NAR, 10 fev. 1962.
36. Ibid., Pareceres com comentários de HAK, Vietná do Sul, 11 abr. 1962.
37. Ibid., Pareceres, Laos, 12 abr. 1962.
38. BDC, F-2(b), Laos, 17 maio 1962; HAK a NAR, 21 maio 1962.
39. Caro, *Passage of Power*, KL 9868-70.
40. Galbraith, "Exit Strategy".
41. Biblioteca de Johnson, Transcrição, Entrevista de História Oral com George Ball I, 8 jul. 1971, por Paige E. Mulhollan.
42. Daalder e Destler, *Shadow of Oval Office*, 39.
43. Ibid., 39.
44. Rusk e Papp, *As I Saw It*, 438.
45. Ibid., 439f.
46. BDC, HAK, Viagem ao Vietná, 15 out.-2 nov. 1965, Pessoal e Confidencial, n.d. [1964-65].
47. BDC, F-3(a), Perguntas e respostas para US News & World Report, 5 set. 1963.
48. BDC, F-3(c), HAK a NAR, 23 out. 1963.
49. Ibid., HAK a NAR, 6 nov. 1963.

50. Ibid., HAK, Pronunciamento sobre o Vietnã, 6 nov. 1963.
51. Caro, *Passage of Power*, KL 3036.
52. Caro, *Master of the Senate*, 334, 435, 614f, 615.
53. Beschloss, *Taking Charge*, 388n.
54. NSAM nº 273, 26 nov. 1963, http://bit.ly/1HwGenj.
55. Preston, "Little State Department", 654.
56. Biblioteca de Johnson, Transcrição, Entrevista de História Oral com George Ball I, 8 jul. 1971, por Paige E. Mulhollan.
57. Caro, *Passage of Power*, KL 13022.
58. Ibid., KL 13041-42.
59. Middendorf, *Glorious Disaster*, KL 485-509.
60. Critchlow, *Conservative Ascendancy*.
61. Middendorf, *Glorious Disaster*, 705-21.
62. Ibid., 722-29.
63. White, *Making of the President*, KL 2286.
64. BDC, F-3(c), HAK a NAR, 10 dez. 1963.
65. White, *Making of the President*, KL 2405.
66. BDC, HAK, Viagem ao Vietnã, 15 out.-2 nov. 1965, Pessoal e Confidencial, n.d. [1964-65].
67. BDC, F-3(a), Questões para New Hampshire, 13 dez. 1963.
68. Ibid., HAK a NAR, 6 jan. 1964.
69. Ibid.
70. BDC, C-1, Livro de Instruções sobre Cuba, 8 jan. 1964.
71. BDC, F-3(a), HAK a NAR, 8 jan. 1964.
72. BDC, C-1, Livro de Instruções sobre Defesa, 23 jan. 1964.
73. BDC, F-3(a), HAK a Keith Glennan, 11 dez. 1963.
74. BDC, F-3(c), HAK a NAR, 27 jan. 1963.
75. Matthews, "To Defeat a Maverick", 666.
76. Ibid., 667. Cf. Wallace Turner, "Rockefeller Makes 'I'm Like Ike' Plea", *The New York Times*, 27 maio 1964.
77. BDC, F-3(a), Lloyd Free a NAR, 9 jan. 1964.
78. Ibid., Free a NAR, 31 mar. 1964.
79. BDC, F-3(a), HAK a NAR, 8 jan. 1964.
80. BDC, F-3(c), Perkins, rascunho de declaração de NAR, 16 jan. 1964. Nessa época, Kissinger também sugeriu a possibilidade de "defend[er] o serviço [militar] universal em vez do recrutamento seletivo.
81. Ibid., memorando do Grupo de Pesquisa de Política Externa, 5 maio 1964. Ver também Comentários sobre a Importância do Tempo Certo, 6 maio 1964.
82. BDC, F-3(a), HAK a NAR, 21 maio 1964.
83. BDC, A e P, rascunho de memorando de HAK a NAR, 3 fev. 1964.
84. BDC, F-3(c), HAK a NAR, 5 fev. 1964.
85. Ibid., HAK a NAR, 7 fev. 1964.
86. Ibid., Perkins a NAR, 21 mar. 1964.
87. Ibid., HAK a NAR, 23 jan. 1964.
88. Ibid., HAK a Douglas Bailey, 6 fev. 1964.
89. Ibid., HAK a Bailey, 17 fev. 1964.
90. Ibid., HAK a Charles Moore, 24 jan. 1964.
91. BDC, C-1, Declaração de NAR, 22 fev. 1964.
92. BDC, F-3(c), NAR responde a *Manchester Union-Leader*, 22 fev. 1964.
93. Ibid., Esboço de Pronunciamento sobre o Sudeste Asiático, 17 mar. 1964.
94. Ibid., HAK a Perkins, 24 fev. 1964.
95. Ibid., HAK a Perkins, 15 abr. 1964.
96. Ibid., Bailey a HAK, 23 mar. 1964.
97. White, *Making of the President*, KL 2531.
98. Johnson, *All the Way with LBJ*, 109f.
99. White, *Making of the President*, KL 2800-50. Ver BDC, F-3(c), Free a NAR, 5 jun. 1964.
100. BDC, HAK, Viagem ao Vietnã, 15 out.-2 nov. 1965, Pessoal e Confidencial, n.d. [1964-65].
101. BDC, Kent 9, HAK, Um Diário Pessoal da Convenção Republicana de 1964, 7 jul. 1964.
102. Centro de Arquivos Rockefeller, HAK a NAR, 14 jun. 1964.
103. BDC, Kent 9, HAK, Um Diário Pessoal da Convenção Republicana de 1964, 7-15 jul. 1964. Kissinger fez sete cópias desse documento, embora não esteja claro a quem elas eram intencionadas.
104. Ibid., 6 jul. 1964.
105. Ibid., 6-7 jul. 1964.
106. Ibid., 8 jul. 1964.
107. Ibid., 10 jul. 1964, apêndice.
108. Ibid., 12-13 jul. 1964.
109. Ibid., 10 jul. 1964.
110. Ibid., 12-13 jul. 1964.
111. White, *Making of the President*, KL 4356-435.
112. BDC, Kent 9, HAK, Um Diário Pessoal da Convenção Republicana de 1964, 14 jul. 1964.
113. Ver discurso de Rockefeller em http://cs.pn/1zUL5H8.
114. White, *Making of the President*, KL 4356-435.
115. Dallek, *Flawed Giant*, 133.
116. Critchlow, *Conservative Ascendancy*, 68-72. Ver discurso de aceitação de Goldwater em http://cs.pn/1Fkg1H5.
117. Papéis da família Kissinger, Louis Kissinger a HAK, 22 jul. 1964.
118. Ibid., 15 jul. 1964.
119. BDC, G-13, HAK a Michael Howard, 20 jul. 1964.
120. Ibid., Howard a HAK, 22 jul. 1964.
121. Ibid., HAK a Howard, 18 ago. 1964.
122. Ibid.
123. Bator, "No Good Choices", 39.
124. Gaiduk, "Peacemaking or Troubleshooting?"; Westad et al., "77 Conversations", 126.
125. Francis Bator, "No Good Choices", 31n.
126. Moise, *Tonkin Gulf*, 22. O USS *De Haven* era o navio que liderava a operação.
127. Hanyok, "Skunks, Bogies, Silent Hounds", 1-50; Paterson, "The Truth About Tonkin".
128. Moise, *Tonkin Gulf*, 32.
129. Dallek, *Flawed Giant*, 144-53.
130. Ibid., 154.
131. Beschloss, *Taking Charge*, 504
132. Matthews, "To Defeat a Maverick", 665.
133. Johnson, *All the Way with LBJ*.
134. Isaacson, *Kissinger*, KL 2196.
135. HAK, "Goldwater and the Bomb: Wrong Questions, Wrong Answers", *Reporter*, 5 nov. 1964, 27f.
136. Beschloss, *Taking Charge*, 231, 383.
137. Ibid., 383.
138. David Frum, "The Goldwater Myth", *New Majority*, 27 fev. 2009.
139. Johnson, *All the Way with LBJ*, 302f.
140. VanDeMark, *Into the Quagmire*, 135f.
141. Ibid., 185.
142. Logevall, "Johnson and Vietnam".

143. Bator, "No Good Choices", 6.
144. NSAM 328, 6 abr. 1965, http://bit.ly/1DHy3NJ.
145. Biblioteca de Johnson, Transcrição, Entrevista de História Oral com George Ball I, 8 jul. 1971, por Paige E. Mulhollan.
146. VanDeMark, *Into the Quagmire*, 20-22.
147. Biblioteca de Johnson, Transcrição, Entrevista de História Oral com George Ball I, 8 jul. 1971, por Paige E. Mulhollan.
148. Herring, *LBJ and Vietnam*.
149. Leffler, *Soul of Mankind*, 219f.
150. Bator, "No Good Choices", 9-10.
151. Ibid., 9-11, 6-7.
152. Ibid., 12. Cf. Barrett, *Uncertain Warriors*, 56f.
153. Destler, *Presidents, Bureaucrats, and Foreign Policy*, 105, 107-10, 116f.; Logevall, "Johnson and Vietnam", 101. Ver também Berman, *Planning a Tragedy*.
154. Harrison e Mosher, "McNaughton and Vietnam"; Harrison e Mosher, "Secret Diary of McNamara's Dove".
155. Harrison e Mosher, "McNaughton and Vietnam", 503.
156. Ibid., 509.
157. Clifford e Holbrooke, *Counsel to President*, 410.
158. Ibid., 419f.
159. Barrett, *Uncertain Warriors*, 52f.
160. Biblioteca de Johnson, Transcrição, Entrevista de História Oral com George Ball I, 8 jul. 1971, por Paige E. Mulhollan.
161. Milne, "'Our Equivalent of Guerrilla Warfare'", 186.
162. Barrett, *Uncertain Warriors*, 58.
163. BDC, G-13, HAK a Michael Howard, 29 jun. 1964.
164. Papéis da família Kissinger, Louis Kissinger a HAK, 22 jul. 1964.
165. Ibid., Louis Kissinger a HAK, 6 fev. 1964.
166. Ibid., Louis Kissinger a HAK, 3 dez. 1964.
167. BDC, F-3(c), HAK a Ann Whitman, 24 maio 1965.
168. Papéis da família Kissinger, Louis Kissinger a HAK, 25 maio 1965.
169. Thomas Schelling, entrevista pelo autor.
170. Ibid.
171. Papéis da família Kissinger, Louis Kissinger a HAK, 15 set. 1965.
172. Ibid., Louis Kissinger a HAK, 25 dez. 1965.
173. Ibid., Louis e Paula Kissinger a HAK, 14 ago. 1966.
174. Isaacson, *Kissinger*, KL 2196.
175. BDC, J-6, Kissinger, HAK a Nancy Maginnes, 18 jan. 1967.
176. HAK, entrevista pelo autor.
177. BDC, F-3(b), HAK a NAR, Rascunho de Declaração sobre Política Externa, 18 ago. 1964.
178. Ibid., HAK a NAR, Rascunho de Declaração sobre Política Externa, 18 ago. 1964.
179. BDC, G-14, McNaughton a HAK, 14 jan. 1965; McNaughton a HAK, 25 jan. 1965; HAK a McNaughton, 13 abr. 1965.
180. BDC, G-14, HAK a Robert F. Kennedy, 18 fev. 1965; Robert F. Kennedy a HAK, 18 mar. 1965.
181. BDC, Kent 64, HAK a Bundy, 30 mar. 1965.
182. Ibid., Bundy a HAK, 12 abr. 1965.
183. Ibid., HAK a Bundy, 13 abr. 1965.
184. Ibid., Bundy a HAK, 30 abr. 1965.
185. Ibid., HAK a Bundy, 11 maio 1965; HAK a Bundy, 26 jun. 1965; Bundy a HAK, 6 jul. 1965. Ver Richard Cotton, "Bundy Addresses Phi Beta Kappa; Explains American Foreign Policy", *The Harvard Crimson*, 16 jun. 1965.
186. BDC, G-14, HAK a Lodge, 16 jul. 1965.
187. BDC, F-3(c), HAK a Hanks, 26 set. 1962.
188. Mazlish, *Kissinger*, 124f.
189. BDC, F-2(a), Jonathan Moore a HAK, 30 ago. 1965.
190. Papéis da família Kissinger, Louis Kissinger a HAK, 15 set. 1965; 23 set. 1965.
191. Linda G. Mcveigh, "Lodge Calls Kissinger to Vietnam as Advisor", *The Harvard Crimson*, 11 out. 1965.
192. BDC, F-2(a), HAK a Blair Seaborn, 22 nov. 1965.
193. "Frenchmen Answer Panelists, Denounce US Vietnam Policy, Cite Own Mistakes", *The Harvard Crimson*, 9 ago. 1965.

Capítulo 17: O americano intranquilo

1. BDC, Minutas de reunião de 4 ago. 1965.
2. BDC, HAK, Viagem ao Vietnã, 15 out.-2 nov. 1965, 14 set. 1965.
3. Greene, *Quiet American* [*O americano tranquilo*], 124.
4. Ibid., 96.
5. BDC, Minutas de reunião de 4 ago. 1965.
6. Ibid.
7. Ver em geral Herring, *Secret Diplomacy*.
8. David Kaiser, "Discussions, Not Negotiations: The Johnson Administration's Diplomacy at the Outset of the Vietnam War", em Gardner e Gittinger, *Search for Peace in Vietnam*.
9. Herring, *Secret Diplomacy*, 5.
10. Rusk e Papp, *As I Saw It*, 462f.
11. Herring, *Secret Diplomacy*, 46.
12. Kaiser, "Discussions, Not Negotiations".
13. Gettleman, Franklin, Young e Franklin, *Vietnam and America*, 276f.
14. Herring, *Secret Diplomacy*, 47.
15. VanDeMark, *Into the Quagmire*, 137, Herring, *Secret Diplomacy*, 57-58.
16. VanDeMark, *Into the Quagmire*, 135f, 138, 141f.
17. Barrett, *Uncertain Warriors*, 55.
18. BDC, F-2(a), Dunn a HAK, 20 ago. 1965. Para o papel de Dunn no Vietnã, ver Biblioteca de Johnson, entrevista com John Michael Dunn, 25 jul. 1984, http://bit.ly/1aYhZ37.
19. BDC, HAK, Viagem ao Vietnã, 15 out.- nov. 1965, 13 set. 1965.
20. Nashel, *Lansdale's Cold War*.
21. BDC, HAK, Viagem ao Vietnã, 15 out.-2 nov. 1965, 13 set. 1965.
22. Ver a carta dissimulada de agradecimento de Kissinger em BDC, F-2(a), HAK a Raborn, 4 out. 1965.
23. BDC, HAK, Viagem ao Vietnã, 15 out.-2 nov. 1965, 14 set. 1965.
24. Ibid.
25. Ibid.

NOTAS

26. Ibid.
27. BDC, Missões do Vietnã de 1965-1967, HAK a Lodge, 24 set. 1965.
28. Sociedade Histórica de Massachusetts, papéis de Lodge Papers, Vietnã, Rolo 20, HAK a Lodge, 7 set. 1965.
29. Ibid.
30. Sociedade Histórica de Massachusetts, papéis de Lodge Papers, Vietnã, Rolo 20, Lodge a HAK, 14 set. 1965.
31. BDC, Missões do Vietnã, 1965-1967, HAK a Lodge, 24 set. 1965.
32. Ibid., "Conversation with A", 28 set. 1965.
33. Ibid., "Conversation with B", 28 set. 1965.
34. Ibid., "Conversation with C", 28 set. 1965.
35. Ibid.
36. Ibid., "Conversation with D", 28 set. 1965.
37. Ibid., "Conversation with E", 29 set. 1965.
38. BDC, F-2(a), HAK a Johnson, 1º out. 1965.
39. BDC, Missão do Vietnã 1965, Habib a Lodge, 11 out. 1965.
40. BDC, HAK, Viagem ao Vietnã, 15 out.-2 nov. 1965.
41. BDC, Missões do Vietnã, 1965-1967, HAK a Lodge, 24 set. 1965.
42. BDC, HAK, Viagem ao Vietnã, 15 out.-2 nov. 1965, Pessoal e Confidencial, n.d.
43. Ibid., 11 out. 1965.
44. Ibid. Essa parte do diário termina de forma abrupta na p. 24.
45. Keever, *Death Zones and Darling Spies*, 12f., 54f.
46. Fitzgerald, *Fire in the Lake*, 427.
47. Ibid., 431.
48. Herr, *Dispatches*, KL 598-671.
49. BDC, HAK, Viagem ao Vietnã, 15 out.-2 nov. 1965, 28[?] out. 1965.
50. Ibid., 17[?] out. 1965 [p. 75].
51. Ibid.
52. Ibid.
53. BDC, F-2(a), corr. var., relatório consular, 1º nov. 1965.
54. Ibid., Smyser a HAK, 19 nov. 1965.
55. Ibid., HAK a Smyser, 30 nov. 1965.
56. BDC, HAK, Viagem ao Vietnã, 15 out.-2 nov. 1965, 26 [?] out. 1965.
57. Ibid., 27 out. 1965.
58. Ibid.
59. Ibid., 28 [?] out. 1965.
60. Gibbons, *Government and Vietnam War*, 81n.
61. BDC, HAK, Viagem ao Vietnã, 15 out.-2 nov. 1965, 18 out. 1965.
62. Ibid., 28 [?] out. 1965.
63. Ibid., 17 out. 1965.
64. Ibid.
65. Ibid., 26 [?] out. 1965.
66. Ibid., 18 out. 1965.
67. Ibid.
68. Ibid., 28 [?] out. 1965.
69. Ibid., 26 [?] out. 1965.
70. Ibid.
71. Ibid., 17 out. 1965.
72. BDC, Missão do Vietnã 1965, Memorando de conversa com Sung, 30 out. 1965.
73. *FRUS, 1964-1968*, vol. III, *Vietnam, June-Dec. 1965*, Doc. 172, Embaixada de Saigon ao Depto. Estado, 20 out. 1965.
74. BDC, HAK, Viagem ao Vietnã, 15 out.-2 nov. 1965, 17 out. 1965.
75. BDC, Missão do Vietnã 1965, Memorando de conversa com Thuan, 2 nov. 1965.
76. BDC, HAK, Viagem ao Vietnã, 15 out.-2 nov. 1965, 18 out. 1965.
77. BDC, Missão do Vietnã 1965, Memorando de conversa com Chuan, 26 out. 1965.
78. Ibid., Memorando de conversa com Chieu, 20 out. 1965. Ver também Biblioteca de Johnson, Arquivo de Campo NSF sobre o Vietnã, Caixa 24, Memorandos do Vietnã (B), vol. XLII, 11-65, 20 out. 1965. Cópias de todos os Memorandos de conversa citados abaixo também podem ser encontradas na Biblioteca de Johnson.
79. BDC, HAK, Viagem ao Vietnã, 15 out.-2 nov. 1965, 17 out. 1965.
80. BDC, Missão do Vietnã 1965, Memorando de conversa com Quat, 30 out. 1965.
81. Ibid., Memorando de conversa com Quat, 31 out. 1965.
82. Ibid., Memorando de conversa com Thuan, 2 nov. 1965.
83. Ibid., Memorando de conversa com Tuyen, 23 out. 1965.
84. Ibid., Memorando de conversa com Vui, 20 out. 1965.
85. Ibid., Memorando de conversa com Truyen, 20 out. 1965.
86. BDC, HAK, Viagem ao Vietnã, 15 out.-2 nov. 1965, 27 out. 1965. Cf. BDC, Missão do Vietnã 1965, Memorando de conversa com Quang, 27 out. 1965.
87. BDC, Missão do Vietnã 1965, Memorando de conversa com Sung, 29 out. 1965.
88. BDC, HAK, Viagem ao Vietnã, 15 out.-2 nov. 1965, 27 out. 1965.
89. Jack Foisie, "Viet Regime Shaky, Johnson Envoys Find", *Los Angeles Times*, 2 nov. 1965.
90. Biblioteca de Johnson, Arquivos NSF de McGeorge Bundy, Caixa 15, HAK a McGeorge Bundy, 6 nov. 1965. Ver também telegrama enviado em 8 nov.
91. Biblioteca de Johnson, Arquivos NSF de McGeorge Bundy, Caixa 15, McGeorge Bundy a William F. Bundy, 6 nov. 1965.
92. Sociedade Histórica de Massachusetts, papéis de Lodge Papers, Vietnã, Rolo 20, HAK a Lodge, 10 nov. 1965.
93. Biblioteca de Johnson, Arquivos NSF de McGeorge Bundy, Caixa 15, McGeorge Bundy a William F. Bundy, 10 nov. 1965. Ver também McGeorge Bundy a HAK, 14 nov. 1965.
94. "Kissinger Denies Saigon Statement", *Arizona Republic*, 9 nov. 1965.
95. BDC, D-4, HAK a McGeorge Bundy, 12 nov. 1965.
96. Biblioteca de Johnson, Arquivos NSF de McGeorge Bundy, Caixa 15, Moyers a HAK, 12 nov. 1965.
97. BDC, Missão do Vietnã 1965, HAK a Lodge, 12 nov. 1965.
98. Clifford, *Counsel to the President*, 429-32.
99. Biblioteca de Johnson, Arquivos NSF de McGeorge Bundy, Caixa 15, HAK a Clifford, 11 nov. 1965.
100. Clifford, *Counsel to the President*, 432.
101. Isaacson, *Kissinger*, KL 2252-55.
102. Biblioteca de Johnson, Arquivos NSF de McGeorge Bundy, Caixa 15, HAK a Clifford, 11 nov. 1965.

103. BDC, Missão do Vietnã 1965, HAK a Lodge, 12 nov. 1965.
104. Ibid., HAK a Lodge, 23 nov. 1965.
105. BDC, Missão do Vietnã 1965, Lodge a HAK, 30 nov. 1965.
106. BDC, F-2(a), Porter a HAK, 30 nov. 1965.
107. Ibid., 8 dez. 1965.
108. BDC, Missão do Vietnã 1965, HAK a Lodge, 1º dez. 1965.
109. Ibid., HAK a Lodge, 3 dez. 1965.
110. Ibid.

Capítulo 18: Poeira contra o vento

1. Escritório de HAK no DC, DC-3, Diário do Vietnã, 19 jul. 1966.
2. BDC, F-2(a), Corr. Div., HAK a Burke, 29 set. 1966.
3. BDC, Seminário sobre Controle de Armamentos do Harvard-MIT, Atas da Sétima Sessão, 12 jan. 1966.
4. Ibid.
5. *FRUS, 1964-68*, vol. III, *Vietnam, June-Dec. 1965*, Doc. 237, Chefe do EMC Wheeler a McNamara, 21 dez. 1965.
6. Bibby, *Hearts and Minds*, 108.
7. Charlotte Buchen, "Anguish and Foreign Policy," *Arizona Republic*, 9 nov. 1965.
8. Kenneth Botwright, "U.S. Right to Reject Hanoi Bid, Says Expert," *Boston Globe*, 29 nov. 1965.
9. Richard Blumenthal, "Objectors to Vietnam Not Exempt, Says Hershey," *The Harvard Crimson*, 20 nov. 1965
10. "Educators Back Vietnam Policy", *The New York Times*, 10 dez. 1965. Cf. Gibbons, *Government and Vietnam War*, 100.
11. Derek Bok, entrevistado pelo autor.
12. Coleção de Jornais de HAK, Transcrição dos relatórios da CBS, 21 dez. 1965.
13. BDC, Papéis de Averell Harriman, Caixa 481, HAK a Lodge, 7 jun. 1966.
14. Thomas Pepper, "Can the U.S. Really Win for Losing in the Baffling Battle of Viet Nam?", *Winston-Salem Journal*, 20 fev. 1966.
15. BDC, D-1, *Look* Magazine Statement, 6 jun. 1966. Ver Murray Marder, "Moderate Critics Offer New Plans for Vietnam", *New York Herald Tribune*, 28 jul. 1966.
16. BDC, Missão do Vietnã 1965, HAK a Lodge, 1º dez. 1965.
17. BDC, Seminário sobre Controle de Armamentos do Harvard-MIT, Atas da Sétima Sessão, 12 jan. 1966.
18. Ibid.
19. BDC, D-1, *Look* Magazine Statement, 6 jun. 1966.
20. *FRUS, 1964-68*, vol. IV, *Vietnam, 1966*, Doc. 44, Denney a Rusk, 26 jan. 1966.
21. *FRUS, 1964-68*, vol. III, *Vietnam, June-Dec. 1965*, Doc. 237, Chefe do EMC Wheeler a McNamara, 21 dez. 1965.
22. Gibbons, *Government and Vietnam War*, 82-84.
23. Clifford, *Counsel to the President*, 433.
24. Harrison e Mosher, "McNaughton and Vietnam", 512.
25. Clifford, *Counsel to the President*, 434.
26. Harrison e Mosher, "Secret Diary of McNamara's Dove", 521.
27. Bird, *Color of Truth*, 348f.
28. Halberstam, *Best and the Brightest*, 627.
29. Ver Hoopes, *Limits of Intervention*, 59f.; Peters, *Johnson*, 135.
30. Gaiduk, "Peacemaking or Troubleshooting?".
31. Rusk e Papp, *As I Saw It*, 465. Cf. Guan, "Vietnam War from Both Sides", 104.
32. Biblioteca de Johnson, Dean Rusk História Oral Entrevista II, 26 set. 1969, transcrita por Paige E. Mulhollan, em http://bit.ly/1yWCDMp. Ver também William Fulton, "Rusk Gets Nowhere in Viet Peace Moves", *Chicago Tribune*, 9 out. 1965; János Radványi, "Peace Hoax", *Life*, 22 mar. 1968, 60-71.
33. Robert K. Brigham, "Vietnam at the Center: Patterns of Diplomacy and Resistance", em Gardner e Gittinger, *International Perspectives on Vietnam*, 102f.
34. Logevall, *Choosing War*.
35. Rusk e Papp, *As I Saw It*, 465; Herring, *Secret Diplomacy*, 117.
36. Brigham, "Vietnamese-American Peace Negotiations", 393f.
37. Ver Hershberg, "Who Murdered Marigold?", 10.
38. Ibid., 12.
39. Ibid., 13f.
40. Herring, *Secret Diplomacy*, 159ff.
41. Biblioteca de Johnson, Transcrição, George Ball História Oral Entrevista I, 8 jul. 1971, por Paige E. Mulhollan.
42. Gibbons, *Government and Vietnam War*, 389-91.
43. BDC, Papéis de Averell Harriman, Caixa 481, William Bundy a Rusk, 4 maio 1966.
44. Guan, *Vietnam from Other Side*, 109f.; Sainteny, *Ho and Vietnam*, 161-66.
45. *FRUS, 1964-1968*, vol. IV, *Vietnam, 1966*, Doc. 182, Bohlen ao Departamento de Estado, 21 jul. 1966.
46. Arquivos Nacionais Britânicos, PREM 13/1270, Michael Stewart a D. F. Murray, 3 maio 1966.
47. BDC, HAK Missões do Vietnã 1965-67, HAK a Lodge, 7 jun. 1966.
48. Ibid., Lodge a HAK, 15 jun. 1966
49. Ibid., HAK a Lodge, 8 abr. 1966; Lodge a HAK, 13 abr. 1966.
50. BDC, F-2(a), HAK a William Bundy, 11 jun. 1966.
51. BDC, Papéis de Averell Harriman, Caixa 481, Unger a Embaixada em Saigon, 11 jul. 1966.
52. BDC, F-2(a), Corr. Div., HAK a Philip Habib, 1º jul. 1966. Lodge disse, em uma reunião do Conselho da Missão, que "a Embaixada de Saigon era a única embaixada nos EUA que tinha um embaixador em Washington".
53. Escritório de HAK no DC, DC-3, Diário do Vietnã, 16 jul. 1966.
54. BDC, 19-21 jul. 1966 (Viagem ao Vietnã), Diário do Vietnã, 21 jul. 1966.
55. Escritório de HAK no DC, DC-3, Diário do Vietnã, 16-18 jul. 1966.
56. BDC, Papéis de Averell Harriman, Caixa 481, "Memcon" de Do, 18 jul. 1966.

57. Diem e Chanoff, *Jaws of History*, 251.
58. Escritório de HAK no DC, DC-3, Diário do Vietnã, 19 jul. 1966.
59. BDC, 19-21 jul. 1966 (Viagem ao Vietnã), Diário do Vietnã, 20-21 jul. 1966.
60. BDC, J-3, Coronel D. J. Barrett, Jr., a 3ª Divisão dos Fuzileiros Navais, 24 jul. 1966.
61. Escritório de HAK no DC, DC-3, 25-28 jul. 1966 (Viagem ao Vietnã), 25 jul. 1966.
62. Ibid.
63. Ibid.
64. BDC, 25-28 jul. 1966 (Viagem ao Vietnã), Diário do Vietnã, 27 jul. 1966.
65. Ibid.
66. BDC, F-2(a), Corr. Div., HAK a Frances Fitzgerald, 12 ago. 1966.
67. Ver, por exemplo, BDC, Memorandos Secretos de DOS-HAK, "Memcon" de Sanh, Dan e Sung, 19 jul. 1966; BDC, 19-21 jul. 1966 (Viagem ao Vietnã), Diário do Vietnã, 20-21 jul. 1966; BDC, Memorandos Secretos de DOS-HAK, "Memcon" de Giac, 20 jul. 1966; "Memcon" de Truyen, 20 jul. 1966; "Memcon" de Diem, 23 jul. 1966; "Memcon" de Tuyen, 23 jul. 1966; "Memcon" de Quynh, 28 jul. 1966.
68. BDC, Papéis de Averell Harriman, Caixa 481, Rusk a Embaixada de Saigon, 22 jul. 1966.
69. Escritório de HAK no DC, DC-3, 25-28 jul. 1966 (Viagem ao Vietnã), 26 jul. 1966.
70. BDC, Memorandos Secretos de DOS-HAK, "Memcon" de Loan, 26 jul. 1966; "Memcon" de Co, 26 jul. 1966.
71. Escritório de HAK no DC, DC-3, 25-28 jul. 1966 (Viagem ao Vietnã), 28 jul. 1966.
72. BDC, Papéis de Averell Harriman, Caixa 481, "Memcon" de Do, 18 jul. 1966.
73. Ibid., "Memcon" do Depto. Estado, 2 ago. 1966.
74. Ibid.
75. BDC, HAK Missões do Vietnã 1965-67, HAK a Lodge, 9 ago. 1966. Ver também HAK a Lodge, 12 ago. 1966.
76. BDC, Memorandos Secretos de DOS-HAK, "Memcon" de Tuyen, 23 jul. 1966. Ver também o relatório de Kissinger a Robert Komer, que não faz nenhuma referência à possibilidade de negociações com VC/FLN, quanto mais à possibilidade de deserções: BDC, HAK Missões do Vietnã 1965-67, HAK a Robert Komer, 8 ago. 1966.
77. *FRUS, 1964-1968*, vol. IV, *Vietnam, 1966*, Doc. 203, Rusk a Lodge, 5 ago. 1966.
78. Ibid., Doc. 213, Harriman a Lyndon Baines Johnson [de agora em diante LBJ] e Rusk, 18 ago. 1966.
79. BDC, HAK Missões do Vietnã 1965-67, HAK a Lodge, 18 ago. 1966.
80. Ibid., 1966.
81. Gibbons, *Government and Vietnam War*, 396-99.
82. BDC, F-2(a), Corr. Div., Burke a HAK, 16 set. 1966.
83. Ibid., HAK a Burke, 29 set. 1966.
84. "Kissinger Said to Be En Route to Vietnam", *The Harvard Crimson*, 10 out. 1966.
85. BDC, Telegrama do Depto. Estado re. HAK Missão no Vietnã 1966, Harriman a Depto. Estado, 22 out. 1966.
86. BDC, Papéis de Averell Harriman, Caixa 481, HAK a Harriman, 11 out. 1966.
87. Katzenbach, *Some of It Was Fun*, 230f.
88. BDC, Papéis de Averell Harriman, Caixa 481, HAK a Harriman, 14 out. 1966, 17 out. 1966. Ver também *FRUS, 1964-1968*, vol. IV, *Vietnam, 1966*, Doc. 276, Harriman a Rusk, 19 out. 1966.
89. BDC, HAK Missões no Vietnã 1965-67, HAK a Lodge, 19 out. 1966.
90. BDC, Papéis de Averell Harriman, Caixa 481, "Memcon" de Harriman, 25 out. 1966.
91. Ibid., Lodge a HAK, 29 nov. 1966.
92. Ibid., fotografia autografada, datada de 19 dez. 1966.

Capítulo 19: O anti-Bismarck

1. BDC, G-13, HAK a Michael Howard, 31 jul. 1961.
2. BDC, "Memcon" de De La Grandville [28 jan. 1967], 6 fev. 1967.
3. Dickson, *Kissinger and Meaning*, 104f.
4. BDC, G-13, Michael Howard a HAK, 4 ago. 1961.
5. Ibid., HAK a Michael Howard, 31 jul. 1961.
6. BDC, D-4, HAK a Dönhoff, 14 fev. 1967.
7. Weidenfeld, *Remembering My Friends*, 384f.
8. HAK, *Ordem mundial*, 78.
9. Ibid., 233.
10. Ibid., 80, 82.
11. HAK, "White Revolutionary". Também contém uns poucos erros surpreendentes, especialmente a adulteração do nome da escola de ensino fundamental cursada por Bismarck, que não era o "Max Plaman Institute" (892), mas sim o Plamann Institute, fundado em 1805 por Johann Ernst Plamann.
12. Ibid., 888.
13. Ibid., 898.
14. Ibid., 904.
15. Ibid., 910.
16. Ibid., 913.
17. Ibid., 919.
18. Ibid., 889.
19. Ibid., 909, 919.
20. Steinberg, *Bismarck*, 263.
21. HAK, "White Revolutionary", 912f.
22. Ibid., 913.
23. Ibid., 890, 921.
24. Ibid., 919f.
25. Ibid., 906f.
26. Ibid., 911.
27. Biblioteca da Universidade Yale, Papéis de HAK, MS 1981, Parte II, Caixa 273, Pastas 1-6, 14-15, HAK, manuscrito não publicado sobre Bismarck.
28. Ibid., Pasta 2, The Crimean War, 12f, 14, 19.
29. Ibid., 21, 36, 26f.
30. Ibid., Pasta 5, The Contingency of Legitimacy, 2f.
31. Ver, sobre a política externa de De Gaulle, Vaïsse, *La Grandeur*.
32. Logevall, *Choosing War*, KL 245.
33. Charles G. Cogan, "'How Fuzzy Can One Be?' The American Reaction to De Gaulle's Proposal for the Neutralization of (South) Vietnam", in Gardner e

Gittinger, *Search for Peace in Vietnam*, KL 2169-414.
34. Vaïsse, "De Gaulle and the Vietnam War", KL 2449.
35. Cogan, "'How Fuzzy Can One Be?'"
36. Reyn, *Atlantis Lost*, 301.
37. Logevall, *Choosing War*, KL 1934-44.
38. BDC, F-2(a), *rascunho de discurso de NAR*, 22 maio 1964.
39. BDC, Kent 64, "Memcon" de De Rose [26 maio 1964], 10 jun. 1964.
40. Ibid., "Memcon" de Ritter e Speidel [25 maio 1964], 10 jun. 1964.
41. Ibid., "Memcon" de Cattani [24 maio 1964], 10 jun. 1964; "Memcon" de Müller-Roschach [25 maio 1964], 10 jun. 1964.
42. Ele foi a Viena em setembro de 1964, mas a caminho de Praga: BDC, G-13, HAK a Hoffmann, 1º set. 1964.
43. BDC, 1966 – Eurotrip, Embaixada de Londres a Depto. de Estado, 3 fev. 1966.
44. Ibid., Leonard Unger, "Memcon" de HAK, 4 fev. 1966.
45. Heffer, *Like the Roman*, 440f.
46. BDC, Kent 64, HAK a Bundy, 27 nov. 1964.
47. Biblioteca de Johnson, Papéis de Bundy, Caixa 15, HAK, "Memcon" de Bahr [10 abr. 1965], 12 abr. 1965.
48. Ibid.
49. Ibid. Kissinger previu "tempos realmente difíceis na Alemanha após a eleição" se as opiniões que Bahr atribuía a Brandt estivessem corretas: BDC, Kent 64, HAK a Bundy, 13 abr. 1965.
50. HAK, "The Price of German Unity", *Reporter*, 22 abr. 1965 (publicado em *Die Zeit* como "Wege zur deutschen Einheit").
51. HAK, "White Revolutionary", 900.
52. HAK, "Price of German Unity", 13.
53. Ibid., 15.
54. Ibid., 17.
55. Biblioteca de Johnson, Papéis de Bundy, Caixa 15, HAK "Memcon" de Wehner, 21 jun. 1965.
56. Ibid.
57. Ibid., HAK "Memcon" de Adenauer, 25 jun. 1965.
58. Ibid., HAK "Memcon" de Gerstenmaier, 22 jun. 1965.
59. BDC, Kent 64, HAK a Bundy, 20 jul. 1965.
60. Ibid., HAK a Bundy, 26 jun. 1965. Ver também BDC, G-14, HAK a McNaughton, 8 jul. 1965.
61. Reyn, *Atlantis Lost*, 283.
62. BDC, Kent 64, HAK a Bundy, 20 jul. 1965.
63. Reyn, *Atlantis Lost*, 242.
64. HAK, "For a New Atlantic Alliance", *Reporter*, 14 jul. 1966, 21ff., 25.
65. Ibid., 26. Ver também o artigo dele, "Deutschland unter dem Druck der Freunde", *Die Welt*, 18 jul. 1966.
66. Gavin, *Nuclear Statecraft*, 6-8, 75-93.
67. Ibid., 93.
68. BDC, Memorando a McNaughton [re. almoço em 24 jan. 1967], 13 fev. 1967.
69. Ibid.
70. Ibid.
71. Ibid.
72. Ibid.
73. Ibid.
74. Ibid.
75. BDC, Kent 64, "Memcon" de Schmidt, 13 fev. 1967.
76. BDC, HAK a McNaughton, 14 fev. 1967.
77. Biblioteca de Johnson, Papéis de Bundy, Caixa 15, HAK, "Memcon" de Bahr [10 abr. 1965], 12 abr. 1965.
78. BDC, Kent 64, HAK "Memcon" de Krone, 30 mar. 1965. Ver também BDC F-3(c), HAK a NAR, 30 mar. 1965.
79. BDC, D-4, HAK a Dönhoff, 12 fev. 1965.
80. HAK, "Coalition Diplomacy", 530.
81. Ibid., 544.
82. Ibid., 543.
83. BDC, F-3(b), Bailey, Discurso Pós-Eleição sobre Política Externa de NAR, 22 out. 1964. Ver também rascunho de 26 out. e as revisões de HAK de 27 out., 28 out. e 3 nov. Em seu tratamento dessa questão, desconfio que Suri confunde as visões de Kissinger com as de Rockefeller, embora o seu modo de operar facilite a omissão.
84. HAK, "The Illusionist".
85. BDC, D-4, HAK a Dönhoff, 12 fev. 1965.
86. HAK, *Troubled Partnership* [de agora em diante, *TTP*].
87. *TTP*, 8.
88. *TTP*, 17.
89. Reyn, *Atlantis Lost*, 339-43.
90. *TTP*, 45, 47.
91. *TTP*, 72, 73f., 83, 166.
92. *TTP*, 170f., 246.
93. *TTP*, 63.
94. Papéis de família de Kissinger, Louis Kissinger a HAK, 13 set. 1965.
95. Drew Middleton, "Wanted: Warmer Hands Across the Sea", *The New York Times*, 30 maio 1965, BR3.
96. Resenha de *TTP* escrita por Brodie, *Annals of the American Academy of Political and Social Science* 367 (set. 1966), 163f. Ver também a resenha de Brodie de *TTP*, *Journal of Politics* 29, nº 2 (maio 1967), 424f.
97. Resenha de *TTP* escrita por Holmes, *International Journal* 21, nº 2 (primavera 1966), 222f.
98. Resenha de *TTP* escrita por Curtis, *Western Political Quarterly* 18, nº 3 (set. 1965), 711f.
99. *TTP*, 248.
100. BDC, A-5, HAK "Statement on the Atlantic Alliance" diante do Comitê de Relações Exteriores do Senado presidido por William Fulbright, 27 jun. 1966. Cf. "France, Russia Agree to Establish Hot Line", *The Washington Post*, 29 jun. 1966.
101. Biblioteca de Johnson, Papéis de Bundy, Caixa 15, HAK "Memcon" de De La Grandville, 16 maio 1965.
102. Ibid.
103. Ibid.
104. BDC, "Memcon" de De La Grandville [28 jan. 1967], 6 fev. 1967.
105. Ibid.
106. Ibid.
107. *NFC*, 202.
108. *NFC*, 253.
109. *FRUS, 1964-1968*, vol. V, *Vietnam, 1967*, Doc. 311, "Memcon" de Rusk-Rostow, 9 set. 1967.
110. Biblioteca de Johnson, NSF, Arquivo por países, Vietnã, 140, Rostow a LBJ, 9 set. 1967, 18h38.
111. Ibid., 140, Instruções para Sr. Henry Kissinger, 7 set. 1967.
112. Ibid., 140, HAK a Rusk, 9 set. 1967, 11h07.
113. Ibid., 140, HAK a Rusk, 9 set. 1967, 16h00.

114. Ibid.
115. Ibid., 140, mensagem de HAK, 11 set. 1967.
116. Ibid., 140, Rostow a LBJ, 11 set. 1967, 12h15.
117. Ibid., 505.
118. Ibid., 507.
119. Ibid., 507f.
120. Ibid., 509.
121. Ibid., 510.
122. Ibid., 510f.
123. HAK, "Et Caesar, Et Nullus", *Reporter,* 1º jun. 1967, 51f.
124. HAK, "Domestic Structure and Foreign Policy", 517.
125. Ibid., 518.
126. Ibid., 522f.
127. Ibid., 523.

Capítulo 20: Esperando Hanói

1. Schlesinger, *Journals,* 7 dez. 1967.
2. Camus, *O mito de Sísifo.*
3. Allan Katz, "Wait for Godot", *The Harvard Crimson,* 28 nov. 1960.
4. *WR,* KL 3434-37.
5. "Mai Van Bo: Revolutionary com Style", *Time* 91, nº 19 (10 maio 1968).
6. BDC, Memcon, conversas de Kissinger na Conferência Pugwash, 17 ago. 1966.
7. *FRUS, 1964-1968,* vol. IV, *Vietnam, 1966,* Doc. 212, Encontro do Comitê de Negociações, 18 ago. 1966.
8. Gibbons, *Government and Vietnam War,* 389-91 e n. Ver, em geral, Maïsse, *Grandeur,* 521-36.
9. HAK, "Domestic Structure and Foreign Policy", 517.
10. BDC, HAK, Conversa com participantes soviéticos na Conferência Pugwash sobre a questão do Vietnã, 23 set. 1966.
11. Ibid.
12. BDC, HAK, Resolução sobre o Vietnã na Conferência Pugwash, 23 set. 1966.
13. BDC, Papéis de Averell Harriman, Caixa 481, Harriman e McNamara a Rusk, 19 set. 1966.
14. Ibid., Embaixada de Varsóvia para Depto. Estado, 19 set. 1966.
15. BDC, Memorando Secreto, "Memcon" de Dobroscelski [17 set. 1966], 23 set. 1966.
16. BDC, Conversa Secreta com Šnejdárek, "Memcon" de Šnejdárek [19-20 set.], 23 set. 1966.
17. Sobre Šnejdárek, ver Skoug, *Czechoslovakia's Lost Fight,* 11, 25.
18. BDC, Conversa Secreta com Šnejdárek, "Memcon" de Šnejdárek [19-20 set.], 23 set. 1966.
19. Ibid.
20. *FRUS, 1964-1968,* vol. IV, *Vietnam, 1966,* Doc. 300, Memorando do encontro, 10 nov. 1966.
21. Arquivos Nacionais Britânicos, PREM 13/1270, A. M. Palliser a C. M. MacLehose, 3 out. 1966.
22. *FRUS, 1964-1968,* vol. IV, *Vietnam, 1966,* Doc. 335, Embaixada dos EUA na Polônia ao Depto. Estado, 9 dez. 1966. Ver também Ang Cheng Guan, "The Vietnam War from Both Sides: Revisiting 'Marigold', 'Sunflower' and 'Pennsylvania'", *War and Society* 24, nº 2 (nov. 2005), 93-125.
23. Archiwum Polskiej Dyplomacji, Szyfrogramy z Sajgonu, 1966, Sygn. 6/77, w-173, t-558, Rapacki a Gomulka, Cyrankiewicz, Kliszko, 19 nov. 1966.
24. Ibid., Szyfrogramy z Sajgonu, 1966, Sygn. 6/77, w-173, t-558, Michałowski a Malczyk, 19 nov. 1966.
25. Ibid., Szyfrogramy z Hanoi, 1966, Sygn. 6/77, w-173, t-558, Lewandowski a Michałowski, 25 nov. 1966. Cf. Hershberg, "Who Murdered Marigold?", 22f.
26. Archiwum Polskiej Dyplomacji, Szyfrogramy z Sajgonu, 1966, Sygn. 6/77, w-173, t-558, Lewandowski a Rapacki, 2 dez. 1966.
27. Hershberg, "Who Murdered Marigold?", 25-28.
28. Ibid.,16. Ver também Guan, "Vietnam War from Both Sides", 98.
29. Ibid., 36.
30. Herring, *LBJ and Vietnam,* 106f.
31. Archiwum Polskiej Dyplomacji, Szyfrogramy z Sajgonu, 1966, Sygn. 6/77, w-173, t-558, Lewandowski a Michałowski, 14 nov. 1966.
32. Ibid., Sygn. 6/77, w-173, t-558, Lewandowski a Michałowski, 16 nov. 1966.
33. Ibid., Sygn. 6/77, w-173, t-558, Rapacki a Gomulka, Cyrankiewicz, Kliszko, 19 nov. 1966.
34. Ibid., Sygn. 1/77, w-16, t. 39, Rapacki a Gomułka, Cyrankiewicz, Ochab, Kliszko, 21 nov. 1966.
35. Ibid., Szyfrogramy z Hanoi, 1966, Sygn. 6/77, w-173, t-558, Lewandowski a Michałowski, 25 nov. 1966. Ver também Lewandowski a Rapacki, 28 nov. 1966.
36. Hershberg, "Who Murdered Marigold?", 22f.
37. Ibid., 42.
38. Milne, *America's Rasputin,* 184f.
39. Dallek, *Flawed Giant,* 445.
40. Rusk e Papp, *As I Saw It,* 467. Cf. Radványi, *Delusion and Reality,* 194f.
41. *FRUS, 1964-1968,* vol. V, *Vietnam, 1967,* Doc. 7, Memorando do encontro, 5 jan. 1967.
42. Guan, "Vietnam War from Both Sides", 106f.
43. BDC, Conversas em Praga com Šnejdárek e outros [30-31 jan. 1967], 6 fev. 1967.
44. BDC, Papéis de Harriman, Caixa 481, Embaixada dos EUA em Paris a Rusk, 26 maio 1967.
45. BDC, Conversas em Praga com Šnejdárek e outros [30-31 jan. 1967], 6 fev. 1967.
46. BDC, Papéis de Harriman, Caixa 481, "Memcon" de Harriman, Kissinger, 9 fev. 1967.
47. *FRUS, 1964-1968,* vol. V, *Vietnam, 1967,* Doc. 227, Bundy a Rusk, 30 jun. 1967.
48. Guan, "Vietnam War from Both Sides", 110.
49. Herring, *Secret Diplomacy,* 374f.
50. Milne, *America's Rasputin,* 185-88.
51. Guan, "Vietnam War from Both Sides", 113.
52. Ibid., 138f.
53. Rusk e Papp, *As I Saw It,* 469f.
54. BDC, Papéis de Harriman, Caixa 481, HAK a Harriman, 30 dez. 1966.
55. BDC, HAK a Harriman, 3 jan. 1967.
56. BDC, Papéis de Harriman, Caixa 481, "Memcon" de Harriman, Kissinger, 9 fev. 1967.
57. Dallek, *Flawed Giant,* 447.
58. *FRUS, 1964-1968,* vol. V, *Vietnam, 1967,* Doc. 43, Notas Explicativas do 568º Encontro do Conselho de

Segurança Nacional, 8 fev. 1967.
59. Harrison e Mosher, "Secret Diary of McNamara's Dove", 528f.
60. Milne, *America's Rasputin*, 192.
61. Ibid., 18.
62. Dallek, *Flawed Giant*, 459ff.; Milne, *America's Rasputin*, 189f.
63. Johnson, *Vantage Point*, 368.
64. Dallek, *Flawed Giant*, 470.
65. Ibid., 453f.
66. Martin Luther King, Jr., "Beyond Vietnam", Discurso dirigido aos clérigos e seculares preocupados com o Vietnã, Igreja de Riverside, 4 abr. 1967, http://stanford.io/1KcXUm6.
67. *FRUS, 1964-1968*, vol. V, *Vietnam, 1967*, Doc. 341, Notas do encontro, 3 out. 1967. Ver Gardner, *Pay Any Price*, 390.
68. Guan, "Vietnam War from Both Sides", 115.
69. Herring, *Secret Diplomacy*, 521.
70. Dobrynin, *In Confidence*, 161.
71. Guan, "Vietnam War from Both Sides", 117.
72. HAK, "The World Will Miss Lee Kuan Yew", *The Washington Post*, 23 mar. 2015.
73. Joel R. Kramer, "Lee Kuan Yew", *The Harvard Crimson*, 23 out. 1967.
74. Robert K. Brigham e George C. Herring, "The Pennsylvania Peace Initiative, June-October 1967", in Gardner e Gittinger, *Search for Peace in Vietnam*.
75. Guan, "Vietnam War from Both Sides", 118.
76. Brown, *Keeper of Nuclear Conscience*, 201.
77. Braun, *Joseph Rotblat*, 77.
78. BDC, F-2(a), Material sobre o Vietnã, rascunho de um memorando para os arquivos, 10 jul. 1967.
79. BDC, Papéis de Harriman, Ordre de Mission, 7 jul. 1967.
80. Aubrac, *Où la mémoire s'attarde*, 255f.
81. Marnham, *Resistance and Betrayal*.
82. Aubrac, *Où la mémoire s'attarde*, 258.
83. McNamara, *Argument Without End*, 292f.
84. Brigham e Herring, "Pennsylvania Peace Initiative", 63.
85. Aubrac, *Où la mémoire s'attarde*, 261-69.
86. Biblioteca de Johnson, 10, Papéis do Pentágono, Visita a Hanói por dois representantes franceses não oficiais, 2 ago. 1967.
87. Aubrac, *Où la mémoire s'attarde*, 272.
88. *FRUS, 1964-1968*, vol. V, *Vietnam, 1967*, Doc. 267, Memorando do encontro, 3 ago. 1967.
89. McNamara, *In Retrospect*, 298; Dallek, *Flawed Giant*, 477.
90. *FRUS, 1964-1968*, vol. V, *Vietnam, 1967*, Doc. 272, Bundy a Comitê de Negociações, 9 ago. 1967.
91. Dallek, *Flawed Giant*, 477f.
92. *FRUS, 1964-1968*, vol. V, *Vietnam, 1967*, Doc. 267, Memorando do encontro, 3 ago. 1967.
93. Biblioteca de Johnson, 10, Papéis do Pentágono, Pennsylvania, n.d. ago. 1967. McNamara contou a Harriman que ele havia ditado o texto pessoalmente.
94. Ibid., corrigido e complementado após revisão de Kissinger, 8 set. 1967.
95. Biblioteca de Johnson, NSF, Arquivo por países, Vietnã, 140, Pennsylvania, HAK a Rusk, Katzenbach e Harriman, 17 ago. 1967; HAK a Rusk, Katzenbach e Harriman, 18 ago. 1967, 06.59; HAK a Rusk, Katzenbach e Harriman, 18 ago. 1967, 14.58.
96. Gibbons, *Government and Vietnam War*, 777-79.
97. Biblioteca de Johnson, NSF, Arquivo por países, Vietnã, 140, Pennsylvania, HAK a McNamara, 19 ago. 1967, 06.49.
98. *FRUS, 1964-1968*, vol. V, *Vietnam, 1967*, "Memcon" de Harriman, McNamara, 22 ago. 1967.
99. Biblioteca de Johnson, NSF, Arquivo por países, Vietnã, 140, Pennsylvania, Memorando de Cooper, 22 ago. 1967.
100. A essa altura, o conhecimento sobre a PENNSYLVANIA estava confinado a Bundy, Cooper, Habib, Harriman, Katzenbach, McNamara e Rusk.
101. Biblioteca de Johnson, NSF, Arquivo por países, Vietnã, 140, Pennsylvania, Memorando de Walsh, 25 ago. 1967.
102. Ibid., 140, Pennsylvania, Memorando de Read, 5 set. 1967.
103. Ibid., 140, Memorando de Read, 6 set. 1967.
104. Ibid., 140, Memorando de Read, 7 set. 1967, 12h30.
105. Ibid., 140, Pennsylvania, Rostow a LBJ, 5 set. 1967.
106. Ibid., 140, Pennsylvania, [Helms] nota a Rostow, 7 set. 1967.
107. Ibid., 140, Helms a Rostow, 7 set. 1967.
108. Ibid., 140, Memorando de William Bundy ao presidente, 7 set. 1967.
109. *FRUS, 1964-1968*, vol. V, *Vietnam, 1967*, Doc. 311, "Memcon" de Rusk-Rostow, 9 set. 1967.
110. Biblioteca de Johnson, NSF, Arquivo por países, Vietnã, 140, Rostow a LBJ, 9 set. 1967, 18h38.
111. Ibid., 140, Instruções para o Sr. Henry Kissinger, 7 set. 1967.
112. Ibid., 140, HAK a Rusk, 9 set. 1967, 11h07.
113. Ibid., 140, HAK a Rusk, 9 set. 1967, 16h00.
114. Ibid.
115. Ibid., 140, Mensagem de HAK, 11 set. 1967.
116. Ibid., 140, Rostow a LBJ, 11 set. 1967, 12h15.
117. Dallek, *Flawed Giant*, 484. Ver também Gardner, *Pay Any Price*, 387.
118. Biblioteca de Johnson, NSF, Arquivo por países, Vietnã, 140, Rusk a HAK, 12 set. 1967. Ver também, em HAK a Rusk, 13 set. 1967, 7h49, o pedido de Kissinger de que a resposta norte-americana a Hanói fosse suavizada.
119. Biblioteca de Johnson, NSF, Arquivo por países, Vietnã, 140, Rusk a HAK, 13 set. 1967.
120. Ibid., 140, HAK a Rusk, 13 set. 1967, 7h57.
121. Ibid., 140, HAK a Rusk, 13 set. 1967, 16h10.
122. Ibid., 140, HAK a Rusk, 14 set. 1967, 14h54.
123. Ibid., 140, HAK a Rusk, 15 set. 1967, 8h56; Rusk a HAK, 15 set. 1967; HAK a Rusk, 15 set. 1967, 21h19.
124. Ibid., 140, HAK a Rusk, 19 set. 1967, 14h39
125. Ibid.
126. Ibid., 140, HAK a Rusk, 16 set. 1967, 8h46.
127. Aubrac, *Où la mémoire s'attarde*, 278.
128. *FRUS, 1964-1968*, vol. V, *Vietnam, 1967*, Doc. 334, HAK a Rusk, 21 set. 1967.
129. Biblioteca de Johnson, NSF, Arquivo por países, Vietnã, 140, Conversa telefônica Read-HAK, 25 set. 1967, 8h25.

130. Ibid., 140, Conversa telefônica Read-HAK, 30 set. 1967, 9h.
131. Ibid., 140, Conversa telefônica Kissinger-Read, 3 out. 1967, 7h30.
132. Ibid., 140, Rostow a LBJ, 3 out. 1967, 10h15.
133. Ibid., 140, Marcovitch a HAK, 2 out. 1967; Nota rascunhada por MA após a conversa de M com Paul [Bo], 2 out. 1967; NSF, Arquivos de Walt Rostow, 9, Conversa telefônica Kissinger-Read, 3 out. 1967, 13h. As pequenas variações no fraseado das duas versões refletem diferenças nas traduções a partir do francês.
134. *FRUS, 1964-1968*, vol. V, *Vietnam, 1967*, Doc. 341, Notas do encontro, 3 out. 1967. Ver Gardner, *Pay Any Price*, 390.
135. Biblioteca de Johnson, NSF, Arquivo por países, Vietnã, 140, Conversa telefônica Read-Kissinger, 4 out. 1967, 16h15 e 16h30; 4 out. 1967, 20h30.
136. Ibid., 140, Rostow a LBJ, 4 out. 1967; Rostow a LBJ, 4 out. 1967, 18h10.
137. *FRUS, 1964-1968*, vol. V, *Vietnam, 1967*, Doc. 346, Notas do encontro, 4 out. 1967.
138. Ibid., Doc. 348, encontro de LBJ com Rusk, McNamara e Rostow, 18h55 - 20h25. Cf. Gibbons, *Government and Vietnam War*, pt. 4, 783-86.
139. Biblioteca de Johnson, NSF, Arquivo por países, Vietnã, 140, Texto ditado por Mai Van Bo a Marcovitch, 5 out. 1967, 21h30 - meia-noite.
140. *FRUS, 1964-1968*, vol. V, *Vietnam, 1967*, Doc. 348, Encontro de LBJ com Rusk, McNamara e Rostow, 18h55 - 20h25.
141. Biblioteca de Johnson, NSF, Arquivos de Walt Rostow, 9, Rusk [?] a HAK, 5 out. 1967; NSF, Arquivo por países, Vietnã, 140, Rusk a Embaixador norte-americano em Paris, 6 out. 1967.
142. *FRUS, 1964-1968*, vol. V, *Vietnam, 1967*, Doc. 348, Encontro de LBJ com Rusk, McNamara e Rostow, 18h55 - 20h25.
143. Biblioteca de Johnson, NSF, Arquivos de Walt Rowtow, 9, Rostow a LBJ, 6 out. 1967, 16h50.
144. Ibid., 9, Conversa telefônica Rostow-Kissinger, 8 out. 1967.
145. Biblioteca de Johnson, NSF, Arquivo por países, Vietnã, 140, Conversa telefônica Read-Kissinger, 8 out. 1967.
146. Ibid., 140, Conversa telefônica Read-Kissinger, 9 out. 1967.
147. Ibid., 140, Conversa telefônica Read-Kissinger, 17 out. 1967, 7h45.
148. Ibid., 140, Rostow a LBJ, 9 out. 1967, 13h55.
149. Ibid., 140, Conversa telefônica Read-Kissinger, 10 out. 1967, 14h00.
150. *FRUS, 1964-1968*, vol. V, *Vietnam, 1967*, Doc. 353, Encontro de LBJ com Rusk, McNamara, Rostow, Helms e Christian, 16 out. 1967.
151. Biblioteca de Johnson, NSF, Arquivo por países, Vietnã, 140, Conversa telefônica Rostow-Kissinger, 17 out. 1967, 18h00.
152. Ibid., 140, Memorando de Kissinger, 17 out. 1967.
153. Biblioteca de Johnson, Notas de Encontros de Tom Johnson, 1, Notas da Reunião do Presidente da Noite de Quarta-Feira, 18 out. 1967. Cf. Gardner, *Pay Any Price*, 391ff.; Clifford, *Counsel*, 453f.
154. Schlesinger, *Journals*, 7 dez. 1967. Essa história aparece em um cenário diferente em Isaacson, que (com base em uma entrevista com Paul Doty) a situa em outubro como um telefonema à casa de campo de Doty em Vermont, onde Kissinger estava passando o fim de semana: Isaacson, *Kissinger*, KL 2320-25.
155. Biblioteca de Johnson, NSF, Arquivo por países, Vietnã, 140, HAK a Rusk, 16 set. 1967, 15h27.
156. Ibid., 140, HAK a Rusk, 22 set. 1967, 17h57.
157. Ibid., 140, Rostow a LBJ, 14 set. 1967, 20h20.
158. *FRUS, 1964-1968*, vol. V, *Vietnam, 1967*, Doc. 330, "Memcon" de Harriman-McNamara, 19 set. 1967.
159. Biblioteca de Johnson, NSF, Arquivos de Walt Rowtow, 9, Rostow a LBJ, 26 set. 1967.
160. BDC, D-4, LBJ a HAK, 4 out. 1967.
161. *FRUS, 1964-1968*, vol. V, *Vietnam, 1967*, Doc. 336, Notas de Encontro, 26 set. 1967, 13h15 - 14h35. Cf. Gardner, *Pay Any Price*, 387f.
162. Gardner, *Pay Any Price*, 388f.
163. *FRUS, 1964-1968*, vol. V, *Vietnam, 1967*, Doc. 336, Notas de Encontro, 26 set. 1967, 13h15 - 14h35.. Cf. Gardner, *Pay Any Price*, 387f. Cf. McNamara, *In Retrospect*, 298-301.
164. Lyndon B. Johnson, Discurso sobre o Vietnã diante da Conferência Legislativa Nacional, San Antonio, TX, 29 set. 1967, http://bit.ly/1aYigDa. Cf. Biblioteca de Johnson, NSF, Arquivos de Walt Rowtow, 9, Rostow a LBJ, 26 set. 1967; Gardner, *Pay Any Price*, 389.
165. *FRUS, 1964-1968*, vol. V, *Vietnam, 1967*, Doc. 341, Notas de Encontro, 3 out. 1967. Ver Gardner, *Pay Any Price*, 390.
166. *FRUS, 1964-1968*, vol. V, *Vietnam, 1967*, Doc. 363, Notas de Encontro, 23 out. 1967. Cf. Gardner, *Pay Any Price*, 395; Gibbons, *Government and Vietnam War*, 789-94.
167. *FRUS, 1964-1968*, vol. V, *Vietnam, 1967*, Doc. 420, Notas de Encontro, 29 nov. 1967.
168. Biblioteca de Johnson, NSF, Arquivo por países, Vietnã, 140, Depto. Estado para Embaixada Norte-Americana em Paris, 19 out. 1967.
169. Ibid., 140, HAK via Embaixada Norte-Americana, Paris, a Depto. Estado, 20 out. 1967, 7h20.
170. Ibid., 140, Rostow a LBJ, 20 out. 1967, 10h50.
171. Ibid., 140, HAK a Depto. Estado, 20 out. 1967.
172. Ibid. Ver também Aubrac, *Où la mémoire s'attarde*, 279f.
173. Biblioteca de Johnson, NSF, Arquivo por países, Vietnã, 140, Rostow a LBJ, 20 out. 1967.
174. Ibid., 140, Rostow a LBJ, 21 out. 1967.
175. Ibid., 140, Rostow a LBJ, 27 out. 1967.
176. Ibid., 140, Helms a Rostow, 23 out. 1967.
177. *FRUS, 1964-1968*, vol. V, *Vietnam, 1967*, Doc. 363, Notas de Encontro, 23 out. 1967. Cf. Gardner, *Pay Any Price*, 395; Gibbons, *Government and Vietnam War*, 789-94.
178. Biblioteca de Johnson, NSF, Arquivo por países, Vietnã, 140, Aubrac e Marcovitch a HAK, 25 out. 1967.
179. Ibid., 140, Marcovitch a HAK, 15 dez. 1967.
180. Aubrac, *Où la mémoire s'attarde*, 282.
181. Butcher, "Questions About the Nature of Transfer in Track Two".

182. Loory e Kraslow, *Secret Search for Peace*.
183. Biblioteca de Johnson, NSF, Arquivo por países, Vietnã, 94, Memorando de Read, 11 dez. 1967.
184. Ibid., 140, "Memcon" de Gunther, Cook, Kraslow, 6 dez. 1967.
185. Herring, *LBJ and Vietnam*.
186. Guan, "Vietnam War from Both Sides", 121-23.
187. McNamara, *Argument Without End*, 299-301.
188. Herring, *Secret Diplomacy*, 522f.
189. Biblioteca de Johnson, NSF, Arquivo por países, Vietnã, 94, Marcovitch a HAK, 6 dez. 1967.
190. Ibid., 140, "Memcon" de Read, Kissinger, 17 jan. 1968, 7h30 e 18h00; Rostow a LBJ, 17 jan. 1968.
191. Ibid., 140, "Memcon" de Read, Kissinger, 18 jan. 1968, 9h.
192. Ibid., 140, HAK a Rusk [três telegramas], 4 jan. 1968.
193. Ibid.

Capítulo 21: 1968

1. BDC, D-4, Dönhoff a HAK, 22 mar. 1968.
2. Nixon, *RN: Memoirs*, KL 6520-47
3. McNamara, *In Retrospect*, 313.
4. Rusk, *As I Saw It*, 417.
5. Ver Suri, *Power and Protest*.
6. Atkinson, *In Theory and Practice*, 139.
7. Ibid., 143.
8. Ibid., 149.
9. Ibid., 150, 153.
10. HAK, "The Need to Belong", *The New York Times*, 17 mar. 1968.
11. BDC, F-2(a), HAK, Resumo de Comentários [por NAR] na Cerimônia de entrega de diplomas do Instituto Politécnico Rensselaer, 6 jun. 1968.
12. Vaïsse, "Zbig, Henry, and the New U.S. Foreign Policy Elite", KL 3-26.
13. Esse parágrafo se baseia no primeiro capítulo do livro de Hersh, *Price of Power*.
14. Isaacson, *Kissinger*, 2451-71.
15. Hitchens, *The Trial of Henry Kissinger* [*O julgamento de Kissinger*].
16. Hughes, *Chasing Shadows*, esp. a prova circunstancial na nota de rodapé 7, KL 4133-82.
17. Clifford, *Counsel to the President*, 581f.
18. Hughes, *Chasing Shadows*, KL 4079-81.
19. Seig, "1968 Presidential Election", 1062.
20. Summers, *Arrogance of Power*, 298.
21. Stanley Hoffmann, "The Kissinger Anti-Memoirs", *The New York Times*, 3 jul. 1983.
22. Bundy, *Tangled Web*, 39f.
23. Miller Center of Public Affairs [Centro Miller de Assuntos Públicos], Universidade de Virginia, Projeto de História Oral de Ronald Reagan, entrevista com Richard F. Allen, 28 maio 2002, 13.
24. Ibid., 32.
25. Lehman, *Command of the Seas*, 67f.
26. Nixon, *RN: Memoir*, KL 6170-314.
27. Smith, *On His Own Terms*, 496-97.
28. BDC, F-2(a), "A Rockefeller Call for a New Vietnam Policy", 22 ago. 1967.
29. Ibid.
30. Ibid.
31. Ibid.
32. Richard Witkin, "Rockefeller Turning Away from Johnson on Vietnam", *The New York Times*, 4 out. 1967; "Rockefeller Bars Vietnam Comment", 4 out. 1967.
33. BDC, F-3(c), NAR a RMN [rascunho], 2 abr. 1965.
34. Centro de Arquivos Rockefeller, RMN a NAR, 8 nov. 1966.
35. Smith, *On His Own Terms*, 527.
36. BDC, F-2(a), Nancy Maginnes a Ann Whitman, 22 nov. 1967.
37. Schlesinger, *Journals*, 7 dez. 1967.
38. Ibid., 19 fev. 1968.
39. Kalb e Kalb, *Kissinger*, 14f.
40. RMN, "Asia After Viet Nam", *Foreign Affairs* (out. 1967), 111-25.
41. Ibid., 111f.
42. Ibid., 123.
43. Ibid., 121.
44. Ibid.
45. BDC, F-3(c), HAK a NAR, 26 jan. 1968.
46. Ibid.
47. Ibid. Parece provável que Kissinger tenha lido o panfleto de Fisher Howe, *The Computer and Foreign Affairs: Some First Thoughts* (1966).
48. HAK, "Bureaucracy and Policy Making: The Effect of Insiders and Outsiders on the Policy Process", in HAK e Brodie, *Bureaucracy, Politics and Strategy*.
49. Ibid., 3.
50. Ibid., 6.
51. Ibid., 6.
52. Ibid., 8, 11.
53. Ibid., 9.
54. Ibid.
55. Ibid., 10.
56. BDC, K-2, Grupo de Estudos sobre a Transição Presidencial, 1968-1969.
57. Ibid., Lindsay a RMN, 15 ago. 1968, relatório anexo assinado por Areeda, Lindsay e May.
58. Prados e Porter, *Inside the Pentagon Papers*.
59. Johnson, *Vantage Point*, 373. Ver a resposta de Rusk em *FRUS, 1964-1968*, vol. V, *Vietnam 1967*, Doc. 403, Rusk a LBJ, 20 nov. 1967.
60. McNamara, *In Retrospect*, 309f.
61. Johnson, *Vantage Point*, 600f.
62. McNamara, *In Retrospect*, 310f.
63. Robert Buzzanco, "The Myth of Tet: American Failure and the Politics of War", in Gilbert e Head, *Tet Offensive*, 232f.
64. BDC, F-2(a), Lloyd Free, American Opinion About Vietnam, Preliminary Report on American Opinion About Vietnam, Lloyd Free, 15 mar. 1968.
65. BDC, Kent 64, HAK a NAR, 27 mar. 1968.
66. Richard Reeves, "Governor to Run; He Will Disclose Plans Thursday", *The New York Times*, 19 mar. 1968.
67. Buzzanco, "Myth of Tet", 245.
68. Gilbert e Head, *Tet Offensive*, 242, 246f.
69. Guan, *Ending Vietnam War*, KL 222. Ver também

Herbert Y. Schandler, "The Pentagon and Peace Negotiations After March 31, 1968", in Gardner e Gittinger, *Search for Peace in Vietnam*.
70. Herring, *Secret Diplomacy*, 524f.
71. Rusk, *As I Saw It*, 484.
72. BDC, Papéis de Harriman, Caixa 481, Harriman a HAK, 15 abr. 1968.
73. Joseph Carroll, "Paris, May 1968", *Guardian*, 6 maio 1968.
74. Joseph A. Harris, "Letter from Paris. May 1968: Something Happened (but What?)", *American Spectator* (nov. 2008).
75. Schandler, "Pentagon and Peace Negotiations"; Rusk, *As I Saw It*, 485.
76. Detalhes em Guan, *Ending Vietnam War*.
77. Diem e Chanoff, *Jaws of History*, 230f.
78. BDC, Papéis de Harriman, Caixa 481, HAK a Harriman, 31 maio 1968.
79. BDC, G-14, HAK a Lodge, 28 jun. 1968.
80. Milne, "1968 Paris Peace Negotiations", 589f.
81. Ross Terrill, "A Report on the Paris Talks", *New Republic*, 13 jul. 1968.
82. Seig, "1968 Presidential Election", 1063. Ver também Rusk, *As I Saw It*, 486f., 490.
83. LBJ, Observações em Detroit na Convenção Anual dos Veteranos de Guerras Estrangeiras, 19 ago. 1968, http://bit.ly/1yWCUyR.
84. Milne, "1968 Paris Peace Negotiations", 592.
85. BDC, Papéis de Harriman, Caixa 481, HAK a Harriman, 17 jul. 1968; ver também Harriman a HAK, 30 ago. 1968.
86. Ibid., HAK a Harriman, 15 nov. 1968.
87. Ibid., HAK a Harriman, 9 ago. 1968.
88. Ibid., Harriman a HAK, 15 ago. 1968.
89. Milne, "1968 Paris Peace Negotiations", 592.
90. BDC, G-14, Lodge a HAK, 9 maio 1968.
91. James F. Clarity, "Rockefeller Hires Campaign Chief", *The New York Times*, 10 abr. 1968.
92. BDC, G-14 Supp. (Kraemer), HAK a Kraemer, 10 abr. 1968.
93. BDC, F-2(a), HAK a NAR, 20 abr. 1968.
94. Smith, *On His Own Terms*, 528
95. Ibid., 529.
96. BDC, F-2(a), Comentários do Governador Nelson A. Rockefeller, Preparado para ser Proferido no Almoço do Conselho Mundial de Negócios em Filadélfia, 1º maio 1968; itálicos acrescentados. Ver Isaacson, *Kissinger*, KL 2378-91.
97. Ibid., Excertos de Comentários do Governador Nelson A. Rockefeller, Preparado para ser Proferido no Kansas State College, Manhattan, Kansas, 9 maio 1968.
98. Smith, *On His Own Terms*, 532f.
99. BDC, F-2(a), HAK a Thomas Losee, 1º jul. 1968.
100. Ibid., rascunho do discurso de NAR "Government Organization for the Conduct of Foreign Policy" [Organização Governamental para a Condução da Política Externa], 15 jun. 1968. Ver também BDC, D-4, relacionado a NAR, Reorganização do Governo, 21 jun. 1968.
101. Ibid., HAK, Esboço de Sugestões para a Plataforma Republicana: Política Externa, HAK a Alton Marshall, 30 jun. 1968.
102. Ibid., Declaração sobre Política Econômica Externa de NAR, 1º jul. 1968.
103. Ibid.
104. Ibid., plano de paz para o VN em 4 fases de NAR, Notícias de Rockefeller para Presidente, 13 jul. 1968. Cf. R. W. Apple, Jr., "Rockefeller Gives Four-Stage Plan to End the War", *The New York Times*, 14 jul. 1968.
105. Instituto Leo Baeck, AR 4198, Coleção Hans Morgenthau, Caixa 4, Pasta 1, HAK a Morgenthau, 9 out. 1968.
106. Zambernardi, "Impotence of Power".
107. Instituto Leo Baeck, AR 4198, Coleção Hans Morgenthau, Caixa 4, Pasta 1, Morgenthau a HAK, 22 out. 1968.
108. Ibid., HAK a Morgenthau, 13 nov. 1968.
109. Buckley, *United Nations Journal*, 55f.
110. White, *Making of the President 1968*, 285.
111. Isaacson, *Kissinger*, KL 2402-06.
112. Hedrick Smith, "Nixon Research Aide Warned of Prague Invasion by Russians", *The New York Times*, 14 dez. 1968.
113. Centro Miller de Negócios Públicos, Universidade de Virginia, Projeto de História Oral de Ronald Reagan, entrevista com Richard F. Allen, 28 maio 2002, 7f. Cf. Isaacson, *Kissinger*, KL 2409-32.
114. John W. Finney, "Rockefeller Coup Gave Platform a Dovish Tone", *The New York Times*, 6 ago. 1968.
115. Isaacson, *Kissinger*, KL 2409-32. Cf. Biblioteca de Nixon, 414, Kirk, Brent-Kittens, 1960, George Grassmuck a HAK, 29 ago. 1960.
116. BDC, Papéis de Harriman, Caixa 481, Harriman a HAK, 15 ago. 1968. Quanto à alegação amplamente repetida de que isso era uma mentira, ver, por exemplo, Milne, "1968 Paris Peace Negotiations", 592.
117. Isaacson, *Kissinger*, KL 2513-30.
118. Humphrey, *Education of Public Man*, 9.
119. Isaacson, *Kissinger*, KL 244345.
120. Buckley, *United Nations Journal*, 56.
121. BDC, D-4, HAK a NAR, 20 ago. 1968.
122. Ver Ambrose, *Nixon*, vol. 2, KL 3760-85. Cf. Isaacson, *Kissinger*, KL 2492-95. As informações de Isaacson são quase todas baseadas em entrevistas efetuadas entre 1989 e 1991, mais de vinte anos depois do acontecimento. Davidson também fez um registro gravado repetindo a sua história no documentário de 2002, *The Trials of Henry Kissinger*, http://bit.ly/1bATfzh.
123. Biblioteca de Nixon, Coleção de Arquivos Especiais da Casa Branca, Pasta 11, Haldeman a RMN e Harlow, 27 set. 1968.
124. Hughes, *Chasing Shadows*, KL 127-55. Nas notas de rodapé, Hughes dá grande importância a esse fato, mas Kissinger vira tais listas antes e, de qualquer forma, não há provas de que ele tenha comunicado os detalhes específicos a qualquer pessoa da campanha de Nixon.
125. Diem e Chanoff, *Jaws of History*, 237.
126. Ver, por exemplo, Summers, *Arrogance of Power*, KL 1067-70.
127. Diem e Chanoff, *Jaws of History*, 237.
128. Biblioteca de Nixon, Coleção de Arquivos Especiais da Casa Branca, Pasta 11, McCone a RMN, 21 set. 1968.

129. Ibid., Harlow a RMN, 24 set. 1968.
130. Ibid., Haldeman a RMN e Harlow, 27 set. 1968.
131. Ambrose, *Nixon*, vol. 2, KL 4096.
132. Seig, "1968 Presidential Election", 1067; LaFeber, *Deadly Bet*, 158.
133. LaFeber, *Deadly Bet*, 159f.
134. Milne, "1968 Paris Peace Negotiations"; White, *Making of the President 1968*, 325.
135. LaFeber, *Deadly Bet*, 162f.
136. Diem e Chanoff, *Jaws of History*, 238-40.
137. Ver também Rusk, *As I Saw It*, 487f.
138. FRUS, vol. VII, *Vietnam, Sept. 1968-Jan. 1969*, Doc. 104, Atas da reunião, 22 out. 1968.
139. Ambrose, *Nixon*, vol. 2, KL 4041.
140. Powers, *Man Who Kept Secrets*, 198-200. Hoover chegou a alegar que o avião de Nixon havia sido colocado sob escuta, mas isso é mentira.
141. Keever, *Death Zones and Darling Spies*, 223-26. Sobre esse incidente, ver Diem e Chanoff, *Jaws of History*, 243.
142. Biblioteca de Johnson, Vietnã do Sul sobre Políticas dos EUA, Memorando de Eugene Rostow, 29 out. 1968, encaminhado a LBJ por Walt Rostow. Cf. Hughes, *Chasing Shadows*, KL 206-24.
143. Biblioteca de Johnson, Vietnã do Sul sobre Políticas dos EUA, Vice-Presidente Ky Expressa Opiniões sobre a Cessação dos Bombardeios, 29 out. 1968. Cf. Diem e Chanoff, *Jaws of History*, 240f.; Woods, *LBJ: Architect of Ambition*, 872-75.
144. Rusk, *As I Saw It*, 489f.
145. Berman, *No Peace, No Honor*, 33-36. Ver também Milne, "1968 Paris Peace Negotiations", 596f.
146. Ambrose, *Nixon*, vol. 2, KL 4157.
147. Rusk, *As I Saw It*, 490.
148. Witcover, *White Knight*, 270. Ver também Summers, *Arrogance of Power*, 306, que admite que "Thieu provavelmente teria se recusado a participar das conversações de qualquer forma, mesmo sem as pressões republicanas".
149. A acusação pode ser ouvida no telefonema gravado entre Johnson e Everett Dirksen, http://bit.ly/1boC8jl.
150. O relato mais detalhado do episódio está em Hughes, *Chasing Shadows*, KL 1138-298. Ver também Summers, *Arrogance of Power*, 303ff.
151. Hughes, *Chasing Shadows*, KL 1138-298. Ver também Keever, *Death Zones and Darling Spies*, 227f.; Humphrey, *Education of Public Man*, 8, 9, 14. Segundo Theodore White, a campanha de Nixon se encheu, na verdade, de genuína "fúria e consternação" quando percebeu o que Chennault havia feito (ou, pelo menos, que ela havia sido pega por Johnson fazendo isso): White, *Making of the President 1968*, 445.
152. FRUS, vol. VII, *Vietnam, Sept. 1968-Jan. 1969*, Doc. 194, Rostow a LBJ, 4 nov. 1968.
153. Summers, *Arrogance of Power*, 519. Cf. Rosen, *Strong Man*, 59-62; Safire, *Before the Fall*, 89f.
154. Tom Ottenad, "Was Saigon's Peace Talk Delay Due to Republican Promises?", *Boston Globe*, 6 jan. 1969.
155. Hughes, *Chasing Shadows*, KL 127-55.
156. Haldeman, *Haldeman Diaries*, 565.

Capítulo 22: A combinação improvável

1. Joseph A. Loftus, "Ex-Adviser Cites Problems of Presidential Power", *The New York Times*, 7 set. 1968.
2. "Season for Blueprints", *Economist*, 7 dez. 1968, 41f.
3. HAK, "Central Issues of American Foreign Policy", in *American Foreign Policy: Three Essays*, 52, 95, 85, 56, 57, 84.
4. Ibid., 77.
5. Ibid., 60.
6. Ibid., 61.
7. Ibid., 95.
8. Guido Goldman, entrevistado pelo autor.
9. Hedrick Smith, "Kissinger Has Parley Plan: Nixon Adviser's Article Asks 2-Level Talks", *The New York Times*, 19 dez. 1968.
10. HAK, "Viet Nam Negotiations".
11. Ibid., 211f.
12. Ibid., 220.
13. Ibid., 218.
14. Ibid., 213f.
15. Ibid., 214.
16. Ibid., 215.
17. Ibid., 216, 221.
18. Ibid., 218f.
19. Ibid., 227f.
20. Ibid., 230, 234.
21. White, *Making of the President 1968*, 460f.
22. Conversa entre [?] Miller, Rusk e Wolfe, "Continuity and Change in American Politics", 1084.
23. White, *Making of the President 1968*, 467.
24. BDC, K-2, Grupo de Estudos sobre Transição Presidencial 1968-1969, Frank Lindsay a RMN, 15 ago. 1968, relatório anexo assinado por Areeda, Lindsay e May, 11.
25. Ibid., 12.
26. Ibid., 28.
27. Ibid., Lindsay a RMN, 15 ago. 1968, relatório anexo assinado por Areeda, Lindsay e May.
28. Ibid., Lindsay a RMN, 18 out. 1968, relatório anexo.
29. Ibid., Lindsay a RMN, 1º nov. 1968, relatório anexo.
30. Ibid.
31. Ibid.
32. Ibid., Lindsay a RMN, 6 nov. 1968, relatório anexo.
33. BDC, K-2, John Eisenhower a Haldeman, 25 nov. 1968.
34. BDC, Papéis de Elliot Richardson, Caixa I 64, Gilpatric a Lindsay, 24 nov. 1968.
35. Safire, *Before the Fall*, 33.
36. Smith, *On His Own Terms*, 542.
37. Isaacson, *Kissinger*, KL 2557-73.
38. Buckley, *United Nations Journal*, 56f.
39. Nixon, *RN: Memoirs*, KL 6538-52.
40. *WHY*, 11f.
41. Centro de Arquivos Rockefeller, HAK a NAR, 25 nov. 1968.
42. *WHY*, 14.
43. Isaacson, *Kissinger*, KL 2574-608.
44. *WHY*, 15.
45. Isaacson, *Kissinger*, KL 2534-44.
46. Ibid., KL 2613-22.

47. Robert Reinhold, "Scholars Praise 2 Nixon Choices: They See Encouraging Sign for New Administration", *The New York Times*, 4 dez. 1968.
48. R. W. Apple, Jr., "Kissinger Named a Key Nixon Aide in Defense Policy", *The New York Times*, 3 dez. 1968.
49. BDC, Papéis de Elliot Richardson, Caixa I 64, Força-Tarefa sobre Organização do Órgão Executivo I, Revitalizar e Otimizar o CSN, 1º dez. 1968.
50. BDC, K-2, Grupo de Estudos sobre Transição Presidencial 1968-1969, Planejamento de Programa para a Casa Branca, Areeda a Haldeman, 2 dez. 1968.
51. BDC, Papéis de Elliot Richardson, Caixa I 64, Lindsay a Richardson, 2 dez. 1968.
52. BDC, K-2, May a HAK, 4 dez. 1968.
53. Ibid., Jerry Friedheim, Ideias sobre o Conselho de Segurança Nacional, 5 dez. 1968.
54. Robert B. Semple, Jr., "Nixon to Revive Council's Power: Aims to Give Security Board", *The New York Times*, 1º jan. 1969. Ver Rothkopf, *Running the World*, 108-56.
55. James Reston chegou a acreditar que as ideias de reforma do CSN eram do próprio Nixon: "The First Myth of the Nixon Administration", *The New York Times*, 18 dez. 1968.
56. BDC, K-2, Ernest May, Historians and the Foreign Policy Process, 4 dez. 1968.
57. Joseph A. Loftus, "Ex-Adviser Cites Problems of Presidential Power", *The New York Times*, 7 set. 1968.
58. Robert B. Semple, Jr., "Kissinger Called Nixon Choice for Adviser on Foreign Policy", *The New York Times*, 30 nov. 1968.
59. R. W. Apple, Jr., "Kissinger Named a Key Nixon Aide in Defense Policy", *The New York Times*, 3 dez. 1968.
60. "Nixon's National Security Aide", *Register*, 4 dez. 1968.
61. James Reston, "Kissinger: New Man in the White House Basement", *The New York Times*, 4 dez. 1968.
62. "Nixon's Key Adviser on Defense Kissinger, Henry Alfred Kissinger", *The New York Times*, 3 dez. 1968; "The Kissinger Appointment", *The New York Times*, 4 dez. 1968.
63. "Kissinger: The Uses and Limits of Power", *Time* 93, nº 7 (14 fev. 1969).
64. Evelyn Irons, "Kissinger to Advise on Defence", *Times*, 3 dez. 1968, 1.
65. Ian McDonald, "Mr. Nixon Picks Liberal Adviser on Science", *Times*, 4 dez. 1968, 5.
66. Leonard Beaton, "The Strong European Bias of Dr. Kissinger", *Times*, 5 dez. 1968.
67. "Season for Blueprints", *Economist*, 7 dez. 1968.
68. Adam Raphael, "Nixon's Security Adviser", *Guardian*, 3 dez. 1968, 1.
69. Scot Richard, "A Bonn-US Axis Under Nixon?", *Guardian*, 3 dez. 1968, 2.
70. "Shepherds' Watch", *Guardian*, 11 dez. 1968, 9.
71. "Lauded by Le Monde", *The New York Times*, 4 dez. 1968.
72. "Amerikas neue Regenten: Nixons Kabinetts-Mannschaft: Nicht faszinierend, doch solide", *Die Zeit*, 20 dez. 1968. Ver também Theo Sommer, "Der müde Atlas", *Die Zeit*, 17 jan. 1969.
73. "Poles Criticize Kissinger", *The New York Times*, 5 dez. 1968.
74. Stephen Hess, "First Impressions: A Look Back at Five Presidential Transitions", Brookings, http://brook.gs/1d9uV7O.
75. Robert Reinhold, "Scholars Praise 2 Nixon Choices: They See Encouraging Sign for New Administration", *The New York Times*, 4 dez. 1968.
76. Biblioteca Pública de Nova York, Arthur Schlesinger Journal, 11 dez. 1968.
77. Walter Goodman, "The Liberal Establishment Faces: The Blacks, the Young, the New Left", *The New York Times*, 20 dez. 1968.
78. "Letter: Foreign Policy Adviser", *The New York Times*, 15 dez. 1968.
79. John H. Fenton, "Nixon Naming of 3 Decried by Welch: Birch Head Scores Murphy, Moynihan and Kissinger", *The New York Times*, 7 jan. 1969.
80. "Kissinger Conducts His Last Seminar in Government Before Joining It", *The New York Times*, 17 dez. 1968.
81. BDC, K-2, Halperin a HAK, 11 dez. 1968.
82. Administração Nacional dos Arquivos e Registros, Arquivos de Trabalho de Henry A. Kissinger, Controle de Armamentos, Jerome Wiesner a HAK, 12 dez. 1968.
83. BDC, K-2, Neustadt a HAK, Notas da Reunião-Jantar, 9 dez. 1968.
84. Ibid., Lindsay a RMN, Relatório da Força-Tarefa sobre a Organização do Órgão Executivo do Governo, 17 dez. 1968. Ver também BDC, Papéis de Elliot Richardson, Caixa I 91, Lindsay a RMN, 20 dez. 1968; Lindsay a RMN, Planejamento de Programa para a Casa Branca, 28 dez. 1968.
85. BDC, J-3, Kissinger, Brzezinski a HAK, 18 dez. 1968.
86. BDC, K-2, Goodpaster a HAK, Equipe do Conselho Nacional de Segurança, 24 dez. 1968.
87. Ibid., HAK a May, 31 dez. 1968.
88. *FRUS, 1964-1968*, vol. VII, *Vietnam, Sept. 1968-Jan. 1969*, Doc. 244, Atas da reunião, 3 dez. 1968.
89. BDC, Papéis de Harriman, Caixa 481, Conversa telefônica Harriman-Kissinger, 3 dez. 1968.
90. *FRUS, 1964-1968*, vol. VII, *Vietnam, Sept. 1968-Jan. 1969*, Doc. 266, Vance a Kissinger, 21 dez. 1968.
91. Katzenbach, *Some of It Was Fun*, 290ff.
92. R. W. Apple, Jr., "Lodge Appointed to Head U.S. Team in Vietnam Talks", *The New York Times*, 6 jan. 1969.
93. BDC, K-2, Bund a HAK, 4 dez. 1968.
94. Biblioteca de Johnson, 43, Rostow 109 [1 of [de??] 2], Rostow a LBJ, 5 dez. 1968.
95. Rostow, *Diffusion of Power*, 365. Ver, em geral, sobre a organização do CSN, 358-68.
96. Ibid., 524.
97. *WHY*, 19.
98. Isaacson, Kissinger, KL 2613-22.
99. Biblioteca Pública de Nova York, Diário de Arthur Schlesinger, 11 dez. 1968.
100. "Kissinger Conducts His Last Seminar in Government Before Joining It", *The New York Times*, 17 dez. 1968.
101. BDC, G-14 Supp. (Kraemer), Kraemer a HAK, 9 dez. 1968.
102. BDC, K-2, Grupo de Estudos sobre Transição Presidencial 1968-1969, Lindsay a RMN, 1º nov. 1968, relatório anexo.
103. BDC, G-14 Supp. (Kraemer), Kraemer a HAK, 9 dez. 1968.

Epílogo: Um *bildungsroman*

1. Livro VII, cap. 1.
2. Papéis de família de Kissinger, HAK a seus pais, 2 abr. 1947.
3. Ibid., HAK a seus pais, 6 maio 1945.
4. Ibid., HAK a seus pais, 10 fev. 1946.
5. Ibid., HAK a seus pais, 6 maio 1945.
6. Ibid., HAK a seus pais, 22 jun. 1947.
7. Ibid., HAK a seus pais, 12 abr. 1947.
8. HAK, Papéis de Kent, HAK a seus pais, 28 jul. 1948.
9. Arquivos de Harvard, Seminário Internacional, HAK a Camus, 26 jan. 1954.
10. *WR*, KL 453-56.
11. *NWFP*, 428f.
12. HAK, MoH, 1f., 4
13. Ibid., 127f., 249.
14. *WR*, KL 6689-707.
15. *NWFP*, 428f.
16. Arquivos de Harvard, Seminário Internacional, HAK a Graubard, 5 dez. 1956.
17. "Kissinger Speaks", *New York Herald Tribune*, 14 out. 1957. Ver também "Dr. Kissinger Amplifies", ibid., 17 out. 1957.
18. Ver, por exemplo, Isaiah Berlin, "The Originality of Machiavelli", in *Against the Current*, 25-79.
19. American Broadcasting Company, in association with the [tradução??] Fund for the Republic, *Survival and Freedom: A Mike Wallace Interview with Henry A. Kissinger* (1958), 11, 13.
20. Papéis de Kent, HAK, "Decision Making in a Nuclear World" (1963), 4ff.
21. Arquivos da Hoover Institution, 1, Conferência sobre o Casamento da Filosofia Política e a Prática em Assuntos Públicos em Honra ao Professor Elliott, Harvard Summer School, Program and Proceedings, 22 jul. 1963.
22. NFC, 300ff.
23. Biblioteca da Universidade Yale, Papéis de HAK, MS 1981, Parte II, Caixa 273, Pasta 5, The Contingency of Legitimacy, 2f.
24. Biblioteca de Eisenhower, Série do CSN, WHO OSANSA: Registros, 1952-1961, Caixa 6, Elliott, "NSC Study", 23 dez. 1952.
25. BDC, G-14 Supp. (Kraemer), Kraemer a HAK, 2 dez. 1957.
26. Ibid.
27. BDC, Papéis de HAK, D-9, Kraemer a HAK, 17 maio 1958.
28. BDC, G-14 Supp. (Kraemer), Kraemer a HAK, 9 dez. 1968.
29. Weidenfeld, *Remembering My Friends*, 384f.
30. Aristófanes, *A Paz*.

Bibliografia

Arquivos

Administração dos Arquivos e Registros das Nações Unidas, Nova York, NY
Administração dos Arquivos e Registros Nacionais, College Park, MD
Agudath Israel da América, Nova York, NY
Alte Arndter: Freunde des Arndt-Gymnasiums, Berlim, Alemanha
Archiwum Polskiej Dyplomacji, Varsóvia, Polônia
Arquivo da Segurança Nacional, Universidade George Washington, Washington, DC
Arquivo Fortunoff de Vídeos sobre Testemunhos do Holocausto, Universidade Yale, New Haven, CT
Arquivo Público de Bensheim, Alemanha
Arquivo Público de Fürth, Alemanha
Arquivo Público de Krefeld, Alemanha
Arquivos Centrais da História do Povo Judaico, Jerusalém, Israel
Arquivos da Congregação K'hal Adath Jeshurun, Nova York, NY
Arquivos da Faculdade Balliol, Oxford, Reino Unido
Arquivos da Fundação Ford, Nova York, NY
Arquivos da Universidade de Harvard, Cambridge, MA
Arquivos Nacionais, Londres, Reino Unido
Arquivos Públicos de Nuremberg, Alemanha
Ateneu de Boston, Boston, MA
Biblioteca da Universidade Yale, Manuscritos e Arquivos, New Haven, CT
Biblioteca do Congresso [BDC], Washington, DC
Biblioteca e Arquivos da Instituição Hoover, Universidade Stanford, Palo Alto, CA
Biblioteca e Museu Harry S. Truman, Independence, MO
Biblioteca e Museu Presidencial Dwight D. Eisenhower, Abilene, KS
Biblioteca e Museu Presidencial John F. Kennedy, Boston, MA
Biblioteca e Museu Presidencial Richard Nixon, Yorba Linda, CA
Biblioteca Jean and Alexander Heard, Coleções e Arquivos Especiais, Universidade de Vanderbilt, Nashville, TN
Biblioteca Presidencial Lyndon B. Johnson, Austin, TX
Biblioteca Pública de Nova York, Nova York, NY
Carlisle Barracks - Patrimônio do Exército e Centro Educacional, Carlisle, PA
Centro de Arquivos Rockefeller, Sleepy Hollow, NY
Centro de Informações Técnicas da Defesa, Fort Belvoir, VA
Centro de Pesquisa Histórica de Camp Claiborne, Rapides Parish, LA
Centro Miller de Assuntos Públicos, Universidade de Virgínia, Charlottesville, VA
Documentos da Família Kissinger, Nova York, NY
Escola de Direito de Harvard, Coleções Histórica e Especial, Cambridge, MA
Escola de Economia e Ciência Política, Londres, Reino Unido
Escola Webb, Bell Buckle, TN
Faculdade Lafayette, Coleções Especiais e Arquivo, Easton, PA
Instituto da História Militar do Exército dos Estados Unidos, Carlisle, Barracks, PA
Instituto Leo Baeck, Nova York, NY
Local Histórico Nacional Harry S. Truman, Grandview, MO
Museu da Herança Judaica, Nova York, NY
Projeto Histórico das Mulheres Veteranas Betty H. Carter, Universidade da Carolina do Norte em Greensboro, NC
Sala de Leitura FOIA do FBI, Winchester, VA
Sociedade Histórica de Massachusetts, Boston, MA
Universidade Clemson, Coleções Especiais, Clemson, SC
Universidade da Carolina do Norte, Coleções Especiais, Raleigh, NC Universidade de Frankfurt, Alemanha
Universidade de Princeton, Biblioteca de Manuscritos Mudd, Princeton, NJ
Yad Vashem, Jerusalém, Israel

Fontes Secundárias

Aitken, Jonathan. *Nixon: A Life*. Washington, DC: Regnery, 1993.
Allen, Gary. *Kissinger: The Secret Side of the Secretary of State*. Seal Beach, CA: '76 Press, 1976.
Allison, Graham e Phillip Zelikow. *Essence of Decision: Explaining the Cuban Missile Crisis*. 2ª ed. Nova York: Addison Wesley Longman, 1999.
Ambrose, Stephen E. *Eisenhower*. Vol. 2, *The President*. Nova York: Simon & Schuster, 1984. Ed. Kindle.
——— . *Nixon*. Vol. 1, *The Education of a Politician, 1913-1962*. Nova York: Touchstone Books, 1987.
——— . *Nixon*. Vol. 2, *The Triumph of a Politician, 1962-1972*. Nova York: Simon & Schuster, 2014. Ed. Kindle.

Andrew, Christopher e Vasili Mitrokhin. *The Sword and the Shield: The Mitrokhin Archive and the Secret History of the KGB*. Nova York: Basic Books, 2000.

———. *The World Was Going Our Way: The KGB and the Battle for the Third World*. Nova York: Basic Books, 2005.

Andrew, John. "Cracks in the Consensus: The Rockefeller Brothers Fund Special Studies Project and Eisenhower's America." *Presidential Studies Quarterly* 28, nº 3 (1998): 535-52.

Andrianopoulos, Gerry Argyris. *Kissinger and Brzezinski: The NSC and the Struggle for Control of U.S. National Security Policy*. Nova York: St. Martin's Press, 1991.

Anônimo. "The Dragon of Fürth." *Western Folklore* 7, nº 2 (1948): 192f.

Anônimo. *Gedenkbuch: Opfer der Verfolgung der Juden unter der nationalsozialistischen Gewaltherrschaft in Deutschland, 1933-1945*. Coblenz, 1986.

Anônimo. *Gold Coaster*. Publicado durante a guerra pelos membros da Adams House. Cambridge, MA, 1944.

Anônimo, orgs. *William Yandell Elliott*. Cambridge, MA: Samuel Marcus Press, 1963.

Anschütz, Janet e Irmtraud Heike. *"Wir wollten Gefühle sichtbar werden lassen": Bürger gestalten ein Mahnmal für das KZ Ahlem*. Bremen: Edition Temmen, 2004.

Appelius, Claudia. *"Die schönste Stadt der Welt": Deutsch-jüdische Flüchtlinge in New York*. Essen: Klartext, 2003.

Applebaum, Anne. *Iron Curtain: The Crushing of Eastern Europe, 1944-1956*. Londres: Allen Lane, 2012.

Aristófanes. *Peace*. Traduzido por Jeffrey Henderson. Cambridge, MA: Loeb Classical Library, 1998.

Atkinson, David C. *In Theory and in Practice: Harvard's Center for International Affairs, 1958-1983*. Cambridge, MA: Harvard University Press, 2007.

Aubrac, Raymond. *Où la mémoire s'attarde*. Paris: Editions Odile Jacob, 1996.

Ausland, John C. e Hugh F. Richardson. "Crisis Management: Berlin, Cyprus, Laos." *Foreign Affairs* 44, nº 2 (1996): 291-303.

Backer, John H. *Priming the German Economy: American Occupational Policies, 1945-1948*. Durham, NC: Duke University Press, 1971.

Baedeker, Karl. *Österreich, Sud- und West-Deutschland: Handbuch für Reisende*. 1868; reimpressão, Charleston, SC: Nabu Press, 2012.

Ball, George W. *Memoirs: The Past Has Another Pattern*. Nova York: W. W. Norton, 1973.

Barbeck, Hugo. *Geschichte der Juden in Nürnberg und Fürth*. Nuremberg: F. Heerdegen, 1878.

Barrett, David. *Uncertain Warriors: Lyndon Johnson and His Vietnam Advisers*. Lawrence: University Press of Kansas, 1993.

Bass, Gary. *The Blood Telegram: Nixon, Kissinger, and a Forgotten Genocide*. Nova York: Random House, 2014.

Bator, Francis M. "No Good Choices: LBJ and the Vietnam/Great Society Connection." Cambridge, MA: American Academy of Arts and Sciences, 2007.

Baynes, N. H., org. *The Speeches of Adolf Hitler*. Londres: Oxford University Press, 1942.

Bayor, Ronald H. *Neighbors in Conflict: The Irish, Germans, Jews, and Italians of New York City, 1929-1941*. Urbana: University of Illinois Press, 1988.

Beck, Kent M. "Necessary Lies, Hidden Truths: Cuba in the 1960 Campaign." *Diplomatic History* 8 (1984): 37-59.

Beevor, Antony. *The Second World War*. Londres: Weidenfeld and Nicolson, 2002.

Bell, Arthur George e Mrs. Arthur G. Bell. *Nuremberg*. Londres: Adam and Charles Black, 1905.

Bell, Coral. "Kissinger in Retrospect: The Diplomacy of Power-Concert." *International Affairs* 53, nº 2 (1977): 202-16.

Bentinck-Smith, William, org. *The Harvard Book: Selections from Three Centuries*. Cambridge, MA: Harvard University Press, 1982.

Bergemann, Hans e Simone Ladwig-Winters. *Richter und Staatsanwälte jüdischer Herkunft in Preußen im Nationalsozialismus*. Colônia: Bundesanzeiger Verlag, 2004.

Berlin, Isaiah. *Against the Current: Essays in the History of Ideas*. Londres: Pimlico, 1979.

———. *Letters*. Vol. 1, *1928-1946*. Organizado por Henry Hardy. Cambridge: Cambridge University Press, 2004.

Berman, Larry. *No Peace, No Honor: Nixon, Kissinger, and Betrayal in Vietnam*. Nova York: Simon & Schuster, 2002.

———. *Planning a Tragedy: The Americanization of the War in Vietnam*. Nova York: W. W. Norton, 1984.

Beschloss, Michael R. *Taking Charge: The Johnson White House Tapes, 1963-1964*. Nova York: Touchstone Books, 1997.

Bew, John. *Castlereagh*. Londres: Quercus Books, 2011.

Bibby, Michael. *Hearts and Minds: Bodies, Poetry, and Resistance in the Vietnam Era*. New Brunswick, NJ: Rutgers University Press, 1996.

Bird, Kai. *The Color of Truth: McGeorge Bundy and William Bundy, Brothers in Arms*. Nova York: Simon & Schuster, 1998.

Birke, Ernest. "A World Restored." *Historische Zeitschrift* 198, nº 1 (1964): 238f.

Bittman, Ladislav. *The Deception Game*. Nova York: Ballantine Books, 1981.

Black, Conrad. *Richard Milhous Nixon: The Invincible Quest*. Londres: Quercus Books, 2007.

Blight, James G. e Janet M. Lang. *Virtual JFK: Vietnam If Kennedy Had Lived*. Lanham, MD: Rowman and Littlefield, 2009.

Bloch, Eric, Martin Marx e Hugo Stransky, orgs. *Festschrift in Honor of the 36th Anniversary of Congregation Beth Hillel of Washington Heights, New York, New York, 1940-1976*. Nova York: Congregation of Beth Hillel, 1976.

Blumenfeld, Ralph. *Henry Kissinger: The Private and Public Story*. Nova York: New American Library, 1974.

Bommers, Dieter. "Das Kriegsende und der politische und wirtschaftliche Wiederaufbau in der Stadt Krefeld 1945-1948." Manuscrito não publicado, n.d.

Boswell, James. *The Life of Samuel Johnson, LL.D*. 1791; reimpressão, Oxford: Oxford University Press, 1980.

Bowie, Robert. "Strategy and the Atlantic Alliance." *International Organization* 17, nº 3 (1963): 709-32.

———. "Tensions Within the Alliance – Atlantic Policy." *Foreign Affairs* (out. 1963): 49-69.

Bowie, Robert R. e Richard H. Immerman. *Waging Peace: How Eisenhower Shaped an Enduring Cold War Strategy*.

Nova York: Oxford University Press, 1998.
Bowie, Robert R. e Henry A. Kissinger. *The Program of the Center for International Affairs*. Cambridge, MA: Harvard University Press, 1958.
Braun, Reiner. *Joseph Rotblat: Visionary for Peace*. Nova York: John Wiley, 2007.
Breuer, Joseph. *Introduction to Rabbi Samson Raphael Hirsch's Commentary on the Torah*. 2 vols. Nova York: Philipp Feldheim, 1948.
———. *The Jewish Marriage: Source of Sanctity*. Nova York: Philipp Feldheim, 1956.
Breuer, Mordechai. *Modernity Within Tradition: The Social History of Orthodox Jewry in Imperial Germany*. Nova York: Columbia University Press, 1992.
Brigham, Robert K. *Guerrilla Diplomacy: The NLF's Foreign Relations and the Viet Nam War*. Ítaca, NY: Cornell University Press, 1999.
———. "Vietnamese-American Peace Negotiations: The Failed 1965 Initiatives." *Journal of American–East Asian Relations* 4, nº 4 (1995): 377-95.
Brinkley, Alan. *John F. Kennedy: The American Presidents Series: The 35th President, 1961-1963*. Nova York: Henry Holt, 2012.
Brodie, Bernard. "More About Limited War." *World Politics* 10, nº 1 (1957): 112-22.
———. "Nuclear Weapons and Foreign Policy." *Scientific Monthly* 85, nº 4 (out. 1957): 206f.
———. "Nuclear Weapons: Strategic or Tactical?" *Foreign Affairs* 32, nº 2 (1954): 217-29.
Brown, Andrew. *Keeper of the Nuclear Conscience: The Life and Work of Joseph Rotblat*. Oxford: Oxford University Press, 2012.
Brown, Lord George. *In My Way*. Harmondsworth, Reino Unido: Penguin Books, 1972.
Buckley, William F. *United Nations Journal: A Delegate's Odyssey*. Nova York: Putnam, 1974.
Bundy, William. *A Tangled Web: The Making of Foreign Policy in the Nixon Presidency*. Nova York: Hill and Wang, 1998.
Burleigh, Michael. *Moral Combat: A History of World War II*. Nova York: HarperCollins, 2011.
Butcher, Sandra Ionno. "Questions About the Nature of Transfer in Track Two: The Pugwash Experience During the Cold War." Artigo não publicado, 2014.
Camus, Albert. *Le Mythe de Sisyphe*. Paris: Gallimard, 1942.
Caro, Robert A. *The Years of Lyndon Johnson*. Vol. 3, *Master of the Senate*. Nova York: Vintage, 2003.
———. *The Years of Lyndon Johnson*. Vol. 4, *The Passage of Power*. Nova York: Knopf Doubleday, 2012. Ed. Kindle.
Chernus, Ira. "Eisenhower: Turning Himself Toward Peace." *Peace and Change* 24, nº 1 (1999): 48-75.
Chomsky, Noam. "The Cold War and the University." In *The Cold War and the University: Toward an Intellectual History of the Postwar Years*, organizado por Noam Chomsky et al. Nova York: New Press, 1998.
———. *World Orders, Old and New*. Nova York: Columbia University Press, 1996.
Chopra, Hardev Singh. *De Gaulle and European Unity*. Nova Delhi: Abhinav Publications, 1974.
Clausewitz, Carl von. *On War*. Traduzido por Michael Howard e Peter Paret. Organizado por Beatrice Hauser. Oxford: Oxford University Press, 2007.
Clifford, Clark, com Richard Holbrooke. *Counsel to the President: A Memoir*. Nova York: Random House, 1991.
Collier, Peter e David Horowitz. *The Rockefellers: An American Dynasty*. Nova York: Holt, Rinehart and Winston, 1976.
Collingwood, R. G. *My Autobiography*. Oxford: Oxford University Press, 1939.
Colodny, Len e Tom Shachtman. *The Forty Years War: The Rise and Fall of the Neocons, from Nixon to Obama*. Nova York: HarperCollins, 2009.
Converse, Philip E., Warren E. Miller, Jerrold G. Rusk e Arthur C. Wolfe. "Continuity and Change in American Politics: Parties and Issues in the 1968 Election." *American Political Science Review* 63, nº 4 (1969): 1083-105.
Courtois, Stéphane, Nicolas Werth, Jean-Louis Panné, Andrzej Paczkowski, Karel Bartošek e Jean-Louis Margolin. *The Black Book of Communism: Crimes, Terror, Repression*. Traduzido por Jonathan Murphy e Mark Kramer. Cambridge, MA: Harvard University Press, 1999.
Craig, Campbell. *Destroying the Village: Eisenhower and Thermonuclear War*. Nova York: Columbia University Press, 1998.
Critchlow, Donald T. *The Conservative Ascendancy: How the Republican Right Rose to Power in Modern America*. Lawrence: University Press of Kansas, 2011.
Cuddy, Edward. "Vietnam: Mr. Johnson's War — or Mr. Eisenhower's?" *Review of Politics* 65, nº 4 (2003): 351-74.
Cull, Nicholas J. *The Cold War and the United States Information Agency: American Propaganda and Public Diplomacy, 1945-1989*. Nova York: Cambridge University Press, 2008.
Curley, Edwin. "Kissinger, Spinoza and Genghis Khan." In *The Cambridge Companion to Spinoza*, organizado por Don Garrett. Cambridge: Cambridge University Press, 1995.
Daalder, Ivo H. e I. M. Destler. *In the Shadow of the Oval Office: Profiles of the National Security Advisers and the Presidents They Served — from JFK to George W. Bush*. Nova York: Simon & Schuster, 2009.
Dallek, Robert. *Flawed Giant: Lyndon Johnson and His Times, 1961-1973*. Nova York: Oxford University Press, 1998.
———. *Nixon and Kissinger: Partners in Power*. Nova York: HarperCollins, 2007.
Day, James. *The Vanishing Vision: The Inside Story of Public Television*. Berkeley: University of California Press, 1995.
Destler, I. M. *Presidents, Bureaucrats, and Foreign Policy: The Politics of Organizational Reform*. Princeton, NJ: Princeton University Press, 1974.
DeVoto, Bernard. *The Hour: A Cocktail Manifesto*. Boston: Houghton Mifflin, 1951.
Diamond, Sigmund. *Compromised Campus: The Collaboration of Universities with the Intelligence Community, 1945-1955*. Nova York: Oxford University Press, 1992.
Dickson, Peter W. *Kissinger and the Meaning of History*. Nova York: Cambridge University Press, 1978.

Dictionary of American Biography. Supplement 10, *1976-1980.* Nova York: Scribner, 1995.

Diem, Bui e David Chanoff. *In the Jaws of History.* Bloomington: Indiana University Press, 1999.

Dikötter, Frank. *Mao's Great Famine: The History of China's Most Devastating Catastrophe, 1958-1962.* Nova York: Walker and Co., 2010.

———. *The Tragedy of Liberation: A History of the Chinese Revolution, 1945-1957.* Londres: Bloomsbury, 2013.

Dobrynin, Anatoly. *In Confidence: Moscow's Ambassador to America's Six Cold War Presidents.* Organizado por Lawrence Malkin. Nova York: Times Books/Random House, 1995.

Donovan, Robert J. *Confidential Secretary: Ann Whitman's 20 Years with Eisenhower and Rockefeller.* Nova York: Dutton, 1988.

Draper, Theodore. *The 84th Infantry Division in the Battle of Germany, November 1944-May 1945.* Nova York: Viking Press, 1946.

Drucker, Peter F. *Adventures of a Bystander.* Piscataway, NJ: Transaction Publishers, 1994.

Dryzek, John S. "Revolutions Without Enemies: Key Transformations in Political Science." *American Political Science Review* 100, nº 4 (2006): 487-92.

Duffy, Geraldine Gavan. "The Third Century of the Passion Play at Oberammergau." *Irish Monthly* 28, nº 329 (1900): 667-70.

Eaton, Walter Prichard. "Here's to the Harvard Accent." In *The Harvard Book: Selections from Three Centuries,* organizado por William Bentinck-Smith. Cambridge, MA: Harvard University Press, 1982.

Edwards, Donald A. *A Private's Diary.* Big Rapids, MI: publicação privada, 1994.

Eldridge, A. "The Crisis of Authority: The President, Kissinger and Congress (1969-1974)." Artigo apresentado no encontro anual da Associação de Estudos Internacionais, Toronto, 1976.

Elliott, William Yandell. *Mobilization Planning and the National Security, 1950-1960: Problems and Issues.* Washington, DC: Escritório de Impressão do Governo dos Estados Unidos, 1950.

———. *The Need for Constitutional Reform: A Program for National Security.* Nova York: McGraw-Hill, 1935.

———. *The New British Empire.* Nova York: McGraw-Hill, 1932.

———. *The Pragmatic Revolt in Politics: Syndicalism, Fascism, and the Constitutional State.* Nova York: Macmillan, 1928.

———. "Proposal for a North Atlantic Round Table for Freedom." *Orbis* 2, nº 2 (Verão 1958): 222-28.

———. "Prospects for Personal Freedom and Happiness for All Mankind." *Annals of the American Academy of Political and Social Science* 268 (mar. 1950).

———. "A Time for Peace?" *Virginia Quarterly Review* 22, nº 2 (1946): 174ff.

———. *United States Foreign Policy: Its Organization and Control.* Nova York: Columbia University Press, 1952.

Elliott, William Yandell e Duncan H. Hall. *The British Commonwealth at War.* Nova York: Alfred A. Knopf, 1943.

Elliott, William Yandell e Neil A. McDonald. *Western Political Heritage.* Nova York: Prentice-Hall, 1955.

Elliott, William Yandell et al. *The Political Economy of American Foreign Policy: Its Concepts, Strategy, and Limits.* Nova York: Henry Holt, 1955.

Elliott, William Yandell e Grupo de Estudos da Fundação Woodrow Wilson. *United States Foreign Policy: Its Organization and Control.* Nova York: Columbia University Press, 1952.

Ellis, John. *The World War II Databook.* Londres: Aurum Press, 1993.

Elsässer, Brigitte. "Kissinger in Krefeld und Bensheim." *Deutsch-amerikanischer Almanach: Henry Kissinger* 1 (1994): 15-35.

Epstein, Michael. *Oblivious in Washington Heights and Loving It.* Bloomington, IN: AuthorHouse, 2007.

Eschen, Penny M. von. *Satchmo Blows Up the World: Jazz Ambassadors Play the Cold War.* Cambridge, MA: Harvard University Press, 2004.

Evans, Robert. *The Kid Stays in the Picture: A Notorious Life.* Nova York: HarperCollins, 2013.

Falk, Richard A. "What's Wrong with Henry Kissinger's Foreign Policy?" *Alternatives: Global, Local, Political* 1, nº 1 (1975): 79-100.

Falk, Stanley L. "The National Security Council Under Truman, Eisenhower, and Kennedy." *Political Science Quarterly* 79, nº 3 (1964): 403-34.

Fallaci, Oriana. "Kissinger." In *Interview with History.* Traduzido por John Shepley. Nova York: Liveright, 1976.

Fass, Paula S. *Outside In: Minorities and the Transformation of American Education.* Oxford: Oxford University Press, 1991.

Feder, Leslie Margaret. "The Jewish Threat to the Brahmin Ideal at Harvard in the Early Twentieth Century." Ensaio Honors, Radcliffe College, 1981.

Feeney, Mark. *Nixon at the Movies: A Book About Belief.* Chicago: University of Chicago Press, 2012.

Ferguson, Niall. *The Cash Nexus: Money and Power in the Modern World, 1700-2000.* Nova York: Basic Books, 2001.

———. *Colossus: The Rise and Fall of the American Empire.* Nova York: Penguin Press, 2004.

———. "Crisis, What Crisis? The 1970s and the Shock of the Global." In *The Shock of the Global: The 1970s in Perspective,* organizado por Niall Ferguson, Charles S. Maier, Erez Manela e Daniel J. Sargent. Cambridge, MA: Belknap Press, 2010.

———. *High Financier: The Lives and Time of Siegmund Warburg.* Londres: Allen Lane, 2010.

———, org. *Virtual History: Alternatives and Counterfactuals.* Londres: Macmillan, 1995.

———. *The War of the World: Twentieth-Century Conflict and the Descent of the West.* Nova York: Penguin Press, 2006.

Ferrell, R. H., org. *The Eisenhower Diaries.* Nova York: W. W. Norton, 1981.

Ferziger, Adam S. *Exclusion and Hierarchy: Orthodoxy, Nonobservance, and the Emergence of Modern Jewish Identity.* Filadélfia: University of Pennsylvania Press, 2005.

Finletter, Thomas K. *Power and Policy: U.S. Foreign Policy and Military Power in the Hydrogen Age.* Nova York: Harcourt Brace, 1954.

Fish, M. Steven. "After Stalin's Death: The Anglo-American Debate Over a New Cold War." *Diplomatic History* 10 (1986): 333-55.

Fitzgerald, Frances. *Fire in the Lake: The Vietnamese and Americans in Vietnam*. Boston: Back Bay Books/Little, Brown, 2002.

Frank, Jeffrey. *Ike and Dick: Portrait of a Strange Political Marriage*. Nova York: Simon & Schuster, 2013.

Franklin, Joshua. "Victim Soldiers: German-Jewish Refugees in the Armed Forces During World War II." Tese Honors, Clark University, 2006.

Freedman, Lawrence. *Kennedy's War: Berlin, Cuba, Laos, and Vietnam*. Nova York: Oxford University Press, 2000.

Frey, Marc. "Tools of Empire: Persuasion and the United States' Modernizing Mission in Southeast Asia." *Diplomatic History* 27, nº 4 (2003): 543-68.

Friedrich, Carl. *The New Image of the Common Man*. Boston: Beacon Press, 1950.

Fritz, Stephen G. *Endkampf: Soldiers, Civilians, and the Death of the Third Reich*. Lexington: University Press of Kentucky, 2004.

Fröbe, Rainer et al., orgs. *Konzentrationslager in Hannover: KZ-Arbeit und Rüstungsindustrie in der Spätphase des Zweiten Weltkrieges*. 2 vols. Hildesheim: Verlag August Lax, 1985.

Fukuyama, Francis. "A World Restored." *Foreign Affairs* 76, nº 5 (1997): 216.

Fursenko, Aleksandr e Timothy Naftali. *Khrushchov's Cold War: The Inside Story of an American Adversary*. Nova York: W. W. Norton, 2006.

Fussell, Paul. *The Boys' Crusade: The American Infantry in Northwestern Europe, 1944-1945*. Nova York: Modern Library, 2003.

Gaddis, John Lewis. *The Cold War: A New History*. Nova York: Penguin Press, 2006.

———. *George F. Kennan: An American Life*. Nova York: Penguin Press, 2011.

———. "The Long Peace: Elements of Stability in the Postwar International System." In *The Cold War and After: Prospects for Peace*, organizado por Sean M. Lynn-Jones e Steven E. Miller. Cambridge, MA: MIT Press, 1993.

———. *Strategies of Containment: A Critical Appraisal of American National Security During the Cold War*. Nova York: Oxford University Press, 2005.

———. *We Now Know: Rethinking Cold War History*. Nova York: Oxford University Press, 1997.

Gaiduk, Ilya V. "Peacemaking or Troubleshooting? The Soviet Role in Peace Initiatives During the Vietnam War." In *The Search for Peace in Vietnam, 1964-1968*, organizado por Lloyd C. Gardner e Ted Gittinger. College Station: Texas A&M University Press, 2004.

Gardner, Lloyd C. *Pay Any Price: Lyndon Johnson and the Wars for Vietnam*. Chicago: Ivan R. Dee, 1995.

Gardner, Lloyd C. e Ted Gittinger, orgs. *International Perspectives on Vietnam*. College Station: Texas A&M University Press, 2000.

———, orgs. *The Search for Peace in Vietnam, 1964-1968*. College Station: Texas A&M University Press, 2004. Ed. Kindle.

Garrett, Don, org. *The Cambridge Companion to Spinoza*. Cambridge: Cambridge University Press, 1995.

Garrow, David J. "The FBI and Martin Luther King." *Atlantic*, 1º julho, 2002.

Garthoff, Raymond L. *Détente and Confrontation: American-Soviet Relations from Nixon to Reagan*. Washington, DC: Brookings Institution, 1985.

Gati, Charles, org. *Zbig: The Strategy and Statecraft of Zbigniew Brzezinski*. Baltimore: Johns Hopkins University Press, 2013. Ed. Kindle.

Gavin, Francis J. *Nuclear Statecraft: History and Strategy in America's Atomic Age*. Ítaca, NY: Cornell University Press, 2012.

Gettleman, Marvin E., Jane Franklin, Marilyn B. Young e H. Bruce Franklin, orgs. *Vietnam and America: A Documented History*. Nova York: Grove Press, 1995.

Gibbons, William C. *The U.S. Government and the Vietnam War: Executive and Legislative Roles and Relationships*. Parte 4, *Julho 1965–Janeiro 1968*. Princeton, NJ: Princeton University Press, 1995.

Giglio, James N. *The Presidency of John F. Kennedy*. Lawrence: University Press of Kansas, 1991.

Gilbert, Marc Jason e William Head, orgs. *The Tet Offensive*. Westport, CT: Praeger, 1996.

Goldstein, Gordon M. *Lessons in Disaster: McGeorge Bundy and the Path to War in Vietnam*. Nova York: Henry Holt, 2008.

Grailet, Lambert. *Il y a 55 ans . . . avec Henry Kissinger en Ardenne*. Liège: SI, 1999.

Graubard, Stephen R. *Kissinger: Portrait of a Mind*. Nova York: W. W. Norton, 1974.

Greene, Benjamin P. "Eisenhower, Science and the Nuclear Test Ban Debate, 1953-56." *Journal of Strategic Studies* 26, nº 4 (2003): 156-85.

Greene, Graham. *The Quiet American*, 1955; reimpressão, Londres: Vintage, 2001.

Greenspan, Alan. *The Age of Turbulence: Adventures in a New World*. Nova York: Penguin Press, 2008.

Gregor, Neil. "A Schicksalsgemeinschaft? Allied Bombing, Civilian Morale, and Social Dissolution in Nuremberg, 1942-1945." *Historical Journal* 43, nº 4 (2000): 1051-70.

Grose, Peter. *Continuing the Inquiry: The Council on Foreign Relations from 1921 to 1996*. Nova York: Council on Foreign Relations, 1996.

———. *Gentleman Spy: The Life of Allen Dulles*. Amherst: University of Massachusetts Press, 1985.

Guan, Ang Cheng. *Ending the Vietnam War: The Vietnamese Communists' Perspective*. Londres: RoutledgeCurzon, 2005. Ed. Kindle.

———. "The Vietnam War from Both Sides: Revisiting 'Marigold,' 'Sunflower' and 'Pennsylvania.'" *War and Society* 24, nº 2 (2005): 93-125.

———. *The Vietnam War from the Other Side: The Vietnamese Communists' Perspective*. Abingdon, REINO UNIDO: RoutledgeCurzon, 2002.

Gunnell, John G. "Political Science on the Cusp: Recovering a Discipline's Past." *American Political Science Review* 99, nº 4 (2005): 597-609.

———. "The Real Revolution in Political Science." *PS: Political Science and Politics* 27, nº 1 (2004): 47-50.

Gutmann, Christoph. "KZ Ahlem: Eine unterirdische Fabrik entsteht." In *Konzentrationslager in Hannover:*

KZ-Arbeit und Rüstungsindustrie in der Spätphase des Zweiten Weltkrieges, organizado por Rainer Fröbe et al., vol. 1, 331-406. Hildesheim: Verlag August Lax, 1985.

Halberstam, David. *The Best and the Brightest*. Nova York: Ballantine Books, 1993.

Haldeman, H. R. *The Haldeman Diaries: Inside the Nixon White House*. Organizado por Stephen E. Ambrose. Nova York: Putnam, 1994.

Halperin, Morton. "The Gaither Committee and the Policy Process." *World Politics* 1, nº 3 (1961): 360-84.

Hangebruch, Dieter. "Emigriert—Deportiert: Das Schicksal der Juden in Krefeld zwischen 1933 und 1945." In *Krefelder Juden*, organizado por Guido Rotthoff, Bonn: Röhrscheid, 1981, p. 137-215.

Hanyok, Robert. "Skunks, Bogies, Silent Hounds, and the Flying Fish: The Gulf of Tonkin Mystery, 2-4 August 1964." *Cryptological Quarterly* (2000-2001): 1-55.

Hargittai, Istvan. *Buried Glory: Portraits of Soviet Scientists*. Oxford: Oxford University Press, 2012.

Harley, John Eugene. *International Understanding: Agencies Educating for a New World*. Palo Alto, CA: Stanford University Press, 1931.

Harris, Katherine Clark. "A Footnote to History? William Yandell Elliott: From the War Production Board to the Cold War." Ensaio Honors, Harvard University, 2009.

Harrison, Benjamin T. e Christopher L. Mosher. "John T. McNaughton and Vietnam: The Early Years as Assistant Secretary of Defense, 1964-1965." *History* 92, nº 308 (2007): 496-514.

———. "The Secret Diary of McNamara's Dove: The Long-Lost Story of John T. McNaughton's Opposition to the Vietnam War." *Diplomatic History* 35, nº 3 (2011): 505-34.

Hart, Basil Liddell. *The Revolution in Warfare*. New Haven, CT: Yale University Press, 1947.

———. "War, Limited." *Harper's Magazine* 12, nº 1150 (mar. 1946): 193-203.

Haslam, Jonathan. *The Nixon Administration and the Death of Allende's Chile: A Case of Assisted Suicide*. Londres: Verso, 2005.

Hastings, Max. *All Hell Let Loose: The World at War, 1939-1945*. Londres: HarperPress, 2011.

Heaps, Willard A. "Oberammergau Today." *Christianity Century* 63 (1946): 1468-69.

Heffer, Simon. *Like the Roman: The Life of Enoch Powell*. Londres: Faber and Faber, 2008.

Heller, Joseph. *Good as Gold*. 1979; reimpressão, Nova York: Simon & Schuster, 1997.

Hellige, Hans Dieter. "Generationskonflikt, Selbsthaß und die Entstehung antikapitalistischer Positionen im Judentum. Der Einfluß des Antisemitismus auf das Sozialverhalten jüdischer Kaufmanns- und Unternehmersöhne im deutschen Kaiserreich und in der k.u.k.-Monarchie." In *Geschichte und Gesellschaft* 5, nº 4: *Antisemitismus und Judentum* (1979): 476-518.

Herr, Michael. *Dispatches*. Londres: Picador, 2015. Ed. Kindle.

Herring, George C. *LBJ and Vietnam: A Different Kind of War*. Austin: University of Texas Press, 2010.

———, org. *The Secret Diplomacy of the Vietnam War: The Negotiating Volumes of the Pentagon Papers*. Austin: University of Texas Press, 1983.

Hersh, Seymour M. *The Price of Power: Kissinger in the Nixon White House*. Nova York: Summit Books, 1983.

Hershberg, James Gordon. "Who Murdered Marigold? New Evidence on the Mysterious Failure of Poland's Secret Initiative to Start U.S.–North Vietnamese Peace Talks, 1966." Woodrow Wilson International Center for Scholars Working Paper nº 27 (2000).

Higgins, Trumbull. *The Perfect Failure: Kennedy, Eisenhower, and the CIA at the Bay of Pigs*. Nova York: W. W. Norton, 1987.

Hitchens, Christopher. *The Trial of Henry Kissinger*. Nova York: Verso, 2001. Ed. Kindle.

Hixon, Walter L. *Parting the Iron Curtain: Propaganda, Culture, and the Cold War, 1945-1961*. Nova York: St. Martin's Press Griffin, 1998.

Hoffmann, Hubertus, org. *Fritz Kraemer on Excellence: Missionary, Mentor and Pentagon Strategist*. Nova York: World Security Network Foundation, 2004.

Hofmann, Arne. *The Emergence of Détente in Europe: Brandt, Kennedy and the Formation of Ostpolitik*. Londres: Routledge, 2007.

Hoopes, Townsend. *The Limits of Intervention: An Inside Account of How the Johnson Policy of Escalation in Vietnam Was Reversed*. Filadélfia: D. McKay Co., 1969.

Horowitz, C. Morris e Lawrence J. Kaplan. "The Estimated Jewish Population of the Nova York Area, 1900-1975." Comitê de Estudos Demográficos da Federação de Filantropias Judaicas, ms., Nova York, 1959.

Hughes, Ken. *Chasing Shadows: The Nixon Tapes, the Chennault Affair, and the Origins of Watergate*. Charlottesville: University of Virginia Press, 2014. Ed. Kindle.

Humphrey, Hubert H. *The Education of a Public Man: My Life and Politics*. Nova York: Doubleday, 1976.

Idle, Eric. *The Greedy Bastard Diary: A Comic Tour of North America*. Londres: Orion, 2014. Ed. Kindle.

Isaacs, Arnold R. *Without Honor: Defeat in Vietnam and Cambodia*. Baltimore: Johns Hopkins University Press, 1983.

Isaacson, Walter. *Kissinger: A Biography*. Nova York: Simon & Schuster, 2005. Ed. Kindle.

Israel, Jonathan I. "Central European Jewry During the Thirty Years' War." *Central European History* 16, nº 1 (1983): 3-30.

Israelyan, Victor. *Inside the Kremlin During the Yom Kippur War*. University Park: Pennsylvania State University Press, 1995.

Jackson, Michael G. "Beyond Brinkmanship: Eisenhower, Nuclear War Fighting, and Korea, 1953-1968." *Presidential Studies Quarterly* 35, nº 1 (2005): 52-75.

Jacobs, Jack e Douglas Century. *If Not Now, When?: Duty and Sacrifice in America's Time of Need*. Nova York: Berkley Caliber, 2008.

James, William. "The True Harvard." In *The Harvard Book: Selections from Three Centuries*, organizado por William Bentinck-Smith. Cambridge, MA: Harvard University Press, 1982.

Jensen, Joan M. *Army Surveillance in America, 1775-1980*. New Haven, CT: Yale University Press, 1991.

Johnson, Eric A. *The Nazi Terror: The Gestapo, Jews and Ordinary Germans*. Londres: John Murray, 1999.

Johnson, Lyndon Baines. *The Vantage Point: Perspectives of the Presidency, 1963-1969*. Nova York: Holt, Rinehart and Winston, 1971.

Johnson, Robert David. *All the Way with LBJ: The 1964 Presidential Election*. Nova York: Cambridge University Press, 2009.

Kalb, Marvin e Bernard Kalb. *Kissinger*. Boston: Little, Brown, 1974.

Kaplan, Robert D. "In Defense of Henry Kissinger." *Atlantic Monthly* (abr. 2013): 70-78.

———. "Kissinger, Metternich, and Realism." *Atlantic Monthly* (jun. 1999): 72-82.

Karnow, Stanley. *Vietnam: A History*. Nova York: Viking, 1983.

Kasparek, Katrin. *The History of the Jews in Fürth: A Home for Centuries*. Nuremberg: Sandberg Verlag, 2010.

Katzenbach, Nicholas de B. *Some of It Was Fun: Working with RFK and LBJ*. Nova York: W. W. Norton, 2008.

Kaufmann, William W. "The Crisis in Military Affairs." *World Politics* 10, nº 4 (jul. 1958): 579-603.

Keefer, Louis E. *Scholars in Foxholes: The Story of the Army Specialized Training Program in World War II*. Jefferson, NC: McFarland, 1988.

Keever, Beverly Deepe. *Death Zones and Darling Spies: Seven Years of Vietnam War Reporting*. Lincoln: University of Nebraska Press, 2013.

Kempe, Frederick. *Berlin 1961: Kennedy, Khrushchov, and the Most Dangerous Place on Earth*. Nova York: Putnam, 2011.

Kennedy, David M. *Freedom from Fear: The American People in Depression and War, 1929–1945*. Oxford: Oxford University Press, 1999. Ed. Kindle.

Kennedy, Robert. *Thirteen Days: A Memoir of the Cuban Missile Crisis*. Nova York: W. W. Norton, 1999.

Kershaw, Ian. *The End: Hitler's Germany, 1944-45*. Londres: Allen Lane, 2011.

Kickum, Stephanie. "Die Strukturen der Militärregierungen in Krefeld der frühen Nachkriegszeit (1945/46)." *Die Heimat* 71 (2000): 107-12.

Kilmeade, Brian. *The Games Do Count: America's Best and Brightest on the Power of Sport*. Nova York: HarperCollins, 2004.

Kilthau, Fritz e Peter Krämer. *3 Tage fehlten zur Freiheit: Die Nazimorde am Kirchberg Bensheim, März 1945*. Bensheim: Geschichtswerkstatt Jakob Kindinger, 2008.

Kissinger, Henry A. *American Foreign Policy: Three Essays*. Nova York: W. W. Norton, 1969.

———. "Arms Control, Inspection and Surprise Attack." *Foreign Affairs* 38, nº 4 (jul. 1960): 557-75.

———. "Coalition Diplomacy in a Nuclear Age." *Foreign Affairs* 42, nº 4 (jul. 1964): 525-45.

———. "The Congress of Vienna: A Reappraisal." *World Politics* 8, nº 2 (jan. 1956): 264-80.

———. "The Conservative Dilemma: Reflections on the Political Thought of Metternich." *American Political Science Review* 48, nº 4 (dez. 1954): 1017-30.

———. "Domestic Structure and Foreign Policy." *Daedalus* 95, nº 2 (1966): 503-29.

———. "Force and Diplomacy in the Nuclear Age." *Foreign Affairs* 34, nº 3 (1956): 349-66.

———. "The Illusionist: Why We Misread de Gaulle." *Harper's*, mar. 1965.

———. "Limited War: Conventional or Nuclear? A Reappraisal." *Daedalus* 89, nº 4 (1960): 800-17.

———. "The Meaning of History: Reflections on Spengler, Toynbee and Kant." Tese sênior, Harvard University, 1950.

———. "Military Policy and the Defense of the 'Grey Areas.'" *Foreign Affairs* 33, nº 3 (abr. 1955): 416-28.

———. "Missiles and the Western Alliance." *Foreign Affairs* 36, nº 3 (1958): 383-400.

———. "Nato's Nuclear Dilemma." *Reporter* (mar. 28, 1963): 22-33.

———. *The Necessity for Choice: Prospects of American Foreign Policy*. Nova York: Harper and Brothers, 1961.

———. "Nuclear Testing and the Problem of Peace." *Foreign Affairs* 37, nº 1 (out. 1958): 1-18.

———. *Nuclear Weapons and Foreign Policy*. Nova York: Harper and Brothers, 1957.

———. "Peace, Legitimacy, and the Equilibrium (A Study of the Statesmanship of Castlereagh and Metternich)." Tese de doutorado, Harvard University, 1954.

———. "The Prophet and the Policymaker." In *Fritz Kraemer on Excellence: Missionary, Mentor and Pentagon Strategist*, organizado por Hubertus Hoffmann. Nova York: World Security Network, 2004.

———. "Reflections on American Diplomacy." *Foreign Affairs* 35, nº 1 (1956): 37-56.

———. "Reflections on Cuba." *Reporter* (nov. 22, 1962): 21-24.

———. "The Search for Stability." *Foreign Affairs* 37, nº 4 (1959): 537-60.

———. "The Skybolt Affair." *Reporter* (jan. 17, 1963): 15-18.

———. "Strains on the Alliance." *Foreign Affairs* 41, nº 2 (jan. 1963): 261-85.

———. "Strategy and Organization." *Foreign Affairs* 35, nº 3 (abr. 1957): 379-94.

———. *The Troubled Partnership: A Re-appraisal of the Atlantic Alliance*. Nova York: McGraw-Hill, 1965.

———. "The Unsolved Problems of European Defense." *Foreign Affairs* 40, nº 4 (jul. 1962): 515-41.

———. "The Viet Nam Negotiations." *Foreign Affairs* 11, nº 2 (1969): 38-50.

———. *White House Years*. Boston: Little, Brown, 1979.

———. "The White Revolutionary: Reflections on Bismarck." *Daedalus* 97, nº 3 (1968): 888-924.

———. *World Order*. Nova York: Penguin Press, 2014.

———. *A World Restored: Metternich, Castlereagh and the Problems of Peace, 1812-1822*. Londres: Weidenfeld & Nicolson, 1957. Ed. Kindle.

Kissinger, Henry A. e Bernard Brodie. "Bureaucracy, Politics and Strategy." Estudos de Segurança, Documento nº 17. Los Angeles: University of California, 1968.

Kistiakowsky, George B. *A Scientist at the White House: The Private Diary of President Eisenhower's Special Assistant for Science and Technology*. Cambridge, MA: Harvard University Press, 1976.

Kolko, Gabriel e Joyce Kolko. *The Limits of Power: The World and United States Foreign Policy, 1945-1954*. Nova York: Harper & Row, 1972.

Kornbluh, Peter. *The Pinochet File: A Declassified Dossier on Atrocity and Accountability*. Nova York: New Press, 2003.

Koudelka, Edward R. *Counter Intelligence, the Conflict, and the Conquest*. Guilderland, NY: Ranger Associates, 1986.

Kraemer, Fritz. "To Finish the Manuscript of the Historico-Juridical Reference Book on 'the Parliaments of Continental Europe from 1815 to 1914.'" *American Philosophical Society Year Book* (1942).

———. "U.S. Propaganda: What It Can and Can't Be." *Stanford Research Institute* 3 (1959): 151-9.

———. *Das Verhältnis der französischen Bündnisverträge zum Völkerbundpakt und zum Pakt von Locarno: Eine juristisch-politische Studie*. Leipzig: Universitätsverlag von Robert Noske, 1932.

Kraemer, Sven. "My Father's Pilgrimage." In *Fritz Kraemer on Excellence: Missionary, Mentor and Pentagon Strategist*, organizado por Hubertus Hoffmann. Nova York: World Security Network Foundation, 2004.

Kraft, Joseph. "In Search of Kissinger." *Harper's Magazine* (jan. 1971).

Kraus, Marvin. "Assimilation, Authoritarianism, and Judaism: A Social-Psychological Study of Jews at Harvard." Ensaio Honors, Harvard University, 1951.

Kremers, Elisabeth. *Lucky Strikes und Hamsterfahrten: Krefeld 1945-1948*. Gudensberg-Gleichen: Wartburg Verlag, 2004.

Kuklick, Bruce. *Blind Oracles: Intellectuals and War from Kennan to Kissinger*. Princeton, NJ: Princeton University Press, 2006.

Kunz, Diane. "Camelot Continued: What if John F. Kennedy Had Lived?" In *Virtual History: Alternatives and Counterfactuals*, organizado por Niall Ferguson. Londres: Macmillan, 1995.

Kurz, Evi. *The Kissinger Saga: Walter and Henry Kissinger, Two Brothers from Fürth*. Londres: Weidenfeld and Nicolson, 2009.

Landau, David. *Kissinger: The Uses of Power: A Political Biography*. Londres: Robson Books, 1974.

Larsen, Jeffrey A. e Kerry M. Kartchner, orgs. *On Limited Nuclear War in the 21st Century*. Palo Alto, CA: Stanford University Press, 2014.

Lasky, Victor. *It Didn't Start with Watergate*. Nova York: Dial Press, 1977.

Lax, Eric. *Woody Allen: A Biography*. Cambridge, MA: Da Capo Press, 1991.

Leary, William M., org. *The Central Intelligence Agency: History and Documents*. Tuscaloosa: University of Alabama Press, 1984.

Leffler, Melvyn P. *For the Soul of Mankind: The United States, the Soviet Union, and the Cold War*. Nova York: Hill and Wang, 2007. Ed. Kindle.

Leffler, Melvyn P. e Odd Arne Westad, orgs. *The Cambridge History of the Cold War*. Vol. 2, *Crises and Détente*. Cambridge: Cambridge University Press, 2012.

Lehman, John F. *Command of the Seas*. Annapolis, MD: Naval Institute Press, 2001.

Lendt, Lee E. *A Social History of Washington Heights, Nova York City*. Nova York: Columbia–Washington Heights Community Mental Health Project, 1960.

Leventmann, Seymour. "From Shtetl to Suburb." In *The Ghetto and Beyond*, organizado por Peter I. Rose. Nova York: Random House, 1969.

Lewis, Jonathan F. *Spy Capitalism: Itek and the CIA*. New Haven, CT: Yale University Press, 2002.

Ley, Walter. "Die Heckmannschule." *Fürther Heimatblätter* 41 (1991): 65-74.

Lindsay, A. D. *The Philosophy of Immanuel Kant*. Londres: T. C. and E. C. Jack, 1919.

Lindsay, Franklin. *Beacons in the Night: With the OSS and Tito's Partisans in Wartime Yugoslavia*. Palo Alto, CA: Stanford University Press, 1993.

Link, Sandra. *Ein Realist mit Idealen: Der Völkerrechtler Karl Strupp (1886-1940)*. Baden-Baden: Nomos, 2003.

Lodge, Henry Cabot. *As It Was: An Inside View of Politics and Power in the '50s and '60s*. Nova York: W. W. Norton, 1976.

Logevall, Fredrik. *Choosing War: The Lost Chance for Peace and the Escalation of War in Vietnam*. Berkeley: University of California Press, 1999. Ed. Kindle.

———. "Lyndon Johnson and Vietnam." *Presidential Studies Quarterly* 34, nº 1 (2004): 100-12.

Loory, Stuart H. e David Kraslow. *The Secret Search for Peace in Vietnam*. Nova York: Random House, 1968.

Lowenstein, Steven M. *Frankfurt on the Hudson: The German-Jewish Community of Washington Heights, 1933-1983, Its Structure and Culture*. Detroit: Wayne State University Press, 1989.

Lucas, Scott. "Campaigns of Truth: The Psychological Strategy Board and American Ideology, 1951-1953." *International History Review* 18, nº 2 (1996): 279-302.

———. *Freedom's War: The American Crusade Against the Soviet Union*. Nova York: Nova York University Press, 1999.

Lüders, Marie-Elisabeth. *Fürchte Dich nicht: Persönliches und Politisches aus mehr als 80 Jahren, 1878-1962*. Colônia: Westdeutscher Verlag, 1963.

Luig, Klaus. . . . *weil er nicht arischer Abstammung ist. Jüdische Juristen in Köln während der NS-Zeit*. Colônia: Verlag Dr. Otto Schmidt, 2004.

Lundestad, Geir. *The American "Empire" and Other Studies of U.S. Foreign Policy in a Comparative Perspective*. Londres: Oxford University Press, 1990.

———. *The United States and Western Europe Since 1945: From "Empire" by Invitation to Transatlantic Drift*. Oxford: Oxford University Press, 2003.

Lynn-Jones, Sean M. e Steven E. Miller, orgs. *The Cold War and After: Prospects for Peace*. Cambridge, MA: MIT Press, 1993.

Maaß, Rainer e Manfred Berg, orgs. *Bensheim: Spuren der Geschichte*. Weinheim: Edition Diesbach, 2006.

MacMillan, Margaret. *Nixon and Mao: The Week That Changed the World*. Nova York: Random House, 2007.

McNamara, Robert S. *Argument Without End: In Search of Answers to the Vietnam Tragedy*. Nova York: PublicAffairs, 1999.

McNamara, Robert S. e Brian VanDeMark. *In Retrospect: The Tragedy and Lessons of Vietnam*. Nova York: Times Books, 1995.

Magdoff, Harry. *The Age of Imperialism: The Economics of United States Foreign Policy*. Nova York: Monthly Review Press, 1969.

Mailer, Norman. *The Naked and the Dead*. Nova York: Rinehart and Co., 1948.

Marnham, Patrick. *Resistance and Betrayal: The Death and Life of the Greatest Hero of the French Resistance*. Nova York: Random House, 2000.

Marrs, Jim. *Rule by Secrecy: The Hidden History That Connects the Trilateral Commission, the Freemasons, and the Great Pyramids*. Nova York: HarperCollins, 2000.
Martin, L. W. "The Necessity for Choice." *Political Science Quarterly* 76, nº 3 (1961): 427-8.
Matson, Clifford H., Jr. e Elliott K. Stein. *We Were the Line: A History of Company G, 335th Infantry, 84th Infantry Division*. Fort Wayne, IN: publicação privada, 1946.
Matthews, Jeffrey J. "To Defeat a Maverick: The Goldwater Candidacy Revisited, 1963-1964." *Presidential Studies Quarterly* 27, nº 4 (1997): 662-78.
Mauersberg, Hans. *Wirtschaft und Gesellschaft Fürth in neuerer und neuester Zeit*. Göttingen: Vandenhoeck und Ruprecht, 1974.
Maxwell, A. J. "A World Restored." *World Affairs* 120, nº 4 (1957): 123f.
May, Ernest R., org. *American Cold War Strategy: Interpreting NSC 68*. Boston: Bedford Books of St. Martin's Press, 1993.
May, Ernest R. e Philip D. Zelikow, orgs. *The Kennedy Tapes: Inside the Cuban Missile Crisis*. Cambridge, MA: Belknap Press, 2002.
Mazlish, Bruce. *Kissinger: The European Mind in American Policy*. Nova York: Basic Books, 1976.
Melchoir, Ib. *Case by Case: A U.S. Army Counterintelligence Agent in World War II*. Novato, CA: Presidio, 1993.
Menand, Louis. *The Metaphysical Club: A Story of Ideas in America*. Nova York: Farrar, Straus and Giroux, 2002.
Middendorf, J. William, II. *A Glorious Disaster: Barry Goldwater's Presidential Campaign and the Origins of the Conservative Movement*. Nova York: Basic Books, 2008. Ed. Kindle.
Mieczkowski, Yanek. *Eisenhower's Sputnik Moment: The Race for Space and World Prestige*. Ítaca, NY: Cornell University Press, 2013.
Mierzejewski, Alfred C. *Ludwig Erhard: A Biography*. Chapel Hill: University of North Carolina Press, 2004.
Miller, Rory, org. *Britain, Palestine and Empire: The Mandate Years*. Farnham, Surrey, Reino Unido: Ashgate, 2010.
Milne, David. *America's Rasputin: Walt Rostow and the Vietnam War*. Nova York: Hill and Wang, 2008.
———. "The 1968 Paris Peace Negotiations: A Two Level Game?" *Review of International Studies* 37, nº 2 (2010): 577-99.
———. "'Our Equivalent of Guerrilla Warfare': Walt Rostow and the Bombing of North Vietnam, 1961-1968." *Journal of Military History* 71 (2007): 169-203.
Mohan, Shannon E. "Memorandum for Mr. Bundy: Henry Kissinger as Consultant to the Kennedy National Security Council." *Historian* 71, nº 2 (2009): 234-57.
Moise, Edwin E. *Tonkin Gulf and the Escalation of the Vietnam War*. Chapel Hill: University of North Carolina Press, 1996.
Moore, Deborah Dash. *At Home in America: Second Generation Nova York Jews*. Nova York: Columbia University Press, 1981.
———. *GI Jews: How World War II Changed a Generation*. Cambridge, MA: Harvard University Press, 2004.
Morgenthau, Hans J. "Henry Kissinger: Secretary of State." *Encounter* (nov. 1974): 57-60.
———. "Nuclear Weapons and Foreign Policy." *American Political Science Review* 52, nº 3 (Set. 1958): 842-4.
Morison, Samuel Eliot. *Three Centuries of Harvard, 1636-1936*. Cambridge, MA: Belknap Press, 1936.
Morris, Roger. *Uncertain Greatness: Henry Kissinger and American Foreign Policy*. Nova York: Harper & Row, 1977.
Moynihan, Daniel Patrick. *A Dangerous Place*. Boston: Little, Brown, 1975.
Mümmler, Manfred. *Fürth: 1933-1945*. Emskirchen: Verlag Maria Mümmler, 1995.
Naftali, Timothy e Philip Zelikow, orgs. *The Presidential Recordings: John F. Kennedy*. Nova York: W. W. Norton, 2001.
Nashel, Jonathan. *Edward Lansdale's Cold War*. Amherst: University of Massachusetts Press, 2005.
Nelson, Anna K. "President Kennedy's National Security Policy: A Reconsideration." *Reviews in American History* 19, nº 1 (1991): 1-14.
Nitze, Paul H. "Atoms, Strategy, and Policy." *Foreign Affairs* 34, nº 2 (1956): 187-98.
———. "Limited War or Massive Retaliation?" *Reporter* (set. 5, 1957): 40-42.
Nixon, Richard M. "Asia After Viet Nam." *Foreign Affairs* 46, nº 1 (out. 1967): 111-25.
———. *RN: The Memoirs of Richard Nixon*. Nova York: Simon & Schuster, 1992. Ed. Kindle.
Ophir, Baruch Z. e Falk Wiesemann, orgs. *Die jüdischen Gemeinden in Bayern 1918-1945: Geschichte und Zerstörung*. Munique: R. Oldenbourg, 1979.
Oppen, Beate Ruhm von, org. *Documents on Germany Under Occupation, 1945-1954*. Oxford: Oxford University Press, 1955.
Osgood, Kenneth. *Total Cold War: Eisenhower's Secret Propaganda Battle at Home and Abroad*. Lawrence: University Press of Kansas, 2006.
Osgood, Robert E. *Ideals and Self-Interest in America's Foreign Relations: The Great Transformation of the Twentieth Century*. Chicago: University of Chicago Press, 1953.
———. *Limited War: The Challenge to American Strategy*. Chicago: University of Chicago Press, 1957.
Padover, Saul K. *Experiment in Germany: The Story of an American Intelligence Officer*. Nova York: Duell, Sloan and Pearce, 1946.
Parry-Giles, S. J. "Dwight D. Eisenhower, 'Atoms for Peace' (8 de dezembro de 1953)." *Voices of Democracy* 1 (2006): 118-29.
Paterson, Pat. "The Truth About Tonkin." *Naval History* (fev. 2008).
Paterson, Thomas G. e William J. Brophy. "October Missiles and November Elections: The Cuban Missile Crisis and American Politics, 1962." *Journal of American History* 1, nº 73 (1986): 87-119.
Patrick, Mark S. "The Berlin Crisis in 1961: U.S. Intelligence Analysis and the Presidential Decision Making Process." Tese de mestrado, Universidade Tufts, 1997.
Paul, Gerhard e Klaus-Michael Mallmann. *Die Gestapo: Mythos und Realität*. Darmstadt: Primus Verlag, 1996.
Pei, Minxin. "Lessons from the Past." *Foreign Policy* 52 (jul. 2003): 52-55.
Persico, Joseph E. *The Imperial Rockefeller: A Biography of*

Nelson A. Rockefeller. Nova York: Washington Square Press, 1982.

Peters, Charles. *Lyndon B. Johnson. The American Presidents Series: The 36th President*. Nova York: Henry Holt/Times Books, 2010.

Pisani, Sallie. *The CIA and the Marshall Plan*. Lawrence: University Press of Kansas, 1991.

Piszkiewicz, Dennis. *The Nazi Rocketeers: Dreams of Space and Crimes of War*. Westport, CT: Praeger, 1995.

Pocock, Tom. *Alan Moorehead*. Londres: Vintage Books, 2011.

Porch, Douglas. "Occupational Hazards: Myths of 1945 and U.S. Iraq Policy." *National Interest* (2003): 35-47.

Possony, Stefan. "Nuclear Weapons and Foreign Policy." *Annals of the American Academy of Political and Social Science* 316 (mar. 1958): 141f.

Poundstone, William. *Prisoner's Dilemma: John von Neumann, Game Theory, and the Puzzle of the Bomb*. Nova York: Random House, 1992.

Powers, Thomas. *The Man Who Kept the Secrets: Richard Helms and the CIA*. Londres: Weidenfeld & Nicolson, 1980.

Prados, John e Margaret Pratt Porter, orgs. *Inside the Pentagon Papers*. Lawrence: University Press of Kansas, 2004.

Preston, Andrew. "The Little State Department: McGeorge Bundy and the National Security Council Staff, 1961-65." *Presidential Studies Quarterly* 31, nº 4 (2001): 635-59.

———. *The War Council: McGeorge Bundy, the NSC, and Vietnam*. Cambridge, MA: Harvard University Press, 2006.

Purdy, Rob Roy, org. *Fugitives' Reunion: Conversations at Vanderbilt May 3-5, 1956*. Nashville, TN: Vanderbilt University Press, 1959.

Quigley, Carroll. *The Anglo-American Establishment: From Rhodes to Cliveden*. Nova York: Books in Focus, 1981.

———. *Tragedy and Hope: A History of the World in Our Time*. Londres: Macmillan, 1966.

Radványi, János. *Delusion and Reality: Gambits, Hoaxes, and Diplomatic One-Upmanship in Vietnam*. South Bend, IN: Gateway, 1978.

Ramos-Horta, José. *Funu: The Unfinished Saga of East Timor*. Nova York: Random House, 1987.

Rasenberger, Jim. *The Brilliant Disaster: JFK, Castro, and America's Doomed Invasion of Cuba's Bay of Pigs*. Nova York: Scribner, 2011.

Reeves, Richard. *President Kennedy: Profile of Power*. Nova York: Touchstone Books, 1994.

———. *President Nixon: Alone in the White House*. Nova York: Simon & Schuster, 2001.

Reich, Cary. *The Life of Nelson A. Rockefeller: Worlds to Conquer, 1908-1958*. Nova York: Doubleday, 1996.

Reid, Robert. *Never Tell an Infantryman to Have a Nice Day: A History Book by Robert "Bob" Reid, 84th Division, 335th, H Company, WWII*. Bloomington, IN: Xlibris, 2010.

Reyn, Sebastian. *Atlantis Lost: The American Experience with De Gaulle, 1958-1969*. Amsterdam: Amsterdam University Press, 2010.

Rich, Mark. *C. M. Kornbluth: The Life and Works of a Science Fiction Visionary*. Jefferson, NC: McFarland, 2010.

Roberts, Andrew. *Masters and Commanders: How Roosevelt, Churchill, Marshall, and Alanbrooke Won the War in the West*. Londres: Allen Lane, 2008.

Robin, Ron. *The Making of the Cold War Enemy*. Princeton, NJ: Princeton University Press, 2001.

Rockefeller, Nelson A. *The Future of Federalism*. Cambridge, MA: Harvard University Press, 1962.

Rockefeller Brothers Fund. *Foreign Economic Policy for the Twentieth Century*. Nova York: Doubleday, 1958.

———. *Prospect for America: The Rockefeller Panel Reports*. Garden City, NY: Doubleday, 1961.

Rose, Peter I., org. *The Ghetto and Beyond*. Nova York: Random House, 1969.

Rosen, James. *The Strong Man: John Mitchell and the Secrets of Watergate*. Nova York: Doubleday, 2008.

Rosenberg, Brett Alyson. "Prospect for America: Nelson Rockefeller, the Special Studies Project, and the Search for America's Best and Brightest, 1956-1961." Tese Sênior, Harvard University, 2012.

Rosenberg, D. A. "The Origins of Overkill: Nuclear Weapons and American Strategy, 1945-1960." *International Security* 7, nº 4 (1983): 3-71.

Rosenberg, Edgar. "Appendix." In *Stanford Short Stories 1953*. Palo Alto, CA: Stanford University Press, 1953.

Rosovsky, Nitza. *The Jewish Experience at Harvard and Radcliffe*. Cambridge, MA: Harvard University Press, 1986.

Rostow, Walt W. *The Diffusion of Power: An Essay in Recent History*. Nova York: Macmillan, 1972.

Rothkopf, David. *Running the World: The Inside Story of the National Security Council and the Architects of American Power*. Nova York: PublicAffairs, 2006.

Rotthoff, Guido, org. *Krefelder Juden*. Bonn: Röhrscheid, 1981.

Rubinson, Paul. "'Crucified on a Cross of Atoms': Scientists, Politics, and the Test Ban Treaty." *Diplomatic History* 35, nº 2 (2011): 283-319.

Rueger, Fabian. "Kennedy, Adenauer and the Making of the Berlin Wall, 1958-1961." Tese de doutorado, Stanford University, 2011.

Ruehsen, Moyara de Moraes. "Operation 'Ajax' Revisited: Iran, 1953." *Middle Eastern Studies* 29, nº 3 (1993): 467-86.

Rummel, Rudolph J. *Lethal Politics: Soviet Genocide and Mass Murder Since 1917*. Livingston, NJ: Transaction, 1990.

Rusk, Dean. *As I Saw It*. Organizado por Daniel S. Papp. Nova York: W. W. Norton, 1990.

Saalfrank, Maximiliane. "Henry Kissinger und Oberammergau: Unterwegs in geheimer Mission." *Garmish-Partenkirchen Journal* 4 (ago.–set. 1993): 34-38.

———. "Kissinger in Oberammergau." *Deutsch-amerikanischer Almanach: Henry Kissinger* 1 (1994): 36-41.

Safire, William. *Before the Fall: An Inside View of the Pre-Watergate White House*. New Brunswick, NJ: Transaction, 2012.

Sainteny, Jean. *Ho Chi Minh and His Vietnam: A Personal Memoir*. Chicago: Cowles, 1972.

Salinger, Pierre. *With Kennedy*. Nova York: Avon, 1967.

Saunders, Frances Stonor. *Who Paid the Piper? The CIA and the Cultural Cold War*. Londres: Granta, 2000.

Sayer, Ian e Douglas Botting. *America's Secret Army: The Untold Story of the Counter Intelligence Corps*. Nova York: Grafton, 1989.

Schaefer, Jacob. *Das alte und das neue Stadttheater in Fürth: Eine Wanderung durch die neuere Stadtgeschichte von 1816-1902*. Fürth: G. Rosenberg, 1902.

Schelling, Thomas C. "Bargaining, Communication, and Limited War." *Conflict Resolution* 1, nº 1 (mar. 1957): 19-36.

———. "An Essay on Bargaining." *American Economic Review* 46, nº 3 (1956): 281–306.

Schilling, Donald G. "Politics in a New Key: The Late Nineteenth-Century Transformation of Politics in Northern Bavaria." *German Studies Review* 17, nº 1 (1994): 35-57.

Schlafly, Phyllis e Chester Charles Ward. *Kissinger on the Couch*. New Rochelle, NY: Arlington House, 1975.

Schlesinger, Andrew. *Veritas: Harvard College and the American Experience*. Chicago: Ivan R. Dee, 2007.

Schlesinger, Arthur M., Jr. *Journals: 1952-2000*. Londres: Atlantic Books, 2007.

———. *A Life in the Twentieth Century: Innocent Beginnings, 1917-1950*. Boston: Houghton Mifflin, 2000.

———. *A Thousand Days: John F. Kennedy in the White House*. Boston: Houghton Mifflin, 1965.

Schrader, Charles R. *History of Operations Research in the United States Army*. Vol. 1, *1942-1962*. Washington, DC: U.S. Army, 2006.

Schupetta, Ingrid. "Die Geheime Staatspolizei in Krefeld." *Die Heimat* 76 (2005): 115-27.

Schwarz, Hans-Peter. *Konrad Adenauer: A German Politician and Statesman in a Period of War, Revolution and Reconstruction*. Vol. 2, *The Statesman, 1952-1967*. Leamington Spa, Reino Unido: Berghahn Books, 1997.

Seig, Kent S. "The 1968 Presidential Election and Peace in Vietnam." *Presidential Studies Quarterly* 26, nº 4 (1996): 106-80.

Selby, Scott Andrew. *The Axmann Conspiracy*. Nova York: Berkley, 2013.

Shapiro, James. *Oberammergau: The Troubling Story of the World's Most Famous Passion Play*. Nova York: Pantheon, 2000.

Shawcross, William. *Sideshow: Kissinger, Nixon, and the Destruction of Cambodia*. Nova York: Simon & Schuster, 1987.

Shesol, Jeff. *Mutual Contempt: Lyndon Johnson, Robert Kennedy, and the Feud That Defined a Decade*. Nova York: W. W. Norton, 1998.

Shoup, Laurence e William Minter. *Imperial Brain Trust: The Council on Foreign Relations and United States Foreign Policy*. Nova York: Monthly Review Press, 1977.

Sinanoglou, Penny. "The Peel Commission and Partition, 1936-1939." In *Britain, Palestine and Empire: The Mandate Years*, organizado por Rory Miller, 119-40. Farnham, Surrey, Reino Unido: Ashgate, 2010.

Skoug, Kenneth N. *Czechoslovakia's Lost Fight for Freedom, 1967-1969: An American Embassy Perspective*. Westport, CT: Greenwood, 1999.

Slawenski, Kenneth. *J. D. Salinger: A Life*. Nova York: Random House, 2012.

Smith, Jean Edward, org. *The Papers of General Lucius D. Clay, 1945-1949*. Bloomington: Indiana University Press, 1974.

Smith, Richard Norton. *The Harvard Century: The Making of a University to a Nation*. Cambridge, MA: Harvard University Press, 1986.

———. *On His Own Terms: A Life of Nelson Rockefeller*. Nova York: Random House, 2014. Ed. Kindle.

Smith, Steve, Amelia Hadfield e Tim Dunne, orgs. *Foreign Policy: Theories, Actors, Cases*, 2ª ed. Oxford: Oxford University Press, 2012.

Snead, David L. *The Gaither Committee, Eisenhower, and the Cold War*. Columbus: Ohio State University Press, 1999.

Soapes, Thomas F. "A Cold Warrior Seeks Peace: Eisenhower's Strategy for Nuclear Disarmament." *Diplomatic History* 4, nº 1 (1980): 57-72.

Sorensen, Theodore C. *Decision-Making in the White House: The Olive Branch or the Arrows*. 1963; reimpressão, Nova York: Columbia University Press, 2005.

Sorley, Lewis. *A Better War: The Unexamined Victories and Final Tragedy of America's Last Years in Vietnam*. Nova York: Harcourt Brace, 1999.

Stans, Maurice H. *One of the President's Men: Twenty Years with Eisenhower and Nixon*. Washington, DC: Brassey's, 1995.

Starr, Harvey. "The Kissinger Years: Studying Individuals and Foreign Policy." *International Studies Quarterly* 24, nº 4 (1980): 465-96.

Stedman, Richard Bruce. "Born unto Trouble: An Analysis of the Social Position of the Jewish Upperclassmen in Harvard House." Ensaio Honors, Harvard University, 1942.

Steinberg, Jonathan. *Bismarck: A Life*. Oxford: Oxford University Press, 2011.

Stern, Bruno. *So war es: Leben und Schicksal eines jüdischen Emigranten*. Sigmaringen: J. Thorbecke, 1985.

Stock, Ernest. "Washington Heights' 'Fourth Reich': The German Émigrés' New Home." *Commentary* (jun. 1951).

Stoessinger, John G. *Henry Kissinger: The Anguish of Power*. Nova York: W. W. Norton, 1976.

Stone, Oliver e Peter Kuznick. *The Untold History of the United States*. Londres: Ebury, 2012. Ed. Kindle.

Stone, Sean. "New World Order: An Imperial Strategy for the Twentieth Century." Tese sênior, Princeton University, 2006.

Straight, Michael. *Nancy Hanks: An Intimate Portrait — the Creation of a National Commitment to the Arts*. Durham, NC: Duke University Press, 1988.

Strauss, Heinrich. *Fürth in der Weltwirtschaftskrise und nationalsozialistischen Machtergreifung: Studien zur politischen, sozialen und wirtschaftlichen Entwicklung einer deutschen Industriestadt 1928-1933*. Nuremberg: Willmy, 1980.

Strauss, Herbert A. "The Immigration and Acculturation of the German Jew in the United States of America." *Leo Baeck Institute Yearbook* 16, nº 1 (1971): 63-94.

———. "Jewish Emigration from Germany: Nazi Policies and Jewish Responses." *Leo Baeck Institute Yearbook* 26, nº 1 (1981): 343-409.

Summers, Anthony. *The Arrogance of Power: The Secret*

World of Richard Nixon. Nova York: Viking Press, 2000.
Suri, Jeremi. *Henry Kissinger and the American Century*. Cambridge, MA: Harvard University Press, 2007.
———. *Power and Protest: Global Revolution and the Rise of Detente*. Cambridge, MA: Harvard University Press, 2003.
Tal, D. "The Secretary of State Versus the Secretary of Peace: The Dulles-Stassen Controversy and U.S. Disarmament Policy, 1955-58." *Journal of Contemporary History* 41, nº 4 (out. 2006): 721-40.
Talbott, Strobe, org. *Khrushchov Remembers*. Boston: Little, Brown, 1970.
Taylor, Brice. *Thanks for the Memories: The Memoirs of Bob Hope's and Henry Kissinger's Mind-Controlled Sex Slave*. Brice Taylor Trust, 1999.
Thiele, Laura. "Leben vor und nach der Flucht aus dem Regimes des Nationalsozialismus. Biographie des jüdischen Lehrers Hermann Mandelbaum." Manuscrito não publicado, 2012.
Thomas, Evan. *Ike's Bluff: President Eisenhower's Secret Battle to Save the World*. Nova York: Little, Brown, 2012.
———. *Robert Kennedy: His Life*. Nova York: Simon & Schuster, 2013. Ed. Kindle.
———. *The Very Best Men: The Daring Early Years of the CIA*. Nova York: Simon & Schuster, 2006.
Tott, Vernon. "Ahlem Concentration Camp: Liberated by the 84th Infantry Division on April 10, 1945." Manuscrito não publicado.
———. *Letters and Reflections from the Collection of Vernon L. Tott, the Angel of Ahlem*. Sioux City, IA: G. R. Lindblade, 2007.
Trachtenberg, Marc. *The Cold War and After: History, Theory, and the Logic of International Politics*. Princeton, NJ: Princeton University Press, 2012.
Trevor-Roper, Hugh. *Letters from Oxford: Hugh Trevor-Roper to Bernard Berenson*. Londres: Orion, 2007.
Vaïsse, Justin. "Zbig, Henry, and the New U.S. Foreign Policy Elite." In *Zbig: The Strategy and Statecraft of Zbigniew Brzezinski*, organizado por Charles Gati. Baltimore: Johns Hopkins University Press, 2013.
Vaïsse, Maurice. *La Grandeur: Politique étrangère du général de Gaulle, 1958-1969*. Paris: Fayard, 1998.
VanDeMark, Brian. *Into the Quagmire: Lyndon Johnson and the Escalation of the Vietnam War*. Nova York: Oxford University Press, 1995.
Vandenbroucke, Lucien S. "Anatomy of a Failure: The Decision to Land at the Bay of Pigs." *Political Science Quarterly* 99, nº 3 (1984): 471-91.
Waddy, Helena. *Oberammergau in the Nazi Era: The Fate of a Catholic Village in Hitler's Germany*. Nova York: Oxford University Press, 2010.
Wala, Michael. *The Council on Foreign Relations and American Foreign Policy in the Early Cold War*. Providence, RI: Berghahn, 1994.
Walker, Martin. *The Cold War: A History*. Londres: Macmillan, 1995.
Wallerstein, Jules. "Limited Autobiography of Jules Wallerstein." Manuscrito não publicado, n.d.
Wassermann, Jakob. *My Life as German and Jew*. Traduzido por S. N. Brainin. Nova York: Coward-McCann, 1933.
Weber, William T. "Kissinger as Historian: A Historiographical Approach to Statesmanship." *World Affairs* 141, nº 1 (1978): 40-56.
Webster, C. K. "A World Restored." *English Historical Review* 73, nº 286 (1958): 166f.
Weidenfeld, George. *Remembering My Good Friends: An Autobiography*. Nova York: HarperCollins, 1995.
Welch, David A. "An Introduction to the ExComm Transcripts." *International Security* 12, nº 3 (1987): 5-29.
Westad, Odd Arne. *The Global Cold War: Third World Interventions and the Making of Our Times*. Nova York: Cambridge University Press, 2005.
Westad, Odd Arne, et al., orgs. "77 Conversations Between Chinese and Foreign Leaders on the Wars in Indochina, 1964-1977." Projeto Internacional de História da Guerra Fria, Documento de Trabalho nº 22 (mar. 1998).
White, Theodore H. *In Search of History: A Personal Adventure*. Nova York: Harper & Row, 1978.
———. *The Making of the President 1964*. Nova York: HarperPerennial, 2010. Ed. Kindle.
———. *The Making of the President 1968*. Nova York: HarperPerennial, 2010.
Wiarda, Howard J. *Think Tanks and Foreign Policy: The Foreign Policy Research Institute and Presidential Politics*. Nova York: Lexington, 2010.
Wiener, Jacob G. *Time of Terror, Road to Revival: One Person's Story: Growing Up in Germany, Negotiating with the Nazis, Rebuilding Life in America*. Nova York: Trafford, 2010.
Wilford, Hugh. *The Mighty Wurlitzer: How the CIA Played America*. Cambridge, MA: Harvard University Press, 2008.
Williams, William Appleman. *Empire as a Way of Life: An Essay on the Causes and Character of America's Present Predicament Along with a Few Thoughts About an Alternative*. Nova York: Oxford University Press, 1980.
———. *The Tragedy of American Diplomacy*. Nova York: W. W. Norton, 1959.
Wills, Garry. *Nixon Agonistes: The Crisis of the Self-Made Man*. Boston: Mariner Books, 2002.
Winks, Robin W. *Cloak and Gown: Scholars in the Secret War, 1939-1961*. New Haven, CT: Yale University Press, 1987.
Witcover, Jules. *White Knight: The Rise of Spiro Agnew*. Nova York: Random House, 1972.
Wohlstetter, Albert. "The Delicate Balance of Terror." *Foreign Affairs* 37, nº 2 (1959): 211-34.
Wolfe, Robert, org. *Americans as Proconsuls: United States Military Government in Germany and Japan, 1944-1952*. Carbondale: Southern Illinois University Press, 1984.
Woods, Randall B. *LBJ: Architect of American Ambition*. Nova York: Free Press, 2006.
Wright, Esmond. "The Necessity for Choice: Prospects of American Foreign Policy." *International Affairs* 38, nº 1 (1962): 83.
Wright, Quincy. "A World Restored." *American Historical Review* 63, nº 4 (1958): 953-5.
Yeshiva University Museum. *The German Jews of Washington Heights: An Oral History Project*. Nova York: Yeshiva University Museum, 1987.
Zambernardi, Lorenzo. "The Impotence of Power: Morgenthau's Critique of American Intervention in

Vietnam." *Review of International Studies* 37, nº 3 (2011): 1335-56.

Zinke, Peter. *"An allem ist Alljuda schuld": Antisemitsmus während der Weimarer Republik in Franken.* Nuremberg: Antogo Verlag, 2009.

———, org. *"Nächstes Jahr im Kibbuz": Die zionistische Ortsgruppe Nürnberg-Fürth. Hefte zur Regionalgeschichte.* Nuremberg: Antogo Verlag, 2005.

Zinn, Howard. *Declarations of Independence: Cross-Examining American Ideology.* Nova York: HarperCollins, 1990.

———. *Howard Zinn on War.* Nova York: Seven Stories Press, 2011.

———. *A People's History of the United States.* Nova York: HarperCollins, 2001.

Créditos das imagens

1: Família Kissinger/Universidade Yale
2: Ferdinand Vitzethum/Wikimedia Commons
3: Museu Memorial do Holocausto – Estados Unidos
4: © Shawshots/Alamy
5: Família Kissinger/Universidade Yale
6: Melvin Thomason/ Universidade Yale
7: Família Kissinger/Universidade Yale
8: © Stadtarchiv Bensheim, Fotosammlung. Fotógrafo Jerry Rutberg, U.S. Signal Corps.
9: © Vernon Tott
10: © Vernon Tott
12: Ullstein bild/Getty Images
13: Cortesia de David Elliott
14: Fotógrafo desconhecido/Universidade Yale
15: Foto publicitária da Chrysler Corporation e do Exército dos EUA
16: Getty Images
17: Nat Farbman/Getty Images
18: Foto da AP/Marty Lederhandler, Arquivo
19: Fotógrafo desconhecido/Universidade Yale
20: Corbis
21: Universidade Yale/CBS
22: Instituto de História Militar do Exército dos Estados Unidos
23: Keystone-France/Getty Images
24: Cecil Stoughton, fotógrafos da Casa Branca; Biblioteca e Museu Presidencial John F. Kennedy, Boston
25: Charge de Ed Valtman, em *Valtman: The Editorial Cartoons of Edmund S. Valtman 1961-1991* (Baltimore: Esto, Inc., 1991). Originalmente em *The Hartford Times* (1962). Uso autorizado.
26: Centro Virtual de Conhecimento sobre a Europa (CVCE)
27: *Dr. Strangelove, or: How I Learned to Stop Worrying and Love the Bomb.* © 1963, renovado em 1991 Columbia Pictures Industries, Inc. Todos os Direitos Reservados. Cortesia da Columbia Pictures.
28: Bettmann/Corbis/Imagens da AP
29: Flickr
30: Oliver Turpin/Universidade Yale
31: Robert Lackenbach/Radio Free Europe/Radio Liberty
32: Fotógrafo desconhecido/Universidade Yale
33: Larry Burrows/Getty Images
34: Arquivos e Coleções Especiais da Biblioteca da Universidade de Harvard
35: Arthur Schatz/Getty Images
36: Universidade de Harvard
37: Universidade de Harvard
38: John Dominis/Getty Images
39: © Marion Dönhoff Stiftung
40: Fotógrafo desconhecido/Universidade Yale
41: Fotógrafo desconhecido/Universidade Yale
42: Yoichi Okamoto/Biblioteca Presidencial Lyndon B. Johnson
43: Cortesia dos Arquivos da Universidade & Departamento de Coleções Especiais, Biblioteca Joseph P. Healey, Universidade de Massachusetts, Boston: Documentos e Fotografias de François Sully
44: Ullstein bild/Getty Images
45: Foto da AP/Richard Merron
46: Fotógrafo desconhecido/Universidade Yale
47: Cortesia de Patricia e Daniel Ellsberg
48: Larry Burrows/Getty Images
49: Larry Burrows/Getty Images
50: Fotógrafo desconhecido/Universidade Yale
51: Paul Durand/Wikimedia Commons
52: Lee Lockwood/Getty Images
53: Primeiro-Sargento Winbush/Universidade Yale
54: Foto da AP
55: CTK/Alamy
56: Arquivo do *New York Daily News*/Getty Images
57: Foto da AP/Arquivo
58: Copyright *Guardian News & Media Ltd* 2015
59: Yoichi Okamoto/Biblioteca Presidencial Lyndon B. Johnson
60: Cortesia de Harvey Hacker
61: Universidade Yale
62: Buffy Parker/Universidade Yale
63: Buffy Parker/Universidade Yale
64: Digital Commons/UPI
65: Fotógrafo desconhecido/Universidade Yale
66: Alfred Eisenstaedt/*Life*
67: Foto da AP

Índice remissivo

I Exército dos Estados Unidos, 175
III Exército dos Estados Unidos, 175
v Exército Panzer, Alemanha, 166
vi Divisão Panzer, Alemanha, 166
vii Exército dos Estados Unidos, 205-6, 219
xix Exército dos Estados Unidos, 160

1ª Divisão, Exército dos Estados Unidos, 711
2ª Divisão Panzer, Alemanha, 167
9º Regimento dos Fuzileiros Navais, Estados Unidos, 711-2
30º Corpo do Exército britânico, 175
25ª Divisão de Infantaria, 713
84ª Divisão de Infantaria dos Estados Unidos, 143, 152, 156-9, 195
   avançando pela Alemanha, 160-1, 166-7, 174-80, 184-5
   campo de concentração de Ahlem descoberto pela, 187-8
   Krefeld ocupada pela, 178-84
   na Batalha das Ardenas, 166-77
89º Corpo do Exército soviético, 200
116ª Divisão Panzer, 167
333º Regimento de Infantaria dos Estados Unidos, 200
335º Regimento de Infantaria dos Estados Unidos, 144, 161-2

Aachen, Alemanha, 160-2, 166, 175
Abplanalp, Bob, 467
Abrams, Creighton, 643
Abu Ghraib, prisão, 30
Academia de Artes e de Ciências dos Estados Unidos, 432
Achenbach, Ernst, 556
Acheson, Dean, 276-8, 336, 341, 343, 358, 443, 511, 513, 517-8, 520-1, 532
   Começo de Harvard, discurso de, 269-72
   como anticomunista, 271-2
Acordos de Camp David, 28
Acordos de Genebra (1954), 612, 661, 684, 699, 700, 707, 715
Acordos de Helsinki, 28
Acordos de Paz de Paris, 28
Acton, Lord, 906
Adams, Eddie, 814
Adams, John, 236
Adams, Samuel, 236
Aden, Iêmen, 545-6
Adenauer, Konrad, 384, 458, 536, 563, 568-9, 735, 742-3, 745
   bloqueio naval proposto por, 558-60
   confiabilidade dos EUA questionada por, 513, 557
   De Gaulle e, 524-5, 560, 595, 597

   encontros de Kissinger com, 512-3, 515-7, 533, 556, 560, 600-1, 746-7
"Adler und die Taube, Der" ("A águia e a pomba") (Goethe), 68-9
administração Eisenhower, 364, 394-5, 405, 434-5
   burocracia da, 389, 501-2, 528
   críticas de Kissinger à, 359, 362, 386-7, 389, 390, 395, 398, 404-5, 409, 411, 438, 455-6, 475
   estratégia nuclear da, 358-9, 361-2, 365, 371-3, 394, 405, 408, 410-1
   orçamento de defesa da, 369, 385, 419, 480-1
   política de banimento de testes nucleares da, 450-3, 456
   política externa da, 356-8, 406-7, 435
administração Johnson, 880
   céticos sobre a Guerra do Vietnã na, 642-3
   crítica de Kissinger à, 735-6
   defesa pública de Kissinger à, 697-9, 702
   détente e, 744-5
   isolamento diplomático da, 733
   política externa inepta da, 661-6, 687, 827-8, 831, 843
   rivalidade interdepartamental na, 665-6, 692-3
   tratado de não proliferação nuclear apoiado pela, 744-5
administração Kennedy, 894
   assassinato como política da, 542
   burocracia e, 528, 536, 569-71
   Crise de Berlim e, 508-29, 573
   Crise dos Mísseis de Cuba e, *ver* Crise dos Mísseis de Cuba
   crítica de Kissinger à, 590-1, 595-6, 727-8
   de Gaulle e, 734
   desarmamento e, 528, 536
   desconfiança de Adenauer na, 556
   estratégia nuclear da, 593-4
   ex-professores de Harvard na, 489
   falta de estratégia geral da, 527-8, 536
   fiasco da Baía dos Porcos e, 29, 504-6, 508-9, 514, 613
   golpe no Vietnã do Sul e, 29
   Kissinger como consultor para, 495, 506-7, 510-39, 543-64, 652
   otimização da, 501-2
   política de defesa de, 507-8
   pragmatismo da, 488, 590, 597, 603, 621, 638
   relações dos Aliados com, 591, 594
   reunificação alemã e, 528, 536
Advisory Committee on Government Organization [Comitê Consultivo para a Organização Governamental], 380, 423

AFL [FNAT – Federação Norte-Americana do Trabalho], 105-6
África do Norte, 49
afro-americanos:
  discriminação contra os, 105, 122-3
  Guerra do Vietnã e, 815, 840, 873
  na eleição de 1960, 464, 491-2
  na Segunda Guerra Mundial, 137
Agência Central de Inteligência (CIA), 29, 57, 244, 280-4, 303-5, 347, 376, 381-3, 408, 410, 436-8, 470, 476, 502-3, 505-7, 511, 534, 574, 578, 640, 709, 711, 718n, 764, 779, 790, 858, 875-6, 880
  assassinato de Lumumba e, 542
  assassinato de Trujillo e, 542
  golpe de 1954 na Guatemala e a, 29
  golpes e assassinatos financiados pela, 438
  Guerra do Vietnã e, 656, 663, 678-80, 689-90, 692
  guerra psicológica e a, 287-8, 341-2
  Office of National Estimates [Escritório de Estimativas Nacionais] da, 282
  Office of Policy Coordination [Escritório de Coordenação Política] da, 288
  Seminário Internacional de Harvard e a, 298-9, 300-2
  Yale e a, 281
Agência de Informações dos Estados Unidos (USIA), 436, 876
Agência de Serviços Estratégicos (OSS), 135-6, 152, 202, 281-3, 287, 304
  Divisão de Guerra Psicológica da, 181
Agência Federal de Investigação (FBI), 114, 151, 201, 306, 308, 503, 823n, 859
Agência Internacional de Energia Atômica, 372
Agência Mundial de Energia Atômica, 477
agências de informação, na Guerra Fria, 434-5
Agnew, Spiro, 855, 857
Agudath, 118, 128
  Kissinger como membro de, 89-91
A história não contada dos Estados Unidos (Stone e Kuznick), 278
Ahlem, campo de concentração de 187-90, 196
Ahlers, Konrad, 455
ala direita, 518, 556, 569, 624-5, 638, 661, 851-2
Aldrich, Nelson, 379
Alemanha, imperial (Reich alemão):
  aliança austro-húngara da, 733-4
  tratado secreto de 1887 com a Rússia, 725-6
  unificação da, 59-60, 725-6
Alemanha, Weimar, 524n
  assimilação dos judeus na, 64-6, 75-6
  colapso da, 55
  depressão de 1929-32 na, 75
  dívidas de reparações de guerra, 71
  e a ocupação francesa do Ruhr, 58, 72
  hiperinflação na, 58, 71-2, 75, 145
  judeus na, 63-7
  nazismo na, 76-82
  sindicatos na, 60
Alemanha do pós-guerra, 192
  antissemitismo na, 194
  carência crítica na, 209
  corrupção na, 194
  Counter Intelligence Corps na, 201-14

desnazificação na, 180-3, 185, 200-14, 219, 221, 223, 896
escassez crônica na, 194, 220
estupros e violência na, 193
Governo Militar dos Estados Unidos na, 202, 207, 212-4, 219, 236-7
refugiados alemães étnicos na, 193-4, 204-6, 209, 220
subversão soviética na, 215-6, 222-3
suicídio na, 193
zonas de ocupação na, 194-5
Alemanha nazista (Terceiro Reich), 242
  experiência de Kissinger na, 56
  Holocausto na, 184-91, 193, 195-6
  Kristallnacht [Noite dos cristais partidos] na, 95
  mortes causadas pela guerra na, 192-3
  perseguição aos judeus na, 85, 94, 102
  primeiro artigo de Kissinger sobre a, 126-7
  prisões políticas na, 64-5
  recuperação econômica na, 83
  União Soviética atacada pela, 154-5
  ver também Nazismo, Partido Nazista
Alemanha Ocidental, 43, 185, 276, 370, 382, 734
  ambivalência de Kissinger quanto à, 512-3
  Crise de Berlim e, 511-3, 515-6
  efeitos da guerra nuclear na, 474
  em aproximação com o bloco soviético, 732-3, 738-41
  expansão militar, 509
  falta de confiança nos Estados Unidos pela, 595-6, 744-8
  França e, 559-60, 596, 734, 743, 746-7 750, 753-4
  Guerra do Vietnã e, 736-8, 742-3
  nacionalismo na, 568
  rearmamento da, 449-50
  recuperação econômica da, 295
  relatório de Kissinger sobre, para o PSB, 292-5
  sentimento antiamericano na, 293-4
  viagens de Kissinger à, 453, 457-8, 553, 555-6, 567-8, 600, 736-47
Alemanha Oriental (República Democrática Alemã), 283, 383, 394, 454-5, 457n, 460, 477, 509, 514-5, 521, 532-4, 539, 555-6, 567, 569, 595-6, 706, 737-42
  refugiados da, 455, 510-1, 521-3, 527
Alexandre I, tsar da Rússia, 318, 321
Alford, Mimi, 503
Ali, Muhammad, 23, 781
Ali, Tariq, 699, 707, 736, 850
Aliança Atlântica, *ver* OTAN (Organização do Tratado do Atlântico Norte)
Alien Registration Act [Decreto para o Registro de Estrangeiros] (1940), 135
Allen, Gary, 25
Allen, Richard V., 819-20, 822-3, 852-5, 857
Allen, Woody, 21-2, 31
"All You Need Is Love" (canção), 780
Alsácia-Lorena, 728
Alsop, Joseph, 356
Alsop, Stewart, 356
Alternative to Partition [Alternativa à divisão] (Brezinski), 749
Alte Veste, Alemanha, 60
Altschul, Frank, 376n
America First Committee [Comitê pelos Estados Unidos Acima de Tudo], 115, 133-4
América Latina, 380, 435, 493, 497, 537, 603, 830, 870, 887-8

ÍNDICE REMISSIVO

comunismo na, 544-5, 557, 621, 630
  Kissinger e, 542-5
  visita de Nixon à, 442
American Committee for Liberation [Comitê Norte-
  -Americano pela Libertação], 287
American Dilemma, An [*Um dilema norte-americano*]
  (Myrdal), 105
American Exodus, An [*Um êxodo norte-americano*] (Lange e
  Taylor), 104
American Federation of Labor (AFL) [FNAT – Federação
  Norte-Americana do Trabalho], 105-6
American Historical Review, 335
American League for the Defense of Jewish Rights [Liga
  Norte-Americana para a Defesa dos Direitos dos
  Judeus], 111
American Opinion [*Opinião norte-americana*], 25
"American Scholar, The" ["O erudito norte-americano"]
  (Emerson), 236
"American Strategic Thinking" ["Pensamento estratégico
  norte-americano"] (palestra de Kissinger), 361, 550-2
American Student Union [União dos Estudantes Norte-
  -Americanos], 243
americano tranquilo, O (Greene), 42, 437, 655-6
Anadyr, Operação, 576
Anatomia das revoluções (Brinton), 251
Anaxágoras, 48
Anderson, Frederick, 381
Anderson, Robert B., 418
Andreotti, Giulio, confiabilidade dos EUA questionada
  por, 595
Anglo-American Postwar Economic Problems [Problemas
  econômicos anglo-Americanos do pós-guerra] (Elliott
  e Graham), 257
Anglo-Iranian Oil Company [Companhia de Petróleo
  Anglo-iraniana], 437-8
Anglofobia, de alguns dos críticos de Kissinger, 24
Angola, 41, 57
Angress, Werner, 169
Annual Digest of International Law [Sumário Anual de
  Direito Internacional], 147
anos de aprendizado de Wilhelm Meister, Os (Goethe), 894
Ansbach, Alemanha, 59-60
Anti-Ballistic Missile Treaty [Tratado sobre Mísseis
  Antibalísticos], 28
anticomunismo, 36-7, 243, 271, 288, 304, 310-1, 344, 393n,
  436, 464, 625, 633
antissemitismo, 35, 37, 70, 76, 87, 98, 110-2, 120-1, 138
  em Harvard, 241-2
  na Alemanha de Weimar, 75-6
  na Paixão de Cristo de Oberammergau, 218
"A ofensiva de paz soviética" (memorando de Kissinger),
  346
apanhador no campo de centeio, O (Salinger), 202
apaziguamento, 256, 275, 328, 366, 666
aproximação da tempestade, A (Churchill), 433
Arábia Saudita, 545-6
Árbenz Guzmán, Jacobo, 29, 438
Ardenas, 166-7, 175-7, 181
Ardenas, Batalha das, 166-77
áreas cinzentas, 277, 340-1, 361-3
"Áreas Cinzentas" (Kissinger), 361-3
  reação pública a, 365-6

Areeda, Phillip E., 837, 873, 884
"A relação entre os Tratados de Aliança Franceses, o
  Pacto da Liga das Nações e os Tratados de Locarno"
  (Kraemer), 147
Arendt, Hannah, 310-1
"A retirada na floresta" (Jünger), 312
Argélia, 441, 516n, 554
Argentina, 28-9, 43, 275
aristocratas:
  admiração de Kissinger pelos, 414-5, 483-4
  Rockefellers como os equivalentes norte-americanos,
    483-5, 895
Aristófanes, 57-8, 907
armas:
  convencionais, 272, 278, 368, 377-9, 401, 440, 452, 454,
    473, 477, 508
  nucleares, *ver* armas nucleares
armas nucleares, 373
  aversão pública ao uso de, 474
  banimento dos testes de, *ver* banimento de testes de
    armas nucleares
  como dissuasor, 360-1
  corrida armamentista e, *ver* corrida armamentista
  dependência dos militares norte-americanos das, 376-7
  grupo de estudos do CFR sobre, 375-8
  lançadas por submarinos, 411, 430, 490, 543n, 560-1
  monopólio inicial dos Estados Unidos, 367
  na guerra limitada, *ver* guerra nuclear limitada
  proliferação das, 27-8, 477, 516, 557, 744-6, 753, 766,
    816-7, 865
  táticas, 359-60, 364-5, 370-1,376, 378-60, 410, 411, 473,
    552, 565, 567-8, 577, 584, 595
  temor soviético da superioridade norte-americana em,377
  testes de, 602
"Arms Control, Inspection and Surprise Attack" [Controle
  de armas, inspeção e ataque surpresa] (Kissinger), 472
Armstrong, Hamilton Fish, 366, 376n, 688
Army General Classification Test [Teste de Classificação
  Geral do Exército], 138
Army Specialized Training Program [Programa de
  Treinamento Especial do Exército] (ASTP), 139-42
Arnhem, Holanda, 156
Aron, Raymond, 306-8, 310-1
Ascher, Sarah, 93
Ascoli, Max, 393n, 590
Ash, Roy L., 882n
Ashman, Charles, 20
"Asia After Viet Nam" [A Ásia depois do Vietnã] (Nixon),
  830
Ásia Oriental:
  comunismo na, 830-1
  crescimento econômico na, 831
  EUA e, 830-1
ASPAC, 830-1
"Aspectos psicológicos e de coação das negociações com a
  URSS" (artigo de Kissinger), 382-4
Assembleia Geral das Nações Unidas, 48, 270, 372, 461
Associação de Editores de Jornais, 599
Associação dos ex-alunos de Harvard, 269
associação esportiva Bar Kochba, 63, 89
associações e sindicatos de trabalhadores, 83
Associated Press, 548, 885

ataques terroristas de 11 de Setembro de 2001, 30
Atenas, 57, 907
Ato de Neutralidade, 256
Atomic Weapons in Land Combat [Armas atômicas no combate terrestre] (Kintner), 375
Aubrac, Lucie, 784
Aubrac, Raymond, 783-94, 797, 808, 810, 824
    como comunista, 784, 806
Aufbau [Construção], 117
Augstein, Rudolf, 455
Austrália, 732-3, 830
Áustria, 112, 317, 322-3, 325, 332, 725, 736, 746
    ocupação dos Aliados, 195
Áustria-Hungria, 733
    aliança alemã com a, 726
autodeterminação, 456, 523, 529, 532, 539, 650, 661, 851, 853
auxílio ao exterior, crítica de Kissinger ao, 338-9
aviões, sequestro de, 816
aviões de espionagem U-2, 372, 470, 476, 553, 578, 580-1
Axmann, Artur, 202-3
Ayub Khan, 550

Bad Kissingen, Alemanha, 67
Baehr, Louis, 93
Bahr, Egon, 738-40, 742, 746-7
Bailey, Doug, 630
Baker, Bobby, 623
Baker, Philip Noel, 147
Bálcãs, intrusão soviética nos, 155
Baldwin, Hanson W., 376n, 377, 409, 899
Ball, George, 36, 535, 618, 624, 662, 705-6, 734, 749, 857, 901
    Guerra do Vietnã e, 642-5
Balliol College, 253, 256-7, 261, 285, 289
Bamberger, Ludwig, 727
Bamberger, Seligman Baer, 119
Bangladesh, 28-9, 43
banimento de testes de armas nucleares, 470, 602
Bao Dai, Imperador do Vietnã, 613
Barbie, Klaus, 784
Bartlett, Charles, 618-9
Baruch, Bernard, 367
"Basic National Security Policy" [Política Básica de Segurança Nacional] (Rostow), 615
Bass, Gary, 29
Bassfreund, Hermine, 88
Bastogne, Bélgica, 166-7, 175
Bator, Francis, 33-5, 876
Bauer, Étienne, 783
Baviera, 55-6, 58, 60, 68, 84-5, 195, 214, 219-20
    antissemitismo na, 64-6, 76, 81, 87
    eleições para o *Landtag*, 79-80
    judeus na, 63-4, 70, 76, 94, 100
Beatles, os, 780
Bechhöfer, Alfred, 90
Beckett, Samuel, 760-1, 796, 805-6
Beech, Keyes, 685
Beer, Samuel, 313, 348, 490, 699
Behrens, Siegfried, 70
Bélgica, 71, 147-8, 160, 180, 186, 277, 476
Bell, Arthur George, 60
Bender, Wilbur, 427

Ben-Gurion, David, 91
Benkwitz, Gerhard, 205
Bensheim, Alemanha:
    Gestapo em, 204-5, 210
    Kissinger como agente do CIC em, 203-6, 210-4, 223
Benton, William, 422
Berenson, Bernard, 235
Bergen, Candice, 33
Bergmann, Theodor, 87
Bergson, Henri, 253
Bergstrasse, 212, 216-7
    Kissinger como agente do CIC encarregado de, 199, 203, 205-6, 221, 228
Beria, Lavrentiy, 344, 383
Berkeley, George, 48
Berlim, 454-6, 596
    acesso a, *ver* Crise de Berlim
    "acordo provisório" em, 458
    Checkpoint Charlie em, 534-5
    ocupação Aliada de, 195
    ver também Berlim Oriental; Berlim Ocidental
Berlim Ocidental, 276-7, 383, 454-5, 458, 510, 531-3, 556, 567, 576, 596, 816
    discurso de JFK em, 601-2
    guarnição dos Estados Unidos em, 521-3
Berlim Oriental, 207, 277, 347, 383, 510, 518, 523, 534, 565, 899
Berlin, Isaiah, 235, 306
Bernstein, Philip, 218, 220, 647
Berolzheimer, Heinrich, 64
Bevan, Aneurin, 453
Biblioteca do Congresso, 150-1
Bien Hoa, Vietnã, 642, 710-1
Binder, Erich, 186
Birke, Ernst, 335
Birrenbach, Kurt, 513, 601-2
Bismarck, Otto von, 38, 40, 45, 52, 146, 317, 332, 753
    como darwinista geopolítico, 727
    como realista, 734, 749, 895
    conservadorismo vs., 727, 730-2
    de Gaulle comparado a, 729, 733, 749-50, 756-7, 762
    diplomacia do equilíbrio de poder, 725-7, 750
    Kissinger sobre, 723-30
    manuscrito não publicado de Kissinger sobre, 725, 729-32
    realizações de, como insustentáveis, 728, 730
Bissell, Richard, 438, 505-6
Blake, George, 25
Block, Herb, 468
bloqueio aéreo de Berlim, 535
Bo, Mai Van, *ver* Mai Van Bo
Boeckh, Joachim George, 207
Bohlen, Charles, 511, 706, 734
Bok, Derek, 699
Boland, Mary, 538
Bolling, Alexander R., 152, 166-7, 177, 201, 206
Bolshakov, Georgi, 535
bomba atômica, 270, 399, 627, 873
    soviéticos obtêm a, 278, 360
bomba de hidrogênio, 270, 367, 408, 498n
bomba de nêutrons, 498
bombardeio atômico de Hiroshima, 367, 845, 898
bombardeio atômico em Nagasaki, 367

ÍNDICE REMISSIVO

Borel, Eugene, 147
Bosch, Juan, 590
Boston Globe, 408, 490, 861
Bowie, Robert R., 346-7, 416, 475, 489, 530, 598, 745
   Kissinger e, 428-31
Bowles, Chester, 493-4, 505, 535
Bradley, Omar, 658
Brando, Marlon, 33
Brandt, Willy, 458, 524, 601, 738, 741-2, 747
Brasil, 591, 630, 816
   visitas de Kissinger ao, 544-5
Braun, Wernher von, 219-20, 355n
Brejnev, Leonid, 585, 770, 772
Brennan, Donald, 561n, 701
Breslauer, Yehuda Leib "Leo", 70, 97-8, 120-1, 128, 248
Breuer, Joseph, 120-1, 135, 187
   como antissionista, 120-1
Bridgman, Percy W., 250, 298
Brinton, Crane, 251, 307
Brister, Jane, 222
British Commonwealth at War, The [O Commonwealth britânico em guerra] (Elliott e Hall), 257
Brodie, Bernard, 365, 403, 603, 751, 828
Brooke, Alan, 155, 216
Brookings Institution, 29, 848n, 863
Brown, George, 736-7, 777-8
Brown, Judy, 32
Browne, Malcolm, 685
Bruce, David, 454
Brucker, Wilber M., 405
Brzezinski, Zbigniew, 252, 430, 455, 749, 819-20, 854, 887
Buchan, Alastair, 768n
Buck, Paul, 251
Buckeburg, 185
Buckley, Christopher, 179
Buckley, William F., Jr., 309, 421, 885
   encontros de Kissinger com, 851-2, 855, 879
Budapeste, 42, 216, 277, 484, 620, 705, 771
Buddenbrook, Os (Mann), 44
budistas, no Vietnã, 643, 663, 677, 684, 713
Bui Diem, 710, 718, 820, 838, 843, 857
Bui Tuong Huan, 684-5
Bulgária, golpe de 1923 na, 58
Bulletin of the Atomic Scientists, 530, 573
Bullock, Alan, 306, 433
Bundy, McGeorge "Mac", 258, 282, 284, 300, 302-3, 310, 335-6, 346, 348, 366, 374, 376-7, 391, 394, 407, 412-3, 415, 428, 431, 462-3, 505-7, 513-5, 535-6, 538-40, 551, 553, 560-3, 568-71, 572, 578n, 579, 583, 586, 590-1, 595-6, 598-9, 601-2, 605, 610-1, 613, 615, 618, 624, 652-3, 665, 688, 607, 704, 710, 735, 738, 743, 776, 799, 828, 836-7, 874-6, 881, 883, 889-90, 894
   carta de Kissinger sobre a "vida acadêmica" para, 349-51
   como assistente ao presidente para assuntos de segurança nacional, 496-7, 501-2, 507, 511
   e o papel de Kissinger na administração Kennedy, 468, 488-9, 494-5, 517-20, 522, 524, 526-9, 533
   reconciliação de Kissinger com, 651-2
Bundy, William, 642, 662-3, 665, 688-9, 708, 735, 763-4, 787, 790-1
   negociações de paz no Vietnã e, 787, 791
Bunker, Ellsworth, 860

Burchett, Wilfred, 807n
Burden, A. M., 376n
Burdick, Eugene, 437
"Bureaucracy and Policy Making" [Burocracia e estratégia política] (Kissinger), 834
Burke, Arleigh, 590
Burke, Edmund, 871n
Burke, Michael, 695, 717
Burlatsky, Fyodor, 582
Burma, 362, 435, 645, 705
burocracia:
   homens de Estado vs., 334
   Kissinger sobre, 757-8, 834-5, 838-9, 869
Bush, George W., administração de, 50
Bush, Prescott, 420
Business Advisory Council [Conselho de Consultoria de Negócios], 256
Byroade, Henry, 705

Cairns, Huntington, 310
Califórnia, 105, 284, 461, 603-4, 631, 634, 815, 827-8, 852
Câmara de Comércio, Estados Unidos, 599
Camboja, 29, 43, 363, 435, 612n, 618, 627, 630, 645, 711, 714, 783, 785, 831, 844
   invasão do, 34-5
Campanha pelo Desarmamento Nuclear, 638
Campbell, Judith, 503
Camp Claiborne, 143-4, 485
Camp Croft, 136-9
Camp David, 461, 645
Camp Hood, 142
Camp Kilmer, 156-7
Camp Ritchie, 152
campo de concentração de Auschwitz, 100-1, 189, 193, 219, 265
campo de concentração de Bełżec, 100-1, 196,
campo de concentração de Bergen-Belsen, 187-8
campo de concentração de Buchenwald, 196-7, 217, 264-5
campo de concentração de Chełmno, 189
campo de concentração de Dachau, 84-5, 87, 92, 97
campo de concentração de Dora, 219
campo de concentração de Neuengamme, 187
campo de concentração de Ohrdruf, 196
campo de concentração de Sobibór, 100
campo de concentração de Theresienstadt, 100-1, 149
campo de trabalhos forçados de Travnik, 100
Camus, Albert, 306, 308, 310, 674, 760, 897
Canadá, proposta de Elliott em relação ao, 286
Canhões de agosto (Tuchman), 509
capacidade de segunda investida, 369, 477, 508
Capehart, Homer, 574
Capron, William, 33
Carl Peters (filme), 312
Carmichael, Stokely, 859, 873
Carnegie Corporation, Kissinger e, 415
Carolina do Sul, 105, 113, 136, 140, 815
Casa Branca:
   Ala Oeste da, 507, 877, 889
   Gabinete de Crise, 534, 883
Castlereagh, Lord, 38, 315, 317-8, 324, 336, 725, 822, 877
   como homem de Estado ideal de Kissinger, 334
   comprometimento e, 327

objetivos de, 330-1
suicídio de, 332
Castro, Fidel, 41, 438, 504-6, 542, 574-5, 579, 581, 585, 780
Catlin, George, 255
Católicos Romanos, na cidade de Nova York, 110
Cattani, Attilio, 595
Cavers, David, 659
Caxemira, disputa entre Índia e Paquistão pela, 549-50
Center for International Affairs [Centro de Relações Internacionais] (CFIA), 35, 56, 415
   ataque dos estudantes ao, 816
   influência no governo do, 434
   programa dos Fellows no, 429-30
   relacionamento Bowie-Kissinger e o, 415-6, 428-9, 431-2
   Seminário Conjunto sobre Controle de Armamentos de, 427-8
Center for International Studies [Centro de Estudos Internacionais], 402, 432
Center for Research on World Political Institutions [Centro de Pesquisas de Instituições Políticas Mundiais] (CRWPI), 402
"Central Issues of American Foreign Policy" [Questões centrais da política externa norte-americana] (Kissinger), 863-6
Century Association, 423
Chambers, Whittaker, 467
Chapin, Dwight, 879, 883
Chayes, Abram, 490, 520
Checkpoint Charlie, 534-5
Chennault, Anna, 820, 858-61
Chennault, Claire, 858n
Chiang Kai-shek, 278, 858n
Chicago, 815
Chicago, Universidade de, 335, 351, 354-5, 412-5
Chicago Tribune, 306-7, 400
Chieu Hoi (Braços Abertos), programa, 716-7
Chile, "desaparecidos" no, 29, 30
China, República Popular da, 28, 278, 387, 667
   abertura de Nixon à, 28, 43, 156, 830
   equilíbrio do poder e, 733-4
   França e, 734-5, 754
   Grande Salto para a Frente na, 40-1
   Guerra do Vietnã e, 658-60, 669, 684, 704, 706, 733-5
   Índia e, 547-8, 550
   Kissinger sobre a, 754-6
   política expansionista da, 645, 735, 754, 813, 836
   programa de armas nucleares da, 387, 754
   relações dos EUA com 251, 307, 364, 367, 371, 410, 499, 500, 544, 624, 756, 765, 774-5, 805, 813, 846, 880, 889
   relações soviéticas com, 278, 291, 346, 364, 395-6, 544, 765, 769, 775
   Revolução Cultural na, 756-7, 816
   Vietnã do Norte e, 807-8, 831
Chomsky, Noam, 29
Christian Front [Frente Cristã], 112, 114, 122
Christian Mobilizers [Mobilizadores Cristãos], 114, 122
Christian Science Monitor, 256, 400, 673, 860
Christie, Agatha, 760-1
Churchill, Winston, 26, 154-5, 216, 222, 256-7, 273, 324, 370, 433, 592, 707n
   discurso sobre a "cortina de ferro" de, 216, 275
Cingapura, 155, 257, 782, 831

CIO [COI], 106
Citron, Casper, 854
City College de Nova York, 126, 134, 227, 232-3
Clausewitz, Carl von, 611, 898
Clay, Lucius D., 195, 203, 207, 213, 428, 510-1, 522-3, 534-5
Clayton, Will, 276
Cleveland, Harlan, 494
Clifford, Clark, 275, 645, 662, 686, 688-90, 703, 799, 820-1, 841, 843, 859, 879
Cline, Ray S., 663
Clinton, Bill, 50
Clube Esportivo Judaico, 89
Cohn, Bernie, 189
Colby, William, 663
Colmer, William M., 284
colonialismo, 437, 491, 655-6, 716
Comando Aéreo Estratégico (SAC), U.S., 360, 370, 372-3, 561-2, 565, 672, 873
Comando de Assistência Militar, Vietnã (CAMV), 678, 692
Comissão Internacional de Controle (CIC), 661, 708, 770
Comissão Peel, 91
Comissão Trilateral, 24, 26
Comitê de Desarmamento das Nações Unidas, 367-8
Comitê de Energia Atômica, 451, 506, 548
   Conselho Consultivo do, 281
Comitê de Energia Atômica da Índia, 548
Comitê Nacional de Mobilização pelo Fim da Guerra do Vietnã, 815
Commission on Integrated Long-Term Strategy [Comissão para a Estratégia Integrada em Longo Termo], 27-8
Committee on Administrative Management [Comitê de Gerenciamento Administrativo], 256
Committee on American Education and Communism [Comitê sobre a Educação Norte-Americana e o Comunismo], 284
Committee on the Present Danger [Comitê sobre o Perigo Atual], 822
Companhia G, 2º Batalhão, 355º Regimento de Infantaria, 144, 153, 157, 161-3, 165, 175-7, 179
complexo militar-industrial, 489
Complô contra a América (Roth), 113
comunicações por canais ocultos, 531-2, 535, 612, 705, 755, 783, 785-6, 795
Comunidade Econômica Europeia (EEC), 286, 554
Comunidade Europeia de Defesa (EDC), 346, 357, 457n
comunismo, regimes comunistas, 40-1, 48, 339, 396
   agressão estrangeira pelo(s), 41-2
   assassinatos em massa sob, 41
   expansão do, 435-6, 438, 441, 453, 575, 601, 628, 639, 649, 737, 746, 831
   medo dos EUA do, 105
   no terceiro mundo, 480, 500-1, 544
   pontos de vista de Kissinger sobre o, 299, 306, 428-9, 517, 811
Conant, James Bryant, 242-3, 281, 307
Conferência de Potsdam (1945), 330, 365n
Conferência de Teerã (1943), 194
Conferência de Yalta (1945), 194-5, 273, 381, 745
Conferências Pugwash, 432, 530, 532, 765-8, 783, 811
conflito árabe-israelense, 28, 546, 776-7
conflitos raciais, 58, 781, 815-6
Confluence, 303-5, 309-14, 324, 351, 390-1, 427-8, 882

Congo, República do, 438, 476, 537, 542-3, 591
Congresso, Estados Unidos, 78, 113, 124, 135, 142, 276, 284, 325, 407, 464, 517, 562, 570, 583, 639-41, 644, 804, 872-3, 877-8
   Comitê de Atividades Antiamericanas (HUAC) do, 105, 306-7
   Foreign Affairs Committee [Comitê de Relações Exteriores] do, 284
   Foreign Aid Committee [Comitê Especial para Auxílio Internacional] do, 284
   Postwar Economic Policy and Planning Committee [Comitê Especial de Política e Planejamento Econômico do Pós-Guerra] do, 284
   resolução do Golfo de Tonkin do, 639-41
   segregacionistas no, 105-6
   ver também Senado, Estados Unidos
Congresso de Viena, 251, 317, 322, 332, 725
   lições do, 332
conjectura, em política externa, 588-93, 756-7, 900-1, 905
Conscience of a Conservative, The [A consciência de um conservador] (Goldwater), 625
Conselho de Segurança Nacional (NSC), 285-6, 374, 822-3, 847
   Comitê Executivo do (ExComm) do, 578-81, 583, 587
   Eisenhower e, 836
   JFK e, 836
   Kissinger e, 511, 567
   LBJ e, 836
   NSC-1/1 do, 287
   NSC-162/2 do, 370-1
   NSC-4–A do, 287-8
   NSC-5412 do, 438
   NSC-68 do, 278-9, 340, 356, 367
   restauração do, 875, 883, 904
conservadorismo, 146, 253n, 309-11, 321-2
Conservative Papers, The [Os ensaios conservadores], 600
Constituição, Estados Unidos, 41
"construção de uma ordem mundial justa, A" (discurso de Rockefeller), 845
contenção, 42, 44, 197, 311, 341, 370, 386, 405, 436, 791, 895
   como estratégia econômica, 276-7
   concepção de George Kennan da, 42, 44, 273-4, 314, 343, 367, 384, 450
   crítica de Kissinger à, 330-40
   exploração soviética da, 338-41, 385-6
   força militar na, 275-9, 343
contrafatuais, 323
Controle de armamentos, 432, 695, 755, 887
Convenção Nacional do Partido Democrata (1968), 815
   ponto sobre o Vietnã na plataforma da, 853-4
Convenção Nacional do Partido Republicano (1964), 631-9, 852
   cobertura da imprensa da, 635
   delegados de Goldwater na, 632-6, 852
   demonstrações pelos direitos civis na, 635
   discurso de aceitação de Goldwater na, 635
   Eisenhower na, 633-4
   Kissinger na, 631-8, 648
   plataforma do partido da, 632, 634
   Rockefeller na, 634
Convenção Nacional do Partido Republicano (1968), 851
   ponto sobre o Vietnã na plataforma e, 852-3

Conversações sobre Limites para Armas Estratégicas, 477
conversas em Paris sobre a paz, 819n, 837-8, 856
   falsidade e intransigência norte-vietnamita nas, 841-2
   Kissinger e, 824, 844
   Kissinger sobre, 870-1
   Nixon e, 857-8, 860, 879
   objetivos dos EUA nas, 841
   "paz honrada" como objetivo de Kissinger nas, 871
   Vietnã do Sul e, 824, 837-8, 844, 860-1, 869
Conway, John J., 299, 412
Cooke, Alistair, 405, 583
Coolidge, Albert Sprague, 307
Cooper, Chester, 669, 777, 787
Cooper, John Sherman, 809
Cordier, Andrew, 584-5
Coreia do Norte, 41-2, 272
   Coreia do Sul invadida pela, *ver* Guerra da Coreia
Coreia do Sul, 42, 44, 278-9, 291, 336, 410, 714, 732, 830-1, 870
   invasão realizada pela Coreia do Norte, *ver* Guerra da Coreia
   viagem de estudos de Kissinger à, 267-8
corrida armamentista, 283, 329, 367, 369-70, 373, 375n, 474, 476, 533, 593, 728
   Kissinger sobre a, 398, 411
corrida espacial, 626, 629
Cortina de Ferro, 28, 487, 510, 523
Costello, Frank, 106
Coughlin, Charles E., 113-5, 122
Council of Jewish Women [Conselho das Mulheres Judias], 125
Council on Foreign Relations [Conselho das Relações Exteriores] (CFR), 24, 51, 361, 375n
   grupo de estudos sobre armas nucleares do, 375-9
   influência do, 374
   Kissinger no, 366, 374, 377, 402, 410, 412-3
Counter Intelligence Corps [Serviço de Contrainformação] (CIC), 163-4, 181, 187, 201-2, 217, 221, 224, 246-7, 290, 708-9
   informantes usados pelo, 186, 212-3, 223
   na desnazificação da Alemanha, 181-5, 202-6, 208-9, 214-5
   primórdios do, 181
   visto como a "Gestapo" norte-americana, 210-2
Course of German History [Curso de história alemã] (Taylor), 222
Couve de Murville, Maurice, 594
Cowles, John, 483
Cox, Archibald, 489-90
Coyle, Charles J., 140-1, 143-5
Crise de Berlim (1960), 470-1, 509-29, 539, 566-7, 572-3, 601, 605, 666-7
   capitulação versus guerra nuclear total como alternativas na, 393, 395, 513, 532, 539, 565, 579, 754
   como teste da credibilidade dos EUA, 513, 528-9, 531-2
Crise dos Mísseis de Cuba e, 573-87, 589, 595, 650, 816
   JFK e, 520-3, 525, 531-2, 534-5
   Khrushchov e, 509-11, 519-23, 535-6, 567-8
   Kissinger e, 510-1, 520-1, 523-34, 903
   predição de Kissinger da, 471, 492
   opção nuclear na, 510-1, 4514
   proposta de bloqueio naval em, 575-9

superioridade das forças convencionais soviéticas na, 510--1, 514, 556-8
Crise do Canal de Suez, 285, 393, 406-7, 456
Crise dos Mísseis de Cuba, 502, 584-7, 589, 603, 605, 650
  aviões de espionagem U-2, 576, 578, 580
  comunicações por canais ocultos na, 531, 535
  Crise de Berlim e, 573-4, 576-7, 589, 605, 716
  Kissinger sobre, 573-5
  quarentena naval norte-americana na, 574-6, 579-80
  troca dos mísseis de Cuba pelos da Turquia na, 581, 584-5, 595
  tropas e armas soviéticas na, 573-8, 583-4
Crítica da razão prática (Kant), 259
Crítica da razão pura (Kant), 237, 259
Crossman, Richard, 453
Cuba, 30, 41, 280, 476, 488, 498-9, 504, 587, 630, 816
  fiasco da Baía dos Porcos e, 29-30, 505, 509-10, 514-5, 613
  planos de invasão norte-americana de, 492, 502, 577, 580-5
  regime de Castro em, 41, 438, 504-5, 575
  revolução comunista em, 436, 438, 505
Cunha Bueno, Antonio Sílvio da, 545
Cushman, Robert E., 480

Daedalus, 473, 726, 757
Da guerra (Clausewitz), 611
Daily Mail, Londres, 208
Daisenberger, Joseph Alois, 217-8
Dana, Richard Henry, Jr., 237
Da Nang, Vietnã, 639, 642, 712, 809
Dance to the Music of Time [Dançando conforme a música da época] (Powell), 36
Dang Van Sung, 684
Darmstadt, Alemanha, Gestapo em, 183, 205
darwinismo, 237, 727
Daughters of the American Revolution [Filhas da Revolução Norte-Americana], 113
Davidson, Daniel, 714, 763, 819-22, 854
Davidson, Donald, 253n
Dawn, 549, 551
Dean, Gordon, 375
Dean, John Gunther, 808
Deardourff, John, 538
debate Harvard contra Oxford, 699, 700
Declaração de Independência, Estados Unidos, 272
declínio do Ocidente, O (Spengler), 261
Defenders of the Christian Faith [Defensores da Fé Cristã], 113
Defense Policy Board [Conselho de Política Defensiva], 28
De Gaulle, Charles, 510, 706, 733, 754, 784, 861-2
  Adenauer e, 516-7, 560, 595, 597
  Bismarck comparado a, 729, 749, 757, 895
  como realista, 525, 597, 757, 895
  Guerra do Vietnã e, 734-5, 764, 778, 902
  Kissinger sobre, 525, 555, 597, 729, 734, 747-8, 762
  LBJ e, 734-5
  OTAN e, 517, 554-5, 601, 748, 752-3
  política externa norte-americana e, 510, 555, 733-4
  realizações insustentáveis, 778
  unidade europeia vista por, 595, 723, 742, 746, 748-53
Dehlavi, S. K., 550
democracia, materialismo e, 650-1

Democratas, Partido Democrata, Estados Unidos:
  coalizão étnica do, 111-2
  direitos civis e, 462, 872
  judeus no, 321
  na eleição de 1968, 872
  no Sul, 105
Democratas Cristãos alemães, 513, 738, 747
Democratas Cristãos, Itália, 347
Denney, George C., 702
Dennison, Robert Lee, 577
Departamento da Saúde, Educação e Bem-Estar dos Estados Unidos, 380
Departamento de Defesa, Estados Unidos, 280, 419, 421, 597, 614, 640, 689, 836, 843, 881
  estratégia nuclear do, 476
  orçamento do, 875
Departamento de Estado, Estados Unidos, 32, 36, 224, 271, 273-4, 279, 287-8, 385, 418, 428, 438, 465, 493, 495, 502, 506, 511, 535, 548, 551, 561, 570, 580, 598, 615, 618, 664--5, 669-70, 676, 689, 708, 711, 743, 749, 766, 784, 787, 805, 808, 810n, 819-20, 835, 874-5, 880-1, 888-90
  Secretaria de Planejamento de Políticas do, 244, 288, 406
Departamento de Estado dos Estados Unidos, *ver* Departamento de Estado, Estados Unidos
Depressão, *ver* Grande Depressão
Desai, M. J., 547
desarmamento, 274, 367-8, 373, 388, 395, 451-2, 470, 519, 528, 530, 532, 536-7, 547-8, 594, 603, 638, 745, 856-7
  crítica de Kissinger ao, 360n, 472--3
descolonização, *ver* mundo pós-colonial
desengajamento, 450, 454, 515, 595
desnuclearização, 450-1, 600
destruição mútua garantida, 453, 561n, 573
détente, 333, 360n, 383, 589, 594-5, 603, 605, 734, 736, 744-6, 749, 753, 766, 768, 813, 822
determinismo econômico, 44-5
determinismo histórico, 261, 479
"Deterrence and Survival in the Nuclear Age" [Dissuasão e sobrevivência na era nuclear] (Relatório Gaither), 411
Deutsche Weckruf und Beobachter ["O Despertar e Observador Alemão"], 114
Dewey, John, 237, 254
Dewey, Thomas E., 106
Dia da Vitória na Europa, 201
Dickson, Peter, 47, 49
Die Zeit, 454, 886
Dies, Martin, 105
Dietrich, Marlene, 503
Dietrich, Sepp, 166
dificuldade de verificação, 451-2
  inspeção versus, 451
  propostas de Kissinger para, 452
dignidade humana, 479-80, 492, 500, 591, 680
Dikötter, Frank, 41
Dillon, Douglas, 493, 578n, 581
diplomacia:
  comentários de Kissinger sobre a, 314-5, 317-8, 326, 346, 352, 358-60, 465, 557, 561, 620, 662, 723-4, 754, 818, 868
  dimensão psicológica da, 370, 384
  equilíbrio de poder, 315, 319, 328, 365, 761, 764, 795, 807, 835
  guerra nuclear limitada e a, 387-8, 392

ineficaz contra estados revolucionários, 329-30
Diplomacia (Kissinger), 725-6
diplomacia arriscada, 387n, 577, 895
diplomacia do equilíbrio de poder, 315-6, 322, 334, 341-2, 362, 398, 725, 879, 897
direito internacional, treinamento de Kraemer em, 147-9
direitos civis, 307, 311, 417, 604-5, 626, 634, 644, 814-5, 872
    divergência entre democratas sobre, 462, 482
    LBJ e, 576, 615, 844
    Nixon e, 464-5, 491-2
Dirksen, Everett, 824, 853
disparidade de mísseis (*missile gap*), 489n, 490-1, 516, 526, 543n, 553, 586-7
    como falácia, 476, 520
dissuasão, 340, 359, 362, 368-9, 411, 472-3, 507-8, 512, 517, 552, 554, 568, 586, 597, 748, 750, 865, 895
Ditchley Park, 707
Divisão da Primeira Cavalaria do ar, EUA, 677
Djilas, Milovan, 273
Dobrosielski, Marian, 766
Dobrynin, Anatoly Fyodorovich, 560, 577, 582-3
"Documentos do Pentágono", 839
Dodd, Thomas J., 599
"Domestic Structure and Foreign Policy" [Estrutura Doméstica e Política Externa] (Kissinger), 756-7, 764
Dönhoff, Marion Countess, 545, 513n, 724, 748-9, 814
Donovan, William J. "Wild Bill", 135-6
Doors, os, 780
Do Phat Quang, 771
D'Orlandi, Giovanni, 770
Dornberger, Walter, 219
Dos Passos, John, 243
Doty, Paul, 33, 432, 657, 659, 767, 783n, 811, 887
Douglass, Paul F., 151
Doutor Fausto, 416
"Doutrina de Kissinger", 39, 392
Dowling, Walter C., 559-60
Dr. Fantástico (filme), 40, 355, 498
Dr. Fantástico (pers.), 147, 355, 498
Droge, Dolf, 630
Drucker, Peter, 146-7, 149
Dubček, Alexander, 769, 815
Du Bois, W. E. B., 237
Duke of Wellington, HMS, 159
Dulles, Allen, 282, 302, 358, 385, 437-8, 505, 632
Dulles, John Foster, 361, 369-70, 372-3, 380, 387, 398, 405, 418, 436, 442, 506, 570, 577
Dunn, John M. "Mike", 662
Dylan, Bob, 491

Easton, David, 258
economia, ceticismo de Kissinger em relação à, 265-7
Economic Club de Detroit, 391-2
Economist, The, 400, 863, 886
Eden, Anthony, 365n, 371-2
Edwards, Donald, 143, 156, 188-9
Eggar, Samantha, 32
Egito, 436, 441, 546, 548-9
    na Crise do Canal de Suez, 406-7
Eichelberger, James, 436
Einstein, Albert, 432n
Eisenhower, Dwight D., 156, 179, 195, 203, 285, 295, 344, 347-8, 365, 368, 380, 386, 417, 421, 436, 438, 454, 458, 476, 480, 489, 492-3, 506, 516, 565, 570, 625, 635, 735, 835-7, 880, 888, 895
    ações secretas da CIA aprovadas por, 438
    Conselho de Segurança Nacional e, 285, 835-6
    Crise do Canal de Suez e, 406-7
    desarmamento e, 373, 470-2
    discurso "Átomos para a Paz" de, 372
    discurso "Chance para a Paz" de, 370
    e a aceleração à Guerra do Vietnã, 612-3
    e a eleição de 1964, 624-5, 632
    eleição de 1960 e, 462, 466-9
    encontro de Khrushchov com, 461
    lealdade de Nixon a, 474
    na convenção de 1964, 632-3, 635
    teoria dos dominós de, 435n, 544, 610, 649
Eisenhower, John, 392, 878
Eisenhower, Milton, 466, 632
Eldad, Shimon, 73
Electric Kool-Aid Acid Test [Teste de ácido do Ki-Suco elétrico] (Wolfe), 697n
eleições nos Estados Unidos:
    campanha retórica nas, 387-9
    de 1938, 105
    de 1960, 450, 462, 466-9, 474, 492, 505, 542, 619
    de 1964, 600, 624
    de 1968, 819-62, 844-5, 872-3
Eliot, Charles William, 236-7, 239-40, 250, 285
Ellenberg, Al, 56
Elliott, William Yandell, III, 255, 258, 282n, 430
    antecedentes de, 253
    atividade política de, 283-4
    como as bolsas Rhodes, 255, 285
    como defensor da guerra psicológica, 287
    como um anglófilo, 258
    Confluence e, 304, 310, 428
    insistindo no aumento do poder presidencial, 283, 285-6, 418
    insistindo pela convergência anglo-americana, 254-6, 285-6
    Kissinger e, 251-2, 256, 258-62, 265, 283, 289, 296-8, 301-4, 316, 340, 348-50, 381, 433, 539, 588, 894
    método de ensino usado por, 258
    Nixon e, 284, 447, 465-7
    oposição à neutralidade por parte de, 256
    Seminário Internacional de Harvard e, 298-9, 301-4, 374, 427-8
    sobre a National Defense Advisory Commission [Comissão Consultiva de Defesa Nacional], 257
    teoria política de, 256-7
Ellsberg, Daniel, 692, 695, 710, 718, 839
Elsey, George, 275
Emelyanov, Stanislav, 765
Emerson, Ralph Waldo, 236
Emrick, Paul S., 671
encontro de Genebra (1955), 380-1, 387, 456, 603, 613, 668, 707
Epstein, Elizabeth, 425
Epstein, Klaus, 425
Erhard, Ludwig, 80
Erhardtlied [Canção de Erhardt], 77, 741-3
Erler, Fritz, 556, 741, 742n

Ermershausen, Alemanha, 68
escândalo de Watergate, 55, 468n, 861
Escola de Informações do Teatro Europeu (ETIS), 212, 221-4
Escola Nacional de Guerra, 287, 356, 416
escolha, entre os males maiores e os menores, Kissinger sobre a, 51, 394, 398, 700-1, 897
Espanha, 29, 58, 307, 332, 447, 774n, 816
Esperando Godot (Beckett), 760-1, 783, 813
Espinoza, Baruch, 485-6
  Kissinger influenciado por, 46
"Essentials of Solidarity in the Western Alliance, The" [A essência da solidariedade na Aliança Ocidental] (Kissinger), 600
estabilidade:
  ordem internacional e a, 328-9, 331
  paz vs., 328
Estado-Maior Conjunto, Estados Unidos, 33, 382, 404-5, 415, 421, 476, 505-6, 510, 533, 578n, 579, 618, 665-6, 697, 703, 804, 839, 876, 881
estados revolucionários, 333, 396
  diplomacia vista como ineficaz contra, 329, 340, 365-6
Estados Unidos (EUA):
  como império, 39-40, 43, 49-50
  crime nos, 106
  cultura do pré-guerra dos, 106-8
  declínio do prestígio dos, 557
  e o papel de "equilibrador" de poder, 342, 345-6, 362-3
  guerra com a União Soviética vista como inevitável por Kissinger, 339-40, 343-4
  impressões iniciais de Kissinger sobre os, 126-7
  intervenção armada dos, 43-4
  isolacionismo nos, 133-4
  na corrida armamentista nuclear, *ver* corrida armamentista
  na Guerra do Vietnã, *ver* Guerra do Vietnã
  política externa dos, *ver* política externa
  racismo nos, 104-5, 436-7, 872
  recessão de 1937 nos, 104
  relações da Alemanha Ocidental com, 734
  relações da França com, 554-5, 734-5, 743
  relações do Reino Unido com, 734-4
  relações dos chineses com, 775-6, 845-6, 879, 888, 902
  relações dos soviéticos com, 846, 879; *ver também* Guerra Fria
  relações dos tchecoslovacos com, 774
  superioridade nuclear dos, 575-6, 586, 593-4
estratégia de contraforça, 507-8, 565-6, 586, 605
  estratégia do primeiro ataque na, 507-8
estratégia de contrainsurgência, 651, 663, 690-1, 712
estratégia de primeiro ataque, 507
estratégia nuclear, 379, 385-7, 470-1, 556, 594, 597, 894
  ataque surpresa soviético e, 471-2, 476, 491
  cientistas e a, 373
  contenção e, 895
  da administração Eisenhower, 368-73
  desarmamento e, 359, 367, 378, 395, 451, 470, 472
  dissuasão em, *ver* dissuasão
  falta de uma doutrina norte-americana coerente, 391-2
  guerra limitada e, *ver* guerra nuclear limitada
  não proliferação e, 744-5
  proposta de Kissinger para uma força europeia independente na, 561-3, 565-6

retaliação maciça na, 340, 359, 361, 368-9, 373, 378, 387-9, 395-6, 404, 439-40
  risco de uma guerra total na, 393-5
  Truman e a, 368
  ver também Council on Foreign Relations [Conselho das Relações Exteriores], Kissinger no
"Estratégia Sulista", 855
estudo da história, Um (Toynbee), 261
Etiópia, 41
ETIS, *ver* Escola de Informações do Teatro Europeu (ETIS)
eugenia, 105
Europa:
  desengajamento norte-americano em relação à, 450, 454, 512, 595
  relações dos Estados Unidos com, 594
  ver também Europa Oriental; Europa Ocidental
Europa Central:
  desnuclearização de, 450-1, 600
  política de desengajamento com, 450, 454
Europa Ocidental:
  armas nucleares táticas na, 371
  partidos comunistas na, 282-3
Europa Oriental, 870
  hegemonia soviética na, 222, 275, 277, 283, 304, 367, 437, 460-1, 557, 704, 741
  medo soviético do movimento de independência na, 774-5
Evans, Robert, 33
evolução política, 477-8
Executive Committee of the National Security Council [Comitê Executivo do Conselho de Segurança Nacional] (ExComm), 578-83, 587
Exército da Baviera, judeus no, 69
Exército, dos Estados Unidos:
  a caça às bruxas de McCarthy tendo como alvo o, 344
  antissemitismo no, 138
  judeus no, 136-8
  segregação no, 137-8
Exército, norte-americano, Kissinger no, 143-4
  abrindo mão do posto de oficial de reserva, 415
  afastamento militar do, 214
  alistamento de, 136
  como consultor do Operations Research Office [Agência de Pesquisa de Informações] (ORO), 290, 381
  como consultor do Psychological Strategy Board [Conselho de Estratégia Psicológica] (PSB), 288, 293
  como reservista, 246, 289
  em contatos com soldados russos, 200
  escola do CIC em Fort Holabird, 290
  Estrela de Bronze de, 184-6
  na Batalha das Ardenas, 167-74
  na Companhia G, 144, 153, 157, 161-5, 175-7, 179
  na seção G-2 (informações), 152, 163
  no Camp Claiborne, 143-4, 485
  no Camp Croft, 136-9
  no campo de concentração de Ahlem, 187-9, 196
  no Counter Intelligence Corps [Serviço de Contrainformação] (CIC), 163-4, 181-2, 185-7, 201-6, 208-15, 217, 221, 223-4
  no programa ASTP, 138-42
  primeiro encontro de Kraemer com, 153-4
  procurando os parentes, 196

viagem de estudos à Coreia, 268-9
vida militar atraente para, 144, 195, 295-6
Exército Republicano Irlandês, 58
Exército sul-vietnamita ou Exército da República do Vietnã [Army of the Republic of Vietnam] 677n, 691, 710-1
Exército Vermelho, 155, 193, 200, 406, 450, 510, 530, 843
estupros e violência por parte do, 220

Face the Nation (programa de TV), 409, 411
Fairbank, John King, 251, 307, 427, 657
Guerra do Vietnã e, 659-60
"Fair Deal", 279, 856
Falk, Richard, 37
Fallaci, Oriana:
Kissinger entrevistado por, 19-21, 32, 42, 609
sobre Kissinger, 19, 23-4, 46-7
família Dillon, 430
família Kennedy, 356, 592
família Kissinger:
em Washington Heights, 108-9, 115-20, 122, 124-5, 129, 248
emigração da, 104
no Holocausto, 101, 196
família Rothschild, 26, 37-8
Fanfani, Amintore, 595, 603
"Fase A-Fase B", proposta de paz, 770, 777, 783, 785
Feeney, Mark, 468n
Feld, Bernard (Bernie), 783n, 887
Feuersenger, Marianne, 301
fiasco da Baía dos Porcos, 505, 509-10, 514-5, 613
Filipinas, 270, 278, 363, 435, 667, 733, 830
insurgência Hukbalahap em, 692
Finlândia, 155, 256,
Finletter, Thomas K., 340, 356, 358-9, 361, 376n
Firing Line [Linha de fogo] (programa de TV), 851
Fitzgerald, Frances, 673, 713
Fleischer, Anneliese, *ver* Kissinger, Ann (Anneliese) Fleischer
Fleischmann, Berta, 70, 94
Fleischmann, Minna, 95
Fleischmann, Sigmund, 94
Fleming, Ian, 40
Foguete Atlas D, 408n
foguete R7, 408n
foguete V-2, 219
Foisie, Jack, 685-6, 688-9
Foot, Michael, 699, 700, 707, 736, 850
força, Kissinger sobre a ameaça da, 319
Força Aérea Real, 178, 203
Força-Tarefa Church, 177
Forças Especiais, EUA, 677-8, 718n
"Force and Diplomacy in the Nuclear Age" [Força e diplomacia na era nuclear], 387-8
Ford, Franklin, 717
Ford, Gerald, 14, 27, 432
Ford, Henry, 114
Foreign Affairs [*Relações Internacionais*], 44-5, 275, 361-3, 365-6, 376n, 391-2, 402, 450-2, 456, 472, 565, 567-8, 596, 688, 748, 829, 866, 878, 880
Foreign Policy Research Institute [Instituto de Pesquisas de Política Externa] (FPRI), 286, 402, 415, 882n

Forrestal, James, 273
Forrestal, Michael, 535
Forster, Albert, 77
Forster, E. M., 310
Fort Holabird, escola do CIC em, 296
Fortas, Abe, 799
Fragebogen, Der (*O questionário*) (Salomon), 312
França, 29, 99, 155-6, 180, 655
Alemanha Ocidental e, 725, 728-9, 733-4, 740, 743, 746, 748, 750, 753
alianças pós-Primeira Guerra Mundial da, 147-8, 330-1
antiamericanismo na, 752
armas nucleares da, 516-7, 554-5, 560-1, 783-4
Guerra do Vietnã e, 645, 662, 713, 778, 842
Indochina e, 612n, 735, 762
na Crise do Canal de Suez, 406-7
OTAN e, 561, 601, 735, 752-3
Partido Comunista na, 277
relações entre Estados Unidos e, 555, 595-6, 726, 734-5
relações soviéticas com a, 525, 735, 753-4
República Popular da China e, 735
Resistência na, 784
viagens de Kissinger à, 554, 565, 590, 594, 761
Frank, Jakob, 86
Frank, Walter, 80
Frankfurter, Felix, 243
Franklin, Benjamin, 238
Franklin, George S., 376
Freedom of Information Act [Lei para a Liberdade de Informação], 31
Frelinghuysen, Peter, 853
Frente de Libertação Nacional (FLN), Vietnã, *ver* vietcongues
Freund des Neuen Deutschland [Amigos da Nova Alemanha] (German-American Bund) [Federação Alemã-Americana], 114
Freyre, Gilberto, 544
Friedrich, Carl Joachim, 251-2, 254, 260, 300, 307, 348
Guerra Fria prevista por, 282-3
Front is Everywhere, The [O front está em todos os lugares] (Kintner), 292
fronteira de Oder-Neisse, 477, 524, 531, 556, 740
Fruta Estranha (Smith), 311
Fuchs, Klaus, 278
fugitivos, os, 253
Fukuyama, Francis, 315-6
Fulbright, J. William, 519, 522, 703, 809
Full Recovery or Stagnation [*Recuperação total ou estagnação*] (Hansen), 104
Fulton, William, 306-7
Fundação Farfield, 302
Fundação Ford, 302-4, 312, 428, 430-1, 610, 881
Fundação Rockefeller, 303-4, 418, 430, 493
bolsa de pós-doutorado de Kissinger concedida pela, 349, 355
Fundação Woodrow Wilson, 284-5
Fundamentos da metafísica dos costumes (Kant), 263n
Fundo Monetário Internacional, 848
Fürth, Alemanha, 63, 128, 248, 895
bombardeio Aliado de, 99
desemprego em, 78
destruição de sinagogas em, 103

DPs em, 199
família Kissinger em, 57, 68, 70-1, 74, 82, 88, 93-4
futebol em, 61-2, 74, 199
história de, 58-61
Holocausto em, 101-2
industrialização de, 60-1
infância de Kissinger em, 55-6, 58
judeus em, 62-6, 76, 85-90, 95-7, 100
Kristallnacht em, 99
na Segunda Guerra Mundial, 99, 100
nazismo em, 76-81, 83-5, 95
perseguição de judeus em, 85-9, 97-9
reputação esquerdista de, 62
tolerância religiosa em, 57, 61
vida política de, 62
visitas de Kissinger a, 56-7, 101-2, 199, 200
Fürther Anzeiger, 84, 87
futebol, paixão de Kissinger por, 74-5, 89
"Futuro" (*Zukunft*), 62

Gabinete Executivo do Presidente, 256, 847
Gaddis, John Lewis, 39, 273, 610
Gaither, H. Rowan, 411
Gaitskell, Hugh, 453, 742
Galbraith, John Kenneth, 478, 489, 490n, 546, 615, 823n, 886, 891
Garthoff, Raymond, 36
Gavin, Francis, 744
Gavin, James M., 366, 375, 378, 405
Gdańsk, Polônia, 277
Genscher, Hans-Dietrich, 56
George Washington High School (cidade de Nova York), 112I, 125
German-American Bund [Federação Alemã-Americana], 114
German Nationalist Clerical Worker's Association [Associação Nacionalista Alemã de Funcionários], 79
Gerstenmaier, Eugen, 743
Gesellschaft für Auslandskunde (Sociedade pelo Estadismo), 453
Gestapo, 93-4, 182-3, 186-7, 194, 204-5, 210
Giancana, Sam, 503
GI Bill [Lei do Soldado], 231-2, 249, 379
Gideonse, Harry D., 310
Gillman, Arthur, 245
Gilpatric, Roswell, 376n, 494, 523, 566, 597, 618, 744, 878
Girke, Richard Fritz, 204-5
Girs, Nikolay, 725-6
Gladstone, William, 724
globalização:
    nacionalismo e, 649-50
    ordem internacional e, 864-5
Goa, Índia, 546-7, 549
Goebbels, Joseph, 95, 181, 185, 193, 216, 293
Goethe, Johann Wolfgang, 68, 84, 145, 260, 894
Gold, Bruce, 23, 38
Goldman, Guido, 866
Goldmann, Ernst, 87
Goldthwait, June, 497, 537-8, 586
Gold vale ouro (Heller), 23
Goldwater, Barry, 482, 600, 641, 852, 872
    anticomunismo de, 605

campanha presidencial de 1964, 600, 604, 624-8, 630-8
Goleniewski, Michael, 25
Golfo de Tonkin, 639-41
Goodpaster, Andrew J., 369n, 405, 824, 837, 878, 888
Gordon, Lincoln, 544
Goulart, João, 544-5
Governing New York City [Administrando Nova York] (Sayre), 353
Grã-Bretanha, *ver* Reino Unido
Graham, Frank D., 257
Granada, invasão norte-americana de, 44
Grande Depressão, 76-8, 104, 108, 110, 112
Grande Salto para Frente, 41
"Grande Sociedade", 604, 644, 846
Grande Terremoto de Kanto, 58
Graubard, Stephen, 301, 317, 391, 406, 413-4, 416, 422
Graves, Robert, 253
Gray, David, 510
Gray, Gordon, 288
Grécia, 156, 222, 271, 276, 645, 667, 744
Greene, Graham, 42, 195, 310, 473, 656, 671, 693
Greenspan, Alan, 122
Grewe, Wilhelm, 559
Griffith, Eugene, 306
Grimond, Jo, 737
Gromyko, Andrei, 532
Gronouski, John A., 771
Gropious, Walter, 307
Gruening, Ernest, 641
"Grupo da Távola Redonda", 253
Grupo de Bilderberg, 24
grupos paramilitares Freikorps, 185
grupos Werwolf [Lobisomem], 185
Grynszpan, Herschel, 95
Guala, Victor, 247
Guarda Vermelha, 765, 862
Guardian, 886
Guatemala, 435-6, 575, 816
    golpe de 1954 na, 29, 438
Guerra Civil Espanhola, 42
Guerra da Coreia, 25, 272, 279, 284, 290, 307, 341, 344, 658, 779
    Kissinger sobre a, 336-7, 364
guerra de guerrilha, 614, 617, 620-2, 628, 668, 672, 696, 714, 737, 763, 765, 826, 851, 867-8
    ver também vietcongues
Guerra de Secessão, Estados Unidos, 237
Guerra do Iraque (2003-2011), 30
Guerra do Peloponeso, 807
Guerra do Vietnã, 33, 44, 51, 55, 603-5, 609-718, 732-3, 837-8, 868, 894, 901
    afro-americanos na, 872
    Alemanha Ocidental e, 737-8, 742-3
    apoio da opinião pública à, 839-40
    autodeterminação e, 653, 662
    bombardeio do Vietnã do Norte na, 642-3, 661, 671, 681, 683, 702, 751, 765-6, 771, 777, 779, 782, 784-5, 787-9, 792-4, 798-9, 800-2, 820, 839-41, 849, 853-4, 856-7, 860
    burocracia e, 691
    CIA na, 678-80, 690, 709-10
    como conflito regional, 630
    como teste da disposição dos Estados Unidos a enfrentar

o comunismo, 614-5, 620, 626-8, 700, 715-6
como uma guerra civil, 667-8
consequências da retirada unilateral dos EUA na, 869-70
escalada militar da, 641-5, 651, 655, 780
estratégia da resposta flexível e, 610-1, 615
Fairbank e, 658-60
falta de coerência da estratégia norte-americana na, 610-1, 642-4, 662-6, 687, 696, 867, 902
França e, 704 732-4, 753-4, 764
incidente do Golfo de Tonkin na, 639-41
Kissinger como consultor de Lodge na, 652-3, 662-3, 665-73, 688-90, 708, 712, 716
Kissinger sobre, 602, 611-2, 616, 627-8, 660, 665-8, 671-3, 690-7, 715-6, 825-7, 866-71
movimento pacifista e, 657-8, 698, 780-1, 803-5, 808, 815-6, 839
objetivos dos Estados Unidos na, 669-70, 699, 763-4
ofensiva do Tet na, 762, 781-3, 808-10, 814-5, 837-40, 842-3
oposição do Reino Unido à, 735-6
pausas no bombardeio na, 661-2, 704-5, 876
pedido do exército por mais tropas e bombardeios na, 703, 708-9
política interna dos Estados Unidos e, 643-4, 799-800, 803-4
República Popular da China e, 643, 657-60, 671
retrato otimista do exército dos Estados Unidos, 677-8, 690
Rockefeller e, 616-7, 620-2, 627-8, 845
teoria do dominó e, 645
tropas norte-vietnamitas na, 639, 677, 680, 683
União Soviética e, 764, 767-8
vietcongue na, *ver* vietcongue
Guerra do Vietnã, negociações secretas de paz na, 653, 705, 713, 736, 764, 768-70, 778-9, 783, 786, 788, 804, 824, 894
administração Johnson e, 761-2
Bo na, *ver* Mai Van Bo
comunicação norte-sul nas, 683, 713
condições dos EUA para, 701-2, 705-7, 714, 778, 787-8, 789-90
condições norte-vietnamitas para, 701, 705-7, 787, 789-90, 794-5
falta de coerência nas estratégias dos EUA nas, 869
interrupção dos bombardeios como condição para, 771-4, 778, 782, 785
intransigência e falsidade dos norte-vietnamitas nas, 762, 766-7, 771-3, 778-9, 781-2, 785-7, 789-91, 793, 801-3, 806, 809, 812-4
Kissinger sobre, 657-8, 665-6, 701-2, 706-7, 759-60, 761-4, 783-800, 823, 842
MARIGOLD nas, 761, 769
MAYFLOWER nas, 651-2
metas dos EUA nas, 700
objetivos dos EUA nas, 705
objetivos norte-vietnamitas nas, 661, 705, 771, 787
ONU e, 699
PACKERS nas, 808
PENSILVÂNIA nas, 761, 782-809
proposta de "fichas azuis" de Taylor para, 706-7
proposta "Fase A-Fase B" nas, 770, 783, 785
seminário de discussão de Harvard-MIT sobre, 655, 657-60

SUNFLOWER nas, 770
supostos vazamentos de Kissinger sobre, 819-25, 861
Tchecoslováquia e, 766-9
temores sul-vietnamitas sobre, 680-2, 683
União Soviética e, 809-10
vietcongues e, 668-9, 680-2, 701-2, 707, 786
ver também conversas em Paris sobre a paz
Guerra do Yom Kippur, 28
Guerra dos Seis Dias, 783
Guerra dos Trinta Anos, 60, 63, 180, 343
Guerra Fria, 28, 44, 49, 216-7, 222, 266-7, 282-3, 290, 304-5, 311, 314, 357, 368-70, 382n, 390, 410, 427, 429, 434, 438-9, 448, 453-4, 460-1, 498, 500, 542-3, 545, 561n, 571-3, 613, 615, 625, 642, 655, 718, 723, 739, 756, 760, 850-1, 865, 886
agências de informação na, 434-5
como algo não inevitável, 272-3
como guerra de ideias, 40-3
como uma série de conflitos regionais, 272, 279
comunicação por canais ocultos na, 531-2, 535
Crise dos Mísseis de Cuba na, *ver* Crise dos Mísseis de Cuba
"cultural", 304-5
détente na, 589, 594-5, 603, 605, 734, 736, 744-9, 753, 766, 768, 813, 822
diminuição da tensão na, 395
diplomacia ineficaz na, 345-7, 365n
exagero norte-americano do poder soviético na, 345n, 530
Guerra da Coreia na, *ver* Guerra da Coreia
guerra psicológica na, *ver* guerra psicológica
política de contenção na, *ver* contenção
precedentes históricos para a, 324, 328-9, 335
propaganda na, 434-7
Reagan e, 822-3, 852
relações sino-soviéticas na, 363-4
reunificação da Alemanha e a, 346, 370, 383, 602
terceiro mundo e a, 435-8
Universidade de Harvard e a, 280-2
guerra nuclear limitada, 39, 258, 328, 341, 354, 361-2, 364-5, 376-8, 380-1, 387-8, 409, 418-9, 439-41, 449-51, 455, 497-8, 520, 572, 898-9
armas convencionas versus, 472
ceticismo de Eisenhower em relação à, 368, 372
como estratégia viável, 394-5
como um dissuasor ineficaz, 377
como um mal menor, 397-9
falhas nos argumentos de Kissinger sobre, 405
mudança de opinião de Kissinger sobre, 472–3, 477
objetivos da, 391
papel da diplomacia na, 387-9, 392, 396-7
rejeição soviética do conceito de, 397, 410
risco de se transformar em uma guerra total, 377, 387-8, 396, 400-1, 565, 899
riscos de continuar vs. acordo na, 392
guerra preventiva, 356-7, 385, 508
guerra psicológica, 267, 286-8, 295, 357, 375-6, 380-1, 585, 620, 762, 838, 882n
CIA e a, 288-9, 305, 341, 347, 718n
diplomacia como, 370, 382, 387, 436-7,
ponto de vista de Kissinger sobre, 289-90, 293-4, 298, 306, 314
guerras:
convencional vs. de guerrilha, 867-8, 902

de libertação nacional, 500, 657-8
preventivas, 357
guerras civis, Kissinger sobre, 667-8, 864, 897
guerras locais, 357, 377
  armas convencionais em, 477, 508
  armas nucleares em, *ver* guerra nuclear limitada
  disposição dos Estados Unidos para travar, 362-3
  guerra total vs., 361
  guerras terrestres vs., 358
  moralidade em travar, 499-500
Guevara, Che, 864
Gulag, 41
Gullion, Edmund, 705
Gustavo II Adolfo, rei da Suécia, 60
Guthrie, John, 773
Guttenberg, Karl-Theodor zu, 568-9

Habib, Philip, 670, 680, 683, 690, 709, 719
Haig, Alexander, 823, 892
Hair (musical), 780
Halberstam, David, 489
Haldeman, H. R. "Bob", 35, 820, 856-7, 879, 881, 884
Hall, H. Duncan, 57
Hallemann, Isaak, 100
Hallemann, Raphael, 89
Halperin, Morton, 35, 430, 432, 699, 887
Hammann, Wilhelm, 217
Hammerder, Babette "Babby", 70
Hampton, Ephraim M., 404
Handlin, Oscar, 421
Hanks, Nancy, 423-5, 565, 587, 652
Hanover, Alemanha:
  Gestapo em, 186
  Kissinger como agente do CIC em, 185-7, 190-1
Hansen, Alvin H., 104
Harbert, Leonie, 225
Harriman, W. Averell, 256, 293, 450, 613-6, 618, 705, 714-8, 763, 769-70, 774-5, 789, 797, 820, 841, 857-9
  Kissinger e, 842-4, 854, 888
Harris, Frank (Franz Hess), 89, 199
Hartz, Louis, 255, 258
Harvard Crimson, The, 34, 306, 433, 451, 538, 653, 761, 782
Harvard Lampoon, The, 239
Harvard National Scholarships [Bolsas Nacionais de Harvard], 232
Harvard Society of Fellows, 348
Harvard Study Group on Presidential Transition [Grupo de Estudos sobre a Transição Presidencial], 837, 873-8, 883-5, 887, 890, 892
Harvard Union, 245, 301
Harvard University Press, 475
Haskins, Caryl P., 375-6, 400, 477-8, 483
Haslam, Jonathan, 29
Ha Van Lau, 843
Hawthorne, Nathaniel, 236-7
Healey, Denis, 311, 601, 768n
Heath, Edward, 737
Hegel, Georg Wilhelm Friedrich, 48, 222, 259-60
Heid, Elizabeth, 203
Heilbroner, Robert, 417
Heiman, John, 73
Heine, Heinrich, 68-9, 71

Heisenberg, Werner, 298
Hellenbroich, Heinz, 204-5
Heller, Joseph, 23, 38
Helms, Richard, 790, 795, 797, 802, 808
Hendel, Edward, 245
Herr, Michael, 673-4
Herring, George, 810
Hersh, Seymour, 819-24, 837, 854
Hershberg, James, 771
Herter, Christian A., 284, 418, 430, 465, 837
Herwarth, Hans von, 556
Herz, John, 433
Herzl, Theodor, 70
Heuyng, Alois, 182
Hexter, Leo, 126, 128
Hezner, Karl, 92
Hill, 55, 712
Hillebrand, Martin, 511
Hilsman, Roger, 618
Himmler, Heinrich, 85, 193
Hinman, George, 449, 590, 631
Hirsch, Samson Raphael, 119-21
Hiss, Alger, 278, 284, 306, 308, 464, 467
história:
  desconhecimento por parte dos tomadores de decisão norte-americanos, 885-6
  interesse perene de Kissinger pela, 45-6, 51-2, 153-4, 236-7, 347, 894, 898
  Kissinger sobre as lições da, 315, 477-8, 884, 898, 901-2, 904-5
  visão trágica de Kissinger da, 322-3, 327, 388
História da Guerra do Peloponeso (Tucídides), 433
Hitchens, Christopher, 28-9, 30, 820-4, 837-8
Hitler, Adolf, 26, 37, 58, 70, 73, 77, 79, 81, 83-4, 93, 95, 98-9, 100, 103, 105, 112-7, 122, 127, 146, 149, 151, 156, 165-6, 181, 183, 185, 193-4, 215, 218, 309, 312, 324-5, 513, 588, 633, 637, 757, 775, 895-7
HIV-Aids, 26
Hoag, Malcolm, 603
Hobbes, Thomas, 260
Ho Chi Minh, 41, 613, 639, 704-8, 732, 784-5, 809
Höchster, Leo, 90, 92
Hoffmann, Stanley, 39, 431-3, 598, 603, 653, 821, 828
Holanda, 58, 155, 160, 180, 277, 712, 735-6
Holbrook, W. S., 201
Holmes, Oliver Wendell, 237, 260
Holocausto, 101-2, 127, 187, 316, 895
  família Kissinger no, 187
  impacto sobre Kissinger do, 101-2, 196
  Kissinger sobre os sobreviventes do, 187-9
Holyoke, Edward, 236, 268
homem de Estado, capacidade do homem de Estado:
  burocracia vs., 334
  Castlereagh como ideal de Kissinger de um, 334
  política vs., 757-8, 836-7
  profetas vs., 333-4
Hooge, Willi, 186
Hoover, J. Edgar, 152, 201, 306, 308, 503, 663
hora final, A (Shute), 395
Horowitz, Len, 26
Horowitz, Schabbatai Scheftel, 63
Hosmer, Graig, 633n

ÍNDICE REMISSIVO

Hottelet, Richard C., 409
Ho Van Vui, 684
Howar, Barbara, 32
Howard, Michael, 433, 638, 723-4, 768n
Howe, Irving, 103
"How the Revolution in Weapons Will Affect Our Strategy and Foreign Policy" [Como a revolução nas armas irá afetar nossa estratégia e a política externa] (discurso de Kissinger), 391-2
Hue, Vietnã, 42, 676-7, 679-80, 682, 684, 694, 712, 809, 814
Hughes, Emmet J., 449, 472, 481, 844-5, 854
Hughes, Ken, 820
Hull, Cordell, 257
Humphrey, Hubert, 387, 389, 405, 480-1, 705, 853-4
    campanha de eleição presidencial de 1968, 820-1, 838, 856-61, 872-3
    revolução húngara, 392-4, 406-7,409, 452
Huntington, Samuel P., 251, 258, 260, 310, 366, 412, 430, 657-9, 854
Hussein, Saddam, 51

IBM, 430, 833-4
Ibn Saud, rei da Arábia Saudita, 441-2
Icke, David, 26
idealismo, idealistas, 46-7, 148, 255, 463, 488, 539, 597, 701, 724, 813, 851, 868, 887, 894
    definição filosófica de, 48
    Kissinger como, 39, 46-8, 52, 132, 197, 206-7, 265-6, 298, 304, 324-5, 328, 334, 358, 456-7, 480, 484, 497-8, 523, 529, 539, 597, 616, 622, 650, 732, 757, 818-9, 851, 880, 894-5, 899
identidade nacional, Kissinger e a, 320
Ideology and Foreign Affairs [Ideologia e relações exteriores] (relatório do CFIA), 430
Idle, Eric, 23
Iêmen, 545-6, 591
Igreja Católica Romana, 218
Île de France, 94, 103
Ilhas Matsu, 387, 492, 616
Ilhas Quemoy, 387, 492, 616
I'll Take My Stand (Ransom), 253n
"Illuminati", 24, 26
"Illusionist, The" [O ilusionista] (Kissinger), 748-9
Iluminismo, 41
imigrantes, nos Estados Unidos, 110
    alemães, 93n, 114
    expectativas irreais dos, 104
    irlandeses, 110-3, 93
    italianos, 110
    quotas e os, 92-3, 112
imigrantes, nos Estados Unidos, judeus-alemães:
    ascensão social dos, 109-12
    em Washington Heights, 118
    na cidade de Nova York, 110-1, 118
    no exército, 135-6
Immigration Restriction League [Liga para Restrição da Imigração], 240
"Impasse of American Policy and Preventive War" ["O impasse da política e da guerra preventiva dos Estados Unidos"] (artigo esboçado por Kissinger), 356
imperativo categórico, 263-4
Imperialismo liberal, tradição britânica, 50

Império Otomano, 58, 332, 871n
impérios coloniais:
    colapso dos, 42, 58, 277, 293, 322-3, 417, 435-6, 864-5
    ver também mundo pós-colonial
imprensa:
    campanha de Goldwater e, 636-7
    JFK como mulherengo e, 502-3
    Kissinger e, 548-9, 551, 685-9
    Nixon e, 886
incêndio do Reichstag, 81
Índia, 436-7, 525, 546, 553, 601, 645, 656, 680-1, 737, 744, 747, 830
    China e, 547-50
    em disputa com o Paquistão pela Caxemira, 549-51
Indochina, 28, 292, 356, 362-4, 370-1, 612n, 655, 671, 704, 735, 762, 817, 849
Indonésia, 436, 546-7, 735-6, 830
indústria cinematográfica, 106-7
Instituto de Estudos Avançados, 350
Instituto de Estudos Estratégicos, 568, 768
Instituto Internacional de Estudos Estratégicos, *ver* Instituto de Estudos Estratégicos
Instituto Internacional para a Unificação do Direito Privado (UNIDROIT), 149
Internacional, 77
International Control in the Non-Ferrous Metals [Controle Internacional de Metais Não Ferrosos], 256
International Development Advisory Board [Conselho para o Desenvolvimento Internacional], 380
"International Security: The Military Aspect" [Segurança internacional: o aspecto militar] ("Rockefeller Report"), 418-20
International Telephone and Telegraph, 26
Irã, 271, 274-5, 362, 378, 435-6, 493, 497-9, 537, 542-3, 591
    derrubada de Mossadegh no, 437-8
Iraque, 436, 440, 545-6, 815
    ocupação norte-americana do, 50-1
irlandeses-americanos, 110-2, 114
Irmãos Marx, 31, 107, 247
Isaacson, Walter, 39, 93, 689, 820
Iselin, Jay, 538
isolacionismo, 42, 252, 307, 344, 837
Israel:
    como estado secular, 92
    na crise do Canal de Suez, 406-7
Itália, 42, 149, 156, 254, 256, 271, 712, 736, 738, 743, 750
    "Abertura à esquerda" na, 603
    Partido Comunista na, 277, 287
    viagens de Kissinger à, 590, 595
ítalo-americanos, 110-1, 122
Iugoslávia, 147, 194, 277, 362, 367
Izbica, 100

Jackson, Charles Douglas, 287, 380-1
Jackson, Henry "Scoop", 432, 501-2
Jackson, William, 283
Jaffa, Harry, 636
Jakob, Franz, 84
James, William, 231, 237, 254
Jamieson, Frank, 425, 449
Japão, 43-4, 134-5, 251, 256, 291, 316n, 356, 387, 645, 696, 737, 744, 747, 830-1, 870, 880

Grande Terremoto de Kanto no, 58
  na Segunda Guerra Mundial, 134-5, 278
  visita de Kissinger ao, 482, 543
Javits, Jacob K., 482-3, 840, 853
"Jetzt wohin?" ("E agora, aonde?") (Heine), 68-9
Jewish Way [Costumes Judaicos], 118
John Birch Society [Sociedade John Birch], 25, 635, 887
Johnson, Alexis, 618, 668-9, 689, 691, 889
Johnson, Ellis A., 381
Johnson, Harold K., 643
Johnson, Joseph E., 376n
Johnson, Louis, 279
Johnson, Lyndon B. (LBJ), 27, 33, 35, 468, 521-2, 542, 657-8, 732-3, 743, 760, 763-4, 781, 816, 836-7, 874-5, 888, 894-5
  bombardeios ao Vietnã interrompidos por, 820, 824, 856-7, 859-60
  como mestre manipulador, 622-3
  como vice-presidente, 489
  conversas sobre a paz de Paris e, 858-60
  De Gaulle e, 735
  falta de escrúpulos de, 622-3
  Guerra do Vietnã e, 612, 623-4, 627, 639-45, 661-4, 703-4, 771, 779-80, 787, 797-8, 901
  hábito de beber de, 622-3
  legislação de direitos civis de, 604, 643, 872
  na Crise dos Mísseis de Cuba, 580-1
  na decisão de não concorrer à reeleição, 802-4, 840-1
  na eleição de 1960, 462
  na eleição de 1964, 623-4, 640-1
  na eleição de 1968, 857-9
  negociações secretas de paz e, 661-2, 761, 770-1, 781, 785, 787, 790, 795-7, 799, 800-5, 807-8, 837-8, 841, 868-9
  NSC e, 835-6
  programas de "Grande Sociedade" de, 604, 641, 643
Joint Research and Development Board [Conselho de Pesquisa Comum e de Desenvolvimento], 281
Jordânia, 387, 545-6
Jorgensen, Gordon, 679
Jovem Baviera, 80, 85
judaísmo da Torá Ashkenazi, 89
Judd, Walter, 599
Judenedikt [*Édito dos Judeus*] (Baviera, 1813), 64
judeus, judaísmo:
  assimilação dos, 64-6, 75-6, 242
  em Fürth, 60-7, 76, 82, 199
  em Harvard, 238-43, 244
  na Alemanha de Weimar, 63-7
  ortodoxos, 63-4, 70, 118, 137, 225
  perseguição nazista aos, 84-5, 112, 148, 182, 895
  reformistas, 63-4, 70, 118
  ver também imigrantes nos Estados Unidos, judeus--alemães
Julgamento de Kissinger, O (Hitchens), 28
Julgamento dos crimes de guerra em Nuremberg, 214
Jünger, Ernst, 312-3
Jurgensen, Jean-Daniel, 555, 594
Juventude Hitlerista, 81, 85, 181, 202, 208-9, 765

Kahn, Herman, 51, 355n, 395, 413, 701, 828
Kaiser, Karl, 587
Kalb, Marvin e Bernard, 39
Kallen, Horace, 237
Kaltenbrunner, Ernst, 214
Kammler, Hans, 219
Kandy-Kolored Tangerine-Flake Streamline Baby, The [A garota aerodinâmica de flocos de tangerina kor-de-karamelo] (Wolfe), 697
Kant, Immanuel, 46-7, 51, 222, 237, 254-5, 259-61, 298, 463-4, 894-5
  conceito da paz perpétua de, 48-9, 263-4, 283
  estudo feito por Kissinger de, 48-9, 261, 262-6, 321, 328, 390, 398
Kaplan, Robert, 45, 316
Katz, Milton, 304, 420, 657, 659-60, 696
Katzenbach, Nicholas, 718, 799, 800-3, 876, 888
Kaufmann, William W., 403-4
Kaysen, Carl, 489, 519-20, 535, 538, 657, 659, 876, 886-7
Kazan-Komarek, Vladimir, 774
Keating, Kenneth, 574, 578
Keever, Beverly Deepe, 672-3
Kehillath Yaakov, 121
Kemal, Mustafa, 58
Kennan, George F., 42, 44, 276-80, 284, 287n, 288, 330, 343, 367, 386, 405, 436, 450-1, 454, 457, 881-2, 886
  Longo Telegrama de, 216, 273-5, 279, 314
  política de contenção de, *ver* contenção
  sobre a reunificação alemã, 384
Kennedy, Edward, 593, 652
Kennedy, Jacqueline, 503
Kennedy, John F. (JFK), 27, 51, 258, 447n, 468-9, 483, 527, 533, 535, 572, 579, 601, 724, 874-5, 894-5
  assassinato de, 604-5, 615
  casamento de, 503
  conselhos de Kissinger solicitados por, 489-90, 492
  Crise de Berlim e, 520-3, 525, 531, 534
  CSN e, 835-6
  Cuba e, 488
  decepção de Kissinger com, 536-7, 563
  discurso "*Ich bin ein Berliner*" de, 601
  golpe contra Diem e, 619-22
  Guerra do Vietnã e, 618-9, 867
  idealismo aparente de, 488
  mentiras e trapaças de, 541-2
  na campanha presidencial de 1960, 462, 471, 474, 480-1, 483, 491-2, 542
  na Crise dos Mísseis de Cuba, 578-86
  na lembrança coletiva norte-americana, 487-8
  no encontro em Viena, 517
  pragmatismo de, 522-4, 535-6, 539
  problemas de saúde ocultos por, 541-2
  relações extraconjugais de, 502-3, 541
  reunificação alemã e, 488
  sobre o encontro de Kissinger com Adenauer, 559
  sobre o uso de armas táticas nucleares, 567
Kennedy, Joseph, Sr., 541
Kennedy, Robert, 534, 541-2, 574, 610, 641, 651, 744-5, 778
  assassinato de, 814, 817, 846
  Guerra do Vietnã e, 780
  na Crise dos Mísseis de Cuba, 577, 579, 581-2
Kent, Sherman, 281
Kesey, Ken, 697-8
Kesting, Heinrick, 182
Keynes, John Maynard, 104, 270, 474

KGB (Comitê de Segurança do Estado), 35, 42, 438, 545, 807n, 812
Khrushchov, Nikita, 383, 385, 461, 500-1, 588, 603, 613
  Crise de Berlim e, 454, 476, 499, 509, 520-2, 535, 539, 543, 552, 567, 573
  Crise dos Mísseis de Cuba e, 573, 575-8, 580-6
  em visita aos Estados Unidos, 460-1
  encontro de Eisenhower com, 461
  Kissinger sobre, 460-1, 465, 511, 517-8
  no encontro em Viena, 517
  no "kitchen debate" ["debate na cozinha"] 40, 450, 460-1
Khvostov, Vladimir, 530-1
Kiesewetter, Erwin, 210-2
Kiesinger, Kurt Georg, 747, 753
Killian, James R., 373, 418
Kindleberger, Charles, 315, 349
King, Ernest J., 155
King, James E., Jr., 400, 402
King, Martin Luther, Jr., 492, 542, 781, 815, 846, 873
  assassinato de, 814-5
King, Stephen, 604n
Kintner, William, 292-3, 341, 343, 375, 381, 882n
Kissinger, Abraham, 67-8
Kissinger, Ann (Anneliese) Fleischer, 129-30, 136, 296, 425-6
  casamento de Kissinger com, 249
  crise do casamento de Kissinger com, 504
  divórcio de Kissinger com, 646
Kissinger, Arno, 68, 92
Kissinger, David, 68, 70, 92, 426, 504, 646
Kissinger, Elizabeth, 426, 646
Kissinger, Erwin, 92
Kissinger, Eugenie van Drooge, 426
Kissinger, Fanny, 68, 101
Kissinger, Fanny Stern, 68, 75, 196
Kissinger, Henry A., 24, 280, 532, 853
  Ann Fleischer e, ver Kissinger, Ann (Anneliese) Fleischer
  anticomunismo de, 223-4
  antissemitismo em críticas a, 37-8
  ataques contra, 23-30, 33-4
  autoironia de, 31-2, 144, 168-9, 885
  cartas para os pais escritas por, 192, 198, 200, 205, 225- 8, 233
  como alvo de zombarias, 21-3
  como escritor, 317
  como assistente do presidente para questões de segurança nacional, 24, 30, 51, 286, 466, 611, 821-2, 837, 862, 881-2, 885-93, 894-5, 904-5
  como eterno forasteiro, 465
  como idealista, , 46-8, 52, 132, 197, 206-7, 265-6, 298, 304, 324-5, 328, 334, 358, 456-7, 480, 484, 497-8, 523, 529, 539, 597, 616, 622, 650, 732, 757, 818-9, 851, 880, 894-5, 899
  como independente político, 462, 472-3, 474-5
  como intelectual público, 360, 365, 412, 426, 447-9, 453, 863, 895-6, 900
  como leitor voraz, 140-1, 245
  como pai, 645-7
  como secretário de Estado, 24, 48, 56
  compromissos para palestras de, 430
  e a abertura à República Popular da China, 25, 755, 81-3, 830
  em Harvard, ver Universidade de Harvard, Kissinger como aluno na; Universidade de Harvard, Kissinger e o corpo docente da
  em Oberammergau, 214-5, 220-4
  fé religiosa perdida por, 225-6
  filosofia antimaterialista de, 320
  hipersensitividade de, 464
  imigração de, 92-3, 100, 103
  índice de aprovação de, 20
  infância e adolescência de, 55-6, 72-5, 88-91, 121-32, 134, 894-5
  insegurança de, 34-5
  modo de agir de, 34-8
  nascimento de, 72
  personalidade combativa de, 291-2
  pragmatismo de, 539
  Prêmio Nobel concedido a, 24
  prêmios e honras de, 24
  rancor nas críticas a, 35-6
  realismo de, 38-40, 45, 47, 315-6, 756-8, 895, 902-3
  relacionamento das mulheres com, 31-2, 75, 129-30, 203, 224-5, 227, 247-8, 424-5
  serviço de escriturária de, 248-9
  serviço no exército de, ver Exército dos Estados Unidos, Kissinger no
  serviço para o governo de, 379-80
  sigilo de, 34-5
  sotaque de, 126, 195
  temperamento de, 423-4, 464
  teoria da lacuna dos mísseis e, 470-1
  tratados negociados por, 24-5
Kissinger, Herbert, 92
Kissinger, Ida, 68, 101
Kissinger, Isak, 67-8
Kissinger, Karl, 68-70, 92
Kissinger, Karoline Zeilberger, 68
"Kissinger, Le Duc Tho" (música), 22
Kissinger, Löb, 67-8
Kissinger, Louis, 57, 72, 82, 124-5, 907
  afastado de seu cargo como professor, 86, 88
  carreira como professor de, 68-9
  casamento de Paula e, 71
  como patriota alemão, 69-70
  em Washington Heights, 177-8
  emigração de, 92-4
  realizações de Kissinger como fonte de orgulho para, 648-9
  relacionamento de Kissinger com, 74, 646-9
Kissinger, Margot, 92
Kissinger, Martin, 101
Kissinger, Meyer Löb, 67, 101
Kissinger, Nancy Maginnes, 32, 497, 648, 792, 844
Kissinger on the Couch [*Kissinger no sofá*] (Schlafly e Ward), 25
Kissinger, Paula Stern, 70-1
  casamento de Louis e, 71
  como ganha-pão da família, 125
  como leitora voraz, 70-1
  imigração de, 92-4
  negócio na área de alimentação de, 125
  relacionamento de Kissinger com, 647-8
Kissinger, Schoenlein, 67

Kissinger, Selma, 68, 101
Kissinger, Simon, 68, 92, 101
Kissinger: The Adventures of Super-Kraut [*Kissinger: as aventuras do Super-Repolho*] (Ashman), 20
Kissinger, Walter, 248, 427, 646-7
   carreira como executivo corporativo de, 427
   cartas de Kissinger a, 137, 167-70
   casamento de Eugenie e, 427
   em Washington Heights, 121
   imigração de, 94
   infância e adolescência de, 72, 127
   na Segunda Guerra Mundial, 135, 139, 142
Kistiakowsky, George, 33, 250, 427, 470, 626
Klapproth, Willy, 210-3
Kluckhohn, Clyde, 427
Knight, John, 624
Kohler, Foy, 510, 518, 525
Kohn, Hans, 335
Komer, Robert, 535-6, 614
Kornbluh, Peter, 29
Koschland, Manfred, 90
Kossiguin, Alexei, 723, 753, 770n, 777, 781
Kraemer (Krämer), Fritz Gustav Anton, 133, 144-5, 206, 301-2, 312, 355, 390-1, 418, 593
   antecedentes de, 145-9
   arquivo do FBI sobre, 151
   como mentor de Kissinger, 52, 145, 148-9, 153, 232-3, 245-6, 251-2, 289-90, 416, 484-6, 891-2, 894, 904-6
   conhecimento de direito internacional de, 147-9
   e o Psychological Strategy Board [Plano de Estratégia Psicológica Nacional], 293
   elitismo de, 146
   ETIS e, 221, 224
   Haig e, 892
   hostilidade contra os intelectuais, 150-1
   Kissinger afinado com a história, 45-6
   no exército norte-americano, 144-6, 150-2, 168n, 169, 173-4, 180-1, 183, 200
   o primeiro encontro de Kissinger com, 153-4
   primazia da moral sobre o material por, 150-1
   sobre os efeitos corruptores do poder, 905
Kraemer, Sven, 290
Kraft, Joseph, 33, 800, 882
Krämer, Georg, 149
Kraslow, David, 808-9
Kraśniczyn, 100
Kraus, Marvin, 242
Krefeld, Alemanha
   bombardeio Aliado de, 178
   Gestapo em, 183-4
   judeus em, 183-4
   Kissinger como agente do CIC em, 178-82, 184
   ocupação norte-americana de, 177-8
Kristallnacht [Noite dos cristais partidos], 95-9, 112, 114, 124, 218
Krone, Heinrich, 747
Kubrick, Stanley, 40, 355, 498
Kühlmann-Stumm, Knut von, 556
Ku Klux Klan, 25, 635
Kumpa, Peter, 685
Kushner, Tony, 903
Kuznick, Peter, 27
Ky, primeiro-ministro, *ver* Nguyen Cao Ky

Lafayette College, 140, 143, 232
La Grandville, Jean de, 723, 752-3
La Guardia, Fiorello, 111-2
Laing, David C., 176
Laird, Melvin, 600, 633
Laloy, Jean, 555, 595
Landau, David, 37
Lang, Georg, 220
Lang, Raimund, 218-20
Lange, Dorothea, 104
Langer, William L., 282, 317
Lansdale, Edward, 574, 663, 678-9, 692, 709, 713, 718
Laos, 363, 435-6, 498-9, 509, 591, 612n, 613-7, 621, 627, 630, 645, 649-50, 663, 665, 667, 706, 830-1, 841, 890, 899
   bombardeio dos EUA ao, 779
   fronteira do Vietnã com, 622, 624, 659, 678, 708
   golpe do Pathet Lao em, 57
Lapp, Ralph E., 400
Laroche, Bélgica, 166, 176
LaRouche, Lyndon, 24
Lash, Joseph, 201
Laski, Harold, 238, 254
Lasswell, Harold, 310
Laughlin, James, 304
Leary, Timothy, 781
le Carré, John, 40
Lederer, William, 437
Le Duan, 771, 782, 841
Le Duc Tho, 32, 782, 844
   Prêmio Nobel concedido a, 28
Lee Kuan Yew, 782, 901
Leghorn, Richard, 432
legiões dos Camisas Prateadas, 113
Lehman, Herbert H., 111-2
Lehman, John F., 823
Lehmann-Lauprecht, Hans, 211
Lehrer, Tom, 22, 562
Lei de Cidadania do Reich, 86, 149
Lei dos Direitos Civis (1964), 625n
Lei dos Direitos de Voto, 642
Leis de Nuremberg, 86, 88
Lelyveld, Joseph, 609
LeMay, Curtis, 579, 642-3, 873
Lemnitzer, Lyman, 505-6
Le Monde, 886
Lenin, Vladimir Ilyich, 41, 58
Leste Asiático, 363, 763-4
   agressão comunista no, 610-1, 613-5, 628, 645-6, 660, 901
   expansionismo chinês no, 763-5
Leverett, John, 239
Levi, Primo, 196-7
Levine, David, 22
Lewandowski, Bogdan, 771
Lewandowski, Janusz, 770-3
Lewis, Anthony, 35-6, 39
Lewis, Arthur, 478
liberais, liberalismo, 112, 146, 182, 243, 254, 270, 288, 307, 311, 330, 332, 356, 421, 459, 462, 464, 467, 635, 641, 656, 726, 729, 880
Liberal Tradition in America, The [A tradição liberal nos Estados Unidos] (Hartz), 258
liberdade, 478-90, 488

Liddell Hart, Basil, 364, 565
Life, 32, 387, 637
Lifebuoy, Operation [Operação Salva-vidas], 205-7
Liga das Nações, 147-9, 254, 332, 464
"Light My Fire" (canção), 780
Lilienthal, David E., 367
Lima, Hermes, 544
"Limitations of Diplomacy, The" [Os limites da diplomacia] (Kissinger), 365
Limite de segurança (filme), 355
linchamentos, 105
Lincoln, Abraham, 632, 636, 903
Lincoln, Evelyn, 503
Lincoln, George A., 381
Lincoln (filme), 903
Lindbergh, Charles, 115, 133-5
Lindsay, A. D. "Sandy", 253, 255-6
Lindsay, Franklin A. "Frank", 284, 304, 381, 648, 837, 873-4, 887
Lindsay, Richard C., 375, 378
Linebarger, Paul, 381, 382n
Linha Maginot, 394, 447n
Linha Siegfried, 156, 160-2, 176
Lion, Menahem (Heinz), 73-5, 90-1, 94
Lippmann, Walter, 237-8, 272, 276, 339, 519, 616
Lipset, Seymour Martin, 310, 696
"Lista de Satanistas Famosos" (Icke), 26
Lista Nacional de Alvos Estratégicos, 470
Live Oak, 510, 533
livre-arbítrio vs., 261-3
livre-arbítrio, determinismo histórico vs., 261-3, 479
Locke, Alain, 237, 260
Lodge, George, 593, 630, 700
Lodge, Henry Cabot, Jr., 405, 492, 618-9, 624-6, 630-4, 837, 844, 888
  campanha presidencial de 1964 de, 624-6, 628, 603-4
  como companheiro de chapa de Nixon em 1960, 492, 618-9
  como embaixador ao Vietnã do Sul, 618-25, 652, 662-3, 682, 687, 702-3, 714-6, 718-9
  Kissinger como consultor de, 652-3, 662-3, 665-72, 688-70, 702-3, 712-3, 716
  nas negociações de paz no Vietnã, 770-3, 783
Łódź, Polônia, 189
Londres, 158
Longfellow, Henry, 237
Longo Telegrama, 216, 273-4, 279, 314,
Look, 701-2, 850
Loory, Stuart H., 808-9
Lorentzen, Richard, 182
Los Angeles Times, 685, 808
Lowell, Abbott Lawrence, 239-43
Lowell, James Russell, 237
Lowell, Robert, 269
Löwenstein, Gabriel, 62
Lübke, Heinrich, 556
Luce, Clare Boothe, 400, 623, 829
Luce, Henry, 418
Luciano, Charles "Lucky", 106
Lüders, Marie-Elisabeth, 221
Luftwaffe, 162, 177, 219
Lumet, Sidney, 355

Lumumba, Patrice, 438, 542
Lundy, Walter, 680
Lungspeer, Alfred, 213
luteranismo, 61
Luu Doan Huynh, 809
Luxemburgo, 277

macarthismo, 459
  opinião de Kissinger sobre, 308-9
MacArthur, Douglas, 279-80, 338, 615
MacGraw, Ali, 33
Mackay, Bruno F., 84
Macmillan, Harold, 516, 594, 724
maçons, 26
Maddox, USS, 639-40
Madigan, John, 409
Maffre, John, 685
Máfia, 106, 542
Maginnes, Nancy, *ver* Kissinger, Nancy Maginnes
Maier, Charles, 434
Mailer, Norman, 138, 623
Mai Tho Truyen, 684
Mai Van Bo, 662, 705, 762, 783, 789, 792, 800, 803-4, 806, 808, 810, 813, 842
Malásia, 305, 363, 370, 645, 650, 660, 667, 737, 830
Málek, Ivan, 766
Malenkov, Georgy, 344
Malinovski, Rodion, 584
Manac'h, Étienne, 633, 662
Manchester Guardian, 405
Mandelbaum, Hermann, 88-9, 97
Mann, Thomas, 44, 225
Mannes, Marya, 697-8
Mansfield, Mike, 644, 703, 706, 735, 809
Manteuffel, Hasso von, 166, 175
Mao Zedong [Mao Tse-tung, 19, 41 278, 280, 624, 659, 703-4, 756-7, 774-6, 809, 812, 816, 861-2, 864, 902
Maquiavel, Nicolau, 39, 265, 390, 433, 475
  opinião de Kissinger sobre, 46-7
Marcha sobre Roma, 59
Marche-en-Famenne, 166-74
Marcos Zeros Designados (MZDS), 470
Marcovitch, Herbert, 783, 785-97, 800, 805-6, 808, 810-1, 824
MARIGOLD, iniciativa de paz, 761, 770-1, 773
Marinha Real do Reino Unido, 155
Marks, Stephen, 699
Marrs, Jim, 25-6
Marshall, Alton, 853
Marshall, George C., 269, 276, 381, 659, 767
Martin, L. W., 475
marxismo-leninismo, *ver* comunismo, regimes comunistas
Mason, Edward, 429
Massachusetts Institute of Technology (MIT), Center for International Studies [Centro de Estudos Internacionais do MIT], 432
Massacre do Dia de Ação de Graças, 535-6
materialismo, 44, 266, 281, 589
  democracia e, 650
  moral vs., 149-50, 818, 904
  rejeição de Kissinger ao, 320, 818
materialismo histórico, 44

Matthiessen, Francis, 243
May, Ernest, 34-5, 837, 873, 884, 888
May, Stacy, 459
Mayer, Arno, 886
MAYFLOWER, iniciativa de paz, 661-2
Mazlish, Bruce, 37, 45
McCaskey, Charles, 163
McCloy, John J., 428, 521, 623, 745
McCone, John, 451, 574, 578n, 583, 618, 858
　como diretor da CIA, 506
　sobre a Guerra do Vietnã, 644
McCormack, James, 359
McElroy, Neil, 405
McGhee, George, 511
McNair, Arnold, 147
McNair, Lesley J., 142
McNamara, Robert S., 493, 505, 514, 568, 578n, 597-8, 743, 810, 816, 836, 838-9, 870, 875, 881, 887, 892
　Guerra do Vietnã e, 610-1, 613, 615, 618, 620-1, 624, 640, 642, 644-2, 665-6, 689, 703
　na Crise dos Mísseis de Cuba, 577, 579, 581, 586
　negociações de paz no Vietnã e, 662, 761, 779-81, 784-5, 787-9, 791, 795-6, 797-9, 800-4, 809
McNaughton, John T., 644, 651, 681, 689, 703, 747, 779
　sobre a Guerra do Vietnã, 655, 664-5
"Meaning of History, The" ["O significado da história"] (trabalho de conclusão de curso universitário de Kissinger), 47, 251, 260, 265
Medalha da Liberdade, 28
Medalha Presidencial da Liberdade, 28
Medicaid, 642
Medicare, 642, 644
Meet the Press, 599, 626
Melchior, Ib, 202
Melo, Nelson de, 544-5
Memorandos de Ação de Segurança Nacional (MASNs), 502
Menand, Louis, 237
Mende, Erich, 556, 741-2
Mendelsohn, Everett, 35
Mendelssohn-Bartholdy, Albrecht, 148
Mengistu Haile Mariam, 41
Men of Crisis: The Harvey Wallinger Story [*Os homens da crise: a história de Harvey Wallinger*] (filme da PBS não exibido), 21
Menon, V. K. Krishna, 546-7
Menshikov, Stanislav, 812-3
Mercado Comum, 734, 750
Messerschmitt, 218-9
Metaphysical Club [Clube Metafísico], 237
Metternich, príncipe Klemens Wenzel von, 38, 40, 45-7, 315, 330-2, 335-6, 349, 353, 433, 725, 727, 822, 877
　ambivalência de Kissinger em relação a, 315-20
　comentários de Kissinger sobre, 322-3, 325-8
　objetivos de, 315
Meyer, Frank, 590
Meyer, Mary Pinchot, 503
Miami, Flórida, 851-4
Michałowski, Jerzy, 705
Middleton, Drew, 751
Mikoyan, Anastas, 584-5
militares, Estados Unidos:
　apelo do Relatório Rockefeller para a reorganização dos, 420-1
　reorganização proposta por Kissinger, 393, 419
Military Intelligence Training Center [Centro de Treinamento de Informações Militares], 152
"Military Policy and the Defense of the 'Grey Areas'" [Política Militar e a Defesa das "Áreas Cinzentas"]
Millikan, Max F., 381-2
Millionshikov, Mikhail, 783n, 811
Millis, Walter, 475
Milner, Alfred, 24, 253, 256
Ministério de Relações Exteriores, Índia, 547
Missão: impossível (seriado de televisão), 670
mísseis Jupiter, 576, 580, 583-4, 595
Mísseis Luna, 578
mísseis Minuteman, 594
mísseis Polaris, 594-6
mísseis R-12, 575
mísseis R-14, 575
mísseis Skybolt, 594
míssil balístico intercontinental (ICBMs), 270, 408n
"Missiles and the Western Alliance" (Kissinger), 450-1
Mitchell, John, 820, 855, 857, 860, 881-2
Mitrokhin, Vasili, 42
Mitteilungen ["Notícias"], 120
"MLF Lullaby" [Canção de ninar da FML] (Lehrer), 562
Mohr, Charles, 685
Molotov, Vyacheslav, 344
Molucanos do Sul, 58
Mongoose, Operação, 574
Monroe, Doutrina, 575, 587
Monroe, Marilyn, 503
Montgomery, Bernard, 156, 175
Moore, Ben T., 376n
Moorehead, Alan, 156
moral, materialismo vs., 149-50, 818, 904
Morgan, Henry, 511
Morgan, J. P., 24, 242
Morgenthau, Hans, 310, 400, 403, 421, 433, 609, 611, 702, 849-51, 867, 895, 902
　Kissinger criticado por, 36-7
Morgenthau, Henry, 104, 155
Morison, Samuel Eliot, 307
Morrow, Hugh, 497-9, 845
Morse, Wayne, 641
Morton, Thruston, 634
Moscou, Kissinger em, 811-3
Mosely, Philip E., 381-2
Mossadegh, Mohammed, derrubada de, 437-8
Moulin, Jean, 784
Mountbatten, Lord, 601
movimento de paz, 497
movimento pacifista, 34, 658-9, 698, 763, 780-2, 784-5, 808-9, 815-7, 838-9
movimento pelos direitos civis, 307, 625, 635-7
movimento trabalhista, 105-6
Moyers, Bill, 687-8
Moynihan, Daniel Patrick, 886
Muir, Robert H., 271
mulheres, relacionamento de Kissinger com as, 31-2, 75, 203, 224-5, 227, 247-8, 424-5
Mulheres Republicanas Pró-Nixon, 858n
mundo pós-colonial, 284, 435-7, 440-1, 645, 865, 899
　ver também terceiro mundo

Munique, Alemanha, 63, 71, 77, 93, 95, 120, 366, 453, 460, 579, 871n
  putsch da cervejaria em, 58, 95
Muro de Berlim, 522-7, 532, 539, 568, 601-2, 650
Mussolini, Benito, 149, 254
Myrdal, Gunnar, 105

nacionalismo, 221, 254, 278, 285, 316n, 327, 332, 348, 529, 536, 569, 740, 747
  globalização e, 650
Nacionalismo árabe, 277-8, 285
Nações Unidas (ONU), 14, 220, 283, 316n, 332, 336-7, 372-3, 405, 407, 452, 532, 584, 618, 626, 629, 644, 659-60, 661, 706, 755, 778, 830, 847, 851
  Conselho de Segurança, 270
  Declaração Universal dos Direitos Humanos das, 283
  negociações de paz no Vietnã e, 699
Nagy, Imre, 406
não intervenção, resultados da política de, 42
Napoleão I, imperador dos franceses, 316, 319, 321, 324-5, 460, 592, 898
  autodestruição de, 330-1
Nash, Frank C., 375
Nasser, Gamal Abdel, 285, 406, 436, 441-2, 546, 548-9, 650
Nathan, Richard, 845, 848n
Nation, The, 22, 465
National Aeronautics and Space Administration [Administração Nacional da Aeronáutica e do Espaço] (NASA), 220, 834
National Bipartisan Commission on Central America [Comissão Nacional Bipartidária para a América Central], 27
National Council for American Education [Conselho Nacional de Educação Norte-Americano], 306-7
National Defense Advisory Commission [Comissão Consultiva de Defesa Nacional], 257
National Guardian, 807n
National Review, 421, 590, 624
National Student Association [Associação Nacional dos Estudantes], 304-5
National Union for Social Justice [União Nacional pela Justiça Social] (NUSJ), 113-4, 122
nativos norte-americanos, discriminação contra os, 105
Navasky, Victor, 22
nazismo, Partido Nazista, 182
  ascensão do, 77-8
  na Alemanha do pós-guerra, 181, 193-4, 202, 208, 213-4, 218-9, 223-4, 312, 817-8
  perseguição aos judeus pelo, 95, 101, 148, 556n
  ver também Alemanha nazista
Necessity for Choice, The [A necessidade de escolha] (Kissinger), 474-7, 480, 483-4, 491, 494, 754
  recomendações políticas em, 474-6
Negroponte, John, 677, 819
Nehru, Jawaharlal, 547-8
Nehru, R. K., 547
neoconservadorismo, 147
Nes, David, 735
Neto, Agostinho, 41
Neuburger, Albert, 96
Neues Deutschland, 532
Neumann, John von, 269-70, 280

Neustadt, Richard, 33-5, 501-2, 828, 837, 887
New Belief in the Common Man, The [A nova crença no homem comum] (Friedrich), 251-2
New British Empire, The [O novo Império Britânico] (Elliott), 255
New Deal, 104-5, 243, 418, 493, 600n, 624, 846
New Hampshire, 1964 primária em, 603-4, 625-6
New Image of the Common Man, The [A nova imagem do homem comum] (Friedrich), 251-2, 283
New Republic [A Nova República], 24, 365, 400, 843
Newsday, 506
Newsweek, 20, 503, 506, 685, 778
New York (revista), 882
New Yorker, 494, 673, 685, 697-8
New Yorker Staats-Zeitung [Jornal Estadual de Nova York], 114
New York Herald Tribune, 356n, 400, 408, 808
New York Post, 56, 459, 517
New York Review of Books, 22, 823n
New York Times, 30, 301, 335, 376n, 377, 400, 460, 465, 468, 472, 475, 515, 517, 544, 627, 685, 751, 763, 773, 827, 839, 844, 853, 858, 885, 891
Ngo Dinh Diem, 542, 612-3, 621-2
  golpe contra, 618-20, 628
Ngo Dinh Nhu, 613
  golpe contra, 618-9
Nguyen Cao Ky, 663, 680-1, 686, 707, 710, 713, 715, 841, 858, 860
Nguyen Chi Thanh, 782
Nguyen Co Thach, 773
Nguyen Dinh Phuong, 771
Nguyen Duy Trinh, 770-2, 807n, 810
Nguyen Huu Co, 713
Nguyen Khac Huynh, 809
Nguyen Khanh, 643
Nguyen Ngoc Loan, 713
Nguyen Van Chuan, 682
Nguyen Van Lem, 814
Nguyen Van Thieu, 663, 713, 717-9, 821, 841, 858-61,
Nha Trang, Vietnã, 681
Nhu, Ngo Dinh, *ver* Ngo Dinh Nhu
Niebuhr, Reinhold, 310-1
Nitze, Paul H., 278-9, 288, 310, 356, 367, 369, 375, 377-9, 401, 496n, 510, 518
Nuclear Weapons and Foreign Policy [Armas nucleares e política externa] criticado por, 402-3
Nixon, Richard Milhous (RMN), 20, 35, 39, 283-5, 303-5, 370-1, 374, 405, 441, 443, 464, 574, 611, 624-6, 775-6, 814
  como anticomunista, 464
  como um eterno forasteiro, 465
  como um realista, 488, 894-5
  como vice-presidente, 449-50, 466
  conversas em Paris sobre a paz e, 859-61
  descrevendo-se como um idealista, 463-4
  direitos civis e, 481-2
  dubiedade de, 467
  e a invasão do Camboja, 33
  Elliott e, 465-7
  encontros de Kissinger com, 879-80
  escândalo de Watergate e, 861
  "Estratégia Sulista" de, 855

hipersensitividade de, 464
histórico de, 463
imprensa e, 886
inabilidade social de, 467
Kissinger como conselheiro de segurança nacional de, 27, 29, 51, 286, 466, 611
lealdade a Eisenhower de, 474, 480
longa aversão de Kissinger a trabalhar com, 467-8, 482, 854, 862
na abertura para a China, 28, 755-6, 812-3, 824
na campanha presidencial de 1960, 458, 471, 474, 480-1, 483, 491-2, 542
na escolha de Kissinger como conselheiro de Segurança Nacional, 837, 862, 866, 878-9, 894
negociações secretas de paz e, 820-1, 823-4, 838
no "kitchen debate" ["debate na cozinha"] com Khrushchev, 39-40
política externa conservadora de, 464
políticas liberais de, 464
recomendações do Grupo de Estudos de Harvard a, 873-8, 883, 892
Rockefeller e, 481, 878, 881
sobre a política externa disfuncional de LBJ, 827-8
sobre as políticas dos EUA na Ásia Oriental, 824-5
temperamento de, 464
viagem de 1959 a Moscou de, 39-40, 449-50, 459-60
Nixon, Richard M., campanha presidencial de 1968 de, 828-9, 837, 844, 854, 856, 872-3
Kissinger e, 857-8
supostos vazamentos de Kissinger na, 819-25, 838, 861
Nixon, Thelma Catherine Ryan "Pat", 21
"Noite das Facas Longas", 87
Normandia, invasão dos Aliados na, 152, 155, 188
Norstad, Lauris, 510, 532-3, 590, 837
North Atlantic Nations, The [As nações do Atlântico Norte] (relatório do CFIA), 430
Norton, Charles Eliot, 237
Nova Esquerda, 817
Nova Guiné Ocidental, 546-7, 591
Nova York, NY, 104
antissemitismo em, 116-7
católicos romanos em, 110
enclaves étnicos em, 110-2, 115-5
imigrantes judeus-alemães em, 106-10
sinagogas em, 118-9, 121
ver também Washington Heights
Novak, Robert, 853
November Action Committee [Comitê de Ação de Novembro], 816-7
Novembro de 63 (King), 604n
Noyes, Charles P., 11, 376n, 378
NSDAP, *ver* nazismo, Partido Nazista
Nuclear Science Service [Serviço de Ciência Nuclear], 400
Nuclear Weapons and Foreign Policy [Armas nucleares e política externa] (Kissinger), 39, 390-9, 413, 418-20, 426, 431-2, 455, 532, 565, 751, 829, 883, 897-8
guerra limitada e, 39, 258, 365, 376-7, 380-1, 387-9, 403-4
guerra nuclear retratada em, 395, 401, 403-4
política de defesa de Eisenhower criticada em, 394-6, 397-8, 404, 410
reação pública a, 397-405
teoria dos males menores em, 397-9

Nuremberg, Alemanha, 59, 60-3, 73-4, 95, 120
bombardeio Aliado de, 98-9
comícios nazistas em, 76, 81, 84-5, 817-8
Nye, Joseph, 430, 828
Nyerere, Julius, 590

Oberammergau, Alemanha, 215, 222-5, 233, 245, 295
Escola de Informações Norte-Americana em, 214, 221
instalações da Messerschmitt para construção de foguetes em, 218-9
Paixão de Cristo de, 217-8, 220
Observer, 216
Observer de Londres, 517, 599
ocupação militar, problemas encontrados na, 291-2
O'Donnell, Peter, 624
ofensiva de paz soviética, 346, 384, 396
Estados Unidos e a, 357, 380
Ofensiva do Tet, 782-3, 809, 811, 814-5, 838-9, 842-3
Office of Defense Mobilization [Escritório de Mobilização da Defesa], 284-5
Office of Policy Coordination [Escritório de Coordenação Política] (OPC), 288
Office of Production Management [Junta do Controle de Produção], 257, 286
"O Judeu Eterno" (Kissinger), 190-1
Okinawa, 249n, 278
O livro negro do comunismo, 41
On Thermonuclear War [Sobre a guerra termonuclear] (Kahn), 395
"O papel do professor como consultor do governo" (Maier), 434
Operação Autumn Mist, *ver* Ardenas, Batalha das
Operação Condor, 29
Operação Dragão, 155
Operação Granada, 176
Operations Coordinating Board [Comitê de Coordenação de Operações] (OCB), 380
Operations Research Office [Agência de Pesquisa de Informações] (ORO), 346, 358
Kissinger como consultor de, 290-2, 381
missão de Kissinger na Coreia para, 295-6
Oppenheim, Walt, 129-32
Oppenheimer, J. Robert, 281, 354, 367-8, 376
como vítima da caça às bruxas de McCarthy, 373
Nuclear Weapons and Foreign Policy elogiado por, 391, 399, 400, 401n
Oppenheimer, Max e Alice, 118
"O problema da unidade da Alemanha" (artigo de Kissinger), 382-3
ordem internacional, 374
desafios da década de 1960 à, 864
estabilidade e a, 331-4
pontos de vista de Kissinger sobre a, 328, 650, 871, 898
Ordem mundial (Kissinger), 47, 725
Organização do Tratado do Atlântico Norte, *ver* OTAN
Organização do Tratado do Sudeste Asiático (OTASE/ SEATO), 357, 610, 614, 649-50, 733, 735
Organização para a Cooperação e Desenvolvimento Econômico, 286
Organização para a Libertação da Palestina, 58
Oriente Médio, 49, 417, 441-2, 535-6, 650, 856-7, 870
antigos países coloniais do, 277-8

Guerra Fria no, 277-8, 289, 339-41, 343, 378, 387, 407, 409-10, 435, 549
    Kissinger sobre, 545-6
    oportunidades para a paz perdidas no, 29, 30
Ormsby-Gore, David, 4453
ORO, *ver* Operations Research Office (ORO)
Ortega y Gasset, José, 252
Orwell, George, 216, 272
Osgood, Robert E., 364, 400
Ostpolitik, 524n, 733, 738, 740-1, 747
Oswald, Lee Harvey, 604
OTAN (Organização do Tratado do Atlântico Norte), 277, 344, 361, 370, 375, 383, 430, 451, 453, 455-7, 471, 477, 497, 514-9, 529, 538, 549, 580, 583, 591, 595-8, 603, 626, 632, 638, 650, 736, 747, 879-80
    armas nucleares e, 564-6, 899
    de Gaulle e, 601, 735, 748-50, 752-3
    forças convencionais da, 595
    França e, 554-5, 558-61, 594, 601
    Kissinger sobre, 561-2, 733-4, 739-40, 743-4, 863n
    NATO in Transition [OTAN em transição] (Stanley), 749
Overhage, Carl, 432
Overlord, Operação, 154-5
Owen, Henry, 518-9, 525, 598

Pace, Frank, 375
PACKERS, iniciativa de paz, 810
"Pact Between Mephistopheles and Faust, The" ["O pacto entre Mefistófeles e Fausto"] (Kraemer), 133
"pactite", 549-51
Pacto de Varsóvia, 457, 522, 567, 767
Pacto Kellogg-Briand, 147
Padelford, Norman, 658
Padover, Saul K., 181-2
Palestina, 70, 100, 128
    Mandato britânico da, 91-2
    partilha da, 91-2
Palestras Godkin, 537
Panamá, invasão do, pelas forças norte-americanas, 44
Panteras Negras, 815, 859
Paperclip, Operação [Clipe de Papel], 219
Paquistão, 363, 436, 470, 685, 699
    em disputa com a Índia pela Caxemira, 550-1, 553
    Kissinger sobre, 546, 549-51, 616, 645
Pareto, Vilfredo, 252
Paris, 778, 783
    conversas secretas sobre a paz em, *ver* Guerra do Vietnã, negociações secretas de paz na
    violência estudantil em, 842
Park Chung Hee, 683, 707n
Partido Comunista, Estados Unidos (CPUSA), 112, 223, 243, 307, 635
Partido Comunista Alemão (KPD), 80-1, 84, 216
Partido Comunista da União Soviética, 281, 460, 807n
    Comitê Central do, 383
Partido Democrático Alemão, 79
Partido do Centro Alemão, 79, 213
Partido Nacional-Socialista dos Trabalhadores Alemães (NSDAP), *ver* nazismo, Partido Nazista
Partido Popular Alemão, 59, 62, 79
Partido Popular da Baviera, 218
Partido Popular Nacional Alemão, 79, 146

Partido Progressista Alemão, 62
Partido Social-Democrata Alemão (SPD), 62, 569, 738-41, 742n, 747
Partido Trabalhista do Vietnã, 639
Partido Trabalhista Norte-Americano, 112
Pathet Lao, 57, 613
Patton, George S., 156, 175, 196
paz:
    estabilidade vs., 328
    vingativa vs. magnânima, 331-2
Paz (Aristófanes), 57, 907
"Paz, Legitimidade e o Equilíbrio (Um estudo da capacidade política de Castlereagh e Metternich)" (tese de doutorado de Kissinger), *ver World Restored, A: Castlereagh, Metternich and the Problems of Peace, 1812-1822* [Um mundo restaurado: Metternich, Castlereagh e os problemas da paz, 1812-1822]
"Paz Perpétua" (Kant), 261, 263-6, 283
PDS (pessoas deslocadas), 180-1, 185, 199, 220
Pearl Harbor, 201, 257, 394
    ataque japonês a, 134
Pearson, Drew, 637, 780
Peirce, Charles Sanders, 237, 766
Pelley, William Dudley, 113
Pensão "Friedenshöhe", 224-5
PENSILVÂNIA, iniciativa de paz, 761, 782, 784-5, 790, 796, 798-9, 800, 804-6, 808-10, 889
People's History of the United States [*Uma história do povo dos Estados Unidos*] (Zinn), 26
Percy, Charles, 481
Perkins, Roswell "Rod", 459, 468, 472, 482, 536, 538, 627, 629, 632
Persico, Joseph, 848n
Péter, János, 704
Pettee, George, 346-7, 358, 381-2
Pham Ngoc Thach, 785
Pham Van Dong, 706, 763, 770-1, 773, 778, 785-7
Pham Xuan Chieu, 682
Phan Huy Quat, 683
Phi Beta Kappa, 236, 251, 256, 269, 652
Philadelphia Inquirer, 420
Phnom Penh, Camboja, 735, 778, 785
Phoumi Nosavan, 613
Phu, Dien Bien, 356, 359, 435n, 695, 705
Pink Floyd, 780
Piper at the Gates of Dawn, The (LP), 780
Pius, Henry, 189
Planejamento de Políticas, Departamento de Estado, 244, 288, 428, 766, 819-20
Planning Coordination Group [Grupo de Coordenação de Planejamento], 385
Plano Marshall, 276, 284, 420
Platão, 48, 253, 260, 487
Plei Me, 675, 677
Pleiku, Vietnã, 675, 677-80
Pliyev, Issa, 584
pluralismo, 237-8, 252, 254-5, 478
poderoso chefão, O (filme), 33
"Policymaker and the Intellectual, The" [O estrategista político e o intelectual] (Kissinger), 447-9
política de defesa:

considerações orçamentárias na, 392
dissuasão na, *ver* dissuasão
estratégia de contraforça na, 507-8
estratégia de primeiro ataque na, 507-8
resposta flexível na, *ver* resposta flexível
ver também estratégia nuclear
política entre as nações, A (Morgenthau), 400, 433
política externa, Kissinger sobre conjecturas a respeito de, 587-9, 900-2, 871-3, 905
política externa dos Estados Unidos:
  Ásia Oriental e, 830
  burocracia e a, 388, 757-8
  carecendo de credibilidade e clareza, 591-2, 630, 694, 869-70
  credibilidade da, 513, 528 531-2
  de Gaulle e, 734-5
  deficit histórico na, 50-1
  desilusão europeia com, 594-7, 598-9
  disfunção crônica na, 831-2
  gosto por soluções *ad hoc* na, 389-90
  Kissinger sobre, 831-7, 847-8
  otimismo e ingenuidade na, 389-90
  promoção da dignidade e liberdade humana como metas da, 500, 541
  propósito moral na, 500, 899, 900
  República Popular da China e, 830-1
  sobrecarga de informações na, 831-2
  tomada de decisões na, 833-5, 871, 883-4
Political Economy of American Foreign Policy, The [A política econômica da política externa norte-americana] (Woodrow Wilson Foundation), 286
Political Science Quarterly, 475
políticas, habilidade política vs., 757-8, 836-7
Pol Pot, 41
Polônia, 51, 95, 147, 222, 256, 271, 331, 394, 455, 457n, 477n, 524, 555, 763, 770-1, 783
Pompidou, George, 842, 861
Porter, William, 690
Porto de Haiphong, colocação de minas no, 33, 779, 884
Possony, Stefan, 382, 403, 416
Powell, Anthony, 36
Powell, Enoch, 736-7, 815
Power and Policy [Poder e política] (Finletter), 361
Powers, Dave, 581
Powers, Gary, 470
Pra frente o pior (Beckett), 796
Praga, Tchecoslováquia, 42, 63, 216, 277, 759, 766-9, 774, 776, 778, 812, 815, 843, 871
Prager, Fritz, 88
Pragmatic Revolt in Politics, The [A revolta pragmática na política] (Elliott), 253-5
pragmatismo, 39, 237, 239, 253-5, 501, 539, 589, 591, 732, 813, 869, 905
Pravda, 308, 501
Prêmio Nobel da Paz, 22, 28
Presidential Power (Neutstadt), 501
President's Committee on Information Activities Abroad [Comitê Presidencial sobre Atividades de Informações no Exterior], 437
President's Foreign Intelligence Advisory Board [Conselho Consultivo de Informações Exteriores do Presidente], 27-8

Price, Don K., 376
"Price of German Unity, The" [O preço da unidade alemã] (Kissinger), 740
Primavera de Praga, 769, 815
Primeira Guerra Mundial, 58, 69, 72, 78, 89, 112, 118, 145, 152, 170, 180, 201, 237, 312-3, 317, 332, 341, 368, 464, 724, 726
  consequências da, 47
  Kissinger sobre as causas da, 471, 508-9
Primo de Rivera, Miguel, 58
Princeton Consultants ["Consultores de Princeton"], 281-2
príncipe, O (Maquiavel), 39, 46, 390, 433
Principia Mathematica (Whitehead e Russell), 255n
Princípio da Incerteza de Heisenberg, 298
Process and Reality [Processo e realidade] (Whitehead), 255n
processo de tomada de decisão, 824, 871, 880
  como conjectural, 52
  Kissinger sobre, 824, 871, 880
Production Management, Office of [Junta do Controle de Produção], 257, 286
Professor Groeteschele (pers.), 355, 439
profetas, homens de Estado vs., 333
Projeto de Estudos Especiais, 439, 476, 520
  influência da administração Kennedy sobre, 493-4
  Kissinger como diretor do, 485, 495
Projeto Legate, 291
propaganda, na Guerra Fria, 434-5
proposta para uma Força Multilateral (MLF), 561, 594-6, 598, 734, 736, 738, 750-1
  crítica de Kissinger à, 561-3, 566, 601, 743
Prospect for America [Perspectivas para os Estados Unidos] (Special Studies Project), 421
Prospects of Mankind [Perspectivas da humanidade] (seriado de televisão), 472
Prospect Unity Club [Clube da União Possível], 118
protestantismo, 266
protestos estudantis, 658, 815-6
  ver também movimento pacifista
"Protocolos dos Sábios de Sião", 114
província de Hau Nghia, Vietnã, 713
PSB, *ver* Psychological Strategy Board (PSB)
"Psychological Aspects of a Future U.S. Strategy" ["Aspectos psicológicos de uma futura estratégia norte-americana"] (Quantico II; painel de estudos de Rockefeller), 381-5
Psychological Strategy Board [Conselho de Estratégia Psicológica] (PSB), 288, 380
  Kissinger como consultor do, 293-4
Pueblo, USS, 816, 853
Pusey, Nathan, 427
Putnam, Palmer, 288
Pye, Lucian, 490n, 658-9, 661
Pyle, Alden (char.), 655-7, 671

Quadros, Jânio, 544-5
Quantico II, 381-5
Quebec, Segunda Conferência dos Aliados em, 154-6
Queen Mary, 154
Quigley, Carroll, 24
Quin Nhon, Vietnã, 712

Rabi, Isidor Isaac, 376n, 451

Rabinowitch, Eugene, 530
Raborn, William, 663-4, 666, 689
Rachfahl, Johannes, 96
racismo nos Estados Unidos, 104-5, 872-3
Radford, Arthur W., 371, 404-5
Rádio Liberdade, 287
Rádio Werewolf, 185
Radványi, János, 703, 774
Raja, Thava, 437
Ramos-Horta, José, 29
RAND Corporation ["Pesquisa e Desenvolvimento"], 402, 597
Ransom, John Crowe, 253n
Rapacki, Adam, 451, 770-2
Rapacki, Plano, 451
Rapallo, Tratado de (1922), 524n
Rappard, William E., 147
Rath, Ernst vom, 95
Rathenau, Walther, 312
ratoeira, A (Agatha Christie), 760-1, 783, 813
Ray, James Earl, 814
Reagan, Ronald, 27, 106, 382n, 487, 822-3, 852
realismo, realistas, 723-4. 729-30, 902-3
    Kissinger visto como um, 39-40, 45, 47, 315-6
    Morgenthau como, 35-6, 902
    visão de Kissinger sobre, 51
Realpolitik, 39, 40, 265, 316, 541, 728-9
Realschule (Fürth), 64, 87-9, 92-3, 96, 125
Rebozo, Bebe, 467
Reed, John, 237-8
"Reflections on American Diplomacy" [Reflexões sobre a diplomacia norte-americana], 387-8
Reflexões sobre a Revolução Francesa (Burke), 433
Reichold, Kurt, 129, 132
Reino Unido (UK), 220, 285, 316n, 554, 560, 777, 894
    armas nucleares do, 562, 594, 638
    como "equilibrador" do poder internacional, 349
    na Crise do Canal de Suez, 406-7
    oposição à Guerra do Vietnã no, 736
    relações dos EUA com, 734
Reischauer, Edwin O., 251
Reissner, Harold, 196, 199
Relatório Gaither, 411, 419-20
relógio do juízo final, 573
Reorganization Act [Lei de Reorganização] (1939), 256
Reporter, The, 393, 401, 447, 586, 590, 597, 740
República Árabe Unida, 441-2, 549n
    transações de armas soviéticas com, 548-9
República da Turquia, 58
República Democrática Alemã, *ver* Alemanha Oriental
República Dominicana, 438, 542, 590, 663
República Federal da Alemanha, *ver* Alemanha Ocidental
republicanos, Partido Republicano, 104-5, 123
    antissemitismo no, 321
resposta flexível, 508, 539, 542, 553, 577, 585, 590, 605, 748
    Guerra do Vietnã e, 610-1, 615
    Kissinger sobre, 552, 565
Reston, James, 300, 393n, 885
retaliação maciça, 356, 359, 361-2, 369, 372-3, 379, 388-9, 394-5, 404, 407, 439
reunificação alemã (Questão Alemã), 345, 454, 370, 378, 458
    autodeterminação e, 456, 523, 529, 532
    de Gaulle e, 733-4
    equilíbrio de poder e, 745-6
    França e, 725-6
    fronteira oriental como um problema na, 524, 555-6
    JFK e, 488, 528-9, 536-7
    Kissinger sobre, 332-3, 509, 523, 751
    neutralização e, 454, 456
    ver também Crise de Berlim (1961)
Reuther, Walther, 300
Revel, Bernard, 118
revolução, Kissinger sobre a, 321-2
Revolução Cultural, 41, 756, 770, 774, 776, 816
Revolução de 1848, 62, 69
Revolução Industrial, 58
Revolução Russa, 58, 145-6
Rhee, Syngman, 368
Rhodes, Cecil, 24
Richardson, Elliot, 884
Ridgway, Matthew B., 280, 837
Riga, Letônia, 100
Rinne, Adolf, 186
rio Charles, 235, 271
rio Elba, 184, 195, 200, 512, 569
rio Mosa, 166
rio Neisse, 193, 195, 477
rio Oder, 193-5, 477n
rio Perfume, 676
rio Reno, 177-9, 184
rio Rur, 162, 176
rio Weser, 185
Ritter, Klaus, 736
RN (Nixon), 823, 856n
Road to Reunion, 1865–1900 [A estrada para a reunião, 1865–1900] (Buck), 251
Roberts, Chalmers, 400, 409, 566
Roberts, Henry L., 376n
Roche, John P., 884-5
Rochefort, 167
Rockefeller, David, 878
Rockefeller, John D., 379
Rockefeller, Margaretta "Happy", 242n, 503
Rockefeller, Nelson Aldrich, 51, 384, 390-1, 413-4, 421, 426-7, 465, 500, 641, 823, 838-9
    América Latina e, 630
    antecedentes de, 379
    apoio de Eisenhower buscado por, 469, 471
    campanha presidencial de 1960, 449-50, 458-62, 468-9, 471, 474, 480-1
    campanha presidencial de 1964, 469, 482-3, 537, 563, 590, 592-3, 600, 602-4, 623-31
    campanha presidencial de 1968, 825, 828, 844-9, 851-2
    como governador de Nova York, 497, 589-90
    como um mulherengo, 503, 624-6
    em campanha para governador de Nova York, 449, 458
    Guerra do Vietnã e, 616-7, 620-1, 627-8
    Kissinger e, 381, 410, 413-4, 421-3, 441-2, 443, 449-50, 453, 458-62, 468-70, 472, 474, 482-3, 488, 496-500, 535-9, 563-4, 574, 586-7, 590-5, 598-601, 603, 616-7, 620-3, 636, 645-6, 649, 652, 735, 754-5, 817, 825-6, 828, 837, 839, 844-5, 851-2, 854-6, 873, 881-2, 890, 894-5, 904-5
    na Convenção Nacional do Partido Republicano, 635
    Nixon e, 481, 878, 881

opiniões de política externa de, 497
plano de paz no Vietnã de, 849, 852, 870
proposta do "Open Skies" [Céu Aberto] feita por, 380-1
propostas de política econômica de, 848-9
serviço para o governo de, 384-6
viagem à Europa de, 601-2
Rockefeller, Nelson, Jr., 631
Rockefeller Brothers Fund, 381, 413-4, 416, 430-1
Projeto de Estudos Especiais, *ver* Projeto de Estudos Especiais
Rockland, Donald, 630
Rodman, Peter, 30, 749
Rogers, Edith Nourse, 113
Rogers, William P., 36, 889
Röhm, Ernst, 85, 87
Rolling Thunder, Operação, *ver* Vietnã do Norte, bombardeio norte-americano do
Roma, Tratado de (1957), 736
Romney, George, 625, 632-3, 636
campanha presidencial de 1968 de, 825-7, 845
Romulo, Carlos, 270
Ronan, Bill, 449
Ronning, Chester A., 705
Roosevelt, Eleanor, 201, 300, 356, 472
Roosevelt, Franklin D., 103-5, 110-3, 154-6, 159, 216, 242, 254, 256, 273-4, 380-1, 887
Roosevelt, Theodore, 505
Roper, Daniel C., 235, 256
Rose, Charlie, Kissinger entrevistado por, 20-1
Rose, François de, 516-7, 555, 585, 594-5, 587, 601, 736, 890
Roselli, Johnny, 503
Rosenberg, Anna, 420
Rosenberg, Edgar, 97-8, 308
Rosewood, Fla., 58
Rosovsky, Henry, 224, 245
Rostow, Walt, 310-1, 381-2, 469, 490n, 494-5, 501, 511, 519, 521-2, 526, 535, 584, 603
como assistente do presidente em assuntos de Segurança Nacional, 704, 825, 839, 843-4, 874-6, 883, 885-6, 888, 890
Guerra do Vietnã e, 610-1, 613-5, 642, 645, 664, 759, 761, 779
negociações de paz no Vietnã e, 706-7, 773, 777, 787, 790-2, 795-9, 800-1, 803-4, 806-7, 859
Rotblat, Joseph, 783
Roth, Philip, 113
Rovere, Richard, 494
Rowen, Henry, 489, 520
Royal Bavarian Homeland League [Liga Real da Baviera], 79
Royal Institute of International Affairs [Real Instituto de Relações Internacionais] (Chatham House), 24, 374, 475
Ruebhausen, Oscar, 424, 468, 845, 854
Ruhr, 58, 84, 177, 179, 195
Rule by Secrecy (Marrs) [*O governo secreto*], 25
Rusher, William, 624
Rusk, Dean, 30, 258, 418, 505, 522, 533, 535-6, 559-60, 568, 584, 589, 602, 615, 618-9, 658, 662, 685, 700, 702, 704-5, 715-6, 735, 824
como secretário de Estado, 493-5, 502, 578n, 809, 816, 819-20

negociações de paz e, 761, 773, 776-80, 784-5, 788, 790, 793, 795-9, 801, 803-4, 841, 843, 858-9, 861, 888
Russell, Bertrand, 24, 255n, 260, 432n,
Rússia Imperial, 332
no tratado secreto de 1887 com a Alemanha, 725-6, 734

SA (Sturmabteilung – Tropas de Assalto), 77, 80-1, 85-7, 96, 98, 212
Sachs, Hans "John", 129, 227
Sacro Império Romano, 59
Safire, William, 878-9
Sagrada Aliança, 332
Saigon, 62, 267, 643, 646-8
ataques vietcongues em, 652, 672-3, 814
embaixada dos Estados Unidos em, 676
Kissinger sobre, 674-6
queda de 637-8, 762
Sainteny, Jean, 706, 763, 770, 778
Saint-Simon, Henri, conde de, 415n
Sakharov, Andrei, 532
Salinger, J. D., 202, 225
Salinger, Pierre, 502, 567
Salomon, Ernst von, 312
Salvador, Henri, 22
San Francisco, Califórnia, 631-2, 641, 648, 670, 687, 781, 852
San Francisco Chronicle, 851n
Sankt Vith, Bélgica, 166
Santayana, George, 353, 846
Saphir, Moritz Gottlieb, 63
Satélites de espionagem Corona, 476, 520, 533
Saturday Club [Clube dos Sábados], 236-7
Sayre, Wallace Stanley, 353
Schacht, Hjalmar, 59
Schelling, Thomas, 33-5, 397, 429-32, 434, 489, 520, 587-8, 648, 653, 696, 749
Schiff, Dorothy, 459
Schlafly, Phyllis, 25
Schlageter, Albert Leo, 83
Schlatter, Richard, 243
Schlesinger, Andrew, 129n, 356n
Schlesinger, Arthur, Jr., 243, 246, 251, 284, 307-11, 321, 347, 352-3, 355-8, 360, 379, 386-7, 420, 449, 451, 469, 482, 484, 487, 489, 490n, 492, 494, 496, 503, 505-6, 513n, 518, 522, 526-7, 529, 533-4, 536, 560, 562, 564-6, 570, 573, 585, 598, 602, 702, 760, 799, 800n, 829, 834, 883, 886, 891
Schlesinger, Marian Cannon, 355
Schlesinger, Stephen, 528
Schmidt, Helmut, 515, 747
Schnippenkötter, Swidbert, 745
Schorr, Daniel, 853
Schröder, Gerhard, 742n
Schutzstaffel, *ver* ss (Schutzstaffel)
Science and Method of Politics, The [A ciência e o método da política] (Catlin), 255
Scorpion, USS, 816
Scranton, William W., 625, 628, 630, 632-4
Seaborn, Blair, 661
"Search for Stability, The" [A busca de estabilidade] (Kissinger), 456, 588
Second War Powers Act [Decreto da Segunda Guerra] (1942), 135

Secret Search for Peace in Vietnam, The [A busca secreta da paz no Vietnã] (Kraslow e Loory), 808
Seeckt, Hans von, 59
Segers, Paul-Willem, 601
Segni, Antonio, 595
segregação racial, 104-5
Segunda Guerra Mundial, 341, 344, 436-7, 901
  entrada dos Estados Unidos na, 134, 155
  Fürth na, 98-100
  invasão da Normandia na, 151, 155
  superioridade aérea dos Aliados na, 162, 176
  teatro do Pacífico na, 133, 172
  teatro europeu na, 143, 159-91
Seidman, Bill, 825
Selective Training and Service Act [Decreto para Treinamento Seletivo e Serviço], 135
Seminário Conjunto Harvard-MIT sobre Controle de Armamentos, 432, 473, 508, 588, 887
  discussão sobre negociações de paz no, 657-60
  Kissinger no, 695-9, 700-1
Seminário de Política de Defesa de Harvard, 651-2, 692
Seminário Internacional de Harvard, 25, 299, 300-3, 305, 307-8, 314, 348, 374, 390-1, 421, 427, 463, 570, 653, 690, 763n
  CIA e o, 301-5
Senado, Estados Unidos:
  Comitê de Relações Exteriores do Senado, 430, 476, 751
  Preparedness Subcommittee of [Subcomitê de Prevenção do Senado], 420
  ver também Congresso dos Estados Unidos
Senior Interdepartmental Group (SIG) [Grupo Interdepartamental de Alto Nível], 876, 887
Serviço Secreto de Inteligência, britânico, 546
Sgt. Pepper's Lonely Hearts Club Band (LP), 780
Shakespeare, Frank, 855
Shaplen, Robert, 685
Shaw, Wesman Todd, 26
Shawcross, William, 29, 30
Sheffer, Henry M., 250, 160
Sherer, Morris, 90
Shrum, Robert, 699
Shulman, Marshall, 659, 767
Shustov, Vladimir, 765-6
Shute, Nevil, 395
Sideshow [*Acontecimentos menores*] (Shawcross), 30
Sieradzki, Benjamin, 189
sigilo, amor de Kissinger pelo, 35
Simpson, William H., 161
sinagoga Beth Hillel, 120, 127
sinagoga K'hal Adath Jeshurun, 120, 126
"sincronização" (*Gleichschaltung*), 84-5
Síndrome de Estocolmo, 792, 798
sionismo, sionistas, 70, 89-92, 118-9, 120-1
  ponto de vista de Kissinger sobre, 128
Sirhan, Sirhan, 815
Síria, 441, 546, 549n
Sissakyan, Norair, 530
Sistema de Reserva Federal, U.S., 78, 379
sistema internacional 328-9, 365
Sixel, Charles, 206
Smith, Alfred E., 111-2
Smith, Ellison, 105

Smith, Lillian, 311
Smith, Walter Bedell, 376n, 612n
Smoky (cachorro de Kissinger), 233-4, 300n, 425
Smyth, Henry DeWolf, 376n
Šnejdárek, Antonín, 767-70, 774-6, 812-3
socialismo, 112
Social Justice [*Justiça social*], 114
soldado e o Estado, O (Huntington), 258
Sombart, Nicolaus, 414-5
Sonnenfeldt, Helmut "Hal", 224, 570
Sopot, Polônia, 756-6, 811
Sorensen, Ted, 489, 508, 560
Sorokin, Pitirim, 261
"Sources of Soviet Conduct, The" ["As origens da conduta soviética"] (Kennan), 44, 275
Souvanna Phouma, 613
Spaak, Paul-Henri, 742
Spagnoli, Gene, 878
SPD, *ver* Partido Social-Democrata Alemão (SPD)
Speer, Albert, 556n
Speidel, Hans, 595-6, 736
Spengler, Oswald, 260-2
Spiegel, Der, 569, 601
  entrevista de Kissinger em, 455
Spielvereinigung Fürth [Associação Desportiva de Fürth], 61, 74, 89, 199
Spivak, Lawrence, 599
Springer, George, 224-5
Springer, Marjorie, 225
Sputnik, 250n, 407-8, 411, 418, 450, 471, 576
  Kissinger fala sobre o, 408-9
SS (Schutzstaffel – Tropas de Proteção), 81, 85, 185, 187, 189, 193-4, 199, 202, 204, 214, 219
Stalin, Joseph, 26, 41, 155, 193-4, 216, 271, 273, 277-8, 325, 370, 589, 775, 897, 899
  desconfiança do Ocidente, 274-5, 345
  insegurança de, 276
  morte de, 333, 344, 346, 357
Stamboliyski, Aleksandar, 58
Standard Oil, 380, 430
Stang, Alan, 25
Stanley, Timothy W., 749
Stanton, Charles, 101
Stassen, Harold, 351, 373-4, 386
Stedman, Bruce, 241-2
Stehlin, Paul, 541, 554-5, 560, 601
Steinem, Gloria, 32, 882
Steingut, Irwin, 111
Stepkes, Johannes, 182
Stern, David, 70
Stern, Falk, 70-1, 95
Stern, Fanny, 68, 95, 101, 196
Stern, Paula, *ver* Kissinger, Paula Stern
Stevens, Thaddeus, 903
Stevenson, Adlai, 347-8, 356, 358, 387, 443, 481, 493, 513, 584
Stewart, Michael, 707
Stilwell, Richard G., 359
Stimson, Henry L., 142, 282n
Stirling Castle, HMS, 157-8
St. John, Jill, 32
Stock, Ernest, 116-7
Stoessinger, John, 46

Stolzenbach, C. Darwin, 291-2, 295-6, 320
Stone, Oliver, 27
Stone, Shepard, 304, 312
"Strains on the Alliance" [Tensões na Aliança] (Kissinger), 596
Strakhovsky, Leonid, 300
"Strategy and Organization" [Estratégia e organização] (Kissinger), 392
Strauss, Franz Josef, 454, 561, 568-9, 601, 745, 747
　encontro de Kissinger com, 515-7
Strauss, Levi, 451
Strausz-Hupé, Robert, 882n
Streicher, Julius, 77, 81, 85, 87
Stresemann, Gustav von, 59
Struggle for Mastery in Europe, 1848–1918, The [A luta pela supremacia na Europa, 1848–1918] (Taylor), 317
Strupp, Karl, 147-8, 150
Students for a Democratic Society (SDS) [Estudantes por uma Sociedade Democrática], 698, 815-7
Sturmabteilung, *ver* SA (Sturmabteilung)
Stürmer, Der [A tropa de assalto], 76-7, 85
submarinos: 156-7
　mísseis nucleares em, 411, 430, 489, 516n, 560-2, 582-3, 593-4, 743
　soviéticos, 578
submarinos Foxtrot, 578
Sudetos, 204, 206, 220
Sukarno, 650
Sul da Ásia:
　colonialismo no, 546-7
　Kissinger sobre, 546-7, 555
Sullivan, William, 706
Summers, Anthony, 821
Sumner, Charles, 315
Sundaram, P. S., 301
SUNFLOWER, iniciativa de paz, 770, 777
superioridade capitalista, teorias materialistas da, 48
superpotências, Kissinger sobre, 864-5, 898
"Suppression of the African Slave Trade, The" [A supressão do tráfico de escravos africanos] (Du Bois), 237
Suri, Jeremi, 37-9, 471n
"Survival in an Age of Technological Contest" [Sobrevivência em uma época de combate tecnológico] (Walkowicz), 418
Sutherland, Arthur, 310, 490n
Swope, Herbert Bayard, 272
Symington, Stuart, 358n, 462, 468

Taft, Robert, 344
Tailândia, 436, 618, 645, 650, 660, 733, 830
Taiwan, 278, 387, 706, 733, 755, 830-1, 858n, 870
Talensky, Nikolai, 530-1, 765
Talleyrand, Charles Maurice de, 318
Tamm, Igor, 531-2
TASS, 578-9
Tate, Allen, 253n
Távola Redonda, 25, 253, 285
Taylor, A. J. P., 222, 317-8, 509
Taylor, Brice (pseud.), 26
Taylor, Maxwell, 506, 524-5, 578n, 614-5, 618-9, 665, 706, 708, 799
Taylor, Paul, 104

Taylor, Robert, 186, 215, 896
Taylor, Sally Coxe, 490
Tchecoslováquia, 42, 147, 194, 204, 222, 224, 271-2, 457n
　negociações de paz no Vietnã e, 767
　Primavera de Praga na, 815
　Relações dos EUA com, 271-2, 774, 852-3
　União Soviética e, 271-2, 774, 852-3
tecnologia de informação, Kissinger sobre, 834-6
tedescos-americanos, 110, 113-4
Teller, Edward, 354, 373, 391, 418, 451-2, 472, 602-3,
Tempestades de aço; Jünger, 312
Tennessee Templars [os Cavaleiros Templários do Tennessee], 25
teoria do dominó, 435n, 610, 645, 698
teoria dos jogos, 270n, 509, 573
teorias da conspiração, sobre Kissinger, 26-7
terceiro mundo:
　agressão soviética no, 476
　comunismo no, 886
　Guerra Fria e o, 434-5
　necessidade de enfrentar a agressão soviética no, 358, 409, 439-40, 498-500
　ordem internacional e, 864
　política dos Estados Unidos no, 479
　relações dos Estados Unidos com, 534
　ver também mundo pós-colonial
terrorismo em 1975, 57-8
Testemunhas de Jeová, 183
Thant, U, 580, 584-5, 590, 661, 699, 778, 781
Thich Tri Quang, 684
Thomas, Marlo, 32-3
Thompson, Hunter S., 27
Thompson, Llewellyn, 511, 518, 522, 567, 578n
Thurmond, Strom, 855
Ticonderoga, USS, 640
"Tigres Voadores", 858n
Time, 20, 144-5, 261, 400n, 405, 421, 519, 762
Times de Londres, 885-6
Timor Leste, 28-9, 43, 546
Tito, Josip, 364, 384
Today show, 420
Tompkins, Angel, 32
Tott, Vernon, 187-9
Tower, John G., 635, 853
Toynbee, Arnold J., 260-3, 266
Tran Ngoc Ninh, 681
Tran Quang Thuan, 683
Transjordânia, 91
Tran Van Do, 681-3, 710
Tran Van Huong, 643
Tran Van Tuyen, 684, 715
Tratado de Banimento Parcial de Testes Nucleares (1963), 603
Tratado de Bruxelas, 277
Tratado de Interdição Parcial de Ensaios Nucleares (1963), 603, 734
Tratado de Não Proliferação de Armas Nucleares (TNP), 47, 773, 775-6
　Kissinger sobre, 745-6
Tratado de Resseguro (1887), 725-6, 733
Tratado de Versalhes (1919), 58, 72, 146, 148, 312, 464, 524n
Tratado Interamericano de Assistência Recíproca, 575
Tratado sobre Limites para Armas Estratégicas (SALT I), 28, 36

reserva estratégica, conceito de Kissinger sobre, 341, 344, 363, 387
Tratados de Locarno, (1925), 147, 346
Treffert, Joseph, 213-4
Trevor-Roper, Hugh, 235
"Triângulo de Ferro", 713
Tribe, Lawrence, 699
Trieste, Itália, 111, 227, 435-6
Trilha Ho Chi Minh, 613
Trollope, estratagema, 582-3
Troppau, Áustria, 332
Troubled Partnership, The [A parceria problemática] (Kissinger), 749-51
Trudeau, Pierre Yves Elliott, 258
Trujillo, Rafael, 438, 542
Truman, doutrina, 276
Truman, Harry, 192, 271, 273-6, 278-9, 285, 289, 336, 344, 367, 375, 380, 386, 401, 430, 462, 475, 493, 549, 572, 624, 779, 895
  política de defesa de, 369
  programa do "Fair Deal" de, 279, 846
Truong Cong Dong, 809
Tuchman, Barbara, 509
Tucídides, 46, 433
Tuohy, William, 685
Turner Joy, uss, 640
Turquia, 222, 271, 274-6, 305, 341, 370, 436, 645
  mísseis do Estados Unidos baseados na, 576, 579-83, 584-5, 595,
Twining, Nathan F., 405, 476

Uerdingen, Alemanha, 178-9
Ugly American, The [O americano feio] (Lederer e Burdick), 437
Ulam, Adam, 312-4, 348-9, 431
Ulbricht, Walter, 522, 746
Ullmann, Liv, 32-3
Ullstein, Leopold, 64
Unger, Leonard, 665, 689, 708, 737
União Democrata Cristã (CDU), 213
União Europeia, 741
União Soviética, 40-1, 333
  a favor do desarmamento, 373, 460
  Alemanha do pós-guerra e a, 215-7, 220-1, 356
  aproximação com a Alemanha Ocidental da, 732, 738-41
  armas nucleares da, 360-1, 383-4, 473, 543, 553, 575
  ataques alemães à, 154-5
  banimento de testes nucleares proposto pela, 450
  China e a, 363-4, 630, 657-8, 753-4, 756, 765, 774-6, 811-3, 871
  como Estado revolucionário, 329, 333, 340, 365-6
  como um império, 39-40, 43
  comunicações por canais ocultos de Kissinger com, 530-3
  conceito de guerra nuclear limitada rejeitado pela, 397, 410
  descolonização e a, 277, 435-6
  desenvolve a bomba atômica, 278, 367
  dissolução da, 44
  expurgos na, 273
  forças convencionais da, 556-7
  França e, 752-3
  Guerra da Coreia e a, 336
  Guerra do Vietnã e, 732, 763-4, 767-9, 771-2, 775
  guerra dos Estados Unidos com, vista como inevitável por Kissinger, 339-40, 343-4
  hegemonia na Europa Oriental da, 215-6, 221, 271, 276, 366
  Kissinger acusado de ser espião da, 24
  movimento pela independência do Leste Europeu e, 774-6
  na corrida armamentista, *ver* corrida armamentista
  na Segunda Guerra Mundial, 99
  negociações de paz no Vietnã e, 810-1
  neutralidade alemã como objetivo da, 294
  ofensiva de paz pós-Stalin da, 344-5, 357, 370, 379
  Oriente Médio e a, 409
  política externa expansionista da, 271, 274-8, 338, 435-6, 498-9
  Primavera de Praga e, 815, 843
  rearmamento alemão oposto pela, 449-50
  relações dos EUA com, 846, 879; *ver também* Guerra Fria
  reunificação da Alemanha e a, 345, 370, 455
  sensação de insegurança na, 274
  Sputnik lançado pela, 407-8, 411, 450
  Tchecoslováquia e, 774
  Vietnã do Norte e, 630, 704, 765-6, 811-2
United Fruit Company, 438
United Nations Relief and Rehabilitation Administration, 233
Universidade da Pensilvânia, 232, 355, 402, 415
  Foreign Policy Research Institute [Instituto de Pesquisas em Relações Exteriores] na, 286
Universidade de Defesa Nacional, Brasil, 544
Universidade de Harvard, 238
  administração Kennedy e, 489
  alunos judeus na, 238-43, 244
  antissemitismo na, 239-43
  cargos em, 243, 423
  Center for International Affairs em, *ver* Center for International Affairs [Centro de Relações Internacionais] (CFIA)
  clubes sociais na, 237-9
  como alvo da caça às bruxas comunista, 306-7
  critérios de admissão na, 239
  crítica de Kissinger à, 350
  currículo mais amplo de, 426-7
  East Asian Research Center [Centro de Pesquisas do Leste Asiático] da, 427
  esnobismo na, 238
  facção dos SDS na, 698
  faculdades profissionalizantes da, 235, 238
  falta de acomodações na, 244
  Guerra Fria e, 280-3
  história da, 234-5
  Instituto de Política na, 836-7
  liberdade acadêmica na, 234, 237
  movimento pacifista na, 34, 698
  Oxford comparada à, 233-4
  pragmatismo e a, 236-7, 238
  professores judeus na, 242
  Ritual do Começo da, 268-9
  Russian Research Center [Centro de Pesquisas Russas] da, 427
  subsídios federais e a, 427

turma de 1950 da, 243
Universidade de Harvard, Kissinger como aluno na, 231-4, 243-4, 427, 897-8
   como oficial de reserve do CIC, 245-6
   concentração no governo de, 250-1
   Confluence e a, 303-4, 309-14, 323
   Elliott e, 258-9, 262, 283, 296-9, 316, 336, 894
   falta de sociabilidade de, 244-5
   Guerra Fria e a, 282
   Seminário Internacional de Harvard e, 25, 299, 300-3, 305, 307-8, 314, 348, 374, 390-1, 421, 427, 463, 570, 653, 690, 763n
   Smoky e, 233-4
   tese de doutorado, *ver World Restored, A: Castlereagh, Metternich and the Problems of Peace, 1812–1822*
   trabalho de conclusão de curso de, 260
Universidade de Harvard, Kissinger e o corpo docente da, 425, 652-3, 717
   cargo concedido a, 432
   cargo de professor titular de, 587-8
   cursos de graduação dados por, 431, 433
   no CFIA, 415-6, 428-32
   seminários de pós-graduados de, 432, 886-7
Universidade de Oxford, 235-9, 253, 255, 258, 289, 306, 317, 699
Universidade de Yale, 240-2, 269, 281-2, 376
Universidade Johns Hopkins, discurso de LBJ na, 661
"Unsolved Problems of European Defense, The" [Os problemas não resolvidos da defesa europeia] (Kissinger), 565-6
U.S. News & World Report, 603

valores norte-americanos, Kissinger fala sobre a importância de articular os, 442
Vance, Cyrus, 820, 842-4, 888
Van Wagenen, Richard W., 403
Velvet Underground, 780
Venezuela, 442, 650
vida acadêmica, crítica de Kissinger à, 349-53
Viena:
   encontro de 1961 em, 517-8
   ocupação Aliada de, 155, 195
viés de confirmação, 611
vietcongues, 613-4, 616, 620, 622, 624, 627-8, 630, 642, 652, 654, 658-9, 661, 663-5, 670, 673-4, 678-82, 690, 696, 705, 711, 713, 765-6, 814-5, 826, 840-1
   áreas controladas pelos, 676-82, 690-2, 707, 709-11, 716-7, 850, 867
   deserções dos, 717-8
   negociações de paz com, 668, 681-2, 701-2, 707, 786
   relações norte-vietnamitas com, 773
   táticas dos, 695-6, 711
Viet Minh, 762
Vietnã (ARVN), 677, 681, 691, 710-1
Vietnã, 40, 435, 535-6, 591
   disparidade entre os Estados Unidos e, 609-10
   reunificação do, 661, 681
Vietnã do Norte (República Democrática do Vietnã), 42, 435-6, 614, 630, 658-61, 665-6
   bombardeio norte-americano do, 642-3, 661, 671, 681, 683, 702, 761, 766, 771, 777, 779, 782, 784-5, 787-9, 792-4, 798-9, 801-3, 820, 838-41, 849, 852-4, 856-7, 860

em negociações secretas de paz, *ver* Guerra do Vietnã, negociações secretas de paz no
   falta de informações dos EUA sobre, 763-5
   plano de paz de Quatro Pontos do, 661, 705
   República Popular da China e, 627, 630, 643, 704, 732-5, 773
   União Soviética e, 630, 704, 732-3, 766, 775, 811-2
   unificação como meta do, 661
Vietnã do Sul (República do Vietnã), 29, 42, 435-6, 499, 603-4, 610, 613, 618, 644, 650, 661, 868, 899
   auxílio não militar dos Estados Unidos ao, 690-2
   budistas no, 642, 663, 676, 683-4, 712
   católicos no, 683
   clima de cinismo e desmoralização no, 690
   conversas em Paris sobre a paz e, 824, 837-8, 844, 859-61, 869
   corrupção e ineficiência no, 684, 686, 703, 709, 902
   denúncia de Kissinger sobre o golpe contra Diem no, 620-2
   desintegração política do, 642-3, 652, 665, 678, 690-1, 693, 696
   eleições no, 712, 714-6
   "enclaves seguros" no, 658-60
   engajamento dos Estados Unidos ao, 614
   golpe no, 29, 619-22
   quadros pró-governo no, 663, 690, 710
   viagens de Kissinger ao, 612, 653, 655, 669-89, 715, 762-3, 902
   vietcongue no, *ver* vietcongue
vietnamitas:
   Kissinger sobre, 680-1
   preconceito norte-americano contra, 680
"Viet Nam Negotiations, The" [As negociações do Vietnã] (Kissinger), 866-71
Villa, Pancho, 152
violência global, 49
Vogt, John W., 671-2
Völkische Block [Bloco Popular], 77
Volkssturm [Força de Ataque do Povo] (milícia alemã), 177, 184-5, 200
Vo Nguyen Giap, 782
Vu Huu Binh, 705

Wagner, Robert, 113
Walkowicz, Theodore, 418
Wallace, George, 25, 604n
   nas eleições de 1968, 872-3
Wallace, Henry, 275
Wallace, Mike, Kissinger entrevistado por, 438-44, 463, 899, 900
Wallenstein, Albrecht von, 60
Wallerstein, Jules, 89
Waltz, Kenneth, 433
Wangersheimer, Hans, 90
Ward, Chester, 25
Warhol, Andy, 780, 815
Warren, Robert Penn, 253n
Warren, Shields, 375-6
Washington Heights (bairro da cidade de Nova York), 108, 115, 135, 137
   congregações judaicas em, 118-20
   enclaves étnicos em, 122

família Kissinger em, 115, 117, 129
imigrantes judeus-alemães em, 109, 116-7, 123
Kissinger em, 123-6, 136
negócios judeus em, 117
violência antissemita em, 122-3
Washington Post, 400, 405, 418, 468, 548, 566, 603, 685, 687, 780
Wassermann, Jakob, 59, 65-7, 69, 76
Watt, Alan, 26
Weather Underground [Clima clandestino], 817
Webster, Charles, 334-5
Wehner, Herbert, 568-70, 741-2, 756
Wehrmacht [Força de Defesa], 177, 185, 193, 200-1, 208, 394
Weidenfeld, George, 317, 725, 905
Weis, Jessica, 538
Weiss, Leonard, 143
Weizmann, Chaim, 91
Welch, Robert, 887
Westmoreland, William, 642-3, 678, 692, 703, 709, 712, 714, 771, 779-80, 839-41
Wheeler, Earle, 697, 804, 839
White, F. Clifton, 597, 606-7, 624, 634, 636
White, Harry Dexter, 216
White, Theodore, 242, 852
Whitehead, A. N., 255, 260
Whitehead, Don, 629
"White Revolutionary, The" [O revolucionário branco] (Kissinger), 724-6, 728-9, 740
Whiting, Allen, 669
Whitman, Ann, 467-8
Whittier College, 463
Wiener, Anthony, 413
Wiesner, Jerome, 887
Wild, Robert, 84
Wilder, Thornton, 300
Wilkinson, June, 32
Williams, G. Mennen, 705
Williams, William Appleman, 41
Wilson, Carroll L., 376
Wilson, Charles E., 389, 404-5
Wilson, Harold, 707, 737, 777
Wilson, Woodrow, 147-8, 254, 284, 286, 374, 456, 464, 523, 650

Winrod, Gerald B., 113
Wise, Stephen, 124
Wisner, Frank, 283, 288, 301
Wittig, Hermann, 186
Wohlstetter, Albert, 597
Wolfe, Tom, 675, 697
Wolfers, Arnold, 376-7
Wood, Ronnie, 23
World Affairs, 335
World Politics [Política Mundial], 404
World Restored, A: Castlereagh, Metternich and the Problems of Peace, 1812–1822 [Um mundo restaurado: Metternich, Castlereagh e os problemas da paz, 1812–1822] (Kissinger), 315-6, 390-1, 724, 726, 761, 864, 866
  sobre a ameaça da força, 319
  sobre a diplomacia, 309, 318-9
  sobre a paz vs. estabilidade, 308-9
  sobre o conservadorismo, 320-1
  visão trágica da história em, 307, 322-3
Wright, Esmond, 475
Wright, Quincy, 335
Wylie, Larry, 432

Xangai, 278
Xuan Thuy, 843-4

Yarmolinsky, Adam, 33, 665, 689, 837, 886
Yeats, W. B., 253
Yeshiva College, 118
Yeshiva Rabbi Moses Soloveitchik, 121
Yeshiva Rabbi Samson Raphael Hirsch, 121
Youth International Party ("Yippies") [Partido Internacional da Juventude], 815

Zalowitz, Nathaniel, 109
Zgierz, Polônia, 189
Zhou Enlai, 28, 704, 773
Zinn, Howard, 26-7
Zorthian, Barry, 685, 687-9, 719

LEIA MAIS

Niall Ferguson
A ASCENSÃO DO DINHEIRO
A HISTÓRIA FINANCEIRA DO MUNDO

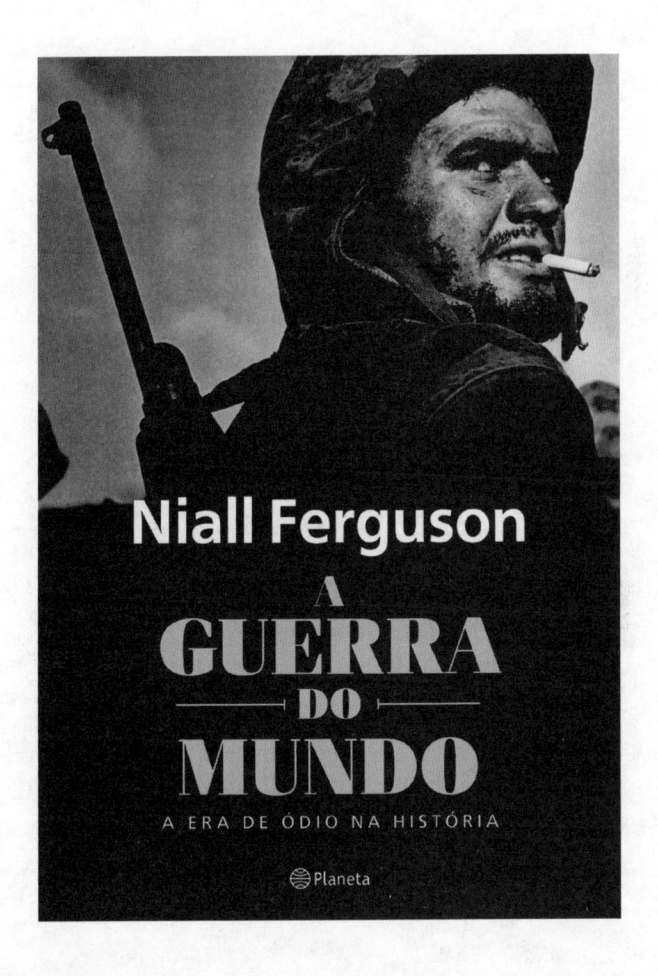

Niall Ferguson

A GUERRA DO MUNDO

A ERA DE ÓDIO NA HISTÓRIA

Planeta

NIALL FERGUSON

CATÁSTROFE

Uma história dos desastres – das guerras às pandemias – e o nosso fracasso em aprender como lidar com eles

CRÍTICA

Niall Ferguson
O HORROR DA GUERRA

Uma provocativa análise
da Primeira Guerra Mundial

CRÍTICA

Niall Ferguson
CIVILIZAÇÃO
Ocidente x Oriente

CRÍTICA

NIALL FERGUSON
A PRAÇA E A TORRE

REDES, HIERARQUIAS E A LUTA PELO PODER GLOBAL

CRÍTICA

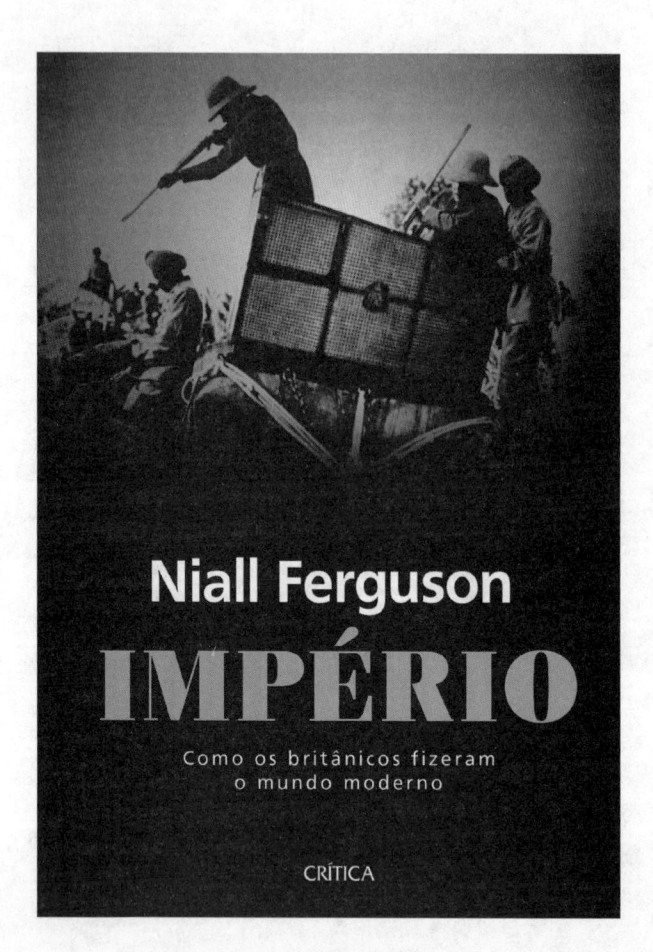

Niall Ferguson
IMPÉRIO
Como os britânicos fizeram
o mundo moderno

CRÍTICA

SOBRE O AUTOR

Nascido em 1964, Niall Ferguson é um dos mais renomados historiadores da Grã-Bretanha. Leciona na Universidade Harvard e é pesquisador na Universidade Stanford. Escreve regularmente para jornais e revistas do mundo inteiro. Diversos de seus livros foram adaptados para documentários na TV britânica – tendo *A ascensão do dinheiro* ganhado o Emmy. É autor de dezesseis livros, muitos deles best-sellers publicados no Brasil pelo selo Crítica da Editora Planeta.

Para maiores informações, acesse www.niallferguson.com.

Editora Planeta Brasil | 20 ANOS

Acreditamos nos livros

Este livro foi composto em Adobe Garamond
Pro e impresso pela Geográfica para a
Editora Planeta do Brasil em novembro de 2023.